ॐ

# DHATUPATHA VERBS in 10 LAKARAS

## Vol I

## Roots of Conjugation 1c

धातुपाठः दश-लकाराणां क्रियापदानि

कर्तरि प्रयोगः Active Voice

Dhatu 1. भू सत्तायाम् to 1010. टुओश्वि गतिवृद्ध्योः

3x3 Parasmaipada Atmanepada Tables for

Laṭ Laṅg Loṭ VLiṅg LṚt LṚiṅg Luṭ ĀśīrLiṅg Liṭ LUṅg

SADHVI HEMSWAROOPA
Ashwini Kumar Aggarwal

जय गुरुदेव

© 2024, Author

ISBN13: 978-81-971255-5-3  Paperback Edition
ISBN13: 978-81-971255-8-4  Hardbound Edition
ISBN13: 978-81-971255-6-0  Digital Edition

This work is licensed under a Creative Commons Attribution 4.0 International License. Please visit https://creativecommons.org/licenses/by/4.0/

Title: Dhatupatha Verbs in 10 Lakaras Vol I
SubTitle: Roots of Conjugation 1c
Author: Ashwini Kumar Aggarwal, Sadhvi Hemswaroopa

Printed and Published by
Devotees of Sri Sri Ravi Shankar Ashram
34 Sunny Enclave, Devigarh Road,
Patiala 147001, Punjab, India

https://advaita56.weebly.com/  The Art of Living Centre
https://www.artofliving.org/

**Devotees Library Cataloging-in-Publication Data**
Aggarwal, Ashwini Kumar. Hemswaroopa, Sadhvi.
Language: Sanskrit. Thema: CJBG CJPG 4CTM 2BBA
BISAC: LAN006000 LANGUAGE ARTS & DISCIPLINES / Grammar & Punctuation
Keywords: 1) Sanskrit Grammar. 2) Vyakarana. 3) Verbs. 4) 3x3 Matrix
Typeset in 12 Sanskrit 2020

17th April 2024 Wednesday, Ram Navmi, Ludhiana Havan Satsang daughter's birthday, Ashlesha Nakshatra (Punarvasu exits 16 April) - Surya Nakshatra Ashwini, Shukla Paksha, Chaitra Masa, Vasant Ritu, Uttarayana.

Vikram Samvat 2081 Krodhi, Saka Era 1946 Pingala

1st Edition April 2024

जय गुरुदेव

# Dedication

## Sri Sri Ravi Shankar

> who allows us to explore new words with good cheer

# Blessing

In Sanskrit, 'Apaha' means both water & love. 'Aptah' is dear one. Water, life & love are inseparable. Let's keep them pure.

> Sri Sri Ravi Shankar
> 7:18 am Mar 23, 2017 @SriSri Twitter for iPhone

# Acknowledgements

Mataji Brahmaprakasananda of AVG Nagpur, for superb teaching.
Pushpa Maa of Panini Shodh Sansthan, for excelling in Sanskrit.
Vedanta and Sanskrit course Class Notes of years 2013, 2014, 2015, 2016.

# Prayer

येनाक्षरसमाम्नायम् अधिगम्य महेश्वरात् । कृत्स्नं व्याकरणं प्रोक्तं तस्मै पाणिनये नमः ॥

yenākṣarasamāmnāyam adhigamya maheśvarāt |

kṛtsnaṃ vyākaraṇaṃ proktaṃ tasmai pāṇinaye namaḥ ||

By whom the letters were carefully chosen and collected, which were initially produced by Lord Shiva. Who wrote an exhaustive and complete grammar treatise, to that great Panini my sincerest obeisance.

वाक्यकारं वररुचिं भाष्यकारं पतञ्जलिम् । पाणिनिं सूत्रकारञ्च प्रणतोऽस्मि मुनित्रयम् ॥

vākyakāraṃ vararuciṃ bhāṣyakāraṃ patañjalim |

pāṇiniṃ sūtrakārañca praṇato'smi munitrayam ||

To the Explanatory Sentences of Vararuchi, and the indepth commentary of Patanjali, and the precise verses of Panini, my offering of cheerful and grateful praise.

# Introduction

Sanskrit is coming of Age. More and more Colleges and Universities are offering a degree course in this lingua franca of yore. Many schools across Europe and America are introducing Sanskrit to young learners. In India too there is a revival across the length and breadth, with committed organisations working to reach out to adults and children all over.

To understand Sanskrit Grammar, the basic stuff is all about knowing the correct spelling of NOUNS and VERBS. This edition gives the Verb Conjugation Spelling Tables for all the ten Tenses and Moods, that are seen in literature.

The 3x3 Parasmaipada and Atmanepada Table matrices for Ting Affixes in 3 persons and 3 numbers are judiciously arranged, with emphasis on clarity and legibility.

The **person** (third person HE, second person YOU, etc.) and **number** (singular ONE APPLE, plural THREE APPLES, etc.) that are commonly used in English Grammar for sentence syntax, structure and meaning are **Conjugated in Sanskrit within the Verb itself**. This means that the person (SHE, IT, etc.) and number (BOTH ITEMS, MANY ITEMS, etc.) are not separate words in a Sanskrit sentence. This is done by taking a Verb Stem अङ्गः and applying suffixes to it in a 3x3 matrix:

| | Singular | Dual | Plural |
|---|---|---|---|
| Third Person | iii/1 | iii/2 | iii/3 |
| Second Person | ii/1 | ii/2 | ii/3 |
| First Person | i/1 | i/2 | i/3 |

Example using a Sanskrit Root (Dhatu धातुः) 1 भू सत्तायाम् । to be

The Verb Stem अङ्गः is भव । Conjugated Verb Forms (Rupas रूपाः) in

Present Tense लट् Active Voice कर्त्तरि Parasmaipada परस्मैपदः

| | Singular | Dual | Plural |
|---|---|---|---|
| Third Person | भवति **He** is | भवतः They both are | भवन्ति They ALL are |
| Second Person | भवसि You are | भवथः You both are | भवथ You ALL are |
| First Person | भवामि I am | भवावः We both are | भवामः We ALL are |

Note: "**He**" is an acronym for He, She, It. Irrespective of gender.

Note that the Sanskrit Verb in its Conjugated form भवति directly means "is", and, intrinsically also has the sense of "He/She/It" as per context in a sentence. It is not needed to explicitly use the equivalent for "He = सः "when writing in Sanskrit.

Example using the Root 330 पठ व्यक्तायां वाचि । to read, to learn

Its Verb Stem is पठ । Conjugation Table Present Tense Active Voice

| English | Sanskrit | Explanation |
|---|---|---|
| She reads | सा पठति | पठति ≡ "He reads" / "She reads" / "It reads" |
| They two read | बाले पठतः | पठतः ≡ "Both read" |
| Three girls read | तिस्रः युवत्यः पठन्ति | पठन्ति ≡ "Many read" |
| You read | (त्वं) पठसि | पठसि ≡ "You read" |
| You both read | (युवां) पठथः | पठथः ≡ "You both read" |
| You five read | यूयं पञ्च पठथ | पठथ ≡ "You all read" |
| I read | (अहं) पठामि | पठामि ≡ "I read" |
| We both read | (आवां) पठावः | पठावः ≡ "We both read" |
| We ten read | वयं दश पठामः | पठामः ≡ "We all read" |

For reading and writing correctly, it is very important to know the proper **spelling** of a **Verb**. Here we have seen examples for Verbs in Present Tense Active Voice. There are 1943 Roots in the Language enumerated by the Dhatupatha of Panini.

This book lists Verb Conjugation Spelling Tables for 1c Roots for the ten Lakaras.

Since Verb Conjugation involves knowing precisely the correct affix that shall get attached to a Dhatu, this book is an extremely invaluable guide to the Sanskrit Grammar learner.

शुभं भवेत् Do Well     शुभं भूयात् May you do well

# Tenses and Moods and Voice Usage in Sanskrit

| SN | Tense | Meaning | Usage |
|---|---|---|---|
| 1 | लट् | Present Tense | is |
| 2 | लङ् | Imperfect Past Tense – *before from yesterday onwards* | was |
| 3 | लोट् | Imperative Mood – *request* | please do this |
| 4 | विधि–लिङ् | Potential Mood – *order* विधिलिङ् (also known as Optative Mood) | JUST DO IT |
| 5 | लृट् | Simple Future Tense – *now onwards* | will be |
| 6 | लृङ् | Conditional Mood – *if/then in past or future* | if, then |
| 7 | लुट् | Periphrastic Future Tense – *tomorrow onwards* | will be |
| 8 | आशीर्–लिङ् | Benedictive Mood – *blessing* आशीर्लिङ् (also used in the sense of a curse) | may you be |
| 9 | लिट् | Perfect Past Tense – *distant unseen past* | was |
| 10 | लुङ् | Aorist Past Tense, *before from now onwards* | was |
| 11 | लेट् | Vedic usage Potential Mood – *order*<br>This लेट् Lakara is subdivided as<br>a. सार्वधातुक लेट् b. आर्धधातुक लेट् | do it |

**Voice – Active Passive Emotion**

A verb may be used in कर्त्तरि active voice, कर्मणि passive voice, or simply भावे exhibiting emotion. e.g. Active Voice - He is. Passive Voice – It was he.

Emotion – He meant. There is an additonal affix that gets introduced in Sanskrit Grammar when voice usage is Passive/Emotion. This affix is यक् ।

3.1.67 सार्वधातुके यक् । कर्मणि-प्रयोगे भावे-प्रयोगे च सार्वधातुके प्रत्यये परे धातोः यक् प्रत्ययः भवति ।

The यक् affix used to denote passive voice or emotion, is used only after Sarvadhatuka Affixes.

# Table of Contents

**BLESSING** 3

**PRAYER** 3

**INTRODUCTION** 4

**TENSES AND MOODS AND VOICE USAGE IN SANSKRIT** 6

**RELEVANT ASHTADHYAYI SUTRAS** 11

**GENERAL GUIDELINES** 13

**GENERAL GUIDELINES लोट् AFFIX -तात्** 14

**LEGEND** 15

**1C BHVADI** 17

1 भू सत्तायाम् । 1c First Root 17
38 अथाष्टत्रिंशत्तवर्गीयान्ताः परस्मैपदिनः । 38
75 अथ कवर्गीयान्ताः आत्मनेपदिनः द्विचत्वारिंशत् । 57
116 अथ कवर्गीयान्ताः परस्मैपदिनः पञ्चाशत् । 80
162 अथ चवर्गीयान्ताः आत्मनेपदिनः एकविंशतिः । 107
183 अथ चवर्गीयान्ता व्रज्यन्ताः परस्मैपदिनः द्विसप्ततिः । 118
254 अथ टवर्गीयान्ताः शाड्न्ताः आत्मनेपदिनः षट्त्रिंशत् । 159
290 अथ आ टवर्गीयान्तसमाप्तेः परस्मैपदिनः । 177
362 अथ पवर्गीयान्ताः आत्मनेपदिनः स्तोभत्यन्ताः चतुस्त्रिंशत् । 218
395 अथ पवर्गीयान्ताः परस्मैपदिनः एकचत्वारिंशत् । 236

**PARASMAIPADI TABLE SECONDAY ROOT गोपाय** 236

434 अथ अनुनासिकान्ताः आत्मनेपदिनः दश । 258
444 अथ क्रम्यन्ताः परस्मैपदिनः त्रिंशत् । 267
474 अथ रेवत्यन्ताः आत्मनेपदिनः चत्वारिंशत् । 286
508 अथ अवत्यन्ताः परस्मैपदिनः एकनवतिः । 305
569 अथ अष्टौ धात्वः मध्ये उपधा रेफः च रेफस्य पूर्व उकार । 340
मव्यादयः उदात्ताः उदात्तेतः परस्मैभाषाः । 561 जिः तु अनुदात्तः । 357
602 अथ उष्मान्ताः आत्मनेपदिनः द्विपञ्चाशत् । 358

7

| | |
|---|---|
| 653 अथ अर्हत्यन्ताः परस्मैपदिनः एकनवतिः । | 386 |
| 741 अथ कृपूपर्यन्ताः आत्मनेपदिनः षड्विंशतिः । अथ द्युतादि अन्तर्गणः । | 435 |
| 758 वृतादि अन्तर्गणः आरम्भः । | 445 |
| 763 घटादि अन्तर्गणः आरम्भः । घटादयः मितः । 6.4.92 मितां ह्रस्वः । | 451 |
| Editor's Note: For घटादि Roots, Secondary णिजन्त forms are indicated | 451 |
| 776 अथ फणान्ताः परस्मैपदिनः । घटादिः । | 460 |
| 784 अथ एदित् धातुः । | 465 |
| 804 Application of गणसूत्र = ज्वल-ह्वल-ह्मल-नम-आमनुपसर्गाद्वा । एषां मित्त्वं वा । | 476 |

## PROXY ROOTS FOR मित् SECONDARY णिजन्त FORMS  476

| | |
|---|---|
| 807 केचन धातवः अर्थविशेषे मित्-धातवः भवन्ति । यथा स्मृ दृ नृ श्रा ज्ञा ग्ला स्रा | 478 |
| 811 गणसूत्र = मारणतोषणनिशामनेषु ज्ञा । इति मित्त्व पाठः । | 482 |
| 812 गणसूत्र = कम्पने चलिः । इति मित्त्व पाठः । | 482 |
| 813 गणसूत्र = छदिर् ऊर्जने । इति मित्त्व पाठः । | 483 |
| 814 गणसूत्र = जिह्वोन्मथने लडिः । इति मित्त्व पाठः । | 483 |
| 815 गणसूत्र = मदी हर्षग्लेपनयोः । इति मित्त्व पाठः । | 484 |
| 816 गणसूत्र=दलि-वलि-रखलि-रणि-ध्वनि-त्रपि-क्षपयः च इति भोजः । इति मित्त्व पाठः । | 484 |
| 817 गणसूत्र = स्वन अवतंसने । इति मित्त्व पाठः । | 484 |
| गणसूत्र = घटादयो मितः । | 485 |
| गणसूत्र = जनी-जृष्-क्नसु-रञ्जोऽमन्ताश्च । मितः इति अनुवर्तते । | 485 |
| गणसूत्र = ज्वल-ह्वल-ह्मल-नमाम् अनुपसर्गात् वा । एषां मित्त्वं वा । | 485 |
| गणसूत्र = ग्ला-स्ना-वनु-वमां च । अनुपसर्गादिषां मित्त्वं वा स्यात् । | 485 |
| गणसूत्र = न कमि-अमि-चमाम् । अमन्तत्वात् प्रासं मित्त्वमेषां न स्यात् । | 485 |
| 818 गणसूत्र = शमो दर्शने । | 485 |
| 819 गणसूत्र = यमोऽपरिवेषणे । | 485 |
| 820 गणसूत्र = स्खदिरवपरिभ्यां च । | 486 |

## END OF PROXY ROOTS IN DHATUPATHA  486

| | |
|---|---|
| 821 अथ फणादि अन्तर्गणः । | 486 |
| 826 अथ क्षरत्यन्ताः परस्मैपदिनः । | 491 |
| 831 अथ ज्वलादिः अन्तर्गणः । 3.1.140 ज्वलितिकसन्तेभ्यो णः । | 493 |
| 849 Application of गणसूत्र = जनी-जृष्-क्नसु-रञ्जोऽमन्ताश्च । | 503 |

## LORD RAM रामः । GODDESS LAKSHMI = RAMAA रमा ।  505

| | |
|---|---|
| 854 अथ कसन्ताः परस्मैपदिनः । | 506 |
| 861 अथ गृहृत्यन्ताः स्वरितेतः । | 510 |
| 897 अथ अजन्ताः उभयपदिनः । अच् = Vowel ending Roots | 549 |
| 902 अथ अजन्ताः परस्मैपदिनः। | 554 |
| 903 Parasmaipada Roots ending in ऐ । 6.1.78 एचोऽयवायावः । | 555 |
| 925 Parasmaipada Roots ending in आ । 7.3.78 पाघ्राध्मा० । शिति परतः । | 569 |
| 931 Parasmaipada Roots ending in ऋ । 7.2.70 ऋद्धनोः स्ये । लृटि इट् । | 573 |
| 940 Parasmaipada Roots ending in उ । 3.1.33 स्यतासी लृलुटोः । | 578 |
| 946 Parasmaipada Roots ending in इ । | 581 |
| 948 अथ डिडन्ता डितः । आत्मनेपदिनः । | 582 |
| 951 Atmanepada Roots ending in उ । | 584 |
| 960 Atmanepada Roots ending in ऋ। 7.2.70 ऋद्धनोः स्ये । लृट् लृङ् लिट् इट् । | 589 |
| 961 Atmanepada Roots ending in ए । 6.1.78 एचोऽयवायावः । | 589 |
| 963 Atmanepada Roots ending in ऐ । 6.1.78 एचोऽयवायावः । | 590 |
| 970 अथ अष्टावात्मनेपदिनः । | 594 |
| 981 Application of गणसूत्र = ज्वल-ह्वल-ह्मल-नमामनुपसर्गाद्वा । एषां मित्त्वं वा । | 602 |

## PARASMAIPADI TABLE नमि OR नामि । SECONDARY ROOT णिजन्त FORMS — 603

## णिजन्त मित् FORMS WITH प्र UPASARGA FOR ROOT 981 नम् । — 606

## LORD KRISHNA कृष्णः । RADHA = KRISHNAA कृष्णा । — 612

## PARASMAIPADI TABLE सनन्त SECONDARY ROOT चिकित्स — 615

| | |
|---|---|
| 994 अथ बहृत्यन्ताः स्वरितेतः । | 615 |
| 1002 अथ यजादि अन्तर्गणः । 6.1.15 वचिस्वपियजादीनां किति । सम्प्रसारणम् । | 628 |
| 1009 अथ परस्मैपदिनौ । | 636 |
| 1010 टुओश्वि गतिवृद्ध्योः । 1c Last Root | 638 |

## TING AFFIXES SARVADHATUKA/ARDHADHATUKA AND IDAGAM — 639

## TEN CONJUGATIONAL GROUPS AND GANA VIKARANA — 641

## GUNA AS APPLICABLE BY GANA VIKARANA / TING AFFIXES — 642

| | |
|---|---|
| 1c Root 1 भू सत्तायाम् । भू । P सेट् अ० । | 642 |
| 1c Root 16 मुद हर्षे । मुद् । A सेट् अ० । | 643 |
| 1c Root 39 चिती संज्ञाने । चित् । P सेट् अ० । | 643 |

| | |
|---|---:|
| 2c Root 1033 यु मिश्रणेऽमिश्रणे च । 2c 23 यु । P सेट् स० । | 644 |
| 6c Root 1305 लुभ विमोहने । 6c 25 लुभ् । P सेट् स० । | 644 |
| 8c Root 1463 तनु विस्तारे । 8c 1 तन् । U सेट् स० । | 645 |
| 8c Root 1466 क्षिणु च । 8c 4 क्षिण् । U सेट् स० । | 645 |

## DHATU भू पठ् लभ् गम् कृ SAMPLE अङ्ग STEMS 647
## ROOT ATTRIBUTES 650
## DISCUSSIONS FOR A SERIOUS STUDENT 651
## FAMOUS WORDS FROM ROOTS 657
## ALPHABETICAL INDEX OF DHATUS 658
## STANDARD ALPHABETICAL INDEX 669
## REFERENCES 678
## MAHESHWAR SUTRAS AND PRATYAHARAS 679
## EPILOGUE 680

## Relevant Ashtadhyayi Sutras

GUNA by Sarvadhatuka Affixes लट् लङ् लोट् विधिलिङ् । 1c gana vikarana शप्

GUNA by Ardhadhatuka Affixes लृट् लृङ् लुट् लिट् लुङ् ।

GUNA by Atmanepada आशीर्लिङ् Ardhadhatuka Affixes.

NO GUNA by Parasmaipada आशीर्लिङ् Ardhadhatuka Affixes.

NO इट् by Sarvadhatuka Affixes लट् लङ् लोट् विधिलिङ् ।

NO इट् by Parasmaipada आशीर्लिङ् Ardhadhatuka Affixes.

इट् by Ardhadhatuka Affixes लृट् लृङ् लुट् लिट् लुङ् ।

इट् by Atmanepada आशीर्लिङ् Ardhadhatuka Affixes.

3.4.87 सेर्ह्यपिच्च। इति लोट्-लकारस्य सिप्-प्रत्ययस्य अपित्-"हि" आदेशः ।

6.4.101 हुझल्भ्यो हेर्धिः। इति हु-धातोः परस्य तथा झलन्तात् परस्य "हि" प्रत्ययस्य "धि" आदेशः भवति ।

6.1.68 हल्ङ्याब्भ्यो दीर्घात् सुतिस्यपृक्तं हल् । इति लङ् विषये iii/1 त् , ii/1 स् प्रत्यय लोपः , हलन्तात् अङ्गस्य ।

6.4.105 अतो हेः । अदन्तात् अङ्गात् परस्य "हि" प्रत्ययस्य लुक् ।

6.4.15 अनुनासिकस्य क्विझलोः क्ङिति ।

1.3.3 हलन्त्यम् । उपदेशे अन्त्यम् हल् इत् ।

7.3.84 सार्वधातुकार्धधातुकयोः । सार्वधातुके आर्धधातुके च प्रत्यये परे अङ्गस्य गुणः आदेशः ।

7.3.86 पुगन्तलघूपधस्य च । सार्वधातुके आर्धधातुके च प्रत्यये परे पुगन्तस्य तथा लघूपधस्य अङ्गस्य गुणादेशः।

1.3.3 हलन्त्यम् । उपदेशे अन्त्यम् हल् इत् ।

8.4.54 अभ्यासे चर्च । अभ्यासे झल्-वर्णस्य यथायोग्यम् जश् वर्णादेशः चर्-वर्णादेशः वा ।

7.4.62 कुहोश्चुः । अभ्यासस्य कवर्गीयवर्णस्य हकारस्य चवर्गीयवर्णादेशः ।

1.1.26 क्त क्तवतू निष्ठा । 8.2.42 रदाभ्यां निष्ठातो नः पूर्वस्य च दः । रेफ–दकाराभ्याम् उत्तरस्य निष्ठा तकारस्य नकारः आदेशः, दकारस्य अपि नकारः आदेशः । 7.2.15 यस्य विभाषा । सेट् विकल्पस्य विषये निष्ठायाम् इट् न ।

7.2.70 ऋद्धनोः स्ये । ऋकारान्तानां धातूनां हन्तेश्च स्ये इडागमः ।

Sandhi

6.1.77 इको यणचि । इति यण् ।

6.1.78 एचोऽयवायावः । एच् वर्णानाम् अच् परे (क्रमेण) अय्-अव्-आय्-आव् एते आदेशाः ।

6.1.88 वृद्धिरेचि । अवर्णात् परस्य एच्-वर्णे परे पूर्वपरयोः एकः वृद्धि-एकादेशः ।

6.1.97 अतो गुणे । अपदान्तात् अतः गुणे पूर्वपरयोः एकः पररूपम् ।

6.4.77 अचि श्नुधातुभ्रुवां य्वोरियङुवङौ । अजादिप्रत्यये परे "श्नु" धातुसंज्ञकस्य, "भ्रू" इत्यस्य तथा इवर्णान्त /उवर्णान्तस्य संयोगपूर्वस्य धातुसंज्ञकस्य अङ्गस्य, इयङ्-उवङ्-आदेशौ ।

A नकारः within a word changes to णकारः by 8.4.1 रषाभ्यां नो णः समानपदे । 8.4.2 अट्कुप्वाङ्नुम्व्यवायेऽपि ।

7.1.58 इदितो नुम् धातोः । 8.3.24 नश्चापदान्तस्य झलि । 8.4.58 अनुस्वारस्य ययि परसवर्णः ।

A beginning षकारः of a Dhatu is replaced with सकारः by 6.1.64 धात्वादेः षः सः।

A beginning सकारः of an affix is replaced with षकारः by 8.3.59 आदेशप्रत्यययोः ।

इण् अथवा कवर्गः परस्य अपदान्तस्य आदेशरूपस्य प्रत्ययावयवरूपस्य स् ष् ।

For the लङ् Parasmayepadi स् ii/1 affix , these two sutras make it to visarga.

8.2.66 ससजुषो रुः । पदान्तस्यसकारस्य सजुष्-शब्दस्य च रुँत्वं ।

8.3.15 खरवसानयोर्विसर्जनीयः । पदान्ते रेफस्य खरि अवसाने वा परे विसर्गः ।

For the लङ् Parasmayepadi iii/3 affix , these two sutras apply. 3c Roots.

3.4.109 सिजभ्यस्तविदिभ्यः च । इति सिच्-अभ्यस्त-विदिभ्यः ङितः झेः जुस् । (अन् उः)

7.3.83 जुसि च । जुसि च प्रत्यये परतः इगन्तस्य अङ्गस्य गुणः ।

Notice that some sutras cannot apply to सेट् Roots due to intervention of इकारः and vice versa. E.g. 8.2.77 हलि च । रेफ-वकारान्त-धातोः उपधा–इक्-वर्णस्य हल्-वर्णे परे दीर्घः आदेशः ।

- Does not apply to सेट् निष्ठा since the affix is no longer हलादिः ।
- Applies to all affixes of लट्, even अजादिः affixes since य-गण–विकरणः intervenes.

Some sutras apply only to गण–विकरणः शप् (1c Roots)

1.2.21 उदुपधाद्भावादिकर्मणोरन्यतरस्याम् । Optionally a सेट् निष्ठा affix coming after a Root with a penultimate उकारः is considered अकित् so guna rupa exists. But not for 4c roots गुध् etc.

Samprasaranam Sutras

6.1.16 ग्रहिज्यावयिव्यधिवष्टिविचतिवृश्चतिपृच्छतिभृज्जतीनां ङिति च । ङित् कित् च प्रत्यये परतः सम्प्रसारणम् । इति रेफस्य ऋकारः । 6.1.108 सम्प्रसारणाच्च । सम्प्रसारणात् अनन्तरम् पूर्वपरयोः एकः पूर्ववर्णः आदेशः ।

6.1.37 न सम्प्रसारणे सम्प्रसारणम् । सम्प्रसारने परतः पूर्वस्य यणः सम्प्रसारणं न । इति र् ऋ , किन्तु व् उ न ।

Roots that are गुरुमान् ।

3.1.36 इजादेश्च गुरुमतोऽनृच्छः । Affix आम् is used for लिट् for Roots beginning with इच् letter and having a heavy vowel, except Root 1296 ऋच्छ ।

1.4.11 संयोगे गुरु । A short vowel followed by a conjunct consonant is termed गुरु = heavy.

1.4.12 दीर्घं च । Also the long vowels are termed गुरु = heavy. Thus all long vowels and diphthongs are गुरु ।

## General Guidelines

A.

We have an alternate ending form –द् by 8.2.39 झलां जशोऽन्ते and –त् by 8.4.56 वाऽवसाने । **Third Person Singular Parasmaipada** Verbs ending in –त् shown as:

- लङ् iii/1 forms अचेतत् -द् = अचेतत् , अचेतद्
- लोट् iii/1 चेततु , ii/1 चेत additional forms चेततात् -द् = चेततात् , चेततात् by 7.1.35 तुह्योस्तातङ्ङाशिष्यन्यतरस्याम्
- विधिलिङ् iii/1 forms चेतेत् -द् = चेतेत् , चेतेद्
- लृङ् iii/1 forms अचेतिष्यत् -द् = अचेतिष्यत् , अचेतिष्यद्
- आशीर्लिङ् iii/1 forms चित्यात् -द् = चित्यात् , चित्याद्
- लुङ् iii/1 forms अचेतीत् -द् = अचेतीत् , अचेतीद्

To enhance readability. **Similarly for every Root.**
e.g. Root 39 चिती संज्ञाने । This Root has penultimate short इक् vowel. There are two affixes concerned here, 1c gana vikarana affix शप् and लोट् iii/1 affix तुप् । The Guna happens by शप् and hence all 3x3 forms of लोट् take Guna. Even though optional लोट् affix तातङ् is ङित् still Guna has happened here by शप् already. However Guna does not happen in Roots belonging to 2c 3c 4c 5c 6c 7c 9c by gana vikarana.

B.

For the इजादि गुरुमान् Roots with लिट् आम् affix, the **First Person Singular** लिट् i/1 **Parasmaipada** has two कृ Verb forms: ओखाञ्चकर -कार = ओखाञ्चकर , ओखाञ्चकार
e.g. Root 121 ओखृ शोषणालमर्थयोः ।

C.

- Sometimes the **Second Person Plural** आशीर्लिङ् ii/3 **Atmanepada** has two Verb forms: वयिषीध्वम् -ढ्वम् = वयिषीध्वम् , वयिषीढ्वम्
- Sometimes the Second Person Plural लिट् ii/3 **Atmanepada** has two Verb forms: ववयिध्वे -ढ्वे = ववयिध्वे , ववयिढ्वे
- Sometimes the Second Person Plural लुङ् ii/3 **Atmanepada** has two Verb forms: अवयिध्वम् -ढ्वम् = अवयिध्वम् , अवयिढ्वम्

e.g. Root 475 वय गतौ ।

**Similarly for other Roots where applicable.**

# General Guidelines लोट् Affix -तात्

लोट् **Third Person Singular iii/1** and **Second Person Singular ii/1 Parasmaipada** Verbs by 7.1.35 तुह्योस्तातङ्ङाशिष्यन्यतरस्याम् shown as:

- iii/1 चेततु , ii/1 चेत additional forms चेततात् -द् = चेततात् , चेतताद्
- iii/1 अततु , ii/1 अत additional forms अततात् , अतताद्
- iii/1 च्योततु , ii/1 च्योत additional forms -तात् -द् = च्योततात् , च्योतताद्

लोट् Affix -तात् forms will be identical to -तु Affix forms. Simply replace -तु with -तात् । To enhance **readability** we have not given these alternate forms in every case.

Note:

- 1c gana vikarana शप् causes Guna since it is a पित् Affix. Hence for 1c Parasmaipada Roots, Guna will be caused if Root has appropriate vowel.
- Ting Affix तुप् can cause Guna since it is a पित् Affix, whereas Ting Affix तातङ् does not cause Guna since it is a ङित् Affix. However अङ्गः Stem after application of gana vikarana शप् ends in अकारः । Thus NO FURTHER GUNA.

e.g. 1c Root 39 चिती संज्ञाने । This Root has penultimate short इक् vowel. There are two affixes applied here, 1c gana vikarana affix शप् and लोट् iii/1 affix तुप् । The Guna happens by शप् and hence all 3x3 forms of लोट् take Guna. Even though optional लोट् affix तातङ् is ङित् still Guna has happened here by शप् already. However Guna does not happen in Roots belonging to 2c 3c 4c 5c 6c 7c 9c by gana vikarana. Guna happens by शप् in 1c and by उ in 8c.

1c Root 561 जि जये । iii/1 जयतु जयतात् जयताद् । ii/1 जय जयतात् जयताद् । Guna by शप् ।

2c Root 1033 यु मिश्रणेऽमिश्रणे च । Final इक् vowel.

लोट् iii/1 यौतु । युतात् । युताद् । No Guna. (यौतु Here Vriddhi by 7.3.89)

लोट् ii/1 युहि । युतात् । युताद् । No Guna.

5c Root 1256 टुदु उपतापे । Final इक् vowel.

लोट् iii/1 दुनोतु । दुनुतात् । दुनुताद् । Guna by तुप् Ting Affix. No Guna by तातङ् Ting Affix.

लोट् ii/1 दुनु । दुनुतात् । दुनुताद् । No Guna by हि Ting Affix. No Guna by तातङ् Ting Affix.

8c Root 1466 क्षिणु हिंसायाम् । Penultimate short इक् vowel.

iii/1 क्षेणोतु । क्षेणुतात् । क्षेणुताद् । Guna by उ gana vikarana. No Guna by तातङ् Ting Affix. क्षेणोतु Guna by उ gana vikarana and then by तुप् Ting Affix.

ii/1 क्षेणु । क्षेणुतात् । क्षेणुताद् । Guna by उ gana vikarana. No Guna by तातङ् Ting Affix. क्षेणु Guna by उ gana vikarana and No Guna by हि Ting Affix.

# Legend

A sample Verb Table header looks like:

982 गमॢ गतौ । go, move, attain enlightenment
1c । ग॒मॢँ । गम् । गच्छति । P । अनिट् । स० ।

| | | | | | | |
|---|---|---|---|---|---|---|
| 982 | गमॢ | गतौ | go, move, attain enlightenment | *Famous word* गतः | | |
| **Dhatu Serial Number** | **Dhatu** | **Dhatu Meaning** | **English Meaning (indicative)** | **Here Optional information is given** | | |
| 1c | ग॒मॢँ | गम् | गच्छति | P | अनिट् | स० |
| **Gana** | **Root with Tag** | **Root without Tag** | **iii/1 Verb Form लट्** | | | |

P = Parasmaipadi Root.
A = Atmanepadi Root.
U = Ubhayepadi Root.

सेट् = Root takes इट् Augment as ordained.
अनिट् = Root does not take इट् augment.
वेट् = Root takes इट् Augment Optionally.

स० = सकर्मकः Root is Transitive and takes Object.
अ० = अकर्मकः Intransitive Root.
द्वि० = द्विकर्मकः Root may take two Objects in sentence construction.

Dhatu Serial Number = It is what is listed in standard Dhatupathas, including Siddhanta Kaumudi.

The sequence of Lakaras is particularly chosen for accuracy and clarity in Verb Spellings. At a glance we can spot typos if any!

A sample Verb Table looks like:

256 चेष्ट चेष्टायाम् । चेष्टँ । चेष्ट् । चेष्टते । A । सेट् । अ० । try, endeavour

**Very similar i/3 Ending**

| | | | | | |
|---|---|---|---|---|---|
| चेष्टते | चेष्टेते | चेष्टन्ते | अचेष्टत | अचेष्टेताम् | अचेष्टन्त |
| चेष्टसे | चेष्टेथे | चेष्टध्वे | अचेष्टथाः | अचेष्टेथाम् | अचेष्टध्वम् |
| चेष्टे | चेष्टावहे | चेष्टामहे | अचेष्टे | अचेष्टावहि | अचेष्टामहि |
| चेष्टताम् | चेष्टेताम् | चेष्टन्ताम् | चेष्टेत | चेष्टेयाताम् | चेष्टेरन् |
| चेष्टस्व | चेष्टेथाम् | चेष्टध्वम् | चेष्टेथाः | चेष्टेयाथाम् | चेष्टेध्वम् |
| चेष्टै | चेष्टावहै | चेष्टामहै | चेष्टेय | चेष्टेवहि | चेष्टेमहि |
| चेष्टिष्यते | चेष्टिष्येते | चेष्टिष्यन्ते | अचेष्टिष्यत | अचेष्टिष्येताम् | अचेष्टिष्यन्त |
| चेष्टिष्यसे | चेष्टिष्येथे | चेष्टिष्यध्वे | अचेष्टिष्यथाः | अचेष्टिष्येथाम् | अचेष्टिष्यध्वम् |
| चेष्टिष्ये | चेष्टिष्यावहे | चेष्टिष्यामहे | अचेष्टिष्ये | अचेष्टिष्यावहि | अचेष्टिष्यामहि |
| चेष्टिता | चेष्टितारौ | चेष्टितारः | चेष्टिषीष्ट | चेष्टिषीयास्ताम् | चेष्टिषीरन् |
| चेष्टितासे | चेष्टितासाथे | चेष्टिताध्वे | चेष्टिषीष्ठाः | चेष्टिषीयास्थाम् | चेष्टिषीध्वम् |
| चेष्टिताहे | चेष्टितास्वहे | चेष्टितास्महे | चेष्टिषीय | चेष्टिषीवहि | चेष्टिषीमहि |
| चिचेष्टे | चिचेष्टाते | चिचेष्टिरे | अचेष्टिष्ट | अचेष्टिषाताम् | अचेष्टिषत |
| चिचेष्टिषे | चिचेष्टाथे | चिचेष्टिध्वे | अचेष्टिष्ठाः | अचेष्टिषाथाम् | अचेष्टिढ्वम् |
| चिचेष्टे | चिचेष्टिवहे | चिचेष्टिमहे | अचेष्टिषि | अचेष्टिष्वहि | अचेष्टिष्महि |

Where the headers of each sub-table are:

| | |
|---|---|
| लट् 1 Present Tense | लङ् 2 Imperfect Past Tense |
| लोट् 3 Imperative Mood | विधिलिङ् 4 Potential Mood |
| ऌट् 5 Simple Future Tense | ऌङ् 6 Conditional Mood |
| लुट् 7 Periphrastic Future Tense | आशीर्लिङ् 8 Benedictive Mood |
| लिट् 9 Perfect PastTense | लुङ् 10 Aorist Past Tense |

**These 4 Lakaras are rather easy. Just stem + affix / guna**

**These 2 Lakaras are complex. Careful with many Sutras.**

## 1c BhvAdi

## Roots of the 1st Conjugation Group (1010 Roots)
## Dhatu Serial Number 1 to 1010
## Dhatus 1 भू सत्तायाम् to 1010 टुओश्वि गतिवृद्ध्योः ।

**1c BhvAdi**
अथ भ्वादिः । 3.1.68 कर्त्तरि शप् ।

| | |
|---|---|
| 1 भू सत्तायाम् । | 1c First Root |

1. भू सत्तायाम् । भू । भू । भवति । P । सेट्० । अ० । to be, exist, bless

लट् 1 Present Tense

| | | |
|---|---|---|
| भवति | भवतः | भवन्ति |
| भवसि | भवथः | भवथ |
| भवामि | भवावः | भवामः |

लङ् 2 Imperfect Past Tense

| | | |
|---|---|---|
| अभवत् / अभवद् | अभवताम् | अभवन् |
| अभवः | अभवतम् | अभवत |
| अभवम् | अभवाव | अभवाम |

लोट् 3 Imperative Mood

| | | |
|---|---|---|
| भवतु , भवतात् / भवताद् | भवताम् | भवन्तु |
| भव , भवतात् / भवताद् | भवतम् | भवत |
| भवानि | भवाव | भवाम |

विधिलिङ् 4 Potential Mood

| | | |
|---|---|---|
| भवेत् / भवेद् | भवेताम् | भवेयुः |
| भवेः | भवेतम् | भवेत |
| भवेयम् | भवेव | भवेम |

लृट् 5 Simple Future Tense

| | | |
|---|---|---|
| भविष्यति | भविष्यतः | भविष्यन्ति |
| भविष्यसि | भविष्यथः | भविष्यथ |
| भविष्यामि | भविष्यावः | भविष्यामः |

लृङ् 6 Conditional Mood

| | | |
|---|---|---|
| अभविष्यत् / अभविष्यद् | अभविष्यताम् | अभविष्यन् |
| अभविष्यः | अभविष्यतम् | अभविष्यत |
| अभविष्यम् | अभविष्याव | अभविष्याम |

लुट् 7 Periphrastic Future

| | | |
|---|---|---|
| भविता | भवितारौ | भवितारः |
| भवितासि | भवितास्थः | भवितास्थ |
| भवितास्मि | भवितास्वः | भवितास्मः |

आशीर्लिङ् 8 Benedictive Mood

| | | |
|---|---|---|
| भूयात् / भूयाद् | भूयास्ताम् | भूयासुः |
| भूयाः | भूयास्तम् | भूयास्त |
| भूयासम् | भूयास्व | भूयास्म |

लिट् 9 Perfect Past Tense

| | | |
|---|---|---|
| बभूव | बभूवतुः | बभूवुः |
| बभूविथ | बभूवथुः | बभूव |
| बभूव | बभूविव | बभूविम |

लुङ् 10 Aorist Past Tense

| | | |
|---|---|---|
| अभूत् / अभूद् | अभूताम् | अभूवन् |
| अभूः | अभूतम् | अभूत |
| अभूवम् | अभूव | अभूम |

2. एध वृद्धौ । एधँ । एध् । एधते । A । सेट् । अ० । to evolve, increase, prosper, live in comfort

लट् 1 Present Tense

| | | |
|---|---|---|
| एधते | एधेते | एधन्ते |
| एधसे | एधेथे | एधध्वे |
| एधे | एधावहे | एधामहे |

लङ् 2 Imperfect Past Tense आट्

| | | |
|---|---|---|
| ऐधत | ऐधेताम् | ऐधन्त |
| ऐधथाः | ऐधेथाम् | ऐधध्वम् |
| ऐधे | ऐधावहि | ऐधामहि |

लोट् 3 Imperative Mood

| | | |
|---|---|---|
| एधताम् | एधेताम् | एधन्ताम् |
| एधस्व | एधेथाम् | एधध्वम् |
| एधै | एधावहै | एधामहै |

विधिलिङ् 4 Potential Mood

| | | |
|---|---|---|
| एधेत | एधेयाताम् | एधेरन् |
| एधेथाः | एधेयाथाम् | एधेध्वम् |
| एधेय | एधेवहि | एधेमहि |

लृट् 5 Simple Future Tense

| | | |
|---|---|---|
| एधिष्यते | एधिष्येते | एधिष्यन्ते |
| एधिष्यसे | एधिष्येथे | एधिष्यध्वे |
| एधिष्ये | एधिष्यावहे | एधिष्यामहे |

लृङ् 6 Conditional Mood आट्

| | | |
|---|---|---|
| ऐधिष्यत | ऐधिष्येताम् | ऐधिष्यन्त |
| ऐधिष्यथाः | ऐधिष्येथाम् | ऐधिष्यध्वम् |
| ऐधिष्ये | ऐधिष्यावहि | ऐधिष्यामहि |

लुट् 7 Periphrastic Future

| | | |
|---|---|---|
| एधिता | एधितारौ | एधितारः |
| एधितासे | एधितासाथे | एधिताध्वे |
| एधिताहे | एधितास्वहे | एधितास्महे |

आशीर्लिङ् 8 Benedictive Mood

| | | |
|---|---|---|
| एधिषीष्ट | एधिषीयास्ताम् | एधिषीरन् |
| एधिषीष्ठाः | एधिषीयास्थाम् | एधिषीध्वम् |
| एधिषीय | एधिषीवहि | एधिषीमहि |

लिट् 9 Perfect Past Tense 3.1.36 3.1.40

| | | |
|---|---|---|
| एधाम्बभूव , | एधाम्बभूवतुः , | एधाम्बभूवुः , |
| एधाञ्चक्रे , | एधाञ्चक्राते , | एधाञ्चक्रिरे , |
| एधामास | एधामासतुः | एधामासुः |
| एधाम्बभूविथ , | एधाम्बभूवथुः | एधाम्बभूव , |
| एधाञ्चकृषे , | ,एधाञ्चक्राथे , | एधाञ्चकृढ्वे , |
| एधामासिथ | एधामासथुः | एधामास |
| एधाम्बभूव , | एधाम्बभूविव , | एधाम्बभूविम , |
| एधाञ्चक्रे , | एधाञ्चकृवहे , | एधाञ्चकृमहे , |
| एधामास | एधामासिव | एधामासिम |

लुङ् 10 Aorist Past Tense आट्

| | | |
|---|---|---|
| ऐधिष्ट | ऐधिषाताम् | ऐधिषत |
| ऐधिष्ठाः | ऐधिषाथाम् | ऐधिढ्वम् |
| ऐधिषि | ऐधिष्वहि | ऐधिष्महि |

3. स्पर्ध सङ्घर्षे । स्पर्धँ । स्पर्ध् । स्पर्धते । A । सेट् । अ० । to compete, contend

लट् 1 Present Tense

| | | |
|---|---|---|
| स्पर्धते | स्पर्धेते | स्पर्धन्ते |
| स्पर्धसे | स्पर्धेथे | स्पर्धध्वे |
| स्पर्धे | स्पर्धावहे | स्पर्धामहे |

लङ् 2 Imperfect Past Tense

| | | |
|---|---|---|
| अस्पर्धत | अस्पर्धेताम् | अस्पर्धन्त |
| अस्पर्धथाः | अस्पर्धेथाम् | अस्पर्धध्वम् |
| अस्पर्धे | अस्पर्धावहि | अस्पर्धामहि |

लोट् 3 Imperative Mood

| | | |
|---|---|---|
| स्पर्धताम् | स्पर्धेताम् | स्पर्धन्ताम् |
| स्पर्धस्व | स्पर्धेथाम् | स्पर्धध्वम् |
| स्पर्धै | स्पर्धावहै | स्पर्धामहै |

विधिलिङ् 4 Potential Mood

| | | |
|---|---|---|
| स्पर्धेत | स्पर्धेयाताम् | स्पर्धेरन् |
| स्पर्धेथाः | स्पर्धेयाथाम् | स्पर्धेध्वम् |
| स्पर्धेय | स्पर्धेवहि | स्पर्धेमहि |

लृट् 5 Simple Future Tense

| | | |
|---|---|---|
| स्पर्धिष्यते | स्पर्धिष्येते | स्पर्धिष्यन्ते |
| स्पर्धिष्यसे | स्पर्धिष्येते | स्पर्धिष्यध्वे |
| स्पर्धिष्ये | स्पर्धिष्यावहे | स्पर्धिष्यामहे |

लृङ् 6 Conditional Mood

| | | |
|---|---|---|
| अस्पर्धिष्यत | अस्पर्धिष्येताम् | अस्पर्धिष्यन्त |
| अस्पर्धिष्यथाः | अस्पर्धिष्येथाम् | अस्पर्धिष्यध्वम् |
| अस्पर्धिष्ये | अस्पर्धिष्यावहि | अस्पर्धिष्यामहि |

लुट् 7 Periphrastic Future

| | | |
|---|---|---|
| स्पर्धिता | स्पर्धितारौ | स्पर्धितारः |
| स्पर्धितासे | स्पर्धितासाथे | स्पर्धिताध्वे |

आशीर्लिङ् 8 Benedictive

| | | |
|---|---|---|
| स्पर्धिषीष्ट | स्पर्धिषीयास्ताम् | स्पर्धिषीरन् |
| स्पर्धिषीष्ठाः | स्पर्धिषीयास्थाम् | स्पर्धिषीध्वम् |

| | | | | | |
|---|---|---|---|---|---|
| स्पर्धिताहे | स्पर्धितास्वहे | स्पर्धितास्महे | स्पर्धिषीय | स्पर्धिषीवहि | स्पर्धिषीमहि |

| लिट् 9 Perfect Past Tense | | | लुङ् 10 Aorist Past Tense | | |
|---|---|---|---|---|---|
| पस्पर्धे | पस्पर्धाते | पस्पर्धिरे | अस्पर्धिष्ट | अस्पर्धिषाताम् | अस्पर्धिषत |
| पस्पर्धिषे | पस्पर्धाथे | पस्पर्धिध्वे | अस्पर्धिष्ठाः | अस्पर्धिषाथाम् | अस्पर्धिध्वम् |
| पस्पर्धे | पस्पर्धिवहे | पस्पर्धिमहे | अस्पर्धिषि | अस्पर्धिष्वहि | अस्पर्धिष्महि |

4. **गाधृ प्रतिष्ठालिप्सयोर्ग्रन्थे च । गाधृँ । गाध् । गाधते** । A । **सेट्** । **स०** । stand, seek, compose, compile, weave

| | | | | | |
|---|---|---|---|---|---|
| गाधते | गाधेते | गाधन्ते | अगाधत | अगाधेताम् | अगाधन्त |
| गाधसे | गाधेथे | गाधध्वे | अगाधथाः | अगाधेथाम् | अगाधध्वम् |
| गाधे | गाधावहे | गाधामहे | अगाधे | अगाधावहि | अगाधामहि |

| | | | | | |
|---|---|---|---|---|---|
| गाधताम् | गाधेताम् | गाधन्ताम् | गाधेत | गाधेयाताम् | गाधेरन् |
| गाधस्व | गाधेथाम् | गाधध्वम् | गाधेथाः | गाधेयाथाम् | गाधेध्वम् |
| गाधै | गाधावहै | गाधामहै | गाधेय | गाधेवहि | गाधेमहि |

| | | | | | |
|---|---|---|---|---|---|
| गाधिष्यते | गाधिष्येते | गाधिष्यन्ते | अगाधिष्यत | अगाधिष्येताम् | अगाधिष्यन्त |
| गाधिष्यसे | गाधिष्येथे | गाधिष्यध्वे | अगाधिष्यथाः | अगाधिष्येथाम् | अगाधिष्यध्वम् |
| गाधिष्ये | गाधिष्यावहे | गाधिष्यामहे | अगाधिष्ये | अगाधिष्यावहि | अगाधिष्यामहि |

| | | | | | |
|---|---|---|---|---|---|
| गाधिता | गाधितारौ | गाधितारः | गाधिषीष्ट | गाधिषीयास्ताम् | गाधिषीरन् |
| गाधितासे | गाधितासाथे | गाधिताध्वे | गाधिषीष्ठाः | गाधिषीयास्थाम् | गाधिषीध्वम् |
| गाधिताहे | गाधितास्वहे | गाधितास्महे | गाधिषीय | गाधिषीवहि | गाधिषीमहि |

| | | | | | |
|---|---|---|---|---|---|
| जगाधे | जगाधाते | जगाधिरे | अगाधिष्ट | अगाधिषाताम् | अगाधिषत |
| जगाधिषे | जगाधाथे | जगाधिध्वे | अगाधिष्ठाः | अगाधिषाथाम् | अगाधिढ्वम् |
| जगाधे | जगाधिवहे | जगाधिमहे | अगाधिषि | अगाधिष्वहि | अगाधिष्महि |

5. **बाधृ विलोडने । बाधृँ । बाध् । बाधते** । A । **सेट्** । **स०** । to obstruct, oppress, harass

| | | | | | |
|---|---|---|---|---|---|
| बाधते | बाधेते | बाधन्ते | अबाधत | अबाधेताम् | अबाधन्त |
| बाधसे | बाधेथे | बाधध्वे | अबाधथाः | अबाधेथाम् | अबाधध्वम् |
| बाधे | बाधावहे | बाधामहे | अबाधे | अबाधावहि | अबाधामहि |

| | | | | | |
|---|---|---|---|---|---|
| बाधताम् | बाधेताम् | बाधन्ताम् | बाधेत | बाधेयाताम् | बाधेरन् |
| बाधस्व | बाधेथाम् | बाधध्वम् | बाधेथाः | बाधेयाथाम् | बाधेध्वम् |
| बाधै | बाधावहै | बाधामहै | बाधेय | बाधेवहि | बाधेमहि |

| | | | | | |
|---|---|---|---|---|---|
| बाधिष्यते | बाधिष्येते | बाधिष्यन्ते | अबाधिष्यत | अबाधिष्येताम् | अबाधिष्यन्त |
| बाधिष्यसे | बाधिष्येथे | बाधिष्यध्वे | अबाधिष्यथाः | अबाधिष्येथाम् | अबाधिष्यध्वम् |
| बाधिष्ये | बाधिष्यावहे | बाधिष्यामहे | अबाधिष्ये | अबाधिष्यावहि | अबाधिष्यामहि |

| | | | | | |
|---|---|---|---|---|---|
| बाधिता | बाधितारौ | बाधितारः | बाधिषीष्ट | बाधिषीयास्ताम् | बाधिषीरन् |

| | | | | | |
|---|---|---|---|---|---|
| बाधितासे | बाधितासाथे | बाधिताध्वे | बाधिषीष्ठाः | बाधिषीयास्थाम् | बाधिषीध्वम् |
| बाधिताहे | बाधितास्वहे | बाधितास्महे | बाधिषीय | बाधिषीवहि | बाधिषीमहि |

| | | | | | |
|---|---|---|---|---|---|
| बबाधे | बबाधाते | बबाधिरे | अबाधिष्ट | अबाधिषाताम् | अबाधिषत |
| बबाधिषे | बबाधाथे | बबाधिध्वे | अबाधिष्ठाः | अबाधिषाथाम् | अबाधिध्वम् |
| बबाधे | बबाधिवहे | बबाधिमहे | अबाधिषि | अबाधिष्वहि | अबाधिष्महि |

6. **नाथृ याच्ञोपतापैश्वर्याशीष्षु । नाथृँ । नाथ् । नाथते** । A* । **सेट्** । **स०** । to ask, be ill, be famous, bless

1.3.21 **क्रीडोऽनुसम्परिभ्यश्च । वा० आशिषि नाथः वक्तव्यम् । आशीः अर्थे आत्मने , अन्येषु परस्मै ।**

| | | | | | |
|---|---|---|---|---|---|
| नाथते | नाथेते | नाथन्ते | अनाथत | अनाथेताम् | अनाथन्त |
| नाथसे | नाथेथे | नाथध्वे | अनाथथाः | अनाथेथाम् | अनाथध्वम् |
| नाथे | नाथावहे | नाथामहे | अनाथे | अनाथावहि | अनाथामहि |

| | | | | | |
|---|---|---|---|---|---|
| नाथताम् | नाथेताम् | नाथन्ताम् | नाथेत | नाथेयाताम् | नाथेरन् |
| नाथस्व | नाथेथाम् | नाथध्वम् | नाथेथाः | नाथेयाथाम् | नाथेध्वम् |
| नाथै | नाथावहै | नाथामहै | नाथेय | नाथेवहि | नाथेमहि |

| | | | | | |
|---|---|---|---|---|---|
| नाथिष्यते | नाथिष्येते | नाथिष्यन्ते | अनाथिष्यत | अनाथिष्येताम् | अनाथिष्यन्त |
| नाथिष्यसे | नाथिष्येथे | नाथिष्यध्वे | अनाथिष्यथाः | अनाथिष्येथाम् | अनाथिष्यध्वम् |
| नाथिष्ये | नाथिष्यावहे | नाथिष्यामहे | अनाथिष्ये | अनाथिष्यावहि | अनाथिष्यामहि |

| | | | | | |
|---|---|---|---|---|---|
| नाथिता | नाथितारौ | नाथितारः | नाथिषीष्ट | नाथिषीयास्ताम् | नाथिषीरन् |
| नाथितासे | नाथितासाथे | नाथिताध्वे | नाथिषीष्ठाः | नाथिषीयास्थाम् | नाथिषीध्वम् |
| नाथिताहे | नाथितास्वहे | नाथितास्महे | नाथिषीय | नाथिषीवहि | नाथिषीमहि |

| | | | | | |
|---|---|---|---|---|---|
| ननाथे | ननाथाते | ननाथिरे | अनाथिष्ट | अनाथिषाताम् | अनाथिषत |
| ननाथिषे | ननाथाथे | ननाथिध्वे | अनाथिष्ठाः | अनाथिषाथाम् | अनाथिध्वम् |
| ननाथे | ननाथिवहे | ननाथिमहे | अनाथिषि | अनाथिष्वहि | अनाथिष्महि |

1.3.21 **क्रीडोऽनुसम्परिभ्यश्च । वा० आशिषि नाथः वक्तव्यम् । आशीः अर्थे आत्मने , अन्येषु परस्मै ।**

| | | | | | |
|---|---|---|---|---|---|
| नाथति | नाथतः | नाथन्ति | अनाथत् | अनाथताम् | अनाथन् |
| नाथसि | नाथथः | नाथथ | अनाथः | अनाथतम् | अनाथत |
| नाथामि | नाथावः | नाथामः | अनाथम् | अनाथाव | अनाथाम |

| | | | | | |
|---|---|---|---|---|---|
| नाथतु | नाथताम् | नाथन्तु | नाथेत् | नाथेताम् | नाथेयुः |
| नाथ | नाथतम् | नाथत | नाथेः | नाथेतम् | नाथेत |
| नाथानि | नाथाव | नाथाम | नाथेयम् | नाथेव | नाथेम |

| | | | | | |
|---|---|---|---|---|---|
| नाथिष्यति | नाथिष्यतः | नाथिष्यन्ति | अनाथिष्यत् | अनाथिष्यताम् | अनाथिष्यन् |
| नाथिष्यसि | नाथिष्यथः | नाथिष्यथ | अनाथिष्यः | अनाथिष्यतम् | अनाथिष्यत |
| नाथिष्यामि | नाथिष्यावः | नाथिष्यामः | अनाथिष्यम् | अनाथिष्याव | अनाथिष्याम |

| | | | | | |
|---|---|---|---|---|---|
| नाथिता | नाथितारौ | नाथितारः | नाथ्यात् | नाथ्यास्ताम् | नाथ्यासुः |

| | | | | | |
|---|---|---|---|---|---|
| नाथितासि | नाथितास्थः | नाथितास्थ | नाथ्याः | नाथ्यास्तम् | नाथ्यास्त |
| नाथितास्मि | नाथितास्वः | नाथितास्मः | नाथ्यासम् | नाथ्यास्व | नाथ्यास्म |

| | | | | | |
|---|---|---|---|---|---|
| ननाथ | ननाथतुः | ननाथुः | अनाथीत् | अनाथिष्टाम् | अनाथिषुः |
| ननाथिथ | ननाथथुः | ननाथ | अनाथीः | अनाथिष्टम् | अनाथिष्ट |
| ननाथ | ननाथिव | ननाथिम | अनाथिषम् | अनाथिष्व | अनाथिष्म |

7. **नाधृ याञ्चोपतापैश्वर्याशीष्षु । नाधृँ । नाध् । नाधते** । A । **सेट्** । **स०** । to ask, be ill, be famous, bless

| | | | | | |
|---|---|---|---|---|---|
| नाधते | नाधेते | नाधन्ते | अनाधत | अनाधेताम् | अनाधन्त |
| नाधसे | नाधेथे | नाधध्वे | अनाधथाः | अनाधेथाम् | अनाधध्वम् |
| नाधे | नाधावहे | नाधामहे | अनाधे | अनाधावहि | अनाधामहि |

| | | | | | |
|---|---|---|---|---|---|
| नाधताम् | नाधेताम् | नाधन्ताम् | नाधेत | नाधेयाताम् | नाधेरन् |
| नाधस्व | नाधेथाम् | नाधध्वम् | नाधेथाः | नाधेयाथाम् | नाधेध्वम् |
| नाधै | नाधावहै | नाधामहै | नाधेय | नाधेवहि | नाधेमहि |

| | | | | | |
|---|---|---|---|---|---|
| नाधिष्यते | नाधिष्येते | नाधिष्यन्ते | अनाधिष्यत | अनाधिष्येताम् | अनाधिष्यन्त |
| नाधिष्यसे | नाधिष्येथे | नाधिष्यध्वे | अनाधिष्यथाः | अनाधिष्येथाम् | अनाधिष्यध्वम् |
| नाधिष्ये | नाधिष्यावहे | नाधिष्यामहे | अनाधिष्ये | अनाधिष्यावहि | अनाधिष्यामहि |

| | | | | | |
|---|---|---|---|---|---|
| नाधिता | नाधितारौ | नाधितारः | नाधिषीष्ट | नाधिषीयास्ताम् | नाधिषीरन् |
| नाधितासे | नाधितासाथे | नाधिताध्वे | नाधिषीष्ठाः | नाधिषीयास्थाम् | नाधिषीध्वम् |
| नाधिताहे | नाधितास्वहे | नाधितास्महे | नाधिषीय | नाधिषीवहि | नाधिषीमहि |

| | | | | | |
|---|---|---|---|---|---|
| ननाधे | ननाधाते | ननाधिरे | अनाधिष्ट | अनाधिषाताम् | अनाधिषत |
| ननाधिषे | ननाधाथे | ननाधिध्वे | अनाधिष्ठाः | अनाधिषाथाम् | अनाधिढ्वम् |
| ननाधे | ननाधिवहे | ननाधिमहे | अनाधिषि | अनाधिष्वहि | अनाधिष्महि |

8. **दध धारणे । दद धारणे , दध दाने इत्येके । दधँ । दध् । दधते** । A । **सेट्** । **स०** । to support, take

| | | | | | |
|---|---|---|---|---|---|
| दधते | दधेते | दधन्ते | अदधत | अदधेताम् | अदधन्त |
| दधसे | दधेथे | दधध्वे | अदधथाः | अदधेथाम् | अदधध्वम् |
| दधे | दधावहे | दधामहे | अदधे | अदधावहि | अदधामहि |

| | | | | | |
|---|---|---|---|---|---|
| दधताम् | दधेताम् | दधन्ताम् | दधेत | दधेयाताम् | दधेरन् |
| दधस्व | दधेथाम् | दधध्वम् | दधेथाः | दधेयाथाम् | दधेध्वम् |
| दधै | दधावहै | दधामहै | दधेय | दधेवहि | दधेमहि |

| | | | | | |
|---|---|---|---|---|---|
| दधिष्यते | दधिष्येते | दधिष्यन्ते | अदधिष्यत | अदधिष्येताम् | अदधिष्यन्त |
| दधिष्यसे | दधिष्येथे | दधिष्यध्वे | अदधिष्यथाः | अदधिष्येथाम् | अदधिष्यध्वम् |
| दधिष्ये | दधिष्यावहे | दधिष्यामहे | अदधिष्ये | अदधिष्यावहि | अदधिष्यामहि |

| | | | | | |
|---|---|---|---|---|---|
| दधिता | दधितारौ | दधितारः | दधिषीष्ट | दधिषीयास्ताम् | दधिषीरन् |
| दधितासे | दधितासाथे | दधिताध्वे | दधिषीष्ठाः | दधिषीयास्थाम् | दधिषीध्वम् |

| | | | | | |
|---|---|---|---|---|---|
| दधिताहे | दधितास्वहे | दधितास्महे | दधिषीय | दधिषीवहि | दधिषीमहि |

| | | | | | |
|---|---|---|---|---|---|
| देधे | देधाते | देधिरे | अदधिष्ट | अदधिषाताम् | अदधिषत |
| देधिषे | देधाथे | देधिध्वे | अदधिष्ठाः | अदधिषाथाम् | अदधिध्वम् |
| देधे | देधिवहे | देधिमहे | अदधिषि | अदधिष्वहि | अदधिष्महि |

9. **स्कुदि आप्रवणे । स्कुदिँ । स्कुन्द् । स्कुन्दते** । A । **सेट्** । **स०** । to jump

| | | | | | |
|---|---|---|---|---|---|
| स्कुन्दते | स्कुन्देते | स्कुन्दन्ते | अस्कुन्दत | अस्कुन्देताम् | अस्कुन्दन्त |
| स्कुन्दसे | स्कुन्देथे | स्कुन्दध्वे | अस्कुन्दथाः | अस्कुन्देथाम् | अस्कुन्दध्वम् |
| स्कुन्दे | स्कुन्दावहे | स्कुन्दामहे | अस्कुन्दे | अस्कुन्दावहि | अस्कुन्दामहि |

| | | | | | |
|---|---|---|---|---|---|
| स्कुन्दताम् | स्कुन्देताम् | स्कुन्दन्ताम् | स्कुन्देत | स्कुन्देयाताम् | स्कुन्देरन् |
| स्कुन्दस्व | स्कुन्देथाम् | स्कुन्दध्वम् | स्कुन्देथाः | स्कुन्देयाथाम् | स्कुन्देध्वम् |
| स्कुन्दै | स्कुन्दावहै | स्कुन्दामहै | स्कुन्देय | स्कुन्देवहि | स्कुन्देमहि |

| | | | | | |
|---|---|---|---|---|---|
| स्कुन्दिष्यते | स्कुन्दिष्येते | स्कुन्दिष्यन्ते | अस्कुन्दिष्यत | अस्कुन्दिष्येताम् | अस्कुन्दिष्यन्त |
| स्कुन्दिष्यसे | स्कुन्दिष्येथे | स्कुन्दिष्यध्वे | अस्कुन्दिष्यथाः | अस्कुन्दिष्येथाम् | अस्कुन्दिष्यध्वम् |
| स्कुन्दिष्ये | स्कुन्दिष्यावहे | स्कुन्दिष्यामहे | अस्कुन्दिष्ये | अस्कुन्दिष्यावहि | अस्कुन्दिष्यामहि |

| | | | | | |
|---|---|---|---|---|---|
| स्कुन्दिता | स्कुन्दितारौ | स्कुन्दितारः | स्कुन्दिषीष्ट | **स्कुन्दिषीयास्ताम्** | स्कुन्दिषीरन् |
| स्कुन्दितासे | स्कुन्दितासाथे | स्कुन्दिताध्वे | स्कुन्दिषीष्ठाः | **स्कुन्दिषीयास्थाम्** | स्कुन्दिषीध्वम् |
| स्कुन्दिताहे | स्कुन्दितास्वहे | स्कुन्दितास्महे | स्कुन्दिषीय | स्कुन्दिषीवहि | स्कुन्दिषीमहि |

| | | | | | |
|---|---|---|---|---|---|
| चुस्कुन्दे | चुस्कुन्दाते | चुस्कुन्दिरे | अस्कुन्दिष्ट | अस्कुन्दिषाताम् | अस्कुन्दिषत |
| चुस्कुन्दिषे | चुस्कुन्दाथे | चुस्कुन्दिध्वे | अस्कुन्दिष्ठाः | अस्कुन्दिषाथाम् | अस्कुन्दिध्वम् |
| चुस्कुन्दे | चुस्कुन्दिवहे | चुस्कुन्दिमहे | अस्कुन्दिषि | अस्कुन्दिष्वहि | अस्कुन्दिष्महि |

10. **श्विदि श्वैत्ये । श्विदिँ । श्विन्द् । श्विन्दते** । A । **सेट्** । **अ०** । to whitewash, be white

| | | | | | |
|---|---|---|---|---|---|
| श्विन्दते | श्विन्देते | श्विन्दन्ते | अश्विन्दत | अश्विन्देताम् | अश्विन्दन्त |
| श्विन्दसे | श्विन्देथे | श्विन्दध्वे | अश्विन्दथाः | अश्विन्देथाम् | अश्विन्दध्वम् |
| श्विन्दे | श्विन्दावहे | श्विन्दामहे | अश्विन्दे | अश्विन्दावहि | अश्विन्दामहि |

| | | | | | |
|---|---|---|---|---|---|
| श्विन्दताम् | श्विन्देताम् | श्विन्दन्ताम् | श्विन्देत | श्विन्देयाताम् | श्विन्देरन् |
| श्विन्दस्व | श्विन्देथाम् | श्विन्दध्वम् | श्विन्देथाः | श्विन्देयाथाम् | श्विन्देध्वम् |
| श्विन्दै | श्विन्दावहै | श्विन्दामहै | श्विन्देय | श्विन्देवहि | श्विन्देमहि |

| | | | | | |
|---|---|---|---|---|---|
| श्विन्दिष्यते | श्विन्दिष्येते | श्विन्दिष्यन्ते | अश्विन्दिष्यत | अश्विन्दिष्येताम् | अश्विन्दिष्यन्त |
| श्विन्दिष्यसे | श्विन्दिष्येथे | श्विन्दिष्यध्वे | अश्विन्दिष्यथाः | अश्विन्दिष्येथाम् | अश्विन्दिष्यध्वम् |
| श्विन्दिष्ये | श्विन्दिष्यावहे | श्विन्दिष्यामहे | अश्विन्दिष्ये | अश्विन्दिष्यावहि | अश्विन्दिष्यामहि |

| | | | | | |
|---|---|---|---|---|---|
| श्विन्दिता | श्विन्दितारौ | श्विन्दितारः | श्विन्दिषीष्ट | **श्विन्दिषीयास्ताम्** | श्विन्दिषीरन् |
| श्विन्दितासे | श्विन्दितासाथे | श्विन्दिताध्वे | श्विन्दिषीष्ठाः | **श्विन्दिषीयास्थाम्** | श्विन्दिषीध्वम् |

| | | | | | |
|---|---|---|---|---|---|
| श्विन्दिताहे | श्विन्दितास्वहे | श्विन्दितास्महे | श्विन्दिषीय | श्विन्दिषीवहि | श्विन्दिषीमहि |

| | | | | | |
|---|---|---|---|---|---|
| शिश्विन्दे | शिश्विन्दाते | शिश्विन्दिरे | अश्विन्दिष्ट | अश्विन्दिषाताम् | अश्विन्दिषत |
| शिश्विन्दिषे | शिश्विन्दाथे | शिश्विन्दिध्वे | अश्विन्दिष्ठाः | अश्विन्दिषाथाम् | अश्विन्दिध्वम् |
| शिश्विन्दे | शिश्विन्दिवहे | शिश्विन्दिमहे | अश्विन्दिषि | अश्विन्दिष्वहि | अश्विन्दिष्महि |

11. वदि अभिवादनस्तुत्योः । वदिँ । वन्द् । वन्दते । A । सेट् । स० । to greet वन्दना ।

| | | | | | |
|---|---|---|---|---|---|
| वन्दते | वन्देते | वन्दन्ते | अवन्दत | अवन्देताम् | अवन्दन्त |
| वन्दसे | वन्देथे | वन्दध्वे | अवन्दथाः | अवन्देथाम् | अवन्दध्वम् |
| वन्दे | वन्दावहे | वन्दामहे | अवन्दे | अवन्दावहि | अवन्दामहि |

| | | | | | |
|---|---|---|---|---|---|
| वन्दताम् | वन्देताम् | वन्दन्ताम् | वन्देत | वन्देयाताम् | वन्देरन् |
| वन्दस्व | वन्देथाम् | वन्दध्वम् | वन्देथाः | वन्देयाथाम् | वन्देध्वम् |
| वन्दै | वन्दावहै | वन्दामहै | वन्देय | वन्देवहि | वन्देमहि |

| | | | | | |
|---|---|---|---|---|---|
| वन्दिष्यते | वन्दिष्येते | वन्दिष्यन्ते | अवन्दिष्यत | अवन्दिष्येताम् | अवन्दिष्यन्त |
| वन्दिष्यसे | वन्दिष्येथे | वन्दिष्यध्वे | अवन्दिष्यथाः | अवन्दिष्येथाम् | अवन्दिष्यध्वम् |
| वन्दिष्ये | वन्दिष्यावहे | वन्दिष्यामहे | अवन्दिष्ये | अवन्दिष्यावहि | अवन्दिष्यामहि |

| | | | | | |
|---|---|---|---|---|---|
| वन्दिता | वन्दितारौ | वन्दितारः | वन्दिषीष्ट | वन्दिषीयास्ताम् | वन्दिषीरन् |
| वन्दितासे | वन्दितासाथे | वन्दिताध्वे | वन्दिषीष्ठाः | वन्दिषीयास्थाम् | वन्दिषीध्वम् |
| वन्दिताहे | वन्दितास्वहे | वन्दितास्महे | वन्दिषीय | वन्दिषीवहि | वन्दिषीमहि |

| | | | | | |
|---|---|---|---|---|---|
| ववन्दे | ववन्दाते | ववन्दिरे | अवन्दिष्ट | अवन्दिषाताम् | अवन्दिषत |
| ववन्दिषे | ववन्दाथे | ववन्दिध्वे | अवन्दिष्ठाः | अवन्दिषाथाम् | अवन्दिध्वम् |
| ववन्दे | ववन्दिवहे | ववन्दिमहे | अवन्दिषि | अवन्दिष्वहि | अवन्दिष्महि |

12. भदि कल्याणे सुखे च । भदिँ । भन्द् । भन्दते । A । सेट् । अ० । to make auspicious

| | | | | | |
|---|---|---|---|---|---|
| भन्दते | भन्देते | भन्दन्ते | अभन्दत | अभन्देताम् | अभन्दन्त |
| भन्दसे | भन्देथे | भन्दध्वे | अभन्दथाः | अभन्देथाम् | अभन्दध्वम् |
| भन्दे | भन्दावहे | भन्दामहे | अभन्दे | अभन्दावहि | अभन्दामहि |

| | | | | | |
|---|---|---|---|---|---|
| भन्दताम् | भन्देताम् | भन्दन्ताम् | भन्देत | भन्देयाताम् | भन्देरन् |
| भन्दस्व | भन्देथाम् | भन्दध्वम् | भन्देथाः | भन्देयाथाम् | भन्देध्वम् |
| भन्दै | भन्दावहै | भन्दामहै | भन्देय | भन्देवहि | भन्देमहि |

| | | | | | |
|---|---|---|---|---|---|
| भन्दिष्यते | भन्दिष्येते | भन्दिष्यन्ते | अभन्दिष्यत | अभन्दिष्येताम् | अभन्दिष्यन्त |
| भन्दिष्यसे | भन्दिष्येथे | भन्दिष्यध्वे | अभन्दिष्यथाः | अभन्दिष्येथाम् | अभन्दिष्यध्वम् |
| भन्दिष्ये | भन्दिष्यावहे | भन्दिष्यामहे | अभन्दिष्ये | अभन्दिष्यावहि | अभन्दिष्यामहि |

| | | | | | |
|---|---|---|---|---|---|
| भन्दिता | भन्दितारौ | भन्दितारः | भन्दिषीष्ट | भन्दिषीयास्ताम् | भन्दिषीरन् |
| भन्दितासे | भन्दितासाथे | भन्दिताध्वे | भन्दिषीष्ठाः | भन्दिषीयास्थाम् | भन्दिषीध्वम् |
| भन्दिताहे | भन्दितास्वहे | भन्दितास्महे | भन्दिषीय | भन्दिषीवहि | भन्दिषीमहि |

| | | | | | |
|---|---|---|---|---|---|
| बभन्दे | बभन्दाते | बभन्दिरे | अभन्दिष्ट | अभन्दिषाताम् | अभन्दिषत |
| बभन्दिषे | बभन्दाथे | बभन्दिध्वे | अभन्दिष्ठाः | अभन्दिषाथाम् | अभन्दिध्वम् |
| बभन्दे | बभन्दिवहे | बभन्दिमहे | अभन्दिषि | अभन्दिष्वहि | अभन्दिष्महि |

13. **मदि स्तुतिमोदमदस्वप्नकान्तिगतिषु । मदिँ । मन्द् । मन्दते** । A । **सेट्** । **अ०** । to praise

| | | | | | |
|---|---|---|---|---|---|
| मन्दते | मन्देते | मन्दन्ते | अमन्दत | अमन्देताम् | अमन्दन्त |
| मन्दसे | मन्देथे | मन्दध्वे | अमन्दथाः | अमन्देथाम् | अमन्दध्वम् |
| मन्दे | मन्दावहे | मन्दामहे | अमन्दे | अमन्दावहि | अमन्दामहि |

| | | | | | |
|---|---|---|---|---|---|
| मन्दताम् | मन्देताम् | मन्दन्ताम् | मन्देत | मन्देयाताम् | मन्देरन् |
| मन्दस्व | मन्देथाम् | मन्दध्वम् | मन्देथाः | मन्देयाथाम् | मन्देध्वम् |
| मन्दै | मन्दावहै | मन्दामहै | मन्देय | मन्देवहि | मन्देमहि |

| | | | | | |
|---|---|---|---|---|---|
| मन्दिष्यते | मन्दिष्येते | मन्दिष्यन्ते | अमन्दिष्यत | अमन्दिष्येताम् | अमन्दिष्यन्त |
| मन्दिष्यसे | मन्दिष्येथे | मन्दिष्यध्वे | अमन्दिष्यथाः | अमन्दिष्येथाम् | अमन्दिष्यध्वम् |
| मन्दिष्ये | मन्दिष्यावहे | मन्दिष्यामहे | अमन्दिष्ये | अमन्दिष्यावहि | अमन्दिष्यामहि |

| | | | | | |
|---|---|---|---|---|---|
| मन्दिता | मन्दितारौ | मन्दितारः | मन्दिषीष्ट | मन्दिषीयास्ताम् | मन्दिषीरन् |
| मन्दितासे | मन्दितासाथे | मन्दिताध्वे | मन्दिषीष्ठाः | मन्दिषीयास्थाम् | मन्दिषीध्वम् |
| मन्दिताहे | मन्दितास्वहे | मन्दितास्महे | मन्दिषीय | मन्दिषीवहि | मन्दिषीमहि |

| | | | | | |
|---|---|---|---|---|---|
| ममन्दे | ममन्दाते | ममन्दिरे | अमन्दिष्ट | अमन्दिषाताम् | अमन्दिषत |
| ममन्दिषे | ममन्दाथे | ममन्दिध्वे | अमन्दिष्ठाः | अमन्दिषाथाम् | अमन्दिध्वम् |
| ममन्दे | ममन्दिवहे | ममन्दिमहे | अमन्दिषि | अमन्दिष्वहि | अमन्दिष्महि |

14. **स्पदि किञ्चित् चलने । स्पदिँ । स्पन्द् । स्पन्दते** । A । **सेट्** । **अ०** । to throb

| | | | | | |
|---|---|---|---|---|---|
| स्पन्दते | स्पन्देते | स्पन्दन्ते | अस्पन्दत | अस्पन्देताम् | अस्पन्दन्त |
| स्पन्दसे | स्पन्देथे | स्पन्दध्वे | अस्पन्दथाः | अस्पन्देथाम् | अस्पन्दध्वम् |
| स्पन्दे | स्पन्दावहे | स्पन्दामहे | अस्पन्दे | अस्पन्दावहि | अस्पन्दामहि |

| | | | | | |
|---|---|---|---|---|---|
| स्पन्दताम् | स्पन्देताम् | स्पन्दन्ताम् | स्पन्देत | स्पन्देयाताम् | स्पन्देरन् |
| स्पन्दस्व | स्पन्देथाम् | स्पन्दध्वम् | स्पन्देथाः | स्पन्देयाथाम् | स्पन्देध्वम् |
| स्पन्दै | स्पन्दावहै | स्पन्दामहै | स्पन्देय | स्पन्देवहि | स्पन्देमहि |

| | | | | | |
|---|---|---|---|---|---|
| स्पन्दिष्यते | स्पन्दिष्येते | स्पन्दिष्यन्ते | अस्पन्दिष्यत | अस्पन्दिष्येताम् | अस्पन्दिष्यन्त |
| स्पन्दिष्यसे | स्पन्दिष्येथे | स्पन्दिष्यध्वे | अस्पन्दिष्यथाः | अस्पन्दिष्येथाम् | अस्पन्दिष्यध्वम् |
| स्पन्दिष्ये | स्पन्दिष्यावहे | स्पन्दिष्यामहे | अस्पन्दिष्ये | अस्पन्दिष्यावहि | अस्पन्दिष्यामहि |

| | | | | | |
|---|---|---|---|---|---|
| स्पन्दिता | स्पन्दितारौ | स्पन्दितारः | स्पन्दिषीष्ट | **स्पन्दिषीयास्ताम्** | स्पन्दिषीरन् |
| स्पन्दितासे | स्पन्दितासाथे | स्पन्दिताध्वे | स्पन्दिषीष्ठाः | **स्पन्दिषीयास्थाम्** | स्पन्दिषीध्वम् |
| स्पन्दिताहे | स्पन्दितास्वहे | स्पन्दितास्महे | स्पन्दिषीय | स्पन्दिषीवहि | स्पन्दिषीमहि |

| | | | | | |
|---|---|---|---|---|---|
| पस्पन्दे | पस्पन्दाते | पस्पन्दिरे | अस्पन्दिष्ट | अस्पन्दिषाताम् | अस्पन्दिषत |
| पस्पन्दिषे | पस्पन्दाथे | पस्पन्दिध्वे | अस्पन्दिष्ठाः | अस्पन्दिषाथाम् | अस्पन्दिध्वम् |
| पस्पन्दे | पस्पन्दिवहे | पस्पन्दिमहे | अस्पन्दिषि | अस्पन्दिष्वहि | अस्पन्दिष्महि |

**15. क्लिदि परिदेवने । क्लिदिँ । क्लिन्द् । क्लिन्दते । A । सेट् । अ० । to lament**

| | | | | | |
|---|---|---|---|---|---|
| क्लिन्दते | क्लिन्देते | क्लिन्दन्ते | अक्लिन्दत | अक्लिन्देताम् | अक्लिन्दन्त |
| क्लिन्दसे | क्लिन्देथे | क्लिन्दध्वे | अक्लिन्दथाः | अक्लिन्देथाम् | अक्लिन्दध्वम् |
| क्लिन्दे | क्लिन्दावहे | क्लिन्दामहे | अक्लिन्दे | अक्लिन्दावहि | अक्लिन्दामहि |

| | | | | | |
|---|---|---|---|---|---|
| क्लिन्दताम् | क्लिन्देताम् | क्लिन्दन्ताम् | क्लिन्देत | क्लिन्देयाताम् | क्लिन्देरन् |
| क्लिन्दस्व | क्लिन्देथाम् | क्लिन्दध्वम् | क्लिन्देथाः | क्लिन्देयाथाम् | क्लिन्देध्वम् |
| क्लिन्दै | क्लिन्दावहै | क्लिन्दामहै | क्लिन्देय | क्लिन्देवहि | क्लिन्देमहि |

| | | | | | |
|---|---|---|---|---|---|
| क्लिन्दिष्यते | क्लिन्दिष्येते | क्लिन्दिष्यन्ते | अक्लिन्दिष्यत | अक्लिन्दिष्येताम् | अक्लिन्दिष्यन्त |
| क्लिन्दिष्यसे | क्लिन्दिष्येथे | क्लिन्दिष्यध्वे | अक्लिन्दिष्यथाः | अक्लिन्दिष्येथाम् | अक्लिन्दिष्यध्वम् |
| क्लिन्दिष्ये | क्लिन्दिष्यावहे | क्लिन्दिष्यामहे | अक्लिन्दिष्ये | अक्लिन्दिष्यावहि | अक्लिन्दिष्यामहि |

| | | | | | |
|---|---|---|---|---|---|
| क्लिन्दिता | क्लिन्दितारौ | क्लिन्दितारः | क्लिन्दिषीष्ट | क्लिन्दिषीयास्ताम् | क्लिन्दिषीरन् |
| क्लिन्दितासे | क्लिन्दितासाथे | क्लिन्दिताध्वे | क्लिन्दिषीष्ठाः | क्लिन्दिषीयास्थाम् | क्लिन्दिषीध्वम् |
| क्लिन्दिताहे | क्लिन्दितास्वहे | क्लिन्दितास्महे | क्लिन्दिषीय | क्लिन्दिषीवहि | क्लिन्दिषीमहि |

| | | | | | |
|---|---|---|---|---|---|
| चिक्लिन्दे | चिक्लिन्दाते | चिक्लिन्दिरे | अक्लिन्दिष्ट | अक्लिन्दिषाताम् | अक्लिन्दिषत |
| चिक्लिन्दिषे | चिक्लिन्दाथे | चिक्लिन्दिध्वे | अक्लिन्दिष्ठाः | अक्लिन्दिषाथाम् | अक्लिन्दिध्वम् |
| चिक्लिन्दे | चिक्लिन्दिवहे | चिक्लिन्दिमहे | अक्लिन्दिषि | अक्लिन्दिष्वहि | अक्लिन्दिष्महि |

**16. मुद हर्षे । मुदँ । मुद् । मोदते । A । सेट् । अ० । to rejoice**

1.2.21 उदुपधाद्भावादिकर्मणोरन्यतरस्याम् । इति सेट् निष्ठायाः वा अकित् इति गुणः । वा० शब्विकरणेभ्य एवेष्यते ।

| | | | | | |
|---|---|---|---|---|---|
| मोदते | मोदेते | मोदन्ते | अमोदत | अमोदेताम् | अमोदन्त |
| मोदसे | मोदेथे | मोदध्वे | अमोदथाः | अमोदेथाम् | अमोदध्वम् |
| मोदे | मोदावहे | मोदामहे | अमोदे | अमोदावहि | अमोदामहि |

| | | | | | |
|---|---|---|---|---|---|
| मोदताम् | मोदेताम् | मोदन्ताम् | मोदेत | मोदेयाताम् | मोदेरन् |
| मोदस्व | मोदेथाम् | मोदध्वम् | मोदेथाः | मोदेयाथाम् | मोदेध्वम् |
| मोदै | मोदावहै | मोदामहै | मोदेय | मोदेवहि | मोदेमहि |

| | | | | | |
|---|---|---|---|---|---|
| मोदिष्यते | मोदिष्येते | मोदिष्यन्ते | अमोदिष्यत | अमोदिष्येताम् | अमोदिष्यन्त |
| मोदिष्यसे | मोदिष्येथे | मोदिष्यध्वे | अमोदिष्यथाः | अमोदिष्येथाम् | अमोदिष्यध्वम् |
| मोदिष्ये | मोदिष्यावहे | मोदिष्यामहे | अमोदिष्ये | अमोदिष्यावहि | अमोदिष्यामहि |

| | | | | | |
|---|---|---|---|---|---|
| मोदिता | मोदितारौ | मोदितारः | मोदिषीष्ट | मोदिषीयास्ताम् | मोदिषीरन् |

| | | | | | |
|---|---|---|---|---|---|
| मोदितासे | मोदितासाथे | मोदिताध्वे | मोदिषीष्ठाः | मोदिषीयास्थाम् | मोदिषीध्वम् |
| मोदिताहे | मोदितास्वहे | मोदितास्महे | मोदिषीय | मोदिषीवहि | मोदिषीमहि |

| | | | | | |
|---|---|---|---|---|---|
| मुमुदे | मुमुदाते | मुमुदिरे | अमोदिष्ट | अमोदिषाताम् | अमोदिषत |
| मुमुदिषे | मुमुदाथे | मुमुदिध्वे | अमोदिष्ठाः | अमोदिषाथाम् | अमोदिढ्वम् |
| मुमुदे | मुमुदिवहे | मुमुदिमहे | अमोदिषि | अमोदिष्वहि | अमोदिष्महि |

17. दद दाने । द॒दँ । दद् । ददते । A । सेट् । स० । to donate, give

| | | | | | |
|---|---|---|---|---|---|
| ददते | ददेते | ददन्ते | अददत | अददेताम् | अददन्त |
| ददसे | ददेथे | ददध्वे | अददथाः | अददेथाम् | अददध्वम् |
| ददे | ददावहे | ददामहे | अददे | अददावहि | अददामहि |

| | | | | | |
|---|---|---|---|---|---|
| ददताम् | ददेताम् | ददन्ताम् | ददेत | ददेयाताम् | ददेरन् |
| ददस्व | ददेथाम् | ददध्वम् | ददेथाः | ददेयाथाम् | ददेध्वम् |
| ददै | ददावहै | ददामहै | ददेय | ददेवहि | ददेमहि |

| | | | | | |
|---|---|---|---|---|---|
| ददिष्यते | ददिष्येते | ददिष्यन्ते | अददिष्यत | अददिष्येताम् | अददिष्यन्त |
| ददिष्यसे | ददिष्येथे | ददिष्यध्वे | अददिष्यथाः | अददिष्येथाम् | अददिष्यध्वम् |
| ददिष्ये | ददिष्यावहे | ददिष्यामहे | अददिष्ये | अददिष्यावहि | अददिष्यामहि |

| | | | | | |
|---|---|---|---|---|---|
| ददिता | ददितारौ | ददितारः | ददिषीष्ट | ददिषीयास्ताम् | ददिषीरन् |
| ददितासे | ददितासाथे | ददिताध्वे | ददिषीष्ठाः | ददिषीयास्थाम् | ददिषीध्वम् |
| ददिताहे | ददितास्वहे | ददितास्महे | ददिषीय | ददिषीवहि | ददिषीमहि |

| | | | | | |
|---|---|---|---|---|---|
| ददDे | दददाते | दददिरे | अददिष्ट | अददिषाताम् | अददिषत |
| दददिषे | दददाथे | दददिध्वे | अददिष्ठाः | अददिषाथाम् | अददिढ्वम् |
| दददे | दददिवहे | दददिमहे | अददिषि | अददिष्वहि | अददिष्महि |

18. ष्वद आस्वादने । ष्व॒दँ । स्वद् । स्वदते । A । सेट् । स० । to taste

| | | | | | |
|---|---|---|---|---|---|
| स्वदते | स्वदेते | स्वदन्ते | अस्वदत | अस्वदेताम् | अस्वदन्त |
| स्वदसे | स्वदेथे | स्वदध्वे | अस्वदथाः | अस्वदेथाम् | अस्वदध्वम् |
| स्वदे | स्वदावहे | स्वदामहे | अस्वदे | अस्वदावहि | अस्वदामहि |

| | | | | | |
|---|---|---|---|---|---|
| स्वदताम् | स्वदेताम् | स्वदन्ताम् | स्वदेत | स्वदेयाताम् | स्वदेरन् |
| स्वदस्व | स्वदेथाम् | स्वदध्वम् | स्वदेथाः | स्वदेयाथाम् | स्वदेध्वम् |
| स्वदै | स्वदावहै | स्वदामहै | स्वदेय | स्वदेवहि | स्वदेमहि |

| | | | | | |
|---|---|---|---|---|---|
| स्वदिष्यते | स्वदिष्येते | स्वदिष्यन्ते | अस्वदिष्यत | अस्वदिष्येताम् | अस्वदिष्यन्त |
| स्वदिष्यसे | स्वदिष्येथे | स्वदिष्यध्वे | अस्वदिष्यथाः | अस्वदिष्येथाम् | अस्वदिष्यध्वम् |
| स्वदिष्ये | स्वदिष्यावहे | स्वदिष्यामहे | अस्वदिष्ये | अस्वदिष्यावहि | अस्वदिष्यामहि |

| | | | | | |
|---|---|---|---|---|---|
| स्वदिता | स्वदितारौ | स्वदितारः | स्वदिषीष्ट | स्वदिषीयास्ताम् | स्वदिषीरन् |
| स्वदितासे | स्वदितासाथे | स्वदिताध्वे | स्वदिषीष्ठाः | स्वदिषीयास्थाम् | स्वदिषीध्वम् |

| | | | | | |
|---|---|---|---|---|---|
| स्वदिताहे | स्वदितास्वहे | स्वदितास्महे | स्वदिषीय | स्वदिषीवहि | स्वदिषीमहि |

| | | | | | |
|---|---|---|---|---|---|
| सस्वदे | सस्वदाते | सस्वदिरे | अस्वदिष्ट | अस्वदिषाताम् | अस्वदिषत |
| सस्वदिषे | सस्वदाथे | सस्वदिध्वे | अस्वदिष्ठाः | अस्वदिषाथाम् | अस्वदिध्वम् |
| सस्वदे | सस्वदिवहे | सस्वदिमहे | अस्वदिषि | अस्वदिष्वहि | अस्वदिष्महि |

19. **स्वर्द आस्वादने । स्वर्दँ । स्वर्द् । स्वर्दते** । A । **सेट्** । **स०** । to taste

| | | | | | |
|---|---|---|---|---|---|
| स्वर्दते | स्वर्देते | स्वर्दन्ते | अस्वर्दत | अस्वर्देताम् | अस्वर्दन्त |
| स्वर्दसे | स्वर्देथे | स्वर्दध्वे | अस्वर्दथाः | अस्वर्देथाम् | अस्वर्दध्वम् |
| स्वर्दे | स्वर्दावहे | स्वर्दामहे | अस्वर्दे | अस्वर्दावहि | अस्वर्दामहि |

| | | | | | |
|---|---|---|---|---|---|
| स्वर्दताम् | स्वर्देताम् | स्वर्दन्ताम् | स्वर्देत | स्वर्देयाताम् | स्वर्देरन् |
| स्वर्दस्व | स्वर्देथाम् | स्वर्दध्वम् | स्वर्देथाः | स्वर्देयाथाम् | स्वर्देध्वम् |
| स्वर्दै | स्वर्दावहै | स्वर्दामहै | स्वर्देय | स्वर्देवहि | स्वर्देमहि |

| | | | | | |
|---|---|---|---|---|---|
| स्वर्दिष्यते | स्वर्दिष्येते | स्वर्दिष्यन्ते | अस्वर्दिष्यत | अस्वर्दिष्येताम् | अस्वर्दिष्यन्त |
| स्वर्दिष्यसे | स्वर्दिष्येथे | स्वर्दिष्यध्वे | अस्वर्दिष्यथाः | अस्वर्दिष्येथाम् | अस्वर्दिष्यध्वम् |
| स्वर्दिष्ये | स्वर्दिष्यावहे | स्वर्दिष्यामहे | अस्वर्दिष्ये | अस्वर्दिष्यावहि | अस्वर्दिष्यामहि |

| | | | | | |
|---|---|---|---|---|---|
| **स्वर्दिता** | **स्वर्दितारौ** | **स्वर्दितारः** | **स्वर्दिषीष्ट** | **स्वर्दिषीयास्ताम्** | **स्वर्दिषीरन्** |
| **स्वर्दितासे** | **स्वर्दितासाथे** | **स्वर्दिताध्वे** | **स्वर्दिषीष्ठाः** | **स्वर्दिषीयास्थाम्** | **स्वर्दिषीध्वम्** |
| स्वर्दिताहे | स्वर्दितास्वहे | स्वर्दितास्महे | स्वर्दिषीय | स्वर्दिषीवहि | स्वर्दिषीमहि |

| | | | | | |
|---|---|---|---|---|---|
| सस्वर्दे | सस्वर्दाते | सस्वर्दिरे | अस्वर्दिष्ट | अस्वर्दिषाताम् | अस्वर्दिषत |
| सस्वर्दिषे | सस्वर्दाथे | सस्वर्दिध्वे | अस्वर्दिष्ठाः | अस्वर्दिषाथाम् | अस्वर्दिध्वम् |
| सस्वर्दे | सस्वर्दिवहे | सस्वर्दिमहे | अस्वर्दिषि | अस्वर्दिष्वहि | अस्वर्दिष्महि |

20. **उर्द माने क्रीडायां च । उर्दँ । उर्द् । ऊर्दते** । A । **सेट्** । **अ०*** । to measure, play, taste. 8.2.78 **उपधायां च**

| | | | | | |
|---|---|---|---|---|---|
| ऊर्दते | ऊर्देते | ऊर्दन्ते | और्दत | और्देताम् | और्दन्त |
| ऊर्दसे | ऊर्देथे | ऊर्दध्वे | और्दथाः | और्देथाम् | और्दध्वम् |
| ऊर्दे | ऊर्दावहे | ऊर्दामहे | और्दे | और्दावहि | और्दामहि |

| | | | | | |
|---|---|---|---|---|---|
| ऊर्दताम् | ऊर्देताम् | ऊर्दन्ताम् | ऊर्देत | ऊर्देयाताम् | ऊर्देरन् |
| ऊर्दस्व | ऊर्देथाम् | ऊर्दध्वम् | ऊर्देथाः | ऊर्देयाथाम् | ऊर्देध्वम् |
| ऊर्दै | ऊर्दावहै | ऊर्दामहै | ऊर्देय | ऊर्देवहि | ऊर्देमहि |

| | | | | | |
|---|---|---|---|---|---|
| ऊर्दिष्यते | ऊर्दिष्येते | ऊर्दिष्यन्ते | और्दिष्यत | और्दिष्येताम् | और्दिष्यन्त |
| ऊर्दिष्यसे | ऊर्दिष्येथे | ऊर्दिष्यध्वे | और्दिष्यथाः | और्दिष्येथाम् | और्दिष्यध्वम् |
| ऊर्दिष्ये | ऊर्दिष्यावहे | ऊर्दिष्यामहे | और्दिष्ये | और्दिष्यावहि | और्दिष्यामहि |

| | | | | | |
|---|---|---|---|---|---|
| ऊर्दिता | ऊर्दितारौ | ऊर्दितारः | ऊर्दिषीष्ट | ऊर्दिषीयास्ताम् | ऊर्दिषीरन् |
| ऊर्दितासे | ऊर्दितासाथे | ऊर्दिताध्वे | ऊर्दिषीष्ठाः | ऊर्दिषीयास्थाम् | ऊर्दिषीध्वम् |

| | | | | | |
|---|---|---|---|---|---|
| ऊर्दिताहे | ऊर्दिताऊहे | ऊर्दितास्महे | ऊर्दिषीय | ऊर्दिषीवहि | ऊर्दिषीमहि |

| लिट् 9 Perfect Past Tense 3.1.35 3.1.36 | | | लुङ् 10 Aorist Past Tense आट् | | |
|---|---|---|---|---|---|
| ऊर्दाञ्चक्रे , | ऊर्दाञ्चक्राते, | ऊर्दाञ्चक्रिरे , | और्दिष्ट | और्दिषाताम् | और्दिषत |
| ऊर्दामास , | ऊर्दामासतुः , | ऊर्दामासुः , | | | |
| ऊर्दाम्बभूव | ऊर्दाम्बभूवतुः | ऊर्दाम्बभूवुः | | | |
| ऊर्दाञ्चकृषे , | ऊर्दाञ्चक्राथे , | ऊर्दाञ्चकृढ्वे , | और्दिष्ठाः | और्दिषाथाम् | और्दिध्वम् |
| ऊर्दामासिथ , | ऊर्दामासथुः , | ऊर्दामास , | | | |
| ऊर्दाम्बभूविथ | ऊर्दाम्बभूवथुः | ऊर्दाम्बभूव | | | |
| ऊर्दाञ्चक्रे , | ऊर्दाञ्चकृवहे , | ऊर्दाञ्चकृमहे, | और्दिषि | और्दिष्वहि | और्दिष्महि |
| ऊर्दामास , | ऊर्दामासिव , | ऊर्दामासिम, | | | |
| ऊर्दाम्बभूव | ऊर्दाम्बभूविव | ऊर्दाम्बभूविम | | | |

21. कुर्द क्रीडायाम् एव । कुर्दँ । कुर्द् । कूर्दते । A । सेट् । अ० । play. 8.2.78 उपधायां च ।

Note – Use of the एव here is a pointer to the fact that the Roots कुर्द खुर्द गुर्द and गुद have ONLY the given meaning क्रीडायाम् । Conversely this can be extended to mean that in the Roots where एव is not present, those can have more meanings. As stated by ancient Grammarians धातूनामनेकार्थाः ।

| | | | | | |
|---|---|---|---|---|---|
| कूर्दते | कूर्देते | कूर्दन्ते | अकूर्दत | अकूर्देताम् | अकूर्दन्त |
| कूर्दसे | कूर्देथे | कूर्दध्वे | अकूर्दथाः | अकूर्देथाम् | अकूर्दध्वम् |
| कूर्दे | कूर्दावहे | कूर्दामहे | अकूर्दे | अकूर्दावहि | अकूर्दामहि |
| | | | | | |
| कूर्दताम् | कूर्देताम् | कूर्दन्ताम् | कूर्देत | कूर्देयाताम् | कूर्देरन् |
| कूर्दस्व | कूर्देथाम् | कूर्दध्वम् | कूर्देथाः | कूर्देयाथाम् | कूर्देध्वम् |
| कूर्दै | कूर्दावहै | कूर्दामहै | कूर्देय | कूर्देवहि | कूर्देमहि |
| | | | | | |
| कूर्दिष्यते | कूर्दिष्येते | कूर्दिष्यन्ते | अकूर्दिष्यत | अकूर्दिष्येताम् | अकूर्दिष्यन्त |
| कूर्दिष्यसे | कूर्दिष्येथे | कूर्दिष्यध्वे | अकूर्दिष्यथाः | अकूर्दिष्येथाम् | अकूर्दिष्यध्वम् |
| कूर्दिष्ये | कूर्दिष्यावहे | कूर्दिष्यामहे | अकूर्दिष्ये | अकूर्दिष्यावहि | अकूर्दिष्यामहि |
| | | | | | |
| कूर्दिता | कूर्दितारौ | कूर्दितारः | कूर्दिषीष्ट | कूर्दिषीयास्ताम् | कूर्दिषीरन् |
| कूर्दितासे | कूर्दितासाथे | कूर्दिताध्वे | कूर्दिषीष्ठाः | कूर्दिषीयास्थाम् | कूर्दिषीध्वम् |
| कूर्दिताहे | कूर्दितास्वहे | कूर्दितास्महे | कूर्दिषीय | कूर्दिषीवहि | कूर्दिषीमहि |
| | | | | | |
| चुकूर्दे | चुकूर्दाते | चुकूर्दिरे | अकूर्दिष्ट | अकूर्दिषाताम् | अकूर्दिषत |
| चुकूर्दिषे | चुकूर्दाथे | चुकूर्दिध्वे | अकूर्दिष्ठाः | अकूर्दिषाथाम् | अकूर्दिध्वम् |
| चुकूर्दे | चुकूर्दिवहे | चुकूर्दिमहे | अकूर्दिषि | अकूर्दिष्वहि | अकूर्दिष्महि |

22. खुर्द क्रीडायाम् एव । खुर्दँ । खुर्द् । खूर्दते । A । सेट् । अ० । play. 8.2.78 उपधायां च ।

| | | | | | |
|---|---|---|---|---|---|
| खूर्दते | खूर्देते | खूर्दन्ते | अखूर्दत | अखूर्देताम् | अखूर्दन्त |

| | | | | | |
|---|---|---|---|---|---|
| खूर्दसे | खूर्देथे | खूर्दध्वे | अखूर्दथाः | अखूर्देथाम् | अखूर्दध्वम् |
| खूर्दे | खूर्दावहे | खूर्दामहे | अखूर्दे | अखूर्दावहि | अखूर्दामहि |

| | | | | | |
|---|---|---|---|---|---|
| खूर्दताम् | खूर्देताम् | खूर्दन्ताम् | खूर्देत | खूर्देयाताम् | खूर्देरन् |
| खूर्दस्व | खूर्देथाम् | खूर्दध्वम् | खूर्देथाः | खूर्देयाथाम् | खूर्देध्वम् |
| खूर्दै | खूर्दावहै | खूर्दामहै | खूर्देय | खूर्देवहि | खूर्देमहि |

| | | | | | |
|---|---|---|---|---|---|
| खूर्दिष्यते | खूर्दिष्येते | खूर्दिष्यन्ते | अखूर्दिष्यत | अखूर्दिष्येताम् | अखूर्दिष्यन्त |
| खूर्दिष्यसे | खूर्दिष्येथे | खूर्दिष्यध्वे | अखूर्दिष्यथाः | अखूर्दिष्येथाम् | अखूर्दिष्यध्वम् |
| खूर्दिष्ये | खूर्दिष्यावहे | खूर्दिष्यामहे | अखूर्दिष्ये | अखूर्दिष्यावहि | अखूर्दिष्यामहि |

| | | | | | |
|---|---|---|---|---|---|
| खूर्दिता | खूर्दितारौ | खूर्दितारः | खूर्दिषीष्ट | खूर्दिषीयास्ताम् | खूर्दिषीरन् |
| खूर्दितासे | खूर्दितासाथे | खूर्दिताध्वे | खूर्दिषीष्ठाः | खूर्दिषीयास्थाम् | खूर्दिषीध्वम् |
| खूर्दिताहे | खूर्दितास्वहे | खूर्दितास्महे | खूर्दिषीय | खूर्दिषीवहि | खूर्दिषीमहि |

| | | | | | |
|---|---|---|---|---|---|
| चुखूर्दे | चुखूर्दाते | चुखूर्दिरे | अखूर्दिष्ट | अखूर्दिषाताम् | अखूर्दिषत |
| चुखूर्दिषे | चुखूर्दाथे | चुखूर्दिध्वे | अखूर्दिष्ठाः | अखूर्दिषाथाम् | अखूर्दिध्वम् |
| चुखूर्दे | चुखूर्दिवहे | चुखूर्दिमहे | अखूर्दिषि | अखूर्दिष्वहि | अखूर्दिष्महि |

23. **गुर्द क्रीडायाम् एव** । **गु॒र्दँ** । **गुर्द्** । **गूर्दते** । A । **सेट्** । **अ०** । play. 8.2.78 **उपधायां च** ।

| | | | | | |
|---|---|---|---|---|---|
| गूर्दते | गूर्देते | गूर्दन्ते | अगूर्दत | अगूर्देताम् | अगूर्दन्त |
| गूर्दसे | गूर्देथे | गूर्दध्वे | अगूर्दथाः | अगूर्देथाम् | अगूर्दध्वम् |
| गूर्दे | गूर्दावहे | गूर्दामहे | अगूर्दे | अगूर्दावहि | अगूर्दामहि |

| | | | | | |
|---|---|---|---|---|---|
| गूर्दताम् | गूर्देताम् | गूर्दन्ताम् | गूर्देत | गूर्देयाताम् | गूर्देरन् |
| गूर्दस्व | गूर्देथाम् | गूर्दध्वम् | गूर्देथाः | गूर्देयाथाम् | गूर्देध्वम् |
| गूर्दै | गूर्दावहै | गूर्दामहै | गूर्देय | गूर्देवहि | गूर्देमहि |

| | | | | | |
|---|---|---|---|---|---|
| गूर्दिष्यते | गूर्दिष्येते | गूर्दिष्यन्ते | अगूर्दिष्यत | अगूर्दिष्येताम् | अगूर्दिष्यन्त |
| गूर्दिष्यसे | गूर्दिष्येथे | गूर्दिष्यध्वे | अगूर्दिष्यथाः | अगूर्दिष्येथाम् | अगूर्दिष्यध्वम् |
| गूर्दिष्ये | गूर्दिष्यावहे | गूर्दिष्यामहे | अगूर्दिष्ये | अगूर्दिष्यावहि | अगूर्दिष्यामहि |

| | | | | | |
|---|---|---|---|---|---|
| गूर्दिता | गूर्दितारौ | गूर्दितारः | गूर्दिषीष्ट | गूर्दिषीयास्ताम् | गूर्दिषीरन् |
| गूर्दितासे | गूर्दितासाथे | गूर्दिताध्वे | गूर्दिषीष्ठाः | गूर्दिषीयास्थाम् | गूर्दिषीध्वम् |
| गूर्दिताहे | गूर्दितास्वहे | गूर्दितास्महे | गूर्दिषीय | गूर्दिषीवहि | गूर्दिषीमहि |

| | | | | | |
|---|---|---|---|---|---|
| जुगूर्दे | जुगूर्दाते | जुगूर्दिरे | अगूर्दिष्ट | अगूर्दिषाताम् | अगूर्दिषत |
| जुगूर्दिषे | जुगूर्दाथे | जुगूर्दिध्वे | अगूर्दिष्ठाः | अगूर्दिषाथाम् | अगूर्दिध्वम् |
| जुगूर्दे | जुगूर्दिवहे | जुगूर्दिमहे | अगूर्दिषि | अगूर्दिष्वहि | अगूर्दिष्महि |

24. **गुद क्रीडायाम् एव** । **गु॒दँ** । **गुद्** । **गोदते** । A । **सेट्** । **अ०** । to play

| | | | | | |
|---|---|---|---|---|---|
| गोदते | गोदेते | गोदन्ते | अगोदत | अगोदेताम् | अगोदन्त |
| गोदसे | गोदेथे | गोदध्वे | अगोदथाः | अगोदेथाम् | अगोदध्वम् |

| | | | | | |
|---|---|---|---|---|---|
| गोदे | गोदावहे | गोदामहे | अगोदे | अगोदावहि | अगोदामहि |

| | | | | | |
|---|---|---|---|---|---|
| गोदताम् | गोदेताम् | गोदन्ताम् | गोदेत | गोदेयाताम् | गोदेरन् |
| गोदस्व | गोदेथाम् | गोदध्वम् | गोदेथाः | गोदेयाथाम् | गोदेध्वम् |
| गोदै | गोदावहै | गोदामहै | गोदेय | गोदेवहि | गोदेमहि |

| | | | | | |
|---|---|---|---|---|---|
| गोदिष्यते | गोदिष्येते | गोदिष्यन्ते | अगोदिष्यत | अगोदिष्येताम् | अगोदिष्यन्त |
| गोदिष्यसे | गोदिष्येथे | गोदिष्यध्वे | अगोदिष्यथाः | अगोदिष्येथाम् | अगोदिष्यध्वम् |
| गोदिष्ये | गोदिष्यावहे | गोदिष्यामहे | अगोदिष्ये | अगोदिष्यावहि | अगोदिष्यामहि |

| | | | | | |
|---|---|---|---|---|---|
| गोदिता | गोदितारौ | गोदितारः | गोदिषीष्ट | गोदिषीयास्ताम् | गोदिषीरन् |
| गोदितासे | गोदितासाथे | गोदिताध्वे | गोदिषीष्ठाः | गोदिषीयास्थाम् | गोदिषीध्वम् |
| गोदिताहे | गोदितास्वहे | गोदितास्महे | गोदिषीय | गोदिषीवहि | गोदिषीमहि |

| | | | | | |
|---|---|---|---|---|---|
| जुगुदे | जुगुदाते | जुगुदिरे | अगोदिष्ट | अगोदिषाताम् | अगोदिषत |
| जुगुदिषे | जुगुदाथे | जुगुदिध्वे | अगोदिष्ठाः | अगोदिषाथाम् | अगोदिढ्वम् |
| जुगुदे | जुगुदिवहे | जुगुदिमहे | अगोदिषि | अगोदिष्वहि | अगोदिष्महि |

25. **षूद क्षरणे । षूदँ । सूद् । सूदते** । A । **सेट्** । **अ०*** । to eject, effuse, flow, strike, destroy. *Famous word* **मधुसूदनः** । 6.1.64 **धात्वादेः षः सः** ।

| | | | | | |
|---|---|---|---|---|---|
| सूदते | सूदेते | सूदन्ते | असूदत | असूदेताम् | असूदन्त |
| सूदसे | सूदेथे | सूदध्वे | असूदथाः | असूदेथाम् | असूदध्वम् |
| सूदे | सूदावहे | सूदामहे | असूदे | असूदावहि | असूदामहि |

| | | | | | |
|---|---|---|---|---|---|
| सूदताम् | सूदेताम् | सूदन्ताम् | सूदेत | सूदेयाताम् | सूदेरन् |
| सूदस्व | सूदेथाम् | सूदध्वम् | सूदेथाः | सूदेयाथाम् | सूदेध्वम् |
| सूदै | सूदावहै | सूदामहै | सूदेय | सूदेवहि | सूदेमहि |

| | | | | | |
|---|---|---|---|---|---|
| सूदिष्यते | सूदिष्येते | सूदिष्यन्ते | असूदिष्यत | असूदिष्येताम् | असूदिष्यन्त |
| सूदिष्यसे | सूदिष्येथे | सूदिष्यध्वे | असूदिष्यथाः | असूदिष्येथाम् | असूदिष्यध्वम् |
| सूदिष्ये | सूदिष्यावहे | सूदिष्यामहे | असूदिष्ये | असूदिष्यावहि | असूदिष्यामहि |

| | | | | | |
|---|---|---|---|---|---|
| सूदिता | सूदितारौ | सूदितारः | सूदिषीष्ट | सूदिषीयास्ताम् | सूदिषीरन् |
| सूदितासे | सूदितासाथे | सूदिताध्वे | सूदिषीष्ठाः | सूदिषीयास्थाम् | सूदिषीध्वम् |
| सूदिताहे | सूदितास्वहे | सूदितास्महे | सूदिषीय | सूदिषीवहि | सूदिषीमहि |

| | | | | | |
|---|---|---|---|---|---|
| सुषूदे | सुषूदाते | सुषूदिरे | असूदिष्ट | असूदिषाताम् | असूदिषत |
| सुषूदिषे | सुषूदाथे | सुषूदिध्वे | असूदिष्ठाः | असूदिषाथाम् | असूदिढ्वम् |
| सुषूदे | सुषूदिवहे | सुषूदिमहे | असूदिषि | असूदिष्वहि | असूदिष्महि |

26 **ह्लाद अव्यक्ते शब्दे । ह्लादँ । ह्लाद् । ह्लादते** । A । **सेट्** । **अ०** । to sound, make noise

| | | | | | |
|---|---|---|---|---|---|
| ह्लादते | ह्लादेते | ह्लादन्ते | अह्लादत | अह्लादेताम् | अह्लादन्त |
| ह्लादसे | ह्लादेथे | ह्लादध्वे | अह्लादथाः | अह्लादेथाम् | अह्लादध्वम् |

| हादे | हादावहे | हादामहे | अहादे | अहादावहि | अहादामहि |
| हादताम् | हादेताम् | हादन्ताम् | हादेत | हादेयाताम् | हादेरन् |
| हादस्व | हादेथाम् | हादध्वम् | हादेथाः | हादेयाथाम् | हादेध्वम् |
| हादै | हादावहै | हादामहै | हादेय | हादेवहि | हादेमहि |
| हादिष्यते | हादिष्येते | हादिष्यन्ते | अहादिष्यत | अहादिष्येताम् | अहादिष्यन्त |
| हादिष्यसे | हादिष्येथे | हादिष्यध्वे | अहादिष्यथाः | अहादिष्येथाम् | अहादिष्यध्वम् |
| हादिष्ये | हादिष्यावहे | हादिष्यामहे | अहादिष्ये | अहादिष्यावहि | अहादिष्यामहि |
| हादिता | हादितारौ | हादितारः | हादिषीष्ट | हादिषीयास्ताम् | हादिषीरन् |
| हादितासे | हादितासाथे | हादिताध्वे | हादिषीष्ठाः | हादिषीयास्थाम् | हादिषीध्वम् |
| हादिताहे | हादितास्वहे | हादितास्महे | हादिषीय | हादिषीवहि | हादिषीमहि |
| जह्रादे | जह्रादाते | जह्रादिरे | अहादिष्ट | अहादिषाताम् | अहादिषत |
| जह्रादिषे | जह्रादाथे | जह्रादिध्वे | अहादिष्ठाः | अहादिषाथाम् | अहादिध्वम् |
| जह्रादे | जह्रादिवहे | जह्रादिमहे | अहादिषि | अहादिष्वहि | अहादिष्महि |

27 ह्लादी सुखे च । चात् अव्यक्ते शब्दे । ह्लादीँ । ह्लाद् । ह्लादते । A । सेट् । अ० । to gladden, roar, be glad

| ह्लादते | ह्लादेते | ह्लादन्ते | अह्लादत | अह्लादेताम् | अह्लादन्त |
| ह्लादसे | ह्लादेथे | ह्लादध्वे | अह्लादथाः | अह्लादेथाम् | अह्लादध्वम् |
| ह्लादे | ह्लादावहे | ह्लादामहे | अह्लादे | अह्लादावहि | अह्लादामहि |
| ह्लादताम् | ह्लादेताम् | ह्लादन्ताम् | ह्लादेत | ह्लादेयाताम् | ह्लादेरन् |
| ह्लादस्व | ह्लादेथाम् | ह्लादध्वम् | ह्लादेथाः | ह्लादेयाथाम् | ह्लादेध्वम् |
| ह्लादै | ह्लादावहै | ह्लादामहै | ह्लादेय | ह्लादेवहि | ह्लादेमहि |
| ह्लादिष्यते | ह्लादिष्येते | ह्लादिष्यन्ते | अह्लादिष्यत | अह्लादिष्येताम् | अह्लादिष्यन्त |
| ह्लादिष्यसे | ह्लादिष्येथे | ह्लादिष्यध्वे | अह्लादिष्यथाः | अह्लादिष्येथाम् | अह्लादिष्यध्वम् |
| ह्लादिष्ये | ह्लादिष्यावहे | ह्लादिष्यामहे | अह्लादिष्ये | अह्लादिष्यावहि | अह्लादिष्यामहि |
| ह्लादिता | ह्लादितारौ | ह्लादितारः | ह्लादिषीष्ट | ह्लादिषीयास्ताम् | ह्लादिषीरन् |
| ह्लादितासे | ह्लादितासाथे | ह्लादिताध्वे | ह्लादिषीष्ठाः | ह्लादिषीयास्थाम् | ह्लादिषीध्वम् |
| ह्लादिताहे | ह्लादितास्वहे | ह्लादितास्महे | ह्लादिषीय | ह्लादिषीवहि | ह्लादिषीमहि |
| जह्लादे | जह्लादाते | जह्लादिरे | अह्लादिष्ट | अह्लादिषाताम् | अह्लादिषत |
| जह्लादिषे | जह्लादाथे | जह्लादिध्वे | अह्लादिष्ठाः | अह्लादिषाथाम् | अह्लादिध्वम् |
| जह्लादे | जह्लादिवहे | जह्लादिमहे | अह्लादिषि | अह्लादिष्वहि | अह्लादिष्महि |

28 स्वाद आस्वादने । स्वादँ । स्वाद् । स्वादते । A । सेट् । स० । to taste

| | | | | | |
|---|---|---|---|---|---|
| स्वादते | स्वादेते | स्वादन्ते | अस्वादत | अस्वादेताम् | अस्वादन्त |
| स्वादसे | स्वादेथे | स्वादध्वे | अस्वादथाः | अस्वादेथाम् | अस्वादध्वम् |
| स्वादे | स्वादावहे | स्वादामहे | अस्वादे | अस्वादावहि | अस्वादामहि |

| | | | | | |
|---|---|---|---|---|---|
| स्वादताम् | स्वादेताम् | स्वादन्ताम् | स्वादेत | स्वादेयाताम् | स्वादेरन् |
| स्वादस्व | स्वादेथाम् | स्वादध्वम् | स्वादेथाः | स्वादेयाथाम् | स्वादेध्वम् |
| स्वादै | स्वादावहै | स्वादामहै | स्वादेय | स्वादेवहि | स्वादेमहि |

| | | | | | |
|---|---|---|---|---|---|
| स्वादिष्यते | स्वादिष्येते | स्वादिष्यन्ते | अस्वादिष्यत | अस्वादिष्येताम् | अस्वादिष्यन्त |
| स्वादिष्यसे | स्वादिष्येथे | स्वादिष्यध्वे | अस्वादिष्यथाः | अस्वादिष्येथाम् | अस्वादिष्यध्वम् |
| स्वादिष्ये | स्वादिष्यावहे | स्वादिष्यामहे | अस्वादिष्ये | अस्वादिष्यावहि | अस्वादिष्यामहि |

| | | | | | |
|---|---|---|---|---|---|
| स्वादिता | स्वादितारौ | स्वादितारः | स्वादिषीष्ट | **स्वादिषीयास्ताम्** | स्वादिषीरन् |
| स्वादितासे | स्वादितासाथे | स्वादिताध्वे | स्वादिषीष्ठाः | **स्वादिषीयास्थाम्** | स्वादिषीध्वम् |
| स्वादिताहे | स्वादितास्वहे | स्वादितास्महे | स्वादिषीय | स्वादिषीवहि | स्वादिषीमहि |

| | | | | | |
|---|---|---|---|---|---|
| सस्वादे | सस्वादाते | सस्वादिरे | अस्वादिष्ट | अस्वादिषाताम् | अस्वादिषत |
| सस्वादिषे | सस्वादाथे | सस्वादिध्वे | अस्वादिष्ठाः | अस्वादिषाथाम् | अस्वादिध्वम् |
| सस्वादे | सस्वादिवहे | सस्वादिमहे | अस्वादिषि | अस्वादिष्वहि | अस्वादिष्महि |

29 पर्द कुत्सिते शब्दे । पर्दँ । पर्द् । पर्दते । A । सेट् । अ० । to belch, pass wind

| | | | | | |
|---|---|---|---|---|---|
| पर्दते | पर्देते | पर्दन्ते | अपर्दत | अपर्देताम् | अपर्दन्त |
| पर्दसे | पर्देथे | पर्दध्वे | अपर्दथाः | अपर्देथाम् | अपर्दध्वम् |
| पर्दे | पर्दावहे | पर्दामहे | अपर्दे | अपर्दावहि | अपर्दामहि |

| | | | | | |
|---|---|---|---|---|---|
| पर्दताम् | पर्देताम् | पर्दन्ताम् | पर्देत | पर्देयाताम् | पर्देरन् |
| पर्दस्व | पर्देथाम् | पर्दध्वम् | पर्देथाः | पर्देयाथाम् | पर्देध्वम् |
| पर्दै | पर्दावहै | पर्दामहै | पर्देय | पर्देवहि | पर्देमहि |

| | | | | | |
|---|---|---|---|---|---|
| पर्दिष्यते | पर्दिष्येते | पर्दिष्यन्ते | अपर्दिष्यत | अपर्दिष्येताम् | अपर्दिष्यन्त |
| पर्दिष्यसे | पर्दिष्येथे | पर्दिष्यध्वे | अपर्दिष्यथाः | अपर्दिष्येथाम् | अपर्दिष्यध्वम् |
| पर्दिष्ये | पर्दिष्यावहे | पर्दिष्यामहे | अपर्दिष्ये | अपर्दिष्यावहि | अपर्दिष्यामहि |

| | | | | | |
|---|---|---|---|---|---|
| पर्दिता | पर्दितारौ | पर्दितारः | पर्दिषीष्ट | पर्दिषीयास्ताम् | पर्दिषीरन् |
| पर्दितासे | पर्दितासाथे | पर्दिताध्वे | पर्दिषीष्ठाः | पर्दिषीयास्थाम् | पर्दिषीध्वम् |
| पर्दिताहे | पर्दितास्वहे | पर्दितास्महे | पर्दिषीय | पर्दिषीवहि | पर्दिषीमहि |

| | | | | | |
|---|---|---|---|---|---|
| पपर्दे | पपर्दाते | पपर्दिरे | अपर्दिष्ट | अपर्दिषाताम् | अपर्दिषत |
| पपर्दिषे | पपर्दाथे | पपर्दिध्वे | अपर्दिष्ठाः | अपर्दिषाथाम् | अपर्दिध्वम् |
| पपर्दे | पपर्दिवहे | पपर्दिमहे | अपर्दिषि | अपर्दिष्वहि | अपर्दिष्महि |

30 यती प्रयत्ने । यतीँ । यत् । यतते । A । सेट् । अ० । to endeavour, attempt

| यतते | यतेते | यतन्ते | अयतत | अयतेताम् | अयतन्त |
| यतसे | यतेथे | यतध्वे | अयतथाः | अयतेथाम् | अयतध्वम् |
| यते | यतावहे | यतामहे | अयते | अयतावहि | अयतामहि |

| यतताम् | यतेताम् | यतन्ताम् | यतेत | यतेयाताम् | यतेरन् |
| यतस्व | यतेथाम् | यतध्वम् | यतेथाः | यतेयाथाम् | यतेध्वम् |
| यतै | यतावहै | यतामहै | यतेय | यतेवहि | यतेमहि |

| यतिष्यते | यतिष्येते | यतिष्यन्ते | अयतिष्यत | अयतिष्येताम् | अयतिष्यन्त |
| यतिष्यसे | यतिष्येथे | यतिष्यध्वे | अयतिष्यथाः | अयतिष्येथाम् | अयतिष्यध्वम् |
| यतिष्ये | यतिष्यावहे | यतिष्यामहे | अयतिष्ये | अयतिष्यावहि | अयतिष्यामहि |

| यतिता | यतितारौ | यतितारः | यतिषीष्ट | यतिषीयास्ताम् | यतिषीरन् |
| यतितासे | यतितासाथे | यतिताध्वे | यतिषीष्ठाः | यतिषीयास्थाम् | यतिषीध्वम् |
| यतिताहे | यतितास्वहे | यतितास्महे | यतिषीय | यतिषीवहि | यतिषीमहि |

| येते | येताते | येतिरे | अयतिष्ट | अयतिषाताम् | अयतिषत |
| येतिषे | येताथे | येतिध्वे | अयतिष्ठाः | अयतिषाथाम् | अयतिध्वम् |
| येते | येतिवहि | येतिमहि | अयतिषि | अयतिष्वहि | अयतिष्महि |

31 युतृ भासने । युतृँ । युत् । योतते । A । सेट् । अ० । to shine, illuminate

| योतते | योतेते | योतन्ते | अयोतत | अयोतेताम् | अयोतन्त |
| योतसे | योतेथे | योतध्वे | अयोतथाः | अयोतेथाम् | अयोतध्वम् |
| योते | योतावहे | योतामहे | अयोते | अयोतावहि | अयोतामहि |

| योतताम् | योतेताम् | योतन्ताम् | योतेत | योतेयाताम् | योतेरन् |
| योतस्व | योतेथाम् | योतध्वम् | योतेथाः | योतेयाथाम् | योतेध्वम् |
| योतै | योतावहै | योतामहै | योतेय | योतेवहि | योतेमहि |

| योतिष्यते | योतिष्येते | योतिष्यन्ते | अयोतिष्यत | अयोतिष्येताम् | अयोतिष्यन्त |
| योतिष्यसे | योतिष्येथे | योतिष्यध्वे | अयोतिष्यथाः | अयोतिष्येथाम् | अयोतिष्यध्वम् |
| योतिष्ये | योतिष्यावहे | योतिष्यामहे | अयोतिष्ये | अयोतिष्यावहि | अयोतिष्यामहि |

| योतिता | योतितारौ | योतितारः | योतिषीष्ट | योतिषीयास्ताम् | योतिषीरन् |
| योतितासे | योतितासाथे | योतिताध्वे | योतिषीष्ठाः | योतिषीयास्थाम् | योतिषीध्वम् |
| योतिताहे | योतितास्वहे | योतितास्महे | योतिषीय | योतिषीवहि | योतिषीमहि |

| युयुते | युयुताते | युयुतिरे | अयोतिष्ट | अयोतिषाताम् | अयोतिषत |
| युयुतिषे | युयुताथे | युयुतिध्वे | अयोतिष्ठाः | अयोतिषाथाम् | अयोतिध्वम् |
| युयुते | युयुतिवहि | युयुतिमहि | अयोतिषि | अयोतिष्वहि | अयोतिष्महि |

32 जुतृ भासने । जुतृँ । जुत् । जोतते । A । सेट् । अ० । to shine, be lit

| | | | | | |
|---|---|---|---|---|---|
| जोतते | जोतेते | जोतन्ते | अजोतत | अजोतेताम् | अजोतन्त |
| जोतसे | जोतेथे | जोतध्वे | अजोतथाः | अजोतेथाम् | अजोतध्वम् |
| जोते | जोतावहे | जोतामहे | अजोते | अजोतावहि | अजोतामहि |

| | | | | | |
|---|---|---|---|---|---|
| जोतताम् | जोतेताम् | जोतन्ताम् | जोतेत | जोतेयाताम् | जोतेरन् |
| जोतस्व | जोतेथाम् | जोतध्वम् | जोतेथाः | जोतेयाथाम् | जोतेध्वम् |
| जोतै | जोतावहै | जोतामहै | जोतेय | जोतेवहि | जोतेमहि |

| | | | | | |
|---|---|---|---|---|---|
| जोतिष्यते | जोतिष्येते | जोतिष्यन्ते | अजोतिष्यत | अजोतिष्येताम् | अजोतिष्यन्त |
| जोतिष्यसे | जोतिष्येथे | जोतिष्यध्वे | अजोतिष्यथाः | अजोतिष्येथाम् | अजोतिष्यध्वम् |
| जोतिष्ये | जोतिष्यावहे | जोतिष्यामहे | अजोतिष्ये | अजोतिष्यावहि | अजोतिष्यामहि |

| | | | | | |
|---|---|---|---|---|---|
| जोतिता | जोतितारौ | जोतितारः | जोतिषीष्ट | जोतिषीयास्ताम् | जोतिषीरन् |
| जोतितासे | जोतितासाथे | जोतिताध्वे | जोतिषीष्ठाः | जोतिषीयास्थाम् | जोतिषीध्वम् |
| जोतिताहे | जोतितास्वहे | जोतितास्महे | जोतिषीय | जोतिषीवहि | जोतिषीमहि |

| | | | | | |
|---|---|---|---|---|---|
| जुजुते | जुजुताते | जुजुतिरे | अजोतिष्ट | अजोतिषाताम् | अजोतिषत |
| जुजुतिषे | जुजुताथे | जुजुतिध्वे | अजोतिष्ठाः | अजोतिषाथाम् | अजोतिध्वम् |
| जुजुते | जुजुतिवहि | जुजुतिमहि | अजोतिषि | अजोतिष्वहि | अजोतिष्महि |

33 **विथृ याचने** । **विधृ** । **विथृँ** । **विथ्** । **वेथते** । A । **सेट्** । **स०** । to beg, ask

| | | | | | |
|---|---|---|---|---|---|
| वेथते | वेथेते | वेथन्ते | अवेथत | अवेथेताम् | अवेथन्त |
| वेथसे | वेथेथे | वेथध्वे | अवेथथाः | अवेथेथाम् | अवेथध्वम् |
| वेथे | वेथावहे | वेथामहे | अवेथे | अवेथावहि | अवेथामहि |

| | | | | | |
|---|---|---|---|---|---|
| वेथताम् | वेथेताम् | वेथन्ताम् | वेथेत | वेथेयाताम् | वेथेरन् |
| वेथस्व | वेथेथाम् | वेथध्वम् | वेथेथाः | वेथेयाथाम् | वेथेध्वम् |
| वेथै | वेथावहै | वेथामहै | वेथेय | वेथेवहि | वेथेमहि |

| | | | | | |
|---|---|---|---|---|---|
| वेथिष्यते | वेथिष्येते | वेथिष्यन्ते | अवेथिष्यत | अवेथिष्येताम् | अवेथिष्यन्त |
| वेथिष्यसे | वेथिष्येथे | वेथिष्यध्वे | अवेथिष्यथाः | अवेथिष्येथाम् | अवेथिष्यध्वम् |
| वेथिष्ये | वेथिष्यावहे | वेथिष्यामहे | अवेथिष्ये | अवेथिष्यावहि | अवेथिष्यामहि |

| | | | | | |
|---|---|---|---|---|---|
| वेथिता | वेथितारौ | वेथितारः | वेथिषीष्ट | वेथिषीयास्ताम् | वेथिषीरन् |
| वेथितासे | वेथितासाथे | वेथिताध्वे | वेथिषीष्ठाः | वेथिषीयास्थाम् | वेथिषीध्वम् |
| वेथिताहे | वेथितास्वहे | वेथितास्महे | वेथिषीय | वेथिषीवहि | वेथिषीमहि |

| | | | | | |
|---|---|---|---|---|---|
| विविथे | विविथाते | विविथिरे | अवेथिष्ट | अवेथिषाताम् | अवेथिषत |
| विविथिषे | विविथाथे | विविथिध्वे | अवेथिष्ठाः | अवेथिषाथाम् | अवेथिध्वम् |
| विविथे | विविथिवहे | विविथिमहे | अवेथिषि | अवेथिष्वहि | अवेथिष्महि |

34 **वेथृ याचने** । **वेथृँ** । **वेथ्** । **वेथते** । A । **सेट्** । **स०** । to beg, ask

| | | | | | |
|---|---|---|---|---|---|
| वेथते | वेथेते | वेथन्ते | अवेथत | अवेथेताम् | अवेथन्त |

| | | | | | |
|---|---|---|---|---|---|
| वेथसे | वेथेथे | वेथध्वे | अवेथथाः | अवेथेथाम् | अवेथध्वम् |
| वेथे | वेथावहे | वेथामहे | अवेथे | अवेथावहि | अवेथामहि |
| वेथताम् | वेथेताम् | वेथन्ताम् | वेथेत | वेथेयाताम् | वेथेरन् |
| वेथस्व | वेथेथाम् | वेथध्वम् | वेथेथाः | वेथेयाथाम् | वेथेध्वम् |
| वेथै | वेथावहै | वेथामहै | वेथेय | वेथेवहि | वेथेमहि |
| वेथिष्यते | वेथिष्येते | वेथिष्यन्ते | अवेथिष्यत | अवेथिष्येताम् | अवेथिष्यन्त |
| वेथिष्यसे | वेथिष्येथे | वेथिष्यध्वे | अवेथिष्यथाः | अवेथिष्येथाम् | अवेथिष्यध्वम् |
| वेथिष्ये | वेथिष्यावहे | वेथिष्यामहे | अवेथिष्ये | अवेथिष्यावहि | अवेथिष्यामहि |
| वेथिता | वेथितारौ | वेथितारः | वेथिषीष्ट | वेथिषीयास्ताम् | वेथिषीरन् |
| वेथितासे | वेथितासाथे | वेथिताध्वे | वेथिषीष्ठाः | वेथिषीयास्थाम् | वेथिषीध्वम् |
| वेथिताहे | वेथितास्वहे | वेथितास्महे | वेथिषीय | वेथिषीवहि | वेथिषीमहि |
| विवेथे | विवेथाते | विवेथिरे | अवेथिष्ट | अवेथिषाताम् | अवेथिषत |
| विवेथिषे | विवेथाथे | विवेथिध्वे | अवेथिष्ठाः | अवेथिषाथाम् | अवेथिध्वम् |
| विवेथे | विवेथिवहे | विवेथिमहे | अवेथिषि | अवेथिष्वहि | अवेथिष्महि |

35 श्रथि शैथिल्ये । श्रथिँ । श्रन्थ् । श्रन्थते । A । सेट् । अ० । to be loose, loosen, relax

| | | | | | |
|---|---|---|---|---|---|
| श्रन्थते | श्रन्थेते | श्रन्थन्ते | अश्रन्थत | अश्रन्थेताम् | अश्रन्थन्त |
| श्रन्थसे | श्रन्थेथे | श्रन्थध्वे | अश्रन्थथाः | अश्रन्थेथाम् | अश्रन्थध्वम् |
| श्रन्थे | श्रन्थावहे | श्रन्थामहे | अश्रन्थे | अश्रन्थावहि | अश्रन्थामहि |
| श्रन्थताम् | श्रन्थेताम् | श्रन्थन्ताम् | श्रन्थेत | श्रन्थेयाताम् | श्रन्थेरन् |
| श्रन्थस्व | श्रन्थेथाम् | श्रन्थध्वम् | श्रन्थेथाः | श्रन्थेयाथाम् | श्रन्थेध्वम् |
| श्रन्थै | श्रन्थावहै | श्रन्थामहै | श्रन्थेय | श्रन्थेवहि | श्रन्थेमहि |
| श्रन्थिष्यते | श्रन्थिष्येते | श्रन्थिष्यन्ते | अश्रन्थिष्यत | अश्रन्थिष्येताम् | अश्रन्थिष्यन्त |
| श्रन्थिष्यसे | श्रन्थिष्येथे | श्रन्थिष्यध्वे | अश्रन्थिष्यथाः | अश्रन्थिष्येथाम् | अश्रन्थिष्यध्वम् |
| श्रन्थिष्ये | श्रन्थिष्यावहे | श्रन्थिष्यामहे | अश्रन्थिष्ये | अश्रन्थिष्यावहि | अश्रन्थिष्यामहि |
| श्रन्थिता | श्रन्थितारौ | श्रन्थितारः | श्रन्थिषीष्ट | श्रन्थिषीयास्ताम् | श्रन्थिषीरन् |
| श्रन्थितासे | श्रन्थितासाथे | श्रन्थिताध्वे | श्रन्थिषीष्ठाः | श्रन्थिषीयास्थाम् | श्रन्थिषीध्वम् |
| श्रन्थिताहे | श्रन्थितास्वहे | श्रन्थितास्महे | श्रन्थिषीय | श्रन्थिषीवहि | श्रन्थिषीमहि |
| शश्रन्थे | शश्रन्थाते | शश्रन्थिरे | अश्रन्थिष्ट | अश्रन्थिषाताम् | अश्रन्थिषत |
| शश्रन्थिषे | शश्रन्थाथे | शश्रन्थिध्वे | अश्रन्थिष्ठाः | अश्रन्थिषाथाम् | अश्रन्थिध्वम् |
| शश्रन्थे | शश्रन्थिवहे | शश्रन्थिमहे | अश्रन्थिषि | अश्रन्थिष्वहि | अश्रन्थिष्महि |

36 ग्रथि कौटिल्ये । ग्रथिँ । ग्रन्थ् । ग्रन्थते । A । सेट् । अ० । to be crooked, bend

| | | | | | |
|---|---|---|---|---|---|
| ग्रन्थते | ग्रन्थेते | ग्रन्थन्ते | अग्रन्थत | अग्रन्थेताम् | अग्रन्थन्त |

| | | | | | |
|---|---|---|---|---|---|
| ग्रन्थसे | ग्रन्थेथे | ग्रन्थध्वे | अग्रन्थथाः | अग्रन्थेथाम् | अग्रन्थध्वम् |
| ग्रन्थे | ग्रन्थावहे | ग्रन्थामहे | अग्रन्थे | अग्रन्थावहि | अग्रन्थामहि |

| | | | | | |
|---|---|---|---|---|---|
| ग्रन्थताम् | ग्रन्थेताम् | ग्रन्थन्ताम् | ग्रन्थेत | ग्रन्थेयाताम् | ग्रन्थेरन् |
| ग्रन्थस्व | ग्रन्थेथाम् | ग्रन्थध्वम् | ग्रन्थेथाः | ग्रन्थेयाथाम् | ग्रन्थेध्वम् |
| ग्रन्थै | ग्रन्थावहै | ग्रन्थामहै | ग्रन्थेय | ग्रन्थेवहि | ग्रन्थेमहि |

| | | | | | |
|---|---|---|---|---|---|
| ग्रन्थिष्यते | ग्रन्थिष्येते | ग्रन्थिष्यन्ते | अग्रन्थिष्यत | अग्रन्थिष्येताम् | अग्रन्थिष्यन्त |
| ग्रन्थिष्यसे | ग्रन्थिष्येथे | ग्रन्थिष्यध्वे | अग्रन्थिष्यथाः | अग्रन्थिष्येथाम् | अग्रन्थिष्यध्वम् |
| ग्रन्थिष्ये | ग्रन्थिष्यावहे | ग्रन्थिष्यामहे | अग्रन्थिष्ये | अग्रन्थिष्यावहि | अग्रन्थिष्यामहि |

| | | | | | |
|---|---|---|---|---|---|
| **ग्रन्थिता** | **ग्रन्थितारौ** | **ग्रन्थितारः** | **ग्रन्थिषीष्ट** | **ग्रन्थिषीयास्ताम्** | **ग्रन्थिषीरन्** |
| **ग्रन्थितासे** | **ग्रन्थितासाथे** | **ग्रन्थिताध्वे** | **ग्रन्थिषीष्ठाः** | **ग्रन्थिषीयास्थाम्** | **ग्रन्थिषीध्वम्** |
| ग्रन्थिताहे | ग्रन्थितास्वहे | ग्रन्थितास्महे | ग्रन्थिषीय | ग्रन्थिषीवहि | ग्रन्थिषीमहि |

| | | | | | |
|---|---|---|---|---|---|
| जग्रन्थे | जग्रन्थाते | जग्रन्थिरे | अग्रन्थिष्ट | अग्रन्थिषाताम् | अग्रन्थिषत |
| जग्रन्थिषे | जग्रन्थाथे | जग्रन्थिध्वे | अग्रन्थिष्ठाः | अग्रन्थिषाथाम् | अग्रन्थिढ्वम् |
| जग्रन्थे | जग्रन्थिवहे | जग्रन्थिमहे | अग्रन्थिषि | अग्रन्थिष्वहि | अग्रन्थिष्महि |

37 कत्थ श्लाघायाम् । कत्थँ । कत्थ् । कत्थते । A । सेट् । स० । to praise, boast

| | | | | | |
|---|---|---|---|---|---|
| कत्थते | कत्थेते | कत्थन्ते | अकत्थत | अकत्थेताम् | अकत्थन्त |
| कत्थसे | कत्थेथे | कत्थध्वे | अकत्थथाः | अकत्थेथाम् | अकत्थध्वम् |
| कत्थे | कत्थावहे | कत्थामहे | अकत्थे | अकत्थावहि | अकत्थामहि |

| | | | | | |
|---|---|---|---|---|---|
| कत्थताम् | कत्थेताम् | कत्थन्ताम् | कत्थेत | कत्थेयाताम् | कत्थेरन् |
| कत्थस्व | कत्थेथाम् | कत्थध्वम् | कत्थेथाः | कत्थेयाथाम् | कत्थेध्वम् |
| कत्थै | कत्थावहै | कत्थामहै | कत्थेय | कत्थेवहि | कत्थेमहि |

| | | | | | |
|---|---|---|---|---|---|
| कत्थिष्यते | कत्थिष्येते | कत्थिष्यन्ते | अकत्थिष्यत | अकत्थिष्येताम् | अकत्थिष्यन्त |
| कत्थिष्यसे | कत्थिष्येथे | कत्थिष्यध्वे | अकत्थिष्यथाः | अकत्थिष्येथाम् | अकत्थिष्यध्वम् |
| कत्थिष्ये | कत्थिष्यावहे | कत्थिष्यामहे | अकत्थिष्ये | अकत्थिष्यावहि | अकत्थिष्यामहि |

| | | | | | |
|---|---|---|---|---|---|
| **कत्थिता** | **कत्थितारौ** | **कत्थितारः** | **कत्थिषीष्ट** | **कत्थिषीयास्ताम्** | **कत्थिषीरन्** |
| **कत्थितासे** | **कत्थितासाथे** | **कत्थिताध्वे** | **कत्थिषीष्ठाः** | **कत्थिषीयास्थाम्** | **कत्थिषीध्वम्** |
| **कत्थिताहे** | **कत्थितास्वहे** | **कत्थितास्महे** | **कत्थिषीय** | **कत्थिषीवहि** | **कत्थिषीमहि** |

| | | | | | |
|---|---|---|---|---|---|
| चकत्थे | चकत्थाते | चकत्थिरे | अकत्थिष्ट | अकत्थिषाताम् | अकत्थिषत |
| चकत्थिषे | चकत्थाथे | चकत्थिध्वे | अकत्थिष्ठाः | अकत्थिषाथाम् | अकत्थिढ्वम् |
| चकत्थे | चकत्थिवहे | चकत्थिमहे | अकत्थिषि | अकत्थिष्वहि | अकत्थिष्महि |

2 एधादय उदात्ता अनुदात्तेत आत्मनेभाषाः ।

## 38 अथाष्टत्रिंशत्तवर्गीयान्ताः परस्मैपदिनः ।

38 अत सातत्यगमने । अतँ । अत् । अतति । P । सेट् । स० । to go constantly

**लट् 1 Present Tense**

| अतति | अततः | अतन्ति |
| अतसि | अतथः | अतथ |
| अतामि | अतावः | अतामः |

**लङ् 2 Imperfect Past Tense आट्**

| आतत् -द् | आतताम् | आतन् |
| आतः | आततम् | आतत |
| आतम् | आताव | आताम |

**लोट् 3 Imperative Mood**

| अततु अततात् -द् | अतताम् | अतन्तु |
| अत अततात् -द् | अततम् | अतत |
| अतानि | अताव | अताम |

**विधिलिङ् 4 Potential Mood**

| अतेत् -द् | अतेताम् | अतेयुः |
| अतेः | अतेतम् | अतेत |
| अतेयम् | अतेव | अतेम |

**लृट् 5 Simple Future Tense**

| अतिष्यति | अतिष्यतः | अतिष्यन्ति |
| अतिष्यसि | अतिष्यथः | अतिष्यथ |
| अतिष्यामि | अतिष्यावः | अतिष्यामः |

**लृङ् 6 Conditional Mood आट्**

| आतिष्यत् -द् | आतिष्यताम् | आतिष्यन् |
| आतिष्यः | आतिष्यतम् | आतिष्यत |
| आतिष्यम् | आतिष्याव | आतिष्याम |

**लुट् 7 Periphrastic Future**

| अतिता | अतितारौ | अतितारः |
| अतितासि | अतितास्थः | अतितास्थ |
| अतितास्मि | अतितास्वः | अतितास्मः |

**आशीर्लिङ् 8 Benedictive**

| अत्यात् -द् | अत्यास्ताम् | अत्यासुः |
| अत्याः | अत्यास्तम् | अत्यास्त |
| अत्यासम् | अत्यास्व | अत्यास्म |

**लिट् 9 Perfect Past Tense 3.4.82 6.1.8**

| आत | आततुः | आतुः |
| आतिथ | आतथुः | आत |
| आत | आतिव | आतिम |

**लुङ् 10 Aorist Past Tense आट् 3.1.43**

| आतीत् -द् | आतिष्टाम् | आतिषुः |
| आतीः | आतिष्टम् | आतिष्ट |
| आतिषम् | आतिष्व | आतिष्म |

39 चिती संज्ञाने । चितीँ । चित् । चेतति । P । सेट् । अ० । to perceive, notice

| चेतति | चेततः | चेतन्ति |
| चेतसि | चेतथः | चेतथ |
| चेतामि | चेतावः | चेतामः |

| अचेतत् -द् | अचेतताम् | अचेतन् |
| अचेतः | अचेततम् | अचेतत |
| अचेतम् | अचेताव | अचेताम |

| चेततु चेततात् -द् | चेतताम् | चेतन्तु |
| चेत चेततात् -द् | चेततम् | चेतत |
| चेतानि | चेताव | चेताम |

| चेतेत् -द् | चेतेताम् | चेतेयुः |
| चेतेः | चेतेतम् | चेतेत |
| चेतेयम् | चेतेव | चेतेम |

| चेतिष्यति | चेतिष्यतः | चेतिष्यन्ति |

| अचेतिष्यत् -द् | अचेतिष्यताम् | अचेतिष्यन् |

| | | | | | |
|---|---|---|---|---|---|
| चेतिष्यसि | चेतिष्यथः | चेतिष्यथ | अचेतिष्यः | अचेतिष्यतम् | अचेतिष्यत |
| चेतिष्यामि | चेतिष्यावः | चेतिष्यामः | अचेतिष्यम् | अचेतिष्याव | अचेतिष्याम |

| | | | | | |
|---|---|---|---|---|---|
| चेतिता | चेतितारौ | चेतितारः | चित्यात् -द् | चित्यास्ताम् | चित्यासुः |
| चेतितासि | चेतितास्थः | चेतितास्थ | चित्याः | चित्यास्तम् | चित्यास्त |
| चेतितास्मि | चेतितास्वः | चेतितास्मः | चित्यासम् | चित्यास्व | चित्यास्म |

| | | | | | |
|---|---|---|---|---|---|
| चिचेत | चिचिततुः | चिचितुः | अचेतीत् -द् | अचेतिष्टाम् | अचेतिषुः |
| चिचेतिथ | चिचितथुः | चिचित | अचेतीः | अचेतिष्टम् | अचेतिष्ट |
| चिचेत | चिचितिव | चिचितिम | अचेतिषम् | अचेतिष्व | अचेतिष्म |

40 **च्युतिर् आसेचने । सेचनम् आर्द्रीकरणम् , आङ् ईषदर्थेऽभिव्याप्तौ च । च्युतिँर् । च्युत् । च्योतति** । P । **सेट्** । **स०** । to trickle, flow, ooze 3.1.57 **इरितो वा** । Gives alternate forms for **लुङ्** ।

| | | | | | |
|---|---|---|---|---|---|
| च्योतति | च्योततः | च्योतन्ति | अच्योतत् -द् | अच्योतताम् | अच्योतन् |
| च्योतसि | च्योतथः | च्योतथ | अच्योतः | अच्योततम् | अच्योतत |
| च्योतामि | च्योतावः | च्योतामः | अच्योतम् | अच्योताव | अच्योताम |

| | | | | | |
|---|---|---|---|---|---|
| च्योततु -तात् -द् | च्योतताम् | च्योतन्तु | च्योतेत् -द् | च्योतेताम् | च्योतेयुः |
| च्योत -तात् -द् | च्योततम् | च्योतत | च्योतेः | च्योतेतम् | च्योतेत |
| च्योतानि | च्योताव | च्योताम | च्योतेयम् | च्योतेव | च्योतेम |

| | | | | | |
|---|---|---|---|---|---|
| च्योतिष्यति | च्योतिष्यतः | च्योतिष्यन्ति | अच्योतिष्यत् -द् | अच्योतिष्यताम् | अच्योतिष्यन् |
| च्योतिष्यसि | च्योतिष्यथः | च्योतिष्यथ | अच्योतिष्यः | अच्योतिष्यतम् | अच्योतिष्यत |
| च्योतिष्यामि | च्योतिष्यावः | च्योतिष्यामः | अच्योतिष्यम् | अच्योतिष्याव | अच्योतिष्याम |

| | | | | | |
|---|---|---|---|---|---|
| च्योतिता | च्योतितारौ | च्योतितारः | च्युत्यात् -द् | च्युत्यास्ताम् | च्युत्यासुः |
| च्योतितासि | च्योतितास्थः | च्योतितास्थ | च्युत्याः | च्युत्यास्तम् | च्युत्यास्त |
| च्योतितास्मि | च्योतितास्वः | च्योतितास्मः | च्युत्यासम् | च्युत्यास्व | च्युत्यास्म |

| | | | | | |
|---|---|---|---|---|---|
| चुच्योत | चुच्युततुः | चुच्युतुः | अच्योतीत् -द् , | अच्योतिष्टाम् , | अच्योतिषुः , |
| | | | अच्युतत् -द् | अच्युतताम् | अच्युतन् |
| चुच्योतिथ | चुच्युतथुः | चुच्युत | अच्योतीः , | अच्योतिष्टम् , | अच्योतिष्ट , |
| | | | अच्युतः | अच्युततम् | अच्युतत |
| चुच्योत | चुच्युतिव | चुच्युतिम | अच्योतिषम् , | अच्योतिष्व , | अच्योतिष्म , |
| | | | अच्युतम् | अच्युताव | अच्युताम |

41 **श्च्युतिर् क्षरणे । श्चुतिर् इत्येके । श्च्युतिँर् । श्च्युत् । श्च्योतति** । P । **सेट्** । **स०** । to ooze, trickle

| | | | | | |
|---|---|---|---|---|---|
| **श्च्योतति** | **श्च्योततः** | **श्च्योतन्ति** | **अश्च्योतत् -द्** | **अश्च्योतताम्** | **अश्च्योतन्** |
| **श्च्योतसि** | **श्च्योतथः** | **श्च्योतथ** | **अश्च्योतः** | **अश्च्योततम्** | **अश्च्योतत** |
| **श्च्योतामि** | **श्च्योतावः** | **श्च्योतामः** | **अश्च्योतम्** | **अश्च्योताव** | **अश्च्योताम** |

| | | | | | |
|---|---|---|---|---|---|
| **श्च्योततु -तात् -द्** | **श्च्योतताम्** | **श्च्योतन्तु** | **श्च्योतेत् -द्** | **श्च्योतेताम्** | **श्च्योतेयुः** |

| | | | | | |
|---|---|---|---|---|---|
| श्च्योत -तात् -द् | श्च्योततम् | श्च्योतत | श्च्योतेः | श्च्योतेतम् | श्च्योतेत |
| श्च्योतानि | श्च्योताव | श्च्योताम | श्च्योतेयम् | श्च्योतेव | श्च्योतेम |

| | | | | | |
|---|---|---|---|---|---|
| श्च्योतिष्यति | श्च्योतिष्यतः | श्च्योतिष्यन्ति | अश्च्योतिष्यत् -द् | अश्च्योतिष्यताम् | अश्च्योतिष्यन् |
| श्च्योतिष्यसि | श्च्योतिष्यथः | श्च्योतिष्यथ | अश्च्योतिष्यः | अश्च्योतिष्यतम् | अश्च्योतिष्यत |
| श्च्योतिष्यामि | श्च्योतिष्यावः | श्च्योतिष्यामः | अश्च्योतिष्यम् | अश्च्योतिष्याव | अश्च्योतिष्याम |

| | | | | | |
|---|---|---|---|---|---|
| श्च्योतिता | श्च्योतितारौ | श्च्योतितारः | श्च्युत्यात् -द् | श्च्युत्यास्ताम् | श्च्युत्यासुः |
| श्च्योतितासि | श्च्योतितास्थः | श्च्योतितास्थ | श्च्युत्याः | श्च्युत्यास्तम् | श्च्युत्यास्त |
| श्च्योतितास्मि | श्च्योतितास्वः | श्च्योतितास्मः | श्च्युत्यासम् | श्च्युत्यास्व | श्च्युत्यास्म |

| | | | | | |
|---|---|---|---|---|---|
| चुश्च्योत | चुश्च्युततुः | चुश्च्युतुः | अश्च्योतीत् -द् , | अश्च्योतिष्टाम् , | अश्च्योतिषुः , |
| | | | अश्च्युतत् -द् | अश्च्युतताम् | अश्च्युतन् |
| चुश्च्योतिथ | चुश्च्युतथुः | चुश्च्युत | अश्च्योतीः , | अश्च्योतिष्टम् , | अश्च्योतिष्ट , |
| | | | अश्च्युतः | अश्च्युततम् | अश्च्युतत |
| चुश्च्योत | चुश्च्युतिव | चुश्च्युतिम | अश्च्योतिषम् , | अश्च्योतिष्व , | अश्च्योतिष्म , |
| | | | अश्च्युतम् | अश्च्युताव | अश्च्युताम |

42 मन्थ विलोडने । विलोडनं प्रतिघातः । मन्थँ । मन्थ् । मन्थति । P । सेट् । द्वि० । to stir, churn, hurt
6.4.24 अनिदितां हल उपधायाः क्ङिति । नलोपः ।

| | | | | | |
|---|---|---|---|---|---|
| मन्थति | मन्थतः | मन्थन्ति | अमन्थत् -द् | अमन्थताम् | अमन्थन् |
| मन्थसि | मन्थथः | मन्थथ | अमन्थः | अमन्थतम् | अमन्थत |
| मन्थामि | मन्थावः | मन्थामः | अमन्थम् | अमन्थाव | अमन्थाम |

| | | | | | |
|---|---|---|---|---|---|
| मन्थतु | मन्थताम् | मन्थन्तु | मन्थेत् -द् | मन्थेताम् | मन्थेयुः |
| मन्थ | मन्थतम् | मन्थत | मन्थेः | मन्थेतम् | मन्थेत |
| मन्थानि | मन्थाव | मन्थाम | मन्थेयम् | मन्थेव | मन्थेम |

| | | | | | |
|---|---|---|---|---|---|
| मन्थिष्यति | मन्थिष्यतः | मन्थिष्यन्ति | अमन्थिष्यत् -द् | अमन्थिष्यताम् | अमन्थिष्यन् |
| मन्थिष्यसि | मन्थिष्यथः | मन्थिष्यथ | अमन्थिष्यः | अमन्थिष्यतम् | अमन्थिष्यत |
| मन्थिष्यामि | मन्थिष्यावः | मन्थिष्यामः | अमन्थिष्यम् | अमन्थिष्याव | अमन्थिष्याम |

| | | | | | |
|---|---|---|---|---|---|
| मन्थिता | मन्थितारौ | मन्थितारः | मथ्यात् -द् | मथ्यास्ताम् | मथ्यासुः |
| मन्थितासि | मन्थितास्थः | मन्थितास्थ | मथ्याः | मथ्यास्तम् | मथ्यास्त |
| मन्थितास्मि | मन्थितास्वः | मन्थितास्मः | मथ्यासम् | मथ्यास्व | मथ्यास्म |

| | | | | | |
|---|---|---|---|---|---|
| ममन्थ | ममन्थतुः | ममन्थुः | अमन्थीत् -द् | अमन्थिष्टाम् | अमन्थिषुः |
| ममन्थिथ | ममन्थथुः | ममन्थ | अमन्थीः | अमन्थिष्टम् | अमन्थिष्ट |
| ममन्थ | ममन्थिव | ममन्थिम | अमन्थिषम् | अमन्थिष्व | अमन्थिष्म |

## 43 कुथि हिंसासङ्क्लेशनयोः । कुथिँ । कुन्थ् । कुन्थति । P । सेट् । स० । to hurt, injure

| | | | | | |
|---|---|---|---|---|---|
| कुन्थति | कुन्थतः | कुन्थन्ति | अकुन्थत् -द् | अकुन्थताम् | अकुन्थन् |
| कुन्थसि | कुन्थथः | कुन्थथ | अकुन्थः | अकुन्थतम् | अकुन्थत |
| कुन्थामि | कुन्थावः | कुन्थामः | अकुन्थम् | अकुन्थाव | अकुन्थाम |
| | | | | | |
| कुन्थतु | कुन्थताम् | कुन्थन्तु | कुन्थेत् -द् | कुन्थेताम् | कुन्थेयुः |
| कुन्थ | कुन्थतम् | कुन्थत | कुन्थेः | कुन्थेतम् | कुन्थेत |
| कुन्थानि | कुन्थाव | कुन्थाम | कुन्थेयम् | कुन्थेव | कुन्थेम |
| | | | | | |
| कुन्थिष्यति | कुन्थिष्यतः | कुन्थिष्यन्ति | अकुन्थिष्यत् -द् | अकुन्थिष्यताम् | अकुन्थिष्यन् |
| कुन्थिष्यसि | कुन्थिष्यथः | कुन्थिष्यथ | अकुन्थिष्यः | अकुन्थिष्यतम् | अकुन्थिष्यत |
| कुन्थिष्यामि | कुन्थिष्यावः | कुन्थिष्यामः | अकुन्थिष्यम् | अकुन्थिष्याव | अकुन्थिष्याम |
| | | | | | |
| कुन्थिता | कुन्थितारौ | कुन्थितारः | कुन्थ्यात् -द् | कुन्थ्यास्ताम् | कुन्थ्यासुः |
| कुन्थितासि | कुन्थितास्थः | कुन्थितास्थ | कुन्थ्याः | कुन्थ्यास्तम् | कुन्थ्यास्त |
| कुन्थितास्मि | कुन्थितास्वः | कुन्थितास्मः | कुन्थ्यासम् | कुन्थ्यास्व | कुन्थ्यास्म |
| | | | | | |
| चुकुन्थ | चुकुन्थतुः | चुकुन्थुः | अकुन्थीत् -द् | अकुन्थिष्टाम् | अकुन्थिषुः |
| चुकुन्थिथ | चुकुन्थथुः | चुकुन्थ | अकुन्थीः | अकुन्थिष्टम् | अकुन्थिष्ट |
| चुकुन्थ | चुकुन्थिव | चुकुन्थिम | अकुन्थिषम् | अकुन्थिष्व | अकुन्थिष्म |

## 44 पुथि हिंसासङ्क्लेशनयोः । पुथिँ । पुन्थ् । पुन्थति । P । सेट् । स० । to cause pain

| | | | | | |
|---|---|---|---|---|---|
| पुन्थति | पुन्थतः | पुन्थन्ति | अपुन्थत् -द् | अपुन्थताम् | अपुन्थन् |
| पुन्थसि | पुन्थथः | पुन्थथ | अपुन्थः | अपुन्थतम् | अपुन्थत |
| पुन्थामि | पुन्थावः | पुन्थामः | अपुन्थम् | अपुन्थाव | अपुन्थाम |
| | | | | | |
| पुन्थतु | पुन्थताम् | पुन्थन्तु | पुन्थेत् -द् | पुन्थेताम् | पुन्थेयुः |
| पुन्थ | पुन्थतम् | पुन्थत | पुन्थेः | पुन्थेतम् | पुन्थेत |
| पुन्थानि | पुन्थाव | पुन्थाम | पुन्थेयम् | पुन्थेव | पुन्थेम |
| | | | | | |
| पुन्थिष्यति | पुन्थिष्यतः | पुन्थिष्यन्ति | अपुन्थिष्यत् -द् | अपुन्थिष्यताम् | अपुन्थिष्यन् |
| पुन्थिष्यसि | पुन्थिष्यथः | पुन्थिष्यथ | अपुन्थिष्यः | अपुन्थिष्यतम् | अपुन्थिष्यत |
| पुन्थिष्यामि | पुन्थिष्यावः | पुन्थिष्यामः | अपुन्थिष्यम् | अपुन्थिष्याव | अपुन्थिष्याम |
| | | | | | |
| पुन्थिता | पुन्थितारौ | पुन्थितारः | पुन्थ्यात् -द् | पुन्थ्यास्ताम् | पुन्थ्यासुः |
| पुन्थितासि | पुन्थितास्थः | पुन्थितास्थ | पुन्थ्याः | पुन्थ्यास्तम् | पुन्थ्यास्त |
| पुन्थितास्मि | पुन्थितास्वः | पुन्थितास्मः | पुन्थ्यासम् | पुन्थ्यास्व | पुन्थ्यास्म |
| | | | | | |
| पुपुन्थ | पुपुन्थतुः | पुपुन्थुः | अपुन्थीत् -द् | अपुन्थिष्टाम् | अपुन्थिषुः |
| पुपुन्थिथ | पुपुन्थथुः | पुपुन्थ | अपुन्थीः | अपुन्थिष्टम् | अपुन्थिष्ट |

| पुपुन्थ | पुपुन्थिव | पुपुन्थिम | अपुन्थिषम् | अपुन्थिष्व | अपुन्थिष्म |

## 45 लुथि हिंसासङ्क्लेशनयोः । लुथिँ । लुन्थ् । लुन्थति । P । सेट् । स० । to strike, hurt, suffer, be affected

| लुन्थति | लुन्थतः | लुन्थन्ति | अलुन्थत् -द् | अलुन्थताम् | अलुन्थन् |
| लुन्थसि | लुन्थथः | लुन्थथ | अलुन्थः | अलुन्थतम् | अलुन्थत |
| लुन्थामि | लुन्थावः | लुन्थामः | अलुन्थम् | अलुन्थाव | अलुन्थाम |

| लुन्थतु | लुन्थताम् | लुन्थन्तु | लुन्थेत् -द् | लुन्थेताम् | लुन्थेयुः |
| लुन्थ | लुन्थतम् | लुन्थत | लुन्थेः | लुन्थेतम् | लुन्थेत |
| लुन्थानि | लुन्थाव | लुन्थाम | लुन्थेयम् | लुन्थेव | लुन्थेम |

| लुन्थिष्यति | लुन्थिष्यतः | लुन्थिष्यन्ति | अलुन्थिष्यत् -द् | अलुन्थिष्यताम् | अलुन्थिष्यन् |
| लुन्थिष्यसि | लुन्थिष्यथः | लुन्थिष्यथ | अलुन्थिष्यः | अलुन्थिष्यतम् | अलुन्थिष्यत |
| लुन्थिष्यामि | लुन्थिष्यावः | लुन्थिष्यामः | अलुन्थिष्यम् | अलुन्थिष्याव | अलुन्थिष्याम |

| लुन्थिता | लुन्थितारौ | लुन्थितारः | लुन्थ्यात् -द् | लुन्थ्यास्ताम् | लुन्थ्यासुः |
| लुन्थितासि | लुन्थितास्थः | लुन्थितास्थ | लुन्थ्याः | लुन्थ्यास्तम् | लुन्थ्यास्त |
| लुन्थितास्मि | लुन्थितास्वः | लुन्थितास्मः | लुन्थ्यासम् | लुन्थ्यास्व | लुन्थ्यास्म |

| लुलुन्थ | लुलुन्थतुः | लुलुन्थुः | अलुन्थीत् -द् | अलुन्थिष्टाम् | अलुन्थिषुः |
| लुलुन्थिथ | लुलुन्थथुः | लुलुन्थ | अलुन्थीः | अलुन्थिष्टम् | अलुन्थिष्ट |
| लुलुन्थ | लुलुन्थिव | लुलुन्थिम | अलुन्थिषम् | अलुन्थिष्व | अलुन्थिष्म |

## 46 मथि हिंसासङ्क्लेशनयोः । मथिँ । मन्थ् । मन्थति । P । सेट् । स० । to hurt, crush, cry

| मन्थति | मन्थतः | मन्थन्ति | अमन्थत् -द् | अमन्थताम् | अमन्थन् |
| मन्थसि | मन्थथः | मन्थथ | अमन्थः | अमन्थतम् | अमन्थत |
| मन्थामि | मन्थावः | मन्थामः | अमन्थम् | अमन्थाव | अमन्थाम |

| मन्थतु | मन्थताम् | मन्थन्तु | मन्थेत् -द् | मन्थेताम् | मन्थेयुः |
| मन्थ | मन्थतम् | मन्थत | मन्थेः | मन्थेतम् | मन्थेत |
| मन्थानि | मन्थाव | मन्थाम | मन्थेयम् | मन्थेव | मन्थेम |

| मन्थिष्यति | मन्थिष्यतः | मन्थिष्यन्ति | अमन्थिष्यत् -द् | अमन्थिष्यताम् | अमन्थिष्यन् |
| मन्थिष्यसि | मन्थिष्यथः | मन्थिष्यथ | अमन्थिष्यः | अमन्थिष्यतम् | अमन्थिष्यत |
| मन्थिष्यामि | मन्थिष्यावः | मन्थिष्यामः | अमन्थिष्यम् | अमन्थिष्याव | अमन्थिष्याम |

| मन्थिता | मन्थितारौ | मन्थितारः | मन्थ्यात् -द् | मन्थ्यास्ताम् | मन्थ्यासुः |
| मन्थितासि | मन्थितास्थः | मन्थितास्थ | मन्थ्याः | मन्थ्यास्तम् | मन्थ्यास्त |
| मन्थितास्मि | मन्थितास्वः | मन्थितास्मः | मन्थ्यासम् | मन्थ्यास्व | मन्थ्यास्म |

| ममन्थ | ममन्थतुः | ममन्थुः | अमन्थीत् -द् | अमन्थिष्टाम् | अमन्थिषुः |
| ममन्थिथ | ममन्थथुः | ममन्थ | अमन्थीः | अमन्थिष्टम् | अमन्थिष्ट |
| ममन्थ | ममन्थिव | ममन्थिम | अमन्थिषम् | अमन्थिष्व | अमन्थिष्म |

47 षिध॒ गत्याम् । षिधु इत्येके । षिधँ । सिध् । सेधति । P । सेट् । स० । to go

| सेधति | सेधतः | सेधन्ति | असेधत् -द् | असेधताम् | असेधन् |
| सेधसि | सेधथः | सेधथ | असेधः | असेधतम् | असेधत |
| सेधामि | सेधावः | सेधामः | असेधम् | असेधाव | असेधाम |

| सेधतु -तात् -द् | सेधताम् | सेधन्तु | सेधेत् -द् | सेधेताम् | सेधेयुः |
| सेध -तात् -द् | सेधतम् | सेधत | सेधेः | सेधेतम् | सेधेत |
| सेधानि | सेधाव | सेधाम | सेधेयम् | सेधेव | सेधेम |

| सेधिष्यति | सेधिष्यतः | सेधिष्यन्ति | असेधिष्यत् -द् | असेधिष्यताम् | असेधिष्यन् |
| सेधिष्यसि | सेधिष्यथः | सेधिष्यथ | असेधिष्यः | असेधिष्यतम् | असेधिष्यत |
| सेधिष्यामि | सेधिष्यावः | सेधिष्यामः | असेधिष्यम् | असेधिष्याव | असेधिष्याम |

| सेधिता | सेधितारौ | सेधितारः | सिध्यात् -द् | सिध्यास्ताम् | सिध्यासुः |
| सेधितासि | सेधितास्थः | सेधितास्थ | सिध्याः | सिध्यास्तम् | सिध्यास्त |
| सेधितास्मि | सेधितास्वः | सेधितास्मः | सिध्यासम् | सिध्यास्व | सिध्यास्म |

| सिषेध | सिषिधतुः | सिषिधुः | असेधीत् -द् | असेधिष्टाम् | असेधिषुः |
| सिषेधिथ | सिषिधथुः | सिषिध | असेधीः | असेधिष्टम् | असेधिष्ट |
| सिषेध | सिषिधिव | सिषिधिम | असेधिषम् | असेधिष्व | असेधिष्म |

48 षिधू॒ शास्त्रे माङ्गल्ये च । षिधूँ । सिध् । सेधति । P । वेट् । स० । to rule, command, instruct, be auspicious । *Famous words* सिद्धः , सिद्धा । 7.2.44 स्वरति० । वा इट् ।

| सेधति | सेधतः | सेधन्ति | असेधत् -द् | असेधताम् | असेधन् |
| सेधसि | सेधथः | सेधथ | असेधः | असेधतम् | असेधत |
| सेधामि | सेधावः | सेधामः | असेधम् | असेधाव | असेधाम |

| सेधतु -तात् -द् | सेधताम् | सेधन्तु | सेधेत् -द् | सेधेताम् | सेधेयुः |
| सेध -तात् -द् | सेधतम् | सेधत | सेधेः | सेधेतम् | सेधेत |
| सेधानि | सेधाव | सेधाम | सेधेयम् | सेधेव | सेधेम |

| सेधिष्यति , सेत्स्यति | सेधिष्यतः , सेत्स्यतः | सेधिष्यन्ति , सेत्स्यन्ति | असेधिष्यत् -द् , असेत्स्यत् -द् | असेधिष्यताम् , असेत्स्यताम् | असेधिष्यन् , असेत्स्यन् |
| सेधिष्यसि , सेत्स्यसि | सेधिष्यथः , सेत्स्यथः | सेधिष्यथ , सेत्स्यथ | असेधिष्यः , असेत्स्यः | असेधिष्यतम् , असेत्स्यतम् | असेधिष्यत , असेत्स्यत |
| सेधिष्यामि , सेत्स्यामि | सेधिष्यावः , सेत्स्यावः | सेधिष्यामः , सेत्स्यामः | असेधिष्यम् , असेत्स्यम् | असेधिष्याव , असेत्स्याव | असेधिष्याम , असेत्स्याम |

| सेधिता , सेद्धा | सेधितारौ , सेद्धारौ | सेधितारः , सेद्धारः | सिध्यात् -द् | सिध्यास्ताम् | सिध्यासुः |

| | | | | | |
|---|---|---|---|---|---|
| सेधितासि , सेद्धासि | सेधितास्थः , सेद्धास्थः | सेधितास्थ , सेद्धास्थ | सिध्याः | सिध्यास्तम् | सिध्यास्त |
| सेधितास्मि , सेद्धास्मि | सेधितास्वः , सेद्धास्वः | सेधितास्मः , सेद्धास्मः | सिध्यासम् | सिध्यास्व | सिध्यास्म |

| | | | | | |
|---|---|---|---|---|---|
| सिषेध | सिषिधतुः | सिषिधुः | असेधीत् -द् , असैत्सीत् -द् | असेधिष्टाम् , असैद्धाम् | असेधिषुः , असैत्सुः |
| सिषेधिथ सिषेद्ध | सिषिधथुः | सिषिध | असेधीः , असैत्सीः | असेधिष्टम् , असैद्धम् | असेधिष्ट , असैद्ध |
| सिषेध | सिषिधिव सिषिध्व | सिषिधिम सिषिध्म | असेधिषम् , असैत्सम् | असेधिष्व , असैत्स्व | असेधिष्म , असैत्स्म |

49 **खादृ भक्षणे । खादृँ । खाद् । खादति** । P । **सेट्** । **स०** । to eat, devour

| | | | | | |
|---|---|---|---|---|---|
| खादति | खादतः | खादन्ति | अखादत् -द् | अखादताम् | अखादन् |
| खादसि | खादथः | खादथ | अखादः | अखादतम् | अखादत |
| खादामि | खादावः | खादामः | अखादम् | अखादाव | अखादाम |

| | | | | | |
|---|---|---|---|---|---|
| खादतु | खादताम् | खादन्तु | खादेत् -द् | खादेताम् | खादेयुः |
| खाद | खादतम् | खादत | खादेः | खादेतम् | खादेत |
| खादानि | खादाव | खादाम | खादेयम् | खादेव | खादेम |

| | | | | | |
|---|---|---|---|---|---|
| खादिष्यति | खादिष्यतः | खादिष्यन्ति | अखादिष्यत् -द् | अखादिष्यताम् | अखादिष्यन् |
| खादिष्यसि | खादिष्यथः | खादिष्यथ | अखादिष्यः | अखादिष्यतम् | अखादिष्यत |
| खादिष्यामि | खादिष्यावः | खादिष्यामः | अखादिष्यम् | अखादिष्याव | अखादिष्याम |

| | | | | | |
|---|---|---|---|---|---|
| खादिता | खादितारौ | खादितारः | खाद्यात् -द् | खाद्यास्ताम् | खाद्यासुः |
| खादितासि | खादितास्थः | खादितास्थ | खाद्याः | खाद्यास्तम् | खाद्यास्त |
| खादितास्मि | खादितास्वः | खादितास्मः | खाद्यासम् | खाद्यास्व | खाद्यास्म |

| | | | | | |
|---|---|---|---|---|---|
| चखाद | चखादतुः | चखादुः | अखादीत् -द् | अखादिष्टाम् | अखादिषुः |
| चखादिथ | चखादथुः | चखाद | अखादीः | अखादिष्टम् | अखादिष्ट |
| चखाद | चखादिव | चखादिम | अखादिषम् | अखादिष्व | अखादिष्म |

50 **खद स्थैर्ये हिंसायां च । खदँ । खद् । खदति** । P । **सेट्** । **स०** । to be steady, kill, eat

7.1.91 **णलुत्तमो वा** । i/1 **लिट्** affix is Optionally **णित्** , hence optional **वृद्धिः** ।

Q. Does 7.1.91 apply to all Roots? A. 7.1.91 applies only to such Roots where वृद्धिः is possible. By 7.2.116 अत उपधायाः Vriddhi applies to Root Stems where penultimate अकार precedes the ञित् / णित् affix. Thus only Roots with penultimate अकार take 7.1.91 sutra.

| | | | | | |
|---|---|---|---|---|---|
| खदति | खदतः | खदन्ति | अखदत् -द् | अखदताम् | अखदन् |
| खदसि | खदथः | खदथ | अखदः | अखदतम् | अखदत |
| खदामि | खदावः | खदामः | अखदम् | अखदाव | अखदाम |

| | | | | | |
|---|---|---|---|---|---|
| खदतु | खदताम् | खदन्तु | खदेत् -द् | खदेताम् | खदेयुः |
| खद | खदतम् | खदत | खदेः | खदेतम् | खदेत |
| खदानि | खदाव | खदाम | खदेयम् | खदेव | खदेम |

| | | | | | |
|---|---|---|---|---|---|
| खदिष्यति | खदिष्यतः | खदिष्यन्ति | अखदिष्यत् -द् | अखदिष्यताम् | अखदिष्यन् |
| खदिष्यसि | खदिष्यथः | खदिष्यथ | अखदिष्यः | अखदिष्यतम् | अखदिष्यत |
| खदिष्यामि | खदिष्यावः | खदिष्यामः | अखदिष्यम् | अखदिष्याव | अखदिष्याम |

| | | | | | |
|---|---|---|---|---|---|
| खदिता | खदितारौ | खदितारः | खद्यात् -द् | खद्यास्ताम् | खद्यासुः |
| खदितासि | खदितास्थः | खदितास्थ | खद्याः | खद्यास्तम् | खद्यास्त |
| खदितास्मि | खदितास्वः | खदितास्मः | खद्यासम् | खद्यास्व | खद्यास्म |

| | | | | | |
|---|---|---|---|---|---|
| चखाद | चखदतुः | चखदुः | अखदीत् -द् | अखदिष्टाम् | अखदिषुः |
| | | | अखादीत् -द् | अखादिष्टाम् | अखादिषुः |
| चखदिथ | चखदथुः | चखद | अखदीः | अखदिष्टम् | अखदिष्ट |
| | | | अखादीः | अखादिष्टम् | अखादिष्ट |
| चखाद , चखद | चखदिव | चखदिम | अखदिषम् | अखदिष्व | अखदिष्म |
| | | | अखादिषम् | अखादष्व | अखादष्म |

51 **बद स्थैर्ये** । **बदँ** । **बद्** । **बदति** । P । **सेट्** । अ० । to be firm, be steady 6.4.121 7.1.91

| | | | | | |
|---|---|---|---|---|---|
| बदति | बदतः | बदन्ति | अबदत् -द् | अबदताम् | अबदन् |
| बदसि | बदथः | बदथ | अबदः | अबदतम् | अबदत |
| बदामि | बदावः | बदामः | अबदम् | अबदाव | अबदाम |

| | | | | | |
|---|---|---|---|---|---|
| बदतु | बदताम् | बदन्तु | बदेत् -द् | बदेताम् | बदेयुः |
| बद | बदतम् | बदत | बदेः | बदेतम् | बदेत |
| बदानि | बदाव | बदाम | बदेयम् | बदेव | बदेम |

| | | | | | |
|---|---|---|---|---|---|
| बदिष्यति | बदिष्यतः | बदिष्यन्ति | अबदिष्यत् -द् | अबदिष्यताम् | अबदिष्यन् |
| बदिष्यसि | बदिष्यथः | बदिष्यथ | अबदिष्यः | अबदिष्यतम् | अबदिष्यत |
| बदिष्यामि | बदिष्यावः | बदिष्यामः | अबदिष्यम् | अबदिष्याव | अबदिष्याम |

| | | | | | |
|---|---|---|---|---|---|
| बदिता | बदितारौ | बदितारः | बद्यात् -द् | बद्यास्ताम् | बद्यासुः |
| बदितासि | बदितास्थः | बदितास्थ | बद्याः | बद्यास्तम् | बद्यास्त |
| बदितास्मि | बदितास्वः | बदितास्मः | बद्यासम् | बद्यास्व | बद्यास्म |

| | | | | | |
|---|---|---|---|---|---|
| बबाद | बेदतुः | बेदुः | अबदीत् -द् | अबदिष्टाम् | अबदिषुः |
| | | | अबादीत् -द् | अबादिष्टाम् | अबादिषुः |
| बेदिथ | बेदथुः | बेद | अबदीः | अबदिष्टम् | अबदिष्ट |
| | | | अबादीः | अबादिष्टम् | अबादिष्ट |
| बबाद , बबद | बेदिव | बेदिम | अबदिषम् | अबदिष्व | अबदिष्म |
| | | | अबादिषम् | अबादष्व | अबादष्म |

52 गद व्यक्तायां वाचि । गदँ । गद् । गदति । P । सेट् । स० । to say, tell, articulate, enumerate

| | | | | | |
|---|---|---|---|---|---|
| गदति | गदतः | गदन्ति | अगदत् -द् | अगदताम् | अगदन् |
| गदसि | गदथः | गदथ | अगदः | अगदतम् | अगदत |
| गदामि | गदावः | गदामः | अगदम् | अगदाव | अगदाम |

| | | | | | |
|---|---|---|---|---|---|
| गदतु | गदताम् | गदन्तु | गदेत् -द् | गदेताम् | गदेयुः |
| गद | गदतम् | गदत | गदेः | गदेतम् | गदेत |
| गदानि | गदाव | गदाम | गदेयम् | गदेव | गदेम |

| | | | | | |
|---|---|---|---|---|---|
| गदिष्यति | गदिष्यतः | गदिष्यन्ति | अगदिष्यत् -द् | अगदिष्यताम् | अगदिष्यन् |
| गदिष्यसि | गदिष्यथः | गदिष्यथ | अगदिष्यः | अगदिष्यतम् | अगदिष्यत |
| गदिष्यामि | गदिष्यावः | गदिष्यामः | अगदिष्यम् | अगदिष्याव | अगदिष्याम |

| | | | | | |
|---|---|---|---|---|---|
| गदिता | गदितारौ | गदितारः | गद्यात् -द् | गद्यास्ताम् | गद्यासुः |
| गदितासि | गदितास्थः | गदितास्थ | गद्याः | गद्यास्तम् | गद्यास्त |
| गदितास्मि | गदितास्वः | गदितास्मः | गद्यासम् | गद्यास्व | गद्यास्म |

| | | | | | |
|---|---|---|---|---|---|
| जगाद | जगदतुः | जगदुः | अगदीत् -द् | अगदिष्टाम् | अगदिषुः |
| | | | अगादीत् -द् | अगादिष्टाम् | अगादिषुः |
| जगदिथ | जगदथुः | जगद | अगदीः | अगदिष्टम् | अगदिष्ट |
| | | | अगादीः | अगादिष्टम् | अगादिष्ट |
| जगाद , जगद | जगदिव | जगदिम | अगदिषम् | अगदिष्व | अगदिष्म |
| | | | अगादिषम् | अगादष्व | अगादष्म |

53 रद विलेखने । रदँ । रद् । रदति । P । सेट् । स० । to dig, tear, split, break 6.4.120

| | | | | | |
|---|---|---|---|---|---|
| रदति | रदतः | रदन्ति | अरदत् -द् | अरदताम् | अरदन् |
| रदसि | रदथः | रदथ | अरदः | अरदतम् | अरदत |
| रदामि | रदावः | रदामः | अरदम् | अरदाव | अरदाम |

| | | | | | |
|---|---|---|---|---|---|
| रदतु | रदताम् | रदन्तु | रदेत् -द् | रदेताम् | रदेयुः |
| रद | रदतम् | रदत | रदेः | रदेतम् | रदेत |
| रदानि | रदाव | रदाम | रदेयम् | रदेव | रदेम |

| | | | | | |
|---|---|---|---|---|---|
| रदिष्यति | रदिष्यतः | रदिष्यन्ति | अरदिष्यत् -द् | अरदिष्यताम् | अरदिष्यन् |
| रदिष्यसि | रदिष्यथः | रदिष्यथ | अरदिष्यः | अरदिष्यतम् | अरदिष्यत |
| रदिष्यामि | रदिष्यावः | रदिष्यामः | अरदिष्यम् | अरदिष्याव | अरदिष्याम |

| | | | | | |
|---|---|---|---|---|---|
| रदिता | रदितारौ | रदितारः | रद्यात् -द् | रद्यास्ताम् | रद्यासुः |
| रदितासि | रदितास्थः | रदितास्थ | रद्याः | रद्यास्तम् | रद्यास्त |
| रदितास्मि | रदितास्वः | रदितास्मः | रद्यासम् | रद्यास्व | रद्यास्म |

| | | | | | |
|---|---|---|---|---|---|
| रराद | रेदतुः | रेदुः | अरदीत् -द् | अरदिष्टाम् | अरदिषुः |
| | | | अरादीत् -द् | अरादिष्टाम् | अरादिषुः |

| | | | | | |
|---|---|---|---|---|---|
| रेदिथ | रेदथुः | रेद | अरदीः | अरदिष्टम् | अरदिष्ट |
| | | | अरादीः | अरादिष्टम् | अरादिष्ट |
| रराद , ररद | रेदिव | रेदिम | अरदिषम् | अरदिष्व | अरदिष्म |
| | | | अरादिषम् | अरादष्व | अरादष्म |

54 **णद अव्यक्ते शब्दे । णदँ । नद् । नदति । P । सेट् । अ० ।** to sound, resound, thunder, cry. *Famous words* **नादः , नदी ।** 6.1.65 **णो नः ।**

| | | | | | |
|---|---|---|---|---|---|
| नदति | नदतः | नदन्ति | अनदत् -द् | अनदताम् | अनदन् |
| नदसि | नदथः | नदथ | अनदः | अनदतम् | अनदत |
| नदामि | नदावः | नदामः | अनदम् | अनदाव | अनदाम |

| | | | | | |
|---|---|---|---|---|---|
| नदतु | नदताम् | नदन्तु | नदेत् -द् | नदेताम् | नदेयुः |
| नद | नदतम् | नदत | नदेः | नदेतम् | नदेत |
| नदानि | नदाव | नदाम | नदेयम् | नदेव | नदेम |

| | | | | | |
|---|---|---|---|---|---|
| नदिष्यति | नदिष्यतः | नदिष्यन्ति | अनदिष्यत् -द् | अनदिष्यताम् | अनदिष्यन् |
| नदिष्यसि | नदिष्यथः | नदिष्यथ | अनदिष्यः | अनदिष्यतम् | अनदिष्यत |
| नदिष्यामि | नदिष्यावः | नदिष्यामः | अनदिष्यम् | अनदिष्याव | अनदिष्याम |

| | | | | | |
|---|---|---|---|---|---|
| नदिता | नदितारौ | नदितारः | नद्यात् -द् | नद्यास्ताम् | नद्यासुः |
| नदितासि | नदितास्थः | नदितास्थ | नद्याः | नद्यास्तम् | नद्यास्त |
| नदितास्मि | नदितास्वः | नदितास्मः | नद्यासम् | नद्यास्व | नद्यास्म |

| | | | | | |
|---|---|---|---|---|---|
| ननाद | नेदतुः | नेदुः | अनदीत् -द् | अनदिष्टाम् | अनदिषुः |
| | | | अनादीत् -द् | अनादिष्टाम् | अनादिषुः |
| नेदिथ | नेदथुः | नेद | अनदीः | अनदिष्टम् | अनदिष्ट |
| | | | अनादीः | अनादिष्टम् | अनादिष्ट |
| ननाद , ननद | नेदिव | नेदिम | अनदिषम् | अनदिष्व | अनदिष्म |
| | | | अनादिषम् | अनादष्व | अनादष्म |

55 **अर्द गतौ याचने च । अयं हिंसायामपि । अर्दँ । अर्द् । अर्दति । P । सेट् । स० ।** to ask, beg, move, kill

| | | | | | |
|---|---|---|---|---|---|
| अर्दति | अर्दतः | अर्दन्ति | आर्दत् -द् | आर्दताम् | आर्दन् |
| अर्दसि | अर्दथः | अर्दथ | आर्दः | आर्दतम् | आर्दत |
| अर्दामि | अर्दावः | अर्दामः | आर्दम् | आर्दाव | आर्दाम |

| | | | | | |
|---|---|---|---|---|---|
| अर्दतु | अर्दताम् | अर्दन्तु | अर्देत् -द् | अर्देताम् | अर्देयुः |
| अर्द | अर्दतम् | अर्दत | अर्देः | अर्देतम् | अर्देत |
| अर्दानि | अर्दाव | अर्दाम | अर्देयम् | अर्देव | अर्देम |

| | | | | | |
|---|---|---|---|---|---|
| अर्दिष्यति | अर्दिष्यतः | अर्दिष्यन्ति | आर्दिष्यत् -द् | आर्दिष्यताम् | आर्दिष्यन् |
| अर्दिष्यसि | अर्दिष्यथः | अर्दिष्यथ | आर्दिष्यः | आर्दिष्यतम् | आर्दिष्यत |
| अर्दिष्यामि | अर्दिष्यावः | अर्दिष्यामः | आर्दिष्यम् | आर्दिष्याव | आर्दिष्याम |

| अर्दिता | अर्दितारौ | अर्दितारः | अर्द्यात् -द् | अर्द्यास्ताम् | अर्द्यासुः |
| अर्दितासि | अर्दितास्थः | अर्दितास्थ | अर्द्याः | अर्द्यास्तम् | अर्द्यास्त |
| अर्दितास्मि | अर्दितास्वः | अर्दितास्मः | अर्द्यासम् | अर्द्यास्व | अर्द्यास्म |

| आनर्द | आनर्दतुः | आनर्दुः | आर्दीत् -द् | आर्दिष्टाम् | आर्दिषुः |
| आनर्दिथ | आनर्दथुः | आनर्द | आर्दीः | आर्दिष्टम् | आर्दिष्ट |
| आनर्द | आनर्दिव | आनर्दिम | आर्दिषम् | आर्दिष्व | आर्दिष्म |

## 56 नर्द शब्दे । नर्दँ । नर्द् । नर्दति । P । सेट् । अ० । to sound

| नर्दति | नर्दतः | नर्दन्ति | अनर्दत् -द् | अनर्दताम् | अनर्दन् |
| नर्दसि | नर्दथः | नर्दथ | अनर्दः | अनर्दतम् | अनर्दत |
| नर्दामि | नर्दावः | नर्दामः | अनर्दम् | अनर्दाव | अनर्दाम |

| नर्दतु | नर्दताम् | नर्दन्तु | नर्देत् -द् | नर्देताम् | नर्देयुः |
| नर्द | नर्दतम् | नर्दत | नर्देः | नर्देतम् | नर्देत |
| नर्दानि | नर्दाव | नर्दाम | नर्देयम् | नर्देव | नर्देम |

| नर्दिष्यति | नर्दिष्यतः | नर्दिष्यन्ति | अनर्दिष्यत् -द् | अनर्दिष्यताम् | अनर्दिष्यन् |
| नर्दिष्यसि | नर्दिष्यथः | नर्दिष्यथ | अनर्दिष्यः | अनर्दिष्यतम् | अनर्दिष्यत |
| नर्दिष्यामि | नर्दिष्यावः | नर्दिष्यामः | अनर्दिष्यम् | अनर्दिष्याव | अनर्दिष्याम |

| नर्दिता | नर्दितारौ | नर्दितारः | नर्द्यात् -द् | नर्द्यास्ताम् | नर्द्यासुः |
| नर्दितासि | नर्दितास्थः | नर्दितास्थ | नर्द्याः | नर्द्यास्तम् | नर्द्यास्त |
| नर्दितास्मि | नर्दितास्वः | नर्दितास्मः | नर्द्यासम् | नर्द्यास्व | नर्द्यास्म |

| ननर्द | ननर्दतुः | ननर्दुः | अनर्दीत् -द् | अनर्दिष्टाम् | अनर्दिषुः |
| ननर्दिथ | ननर्दथुः | ननर्द | अनर्दीः | अनर्दिष्टम् | अनर्दिष्ट |
| ननर्द | ननर्दिव | ननर्दिम | अनर्दिषम् | अनर्दिष्व | अनर्दिष्म |

## 57 गर्द शब्दे । गर्दँ । गर्द् । गर्दति । P । सेट् । अ० । to roar, sound

| गर्दति | गर्दतः | गर्दन्ति | अगर्दत् -द् | अगर्दताम् | अगर्दन् |
| गर्दसि | गर्दथः | गर्दथ | अगर्दः | अगर्दतम् | अगर्दत |
| गर्दामि | गर्दावः | गर्दामः | अगर्दम् | अगर्दाव | अगर्दाम |

| गर्दतु | गर्दताम् | गर्दन्तु | गर्देत् -द् | गर्देताम् | गर्देयुः |
| गर्द | गर्दतम् | गर्दत | गर्देः | गर्देतम् | गर्देत |
| गर्दानि | गर्दाव | गर्दाम | गर्देयम् | गर्देव | गर्देम |

| गर्दिष्यति | गर्दिष्यतः | गर्दिष्यन्ति | अगर्दिष्यत् -द् | अगर्दिष्यताम् | अगर्दिष्यन् |
| गर्दिष्यसि | गर्दिष्यथः | गर्दिष्यथ | अगर्दिष्यः | अगर्दिष्यतम् | अगर्दिष्यत |
| गर्दिष्यामि | गर्दिष्यावः | गर्दिष्यामः | अगर्दिष्यम् | अगर्दिष्याव | अगर्दिष्याम |

| | | | | | |
|---|---|---|---|---|---|
| गर्दिता | गर्दितारौ | गर्दितारः | गर्द्यात् -द् | गर्द्यास्ताम् | गर्द्यासुः |
| गर्दितासि | गर्दितास्थः | गर्दितास्थ | गर्द्याः | गर्द्यास्तम् | गर्द्यास्त |
| गर्दितास्मि | गर्दितास्वः | गर्दितास्मः | गर्द्यासम् | गर्द्यास्व | गर्द्यास्म |

| | | | | | |
|---|---|---|---|---|---|
| जगर्द | जगर्दतुः | जगर्दुः | अगर्दीत् -द् | अगर्दिष्टाम् | अगर्दिषुः |
| जगर्दिथ | जगर्दथुः | जगर्द | अगर्दीः | अगर्दिष्टम् | अगर्दिष्ट |
| जगर्द | जगर्दिव | जगर्दिम | अगर्दिषम् | अगर्दिष्व | अगर्दिष्म |

58 **तर्द हिंसायाम्** । **तर्दँ** । **तर्द्** । **तर्दति** । P । **सेट्** । **स०** । to hurt, injure

| | | | | | |
|---|---|---|---|---|---|
| तर्दति | तर्दतः | तर्दन्ति | अतर्दत् -द् | अतर्दताम् | अतर्दन् |
| तर्दसि | तर्दथः | तर्दथ | अतर्दः | अतर्दतम् | अतर्दत |
| तर्दामि | तर्दावः | तर्दामः | अतर्दम् | अतर्दाव | अतर्दाम |

| | | | | | |
|---|---|---|---|---|---|
| तर्दतु | तर्दताम् | तर्दन्तु | तर्देत् -द् | तर्देताम् | तर्देयुः |
| तर्द | तर्दतम् | तर्दत | तर्देः | तर्देतम् | तर्देत |
| तर्दानि | तर्दाव | तर्दाम | तर्देयम् | तर्देव | तर्देम |

| | | | | | |
|---|---|---|---|---|---|
| तर्दिष्यति | तर्दिष्यतः | तर्दिष्यन्ति | अतर्दिष्यत् -द् | अतर्दिष्यताम् | अतर्दिष्यन् |
| तर्दिष्यसि | तर्दिष्यथः | तर्दिष्यथ | अतर्दिष्यः | अतर्दिष्यतम् | अतर्दिष्यत |
| तर्दिष्यामि | तर्दिष्यावः | तर्दिष्यामः | अतर्दिष्यम् | अतर्दिष्याव | अतर्दिष्याम |

| | | | | | |
|---|---|---|---|---|---|
| तर्दिता | तर्दितारौ | तर्दितारः | तर्द्यात् -द् | तर्द्यास्ताम् | तर्द्यासुः |
| तर्दितासि | तर्दितास्थः | तर्दितास्थ | तर्द्याः | तर्द्यास्तम् | तर्द्यास्त |
| तर्दितास्मि | तर्दितास्वः | तर्दितास्मः | तर्द्यासम् | तर्द्यास्व | तर्द्यास्म |

| | | | | | |
|---|---|---|---|---|---|
| ततर्द | ततर्दतुः | ततर्दुः | अतर्दीत् -द् | अतर्दिष्टाम् | अतर्दिषुः |
| ततर्दिथ | ततर्दथुः | ततर्द | अतर्दीः | अतर्दिष्टम् | अतर्दिष्ट |
| ततर्द | ततर्दिव | ततर्दिम | अतर्दिषम् | अतर्दिष्व | अतर्दिष्म |

59 **कर्द कुत्सिते शब्दे** । **कर्दँ** । **कर्द्** । **कर्दति** । P । **सेट्** । **अ०** । to rumble, caw like crow

| | | | | | |
|---|---|---|---|---|---|
| कर्दति | कर्दतः | कर्दन्ति | अकर्दत् -द् | अकर्दताम् | अकर्दन् |
| कर्दसि | कर्दथः | कर्दथ | अकर्दः | अकर्दतम् | अकर्दत |
| कर्दामि | कर्दावः | कर्दामः | अकर्दम् | अकर्दाव | अकर्दाम |

| | | | | | |
|---|---|---|---|---|---|
| कर्दतु | कर्दताम् | कर्दन्तु | कर्देत् -द् | कर्देताम् | कर्देयुः |
| कर्द | कर्दतम् | कर्दत | कर्देः | कर्देतम् | कर्देत |
| कर्दानि | कर्दाव | कर्दाम | कर्देयम् | कर्देव | कर्देम |

| | | | | | |
|---|---|---|---|---|---|
| कर्दिष्यति | कर्दिष्यतः | कर्दिष्यन्ति | अकर्दिष्यत् -द् | अकर्दिष्यताम् | अकर्दिष्यन् |
| कर्दिष्यसि | कर्दिष्यथः | कर्दिष्यथ | अकर्दिष्यः | अकर्दिष्यतम् | अकर्दिष्यत |
| कर्दिष्यामि | कर्दिष्यावः | कर्दिष्यामः | अकर्दिष्यम् | अकर्दिष्याव | अकर्दिष्याम |

| | | | | | |
|---|---|---|---|---|---|
| कर्दिता | कर्दितारौ | कर्दितारः | कर्द्यात् -द् | कर्द्यास्ताम् | कर्द्यासुः |

| कर्दितासि | कर्दितास्थः | कर्दितास्थ | कर्द्याः | कर्द्यास्तम् | कर्द्यास्त |
| कर्दितास्मि | कर्दितास्वः | कर्दितास्मः | कर्द्यासम् | कर्द्यास्व | कर्द्यास्म |

| चकर्द | चकर्दतुः | चकर्दुः | अकर्दीत् -द् | अकर्दिष्टाम् | अकर्दिषुः |
| चकर्दिथ | चकर्दथुः | चकर्द | अकर्दीः | अकर्दिष्टम् | अकर्दिष्ट |
| चकर्द | चकर्दिव | चकर्दिम | अकर्दिषम् | अकर्दिष्व | अकर्दिष्म |

60 खर्द दन्दशूके । खर्दँ । खर्द् । खर्दति । P । सेट् । स० । to bite, masticate, grind with teeth

| खर्दति | खर्दतः | खर्दन्ति | अखर्दत् -द् | अखर्दताम् | अखर्दन् |
| खर्दसि | खर्दथः | खर्दथ | अखर्दः | अखर्दतम् | अखर्दत |
| खर्दामि | खर्दावः | खर्दामः | अखर्दम् | अखर्दाव | अखर्दाम |

| खर्दतु | खर्दताम् | खर्दन्तु | खर्देत् -द् | खर्देताम् | खर्देयुः |
| खर्द | खर्दतम् | खर्दत | खर्देः | खर्देतम् | खर्देत |
| खर्दानि | खर्दाव | खर्दाम | खर्देयम् | खर्देव | खर्देम |

| खर्दिष्यति | खर्दिष्यतः | खर्दिष्यन्ति | अखर्दिष्यत् -द् | अखर्दिष्यताम् | अखर्दिष्यन् |
| खर्दिष्यसि | खर्दिष्यथः | खर्दिष्यथ | अखर्दिष्यः | अखर्दिष्यतम् | अखर्दिष्यत |
| खर्दिष्यामि | खर्दिष्यावः | खर्दिष्यामः | अखर्दिष्यम् | अखर्दिष्याव | अखर्दिष्याम |

| खर्दिता | खर्दितारौ | खर्दितारः | खर्द्यात् -द् | खर्द्यास्ताम् | खर्द्यासुः |
| खर्दितासि | खर्दितास्थः | खर्दितास्थ | खर्द्याः | खर्द्यास्तम् | खर्द्यास्त |
| खर्दितास्मि | खर्दितास्वः | खर्दितास्मः | खर्द्यासम् | खर्द्यास्व | खर्द्यास्म |

| चखर्द | चखर्दतुः | चखर्दुः | अखर्दीत् -द् | अखर्दिष्टाम् | अखर्दिषुः |
| चखर्दिथ | चखर्दथुः | चखर्द | अखर्दीः | अखर्दिष्टम् | अखर्दिष्ट |
| चखर्द | चखर्दिव | चखर्दिम | अखर्दिषम् | अखर्दिष्व | अखर्दिष्म |

61 अति बन्धने । अतिँ । अन्त् । अन्तति । P । सेट् । स० । to bind

| अन्तति | अन्ततः | अन्तन्ति | आन्तत् -द् | आन्तताम् | आन्तन् |
| अन्तसि | अन्तथः | अन्तथ | आन्तः | आन्ततम् | आन्तत |
| अन्तामि | अन्तावः | अन्तामः | आन्तम् | आन्ताव | आन्ताम |

| अन्ततु | अन्तताम् | अन्तन्तु | अन्तेत् -द् | अन्तेताम् | अन्तेयुः |
| अन्त | अन्ततम् | अन्तत | अन्तेः | अन्तेतम् | अन्तेत |
| अन्तानि | अन्ताव | अन्ताम | अन्तेयम् | अन्तेव | अन्तेम |

| अन्तिष्यति | अन्तिष्यतः | अन्तिष्यन्ति | आन्तिष्यत् -द् | आन्तिष्यताम् | आन्तिष्यन् |
| अन्तिष्यसि | अन्तिष्यथः | अन्तिष्यथ | आन्तिष्यः | आन्तिष्यतम् | आन्तिष्यत |
| अन्तिष्यामि | अन्तिष्यावः | अन्तिष्यामः | आन्तिष्यम् | आन्तिष्याव | आन्तिष्याम |

| अन्तिता | अन्तितारौ | अन्तितारः | अन्त्यात् -द् | अन्त्यास्ताम् | अन्त्यासुः |
| अन्तितासि | अन्तितास्थः | अन्तितास्थ | अन्त्याः | अन्त्यास्तम् | अन्त्यास्त |

| अन्तितास्मि | अन्तितास्वः | अन्तितास्मः | अन्त्यासम् | अन्त्यास्व | अन्त्यास्म |

| आनन्त | आनन्ततुः | आनन्तुः | आन्तीत् -द् | आन्तिष्टाम् | आन्तिषुः |
| आनन्तिथ | आनन्तथुः | आनन्त | आन्तीः | आन्तिष्टम् | आन्तिष्ट |
| आनन्त | आनन्तिव | आनन्तिम | आन्तिषम् | आन्तिष्व | आन्तिष्म |

**62 अदि बन्धने । अदिँ । अन्द् । अन्दति । P । सेट् । स० । to bind**

| अन्दति | अन्दतः | अन्दन्ति | आन्दत् -द् | आन्दताम् | आन्दन् |
| अन्दसि | अन्दथः | अन्दथ | आन्दः | आन्दतम् | आन्दत |
| अन्दामि | अन्दावः | अन्दामः | आन्दम् | आन्दाव | आन्दाम |

| अन्दतु | अन्दताम् | अन्दन्तु | अन्देत् -द् | अन्देताम् | अन्देयुः |
| अन्द | अन्दतम् | अन्दत | अन्देः | अन्देतम् | अन्देत |
| अन्दानि | अन्दाव | अन्दाम | अन्देयम् | अन्देव | अन्देम |

| अन्दिष्यति | अन्दिष्यतः | अन्दिष्यन्ति | आन्दिष्यत् -द् | आन्दिष्यताम् | आन्दिष्यन् |
| अन्दिष्यसि | अन्दिष्यथः | अन्दिष्यथ | आन्दिष्यः | आन्दिष्यतम् | आन्दिष्यत |
| अन्दिष्यामि | अन्दिष्यावः | अन्दिष्यामः | आन्दिष्यम् | आन्दिष्याव | आन्दिष्याम |

| अन्दिता | अन्दितारौ | अन्दितारः | अन्द्यात् -द् | अन्द्यास्ताम् | अन्द्यासुः |
| अन्दितासि | अन्दितास्थः | अन्दितास्थ | अन्द्याः | अन्द्यास्तम् | अन्द्यास्त |
| अन्दितास्मि | अन्दितास्वः | अन्दितास्मः | अन्द्यासम् | अन्द्यास्व | अन्द्यास्म |

| आनन्द | आनन्दतुः | आनन्दुः | आन्दीत् -द् | आन्दिष्टाम् | आन्दिषुः |
| आनन्दिथ | आनन्दथुः | आनन्द | आन्दीः | आन्दिष्टम् | आन्दिष्ट |
| आनन्द | आनन्दिव | आनन्दिम | आन्दिषम् | आन्दिष्व | आन्दिष्म |

**63 इदि परमैश्वर्ये । इदिँ । इन्द् । इन्दति । P । सेट् । अ० । to have great power.** *Famous word* इन्द्रः

| इन्दति | इन्दतः | इन्दन्ति | ऐन्दत् -द् | ऐन्दताम् | ऐन्दन् |
| इन्दसि | इन्दथः | इन्दथ | ऐन्दः | ऐन्दतम् | ऐन्दत |
| इन्दामि | इन्दावः | इन्दामः | ऐन्दम् | ऐन्दाव | ऐन्दाम |

| इन्दतु | इन्दताम् | इन्दन्तु | इन्देत् -द् | इन्देताम् | इन्देयुः |
| इन्द | इन्दतम् | इन्दत | इन्देः | इन्देतम् | इन्देत |
| इन्दानि | इन्दाव | इन्दाम | इन्देयम् | इन्देव | इन्देम |

| इन्दिष्यति | इन्दिष्यतः | इन्दिष्यन्ति | ऐन्दिष्यत् -द् | ऐन्दिष्यताम् | ऐन्दिष्यन् |
| इन्दिष्यसि | इन्दिष्यथः | इन्दिष्यथ | ऐन्दिष्यः | ऐन्दिष्यतम् | ऐन्दिष्यत |
| इन्दिष्यामि | इन्दिष्यावः | इन्दिष्यामः | ऐन्दिष्यम् | ऐन्दिष्याव | ऐन्दिष्याम |

| इन्दिता | इन्दितारौ | इन्दितारः | इन्द्यात् -द् | इन्द्यास्ताम् | इन्द्यासुः |
| इन्दितासि | इन्दितास्थः | इन्दितास्थ | इन्द्याः | इन्द्यास्तम् | इन्द्यास्त |
| इन्दितास्मि | इन्दितास्वः | इन्दितास्मः | इन्द्यासम् | इन्द्यास्व | इन्द्यास्म |

| | | | | | |
|---|---|---|---|---|---|
| इन्दाञ्चकार, | इन्दाञ्चक्रतुः, | इन्दाञ्चक्रुः, | ऐन्दीत् -द् | ऐन्दिष्टाम् | ऐन्दिषुः |
| इन्दामास, | इन्दामासतुः, | इन्दामासुः, | | | |
| इन्दाम्बभूव | इन्दाम्बभूवतुः | इन्दाम्बभूवुः | | | |
| इन्दाञ्चकर्थ, | इन्दाञ्चक्रथुः, | इन्दाञ्चक्र, | ऐन्दीः | ऐन्दिष्टम् | ऐन्दिष्ट |
| इन्दामासिथ, | इन्दामासथुः, | इन्दामास, | | | |
| इन्दाम्बभूविथ | इन्दाम्बभूवथुः | इन्दाम्बभूव | | | |
| इन्दाञ्चकार /कर , | इन्दाञ्चकृव, | इन्दाञ्चकृम, | ऐन्दिषम् | ऐन्दिष्व | ऐन्दिष्म |
| इन्दामास, | इन्दामासिव, | इन्दामासिम, | | | |
| इन्दाम्बभूव | इन्दाम्बभूविव | इन्दाम्बभूविम | | | |

64 बिदि अवयवे । भिदि इत्येके । बिदिँ । बिन्द् । बिन्दति । P । सेट् । अ० । to split, divide

| | | | | | |
|---|---|---|---|---|---|
| बिन्दति | बिन्दतः | बिन्दन्ति | अबिन्दत् -द् | अबिन्दताम् | अबिन्दन् |
| बिन्दसि | बिन्दथः | बिन्दथ | अबिन्दः | अबिन्दतम् | अबिन्दत |
| बिन्दामि | बिन्दावः | बिन्दामः | अबिन्दम् | अबिन्दाव | अबिन्दाम |
| बिन्दतु | बिन्दताम् | बिन्दन्तु | बिन्देत् -द् | बिन्देताम् | बिन्देयुः |
| बिन्द | बिन्दतम् | बिन्दत | बिन्देः | बिन्देतम् | बिन्देत |
| बिन्दानि | बिन्दाव | बिन्दाम | बिन्देयम् | बिन्देव | बिन्देम |
| बिन्दिष्यति | बिन्दिष्यतः | बिन्दिष्यन्ति | अबिन्दिष्यत् -द् | अबिन्दिष्यताम् | अबिन्दिष्यन् |
| बिन्दिष्यसि | बिन्दिष्यथः | बिन्दिष्यथ | अबिन्दिष्यः | अबिन्दिष्यतम् | अबिन्दिष्यत |
| बिन्दिष्यामि | बिन्दिष्यावः | बिन्दिष्यामः | अबिन्दिष्यम् | अबिन्दिष्याव | अबिन्दिष्याम |
| बिन्दिता | बिन्दितारौ | बिन्दितारः | बिन्द्यात् -द् | बिन्द्यास्ताम् | बिन्द्यासुः |
| बिन्दितासि | बिन्दितास्थः | बिन्दितास्थ | बिन्द्याः | बिन्द्यास्तम् | बिन्द्यास्त |
| बिन्दितास्मि | बिन्दितास्वः | बिन्दितास्मः | बिन्द्यासम् | बिन्द्यास्व | बिन्द्यास्म |
| बिबिन्द | बिबिन्दतुः | बिबिन्दुः | अबिन्दीत् -द् | अबिन्दिष्टाम् | अबिन्दिषुः |
| बिबिन्दिथ | बिबिन्दथुः | बिबिन्द | अबिन्दीः | अबिन्दिष्टम् | अबिन्दिष्ट |
| बिबिन्द | बिबिन्दिव | बिबिन्दिम | अबिन्दिषम् | अबिन्दिष्व | अबिन्दिष्म |

65 गडि वदनैकदेशे । गडिँ । गण्ड् । गण्डति । P । सेट् । अ० । to affect the cheek, have goitre. अन्तत्यादयः पञ्चैते न तिङ्विषया इति काश्यपः । अन्ये तु तिङमपीच्छन्ति । 5 Roots अन्त अन्द् इन्द् बिन्द् गण्ड do not have तिङ् verb forms, only कृदन्त प्रातिपदिक forms says Kashyapa. Others disagree.

| | | | | | |
|---|---|---|---|---|---|
| गण्डति | गण्डतः | गण्डन्ति | अगण्डत् -द् | अगण्डताम् | अगण्डन् |
| गण्डसि | गण्डथः | गण्डथ | अगण्डः | अगण्डतम् | अगण्डत |
| गण्डामि | गण्डावः | गण्डामः | अगण्डम् | अगण्डाव | अगण्डाम |

| गण्डतु | गण्डताम् | गण्डन्तु | गण्डेत् -द् | गण्डेताम् | गण्डेयुः |
| गण्ड | गण्डतम् | गण्डत | गण्डेः | गण्डेतम् | गण्डेत |
| गण्डानि | गण्डाव | गण्डाम | गण्डेयम् | गण्डेव | गण्डेम |

| गण्डिष्यति | गण्डिष्यतः | गण्डिष्यन्ति | अगण्डिष्यत् -द् | अगण्डिष्यताम् | अगण्डिष्यन् |
| गण्डिष्यसि | गण्डिष्यथः | गण्डिष्यथ | अगण्डिष्यः | अगण्डिष्यतम् | अगण्डिष्यत |
| गण्डिष्यामि | गण्डिष्यावः | गण्डिष्यामः | अगण्डिष्यम् | अगण्डिष्याव | अगण्डिष्याम |

| गण्डिता | गण्डितारौ | गण्डितारः | गण्ड्यात् -द् | गण्ड्यास्ताम् | गण्ड्यासुः |
| गण्डितासि | गण्डितास्थः | गण्डितास्थ | गण्ड्याः | गण्ड्यास्तम् | गण्ड्यास्त |
| गण्डितास्मि | गण्डितास्वः | गण्डितास्मः | गण्ड्यासम् | गण्ड्यास्व | गण्ड्यास्म |

| जगण्ड | जगण्डतुः | जगण्डुः | अगण्डीत् -द् | अगण्डिष्टाम् | अगण्डिषुः |
| जगण्डिथ | जगण्डथुः | जगण्ड | अगण्डीः | अगण्डिष्टम् | अगण्डिष्ट |
| जगण्ड | जगण्डिव | जगण्डिम | अगण्डिषम् | अगण्डिष्व | अगण्डिष्म |

**66 णिदि कुत्सायाम् । णिदिँ । निन्द् । निन्दति । P । सेट् । स० । to blame**

| निन्दति | निन्दतः | निन्दन्ति | अनिन्दत् -द् | अनिन्दताम् | अनिन्दन् |
| निन्दसि | निन्दथः | निन्दथ | अनिन्दः | अनिन्दतम् | अनिन्दत |
| निन्दामि | निन्दावः | निन्दामः | अनिन्दम् | अनिन्दाव | अनिन्दाम |

| निन्दतु | निन्दताम् | निन्दन्तु | निन्देत् -द् | निन्देताम् | निन्देयुः |
| निन्द | निन्दतम् | निन्दत | निन्देः | निन्देतम् | निन्देत |
| निन्दानि | निन्दाव | निन्दाम | निन्देयम् | निन्देव | निन्देम |

| निन्दिष्यति | निन्दिष्यतः | निन्दिष्यन्ति | अनिन्दिष्यत् -द् | अनिन्दिष्यताम् | अनिन्दिष्यन् |
| निन्दिष्यसि | निन्दिष्यथः | निन्दिष्यथ | अनिन्दिष्यः | अनिन्दिष्यतम् | अनिन्दिष्यत |
| निन्दिष्यामि | निन्दिष्यावः | निन्दिष्यामः | अनिन्दिष्यम् | अनिन्दिष्याव | अनिन्दिष्याम |

| निन्दिता | निन्दितारौ | निन्दितारः | निन्द्यात् -द् | निन्द्यास्ताम् | निन्द्यासुः |
| निन्दितासि | निन्दितास्थः | निन्दितास्थ | निन्द्याः | निन्द्यास्तम् | निन्द्यास्त |
| निन्दितास्मि | निन्दितास्वः | निन्दितास्मः | निन्द्यासम् | निन्द्यास्व | निन्द्यास्म |

| निनिन्द | निनिन्दतुः | निनिन्दुः | अनिन्दीत् -द् | अनिन्दिष्टाम् | अनिन्दिषुः |
| निनिन्दिथ | निनिन्दथुः | निनिन्द | अनिन्दीः | अनिन्दिष्टम् | अनिन्दिष्ट |
| निनिन्द | निनिन्दिव | निनिन्दिम | अनिन्दिषम् | अनिन्दिष्व | अनिन्दिष्म |

**67 टुनदि समृद्धौ । टुनदिँ । नन्द् । नन्दति । P । सेट् । अ० । to be pleased, be satisfied आनन्दः । नन्दिता**

| नन्दति | नन्दतः | नन्दन्ति | अनन्दत् -द् | अनन्दताम् | अनन्दन् |
| नन्दसि | नन्दथः | नन्दथ | अनन्दः | अनन्दतम् | अनन्दत |
| नन्दामि | नन्दावः | नन्दामः | अनन्दम् | अनन्दाव | अनन्दाम |

| | | | | | |
|---|---|---|---|---|---|
| नन्दतु | नन्दताम् | नन्दन्तु | नन्देत् -द् | नन्देताम् | नन्देयुः |
| नन्द | नन्दतम् | नन्दत | नन्देः | नन्देतम् | नन्देत |
| नन्दानि | नन्दाव | नन्दाम | नन्देयम् | नन्देव | नन्देम |

| | | | | | |
|---|---|---|---|---|---|
| नन्दिष्यति | नन्दिष्यतः | नन्दिष्यन्ति | अनन्दिष्यत् -द् | अनन्दिष्यताम् | अनन्दिष्यन् |
| नन्दिष्यसि | नन्दिष्यथः | नन्दिष्यथ | अनन्दिष्यः | अनन्दिष्यतम् | अनन्दिष्यत |
| नन्दिष्यामि | नन्दिष्यावः | नन्दिष्यामः | अनन्दिष्यम् | अनन्दिष्याव | अनन्दिष्याम |

| | | | | | |
|---|---|---|---|---|---|
| नन्दिता | नन्दितारौ | नन्दितारः | नन्द्यात् -द् | नन्द्यास्ताम् | नन्द्यासुः |
| नन्दितासि | नन्दितास्थः | नन्दितास्थ | नन्द्याः | नन्द्यास्तम् | नन्द्यास्त |
| नन्दितास्मि | नन्दितास्वः | नन्दितास्मः | नन्द्यासम् | नन्द्यास्व | नन्द्यास्म |

| | | | | | |
|---|---|---|---|---|---|
| ननन्द | ननन्दतुः | ननन्दुः | अनन्दीत् -द् | अनन्दिष्टाम् | अनन्दिषुः |
| ननन्दिथ | ननन्दथुः | ननन्द | अनन्दीः | अनन्दिष्टम् | अनन्दिष्ट |
| ननन्द | ननन्दिव | ननन्दिम | अनन्दिषम् | अनन्दिष्व | अनन्दिष्म |

68 चदि आह्लादने दीप्तौ च । चदिँ । चन्द् । चन्दति । P । सेट् । स० । to shine, be glad, rejoice

| | | | | | |
|---|---|---|---|---|---|
| चन्दति | चन्दतः | चन्दन्ति | अचन्दत् -द् | अचन्दताम् | अचन्दन् |
| चन्दसि | चन्दथः | चन्दथ | अचन्दः | अचन्दतम् | अचन्दत |
| चन्दामि | चन्दावः | चन्दामः | अचन्दम् | अचन्दाव | अचन्दाम |

| | | | | | |
|---|---|---|---|---|---|
| चन्दतु | चन्दताम् | चन्दन्तु | चन्देत् -द् | चन्देताम् | चन्देयुः |
| चन्द | चन्दतम् | चन्दत | चन्देः | चन्देतम् | चन्देत |
| चन्दानि | चन्दाव | चन्दाम | चन्देयम् | चन्देव | चन्देम |

| | | | | | |
|---|---|---|---|---|---|
| चन्दिष्यति | चन्दिष्यतः | चन्दिष्यन्ति | अचन्दिष्यत् -द् | अचन्दिष्यताम् | अचन्दिष्यन् |
| चन्दिष्यसि | चन्दिष्यथः | चन्दिष्यथ | अचन्दिष्यः | अचन्दिष्यतम् | अचन्दिष्यत |
| चन्दिष्यामि | चन्दिष्यावः | चन्दिष्यामः | अचन्दिष्यम् | अचन्दिष्याव | अचन्दिष्याम |

| | | | | | |
|---|---|---|---|---|---|
| चन्दिता | चन्दितारौ | चन्दितारः | चन्द्यात् -द् | चन्द्यास्ताम् | चन्द्यासुः |
| चन्दितासि | चन्दितास्थः | चन्दितास्थ | चन्द्याः | चन्द्यास्तम् | चन्द्यास्त |
| चन्दितास्मि | चन्दितास्वः | चन्दितास्मः | चन्द्यासम् | चन्द्यास्व | चन्द्यास्म |

| | | | | | |
|---|---|---|---|---|---|
| चचन्द | चचन्दतुः | चचन्दुः | अचन्दीत् -द् | अचन्दिष्टाम् | अचन्दिषुः |
| चचन्दिथ | चचन्दथुः | चचन्द | अचन्दीः | अचन्दिष्टम् | अचन्दिष्ट |
| चचन्द | चचन्दिव | चचन्दिम | अचन्दिषम् | अचन्दिष्व | अचन्दिष्म |

69 त्रदि चेष्टायाम् । त्रदिँ । त्रन्द् । त्रन्दति । P । सेट् । अ० । to make efforts, be in business

| | | | | | |
|---|---|---|---|---|---|
| त्रन्दति | त्रन्दतः | त्रन्दन्ति | अत्रन्दत् -द् | अत्रन्दताम् | अत्रन्दन् |
| त्रन्दसि | त्रन्दथः | त्रन्दथ | अत्रन्दः | अत्रन्दतम् | अत्रन्दत |
| त्रन्दामि | त्रन्दावः | त्रन्दामः | अत्रन्दम् | अत्रन्दाव | अत्रन्दाम |

| | | | | | |
|---|---|---|---|---|---|
| त्रन्दतु | त्रन्दताम् | त्रन्दन्तु | त्रन्देत् -द् | त्रन्देताम् | त्रन्देयुः |

| | | | | | |
|---|---|---|---|---|---|
| त्रन्द | त्रन्दतम् | त्रन्दत | त्रन्देः | त्रन्देतम् | त्रन्देत |
| त्रन्दानि | त्रन्दाव | त्रन्दाम | त्रन्देयम् | त्रन्देव | त्रन्देम |

| | | | | | |
|---|---|---|---|---|---|
| त्रन्दिष्यति | त्रन्दिष्यतः | त्रन्दिष्यन्ति | अत्रन्दिष्यत् -द् | अत्रन्दिष्यताम् | अत्रन्दिष्यन् |
| त्रन्दिष्यसि | त्रन्दिष्यथः | त्रन्दिष्यथ | अत्रन्दिष्यः | अत्रन्दिष्यतम् | अत्रन्दिष्यत |
| त्रन्दिष्यामि | त्रन्दिष्यावः | त्रन्दिष्यामः | अत्रन्दिष्यम् | अत्रन्दिष्याव | अत्रन्दिष्याम |

| | | | | | |
|---|---|---|---|---|---|
| त्रन्दिता | त्रन्दितारौ | त्रन्दितारः | त्रन्द्यात् -द् | त्रन्द्यास्ताम् | त्रन्द्यासुः |
| त्रन्दितासि | त्रन्दितास्थः | त्रन्दितास्थ | त्रन्द्याः | त्रन्द्यास्तम् | त्रन्द्यास्त |
| त्रन्दितास्मि | त्रन्दितास्वः | त्रन्दितास्मः | त्रन्द्यासम् | त्रन्द्यास्व | त्रन्द्यास्म |

| | | | | | |
|---|---|---|---|---|---|
| तत्रन्द | तत्रन्दतुः | तत्रन्दुः | अत्रन्दीत् -द् | अत्रन्दिष्टाम् | अत्रन्दिषुः |
| तत्रन्दिथ | तत्रन्दथुः | तत्रन्द | अत्रन्दीः | अत्रन्दिष्टम् | अत्रन्दिष्ट |
| तत्रन्द | तत्रन्दिव | तत्रन्दिम | अत्रन्दिषम् | अत्रन्दिष्व | अत्रन्दिष्म |

**70 कदिँ आह्वाने रोदने च । कदिँ । कन्द् । कन्दति । P । सेट् । स० ।** to call, wail, shed tears

| | | | | | |
|---|---|---|---|---|---|
| कन्दति | कन्दतः | कन्दन्ति | अकन्दत् -द् | अकन्दताम् | अकन्दन् |
| कन्दसि | कन्दथः | कन्दथ | अकन्दः | अकन्दतम् | अकन्दत |
| कन्दामि | कन्दावः | कन्दामः | अकन्दम् | अकन्दाव | अकन्दाम |

| | | | | | |
|---|---|---|---|---|---|
| कन्दतु | कन्दताम् | कन्दन्तु | कन्देत् -द् | कन्देताम् | कन्देयुः |
| कन्द | कन्दतम् | कन्दत | कन्देः | कन्देतम् | कन्देत |
| कन्दानि | कन्दाव | कन्दाम | कन्देयम् | कन्देव | कन्देम |

| | | | | | |
|---|---|---|---|---|---|
| कन्दिष्यति | कन्दिष्यतः | कन्दिष्यन्ति | अकन्दिष्यत् -द् | अकन्दिष्यताम् | अकन्दिष्यन् |
| कन्दिष्यसि | कन्दिष्यथः | कन्दिष्यथ | अकन्दिष्यः | अकन्दिष्यतम् | अकन्दिष्यत |
| कन्दिष्यामि | कन्दिष्यावः | कन्दिष्यामः | अकन्दिष्यम् | अकन्दिष्याव | अकन्दिष्याम |

| | | | | | |
|---|---|---|---|---|---|
| कन्दिता | कन्दितारौ | कन्दितारः | कन्द्यात् -द् | कन्द्यास्ताम् | कन्द्यासुः |
| कन्दितासि | कन्दितास्थः | कन्दितास्थ | कन्द्याः | कन्द्यास्तम् | कन्द्यास्त |
| कन्दितास्मि | कन्दितास्वः | कन्दितास्मः | कन्द्यासम् | कन्द्यास्व | कन्द्यास्म |

| | | | | | |
|---|---|---|---|---|---|
| चकन्द | चकन्दतुः | चकन्दुः | अकन्दीत् -द् | अकन्दिष्टाम् | अकन्दिषुः |
| चकन्दिथ | चकन्दथुः | चकन्द | अकन्दीः | अकन्दिष्टम् | अकन्दिष्ट |
| चकन्द | चकन्दिव | चकन्दिम | अकन्दिषम् | अकन्दिष्व | अकन्दिष्म |

**71 क्रदिँ आह्वाने रोदने च । क्रदिँ । क्रन्द् । क्रन्दति । P । सेट् । स० ।** call out, cry

| | | | | | |
|---|---|---|---|---|---|
| क्रन्दति | क्रन्दतः | क्रन्दन्ति | अक्रन्दत् -द् | अक्रन्दताम् | अक्रन्दन् |
| क्रन्दसि | क्रन्दथः | क्रन्दथ | अक्रन्दः | अक्रन्दतम् | अक्रन्दत |
| क्रन्दामि | क्रन्दावः | क्रन्दामः | अक्रन्दम् | अक्रन्दाव | अक्रन्दाम |

| | | | | | |
|---|---|---|---|---|---|
| क्रन्दतु | क्रन्दताम् | क्रन्दन्तु | क्रन्देत् -द् | क्रन्देताम् | क्रन्देयुः |
| क्रन्द | क्रन्दतम् | क्रन्दत | क्रन्देः | क्रन्देतम् | क्रन्देत |

| | | | | | |
|---|---|---|---|---|---|
| क्रन्दानि | क्रन्दाव | क्रन्दाम | क्रन्देयम् | क्रन्देव | क्रन्देम |

| | | | | | |
|---|---|---|---|---|---|
| क्रन्दिष्यति | क्रन्दिष्यतः | क्रन्दिष्यन्ति | अक्रन्दिष्यत् -द् | अक्रन्दिष्यताम् | अक्रन्दिष्यन् |
| क्रन्दिष्यसि | क्रन्दिष्यथः | क्रन्दिष्यथ | अक्रन्दिष्यः | अक्रन्दिष्यतम् | अक्रन्दिष्यत |
| क्रन्दिष्यामि | क्रन्दिष्यावः | क्रन्दिष्यामः | अक्रन्दिष्यम् | अक्रन्दिष्याव | अक्रन्दिष्याम |

| | | | | | |
|---|---|---|---|---|---|
| क्रन्दिता | क्रन्दितारौ | क्रन्दितारः | क्रन्द्यात् -द् | क्रन्द्यास्ताम् | क्रन्द्यासुः |
| क्रन्दितासि | क्रन्दितास्थः | क्रन्दितास्थ | क्रन्द्याः | क्रन्द्यास्तम् | क्रन्द्यास्त |
| क्रन्दितास्मि | क्रन्दितास्वः | क्रन्दितास्मः | क्रन्द्यासम् | क्रन्द्यास्व | क्रन्द्यास्म |

| | | | | | |
|---|---|---|---|---|---|
| चक्रन्द | चक्रन्दतुः | चक्रन्दुः | अक्रन्दीत् -द् | अक्रन्दिष्टाम् | अक्रन्दिषुः |
| चक्रन्दिथ | चक्रन्दथुः | चक्रन्द | अक्रन्दीः | अक्रन्दिष्टम् | अक्रन्दिष्ट |
| चक्रन्द | चक्रन्दिव | चक्रन्दिम | अक्रन्दिषम् | अक्रन्दिष्व | अक्रन्दिष्म |

72 क्लदि आह्वाने रोदने च । क्लदिँ । क्लन्द् । क्लन्दति । P। सेट् । स०। to call, lament, invite,weep

| | | | | | |
|---|---|---|---|---|---|
| क्लन्दति | क्लन्दतः | क्लन्दन्ति | अक्लन्दत् -द् | अक्लन्दताम् | अक्लन्दन् |
| क्लन्दसि | क्लन्दथः | क्लन्दथ | अक्लन्दः | अक्लन्दतम् | अक्लन्दत |
| क्लन्दामि | क्लन्दावः | क्लन्दामः | अक्लन्दम् | अक्लन्दाव | अक्लन्दाम |

| | | | | | |
|---|---|---|---|---|---|
| क्लन्दतु | क्लन्दताम् | क्लन्दन्तु | क्लन्देत् -द् | क्लन्देताम् | क्लन्देयुः |
| क्लन्द | क्लन्दतम् | क्लन्दत | क्लन्देः | क्लन्देतम् | क्लन्देत |
| क्लन्दानि | क्लन्दाव | क्लन्दाम | क्लन्देयम् | क्लन्देव | क्लन्देम |

| | | | | | |
|---|---|---|---|---|---|
| क्लन्दिष्यति | क्लन्दिष्यतः | क्लन्दिष्यन्ति | **अक्लन्दिष्यत् -द्** | **अक्लन्दिष्यताम्** | अक्लन्दिष्यन् |
| क्लन्दिष्यसि | क्लन्दिष्यथः | क्लन्दिष्यथ | अक्लन्दिष्यः | **अक्लन्दिष्यतम्** | अक्लन्दिष्यत |
| क्लन्दिष्यामि | क्लन्दिष्यावः | क्लन्दिष्यामः | अक्लन्दिष्यम् | अक्लन्दिष्याव | अक्लन्दिष्याम |

| | | | | | |
|---|---|---|---|---|---|
| क्लन्दिता | क्लन्दितारौ | क्लन्दितारः | क्लन्द्यात् -द् | क्लन्द्यास्ताम् | क्लन्द्यासुः |
| क्लन्दितासि | क्लन्दितास्थः | क्लन्दितास्थ | क्लन्द्याः | क्लन्द्यास्तम् | क्लन्द्यास्त |
| क्लन्दितास्मि | क्लन्दितास्वः | क्लन्दितास्मः | क्लन्द्यासम् | क्लन्द्यास्व | क्लन्द्यास्म |

| | | | | | |
|---|---|---|---|---|---|
| चक्लन्द | चक्लन्दतुः | चक्लन्दुः | अक्लन्दीत् -द् | अक्लन्दिष्टाम् | अक्लन्दिषुः |
| चक्लन्दिथ | चक्लन्दथुः | चक्लन्द | अक्लन्दीः | अक्लन्दिष्टम् | अक्लन्दिष्ट |
| चक्लन्द | चक्लन्दिव | चक्लन्दिम | अक्लन्दिषम् | अक्लन्दिष्व | अक्लन्दिष्म |

73 क्लिदि परिदेवने । क्लिदिँ । क्लिन्द् । क्लिन्दति । P । सेट् । स० । lament

| | | | | | |
|---|---|---|---|---|---|
| क्लिन्दति | क्लिन्दतः | क्लिन्दन्ति | अक्लिन्दत् -द् | अक्लिन्दताम् | अक्लिन्दन् |
| क्लिन्दसि | क्लिन्दथः | क्लिन्दथ | अक्लिन्दः | अक्लिन्दतम् | अक्लिन्दत |
| क्लिन्दामि | क्लिन्दावः | क्लिन्दामः | अक्लिन्दम् | अक्लिन्दाव | अक्लिन्दाम |

| | | | | | |
|---|---|---|---|---|---|
| क्लिन्दतु | क्लिन्दताम् | क्लिन्दन्तु | क्लिन्देत् -द् | क्लिन्देताम् | क्लिन्देयुः |

| | | | | | |
|---|---|---|---|---|---|
| क्लिन्द | क्लिन्दतम् | क्लिन्दत | क्लिन्देः | क्लिन्देतम् | क्लिन्देत |
| क्लिन्दानि | क्लिन्दाव | क्लिन्दाम | क्लिन्देयम् | क्लिन्देव | क्लिन्देम |

| | | | | | |
|---|---|---|---|---|---|
| क्लिन्दिष्यति | क्लिन्दिष्यतः | क्लिन्दिष्यन्ति | **अक्लिन्दिष्यत् -द्** | **अक्लिन्दिष्यताम्** | अक्लिन्दिष्यन् |
| क्लिन्दिष्यसि | क्लिन्दिष्यथः | क्लिन्दिष्यथ | अक्लिन्दिष्यः | **अक्लिन्दिष्यतम्** | अक्लिन्दिष्यत |
| क्लिन्दिष्यामि | क्लिन्दिष्यावः | क्लिन्दिष्यामः | अक्लिन्दिष्यम् | अक्लिन्दिष्याव | अक्लिन्दिष्याम |

| | | | | | |
|---|---|---|---|---|---|
| क्लिन्दिता | क्लिन्दितारौ | क्लिन्दितारः | क्लिन्द्यात् -द् | क्लिन्द्यास्ताम् | क्लिन्द्यासुः |
| क्लिन्दितासि | क्लिन्दितास्थः | क्लिन्दितास्थ | क्लिन्द्याः | क्लिन्द्यास्तम् | क्लिन्द्यास्त |
| क्लिन्दितास्मि | क्लिन्दितास्वः | क्लिन्दितास्मः | क्लिन्द्यासम् | क्लिन्द्यास्व | क्लिन्द्यास्म |

| | | | | | |
|---|---|---|---|---|---|
| चिक्लिन्द | चिक्लिन्दतुः | चिक्लिन्दुः | अक्लिन्दीत् -द् | अक्लिन्दिष्टाम् | अक्लिन्दिषुः |
| चिक्लिन्दिथ | चिक्लिन्दथुः | चिक्लिन्द | अक्लिन्दीः | अक्लिन्दिष्टम् | अक्लिन्दिष्ट |
| चिक्लिन्द | चिक्लिन्दिव | चिक्लिन्दिम | अक्लिन्दिषम् | अक्लिन्दिष्व | अक्लिन्दिष्म |

74 **शुन्ध शुद्धौ** । **शुन्धँ** । **शुन्ध्** । **शुन्धति** । P । **सेट्** । अ० । be purified. 6.4.24 **अनिदितां०** ।

| | | | | | |
|---|---|---|---|---|---|
| शुन्धति | शुन्धतः | शुन्धन्ति | अशुन्धत् -द् | अशुन्धताम् | अशुन्धन् |
| शुन्धसि | शुन्धथः | शुन्धथ | अशुन्धः | अशुन्धतम् | अशुन्धत |
| शुन्धामि | शुन्धावः | शुन्धामः | अशुन्धम् | अशुन्धाव | अशुन्धाम |

| | | | | | |
|---|---|---|---|---|---|
| शुन्धतु | शुन्धताम् | शुन्धन्तु | शुन्धेत् -द् | शुन्धेताम् | शुन्धेयुः |
| शुन्ध | शुन्धतम् | शुन्धत | शुन्धेः | शुन्धेतम् | शुन्धेत |
| शुन्धानि | शुन्धाव | शुन्धाम | शुन्धेयम् | शुन्धेव | शुन्धेम |

| | | | | | |
|---|---|---|---|---|---|
| शुन्धिष्यति | शुन्धिष्यतः | शुन्धिष्यन्ति | अशुन्धिष्यत् -द् | अशुन्धिष्यताम् | अशुन्धिष्यन् |
| शुन्धिष्यसि | शुन्धिष्यथः | शुन्धिष्यथ | अशुन्धिष्यः | अशुन्धिष्यतम् | अशुन्धिष्यत |
| शुन्धिष्यामि | शुन्धिष्यावः | शुन्धिष्यामः | अशुन्धिष्यम् | अशुन्धिष्याव | अशुन्धिष्याम |

| | | | | | |
|---|---|---|---|---|---|
| शुन्धिता | शुन्धितारौ | शुन्धितारः | शुध्यात् -द् | शुध्यास्ताम् | शुध्यासुः |
| शुन्धितासि | शुन्धितास्थः | शुन्धितास्थ | शुध्याः | शुध्यास्तम् | शुध्यास्त |
| शुन्धितास्मि | शुन्धितास्वः | शुन्धितास्मः | शुध्यासम् | शुध्यास्व | शुध्यास्म |

| | | | | | |
|---|---|---|---|---|---|
| शुशुन्ध | शुशुन्धतुः | शुशुन्धुः | अशुन्धीत् -द् | अशुन्धिष्टाम् | अशुन्धिषुः |
| शुशुन्धिथ | शुशुन्धथुः | शुशुन्ध | अशुन्धीः | अशुन्धिष्टम् | अशुन्धिष्ट |
| शुशुन्ध | शुशुन्धिव | शुशुन्धिम | अशुन्धिषम् | अशुन्धिष्व | अशुन्धिष्म |

38 अतादय उदात्ता उदात्तेतः परस्मैभाषाः ।

## 75 अथ कवर्गीयान्ताः आत्मनेपदिनः द्विचत्वारिंशत् ।

75 **शीकृ सेचने** । **सीकृ इति पाठान्तरम्** । **शीकृँ** । **शीक्** । **शीकते** । A । **सेट्** । **स०** । sprinkle, make wet

लट् 1 Present Tense

| | | |
|---|---|---|
| शीकते | शीकेते | शीकन्ते |
| शीकसे | शीकेथे | शीकध्वे |
| शीके | शीकावहे | शीकामहे |

लङ् 2 Imperfect Past Tense

| | | |
|---|---|---|
| अशीकत | अशीकेताम् | अशीकन्त |
| अशीकथाः | अशीकेथाम् | अशीकध्वम् |
| अशीके | अशीकावहि | अशीकामहि |

लोट् 3 Imperative Mood

| | | |
|---|---|---|
| शीकताम् | शीकेताम् | शीकन्ताम् |
| शीकस्व | शीकेथाम् | शीकध्वम् |
| शीकै | शीकावहै | शीकामहै |

विधिलिङ् 4 Potential Mood

| | | |
|---|---|---|
| शीकेत | शीकेयाताम् | शीकेरन् |
| शीकेथाः | शीकेयाथाम् | शीकेध्वम् |
| शीकेय | शीकेवहि | शीकेमहि |

लृट् 5 Simple Future Tense

| | | |
|---|---|---|
| शीकिष्यते | शीकिष्येते | शीकिष्यन्ते |
| शीकिष्यसे | शीकिष्येथे | शीकिष्यध्वे |
| शीकिष्ये | शीकिष्यावहे | शीकिष्यामहे |

लृङ् 6 Conditional Mood

| | | |
|---|---|---|
| अशीकिष्यत | अशीकिष्येताम् | अशीकिष्यन्त |
| अशीकिष्यथाः | अशीकिष्येथाम् | अशीकिष्यध्वम् |
| अशीकिष्ये | अशीकिष्यावहि | अशीकिष्यामहि |

लुट् 7 Periphrastic Future

| | | |
|---|---|---|
| शीकिता | शीकितारौ | शीकितारः |
| शीकितासे | शीकितासाथे | शीकिताध्वे |
| शीकिताहे | शीकितास्वहे | शीकितास्महे |

आशीर्लिङ् 8 Benedictive

| | | |
|---|---|---|
| शीकिषीष्ट | शीकिषीयास्ताम् | शीकिषीरन् |
| शीकिषीष्ठाः | शीकिषीयास्थाम् | शीकिषीध्वम् |
| शीकिषीय | शीकिषीवहि | शीकिषीमहि |

लिट् 9 Perfect Past Tense

| | | |
|---|---|---|
| शिशीके | शिशीकाते | शिशीकिरे |
| शिशीकिषे | शिशीकाथे | शिशीकिध्वे |
| शिशीके | शिशीकिवहे | शिशीकिमहे |

लुङ् 10 Aorist Past Tense 8.2.25 धि च

| | | |
|---|---|---|
| अशीकिष्ट | अशीकिषाताम् | अशीकिषत |
| अशीकिष्ठाः | अशीकिषाथाम् | अशीकिढ्वम् |
| अशीकिषि | अशीकिष्वहि | अशीकिष्महि |

76 लोकृ दर्शने । लोकृँ । लोक् । लोकते । A । सेट् । स० । to look, view, perceive

| | | | | | |
|---|---|---|---|---|---|
| लोकते | लोकेते | लोकन्ते | अलोकत | अलोकेताम् | अलोकन्त |
| लोकसे | लोकेथे | लोकध्वे | अलोकथाः | अलोकेथाम् | अलोकध्वम् |
| लोके | लोकावहे | लोकामहे | अलोके | अलोकावहि | अलोकामहि |
| | | | | | |
| लोकताम् | लोकेताम् | लोकन्ताम् | लोकेत | लोकेयाताम् | लोकेरन् |
| लोकस्व | लोकेथाम् | लोकध्वम् | लोकेथाः | लोकेयाथाम् | लोकेध्वम् |
| लोकै | लोकावहै | लोकामहै | लोकेय | लोकेवहि | लोकेमहि |
| | | | | | |
| लोकिष्यते | लोकिष्येते | लोकिष्यन्ते | अलोकिष्यत | अलोकिष्येताम् | अलोकिष्यन्त |
| लोकिष्यसे | लोकिष्येथे | लोकिष्यध्वे | अलोकिष्यथाः | अलोकिष्येथाम् | अलोकिष्यध्वम् |
| लोकिष्ये | लोकिष्यावहे | लोकिष्यामहे | अलोकिष्ये | अलोकिष्यावहि | अलोकिष्यामहि |
| | | | | | |
| लोकिता | लोकितारौ | लोकितारः | लोकिषीष्ट | लोकिषीयास्ताम् | लोकिषीरन् |
| लोकितासे | लोकितासाथे | लोकिताध्वे | लोकिषीष्ठाः | लोकिषीयास्थाम् | लोकिषीध्वम् |
| लोकिताहे | लोकितास्वहे | लोकितास्महे | लोकिषीय | लोकिषीवहि | लोकिषीमहि |

| | | | | | |
|---|---|---|---|---|---|
| लुलोके | लुलोकाते | लुलोकिरे | अलोकिष्ट | अलोकिषाताम् | अलोकिषत |
| लुलोकिषे | लुलोकाथे | लुलोकिध्वे | अलोकिष्ठाः | अलोकिषाथाम् | अलोकिध्वम् |
| लुलोके | लुलोकिवहे | लुलोकिमहे | अलोकिषि | अलोकिष्वहि | अलोकिष्महि |

77 **श्लोकृ सङ्घाते** । **श्लोकृँ** । **श्लोक्** । **श्लोकते** । A । **सेट्** । **स०*** । compose verses, write poetry

| | | | | | |
|---|---|---|---|---|---|
| श्लोकते | श्लोकेते | श्लोकन्ते | अश्लोकत | अश्लोकेताम् | अश्लोकन्त |
| श्लोकसे | श्लोकेथे | श्लोकध्वे | अश्लोकथाः | अश्लोकेथाम् | अश्लोकध्वम् |
| श्लोके | श्लोकावहे | श्लोकामहे | अश्लोके | अश्लोकावहि | अश्लोकामहि |

| | | | | | |
|---|---|---|---|---|---|
| श्लोकताम् | श्लोकेताम् | श्लोकन्ताम् | श्लोकेत | श्लोकेयाताम् | श्लोकेरन् |
| श्लोकस्व | श्लोकेथाम् | श्लोकध्वम् | श्लोकेथाः | श्लोकेयाथाम् | श्लोकेध्वम् |
| श्लोकै | श्लोकावहै | श्लोकामहै | श्लोकेय | श्लोकेवहि | श्लोकेमहि |

| | | | | | |
|---|---|---|---|---|---|
| श्लोकिष्यते | श्लोकिष्येते | श्लोकिष्यन्ते | अश्लोकिष्यत | अश्लोकिष्येताम् | अश्लोकिष्यन्त |
| श्लोकिष्यसे | श्लोकिष्येथे | श्लोकिष्यध्वे | अश्लोकिष्यथाः | अश्लोकिष्येथाम् | अश्लोकिष्यध्वम् |
| श्लोकिष्ये | श्लोकिष्यावहे | श्लोकिष्यामहे | अश्लोकिष्ये | अश्लोकिष्यावहि | अश्लोकिष्यामहि |

| | | | | | |
|---|---|---|---|---|---|
| श्लोकिता | श्लोकितारौ | श्लोकितारः | श्लोकिषीष्ट | श्लोकिषीयास्ताम् | श्लोकिषीरन् |
| श्लोकितासे | श्लोकितासाथे | श्लोकिताध्वे | श्लोकिषीष्ठाः | श्लोकिषीयास्थाम् | श्लोकिषीध्वम् |
| श्लोकिताहे | श्लोकितास्वहे | श्लोकितास्महे | श्लोकिषीय | श्लोकिषीवहि | श्लोकिषीमहि |

| | | | | | |
|---|---|---|---|---|---|
| शुश्लोके | शुश्लोकाते | शुश्लोकिरे | अश्लोकिष्ट | अश्लोकिषाताम् | अश्लोकिषत |
| शुश्लोकिषे | शुश्लोकाथे | शुश्लोकिध्वे | अश्लोकिष्ठाः | अश्लोकिषाथाम् | अश्लोकिध्वम् |
| शुश्लोके | शुश्लोकिवहे | शुश्लोकिमहे | अश्लोकिषि | अश्लोकिष्वहि | अश्लोकिष्महि |

78 **द्रेकृ शब्दोत्साहयोः** । **द्रेकृँ** । **द्रेक्** । **द्रेकते** । A । **सेट्** । अ० । sound, grow, be enthusiastic

| | | | | | |
|---|---|---|---|---|---|
| द्रेकते | द्रेकेते | द्रेकन्ते | अद्रेकत | अद्रेकेताम् | अद्रेकन्त |
| द्रेकसे | द्रेकेथे | द्रेकध्वे | अद्रेकथाः | अद्रेकेथाम् | अद्रेकध्वम् |
| द्रेके | द्रेकावहे | द्रेकामहे | अद्रेके | अद्रेकावहि | अद्रेकामहि |

| | | | | | |
|---|---|---|---|---|---|
| द्रेकताम् | द्रेकेताम् | द्रेकन्ताम् | द्रेकेत | द्रेकेयाताम् | द्रेकेरन् |
| द्रेकस्व | द्रेकेथाम् | द्रेकध्वम् | द्रेकेथाः | द्रेकेयाथाम् | द्रेकेध्वम् |
| द्रेकै | द्रेकावहै | द्रेकामहै | द्रेकेय | द्रेकेवहि | द्रेकेमहि |

| | | | | | |
|---|---|---|---|---|---|
| द्रेकिष्यते | द्रेकिष्येते | द्रेकिष्यन्ते | अद्रेकिष्यत | अद्रेकिष्येताम् | अद्रेकिष्यन्त |
| द्रेकिष्यसे | द्रेकिष्येथे | द्रेकिष्यध्वे | अद्रेकिष्यथाः | अद्रेकिष्येथाम् | अद्रेकिष्यध्वम् |
| द्रेकिष्ये | द्रेकिष्यावहे | द्रेकिष्यामहे | अद्रेकिष्ये | अद्रेकिष्यावहि | अद्रेकिष्यामहि |

| | | | | | |
|---|---|---|---|---|---|
| द्रेकिता | द्रेकितारौ | द्रेकितारः | द्रेकिषीष्ट | द्रेकिषीयास्ताम् | द्रेकिषीरन् |
| द्रेकितासे | द्रेकितासाथे | द्रेकिताध्वे | द्रेकिषीष्ठाः | द्रेकिषीयास्थाम् | द्रेकिषीध्वम् |
| द्रेकिताहे | द्रेकितास्वहे | द्रेकितास्महे | द्रेकिषीय | द्रेकिषीवहि | द्रेकिषीमहि |

| | | | | | |
|---|---|---|---|---|---|
| दिद्रेके | दिद्रेकाते | दिद्रेकिरे | अद्रेकिष्ट | अद्रेकिषाताम् | अद्रेकिषत |

| दिद्रेकिषे | दिद्रेकाथे | दिद्रेकिध्वे | अद्रेकिष्ठाः | अद्रेकिषाथाम् | अद्रेकिध्वम् |
| दिद्रेके | दिद्रेकिवहे | दिद्रेकिमहे | अद्रेकिषि | अद्रेकिष्वहि | अद्रेकिष्महि |

**79 ध्रेकृ** शब्दोत्साहयोः । ध्रेकृँ । ध्रेक् । ध्रेकते । A । सेट् । अ० । sound, grow, be enthusiastic

| ध्रेकते | ध्रेकेते | ध्रेकन्ते | अध्रेकत | अध्रेकेताम् | अध्रेकन्त |
| ध्रेकसे | ध्रेकेथे | ध्रेकध्वे | अध्रेकथाः | अध्रेकेथाम् | अध्रेकध्वम् |
| ध्रेके | ध्रेकावहे | ध्रेकामहे | अध्रेके | अध्रेकावहि | अध्रेकामहि |

| ध्रेकताम् | ध्रेकेताम् | ध्रेकन्ताम् | ध्रेकेत | ध्रेकेयाताम् | ध्रेकेरन् |
| ध्रेकस्व | ध्रेकेथाम् | ध्रेकध्वम् | ध्रेकेथाः | ध्रेकेयाथाम् | ध्रेकेध्वम् |
| ध्रेकै | ध्रेकावहै | ध्रेकामहै | ध्रेकेय | ध्रेकेवहि | ध्रेकेमहि |

| लोकिष्यते | लोकिष्येते | लोकिष्यन्ते | अध्रेकिष्यत | अध्रेकिष्येताम् | अध्रेकिष्यन्त |
| लोकिष्यसे | लोकिष्येथे | लोकिष्यध्वे | अध्रेकिष्यथाः | अध्रेकिष्येथाम् | अध्रेकिष्यध्वम् |
| लोकिष्ये | लोकिष्यावहे | लोकिष्यामहे | अध्रेकिष्ये | अध्रेकिष्यावहि | अध्रेकिष्यामहि |

| ध्रेकिता | ध्रेकितारौ | ध्रेकितारः | ध्रेकिषीष्ट | ध्रेकिषीयास्ताम् | ध्रेकिषीरन् |
| ध्रेकितासे | ध्रेकितासाथे | ध्रेकिताध्वे | ध्रेकिषीष्ठाः | ध्रेकिषीयास्थाम् | ध्रेकिषीध्वम् |
| ध्रेकिताहे | ध्रेकितास्वहे | ध्रेकितास्महे | ध्रेकिषीय | ध्रेकिषीवहि | ध्रेकिषीमहि |

| दिध्रेके | दिध्रेकाते | दिध्रेकिरे | अध्रेकिष्ट | अध्रेकिषाताम् | अध्रेकिषत |
| दिध्रेकिषे | दिध्रेकाथे | दिध्रेकिध्वे | अध्रेकिष्ठाः | अध्रेकिषाथाम् | अध्रेकिध्वम् |
| दिध्रेके | दिध्रेकिवहे | दिध्रेकिमहे | अध्रेकिषि | अध्रेकिष्वहि | अध्रेकिष्महि |

**80 रेकृ** शङ्कायाम् । रेकृँ । रेक् । रेकते । A । सेट् । स० । doubt, be suspicious

| रेकते | रेकेते | रेकन्ते | अरेकत | अरेकेताम् | अरेकन्त |
| रेकसे | रेकेथे | रेकध्वे | अरेकथाः | अरेकेथाम् | अरेकध्वम् |
| रेके | रेकावहे | रेकामहे | अरेके | अरेकावहि | अरेकामहि |

| रेकताम् | रेकेताम् | रेकन्ताम् | रेकेत | रेकेयाताम् | रेकेरन् |
| रेकस्व | रेकेथाम् | रेकध्वम् | रेकेथाः | रेकेयाथाम् | रेकेध्वम् |
| रेकै | रेकावहै | रेकामहै | रेकेय | रेकेवहि | रेकेमहि |

| रेकिष्यते | रेकिष्येते | रेकिष्यन्ते | अरेकिष्यत | अरेकिष्येताम् | अरेकिष्यन्त |
| रेकिष्यसे | रेकिष्येथे | रेकिष्यध्वे | अरेकिष्यथाः | अरेकिष्येथाम् | अरेकिष्यध्वम् |
| रेकिष्ये | रेकिष्यावहे | रेकिष्यामहे | अरेकिष्ये | अरेकिष्यावहि | अरेकिष्यामहि |

| रेकिता | रेकितारौ | रेकितारः | रेकिषीष्ट | रेकिषीयास्ताम् | रेकिषीरन् |
| रेकितासे | रेकितासाथे | रेकिताध्वे | रेकिषीष्ठाः | रेकिषीयास्थाम् | रेकिषीध्वम् |
| रेकिताहे | रेकितास्वहे | रेकितास्महे | रेकिषीय | रेकिषीवहि | रेकिषीमहि |

| रिरेके | रिरेकाते | रिरेकिरे | अरेकिष्ट | अरेकिषाताम् | अरेकिषत |
| रिरेकिषे | रिरेकाथे | रिरेकिध्वे | अरेकिष्ठाः | अरेकिषाथाम् | अरेकिध्वम् |

| | | | | | |
|---|---|---|---|---|---|
| रिरेके | रिरेकिवहे | रिरेकिमहे | अरेकिषि | अरेकिष्वहि | अरेकिष्महि |

81 **सेकृ गतौ** । **सेकृँ** । **सेक्** । **सेकते** । A । **सेट्** । **स०** । go, move

| | | | | | |
|---|---|---|---|---|---|
| सेकते | सेकेते | सेकन्ते | असेकत | असेकेताम् | असेकन्त |
| सेकसे | सेकेथे | सेकध्वे | असेकथाः | असेकेथाम् | असेकध्वम् |
| सेके | सेकावहे | सेकामहे | असेके | असेकावहि | असेकामहि |

| | | | | | |
|---|---|---|---|---|---|
| सेकताम् | सेकेताम् | सेकन्ताम् | सेकेत | सेकेयाताम् | सेकेरन् |
| सेकस्व | सेकेथाम् | सेकध्वम् | सेकेथाः | सेकेयाथाम् | सेकेध्वम् |
| सेकै | सेकावहै | सेकामहै | सेकेय | सेकेवहि | सेकेमहि |

| | | | | | |
|---|---|---|---|---|---|
| सेकिष्यते | सेकिष्येते | सेकिष्यन्ते | असेकिष्यत | असेकिष्येताम् | असेकिष्यन्त |
| सेकिष्यसे | सेकिष्येथे | सेकिष्यध्वे | असेकिष्यथाः | असेकिष्येथाम् | असेकिष्यध्वम् |
| सेकिष्ये | सेकिष्यावहे | सेकिष्यामहे | असेकिष्ये | असेकिष्यावहि | असेकिष्यामहि |

| | | | | | |
|---|---|---|---|---|---|
| सेकिता | सेकितारौ | सेकितारः | सेकिषीष्ट | सेकिषीयास्ताम् | सेकिषीरन् |
| सेकितासे | सेकितासाथे | सेकिताध्वे | सेकिषीष्ठाः | सेकिषीयास्थाम् | सेकिषीध्वम् |
| सेकिताहे | सेकितास्वहे | सेकितास्महे | सेकिषीय | सेकिषीवहि | सेकिषीमहि |

| | | | | | |
|---|---|---|---|---|---|
| सिसेके | सिसेकाते | सिसेकिरे | असेकिष्ट | असेकिषाताम् | असेकिषत |
| सिसेकिषे | सिसेकाथे | सिसेकिध्वे | असेकिष्ठाः | असेकिषाथाम् | असेकिढ्वम् |
| सिसेके | सिसेकिवहे | सिसेकिमहे | असेकिषि | असेकिष्वहि | असेकिष्महि |

82 **स्रेकृ गतौ** । **स्रेकृँ** । **स्रेक्** । **स्रेकते** । A । **सेट्** । **स०** । go, move

| | | | | | |
|---|---|---|---|---|---|
| स्रेकते | स्रेकेते | स्रेकन्ते | अस्रेकत | अस्रेकेताम् | अस्रेकन्त |
| स्रेकसे | स्रेकेथे | स्रेकध्वे | अस्रेकथाः | अस्रेकेथाम् | अस्रेकध्वम् |
| स्रेके | स्रेकावहे | स्रेकामहे | अस्रेके | अस्रेकावहि | अस्रेकामहि |

| | | | | | |
|---|---|---|---|---|---|
| स्रेकताम् | स्रेकेताम् | स्रेकन्ताम् | स्रेकेत | स्रेकेयाताम् | स्रेकेरन् |
| स्रेकस्व | स्रेकेथाम् | स्रेकध्वम् | स्रेकेथाः | स्रेकेयाथाम् | स्रेकेध्वम् |
| स्रेकै | स्रेकावहै | स्रेकामहै | स्रेकेय | स्रेकेवहि | स्रेकेमहि |

| | | | | | |
|---|---|---|---|---|---|
| स्रेकिष्यते | स्रेकिष्येते | स्रेकिष्यन्ते | अस्रेकिष्यत | अस्रेकिष्येताम् | अस्रेकिष्यन्त |
| स्रेकिष्यसे | स्रेकिष्येथे | स्रेकिष्यध्वे | अस्रेकिष्यथाः | अस्रेकिष्येथाम् | अस्रेकिष्यध्वम् |
| स्रेकिष्ये | स्रेकिष्यावहे | स्रेकिष्यामहे | अस्रेकिष्ये | अस्रेकिष्यावहि | अस्रेकिष्यामहि |

| | | | | | |
|---|---|---|---|---|---|
| स्रेकिता | स्रेकितारौ | स्रेकितारः | स्रेकिषीष्ट | स्रेकिषीयास्ताम् | स्रेकिषीरन् |
| स्रेकितासे | स्रेकितासाथे | स्रेकिताध्वे | स्रेकिषीष्ठाः | स्रेकिषीयास्थाम् | स्रेकिषीध्वम् |
| स्रेकिताहे | स्रेकितास्वहे | स्रेकितास्महे | स्रेकिषीय | स्रेकिषीवहि | स्रेकिषीमहि |

| | | | | | |
|---|---|---|---|---|---|
| सिस्रेके | सिस्रेकाते | सिस्रेकिरे | अस्रेकिष्ट | अस्रेकिषाताम् | अस्रेकिषत |
| सिस्रेकिषे | सिस्रेकाथे | सिस्रेकिध्वे | अस्रेकिष्ठाः | अस्रेकिषाथाम् | अस्रेकिढ्वम् |
| सिस्रेके | सिस्रेकिवहे | सिस्रेकिमहे | अस्रेकिषि | अस्रेकिष्वहि | अस्रेकिष्महि |

83 स्रकि गतौ । स्रकिँ । स्रङ्क् । स्रङ्कते । A । सेट् । स० । go, slip, fall

| | | | | | |
|---|---|---|---|---|---|
| स्रङ्कते | स्रङ्केते | स्रङ्कन्ते | अस्रङ्कत | अस्रङ्केताम् | अस्रङ्कन्त |
| स्रङ्कसे | स्रङ्केथे | स्रङ्कध्वे | अस्रङ्कथाः | अस्रङ्केथाम् | अस्रङ्कध्वम् |
| स्रङ्के | स्रङ्कावहे | स्रङ्कामहे | अस्रङ्के | अस्रङ्कावहि | अस्रङ्कामहि |

| | | | | | |
|---|---|---|---|---|---|
| स्रङ्कताम् | स्रङ्केताम् | स्रङ्कन्ताम् | स्रङ्केत | स्रङ्केयाताम् | स्रङ्केरन् |
| स्रङ्कस्व | स्रङ्केथाम् | स्रङ्कध्वम् | स्रङ्केथाः | स्रङ्केयाथाम् | स्रङ्केध्वम् |
| स्रङ्कै | स्रङ्कावहै | स्रङ्कामहै | स्रङ्केय | स्रङ्केवहि | स्रङ्केमहि |

| | | | | | |
|---|---|---|---|---|---|
| स्रङ्किष्यते | स्रङ्किष्येते | स्रङ्किष्यन्ते | अस्रङ्किष्यत | अस्रङ्किष्येताम् | अस्रङ्किष्यन्त |
| स्रङ्किष्यसे | स्रङ्किष्येथे | स्रङ्किष्यध्वे | अस्रङ्किष्यथाः | अस्रङ्किष्येथाम् | अस्रङ्किष्यध्वम् |
| स्रङ्किष्ये | स्रङ्किष्यावहे | स्रङ्किष्यामहे | अस्रङ्किष्ये | अस्रङ्किष्यावहि | अस्रङ्किष्यामहि |

| | | | | | |
|---|---|---|---|---|---|
| स्रङ्किता | स्रङ्कितारौ | स्रङ्कितारः | स्रङ्किषीष्ट | स्रङ्किषीयास्ताम् | स्रङ्किषीरन् |
| स्रङ्कितासे | स्रङ्कितासाथे | स्रङ्किताध्वे | स्रङ्किषीष्ठाः | स्रङ्किषीयास्थाम् | स्रङ्किषीध्वम् |
| स्रङ्किताहे | स्रङ्कितास्वहे | स्रङ्कितास्महे | स्रङ्किषीय | स्रङ्किषीवहि | स्रङ्किषीमहि |

| | | | | | |
|---|---|---|---|---|---|
| सस्रङ्के | सस्रङ्काते | सस्रङ्किरे | अस्रङ्किष्ट | अस्रङ्किषाताम् | अस्रङ्किषत |
| सस्रङ्किषे | सस्रङ्काथे | सस्रङ्किध्वे | अस्रङ्किष्ठाः | अस्रङ्किषाथाम् | अस्रङ्किध्वम् |
| सस्रङ्के | सस्रङ्किवहे | सस्रङ्किमहे | अस्रङ्किषि | अस्रङ्किष्वहि | अस्रङ्किष्महि |

84 श्रकि गतौ । श्रकिँ । श्रङ्क् । श्रङ्कते । A । सेट् । स० । go, creep

| | | | | | |
|---|---|---|---|---|---|
| श्रङ्कते | श्रङ्केते | श्रङ्कन्ते | अश्रङ्कत | अश्रङ्केताम् | अश्रङ्कन्त |
| श्रङ्कसे | श्रङ्केथे | श्रङ्कध्वे | अश्रङ्कथाः | अश्रङ्केथाम् | अश्रङ्कध्वम् |
| श्रङ्के | श्रङ्कावहे | श्रङ्कामहे | अश्रङ्के | अश्रङ्कावहि | अश्रङ्कामहि |

| | | | | | |
|---|---|---|---|---|---|
| श्रङ्कताम् | श्रङ्केताम् | श्रङ्कन्ताम् | श्रङ्केत | श्रङ्केयाताम् | श्रङ्केरन् |
| श्रङ्कस्व | श्रङ्केथाम् | श्रङ्कध्वम् | श्रङ्केथाः | श्रङ्केयाथाम् | श्रङ्केध्वम् |
| श्रङ्कै | श्रङ्कावहै | श्रङ्कामहै | श्रङ्केय | श्रङ्केवहि | श्रङ्केमहि |

| | | | | | |
|---|---|---|---|---|---|
| श्रङ्किष्यते | श्रङ्किष्येते | श्रङ्किष्यन्ते | अश्रङ्किष्यत | अश्रङ्किष्येताम् | अश्रङ्किष्यन्त |
| श्रङ्किष्यसे | श्रङ्किष्येथे | श्रङ्किष्यध्वे | अश्रङ्किष्यथाः | अश्रङ्किष्येथाम् | अश्रङ्किष्यध्वम् |
| श्रङ्किष्ये | श्रङ्किष्यावहे | श्रङ्किष्यामहे | अश्रङ्किष्ये | अश्रङ्किष्यावहि | अश्रङ्किष्यामहि |

| | | | | | |
|---|---|---|---|---|---|
| श्रङ्किता | श्रङ्कितारौ | श्रङ्कितारः | श्रङ्किषीष्ट | श्रङ्किषीयास्ताम् | श्रङ्किषीरन् |
| श्रङ्कितासे | श्रङ्कितासाथे | श्रङ्किताध्वे | श्रङ्किषीष्ठाः | श्रङ्किषीयास्थाम् | श्रङ्किषीध्वम् |

| | | | | | |
|---|---|---|---|---|---|
| श्रङ्किताहे | श्रङ्कितास्वहे | श्रङ्कितास्महे | श्रङ्किषीय | श्रङ्किषीवहि | श्रङ्किषीमहि |

| | | | | | |
|---|---|---|---|---|---|
| शश्रङ्के | शश्रङ्काते | शश्रङ्किरे | अश्रङ्किष्ट | अश्रङ्किषाताम् | अश्रङ्किषत |
| शश्रङ्किषे | शश्रङ्काथे | शश्रङ्किध्वे | अश्रङ्किष्ठाः | अश्रङ्किषाथाम् | अश्रङ्किध्वम् |
| शश्रङ्के | शश्रङ्किवहे | शश्रङ्किमहे | अश्रङ्किषि | अश्रङ्किष्वहि | अश्रङ्किष्महि |

85 श्लकि गतौ । श्लकिँ । श्लङ्क् । श्लङ्कते । A । सेट् । स० । go, move

| | | | | | |
|---|---|---|---|---|---|
| श्लङ्कते | श्लङ्केते | श्लङ्कन्ते | अश्लङ्कत | अश्लङ्केताम् | अश्लङ्कन्त |
| श्लङ्कसे | श्लङ्केथे | श्लङ्कध्वे | अश्लङ्कथाः | अश्लङ्केथाम् | अश्लङ्कध्वम् |
| श्लङ्के | श्लङ्कावहे | श्लङ्कामहे | अश्लङ्के | अश्लङ्कावहि | अश्लङ्कामहि |

| | | | | | |
|---|---|---|---|---|---|
| श्लङ्कताम् | श्लङ्केताम् | श्लङ्कन्ताम् | श्लङ्केत | श्लङ्केयाताम् | श्लङ्केरन् |
| श्लङ्कस्व | श्लङ्केथाम् | श्लङ्कध्वम् | श्लङ्केथाः | श्लङ्केयाथाम् | श्लङ्केध्वम् |
| श्लङ्कै | श्लङ्कावहै | श्लङ्कामहै | श्लङ्केय | श्लङ्केवहि | श्लङ्केमहि |

| | | | | | |
|---|---|---|---|---|---|
| श्लङ्किष्यते | श्लङ्किष्येते | श्लङ्किष्यन्ते | अश्लङ्किष्यत | अश्लङ्किष्येताम् | अश्लङ्किष्यन्त |
| श्लङ्किष्यसे | श्लङ्किष्येथे | श्लङ्किष्यध्वे | अश्लङ्किष्यथाः | अश्लङ्किष्येथाम् | अश्लङ्किष्यध्वम् |
| श्लङ्किष्ये | श्लङ्किष्यावहे | श्लङ्किष्यामहे | अश्लङ्किष्ये | अश्लङ्किष्यावहि | अश्लङ्किष्यामहि |

| | | | | | |
|---|---|---|---|---|---|
| श्लङ्किता | श्लङ्कितारौ | श्लङ्कितारः | श्लङ्किषीष्ट | श्लङ्किषीयास्ताम् | श्लङ्किषीरन् |
| श्लङ्कितासे | श्लङ्कितासाथे | श्लङ्किताध्वे | श्लङ्किषीष्ठाः | श्लङ्किषीयास्थाम् | श्लङ्किषीध्वम् |
| श्लङ्किताहे | श्लङ्कितास्वहे | श्लङ्कितास्महे | श्लङ्किषीय | श्लङ्किषीवहि | श्लङ्किषीमहि |

| | | | | | |
|---|---|---|---|---|---|
| शश्लङ्के | शश्लङ्काते | शश्लङ्किरे | अश्लङ्किष्ट | अश्लङ्किषाताम् | अश्लङ्किषत |
| शश्लङ्किषे | शश्लङ्काथे | शश्लङ्किध्वे | अश्लङ्किष्ठाः | अश्लङ्किषाथाम् | अश्लङ्किध्वम् |
| शश्लङ्के | शश्लङ्किवहे | शश्लङ्किमहे | अश्लङ्किषि | अश्लङ्किष्वहि | अश्लङ्किष्महि |

86 शकि शङ्कायाम् । शकिँ । शङ्क् । शङ्कते । A । सेट् । स० । doubt, be anxious

| | | | | | |
|---|---|---|---|---|---|
| शङ्कते | शङ्केते | शङ्कन्ते | अशङ्कत | अशङ्केताम् | अशङ्कन्त |
| शङ्कसे | शङ्केथे | शङ्कध्वे | अशङ्कथाः | अशङ्केथाम् | अशङ्कध्वम् |
| शङ्के | शङ्कावहे | शङ्कामहे | अशङ्के | अशङ्कावहि | अशङ्कामहि |

| | | | | | |
|---|---|---|---|---|---|
| शङ्कताम् | शङ्केताम् | शङ्कन्ताम् | शङ्केत | शङ्केयाताम् | शङ्केरन् |
| शङ्कस्व | शङ्केथाम् | शङ्कध्वम् | शङ्केथाः | शङ्केयाथाम् | शङ्केध्वम् |
| शङ्कै | शङ्कावहै | शङ्कामहै | शङ्केय | शङ्केवहि | शङ्केमहि |

| | | | | | |
|---|---|---|---|---|---|
| शङ्किष्यते | शङ्किष्येते | शङ्किष्यन्ते | अशङ्किष्यत | अशङ्किष्येताम् | अशङ्किष्यन्त |

| | | | | | |
|---|---|---|---|---|---|
| शङ्किष्यसे | शङ्किष्येथे | शङ्किष्यध्वे | अशङ्किष्यथाः | अशङ्किष्येथाम् | अशङ्किष्यध्वम् |
| शङ्किष्ये | शङ्किष्यावहे | शङ्किष्यामहे | अशङ्किष्ये | अशङ्किष्यावहि | अशङ्किष्यामहि |

| | | | | | |
|---|---|---|---|---|---|
| शङ्किता | शङ्कितारौ | शङ्कितारः | शङ्किषीष्ट | शङ्किषीयास्ताम् | शङ्किषीरन् |
| शङ्कितासे | शङ्कितासाथे | शङ्किताध्वे | शङ्किषीष्ठाः | शङ्किषीयास्थाम् | शङ्किषीध्वम् |
| शङ्किताहे | शङ्कितास्वहे | शङ्कितास्महे | शङ्किषीय | शङ्किषीवहि | शङ्किषीमहि |

| | | | | | |
|---|---|---|---|---|---|
| शशङ्के | शशङ्काते | शशङ्किरे | अशङ्किष्ट | अशङ्किषाताम् | अशङ्किषत |
| शशङ्किषे | शशङ्काथे | शशङ्किध्वे | अशङ्किष्ठाः | अशङ्किषाथाम् | अशङ्किध्वम् |
| शशङ्के | शशङ्किवहे | शशङ्किमहे | अशङ्किषि | अशङ्किष्वहि | अशङ्किष्महि |

87 अकि लक्षणे । अकिँ । अङ्क् । अङ्कते । A । सेट् । स० । mark, stamp 7.4.71 तस्मान्नुड् द्विहलः

| | | | | | |
|---|---|---|---|---|---|
| अङ्कते | अङ्केते | अङ्कन्ते | आङ्कत | आङ्केताम् | आङ्कन्त |
| अङ्कसे | अङ्केथे | अङ्कध्वे | आङ्कथाः | आङ्केथाम् | आङ्कध्वम् |
| अङ्के | अङ्कावहे | अङ्कामहे | आङ्के | आङ्कावहि | आङ्कामहि |

| | | | | | |
|---|---|---|---|---|---|
| अङ्कताम् | अङ्केताम् | अङ्कन्ताम् | अङ्केत | अङ्केयाताम् | अङ्केरन् |
| अङ्कस्व | अङ्केथाम् | अङ्कध्वम् | अङ्केथाः | अङ्केयाथाम् | अङ्केध्वम् |
| अङ्कै | अङ्कावहै | अङ्कामहै | अङ्केय | अङ्केवहि | अङ्केमहि |

| | | | | | |
|---|---|---|---|---|---|
| अङ्किष्यते | अङ्किष्येते | अङ्किष्यन्ते | आङ्किष्यत | आङ्किष्येताम् | आङ्किष्यन्त |
| अङ्किष्यसे | अङ्किष्येथे | अङ्किष्यध्वे | आङ्किष्यथाः | आङ्किष्येथाम् | आङ्किष्यध्वम् |
| अङ्किष्ये | अङ्किष्यावहे | अङ्किष्यामहे | आङ्किष्ये | आङ्किष्यावहि | आङ्किष्यामहि |

| | | | | | |
|---|---|---|---|---|---|
| अङ्किता | अङ्कितारौ | अङ्कितारः | अङ्किषीष्ट | अङ्किषीयास्ताम् | अङ्किषीरन् |
| अङ्कितासे | अङ्कितासाथे | अङ्किताध्वे | अङ्किषीष्ठाः | अङ्किषीयास्थाम् | अङ्किषीध्वम् |
| अङ्किताहे | अङ्कितास्वहे | अङ्कितास्महे | अङ्किषीय | अङ्किषीवहि | अङ्किषीमहि |

| | | | | | |
|---|---|---|---|---|---|
| आनङ्के | आनङ्काते | आनङ्किरे | आङ्किष्ट | आङ्किषाताम् | आङ्किषत |
| आनङ्किषे | आनङ्काथे | आनङ्किध्वे | आङ्किष्ठाः | आङ्किषाथाम् | आङ्किध्वम् |
| आनङ्के | आनङ्किवहे | आनङ्किमहे | आङ्किषि | आङ्किष्वहि | आङ्किष्महि |

88 वकि कौटिल्ये । वकिँ । वङ्क् । वङ्कते । A । सेट् । अ० । act bad, be curved

| | | | | | |
|---|---|---|---|---|---|
| वङ्कते | वङ्केते | वङ्कन्ते | अवङ्कत | अवङ्केताम् | अवङ्कन्त |
| वङ्कसे | वङ्केथे | वङ्कध्वे | अवङ्कथाः | अवङ्केथाम् | अवङ्कध्वम् |
| वङ्के | वङ्कावहे | वङ्कामहे | अवङ्के | अवङ्कावहि | अवङ्कामहि |

| | | | | | |
|---|---|---|---|---|---|
| वङ्कताम् | वङ्केताम् | वङ्कन्ताम् | वङ्केत | वङ्केयाताम् | वङ्केरन् |
| वङ्कस्व | वङ्केथाम् | वङ्कध्वम् | वङ्केथाः | वङ्केयाथाम् | वङ्केध्वम् |
| वङ्कै | वङ्कावहै | वङ्कामहै | वङ्केय | वङ्केवहि | वङ्केमहि |

| | | | | | |
|---|---|---|---|---|---|
| वङ्किष्यते | वङ्किष्येते | वङ्किष्यन्ते | अवङ्किष्यत | अवङ्किष्येताम् | अवङ्किष्यन्त |
| वङ्किष्यसे | वङ्किष्येथे | वङ्किष्यध्वे | अवङ्किष्यथाः | अवङ्किष्येथाम् | अवङ्किष्यध्वम् |
| वङ्किष्ये | वङ्किष्यावहे | वङ्किष्यामहे | अवङ्किष्ये | अवङ्किष्यावहि | अवङ्किष्यामहि |

| | | | | | |
|---|---|---|---|---|---|
| वङ्किता | वङ्कितारौ | वङ्कितारः | वङ्किषीष्ट | वङ्किषीयास्ताम् | वङ्किषीरन् |
| वङ्कितासे | वङ्कितासाथे | वङ्किताध्वे | वङ्किषीष्ठाः | वङ्किषीयास्थाम् | वङ्किषीध्वम् |
| वङ्किताहे | वङ्कितास्वहे | वङ्कितास्महे | वङ्किषीय | वङ्किषीवहि | वङ्किषीमहि |

| | | | | | |
|---|---|---|---|---|---|
| ववङ्के | ववङ्काते | ववङ्किरे | अवङ्किष्ट | अवङ्किषाताम् | अवङ्किषत |
| ववङ्किषे | ववङ्काथे | ववङ्किध्वे | अवङ्किष्ठाः | अवङ्किषाथाम् | अवङ्किध्वम् |
| ववङ्के | ववङ्किवहे | ववङ्किमहे | अवङ्किषि | अवङ्किष्वहि | अवङ्किष्महि |

89 मकि मण्डने । मकिँ॒ । मङ्क् । मङ्कते । A । सेट् । स० । adorn

| | | | | | |
|---|---|---|---|---|---|
| मङ्कते | मङ्केते | मङ्कन्ते | अमङ्कत | अमङ्केताम् | अमङ्कन्त |
| मङ्कसे | मङ्केथे | मङ्कध्वे | अमङ्कथाः | अमङ्केथाम् | अमङ्कध्वम् |
| मङ्के | मङ्कावहे | मङ्कामहे | अमङ्के | अमङ्कावहि | अमङ्कामहि |

| | | | | | |
|---|---|---|---|---|---|
| मङ्कताम् | मङ्केताम् | मङ्कन्ताम् | मङ्केत | मङ्केयाताम् | मङ्केरन् |
| मङ्कस्व | मङ्केथाम् | मङ्कध्वम् | मङ्केथाः | मङ्केयाथाम् | मङ्केध्वम् |
| मङ्कै | मङ्कावहै | मङ्कामहै | मङ्केय | मङ्केवहि | मङ्केमहि |

| | | | | | |
|---|---|---|---|---|---|
| मङ्किष्यते | मङ्किष्येते | मङ्किष्यन्ते | अमङ्किष्यत | अमङ्किष्येताम् | अमङ्किष्यन्त |
| मङ्किष्यसे | मङ्किष्येथे | मङ्किष्यध्वे | अमङ्किष्यथाः | अमङ्किष्येथाम् | अमङ्किष्यध्वम् |
| मङ्किष्ये | मङ्किष्यावहे | मङ्किष्यामहे | अमङ्किष्ये | अमङ्किष्यावहि | अमङ्किष्यामहि |

| | | | | | |
|---|---|---|---|---|---|
| मङ्किता | मङ्कितारौ | मङ्कितारः | मङ्किषीष्ट | मङ्किषीयास्ताम् | मङ्किषीरन् |
| मङ्कितासे | मङ्कितासाथे | मङ्किताध्वे | मङ्किषीष्ठाः | मङ्किषीयास्थाम् | मङ्किषीध्वम् |
| मङ्किताहे | मङ्कितास्वहे | मङ्कितास्महे | मङ्किषीय | मङ्किषीवहि | मङ्किषीमहि |

| | | | | | |
|---|---|---|---|---|---|
| ममङ्के | ममङ्काते | ममङ्किरे | अमङ्किष्ट | अमङ्किषाताम् | अमङ्किषत |
| ममङ्किषे | ममङ्काथे | ममङ्किध्वे | अमङ्किष्ठाः | अमङ्किषाथाम् | अमङ्किध्वम् |
| ममङ्के | ममङ्किवहे | ममङ्किमहे | अमङ्किषि | अमङ्किष्वहि | अमङ्किष्महि |

90 कक लौल्ये । गर्वश्चापल्यं च । ककँ । कक् । ककते । A । सेट् । अ० । wish, be proud

| | | | | | |
|---|---|---|---|---|---|
| ककते | ककेते | ककन्ते | अककत | अककेताम् | अककन्त |
| ककसे | ककेथे | ककध्वे | अककथाः | अककेथाम् | अककध्वम् |
| कके | ककावहे | ककामहे | अकके | अककावहि | अककामहि |
| | | | | | |
| ककताम् | ककेताम् | ककन्ताम् | ककेत | ककेयाताम् | ककेरन् |
| ककस्व | ककेथाम् | ककध्वम् | ककेथाः | ककेयाथाम् | ककेध्वम् |
| ककै | ककावहै | ककामहै | ककेय | ककेवहि | ककेमहि |
| | | | | | |
| ककिष्यते | ककिष्येते | ककिष्यन्ते | अककिष्यत | अककिष्येताम् | अककिष्यन्त |
| ककिष्यसे | ककिष्येथे | ककिष्यध्वे | अककिष्यथाः | अककिष्येथाम् | अककिष्यध्वम् |
| ककिष्ये | ककिष्यावहे | ककिष्यामहे | अककिष्ये | अककिष्यावहि | अककिष्यामहि |
| | | | | | |
| ककिता | ककितारौ | ककितारः | ककिषीष्ट | **ककिषीयास्ताम्** | ककिषीरन् |
| ककितासे | ककितासाथे | ककिताध्वे | ककिषीष्ठाः | **ककिषीयास्थाम्** | ककिषीध्वम् |
| ककिताहे | ककितास्वहे | ककितास्महे | ककिषीय | ककिषीवहि | ककिषीमहि |
| | | | | | |
| चकके | चककाते | चककिरे | अककिष्ट | अककिषाताम् | अककिषत |
| चककिषे | चककाथे | चककिध्वे | अककिष्ठाः | अककिषाथाम् | अककिध्वम् |
| चकके | चककिवहे | चककिमहे | अककिषि | अककिष्वहि | अककिष्महि |

91 कुक आदाने । कुकँ । कुक् । कोकते । A । सेट् । स० । take, accept, be tempted

| | | | | | |
|---|---|---|---|---|---|
| कोकते | कोकेते | कोकन्ते | अकोकत | अकोकेताम् | अकोकन्त |
| कोकसे | कोकेथे | कोकध्वे | अकोकथाः | अकोकेथाम् | अकोकध्वम् |
| कोके | कोकावहे | कोकामहे | अकोके | अकोकावहि | अकोकामहि |
| | | | | | |
| कोकताम् | कोकेताम् | कोकन्ताम् | कोकेत | कोकेयाताम् | कोकेरन् |
| कोकस्व | कोकेथाम् | कोकध्वम् | कोकेथाः | कोकेयाथाम् | कोकेध्वम् |
| कोकै | कोकावहै | कोकामहै | कोकेय | कोकेवहि | कोकेमहि |
| | | | | | |
| कोकिष्यते | कोकिष्येते | कोकिष्यन्ते | अकोकिष्यत | अकोकिष्येताम् | अकोकिष्यन्त |
| कोकिष्यसे | कोकिष्येथे | कोकिष्यध्वे | अकोकिष्यथाः | अकोकिष्येथाम् | अकोकिष्यध्वम् |
| कोकिष्ये | कोकिष्यावहे | कोकिष्यामहे | अकोकिष्ये | अकोकिष्यावहि | अकोकिष्यामहि |
| | | | | | |
| कोकिता | कोकितारौ | कोकितारः | कोकिषीष्ट | **कोकिषीयास्ताम्** | कोकिषीरन् |
| कोकितासे | कोकितासाथे | कोकिताध्वे | कोकिषीष्ठाः | **कोकिषीयास्थाम्** | कोकिषीध्वम् |
| कोकिताहे | कोकितास्वहे | कोकितास्महे | कोकिषीय | कोकिषीवहि | कोकिषीमहि |
| | | | | | |
| चुकुके | चुकुकाते | चुकुकिरे | अकोकिष्ट | अकोकिषाताम् | अकोकिषत |

| चुकुकिषे | चुकुकाथे | चुकुकिध्वे | अकोकिष्ठाः | अकोकिषाथाम् | अकोकिध्वम् |
| चुकुके | चुकुकिवहे | चुकुकिमहे | अकोकिषि | अकोकिष्वहि | अकोकिष्महि |

**92 वृक आदाने । वृकँ । वृक् । वर्कते । A । सेट् । स० । seize, grasp, take । 7.3.86 पुगन्तलघू०**

| वर्कते | वर्केते | वर्कन्ते | अवर्कत | अवर्केताम् | अवर्कन्त |
| वर्कसे | वर्केथे | वर्कध्वे | अवर्कथाः | अवर्केथाम् | अवर्कध्वम् |
| वर्के | वर्कावहे | वर्कामहे | अवर्के | अवर्कावहि | अवर्कामहि |

| वर्कताम् | वर्केताम् | वर्कन्ताम् | वर्केत | वर्केयाताम् | वर्केरन् |
| वर्कस्व | वर्केथाम् | वर्कध्वम् | वर्केथाः | वर्केयाथाम् | वर्केध्वम् |
| वर्कै | वर्कावहै | वर्कामहै | वर्केय | वर्केवहि | वर्केमहि |

| वर्किष्यते | वर्किष्येते | वर्किष्यन्ते | अवर्किष्यत | अवर्किष्येताम् | अवर्किष्यन्त |
| वर्किष्यसे | वर्किष्येथे | वर्किष्यध्वे | अवर्किष्यथाः | अवर्किष्येथाम् | अवर्किष्यध्वम् |
| वर्किष्ये | वर्किष्यावहे | वर्किष्यामहे | अवर्किष्ये | अवर्किष्यावहि | अवर्किष्यामहि |

| वर्किता | वर्कितारौ | वर्कितारः | वर्किषीष्ट | वर्किषीयास्ताम् | वर्किषीरन् |
| वर्कितासे | वर्कितासाथे | वर्किताध्वे | वर्किषीष्ठाः | वर्किषीयास्थाम् | वर्किषीध्वम् |
| वर्किताहे | वर्कितास्वहे | वर्कितास्महे | वर्किषीय | वर्किषीवहि | वर्किषीमहि |

| ववृके | ववृकाते | ववृकिरे | अवर्किष्ट | अवर्किषाताम् | अवर्किषत |
| ववृकिषे | ववृकाथे | ववृकिध्वे | अवर्किष्ठाः | अवर्किषाथाम् | अवर्किध्वम् |
| ववृके | ववृकिवहे | ववृकिमहे | अवर्किषि | अवर्किष्वहि | अवर्किष्महि |

**93 चक तृप्तौ प्रतिघाते च । चकँ । चक् । चकते । A । सेट् । स०* । be satisfied, be satiated, cheat, deceive**

| चकते | चकेते | चकन्ते | अचकत | अचकेताम् | अचकन्त |
| चकसे | चकेथे | चकध्वे | अचकथाः | अचकेथाम् | अचकध्वम् |
| चके | चकावहे | चकामहे | अचके | अचकावहि | अचकामहि |

| चकताम् | चकेताम् | चकन्ताम् | चकेत | चकेयाताम् | चकेरन् |
| चकस्व | चकेथाम् | चकध्वम् | चकेथाः | चकेयाथाम् | चकेध्वम् |
| चकै | चकावहै | चकामहै | चकेय | चकेवहि | चकेमहि |

| चकिष्यते | चकिष्येते | चकिष्यन्ते | अचकिष्यत | अचकिष्येताम् | अचकिष्यन्त |
| चकिष्यसे | चकिष्येथे | चकिष्यध्वे | अचकिष्यथाः | अचकिष्येथाम् | अचकिष्यध्वम् |
| चकिष्ये | चकिष्यावहे | चकिष्यामहे | अचकिष्ये | अचकिष्यावहि | अचकिष्यामहि |

| चकिता | चकितारौ | चकितारः | चकिषीष्ट | चकिषीयास्ताम् | चकिषीरन् |
| चकितासे | चकितासाथे | चकिताध्वे | चकिषीष्ठाः | चकिषीयास्थाम् | चकिषीध्वम् |
| चकिताहे | चकितास्वहे | चकितास्महे | चकिषीय | चकिषीवहि | चकिषीमहि |

| | | | | | |
|---|---|---|---|---|---|
| चेके | चेकाते | चेकिरे | अचकिष्ट | अचकिषाताम् | अचकिषत |
| चेकिषे | चेकाथे | चेकिध्वे | अचकिष्ठाः | अचकिषाथाम् | अचकिध्वम् |
| चेके | चेकिवहे | चेकिमहे | अचकिषि | अचकिष्वहि | अचकिष्महि |

94 ककि गतौ । ककिँ । कङ्क् । कङ्कते । A । सेट् । स० । go 8.3.24, 8.4.58

| | | | | | |
|---|---|---|---|---|---|
| कङ्कते | कङ्केते | कङ्कन्ते | अकङ्कत | अकङ्केताम् | अकङ्कन्त |
| कङ्कसे | कङ्केथे | कङ्कध्वे | अकङ्कथाः | अकङ्केथाम् | अकङ्कध्वम् |
| कङ्के | कङ्कावहे | कङ्कामहे | अकङ्के | अकङ्कावहि | अकङ्कामहि |

| | | | | | |
|---|---|---|---|---|---|
| कङ्कताम् | कङ्केताम् | कङ्कन्ताम् | कङ्केत | कङ्केयाताम् | कङ्केरन् |
| कङ्कस्व | कङ्केथाम् | कङ्कध्वम् | कङ्केथाः | कङ्केयाथाम् | कङ्केध्वम् |
| कङ्कै | कङ्कावहै | कङ्कामहै | कङ्केय | कङ्केवहि | कङ्केमहि |

| | | | | | |
|---|---|---|---|---|---|
| कङ्किष्यते | कङ्किष्येते | कङ्किष्यन्ते | अकङ्किष्यत | अकङ्किष्येताम् | अकङ्किष्यन्त |
| कङ्किष्यसे | कङ्किष्येथे | कङ्किष्यध्वे | अकङ्किष्यथाः | अकङ्किष्येथाम् | अकङ्किष्यध्वम् |
| कङ्किष्ये | कङ्किष्यावहे | कङ्किष्यामहे | अकङ्किष्ये | अकङ्किष्यावहि | अकङ्किष्यामहि |

| | | | | | |
|---|---|---|---|---|---|
| कङ्किता | कङ्कितारौ | कङ्कितारः | कङ्किषीष्ट | कङ्किषीयास्ताम् | कङ्किषीरन् |
| कङ्कितासे | कङ्कितासाथे | कङ्किताध्वे | कङ्किषीष्ठाः | कङ्किषीयास्थाम् | कङ्किषीध्वम् |
| कङ्किताहे | कङ्कितास्वहे | कङ्कितास्महे | कङ्किषीय | कङ्किषीवहि | कङ्किषीमहि |

| | | | | | |
|---|---|---|---|---|---|
| चकङ्के | चकङ्काते | चकङ्किरे | अकङ्किष्ट | अकङ्किषाताम् | अकङ्किषत |
| चकङ्किषे | चकङ्काथे | चकङ्किध्वे | अकङ्किष्ठाः | अकङ्किषाथाम् | अकङ्किध्वम् |
| चकङ्के | चकङ्किवहे | चकङ्किमहे | अकङ्किषि | अकङ्किष्वहि | अकङ्किष्महि |

95 वकि गतौ । वकिँ । वङ्क् । वङ्कते । A । सेट् । स० । bow, to move in curve

| | | | | | |
|---|---|---|---|---|---|
| वङ्कते | वङ्केते | वङ्कन्ते | अवङ्कत | अवङ्केताम् | अवङ्कन्त |
| वङ्कसे | वङ्केथे | वङ्कध्वे | अवङ्कथाः | अवङ्केथाम् | अवङ्कध्वम् |
| वङ्के | वङ्कावहे | वङ्कामहे | अवङ्के | अवङ्कावहि | अवङ्कामहि |

| | | | | | |
|---|---|---|---|---|---|
| वङ्कताम् | वङ्केताम् | वङ्कन्ताम् | वङ्केत | वङ्केयाताम् | वङ्केरन् |
| वङ्कस्व | वङ्केथाम् | वङ्कध्वम् | वङ्केथाः | वङ्केयाथाम् | वङ्केध्वम् |
| वङ्कै | वङ्कावहै | वङ्कामहै | वङ्केय | वङ्केवहि | वङ्केमहि |

| | | | | | |
|---|---|---|---|---|---|
| वङ्किष्यते | वङ्किष्येते | वङ्किष्यन्ते | अवङ्किष्यत | अवङ्किष्येताम् | अवङ्किष्यन्त |
| वङ्किष्यसे | वङ्किष्येथे | वङ्किष्यध्वे | अवङ्किष्यथाः | अवङ्किष्येथाम् | अवङ्किष्यध्वम् |

| | | | | | |
|---|---|---|---|---|---|
| वङ्किष्ये | वङ्किष्यावहे | वङ्किष्यामहे | अवङ्किष्ये | अवङ्किष्यावहि | अवङ्किष्यामहि |

| | | | | | |
|---|---|---|---|---|---|
| वङ्किता | वङ्कितारौ | वङ्कितारः | वङ्किषीष्ट | वङ्किषीयास्ताम् | वङ्किषीरन् |
| वङ्कितासे | वङ्कितासाथे | वङ्किताध्वे | वङ्किषीष्ठाः | वङ्किषीयास्थाम् | वङ्किषीध्वम् |
| वङ्किताहे | वङ्कितास्वहे | वङ्कितास्महे | वङ्किषीय | वङ्किषीवहि | वङ्किषीमहि |

| | | | | | |
|---|---|---|---|---|---|
| ववङ्के | ववङ्काते | ववङ्किरे | अवङ्किष्ट | अवङ्किषाताम् | अवङ्किषत |
| ववङ्किषे | ववङ्काथे | ववङ्किध्वे | अवङ्किष्ठाः | अवङ्किषाथाम् | अवङ्किढ्वम् |
| ववङ्के | ववङ्किवहे | ववङ्किमहे | अवङ्किषि | अवङ्किष्वहि | अवङ्किष्महि |

96 श्वकि गतौ । श्वकिँ । श्वङ्क् । श्वङ्कते । A । सेट् । स० । go, move, slither

| | | | | | |
|---|---|---|---|---|---|
| श्वङ्कते | श्वङ्केते | श्वङ्कन्ते | अश्वङ्कत | अश्वङ्केताम् | अश्वङ्कन्त |
| श्वङ्कसे | श्वङ्केथे | श्वङ्कध्वे | अश्वङ्कथाः | अश्वङ्केथाम् | अश्वङ्कध्वम् |
| श्वङ्के | श्वङ्कावहे | श्वङ्कामहे | अश्वङ्के | अश्वङ्कावहि | अश्वङ्कामहि |

| | | | | | |
|---|---|---|---|---|---|
| श्वङ्कताम् | श्वङ्केताम् | श्वङ्कन्ताम् | श्वङ्केत | श्वङ्केयाताम् | श्वङ्केरन् |
| श्वङ्कस्व | श्वङ्केथाम् | श्वङ्कध्वम् | श्वङ्केथाः | श्वङ्केयाथाम् | श्वङ्केध्वम् |
| श्वङ्कै | श्वङ्कावहै | श्वङ्कामहै | श्वङ्केय | श्वङ्केवहि | श्वङ्केमहि |

| | | | | | |
|---|---|---|---|---|---|
| श्वङ्किष्यते | श्वङ्किष्येते | श्वङ्किष्यन्ते | अश्वङ्किष्यत | अश्वङ्किष्येताम् | अश्वङ्किष्यन्त |
| श्वङ्किष्यसे | श्वङ्किष्येथे | श्वङ्किष्यध्वे | अश्वङ्किष्यथाः | अश्वङ्किष्येथाम् | अश्वङ्किष्यध्वम् |
| श्वङ्किष्ये | श्वङ्किष्यावहे | श्वङ्किष्यामहे | अश्वङ्किष्ये | अश्वङ्किष्यावहि | अश्वङ्किष्यामहि |

| | | | | | |
|---|---|---|---|---|---|
| श्वङ्किता | श्वङ्कितारौ | श्वङ्कितारः | श्वङ्किषीष्ट | श्वङ्किषीयास्ताम् | श्वङ्किषीरन् |
| श्वङ्कितासे | श्वङ्कितासाथे | श्वङ्किताध्वे | श्वङ्किषीष्ठाः | श्वङ्किषीयास्थाम् | श्वङ्किषीध्वम् |
| श्वङ्किताहे | श्वङ्कितास्वहे | श्वङ्कितास्महे | श्वङ्किषीय | श्वङ्किषीवहि | श्वङ्किषीमहि |

| | | | | | |
|---|---|---|---|---|---|
| शश्वङ्के | शश्वङ्काते | शश्वङ्किरे | अश्वङ्किष्ट | अश्वङ्किषाताम् | अश्वङ्किषत |
| शश्वङ्किषे | शश्वङ्काथे | शश्वङ्किध्वे | अश्वङ्किष्ठाः | अश्वङ्किषाथाम् | अश्वङ्किढ्वम् |
| शश्वङ्के | शश्वङ्किवहे | शश्वङ्किमहे | अश्वङ्किषि | अश्वङ्किष्वहि | अश्वङ्किष्महि |

97 त्रकि गतौ । त्रकिँ । त्रङ्क् । त्रङ्कते । A । सेट् । स० । move

| | | | | | |
|---|---|---|---|---|---|
| त्रङ्कते | त्रङ्केते | त्रङ्कन्ते | अत्रङ्कत | अत्रङ्केताम् | अत्रङ्कन्त |
| त्रङ्कसे | त्रङ्केथे | त्रङ्कध्वे | अत्रङ्कथाः | अत्रङ्केथाम् | अत्रङ्कध्वम् |
| त्रङ्के | त्रङ्कावहे | त्रङ्कामहे | अत्रङ्के | अत्रङ्कावहि | अत्रङ्कामहि |

| | | | | | |
|---|---|---|---|---|---|
| त्रङ्कताम् | त्रङ्केताम् | त्रङ्कन्ताम् | त्रङ्केत | त्रङ्केयाताम् | त्रङ्केरन् |
| त्रङ्कस्व | त्रङ्केथाम् | त्रङ्कध्वम् | त्रङ्केथाः | त्रङ्केयाथाम् | त्रङ्केध्वम् |
| त्रङ्कै | त्रङ्कावहै | त्रङ्कामहै | त्रङ्केय | त्रङ्केवहि | त्रङ्केमहि |

| | | | | | |
|---|---|---|---|---|---|
| त्रङ्किष्यते | त्रङ्किष्येते | त्रङ्किष्यन्ते | अत्रङ्किष्यत | अत्रङ्किष्येताम् | अत्रङ्किष्यन्त |
| त्रङ्किष्यसे | त्रङ्किष्येथे | त्रङ्किष्यध्वे | अत्रङ्किष्यथाः | अत्रङ्किष्येथाम् | अत्रङ्किष्यध्वम् |
| त्रङ्किष्ये | त्रङ्किष्यावहे | त्रङ्किष्यामहे | अत्रङ्किष्ये | अत्रङ्किष्यावहि | अत्रङ्किष्यामहि |

| | | | | | |
|---|---|---|---|---|---|
| त्रङ्किता | त्रङ्कितारौ | त्रङ्कितारः | त्रङ्किषीष्ट | त्रङ्किषीयास्ताम् | त्रङ्किषीरन् |
| त्रङ्कितासे | त्रङ्कितासाथे | त्रङ्किताध्वे | त्रङ्किषीष्ठाः | त्रङ्किषीयास्थाम् | त्रङ्किषीध्वम् |
| त्रङ्किताहे | त्रङ्कितास्वहे | त्रङ्कितास्महे | त्रङ्किषीय | त्रङ्किषीवहि | त्रङ्किषीमहि |

| | | | | | |
|---|---|---|---|---|---|
| तत्रङ्के | तत्रङ्काते | तत्रङ्किरे | अत्रङ्किष्ट | अत्रङ्किषाताम् | अत्रङ्किषत |
| तत्रङ्किषे | तत्रङ्काथे | तत्रङ्किध्वे | अत्रङ्किष्ठाः | अत्रङ्किषाथाम् | अत्रङ्किध्वम् |
| तत्रङ्के | तत्रङ्किवहे | तत्रङ्किमहे | अत्रङ्किषि | अत्रङ्किष्वहि | अत्रङ्किष्महि |

98 **ढौकृ गतौ । ढौकृँ । ढौक् । ढौकते ।** A **। सेट् । स० ।** go, approach, change places

| | | | | | |
|---|---|---|---|---|---|
| ढौकते | ढौकेते | ढौकन्ते | अढौकत | अढौकेताम् | अढौकन्त |
| ढौकसे | ढौकेथे | ढौकध्वे | अढौकथाः | अढौकेथाम् | अढौकध्वम् |
| ढौके | ढौकावहे | ढौकामहे | अढौके | अढौकावहि | अढौकामहि |

| | | | | | |
|---|---|---|---|---|---|
| ढौकताम् | ढौकेताम् | ढौकन्ताम् | ढौकेत | ढौकेयाताम् | ढौकेरन् |
| ढौकस्व | ढौकेथाम् | ढौकध्वम् | ढौकेथाः | ढौकेयाथाम् | ढौकेध्वम् |
| ढौकै | ढौकावहै | ढौकामहै | ढौकेय | ढौकेवहि | ढौकेमहि |

| | | | | | |
|---|---|---|---|---|---|
| ढौकिष्यते | ढौकिष्येते | ढौकिष्यन्ते | अढौकिष्यत | अढौकिष्येताम् | अढौकिष्यन्त |
| ढौकिष्यसे | ढौकिष्येथे | ढौकिष्यध्वे | अढौकिष्यथाः | अढौकिष्येथाम् | अढौकिष्यध्वम् |
| ढौकिष्ये | ढौकिष्यावहे | ढौकिष्यामहे | अढौकिष्ये | अढौकिष्यावहि | अढौकिष्यामहि |

| | | | | | |
|---|---|---|---|---|---|
| ढौकिता | ढौकितारौ | ढौकितारः | ढौकिषीष्ट | ढौकिषीयास्ताम् | ढौकिषीरन् |
| ढौकितासे | ढौकितासाथे | ढौकिताध्वे | ढौकिषीष्ठाः | ढौकिषीयास्थाम् | ढौकिषीध्वम् |
| ढौकिताहे | ढौकितास्वहे | ढौकितास्महे | ढौकिषीय | ढौकिषीवहि | ढौकिषीमहि |

| | | | | | |
|---|---|---|---|---|---|
| डुढौके | डुढौकाते | डुढौकिरे | अढौकिष्ट | अढौकिषाताम् | अढौकिषत |
| डुढौकिषे | डुढौकाथे | डुढौकिध्वे | अढौकिष्ठाः | अढौकिषाथाम् | अढौकिध्वम् |
| डुढौके | डुढौकिवहे | डुढौकिमहे | अढौकिषि | अढौकिष्वहि | अढौकिष्महि |

99 **त्रौकृ गतौ । त्रौकृँ । त्रौक् । त्रौकते ।** A **। सेट् । स० ।** go

| | | | | | |
|---|---|---|---|---|---|
| त्रौकते | त्रौकेते | त्रौकन्ते | अत्रौकत | अत्रौकेताम् | अत्रौकन्त |

| | | | | | |
|---|---|---|---|---|---|
| त्रौकसे | त्रौकेथे | त्रौकध्वे | अत्रौकथाः | अत्रौकेथाम् | अत्रौकध्वम् |
| त्रौके | त्रौकावहे | त्रौकामहे | अत्रौके | अत्रौकावहि | अत्रौकामहि |

| | | | | | |
|---|---|---|---|---|---|
| त्रौकताम् | त्रौकेताम् | त्रौकन्ताम् | त्रौकेत | त्रौकेयाताम् | त्रौकेरन् |
| त्रौकस्व | त्रौकेथाम् | त्रौकध्वम् | त्रौकेथाः | त्रौकेयाथाम् | त्रौकेध्वम् |
| त्रौकै | त्रौकावहै | त्रौकामहै | त्रौकेय | त्रौकेवहि | त्रौकेमहि |

| | | | | | |
|---|---|---|---|---|---|
| त्रौकिष्यते | त्रौकिष्येते | त्रौकिष्यन्ते | अत्रौकिष्यत | अत्रौकिष्येताम् | अत्रौकिष्यन्त |
| त्रौकिष्यसे | त्रौकिष्येथे | त्रौकिष्यध्वे | अत्रौकिष्यथाः | अत्रौकिष्येथाम् | अत्रौकिष्यध्वम् |
| त्रौकिष्ये | त्रौकिष्यावहे | त्रौकिष्यामहे | अत्रौकिष्ये | अत्रौकिष्यावहि | अत्रौकिष्यामहि |

| | | | | | |
|---|---|---|---|---|---|
| त्रौकिता | त्रौकितारौ | त्रौकितारः | त्रौकिषीष्ट | त्रौकिषीयास्ताम् | त्रौकिषीरन् |
| त्रौकितासे | त्रौकितासाथे | त्रौकिताध्वे | त्रौकिषीष्ठाः | त्रौकिषीयास्थाम् | त्रौकिषीध्वम् |
| त्रौकिताहे | त्रौकितास्वहे | त्रौकितास्महे | त्रौकिषीय | त्रौकिषीवहि | त्रौकिषीमहि |

| | | | | | |
|---|---|---|---|---|---|
| तुत्रौके | तुत्रौकाते | तुत्रौकिरे | अत्रौकिष्ट | अत्रौकिषाताम् | अत्रौकिषत |
| तुत्रौकिषे | तुत्रौकाथे | तुत्रौकिध्वे | अत्रौकिष्ठाः | अत्रौकिषाथाम् | अत्रौकिध्वम् |
| तुत्रौके | तुत्रौकिवहे | तुत्रौकिमहे | अत्रौकिषि | अत्रौकिष्वहि | अत्रौकिष्महि |

100 **ष्वष्क गतौ । ष्वक्क इति च पाठान्तरम् । ष्वष्कँ । ष्वष्क् । ष्वष्कते** । A । **सेट्** । **स०** । go, move ।
6.1.64 **धात्वादेः षः सः । वा० सुब्धातु-ष्ठिवु-ष्वष्कादिनां सत्वप्रतिषेधः वक्तव्यः ।**

| | | | | | |
|---|---|---|---|---|---|
| ष्वष्कते | ष्वष्केते | ष्वष्कन्ते | अष्वष्कत | अष्वष्केताम् | अष्वष्कन्त |
| ष्वष्कसे | ष्वष्केथे | ष्वष्कध्वे | अष्वष्कथाः | अष्वष्केथाम् | अष्वष्कध्वम् |
| ष्वष्के | ष्वष्कावहे | ष्वष्कामहे | अष्वष्के | अष्वष्कावहि | अष्वष्कामहि |

| | | | | | |
|---|---|---|---|---|---|
| ष्वष्कताम् | ष्वष्केताम् | ष्वष्कन्ताम् | ष्वष्केत | ष्वष्केयाताम् | ष्वष्केरन् |
| ष्वष्कस्व | ष्वष्केथाम् | ष्वष्कध्वम् | ष्वष्केथाः | ष्वष्केयाथाम् | ष्वष्केध्वम् |
| ष्वष्कै | ष्वष्कावहै | ष्वष्कामहै | ष्वष्केय | ष्वष्केवहि | ष्वष्केमहि |

| | | | | | |
|---|---|---|---|---|---|
| ष्वष्किष्यते | ष्वष्किष्येते | ष्वष्किष्यन्ते | अष्वष्किष्यत | अष्वष्किष्येताम् | अष्वष्किष्यन्त |
| ष्वष्किष्यसे | ष्वष्किष्येथे | ष्वष्किष्यध्वे | अष्वष्किष्यथाः | अष्वष्किष्येथाम् | अष्वष्किष्यध्वम् |
| ष्वष्किष्ये | ष्वष्किष्यावहे | ष्वष्किष्यामहे | अष्वष्किष्ये | अष्वष्किष्यावहि | अष्वष्किष्यामहि |

| | | | | | |
|---|---|---|---|---|---|
| ष्वष्किता | ष्वष्कितारौ | ष्वष्कितारः | ष्वष्किषीष्ट | **ष्वष्किषीयास्ताम्** | ष्वष्किषीरन् |
| ष्वष्कितासे | ष्वष्कितासाथे | ष्वष्किताध्वे | ष्वष्किषीष्ठाः | **ष्वष्किषीयास्थाम्** | ष्वष्किषीध्वम् |
| ष्वष्किताहे | ष्वष्कितास्वहे | ष्वष्कितास्महे | ष्वष्किषीय | ष्वष्किषीवहि | ष्वष्किषीमहि |

| | | | | | |
|---|---|---|---|---|---|
| षष्वष्के | षष्वष्काते | षष्वष्किरे | अष्वष्किष्ट | अष्वष्किषाताम् | अष्वष्किषत |
| षष्वष्किषे | षष्वष्काथे | षष्वष्किध्वे | अष्वष्किष्ठाः | अष्वष्किषाथाम् | अष्वष्किध्वम् |
| षष्वष्के | षष्वष्किवहे | षष्वष्किमहे | अष्वष्किषि | अष्वष्किष्वहि | अष्वष्किष्महि |

101 वस्क गतौ । वस्कँ । वस्क् । वस्कते । A । सेट् । स० । go, move

| | | | | | |
|---|---|---|---|---|---|
| वस्कते | वस्केते | वस्कन्ते | अवस्कत | अवस्केताम् | अवस्कन्त |
| वस्कसे | वस्केथे | वस्कध्वे | अवस्कथाः | अवस्केथाम् | अवस्कध्वम् |
| वस्के | वस्कावहे | वस्कामहे | अवस्के | अवस्कावहि | अवस्कामहि |

| | | | | | |
|---|---|---|---|---|---|
| वस्कताम् | वस्केताम् | वस्कन्ताम् | वस्केत | वस्केयाताम् | वस्केरन् |
| वस्कस्व | वस्केथाम् | वस्कध्वम् | वस्केथाः | वस्केयाथाम् | वस्केध्वम् |
| वस्कै | वस्कावहै | वस्कामहै | वस्केय | वस्केवहि | वस्केमहि |

| | | | | | |
|---|---|---|---|---|---|
| वस्किष्यते | वस्किष्येते | वस्किष्यन्ते | अवस्किष्यत | अवस्किष्येताम् | अवस्किष्यन्त |
| वस्किष्यसे | वस्किष्येथे | वस्किष्यध्वे | अवस्किष्यथाः | अवस्किष्येथाम् | अवस्किष्यध्वम् |
| वस्किष्ये | वस्किष्यावहे | वस्किष्यामहे | अवस्किष्ये | अवस्किष्यावहि | अवस्किष्यामहि |

| | | | | | |
|---|---|---|---|---|---|
| वस्किता | वस्कितारौ | वस्कितारः | वस्किषीष्ट | वस्किषीयास्ताम् | वस्किषीरन् |
| वस्कितासे | वस्कितासाथे | वस्किताध्वे | वस्किषीष्ठाः | वस्किषीयास्थाम् | वस्किषीध्वम् |
| वस्किताहे | वस्कितास्वहे | वस्कितास्महे | वस्किषीय | वस्किषीवहि | वस्किषीमहि |

| | | | | | |
|---|---|---|---|---|---|
| ववस्के | ववस्काते | ववस्किरे | अवस्किष्ट | अवस्किषाताम् | अवस्किषत |
| ववस्किषे | ववस्काथे | ववस्किध्वे | अवस्किष्ठाः | अवस्किषाथाम् | अवस्किध्वम् |
| ववस्के | ववस्किवहे | ववस्किमहे | अवस्किषि | अवस्किष्वहि | अवस्किष्महि |

102 मस्क गतौ । मस्कँ । मस्क् । मस्कते । A । सेट् । स० । go, move

| | | | | | |
|---|---|---|---|---|---|
| मस्कते | मस्केते | मस्कन्ते | अमस्कत | अमस्केताम् | अमस्कन्त |
| मस्कसे | मस्केथे | मस्कध्वे | अमस्कथाः | अमस्केथाम् | अमस्कध्वम् |
| मस्के | मस्कावहे | मस्कामहे | अमस्के | अमस्कावहि | अमस्कामहि |

| | | | | | |
|---|---|---|---|---|---|
| मस्कताम् | मस्केताम् | मस्कन्ताम् | मस्केत | मस्केयाताम् | मस्केरन् |
| मस्कस्व | मस्केथाम् | मस्कध्वम् | मस्केथाः | मस्केयाथाम् | मस्केध्वम् |
| मस्कै | मस्कावहै | मस्कामहै | मस्केय | मस्केवहि | मस्केमहि |

| | | | | | |
|---|---|---|---|---|---|
| मस्किष्यते | मस्किष्येते | मस्किष्यन्ते | अमस्किष्यत | अमस्किष्येताम् | अमस्किष्यन्त |
| मस्किष्यसे | मस्किष्येथे | मस्किष्यध्वे | अमस्किष्यथाः | अमस्किष्येथाम् | अमस्किष्यध्वम् |
| मस्किष्ये | मस्किष्यावहे | मस्किष्यामहे | अमस्किष्ये | अमस्किष्यावहि | अमस्किष्यामहि |

| | | | | | |
|---|---|---|---|---|---|
| मस्किता | मस्कितारौ | मस्कितारः | मस्किषीष्ट | मस्किषीयास्ताम् | मस्किषीरन् |
| मस्कितासे | मस्कितासाथे | मस्किताध्वे | मस्किषीष्ठाः | मस्किषीयास्थाम् | मस्किषीध्वम् |
| मस्किताहे | मस्कितास्वहे | मस्कितास्महे | मस्किषीय | मस्किषीवहि | मस्किषीमहि |

| | | | | | |
|---|---|---|---|---|---|
| ममस्के | ममस्काते | ममस्किरे | अमस्किष्ट | अमस्किषाताम् | अमस्किषत |
| ममस्किषे | ममस्काथे | ममस्किध्वे | अमस्किष्ठाः | अमस्किषाथाम् | अमस्किध्वम् |

| | | | | | |
|---|---|---|---|---|---|
| ममस्के | ममस्किवहे | ममस्किमहे | अमस्किषि | अमस्किष्वहि | अमस्किष्महि |

103 **टिकृ गतौ** । **टिकृँ** । **टिक्** । **टेकते** । A । **सेट्** । **स०** । go, move, haul 7.3.86

| | | | | | |
|---|---|---|---|---|---|
| टेकते | टेकेते | टेकन्ते | अटेकत | अटेकेताम् | अटेकन्त |
| टेकसे | टेकेथे | टेकध्वे | अटेकथाः | अटेकेथाम् | अटेकध्वम् |
| टेके | टेकावहे | टेकामहे | अटेके | अटेकावहि | अटेकामहि |

| | | | | | |
|---|---|---|---|---|---|
| टेकताम् | टेकेताम् | टेकन्ताम् | टेकेत | टेकेयाताम् | टेकेरन् |
| टेकस्व | टेकेथाम् | टेकध्वम् | टेकेथाः | टेकेयाथाम् | टेकेध्वम् |
| टेकै | टेकावहै | टेकामहै | टेकेय | टेकेवहि | टेकेमहि |

| | | | | | |
|---|---|---|---|---|---|
| टेकिष्यते | टेकिष्येते | टेकिष्यन्ते | अटेकिष्यत | अटेकिष्येताम् | अटेकिष्यन्त |
| टेकिष्यसे | टेकिष्येथे | टेकिष्यध्वे | अटेकिष्यथाः | अटेकिष्येथाम् | अटेकिष्यध्वम् |
| टेकिष्ये | टेकिष्यावहे | टेकिष्यामहे | अटेकिष्ये | अटेकिष्यावहि | अटेकिष्यामहि |

| | | | | | |
|---|---|---|---|---|---|
| टेकिता | टेकितारौ | टेकितारः | टेकिषीष्ट | टेकिषीयास्ताम् | टेकिषीरन् |
| टेकितासे | टेकितासाथे | टेकिताध्वे | टेकिषीष्ठाः | टेकिषीयास्थाम् | टेकिषीध्वम् |
| टेकिताहे | टेकितास्वहे | टेकितास्महे | टेकिषीय | टेकिषीवहि | टेकिषीमहि |

| | | | | | |
|---|---|---|---|---|---|
| टिटिके | टिटिकाते | टिटिकिरे | अटेकिष्ट | अटेकिषाताम् | अटेकिषत |
| टिटिकिषे | टिटिकाथे | टिटिकिध्वे | अटेकिष्ठाः | अटेकिषाथाम् | अटेकिध्वम् |
| टिटिके | टिटिकिवहे | टिटिकिमहे | अटेकिषि | अटेकिष्वहि | अटेकिष्महि |

104 **टीकृ गतौ** । **टीकृँ** । **टीक्** । **टीकते** । A । **सेट्** । **स०** । go, move, resort to

| | | | | | |
|---|---|---|---|---|---|
| टीकते | टीकेते | टीकन्ते | अटीकत | अटीकेताम् | अटीकन्त |
| टीकसे | टीकेथे | टीकध्वे | अटीकथाः | अटीकेथाम् | अटीकध्वम् |
| टीके | टीकावहे | टीकामहे | अटीके | अटीकावहि | अटीकामहि |

| | | | | | |
|---|---|---|---|---|---|
| टीकताम् | टीकेताम् | टीकन्ताम् | टीकेत | टीकेयाताम् | टीकेरन् |
| टीकस्व | टीकेथाम् | टीकध्वम् | टीकेथाः | टीकेयाथाम् | टीकेध्वम् |
| टीकै | टीकावहै | टीकामहै | टीकेय | टीकेवहि | टीकेमहि |

| | | | | | |
|---|---|---|---|---|---|
| टीकिष्यते | टीकिष्येते | टीकिष्यन्ते | अटीकिष्यत | अटीकिष्येताम् | अटीकिष्यन्त |
| टीकिष्यसे | टीकिष्येथे | टीकिष्यध्वे | अटीकिष्यथाः | अटीकिष्येथाम् | अटीकिष्यध्वम् |
| टीकिष्ये | टीकिष्यावहे | टीकिष्यामहे | अटीकिष्ये | अटीकिष्यावहि | अटीकिष्यामहि |

| | | | | | |
|---|---|---|---|---|---|
| टीकिता | टीकितारौ | टीकितारः | टीकिषीष्ट | टीकिषीयास्ताम् | टीकिषीरन् |
| टीकितासे | टीकितासाथे | टीकिताध्वे | टीकिषीष्ठाः | टीकिषीयास्थाम् | टीकिषीध्वम् |
| टीकिताहे | टीकितास्वहे | टीकितास्महे | टीकिषीय | टीकिषीवहि | टीकिषीमहि |

| | | | | | |
|---|---|---|---|---|---|
| टिटीके | टिटीकाते | टिटीकिरे | अटीकिष्ट | अटीकिषाताम् | अटीकिषत |

| | | | | | |
|---|---|---|---|---|---|
| टिटीकिषे | टिटीकाथे | टिटीकिध्वे | अटीकिष्ठाः | अटीकिषाथाम् | अटीकिढ्वम् |
| टिटीके | टिटीकिवहे | टिटीकिमहे | अटीकिषि | अटीकिष्वहि | अटीकिष्महि |

105 **तिकृ गतौ** । **तिकृँ** । **तिक्** । **तेकते** । A । **सेट्** । **स०** । move. 7.3.86 **पुगन्तलघूपधस्य च** ।

| | | | | | |
|---|---|---|---|---|---|
| तेकते | तेकेते | तेकन्ते | अतेकत | अतेकेताम् | अतेकन्त |
| तेकसे | तेकेथे | तेकध्वे | अतेकथाः | अतेकेथाम् | अतेकध्वम् |
| तेके | तेकावहे | तेकामहे | अतेके | अतेकावहि | अतेकामहि |

| | | | | | |
|---|---|---|---|---|---|
| तेकताम् | तेकेताम् | तेकन्ताम् | तेकेत | तेकेयाताम् | तेकेरन् |
| तेकस्व | तेकेथाम् | तेकध्वम् | तेकेथाः | तेकेयाथाम् | तेकेध्वम् |
| तेकै | तेकावहै | तेकामहै | तेकेय | तेकेवहि | तेकेमहि |

| | | | | | |
|---|---|---|---|---|---|
| तेकिष्यते | तेकिष्येते | तेकिष्यन्ते | अतेकिष्यत | अतेकिष्येताम् | अतेकिष्यन्त |
| तेकिष्यसे | तेकिष्येथे | तेकिष्यध्वे | अतेकिष्यथाः | अतेकिष्येथाम् | अतेकिष्यध्वम् |
| तेकिष्ये | तेकिष्यावहे | तेकिष्यामहे | अतेकिष्ये | अतेकिष्यावहि | अतेकिष्यामहि |

| | | | | | |
|---|---|---|---|---|---|
| तेकिता | तेकितारौ | तेकितारः | तेकिषीष्ट | तेकिषीयास्ताम् | तेकिषीरन् |
| तेकितासे | तेकितासाथे | तेकिताध्वे | तेकिषीष्ठाः | तेकिषीयास्थाम् | तेकिषीध्वम् |
| तेकिताहे | तेकितास्वहे | तेकितास्महे | तेकिषीय | तेकिषीवहि | तेकिषीमहि |

| | | | | | |
|---|---|---|---|---|---|
| तितिके | तितिकाते | तितिकिरे | अतेकिष्ट | अतेकिषाताम् | अतेकिषत |
| तितिकिषे | तितिकाथे | तितिकिध्वे | अतेकिष्ठाः | अतेकिषाथाम् | अतेकिढ्वम् |
| तितिके | तितिकिवहे | तितिकिमहे | अतेकिषि | अतेकिष्वहि | अतेकिष्महि |

106 **तीकृ गतौ** । **तीकृँ** । **तीक्** । **तीकते** । A । **सेट्** । **स०** । move

| | | | | | |
|---|---|---|---|---|---|
| तीकते | तीकेते | तीकन्ते | अतीकत | अतीकेताम् | अतीकन्त |
| तीकसे | तीकेथे | तीकध्वे | अतीकथाः | अतीकेथाम् | अतीकध्वम् |
| तीके | तीकावहे | तीकामहे | अतीके | अतीकावहि | अतीकामहि |

| | | | | | |
|---|---|---|---|---|---|
| तीकताम् | तीकेताम् | तीकन्ताम् | तीकेत | तीकेयाताम् | तीकेरन् |
| तीकस्व | तीकेथाम् | तीकध्वम् | तीकेथाः | तीकेयाथाम् | तीकेध्वम् |
| तीकै | तीकावहै | तीकामहै | तीकेय | तीकेवहि | तीकेमहि |

| | | | | | |
|---|---|---|---|---|---|
| तीकिष्यते | तीकिष्येते | तीकिष्यन्ते | अतीकिष्यत | अतीकिष्येताम् | अतीकिष्यन्त |
| तीकिष्यसे | तीकिष्येथे | तीकिष्यध्वे | अतीकिष्यथाः | अतीकिष्येथाम् | अतीकिष्यध्वम् |
| तीकिष्ये | तीकिष्यावहे | तीकिष्यामहे | अतीकिष्ये | अतीकिष्यावहि | अतीकिष्यामहि |

| | | | | | |
|---|---|---|---|---|---|
| तीकिता | तीकितारौ | तीकितारः | तीकिषीष्ट | तीकिषीयास्ताम् | तीकिषीरन् |
| तीकितासे | तीकितासाथे | तीकिताध्वे | तीकिषीष्ठाः | तीकिषीयास्थाम् | तीकिषीध्वम् |
| तीकिताहे | तीकितास्वहे | तीकितास्महे | तीकिषीय | तीकिषीवहि | तीकिषीमहि |

| | | | | | |
|---|---|---|---|---|---|
| तितीके | तितीकाते | तितीकिरे | अतीकिष्ट | अतीकिषाताम् | अतीकिषत |
| तितीकिषे | तितीकाथे | तितीकिध्वे | अतीकिष्ठाः | अतीकिषाथाम् | अतीकिढ्वम् |
| तितीके | तितीकिवहे | तितीकिमहे | अतीकिषि | अतीकिष्वहि | अतीकिष्महि |

107 रघि गतौ । रघिँ । रङ्घ् । रङ्घते । A । सेट् । स० । go । 7.1.58 इदितो नुँम् धातोः ।

| | | | | | |
|---|---|---|---|---|---|
| रङ्घते | रङ्घेते | रङ्घन्ते | अरङ्घत | अरङ्घेताम् | अरङ्घन्त |
| रङ्घसे | रङ्घेथे | रङ्घध्वे | अरङ्घथाः | अरङ्घेथाम् | अरङ्घध्वम् |
| रङ्घे | रङ्घावहे | रङ्घामहे | अरङ्घे | अरङ्घावहि | अरङ्घामहि |

| | | | | | |
|---|---|---|---|---|---|
| रङ्घताम् | रङ्घेताम् | रङ्घन्ताम् | रङ्घेत | रङ्घेयाताम् | रङ्घेरन् |
| रङ्घस्व | रङ्घेथाम् | रङ्घध्वम् | रङ्घेथाः | रङ्घेयाथाम् | रङ्घेध्वम् |
| रङ्घै | रङ्घावहै | रङ्घामहै | रङ्घेय | रङ्घेवहि | रङ्घेमहि |

| | | | | | |
|---|---|---|---|---|---|
| रङ्घिष्यते | रङ्घिष्येते | रङ्घिष्यन्ते | अरङ्घिष्यत | अरङ्घिष्येताम् | अरङ्घिष्यन्त |
| रङ्घिष्यसे | रङ्घिष्येथे | रङ्घिष्यध्वे | अरङ्घिष्यथाः | अरङ्घिष्येथाम् | अरङ्घिष्यध्वम् |
| रङ्घिष्ये | रङ्घिष्यावहे | रङ्घिष्यामहे | अरङ्घिष्ये | अरङ्घिष्यावहि | अरङ्घिष्यामहि |

| | | | | | |
|---|---|---|---|---|---|
| रङ्घिता | रङ्घितारौ | रङ्घितारः | रङ्घिषीष्ट | रङ्घिषीयास्ताम् | रङ्घिषीरन् |
| रङ्घितासे | रङ्घितासाथे | रङ्घिताध्वे | रङ्घिषीष्ठाः | रङ्घिषीयास्थाम् | रङ्घिषीध्वम् |
| रङ्घिताहे | रङ्घितास्वहे | रङ्घितास्महे | रङ्घिषीय | रङ्घिषीवहि | रङ्घिषीमहि |

| | | | | | |
|---|---|---|---|---|---|
| ररङ्घे | ररङ्घाते | ररङ्घिरे | अरङ्घिष्ट | अरङ्घिषाताम् | अरङ्घिषत |
| ररङ्घिषे | ररङ्घाथे | ररङ्घिध्वे | अरङ्घिष्ठाः | अरङ्घिषाथाम् | अरङ्घिध्वम् |
| ररङ्घे | ररङ्घिवहे | ररङ्घिमहे | अरङ्घिषि | अरङ्घिष्वहि | अरङ्घिष्महि |

108 लघि गतौ । लघि भोजननिवृत्तावपि । लघिँ । लन्घ् । लङ्घते । A । सेट् । स० । leap, do fasting, abstain food । तृतीयः दन्त्यादिः इत्येके । Some Grammarians say that the third Root in this list from ककि to लघि, i.e. श्वकि is स्वकि ।

| | | | | | |
|---|---|---|---|---|---|
| लङ्घते | लङ्घेते | लङ्घन्ते | अलङ्घत | अलङ्घेताम् | अलङ्घन्त |
| लङ्घसे | लङ्घेथे | लङ्घध्वे | अलङ्घथाः | अलङ्घेथाम् | अलङ्घध्वम् |
| लङ्घे | लङ्घावहे | लङ्घामहे | अलङ्घे | अलङ्घावहि | अलङ्घामहि |

| | | | | | |
|---|---|---|---|---|---|
| लङ्घताम् | लङ्घेताम् | लङ्घन्ताम् | लङ्घेत | लङ्घेयाताम् | लङ्घेरन् |
| लङ्घस्व | लङ्घेथाम् | लङ्घध्वम् | लङ्घेथाः | लङ्घेयाथाम् | लङ्घेध्वम् |
| लङ्घै | लङ्घावहै | लङ्घामहै | लङ्घेय | लङ्घेवहि | लङ्घेमहि |

| | | | | | |
|---|---|---|---|---|---|
| लङ्घिष्यते | लङ्घिष्येते | लङ्घिष्यन्ते | अलङ्घिष्यत | अलङ्घिष्येताम् | अलङ्घिष्यन्त |

| | | | | | |
|---|---|---|---|---|---|
| लङ्घिष्यसे | लङ्घिष्येथे | लङ्घिष्यध्वे | अलङ्घिष्यथाः | अलङ्घिष्येथाम् | अलङ्घिष्यध्वम् |
| लङ्घिष्ये | लङ्घिष्यावहे | लङ्घिष्यामहे | अलङ्घिष्ये | अलङ्घिष्यावहि | अलङ्घिष्यामहि |

| | | | | | |
|---|---|---|---|---|---|
| लङ्घिता | लङ्घितारौ | लङ्घितारः | लङ्घिषीष्ट | लङ्घिषीयास्ताम् | लङ्घिषीरन् |
| लङ्घितासे | लङ्घितासाथे | लङ्घिताध्वे | लङ्घिषीष्ठाः | लङ्घिषीयास्थाम् | लङ्घिषीध्वम् |
| लङ्घिताहे | लङ्घितास्वहे | लङ्घितास्महे | लङ्घिषीय | लङ्घिषीवहि | लङ्घिषीमहि |

| | | | | | |
|---|---|---|---|---|---|
| ललङ्घे | ललङ्घाते | ललङ्घिरे | अलङ्घिष्ट | अलङ्घिषाताम् | अलङ्घिषत |
| ललङ्घिषे | ललङ्घाथे | ललङ्घिध्वे | अलङ्घिष्ठाः | अलङ्घिषाथाम् | अलङ्घिध्वम् |
| ललङ्घे | ललङ्घिवहे | ललङ्घिमहे | अलङ्घिषि | अलङ्घिष्वहि | अलङ्घिष्महि |

109 अघि गत्याक्षेपे । अघिँ । अङ्घ् । अङ्घते । A । सेट् । अ० । go, start, blame 7.1.58 इदितो ० ।

| | | | | | |
|---|---|---|---|---|---|
| अङ्घते | अङ्घेते | अङ्घन्ते | आङ्घत | आङ्घेताम् | आङ्घन्त |
| अङ्घसे | अङ्घेथे | अङ्घध्वे | आङ्घथाः | आङ्घेथाम् | आङ्घध्वम् |
| अङ्घे | अङ्घावहे | अङ्घामहे | आङ्घे | आङ्घावहि | आङ्घामहि |

| | | | | | |
|---|---|---|---|---|---|
| अङ्घताम् | अङ्घेताम् | अङ्घन्ताम् | अङ्घेत | अङ्घेयाताम् | अङ्घेरन् |
| अङ्घस्व | अङ्घेथाम् | अङ्घध्वम् | अङ्घेथाः | अङ्घेयाथाम् | अङ्घेध्वम् |
| अङ्घै | अङ्घावहै | अङ्घामहै | अङ्घेय | अङ्घेवहि | अङ्घेमहि |

| | | | | | |
|---|---|---|---|---|---|
| अङ्घिष्यते | अङ्घिष्येते | अङ्घिष्यन्ते | आङ्घिष्यत | आङ्घिष्येताम् | आङ्घिष्यन्त |
| अङ्घिष्यसे | अङ्घिष्येथे | अङ्घिष्यध्वे | आङ्घिष्यथाः | आङ्घिष्येथाम् | आङ्घिष्यध्वम् |
| अङ्घिष्ये | अङ्घिष्यावहे | अङ्घिष्यामहे | आङ्घिष्ये | आङ्घिष्यावहि | आङ्घिष्यामहि |

| | | | | | |
|---|---|---|---|---|---|
| अङ्घिता | अङ्घितारौ | अङ्घितारः | अङ्घिषीष्ट | अङ्घिषीयास्ताम् | अङ्घिषीरन् |
| अङ्घितासे | अङ्घितासाथे | अङ्घिताध्वे | अङ्घिषीष्ठाः | अङ्घिषीयास्थाम् | अङ्घिषीध्वम् |
| अङ्घिताहे | अङ्घितास्वहे | अङ्घितास्महे | अङ्घिषीय | अङ्घिषीवहि | अङ्घिषीमहि |

| | | | | | |
|---|---|---|---|---|---|
| आनङ्घे | आनङ्घाते | आनङ्घिरे | आङ्घिष्ट | आङ्घिषाताम् | आङ्घिषत |
| आनङ्घिषे | आनङ्घाथे | आनङ्घिध्वे | आङ्घिष्ठाः | आङ्घिषाथाम् | आङ्घिध्वम् |
| आनङ्घे | आनङ्घिवहे | आनङ्घिमहे | आङ्घिषि | आङ्घिष्वहि | आङ्घिष्महि |

110 वघि गत्याक्षेपे । वघिँ । वङ्घ् । वङ्घते । A । सेट् । स० । go, start, blame, censure

| | | | | | |
|---|---|---|---|---|---|
| वङ्घते | वङ्घेते | वङ्घन्ते | अवङ्घत | अवङ्घेताम् | अवङ्घन्त |
| वङ्घसे | वङ्घेथे | वङ्घध्वे | अवङ्घथाः | अवङ्घेथाम् | अवङ्घध्वम् |
| वङ्घे | वङ्घावहे | वङ्घामहे | अवङ्घे | अवङ्घावहि | अवङ्घामहि |

| | | | | | |
|---|---|---|---|---|---|
| वङ्घताम् | वङ्घेताम् | वङ्घन्ताम् | वङ्घेत | वङ्घेयाताम् | वङ्घेरन् |
| वङ्घस्व | वङ्घेथाम् | वङ्घध्वम् | वङ्घेथाः | वङ्घेयाथाम् | वङ्घेध्वम् |
| वङ्घै | वङ्घावहै | वङ्घामहै | वङ्घेय | वङ्घेवहि | वङ्घेमहि |

| | | | | | |
|---|---|---|---|---|---|
| वङ्घिष्यते | वङ्घिष्येते | वङ्घिष्यन्ते | अवङ्घिष्यत | अवङ्घिष्येताम् | अवङ्घिष्यन्त |
| वङ्घिष्यसे | वङ्घिष्येथे | वङ्घिष्यध्वे | अवङ्घिष्यथाः | अवङ्घिष्येथाम् | अवङ्घिष्यध्वम् |
| वङ्घिष्ये | वङ्घिष्यावहे | वङ्घिष्यामहे | अवङ्घिष्ये | अवङ्घिष्यावहि | अवङ्घिष्यामहि |

| | | | | | |
|---|---|---|---|---|---|
| वङ्घिता | वङ्घितारौ | वङ्घितारः | वङ्घिषीष्ट | वङ्घिषीयास्ताम् | वङ्घिषीरन् |
| वङ्घितासे | वङ्घितासाथे | वङ्घिताध्वे | वङ्घिषीष्ठाः | वङ्घिषीयास्थाम् | वङ्घिषीध्वम् |
| वङ्घिताहे | वङ्घितास्वहे | वङ्घितास्महे | वङ्घिषीय | वङ्घिषीवहि | वङ्घिषीमहि |

| | | | | | |
|---|---|---|---|---|---|
| ववङ्घे | ववङ्घाते | ववङ्घिरे | अवङ्घिष्ट | अवङ्घिषाताम् | अवङ्घिषत |
| ववङ्घिषे | ववङ्घाथे | ववङ्घिध्वे | अवङ्घिष्ठाः | अवङ्घिषाथाम् | अवङ्घिध्वम् |
| ववङ्घे | ववङ्घिवहे | ववङ्घिमहे | अवङ्घिषि | अवङ्घिष्वहि | अवङ्घिष्महि |

111 मघि गत्याक्षेपे । गतौ गत्यारम्भे चेत्यपरे । मघि कैतवे च । मघिँ । मङ्घ् । मङ्घते । A । सेट् । स०।
move, abuse

| | | | | | |
|---|---|---|---|---|---|
| मङ्घते | मङ्घेते | मङ्घन्ते | अमङ्घत | अमङ्घेताम् | अमङ्घन्त |
| मङ्घसे | मङ्घेथे | मङ्घध्वे | अमङ्घथाः | अमङ्घेथाम् | अमङ्घध्वम् |
| मङ्घे | मङ्घावहे | मङ्घामहे | अमङ्घे | अमङ्घावहि | अमङ्घामहि |

| | | | | | |
|---|---|---|---|---|---|
| मङ्घताम् | मङ्घेताम् | मङ्घन्ताम् | मङ्घेत | मङ्घेयाताम् | मङ्घेरन् |
| मङ्घस्व | मङ्घेथाम् | मङ्घध्वम् | मङ्घेथाः | मङ्घेयाथाम् | मङ्घेध्वम् |
| मङ्घै | मङ्घावहै | मङ्घामहै | मङ्घेय | मङ्घेवहि | मङ्घेमहि |

| | | | | | |
|---|---|---|---|---|---|
| मङ्घिष्यते | मङ्घिष्येते | मङ्घिष्यन्ते | अमङ्घिष्यत | अमङ्घिष्येताम् | अमङ्घिष्यन्त |
| मङ्घिष्यसे | मङ्घिष्येथे | मङ्घिष्यध्वे | अमङ्घिष्यथाः | अमङ्घिष्येथाम् | अमङ्घिष्यध्वम् |
| मङ्घिष्ये | मङ्घिष्यावहे | मङ्घिष्यामहे | अमङ्घिष्ये | अमङ्घिष्यावहि | अमङ्घिष्यामहि |

| | | | | | |
|---|---|---|---|---|---|
| मङ्घिता | मङ्घितारौ | मङ्घितारः | मङ्घिषीष्ट | मङ्घिषीयास्ताम् | मङ्घिषीरन् |
| मङ्घितासे | मङ्घितासाथे | मङ्घिताध्वे | मङ्घिषीष्ठाः | मङ्घिषीयास्थाम् | मङ्घिषीध्वम् |
| मङ्घिताहे | मङ्घितास्वहे | मङ्घितास्महे | मङ्घिषीय | मङ्घिषीवहि | मङ्घिषीमहि |

| | | | | | |
|---|---|---|---|---|---|
| ममङ्घे | ममङ्घाते | ममङ्घिरे | अमङ्घिष्ट | अमङ्घिषाताम् | अमङ्घिषत |
| ममङ्घिषे | ममङ्घाथे | ममङ्घिध्वे | अमङ्घिष्ठाः | अमङ्घिषाथाम् | अमङ्घिध्वम् |

| | | | | | |
|---|---|---|---|---|---|
| **ममङ्घे** | **ममङ्घिवहे** | **ममङ्घिमहे** | **अमङ्घिषि** | **अमङ्घिष्वहि** | **अमङ्घिष्महि** |

112 **राघृ सामर्थ्ये** । **राघृँ** । **राघ्** । **राघते** । A । **सेट्** । **अ०** । be able, be competent

| | | | | | |
|---|---|---|---|---|---|
| राघते | राघेते | राघन्ते | अराघत | अराघेताम् | अराघन्त |
| राघसे | राघेथे | राघध्वे | अराघथाः | अराघेथाम् | अराघध्वम् |
| राघे | राघावहे | राघामहे | अराघे | अराघावहि | अराघामहि |
| | | | | | |
| राघताम् | राघेताम् | राघन्ताम् | राघेत | राघेयाताम् | राघेरन् |
| राघस्व | राघेथाम् | राघध्वम् | राघेथाः | राघेयाथाम् | राघेध्वम् |
| राघै | राघावहै | राघामहै | राघेय | राघेवहि | राघेमहि |
| | | | | | |
| राघिष्यते | राघिष्येते | राघिष्यन्ते | अराघिष्यत | **अराघिष्येताम्** | अराघिषत |
| राघिष्यसे | राघिष्येथे | राघिष्यध्वे | अराघिष्यथाः | **अराघिष्येथाम्** | अराघिध्वम् |
| राघिष्ये | राघिष्यावहे | राघिष्यामहे | अराघिष्ये | अराघिष्वहि | अराघिष्महि |
| | | | | | |
| राघिता | राघितारौ | राघितारः | राघिषीष्ट | **राघिषीयास्ताम्** | राघिषीरन् |
| राघितासि | राघितास्थः | राघितास्थ | राघिषीष्ठाः | **राघिषीयास्थाम्** | राघिषीध्वम् |
| राघितास्मि | राघितास्वः | राघितास्मः | राघिषीय | राघिषीवहि | राघिषीमहि |
| | | | | | |
| रराघे | रराघाते | रराघिरे | अराघिष्ट | अराघिषाताम् | अराघिषत |
| रराघिषे | रराघाथे | रराघिध्वे | अराघिष्ठाः | अराघिषाथाम् | अराघिध्वम् |
| रराघे | रराघिवहे | रराघिमहे | अराघिषीय | अराघिष्वहि | अराघिष्महि |

113 **लाघृ सामर्थ्ये** । **लाघृँ** । **लाघ्** । **लाघते** । A । **सेट्** । **अ०** । be equal to, be competent
8.2.55 **अनुपसर्गात् फुल्लक्षीबकृशोल्लाघाः** । with upasarga **उत्**, **उल्लाघः** has been stated in Sutra, i.e. without **इट्** । Notice sandhi application 8.4.60 **तोर्लि** ।

| | | | | | |
|---|---|---|---|---|---|
| लाघते | लाघेते | लाघन्ते | अलाघत | अलाघेताम् | अलाघन्त |
| लाघसे | लाघेथे | लाघध्वे | अलाघथाः | अलाघेथाम् | अलाघध्वम् |
| लाघे | लाघावहे | लाघामहे | अलाघे | अलाघावहि | अलाघामहि |
| | | | | | |
| लाघताम् | लाघेताम् | लाघन्ताम् | लाघेत | लाघेयाताम् | लाघेरन् |
| लाघस्व | लाघेथाम् | लाघध्वम् | लाघेथाः | लाघेयाथाम् | लाघेध्वम् |
| लाघै | लाघावहै | लाघामहै | लाघेय | लाघेवहि | लाघेमहि |
| | | | | | |
| लाघिष्यते | लाघिष्येते | लाघिष्यन्ते | अलाघिष्यत | अलाघिष्येताम् | अलाघिषत |
| लाघिष्यसे | लाघिष्येथे | लाघिष्यध्वे | अलाघिष्यथाः | अलाघिष्येथाम् | अलाघिध्वम् |
| लाघिष्ये | लाघिष्यावहे | लाघिष्यामहे | अलाघिष्ये | अलाघिष्वहि | अलाघिष्महि |
| | | | | | |
| लाघिता | लाघितारौ | लाघितारः | लाघिषीष्ट | **लाघिषीयास्ताम्** | लाघिषीरन् |
| लाघितासि | लाघितास्थः | लाघितास्थ | लाघिषीष्ठाः | **लाघिषीयास्थाम्** | लाघिषीध्वम् |
| लाघितास्मि | लाघितास्वः | लाघितास्मः | लाघिषीय | लाघिषीवहि | लाघिषीमहि |

| | | | | | |
|---|---|---|---|---|---|
| ललाघे | ललाघाते | ललाघिरे | अलाघिष्ट | अलाघिषाताम् | अलाघिषत |
| ललाघिषे | ललाघाथे | ललाघिध्वे | अलाघिष्ठाः | अलाघिषाथाम् | अलाघिढ्वम् |
| ललाघे | ललाघिवहे | ललाघिमहे | अलाघिषीय | अलाघिष्वहि | अलाघिष्महि |

114 **द्राघृ सामर्थ्ये । ध्राघृ इत्यपि केचित् । द्राघृ आयामे च । द्राघृँ । द्राघ् । द्राघते** । A । **सेट्** । **अ०** । be able, be strong, stretch

| | | | | | |
|---|---|---|---|---|---|
| द्राघते | द्राघेते | द्राघन्ते | अद्राघत | अद्राघेताम् | अद्राघन्त |
| द्राघसे | द्राघेथे | द्राघध्वे | अद्राघथाः | अद्राघेथाम् | अद्राघध्वम् |
| द्राघे | द्राघावहे | द्राघामहे | अद्राघे | अद्राघावहि | अद्राघामहि |

| | | | | | |
|---|---|---|---|---|---|
| द्राघताम् | द्राघेताम् | द्राघन्ताम् | द्राघेत | द्राघेयाताम् | द्राघेरन् |
| द्राघस्व | द्राघेथाम् | द्राघध्वम् | द्राघेथाः | द्राघेयाथाम् | द्राघेध्वम् |
| द्राघै | द्राघावहै | द्राघामहै | द्राघेय | द्राघेवहि | द्राघेमहि |

| | | | | | |
|---|---|---|---|---|---|
| द्राघिष्यते | द्राघिष्येते | द्राघिष्यन्ते | अद्राघिष्यत | अद्राघिष्येताम् | अद्राघिषत |
| द्राघिष्यसे | द्राघिष्येथे | द्राघिष्यध्वे | अद्राघिष्यथाः | अद्राघिष्येथाम् | अद्राघिढ्वम् |
| द्राघिष्ये | द्राघिष्यावहे | द्राघिष्यामहे | अद्राघिष्ये | अद्राघिष्वहि | अद्राघिष्महि |

| | | | | | |
|---|---|---|---|---|---|
| द्राघिता | द्राघितारौ | द्राघितारः | द्राघिषीष्ट | **द्राघिषीयास्ताम्** | द्राघिषीरन् |
| द्राघितासि | द्राघितास्थः | द्राघितास्थ | द्राघिषीष्ठाः | **द्राघिषीयास्थाम्** | द्राघिषीध्वम् |
| द्राघितास्मि | द्राघितास्वः | द्राघितास्मः | द्राघिषीय | द्राघिषीवहि | द्राघिषीमहि |

| | | | | | |
|---|---|---|---|---|---|
| दद्राघे | दद्राघाते | दद्राघिरे | अद्राघिष्ट | अद्राघिषाताम् | अद्राघिषत |
| दद्राघिषे | दद्राघाथे | दद्राघिध्वे | अद्राघिष्ठाः | अद्राघिषाथाम् | अद्राघिढ्वम् |
| दद्राघे | दद्राघिवहे | दद्राघिमहे | अद्राघिषीय | अद्राघिष्वहि | अद्राघिष्महि |

114 **ध्राघृ सामर्थ्ये । ध्राघृँ । ध्राघ् । ध्राघते** । A । **सेट्** । **अ०** । be able, be strong, stretch

| | | | | | |
|---|---|---|---|---|---|
| ध्राघते | ध्राघेते | ध्राघन्ते | अध्राघत | अध्राघेताम् | अध्राघन्त |
| ध्राघसे | ध्राघेथे | ध्राघध्वे | अध्राघथाः | अध्राघेथाम् | अध्राघध्वम् |
| ध्राघे | ध्राघावहे | ध्राघामहे | अध्राघे | अध्राघावहि | अध्राघामहि |

| | | | | | |
|---|---|---|---|---|---|
| ध्राघताम् | ध्राघेताम् | ध्राघन्ताम् | ध्राघेत | ध्राघेयाताम् | ध्राघेरन् |
| ध्राघस्व | ध्राघेथाम् | ध्राघध्वम् | ध्राघेथाः | ध्राघेयाथाम् | ध्राघेध्वम् |
| ध्राघै | ध्राघावहै | ध्राघामहै | ध्राघेय | ध्राघेवहि | ध्राघेमहि |

| | | | | | |
|---|---|---|---|---|---|
| ध्राघिष्यते | ध्राघिष्येते | ध्राघिष्यन्ते | अध्राघिष्यत | अध्राघिष्येताम् | अध्राघिषत |
| ध्राघिष्यसे | ध्राघिष्येथे | ध्राघिष्यध्वे | अध्राघिष्यथाः | अध्राघिष्येथाम् | अध्राघिढ्वम् |
| ध्राघिष्ये | ध्राघिष्यावहे | ध्राघिष्यामहे | अध्राघिष्ये | अध्राघिष्वहि | अध्राघिष्महि |

| | | | | | |
|---|---|---|---|---|---|
| ध्राघिता | ध्राघितारौ | ध्राघितारः | ध्राघिषीष्ट | **ध्राघिषीयास्ताम्** | ध्राघिषीरन् |

| ध्राघितासि | ध्राघितास्थः | ध्राघितास्थ | ध्राघिषीष्ठाः | ध्राघिषीयास्थाम् | ध्राघिषीध्वम् |
| ध्राघितास्मि | ध्राघितास्वः | ध्राघितास्मः | ध्राघिषीय | ध्राघिषीवहि | ध्राघिषीमहि |

| दध्राघे | दध्राघाते | दध्राघिरे | अध्राघिष्ट | अध्राघिषाताम् | अध्राघिषत |
| दध्राघिषे | दध्राघाथे | दध्राघिध्वे | अध्राघिष्ठाः | अध्राघिषाथाम् | अध्राघिध्वम् |
| दध्राघे | दध्राघिवहे | दध्राघिमहे | अध्राघिषीय | अध्राघिष्वहि | अध्राघिष्महि |

115 श्लाघृ कत्थने । श्लाघॄँ । श्लाघ् । श्लाघते । A । सेट् । स० । praise, extol, applaud

| श्लाघते | श्लाघेते | श्लाघन्ते | अश्लाघत | अश्लाघेताम् | अश्लाघन्त |
| श्लाघसे | श्लाघेथे | श्लाघध्वे | अश्लाघथाः | अश्लाघेथाम् | अश्लाघध्वम् |
| श्लाघे | श्लाघावहे | श्लाघामहे | अश्लाघे | अश्लाघावहि | अश्लाघामहि |

| श्लाघताम् | श्लाघेताम् | श्लाघन्ताम् | श्लाघेत | श्लाघेयाताम् | श्लाघेरन् |
| श्लाघस्व | श्लाघेथाम् | श्लाघध्वम् | श्लाघेथाः | श्लाघेयाथाम् | श्लाघेध्वम् |
| श्लाघै | श्लाघावहै | श्लाघामहै | श्लाघेय | श्लाघेवहि | श्लाघेमहि |

| श्लाघिष्यते | श्लाघिष्येते | श्लाघिष्यन्ते | अश्लाघिष्यत | अश्लाघिष्येताम् | अश्लाघिषत |
| श्लाघिष्यसे | श्लाघिष्येथे | श्लाघिष्यध्वे | अश्लाघिष्यथाः | अश्लाघिष्येथाम् | अश्लाघिध्वम् |
| श्लाघिष्ये | श्लाघिष्यावहे | श्लाघिष्यामहे | अश्लाघिष्ये | अश्लाघिष्वहि | अश्लाघिष्महि |

| श्लाघिता | श्लाघितारौ | श्लाघितारः | श्लाघिषीष्ट | श्लाघिषीयास्ताम् | श्लाघिषीरन् |
| श्लाघितासि | श्लाघितास्थः | श्लाघितास्थ | श्लाघिषीष्ठाः | श्लाघिषीयास्थाम् | श्लाघिषीध्वम् |
| श्लाघितास्मि | श्लाघितास्वः | श्लाघितास्मः | श्लाघिषीय | श्लाघिषीवहि | श्लाघिषीमहि |

| शश्लाघे | शश्लाघाते | शश्लाघिरे | अश्लाघिष्ट | अश्लाघिषाताम् | अश्लाघिषत |
| शश्लाघिषे | शश्लाघाथे | शश्लाघिध्वे | अश्लाघिष्ठाः | अश्लाघिषाथाम् | अश्लाघिध्वम् |
| शश्लाघे | शश्लाघिवहे | शश्लाघिमहे | अश्लाघिषीय | अश्लाघिष्वहि | अश्लाघिष्महि |

75 शीकादयः उदात्तः अनुदात्तेतः आत्मनेभाषाः ।

116 अथ कवर्गीयान्ताः परस्मैपदिनः पञ्चाशत् ।

116 फक्क नीचैर्गतौ । फक्कँ । फक्क् । फक्कति । P । सेट् । स० । move slowly, glide, creep, act wrongly

**लट् 1 Present Tense**

| फक्कति | फक्कतः | फक्कन्ति |
| फक्कसि | फक्कथः | फक्कथ |
| फक्कामि | फक्कावः | फक्कामः |

**लङ् 2 Imperfect Past Tense**

| अफक्कत् -द् | अफक्कताम् | अफक्कन् |
| अफक्कः | अफक्कतम् | अफक्कत |
| अफक्कम् | अफक्काव | अफक्काम |

**लोट् 3 Imperative Mood**

| फक्कतु फक्कतात् -द् | फक्कताम् | फक्कन्तु |
| फक्क फक्कतात् -द् | फक्कतम् | फक्कत |

**विधिलिङ् 4 Potential Mood**

| फक्केत् -द् | फक्केताम् | फक्केयुः |
| फक्केः | फक्केतम् | फक्केत |

| | | |
|---|---|---|
| फक्कानि | फक्काव | फक्काम |

| | | |
|---|---|---|
| फक्केयम् | फक्केव | फक्केम |

लृट् 5 Simple Future Tense

| | | |
|---|---|---|
| फक्किष्यति | फक्किष्यतः | फक्किष्यन्ति |
| फक्किष्यसि | फक्किष्यथः | फक्किष्यथ |
| फक्किष्यामि | फक्किष्यावः | फक्किष्यामः |

लृङ् 6 Conditional Mood

| | | |
|---|---|---|
| अफक्किष्यत् -द् | अफक्किष्यताम् | अफक्किष्यन् |
| अफक्किष्यः | अफक्किष्यतम् | अफक्किष्यत |
| अफक्किष्यम् | अफक्किष्याव | अफक्किष्याम |

लुट् 7 Periphrastic Future Tense

| | | |
|---|---|---|
| फक्किता | फक्कितारौ | फक्कितारः |
| फक्कितासि | फक्कितास्थः | फक्कितास्थ |
| फक्कितास्मि | फक्कितास्वः | फक्कितास्मः |

आशीर्लिङ् 8 Benedictive Mood

| | | |
|---|---|---|
| फक्क्यात् -द् | फक्क्यास्ताम् | फक्क्यासुः |
| फक्क्याः | फक्क्यास्तम् | फक्क्यास्त |
| फक्क्यासम् | फक्क्यास्व | फक्क्यास्म |

लिट् 9 Perfect Past Tense

| | | |
|---|---|---|
| पफक्क | पफक्कतुः | पफक्कुः |
| पफक्किथ | पफक्कथुः | पफक्क |
| पफक्क | पफक्किव | पफक्किम |

लुङ् 10 Aorist Past Tense

| | | |
|---|---|---|
| अफक्कीत् -द् | अफक्किष्टाम् | अफक्किषुः |
| अफक्कीः | अफक्किष्टम् | अफक्किष्ट |
| अफक्किषम् | अफक्किष्व | अफक्किष्म |

117 तक हसने । तकँ । तक् । तकति । P । सेट् । अ० । laugh at, mock 7.2.3 7.2.116

| | | |
|---|---|---|
| तकति | तकतः | तकन्ति |
| तकसि | तकथः | तकथ |
| तकामि | तकावः | तकामः |

| | | |
|---|---|---|
| अतकत् -द् | अतकताम् | अतकन् |
| अतकः | अतकतम् | अतकत |
| अतकम् | अतकाव | अतकाम |

| | | |
|---|---|---|
| तकतु | तकताम् | तकन्तु |
| तक | तकतम् | तकत |
| तकानि | तकाव | तकाम |

| | | |
|---|---|---|
| तकेत् -द् | तकेताम् | तकेयुः |
| तकेः | तकेतम् | तकेत |
| तकेयम् | तकेव | तकेम |

| | | |
|---|---|---|
| तकिष्यति | तकिष्यतः | तकिष्यन्ति |
| तकिष्यसि | तकिष्यथः | तकिष्यथ |
| तकिष्यामि | तकिष्यावः | तकिष्यामः |

| | | |
|---|---|---|
| अतकिष्यत् -द् | अतकिष्यताम् | अतकिष्यन् |
| अतकिष्यः | अतकिष्यतम् | अतकिष्यत |
| अतकिष्यम् | अतकिष्याव | अतकिष्याम |

| | | |
|---|---|---|
| तकिता | तकितारौ | तकितारः |
| तकितासि | तकितास्थः | तकितास्थ |
| तकितास्मि | तकितास्वः | तकितास्मः |

| | | |
|---|---|---|
| तक्यात् -द् | तक्यास्ताम् | तक्यासुः |
| तक्याः | तक्यास्तम् | तक्यास्त |
| तक्यासम् | तक्यास्व | तक्यास्म |

| | | |
|---|---|---|
| तताक | तेकतुः | तेकुः |
| तेकिथ | तेकथुः | तेक |
| ततक , तताक | तेकिव | तेकिम |

| | | |
|---|---|---|
| अतकीत् -द् , अताकीत् -द् | अतकिष्टाम् , अताकिष्टाम् | अतकिषुः , अताकिषुः |
| अतकीः , अताकीः | अतकिष्टम् , अताकिष्टम् | अतकिष्ट , अताकिष्ट |
| अतकिषम् , अताकिषम् | अतकिष्व , अताकिष्व | अतकिष्म , अताकिष्म |

118 तकि कृच्छ्रजीवने । शुक गतौ। तकिँ। तङ्क् । तङ्कति । P। सेट् । अ० । live in distress, endure, be brave

| | | | | | |
|---|---|---|---|---|---|
| तङ्कति | तङ्कतः | तङ्कन्ति | अतङ्कत् -द् | अतङ्कताम् | अतङ्कन् |
| तङ्कसि | तङ्कथः | तङ्कथ | अतङ्कः | अतङ्कतम् | अतङ्कत |
| तङ्कामि | तङ्कावः | तङ्कामः | अतङ्कम् | अतङ्काव | अतङ्काम |

| | | | | | |
|---|---|---|---|---|---|
| तङ्कतु | तङ्कताम् | तङ्कन्तु | तङ्केत् -द् | तङ्केताम् | तङ्केयुः |
| तङ्क | तङ्कतम् | तङ्कत | तङ्केः | तङ्केतम् | तङ्केत |
| तङ्कानि | तङ्काव | तङ्काम | तङ्केयम् | तङ्केव | तङ्केम |

| | | | | | |
|---|---|---|---|---|---|
| तङ्किष्यति | तङ्किष्यतः | तङ्किष्यन्ति | अतङ्किष्यत् -द् | अतङ्किष्यताम् | अतङ्किष्यन् |
| तङ्किष्यसि | तङ्किष्यथः | तङ्किष्यथ | अतङ्किष्यः | अतङ्किष्यतम् | अतङ्किष्यत |
| तङ्किष्यामि | तङ्किष्यावः | तङ्किष्यामः | अतङ्किष्यम् | अतङ्किष्याव | अतङ्किष्याम |

| | | | | | |
|---|---|---|---|---|---|
| तङ्किता | तङ्कितारौ | तङ्कितारः | तङ्क्यात् -द् | तङ्क्यास्ताम् | तङ्क्यासुः |
| तङ्कितासि | तङ्कितास्थः | तङ्कितास्थ | तङ्क्याः | तङ्क्यास्तम् | तङ्क्यास्त |
| तङ्कितास्मि | तङ्कितास्वः | तङ्कितास्मः | तङ्क्यासम् | तङ्क्यास्व | तङ्क्यास्म |

| | | | | | |
|---|---|---|---|---|---|
| ततङ्क | ततङ्कतुः | ततङ्कुः | अतङ्कीत् -द् | अतङ्किष्टाम् | अतङ्किषुः |
| ततङ्किथ | ततङ्कथुः | ततङ्क | अतङ्कीः | अतङ्किष्टम् | अतङ्किष्ट |
| ततङ्क | ततङ्किव | ततङ्किम | अतङ्किषम् | अतङ्किष्व | अतङ्किष्म |

119 बुक्क भषणे । बुक्कँ । बुक्क् । बुक्कति । P । सेट् । अ० । bark, sound like a dog

| | | | | | |
|---|---|---|---|---|---|
| बुक्कति | बुक्कतः | बुक्कन्ति | अबुक्कत् -द् | अबुक्कताम् | अबुक्कन् |
| बुक्कसि | बुक्कथः | बुक्कथ | अबुक्कः | अबुक्कतम् | अबुक्कत |
| बुक्कामि | बुक्कावः | बुक्कामः | अबुक्कम् | अबुक्काव | अबुक्काम |

| | | | | | |
|---|---|---|---|---|---|
| बुक्कतु | बुक्कताम् | बुक्कन्तु | बुक्केत् -द् | बुक्केताम् | बुक्केयुः |
| बुक्क | बुक्कतम् | बुक्कत | बुक्केः | बुक्केतम् | बुक्केत |
| बुक्कानि | बुक्काव | बुक्काम | बुक्केयम् | बुक्केव | बुक्केम |

| | | | | | |
|---|---|---|---|---|---|
| बुक्किष्यति | बुक्किष्यतः | बुक्किष्यन्ति | अबुक्किष्यत् -द् | अबुक्किष्यताम् | अबुक्किष्यन् |
| बुक्किष्यसि | बुक्किष्यथः | बुक्किष्यथ | अबुक्किष्यः | अबुक्किष्यतम् | अबुक्किष्यत |
| बुक्किष्यामि | बुक्किष्यावः | बुक्किष्यामः | अबुक्किष्यम् | अबुक्किष्याव | अबुक्किष्याम |

| | | | | | |
|---|---|---|---|---|---|
| बुक्किता | बुक्कितारौ | बुक्कितारः | बुक्क्यात् -द् | बुक्क्यास्ताम् | बुक्क्यासुः |
| बुक्कितासि | बुक्कितास्थः | बुक्कितास्थ | बुक्क्याः | बुक्क्यास्तम् | बुक्क्यास्त |
| बुक्कितास्मि | बुक्कितास्वः | बुक्कितास्मः | बुक्क्यासम् | बुक्क्यास्व | बुक्क्यास्म |

| | | | | | |
|---|---|---|---|---|---|
| बुबुक्क | बुबुक्कतुः | बुबुक्कुः | अबुक्कीत् -द् | अबुक्किष्टाम् | अबुक्किषुः |

| | | | | | |
|---|---|---|---|---|---|
| बुबुक्किथ | बुबुक्कथुः | बुबुक्क | अबुक्कीः | अबुक्किष्टम् | अबुक्किष्ट |
| बुबुक्क | बुबुक्किव | बुबुक्किम | अबुक्किषम् | अबुक्किष्व | अबुक्किष्म |

120 **कख हसने** । **कखँ** । **कख्** । **कखति** । P । **सेट्** । **अ०** । laugh, smile 7.2.3 7.2.116

| | | | | | |
|---|---|---|---|---|---|
| कखति | कखतः | कखन्ति | अकखत् -द् | अकखताम् | अकखन् |
| कखसि | कखथः | कखथ | अकखः | अकखतम् | अकखत |
| कखामि | कखावः | कखामः | अकखम् | अकखाव | अकखाम |

| | | | | | |
|---|---|---|---|---|---|
| कखतु | कखताम् | कखन्तु | कखेत् -द् | कखेताम् | कखेयुः |
| कख | कखतम् | कखत | कखेः | कखेतम् | कखेत |
| कखानि | कखाव | कखाम | कखेयम् | कखेव | कखेम |

| | | | | | |
|---|---|---|---|---|---|
| कखिष्यति | कखिष्यतः | कखिष्यन्ति | अकखिष्यत् -द् | अकखिष्यताम् | अकखिष्यन् |
| कखिष्यसि | कखिष्यथः | कखिष्यथ | अकखिष्यः | अकखिष्यतम् | अकखिष्यत |
| कखिष्यामि | कखिष्यावः | कखिष्यामः | अकखिष्यम् | अकखिष्याव | अकखिष्याम |

| | | | | | |
|---|---|---|---|---|---|
| कखिता | कखितारौ | कखितारः | कख्यात् -द् | कख्यास्ताम् | कख्यासुः |
| कखितासि | कखितास्थः | कखितास्थ | कख्याः | कख्यास्तम् | कख्यास्त |
| कखितास्मि | कखितास्वः | कखितास्मः | कख्यासम् | कख्यास्व | कख्यास्म |

| | | | | | |
|---|---|---|---|---|---|
| चकाख | चकखतुः | चकखुः | अकखीत् -द् , | अकखिष्टाम् , | अकखिषुः , |
| | | | अकाखीत् -द् | अकाखिष्टाम् | अकाखिषुः |
| चकखिथ | चकखथुः | चकख | अकखीः , | अकखिष्टम् , | अकखिष्ट , |
| | | | अकाखीः | अकाखिष्टम् | अकाखिष्ट |
| चकख , चकाख | चकखिव | चकखिम | अकखिषम् , | अकखिष्व , | अकखिष्म , |
| | | | अकाखिषम् | अकाखिष्व | अकाखिष्म |

121 **ओखृ शोषणालमर्थयोः** । **ओखृँ** । **ओख्** । **ओखति** । P । **सेट्** । **स०** । be dry, adorn, be sufficient

| | | | | | |
|---|---|---|---|---|---|
| ओखति | ओखतः | ओखन्ति | औखत् -द् | औखताम् | औखन् |
| ओखसि | ओखथः | ओखथ | औखः | औखतम् | औखत |
| ओखामि | ओखावः | ओखामः | औखम् | औखाव | औखाम |

| | | | | | |
|---|---|---|---|---|---|
| ओखतु | ओखताम् | ओखन्तु | ओखेत् -द् | ओखेताम् | ओखेयुः |
| ओख | ओखतम् | ओखत | ओखेः | ओखेतम् | ओखेत |
| ओखानि | ओखाव | ओखाम | ओखेयम् | ओखेव | ओखेम |

| | | | | | |
|---|---|---|---|---|---|
| ओखिष्यति | ओखिष्यतः | ओखिष्यन्ति | औखित् -द् | औखिष्टाम् | औखिषुः |
| ओखिष्यसि | ओखिष्यथः | ओखिष्यथ | ओखीः | औखिष्टम् | औखिष्ट |
| ओखिष्यामि | ओखिष्यावः | ओखिष्यामः | औखिषम् | औखिष्व | औखिष्म |

| | | | | | |
|---|---|---|---|---|---|
| ओखिता | ओखितारौ | ओखितारः | ओख्यात् -द् | ओख्यास्ताम् | ओख्यासुः |

| | | | | | |
|---|---|---|---|---|---|
| ओखितासि | ओखितास्थः | ओखितास्थ | ओख्याः | ओख्यास्तम् | ओख्यास्त |
| ओखितास्मि | ओखितास्वः | ओखितास्मः | ओख्यासम् | ओख्यास्व | ओख्यास्म |

| लिट् 9 Perfect Past 3.1.36 3.1.40 7.2.115 | | | लुङ् 10 Aorist Past Tense 6.4.72 | | |
|---|---|---|---|---|---|
| ओखाञ्चकार | ओखाञ्चक्रतुः | ओखाञ्चक्रुः | औखीत् -द् | औखिष्टाम् | औखिषुः |
| ओखाम्बभूव | ओखाम्बभूवतुः | ओखाम्बभूवुः | | | |
| ओखामास | ओखामासतुः | ओखामासुः | | | |
| ओखाञ्चकर्थ | ओखाञ्चक्रथुः | ओखाञ्चक्र | औखीः | औखिष्टम् | औखिष्ट |
| ओखाम्बभूविथ | ओखाम्बभूवथुः | ओखाम्बभूव | | | |
| ओखामासिथ | ओखामासथुः | ओखामास | | | |
| ओखाञ्चकर -कार | ओखाञ्चकृव | ओखाञ्चकृम | औखिषम् | औखिष्व | औखिष्म |
| ओखाम्बभूव | ओखाम्बभूविव | ओखाम्बभूविम | | | |
| ओखामास | ओखामासिव | ओखामासिम | | | |

122 राखृ शोषणालमर्थयोः । राखृँ । राख् । राखति । P । सेट् । स० । be dry, adorn, arrange, suffice

| | | | | | |
|---|---|---|---|---|---|
| राखति | राखतः | राखन्ति | अराखत् -द् | अराखताम् | अराखन् |
| राखसि | राखथः | राखथ | अराखः | अराखतम् | अराखत |
| राखामि | राखावः | राखामः | अराखम् | अराखाव | अराखाम |
| | | | | | |
| राखतु | राखताम् | राखन्तु | राखेत् -द् | राखेताम् | राखेयुः |
| राख | राखतम् | राखत | राखेः | राखेतम् | राखेत |
| राखाणि | राखाव | राखाम | राखेयम् | राखेव | राखेम |
| | | | | | |
| राखिष्यति | राखिष्यतः | राखिष्यन्ति | अराखिष्यत् -द् | अराखिष्यताम् | अराखिष्यन् |
| राखिष्यसि | राखिष्यथः | राखिष्यथ | अराखिष्यः | अराखिष्यतम् | अराखिष्यत |
| राखिष्यामि | राखिष्यावः | राखिष्यामः | अराखिष्यम् | अराखिष्याव | अराखिष्याम |
| | | | | | |
| राखिता | राखितारौ | राखितारः | राख्यात् -द् | राख्यास्ताम् | राख्यासुः |
| राखितासि | राखितास्थः | राखितास्थ | राख्याः | राख्यास्तम् | राख्यास्त |
| राखितास्मि | राखितास्वः | राखितास्मः | राख्यासम् | राख्यास्व | राख्यास्म |
| | | | | | |
| रराख | रराखतुः | रराखुः | अराखीत् -द् | अराखिष्टाम् | अराखिषुः |
| रराखिथ | रराखथुः | रराख | अराखीः | अराखिष्टम् | अराखिष्ट |
| रराख | रराखिव | रराखिम | अराखिषम् | अराखिष्व | अराखिष्म |

123 लाखृ शोषणालमर्थयोः । लाखृँ । लाख् । लाखति । P । सेट् । स० । be dry, be arid, adorn, suffice, prevent

| | | | | | |
|---|---|---|---|---|---|
| लाखति | लाखतः | लाखन्ति | अलाखत् -द् | अलाखताम् | अलाखन् |
| लाखसि | लाखथः | लाखथ | अलाखः | अलाखतम् | अलाखत |

| | | | | | |
|---|---|---|---|---|---|
| लाखामि | लाखावः | लाखामः | अलाखम् | अलाखाव | अलाखाम |

| | | | | | |
|---|---|---|---|---|---|
| लाखतु | लाखताम् | लाखन्तु | लाखेत् -द् | लाखेताम् | लाखेयुः |
| लाख | लाखतम् | लाखत | लाखेः | लाखेतम् | लाखेत |
| लाखानि | लाखाव | लाखाम | लाखेयम् | लाखेव | लाखेम |

| | | | | | |
|---|---|---|---|---|---|
| लाखिष्यति | लाखिष्यतः | लाखिष्यन्ति | अलाखिष्यत् -द् | अलाखिष्यताम् | अलाखिष्यन् |
| लाखिष्यसि | लाखिष्यथः | लाखिष्यथ | अलाखिष्यः | अलाखिष्यतम् | अलाखिष्यत |
| लाखिष्यामि | लाखिष्यावः | लाखिष्यामः | अलाखिष्यम् | अलाखिष्याव | अलाखिष्याम |

| | | | | | |
|---|---|---|---|---|---|
| लाखिता | लाखितारौ | लाखितारः | लाख्यात् -द् | लाख्यास्ताम् | लाख्यासुः |
| लाखितासि | लाखितास्थः | लाखितास्थ | लाख्याः | लाख्यास्तम् | लाख्यास्त |
| लाखितास्मि | लाखितास्वः | लाखितास्मः | लाख्यासम् | लाख्यास्व | लाख्यास्म |

| | | | | | |
|---|---|---|---|---|---|
| ललाख | ललाखतुः | ललाखुः | अलाखीत् -द् | अलाखिष्टाम् | अलाखिषुः |
| ललाखिथ | ललाखथुः | ललाख | अलाखीः | अलाखिष्टम् | अलाखिष्ट |
| ललाख | ललाखिव | ललाखिम | अलाखिषम् | अलाखिष्व | अलाखिष्म |

124 द्राखृ **शोषणालमर्थयोः । द्राखृँ । द्राख् । द्राखति ।** P । **सेट् । स० ।** be dry, decorate, be competent

| | | | | | |
|---|---|---|---|---|---|
| द्राखति | द्राखतः | द्राखन्ति | अद्राखत् -द् | अद्राखताम् | अद्राखन् |
| द्राखसि | द्राखथः | द्राखथ | अद्राखः | अद्राखतम् | अद्राखत |
| द्राखामि | द्राखावः | द्राखामः | अद्राखम् | अद्राखाव | अद्राखाम |

| | | | | | |
|---|---|---|---|---|---|
| द्राखतु | द्राखताम् | द्राखन्तु | द्राखेत् -द् | द्राखेताम् | द्राखेयुः |
| द्राख | द्राखतम् | द्राखत | द्राखेः | द्राखेतम् | द्राखेत |
| द्राखाणि | द्राखाव | द्राखाम | द्राखेयम् | द्राखेव | द्राखेम |

| | | | | | |
|---|---|---|---|---|---|
| द्राखिष्यति | द्राखिष्यतः | द्राखिष्यन्ति | अद्राखिष्यत् -द् | अद्राखिष्यताम् | अद्राखिष्यन् |
| द्राखिष्यसि | द्राखिष्यथः | द्राखिष्यथ | अद्राखिष्यः | अद्राखिष्यतम् | अद्राखिष्यत |
| द्राखिष्यामि | द्राखिष्यावः | द्राखिष्यामः | अद्राखिष्यम् | अद्राखिष्याव | अद्राखिष्याम |

| | | | | | |
|---|---|---|---|---|---|
| द्राखिता | द्राखितारौ | द्राखितारः | द्राख्यात् -द् | द्राख्यास्ताम् | द्राख्यासुः |
| द्राखितासि | द्राखितास्थः | द्राखितास्थ | द्राख्याः | द्राख्यास्तम् | द्राख्यास्त |
| द्राखितास्मि | द्राखितास्वः | द्राखितास्मः | द्राख्यासम् | द्राख्यास्व | द्राख्यास्म |

| | | | | | |
|---|---|---|---|---|---|
| दद्राख | दद्राखतुः | दद्राखुः | अद्राखीत् -द् | अद्राखिष्टाम् | अद्राखिषुः |
| दद्राखिथ | दद्राखथुः | दद्राख | अद्राखीः | अद्राखिष्टम् | अद्राखिष्ट |
| दद्राख | दद्राखिव | दद्राखिम | अद्राखिषम् | अद्राखिष्व | अद्राखिष्म |

125 ध्राखृ **शोषणालमर्थयोः । ध्राखृँ । ध्राख् । ध्राखति ।** P । **सेट् । स० ।** be dry, decorate, be competent

| | | | | | |
|---|---|---|---|---|---|
| ध्राखति | ध्राखतः | ध्राखन्ति | अध्राखत् -द् | अध्राखताम् | अध्राखन् |
| ध्राखसि | ध्राखथः | ध्राखथ | अध्राखः | अध्राखतम् | अध्राखत |

| | | | | | |
|---|---|---|---|---|---|
| ध्राखामि | ध्राखावः | ध्राखामः | अध्राखम् | अध्राखाव | अध्राखाम |

| | | | | | |
|---|---|---|---|---|---|
| ध्राखतु | ध्राखताम् | ध्राखन्तु | ध्राखेत् -द् | ध्राखेताम् | ध्राखेयुः |
| ध्राख | ध्राखतम् | ध्राखत | ध्राखेः | ध्राखेतम् | ध्राखेत |
| ध्राखाणि | ध्राखाव | ध्राखाम | ध्राखेयम् | ध्राखेव | ध्राखेम |

| | | | | | |
|---|---|---|---|---|---|
| ध्राखिष्यति | ध्राखिष्यतः | ध्राखिष्यन्ति | अध्राखिष्यत् -द् | अध्राखिष्यताम् | अध्राखिष्यन् |
| ध्राखिष्यसि | ध्राखिष्यथः | ध्राखिष्यथ | अध्राखिष्यः | अध्राखिष्यतम् | अध्राखिष्यत |
| ध्राखिष्यामि | ध्राखिष्यावः | ध्राखिष्यामः | अध्राखिष्यम् | अध्राखिष्याव | अध्राखिष्याम |

| | | | | | |
|---|---|---|---|---|---|
| ध्राखिता | ध्राखितारौ | ध्राखितारः | ध्राख्यात् -द् | ध्राख्यास्ताम् | ध्राख्यासुः |
| ध्राखितासि | ध्राखितास्थः | ध्राखितास्थ | ध्राख्याः | ध्राख्यास्तम् | ध्राख्यास्त |
| ध्राखितास्मि | ध्राखितास्वः | ध्राखितास्मः | ध्राख्यासम् | ध्राख्यास्व | ध्राख्यास्म |

| | | | | | |
|---|---|---|---|---|---|
| दध्राख | दध्राखतुः | दध्राखुः | अध्राखीत् -द् | अध्राखिष्टाम् | अध्राखिषुः |
| दध्राखिथ | दध्राखथुः | दध्राख | अध्राखीः | अध्राखिष्टम् | अध्राखिष्ट |
| दध्राख | दध्राखिव | दध्राखिम | अध्राखिषम् | अध्राखिष्व | अध्राखिष्म |

126 **शाखृ व्याप्तौ** । **शाखृँ** । **शाख्** । **शाखति** । P । **सेट्** । **स०** । pervade, overhang, spread like vines

| | | | | | |
|---|---|---|---|---|---|
| शाखति | शाखतः | शाखन्ति | अशाखत् -द् | अशाखताम् | अशाखन् |
| शाखसि | शाखथः | शाखथ | अशाखः | अशाखतम् | अशाखत |
| शाखामि | शाखावः | शाखामः | अशाखम् | अशाखाव | अशाखाम |

| | | | | | |
|---|---|---|---|---|---|
| शाखतु | शाखताम् | शाखन्तु | शाखेत् -द् | शाखेताम् | शाखेयुः |
| शाख | शाखतम् | शाखत | शाखेः | शाखेतम् | शाखेत |
| शाखानि | शाखाव | शाखाम | शाखेयम् | शाखेव | शाखेम |

| | | | | | |
|---|---|---|---|---|---|
| शाखिष्यति | शाखिष्यतः | शाखिष्यन्ति | अशाखिष्यत् -द् | अशाखिष्यताम् | अशाखिष्यन् |
| शाखिष्यसि | शाखिष्यथः | शाखिष्यथ | अशाखिष्यः | अशाखिष्यतम् | अशाखिष्यत |
| शाखिष्यामि | शाखिष्यावः | शाखिष्यामः | अशाखिष्यम् | अशाखिष्याव | अशाखिष्याम |

| | | | | | |
|---|---|---|---|---|---|
| शाखिता | शाखितारौ | शाखितारः | शाख्यात् -द् | शाख्यास्ताम् | शाख्यासुः |
| शाखितासि | शाखितास्थः | शाखितास्थ | शाख्याः | शाख्यास्तम् | शाख्यास्त |
| शाखितास्मि | शाखितास्वः | शाखितास्मः | शाख्यासम् | शाख्यास्व | शाख्यास्म |

| | | | | | |
|---|---|---|---|---|---|
| शशाख | शशाखतुः | शशाखुः | अशाखीत् -द् | अशाखिष्टाम् | अशाखिषुः |
| शशाखिथ | शशाखथुः | शशाख | अशाखीः | अशाखिष्टम् | अशाखिष्ट |
| शशाख | शशाखिव | शशाखिम | अशाखिषम् | अशाखिष्व | अशाखिष्म |

127 **श्लाखृ व्याप्तौ** । **श्लाखृँ** । **श्लाख्** । **श्लाखति** । P । **सेट्** । **स०** । pervade, penetrate, spread

| | | | | | |
|---|---|---|---|---|---|
| श्लाखति | श्लाखतः | श्लाखन्ति | अश्लाखत् -द् | अश्लाखताम् | अश्लाखन् |
| श्लाखसि | श्लाखथः | श्लाखथ | अश्लाखः | अश्लाखतम् | अश्लाखत |

| | | | | | |
|---|---|---|---|---|---|
| श्लाखामि | श्लाखावः | श्लाखामः | अश्लाखम् | अश्लाखाव | अश्लाखाम |

| | | | | | |
|---|---|---|---|---|---|
| श्लाखतु | श्लाखताम् | श्लाखन्तु | श्लाखेत् -द् | श्लाखेताम् | श्लाखेयुः |
| श्लाख | श्लाखतम् | श्लाखत | श्लाखेः | श्लाखेतम् | श्लाखेत |
| श्लाखानि | श्लाखाव | श्लाखाम | श्लाखेयम् | श्लाखेव | श्लाखेम |

| | | | | | |
|---|---|---|---|---|---|
| श्लाखिष्यति | श्लाखिष्यतः | श्लाखिष्यन्ति | अश्लाखिष्यत् -द् | अश्लाखिष्यताम् | अश्लाखिष्यन् |
| श्लाखिष्यसि | श्लाखिष्यथः | श्लाखिष्यथ | अश्लाखिष्यः | अश्लाखिष्यतम् | अश्लाखिष्यत |
| श्लाखिष्यामि | श्लाखिष्यावः | श्लाखिष्यामः | अश्लाखिष्यम् | अश्लाखिष्याव | अश्लाखिष्याम |

| | | | | | |
|---|---|---|---|---|---|
| श्लाखिता | श्लाखितारौ | श्लाखितारः | श्लाख्यात् -द् | श्लाख्यास्ताम् | श्लाख्यासुः |
| श्लाखितासि | श्लाखितास्थः | श्लाखितास्थ | श्लाख्याः | श्लाख्यास्तम् | श्लाख्यास्त |
| श्लाखितास्मि | श्लाखितास्वः | श्लाखितास्मः | श्लाख्यासम् | श्लाख्यास्व | श्लाख्यास्म |

| | | | | | |
|---|---|---|---|---|---|
| शश्लाख | शश्लाखतुः | शश्लाखुः | अश्लाखीत् -द् | अश्लाखिष्टाम् | अश्लाखिषुः |
| शश्लाखिथ | शश्लाखथुः | शश्लाख | अश्लाखीः | अश्लाखिष्टम् | अश्लाखिष्ट |
| शश्लाख | शश्लाखिव | शश्लाखिम | अश्लाखिषम् | अश्लाखिष्व | अश्लाखिष्म |

128 **उख गतौ । उखँ । उख् । ओखति** । P । **सेट्** । **स०** । go, move 7.3.86 6.4.78 6.1.90

| | | | | | |
|---|---|---|---|---|---|
| ओखति | ओखतः | ओखन्ति | औखत् -द् | औखताम् | औखन् |
| ओखसि | ओखथः | ओखथ | औखः | औखतम् | औखत |
| ओखामि | ओखावः | ओखामः | औखम् | औखाव | औखाम |

| | | | | | |
|---|---|---|---|---|---|
| ओखतु ओखतात् -द् | ओखताम् | ओखन्तु | ओखेत् -द् | ओखेताम् | ओखेयुः |
| ओख ओखतात् -द् | ओखतम् | ओखत | ओखेः | ओखेतम् | ओखेत |
| ओखानि | ओखाव | ओखाम | ओखेयम् | ओखेव | ओखेम |

| | | | | | |
|---|---|---|---|---|---|
| ओखिष्यति | ओखिष्यतः | ओखिष्यन्ति | औखिष्यत् -द् | औखिष्यताम् | औखिष्यन् |
| ओखिष्यसि | ओखिष्यथः | ओखिष्यथ | औखिष्यः | औखिष्यतम् | औखिष्यत |
| ओखिष्यामि | ओखिष्यावः | ओखिष्यामः | औखिष्यम् | औखिष्याव | औखिष्याम |

| | | | | | |
|---|---|---|---|---|---|
| ओखिता | ओखितारौ | ओखितारः | उख्यात् -द् | उख्यास्ताम् | उख्यासुः |
| ओखितासि | ओखितास्थः | ओखितास्थ | उख्याः | उख्यास्तम् | उख्यास्त |
| ओखितास्मि | ओखितास्वः | ओखितास्मः | उख्यासम् | उख्यास्व | उख्यास्म |

| | | | | | |
|---|---|---|---|---|---|
| उवोख | ऊखतुः | ऊखुः | औखीत् -द् | औखिष्टाम् | औखिषुः |
| उवोखिथ | ऊखथुः | ऊख | औखीः | औखिष्टम् | औखिष्ट |
| उवोख | ऊखिव | ऊखिम | औखिषम् | औखिष्व | औखिष्म |

129 **उखि गतौ। उखिँ । उङ्ख् । उङ्खति** । P । **सेट्** । **स०** । go, come close, decorate, wither away 7.1.58 **इदितो नुँम् धातोः** । 8.3.24, 8.4.58

| | | | | | |
|---|---|---|---|---|---|
| उङ्खति | उङ्खतः | उङ्खन्ति | औङ्खत् -द् | औङ्खताम् | औङ्खन् |
| उङ्खसि | उङ्खथः | उङ्खथ | औङ्खः | औङ्खतम् | औङ्खत |
| उङ्खामि | उङ्खावः | उङ्खामः | औङ्खम् | औङ्खाव | औङ्खाम |

| | | | | | |
|---|---|---|---|---|---|
| उङ्खतु | उङ्खताम् | उङ्खन्तु | उङ्खेत् -द् | उङ्खेताम् | उङ्खेयुः |
| उङ्ख | उङ्खतम् | उङ्खत | उङ्खेः | उङ्खेतम् | उङ्खेत |
| उङ्खानि | उङ्खाव | उङ्खाम | उङ्खेयम् | उङ्खेव | उङ्खेम |

| | | | | | |
|---|---|---|---|---|---|
| उङ्खिष्यति | उङ्खिष्यतः | उङ्खिष्यन्ति | औङ्खिष्यत् -द् | औङ्खिष्यताम् | औङ्खिष्यन् |
| उङ्खिष्यसि | उङ्खिष्यथः | उङ्खिष्यथ | औङ्खिष्यः | औङ्खिष्यतम् | औङ्खिष्यत |
| उङ्खिष्यामि | उङ्खिष्यावः | उङ्खिष्यामः | औङ्खिष्यम् | औङ्खिष्याव | औङ्खिष्याम |

| | | | | | |
|---|---|---|---|---|---|
| उङ्खिता | उङ्खितारौ | उङ्खितारः | उङ्ख्यात् -द् | उङ्ख्यास्ताम् | उङ्ख्यासुः |
| उङ्खितासि | उङ्खितास्थः | उङ्खितास्थ | उङ्ख्याः | उङ्ख्यास्तम् | उङ्ख्यास्त |
| उङ्खितास्मि | उङ्खितास्वः | उङ्खितास्मः | उङ्ख्यासम् | उङ्ख्यास्व | उङ्ख्यास्म |

| | | | | | |
|---|---|---|---|---|---|
| उङ्खाञ्चकार | उङ्खाञ्चक्रतुः | उङ्खाञ्चक्रुः | औङ्खीत् -द् | औङ्खिष्टाम् | औङ्खिषुः |
| उङ्खाम्बभूव | उङ्खाम्बभूवतुः | उङ्खाम्बभूवुः | | | |
| उङ्खामास | उङ्खामासतुः | उङ्खामासुः | | | |
| उङ्खाञ्चकर्थ | उङ्खाञ्चक्रथुः | उङ्खाञ्चक्र | औङ्खीः | औङ्खिष्टम् | औङ्खिष्ट |
| उङ्खाम्बभूविथ | उङ्खाम्बभूवथुः | उङ्खाम्बभूव | | | |
| उङ्खामासिथ | उङ्खामासथुः | उङ्खामास | | | |
| उङ्खाञ्चकर -कार | उङ्खाञ्चकृव | उङ्खाञ्चकृम | औङ्खिषम् | औङ्खिष्व | औङ्खिष्म |
| उङ्खाम्बभूव | उङ्खाम्बभूविव | उङ्खाम्बभूविम | | | |
| उङ्खामास | उङ्खामासिव | उङ्खामासिम | | | |

130 वख गतौ। वखँ । वख् । वखति । P । सेट् । स० । go, move

| | | | | | |
|---|---|---|---|---|---|
| वखति | वखतः | वखन्ति | अवखत् -द् | अवखताम् | अवखन् |
| वखसि | वखथः | वखथ | अवखः | अवखतम् | अवखत |
| वखामि | वखावः | वखामः | अवखम् | अवखाव | अवखाम |

| | | | | | |
|---|---|---|---|---|---|
| वखतु | वखताम् | वखन्तु | वखेत् -द् | वखेताम् | वखेयुः |
| वख | वखतम् | वखत | वखेः | वखेतम् | वखेत |
| वखानि | वखाव | वखाम | वखेयम् | वखेव | वखेम |

| | | | | | |
|---|---|---|---|---|---|
| वखिष्यति | वखिष्यतः | वखिष्यन्ति | अवखिष्यत् -द् | अवखिष्यताम् | अवखिष्यन् |
| वखिष्यसि | वखिष्यथः | वखिष्यथ | अवखिष्यः | अवखिष्यतम् | अवखिष्यत |
| वखिष्यामि | वखिष्यावः | वखिष्यामः | अवखिष्यम् | अवखिष्याव | अवखिष्याम |

| | | | | | |
|---|---|---|---|---|---|
| वखिता | वखितारौ | वखितारः | वख्यात् -द् | वख्यास्ताम् | वख्यासुः |
| वखितासि | वखितास्थः | वखितास्थ | वख्याः | वख्यास्तम् | वख्यास्त |
| वखितास्मि | वखितास्वः | वखितास्मः | वख्यासम् | वख्यास्व | वख्यास्म |

| | | | | | |
|---|---|---|---|---|---|
| ववाख | ववखतुः | ववखुः | अवखीत् -द् ,<br>अवाखीत् -द् | अवखिष्टाम् ,<br>अवाखिष्टाम् | अवखिषुः ,<br>अवाखिषुः |
| ववखिथ | ववखथुः | ववख | अवखीः ,<br>अवाखीः | अवखिष्टम् ,<br>अवाखिष्टम् | अवखिष्ट ,<br>अवाखिष्ट |
| ववाख ववख | ववखिव | ववखिम | अवखिषम् ,<br>अवाखिषम् | अवखिष्व ,<br>अवाखिष्व | अवखिष्म ,<br>अवाखिष्म |

131 वखि गतौ। वखिँ । वङ्ख् । वङ्खति । P । सेट् । स० । go, move

| | | | | | |
|---|---|---|---|---|---|
| वङ्खति | वङ्खतः | वङ्खन्ति | अवङ्खत् -द् | अवङ्खताम् | अवङ्खन् |
| वङ्खसि | वङ्खथः | वङ्खथ | अवङ्खः | अवङ्खतम् | अवङ्खत |
| वङ्खामि | वङ्खावः | वङ्खामः | अवङ्खम् | अवङ्खाव | अवङ्खाम |

| | | | | | |
|---|---|---|---|---|---|
| वङ्खतु | वङ्खताम् | वङ्खन्तु | वङ्खेत् -द् | वङ्खेताम् | वङ्खेयुः |
| वङ्ख | वङ्खतम् | वङ्खत | वङ्खेः | वङ्खेतम् | वङ्खेत |
| वङ्खानि | वङ्खाव | वङ्खाम | वङ्खेयम् | वङ्खेव | वङ्खेम |

| | | | | | |
|---|---|---|---|---|---|
| वङ्खिष्यति | वङ्खिष्यतः | वङ्खिष्यन्ति | अवङ्खिष्यत् -द् | अवङ्खिष्यताम् | अवङ्खिष्यन् |
| वङ्खिष्यसि | वङ्खिष्यथः | वङ्खिष्यथ | अवङ्खिष्यः | अवङ्खिष्यतम् | अवङ्खिष्यत |
| वङ्खिष्यामि | वङ्खिष्यावः | वङ्खिष्यामः | अवङ्खिष्यम् | अवङ्खिष्याव | अवङ्खिष्याम |

| | | | | | |
|---|---|---|---|---|---|
| वङ्खिता | वङ्खितारौ | वङ्खितारः | वङ्ख्यात् -द् | वङ्ख्यास्ताम् | वङ्ख्यासुः |
| वङ्खितासि | वङ्खितास्थः | वङ्खितास्थ | वङ्ख्याः | वङ्ख्यास्तम् | वङ्ख्यास्त |
| वङ्खितास्मि | वङ्खितास्वः | वङ्खितास्मः | वङ्ख्यासम् | वङ्ख्यास्व | वङ्ख्यास्म |

| | | | | | |
|---|---|---|---|---|---|
| ववङ्ख | ववङ्खतुः | ववङ्खुः | अवङ्खीत् -द् | अवङ्खिष्टाम् | अवङ्खिषुः |
| ववङ्खिथ | ववङ्खथुः | ववङ्ख | अवङ्खीः | अवङ्खिष्टम् | अवङ्खिष्ट |
| ववङ्ख | ववङ्खिव | ववङ्खिम | अवङ्खिषम् | अवङ्खिष्व | अवङ्खिष्म |

132 मख गतौ। मखँ । मख् । मखति । P । सेट् । स० । move

| | | | | | |
|---|---|---|---|---|---|
| मखति | मखतः | मखन्ति | अमखत् -द् | अमखताम् | अमखन् |
| मखसि | मखथः | मखथ | अमखः | अमखतम् | अमखत |
| मखामि | मखावः | मखामः | अमखम् | अमखाव | अमखाम |

| | | | | | |
|---|---|---|---|---|---|
| मखतु | मखताम् | मखन्तु | मखेत् -द् | मखेताम् | मखेयुः |
| मख | मखतम् | मखत | मखेः | मखेतम् | मखेत |

| | | | | | |
|---|---|---|---|---|---|
| मखानि | मखाव | मखाम | मखेयम् | मखेव | मखेम |

| | | | | | |
|---|---|---|---|---|---|
| मखिष्यति | मखिष्यतः | मखिष्यन्ति | अमखिष्यत् -द् | अमखिष्यताम् | अमखिष्यन् |
| मखिष्यसि | मखिष्यथः | मखिष्यथ | अमखिष्यः | अमखिष्यतम् | अमखिष्यत |
| मखिष्यामि | मखिष्यावः | मखिष्यामः | अमखिष्यम् | अमखिष्याव | अमखिष्याम |

| | | | | | |
|---|---|---|---|---|---|
| मखिता | मखितारौ | मखितारः | मख्यात् -द् | मख्यास्ताम् | मख्यासुः |
| मखितासि | मखितास्थः | मखितास्थ | मख्याः | मख्यास्तम् | मख्यास्त |
| मखितास्मि | मखितास्वः | मखितास्मः | मख्यासम् | मख्यास्व | मख्यास्म |

| | | | | | |
|---|---|---|---|---|---|
| ममाख | मेखतुः | मेखुः | अमखीत् -द्, | अमखिष्टाम्, | अमखिषुः, |
| | | | अमाखीत् -द् | अमाखिष्टाम् | अमाखिषुः |
| मेखिथ | मेखथुः | मेख | अमखीः, | अमखिष्टम्, | अमखिष्ट, |
| | | | अमाखीः | अमाखिष्टम् | अमाखिष्ट |
| ममाख ममख | मेखिव | मेखिम | अमखिषम्, | अमखिष्व, | अमखिष्म, |
| | | | अमाखिषम् | अमाखिष्व | अमाखिष्म |

133 मखि गतौ। मखिँ । मङ्ख् । मङ्खति । P । सेट् । स० । move

| | | | | | |
|---|---|---|---|---|---|
| मङ्खति | मङ्खतः | मङ्खन्ति | अमङ्खत् -द् | अमङ्खताम् | अमङ्खन् |
| मङ्खसि | मङ्खथः | मङ्खथ | अमङ्खः | अमङ्खतम् | अमङ्खत |
| मङ्खामि | मङ्खावः | मङ्खामः | अमङ्खम् | अमङ्खाव | अमङ्खाम |

| | | | | | |
|---|---|---|---|---|---|
| मङ्खतु | मङ्खताम् | मङ्खन्तु | मङ्खेत् -द् | मङ्खेताम् | मङ्खेयुः |
| मङ्ख | मङ्खतम् | मङ्खत | मङ्खेः | मङ्खेतम् | मङ्खेत |
| मङ्खानि | मङ्खाव | मङ्खाम | मङ्खेयम् | मङ्खेव | मङ्खेम |

| | | | | | |
|---|---|---|---|---|---|
| मङ्खिष्यति | मङ्खिष्यतः | मङ्खिष्यन्ति | अमङ्खिष्यत् -द् | अमङ्खिष्यताम् | अमङ्खिष्यन् |
| मङ्खिष्यसि | मङ्खिष्यथः | मङ्खिष्यथ | अमङ्खिष्यः | अमङ्खिष्यतम् | अमङ्खिष्यत |
| मङ्खिष्यामि | मङ्खिष्यावः | मङ्खिष्यामः | अमङ्खिष्यम् | अमङ्खिष्याव | अमङ्खिष्याम |

| | | | | | |
|---|---|---|---|---|---|
| मङ्खिता | मङ्खितारौ | मङ्खितारः | मङ्ख्यात् -द् | मङ्ख्यास्ताम् | मङ्ख्यासुः |
| मङ्खितासि | मङ्खितास्थः | मङ्खितास्थ | मङ्ख्याः | मङ्ख्यास्तम् | मङ्ख्यास्त |
| मङ्खितास्मि | मङ्खितास्वः | मङ्खितास्मः | मङ्ख्यासम् | मङ्ख्यास्व | मङ्ख्यास्म |

| | | | | | |
|---|---|---|---|---|---|
| ममङ्ख | ममङ्खतुः | ममङ्खुः | अमङ्खीत् -द् | अमङ्खिष्टाम् | अमङ्खिषुः |
| ममङ्खिथ | ममङ्खथुः | ममङ्ख | अमङ्खीः | अमङ्खिष्टम् | अमङ्खिष्ट |
| ममङ्ख | ममङ्खिव | ममङ्खिम | अमङ्खिषम् | अमङ्खिष्व | अमङ्खिष्म |

134 णख गतौ । णखँ । नख् । नखति । P । सेट् । स० । move । 6.1.65

| | | | | | |
|---|---|---|---|---|---|
| नखति | नखतः | नखन्ति | अनखत् -द् | अनखताम् | अनखन् |
| नखसि | नखथः | नखथ | अनखः | अनखतम् | अनखत |
| नखामि | नखावः | नखामः | अनखम् | अनखाव | अनखाम |

| | | | | | |
|---|---|---|---|---|---|
| नखतु | नखताम् | नखन्तु | नखेत् -द् | नखेताम् | नखेयुः |
| नख | नखतम् | नखत | नखेः | नखेतम् | नखेत |
| नखानि | नखाव | नखाम | नखेयम् | नखेव | नखेम |

| | | | | | |
|---|---|---|---|---|---|
| नखिष्यति | नखिष्यतः | नखिष्यन्ति | अनखिष्यत् -द् | अनखिष्यताम् | अनखिष्यन् |
| नखिष्यसि | नखिष्यथः | नखिष्यथ | अनखिष्यः | अनखिष्यतम् | अनखिष्यत |
| नखिष्यामि | नखिष्यावः | नखिष्यामः | अनखिष्यम् | अनखिष्याव | अनखिष्याम |

| | | | | | |
|---|---|---|---|---|---|
| नखिता | नखितारौ | नखितारः | नख्यात् -द् | नख्यास्ताम् | नख्यासुः |
| नखितासि | नखितास्थः | नखितास्थ | नख्याः | नख्यास्तम् | नख्यास्त |
| नखितास्मि | नखितास्वः | नखितास्मः | नख्यासम् | नख्यास्व | नख्यास्म |

| | | | | | |
|---|---|---|---|---|---|
| ननाख | नेखतुः | नेखुः | अनखीत् -द् , अनाखीत् -द् | अनखिष्टाम् , अनाखिष्टाम् | अनखिषुः , अनाखिषुः |
| नेखिथ | नेखथुः | नेख | अनखीः , अनाखीः | अनखिष्टम् , अनाखिष्टम् | अनखिष्ट , अनाखिष्ट |
| ननाख ननख | नेखिव | नेखिम | अनखिषम् , अनाखिषम् | अनखिष्व , अनाखिष्व | अनखिष्म , अनाखिष्म |

135 णखि गतौ । णखिँ । नङ्ख् । नङ्खति । P । सेट् । स० । move । 6.1.65

| | | | | | |
|---|---|---|---|---|---|
| नङ्खति | नङ्खतः | नङ्खन्ति | अनङ्खत् -द् | अनङ्खताम् | अनङ्खन् |
| नङ्खसि | नङ्खथः | नङ्खथ | अनङ्खः | अनङ्खतम् | अनङ्खत |
| नङ्खामि | नङ्खावः | नङ्खामः | अनङ्खम् | अनङ्खाव | अनङ्खाम |

| | | | | | |
|---|---|---|---|---|---|
| नङ्खतु | नङ्खताम् | नङ्खन्तु | नङ्खेत् -द् | नङ्खेताम् | नङ्खेयुः |
| नङ्ख | नङ्खतम् | नङ्खत | नङ्खेः | नङ्खेतम् | नङ्खेत |
| नङ्खानि | नङ्खाव | नङ्खाम | नङ्खेयम् | नङ्खेव | नङ्खेम |

| | | | | | |
|---|---|---|---|---|---|
| नङ्खिष्यति | नङ्खिष्यतः | नङ्खिष्यन्ति | अनङ्खिष्यत् -द् | अनङ्खिष्यताम् | अनङ्खिष्यन् |
| नङ्खिष्यसि | नङ्खिष्यथः | नङ्खिष्यथ | अनङ्खिष्यः | अनङ्खिष्यतम् | अनङ्खिष्यत |
| नङ्खिष्यामि | नङ्खिष्यावः | नङ्खिष्यामः | अनङ्खिष्यम् | अनङ्खिष्याव | अनङ्खिष्याम |

| | | | | | |
|---|---|---|---|---|---|
| नङ्खिता | नङ्खितारौ | नङ्खितारः | नङ्ख्यात् -द् | नङ्ख्यास्ताम् | नङ्ख्यासुः |
| नङ्खितासि | नङ्खितास्थः | नङ्खितास्थ | नङ्ख्याः | नङ्ख्यास्तम् | नङ्ख्यास्त |
| नङ्खितास्मि | नङ्खितास्वः | नङ्खितास्मः | नङ्ख्यासम् | नङ्ख्यास्व | नङ्ख्यास्म |

| | | | | | |
|---|---|---|---|---|---|
| ननङ्ख | ननङ्खतुः | ननङ्खुः | अवङ्खीत् -द् | अवङ्खिष्टाम् | अवङ्खिषुः |
| ननङ्खिथ | ननङ्खथुः | ननङ्ख | अवङ्खीः | अवङ्खिष्टम् | अवङ्खिष्ट |
| ननङ्ख | ननङ्खिव | ननङ्खिम | अवङ्खिषम् | अवङ्खिष्व | अवङ्खिष्म |

136 रख गतौ । रखँ । रख् । रखति । P । सेट् । स० । go

| | | | | | |
|---|---|---|---|---|---|
| रखति | रखतः | रखन्ति | अरखत् -द् | अरखताम् | अरखन् |
| रखसि | रखथः | रखथ | अरखः | अरखतम् | अरखत |
| रखामि | रखावः | रखामः | अरखम् | अरखाव | अरखाम |

| | | | | | |
|---|---|---|---|---|---|
| रखतु | रखताम् | रखन्तु | रखेत् -द् | रखेताम् | रखेयुः |
| रख | रखतम् | रखत | रखेः | रखेतम् | रखेत |
| रखाणि | रखाव | रखाम | रखेयम् | रखेव | रखेम |

| | | | | | |
|---|---|---|---|---|---|
| रखिष्यति | रखिष्यतः | रखिष्यन्ति | अरखिष्यत् -द् | अरखिष्यताम् | अरखिष्यन् |
| रखिष्यसि | रखिष्यथः | रखिष्यथ | अरखिष्यः | अरखिष्यतम् | अरखिष्यत |
| रखिष्यामि | रखिष्यावः | रखिष्यामः | अरखिष्यम् | अरखिष्याव | अरखिष्याम |

| | | | | | |
|---|---|---|---|---|---|
| रखिता | रखितारौ | रखितारः | रख्यात् -द् | रख्यास्ताम् | रख्यासुः |
| रखितासि | रखितास्थः | रखितास्थ | रख्याः | रख्यास्तम् | रख्यास्त |
| रखितास्मि | रखितास्वः | रखितास्मः | रख्यासम् | रख्यास्व | रख्यास्म |

| | | | | | |
|---|---|---|---|---|---|
| रराख | रेखतुः | रेखुः | अरखीत् -द्,<br>अराखीत् -द् | अरखिष्टाम्,<br>अराखिष्टाम् | अरखिषुः,<br>अराखिषुः |
| रेखिथ | रेखथुः | रेख | अरखीः,<br>अराखीः | अरखिष्टम्,<br>अराखिष्टम् | अरखिष्ट,<br>अराखिष्ट |
| रराख ररख | रेखिव | रेखिम | अरखिषम्,<br>अराखिषम् | अरखिष्व,<br>अराखिष्व | अरखिष्म,<br>अराखिष्म |

137 रखि गतौ । रखिँ । रङ्ख् । रङ्खति । P । सेट् । स० । go

| | | | | | |
|---|---|---|---|---|---|
| रङ्खति | रङ्खतः | रङ्खन्ति | अरङ्खत् -द् | अरङ्खताम् | अरङ्खन् |
| रङ्खसि | रङ्खथः | रङ्खथ | अरङ्खः | अरङ्खतम् | अरङ्खत |
| रङ्खामि | रङ्खावः | रङ्खामः | अरङ्खम् | अरङ्खाव | अरङ्खाम |

| | | | | | |
|---|---|---|---|---|---|
| रङ्खतु | रङ्खताम् | रङ्खन्तु | रङ्खेत् -द् | रङ्खेताम् | रङ्खेयुः |
| रङ्ख | रङ्खतम् | रङ्खत | रङ्खेः | रङ्खेतम् | रङ्खेत |
| रङ्खाणि | रङ्खाव | रङ्खाम | रङ्खेयम् | रङ्खेव | रङ्खेम |

| | | | | | |
|---|---|---|---|---|---|
| रङ्खिष्यति | रङ्खिष्यतः | रङ्खिष्यन्ति | अरङ्खिष्यत् -द् | अरङ्खिष्यताम् | अरङ्खिष्यन् |
| रङ्खिष्यसि | रङ्खिष्यथः | रङ्खिष्यथ | अरङ्खिष्यः | अरङ्खिष्यतम् | अरङ्खिष्यत |
| रङ्खिष्यामि | रङ्खिष्यावः | रङ्खिष्यामः | अरङ्खिष्यम् | अरङ्खिष्याव | अरङ्खिष्याम |

| रङ्घिता | रङ्घितारौ | रङ्घितारः | रङ्घ्यात् -द् | रङ्घ्यास्ताम् | रङ्घ्यासुः |
| रङ्घितासि | रङ्घितास्थः | रङ्घितास्थ | रङ्घ्याः | रङ्घ्यास्तम् | रङ्घ्यास्त |
| रङ्घितास्मि | रङ्घितास्वः | रङ्घितास्मः | रङ्घ्यासम् | रङ्घ्यास्व | रङ्घ्यास्म |

| ररङ्घ | ररङ्घतुः | ररङ्घुः | अरङ्घीत् -द् | अरङ्घिष्टाम् | अरङ्घिषुः |
| ररङ्घिथ | ररङ्घथुः | ररङ्घ | अरङ्घीः | अरङ्घिष्टम् | अरङ्घिष्ट |
| ररङ्घ | ररङ्घिव | ररङ्घिम | अरङ्घिषम् | अरङ्घिष्व | अरङ्घिष्म |

**138 लख गतौ । लखँ । लख् । लखति । P । सेट् । स० । go, move**

| लखति | लखतः | लखन्ति | अलखत् -द् | अलखताम् | अलखन् |
| लखसि | लखथः | लखथ | अलखः | अलखतम् | अलखत |
| लखामि | लखावः | लखामः | अलखम् | अलखाव | अलखाम |

| लखतु | लखताम् | लखन्तु | लखेत् -द् | लखेताम् | लखेयुः |
| लख | लखतम् | लखत | लखेः | लखेतम् | लखेत |
| लखानि | लखाव | लखाम | लखेयम् | लखेव | लखेम |

| लखिष्यति | लखिष्यतः | लखिष्यन्ति | अलखिष्यत् -द् | अलखिष्यताम् | अलखिष्यन् |
| लखिष्यसि | लखिष्यथः | लखिष्यथ | अलखिष्यः | अलखिष्यतम् | अलखिष्यत |
| लखिष्यामि | लखिष्यावः | लखिष्यामः | अलखिष्यम् | अलखिष्याव | अलखिष्याम |

| लखिता | लखितारौ | लखितारः | लख्यात् -द् | लख्यास्ताम् | लख्यासुः |
| लखितासि | लखितास्थः | लखितास्थ | लख्याः | लख्यास्तम् | लख्यास्त |
| लखितास्मि | लखितास्वः | लखितास्मः | लख्यासम् | लख्यास्व | लख्यास्म |

| ललाख | लेखतुः | लेखुः | अलखीत् -द् , अलाखीत् -द् | अलखिष्टाम् , अलाखिष्टाम् | अलखिषुः , अलाखिषुः |
| लेखिथ | लेखथुः | लेख | अलखीः , अलाखीः | अलखिष्टम् , अलाखिष्टम् | अलखिष्ट , अलाखिष्ट |
| ललाख ललख | लेखिव | लेखिम | अलखिषम् , अलाखिषम् | अलखिष्व , अलाखिष्व | अलखिष्म , अलाखिष्म |

**139 लखि गतौ । लखिँ । लङ्ख् । लङ्खति । P । सेट् । स० । go, move**

| लङ्खति | लङ्खतः | लङ्खन्ति | अलङ्खत् -द् | अलङ्खताम् | अलङ्खन् |
| लङ्खसि | लङ्खथः | लङ्खथ | अलङ्खः | अलङ्खतम् | अलङ्खत |
| लङ्खामि | लङ्खावः | लङ्खामः | अलङ्खम् | अलङ्खाव | अलङ्खाम |

| लङ्खतु | लङ्खताम् | लङ्खन्तु | लङ्खेत् -द् | लङ्खेताम् | लङ्खेयुः |
| लङ्ख | लङ्खतम् | लङ्खत | लङ्खेः | लङ्खेतम् | लङ्खेत |

| लङ्घानि | लङ्घाव | लङ्घाम | लङ्घेयम् | लङ्घेव | लङ्घेम |

| लङ्घिष्यति | लङ्घिष्यतः | लङ्घिष्यन्ति | अलङ्घिष्यत् -द् | अलङ्घिष्यताम् | अलङ्घिष्यन् |
| लङ्घिष्यसि | लङ्घिष्यथः | लङ्घिष्यथ | अलङ्घिष्यः | अलङ्घिष्यतम् | अलङ्घिष्यत |
| लङ्घिष्यामि | लङ्घिष्यावः | लङ्घिष्यामः | अलङ्घिष्यम् | अलङ्घिष्याव | अलङ्घिष्याम |

| लङ्घिता | लङ्घितारौ | लङ्घितारः | लङ्घ्यात् -द् | लङ्घ्यास्ताम् | लङ्घ्यासुः |
| लङ्घितासि | लङ्घितास्थः | लङ्घितास्थ | लङ्घ्याः | लङ्घ्यास्तम् | लङ्घ्यास्त |
| लङ्घितास्मि | लङ्घितास्वः | लङ्घितास्मः | लङ्घ्यासम् | लङ्घ्यास्व | लङ्घ्यास्म |

| ललङ्घ | ललङ्घतुः | ललङ्घुः | अलङ्घीत् -द् | अलङ्घिष्टाम् | अलङ्घिषुः |
| ललङ्घिथ | ललङ्घथुः | ललङ्घ | अलङ्घीः | अलङ्घिष्टम् | अलङ्घिष्ट |
| ललङ्घ | ललङ्घिव | ललङ्घिम | अलङ्घिषम् | अलङ्घिष्व | अलङ्घिष्म |

140 इख गतौ । इखँ । इख् । एखति । P । सेट् । स० । go

| एखति | एखतः | एखन्ति | ऐखत् -द् | ऐखताम् | ऐखन् |
| एखसि | एखथः | एखथ | ऐखः | ऐखतम् | ऐखत |
| एखामि | एखावः | एखामः | ऐखम् | ऐखाव | ऐखाम |

| एखतु -तात् -द् | एखताम् | एखन्तु | एखेत् -द् | एखेताम् | एखेयुः |
| एख -तात् -द् | एखतम् | एखत | एखेः | एखेतम् | एखेत |
| एखानि | एखाव | एखाम | एखेयम् | एखेव | एखेम |

| एखिष्यति | एखिष्यतः | एखिष्यन्ति | ऐखिष्यत् -द् | ऐखिष्यताम् | ऐखिष्यन् |
| एखिष्यसि | एखिष्यथः | एखिष्यथ | ऐखिष्यः | ऐखिष्यतम् | ऐखिष्यत |
| एखिष्यामि | एखिष्यावः | एखिष्यामः | ऐखिष्यम् | ऐखिष्याव | ऐखिष्याम |

| एखिता | एखितारौ | एखितारः | इख्यात् -द् | इख्यास्ताम् | इख्यासुः |
| एखितासि | एखितास्थः | एखितास्थ | इख्याः | इख्यास्तम् | इख्यास्त |
| एखितास्मि | एखितास्वः | एखितास्मः | इख्यासम् | इख्यास्व | इख्यास्म |

| इयेख | ईखतुः | ईखुः | ऐखीत् -द् | ऐखिष्टाम् | ऐखिषुः |
| इयेखिथ | ईखथुः | ईख | ऐखीः | ऐखिष्टम् | ऐखिष्ट |
| इयेख | ईखिव | ईखिम | ऐखिषम् | ऐखिष्व | ऐखिष्म |

141 इखि गतौ । इखिँ । इङ्ख् । इङ्खति । P । सेट् । स० । go, shake

| इङ्खति | इङ्खतः | इङ्खन्ति | ऐङ्खत् -द् | ऐङ्खताम् | ऐङ्खन् |
| इङ्खसि | इङ्खथः | इङ्खथ | ऐङ्खः | ऐङ्खतम् | ऐङ्खत |
| इङ्खामि | इङ्खावः | इङ्खामः | ऐङ्खम् | ऐङ्खाव | ऐङ्खाम |

| | | | | | |
|---|---|---|---|---|---|
| इङ्खतु | इङ्खताम् | इङ्खन्तु | इङ्खेत् -द् | इङ्खेताम् | इङ्खेयुः |
| इङ्ख | इङ्खतम् | इङ्खत | इङ्खेः | इङ्खेतम् | इङ्खेत |
| इङ्खानि | इङ्खाव | इङ्खाम | इङ्खेयम् | इङ्खेव | इङ्खेम |

| | | | | | |
|---|---|---|---|---|---|
| इङ्खिष्यति | इङ्खिष्यतः | इङ्खिष्यन्ति | ऐङ्खिष्यत् -द् | ऐङ्खिष्यताम् | ऐङ्खिष्यन् |
| इङ्खिष्यसि | इङ्खिष्यथः | इङ्खिष्यथ | ऐङ्खिष्यः | ऐङ्खिष्यतम् | ऐङ्खिष्यत |
| इङ्खिष्यामि | इङ्खिष्यावः | इङ्खिष्यामः | ऐङ्खिष्यम् | ऐङ्खिष्याव | ऐङ्खिष्याम |

| | | | | | |
|---|---|---|---|---|---|
| इङ्खिता | इङ्खितारौ | इङ्खितारः | इङ्ख्यात् -द् | इङ्ख्यास्ताम् | इङ्ख्यासुः |
| इङ्खितासि | इङ्खितास्थः | इङ्खितास्थ | इङ्ख्याः | इङ्ख्यास्तम् | इङ्ख्यास्त |
| इङ्खितास्मि | इङ्खितास्वः | इङ्खितास्मः | इङ्ख्यासम् | इङ्ख्यास्व | इङ्ख्यास्म |

| | | | | | |
|---|---|---|---|---|---|
| इङ्खाञ्चकार | इङ्खाञ्चक्रतुः | इङ्खाञ्चक्रुः | ऐङ्खीत् -द् | ऐङ्खिष्टाम् | ऐङ्खिषुः |
| इङ्खाम्बभूव | इङ्खाम्बभूवतुः | इङ्खाम्बभूवुः | | | |
| इङ्खामास | इङ्खामासतुः | इङ्खामासुः | | | |
| इङ्खाञ्चकर्थ | इङ्खाञ्चक्रथुः | इङ्खाञ्चक्र | ऐङ्खीः | ऐङ्खिष्टम् | ऐङ्खिष्ट |
| इङ्खाम्बभूविथ | इङ्खाम्बभूवथुः | इङ्खाम्बभूव | | | |
| इङ्खामासिथ | इङ्खामासथुः | इङ्खामास | | | |
| इङ्खाञ्चकर -कार | इङ्खाञ्चकृव | इङ्खाञ्चकृम | ऐङ्खिषम् | ऐङ्खिष्व | ऐङ्खिष्म |
| इङ्खाम्बभूव | इङ्खाम्बभूविव | इङ्खाम्बभूविम | | | |
| इङ्खामास | इङ्खामासिव | इङ्खामासिम | | | |

142 ईखि गतौ । ईखिँ । ईङ्ख् । ईङ्खति । P । सेट् । स० । go, vacillate 6.1.90

| | | | | | |
|---|---|---|---|---|---|
| ईङ्खति | ईङ्खतः | ईङ्खन्ति | ऐङ्खत् -द् | ऐङ्खताम् | ऐङ्खन् |
| ईङ्खसि | ईङ्खथः | ईङ्खथ | ऐङ्खः | ऐङ्खतम् | ऐङ्खत |
| ईङ्खामि | ईङ्खावः | ईङ्खामः | ऐङ्खम् | ऐङ्खाव | ऐङ्खाम |

| | | | | | |
|---|---|---|---|---|---|
| ईङ्खतु | ईङ्खताम् | ईङ्खन्तु | ईङ्खेत् -द् | ईङ्खेताम् | ईङ्खेयुः |
| ईङ्ख | ईङ्खतम् | ईङ्खत | ईङ्खेः | ईङ्खेतम् | ईङ्खेत |
| ईङ्खानि | ईङ्खाव | ईङ्खाम | ईङ्खेयम् | ईङ्खेव | ईङ्खेम |

| | | | | | |
|---|---|---|---|---|---|
| ईङ्खिष्यति | ईङ्खिष्यतः | ईङ्खिष्यन्ति | ऐङ्खिष्यत् -द् | ऐङ्खिष्यताम् | ऐङ्खिष्यन् |
| ईङ्खिष्यसि | ईङ्खिष्यथः | ईङ्खिष्यथ | ऐङ्खिष्यः | ऐङ्खिष्यतम् | ऐङ्खिष्यत |
| ईङ्खिष्यामि | ईङ्खिष्यावः | ईङ्खिष्यामः | ऐङ्खिष्यम् | ऐङ्खिष्याव | ऐङ्खिष्याम |

| | | | | | |
|---|---|---|---|---|---|
| ईङ्खिता | ईङ्खितारौ | ईङ्खितारः | ईङ्ख्यात् -द् | ईङ्ख्यास्ताम् | ईङ्ख्यासुः |
| ईङ्खितासि | ईङ्खितास्थः | ईङ्खितास्थ | ईङ्ख्याः | ईङ्ख्यास्तम् | ईङ्ख्यास्त |

| | | | | | |
|---|---|---|---|---|---|
| ईङ्खितास्मि | ईङ्खितास्वः | ईङ्खितास्मः | ईङ्ख्यासम् | ईङ्ख्यास्व | ईङ्ख्यास्म |

| | | | | | |
|---|---|---|---|---|---|
| ईङ्खाञ्चकार | ईङ्खाञ्चक्रतुः | ईङ्खाञ्चक्रुः | ऐङ्खीत् -द् | ऐङ्खिष्टाम् | ऐङ्खिषुः |
| ईङ्खाम्बभूव | ईङ्खाम्बभूवतुः | ईङ्खाम्बभूवुः | | | |
| ईङ्खामास | ईङ्खामासतुः | ईङ्खामासुः | | | |
| ईङ्खाञ्चकर्थ | ईङ्खाञ्चक्रथुः | ईङ्खाञ्चक्र | ऐङ्खीः | ऐङ्खिष्टम् | ऐङ्खिष्ट |
| ईङ्खाम्बभूविथ | ईङ्खाम्बभूवथुः | ईङ्खाम्बभूव | | | |
| ईङ्खामासिथ | ईङ्खामासथुः | ईङ्खामास | | | |
| ईङ्खाञ्चकर -कार | ईङ्खाञ्चकृव | ईङ्खाञ्चकृम | ऐङ्खिषम् | ऐङ्खिष्व | ऐङ्खिष्म |
| ईङ्खाम्बभूव | ईङ्खाम्बभूविव | ईङ्खाम्बभूविम | | | |
| ईङ्खामास | ईङ्खामासिव | ईङ्खामासिम | | | |

143 वल्ग गतौ । वल्गँ । वल्ग् । वल्गति । P । सेट् । स० । go, move, hop

| | | | | | |
|---|---|---|---|---|---|
| वल्गति | वल्गतः | वल्गन्ति | अवल्गत् -द् | अवल्गताम् | अवल्गन् |
| वल्गसि | वल्गथः | वल्गथ | अवल्गः | अवल्गतम् | अवल्गत |
| वल्गामि | वल्गावः | वल्गामः | अवल्गम् | अवल्गाव | अवल्गाम |

| | | | | | |
|---|---|---|---|---|---|
| वल्गतु | वल्गताम् | वल्गन्तु | वल्गेत् -द् | वल्गेताम् | वल्गेयुः |
| वल्ग | वल्गतम् | वल्गत | वल्गेः | वल्गेतम् | वल्गेत |
| वल्गानि | वल्गाव | वल्गाम | वल्गेयम् | वल्गेव | वल्गेम |

| | | | | | |
|---|---|---|---|---|---|
| वल्गिष्यति | वल्गिष्यतः | वल्गिष्यन्ति | अवल्गिष्यत् -द् | अवल्गिष्यताम् | अवल्गिष्यन् |
| वल्गिष्यसि | वल्गिष्यथः | वल्गिष्यथ | अवल्गिष्यः | अवल्गिष्यतम् | अवल्गिष्यत |
| वल्गिष्यामि | वल्गिष्यावः | वल्गिष्यामः | अवल्गिष्यम् | अवल्गिष्याव | अवल्गिष्याम |

| | | | | | |
|---|---|---|---|---|---|
| वल्गिता | वल्गितारौ | वल्गितारः | वल्ग्यात् -द् | वल्ग्यास्ताम् | वल्ग्यासुः |
| वल्गितासि | वल्गितास्थः | वल्गितास्थ | वल्ग्याः | वल्ग्यास्तम् | वल्ग्यास्त |
| वल्गितास्मि | वल्गितास्वः | वल्गितास्मः | वल्ग्यासम् | वल्ग्यास्व | वल्ग्यास्म |

| | | | | | |
|---|---|---|---|---|---|
| ववल्ग | ववल्गतुः | ववल्गुः | अवल्गीत् -द् | अवल्गिष्टाम् | अवल्गिषुः |
| ववल्गिथ | ववल्गथुः | ववल्ग | अवल्गीः | अवल्गिष्टम् | अवल्गिष्ट |
| ववल्ग | ववल्गिव | ववल्गिम | अवल्गिषम् | अवल्गिष्व | अवल्गिष्म |

144 रगि गतौ । रगिँ । रङ्ग् । रङ्गति । P । सेट् । स० । go

| | | | | | |
|---|---|---|---|---|---|
| रङ्गति | रङ्गतः | रङ्गन्ति | अरङ्गत् -द् | अरङ्गताम् | अरङ्गन् |
| रङ्गसि | रङ्गथः | रङ्गथ | अरङ्गः | अरङ्गतम् | अरङ्गत |
| रङ्गामि | रङ्गावः | रङ्गामः | अरङ्गम् | अरङ्गाव | अरङ्गाम |

| | | | | | |
|---|---|---|---|---|---|
| रङ्गतु | रङ्गताम् | रङ्गन्तु | रङ्गेत् -द् | रङ्गेताम् | रङ्गेयुः |

| | | | | | |
|---|---|---|---|---|---|
| रङ्ग | रङ्गतम् | रङ्गत | रङ्गेः | रङ्गेतम् | रङ्गेत |
| रङ्गाणि | रङ्गाव | रङ्गाम | रङ्गेयम् | रङ्गेव | रङ्गेम |

| | | | | | |
|---|---|---|---|---|---|
| रङ्गिष्यति | रङ्गिष्यतः | रङ्गिष्यन्ति | अरङ्गिष्यत् -द् | अरङ्गिष्यताम् | अरङ्गिष्यन् |
| रङ्गिष्यसि | रङ्गिष्यथः | रङ्गिष्यथ | अरङ्गिष्यः | अरङ्गिष्यतम् | अरङ्गिष्यत |
| रङ्गिष्यामि | रङ्गिष्यावः | रङ्गिष्यामः | अरङ्गिष्यम् | अरङ्गिष्याव | अरङ्गिष्याम |

| | | | | | |
|---|---|---|---|---|---|
| रङ्गिता | रङ्गितारौ | रङ्गितारः | रङ्ग्यात् -द् | रङ्ग्यास्ताम् | रङ्ग्यासुः |
| रङ्गितासि | रङ्गितास्थः | रङ्गितास्थ | रङ्ग्याः | रङ्ग्यास्तम् | रङ्ग्यास्त |
| रङ्गितास्मि | रङ्गितास्वः | रङ्गितास्मः | रङ्ग्यासम् | रङ्ग्यास्व | रङ्ग्यास्म |

| | | | | | |
|---|---|---|---|---|---|
| ररङ्ग | ररङ्गतुः | ररङ्गुः | अरङ्गीत् -द् | अरङ्गिष्टाम् | अरङ्गिषुः |
| ररङ्गिथ | ररङ्गथुः | ररङ्ग | अरङ्गीः | अरङ्गिष्टम् | अरङ्गिष्ट |
| ररङ्ग | ररङ्गिव | ररङ्गिम | अरङ्गिषम् | अरङ्गिष्व | अरङ्गिष्म |

145 लगि गतौ । शोषणे च । भोजननिवृत्तावपि । लगिँ । लङ्ग् । लङ्गति । P । सेट् । स० । go, limp

| | | | | | |
|---|---|---|---|---|---|
| लङ्गति | लङ्गतः | लङ्गन्ति | अलङ्गत् -द् | अलङ्गताम् | अलङ्गन् |
| लङ्गसि | लङ्गथः | लङ्गथ | अलङ्गः | अलङ्गतम् | अलङ्गत |
| लङ्गामि | लङ्गावः | लङ्गामः | अलङ्गम् | अलङ्गाव | अलङ्गाम |

| | | | | | |
|---|---|---|---|---|---|
| लङ्गतु | लङ्गताम् | लङ्गन्तु | लङ्गेत् -द् | लङ्गेताम् | लङ्गेयुः |
| लङ्ग | लङ्गतम् | लङ्गत | लङ्गेः | लङ्गेतम् | लङ्गेत |
| लङ्गानि | लङ्गाव | लङ्गाम | लङ्गेयम् | लङ्गेव | लङ्गेम |

| | | | | | |
|---|---|---|---|---|---|
| लङ्गिष्यति | लङ्गिष्यतः | लङ्गिष्यन्ति | अलङ्गिष्यत् -द् | अलङ्गिष्यताम् | अलङ्गिष्यन् |
| लङ्गिष्यसि | लङ्गिष्यथः | लङ्गिष्यथ | अलङ्गिष्यः | अलङ्गिष्यतम् | अलङ्गिष्यत |
| लङ्गिष्यामि | लङ्गिष्यावः | लङ्गिष्यामः | अलङ्गिष्यम् | अलङ्गिष्याव | अलङ्गिष्याम |

| | | | | | |
|---|---|---|---|---|---|
| लङ्गिता | लङ्गितारौ | लङ्गितारः | लङ्ग्यात् -द् | लङ्ग्यास्ताम् | लङ्ग्यासुः |
| लङ्गितासि | लङ्गितास्थः | लङ्गितास्थ | लङ्ग्याः | लङ्ग्यास्तम् | लङ्ग्यास्त |
| लङ्गितास्मि | लङ्गितास्वः | लङ्गितास्मः | लङ्ग्यासम् | लङ्ग्यास्व | लङ्ग्यास्म |

| | | | | | |
|---|---|---|---|---|---|
| ललङ्ग | ललङ्गतुः | ललङ्गुः | अलङ्गीत् -द् | अलङ्गिष्टाम् | अलङ्गिषुः |
| ललङ्गिथ | ललङ्गथुः | ललङ्ग | अलङ्गीः | अलङ्गिष्टम् | अलङ्गिष्ट |
| ललङ्ग | ललङ्गिव | ललङ्गिम | अलङ्गिषम् | अलङ्गिष्व | अलङ्गिष्म |

146 अगि गतौ । अगिँ । अङ्ग् । अङ्गति । P । सेट् । स० । go

| | | | | | |
|---|---|---|---|---|---|
| अङ्गति | अङ्गतः | अङ्गन्ति | आङ्गत् -द् | आङ्गताम् | आङ्गन् |
| अङ्गसि | अङ्गथः | अङ्गथ | आङ्गः | आङ्गतम् | आङ्गत |
| अङ्गामि | अङ्गावः | अङ्गामः | आङ्गम् | आङ्गाव | आङ्गाम |

| | | | | | |
|---|---|---|---|---|---|
| अङ्गतु | अङ्गताम् | अङ्गन्तु | अङ्गेत् -द् | अङ्गेताम् | अङ्गेयुः |
| अङ्ग | अङ्गतम् | अङ्गत | अङ्गेः | अङ्गेतम् | अङ्गेत |
| अङ्गानि | अङ्गाव | अङ्गाम | अङ्गेयम् | अङ्गेव | अङ्गेम |

| | | | | | |
|---|---|---|---|---|---|
| अङ्गिष्यति | अङ्गिष्यतः | अङ्गिष्यन्ति | आङ्गिष्यत् -द् | आङ्गिष्यताम् | आङ्गिष्यन् |
| अङ्गिष्यसि | अङ्गिष्यथः | अङ्गिष्यथ | आङ्गिष्यः | आङ्गिष्यतम् | आङ्गिष्यत |
| अङ्गिष्यामि | अङ्गिष्यावः | अङ्गिष्यामः | आङ्गिष्यम् | आङ्गिष्याव | आङ्गिष्याम |

| | | | | | |
|---|---|---|---|---|---|
| अङ्गिता | अङ्गितारौ | अङ्गितारः | अङ्ग्यात् -द् | अङ्ग्यास्ताम् | अङ्ग्यासुः |
| अङ्गितासि | अङ्गितास्थः | अङ्गितास्थ | अङ्ग्याः | अङ्ग्यास्तम् | अङ्ग्यास्त |
| अङ्गितास्मि | अङ्गितास्वः | अङ्गितास्मः | अङ्ग्यासम् | अङ्ग्यास्व | अङ्ग्यास्म |

| | | | | | |
|---|---|---|---|---|---|
| आनङ्ग | आनङ्गतुः | आनङ्गुः | आङ्गीत् -द् | आङ्गिष्टाम् | आङ्गिषुः |
| आनङ्गिथ | आनङ्गथुः | आनङ्ग | आङ्गीः | आङ्गिष्टम् | आङ्गिष्ट |
| आनङ्ग | आनङ्गिव | आनङ्गिम | आङ्गिषम् | आङ्गिष्व | आङ्गिष्म |

147 वगि गतौ । वगिँ । वङ्ग् । वङ्गति । P । सेट् । स० । go, limp, be lame

| | | | | | |
|---|---|---|---|---|---|
| वङ्गति | वङ्गतः | वङ्गन्ति | अवङ्गत् -द् | अवङ्गताम् | अवङ्गन् |
| वङ्गसि | वङ्गथः | वङ्गथ | अवङ्गः | अवङ्गतम् | अवङ्गत |
| वङ्गामि | वङ्गावः | वङ्गामः | अवङ्गम् | अवङ्गाव | अवङ्गाम |

| | | | | | |
|---|---|---|---|---|---|
| वङ्गतु | वङ्गताम् | वङ्गन्तु | वङ्गेत् -द् | वङ्गेताम् | वङ्गेयुः |
| वङ्ग | वङ्गतम् | वङ्गत | वङ्गेः | वङ्गेतम् | वङ्गेत |
| वङ्गानि | वङ्गाव | वङ्गाम | वङ्गेयम् | वङ्गेव | वङ्गेम |

| | | | | | |
|---|---|---|---|---|---|
| वङ्गिष्यति | वङ्गिष्यतः | वङ्गिष्यन्ति | अवङ्गिष्यत् -द् | अवङ्गिष्यताम् | अवङ्गिष्यन् |
| वङ्गिष्यसि | वङ्गिष्यथः | वङ्गिष्यथ | अवङ्गिष्यः | अवङ्गिष्यतम् | अवङ्गिष्यत |
| वङ्गिष्यामि | वङ्गिष्यावः | वङ्गिष्यामः | अवङ्गिष्यम् | अवङ्गिष्याव | अवङ्गिष्याम |

| | | | | | |
|---|---|---|---|---|---|
| वङ्गिता | वङ्गितारौ | वङ्गितारः | वङ्ग्यात् -द् | वङ्ग्यास्ताम् | वङ्ग्यासुः |
| वङ्गितासि | वङ्गितास्थः | वङ्गितास्थ | वङ्ग्याः | वङ्ग्यास्तम् | वङ्ग्यास्त |
| वङ्गितास्मि | वङ्गितास्वः | वङ्गितास्मः | वङ्ग्यासम् | वङ्ग्यास्व | वङ्ग्यास्म |

| | | | | | |
|---|---|---|---|---|---|
| ववङ्ग | ववङ्गतुः | ववङ्गुः | अवङ्गीत् -द् | अवङ्गिष्टाम् | अवङ्गिषुः |
| ववङ्गिथ | ववङ्गथुः | ववङ्ग | अवङ्गीः | अवङ्गिष्टम् | अवङ्गिष्ट |
| ववङ्ग | ववङ्गिव | ववङ्गिम | अवङ्गिषम् | अवङ्गिष्व | अवङ्गिष्म |

148 मगि गतौ । मगिँ । मङ्ग् । मङ्गति । P । सेट् । स० । move

| | | | | | |
|---|---|---|---|---|---|
| मङ्गति | मङ्गतः | मङ्गन्ति | अमङ्गत् -द् | अमङ्गताम् | अमङ्गन् |
| मङ्गसि | मङ्गथः | मङ्गथ | अमङ्गः | अमङ्गतम् | अमङ्गत |
| मङ्गामि | मङ्गावः | मङ्गामः | अमङ्गम् | अमङ्गाव | अमङ्गाम |

| | | | | | |
|---|---|---|---|---|---|
| मङ्गतु | मङ्गताम् | मङ्गन्तु | मङ्गेत् -द् | मङ्गेताम् | मङ्गेयुः |
| मङ्ग | मङ्गतम् | मङ्गत | मङ्गेः | मङ्गेतम् | मङ्गेत |
| मङ्गानि | मङ्गाव | मङ्गाम | मङ्गेयम् | मङ्गेव | मङ्गेम |

| | | | | | |
|---|---|---|---|---|---|
| मङ्गिष्यति | मङ्गिष्यतः | मङ्गिष्यन्ति | अमङ्गिष्यत् -द् | अमङ्गिष्यताम् | अमङ्गिष्यन् |
| मङ्गिष्यसि | मङ्गिष्यथः | मङ्गिष्यथ | अमङ्गिष्यः | अमङ्गिष्यतम् | अमङ्गिष्यत |
| मङ्गिष्यामि | मङ्गिष्यावः | मङ्गिष्यामः | अमङ्गिष्यम् | अमङ्गिष्याव | अमङ्गिष्याम |

| | | | | | |
|---|---|---|---|---|---|
| मङ्गिता | मङ्गितारौ | मङ्गितारः | मङ्ग्यात् -द् | मङ्ग्यास्ताम् | मङ्ग्यासुः |
| मङ्गितासि | मङ्गितास्थः | मङ्गितास्थ | मङ्ग्याः | मङ्ग्यास्तम् | मङ्ग्यास्त |
| मङ्गितास्मि | मङ्गितास्वः | मङ्गितास्मः | मङ्ग्यासम् | मङ्ग्यास्व | मङ्ग्यास्म |

| | | | | | |
|---|---|---|---|---|---|
| ममङ्ग | ममङ्गतुः | ममङ्गुः | अमङ्गीत् -द् | अमङ्गिष्टाम् | अमङ्गिषुः |
| ममङ्गिथ | ममङ्गथुः | ममङ्ग | अमङ्गीः | अमङ्गिष्टम् | अमङ्गिष्ट |
| ममङ्ग | ममङ्गिव | ममङ्गिम | अमङ्गिषम् | अमङ्गिष्व | अमङ्गिष्म |

149 तगि गतौ । तगिँ । तङ्ग् । तङ्गति । P । सेट् । स० । go, shake, stumble

| | | | | | |
|---|---|---|---|---|---|
| तङ्गति | तङ्गतः | तङ्गन्ति | अतङ्गत् -द् | अतङ्गताम् | अतङ्गन् |
| तङ्गसि | तङ्गथः | तङ्गथ | अतङ्गः | अतङ्गतम् | अतङ्गत |
| तङ्गामि | तङ्गावः | तङ्गामः | अतङ्गम् | अतङ्गाव | अतङ्गाम |

| | | | | | |
|---|---|---|---|---|---|
| तङ्गतु | तङ्गताम् | तङ्गन्तु | तङ्गेत् -द् | तङ्गेताम् | तङ्गेयुः |
| तङ्ग | तङ्गतम् | तङ्गत | तङ्गेः | तङ्गेतम् | तङ्गेत |
| तङ्गानि | तङ्गाव | तङ्गाम | तङ्गेयम् | तङ्गेव | तङ्गेम |

| | | | | | |
|---|---|---|---|---|---|
| तङ्गिष्यति | तङ्गिष्यतः | तङ्गिष्यन्ति | अतङ्गिष्यत् -द् | अतङ्गिष्यताम् | अतङ्गिष्यन् |
| तङ्गिष्यसि | तङ्गिष्यथः | तङ्गिष्यथ | अतङ्गिष्यः | अतङ्गिष्यतम् | अतङ्गिष्यत |
| तङ्गिष्यामि | तङ्गिष्यावः | तङ्गिष्यामः | अतङ्गिष्यम् | अतङ्गिष्याव | अतङ्गिष्याम |

| | | | | | |
|---|---|---|---|---|---|
| तङ्गिता | तङ्गितारौ | तङ्गितारः | तङ्ग्यात् -द् | तङ्ग्यास्ताम् | तङ्ग्यासुः |
| तङ्गितासि | तङ्गितास्थः | तङ्गितास्थ | तङ्ग्याः | तङ्ग्यास्तम् | तङ्ग्यास्त |
| तङ्गितास्मि | तङ्गितास्वः | तङ्गितास्मः | तङ्ग्यासम् | तङ्ग्यास्व | तङ्ग्यास्म |

| | | | | | |
|---|---|---|---|---|---|
| ततङ्ग | ततङ्गतुः | ततङ्गुः | अतङ्गीत् -द् | अतङ्गिष्टाम् | अतङ्गिषुः |
| ततङ्गिथ | ततङ्गथुः | ततङ्ग | अतङ्गीः | अतङ्गिष्टम् | अतङ्गिष्ट |
| ततङ्ग | ततङ्गिव | ततङ्गिम | अतङ्गिषम् | अतङ्गिष्व | अतङ्गिष्म |

150 त्वगि गतौ । कम्पने च । त्वगिँ । त्वङ्ग् । त्वङ्गति । P । सेट् । स० । go, move, tremble

| | | | | | |
|---|---|---|---|---|---|
| त्वङ्गति | त्वङ्गतः | त्वङ्गन्ति | अत्वङ्गत् -द् | अत्वङ्गताम् | अत्वङ्गन् |
| त्वङ्गसि | त्वङ्गथः | त्वङ्गथ | अत्वङ्गः | अत्वङ्गतम् | अत्वङ्गत |
| त्वङ्गामि | त्वङ्गावः | त्वङ्गामः | अत्वङ्गम् | अत्वङ्गाव | अत्वङ्गाम |

| | | | | | |
|---|---|---|---|---|---|
| त्वङ्गतु | त्वङ्गताम् | त्वङ्गन्तु | त्वङ्गेत् -द् | त्वङ्गेताम् | त्वङ्गेयुः |
| त्वङ्ग | त्वङ्गतम् | त्वङ्गत | त्वङ्गेः | त्वङ्गेतम् | त्वङ्गेत |
| त्वङ्गानि | त्वङ्गाव | त्वङ्गाम | त्वङ्गेयम् | त्वङ्गेव | त्वङ्गेम |

| | | | | | |
|---|---|---|---|---|---|
| त्वङ्गिष्यति | त्वङ्गिष्यतः | त्वङ्गिष्यन्ति | अत्वङ्गिष्यत् -द् | अत्वङ्गिष्यताम् | अत्वङ्गिष्यन् |
| त्वङ्गिष्यसि | त्वङ्गिष्यथः | त्वङ्गिष्यथ | अत्वङ्गिष्यः | अत्वङ्गिष्यतम् | अत्वङ्गिष्यत |
| त्वङ्गिष्यामि | त्वङ्गिष्यावः | त्वङ्गिष्यामः | अत्वङ्गिष्यम् | अत्वङ्गिष्याव | अत्वङ्गिष्याम |

| | | | | | |
|---|---|---|---|---|---|
| त्वङ्गिता | त्वङ्गितारौ | त्वङ्गितारः | त्वङ्ग्यात् -द् | त्वङ्ग्यास्ताम् | त्वङ्ग्यासुः |
| त्वङ्गितासि | त्वङ्गितास्थः | त्वङ्गितास्थ | त्वङ्ग्याः | त्वङ्ग्यास्तम् | त्वङ्ग्यास्त |
| त्वङ्गितास्मि | त्वङ्गितास्वः | त्वङ्गितास्मः | त्वङ्ग्यासम् | त्वङ्ग्यास्व | त्वङ्ग्यास्म |

| | | | | | |
|---|---|---|---|---|---|
| तत्वङ्ग | तत्वङ्गतुः | तत्वङ्गुः | अत्वङ्गीत् -द् | अत्वङ्गिष्टाम् | अत्वङ्गिषुः |
| तत्वङ्गिथ | तत्वङ्गथुः | तत्वङ्ग | अत्वङ्गीः | अत्वङ्गिष्टम् | अत्वङ्गिष्ट |
| तत्वङ्ग | तत्वङ्गिव | तत्वङ्गिम | अत्वङ्गिषम् | अत्वङ्गिष्व | अत्वङ्गिष्म |

151 श्रगि गतौ । श्रगिँ । श्रङ्ग् । श्रङ्गति । P । सेट् । स० । go, move

| | | | | | |
|---|---|---|---|---|---|
| श्रङ्गति | श्रङ्गतः | श्रङ्गन्ति | अश्रङ्गत् -द् | अश्रङ्गताम् | अश्रङ्गन् |
| श्रङ्गसि | श्रङ्गथः | श्रङ्गथ | अश्रङ्गः | अश्रङ्गतम् | अश्रङ्गत |
| श्रङ्गामि | श्रङ्गावः | श्रङ्गामः | अश्रङ्गम् | अश्रङ्गाव | अश्रङ्गाम |

| | | | | | |
|---|---|---|---|---|---|
| श्रङ्गतु | श्रङ्गताम् | श्रङ्गन्तु | श्रङ्गेत् -द् | श्रङ्गेताम् | श्रङ्गेयुः |
| श्रङ्ग | श्रङ्गतम् | श्रङ्गत | श्रङ्गेः | श्रङ्गेतम् | श्रङ्गेत |

| | | | | | |
|---|---|---|---|---|---|
| श्रङ्गाणि | श्रङ्गाव | श्रङ्गाम | श्रङ्गेयम् | श्रङ्गेव | श्रङ्गेम |

| | | | | | |
|---|---|---|---|---|---|
| श्रङ्गिष्यति | श्रङ्गिष्यतः | श्रङ्गिष्यन्ति | अश्रङ्गिष्यत् -द् | अश्रङ्गिष्यताम् | अश्रङ्गिष्यन् |
| श्रङ्गिष्यसि | श्रङ्गिष्यथः | श्रङ्गिष्यथ | अश्रङ्गिष्यः | अश्रङ्गिष्यतम् | अश्रङ्गिष्यत |
| श्रङ्गिष्यामि | श्रङ्गिष्यावः | श्रङ्गिष्यामः | अश्रङ्गिष्यम् | अश्रङ्गिष्याव | अश्रङ्गिष्याम |

| | | | | | |
|---|---|---|---|---|---|
| श्रङ्गिता | श्रङ्गितारौ | श्रङ्गितारः | श्रङ्ग्यात् -द् | श्रङ्ग्यास्ताम् | श्रङ्ग्यासुः |
| श्रङ्गितासि | श्रङ्गितास्थः | श्रङ्गितास्थ | श्रङ्ग्याः | श्रङ्ग्यास्तम् | श्रङ्ग्यास्त |
| श्रङ्गितास्मि | श्रङ्गितास्वः | श्रङ्गितास्मः | श्रङ्ग्यासम् | श्रङ्ग्यास्व | श्रङ्ग्यास्म |

| | | | | | |
|---|---|---|---|---|---|
| शश्रङ्ग | शश्रङ्गतुः | शश्रङ्गुः | अश्रङ्गीत् -द् | अश्रङ्गिष्टाम् | अश्रङ्गिषुः |
| शश्रङ्गिथ | शश्रङ्गथुः | शश्रङ्ग | अश्रङ्गीः | अश्रङ्गिष्टम् | अश्रङ्गिष्ट |
| शश्रङ्ग | शश्रङ्गिव | शश्रङ्गिम | अश्रङ्गिषम् | अश्रङ्गिष्व | अश्रङ्गिष्म |

152 श्लगि गतौ । श्लगिँ । श्लङ्ग् । श्लङ्गति । P । सेट् । स० । go, move

| | | | | | |
|---|---|---|---|---|---|
| श्लङ्गति | श्लङ्गतः | श्लङ्गन्ति | अश्लङ्गत् -द् | अश्लङ्गताम् | अश्लङ्गन् |
| श्लङ्गसि | श्लङ्गथः | श्लङ्गथ | अश्लङ्गः | अश्लङ्गतम् | अश्लङ्गत |
| श्लङ्गामि | श्लङ्गावः | श्लङ्गामः | अश्लङ्गम् | अश्लङ्गाव | अश्लङ्गाम |

| | | | | | |
|---|---|---|---|---|---|
| श्लङ्गतु | श्लङ्गताम् | श्लङ्गन्तु | श्लङ्गेत् -द् | श्लङ्गेताम् | श्लङ्गेयुः |
| श्लङ्ग | श्लङ्गतम् | श्लङ्गत | श्लङ्गेः | श्लङ्गेतम् | श्लङ्गेत |
| श्लङ्गानि | श्लङ्गाव | श्लङ्गाम | श्लङ्गेयम् | श्लङ्गेव | श्लङ्गेम |

| | | | | | |
|---|---|---|---|---|---|
| श्लङ्गिष्यति | श्लङ्गिष्यतः | श्लङ्गिष्यन्ति | अश्लङ्गिष्यत् -द् | अश्लङ्गिष्यताम् | अश्लङ्गिष्यन् |
| श्लङ्गिष्यसि | श्लङ्गिष्यथः | श्लङ्गिष्यथ | अश्लङ्गिष्यः | अश्लङ्गिष्यतम् | अश्लङ्गिष्यत |
| श्लङ्गिष्यामि | श्लङ्गिष्यावः | श्लङ्गिष्यामः | अश्लङ्गिष्यम् | अश्लङ्गिष्याव | अश्लङ्गिष्याम |

| | | | | | |
|---|---|---|---|---|---|
| श्लङ्गिता | श्लङ्गितारौ | श्लङ्गितारः | श्लङ्ग्यात् -द् | श्लङ्ग्यास्ताम् | श्लङ्ग्यासुः |
| श्लङ्गितासि | श्लङ्गितास्थः | श्लङ्गितास्थ | श्लङ्ग्याः | श्लङ्ग्यास्तम् | श्लङ्ग्यास्त |
| श्लङ्गितास्मि | श्लङ्गितास्वः | श्लङ्गितास्मः | श्लङ्ग्यासम् | श्लङ्ग्यास्व | श्लङ्ग्यास्म |

| | | | | | |
|---|---|---|---|---|---|
| शश्लङ्ग | शश्लङ्गतुः | शश्लङ्गुः | अश्लङ्गीत् -द् | अश्लङ्गिष्टाम् | अश्लङ्गिषुः |
| शश्लङ्गिथ | शश्लङ्गथुः | शश्लङ्ग | अश्लङ्गीः | अश्लङ्गिष्टम् | अश्लङ्गिष्ट |
| शश्लङ्ग | शश्लङ्गिव | शश्लङ्गिम | अश्लङ्गिषम् | अश्लङ्गिष्व | अश्लङ्गिष्म |

153 इगि गतौ । इगिँ । इङ्ग् । इङ्गति । P । सेट् । स० । move, shake, be agitated 6.1.90

| | | | | | |
|---|---|---|---|---|---|
| इङ्गति | इङ्गतः | इङ्गन्ति | ऐङ्गत् -द् | ऐङ्गताम् | ऐङ्गन् |

| | | | | | |
|---|---|---|---|---|---|
| इङ्गसि | इङ्गथः | इङ्गथ | ऐङ्गः | ऐङ्गतम् | ऐङ्गत |
| इङ्गामि | इङ्गावः | इङ्गामः | ऐङ्गम् | ऐङ्गाव | ऐङ्गाम |
| | | | | | |
| इङ्गतु | इङ्गताम् | इङ्गन्तु | इङ्गेत् -द् | इङ्गेताम् | इङ्गेयुः |
| इङ्ग | इङ्गतम् | इङ्गत | इङ्गेः | इङ्गेतम् | इङ्गेत |
| इङ्गानि | इङ्गाव | इङ्गाम | इङ्गेयम् | इङ्गेव | इङ्गेम |
| | | | | | |
| इङ्गिष्यति | इङ्गिष्यतः | इङ्गिष्यन्ति | ऐङ्गिष्यत् -द् | ऐङ्गिष्यताम् | ऐङ्गिष्यन् |
| इङ्गिष्यसि | इङ्गिष्यथः | इङ्गिष्यथ | ऐङ्गिष्यः | ऐङ्गिष्यतम् | ऐङ्गिष्यत |
| इङ्गिष्यामि | इङ्गिष्यावः | इङ्गिष्यामः | ऐङ्गिष्यम् | ऐङ्गिष्याव | ऐङ्गिष्याम |
| | | | | | |
| इङ्गिता | इङ्गितारौ | इङ्गितारः | इङ्ग्यात् -द् | इङ्ग्यास्ताम् | इङ्ग्यासुः |
| इङ्गितासि | इङ्गितास्थः | इङ्गितास्थ | इङ्ग्याः | इङ्ग्यास्तम् | इङ्ग्यास्त |
| इङ्गितास्मि | इङ्गितास्वः | इङ्गितास्मः | इङ्ग्यासम् | इङ्ग्यास्व | इङ्ग्यास्म |
| | | | | | |
| इङ्गाञ्चकार | इङ्गाञ्चक्रतुः | इङ्गाञ्चक्रुः | ऐङ्गीत् -द् | ऐङ्गिष्टाम् | ऐङ्गिषुः |
| इङ्गाम्बभूव | इङ्गाम्बभूवतुः | इङ्गाम्बभूवुः | | | |
| इङ्गामास | इङ्गामासतुः | इङ्गामासुः | | | |
| इङ्गाञ्चकर्थ | इङ्गाञ्चक्रथुः | इङ्गाञ्चक्र | ऐङ्गीः | ऐङ्गिष्टम् | ऐङ्गिष्ट |
| इङ्गाम्बभूविथ | इङ्गाम्बभूवथुः | इङ्गाम्बभूव | | | |
| इङ्गामासिथ | इङ्गामासथुः | इङ्गामास | | | |
| इङ्गाञ्चकर -कार | इङ्गाञ्चकृव | इङ्गाञ्चकृम | ऐङ्गिषम् | ऐङ्गिष्व | ऐङ्गिष्म |
| इङ्गाम्बभूव | इङ्गाम्बभूविव | इङ्गाम्बभूविम | | | |
| इङ्गामास | इङ्गामासिव | इङ्गामासिम | | | |

154 रिगि गतौ । रिगिँ । रिङ्ग् । रिङ्गति । P । सेट् । स० । move slowly, crawl

| | | | | | |
|---|---|---|---|---|---|
| रिङ्गति | रिङ्गतः | रिङ्गन्ति | अरिङ्गत् -द् | अरिङ्गताम् | अरिङ्गन् |
| रिङ्गसि | रिङ्गथः | रिङ्गथ | अरिङ्गः | अरिङ्गतम् | अरिङ्गत |
| रिङ्गामि | रिङ्गावः | रिङ्गामः | अरिङ्गम् | अरिङ्गाव | अरिङ्गाम |
| | | | | | |
| रिङ्गतु | रिङ्गताम् | रिङ्गन्तु | रिङ्गेत् -द् | रिङ्गेताम् | रिङ्गेयुः |
| रिङ्ग | रिङ्गतम् | रिङ्गत | रिङ्गेः | रिङ्गेतम् | रिङ्गेत |
| रिङ्गाणि | रिङ्गाव | रिङ्गाम | रिङ्गेयम् | रिङ्गेव | रिङ्गेम |
| | | | | | |
| रिङ्गिष्यति | रिङ्गिष्यतः | रिङ्गिष्यन्ति | अरिङ्गिष्यत् -द् | अरिङ्गिष्यताम् | अरिङ्गिष्यन् |
| रिङ्गिष्यसि | रिङ्गिष्यथः | रिङ्गिष्यथ | अरिङ्गिष्यः | अरिङ्गिष्यतम् | अरिङ्गिष्यत |
| रिङ्गिष्यामि | रिङ्गिष्यावः | रिङ्गिष्यामः | अरिङ्गिष्यम् | अरिङ्गिष्याव | अरिङ्गिष्याम |

| | | | | | |
|---|---|---|---|---|---|
| रिङ्गिता | रिङ्गितारौ | रिङ्गितारः | रिङ्ग्यात् -द् | रिङ्ग्यास्ताम् | रिङ्ग्यासुः |
| रिङ्गितासि | रिङ्गितास्थः | रिङ्गितास्थ | रिङ्ग्याः | रिङ्ग्यास्तम् | रिङ्ग्यास्त |
| रिङ्गितास्मि | रिङ्गितास्वः | रिङ्गितास्मः | रिङ्ग्यासम् | रिङ्ग्यास्व | रिङ्ग्यास्म |

| | | | | | |
|---|---|---|---|---|---|
| रिरिङ्ग | रिरिङ्गतुः | रिरिङ्गुः | अरिङ्गीत् -द् | अरिङ्गिष्टाम् | अरिङ्गिषुः |
| रिरिङ्गिथ | रिरिङ्गथुः | रिरिङ्ग | अरिङ्गीः | अरिङ्गिष्टम् | अरिङ्गिष्ट |
| रिरिङ्ग | रिरिङ्गिव | रिरिङ्गिम | अरिङ्गिषम् | अरिङ्गिष्व | अरिङ्गिष्म |

155 लिगि गत्यर्थाः । रिख (रिखि लिख लिखि) त्रख त्रिखि शिखि इत्यपि केचित् । त्वगि कम्पने च । लिगिँ । लिङ्ग् । लिङ्गति । P । सेट् । स० । go

| | | | | | |
|---|---|---|---|---|---|
| लिङ्गति | लिङ्गतः | लिङ्गन्ति | अलिङ्गत् -द् | अलिङ्गताम् | अलिङ्गन् |
| लिङ्गसि | लिङ्गथः | लिङ्गथ | अलिङ्गः | अलिङ्गतम् | अलिङ्गत |
| लिङ्गामि | लिङ्गावः | लिङ्गामः | अलिङ्गम् | अलिङ्गाव | अलिङ्गाम |

| | | | | | |
|---|---|---|---|---|---|
| लिङ्गतु | लिङ्गताम् | लिङ्गन्तु | लिङ्गेत् -द् | लिङ्गेताम् | लिङ्गेयुः |
| लिङ्ग | लिङ्गतम् | लिङ्गत | लिङ्गेः | लिङ्गेतम् | लिङ्गेत |
| लिङ्गानि | लिङ्गाव | लिङ्गाम | लिङ्गेयम् | लिङ्गेव | लिङ्गेम |

| | | | | | |
|---|---|---|---|---|---|
| लिङ्गिष्यति | लिङ्गिष्यतः | लिङ्गिष्यन्ति | अलिङ्गिष्यत् -द् | अलिङ्गिष्यताम् | अलिङ्गिष्यन् |
| लिङ्गिष्यसि | लिङ्गिष्यथः | लिङ्गिष्यथ | अलिङ्गिष्यः | अलिङ्गिष्यतम् | अलिङ्गिष्यत |
| लिङ्गिष्यामि | लिङ्गिष्यावः | लिङ्गिष्यामः | अलिङ्गिष्यम् | अलिङ्गिष्याव | अलिङ्गिष्याम |

| | | | | | |
|---|---|---|---|---|---|
| लिङ्गिता | लिङ्गितारौ | लिङ्गितारः | लिङ्ग्यात् -द् | लिङ्ग्यास्ताम् | लिङ्ग्यासुः |
| लिङ्गितासि | लिङ्गितास्थः | लिङ्गितास्थ | लिङ्ग्याः | लिङ्ग्यास्तम् | लिङ्ग्यास्त |
| लिङ्गितास्मि | लिङ्गितास्वः | लिङ्गितास्मः | लिङ्ग्यासम् | लिङ्ग्यास्व | लिङ्ग्यास्म |

| | | | | | |
|---|---|---|---|---|---|
| लिलिङ्ग | लिलिङ्गतुः | लिलिङ्गुः | अलिङ्गीत् -द् | अलिङ्गिष्टाम् | अलिङ्गिषुः |
| लिलिङ्गिथ | लिलिङ्गथुः | लिलिङ्ग | अलिङ्गीः | अलिङ्गिष्टम् | अलिङ्गिष्ट |
| लिलिङ्ग | लिलिङ्गिव | लिलिङ्गिम | अलिङ्गिषम् | अलिङ्गिष्व | अलिङ्गिष्म |

156 युगि वर्जने । युगिँ । युङ्ग् । युङ्गति । P । सेट् । स० । give up, let go

| | | | | | |
|---|---|---|---|---|---|
| युङ्गति | युङ्गतः | युङ्गन्ति | अयुङ्गत् -द् | अयुङ्गताम् | अयुङ्गन् |
| युङ्गसि | युङ्गथः | युङ्गथ | अयुङ्गः | अयुङ्गतम् | अयुङ्गत |
| युङ्गामि | युङ्गावः | युङ्गामः | अयुङ्गम् | अयुङ्गाव | अयुङ्गाम |

| | | | | | |
|---|---|---|---|---|---|
| युङ्गतु | युङ्गताम् | युङ्गन्तु | युङ्गेत् -द् | युङ्गेताम् | युङ्गेयुः |

| | | | | | |
|---|---|---|---|---|---|
| युङ्ग | युङ्गतम् | युङ्गत | युङ्गेः | युङ्गेतम् | युङ्गेत |
| युङ्गानि | युङ्गाव | युङ्गाम | युङ्गेयम् | युङ्गेव | युङ्गेम |

| | | | | | |
|---|---|---|---|---|---|
| युङ्गिष्यति | युङ्गिष्यतः | युङ्गिष्यन्ति | अयुङ्गिष्यत् -द् | अयुङ्गिष्यताम् | अयुङ्गिष्यन् |
| युङ्गिष्यसि | युङ्गिष्यथः | युङ्गिष्यथ | अयुङ्गिष्यः | अयुङ्गिष्यतम् | अयुङ्गिष्यत |
| युङ्गिष्यामि | युङ्गिष्यावः | युङ्गिष्यामः | अयुङ्गिष्यम् | अयुङ्गिष्याव | अयुङ्गिष्याम |

| | | | | | |
|---|---|---|---|---|---|
| युङ्गिता | युङ्गितारौ | युङ्गितारः | युङ्ग्यात् -द् | युङ्ग्यास्ताम् | युङ्ग्यासुः |
| युङ्गितासि | युङ्गितास्थः | युङ्गितास्थ | युङ्ग्याः | युङ्ग्यास्तम् | युङ्ग्यास्त |
| युङ्गितास्मि | युङ्गितास्वः | युङ्गितास्मः | युङ्ग्यासम् | युङ्ग्यास्व | युङ्ग्यास्म |

| | | | | | |
|---|---|---|---|---|---|
| युयुङ्ग | युयुङ्गतुः | युयुङ्गुः | अयुङ्गीत् -द् | अयुङ्गिष्टाम् | अयुङ्गिषुः |
| युयुङ्गिथ | युयुङ्गथुः | युयुङ्ग | अयुङ्गीः | अयुङ्गिष्टम् | अयुङ्गिष्ट |
| युयुङ्ग | युयुङ्गिव | युयुङ्गिम | अयुङ्गिषम् | अयुङ्गिष्व | अयुङ्गिष्म |

157 जुगि वर्जने । जुगिँ । जुङ्ग् । जुङ्गति । P । सेट् । स० । leave, deprive, make outcaste

| | | | | | |
|---|---|---|---|---|---|
| जुङ्गति | जुङ्गतः | जुङ्गन्ति | अजुङ्गत् -द् | अजुङ्गताम् | अजुङ्गन् |
| जुङ्गसि | जुङ्गथः | जुङ्गथ | अजुङ्गः | अजुङ्गतम् | अजुङ्गत |
| जुङ्गामि | जुङ्गावः | जुङ्गामः | अजुङ्गम् | अजुङ्गाव | अजुङ्गाम |

| | | | | | |
|---|---|---|---|---|---|
| जुङ्गतु | जुङ्गताम् | जुङ्गन्तु | जुङ्गेत् -द् | जुङ्गेताम् | जुङ्गेयुः |
| जुङ्ग | जुङ्गतम् | जुङ्गत | जुङ्गेः | जुङ्गेतम् | जुङ्गेत |
| जुङ्गानि | जुङ्गाव | जुङ्गाम | जुङ्गेयम् | जुङ्गेव | जुङ्गेम |

| | | | | | |
|---|---|---|---|---|---|
| जुङ्गिष्यति | जुङ्गिष्यतः | जुङ्गिष्यन्ति | अजुङ्गिष्यत् -द् | अजुङ्गिष्यताम् | अजुङ्गिष्यन् |
| जुङ्गिष्यसि | जुङ्गिष्यथः | जुङ्गिष्यथ | अजुङ्गिष्यः | अजुङ्गिष्यतम् | अजुङ्गिष्यत |
| जुङ्गिष्यामि | जुङ्गिष्यावः | जुङ्गिष्यामः | अजुङ्गिष्यम् | अजुङ्गिष्याव | अजुङ्गिष्याम |

| | | | | | |
|---|---|---|---|---|---|
| जुङ्गिता | जुङ्गितारौ | जुङ्गितारः | जुङ्ग्यात् -द् | जुङ्ग्यास्ताम् | जुङ्ग्यासुः |
| जुङ्गितासि | जुङ्गितास्थः | जुङ्गितास्थ | जुङ्ग्याः | जुङ्ग्यास्तम् | जुङ्ग्यास्त |
| जुङ्गितास्मि | जुङ्गितास्वः | जुङ्गितास्मः | जुङ्ग्यासम् | जुङ्ग्यास्व | जुङ्ग्यास्म |

| | | | | | |
|---|---|---|---|---|---|
| जुजुङ्ग | जुजुङ्गतुः | जुजुङ्गुः | अजुङ्गीत् -द् | अजुङ्गिष्टाम् | अजुङ्गिषुः |
| जुजुङ्गिथ | जुजुङ्गथुः | जुजुङ्ग | अजुङ्गीः | अजुङ्गिष्टम् | अजुङ्गिष्ट |
| जुजुङ्ग | जुजुङ्गिव | जुजुङ्गिम | अजुङ्गिषम् | अजुङ्गिष्व | अजुङ्गिष्म |

158 बुगि वर्जने । वुगि , भुगि । बुगिँ । बुङ्ग् । बुङ्गति । P । सेट् । स० । give up, abandon

| | | | | | |
|---|---|---|---|---|---|
| बुङ्गति | बुङ्गतः | बुङ्गन्ति | अबुङ्गत् -द् | अबुङ्गताम् | अबुङ्गन् |
| बुङ्गसि | बुङ्गथः | बुङ्गथ | अबुङ्गः | अबुङ्गतम् | अबुङ्गत |
| बुङ्गामि | बुङ्गावः | बुङ्गामः | अबुङ्गम् | अबुङ्गाव | अबुङ्गाम |

| | | | | | |
|---|---|---|---|---|---|
| बुङ्गतु | बुङ्गताम् | बुङ्गन्तु | बुङ्गेत् -द् | बुङ्गेताम् | बुङ्गेयुः |
| बुङ्ग | बुङ्गतम् | बुङ्गत | बुङ्गेः | बुङ्गेतम् | बुङ्गेत |
| बुङ्गानि | बुङ्गाव | बुङ्गाम | बुङ्गेयम् | बुङ्गेव | बुङ्गेम |

| | | | | | |
|---|---|---|---|---|---|
| बुङ्गिष्यति | बुङ्गिष्यतः | बुङ्गिष्यन्ति | अबुङ्गिष्यत् -द् | अबुङ्गिष्यताम् | अबुङ्गिष्यन् |
| बुङ्गिष्यसि | बुङ्गिष्यथः | बुङ्गिष्यथ | अबुङ्गिष्यः | अबुङ्गिष्यतम् | अबुङ्गिष्यत |
| बुङ्गिष्यामि | बुङ्गिष्यावः | बुङ्गिष्यामः | अबुङ्गिष्यम् | अबुङ्गिष्याव | अबुङ्गिष्याम |

| | | | | | |
|---|---|---|---|---|---|
| बुङ्गिता | बुङ्गितारौ | बुङ्गितारः | बुङ्ग्यात् -द् | बुङ्ग्यास्ताम् | बुङ्ग्यासुः |
| बुङ्गितासि | बुङ्गितास्थः | बुङ्गितास्थ | बुङ्ग्याः | बुङ्ग्यास्तम् | बुङ्ग्यास्त |
| बुङ्गितास्मि | बुङ्गितास्वः | बुङ्गितास्मः | बुङ्ग्यासम् | बुङ्ग्यास्व | बुङ्ग्यास्म |

| | | | | | |
|---|---|---|---|---|---|
| बुबुङ्ग | बुबुङ्गतुः | बुबुङ्गुः | अबुङ्गीत् -द् | अबुङ्गिष्टाम् | अबुङ्गिषुः |
| बुबुङ्गिथ | बुबुङ्गथुः | बुबुङ्ग | अबुङ्गीः | अबुङ्गिष्टम् | अबुङ्गिष्ट |
| बुबुङ्ग | बुबुङ्गिव | बुबुङ्गिम | अबुङ्गिषम् | अबुङ्गिष्व | अबुङ्गिष्म |

159 घघ हसने । दघि पालने । लघि शोषणे । घघँ । घघ् । घघति । P । सेट् । अ० । laugh, laugh at

| | | | | | |
|---|---|---|---|---|---|
| घघति | घघतः | घघन्ति | अघघत् -द् | अघघताम् | अघघन् |
| घघसि | घघथः | घघथ | अघघः | अघघतम् | अघघत |
| घघामि | घघावः | घघामः | अघघम् | अघघाव | अघघाम |

| | | | | | |
|---|---|---|---|---|---|
| घघतु | घघताम् | घघन्तु | घघेत् -द् | घघेताम् | घघेयुः |
| घघ | घघतम् | घघत | घघेः | घघेतम् | घघेत |
| घघानि | घघाव | घघाम | घघेयम् | घघेव | घघेम |

| | | | | | |
|---|---|---|---|---|---|
| घघिष्यति | घघिष्यतः | घघिष्यन्ति | अघघिष्यत् -द् | अघघिष्यताम् | अघघिष्यन् |
| घघिष्यसि | घघिष्यथः | घघिष्यथ | अघघिष्यः | अघघिष्यतम् | अघघिष्यत |
| घघिष्यामि | घघिष्यावः | घघिष्यामः | अघघिष्यम् | अघघिष्याव | अघघिष्याम |

| | | | | | |
|---|---|---|---|---|---|
| घघिता | घघितारौ | घघितारः | घघ्यात् -द् | घघ्यास्ताम् | घघ्यासुः |
| घघितासि | घघितास्थः | घघितास्थ | घघ्याः | घघ्यास्तम् | घघ्यास्त |
| घघितास्मि | घघितास्वः | घघितास्मः | घघ्यासम् | घघ्यास्व | घघ्यास्म |

| | | | | | |
|---|---|---|---|---|---|
| जघाघ | जघघतुः | जघघुः | अघघीत् -द् , अघाघीत् -द् | अघघिष्टाम् , अघाघिष्टाम् | अघघिषुः , अघाघिषुः |
| जघघिथ | जघघथुः | जघघ | अघघीः , | अघघिष्टम् , | अघघिष्ट , |

|   |   |   |   | अघाघीः | अघाघिष्टम् | अघाघिष्ट |
|---|---|---|---|---|---|---|
| जघाघ | जघघ | जघघिव | जघघिम | अघघिषम्, | अघघिष्व, | अघघिष्म, |
|   |   |   |   | अघाघिषम् | अघाघिष्व | अघाघिष्म |

160 मघि मण्डने । मघिँ । मङ्घ् । मङ्घति । P । सेट् । स० । adorn

| मङ्घति | मङ्घतः | मङ्घन्ति | अमङ्घत् -द् | अमङ्घताम् | अमङ्घन् |
|---|---|---|---|---|---|
| मङ्घसि | मङ्घथः | मङ्घथ | अमङ्घः | अमङ्घतम् | अमङ्घत |
| मङ्घामि | मङ्घावः | मङ्घामः | अमङ्घम् | अमङ्घाव | अमङ्घाम |

| मङ्घतु | मङ्घताम् | मङ्घन्तु | मङ्घेत् -द् | मङ्घेताम् | मङ्घेयुः |
|---|---|---|---|---|---|
| मङ्घ | मङ्घतम् | मङ्घत | मङ्घेः | मङ्घेतम् | मङ्घेत |
| मङ्घानि | मङ्घाव | मङ्घाम | मङ्घेयम् | मङ्घेव | मङ्घेम |

| मङ्घिष्यति | मङ्घिष्यतः | मङ्घिष्यन्ति | अमङ्घिष्यत् -द् | अमङ्घिष्यताम् | अमङ्घिष्यन् |
|---|---|---|---|---|---|
| मङ्घिष्यसि | मङ्घिष्यथः | मङ्घिष्यथ | अमङ्घिष्यः | अमङ्घिष्यतम् | अमङ्घिष्यत |
| मङ्घिष्यामि | मङ्घिष्यावः | मङ्घिष्यामः | अमङ्घिष्यम् | अमङ्घिष्याव | अमङ्घिष्याम |

| मङ्घिता | मङ्घितारौ | मङ्घितारः | मङ्घ्यात् -द् | मङ्घ्यास्ताम् | मङ्घ्यासुः |
|---|---|---|---|---|---|
| मङ्घितासि | मङ्घितास्थः | मङ्घितास्थ | मङ्घ्याः | मङ्घ्यास्तम् | मङ्घ्यास्त |
| मङ्घितास्मि | मङ्घितास्वः | मङ्घितास्मः | मङ्घ्यासम् | मङ्घ्यास्व | मङ्घ्यास्म |

| ममङ्घ | ममङ्घतुः | ममङ्घुः | अमङ्घीत् -द् | अमङ्घिष्टाम् | अमङ्घिषुः |
|---|---|---|---|---|---|
| ममङ्घिथ | ममङ्घथुः | ममङ्घ | अमङ्घीः | अमङ्घिष्टम् | अमङ्घिष्ट |
| ममङ्घ | ममङ्घिव | ममङ्घिम | अमङ्घिषम् | अमङ्घिष्व | अमङ्घिष्म |

161 शिघि आघ्राणे । अर्घ मूल्ये । शिघिँ । शिङ्घ् । शिङ्घति । P । सेट् । स० । smell

| शिङ्घति | शिङ्घतः | शिङ्घन्ति | अशिङ्घत् -द् | अशिङ्घताम् | अशिङ्घन् |
|---|---|---|---|---|---|
| शिङ्घसि | शिङ्घथः | शिङ्घथ | अशिङ्घः | अशिङ्घतम् | अशिङ्घत |
| शिङ्घामि | शिङ्घावः | शिङ्घामः | अशिङ्घम् | अशिङ्घाव | अशिङ्घाम |

| शिङ्घतु | शिङ्घताम् | शिङ्घन्तु | शिङ्घेत् -द् | शिङ्घेताम् | शिङ्घेयुः |
|---|---|---|---|---|---|
| शिङ्घ | शिङ्घतम् | शिङ्घत | शिङ्घेः | शिङ्घेतम् | शिङ्घेत |
| शिङ्घानि | शिङ्घाव | शिङ्घाम | शिङ्घेयम् | शिङ्घेव | शिङ्घेम |

| शिङ्घिष्यति | शिङ्घिष्यतः | शिङ्घिष्यन्ति | अशिङ्घिष्यत् -द् | अशिङ्घिष्यताम् | अशिङ्घिष्यन् |
|---|---|---|---|---|---|
| शिङ्घिष्यसि | शिङ्घिष्यथः | शिङ्घिष्यथ | अशिङ्घिष्यः | अशिङ्घिष्यतम् | अशिङ्घिष्यत |
| शिङ्घिष्यामि | शिङ्घिष्यावः | शिङ्घिष्यामः | अशिङ्घिष्यम् | अशिङ्घिष्याव | अशिङ्घिष्याम |

| | | | | | |
|---|---|---|---|---|---|
| शिङ्किता | शिङ्कितारौ | शिङ्कितारः | शिङ्क्यात् -द् | शिङ्क्यास्ताम् | शिङ्क्यासुः |
| शिङ्कितासि | शिङ्कितास्थः | शिङ्कितास्थ | शिङ्क्याः | शिङ्क्यास्तम् | शिङ्क्यास्त |
| शिङ्कितास्मि | शिङ्कितास्वः | शिङ्कितास्मः | शिङ्क्यासम् | शिङ्क्यास्व | शिङ्क्यास्म |

| | | | | | |
|---|---|---|---|---|---|
| शिशिङ्क | शिशिङ्कतुः | शिशिङ्कुः | अशिङ्कीत् -द् | अशिङ्किष्टाम् | अशिङ्किषुः |
| शिशिङ्किथ | शिशिङ्कथुः | शिशिङ्क | अशिङ्कीः | अशिङ्किष्टम् | अशिङ्किष्ट |
| शिशिङ्क | शिशिङ्किव | शिशिङ्किम | अशिङ्किषम् | अशिङ्किष्व | अशिङ्किष्म |

116 फक्कादयः उदात्ताः उदात्तेतः परस्मैभाषाः ।

## 162 अथ चवर्गीयान्ताः आत्मनेपदिनः एकविंशतिः ।

162 वर्च दीप्तौ । वर्चँ । वर्च् । वर्चते । A । सेट् । अ० । shine, be bright, be splendid

3.1.44 च्लेः सिच् । 8.2.25 धि च ।

| लट् 1 Present Tense | | | लङ् 2 Imperfect Past Tense | | |
|---|---|---|---|---|---|
| वर्चते | वर्चेते | वर्चन्ते | अवर्चत | अवर्चेताम् | अवर्चन्त |
| वर्चसे | वर्चेथे | वर्चध्वे | अवर्चथाः | अवर्चेथाम् | अवर्चध्वम् |
| वर्चे | वर्चावहे | वर्चामहे | अवर्चे | अवर्चावहि | अवर्चामहि |

| लोट् 3 Imperative Mood | | | विधिलिङ् 4 Potential Mood | | |
|---|---|---|---|---|---|
| वर्चताम् | वर्चेताम् | वर्चन्ताम् | वर्चेत | वर्चेयाताम् | वर्चेरन् |
| वर्चस्व | वर्चेथाम् | वर्चध्वम् | वर्चेथाः | वर्चेयाथाम् | वर्चेध्वम् |
| वर्चै | वर्चावहै | वर्चामहै | वर्चेय | वर्चेवहि | वर्चेमहि |

| लृट् 5 Simple Future Tense | | | लृङ् 6 Conditional Mood | | |
|---|---|---|---|---|---|
| वर्चिष्यते | वर्चिष्येते | वर्चिष्यन्ते | अवर्चिष्यत | अवर्चिष्येताम् | अवर्चिष्यन्त |
| वर्चिष्यसे | वर्चिष्येथे | वर्चिष्यध्वे | अवर्चिष्यथाः | अवर्चिष्येथाम् | अवर्चिष्यध्वम् |
| वर्चिष्ये | वर्चिष्यावहे | वर्चिष्यामहे | अवर्चिष्ये | अवर्चिष्यावहि | अवर्चिष्यामहि |

| लुट् 7 Periphrastic Future Tense | | | आशीर्लिङ् 8 Benedictive Mood | | |
|---|---|---|---|---|---|
| वर्चिता | वर्चितारौ | वर्चितारः | वर्चिषीष्ट | वर्चिषीयास्ताम् | वर्चिषीरन् |
| वर्चितासे | वर्चितासाथे | वर्चिताध्वे | वर्चिषीष्ठाः | वर्चिषीयास्थाम् | वर्चिषीध्वम् |
| वर्चिताहे | वर्चितास्वहे | वर्चितास्महे | वर्चिषीय | वर्चिषीवहि | वर्चिषीमहि |

| लिट् 9 Perfect Past Tense | | | लुङ् 10 Aorist Past Tense | | |
|---|---|---|---|---|---|
| ववर्चे | ववर्चाते | ववर्चिरे | अवर्चिष्ट | अवर्चिषाताम् | अवर्चिषत |
| ववर्चिषे | ववर्चाथे | ववर्चिध्वे | अवर्चिष्ठाः | अवर्चिषाथाम् | अवर्चिध्वम् |
| ववर्चे | ववर्चावहे | ववर्चामहे | अवर्चिषि | अवर्चिष्वहि | अवर्चिष्महि |

163 षच सेचने सेवने च । षचँ॒ । सच् । सचते । A । सेट् । स० । sprinkle, wet, serve,satisfy by services । 6.1.64 धात्वादेः षः सः । 7.4.60 हलादिः शेषः । 6.4.120 अत एकहल्मध्येऽनादेशादेर्लिटि ।

| | | | | | |
|---|---|---|---|---|---|
| सचते | सचेते | सचन्ते | असचत | असचेताम् | असचन्त |
| सचसे | सचेथे | सचध्वे | असचथाः | असचेथाम् | असचध्वम् |
| सचे | सचावहे | सचामहे | असचे | असचावहि | असचामहि |
| | | | | | |
| सचताम् | सचेताम् | सचन्ताम् | सचेत | सचेयाताम् | सचेरन् |
| सचस्व | सचेथाम् | सचध्वम् | सचेथाः | सचेयाथाम् | सचेध्वम् |
| सचै | सचावहै | सचामहै | सचेय | सचेवहि | सचेमहि |
| | | | | | |
| सचिष्यते | सचिष्येते | सचिष्यन्ते | असचिष्यत | असचिष्येताम् | असचिष्यन्त |
| सचिष्यसे | सचिष्येथे | सचिष्यध्वे | असचिष्यथाः | असचिष्येथाम् | असचिष्यध्वम् |
| सचिष्ये | सचिष्यावहे | सचिष्यामहे | असचिष्ये | असचिष्यावहि | असचिष्यामहि |
| | | | | | |
| सचिता | सचितारौ | सचितारः | सचिषीष्ट | सचिषीयास्ताम् | सचिषीरन् |
| सचितासे | सचितासाथे | सचिताध्वे | सचिषीष्ठाः | सचिषीयास्थाम् | सचिषीध्वम् |
| सचिताहे | सचितास्वहे | सचितास्महे | सचिषीय | सचिषीवहि | सचिषीमहि |
| | | | | | |
| सेचे | सेचाते | सेचिरे | असचिष्ट | असचिषाताम् | असचिषत |
| सेचिषे | सेचाथे | सेचिध्वे | असचिष्ठाः | असचिषाथाम् | असचिढ्वम् |
| सेचे | सेचिवहे | सेचिमहे | असचिषि | असचिष्वहि | असचिष्महि |

164 लोचृ दर्शने । लोचृँ । लोच् । लोचते । A । सेट् । स० । look, view, perceive, observe 7.4.60 हलादिः शेषः । 7.4.59 ह्रस्वः ।

| | | | | | |
|---|---|---|---|---|---|
| लोचते | लोचेते | लोचन्ते | अलोचत | अलोचेताम् | अलोचन्त |
| लोचसे | लोचेथे | लोचध्वे | अलोचथाः | अलोचेथाम् | अलोचध्वम् |
| लोचे | लोचावहे | लोचामहे | अलोचे | अलोचावहि | अलोचामहि |
| | | | | | |
| लोचताम् | लोचेताम् | लोचन्ताम् | लोचेत | लोचेयाताम् | लोचेरन् |
| लोचस्व | लोचेथाम् | लोचध्वम् | लोचेथाः | लोचेयाथाम् | लोचेध्वम् |
| लोचै | लोचावहै | लोचामहै | लोचेय | लोचेवहि | लोचेमहि |
| | | | | | |
| लोचिष्यते | लोचिष्येते | लोचिष्यन्ते | अलोचिष्यत | अलोचिष्येताम् | अलोचिष्यन्त |
| लोचिष्यसे | लोचिष्येथे | लोचिष्यध्वे | अलोचिष्यथाः | अलोचिष्येथाम् | अलोचिष्यध्वम् |
| लोचिष्ये | लोचिष्यावहे | लोचिष्यामहे | अलोचिष्ये | अलोचिष्यावहि | अलोचिष्यामहि |
| | | | | | |
| लोचिता | लोचितारौ | लोचितारः | लोचिषीष्ट | लोचिषीयास्ताम् | लोचिषीरन् |
| लोचितासे | लोचितासाथे | लोचिताध्वे | लोचिषीष्ठाः | लोचिषीयास्थाम् | लोचिषीध्वम् |
| लोचिताहे | लोचितास्वहे | लोचितास्महे | लोचिषीय | लोचिषीवहि | लोचिषीमहि |
| | | | | | |
| लुलोचे | लुलोचाते | लुलोचिरे | अलोचिष्ट | अलोचिषाताम् | अलोचिषत |
| लुलोचिषे | लुलोचाथे | लुलोचिध्वे | अलोचिष्ठाः | अलोचिषाथाम् | अलोचिढ्वम् |

| | | | | | |
|---|---|---|---|---|---|
| लुलोचे | लुलोचिवहे | लुलोचिमहे | अलोचिषि | अलोचिष्वहि | अलोचिष्महि |

165 **शच व्यक्तायां वाचि । शचँ । शच् । शचते** । A । **सेट् । स०** । speak clearly

| | | | | | |
|---|---|---|---|---|---|
| शचते | शचेते | शचन्ते | अशचत | अशचेताम् | अशचन्त |
| शचसे | शचेथे | शचध्वे | अशचथाः | अशचेथाम् | अशचध्वम् |
| शचे | शचावहे | शचामहे | अशचे | अशचावहि | अशचामहि |
| | | | | | |
| शचताम् | शचेताम् | शचन्ताम् | शचेत | शचेयाताम् | शचेरन् |
| शचस्व | शचेथाम् | शचध्वम् | शचेथाः | शचेयाथाम् | शचेध्वम् |
| शचै | शचावहै | शचामहै | शचेय | शचेवहि | शचेमहि |
| | | | | | |
| शचिष्यते | शचिष्येते | शचिष्यन्ते | अशचिष्यत | अशचिष्येताम् | अशचिष्यन्त |
| शचिष्यसे | शचिष्येथे | शचिष्यध्वे | अशचिष्यथाः | अशचिष्येथाम् | अशचिष्यध्वम् |
| शचिष्ये | शचिष्यावहे | शचिष्यामहे | अशचिष्ये | अशचिष्यावहि | अशचिष्यामहि |
| | | | | | |
| शचिता | शचितारौ | शचितारः | शचिषीष्ट | शचिषीयास्ताम् | शचिषीरन् |
| शचितासे | शचितासाथे | शचिताध्वे | शचिषीष्ठाः | शचिषीयास्थाम् | शचिषीध्वम् |
| शचिताहे | शचितास्वहे | शचितास्महे | शचिषीय | शचिषीवहि | शचिषीमहि |
| | | | | | |
| शेचे | शेचाते | शेचिरे | अशचिष्ट | अशचिषाताम् | अशचिषत |
| शेचिषे | शेचाथे | शेचिध्वे | अशचिष्ठाः | अशचिषाथाम् | अशचिध्वम् |
| शेचे | शेचिवहे | शेचिमहे | अशचिषि | अशचिष्वहि | अशचिष्महि |

166 **श्वच गतौ । श्वचँ । श्वच् । श्वचते** । A । **सेट् । स०** । go, move, slither

| | | | | | |
|---|---|---|---|---|---|
| श्वचते | श्वचेते | श्वचन्ते | अश्वचत | अश्वचेताम् | अश्वचन्त |
| श्वचसे | श्वचेथे | श्वचध्वे | अश्वचथाः | अश्वचेथाम् | अश्वचध्वम् |
| श्वचे | श्वचावहे | श्वचामहे | अश्वचे | अश्वचावहि | अश्वचामहि |
| | | | | | |
| श्वचताम् | श्वचेताम् | श्वचन्ताम् | श्वचेत | श्वचेयाताम् | श्वचेरन् |
| श्वचस्व | श्वचेथाम् | श्वचध्वम् | श्वचेथाः | श्वचेयाथाम् | श्वचेध्वम् |
| श्वचै | श्वचावहै | श्वचामहै | श्वचेय | श्वचेवहि | श्वचेमहि |
| | | | | | |
| श्वचिष्यते | श्वचिष्येते | श्वचिष्यन्ते | अश्वचिष्यत | अश्वचिष्येताम् | अश्वचिष्यन्त |
| श्वचिष्यसे | श्वचिष्येथे | श्वचिष्यध्वे | अश्वचिष्यथाः | अश्वचिष्येथाम् | अश्वचिष्यध्वम् |
| श्वचिष्ये | श्वचिष्यावहे | श्वचिष्यामहे | अश्वचिष्ये | अश्वचिष्यावहि | अश्वचिष्यामहि |
| | | | | | |
| श्वचिता | श्वचितारौ | श्वचितारः | श्वचिषीष्ट | श्वचिषीयास्ताम् | श्वचिषीरन् |
| श्वचितासे | श्वचितासाथे | श्वचिताध्वे | श्वचिषीष्ठाः | श्वचिषीयास्थाम् | श्वचिषीध्वम् |
| श्वचिताहे | श्वचितास्वहे | श्वचितास्महे | श्वचिषीय | श्वचिषीवहि | श्वचिषीमहि |
| | | | | | |
| शश्वचे | शश्वचाते | शश्वचिरे | अश्वचिष्ट | अश्वचिषाताम् | अश्वचिषत |
| शश्वचिषे | शश्वचाथे | शश्वचिध्वे | अश्वचिष्ठाः | अश्वचिषाथाम् | अश्वचिध्वम् |

| | | | | | |
|---|---|---|---|---|---|
| शश्वचे | शश्वचिवहे | शश्वचिमहे | अश्वचिषि | अश्वचिष्वहि | अश्वचिष्महि |

167 **श्वचि गतौ । शचि च । श्वचिँ । श्वञ्च् । श्वञ्चते** । A । **सेट्** । **स०** । go, move, slither

| | | | | | |
|---|---|---|---|---|---|
| श्वञ्चते | श्वञ्चेते | श्वञ्चन्ते | अश्वञ्चत | अश्वञ्चेताम् | अश्वञ्चन्त |
| श्वञ्चसे | श्वञ्चेथे | श्वञ्चध्वे | अश्वञ्चथाः | अश्वञ्चेथाम् | अश्वञ्चध्वम् |
| श्वञ्चे | श्वञ्चावहे | श्वञ्चामहे | अश्वञ्चे | अश्वञ्चावहि | अश्वञ्चामहि |
| | | | | | |
| श्वञ्चताम् | श्वञ्चेताम् | श्वञ्चन्ताम् | श्वञ्चेत | श्वञ्चेयाताम् | श्वञ्चेरन् |
| श्वञ्चस्व | श्वञ्चेथाम् | श्वञ्चध्वम् | श्वञ्चेथाः | श्वञ्चेयाथाम् | श्वञ्चेध्वम् |
| श्वञ्चै | श्वञ्चावहै | श्वञ्चामहै | श्वञ्चेय | श्वञ्चेवहि | श्वञ्चेमहि |
| | | | | | |
| श्वञ्चिष्यते | श्वञ्चिष्येते | श्वञ्चिष्यन्ते | अश्वञ्चिष्यत | अश्वञ्चिष्येताम् | अश्वञ्चिष्यन्त |
| श्वञ्चिष्यसे | श्वञ्चिष्येथे | श्वञ्चिष्यध्वे | अश्वञ्चिष्यथाः | अश्वञ्चिष्येथाम् | अश्वञ्चिष्यध्वम् |
| श्वञ्चिष्ये | श्वञ्चिष्यावहे | श्वञ्चिष्यामहे | अश्वञ्चिष्ये | अश्वञ्चिष्यावहि | अश्वञ्चिष्यामहि |
| | | | | | |
| श्वञ्चिता | श्वञ्चितारौ | श्वञ्चितारः | श्वञ्चिषीष्ट | श्वञ्चिषीयास्ताम् | श्वञ्चिषीरन् |
| श्वञ्चितासे | श्वञ्चितासाथे | श्वञ्चिताध्वे | श्वञ्चिषीष्ठाः | श्वञ्चिषीयास्थाम् | श्वञ्चिषीध्वम् |
| श्वञ्चिताहे | श्वञ्चितास्वहे | श्वञ्चितास्महे | श्वञ्चिषीय | श्वञ्चिषीवहि | श्वञ्चिषीमहि |
| | | | | | |
| शश्वञ्चे | शश्वञ्चाते | शश्वञ्चिरे | अश्वञ्चिष्ट | अश्वञ्चिषाताम् | अश्वञ्चिषत |
| शश्वञ्चिषे | शश्वञ्चाथे | शश्वञ्चिध्वे | अश्वञ्चिष्ठाः | अश्वञ्चिषाथाम् | अश्वञ्चिध्वम् |
| शश्वञ्चे | शश्वञ्चिवहे | शश्वञ्चिमहे | अश्वञ्चिषि | अश्वञ्चिष्वहि | अश्वञ्चिष्महि |

168 **कच बन्धने । कचँ । कच् । कचते** । A । **सेट्** । **स०** । bind, cry, shine 7.4.62 **कुहोश्चुः** ।

| | | | | | |
|---|---|---|---|---|---|
| कचते | कचेते | कचन्ते | अकचत | अकचेताम् | अकचन्त |
| कचसे | कचेथे | कचध्वे | अकचथाः | अकचेथाम् | अकचध्वम् |
| कचे | कचावहे | कचामहे | अकचे | अकचावहि | अकचामहि |
| | | | | | |
| कचताम् | कचेताम् | कचन्ताम् | कचेत | कचेयाताम् | कचेरन् |
| कचस्व | कचेथाम् | कचध्वम् | कचेथाः | कचेयाथाम् | कचेध्वम् |
| कचै | कचावहै | कचामहै | कचेय | कचेवहि | कचेमहि |
| | | | | | |
| कचिष्यते | कचिष्येते | कचिष्यन्ते | अकचिष्यत | अकचिष्येताम् | अकचिष्यन्त |
| कचिष्यसे | कचिष्येथे | कचिष्यध्वे | अकचिष्यथाः | अकचिष्येथाम् | अकचिष्यध्वम् |
| कचिष्ये | कचिष्यावहे | कचिष्यामहे | अकचिष्ये | अकचिष्यावहि | अकचिष्यामहि |
| | | | | | |
| कचिता | कचितारौ | कचितारः | कचिषीष्ट | कचिषीयास्ताम् | कचिषीरन् |
| कचितासे | कचितासाथे | कचिताध्वे | कचिषीष्ठाः | कचिषीयास्थाम् | कचिषीध्वम् |
| कचिताहे | कचितास्वहे | कचितास्महे | कचिषीय | कचिषीवहि | कचिषीमहि |
| | | | | | |
| चकचे | चकचाते | चकचिरे | अकचिष्ट | अकचिषाताम् | अकचिषत |
| चकचिषे | चकचाथे | चकचिध्वे | अकचिष्ठाः | अकचिषाथाम् | अकचिध्वम् |

| चकचे | चकचिवहे | चकचिमहे | अकचिषि | अकचिष्वहि | अकचिष्महि |

**169 कचि** दीप्तिबन्धनयोः । कचिँ । कञ्च् । कञ्चते । A । सेट् । स० । shine, bind

| कञ्चते | कञ्चेते | कञ्चन्ते | अकञ्चत | अकञ्चेताम् | अकञ्चन्त |
| कञ्चसे | कञ्चेथे | कञ्चध्वे | अकञ्चथाः | अकञ्चेथाम् | अकञ्चध्वम् |
| कञ्चे | कञ्चावहे | कञ्चामहे | अकञ्चे | अकञ्चावहि | अकञ्चामहि |

| कञ्चताम् | कञ्चेताम् | कञ्चन्ताम् | कञ्चेत | कञ्चेयाताम् | कञ्चेरन् |
| कञ्चस्व | कञ्चेथाम् | कञ्चध्वम् | कञ्चेथाः | कञ्चेयाथाम् | कञ्चेध्वम् |
| कञ्चै | कञ्चावहै | कञ्चामहै | कञ्चेय | कञ्चेवहि | कञ्चेमहि |

| कञ्चिष्यते | कञ्चिष्येते | कञ्चिष्यन्ते | अकञ्चिष्यत | अकञ्चिष्येताम् | अकञ्चिष्यन्त |
| कञ्चिष्यसे | कञ्चिष्येथे | कञ्चिष्यध्वे | अकञ्चिष्यथाः | अकञ्चिष्येथाम् | अकञ्चिष्यध्वम् |
| कञ्चिष्ये | कञ्चिष्यावहे | कञ्चिष्यामहे | अकञ्चिष्ये | अकञ्चिष्यावहि | अकञ्चिष्यामहि |

| कञ्चिता | कञ्चितारौ | कञ्चितारः | कञ्चिषीष्ट | कञ्चिषीयास्ताम् | कञ्चिषीरन् |
| कञ्चितासे | कञ्चितासाथे | कञ्चिताध्वे | कञ्चिषीष्ठाः | कञ्चिषीयास्थाम् | कञ्चिषीध्वम् |
| कञ्चिताहे | कञ्चितास्वहे | कञ्चितास्महे | कञ्चिषीय | कञ्चिषीवहि | कञ्चिषीमहि |

| चकञ्चे | चकञ्चाते | चकञ्चिरे | अकञ्चिष्ट | अकञ्चिषाताम् | अकञ्चिषत |
| चकञ्चिषे | चकञ्चाथे | चकञ्चिध्वे | अकञ्चिष्ठाः | अकञ्चिषाथाम् | अकञ्चिध्वम् |
| चकञ्चे | चकञ्चिवहे | चकञ्चिमहे | अकञ्चिषि | अकञ्चिष्वहि | अकञ्चिष्महि |

**170 काचि** दीप्तिबन्धनयोः । काचिँ । काञ्च् । काञ्चते । A । सेट् । स०* । shine, bind, be published

| काञ्चते | काञ्चेते | काञ्चन्ते | अकाञ्चत | अकाञ्चेताम् | अकाञ्चन्त |
| काञ्चसे | काञ्चेथे | काञ्चध्वे | अकाञ्चथाः | अकाञ्चेथाम् | अकाञ्चध्वम् |
| काञ्चे | काञ्चावहे | काञ्चामहे | अकाञ्चे | अकाञ्चावहि | अकाञ्चामहि |

| काञ्चताम् | काञ्चेताम् | काञ्चन्ताम् | काञ्चेत | काञ्चेयाताम् | काञ्चेरन् |
| काञ्चस्व | काञ्चेथाम् | काञ्चध्वम् | काञ्चेथाः | काञ्चेयाथाम् | काञ्चेध्वम् |
| काञ्चै | काञ्चावहै | काञ्चामहै | काञ्चेय | काञ्चेवहि | काञ्चेमहि |

| काञ्चिष्यते | काञ्चिष्येते | काञ्चिष्यन्ते | अकाञ्चिष्यत | अकाञ्चिष्येताम् | अकाञ्चिष्यन्त |
| काञ्चिष्यसे | काञ्चिष्येथे | काञ्चिष्यध्वे | अकाञ्चिष्यथाः | अकाञ्चिष्येथाम् | अकाञ्चिष्यध्वम् |
| काञ्चिष्ये | काञ्चिष्यावहे | काञ्चिष्यामहे | अकाञ्चिष्ये | अकाञ्चिष्यावहि | अकाञ्चिष्यामहि |

| काञ्चिता | काञ्चितारौ | काञ्चितारः | काञ्चिषीष्ट | **काञ्चिषीयास्ताम्** | काञ्चिषीरन् |
| काञ्चितासे | काञ्चितासाथे | काञ्चिताध्वे | काञ्चिषीष्ठाः | **काञ्चिषीयास्थाम्** | काञ्चिषीध्वम् |
| काञ्चिताहे | काञ्चितास्वहे | काञ्चितास्महे | काञ्चिषीय | काञ्चिषीवहि | काञ्चिषीमहि |

| चकाञ्चे | चकाञ्चाते | चकाञ्चिरे | अकाञ्चिष्ट | अकाञ्चिषाताम् | अकाञ्चिषत |

| | | | | | |
|---|---|---|---|---|---|
| चकाश्चिषे | चकाश्चाथे | चकाश्चिध्वे | अकाश्चिष्ठाः | अकाश्चिषाथाम् | अकाश्चिध्वम् |
| चकाश्चे | चकाश्चिवहे | चकाश्चिमहे | अकाश्चिषि | अकाश्चिष्वहि | अकाश्चिष्महि |

171 मच कल्कने । मचँ । मच् । मचते । A । सेट् । अ० । be arrogant, be wicked, grind

| | | | | | |
|---|---|---|---|---|---|
| मचते | मचेते | मचन्ते | अमचत | अमचेताम् | अमचन्त |
| मचसे | मचेथे | मचध्वे | अमचथाः | अमचेथाम् | अमचध्वम् |
| मचे | मचावहे | मचामहे | अमचे | अमचावहि | अमचामहि |

| | | | | | |
|---|---|---|---|---|---|
| मचताम् | मचेताम् | मचन्ताम् | मचेत | मचेयाताम् | मचेरन् |
| मचस्व | मचेथाम् | मचध्वम् | मचेथाः | मचेयाथाम् | मचेध्वम् |
| मचै | मचावहै | मचामहै | मचेय | मचेवहि | मचेमहि |

| | | | | | |
|---|---|---|---|---|---|
| मचिष्यते | मचिष्येते | मचिष्यन्ते | अमचिष्यत | अमचिष्येताम् | अमचिष्यन्त |
| मचिष्यसे | मचिष्येथे | मचिष्यध्वे | अमचिष्यथाः | अमचिष्येथाम् | अमचिष्यध्वम् |
| मचिष्ये | मचिष्यावहे | मचिष्यामहे | अमचिष्ये | अमचिष्यावहि | अमचिष्यामहि |

| | | | | | |
|---|---|---|---|---|---|
| मचिता | मचितारौ | मचितारः | मचिषीष्ट | मचिषीयास्ताम् | मचिषीरन् |
| मचितासे | मचितासाथे | मचिताध्वे | मचिषीष्ठाः | मचिषीयास्थाम् | मचिषीध्वम् |
| मचिताहे | मचितास्वहे | मचितास्महे | मचिषीय | मचिषीवहि | मचिषीमहि |

| | | | | | |
|---|---|---|---|---|---|
| मेचे | मेचाते | मेचिरे | अमचिष्ट | अमचिषाताम् | अमचिषत |
| मेचिषे | मेचाथे | मेचिध्वे | अमचिष्ठाः | अमचिषाथाम् | अमचिध्वम् |
| मेचे | मेचिवहे | मेचिमहे | अमचिषि | अमचिष्वहि | अमचिष्महि |

172 मुचि कल्कने । कथने इत्यन्ये । मुचि॒ । मुञ्च् । मुञ्चते । A । सेट् । अ० । be vain, deceive, cheat

| | | | | | |
|---|---|---|---|---|---|
| मुञ्चते | मुञ्चेते | मुञ्चन्ते | अमुञ्चत | अमुञ्चेताम् | अमुञ्चन्त |
| मुञ्चसे | मुञ्चेथे | मुञ्चध्वे | अमुञ्चथाः | अमुञ्चेथाम् | अमुञ्चध्वम् |
| मुञ्चे | मुञ्चावहे | मुञ्चामहे | अमुञ्चे | अमुञ्चावहि | अमुञ्चामहि |

| | | | | | |
|---|---|---|---|---|---|
| मुञ्चताम् | मुञ्चेताम् | मुञ्चन्ताम् | मुञ्चेत | मुञ्चेयाताम् | मुञ्चेरन् |
| मुञ्चस्व | मुञ्चेथाम् | मुञ्चध्वम् | मुञ्चेथाः | मुञ्चेयाथाम् | मुञ्चेध्वम् |
| मुञ्चै | मुञ्चावहै | मुञ्चामहै | मुञ्चेय | मुञ्चेवहि | मुञ्चेमहि |

| | | | | | |
|---|---|---|---|---|---|
| मुञ्चिष्यते | मुञ्चिष्येते | मुञ्चिष्यन्ते | अमुञ्चिष्यत | अमुञ्चिष्येताम् | अमुञ्चिष्यन्त |
| मुञ्चिष्यसे | मुञ्चिष्येथे | मुञ्चिष्यध्वे | अमुञ्चिष्यथाः | अमुञ्चिष्येथाम् | अमुञ्चिष्यध्वम् |
| मुञ्चिष्ये | मुञ्चिष्यावहे | मुञ्चिष्यामहे | अमुञ्चिष्ये | अमुञ्चिष्यावहि | अमुञ्चिष्यामहि |

| | | | | | |
|---|---|---|---|---|---|
| मुञ्चिता | मुञ्चितारौ | मुञ्चितारः | मुञ्चिषीष्ट | मुञ्चिषीयास्ताम् | मुञ्चिषीरन् |
| मुञ्चितासे | मुञ्चितासाथे | मुञ्चिताध्वे | मुञ्चिषीष्ठाः | मुञ्चिषीयास्थाम् | मुञ्चिषीध्वम् |
| मुञ्चिताहे | मुञ्चितास्वहे | मुञ्चितास्महे | मुञ्चिषीय | मुञ्चिषीवहि | मुञ्चिषीमहि |

| | | | | | |
|---|---|---|---|---|---|
| मुमुञ्चे | मुमुञ्चाते | मुमुञ्चिरे | अमुञ्चिष्ट | अमुञ्चिषाताम् | अमुञ्चिषत |
| मुमुञ्चिषे | मुमुञ्चाथे | मुमुञ्चिध्वे | अमुञ्चिष्ठाः | अमुञ्चिषाथाम् | अमुञ्चिढ्वम् |
| मुमुञ्चे | मुमुञ्चिवहे | मुमुञ्चिमहे | अमुञ्चिषि | अमुञ्चिष्वहि | अमुञ्चिष्महि |

173 मचि धारणोच्छ्रायपूजनेषु । मचिँ । मञ्च् । मञ्चते । A । सेट् । स० । hold, grow tall, go, shine, adore

| | | | | | |
|---|---|---|---|---|---|
| मञ्चते | मञ्चेते | मञ्चन्ते | अमञ्चत | अमञ्चेताम् | अमञ्चन्त |
| मञ्चसे | मञ्चेथे | मञ्चध्वे | अमञ्चथाः | अमञ्चेथाम् | अमञ्चध्वम् |
| मञ्चे | मञ्चावहे | मञ्चामहे | अमञ्चे | अमञ्चावहि | अमञ्चामहि |

| | | | | | |
|---|---|---|---|---|---|
| मञ्चताम् | मञ्चेताम् | मञ्चन्ताम् | मञ्चेत | मञ्चेयाताम् | मञ्चेरन् |
| मञ्चस्व | मञ्चेथाम् | मञ्चध्वम् | मञ्चेथाः | मञ्चेयाथाम् | मञ्चेध्वम् |
| मञ्चै | मञ्चावहै | मञ्चामहै | मञ्चेय | मञ्चेवहि | मञ्चेमहि |

| | | | | | |
|---|---|---|---|---|---|
| मञ्चिष्यते | मञ्चिष्येते | मञ्चिष्यन्ते | अमञ्चिष्यत | अमञ्चिष्येताम् | अमञ्चिष्यन्त |
| मञ्चिष्यसे | मञ्चिष्येथे | मञ्चिष्यध्वे | अमञ्चिष्यथाः | अमञ्चिष्येथाम् | अमञ्चिष्यध्वम् |
| मञ्चिष्ये | मञ्चिष्यावहे | मञ्चिष्यामहे | अमञ्चिष्ये | अमञ्चिष्यावहि | अमञ्चिष्यामहि |

| | | | | | |
|---|---|---|---|---|---|
| मञ्चिता | मञ्चितारौ | मञ्चितारः | मञ्चिषीष्ट | मञ्चिषीयास्ताम् | मञ्चिषीरन् |
| मञ्चितासे | मञ्चितासाथे | मञ्चिताध्वे | मञ्चिषीष्ठाः | मञ्चिषीयास्थाम् | मञ्चिषीध्वम् |
| मञ्चिताहे | मञ्चितास्वहे | मञ्चितास्महे | मञ्चिषीय | मञ्चिषीवहि | मञ्चिषीमहि |

| | | | | | |
|---|---|---|---|---|---|
| ममञ्चे | ममञ्चाते | ममञ्चिरे | अमञ्चिष्ट | अमञ्चिषाताम् | अमञ्चिषत |
| ममञ्चिषे | ममञ्चाथे | ममञ्चिध्वे | अमञ्चिष्ठाः | अमञ्चिषाथाम् | अमञ्चिढ्वम् |
| ममञ्चे | ममञ्चिवहे | ममञ्चिमहे | अमञ्चिषि | अमञ्चिष्वहि | अमञ्चिष्महि |

174 पचि व्यक्तीकरणे । पचिँ । पञ्च् । पञ्चते । A । सेट् । स० । explain in detail

| | | | | | |
|---|---|---|---|---|---|
| पञ्चते | पञ्चेते | पञ्चन्ते | अपञ्चत | अपञ्चेताम् | अपञ्चन्त |
| पञ्चसे | पञ्चेथे | पञ्चध्वे | अपञ्चथाः | अपञ्चेथाम् | अपञ्चध्वम् |
| पञ्चे | पञ्चावहे | पञ्चामहे | अपञ्चे | अपञ्चावहि | अपञ्चामहि |

| | | | | | |
|---|---|---|---|---|---|
| पञ्चताम् | पञ्चेताम् | पञ्चन्ताम् | पञ्चेत | पञ्चेयाताम् | पञ्चेरन् |
| पञ्चस्व | पञ्चेथाम् | पञ्चध्वम् | पञ्चेथाः | पञ्चेयाथाम् | पञ्चेध्वम् |
| पञ्चै | पञ्चावहै | पञ्चामहै | पञ्चेय | पञ्चेवहि | पञ्चेमहि |

| | | | | | |
|---|---|---|---|---|---|
| पञ्चिष्यते | पञ्चिष्येते | पञ्चिष्यन्ते | अपञ्चिष्यत | अपञ्चिष्येताम् | अपञ्चिष्यन्त |
| पञ्चिष्यसे | पञ्चिष्येथे | पञ्चिष्यध्वे | अपञ्चिष्यथाः | अपञ्चिष्येथाम् | अपञ्चिष्यध्वम् |
| पञ्चिष्ये | पञ्चिष्यावहे | पञ्चिष्यामहे | अपञ्चिष्ये | अपञ्चिष्यावहि | अपञ्चिष्यामहि |

| | | | | | |
|---|---|---|---|---|---|
| पञ्चिता | पञ्चितारौ | पञ्चितारः | पञ्चिषीष्ट | पञ्चिषीयास्ताम् | पञ्चिषीरन् |
| पञ्चितासे | पञ्चितासाथे | पञ्चिताध्वे | पञ्चिषीष्ठाः | पञ्चिषीयास्थाम् | पञ्चिषीध्वम् |

| | | | | | |
|---|---|---|---|---|---|
| पञ्चिताहे | पञ्चितास्वहे | पञ्चितास्महे | पञ्चिषीय | पञ्चिषीवहि | पञ्चिषीमहि |

| | | | | | |
|---|---|---|---|---|---|
| पपञ्चे | पपञ्चाते | पपञ्चिरे | अपञ्चिष्ट | अपञ्चिषाताम् | अपञ्चिषत |
| पपञ्चिषे | पपञ्चाथे | पपञ्चिध्वे | अपञ्चिष्ठाः | अपञ्चिषाथाम् | अपञ्चिध्वम् |
| पपञ्चे | पपञ्चिवहे | पपञ्चिमहे | अपञ्चिषि | अपञ्चिष्वहि | अपञ्चिष्महि |

175 **ष्टुच प्रसादे** । **ष्टुचँ** । **स्तुच्** । **स्तोचते** । A । **सेट्** । **अ०** । be pleased, be satisfied, shine

| | | | | | |
|---|---|---|---|---|---|
| स्तोचते | स्तोचेते | स्तोचन्ते | अस्तोचत | अस्तोचेताम् | अस्तोचन्त |
| स्तोचसे | स्तोचेथे | स्तोचध्वे | अस्तोचथाः | अस्तोचेथाम् | अस्तोचध्वम् |
| स्तोचे | स्तोचावहे | स्तोचामहे | अस्तोचे | अस्तोचावहि | अस्तोचामहि |

| | | | | | |
|---|---|---|---|---|---|
| स्तोचताम् | स्तोचेताम् | स्तोचन्ताम् | स्तोचेत | स्तोचेयाताम् | स्तोचेरन् |
| स्तोचस्व | स्तोचेथाम् | स्तोचध्वम् | स्तोचेथाः | स्तोचेयाथाम् | स्तोचेध्वम् |
| स्तोचै | स्तोचावहै | स्तोचामहै | स्तोचेय | स्तोचेवहि | स्तोचेमहि |

| | | | | | |
|---|---|---|---|---|---|
| स्तोचिष्यते | स्तोचिष्येते | स्तोचिष्यन्ते | अस्तोचिष्यत | अस्तोचिष्येताम् | अस्तोचिष्यन्त |
| स्तोचिष्यसे | स्तोचिष्येथे | स्तोचिष्यध्वे | अस्तोचिष्यथाः | अस्तोचिष्येथाम् | अस्तोचिष्यध्वम् |
| स्तोचिष्ये | स्तोचिष्यावहे | स्तोचिष्यामहे | अस्तोचिष्ये | अस्तोचिष्यावहि | अस्तोचिष्यामहि |

| | | | | | |
|---|---|---|---|---|---|
| स्तोचिता | स्तोचितारौ | स्तोचितारः | स्तोचिषीष्ट | **स्तोचिषीयास्ताम्** | स्तोचिषीरन् |
| स्तोचितासे | स्तोचितासाथे | स्तोचिताध्वे | स्तोचिषीष्ठाः | **स्तोचिषीयास्थाम्** | स्तोचिषीध्वम् |
| स्तोचिताहे | स्तोचितास्वहे | स्तोचितास्महे | स्तोचिषीय | स्तोचिषीवहि | स्तोचिषीमहि |

| | | | | | |
|---|---|---|---|---|---|
| तुष्टुचे | तुष्टुचाते | तुष्टुचिरे | अस्तोचिष्ट | अस्तोचिषाताम् | अस्तोचिषत |
| तुष्टुचिषे | तुष्टुचाथे | तुष्टुचिध्वे | अस्तोचिष्ठाः | अस्तोचिषाथाम् | अस्तोचिध्वम् |
| तुष्टुचे | तुष्टुचिवहे | तुष्टुचिमहे | अस्तोचिषि | अस्तोचिष्वहि | अस्तोचिष्महि |

176 **ऋज गतिस्थानार्जनोपार्जनेषु** । **ऋजँ** । **ऋज्** । **अर्जते** ।A । **सेट्** । **स०** । go,acquire,be firm, be strong

| | | | | | |
|---|---|---|---|---|---|
| अर्जते | अर्जेते | अर्जन्ते | आर्जत | आर्जेताम् | आर्जन्त |
| अर्जसे | अर्जेथे | अर्जध्वे | आर्जथाः | आर्जेथाम् | आर्जध्वम् |
| अर्जे | अर्जावहे | अर्जामहे | आर्जे | आर्जावहि | आर्जामहि |

| | | | | | |
|---|---|---|---|---|---|
| अर्जताम् | अर्जेताम् | अर्जन्ताम् | अर्जेत | अर्जेयाताम् | अर्जेरन् |
| अर्जस्व | अर्जेथाम् | अर्जध्वम् | अर्जेथाः | अर्जेयाथाम् | अर्जेध्वम् |
| अर्जै | अर्जावहै | अर्जामहै | अर्जेय | अर्जेवहि | अर्जेमहि |

| | | | | | |
|---|---|---|---|---|---|
| अर्जिष्यते | अर्जिष्येते | अर्जिष्यन्ते | आर्जिष्यत | आर्जिष्येताम् | आर्जिष्यन्त |
| अर्जिष्यसे | अर्जिष्येथे | अर्जिष्यध्वे | आर्जिष्यथाः | आर्जिष्येथाम् | आर्जिष्यध्वम् |
| अर्जिष्ये | अर्जिष्यावहे | अर्जिष्यामहे | आर्जिष्ये | आर्जिष्यावहि | आर्जिष्यामहि |

| | | | | | |
|---|---|---|---|---|---|
| अर्जिता | अर्जितारौ | अर्जितारः | अर्जिषीष्ट | अर्जिषीयास्ताम् | अर्जिषीरन् |
| अर्जितासे | अर्जितासाथे | अर्जिताध्वे | अर्जिषीष्ठाः | अर्जिषीयास्थाम् | अर्जिषीध्वम् |

| | | | | | |
|---|---|---|---|---|---|
| अर्जिताहे | अर्जितास्वहे | अर्जितास्महे | अर्जिषीय | अर्जिषीवहि | अर्जिषीमहि |

| | | | | | |
|---|---|---|---|---|---|
| आनृजे | आनृजाते | आनृजिरे | आर्जिष्ट | आर्जिषाताम् | आर्जिषत |
| आनृजिषे | आनृजाथे | आनृजिध्वे | आर्जिष्ठाः | आर्जिषाथाम् | आर्जिध्वम् |
| आनृजे | आनृजिवहे | आनृजिमहे | आर्जिषि | आर्जिष्वहि | आर्जिष्महि |

177 **ऋजि भर्जने । ऋजिँ । ऋञ्ज् । ऋञ्जते** । A । **सेट्** । **स०** । fry, roast 6.1.90

| | | | | | |
|---|---|---|---|---|---|
| **ऋञ्जते** | **ऋञ्जेते** | **ऋञ्जन्ते** | आर्ञ्जत | आर्ञ्जेताम् | आर्ञ्जन्त |
| **ऋञ्जसे** | **ऋञ्जेथे** | **ऋञ्जध्वे** | आर्ञ्जथाः | आर्ञ्जेथाम् | आर्ञ्जध्वम् |
| **ऋञ्जे** | **ऋञ्जावहे** | **ऋञ्जामहे** | आर्ञ्जे | आर्ञ्जावहि | आर्ञ्जामहि |

| | | | | | |
|---|---|---|---|---|---|
| **ऋञ्जताम्** | **ऋञ्जेताम्** | **ऋञ्जन्ताम्** | **ऋञ्जेत** | **ऋञ्जेयाताम्** | **ऋञ्जेरन्** |
| **ऋञ्जस्व** | **ऋञ्जेथाम्** | **ऋञ्जध्वम्** | **ऋञ्जेथाः** | **ऋञ्जेयाथाम्** | **ऋञ्जेध्वम्** |
| **ऋञ्जै** | **ऋञ्जावहै** | **ऋञ्जामहै** | **ऋञ्जेय** | **ऋञ्जेवहि** | **ऋञ्जेमहि** |

| | | | | | |
|---|---|---|---|---|---|
| **ऋञ्जिष्यते** | **ऋञ्जिष्येते** | **ऋञ्जिष्यन्ते** | आर्ञ्जिष्यत | आर्ञ्जिष्येताम् | आर्ञ्जिष्यन्त |
| **ऋञ्जिष्यसे** | **ऋञ्जिष्येथे** | **ऋञ्जिष्यध्वे** | आर्ञ्जिष्यथाः | आर्ञ्जिष्येथाम् | आर्ञ्जिष्यध्वम् |
| **ऋञ्जिष्ये** | **ऋञ्जिष्यावहे** | **ऋञ्जिष्यामहे** | आर्ञ्जिष्ये | आर्ञ्जिष्यावहि | आर्ञ्जिष्यामहि |

| | | | | | |
|---|---|---|---|---|---|
| ऋञ्जिता | ऋञ्जितारौ | ऋञ्जितारः | ऋञ्जिषीष्ट | **ऋञ्जिषीयास्ताम्** | ऋञ्जिषीरन् |
| ऋञ्जितासे | ऋञ्जितासाथे | ऋञ्जिताध्वे | ऋञ्जिषीष्ठाः | **ऋञ्जिषीयास्थाम्** | ऋञ्जिषीध्वम् |
| ऋञ्जिताहे | ऋञ्जितास्वहे | ऋञ्जितास्महे | ऋञ्जिषीय | ऋञ्जिषीवहि | ऋञ्जिषीमहि |

| | | | | | |
|---|---|---|---|---|---|
| **ऋञ्जाञ्चक्रे** | **ऋञ्जाञ्चक्राते** | **ऋञ्जाञ्चक्रिरे** | आर्ञ्जिष्ट | आर्ञ्जिषाताम् | आर्ञ्जिषत |
| **ऋञ्जाम्बभूव** | **ऋञ्जाम्बभूवतुः** | **ऋञ्जाम्बभूवुः** | | | |
| **ऋञ्जामास** | **ऋञ्जामासतुः** | **ऋञ्जामासुः** | | | |
| **ऋञ्जाञ्चकृषे** | **ऋञ्जाञ्चक्राथे** | **ऋञ्जाञ्चकृढ्वे** | आर्ञ्जिष्ठाः | आर्ञ्जिषाथाम् | आर्ञ्जिध्वम् |
| **ऋञ्जाम्बभूविथ** | **ऋञ्जाम्बभूवथुः** | **ऋञ्जाम्बभूव** | | | |
| **ऋञ्जामासिथ** | **ऋञ्जामासथुः** | **ऋञ्जामास** | | | |
| **ऋञ्जाञ्चक्रे** | **ऋञ्जाञ्चकृवहे** | **ऋञ्जाञ्चकृमहे** | आर्ञ्जिषि | आर्ञ्जिष्वहि | आर्ञ्जिष्महि |
| **ऋञ्जाम्बभूव** | **ऋञ्जाम्बभूविव** | **ऋञ्जाम्बभूविम** | | | |
| **ऋञ्जामास** | **ऋञ्जामासिव** | **ऋञ्जामासिम** | | | |

178 **भृजी भर्जने । भृजीँ । भृज् । भर्जते** । A । **सेट्** । **स०** । fry, roast । 8.4.55

| | | | | | |
|---|---|---|---|---|---|
| भर्जते | भर्जेते | भर्जन्ते | अभर्जत | अभर्जेताम् | अभर्जन्त |
| भर्जसे | भर्जेथे | भर्जध्वे | अभर्जथाः | अभर्जेथाम् | अभर्जध्वम् |
| भर्जे | भर्जावहे | भर्जामहे | अभर्जे | अभर्जावहि | अभर्जामहि |

| | | | | | |
|---|---|---|---|---|---|
| भर्जताम् | भर्जेताम् | भर्जन्ताम् | भर्जेत | भर्जेयाताम् | भर्जेरन् |
| भर्जस्व | भर्जेथाम् | भर्जध्वम् | भर्जेथाः | भर्जेयाथाम् | भर्जेध्वम् |
| भर्जै | भर्जावहै | भर्जामहै | भर्जेय | भर्जेवहि | भर्जेमहि |

| | | | | | |
|---|---|---|---|---|---|
| भर्जिष्यते | भर्जिष्येते | भर्जिष्यन्ते | अभर्जिष्यत | अभर्जिष्येताम् | अभर्जिष्यन्त |
| भर्जिष्यसे | भर्जिष्येथे | भर्जिष्यध्वे | अभर्जिष्यथाः | अभर्जिष्येथाम् | अभर्जिष्यध्वम् |
| भर्जिष्ये | भर्जिष्यावहे | भर्जिष्यामहे | अभर्जिष्ये | अभर्जिष्यावहि | अभर्जिष्यामहि |

| | | | | | |
|---|---|---|---|---|---|
| भर्जिता | भर्जितारौ | भर्जितारः | भर्जिषीष्ट | भर्जिषीयास्ताम् | भर्जिषीरन् |
| भर्जितासे | भर्जितासाथे | भर्जिताध्वे | भर्जिषीष्ठाः | भर्जिषीयास्थाम् | भर्जिषीध्वम् |
| भर्जिताहे | भर्जितास्वहे | भर्जितास्महे | भर्जिषीय | भर्जिषीवहि | भर्जिषीमहि |

| | | | | | |
|---|---|---|---|---|---|
| बभृजे | बभृजाते | बभृजिरे | अभर्जिष्ट | अभर्जिषाताम् | अभर्जिषत |
| बभृजिषे | बभृजाथे | बभृजिध्वे | अभर्जिष्ठाः | अभर्जिषाथाम् | अभर्जिध्वम् |
| बभृजे | बभृजिवहे | बभृजिमहे | अभर्जिषि | अभर्जिष्वहि | अभर्जिष्महि |

179 **एजृ दीप्तौ । एजृँ । एज् । एजते । A । सेट् । अ०** । shine, tremble, move

| | | | | | |
|---|---|---|---|---|---|
| एजते | एजेते | एजन्ते | ऐजत | ऐजेताम् | ऐजन्त |
| एजसे | एजेथे | एजध्वे | ऐजथाः | ऐजेथाम् | ऐजध्वम् |
| एजे | एजावहे | एजामहे | ऐजे | ऐजावहि | ऐजामहि |

| | | | | | |
|---|---|---|---|---|---|
| एजताम् | एजेताम् | एजन्ताम् | एजेत | एजेयाताम् | एजेरन् |
| एजस्व | एजेथाम् | एजध्वम् | एजेथाः | एजेयाथाम् | एजेध्वम् |
| एजै | एजावहै | एजामहै | एजेय | एजेवहि | एजेमहि |

| | | | | | |
|---|---|---|---|---|---|
| एजिष्यते | एजिष्येते | एजिष्यन्ते | ऐजिष्यत | ऐजिष्येताम् | ऐजिष्यन्त |
| एजिष्यसे | एजिष्येथे | एजिष्यध्वे | ऐजिष्यथाः | ऐजिष्येथाम् | ऐजिष्यध्वम् |
| एजिष्ये | एजिष्यावहे | एजिष्यामहे | ऐजिष्ये | ऐजिष्यावहि | ऐजिष्यामहि |

| | | | | | |
|---|---|---|---|---|---|
| एजिता | एजितारौ | एजितारः | एजिषीष्ट | एजिषीयास्ताम् | एजिषीरन् |
| एजितासे | एजितासाथे | एजिताध्वे | एजिषीष्ठाः | एजिषीयास्थाम् | एजिषीध्वम् |
| एजिताहे | एजितास्वहे | एजितास्महे | एजिषीय | एजिषीवहि | एजिषीमहि |

| | | | | | |
|---|---|---|---|---|---|
| **एजाञ्चक्रे** | **एजाञ्चक्राते** | **एजाञ्चक्रिरे** | **ऐजिष्ट** | **ऐजिषाताम्** | **ऐजिषत** |
| **एजाम्बभूव** | **एजाम्बभूवतुः** | **एजाम्बभूवुः** | | | |
| **एजामास** | **एजामासतुः** | **एजामासुः** | | | |
| **एजाञ्चकृषे** | **एजाञ्चक्राथे** | **एजाञ्चकृढ्वे** | **ऐजिष्ठाः** | **ऐजिषाथाम्** | **ऐजिध्वम्** |
| **एजाम्बभूविथ** | **एजाम्बभूवथुः** | **एजाम्बभूव** | | | |
| **एजामासिथ** | **एजामासथुः** | **एजामास** | | | |
| **एजाञ्चक्रे** | **एजाञ्चकृवहे** | **एजाञ्चकृमहे** | **ऐजिषि** | **ऐजिष्वहि** | **ऐजिष्महि** |
| **एजाम्बभूव** | **एजाम्बभूविव** | **एजाम्बभूविम** | | | |

| | | | | | |
|---|---|---|---|---|---|
| एजामास | एजामासिव | एजामासिम | | | |

180 **भ्रेजृ दीप्तौ** । **भ्रेजृँ** । **भ्रेज्** । **भ्रेजते** । A । **सेट्** । अ० । shine, glow

| | | | | | |
|---|---|---|---|---|---|
| भ्रेजते | भ्रेजेते | भ्रेजन्ते | अभ्रेजत | अभ्रेजेताम् | अभ्रेजन्त |
| भ्रेजसे | भ्रेजेथे | भ्रेजध्वे | अभ्रेजथाः | अभ्रेजेथाम् | अभ्रेजध्वम् |
| भ्रेजे | भ्रेजावहे | भ्रेजामहे | अभ्रेजे | अभ्रेजावहि | अभ्रेजामहि |
| | | | | | |
| भ्रेजताम् | भ्रेजेताम् | भ्रेजन्ताम् | भ्रेजेत | भ्रेजेयाताम् | भ्रेजेरन् |
| भ्रेजस्व | भ्रेजेथाम् | भ्रेजध्वम् | भ्रेजेथाः | भ्रेजेयाथाम् | भ्रेजेध्वम् |
| भ्रेजै | भ्रेजावहै | भ्रेजामहै | भ्रेजेय | भ्रेजेवहि | भ्रेजेमहि |
| | | | | | |
| भ्रेजिष्यते | भ्रेजिष्येते | भ्रेजिष्यन्ते | अभ्रेजिष्यत | अभ्रेजिष्येताम् | अभ्रेजिष्यन्त |
| भ्रेजिष्यसे | भ्रेजिष्येथे | भ्रेजिष्यध्वे | अभ्रेजिष्यथाः | अभ्रेजिष्येथाम् | अभ्रेजिष्यध्वम् |
| भ्रेजिष्ये | भ्रेजिष्यावहे | भ्रेजिष्यामहे | अभ्रेजिष्ये | अभ्रेजिष्यावहि | अभ्रेजिष्यामहि |
| | | | | | |
| भ्रेजिता | भ्रेजितारौ | भ्रेजितारः | भ्रेजिषीष्ट | भ्रेजिषीयास्ताम् | भ्रेजिषीरन् |
| भ्रेजितासे | भ्रेजितासाथे | भ्रेजिताध्वे | भ्रेजिषीष्ठाः | भ्रेजिषीयास्थाम् | भ्रेजिषीध्वम् |
| भ्रेजिताहे | भ्रेजितास्वहे | भ्रेजितास्महे | भ्रेजिषीय | भ्रेजिषीवहि | भ्रेजिषीमहि |
| | | | | | |
| बिभ्रेजे | बिभ्रेजाते | बिभ्रेजिरे | अभ्रेजिष्ट | अभ्रेजिषाताम् | अभ्रेजिषत |
| बिभ्रेजिषे | बिभ्रेजाथे | बिभ्रेजिध्वे | अभ्रेजिष्ठाः | अभ्रेजिषाथाम् | अभ्रेजिध्वम् |
| बिभ्रेजे | बिभ्रेजिवहे | बिभ्रेजिमहे | अभ्रेजिषि | अभ्रेजिष्वहि | अभ्रेजिष्महि |

181 **भ्राजृ दीप्तौ** । **भ्राजृँ** । **भ्राज्** । **भ्राजते** । A । **सेट्** । अ० । shine, glow

| | | | | | |
|---|---|---|---|---|---|
| भ्राजते | भ्राजेते | भ्राजन्ते | अभ्राजत | अभ्राजेताम् | अभ्राजन्त |
| भ्राजसे | भ्राजेथे | भ्राजध्वे | अभ्राजथाः | अभ्राजेथाम् | अभ्राजध्वम् |
| भ्राजे | भ्राजावहे | भ्राजामहे | अभ्राजे | अभ्राजावहि | अभ्राजामहि |
| | | | | | |
| भ्राजताम् | भ्राजेताम् | भ्राजन्ताम् | भ्राजेत | भ्राजेयाताम् | भ्राजेरन् |
| भ्राजस्व | भ्राजेथाम् | भ्राजध्वम् | भ्राजेथाः | भ्राजेयाथाम् | भ्राजेध्वम् |
| भ्राजै | भ्राजावहै | भ्राजामहै | भ्राजेय | भ्राजेवहि | भ्राजेमहि |
| | | | | | |
| भ्राजिष्यते | भ्राजिष्येते | भ्राजिष्यन्ते | अभ्राजिष्यत | अभ्राजिष्येताम् | अभ्राजिष्यन्त |
| भ्राजिष्यसे | भ्राजिष्येथे | भ्राजिष्यध्वे | अभ्राजिष्यथाः | अभ्राजिष्येथाम् | अभ्राजिष्यध्वम् |
| भ्राजिष्ये | भ्राजिष्यावहे | भ्राजिष्यामहे | अभ्राजिष्ये | अभ्राजिष्यावहि | अभ्राजिष्यामहि |
| | | | | | |
| भ्राजिता | भ्राजितारौ | भ्राजितारः | भ्राजिषीष्ट | भ्राजिषीयास्ताम् | भ्राजिषीरन् |
| भ्राजितासे | भ्राजितासाथे | भ्राजिताध्वे | भ्राजिषीष्ठाः | भ्राजिषीयास्थाम् | भ्राजिषीध्वम् |
| भ्राजिताहे | भ्राजितास्वहे | भ्राजितास्महे | भ्राजिषीय | भ्राजिषीवहि | भ्राजिषीमहि |
| | | | | | |
| बभ्राजे | बभ्राजाते | बभ्राजिरे | अभ्राजिष्ट | अभ्राजिषाताम् | अभ्राजिषत |
| बभ्राजिषे | बभ्राजाथे | बभ्राजिध्वे | अभ्राजिष्ठाः | अभ्राजिषाथाम् | अभ्राजिध्वम् |

| | | | | | |
|---|---|---|---|---|---|
| बभ्राजे | बभ्राजिवहे | बभ्राजिमहे | अभ्राजिषि | अभ्राजिष्वहि | अभ्राजिष्महि |

182 **ईज गतिकुत्सनयोः । ईजँ । ईज् । ईजते** । A । **सेट्** । **स०** । go, censure 6.1.90

| | | | | | |
|---|---|---|---|---|---|
| ईजते | ईजेते | ईजन्ते | ऐजत | ऐजेताम् | ऐजन्त |
| ईजसे | ईजेथे | ईजध्वे | ऐजथाः | ऐजेथाम् | ऐजध्वम् |
| ईजे | ईजावहे | ईजामहे | ऐजे | ऐजावहि | ऐजामहि |
| | | | | | |
| ईजताम् | ईजेताम् | ईजन्ताम् | ईजेत | ईजेयाताम् | ईजेरन् |
| ईजस्व | ईजेथाम् | ईजध्वम् | ईजेथाः | ईजेयाथाम् | ईजेध्वम् |
| ईजै | ईजावहै | ईजामहै | ईजेय | ईजेवहि | ईजेमहि |
| | | | | | |
| ईजिष्यते | ईजिष्येते | ईजिष्यन्ते | ऐजिष्यत | ऐजिष्येताम् | ऐजिष्यन्त |
| ईजिष्यसे | ईजिष्येथे | ईजिष्यध्वे | ऐजिष्यथाः | ऐजिष्येथाम् | ऐजिष्यध्वम् |
| ईजिष्ये | ईजिष्यावहे | ईजिष्यामहे | ऐजिष्ये | ऐजिष्यावहि | ऐजिष्यामहि |
| | | | | | |
| ईजिता | ईजितारौ | ईजितारः | ईजिषीष्ट | ईजिषीयास्ताम् | ईजिषीरन् |
| ईजितासे | ईजितासाथे | ईजिताध्वे | ईजिषीष्ठाः | ईजिषीयास्थाम् | ईजिषीध्वम् |
| ईजिताहे | ईजितास्वहे | ईजितास्महे | ईजिषीय | ईजिषीवहि | ईजिषीमहि |
| | | | | | |
| **ईजाञ्चक्रे** | **ईजाञ्चक्राते** | **ईजाञ्चक्रिरे** | **ऐजिष्ट** | **ऐजिषाताम्** | **ऐजिषत** |
| **ईजाम्बभूव** | **ईजाम्बभूवतुः** | **ईजाम्बभूवुः** | | | |
| **ईजामास** | **ईजामासतुः** | **ईजामासुः** | | | |
| **ईजाञ्चकृषे** | **ईजाञ्चक्राथे** | **ईजाञ्चकृढ्वे** | **ऐजिष्ठाः** | **ऐजिषाथाम्** | **ऐजिध्वम्** |
| **ईजाम्बभूविथ** | **ईजाम्बभूवथुः** | **ईजाम्बभूव** | | | |
| **ईजामासिथ** | **ईजामासथुः** | **ईजामास** | | | |
| **ईजाञ्चक्रे** | **ईजाञ्चकृवहे** | **ईजाञ्चकृमहे** | **ऐजिषि** | **ऐजिष्वहि** | **ऐजिष्महि** |
| **ईजाम्बभूव** | **ईजाम्बभूविव** | **ईजाम्बभूविम** | | | |
| **ईजामास** | **ईजामासिव** | **ईजामासिम** | | | |

162 वर्चादयः उदात्ताः अनुदात्तेतः आत्मनेभाषाः ।

## 183 अथ चवर्गीयान्ता व्रज्यन्ताः परस्मैपदिनः द्विसप्ततिः ।

183 **शुच शोके** । **शुचँ** । **शुच्** । **शोचति** । P । **सेट्** । **अ०** । suffer, regret, grieve

| लट् 1 Present Tense | | | लङ् 2 Imperfect Past Tense | | |
|---|---|---|---|---|---|
| शोचति | शोचतः | शोचन्ति | अशोचत् -द् | अशोचताम् | अशोचन् |
| शोचसि | शोचथः | शोचथ | अशोचः | अशोचतम् | अशोचत |
| शोचामि | शोचावः | शोचामः | अशोचम् | अशोचाव | अशोचाम |

लोट् 3 Imperative Mood | विधिलिङ् 4 Potential Mood

| शोचतु शोचतात् -द् | शोचताम् | शोचन्तु | शोचेत् -द् | शोचेताम् | शोचेयुः |
| शोच शोचतात् -द् | शोचतम् | शोचत | शोचेः | शोचेतम् | शोचेत |
| शोचानि | शोचाव | शोचाम | शोचेयम् | शोचेव | शोचेम |

## लृट् 5 Simple Future Tense

| शोचिष्यति | शोचिष्यतः | शोचिष्यन्ति |
| शोचिष्यसि | शोचिष्यथः | शोचिष्यथ |
| शोचिष्यामि | शोचिष्यावः | शोचिष्यामः |

## लृङ् 6 Conditional Mood

| अशोचिष्यत् -द् | अशोचिष्यताम् | अशोचिष्यन् |
| अशोचिष्यः | अशोचिष्यतम् | अशोचिष्यत |
| अशोचिष्यम् | अशोचिष्याव | अशोचिष्याम |

## लुट् 7 Periphrastic Future Tense

| शोचिता | शोचितारौ | शोचितारः |
| शोचितासि | शोचितास्थः | शोचितास्थ |
| शोचितास्मि | शोचितास्वः | शोचितास्मः |

## आशीर्लिङ् 8 Benedictive Mood

| शुच्यात् -द् | शुच्यास्ताम् | शुच्यासुः |
| शुच्याः | शुच्यास्तम् | शुच्यास्त |
| शुच्यासम् | शुच्यास्व | शुच्यास्म |

## लिट् 9 Perfect Past Tense

| शुशोच | शुशुचतुः | शुशुचुः |
| शुशोचिथ | शुशुचथुः | शुशुच |
| शुशोच | शुशुचिव | शुशुचिम |

## लुङ् 10 Aorist Past Tense

| अशोचीत् -द् | अशोचिष्टाम् | अशोचिषुः |
| अशोचीः | अशोचिष्टम् | अशोचिष्ट |
| अशोचिषम् | अशोचिष्व | अशोचिष्म |

184 कुच शब्दे तारे । कुचँ । कुच् । कोचति । P । सेट् । स० । sound loudly, utter shrill cry

| कोचति | कोचतः | कोचन्ति | अकोचत् -द् | अकोचताम् | अकोचन् |
| कोचसि | कोचथः | कोचथ | अकोचः | अकोचतम् | अकोचत |
| कोचामि | कोचावः | कोचामः | अकोचम् | अकोचाव | अकोचाम |

| कोचतु कोचतात् -द् | कोचताम् | कोचन्तु | कोचेत् -द् | कोचेताम् | कोचेयुः |
| कोच कोचतात् -द् | कोचतम् | कोचत | कोचेः | कोचेतम् | कोचेत |
| कोचानि | कोचाव | कोचाम | कोचेयम् | कोचेव | कोचेम |

| कोचिष्यति | कोचिष्यतः | कोचिष्यन्ति | अकोचिष्यत् -द् | अकोचिष्यताम् | अकोचिष्यन् |
| कोचिष्यसि | कोचिष्यथः | कोचिष्यथ | अकोचिष्यः | अकोचिष्यतम् | अकोचिष्यत |
| कोचिष्यामि | कोचिष्यावः | कोचिष्यामः | अकोचिष्यम् | अकोचिष्याव | अकोचिष्याम |

| कोचिता | कोचितारौ | कोचितारः | कुच्यात् -द् | कुच्यास्ताम् | कुच्यासुः |
| कोचितासि | कोचितास्थः | कोचितास्थ | कुच्याः | कुच्यास्तम् | कुच्यास्त |
| कोचितास्मि | कोचितास्वः | कोचितास्मः | कुच्यासम् | कुच्यास्व | कुच्यास्म |

| चुकोच | चुकुचतुः | चुकुचुः | अकोचीत् -द् | अकोचिष्टाम् | अकोचिषुः |
| चुकोचिथ | चुकुचथुः | चुकुच | अकोचीः | अकोचिष्टम् | अकोचिष्ट |
| चुकोच | चुकुचिव | चुकुचिम | अकोचिषम् | अकोचिष्व | अकोचिष्म |

185 कुञ्च कौटिल्याल्पीभावयोः । कुञ्चँ । कुञ्च् । कुञ्चति । P । सेट् । अ० । be curved, shrink, go or come near । 6.4.24 अनिदितां हल उपधायाः क्ङिति ।

| | | | | | |
|---|---|---|---|---|---|
| कुञ्चति | कुञ्चतः | कुञ्चन्ति | अकुञ्चत् -द् | अकुञ्चताम् | अकुञ्चन् |
| कुञ्चसि | कुञ्चथः | कुञ्चथ | अकुञ्चः | अकुञ्चतम् | अकुञ्चत |
| कुञ्चामि | कुञ्चावः | कुञ्चामः | अकुञ्चम् | अकुञ्चाव | अकुञ्चाम |

| | | | | | |
|---|---|---|---|---|---|
| कुञ्चतु कुञ्चतात् -द् | कुञ्चताम् | कुञ्चन्तु | कुञ्चेत् -द् | कुञ्चेताम् | कुञ्चेयुः |
| कुञ्च कुञ्चतात् -द् | कुञ्चतम् | कुञ्चत | कुञ्चेः | कुञ्चेतम् | कुञ्चेत |
| कुञ्चानि | कुञ्चाव | कुञ्चाम | कुञ्चेयम् | कुञ्चेव | कुञ्चेम |

| | | | | | |
|---|---|---|---|---|---|
| कुञ्चिष्यति | कुञ्चिष्यतः | कुञ्चिष्यन्ति | अकुञ्चिष्यत् -द् | अकुञ्चिष्यताम् | अकुञ्चिष्यन् |
| कुञ्चिष्यसि | कुञ्चिष्यथः | कुञ्चिष्यथ | अकुञ्चिष्यः | अकुञ्चिष्यतम् | अकुञ्चिष्यत |
| कुञ्चिष्यामि | कुञ्चिष्यावः | कुञ्चिष्यामः | अकुञ्चिष्यम् | अकुञ्चिष्याव | अकुञ्चिष्याम |

| | | | | | |
|---|---|---|---|---|---|
| कुञ्चिता | कुञ्चितारौ | कुञ्चितारः | कुच्यात् -द् | कुच्यास्ताम् | कुच्यासुः |
| कुञ्चितासि | कुञ्चितास्थः | कुञ्चितास्थ | कुच्याः | कुच्यास्तम् | कुच्यास्त |
| कुञ्चितास्मि | कुञ्चितास्वः | कुञ्चितास्मः | कुच्यासम् | कुच्यास्व | कुच्यास्म |

| | | | | | |
|---|---|---|---|---|---|
| चुकुञ्च | चुकुञ्चतुः | चुकुञ्चुः | अकुञ्चीत् -द् | अकुञ्चिष्टाम् | अकुञ्चिषुः |
| चुकुञ्चिथ | चुकुञ्चथुः | चुकुञ्च | अकुञ्चीः | अकुञ्चिष्टम् | अकुञ्चिष्ट |
| चुकुञ्च | चुकुञ्चिव | चुकुञ्चिम | अकुञ्चिषम् | अकुञ्चिष्व | अकुञ्चिष्म |

186 क्रुञ्च कौटिल्याल्पीभावयोः । क्रुञ्चँ । क्रुञ्च् । क्रुञ्चति । P । सेट् । अ० । be curved, shrink, go or come near । 6.4.24 अनिदितां०

| | | | | | |
|---|---|---|---|---|---|
| क्रुञ्चति | क्रुञ्चतः | क्रुञ्चन्ति | अक्रुञ्चत् -द् | अक्रुञ्चताम् | अक्रुञ्चन् |
| क्रुञ्चसि | क्रुञ्चथः | क्रुञ्चथ | अक्रुञ्चः | अक्रुञ्चतम् | अक्रुञ्चत |
| क्रुञ्चामि | क्रुञ्चावः | क्रुञ्चामः | अक्रुञ्चम् | अक्रुञ्चाव | अक्रुञ्चाम |

| | | | | | |
|---|---|---|---|---|---|
| क्रुञ्चतु क्रुञ्चतात् -द् | क्रुञ्चताम् | क्रुञ्चन्तु | क्रुञ्चेत् -द् | क्रुञ्चेताम् | क्रुञ्चेयुः |
| क्रुञ्च क्रुञ्चतात् -द् | क्रुञ्चतम् | क्रुञ्चत | क्रुञ्चेः | क्रुञ्चेतम् | क्रुञ्चेत |
| क्रुञ्चानि | क्रुञ्चाव | क्रुञ्चाम | क्रुञ्चेयम् | क्रुञ्चेव | क्रुञ्चेम |

| | | | | | |
|---|---|---|---|---|---|
| क्रुञ्चिष्यति | क्रुञ्चिष्यतः | क्रुञ्चिष्यन्ति | अक्रुञ्चिष्यत् -द् | अक्रुञ्चिष्यताम् | अक्रुञ्चिष्यन् |
| क्रुञ्चिष्यसि | क्रुञ्चिष्यथः | क्रुञ्चिष्यथ | अक्रुञ्चिष्यः | अक्रुञ्चिष्यतम् | अक्रुञ्चिष्यत |
| क्रुञ्चिष्यामि | क्रुञ्चिष्यावः | क्रुञ्चिष्यामः | अक्रुञ्चिष्यम् | अक्रुञ्चिष्याव | अक्रुञ्चिष्याम |

| | | | | | |
|---|---|---|---|---|---|
| कुञ्चिता | कुञ्चितारौ | कुञ्चितारः | कुच्यात् -द् | कुच्यास्ताम् | कुच्यासुः |
| कुञ्चितासि | कुञ्चितास्थः | कुञ्चितास्थ | कुच्याः | कुच्यास्तम् | कुच्यास्त |
| कुञ्चितास्मि | कुञ्चितास्वः | कुञ्चितास्मः | कुच्यासम् | कुच्यास्व | कुच्यास्म |

| | | | | | |
|---|---|---|---|---|---|
| चुकुञ्च | चुकुञ्चतुः | चुकुञ्चुः | अकुञ्चीत् -द् | अकुञ्चिष्टाम् | अकुञ्चिषुः |
| चुकुञ्चिथ | चुकुञ्चथुः | चुकुञ्च | अकुञ्चीः | अकुञ्चिष्टम् | अकुञ्चिष्ट |
| चुकुञ्च | चुकुञ्चिव | चुकुञ्चिम | अकुञ्चिषम् | अकुञ्चिष्व | अकुञ्चिष्म |

187 लुञ्च अपनयने । लुञ्चँ । लुञ्च् । लुञ्चति । P । सेट् । स० । pluck, pull, peel, pare, tear 6.4.24

| | | | | | |
|---|---|---|---|---|---|
| लुञ्चति | लुञ्चतः | लुञ्चन्ति | अलुञ्चत् -द् | अलुञ्चताम् | अलुञ्चन् |
| लुञ्चसि | लुञ्चथः | लुञ्चथ | अलुञ्चः | अलुञ्चतम् | अलुञ्चत |
| लुञ्चामि | लुञ्चावः | लुञ्चामः | अलुञ्चम् | अलुञ्चाव | अलुञ्चाम |

| | | | | | |
|---|---|---|---|---|---|
| लुञ्चतु | लुञ्चताम् | लुञ्चन्तु | लुञ्चेत् -द् | लुञ्चेताम् | लुञ्चेयुः |
| लुञ्च | लुञ्चतम् | लुञ्चत | लुञ्चेः | लुञ्चेतम् | लुञ्चेत |
| लुञ्चानि | लुञ्चाव | लुञ्चाम | लुञ्चेयम् | लुञ्चेव | लुञ्चेम |

| | | | | | |
|---|---|---|---|---|---|
| लुञ्चिष्यति | लुञ्चिष्यतः | लुञ्चिष्यन्ति | अलुञ्चिष्यत् -द् | अलुञ्चिष्यताम् | अलुञ्चिष्यन् |
| लुञ्चिष्यसि | लुञ्चिष्यथः | लुञ्चिष्यथ | अलुञ्चिष्यः | अलुञ्चिष्यतम् | अलुञ्चिष्यत |
| लुञ्चिष्यामि | लुञ्चिष्यावः | लुञ्चिष्यामः | अलुञ्चिष्यम् | अलुञ्चिष्याव | अलुञ्चिष्याम |

| | | | | | |
|---|---|---|---|---|---|
| लुञ्चिता | लुञ्चितारौ | लुञ्चितारः | लुच्यात् -द् | लुच्यास्ताम् | लुच्यासुः |
| लुञ्चितासि | लुञ्चितास्थः | लुञ्चितास्थ | लुच्याः | लुच्यास्तम् | लुच्यास्त |
| लुञ्चितास्मि | लुञ्चितास्वः | लुञ्चितास्मः | लुच्यासम् | लुच्यास्व | लुच्यास्म |

| | | | | | |
|---|---|---|---|---|---|
| लुलुञ्च | लुलुञ्चतुः | लुलुञ्चुः | अलुञ्चीत् -द् | अलुञ्चिष्टाम् | अलुञ्चिषुः |
| लुलुञ्चिथ | लुलुञ्चथुः | लुलुञ्च | अलुञ्चीः | अलुञ्चिष्टम् | अलुञ्चिष्ट |
| लुलुञ्च | लुलुञ्चिव | लुलुञ्चिम | अलुञ्चिषम् | अलुञ्चिष्व | अलुञ्चिष्म |

188 अञ्चु गतिपूजनयोः । अञ्चुँ । अञ्च् । अञ्चति । P । सेट् । स० । go, worship, honour
6.4.24 अनिदितां हल उपधायाः क्ङिति । 6.4.30 नाञ्चेः पूजायाम् ।

| | | | | | |
|---|---|---|---|---|---|
| अञ्चति | अञ्चतः | अञ्चन्ति | आञ्चत् -द् | आञ्चताम् | आञ्चन् |
| अञ्चसि | अञ्चथः | अञ्चथ | आञ्चः | आञ्चतम् | आञ्चत |
| अञ्चामि | अञ्चावः | अञ्चामः | आञ्चम् | आञ्चाव | आञ्चाम |

| | | | | | |
|---|---|---|---|---|---|
| अञ्चतु | अञ्चताम् | अञ्चन्तु | अञ्चेत् -द् | अञ्चेताम् | अञ्चेयुः |

| | | | | | |
|---|---|---|---|---|---|
| अञ्च | अञ्चतम् | अञ्चत | अञ्चेः | अञ्चेतम् | अञ्चेत |
| अञ्चानि | अञ्चाव | अञ्चाम | अञ्चेयम् | अञ्चेव | अञ्चेम |

| | | | | | |
|---|---|---|---|---|---|
| अञ्चिष्यति | अञ्चिष्यतः | अञ्चिष्यन्ति | आञ्चिष्यत् -द् | आञ्चिष्यताम् | आञ्चिष्यन् |
| अञ्चिष्यसि | अञ्चिष्यथः | अञ्चिष्यथ | आञ्चिष्यः | आञ्चिष्यतम् | आञ्चिष्यत |
| अञ्चिष्यामि | अञ्चिष्यावः | अञ्चिष्यामः | आञ्चिष्यम् | आञ्चिष्याव | आञ्चिष्याम |

| | | | | | |
|---|---|---|---|---|---|
| अञ्चिता | अञ्चितारौ | अञ्चितारः | अच्यात् -द् | अच्यास्ताम् | अच्यासुः |
| | | | अञ्च्यात् -द् | अञ्च्यास्ताम् | अञ्च्यासुः |
| अञ्चितासि | अञ्चितास्थः | अञ्चितास्थ | अच्याः | अच्यास्तम् | अच्यास्त |
| | | | अञ्च्याः | अञ्च्यास्तम् | अञ्च्यास्त |
| अञ्चितास्मि | अञ्चितास्वः | अञ्चितास्मः | अच्यासम् | अच्यास्व | अच्यास्म |
| | | | अञ्च्यासम् | अञ्च्यास्व | अञ्च्यास्म |

| | | | | | |
|---|---|---|---|---|---|
| आनञ्च | आनञ्चतुः | आनञ्चुः | आञ्चीत् -द् | आञ्चिष्टाम् | आञ्चिषुः |
| आनञ्चिथ | आनञ्चथुः | आनञ्च | आञ्चीः | आञ्चिष्टम् | आञ्चिष्ट |
| आनञ्च | आनञ्चिव | आनञ्चिम | आञ्चिषम् | आञ्चिष्व | आञ्चिष्म |

189 वञ्चु गतौ । वञ्चुँ । वञ्च् । वञ्चति । P । सेट् । स० । go, arrive 6.4.24

| | | | | | |
|---|---|---|---|---|---|
| वञ्चति | वञ्चतः | वञ्चन्ति | अवञ्चत् -द् | अवञ्चताम् | अवञ्चन् |
| वञ्चसि | वञ्चथः | वञ्चथ | अवञ्चः | अवञ्चतम् | अवञ्चत |
| वञ्चामि | वञ्चावः | वञ्चामः | अवञ्चम् | अवञ्चाव | अवञ्चाम |

| | | | | | |
|---|---|---|---|---|---|
| वञ्चतु | वञ्चताम् | वञ्चन्तु | वञ्चेत् -द् | वञ्चेताम् | वञ्चेयुः |
| वञ्च | वञ्चतम् | वञ्चत | वञ्चेः | वञ्चेतम् | वञ्चेत |
| वञ्चानि | वञ्चाव | वञ्चाम | वञ्चेयम् | वञ्चेव | वञ्चेम |

| | | | | | |
|---|---|---|---|---|---|
| वञ्चिष्यति | वञ्चिष्यतः | वञ्चिष्यन्ति | अवञ्चिष्यत् -द् | अवञ्चिष्यताम् | अवञ्चिष्यन् |
| वञ्चिष्यसि | वञ्चिष्यथः | वञ्चिष्यथ | अवञ्चिष्यः | अवञ्चिष्यतम् | अवञ्चिष्यत |
| वञ्चिष्यामि | वञ्चिष्यावः | वञ्चिष्यामः | अवञ्चिष्यम् | अवञ्चिष्याव | अवञ्चिष्याम |

| | | | | | |
|---|---|---|---|---|---|
| वञ्चिता | वञ्चितारौ | वञ्चितारः | वच्यात् -द् | वच्यास्ताम् | वच्यासुः |
| वञ्चितासि | वञ्चितास्थः | वञ्चितास्थ | वच्याः | वच्यास्तम् | वच्यास्त |
| वञ्चितास्मि | वञ्चितास्वः | वञ्चितास्मः | वच्यासम् | वच्यास्व | वच्यास्म |

| | | | | | |
|---|---|---|---|---|---|
| ववञ्च | ववञ्चतुः | ववञ्चुः | अवञ्चीत् -द् | अवञ्चिष्टाम् | अवञ्चिषुः |

| | | | | | |
|---|---|---|---|---|---|
| ववञ्चिथ | ववञ्चथुः | ववञ्च | अवञ्चीः | अवञ्चिष्टम् | अवञ्चिष्ट |
| ववञ्च | ववञ्चिव | ववञ्चिम | अवञ्चिषम् | अवञ्चिष्व | अवञ्चिष्म |

190 चञ्चु गतौ । चञ्चुँ । चञ्च् । चञ्चति । P । सेट् । स० । move, shake, wave 6.4.24

| | | | | | |
|---|---|---|---|---|---|
| चञ्चति | चञ्चतः | चञ्चन्ति | अचञ्चत् -द् | अचञ्चताम् | अचञ्चन् |
| चञ्चसि | चञ्चथः | चञ्चथ | अचञ्चः | अचञ्चतम् | अचञ्चत |
| चञ्चामि | चञ्चावः | चञ्चामः | अचञ्चम् | अचञ्चाव | अचञ्चाम |

| | | | | | |
|---|---|---|---|---|---|
| चञ्चतु | चञ्चताम् | चञ्चन्तु | चञ्चेत् -द् | चञ्चेताम् | चञ्चेयुः |
| चञ्च | चञ्चतम् | चञ्चत | चञ्चेः | चञ्चेतम् | चञ्चेत |
| चञ्चानि | चञ्चाव | चञ्चाम | चञ्चेयम् | चञ्चेव | चञ्चेम |

| | | | | | |
|---|---|---|---|---|---|
| चञ्चिष्यति | चञ्चिष्यतः | चञ्चिष्यन्ति | अचञ्चिष्यत् -द् | अचञ्चिष्यताम् | अचञ्चिष्यन् |
| चञ्चिष्यसि | चञ्चिष्यथः | चञ्चिष्यथ | अचञ्चिष्यः | अचञ्चिष्यतम् | अचञ्चिष्यत |
| चञ्चिष्यामि | चञ्चिष्यावः | चञ्चिष्यामः | अचञ्चिष्यम् | अचञ्चिष्याव | अचञ्चिष्याम |

| | | | | | |
|---|---|---|---|---|---|
| चञ्चिता | चञ्चितारौ | चञ्चितारः | चच्यात् -द् | चच्यास्ताम् | चच्यासुः |
| चञ्चितासि | चञ्चितास्थः | चञ्चितास्थ | चच्याः | चच्यास्तम् | चच्यास्त |
| चञ्चितास्मि | चञ्चितास्वः | चञ्चितास्मः | चच्यासम् | चच्यास्व | चच्यास्म |

| | | | | | |
|---|---|---|---|---|---|
| चचञ्च | चचञ्चतुः | चचञ्चुः | अचञ्चीत् -द् | अचञ्चिष्टाम् | अचञ्चिषुः |
| चचञ्चिथ | चचञ्चथुः | चचञ्च | अचञ्चीः | अचञ्चिष्टम् | अचञ्चिष्ट |
| चचञ्च | चचञ्चिव | चचञ्चिम | अचञ्चिषम् | अचञ्चिष्व | अचञ्चिष्म |

191 तञ्चु गतौ । तञ्चुँ । तञ्च् । तञ्चति । P । सेट् । स० । go, move 6.4.24

| | | | | | |
|---|---|---|---|---|---|
| तञ्चति | तञ्चतः | तञ्चन्ति | अतञ्चत् -द् | अतञ्चताम् | अतञ्चन् |
| तञ्चसि | तञ्चथः | तञ्चथ | अतञ्चः | अतञ्चतम् | अतञ्चत |
| तञ्चामि | तञ्चावः | तञ्चामः | अतञ्चम् | अतञ्चाव | अतञ्चाम |

| | | | | | |
|---|---|---|---|---|---|
| तञ्चतु | तञ्चताम् | तञ्चन्तु | तञ्चेत् -द् | तञ्चेताम् | तञ्चेयुः |
| तञ्च | तञ्चतम् | तञ्चत | तञ्चेः | तञ्चेतम् | तञ्चेत |
| तञ्चानि | तञ्चाव | तञ्चाम | तञ्चेयम् | तञ्चेव | तञ्चेम |

| | | | | | |
|---|---|---|---|---|---|
| तञ्चिष्यति | तञ्चिष्यतः | तञ्चिष्यन्ति | अतञ्चिष्यत् -द् | अतञ्चिष्यताम् | अतञ्चिष्यन् |
| तञ्चिष्यसि | तञ्चिष्यथः | तञ्चिष्यथ | अतञ्चिष्यः | अतञ्चिष्यतम् | अतञ्चिष्यत |
| तञ्चिष्यामि | तञ्चिष्यावः | तञ्चिष्यामः | अतञ्चिष्यम् | अतञ्चिष्याव | अतञ्चिष्याम |

| तञ्चिता | तञ्चितारौ | तञ्चितारः | तच्यात् -द् | तच्यास्ताम् | तच्यासुः |
| तञ्चितासि | तञ्चितास्थः | तञ्चितास्थ | तच्याः | तच्यास्तम् | तच्यास्त |
| तञ्चितास्मि | तञ्चितास्वः | तञ्चितास्मः | तच्यासम् | तच्यास्व | तच्यास्म |

| ततञ्च | ततञ्चतुः | ततञ्चुः | अतञ्चीत् -द् | अतञ्चिष्टाम् | अतञ्चिषुः |
| ततञ्चिथ | ततञ्चथुः | ततञ्च | अतञ्चीः | अतञ्चिष्टम् | अतञ्चिष्ट |
| ततञ्च | ततञ्चिव | ततञ्चिम | अतञ्चिषम् | अतञ्चिष्व | अतञ्चिष्म |

### 192 त्वञ्चु गतौ । त्वञ्चुँ । त्वञ्च् । त्वञ्चति । P । सेट् । स० । go  6.4.24

| त्वञ्चति | त्वञ्चतः | त्वञ्चन्ति | अत्वञ्चत् -द् | अत्वञ्चताम् | अत्वञ्चन् |
| त्वञ्चसि | त्वञ्चथः | त्वञ्चथ | अत्वञ्चः | अत्वञ्चतम् | अत्वञ्चत |
| त्वञ्चामि | त्वञ्चावः | त्वञ्चामः | अत्वञ्चम् | अत्वञ्चाव | अत्वञ्चाम |

| त्वञ्चतु | त्वञ्चताम् | त्वञ्चन्तु | त्वञ्चेत् -द् | त्वञ्चेताम् | त्वञ्चेयुः |
| त्वञ्च | त्वञ्चतम् | त्वञ्चत | त्वञ्चेः | त्वञ्चेतम् | त्वञ्चेत |
| त्वञ्चानि | त्वञ्चाव | त्वञ्चाम | त्वञ्चेयम् | त्वञ्चेव | त्वञ्चेम |

| त्वञ्चिष्यति | त्वञ्चिष्यतः | त्वञ्चिष्यन्ति | अत्वञ्चिष्यत् -द् | अत्वञ्चिष्यताम् | अत्वञ्चिष्यन् |
| त्वञ्चिष्यसि | त्वञ्चिष्यथः | त्वञ्चिष्यथ | अत्वञ्चिष्यः | अत्वञ्चिष्यतम् | अत्वञ्चिष्यत |
| त्वञ्चिष्यामि | त्वञ्चिष्यावः | त्वञ्चिष्यामः | अत्वञ्चिष्यम् | अत्वञ्चिष्याव | अत्वञ्चिष्याम |

| त्वञ्चिता | त्वञ्चितारौ | त्वञ्चितारः | त्वच्यात् -द् | त्वच्यास्ताम् | त्वच्यासुः |
| त्वञ्चितासि | त्वञ्चितास्थः | त्वञ्चितास्थ | त्वच्याः | त्वच्यास्तम् | त्वच्यास्त |
| त्वञ्चितास्मि | त्वञ्चितास्वः | त्वञ्चितास्मः | त्वच्यासम् | त्वच्यास्व | त्वच्यास्म |

| तत्वञ्च | तत्वञ्चतुः | तत्वञ्चुः | अत्वञ्चीत् -द् | अत्वञ्चिष्टाम् | अत्वञ्चिषुः |
| तत्वञ्चिथ | तत्वञ्चथुः | तत्वञ्च | अत्वञ्चीः | अत्वञ्चिष्टम् | अत्वञ्चिष्ट |
| तत्वञ्च | तत्वञ्चिव | तत्वञ्चिम | अत्वञ्चिषम् | अत्वञ्चिष्व | अत्वञ्चिष्म |

### 193 म्रुञ्चु गतौ । म्रुञ्चुँ । म्रुञ्च् । म्रुञ्चति । P । सेट् । स० । go, move  6.4.24

| म्रुञ्चति | म्रुञ्चतः | म्रुञ्चन्ति | अम्रुञ्चत् -द् | अम्रुञ्चताम् | अम्रुञ्चन् |
| म्रुञ्चसि | म्रुञ्चथः | म्रुञ्चथ | अम्रुञ्चः | अम्रुञ्चतम् | अम्रुञ्चत |
| म्रुञ्चामि | म्रुञ्चावः | म्रुञ्चामः | अम्रुञ्चम् | अम्रुञ्चाव | अम्रुञ्चाम |

| म्रुञ्चतु | म्रुञ्चताम् | म्रुञ्चन्तु | म्रुञ्चेत् -द् | म्रुञ्चेताम् | म्रुञ्चेयुः |
| म्रुञ्च | म्रुञ्चतम् | म्रुञ्चत | म्रुञ्चेः | म्रुञ्चेतम् | म्रुञ्चेत |

| | | | | | |
|---|---|---|---|---|---|
| म्रुञ्चानि | म्रुञ्चाव | म्रुञ्चाम | म्रुञ्चेयम् | म्रुञ्चेव | म्रुञ्चेम |

| | | | | | |
|---|---|---|---|---|---|
| म्रुञ्चिष्यति | म्रुञ्चिष्यतः | म्रुञ्चिष्यन्ति | अम्रुञ्चिष्यत् -द् | अम्रुञ्चिष्यताम् | अम्रुञ्चिष्यन् |
| म्रुञ्चिष्यसि | म्रुञ्चिष्यथः | म्रुञ्चिष्यथ | अम्रुञ्चिष्यः | अम्रुञ्चिष्यतम् | अम्रुञ्चिष्यत |
| म्रुञ्चिष्यामि | म्रुञ्चिष्यावः | म्रुञ्चिष्यामः | अम्रुञ्चिष्यम् | अम्रुञ्चिष्याव | अम्रुञ्चिष्याम |

| | | | | | |
|---|---|---|---|---|---|
| म्रुञ्चिता | म्रुञ्चितारौ | म्रुञ्चितारः | म्रुच्यात् -द् | म्रुच्यास्ताम् | म्रुच्यासुः |
| म्रुञ्चितासि | म्रुञ्चितास्थः | म्रुञ्चितास्थ | म्रुच्याः | म्रुच्यास्तम् | म्रुच्यास्त |
| म्रुञ्चितास्मि | म्रुञ्चितास्वः | म्रुञ्चितास्मः | म्रुच्यासम् | म्रुच्यास्व | म्रुच्यास्म |

| | | | | | |
|---|---|---|---|---|---|
| मुम्रुञ्च | मुम्रुञ्चतुः | मुम्रुञ्चुः | अम्रुञ्चीत् -द् | अम्रुञ्चिष्टाम् | अम्रुञ्चिषुः |
| मुम्रुञ्चिथ | मुम्रुञ्चथुः | मुम्रुञ्च | अम्रुञ्चीः | अम्रुञ्चिष्टम् | अम्रुञ्चिष्ट |
| मुम्रुञ्च | मुम्रुञ्चिव | मुम्रुञ्चिम | अम्रुञ्चिषम् | अम्रुञ्चिष्व | अम्रुञ्चिष्म |

194 म्लुञ्चु गतौ । म्लुञ्चुँ । म्लुञ्च् । म्लुञ्चति । P । सेट् । स० । go, move 6.4.24

| | | | | | |
|---|---|---|---|---|---|
| म्लुञ्चति | म्लुञ्चतः | म्लुञ्चन्ति | अम्लुञ्चत् -द् | अम्लुञ्चताम् | अम्लुञ्चन् |
| म्लुञ्चसि | म्लुञ्चथः | म्लुञ्चथ | अम्लुञ्चः | अम्लुञ्चतम् | अम्लुञ्चत |
| म्लुञ्चामि | म्लुञ्चावः | म्लुञ्चामः | अम्लुञ्चम् | अम्लुञ्चाव | अम्लुञ्चाम |

| | | | | | |
|---|---|---|---|---|---|
| म्लुञ्चतु | म्लुञ्चताम् | म्लुञ्चन्तु | म्लुञ्चेत् -द् | म्लुञ्चेताम् | म्लुञ्चेयुः |
| म्लुञ्च | म्लुञ्चतम् | म्लुञ्चत | म्लुञ्चेः | म्लुञ्चेतम् | म्लुञ्चेत |
| म्लुञ्चानि | म्लुञ्चाव | म्लुञ्चाम | म्लुञ्चेयम् | म्लुञ्चेव | म्लुञ्चेम |

| | | | | | |
|---|---|---|---|---|---|
| म्लुञ्चिष्यति | म्लुञ्चिष्यतः | म्लुञ्चिष्यन्ति | अम्लुञ्चिष्यत् -द् | अम्लुञ्चिष्यताम् | अम्लुञ्चिष्यन् |
| म्लुञ्चिष्यसि | म्लुञ्चिष्यथः | म्लुञ्चिष्यथ | अम्लुञ्चिष्यः | अम्लुञ्चिष्यतम् | अम्लुञ्चिष्यत |
| म्लुञ्चिष्यामि | म्लुञ्चिष्यावः | म्लुञ्चिष्यामः | अम्लुञ्चिष्यम् | अम्लुञ्चिष्याव | अम्लुञ्चिष्याम |

| | | | | | |
|---|---|---|---|---|---|
| म्लुञ्चिता | म्लुञ्चितारौ | म्लुञ्चितारः | म्लुच्यात् -द् | म्लुच्यास्ताम् | म्लुच्यासुः |
| म्लुञ्चितासि | म्लुञ्चितास्थः | म्लुञ्चितास्थ | म्लुच्याः | म्लुच्यास्तम् | म्लुच्यास्त |
| म्लुञ्चितास्मि | म्लुञ्चितास्वः | म्लुञ्चितास्मः | म्लुच्यासम् | म्लुच्यास्व | म्लुच्यास्म |

| | | | | | |
|---|---|---|---|---|---|
| मुम्लुञ्च | मुम्लुञ्चतुः | मुम्लुञ्चुः | अम्लुञ्चीत् -द् | अम्लुञ्चिष्टाम् | अम्लुञ्चिषुः |
| मुम्लुञ्चिथ | मुम्लुञ्चथुः | मुम्लुञ्च | अम्लुञ्चीः | अम्लुञ्चिष्टम् | अम्लुञ्चिष्ट |
| मुम्लुञ्च | मुम्लुञ्चिव | मुम्लुञ्चिम | अम्लुञ्चिषम् | अम्लुञ्चिष्व | अम्लुञ्चिष्म |

195 म्रुचु गतौ । म्रुचुँ । म्रुच् । म्रोचति । P । सेट् । स० । go, move

**3.1.58 जृस्तम्भुम्रुचुम्लुचुग्रुचुग्लुचुग्लुञ्चुश्विभ्यश्च ।**

| | | | | | |
|---|---|---|---|---|---|
| म्रोचति | म्रोचतः | म्रोचन्ति | अम्रोचत् -द् | अम्रोचताम् | अम्रोचन् |
| म्रोचसि | म्रोचथः | म्रोचथ | अम्रोचः | अम्रोचतम् | अम्रोचत |
| म्रोचामि | म्रोचावः | म्रोचामः | अम्रोचम् | अम्रोचाव | अम्रोचाम |

| | | | | | |
|---|---|---|---|---|---|
| म्रोचतु | म्रोचताम् | म्रोचन्तु | म्रोचेत् -द् | म्रोचेताम् | म्रोचेयुः |
| म्रोच | म्रोचतम् | म्रोचत | म्रोचेः | म्रोचेतम् | म्रोचेत |
| म्रोचानि | म्रोचाव | म्रोचाम | म्रोचेयम् | म्रोचेव | म्रोचेम |

| | | | | | |
|---|---|---|---|---|---|
| म्रोचिष्यति | म्रोचिष्यतः | म्रोचिष्यन्ति | अम्रोचिष्यत् -द् | अम्रोचिष्यताम् | अम्रोचिष्यन् |
| म्रोचिष्यसि | म्रोचिष्यथः | म्रोचिष्यथ | अम्रोचिष्यः | अम्रोचिष्यतम् | अम्रोचिष्यत |
| म्रोचिष्यामि | म्रोचिष्यावः | म्रोचिष्यामः | अम्रोचिष्यम् | अम्रोचिष्याव | अम्रोचिष्याम |

| | | | | | |
|---|---|---|---|---|---|
| म्रोचिता | म्रोचितारौ | म्रोचितारः | म्रुच्यात् -द् | म्रुच्यास्ताम् | म्रुच्यासुः |
| म्रोचितासि | म्रोचितास्थः | म्रोचितास्थ | म्रुच्याः | म्रुच्यास्तम् | म्रुच्यास्त |
| म्रोचितास्मि | म्रोचितास्वः | म्रोचितास्मः | म्रुच्यासम् | म्रुच्यास्व | म्रुच्यास्म |

| | | | | | |
|---|---|---|---|---|---|
| मुम्रोच | मुम्रुचतुः | मुम्रुचुः | अम्रोचीत् -द् | अम्रोचिष्टाम् | अम्रोचिषुः |
| | | | अम्रुचत् -द् | अम्रुचताम् | अम्रुचन् |
| मुम्रोचिथ | मुम्रुचथुः | मुम्रुच | अम्रोचीः | अम्रोचिष्टम् | अम्रोचिष्ट |
| | | | अम्रुचः | अम्रुचतम् | अम्रुचत |
| मुम्रोच | मुम्रुचिव | मुम्रुचिम | अम्रोचिषम् | अम्रोचिष्व | अम्रोचिष्म |
| | | | अम्रुचम् | अम्रुचाव | अम्रुचाम |

196 **म्लुचु गत्यर्थाः । म्लुचुँ । म्लुच् । म्लोचति ।** P **। सेट् । स० ।** go, move 3.1.58

| | | | | | |
|---|---|---|---|---|---|
| म्लोचति | म्लोचतः | म्लोचन्ति | अम्लोचत् -द् | अम्लोचताम् | अम्लोचन् |
| म्लोचसि | म्लोचथः | म्लोचथ | अम्लोचः | अम्लोचतम् | अम्लोचत |
| म्लोचामि | म्लोचावः | म्लोचामः | अम्लोचम् | अम्लोचाव | अम्लोचाम |

| | | | | | |
|---|---|---|---|---|---|
| म्लोचतु | म्लोचताम् | म्लोचन्तु | म्लोचेत् -द् | म्लोचेताम् | म्लोचेयुः |
| म्लोच | म्लोचतम् | म्लोचत | म्लोचेः | म्लोचेतम् | म्लोचेत |
| म्लोचानि | म्लोचाव | म्लोचाम | म्लोचेयम् | म्लोचेव | म्लोचेम |

| | | | | | |
|---|---|---|---|---|---|
| म्लोचिष्यति | म्लोचिष्यतः | म्लोचिष्यन्ति | अम्लोचिष्यत् -द् | अम्लोचिष्यताम् | अम्लोचिष्यन् |
| म्लोचिष्यसि | म्लोचिष्यथः | म्लोचिष्यथ | अम्लोचिष्यः | अम्लोचिष्यतम् | अम्लोचिष्यत |
| म्लोचिष्यामि | म्लोचिष्यावः | म्लोचिष्यामः | अम्लोचिष्यम् | अम्लोचिष्याव | अम्लोचिष्याम |

| | | | | | |
|---|---|---|---|---|---|
| म्लोचिता | म्लोचितारौ | म्लोचितारः | म्लुच्यात् -द् | म्लुच्यास्ताम् | म्लुच्यासुः |
| म्लोचितासि | म्लोचितास्थः | म्लोचितास्थ | म्लुच्याः | म्लुच्यास्तम् | म्लुच्यास्त |
| म्लोचितास्मि | म्लोचितास्वः | म्लोचितास्मः | म्लुच्यासम् | म्लुच्यास्व | म्लुच्यास्म |

| मुम्लोच | मुम्लुचतुः | मुम्लुचुः | अम्लोचीत् -द् | अम्लोचिष्टाम् | अम्लोचिषुः |
| | | | अम्लुचत् -द् | अम्लुचताम् | अम्लुचन् |
| मुम्लोचिथ | मुम्लुचथुः | मुम्लुच | अम्लोचीः | अम्लोचिष्टम् | अम्लोचिष्ट |
| | | | अम्लुचः | अम्लुचतम् | अम्लुचत |
| मुम्लोच | मुम्लुचिव | मुम्लुचिम | अम्लोचिषम् | अम्लोचिष्व | अम्लोचिष्म |
| | | | अम्लुचम् | अम्लुचाव | अम्लुचाम |

197 ग्रुचु स्तेयकरणे । ग्रुचुँ । ग्रुच् । ग्रोचति । P । सेट् । स० । rob 3.1.58

| ग्रोचति | ग्रोचतः | ग्रोचन्ति | अग्रोचत् -द् | अग्रोचताम् | अग्रोचन् |
| ग्रोचसि | ग्रोचथः | ग्रोचथ | अग्रोचः | अग्रोचतम् | अग्रोचत |
| ग्रोचामि | ग्रोचावः | ग्रोचामः | अग्रोचम् | अग्रोचाव | अग्रोचाम |

| ग्रोचतु | ग्रोचताम् | ग्रोचन्तु | ग्रोचेत् -द् | ग्रोचेताम् | ग्रोचेयुः |
| ग्रोच | ग्रोचतम् | ग्रोचत | ग्रोचेः | ग्रोचेतम् | ग्रोचेत |
| ग्रोचानि | ग्रोचाव | ग्रोचाम | ग्रोचेयम् | ग्रोचेव | ग्रोचेम |

| ग्रोचिष्यति | ग्रोचिष्यतः | ग्रोचिष्यन्ति | अग्रोचिष्यत् -द् | अग्रोचिष्यताम् | अग्रोचिष्यन् |
| ग्रोचिष्यसि | ग्रोचिष्यथः | ग्रोचिष्यथ | अग्रोचिष्यः | अग्रोचिष्यतम् | अग्रोचिष्यत |
| ग्रोचिष्यामि | ग्रोचिष्यावः | ग्रोचिष्यामः | अग्रोचिष्यम् | अग्रोचिष्याव | अग्रोचिष्याम |

| ग्रोचिता | ग्रोचितारौ | ग्रोचितारः | ग्रुच्यात् -द् | ग्रुच्यास्ताम् | ग्रुच्यासुः |
| ग्रोचितासि | ग्रोचितास्थः | ग्रोचितास्थ | ग्रुच्याः | ग्रुच्यास्तम् | ग्रुच्यास्त |
| ग्रोचितास्मि | ग्रोचितास्वः | ग्रोचितास्मः | ग्रुच्यासम् | ग्रुच्यास्व | ग्रुच्यास्म |

| जुग्रोच | जुग्रुचतुः | जुग्रुचुः | अग्रोचीत् -द् | अग्रोचिष्टाम् | अग्रोचिषुः |
| | | | अग्रुचत् -द् | अग्रुचताम् | अग्रुचन् |
| जुग्रोचिथ | जुग्रुचथुः | जुग्रुच | अग्रोचीः | अग्रोचिष्टम् | अग्रोचिष्ट |
| | | | अग्रुचः | अग्रुचतम् | अग्रुचत |
| जुग्रोच | जुग्रुचिव | जुग्रुचिम | अग्रोचिषम् | अग्रोचिष्व | अग्रोचिष्म |
| | | | अग्रुचम् | अग्रुचाव | अग्रुचाम |

198 ग्लुचु स्तेयकरणे । ग्लुचुँ । ग्लुच् । ग्लोचति । P । सेट् । स० । steal, take away 3.1.58

| ग्लोचति | ग्लोचतः | ग्लोचन्ति | अग्लोचत् -द् | अग्लोचताम् | अग्लोचन् |
| ग्लोचसि | ग्लोचथः | ग्लोचथ | अग्लोचः | अग्लोचतम् | अग्लोचत |
| ग्लोचामि | ग्लोचावः | ग्लोचामः | अग्लोचम् | अग्लोचाव | अग्लोचाम |

| ग्लोचतु -तात् -द् | ग्लोचताम् | ग्लोचन्तु | ग्लोचेत् -द् | ग्लोचेताम् | ग्लोचेयुः |
| ग्लोच -तात् -द् | ग्लोचतम् | ग्लोचत | ग्लोचेः | ग्लोचेतम् | ग्लोचेत |
| ग्लोचानि | ग्लोचाव | ग्लोचाम | ग्लोचेयम् | ग्लोचेव | ग्लोचेम |

| ग्लोचिष्यति | ग्लोचिष्यतः | ग्लोचिष्यन्ति | अग्लोचिष्यत् -द् | अग्लोचिष्यताम् | अग्लोचिष्यन् |
| ग्लोचिष्यसि | ग्लोचिष्यथः | ग्लोचिष्यथ | अग्लोचिष्यः | अग्लोचिष्यतम् | अग्लोचिष्यत |
| ग्लोचिष्यामि | ग्लोचिष्यावः | ग्लोचिष्यामः | अग्लोचिष्यम् | अग्लोचिष्याव | अग्लोचिष्याम |
| | | | | | |
| ग्लोचिता | ग्लोचितारौ | ग्लोचितारः | ग्लुच्यात् -द् | ग्लुच्यास्ताम् | ग्लुच्यासुः |
| ग्लोचितासि | ग्लोचितास्थः | ग्लोचितास्थ | ग्लुच्याः | ग्लुच्यास्तम् | ग्लुच्यास्त |
| ग्लोचितास्मि | ग्लोचितास्वः | ग्लोचितास्मः | ग्लुच्यासम् | ग्लुच्यास्व | ग्लुच्यास्म |
| | | | | | |
| जुग्लोच | जुग्लुचतुः | जुग्लुचुः | अग्लोचीत् -द् | अग्लोचिष्टाम् | अग्लोचिषुः |
| | | | अग्लुचत् -द् | अग्लुचताम् | अग्लुचन् |
| जुग्लोचिथ | जुग्लुचथुः | जुग्लुच | अग्लोचीः | अग्लोचिष्टम् | अग्लोचिष्ट |
| | | | अग्लुचः | अग्लुचतम् | अग्लुचत |
| जुग्लोच | जुग्लुचिव | जुग्लुचिम | अग्लोचिषम् | अग्लोचिष्व | अग्लोचिष्म |
| | | | अग्लुचम् | अग्लुचाव | अग्लुचाम |

**199 कुजु स्तेयकरणे । कुजुँ । कुज् । कोजति । P । सेट् । स० । steal**

| कोजति | कोजतः | कोजन्ति | अकोजत् -द् | अकोजताम् | अकोजन् |
| कोजसि | कोजथः | कोजथ | अकोजः | अकोजतम् | अकोजत |
| कोजामि | कोजावः | कोजामः | अकोजम् | अकोजाव | अकोजाम |
| | | | | | |
| कोजतु -तात् -द् | कोजताम् | कोजन्तु | कोजेत् -द् | कोजेताम् | कोजेयुः |
| कोज -तात् -द् | कोजतम् | कोजत | कोजेः | कोजेतम् | कोजेत |
| कोजानि | कोजाव | कोजाम | कोजेयम् | कोजेव | कोजेम |
| | | | | | |
| कोजिष्यति | कोजिष्यतः | कोजिष्यन्ति | अकोजिष्यत् -द् | अकोजिष्यताम् | अकोजिष्यन् |
| कोजिष्यसि | कोजिष्यथः | कोजिष्यथ | अकोजिष्यः | अकोजिष्यतम् | अकोजिष्यत |
| कोजिष्यामि | कोजिष्यावः | कोजिष्यामः | अकोजिष्यम् | अकोजिष्याव | अकोजिष्याम |
| | | | | | |
| कोजिता | कोजितारौ | कोजितारः | कुज्यात् -द् | कुज्यास्ताम् | कुज्यासुः |
| कोजितासि | कोजितास्थः | कोजितास्थ | कुज्याः | कुज्यास्तम् | कुज्यास्त |
| कोजितास्मि | कोजितास्वः | कोजितास्मः | कुज्यासम् | कुज्यास्व | कुज्यास्म |
| | | | | | |
| चुकोज | चुकुजतुः | चुकुजुः | अकोजीत् -द् | अकोजिष्टाम् | अकोजिषुः |
| चुकोजिथ | चुकुजथुः | चुकुज | अकोजीः | अकोजिष्टम् | अकोजिष्ट |
| चुकोज | चुकुजिव | चुकुजिम | अकोजिषम् | अकोजिष्व | अकोजिष्म |

**200 खुजु स्तेयकरणे । खुजुँ । खुज् । खोजति । P । सेट् । स० । steal**

| खोजति | खोजतः | खोजन्ति | अखोजत् -द् | अखोजताम् | अखोजन् |
| खोजसि | खोजथः | खोजथ | अखोजः | अखोजतम् | अखोजत |
| खोजामि | खोजावः | खोजामः | अखोजम् | अखोजाव | अखोजाम |

| खोजतु -तात् -द् | खोजताम् | खोजन्तु | खोजेत् -द् | खोजेताम् | खोजेयुः |
| खोज -तात् -द् | खोजतम् | खोजत | खोजेः | खोजेतम् | खोजेत |
| खोजानि | खोजाव | खोजाम | खोजेयम् | खोजेव | खोजेम |

| खोजिष्यति | खोजिष्यतः | खोजिष्यन्ति | अखोजिष्यत् -द् | अखोजिष्यताम् | अखोजिष्यन् |
| खोजिष्यसि | खोजिष्यथः | खोजिष्यथ | अखोजिष्यः | अखोजिष्यतम् | अखोजिष्यत |
| खोजिष्यामि | खोजिष्यावः | खोजिष्यामः | अखोजिष्यम् | अखोजिष्याव | अखोजिष्याम |

| खोजिता | खोजितारौ | खोजितारः | खुज्यात् -द् | खुज्यास्ताम् | खुज्यासुः |
| खोजितासि | खोजितास्थः | खोजितास्थ | खुज्याः | खुज्यास्तम् | खुज्यास्त |
| खोजितास्मि | खोजितास्वः | खोजितास्मः | खुज्यासम् | खुज्यास्व | खुज्यास्म |

| चुखोज | चुखुजतुः | चुखुजुः | अखोजीत् -द् | अखोजिष्टाम् | अखोजिषुः |
| चुखोजिथ | चुखुजथुः | चुखुज | अखोजीः | अखोजिष्टम् | अखोजिष्ट |
| चुखोज | चुखुजिव | चुखुजिम | अखोजिषम् | अखोजिष्व | अखोजिष्म |

201 ग्लुञ्चु गतौ । ग्लुञ्चुँ । ग्लुञ्च् । ग्लुञ्चति । P । सेट् । स० । go, change place 6.4.24 3.1.58

| ग्लुञ्चति | ग्लुञ्चतः | ग्लुञ्चन्ति | अग्लुञ्चत् -द् | अग्लुञ्चताम् | अग्लुञ्चन् |
| ग्लुञ्चसि | ग्लुञ्चथः | ग्लुञ्चथ | अग्लुञ्चः | अग्लुञ्चतम् | अग्लुञ्चत |
| ग्लुञ्चामि | ग्लुञ्चावः | ग्लुञ्चामः | अग्लुञ्चम् | अग्लुञ्चाव | अग्लुञ्चाम |

| ग्लुञ्चतु | ग्लुञ्चताम् | ग्लुञ्चन्तु | ग्लुञ्चेत् -द् | ग्लुञ्चेताम् | ग्लुञ्चेयुः |
| ग्लुञ्च | ग्लुञ्चतम् | ग्लुञ्चत | ग्लुञ्चेः | ग्लुञ्चेतम् | ग्लुञ्चेत |
| ग्लुञ्चानि | ग्लुञ्चाव | ग्लुञ्चाम | ग्लुञ्चेयम् | ग्लुञ्चेव | ग्लुञ्चेम |

| ग्लुञ्चिष्यति | ग्लुञ्चिष्यतः | ग्लुञ्चिष्यन्ति | अग्लुञ्चिष्यत् -द् | अग्लुञ्चिष्यताम् | अग्लुञ्चिष्यन् |
| ग्लुञ्चिष्यसि | ग्लुञ्चिष्यथः | ग्लुञ्चिष्यथ | अग्लुञ्चिष्यः | अग्लुञ्चिष्यतम् | अग्लुञ्चिष्यत |
| ग्लुञ्चिष्यामि | ग्लुञ्चिष्यावः | ग्लुञ्चिष्यामः | अग्लुञ्चिष्यम् | अग्लुञ्चिष्याव | अग्लुञ्चिष्याम |

| ग्लुञ्चिता | ग्लुञ्चितारौ | ग्लुञ्चितारः | ग्लुच्यात् -द् | ग्लुच्यास्ताम् | ग्लुच्यासुः |
| ग्लुञ्चितासि | ग्लुञ्चितास्थः | ग्लुञ्चितास्थ | ग्लुच्याः | ग्लुच्यास्तम् | ग्लुच्यास्त |
| ग्लुञ्चितास्मि | ग्लुञ्चितास्वः | ग्लुञ्चितास्मः | ग्लुच्यासम् | ग्लुच्यास्व | ग्लुच्यास्म |

| जुग्लुञ्च | जुग्लुञ्चतुः | जुग्लुञ्चुः | अग्लुञ्चीत् -द् | अग्लुञ्चिष्टाम् | अग्लुञ्चिषुः |
| | | | अग्लुचत् -द् | अग्लुचताम् | अग्लुचन् |
| जुग्लुञ्चिथ | जुग्लुञ्चथुः | जुग्लुञ्च | अग्लुञ्चीः | अग्लुञ्चिष्टम् | अग्लुञ्चिष्ट |
| | | | अग्लुचः | अग्लुचतम् | अग्लुचत |
| जुग्लुञ्च | जुग्लुञ्चिव | जुग्लुञ्चिम | अग्लुञ्चिषम् | अग्लुञ्चिष्व | अग्लुञ्चिष्म |
| | | | अग्लुचम् | अग्लुचाव | अग्लुचाम |

202 षस्ज गतौ । षस्जिरात्मनेपद्यपि । षस्जँ । सस्ज् । सज्जति । P* । सेट् । स० । move, make ready, be ready  8.4.40 स्तोः श्चुना श्चुः इति श्चुत्वम् । 8.4.53 झलां जश् झशि ।

## Parasmaipadi Table

| सज्जति | सज्जतः | सज्जन्ति | असज्जत् -द् | असज्जताम् | असज्जन् |
| सज्जसि | सज्जथः | सज्जथ | असज्जः | असज्जतम् | असज्जत |
| सज्जामि | सज्जावः | सज्जामः | असज्जम् | असज्जाव | असज्जाम |

| सज्जतु | सज्जताम् | सज्जन्तु | सज्जेत् -द् | सज्जेताम् | सज्जेयुः |
| सज्ज | सज्जतम् | सज्जत | सज्जेः | सज्जेतम् | सज्जेत |
| सज्जानि | सज्जाव | सज्जाम | सज्जेयम् | सज्जेव | सज्जेम |

| सज्जिष्यति | सज्जिष्यतः | सज्जिष्यन्ति | असज्जिष्यत् -द् | असज्जिष्यताम् | असज्जिष्यन् |
| सज्जिष्यसि | सज्जिष्यथः | सज्जिष्यथ | असज्जिष्यः | असज्जिष्यतम् | असज्जिष्यत |
| सज्जिष्यामि | सज्जिष्यावः | सज्जिष्यामः | असज्जिष्यम् | असज्जिष्याव | असज्जिष्याम |

| सज्जिता | सज्जितारौ | सज्जितारः | सज्ज्यात् -द् | सज्ज्यास्ताम् | सज्ज्यासुः |
| सज्जितासि | सज्जितास्थः | सज्जितास्थ | सज्ज्याः | सज्ज्यास्तम् | सज्ज्यास्त |
| सज्जितास्मि | सज्जितास्वः | सज्जितास्मः | सज्ज्यासम् | सज्ज्यास्व | सज्ज्यास्म |

| ससज्ज | ससज्जतुः | ससज्जुः | असज्जीत् -द् | असज्जिष्टाम् | असज्जिषुः |
| ससज्जिथ | ससज्जथुः | ससज्ज | असज्जीः | असज्जिष्टम् | असज्जिष्ट |
| ससज्ज | ससज्जिव | ससज्जिम | असज्जिषम् | असज्जिष्व | असज्जिष्म |

## Atmanepadi Table

| सज्जते | सज्जेते | सज्जन्ते | असज्जत | असज्जेताम् | असज्जन्त |
| सज्जसे | सज्जेथे | सज्जध्वे | असज्जथाः | असज्जेथाम् | असज्जध्वम् |
| सज्जे | सज्जावहे | सज्जामहे | असज्जे | असज्जावहि | असज्जामहि |

| सज्जताम् | सज्जेताम् | सज्जन्ताम् | सज्जेत | सज्जेयाताम् | सज्जेरन् |
| सज्जस्व | सज्जेथाम् | सज्जध्वम् | सज्जेथाः | सज्जेयाथाम् | सज्जेध्वम् |
| सज्जै | सज्जावहै | सज्जामहै | सज्जेय | सज्जेवहि | सज्जेमहि |

| सज्जिष्यते | सज्जिष्येते | सज्जिष्यन्ते | असज्जिष्यत | असज्जिष्येताम् | असज्जिष्यन्त |
| सज्जिष्यसे | सज्जिष्येथे | सज्जिष्यध्वे | असज्जिष्यथाः | असज्जिष्येथाम् | असज्जिष्यध्वम् |
| सज्जिष्ये | सज्जिष्यावहे | सज्जिष्यामहे | असज्जिष्ये | असज्जिष्यावहि | असज्जिष्यामहि |

| सज्जिता | सज्जितारौ | सज्जितारः | सज्जिषीष्ट | सज्जिषीयास्ताम् | सज्जिषीरन् |
| सज्जितासे | सज्जितासाथे | सज्जिताध्वे | सज्जिषीष्ठाः | सज्जिषीयास्थाम् | सज्जिषीध्वम् |
| सज्जिताहे | सज्जितास्वहे | सज्जितास्महे | सज्जिषीय | सज्जिषीवहि | सज्जिषीमहि |

| ससज्जे | ससज्जाते | ससज्जिरे | असज्जिष्ट | असज्जिषाताम् | असज्जिषत |

| | | | | | |
|---|---|---|---|---|---|
| ससज्जिषे | ससज्जाथे | ससज्जिध्वे | असज्जिष्ठाः | असज्जिषाथाम् | असज्जिध्वम् |
| ससज्जे | ससज्जिवहे | ससज्जिमहे | असज्जिषि | असज्जिष्वहि | असज्जिष्महि |

203 गुजि अव्यक्ते शब्दे । गुजिँ । गुञ्ज् । गुञ्जति । P।सेट्। अ०। hum, buzz, sound indistinct

| | | | | | |
|---|---|---|---|---|---|
| गुञ्जति | गुञ्जतः | गुञ्जन्ति | अगुञ्जत् -द् | अगुञ्जताम् | अगुञ्जन् |
| गुञ्जसि | गुञ्जथः | गुञ्जथ | अगुञ्जः | अगुञ्जतम् | अगुञ्जत |
| गुञ्जामि | गुञ्जावः | गुञ्जामः | अगुञ्जम् | अगुञ्जाव | अगुञ्जाम |
| | | | | | |
| गुञ्जतु | गुञ्जताम् | गुञ्जन्तु | गुञ्जेत् -द् | गुञ्जेताम् | गुञ्जेयुः |
| गुञ्ज | गुञ्जतम् | गुञ्जत | गुञ्जेः | गुञ्जेतम् | गुञ्जेत |
| गुञ्जानि | गुञ्जाव | गुञ्जाम | गुञ्जेयम् | गुञ्जेव | गुञ्जेम |
| | | | | | |
| गुञ्जिष्यति | गुञ्जिष्यतः | गुञ्जिष्यन्ति | अगुञ्जिष्यत् -द् | अगुञ्जिष्यताम् | अगुञ्जिष्यन् |
| गुञ्जिष्यसि | गुञ्जिष्यथः | गुञ्जिष्यथ | अगुञ्जिष्यः | अगुञ्जिष्यतम् | अगुञ्जिष्यत |
| गुञ्जिष्यामि | गुञ्जिष्यावः | गुञ्जिष्यामः | अगुञ्जिष्यम् | अगुञ्जिष्याव | अगुञ्जिष्याम |
| | | | | | |
| गुञ्जिता | गुञ्जितारौ | गुञ्जितारः | गुञ्ज्यात् -द् | गुञ्ज्यास्ताम् | गुञ्ज्यासुः |
| गुञ्जितासि | गुञ्जितास्थः | गुञ्जितास्थ | गुञ्ज्याः | गुञ्ज्यास्तम् | गुञ्ज्यास्त |
| गुञ्जितास्मि | गुञ्जितास्वः | गुञ्जितास्मः | गुञ्ज्यासम् | गुञ्ज्यास्व | गुञ्ज्यास्म |
| | | | | | |
| जुगुञ्ज | जुगुञ्जतुः | जुगुञ्जुः | अगुञ्जीत् -द् | अगुञ्जिष्टाम् | अगुञ्जिषुः |
| जुगुञ्जिथ | जुगुञ्जथुः | जुगुञ्ज | अगुञ्जीः | अगुञ्जिष्टम् | अगुञ्जिष्ट |
| जुगुञ्ज | जुगुञ्जिव | जुगुञ्जिम | अगुञ्जिषम् | अगुञ्जिष्व | अगुञ्जिष्म |

204 अर्च पूजायाम् । अर्चँ । अर्च् । अर्चति । P । सेट् । स० । worship, praise

| | | | | | |
|---|---|---|---|---|---|
| अर्चति | अर्चतः | अर्चन्ति | आर्चत् -द् | आर्चताम् | आर्चन् |
| अर्चसि | अर्चथः | अर्चथ | आर्चः | आर्चतम् | आर्चत |
| अर्चामि | अर्चावः | अर्चामः | आर्चम् | आर्चाव | आर्चाम |
| | | | | | |
| अर्चतु | अर्चताम् | अर्चन्तु | अर्चेत् -द् | अर्चेताम् | अर्चेयुः |
| अर्च | अर्चतम् | अर्चत | अर्चेः | अर्चेतम् | अर्चेत |
| अर्चानि | अर्चाव | अर्चाम | अर्चेयम् | अर्चेव | अर्चेम |
| | | | | | |
| अर्चिष्यति | अर्चिष्यतः | अर्चिष्यन्ति | आर्चिष्यत् -द् | आर्चिष्यताम् | आर्चिष्यन् |
| अर्चिष्यसि | अर्चिष्यथः | अर्चिष्यथ | आर्चिष्यः | आर्चिष्यतम् | आर्चिष्यत |
| अर्चिष्यामि | अर्चिष्यावः | अर्चिष्यामः | आर्चिष्यम् | आर्चिष्याव | आर्चिष्याम |
| | | | | | |
| अर्चिता | अर्चितारौ | अर्चितारः | अर्च्यात् -द् | अर्च्यास्ताम् | अर्च्यासुः |
| अर्चितासि | अर्चितास्थः | अर्चितास्थ | अर्च्याः | अर्च्यास्तम् | अर्च्यास्त |

| | | | | | |
|---|---|---|---|---|---|
| अर्चितास्मि | अर्चितास्वः | अर्चितास्मः | अर्च्यासम् | अर्च्यास्व | अर्च्यास्म |

| | | | | | |
|---|---|---|---|---|---|
| आनर्च | आनर्चतुः | आनर्चुः | आर्चीत् -द् | आर्चिष्टाम् | आर्चिषुः |
| आनर्चिथ | आनर्चथुः | आनर्च | आर्चीः | आर्चिष्टम् | आर्चिष्ट |
| आनर्च | आनर्चिव | आनर्चिम | आर्चिषम् | आर्चिष्व | आर्चिष्म |

205 **म्लेच्छ अव्यक्ते शब्दे । म्लेच्छँ । म्लेच्छ् । म्लेच्छति** । P। **सेट्** । अ० । speak incorrectly, speak in confusion

| | | | | | |
|---|---|---|---|---|---|
| म्लेच्छति | म्लेच्छतः | म्लेच्छन्ति | अम्लेच्छत् -द् | अम्लेच्छताम् | अम्लेच्छन् |
| म्लेच्छसि | म्लेच्छथः | म्लेच्छथ | अम्लेच्छः | अम्लेच्छतम् | अम्लेच्छत |
| म्लेच्छामि | म्लेच्छावः | म्लेच्छामः | अम्लेच्छम् | अम्लेच्छाव | अम्लेच्छाम |

| | | | | | |
|---|---|---|---|---|---|
| म्लेच्छतु | म्लेच्छताम् | म्लेच्छन्तु | म्लेच्छेत् -द् | म्लेच्छेताम् | म्लेच्छेयुः |
| म्लेच्छ | म्लेच्छतम् | म्लेच्छत | म्लेच्छेः | म्लेच्छेतम् | म्लेच्छेत |
| म्लेच्छानि | म्लेच्छाव | म्लेच्छाम | म्लेच्छेयम् | म्लेच्छेव | म्लेच्छेम |

| | | | | | |
|---|---|---|---|---|---|
| म्लेच्छिष्यति | म्लेच्छिष्यतः | म्लेच्छिष्यन्ति | **अम्लेच्छिष्यत् -द्** | **अम्लेच्छिष्यताम्** | अम्लेच्छिष्यन् |
| म्लेच्छिष्यसि | म्लेच्छिष्यथः | म्लेच्छिष्यथ | अम्लेच्छिष्यः | अम्लेच्छिष्यतम् | अम्लेच्छिष्यत |
| म्लेच्छिष्यामि | म्लेच्छिष्यावः | म्लेच्छिष्यामः | अम्लेच्छिष्यम् | अम्लेच्छिष्याव | अम्लेच्छिष्याम |

| | | | | | |
|---|---|---|---|---|---|
| म्लेच्छिता | म्लेच्छितारौ | म्लेच्छितारः | म्लेच्छ्यात् -द् | म्लेच्छ्यास्ताम् | म्लेच्छ्यासुः |
| म्लेच्छितासि | म्लेच्छितास्थः | म्लेच्छितास्थ | म्लेच्छ्याः | म्लेच्छ्यास्तम् | म्लेच्छ्यास्त |
| म्लेच्छितास्मि | म्लेच्छितास्वः | म्लेच्छितास्मः | म्लेच्छ्यासम् | म्लेच्छ्यास्व | म्लेच्छ्यास्म |

| | | | | | |
|---|---|---|---|---|---|
| मिम्लेच्छ | मिम्लेच्छतुः | मिम्लेच्छुः | अम्लेच्छीत् -द् | अम्लेच्छिष्टाम् | अम्लेच्छिषुः |
| मिम्लेच्छिथ | मिम्लेच्छथुः | मिम्लेच्छ | अम्लेच्छीः | अम्लेच्छिष्टम् | अम्लेच्छिष्ट |
| मिम्लेच्छ | मिम्लेच्छिव | मिम्लेच्छिम | अम्लेच्छिषम् | अम्लेच्छिष्व | अम्लेच्छिष्म |

206 **लछ लक्षणे । लछँ । लच्छ् । लच्छति** । P । **सेट्** । **स०** । mark, denote

6.1.73 **छे च इति तुँक् आगमः** । 8.4.40 **स्तोः श्चुना श्चुः इति चकार** ।

| | | | | | |
|---|---|---|---|---|---|
| लच्छति | लच्छतः | लच्छन्ति | अलच्छत् -द् | अलच्छताम् | अलच्छन् |
| लच्छसि | लच्छथः | लच्छथ | अलच्छः | अलच्छतम् | अलच्छत |
| लच्छामि | लच्छावः | लच्छामः | अलच्छम् | अलच्छाव | अलच्छाम |

| | | | | | |
|---|---|---|---|---|---|
| लच्छतु | लच्छताम् | लच्छन्तु | लच्छेत् -द् | लच्छेताम् | लच्छेयुः |
| लच्छ | लच्छतम् | लच्छत | लच्छेः | लच्छेतम् | लच्छेत |
| लच्छानि | लच्छाव | लच्छाम | लच्छेयम् | लच्छेव | लच्छेम |

| | | | | | |
|---|---|---|---|---|---|
| लच्छिष्यति | लच्छिष्यतः | लच्छिष्यन्ति | **अलच्छिष्यत् -द्** | अलच्छिष्यताम् | अलच्छिष्यन् |
| लच्छिष्यसि | लच्छिष्यथः | लच्छिष्यथ | अलच्छिष्यः | अलच्छिष्यतम् | अलच्छिष्यत |
| लच्छिष्यामि | लच्छिष्यावः | लच्छिष्यामः | अलच्छिष्यम् | अलच्छिष्याव | अलच्छिष्याम |

| | | | | | |
|---|---|---|---|---|---|
| लच्छिता | लच्छितारौ | लच्छितारः | लच्छ्यात् -द् | लच्छ्यास्ताम् | लच्छ्यासुः |

| | | | | | |
|---|---|---|---|---|---|
| लच्छितासि | लच्छितास्थः | लच्छितास्थ | लच्छ्याः | लच्छ्यास्तम् | लच्छ्यास्त |
| लच्छितास्मि | लच्छितास्वः | लच्छितास्मः | लच्छ्यासम् | लच्छ्यास्व | लच्छ्यास्म |

| | | | | | |
|---|---|---|---|---|---|
| ललच्छ | ललच्छतुः | ललच्छुः | अलच्छीत् -द् | अलच्छिष्टाम् | अलच्छिषुः |
| ललच्छिथ | ललच्छथुः | ललच्छ | अलच्छीः | अलच्छिष्टम् | अलच्छिष्ट |
| ललच्छ | ललच्छिव | ललच्छिम | अलच्छिषम् | अलच्छिष्व | अलच्छिष्म |

207 **लाछि लक्षणे** । **लाछिँ** । **लाञ्छ्** । **लाञ्छति** । P । **सेट्** । **स०** । distinguish, mark, deck, decorate

| | | | | | |
|---|---|---|---|---|---|
| लाञ्छति | लाञ्छतः | लाञ्छन्ति | अलाञ्छत् -द् | अलाञ्छताम् | अलाञ्छन् |
| लाञ्छसि | लाञ्छथः | लाञ्छथ | अलाञ्छः | अलाञ्छतम् | अलाञ्छत |
| लाञ्छामि | लाञ्छावः | लाञ्छामः | अलाञ्छम् | अलाञ्छाव | अलाञ्छाम |

| | | | | | |
|---|---|---|---|---|---|
| लाञ्छतु | लाञ्छताम् | लाञ्छन्तु | लाञ्छेत् -द् | लाञ्छेताम् | लाञ्छेयुः |
| लाञ्छ | लाञ्छतम् | लाञ्छत | लाञ्छेः | लाञ्छेतम् | लाञ्छेत |
| लाञ्छानि | लाञ्छाव | लाञ्छाम | लाञ्छेयम् | लाञ्छेव | लाञ्छेम |

| | | | | | |
|---|---|---|---|---|---|
| लाञ्छिष्यति | लाञ्छिष्यतः | लाञ्छिष्यन्ति | अलाञ्छिष्यत् -द् | अलाञ्छिष्यताम् | अलाञ्छिष्यन् |
| लाञ्छिष्यसि | लाञ्छिष्यथः | लाञ्छिष्यथ | अलाञ्छिष्यः | अलाञ्छिष्यतम् | अलाञ्छिष्यत |
| लाञ्छिष्यामि | लाञ्छिष्यावः | लाञ्छिष्यामः | अलाञ्छिष्यम् | अलाञ्छिष्याव | अलाञ्छिष्याम |

| | | | | | |
|---|---|---|---|---|---|
| लाञ्छिता | लाञ्छितारौ | लाञ्छितारः | लाञ्छ्यात् -द् | लाञ्छ्यास्ताम् | लाञ्छ्यासुः |
| लाञ्छितासि | लाञ्छितास्थः | लाञ्छितास्थ | लाञ्छ्याः | लाञ्छ्यास्तम् | लाञ्छ्यास्त |
| लाञ्छितास्मि | लाञ्छितास्वः | लाञ्छितास्मः | लाञ्छ्यासम् | लाञ्छ्यास्व | लाञ्छ्यास्म |

| | | | | | |
|---|---|---|---|---|---|
| ललाञ्छ | ललाञ्छतुः | ललाञ्छुः | अलाञ्छीत् -द् | अलाञ्छिष्टाम् | अलाञ्छिषुः |
| ललाञ्छिथ | ललाञ्छथुः | ललाञ्छ | अलाञ्छीः | अलाञ्छिष्टम् | अलाञ्छिष्ट |
| ललाञ्छ | ललाञ्छिव | ललाञ्छिम | अलाञ्छिषम् | अलाञ्छिष्व | अलाञ्छिष्म |

208 **वाछि इच्छायाम्** । **वाछिँ** । **वाञ्छ्** । **वाञ्छति** । P । **सेट्** । **स०** । wish, desire

| | | | | | |
|---|---|---|---|---|---|
| वाञ्छति | वाञ्छतः | वाञ्छन्ति | अवाञ्छत् -द् | अवाञ्छताम् | अवाञ्छन् |
| वाञ्छसि | वाञ्छथः | वाञ्छथ | अवाञ्छः | अवाञ्छतम् | अवाञ्छत |
| वाञ्छामि | वाञ्छावः | वाञ्छामः | अवाञ्छम् | अवाञ्छाव | अवाञ्छाम |

| | | | | | |
|---|---|---|---|---|---|
| वाञ्छतु | वाञ्छताम् | वाञ्छन्तु | वाञ्छेत् -द् | वाञ्छेताम् | वाञ्छेयुः |
| वाञ्छ | वाञ्छतम् | वाञ्छत | वाञ्छेः | वाञ्छेतम् | वाञ्छेत |
| वाञ्छानि | वाञ्छाव | वाञ्छाम | वाञ्छेयम् | वाञ्छेव | वाञ्छेम |

| | | | | | |
|---|---|---|---|---|---|
| वाञ्छिष्यति | वाञ्छिष्यतः | वाञ्छिष्यन्ति | अवाञ्छिष्यत् -द् | अवाञ्छिष्यताम् | अवाञ्छिष्यन् |
| वाञ्छिष्यसि | वाञ्छिष्यथः | वाञ्छिष्यथ | अवाञ्छिष्यः | अवाञ्छिष्यतम् | अवाञ्छिष्यत |
| वाञ्छिष्यामि | वाञ्छिष्यावः | वाञ्छिष्यामः | अवाञ्छिष्यम् | अवाञ्छिष्याव | अवाञ्छिष्याम |

| | | | | | |
|---|---|---|---|---|---|
| वाञ्छिता | वाञ्छितारौ | वाञ्छितारः | वाञ्छ्यात् -द् | वाञ्छ्यास्ताम् | वाञ्छ्यासुः |

| | | | | | |
|---|---|---|---|---|---|
| वाञ्छितासि | वाञ्छितास्थः | वाञ्छितास्थ | वाञ्छ्याः | वाञ्छ्यास्तम् | वाञ्छ्यास्त |
| वाञ्छितास्मि | वाञ्छितास्वः | वाञ्छितास्मः | वाञ्छ्यासम् | वाञ्छ्यास्व | वाञ्छ्यास्म |

| | | | | | |
|---|---|---|---|---|---|
| ववाञ्छ | ववाञ्छतुः | ववाञ्छुः | अवाञ्छीत् -द् | अवाञ्छिष्टाम् | अवाञ्छिषुः |
| ववाञ्छिथ | ववाञ्छथुः | ववाञ्छ | अवाञ्छीः | अवाञ्छिष्टम् | अवाञ्छिष्ट |
| ववाञ्छ | ववाञ्छिव | ववाञ्छिम | अवाञ्छिषम् | अवाञ्छिष्व | अवाञ्छिष्म |

209 आछि आयामे । आछिँ । आञ्छ् । आञ्छति । P । सेट् । स० । lengthen

7.4.71 तस्मान्नुड् द्विहलः । Q. Where is Option Sutra for two forms in लिट् ? A. Madhaviya Dhatuvritti says लिट् has Optional forms, with 7.4.71 नुट् and दीर्घाभावात् नुट् अभावे 6.1.101 सवर्णदीर्घः ।

| | | | | | |
|---|---|---|---|---|---|
| आञ्छति | आञ्छतः | आञ्छन्ति | आञ्छत् -द् | आञ्छताम् | आञ्छन् |
| आञ्छसि | आञ्छथः | आञ्छथ | आञ्छः | आञ्छतम् | आञ्छत |
| आञ्छामि | आञ्छावः | आञ्छामः | आञ्छम् | आञ्छाव | आञ्छाम |

| | | | | | |
|---|---|---|---|---|---|
| आञ्छतु | आञ्छताम् | आञ्छन्तु | आञ्छेत् -द् | आञ्छेताम् | आञ्छेयुः |
| आञ्छ | आञ्छतम् | आञ्छत | आञ्छेः | आञ्छेतम् | आञ्छेत |
| आञ्छानि | आञ्छाव | आञ्छाम | आञ्छेयम् | आञ्छेव | आञ्छेम |

| | | | | | |
|---|---|---|---|---|---|
| आञ्छिष्यति | आञ्छिष्यतः | आञ्छिष्यन्ति | आञ्छिष्यत् -द् | आञ्छिष्यताम् | आञ्छिष्यन् |
| आञ्छिष्यसि | आञ्छिष्यथः | आञ्छिष्यथ | आञ्छिष्यः | आञ्छिष्यतम् | आञ्छिष्यत |
| आञ्छिष्यामि | आञ्छिष्यावः | आञ्छिष्यामः | आञ्छिष्यम् | आञ्छिष्याव | आञ्छिष्याम |

| | | | | | |
|---|---|---|---|---|---|
| आञ्छिता | आञ्छितारौ | आञ्छितारः | आञ्छ्यात् -द् | आञ्छ्यास्ताम् | आञ्छ्यासुः |
| आञ्छितासि | आञ्छितास्थः | आञ्छितास्थ | आञ्छ्याः | आञ्छ्यास्तम् | आञ्छ्यास्त |
| आञ्छितास्मि | आञ्छितास्वः | आञ्छितास्मः | आञ्छ्यासम् | आञ्छ्यास्व | आञ्छ्यास्म |

| | | | | | |
|---|---|---|---|---|---|
| आनाञ्छ | आनाञ्छतुः | आनाञ्छुः | आञ्छीत् -द् | आञ्छिष्टाम् | आञ्छिषुः |
| आञ्छ | आञ्छतुः | आञ्छुः | | | |
| आनाञ्छिथ | आनाञ्छथुः | आनाञ्छ | आञ्छीः | आञ्छिष्टम् | आञ्छिष्ट |
| आञ्छिथ | आञ्छथुः | आञ्छ | | | |
| आनाञ्छ | आनाञ्छिव | आनाञ्छिम | आञ्छिषम् | आञ्छिष्व | आञ्छिष्म |
| आञ्छ | आञ्छिव | आञ्छिम | | | |

210 ह्रीछ लज्जायाम् । ह्रीछँ । ह्रीछ् । ह्रीच्छति । P । सेट् । अ० । feel ashamed

6.1.75 दीर्घात् । इति तुँक् आगमः । 8.4.40 स्तोः श्चुना श्चुः । इति तकारस्य चकारः ।

| | | | | | |
|---|---|---|---|---|---|
| ह्रीच्छति | ह्रीच्छतः | ह्रीच्छन्ति | अह्रीच्छत् -द् | अह्रीच्छताम् | अह्रीच्छन् |
| ह्रीच्छसि | ह्रीच्छथः | ह्रीच्छथ | अह्रीच्छः | अह्रीच्छतम् | अह्रीच्छत |
| ह्रीच्छामि | ह्रीच्छावः | ह्रीच्छामः | अह्रीच्छम् | अह्रीच्छाव | अह्रीच्छाम |

| | | | | | |
|---|---|---|---|---|---|
| ह्रीच्छतु | ह्रीच्छताम् | ह्रीच्छन्तु | ह्रीच्छेत् | ह्रीच्छेताम् | ह्रीच्छेयुः |
| ह्रीच्छ | ह्रीच्छतम् | ह्रीच्छत | ह्रीच्छेः | ह्रीच्छेतम् | ह्रीच्छेत |

| | | | | | |
|---|---|---|---|---|---|
| ह्रीच्छानि | ह्रीच्छाव | ह्रीच्छाम | ह्रीच्छेयम् | ह्रीच्छेव | ह्रीच्छेम |

| | | | | | |
|---|---|---|---|---|---|
| ह्रीच्छिष्यति | ह्रीच्छिष्यतः | ह्रीच्छिष्यन्ति | अह्रीच्छिष्यत् -द् | अह्रीच्छिष्यताम् | अह्रीच्छिष्यन् |
| ह्रीच्छिष्यसि | ह्रीच्छिष्यथः | ह्रीच्छिष्यथ | अह्रीच्छिष्यः | अह्रीच्छिष्यतम् | अह्रीच्छिष्यत |
| ह्रीच्छिष्यामि | ह्रीच्छिष्यावः | ह्रीच्छिष्यामः | अह्रीच्छिष्यम् | अह्रीच्छिष्याव | अह्रीच्छिष्याम |

| | | | | | |
|---|---|---|---|---|---|
| ह्रीच्छिता | ह्रीच्छितारौ | ह्रीच्छितारः | ह्रीच्छ्यात् -द् | ह्रीच्छ्यास्ताम् | ह्रीच्छ्यासुः |
| ह्रीच्छितासि | ह्रीच्छितास्थः | ह्रीच्छितास्थ | ह्रीच्छ्याः | ह्रीच्छ्यास्तम् | ह्रीच्छ्यास्त |
| ह्रीच्छितास्मि | ह्रीच्छितास्वः | ह्रीच्छितास्मः | ह्रीच्छ्यासम् | ह्रीच्छ्यास्व | ह्रीच्छ्यास्म |

| | | | | | |
|---|---|---|---|---|---|
| जिह्रीच्छ | जिह्रीच्छतुः | जिह्रीच्छुः | अह्रीच्छीत् -द् | अह्रीच्छिष्टाम् | अह्रीच्छिषुः |
| जिह्रीच्छिथ | जिह्रीच्छथुः | जिह्रीच्छ | अह्रीच्छीः | अह्रीच्छिष्टम् | अह्रीच्छिष्ट |
| जिह्रीच्छ | जिह्रीच्छिव | जिह्रीच्छिम | अह्रीच्छिषम् | अह्रीच्छिष्व | अह्रीच्छिष्म |

211 हुर्छा कौटिल्ये । हुर्छाँ । हुर्छ् । हूर्च्छति । P । सेट् । अ० । move crookedly, hide, escape

The three roots 211 हुर्छा 212 मुर्छा 213 स्फुर्छा do not get चकार by तुक् आगमः ।

Instead by 8.4.46 अचो रहाभ्यां द्वे and 8.4.55 खरि च । इति द्वित्व छकारस्य चकारः ।

e.g. लट् i/1 → हुर्छ् + ति → 8.4.46 → हुर्छ्छ् + ति → 8.4.55 → हुर्च्छ् + ति ।

8.2.78 उपधायां च इति दीर्घः । Now by 8.2.78 we get हूर्च्छ् + ति → हूर्च्छति ।

| | | | | | |
|---|---|---|---|---|---|
| हूर्च्छति | हूर्च्छतः | हूर्च्छन्ति | अहूर्च्छत् -द् | अहूर्च्छताम् | अहूर्च्छन् |
| हूर्च्छसि | हूर्च्छथः | हूर्च्छथ | अहूर्च्छः | अहूर्च्छतम् | अहूर्च्छत |
| हूर्च्छामि | हूर्च्छावः | हूर्च्छामः | अहूर्च्छम् | अहूर्च्छाव | अहूर्च्छाम |

| | | | | | |
|---|---|---|---|---|---|
| हूर्च्छतु | हूर्च्छताम् | हूर्च्छन्तु | हूर्च्छेत् -द् | हूर्च्छेताम् | हूर्च्छेयुः |
| हूर्च्छ | हूर्च्छतम् | हूर्च्छत | हूर्च्छेः | हूर्च्छेतम् | हूर्च्छेत |
| हूर्च्छानि | हूर्च्छाव | हूर्च्छाम | हूर्च्छेयम् | हूर्च्छेव | हूर्च्छेम |

| | | | | | |
|---|---|---|---|---|---|
| हूर्च्छिष्यति | हूर्च्छिष्यतः | हूर्च्छिष्यन्ति | अहूर्च्छिष्यत् -द् | अहूर्च्छिष्यताम् | अहूर्च्छिष्यन् |
| हूर्च्छिष्यसि | हूर्च्छिष्यथः | हूर्च्छिष्यथ | अहूर्च्छिष्यः | अहूर्च्छिष्यतम् | अहूर्च्छिष्यत |
| हूर्च्छिष्यामि | हूर्च्छिष्यावः | हूर्च्छिष्यामः | अहूर्च्छिष्यम् | अहूर्च्छिष्याव | अहूर्च्छिष्याम |

| | | | | | |
|---|---|---|---|---|---|
| हूर्च्छिता | हूर्च्छितारौ | हूर्च्छितारः | हूर्च्छ्यात् -द् | हूर्च्छ्यास्ताम् | हूर्च्छ्यासुः |
| हूर्च्छितासि | हूर्च्छितास्थः | हूर्च्छितास्थ | हूर्च्छ्याः | हूर्च्छ्यास्तम् | हूर्च्छ्यास्त |
| हूर्च्छितास्मि | हूर्च्छितास्वः | हूर्च्छितास्मः | हूर्च्छ्यासम् | हूर्च्छ्यास्व | हूर्च्छ्यास्म |

| | | | | | |
|---|---|---|---|---|---|
| जुहूर्च्छ | जुहूर्च्छतुः | जुहूर्च्छुः | अहूर्च्छीत् -द् | अहूर्च्छिष्टाम् | अहूर्च्छिषुः |
| जुहूर्च्छिथ | जुहूर्च्छथुः | जुहूर्च्छ | अहूर्च्छीः | अहूर्च्छिष्टम् | अहूर्च्छिष्ट |
| जुहूर्च्छ | जुहूर्च्छिव | जुहूर्च्छिम | अहूर्च्छिषम् | अहूर्च्छिष्व | अहूर्च्छिष्म |

212 मुर्छा मोहसमुच्छ्राययोः । मुर्छाँ । मुर्छ् । मूर्च्छति । P । सेट् । अ० । faint, swoon, grow, restrict

8.4.46 अचो रहाभ्यां द्वे । 8.4.55 खरि च । 8.2.78 उपधायां च ।

| | | | | | |
|---|---|---|---|---|---|
| मूर्च्छति | मूर्च्छतः | मूर्च्छन्ति | अमूर्च्छत् -द् | अमूर्च्छताम् | अमूर्च्छन् |
| मूर्च्छसि | मूर्च्छथः | मूर्च्छथ | अमूर्च्छः | अमूर्च्छतम् | अमूर्च्छत |
| मूर्च्छामि | मूर्च्छावः | मूर्च्छामः | अमूर्च्छम् | अमूर्च्छाव | अमूर्च्छाम |

| | | | | | |
|---|---|---|---|---|---|
| मूर्च्छतु | मूर्च्छताम् | मूर्च्छन्तु | मूर्च्छेत् -द् | मूर्च्छेताम् | मूर्च्छेयुः |
| मूर्च्छ | मूर्च्छतम् | मूर्च्छत | मूर्च्छेः | मूर्च्छेतम् | मूर्च्छेत |
| मूर्च्छानि | मूर्च्छाव | मूर्च्छाम | मूर्च्छेयम् | मूर्च्छेव | मूर्च्छेम |

| | | | | | |
|---|---|---|---|---|---|
| मूर्च्छिष्यति | मूर्च्छिष्यतः | मूर्च्छिष्यन्ति | अमूर्च्छिष्यत् -द् | अमूर्च्छिष्यताम् | अमूर्च्छिष्यन् |
| मूर्च्छिष्यसि | मूर्च्छिष्यथः | मूर्च्छिष्यथ | अमूर्च्छिष्यः | अमूर्च्छिष्यतम् | अमूर्च्छिष्यत |
| मूर्च्छिष्यामि | मूर्च्छिष्यावः | मूर्च्छिष्यामः | अमूर्च्छिष्यम् | अमूर्च्छिष्याव | अमूर्च्छिष्याम |

| | | | | | |
|---|---|---|---|---|---|
| मूर्च्छिता | मूर्च्छितारौ | मूर्च्छितारः | मूर्च्छ्यात् -द् | मूर्च्छ्यास्ताम् | मूर्च्छ्यासुः |
| मूर्च्छितासि | मूर्च्छितास्थः | मूर्च्छितास्थ | मूर्च्छ्याः | मूर्च्छ्यास्तम् | मूर्च्छ्यास्त |
| मूर्च्छितास्मि | मूर्च्छितास्वः | मूर्च्छितास्मः | मूर्च्छ्यासम् | मूर्च्छ्यास्व | मूर्च्छ्यास्म |

| | | | | | |
|---|---|---|---|---|---|
| मुमूर्च्छ | मुमूर्च्छतुः | मुमूर्च्छुः | अमूर्च्छीत् -द् | अमूर्च्छिष्टाम् | अमूर्च्छिषुः |
| मुमूर्च्छिथ | मुमूर्च्छथुः | मुमूर्च्छ | अमूर्च्छीः | अमूर्च्छिष्टम् | अमूर्च्छिष्ट |
| मुमूर्च्छ | मुमूर्च्छिव | मुमूर्च्छिम | अमूर्च्छिषम् | अमूर्च्छिष्व | अमूर्च्छिष्म |

213 **स्फुर्छा विस्तृतौ । स्फुर्छाँ । स्फुर्छ् । स्फूर्च्छति** । P । **सेट्** । **अ०** । spread, extend, forget
8.4.46 **अचो रहाभ्यां द्वे । इति छकारस्य छ्छकारः** । 8.4.55 **खरि च । इति छकारस्य चकारः** । 8.2.78 **उपधायां च । इति दीर्घः** ।

| | | | | | |
|---|---|---|---|---|---|
| स्फूर्च्छति | स्फूर्च्छतः | स्फूर्च्छन्ति | अस्फूर्च्छत् -द् | अस्फूर्च्छताम् | अस्फूर्च्छन् |
| स्फूर्च्छसि | स्फूर्च्छथः | स्फूर्च्छथ | अस्फूर्च्छः | अस्फूर्च्छतम् | अस्फूर्च्छत |
| स्फूर्च्छामि | स्फूर्च्छावः | स्फूर्च्छामः | अस्फूर्च्छम् | अस्फूर्च्छाव | अस्फूर्च्छाम |

| | | | | | |
|---|---|---|---|---|---|
| स्फूर्च्छतु | स्फूर्च्छताम् | स्फूर्च्छन्तु | स्फूर्च्छेत् -द् | स्फूर्च्छेताम् | स्फूर्च्छेयुः |
| स्फूर्च्छ | स्फूर्च्छतम् | स्फूर्च्छत | स्फूर्च्छेः | स्फूर्च्छेतम् | स्फूर्च्छेत |
| स्फूर्च्छानि | स्फूर्च्छाव | स्फूर्च्छाम | स्फूर्च्छेयम् | स्फूर्च्छेव | स्फूर्च्छेम |

| | | | | | |
|---|---|---|---|---|---|
| स्फूर्च्छिष्यति | स्फूर्च्छिष्यतः | स्फूर्च्छिष्यन्ति | **अस्फूर्च्छिष्यत् -द्** | **अस्फूर्च्छिष्यताम्** | अस्फूर्च्छिष्यन् |
| स्फूर्च्छिष्यसि | स्फूर्च्छिष्यथः | स्फूर्च्छिष्यथ | अस्फूर्च्छिष्यः | **अस्फूर्च्छिष्यतम्** | अस्फूर्च्छिष्यत |
| स्फूर्च्छिष्यामि | स्फूर्च्छिष्यावः | स्फूर्च्छिष्यामः | अस्फूर्च्छिष्यम् | अस्फूर्च्छिष्याव | अस्फूर्च्छिष्याम |

| | | | | | |
|---|---|---|---|---|---|
| स्फूर्च्छिता | स्फूर्च्छितारौ | स्फूर्च्छितारः | स्फूर्च्छ्यात् -द् | स्फूर्च्छ्यास्ताम् | स्फूर्च्छ्यासुः |
| स्फूर्च्छितासि | स्फूर्च्छितास्थः | स्फूर्च्छितास्थ | स्फूर्च्छ्याः | स्फूर्च्छ्यास्तम् | स्फूर्च्छ्यास्त |
| स्फूर्च्छितास्मि | स्फूर्च्छितास्वः | स्फूर्च्छितास्मः | स्फूर्च्छ्यासम् | स्फूर्च्छ्यास्व | स्फूर्च्छ्यास्म |

| | | | | | |
|---|---|---|---|---|---|
| पुस्फूर्च्छ | पुस्फूर्च्छतुः | पुस्फूर्च्छुः | अस्फूर्च्छीत् -द् | अस्फूर्च्छिष्टाम् | अस्फूर्च्छिषुः |
| पुस्फूर्च्छिथ | पुस्फूर्च्छथुः | पुस्फूर्च्छ | अस्फूर्च्छीः | अस्फूर्च्छिष्टम् | अस्फूर्च्छिष्ट |
| पुस्फूर्च्छ | पुस्फूर्च्छिव | पुस्फूर्च्छिम | अस्फूर्च्छिषम् | अस्फूर्च्छिष्व | अस्फूर्च्छिष्म |

214 युछ प्रमादे । युछ । युछँ । युछ् । युच्छति । P । सेट् । अ० । be careless, neglect

6.1.73 छे च । इति तुक् आगमः । 8.4.40 स्तोः श्चुना श्चुः । इति तकारस्य चकारः ।

| | | | | | |
|---|---|---|---|---|---|
| युच्छति | युच्छतः | युच्छन्ति | अयुच्छत् -द् | अयुच्छताम् | अयुच्छन् |
| युच्छसि | युच्छथः | युच्छथ | अयुच्छः | अयुच्छतम् | अयुच्छत |
| युच्छामि | युच्छावः | युच्छामः | अयुच्छम् | अयुच्छाव | अयुच्छाम |

| | | | | | |
|---|---|---|---|---|---|
| युच्छतु | युच्छताम् | युच्छन्तु | युच्छेत् -द् | युच्छेताम् | युच्छेयुः |
| युच्छ | युच्छतम् | युच्छत | युच्छेः | युच्छेतम् | युच्छेत |
| युच्छानि | युच्छाव | युच्छाम | युच्छेयम् | युच्छेव | युच्छेम |

| | | | | | |
|---|---|---|---|---|---|
| युच्छिष्यति | युच्छिष्यतः | युच्छिष्यन्ति | अयुच्छिष्यत् -द् | अयुच्छिष्यताम् | अयुच्छिष्यन् |
| युच्छिष्यसि | युच्छिष्यथः | युच्छिष्यथ | अयुच्छिष्यः | अयुच्छिष्यतम् | अयुच्छिष्यत |
| युच्छिष्यामि | युच्छिष्यावः | युच्छिष्यामः | अयुच्छिष्यम् | अयुच्छिष्याव | अयुच्छिष्याम |

| | | | | | |
|---|---|---|---|---|---|
| युच्छिता | युच्छितारौ | युच्छितारः | युच्छ्यात् -द् | युच्छ्यास्ताम् | युच्छ्यासुः |
| युच्छितासि | युच्छितास्थः | युच्छितास्थ | युच्छ्याः | युच्छ्यास्तम् | युच्छ्यास्त |
| युच्छितास्मि | युच्छितास्वः | युच्छितास्मः | युच्छ्यासम् | युच्छ्यास्व | युच्छ्यास्म |

| | | | | | |
|---|---|---|---|---|---|
| युयुच्छ | युयुच्छतुः | युयुच्छुः | अयुच्छीत् -द् | अयुच्छिष्टाम् | अयुच्छिषुः |
| युयुच्छिथ | युयुच्छथुः | युयुच्छ | अयुच्छीः | अयुच्छिष्टम् | अयुच्छिष्ट |
| युयुच्छ | युयुच्छिव | युयुच्छिम | अयुच्छिषम् | अयुच्छिष्व | अयुच्छिष्म |

215 उछि उञ्छे । उछिँ । उञ्छ् । उञ्छति । P । सेट् । स० । glean 6.1.90

| | | | | | |
|---|---|---|---|---|---|
| उञ्छति | उञ्छतः | उञ्छन्ति | औञ्छत् -द् | औञ्छताम् | औञ्छन् |
| उञ्छसि | उञ्छथः | उञ्छथ | औञ्छः | औञ्छतम् | औञ्छत |
| उञ्छामि | उञ्छावः | उञ्छामः | औञ्छम् | औञ्छाव | औञ्छाम |

| | | | | | |
|---|---|---|---|---|---|
| उञ्छतु | उञ्छताम् | उञ्छन्तु | उञ्छेत् -द् | उञ्छेताम् | उञ्छेयुः |
| उञ्छ | उञ्छतम् | उञ्छत | उञ्छेः | उञ्छेतम् | उञ्छेत |
| उञ्छानि | उञ्छाव | उञ्छाम | उञ्छेयम् | उञ्छेव | उञ्छेम |

| | | | | | |
|---|---|---|---|---|---|
| उञ्छिष्यति | उञ्छिष्यतः | उञ्छिष्यन्ति | औञ्छिष्यत् -द् | औञ्छिष्यताम् | औञ्छिष्यन् |
| उञ्छिष्यसि | उञ्छिष्यथः | उञ्छिष्यथ | औञ्छिष्यः | औञ्छिष्यतम् | औञ्छिष्यत |
| उञ्छिष्यामि | उञ्छिष्यावः | उञ्छिष्यामः | औञ्छिष्यम् | औञ्छिष्याव | औञ्छिष्याम |

| | | | | | |
|---|---|---|---|---|---|
| उञ्छिता | उञ्छितारौ | उञ्छितारः | उञ्छ्यात् -द् | उञ्छ्यास्ताम् | उञ्छ्यासुः |
| उञ्छितासि | उञ्छितास्थः | उञ्छितास्थ | उञ्छ्याः | उञ्छ्यास्तम् | उञ्छ्यास्त |
| उञ्छितास्मि | उञ्छितास्वः | उञ्छितास्मः | उञ्छ्यासम् | उञ्छ्यास्व | उञ्छ्यास्म |

| | | | | | |
|---|---|---|---|---|---|
| **उञ्छाञ्चकार** | **उञ्छाञ्चक्रतुः** | **उञ्छाञ्चक्रुः** | औञ्छीत् -द् | औञ्छिष्टाम् | औञ्छिषुः |
| **उञ्छाम्बभूव** | **उञ्छाम्बभूवतुः** | **उञ्छाम्बभूवुः** | | | |

| | | | | | |
|---|---|---|---|---|---|
| उञ्छामास | उञ्छामासतुः | उञ्छामासुः | | | |
| उञ्छाञ्चकर्थ | उञ्छाञ्चक्रथुः | उञ्छाञ्चक्र | औञ्छीः | औञ्छिष्टम् | औञ्छिष्ट |
| उञ्छाम्बभूविथ | उञ्छाम्बभूवथुः | उञ्छाम्बभूव | | | |
| उञ्छामासिथ | उञ्छामासथुः | उञ्छामास | | | |
| उञ्छाञ्चकर -कार | उञ्छाञ्चकृव | उञ्छाञ्चकृम | औञ्छिषम् | औञ्छिष्व | औञ्छिष्म |
| उञ्छाम्बभूव | उञ्छाम्बभूविव | उञ्छाम्बभूविम | | | |
| उञ्छामास | उञ्छामासिव | उञ्छामासिम | | | |

216 उछी विवासे । उछीँ । उच्छ् । उच्छति । P । सेट् । स० । finish । 8.2.36
प्रायेण अयं वि-पूर्वः। व्युच्छति ।

| | | | | | |
|---|---|---|---|---|---|
| उच्छति | उच्छतः | उच्छन्ति | औच्छत् -द् | औच्छताम् | औच्छन् |
| उच्छसि | उच्छथः | उच्छथ | औच्छः | औच्छतम् | औच्छत |
| उच्छामि | उच्छावः | उच्छामः | औच्छम् | औच्छाव | औच्छाम |

| | | | | | |
|---|---|---|---|---|---|
| उच्छतु | उच्छताम् | उच्छन्तु | उच्छेत् -द् | उच्छेताम् | उच्छेयुः |
| उच्छ | उच्छतम् | उच्छत | उच्छेः | उच्छेतम् | उच्छेत |
| उच्छानि | उच्छाव | उच्छाम | उच्छेयम् | उच्छेव | उच्छेम |

| | | | | | |
|---|---|---|---|---|---|
| उच्छिष्यति | उच्छिष्यतः | उच्छिष्यन्ति | औच्छिष्यत् -द् | औच्छिष्यताम् | औच्छिष्यन् |
| उच्छिष्यसि | उच्छिष्यथः | उच्छिष्यथ | औच्छिष्यः | औच्छिष्यतम् | औच्छिष्यत |
| उच्छिष्यामि | उच्छिष्यावः | उच्छिष्यामः | औच्छिष्यम् | औच्छिष्याव | औच्छिष्याम |

| | | | | | |
|---|---|---|---|---|---|
| उच्छिता | उच्छितारौ | उच्छितारः | उच्छ्यात् -द् | उच्छ्यास्ताम् | उच्छ्यासुः |
| उच्छितासि | उच्छितास्थः | उच्छितास्थ | उच्छ्याः | उच्छ्यास्तम् | उच्छ्यास्त |
| उच्छितास्मि | उच्छितास्वः | उच्छितास्मः | उच्छ्यासम् | उच्छ्यास्व | उच्छ्यास्म |

| | | | | | |
|---|---|---|---|---|---|
| उच्छाञ्चकार | उच्छाञ्चक्रतुः | उच्छाञ्चक्रुः | औच्छीत् -द् | औच्छिष्टाम् | औच्छिषुः |
| उच्छाम्बभूव | उच्छाम्बभूवतुः | उच्छाम्बभूवुः | | | |
| उच्छामास | उच्छामासतुः | उच्छामासुः | | | |
| उच्छाञ्चकर्थ | उच्छाञ्चक्रथुः | उच्छाञ्चक्र | औच्छीः | औच्छिष्टम् | औच्छिष्ट |
| उच्छाम्बभूविथ | उच्छाम्बभूवथुः | उच्छाम्बभूव | | | |
| उच्छामासिथ | उच्छामासथुः | उच्छामास | | | |
| उच्छाञ्चकर -कार | उच्छाञ्चकृव | उच्छाञ्चकृम | औच्छिषम् | औच्छिष्व | औच्छिष्म |
| उच्छाम्बभूव | उच्छाम्बभूविव | उच्छाम्बभूविम | | | |
| उच्छामास | उच्छामासिव | उच्छामासिम | | | |

217 ध्रज गतौ । ध्रजँ । ध्रज् । ध्रजति । P । सेट् । स० । move, transfer

| | | | | | |
|---|---|---|---|---|---|
| ध्रजति | ध्रजतः | ध्रजन्ति | अध्रजत् -द् | अध्रजताम् | अध्रजन् |
| ध्रजसि | ध्रजथः | ध्रजथ | अध्रजः | अध्रजतम् | अध्रजत |

| | | | | | |
|---|---|---|---|---|---|
| ध्रजामि | ध्रजावः | ध्रजामः | अध्रजम् | अध्रजाव | अध्रजाम |
| | | | | | |
| ध्रजतु | ध्रजताम् | ध्रजन्तु | ध्रजेत् -द् | ध्रजेताम् | ध्रजेयुः |
| ध्रज | ध्रजतम् | ध्रजत | ध्रजेः | ध्रजेतम् | ध्रजेत |
| ध्रजानि | ध्रजाव | ध्रजाम | ध्रजेयम् | ध्रजेव | ध्रजेम |
| | | | | | |
| ध्रजिष्यति | ध्रजिष्यतः | ध्रजिष्यन्ति | अध्रजिष्यत् -द् | अध्रजिष्यताम् | अध्रजिष्यन् |
| ध्रजिष्यसि | ध्रजिष्यथः | ध्रजिष्यथ | अध्रजिष्यः | अध्रजिष्यतम् | अध्रजिष्यत |
| ध्रजिष्यामि | ध्रजिष्यावः | ध्रजिष्यामः | अध्रजिष्यम् | अध्रजिष्याव | अध्रजिष्याम |
| | | | | | |
| ध्रजिता | ध्रजितारौ | ध्रजितारः | ध्रज्यात् -द् | ध्रज्यास्ताम् | ध्रज्यासुः |
| ध्रजितासि | ध्रजितास्थः | ध्रजितास्थ | ध्रज्याः | ध्रज्यास्तम् | ध्रज्यास्त |
| ध्रजितास्मि | ध्रजितास्वः | ध्रजितास्मः | ध्रज्यासम् | ध्रज्यास्व | ध्रज्यास्म |
| | | | | | |
| दध्राज | दध्रजतुः | दध्रजुः | अध्रजीत् -द्, अध्राजीत् -द् | अध्रजिष्टाम्, अध्राजिष्टाम् | अध्रजिषुः, अध्राजिषुः |
| दध्रजिथ | दध्रजथुः | दध्रज | अध्रजीः, अध्राजीः | अध्रजिष्टम्, अध्राजिष्टम् | अध्रजिष्ट, अध्राजिष्ट |
| दध्राज दध्रज | दध्रजिव | दध्रजिम | अध्रजिषम्, अध्राजिषम् | अध्रजिष्व, अध्राजिष्व | अध्रजिष्म, अध्राजिष्म |

218 ध्रजि गतौ । ध्रजिँ । ध्रञ्ज् । ध्रञ्जति । P । सेट् । स० । move, transfer

| | | | | | |
|---|---|---|---|---|---|
| ध्रञ्जति | ध्रञ्जतः | ध्रञ्जन्ति | अध्रञ्जत् -द् | अध्रञ्जताम् | अध्रञ्जन् |
| ध्रञ्जसि | ध्रञ्जथः | ध्रञ्जथ | अध्रञ्जः | अध्रञ्जतम् | अध्रञ्जत |
| ध्रञ्जामि | ध्रञ्जावः | ध्रञ्जामः | अध्रञ्जम् | अध्रञ्जाव | अध्रञ्जाम |
| | | | | | |
| ध्रञ्जतु | ध्रञ्जताम् | ध्रञ्जन्तु | ध्रञ्जेत् -द् | ध्रञ्जेताम् | ध्रञ्जेयुः |
| ध्रञ्ज | ध्रञ्जतम् | ध्रञ्जत | ध्रञ्जेः | ध्रञ्जेतम् | ध्रञ्जेत |
| ध्रञ्जानि | ध्रञ्जाव | ध्रञ्जाम | ध्रञ्जेयम् | ध्रञ्जेव | ध्रञ्जेम |
| | | | | | |
| ध्रञ्जिष्यति | ध्रञ्जिष्यतः | ध्रञ्जिष्यन्ति | अध्रञ्जिष्यत् -द् | अध्रञ्जिष्यताम् | अध्रञ्जिष्यन् |
| ध्रञ्जिष्यसि | ध्रञ्जिष्यथः | ध्रञ्जिष्यथ | अध्रञ्जिष्यः | अध्रञ्जिष्यतम् | अध्रञ्जिष्यत |
| ध्रञ्जिष्यामि | ध्रञ्जिष्यावः | ध्रञ्जिष्यामः | अध्रञ्जिष्यम् | अध्रञ्जिष्याव | अध्रञ्जिष्याम |
| | | | | | |
| ध्रञ्जिता | ध्रञ्जितारौ | ध्रञ्जितारः | ध्रञ्ज्यात् -द् | ध्रञ्ज्यास्ताम् | ध्रञ्ज्यासुः |
| ध्रञ्जितासि | ध्रञ्जितास्थः | ध्रञ्जितास्थ | ध्रञ्ज्याः | ध्रञ्ज्यास्तम् | ध्रञ्ज्यास्त |
| ध्रञ्जितास्मि | ध्रञ्जितास्वः | ध्रञ्जितास्मः | ध्रञ्ज्यासम् | ध्रञ्ज्यास्व | ध्रञ्ज्यास्म |
| | | | | | |
| दध्रञ्ज | दध्रञ्जतुः | दध्रञ्जुः | अध्रञ्जीत् -द् | अध्रञ्जिष्टाम् | अध्रञ्जिषुः |
| दध्रञ्जिथ | दध्रञ्जथुः | दध्रञ्ज | अध्रञ्जीः | अध्रञ्जिष्टम् | अध्रञ्जिष्ट |

| | | | | | |
|---|---|---|---|---|---|
| दध्रञ्ज | दध्रञ्जिव | दध्रञ्जिम | अध्रञ्जिषम् | अध्रञ्जिष्व | अध्रञ्जिष्म |

219 धृज गतौ । धृजँ । धृज् । धर्जति । P । सेट् । स० । move, transfer

| | | | | | |
|---|---|---|---|---|---|
| धर्जति | धर्जतः | धर्जन्ति | अधर्जत् -द् | अधर्जताम् | अधर्जन् |
| धर्जसि | धर्जथः | धर्जथ | अधर्जः | अधर्जतम् | अधर्जत |
| धर्जामि | धर्जावः | धर्जामः | अधर्जम् | अधर्जाव | अधर्जाम |

| | | | | | |
|---|---|---|---|---|---|
| धर्जतु धर्जतात् -द् | धर्जताम् | धर्जन्तु | धर्जेत् -द् | धर्जेताम् | धर्जेयुः |
| धर्ज धर्जतात् -द् | धर्जतम् | धर्जत | धर्जेः | धर्जेतम् | धर्जेत |
| धर्जानि | धर्जाव | धर्जाम | धर्जेयम् | धर्जेव | धर्जेम |

| | | | | | |
|---|---|---|---|---|---|
| धर्जिष्यति | धर्जिष्यतः | धर्जिष्यन्ति | अधर्जिष्यत् -द् | अधर्जिष्यताम् | अधर्जिष्यन् |
| धर्जिष्यसि | धर्जिष्यथः | धर्जिष्यथ | अधर्जिष्यः | अधर्जिष्यतम् | अधर्जिष्यत |
| धर्जिष्यामि | धर्जिष्यावः | धर्जिष्यामः | अधर्जिष्यम् | अधर्जिष्याव | अधर्जिष्याम |

| | | | | | |
|---|---|---|---|---|---|
| धर्जिता | धर्जितारौ | धर्जितारः | धृज्यात् -द् | धृज्यास्ताम् | धृज्यासुः |
| धर्जितासि | धर्जितास्थः | धर्जितास्थ | धृज्याः | धृज्यास्तम् | धृज्यास्त |
| धर्जितास्मि | धर्जितास्वः | धर्जितास्मः | धृज्यासम् | धृज्यास्व | धृज्यास्म |

| | | | | | |
|---|---|---|---|---|---|
| दधर्ज | दधृजतुः | दधृजुः | अधर्जीत् -द् | अधर्जिष्टाम् | अधर्जिषुः |
| दधर्जिथ | दधृजथुः | दधृज | अधर्जीः | अधर्जिष्टम् | अधर्जिष्ट |
| दधर्ज | दधृजिव | दधृजिम | अधर्जिषम् | अधर्जिष्व | अधर्जिष्म |

220 धृजि गतौ । धृजिँ । धृञ्ज् । धृञ्जति । P । सेट् । स० । move, transfer

| | | | | | |
|---|---|---|---|---|---|
| धृञ्जति | धृञ्जतः | धृञ्जन्ति | अधृञ्जत् -द् | अधृञ्जताम् | अधृञ्जन् |
| धृञ्जसि | धृञ्जथः | धृञ्जथ | अधृञ्जः | अधृञ्जतम् | अधृञ्जत |
| धृञ्जामि | धृञ्जावः | धृञ्जामः | अधृञ्जम् | अधृञ्जाव | अधृञ्जाम |

| | | | | | |
|---|---|---|---|---|---|
| धृञ्जतु | धृञ्जताम् | धृञ्जन्तु | धृञ्जेत् -द् | धृञ्जेताम् | धृञ्जेयुः |
| धृञ्ज | धृञ्जतम् | धृञ्जत | धृञ्जेः | धृञ्जेतम् | धृञ्जेत |
| धृञ्जानि | धृञ्जाव | धृञ्जाम | धृञ्जेयम् | धृञ्जेव | धृञ्जेम |

| | | | | | |
|---|---|---|---|---|---|
| धृञ्जिष्यति | धृञ्जिष्यतः | धृञ्जिष्यन्ति | अधृञ्जिष्यत् -द् | अधृञ्जिष्यताम् | अधृञ्जिष्यन् |
| धृञ्जिष्यसि | धृञ्जिष्यथः | धृञ्जिष्यथ | अधृञ्जिष्यः | अधृञ्जिष्यतम् | अधृञ्जिष्यत |
| धृञ्जिष्यामि | धृञ्जिष्यावः | धृञ्जिष्यामः | अधृञ्जिष्यम् | अधृञ्जिष्याव | अधृञ्जिष्याम |

| | | | | | |
|---|---|---|---|---|---|
| धृञ्जिता | धृञ्जितारौ | धृञ्जितारः | धृञ्ज्यात् -द् | धृञ्ज्यास्ताम् | धृञ्ज्यासुः |
| धृञ्जितासि | धृञ्जितास्थः | धृञ्जितास्थ | धृञ्ज्याः | धृञ्ज्यास्तम् | धृञ्ज्यास्त |
| धृञ्जितास्मि | धृञ्जितास्वः | धृञ्जितास्मः | धृञ्ज्यासम् | धृञ्ज्यास्व | धृञ्ज्यास्म |

| | | | | | |
|---|---|---|---|---|---|
| दधृञ्ज | दधृञ्जतुः | दधृञ्जुः | अधृञ्जीत् -द् | अधृञ्जिष्टाम् | अधृञ्जिषुः |
| दधृञ्जिथ | दधृञ्जथुः | दधृञ्ज | अधृञ्जीः | अधृञ्जिष्टम् | अधृञ्जिष्ट |
| दधृञ्ज | दधृञ्जिव | दधृञ्जिम | अधृञ्जिषम् | अधृञ्जिष्व | अधृञ्जिष्म |

221 ध्वज गतौ । ध्वजँ । ध्वज् । ध्वजति । P । सेट् । स० । move, transfer

| | | | | | |
|---|---|---|---|---|---|
| ध्वजति | ध्वजतः | ध्वजन्ति | अध्वजत् -द् | अध्वजताम् | अध्वजन् |
| ध्वजसि | ध्वजथः | ध्वजथ | अध्वजः | अध्वजतम् | अध्वजत |
| ध्वजामि | ध्वजावः | ध्वजामः | अध्वजम् | अध्वजाव | अध्वजाम |

| | | | | | |
|---|---|---|---|---|---|
| ध्वजतु | ध्वजताम् | ध्वजन्तु | ध्वजेत् -द् | ध्वजेताम् | ध्वजेयुः |
| ध्वज | ध्वजतम् | ध्वजत | ध्वजेः | ध्वजेतम् | ध्वजेत |
| ध्वजानि | ध्वजाव | ध्वजाम | ध्वजेयम् | ध्वजेव | ध्वजेम |

| | | | | | |
|---|---|---|---|---|---|
| ध्वजिष्यति | ध्वजिष्यतः | ध्वजिष्यन्ति | अध्वजिष्यत् -द् | अध्वजिष्यताम् | अध्वजिष्यन् |
| ध्वजिष्यसि | ध्वजिष्यथः | ध्वजिष्यथ | अध्वजिष्यः | अध्वजिष्यतम् | अध्वजिष्यत |
| ध्वजिष्यामि | ध्वजिष्यावः | ध्वजिष्यामः | अध्वजिष्यम् | अध्वजिष्याव | अध्वजिष्याम |

| | | | | | |
|---|---|---|---|---|---|
| ध्वजिता | ध्वजितारौ | ध्वजितारः | ध्वज्यात् -द् | ध्वज्यास्ताम् | ध्वज्यासुः |
| ध्वजितासि | ध्वजितास्थः | ध्वजितास्थ | ध्वज्याः | ध्वज्यास्तम् | ध्वज्यास्त |
| ध्वजितास्मि | ध्वजितास्वः | ध्वजितास्मः | ध्वज्यासम् | ध्वज्यास्व | ध्वज्यास्म |

| | | | | | |
|---|---|---|---|---|---|
| दध्वाज | दध्वजतुः | दध्वजुः | अध्वजीत् -द्, | अध्वजिष्टाम्, | अध्वजिषुः, |
| | | | अध्वाजीत् -द् | अध्वाजिष्टाम् | अध्वाजिषुः |
| दध्वजिथ | दध्वजथुः | दध्वज | अध्वजीः, | अध्वजिष्टम्, | अध्वजिष्ट, |
| | | | अध्वाजीः | अध्वाजिष्टम् | अध्वाजिष्ट |
| दध्वाज दध्वज | दध्वजिव | दध्वजिम | अध्वजिषम्, | अध्वजिष्व, | अध्वजिष्म, |
| | | | अध्वाजिषम् | अध्वाजिष्व | अध्वाजिष्म |

222 ध्वजि गतौ । ध्रिज च । ध्वजिँ । ध्वञ्ज् । ध्वञ्जति । P । सेट् । स० । move, transfer

| | | | | | |
|---|---|---|---|---|---|
| ध्वञ्जति | ध्वञ्जतः | ध्वञ्जन्ति | अध्वञ्जत् द् | अध्वञ्जताम् | अध्वञ्जन् |
| ध्वञ्जसि | ध्वञ्जथः | ध्वञ्जथ | अध्वञ्जः | अध्वञ्जतम् | अध्वञ्जत |
| ध्वञ्जामि | ध्वञ्जावः | ध्वञ्जामः | अध्वञ्जम् | अध्वञ्जाव | अध्वञ्जाम |

| | | | | | |
|---|---|---|---|---|---|
| ध्वञ्जतु | ध्वञ्जताम् | ध्वञ्जन्तु | ध्वञ्जेत् द् | ध्वञ्जेताम् | ध्वञ्जेयुः |
| ध्वञ्ज | ध्वञ्जतम् | ध्वञ्जत | ध्वञ्जेः | ध्वञ्जेतम् | ध्वञ्जेत |
| ध्वञ्जानि | ध्वञ्जाव | ध्वञ्जाम | ध्वञ्जेयम् | ध्वञ्जेव | ध्वञ्जेम |

| | | | | | |
|---|---|---|---|---|---|
| ध्वञ्जिष्यति | ध्वञ्जिष्यतः | ध्वञ्जिष्यन्ति | अध्वञ्जिष्यत् द् | अध्वञ्जिष्यताम् | अध्वञ्जिष्यन् |
| ध्वञ्जिष्यसि | ध्वञ्जिष्यथः | ध्वञ्जिष्यथ | अध्वञ्जिष्यः | अध्वञ्जिष्यतम् | अध्वञ्जिष्यत |
| ध्वञ्जिष्यामि | ध्वञ्जिष्यावः | ध्वञ्जिष्यामः | अध्वञ्जिष्यम् | अध्वञ्जिष्याव | अध्वञ्जिष्याम |

| ध्वञ्जिता | ध्वञ्जितारौ | ध्वञ्जितारः | ध्वञ्ज्यात् -द् | ध्वञ्ज्यास्ताम् | ध्वञ्ज्यासुः |
| ध्वञ्जितासि | ध्वञ्जितास्थः | ध्वञ्जितास्थ | ध्वञ्ज्याः | ध्वञ्ज्यास्तम् | ध्वञ्ज्यास्त |
| ध्वञ्जितास्मि | ध्वञ्जितास्वः | ध्वञ्जितास्मः | ध्वञ्ज्यासम् | ध्वञ्ज्यास्व | ध्वञ्ज्यास्म |

| दध्वञ्ज | दध्वञ्जतुः | दध्वञ्जुः | अध्वञ्जीत् -द् | अध्वञ्जिष्टाम् | अध्वञ्जिषुः |
| दध्वञ्जिथ | दध्वञ्जथुः | दध्वञ्ज | अध्वञ्जीः | अध्वञ्जिष्टम् | अध्वञ्जिष्ट |
| दध्वञ्ज | दध्वञ्जिव | दध्वञ्जिम | अध्वञ्जिषम् | अध्वञ्जिष्व | अध्वञ्जिष्म |

## 223 कूज अव्यक्ते शब्दे । कूजँ । कूज् । कूजति । P । सेट् । अ० । make inarticulate sound, hum, coo

| कूजति | कूजतः | कूजन्ति | अकूजत् -द् | अकूजताम् | अकूजन् |
| कूजसि | कूजथः | कूजथ | अकूजः | अकूजतम् | अकूजत |
| कूजामि | कूजावः | कूजामः | अकूजम् | अकूजाव | अकूजाम |

| कूजतु | कूजताम् | कूजन्तु | कूजेत् -द् | कूजेताम् | कूजेयुः |
| कूज | कूजतम् | कूजत | कूजेः | कूजेतम् | कूजेत |
| कूजानि | कूजाव | कूजाम | कूजेयम् | कूजेव | कूजेम |

| कूजिष्यति | कूजिष्यतः | कूजिष्यन्ति | अकूजिष्यत् -द् | अकूजिष्यताम् | अकूजिष्यन् |
| कूजिष्यसि | कूजिष्यथः | कूजिष्यथ | अकूजिष्यः | अकूजिष्यतम् | अकूजिष्यत |
| कूजिष्यामि | कूजिष्यावः | कूजिष्यामः | अकूजिष्यम् | अकूजिष्याव | अकूजिष्याम |

| कूजिता | कूजितारौ | कूजितारः | कूज्यात् -द् | कूज्यास्ताम् | कूज्यासुः |
| कूजितासि | कूजितास्थः | कूजितास्थ | कूज्याः | कूज्यास्तम् | कूज्यास्त |
| कूजितास्मि | कूजितास्वः | कूजितास्मः | कूज्यासम् | कूज्यास्व | कूज्यास्म |

| चुकूज | चुकूजतुः | चुकूजुः | अकूजीत् -द् | अकूजिष्टाम् | अकूजिषुः |
| चुकूजिथ | चुकूजथुः | चुकूज | अकूजीः | अकूजिष्टम् | अकूजिष्ट |
| चुकूज | चुकूजिव | चुकूजिम | अकूजिषम् | अकूजिष्व | अकूजिष्म |

## 224 अर्ज अर्जने । अर्जँ । अर्ज् । अर्जति । P । सेट् । स० । procure, take

| अर्जति | अर्जतः | अर्जन्ति | आर्जत् -द् | आर्जताम् | आर्जन् |
| अर्जसि | अर्जथः | अर्जथ | आर्जः | आर्जतम् | आर्जत |
| अर्जामि | अर्जावः | अर्जामः | आर्जम् | आर्जाव | आर्जाम |

| अर्जतु | अर्जताम् | अर्जन्तु | अर्जेत् -द् | अर्जेताम् | अर्जेयुः |
| अर्ज | अर्जतम् | अर्जत | अर्जेः | अर्जेतम् | अर्जेत |
| अर्जानि | अर्जाव | अर्जाम | अर्जेयम् | अर्जेव | अर्जेम |

| अर्जिष्यति | अर्जिष्यतः | अर्जिष्यन्ति | आर्जिष्यत् -द् | आर्जिष्यताम् | आर्जिष्यन् |
| अर्जिष्यसि | अर्जिष्यथः | अर्जिष्यथ | आर्जिष्यः | आर्जिष्यतम् | आर्जिष्यत |
| अर्जिष्यामि | अर्जिष्यावः | अर्जिष्यामः | आर्जिष्यम् | आर्जिष्याव | आर्जिष्याम |

| अर्जिता | अर्जितारौ | अर्जितारः | अर्ज्यात् -द् | अर्ज्यास्ताम् | अर्ज्यासुः |
| अर्जितासि | अर्जितास्थः | अर्जितास्थ | अर्ज्याः | अर्ज्यास्तम् | अर्ज्यास्त |
| अर्जितास्मि | अर्जितास्वः | अर्जितास्मः | अर्ज्यासम् | अर्ज्यास्व | अर्ज्यास्म |

| आनर्ज | आनर्जतुः | आनर्जुः | आर्जीत् -द् | आर्जिष्टाम् | आर्जिषुः |
| आनर्जिथ | आनर्जथुः | आनर्ज | आर्जीः | आर्जिष्टम् | आर्जिष्ट |
| आनर्ज | आनर्जिव | आनर्जिम | आर्जिषम् | आर्जिष्व | आर्जिष्म |

## 225 षर्ज अर्जने । षर्जँ । सर्ज् । सर्जति । P । सेट् । स० । earn, acquire, gain by hard work

| सर्जति | सर्जतः | सर्जन्ति | असर्जत् -द् | असर्जताम् | असर्जन् |
| सर्जसि | सर्जथः | सर्जथ | असर्जः | असर्जतम् | असर्जत |
| सर्जामि | सर्जावः | सर्जामः | असर्जम् | असर्जाव | असर्जाम |

| सर्जतु | सर्जताम् | सर्जन्तु | सर्जेत् -द् | सर्जेताम् | सर्जेयुः |
| सर्ज | सर्जतम् | सर्जत | सर्जेः | सर्जेतम् | सर्जेत |
| सर्जानि | सर्जाव | सर्जाम | सर्जेयम् | सर्जेव | सर्जेम |

| सर्जिष्यति | सर्जिष्यतः | सर्जिष्यन्ति | असर्जिष्यत् -द् | असर्जिष्यताम् | असर्जिष्यन् |
| सर्जिष्यसि | सर्जिष्यथः | सर्जिष्यथ | असर्जिष्यः | असर्जिष्यतम् | असर्जिष्यत |
| सर्जिष्यामि | सर्जिष्यावः | सर्जिष्यामः | असर्जिष्यम् | असर्जिष्याव | असर्जिष्याम |

| सर्जिता | सर्जितारौ | सर्जितारः | सर्ज्यात् -द् | सर्ज्यास्ताम् | सर्ज्यासुः |
| सर्जितासि | सर्जितास्थः | सर्जितास्थ | सर्ज्याः | सर्ज्यास्तम् | सर्ज्यास्त |
| सर्जितास्मि | सर्जितास्वः | सर्जितास्मः | सर्ज्यासम् | सर्ज्यास्व | सर्ज्यास्म |

| ससर्ज | ससर्जतुः | ससर्जुः | असर्जीत् -द् | असर्जिष्टाम् | असर्जिषुः |
| ससर्जिथ | ससर्जथुः | ससर्ज | असर्जीः | असर्जिष्टम् | असर्जिष्ट |
| ससर्ज | ससर्जिव | ससर्जिम | असर्जिषम् | असर्जिष्व | असर्जिष्म |

## 226 गर्ज शब्दे । गर्जँ । गर्ज् । गर्जति । P । सेट् । अ० । roar, sound

| गर्जति | गर्जतः | गर्जन्ति | अगर्जत् -द् | अगर्जताम् | अगर्जन् |
| गर्जसि | गर्जथः | गर्जथ | अगर्जः | अगर्जतम् | अगर्जत |
| गर्जामि | गर्जावः | गर्जामः | अगर्जम् | अगर्जाव | अगर्जाम |

| गर्जतु | गर्जताम् | गर्जन्तु | गर्जेत् -द् | गर्जेताम् | गर्जेयुः |
| गर्ज | गर्जतम् | गर्जत | गर्जेः | गर्जेतम् | गर्जेत |
| गर्जानि | गर्जाव | गर्जाम | गर्जेयम् | गर्जेव | गर्जेम |

| गर्जिष्यति | गर्जिष्यतः | गर्जिष्यन्ति | अगर्जिष्यत् -द् | अगर्जिष्यताम् | अगर्जिष्यन् |
| गर्जिष्यसि | गर्जिष्यथः | गर्जिष्यथ | अगर्जिष्यः | अगर्जिष्यतम् | अगर्जिष्यत |
| गर्जिष्यामि | गर्जिष्यावः | गर्जिष्यामः | अगर्जिष्यम् | अगर्जिष्याव | अगर्जिष्याम |

| | | | | | |
|---|---|---|---|---|---|
| गर्जिता | गर्जितारौ | गर्जितारः | गर्ज्यात् -द् | गर्ज्यास्ताम् | गर्ज्यासुः |
| गर्जितासि | गर्जितास्थः | गर्जितास्थ | गर्ज्याः | गर्ज्यास्तम् | गर्ज्यास्त |
| गर्जितास्मि | गर्जितास्वः | गर्जितास्मः | गर्ज्यासम् | गर्ज्यास्व | गर्ज्यास्म |

| | | | | | |
|---|---|---|---|---|---|
| जगर्ज | जगर्जतुः | जगर्जुः | अगर्जीत् -द् | अगर्जिष्टाम् | अगर्जिषुः |
| जगर्जिथ | जगर्जथुः | जगर्ज | अगर्जीः | अगर्जिष्टम् | अगर्जिष्ट |
| जगर्ज | जगर्जिव | जगर्जिम | अगर्जिषम् | अगर्जिष्व | अगर्जिष्म |

227 **तर्ज भर्त्सने । तर्जँ । तर्ज् । तर्जति** । P । **सेट्** । **स०** । threaten, scold

| | | | | | |
|---|---|---|---|---|---|
| तर्जति | तर्जतः | तर्जन्ति | अतर्जत् -द् | अतर्जताम् | अतर्जन् |
| तर्जसि | तर्जथः | तर्जथ | अतर्जः | अतर्जतम् | अतर्जत |
| तर्जामि | तर्जावः | तर्जामः | अतर्जम् | अतर्जाव | अतर्जाम |

| | | | | | |
|---|---|---|---|---|---|
| तर्जतु | तर्जताम् | तर्जन्तु | तर्जेत् -द् | तर्जेताम् | तर्जेयुः |
| तर्ज | तर्जतम् | तर्जत | तर्जेः | तर्जेतम् | तर्जेत |
| तर्जानि | तर्जाव | तर्जाम | तर्जेयम् | तर्जेव | तर्जेम |

| | | | | | |
|---|---|---|---|---|---|
| तर्जिष्यति | तर्जिष्यतः | तर्जिष्यन्ति | अतर्जिष्यत् -द् | अतर्जिष्यताम् | अतर्जिष्यन् |
| तर्जिष्यसि | तर्जिष्यथः | तर्जिष्यथ | अतर्जिष्यः | अतर्जिष्यतम् | अतर्जिष्यत |
| तर्जिष्यामि | तर्जिष्यावः | तर्जिष्यामः | अतर्जिष्यम् | अतर्जिष्याव | अतर्जिष्याम |

| | | | | | |
|---|---|---|---|---|---|
| तर्जिता | तर्जितारौ | तर्जितारः | तर्ज्यात् -द् | तर्ज्यास्ताम् | तर्ज्यासुः |
| तर्जितासि | तर्जितास्थः | तर्जितास्थ | तर्ज्याः | तर्ज्यास्तम् | तर्ज्यास्त |
| तर्जितास्मि | तर्जितास्वः | तर्जितास्मः | तर्ज्यासम् | तर्ज्यास्व | तर्ज्यास्म |

| | | | | | |
|---|---|---|---|---|---|
| ततर्ज | ततर्जतुः | ततर्जुः | अतर्जीत् -द् | अतर्जिष्टाम् | अतर्जिषुः |
| ततर्जिथ | ततर्जथुः | ततर्ज | अतर्जीः | अतर्जिष्टम् | अतर्जिष्ट |
| ततर्ज | ततर्जिव | ततर्जिम | अतर्जिषम् | अतर्जिष्व | अतर्जिष्म |

228 **कर्ज व्यथने । कर्जँ । कर्ज् । कर्जति** । P । **सेट्** । **स०** । pain, torment

| | | | | | |
|---|---|---|---|---|---|
| कर्जति | कर्जतः | कर्जन्ति | अकर्जत् -द् | अकर्जताम् | अकर्जन् |
| कर्जसि | कर्जथः | कर्जथ | अकर्जः | अकर्जतम् | अकर्जत |
| कर्जामि | कर्जावः | कर्जामः | अकर्जम् | अकर्जाव | अकर्जाम |

| | | | | | |
|---|---|---|---|---|---|
| कर्जतु | कर्जताम् | कर्जन्तु | कर्जेत् -द् | कर्जेताम् | कर्जेयुः |
| कर्ज | कर्जतम् | कर्जत | कर्जेः | कर्जेतम् | कर्जेत |
| कर्जानि | कर्जाव | कर्जाम | कर्जेयम् | कर्जेव | कर्जेम |

| | | | | | |
|---|---|---|---|---|---|
| कर्जिष्यति | कर्जिष्यतः | कर्जिष्यन्ति | अकर्जिष्यत् -द् | अकर्जिष्यताम् | अकर्जिष्यन् |
| कर्जिष्यसि | कर्जिष्यथः | कर्जिष्यथ | अकर्जिष्यः | अकर्जिष्यतम् | अकर्जिष्यत |
| कर्जिष्यामि | कर्जिष्यावः | कर्जिष्यामः | अकर्जिष्यम् | अकर्जिष्याव | अकर्जिष्याम |

| | | | | | |
|---|---|---|---|---|---|
| कर्जिता | कर्जितारौ | कर्जितारः | कर्ज्यात् -द् | कर्ज्यास्ताम् | कर्ज्यासुः |
| कर्जितासि | कर्जितास्थः | कर्जितास्थ | कर्ज्याः | कर्ज्यास्तम् | कर्ज्यास्त |
| कर्जितास्मि | कर्जितास्वः | कर्जितास्मः | कर्ज्यासम् | कर्ज्यास्व | कर्ज्यास्म |

| | | | | | |
|---|---|---|---|---|---|
| चकर्ज | चकर्जतुः | चकर्जुः | अकर्जीत् -द् | अकर्जिष्टाम् | अकर्जिषुः |
| चकर्जिथ | चकर्जथुः | चकर्ज | अकर्जीः | अकर्जिष्टम् | अकर्जिष्ट |
| चकर्ज | चकर्जिव | चकर्जिम | अकर्जिषम् | अकर्जिष्व | अकर्जिष्म |

229 **खर्ज पूजने च । खर्जँ । खर्ज् । खर्जति ।** P **। सेट् । स० ।** pain, torment, worship

| | | | | | |
|---|---|---|---|---|---|
| खर्जति | खर्जतः | खर्जन्ति | अखर्जत् -द् | अखर्जताम् | अखर्जन् |
| खर्जसि | खर्जथः | खर्जथ | अखर्जः | अखर्जतम् | अखर्जत |
| खर्जामि | खर्जावः | खर्जामः | अखर्जम् | अखर्जाव | अखर्जाम |

| | | | | | |
|---|---|---|---|---|---|
| खर्जतु | खर्जताम् | खर्जन्तु | खर्जेत् -द् | खर्जेताम् | खर्जेयुः |
| खर्ज | खर्जतम् | खर्जत | खर्जेः | खर्जेतम् | खर्जेत |
| खर्जानि | खर्जाव | खर्जाम | खर्जेयम् | खर्जेव | खर्जेम |

| | | | | | |
|---|---|---|---|---|---|
| खर्जिष्यति | खर्जिष्यतः | खर्जिष्यन्ति | अखर्जिष्यत् -द् | अखर्जिष्यताम् | अखर्जिष्यन् |
| खर्जिष्यसि | खर्जिष्यथः | खर्जिष्यथ | अखर्जिष्यः | अखर्जिष्यतम् | अखर्जिष्यत |
| खर्जिष्यामि | खर्जिष्यावः | खर्जिष्यामः | अखर्जिष्यम् | अखर्जिष्याव | अखर्जिष्याम |

| | | | | | |
|---|---|---|---|---|---|
| खर्जिता | खर्जितारौ | खर्जितारः | खर्ज्यात् -द् | खर्ज्यास्ताम् | खर्ज्यासुः |
| खर्जितासि | खर्जितास्थः | खर्जितास्थ | खर्ज्याः | खर्ज्यास्तम् | खर्ज्यास्त |
| खर्जितास्मि | खर्जितास्वः | खर्जितास्मः | खर्ज्यासम् | खर्ज्यास्व | खर्ज्यास्म |

| | | | | | |
|---|---|---|---|---|---|
| चखर्ज | चखर्जतुः | चखर्जुः | अखर्जीत् -द् | अखर्जिष्टाम् | अखर्जिषुः |
| चखर्जिथ | चखर्जथुः | चखर्ज | अखर्जीः | अखर्जिष्टम् | अखर्जिष्ट |
| चखर्ज | चखर्जिव | चखर्जिम | अखर्जिषम् | अखर्जिष्व | अखर्जिष्म |

230 **अज गतिक्षेपणयोः । अजँ । अज् । अजति ।** P **। सेट् । स० ।** go, censure, drive

**2.4.56 अजेर्व्यघञपोः । इति वी आदेशः आर्धधातुके । वा० वलादार्धधातुके वेष्यते इति वी आदेशः विकलपः ।**

| | | | | | |
|---|---|---|---|---|---|
| अजति | अजतः | अजन्ति | आजत् -द् | आजताम् | आजन् |
| अजसि | अजथः | अजथ | आजः | आजतम् | आजत |
| अजामि | अजावः | अजामः | आजम् | आजाव | आजाम |

| | | | | | |
|---|---|---|---|---|---|
| अजतु | अजताम् | अजन्तु | अजेत् -द् | अजेताम् | अजेयुः |
| अज | अजतम् | अजत | अजेः | अजेतम् | अजेत |
| अजानि | अजाव | अजाम | अजेयम् | अजेव | अजेम |

| | | | | | |
|---|---|---|---|---|---|
| अजिष्यति , | अजिष्यतः , | अजिष्यन्ति , | आजिष्यत् -द् | आजिष्यताम् | आजिष्यन् |
| वेष्यति | वेष्यतः | वेष्यन्ति | अवेष्यत् -द् | अवेष्यताम् | अवेष्यन् |

| | | | | | |
|---|---|---|---|---|---|
| अजिष्यसि , | अजिष्यथः , | अजिष्यथ , | आजिष्यः | आजिष्यतम् | आजिष्यत |
| वेष्यसि | वेष्यथः | वेष्यथ | अवेष्यः | अवेष्यतम् | अवेष्यत |
| अजिष्यामि , | अजिष्यावः , | अजिष्यामः , | आजिष्यम् | आजिष्याव | आजिष्याम |
| वेष्यामि | वेष्यावः | वेष्यामः | अवेष्यम् | अवेष्याव | अवेष्याम |

| | | | | | |
|---|---|---|---|---|---|
| अजिता | अजितारौ | अजितारः | वीयात् -द् | वीयास्ताम् | वीयासुः |
| वेता | वेतारौ | वेतारः | | | |
| अजितासि | अजितास्थः | अजितास्थ | वीयाः | वीयास्तम् | वीयास्त |
| वेतासि | वेतास्थः | वेतास्थ | | | |
| अजितास्मि | अजितास्वः | अजितास्मः | वीयासम् | वीयास्व | वीयास्म |
| वेतास्मि | वेतास्वः | वेतास्मः | | | |

| | | | | | |
|---|---|---|---|---|---|
| विवाय | विव्यतुः | विव्युः | आजीत् -द् , | आजिष्टाम् , | आजिषुः , |
| | | | अवैषीत् -द् | अवैष्टाम् | अवैषुः |
| विवयिथ विवेथ | विव्यथुः | विव्य | आजीः , | आजिष्टम् , | आजिष्ट , |
| आजिथ | | | अवैषीः | अवैष्टम् | अवैष्ट |
| विवाय विवय | विव्यिव | विव्यिम | आजिषम् , | आजिष्व , | आजिष्म , |
| | आजिव | आजिम | अवैषम् | अवैष्व | अवैष्म |

231 **तेज पालने । तेजँ । तेज् । तेजति** । P । **सेट्** । **स०** । protect, nourish

| | | | | | |
|---|---|---|---|---|---|
| तेजति | तेजतः | तेजन्ति | अतेजत् -द् | अतेजताम् | अतेजन् |
| तेजसि | तेजथः | तेजथ | अतेजः | अतेजतम् | अतेजत |
| तेजामि | तेजावः | तेजामः | अतेजम् | अतेजाव | अतेजाम |

| | | | | | |
|---|---|---|---|---|---|
| तेजतु | तेजताम् | तेजन्तु | तेजेत् -द् | तेजेताम् | तेजेयुः |
| तेज | तेजतम् | तेजत | तेजेः | तेजेतम् | तेजेत |
| तेजानि | तेजाव | तेजाम | तेजेयम् | तेजेव | तेजेम |

| | | | | | |
|---|---|---|---|---|---|
| तेजिष्यति | तेजिष्यतः | तेजिष्यन्ति | अतेजिष्यत् -द् | अतेजिष्यताम् | अतेजिष्यन् |
| तेजिष्यसि | तेजिष्यथः | तेजिष्यथ | अतेजिष्यः | अतेजिष्यतम् | अतेजिष्यत |
| तेजिष्यामि | तेजिष्यावः | तेजिष्यामः | अतेजिष्यम् | अतेजिष्याव | अतेजिष्याम |

| | | | | | |
|---|---|---|---|---|---|
| तेजिता | तेजितारौ | तेजितारः | तेज्यात् -द् | तेज्यास्ताम् | तेज्यासुः |
| तेजितासि | तेजितास्थः | तेजितास्थ | तेज्याः | तेज्यास्तम् | तेज्यास्त |
| तेजितास्मि | तेजितास्वः | तेजितास्मः | तेज्यासम् | तेज्यास्व | तेज्यास्म |

| | | | | | |
|---|---|---|---|---|---|
| तितेज | तितेजतुः | तितेजुः | अतेजीत् -द् | अतेजिष्टाम् | अतेजिषुः |
| तितेजिथ | तितेजथुः | तितेज | अतेजीः | अतेजिष्टम् | अतेजिष्ट |
| तितेज | तितेजिव | तितेजिम | अतेजिषम् | अतेजिष्व | अतेजिष्म |

232 **खज मन्थे । कज मद इत्येके । खजँ । खज् । खजति** । P । **सेट्** । **स०** । churn, agitate

| | | | | | |
|---|---|---|---|---|---|
| खजति | खजतः | खजन्ति | अखजत् -द् | अखजताम् | अखजन् |

| | | | | | |
|---|---|---|---|---|---|
| खजसि | खजथः | खजथ | अखजः | अखजतम् | अखजत |
| खजामि | खजावः | खजामः | अखजम् | अखजाव | अखजाम |

| | | | | | |
|---|---|---|---|---|---|
| खजतु | खजताम् | खजन्तु | खजेत् -द् | खजेताम् | खजेयुः |
| खज | खजतम् | खजत | खजेः | खजेतम् | खजेत |
| खजानि | खजाव | खजाम | खजेयम् | खजेव | खजेम |

| | | | | | |
|---|---|---|---|---|---|
| खजिष्यति | खजिष्यतः | खजिष्यन्ति | अखजिष्यत् -द् | अखजिष्यताम् | अखजिष्यन् |
| खजिष्यसि | खजिष्यथः | खजिष्यथ | अखजिष्यः | अखजिष्यतम् | अखजिष्यत |
| खजिष्यामि | खजिष्यावः | खजिष्यामः | अखजिष्यम् | अखजिष्याव | अखजिष्याम |

| | | | | | |
|---|---|---|---|---|---|
| खजिता | खजितारौ | खजितारः | खज्यात् -द् | खज्यास्ताम् | खज्यासुः |
| खजितासि | खजितास्थः | खजितास्थ | खज्याः | खज्यास्तम् | खज्यास्त |
| खजितास्मि | खजितास्वः | खजितास्मः | खज्यासम् | खज्यास्व | खज्यास्म |

| | | | | | |
|---|---|---|---|---|---|
| चखाज | चखजतुः | चखजुः | अखजीत् -द्, | अखजिष्टाम्, | अखजिषुः, |
| | | | अखाजीत् -द् | अखाजिष्टाम् | अखाजिषुः |
| चखजिथ | चखजथुः | चखज | अखजीः, | अखजिष्टम्, | अखजिष्ट, |
| | | | अखाजीः | अखाजिष्टम् | अखाजिष्ट |
| चखाज चखज | चखजिव | चखजिम | अखजिषम्, | अखजिष्व, | अखजिष्म, |
| | | | अखाजिषम् | अखाजिष्व | अखाजिष्म |

233 खजि गतिवैकल्ये । खजिँ । खञ्ज् । खञ्जति । P । सेट् । अ० । limp, walk lame

| | | | | | |
|---|---|---|---|---|---|
| खञ्जति | खञ्जतः | खञ्जन्ति | अखञ्जत् -द् | अखञ्जताम् | अखञ्जन् |
| खञ्जसि | खञ्जथः | खञ्जथ | अखञ्जः | अखञ्जतम् | अखञ्जत |
| खञ्जामि | खञ्जावः | खञ्जामः | अखञ्जम् | अखञ्जाव | अखञ्जाम |

| | | | | | |
|---|---|---|---|---|---|
| खञ्जतु | खञ्जताम् | खञ्जन्तु | खञ्जेत् -द् | खञ्जेताम् | खञ्जेयुः |
| खञ्ज | खञ्जतम् | खञ्जत | खञ्जेः | खञ्जेतम् | खञ्जेत |
| खञ्जानि | खञ्जाव | खञ्जाम | खञ्जेयम् | खञ्जेव | खञ्जेम |

| | | | | | |
|---|---|---|---|---|---|
| खञ्जिष्यति | खञ्जिष्यतः | खञ्जिष्यन्ति | अखञ्जिष्यत् -द् | अखञ्जिष्यताम् | अखञ्जिष्यन् |
| खञ्जिष्यसि | खञ्जिष्यथः | खञ्जिष्यथ | अखञ्जिष्यः | अखञ्जिष्यतम् | अखञ्जिष्यत |
| खञ्जिष्यामि | खञ्जिष्यावः | खञ्जिष्यामः | अखञ्जिष्यम् | अखञ्जिष्याव | अखञ्जिष्याम |

| | | | | | |
|---|---|---|---|---|---|
| खञ्जिता | खञ्जितारौ | खञ्जितारः | खञ्ज्यात् -द् | खञ्ज्यास्ताम् | खञ्ज्यासुः |
| खञ्जितासि | खञ्जितास्थः | खञ्जितास्थ | खञ्ज्याः | खञ्ज्यास्तम् | खञ्ज्यास्त |
| खञ्जितास्मि | खञ्जितास्वः | खञ्जितास्मः | खञ्ज्यासम् | खञ्ज्यास्व | खञ्ज्यास्म |

| | | | | | |
|---|---|---|---|---|---|
| चखञ्ज | चखञ्जतुः | चखञ्जुः | अखञ्जीत् -द् | अखञ्जिष्टाम् | अखञ्जिषुः |

| | | | | | |
|---|---|---|---|---|---|
| चखञ्जिथ | चखञ्जथुः | चखञ्ज | अखञ्जीः | अखञ्जिष्टम् | अखञ्जिष्ट |
| चखञ्ज | चखञ्जिव | चखञ्जिम | अखञ्जिषम् | अखञ्जिष्व | अखञ्जिष्म |

234 एजृ कम्पने । एजृँ । एज् । एजति । P । सेट् । अ० । shake

| | | | | | |
|---|---|---|---|---|---|
| एजति | एजतः | एजन्ति | ऐजत् -द् | ऐजताम् | ऐजन् |
| एजसि | एजथः | एजथ | ऐजः | ऐजतम् | ऐजत |
| एजामि | एजावः | एजामः | ऐजम् | ऐजाव | ऐजाम |

| | | | | | |
|---|---|---|---|---|---|
| एजतु | एजताम् | एजन्तु | एजेत् -द् | एजेताम् | एजेयुः |
| एज | एजतम् | एजत | एजेः | एजेतम् | एजेत |
| एजानि | एजाव | एजाम | एजेयम् | एजेव | एजेम |

| | | | | | |
|---|---|---|---|---|---|
| एजिष्यति | एजिष्यतः | एजिष्यन्ति | ऐजिष्यत् -द् | ऐजिष्यताम् | ऐजिष्यन् |
| एजिष्यसि | एजिष्यथः | एजिष्यथ | ऐजिष्यः | ऐजिष्यतम् | ऐजिष्यत |
| एजिष्यामि | एजिष्यावः | एजिष्यामः | ऐजिष्यम् | ऐजिष्याव | ऐजिष्याम |

| | | | | | |
|---|---|---|---|---|---|
| एजिता | एजितारौ | एजितारः | एज्यात् -द् | एज्यास्ताम् | एज्यासुः |
| एजितासि | एजितास्थः | एजितास्थ | एज्याः | एज्यास्तम् | एज्यास्त |
| एजितास्मि | एजितास्वः | एजितास्मः | एज्यासम् | एज्यास्व | एज्यास्म |

| | | | | | |
|---|---|---|---|---|---|
| एजाञ्चकार | एजाञ्चक्रतुः | एजाञ्चक्रुः | ऐजीत् -द् | ऐजिष्टाम् | ऐजिषुः |
| एजाम्बभूव | एजाम्बभूवतुः | एजाम्बभूवुः | | | |
| एजामास | एजामासतुः | एजामासुः | | | |
| एजाञ्चकर्थ | एजाञ्चक्रथुः | एजाञ्चक्र | ऐजीः | ऐजिष्टम् | ऐजिष्ट |
| एजाम्बभूविथ | एजाम्बभूवथुः | एजाम्बभूव | | | |
| एजामासिथ | एजामासथुः | एजामास | | | |
| एजाञ्चकर -कार | एजाञ्चकृव | एजाञ्चकृम | ऐजिषम् | ऐजिष्व | ऐजिष्म |
| एजाम्बभूव | एजाम्बभूविव | एजाम्बभूविम | | | |
| एजामास | एजामासिव | एजामासिम | | | |

235 टुओस्फूर्जा वज्रनिर्घोषे । टुओँस्फूर्जाँ । स्फूर्ज् । स्फूर्जति । P । सेट् । अ० । thunder, crash, make lightening strike. 3.3.89 ट्वितोऽथुच् । 8.2.45 ओदितश्च । 7.2.16 आदितश्च । 8.2.30 चोः कुः ।

| | | | | | |
|---|---|---|---|---|---|
| स्फूर्जति | स्फूर्जतः | स्फूर्जन्ति | अस्फूर्जत् -द् | अस्फूर्जताम् | अस्फूर्जन् |
| स्फूर्जसि | स्फूर्जथः | स्फूर्जथ | अस्फूर्जः | अस्फूर्जतम् | अस्फूर्जत |
| स्फूर्जामि | स्फूर्जावः | स्फूर्जामः | अस्फूर्जम् | अस्फूर्जाव | अस्फूर्जाम |

| | | | | | |
|---|---|---|---|---|---|
| स्फूर्जतु | स्फूर्जताम् | स्फूर्जन्तु | स्फूर्जेत् -द् | स्फूर्जेताम् | स्फूर्जेयुः |
| स्फूर्ज | स्फूर्जतम् | स्फूर्जत | स्फूर्जेः | स्फूर्जेतम् | स्फूर्जेत |
| स्फूर्जानि | स्फूर्जाव | स्फूर्जाम | स्फूर्जेयम् | स्फूर्जेव | स्फूर्जेम |

| | | | | | |
|---|---|---|---|---|---|
| स्फूर्जिष्यति | स्फूर्जिष्यतः | स्फूर्जिष्यन्ति | **अस्फूर्जिष्यत् -द्** | अस्फूर्जिष्यताम् | अस्फूर्जिष्यन् |
| स्फूर्जिष्यसि | स्फूर्जिष्यथः | स्फूर्जिष्यथ | अस्फूर्जिष्यः | अस्फूर्जिष्यतम् | अस्फूर्जिष्यत |
| स्फूर्जिष्यामि | स्फूर्जिष्यावः | स्फूर्जिष्यामः | अस्फूर्जिष्यम् | अस्फूर्जिष्याव | अस्फूर्जिष्याम |

| | | | | | |
|---|---|---|---|---|---|
| स्फूर्जिता | स्फूर्जितारौ | स्फूर्जितारः | स्फूर्ज्यात् -द् | स्फूर्ज्यास्ताम् | स्फूर्ज्यासुः |
| स्फूर्जितासि | स्फूर्जितास्थः | स्फूर्जितास्थ | स्फूर्ज्याः | स्फूर्ज्यास्तम् | स्फूर्ज्यास्त |
| स्फूर्जितास्मि | स्फूर्जितास्वः | स्फूर्जितास्मः | स्फूर्ज्यासम् | स्फूर्ज्यास्व | स्फूर्ज्यास्म |

| | | | | | |
|---|---|---|---|---|---|
| पुस्फूर्ज | पुस्फूर्जतुः | पुस्फूर्जुः | अस्फूर्जीत् -द् | अस्फूर्जिष्टाम् | अस्फूर्जिषुः |
| पुस्फूर्जिथ | पुस्फूर्जथुः | पुस्फूर्ज | अस्फूर्जीः | अस्फूर्जिष्टम् | अस्फूर्जिष्ट |
| पुस्फूर्ज | पुस्फूर्जिव | पुस्फूर्जिम | अस्फूर्जिषम् | अस्फूर्जिष्व | अस्फूर्जिष्म |

236 **क्षि क्षये** । **क्षि** । **क्षि** । **क्षयति** । P । **अनिट्** । **अ०*** । decay, diminish, waste, be brief
**अन्तर्भावितण्यर्थस्तु सकर्मकः** । Having the meaning of **णिच्** । 6.4.61 **वाऽऽक्रोशदैन्ययोः** ।
7.4.25 **अकृत्सार्वधातुकयोर्दीर्घः । इति दीर्घः** ।

| | | | | | |
|---|---|---|---|---|---|
| क्षयति | क्षयतः | क्षयन्ति | अक्षयत् -द् | अक्षयताम् | अक्षयन् |
| क्षयसि | क्षयथः | क्षयथ | अक्षयः | अक्षयतम् | अक्षयत |
| क्षयामि | क्षयावः | क्षयामः | अक्षयम् | अक्षयाव | अक्षयाम |

| | | | | | |
|---|---|---|---|---|---|
| क्षयतु -तात् -द् | क्षयताम् | क्षयन्तु | क्षयेत् -द् | क्षयेताम् | क्षयेयुः |
| क्षय -तात् -द् | क्षयतम् | क्षयत | क्षयेः | क्षयेतम् | क्षयेत |
| क्षयाणि | क्षयाव | क्षयाम | क्षयेयम् | क्षयेव | क्षयेम |

| | | | | | |
|---|---|---|---|---|---|
| क्षेष्यति | क्षेष्यतः | क्षेष्यन्ति | अक्षेष्यत् -द् | अक्षेष्यताम् | अक्षेष्यन् |
| क्षेष्यसि | क्षेष्यथः | क्षेष्यथ | अक्षेष्यः | अक्षेष्यतम् | अक्षेष्यत |
| क्षेष्यामि | क्षेष्यावः | क्षेष्यामः | अक्षेष्यम् | अक्षेष्याव | अक्षेष्याम |

| | | | | | |
|---|---|---|---|---|---|
| क्षेता | क्षेतारौ | क्षेतारः | क्षीयात् -द् | क्षीयास्ताम् | क्षीयासुः |
| क्षेतासि | क्षेतास्थः | क्षेतास्थ | क्षीयाः | क्षीयास्तम् | क्षीयास्त |
| क्षेतास्मि | क्षेतास्वः | क्षेतास्मः | क्षीयासम् | क्षीयास्व | क्षीयास्म |

| | | | | | |
|---|---|---|---|---|---|
| चिक्षाय | चिक्षियतुः | चिक्षियुः | अक्षैषीत् -द् | अक्षैष्टाम् | अक्षैषुः |
| चिक्षयिथ चिक्षेथ | चिक्षियथुः | चिक्षिय | अक्षैषीः | अक्षैष्टम् | अक्षैष्ट |
| चिक्षाय चिक्षय | चिक्षियिव | चिक्षियिम | अक्षैषम् | अक्षैष्व | अक्षैष्म |

237 **क्षीज अव्यक्ते शब्दे** । **क्षीजँ** । **क्षीज्** । **क्षीजति** । P । **सेट्** । **अ०** । hum, moan, be annoyed

| | | | | | |
|---|---|---|---|---|---|
| क्षीजति | क्षीजतः | क्षीजन्ति | अक्षीजत् -द् | अक्षीजताम् | अक्षीजन् |
| क्षीजसि | क्षीजथः | क्षीजथ | अक्षीजः | अक्षीजतम् | अक्षीजत |
| क्षीजामि | क्षीजावः | क्षीजामः | अक्षीजम् | अक्षीजाव | अक्षीजाम |

| | | | | | |
|---|---|---|---|---|---|
| क्षीजतु | क्षीजताम् | क्षीजन्तु | क्षीजेत् -द् | क्षीजेताम् | क्षीजेयुः |
| क्षीज | क्षीजतम् | क्षीजत | क्षीजेः | क्षीजेतम् | क्षीजेत |

| | | | | | |
|---|---|---|---|---|---|
| क्षीजानि | क्षीजाव | क्षीजाम | क्षीजेयम् | क्षीजेव | क्षीजेम |

| | | | | | |
|---|---|---|---|---|---|
| क्षीजिष्यति | क्षीजिष्यतः | क्षीजिष्यन्ति | अक्षीजिष्यत् -द् | अक्षीजिष्यताम् | अक्षीजिष्यन् |
| क्षीजिष्यसि | क्षीजिष्यथः | क्षीजिष्यथ | अक्षीजिष्यः | अक्षीजिष्यतम् | अक्षीजिष्यत |
| क्षीजिष्यामि | क्षीजिष्यावः | क्षीजिष्यामः | अक्षीजिष्यम् | अक्षीजिष्याव | अक्षीजिष्याम |

| | | | | | |
|---|---|---|---|---|---|
| क्षीजिता | क्षीजितारौ | क्षीजितारः | क्षीज्यात् -द् | क्षीज्यास्ताम् | क्षीज्यासुः |
| क्षीजितासि | क्षीजितास्थः | क्षीजितास्थ | क्षीज्याः | क्षीज्यास्तम् | क्षीज्यास्त |
| क्षीजितास्मि | क्षीजितास्वः | क्षीजितास्मः | क्षीज्यासम् | क्षीज्यास्व | क्षीज्यास्म |

| | | | | | |
|---|---|---|---|---|---|
| चिक्षीज | चिक्षीजतुः | चिक्षीजुः | अक्षीजीत् -द् | अक्षीजिष्टाम् | अक्षीजिषुः |
| चिक्षीजिथ | चिक्षीजथुः | चिक्षीज | अक्षीजीः | अक्षीजिष्टम् | अक्षीजिष्ट |
| चिक्षीज | चिक्षीजिव | चिक्षीजिम | अक्षीजिषम् | अक्षीजिष्व | अक्षीजिष्म |

238 **लज भर्त्सने** । **लजँ** । **लज्** । **लजति** । P । **सेट्** । **स०** । disregard, humilate, roast, fry

| | | | | | |
|---|---|---|---|---|---|
| लजति | लजतः | लजन्ति | अलजत् -द् | अलजताम् | अलजन् |
| लजसि | लजथः | लजथ | अलजः | अलजतम् | अलजत |
| लजामि | लजावः | लजामः | अलजम् | अलजाव | अलजाम |

| | | | | | |
|---|---|---|---|---|---|
| लजतु | लजताम् | लजन्तु | लजेत् -द् | लजेताम् | लजेयुः |
| लज | लजतम् | लजत | लजेः | लजेतम् | लजेत |
| लजानि | लजाव | लजाम | लजेयम् | लजेव | लजेम |

| | | | | | |
|---|---|---|---|---|---|
| लजिष्यति | लजिष्यतः | लजिष्यन्ति | अलजिष्यत् -द् | अलजिष्यताम् | अलजिष्यन् |
| लजिष्यसि | लजिष्यथः | लजिष्यथ | अलजिष्यः | अलजिष्यतम् | अलजिष्यत |
| लजिष्यामि | लजिष्यावः | लजिष्यामः | अलजिष्यम् | अलजिष्याव | अलजिष्याम |

| | | | | | |
|---|---|---|---|---|---|
| लजिता | लजितारौ | लजितारः | लज्यात् -द् | लज्यास्ताम् | लज्यासुः |
| लजितासि | लजितास्थः | लजितास्थ | लज्याः | लज्यास्तम् | लज्यास्त |
| लजितास्मि | लजितास्वः | लजितास्मः | लज्यासम् | लज्यास्व | लज्यास्म |

| | | | | | |
|---|---|---|---|---|---|
| ललाज | लेजतुः | लेजुः | अलजीत् -द् , | अलजिष्टाम् , | अलजिषुः , |
| | | | अलाजीत् -द् | अलाजिष्टाम् | अलाजिषुः |
| लेजिथ | लेजथुः | लेज | अलजीः , | अलजिष्टम् , | अलजिष्ट , |
| | | | अलाजीः | अलाजिष्टम् | अलाजिष्ट |
| ललाज ललज | लेजिव | लेजिम | अलजिषम् , | अलजिष्व , | अलजिष्म , |
| | | | अलाजिषम् | अलाजिष्व | अलाजिष्म |

239 **लजि भर्त्सने** । **लजिँ** । **लञ्ज्** । **लञ्जति** । P । **सेट्** । **स०** । disregard, humilate, roast, fry

| | | | | | |
|---|---|---|---|---|---|
| लञ्जति | लञ्जतः | लञ्जन्ति | अलञ्जत् -द् | अलञ्जताम् | अलञ्जन् |
| लञ्जसि | लञ्जथः | लञ्जथ | अलञ्जः | अलञ्जतम् | अलञ्जत |

| | | | | | |
|---|---|---|---|---|---|
| लञ्जामि | लञ्जावः | लञ्जामः | अलञ्जम् | अलञ्जाव | अलञ्जाम |

| | | | | | |
|---|---|---|---|---|---|
| लञ्जतु | लञ्जताम् | लञ्जन्तु | लञ्जेत् -द् | लञ्जेताम् | लञ्जेयुः |
| लञ्ज | लञ्जतम् | लञ्जत | लञ्जेः | लञ्जेतम् | लञ्जेत |
| लञ्जानि | लञ्जाव | लञ्जाम | लञ्जेयम् | लञ्जेव | लञ्जेम |

| | | | | | |
|---|---|---|---|---|---|
| लञ्जिष्यति | लञ्जिष्यतः | लञ्जिष्यन्ति | अलञ्जिष्यत् -द् | अलञ्जिष्यताम् | अलञ्जिष्यन् |
| लञ्जिष्यसि | लञ्जिष्यथः | लञ्जिष्यथ | अलञ्जिष्यः | अलञ्जिष्यतम् | अलञ्जिष्यत |
| लञ्जिष्यामि | लञ्जिष्यावः | लञ्जिष्यामः | अलञ्जिष्यम् | अलञ्जिष्याव | अलञ्जिष्याम |

| | | | | | |
|---|---|---|---|---|---|
| लञ्जिता | लञ्जितारौ | लञ्जितारः | लञ्ज्यात् -द् | लञ्ज्यास्ताम् | लञ्ज्यासुः |
| लञ्जितासि | लञ्जितास्थः | लञ्जितास्थ | लञ्ज्याः | लञ्ज्यास्तम् | लञ्ज्यास्त |
| लञ्जितास्मि | लञ्जितास्वः | लञ्जितास्मः | लञ्ज्यासम् | लञ्ज्यास्व | लञ्ज्यास्म |

| | | | | | |
|---|---|---|---|---|---|
| ललञ्ज | ललञ्जतुः | ललञ्जुः | अलञ्जीत् -द् | अलञ्जिष्टाम् | अलञ्जिषुः |
| ललञ्जिथ | ललञ्जथुः | ललञ्ज | अलञ्जीः | अलञ्जिष्टम् | अलञ्जिष्ट |
| ललञ्ज | ललञ्जिव | ललञ्जिम | अलञ्जिषम् | अलञ्जिष्व | अलञ्जिष्म |

240 लाज भर्त्सने । लाजँ । लाज् । लाजति । P । सेट् । स० । blame, censure, roast, fry

| | | | | | |
|---|---|---|---|---|---|
| लाजति | लाजतः | लाजन्ति | अलाजत् -द् | अलाजताम् | अलाजन् |
| लाजसि | लाजथः | लाजथ | अलाजः | अलाजतम् | अलाजत |
| लाजामि | लाजावः | लाजामः | अलाजम् | अलाजाव | अलाजाम |

| | | | | | |
|---|---|---|---|---|---|
| लाजतु | लाजताम् | लाजन्तु | लाजेत् -द् | लाजेताम् | लाजेयुः |
| लाज | लाजतम् | लाजत | लाजेः | लाजेतम् | लाजेत |
| लाजानि | लाजाव | लाजाम | लाजेयम् | लाजेव | लाजेम |

| | | | | | |
|---|---|---|---|---|---|
| लाजिष्यति | लाजिष्यतः | लाजिष्यन्ति | अलाजिष्यत् -द् | अलाजिष्यताम् | अलाजिष्यन् |
| लाजिष्यसि | लाजिष्यथः | लाजिष्यथ | अलाजिष्यः | अलाजिष्यतम् | अलाजिष्यत |
| लाजिष्यामि | लाजिष्यावः | लाजिष्यामः | अलाजिष्यम् | अलाजिष्याव | अलाजिष्याम |

| | | | | | |
|---|---|---|---|---|---|
| लाजिता | लाजितारौ | लाजितारः | लाज्यात् -द् | लाज्यास्ताम् | लाज्यासुः |
| लाजितासि | लाजितास्थः | लाजितास्थ | लाज्याः | लाज्यास्तम् | लाज्यास्त |
| लाजितास्मि | लाजितास्वः | लाजितास्मः | लाज्यासम् | लाज्यास्व | लाज्यास्म |

| | | | | | |
|---|---|---|---|---|---|
| ललाज | ललाजतुः | ललाजुः | अलाजीत् -द् | अलाजिष्टाम् | अलाजिषुः |
| ललाजिथ | ललाजथुः | ललाज | अलाजीः | अलाजिष्टम् | अलाजिष्ट |
| ललाज | ललाजिव | ललाजिम | अलाजिषम् | अलाजिष्व | अलाजिष्म |

241 लाजि भर्जने च । लाजिँ । लाञ्ज् । लाञ्जति । P । सेट् । स० । blame, censure, roast, fry

| | | | | | |
|---|---|---|---|---|---|
| लाञ्जति | लाञ्जतः | लाञ्जन्ति | अलाञ्जत् -द् | अलाञ्जताम् | अलाञ्जन् |
| लाञ्जसि | लाञ्जथः | लाञ्जथ | अलाञ्जः | अलाञ्जतम् | अलाञ्जत |
| लाञ्जामि | लाञ्जावः | लाञ्जामः | अलाञ्जम् | अलाञ्जाव | अलाञ्जाम |

| | | | | | |
|---|---|---|---|---|---|
| लाञ्जतु | लाञ्जताम् | लाञ्जन्तु | लाञ्जेत् -द् | लाञ्जेताम् | लाञ्जेयुः |
| लाञ्ज | लाञ्जतम् | लाञ्जत | लाञ्जेः | लाञ्जेतम् | लाञ्जेत |
| लाञ्जानि | लाञ्जाव | लाञ्जाम | लाञ्जेयम् | लाञ्जेव | लाञ्जेम |

| | | | | | |
|---|---|---|---|---|---|
| लाञ्जिष्यति | लाञ्जिष्यतः | लाञ्जिष्यन्ति | अलाञ्जिष्यत् -द् | अलाञ्जिष्यताम् | अलाञ्जिष्यन् |
| लाञ्जिष्यसि | लाञ्जिष्यथः | लाञ्जिष्यथ | अलाञ्जिष्यः | अलाञ्जिष्यतम् | अलाञ्जिष्यत |
| लाञ्जिष्यामि | लाञ्जिष्यावः | लाञ्जिष्यामः | अलाञ्जिष्यम् | अलाञ्जिष्याव | अलाञ्जिष्याम |

| | | | | | |
|---|---|---|---|---|---|
| लाञ्जिता | लाञ्जितारौ | लाञ्जितारः | लाञ्ज्यात् -द् | लाञ्ज्यास्ताम् | लाञ्ज्यासुः |
| लाञ्जितासि | लाञ्जितास्थः | लाञ्जितास्थ | लाञ्ज्याः | लाञ्ज्यास्तम् | लाञ्ज्यास्त |
| लाञ्जितास्मि | लाञ्जितास्वः | लाञ्जितास्मः | लाञ्ज्यासम् | लाञ्ज्यास्व | लाञ्ज्यास्म |

| | | | | | |
|---|---|---|---|---|---|
| ललाञ्ज | ललाञ्जतुः | ललाञ्जुः | अलाजीत् -द् | अलाजिष्टाम् | अलाजिषुः |
| ललाञ्जिथ | ललाञ्जथुः | ललाञ्ज | अलाजीः | अलाजिष्टम् | अलाजिष्ट |
| ललाञ्ज | ललाञ्जिव | ललाञ्जिम | अलाजिषम् | अलाजिष्व | अलाजिष्म |

242 जज युद्धे । जजँ । जज् । जजति । P । सेट् । अ० । fight, attack

A unique word लिट् i/1 जजज three same letters in continuity!

| | | | | | |
|---|---|---|---|---|---|
| जजति | जजतः | जजन्ति | अजजत् -द् | अजजताम् | अजजन् |
| जजसि | जजथः | जजथ | अजजः | अजजतम् | अजजत |
| जजामि | जजावः | जजामः | अजजम् | अजजाव | अजजाम |

| | | | | | |
|---|---|---|---|---|---|
| जजतु | जजताम् | जजन्तु | जजेत् -द् | जजेताम् | जजेयुः |
| जज | जजतम् | जजत | जजेः | जजेतम् | जजेत |
| जजानि | जजाव | जजाम | जजेयम् | जजेव | जजेम |

| | | | | | |
|---|---|---|---|---|---|
| जजिष्यति | जजिष्यतः | जजिष्यन्ति | अजजिष्यत् -द् | अजजिष्यताम् | अजजिष्यन् |
| जजिष्यसि | जजिष्यथः | जजिष्यथ | अजजिष्यः | अजजिष्यतम् | अजजिष्यत |
| जजिष्यामि | जजिष्यावः | जजिष्यामः | अजजिष्यम् | अजजिष्याव | अजजिष्याम |

| | | | | | |
|---|---|---|---|---|---|
| जजिता | जजितारौ | जजितारः | जज्यात् -द् | जज्यास्ताम् | जज्यासुः |
| जजितासि | जजितास्थः | जजितास्थ | जज्याः | जज्यास्तम् | जज्यास्त |
| जजितास्मि | जजितास्वः | जजितास्मः | जज्यासम् | जज्यास्व | जज्यास्म |

| | | | | | |
|---|---|---|---|---|---|
| जजाज | जेजतुः | जेजुः | अजजीत् -द्, | अजजिष्टाम्, | अजजिषुः, |
| | | | अजाजीत् -द् | अजाजिष्टाम् | अजाजिषुः |

| | | | | | |
|---|---|---|---|---|---|
| जेजिथ | जेजथुः | जेज | अजजीः ,<br>अजाजीः | अजजिष्टम् ,<br>अजाजिष्टम् | अजजिष्ट ,<br>अजाजिष्ट |
| जजाज जजज | जेजिव | जेजिम | अजजिषम् ,<br>अजाजिषम् | अजजिष्व ,<br>अजाजिष्व | अजजिष्म ,<br>अजाजिष्म |

243 जजि युद्धे । जजिँ । जञ्ज् । जञ्जति । P । सेट् । अ० । fight, attack

| | | | | | |
|---|---|---|---|---|---|
| जञ्जति | जञ्जतः | जञ्जन्ति | अजञ्जत् -द् | अजञ्जताम् | अजञ्जन् |
| जञ्जसि | जञ्जथः | जञ्जथ | अजञ्जः | अजञ्जतम् | अजञ्जत |
| जञ्जामि | जञ्जावः | जञ्जामः | अजञ्जम् | अजञ्जाव | अजञ्जाम |
| जञ्जतु | जञ्जताम् | जञ्जन्तु | जञ्जेत् -द् | जञ्जेताम् | जञ्जेयुः |
| जञ्ज | जञ्जतम् | जञ्जत | जञ्जेः | जञ्जेतम् | जञ्जेत |
| जञ्जानि | जञ्जाव | जञ्जाम | जञ्जेयम् | जञ्जेव | जञ्जेम |
| जञ्जिष्यति | जञ्जिष्यतः | जञ्जिष्यन्ति | अजञ्जिष्यत् -द् | अजञ्जिष्यताम् | अजञ्जिष्यन् |
| जञ्जिष्यसि | जञ्जिष्यथः | जञ्जिष्यथ | अजञ्जिष्यः | अजञ्जिष्यतम् | अजञ्जिष्यत |
| जञ्जिष्यामि | जञ्जिष्यावः | जञ्जिष्यामः | अजञ्जिष्यम् | अजञ्जिष्याव | अजञ्जिष्याम |
| जञ्जिता | जञ्जितारौ | जञ्जितारः | जञ्ज्यात् -द् | जञ्ज्यास्ताम् | जञ्ज्यासुः |
| जञ्जितासि | जञ्जितास्थः | जञ्जितास्थ | जञ्ज्याः | जञ्ज्यास्तम् | जञ्ज्यास्त |
| जञ्जितास्मि | जञ्जितास्वः | जञ्जितास्मः | जञ्ज्यासम् | जञ्ज्यास्व | जञ्ज्यास्म |
| जजञ्ज | जजञ्जतुः | जजञ्जुः | अजञ्जीत् -द् | अजञ्जिष्टाम् | अजञ्जिषुः |
| जजञ्जिथ | जजञ्जथुः | जजञ्ज | अजञ्जीः | अजञ्जिष्टम् | अजञ्जिष्ट |
| जजञ्ज | जजञ्जिव | जजञ्जिम | अजञ्जिषम् | अजञ्जिष्व | अजञ्जिष्म |

244 तुज हिंसायाम् । तुजँ । तुज् । तोजति । P । सेट् । स० । cause pain, injure

| | | | | | |
|---|---|---|---|---|---|
| तोजति | तोजतः | तोजन्ति | अतोजत् -द् | अतोजताम् | अतोजन् |
| तोजसि | तोजथः | तोजथ | अतोजः | अतोजतम् | अतोजत |
| तोजामि | तोजावः | तोजामः | अतोजम् | अतोजाव | अतोजाम |
| तोजतु -तात् -द् | तोजताम् | तोजन्तु | तोजेत् -द् | तोजेताम् | तोजेयुः |
| तोज -तात् -द् | तोजतम् | तोजत | तोजेः | तोजेतम् | तोजेत |
| तोजानि | तोजाव | तोजाम | तोजेयम् | तोजेव | तोजेम |
| तोजिष्यति | तोजिष्यतः | तोजिष्यन्ति | अतोजिष्यत् -द् | अतोजिष्यताम् | अतोजिष्यन् |
| तोजिष्यसि | तोजिष्यथः | तोजिष्यथ | अतोजिष्यः | अतोजिष्यतम् | अतोजिष्यत |
| तोजिष्यामि | तोजिष्यावः | तोजिष्यामः | अतोजिष्यम् | अतोजिष्याव | अतोजिष्याम |

| | | | | | |
|---|---|---|---|---|---|
| तोजिता | तोजितारौ | तोजितारः | तुज्यात् -द् | तुज्यास्ताम् | तुज्यासुः |
| तोजितासि | तोजितास्थः | तोजितास्थ | तुज्याः | तुज्यास्तम् | तुज्यास्त |
| तोजितास्मि | तोजितास्वः | तोजितास्मः | तुज्यासम् | तुज्यास्व | तुज्यास्म |

| | | | | | |
|---|---|---|---|---|---|
| तुतोज | तुतुजतुः | तुतुजुः | अतोजीत् -द् | अतोजिष्टाम् | अतोजिषुः |
| तुतोजिथ | तुतुजथुः | तुतुज | अतोजीः | अतोजिष्टम् | अतोजिष्ट |
| तुतोज | तुतुजिव | तुतुजिम | अतोजिषम् | अतोजिष्व | अतोजिष्म |

245 **तुजि पालने । तुँजि । तुञ्ज् । तुञ्जति** । P । **सेट्** । **स०** । protect, hurt

| | | | | | |
|---|---|---|---|---|---|
| तुञ्जति | तुञ्जतः | तुञ्जन्ति | अतुञ्जत् -द् | अतुञ्जताम् | अतुञ्जन् |
| तुञ्जसि | तुञ्जथः | तुञ्जथ | अतुञ्जः | अतुञ्जतम् | अतुञ्जत |
| तुञ्जामि | तुञ्जावः | तुञ्जामः | अतुञ्जम् | अतुञ्जाव | अतुञ्जाम |

| | | | | | |
|---|---|---|---|---|---|
| तुञ्जतु तुञ्जतात् -द् | तुञ्जताम् | तुञ्जन्तु | तुञ्जेत् -द् | तुञ्जेताम् | तुञ्जेयुः |
| तुञ्ज | तुञ्जतम् | तुञ्जत | तुञ्जेः | तुञ्जेतम् | तुञ्जेत |
| तुञ्जानि | तुञ्जाव | तुञ्जाम | तुञ्जेयम् | तुञ्जेव | तुञ्जेम |

| | | | | | |
|---|---|---|---|---|---|
| तुञ्जिष्यति | तुञ्जिष्यतः | तुञ्जिष्यन्ति | अतुञ्जिष्यत् -द् | अतुञ्जिष्यताम् | अतुञ्जिष्यन् |
| तुञ्जिष्यसि | तुञ्जिष्यथः | तुञ्जिष्यथ | अतुञ्जिष्यः | अतुञ्जिष्यतम् | अतुञ्जिष्यत |
| तुञ्जिष्यामि | तुञ्जिष्यावः | तुञ्जिष्यामः | अतुञ्जिष्यम् | अतुञ्जिष्याव | अतुञ्जिष्याम |

| | | | | | |
|---|---|---|---|---|---|
| तुञ्जिता | तुञ्जितारौ | तुञ्जितारः | तुञ्ज्यात् -द् | तुञ्ज्यास्ताम् | तुञ्ज्यासुः |
| तुञ्जितासि | तुञ्जितास्थः | तुञ्जितास्थ | तुञ्ज्याः | तुञ्ज्यास्तम् | तुञ्ज्यास्त |
| तुञ्जितास्मि | तुञ्जितास्वः | तुञ्जितास्मः | तुञ्ज्यासम् | तुञ्ज्यास्व | तुञ्ज्यास्म |

| | | | | | |
|---|---|---|---|---|---|
| तुतुञ्ज | तुतुञ्जतुः | तुतुन्जुः | अतुञ्जीत् -द् | अतुञ्जिष्टाम् | अतुञ्जिषुः |
| तुतुञ्जिथ | तुतुञ्जथुः | तुतुञ्ज | अतुञ्जीः | अतुञ्जिष्टम् | अतुञ्जिष्ट |
| तुतुञ्ज | तुतुञ्जिव | तुतुञ्जिम | अतुञ्जिषम् | अतुञ्जिष्व | अतुञ्जिष्म |

246 **गज शब्दे । मदने च । गजँ । गज् । गजति** । P । **सेट्** । **अ०** । roar, be drunk, be confused

| | | | | | |
|---|---|---|---|---|---|
| गजति | गजतः | गजन्ति | अगजत् -द् | अगजताम् | अगजन् |
| गजसि | गजथः | गजथ | अगजः | अगजतम् | अगजत |
| गजामि | गजावः | गजामः | अगजम् | अगजाव | अगजाम |

| | | | | | |
|---|---|---|---|---|---|
| गजतु | गजताम् | गजन्तु | गजेत् -द् | गजेताम् | गजेयुः |
| गज | गजतम् | गजत | गजेः | गजेतम् | गजेत |
| गजानि | गजाव | गजाम | गजेयम् | गजेव | गजेम |

| | | | | | |
|---|---|---|---|---|---|
| गजिष्यति | गजिष्यतः | गजिष्यन्ति | अगजिष्यत् -द् | अगजिष्यताम् | अगजिष्यन् |
| गजिष्यसि | गजिष्यथः | गजिष्यथ | अगजिष्यः | अगजिष्यतम् | अगजिष्यत |

| | | | | | |
|---|---|---|---|---|---|
| गजिष्यामि | गजिष्यावः | गजिष्यामः | अगजिष्यम् | अगजिष्याव | अगजिष्याम |

| | | | | | |
|---|---|---|---|---|---|
| गजिता | गजितारौ | गजितारः | गज्यात् -द् | गज्यास्ताम् | गज्यासुः |
| गजितासि | गजितास्थः | गजितास्थ | गज्याः | गज्यास्तम् | गज्यास्त |
| गजितास्मि | गजितास्वः | गजितास्मः | गज्यासम् | गज्यास्व | गज्यास्म |

| | | | | | |
|---|---|---|---|---|---|
| जगाज | जगजतुः | जगजुः | अगजीत् , अगाजीत् | अगजिष्टाम् , अगाजिष्टाम् | अगजिषुः , अगाजिषुः |
| जगजिथ | जगजथुः | जगज | अगजीः , अगाजीः | अगजिष्टम् , अगाजिष्टम् | अगजिष्ट , अगाजिष्ट |
| जगाज जगज | जगजिव | जगजिम | अगजिषम् , अगाजिषम् | अगजिष्व , अगाजिष्व | अगजिष्म , अगाजिष्म |

247 गजि शब्दे । गजिँ । गञ्ज् । गञ्जति । P । सेट् । अ० । sound

| | | | | | |
|---|---|---|---|---|---|
| गञ्जति | गञ्जतः | गञ्जन्ति | अगञ्जत् -द् | अगञ्जताम् | अगञ्जन् |
| गञ्जसि | गञ्जथः | गञ्जथ | अगञ्जः | अगञ्जतम् | अगञ्जत |
| गञ्जामि | गञ्जावः | गञ्जामः | अगञ्जम् | अगञ्जाव | अगञ्जाम |

| | | | | | |
|---|---|---|---|---|---|
| गञ्जतु | गञ्जताम् | गञ्जन्तु | गञ्जेत् -द् | गञ्जेताम् | गञ्जेयुः |
| गञ्ज | गञ्जतम् | गञ्जत | गञ्जेः | गञ्जेतम् | गञ्जेत |
| गञ्जानि | गञ्जाव | गञ्जाम | गञ्जेयम् | गञ्जेव | गञ्जेम |

| | | | | | |
|---|---|---|---|---|---|
| गञ्जिष्यति | गञ्जिष्यतः | गञ्जिष्यन्ति | अगञ्जिष्यत् -द् | अगञ्जिष्यताम् | अगञ्जिष्यन् |
| गञ्जिष्यसि | गञ्जिष्यथः | गञ्जिष्यथ | अगञ्जिष्यः | अगञ्जिष्यतम् | अगञ्जिष्यत |
| गञ्जिष्यामि | गञ्जिष्यावः | गञ्जिष्यामः | अगञ्जिष्यम् | अगञ्जिष्याव | अगञ्जिष्याम |

| | | | | | |
|---|---|---|---|---|---|
| गञ्जिता | गञ्जितारौ | गञ्जितारः | गञ्ज्यात् -द् | गञ्ज्यास्ताम् | गञ्ज्यासुः |
| गञ्जितासि | गञ्जितास्थः | गञ्जितास्थ | गञ्ज्याः | गञ्ज्यास्तम् | गञ्ज्यास्त |
| गञ्जितास्मि | गञ्जितास्वः | गञ्जितास्मः | गञ्ज्यासम् | गञ्ज्यास्व | गञ्ज्यास्म |

| | | | | | |
|---|---|---|---|---|---|
| जगञ्ज | जगञ्जतुः | जगञ्जुः | अगञ्जीत् -द् | अगञ्जिष्टाम् | अगञ्जिषुः |
| जगञ्जिथ | जगञ्जथुः | जगञ्ज | अगञ्जीः | अगञ्जिष्टम् | अगञ्जिष्ट |
| जगञ्ज | जगञ्जिव | जगञ्जिम | अगञ्जिषम् | अगञ्जिष्व | अगञ्जिष्म |

248 गृज शब्दे । गृजँ । गृज् । गर्जति । P । सेट् । अ० । sound, roar, grumble

| | | | | | |
|---|---|---|---|---|---|
| गर्जति | गर्जतः | गर्जन्ति | अगर्जत् -द् | अगर्जताम् | अगर्जन् |
| गर्जसि | गर्जथः | गर्जथ | अगर्जः | अगर्जतम् | अगर्जत |
| गर्जामि | गर्जावः | गर्जामः | अगर्जम् | अगर्जाव | अगर्जाम |

| गर्जतु -तात् -द् | गर्जताम् | गर्जन्तु | गर्जेत् -द् | गर्जेताम् | गर्जेयुः |
| गर्ज -तात् -द् | गर्जतम् | गर्जत | गर्जेः | गर्जेतम् | गर्जेत |
| गर्जानि | गर्जाव | गर्जाम | गर्जेयम् | गर्जेव | गर्जेम |

| गर्जिष्यति | गर्जिष्यतः | गर्जिष्यन्ति | अगर्जिष्यत् -द् | अगर्जिष्यताम् | अगर्जिष्यन् |
| गर्जिष्यसि | गर्जिष्यथः | गर्जिष्यथ | अगर्जिष्यः | अगर्जिष्यतम् | अगर्जिष्यत |
| गर्जिष्यामि | गर्जिष्यावः | गर्जिष्यामः | अगर्जिष्यम् | अगर्जिष्याव | अगर्जिष्याम |

| गर्जिता | गर्जितारौ | गर्जितारः | गृज्यात् -द् | गृज्यास्ताम् | गृज्यासुः |
| गर्जितासि | गर्जितास्थः | गर्जितास्थ | गृज्याः | गृज्यास्तम् | गृज्यास्त |
| गर्जितास्मि | गर्जितास्वः | गर्जितास्मः | गृज्यासम् | गृज्यास्व | गृज्यास्म |

| जगर्ज | जगृजतुः | जगृजुः | अगर्जीत् -द् | अगर्जिष्टाम् | अगर्जिषुः |
| जगर्जिथ | जगृजथुः | जगृज | अगर्जीः | अगर्जिष्टम् | अगर्जिष्ट |
| जगर्ज | जगृजिव | जगृजिम | अगर्जिषम् | अगर्जिष्व | अगर्जिष्म |

**249 गृजि शब्दे । गृजिँ । गृञ्ज् । गृञ्जति । P । सेट् । अ० । sound, roar**

| गृञ्जति | गृञ्जतः | गृञ्जन्ति | अगृञ्जत् -द् | अगृञ्जताम् | अगृञ्जन् |
| गृञ्जसि | गृञ्जथः | गृञ्जथ | अगृञ्जः | अगृञ्जतम् | अगृञ्जत |
| गृञ्जामि | गृञ्जावः | गृञ्जामः | अगृञ्जम् | अगृञ्जाव | अगृञ्जाम |

| गृञ्जतु | गृञ्जताम् | गृञ्जन्तु | गृञ्जेत् -द् | गृञ्जेताम् | गृञ्जेयुः |
| गृञ्ज | गृञ्जतम् | गृञ्जत | गृञ्जेः | गृञ्जेतम् | गृञ्जेत |
| गृञ्जानि | गृञ्जाव | गृञ्जाम | गृञ्जेयम् | गृञ्जेव | गृञ्जेम |

| गृञ्जिष्यति | गृञ्जिष्यतः | गृञ्जिष्यन्ति | अगृञ्जिष्यत् -द् | अगृञ्जिष्यताम् | अगृञ्जिष्यन् |
| गृञ्जिष्यसि | गृञ्जिष्यथः | गृञ्जिष्यथ | अगृञ्जिष्यः | अगृञ्जिष्यतम् | अगृञ्जिष्यत |
| गृञ्जिष्यामि | गृञ्जिष्यावः | गृञ्जिष्यामः | अगृञ्जिष्यम् | अगृञ्जिष्याव | अगृञ्जिष्याम |

| गृञ्जिता | गृञ्जितारौ | गृञ्जितारः | गृञ्ज्यात् -द् | गृञ्ज्यास्ताम् | गृञ्ज्यासुः |
| गृञ्जितासि | गृञ्जितास्थः | गृञ्जितास्थ | गृञ्ज्याः | गृञ्ज्यास्तम् | गृञ्ज्यास्त |
| गृञ्जितास्मि | गृञ्जितास्वः | गृञ्जितास्मः | गृञ्ज्यासम् | गृञ्ज्यास्व | गृञ्ज्यास्म |

| जगृञ्ज | जगृञ्जतुः | जगृञ्जुः | अगृञ्जीत् -द् | अगृञ्जिष्टाम् | अगृञ्जिषुः |
| जगृञ्जिथ | जगृञ्जथुः | जगृञ्ज | अगृञ्जीः | अगृञ्जिष्टम् | अगृञ्जिष्ट |
| जगृञ्ज | जगृञ्जिव | जगृञ्जिम | अगृञ्जिषम् | अगृञ्जिष्व | अगृञ्जिष्म |

**250 मुज शब्दे । मुजँ । मुज् । मोजति । P । सेट् । अ० । sound, clean**

| मोजति | मोजतः | स्फूर्जन्ति | अमोजत् -द् | अमोजताम् | अमोजन् |
| मोजसि | मोजथः | स्फूर्जथ | अमोजः | अमोजतम् | अमोजत |
| मोजामि | मोजावः | स्फूर्जामः | अमोजम् | अमोजाव | अमोजाम |

| | | | | | |
|---|---|---|---|---|---|
| मोजतु | मोजताम् | मोजन्तु | मोजेत् -द् | मोजेताम् | मोजेयुः |
| मोज | मोजतम् | मोजत | मोजेः | मोजेतम् | मोजेत |
| मोजानि | मोजाव | मोजाम | मोजेयम् | मोजेव | मोजेम |
| मोजिष्यति | मोजिष्यतः | मोजिष्यन्ति | अमोजिष्यत् -द् | अमोजिष्यताम् | अमोजिष्यन् |
| मोजिष्यसि | मोजिष्यथः | मोजिष्यथ | अमोजिष्यः | अमोजिष्यतम् | अमोजिष्यत |
| मोजिष्यामि | मोजिष्यावः | मोजिष्यामः | अमोजिष्यम् | अमोजिष्याव | अमोजिष्याम |
| मोजिता | मोजितारौ | मोजितारः | मुज्यात् -द् | मुज्यास्ताम् | मुज्यासुः |
| मोजितासि | मोजितास्थः | मोजितास्थ | मुज्याः | मुज्यास्तम् | मुज्यास्त |
| मोजितास्मि | मोजितास्वः | मोजितास्मः | मुज्यासम् | मुज्यास्व | मुज्यास्म |
| मुमोज | मुमुजतुः | मुमुजुः | अमोजीत् -द् | अमोजिष्टाम् | अमोजिषुः |
| मुमोजिथ | मुमुजथुः | मुमुज | अमोजीः | अमोजिष्टम् | अमोजिष्ट |
| मुमोज | मुमुजिव | मुमुजिम | अमोजिषम् | अमोजिष्व | अमोजिष्म |

251 मुजि शब्दार्थाः । गज मदने च । मुजिँ । मुञ्ज् । मुञ्जति । P । सेट् । अ० । sound, clean

| | | | | | |
|---|---|---|---|---|---|
| मुञ्जति | मुञ्जतः | मुञ्जन्ति | अमुञ्जत् -द् | अमुञ्जताम् | अमुञ्जन् |
| मुञ्जसि | मुञ्जथः | मुञ्जथ | अमुञ्जः | अमुञ्जतम् | अमुञ्जत |
| मुञ्जामि | मुञ्जावः | मुञ्जामः | अमुञ्जम् | अमुञ्जाव | अमुञ्जाम |
| मुञ्जतु | मुञ्जताम् | मुञ्जन्तु | मुञ्जेत् -द् | मुञ्जेताम् | मुञ्जेयुः |
| मुञ्ज | मुञ्जतम् | मुञ्जत | मुञ्जेः | मुञ्जेतम् | मुञ्जेत |
| मुञ्जानि | मुञ्जाव | मुञ्जाम | मुञ्जेयम् | मुञ्जेव | मुञ्जेम |
| मुञ्जिष्यति | मुञ्जिष्यतः | मुञ्जिष्यन्ति | अमुञ्जिष्यत् -द् | अमुञ्जिष्यताम् | अमुञ्जिष्यन् |
| मुञ्जिष्यसि | मुञ्जिष्यथः | मुञ्जिष्यथ | अमुञ्जिष्यः | अमुञ्जिष्यतम् | अमुञ्जिष्यत |
| मुञ्जिष्यामि | मुञ्जिष्यावः | मुञ्जिष्यामः | अमुञ्जिष्यम् | अमुञ्जिष्याव | अमुञ्जिष्याम |
| मुञ्जिता | मुञ्जितारौ | मुञ्जितारः | मुञ्ज्यात् -द् | मुञ्ज्यास्ताम् | मुञ्ज्यासुः |
| मुञ्जितासि | मुञ्जितास्थः | मुञ्जितास्थ | मुञ्ज्याः | मुञ्ज्यास्तम् | मुञ्ज्यास्त |
| मुञ्जितास्मि | मुञ्जितास्वः | मुञ्जितास्मः | मुञ्ज्यासम् | मुञ्ज्यास्व | मुञ्ज्यास्म |
| मुमुञ्ज | मुमुञ्जतुः | मुमुञ्जुः | अमुञ्जीत् -द् | अमुञ्जिष्टाम् | अमुञ्जिषुः |
| मुमुञ्जिथ | मुमुञ्जथुः | मुमुञ्ज | अमुञ्जीः | अमुञ्जिष्टम् | अमुञ्जिष्ट |
| मुमुञ्ज | मुमुञ्जिव | मुमुञ्जिम | अमुञ्जिषम् | अमुञ्जिष्व | अमुञ्जिष्म |

252 वज गतौ । वजँ । वज् । वजति । P । सेट् । स० । go, move, roam

| | | | | | |
|---|---|---|---|---|---|
| वजति | वजतः | वजन्ति | अवजत् -द् | अवजताम् | अवजन् |

| | | | | | |
|---|---|---|---|---|---|
| वजसि | वजथः | वजथ | अवजः | अवजतम् | अवजत |
| वजामि | वजावः | वजामः | अवजम् | अवजाव | अवजाम |

| | | | | | |
|---|---|---|---|---|---|
| वजतु | वजताम् | वजन्तु | वजेत् -द् | वजेताम् | वजेयुः |
| वज | वजतम् | वजत | वजेः | वजेतम् | वजेत |
| वजानि | वजाव | वजाम | वजेयम् | वजेव | वजेम |

| | | | | | |
|---|---|---|---|---|---|
| वजिष्यति | वजिष्यतः | वजिष्यन्ति | अवजिष्यत् -द् | अवजिष्यताम् | अवजिष्यन् |
| वजिष्यसि | वजिष्यथः | वजिष्यथ | अवजिष्यः | अवजिष्यतम् | अवजिष्यत |
| वजिष्यामि | वजिष्यावः | वजिष्यामः | अवजिष्यम् | अवजिष्याव | अवजिष्याम |

| | | | | | |
|---|---|---|---|---|---|
| वजिता | वजितारौ | वजितारः | वज्यात् -द् | वज्यास्ताम् | वज्यासुः |
| वजितासि | वजितास्थः | वजितास्थ | वज्याः | वज्यास्तम् | वज्यास्त |
| वजितास्मि | वजितास्वः | वजितास्मः | वज्यासम् | वज्यास्व | वज्यास्म |

| | | | | | |
|---|---|---|---|---|---|
| ववाज | ववजतुः | ववजुः | अवजीत् -द्, | अवजिष्टाम्, | अवजिषुः, |
| | | | अवाजीत् -द् | अवाजिष्टाम् | अवाजिषुः |
| ववजिथ | ववजथुः | ववज | अवजीः, | अवजिष्टम्, | अवजिष्ट, |
| | | | अवाजीः | अवाजिष्टम् | अवाजिष्ट |
| ववाज ववज | ववजिव | ववजिम | अवजिषम्, | अवजिष्व, | अवजिष्म, |
| | | | अवाजिषम् | अवाजिष्व | अवाजिष्म |

253 **व्रज गतौ** । **व्रजँ** । **व्रज्** । **व्रजति** । P । **सेट्** । **स०** । go, walk, proceed

7.2.3 **वदव्रजहलन्तस्याचः** ।

| | | | | | |
|---|---|---|---|---|---|
| व्रजति | व्रजतः | व्रजन्ति | अव्रजत् -द् | अव्रजताम् | अव्रजन् |
| व्रजसि | व्रजथः | व्रजथ | अव्रजः | अव्रजतम् | अव्रजत |
| व्रजामि | व्रजावः | व्रजामः | अव्रजम् | अव्रजाव | अव्रजाम |

| | | | | | |
|---|---|---|---|---|---|
| व्रजतु | व्रजताम् | व्रजन्तु | व्रजेत् -द् | व्रजेताम् | व्रजेयुः |
| व्रज | व्रजतम् | व्रजत | व्रजेः | व्रजेतम् | व्रजेत |
| व्रजानि | व्रजाव | व्रजाम | व्रजेयम् | व्रजेव | व्रजेम |

| | | | | | |
|---|---|---|---|---|---|
| व्रजिष्यति | व्रजिष्यतः | व्रजिष्यन्ति | अव्रजिष्यत् -द् | अव्रजिष्यताम् | अव्रजिष्यन् |
| व्रजिष्यसि | व्रजिष्यथः | व्रजिष्यथ | अव्रजिष्यः | अव्रजिष्यतम् | अव्रजिष्यत |
| व्रजिष्यामि | व्रजिष्यावः | व्रजिष्यामः | अव्रजिष्यम् | अव्रजिष्याव | अव्रजिष्याम |

| | | | | | |
|---|---|---|---|---|---|
| व्रजिता | व्रजितारौ | व्रजितारः | व्रज्यात् -द् | व्रज्यास्ताम् | व्रज्यासुः |
| व्रजितासि | व्रजितास्थः | व्रजितास्थ | व्रज्याः | व्रज्यास्तम् | व्रज्यास्त |
| व्रजितास्मि | व्रजितास्वः | व्रजितास्मः | व्रज्यासम् | व्रज्यास्व | व्रज्यास्म |

| | | | | | |
|---|---|---|---|---|---|
| वव्राज | वव्रजतुः | वव्रजुः | अव्राजीत् -द् | अव्राजिष्टाम् | अव्राजिषुः |
| वव्रजिथ | वव्रजथुः | वव्रज | अव्राजीः | अव्राजिष्टम् | अव्राजिष्ट |

| | | | | | |
|---|---|---|---|---|---|
| वव्राज वव्रज | वव्रजिव | वव्रजिम | अव्राजिषम् | अव्राजिष्व | अव्राजिष्म |

183 शुचादयः उदात्ताः उदात्तेतः (क्षिवर्जं) परस्मैभाषाः ।

## 254 अथ टवर्गीयान्ताः शाड्न्ताः आत्मनेपदिनः षट्त्रिंशत् ।

254 अट्ट अतिक्रमहिंसनयोः । अट्टँ । अट्ट् । अट्टते । A । सेट् । स० । transgress, hurt, surpass

| लट् 1 Present Tense | | | लङ् 2 Imperfect Past Tense | | |
|---|---|---|---|---|---|
| अट्टते | अट्टेते | अट्टन्ते | आट्टत | आट्टेताम् | आट्टन्त |
| अट्टसे | अट्टेथे | अट्टध्वे | आट्टथाः | आट्टेथाम् | आट्टध्वम् |
| अट्टे | अट्टावहे | अट्टामहे | आट्टे | आट्टावहि | आट्टामहि |

| लोट् 3 Imperative Mood | | | विधिलिङ् 4 Potential Mood | | |
|---|---|---|---|---|---|
| अट्टताम् | अट्टेताम् | अट्टन्ताम् | अट्टेत | अट्टेयाताम् | अट्टेरन् |
| अट्टस्व | अट्टेथाम् | अट्टध्वम् | अट्टेथाः | अट्टेयाथाम् | अट्टेध्वम् |
| अट्टै | अट्टावहै | अट्टामहै | अट्टेय | अट्टेवहि | अट्टेमहि |

| लृट् 5 Simple Future Tense | | | लृङ् 6 Conditional Mood | | |
|---|---|---|---|---|---|
| अट्टिष्यते | अट्टिष्येते | अट्टिष्यन्ते | आट्टिष्यत | आट्टिष्येताम् | आट्टिष्यन्त |
| अट्टिष्यसे | अट्टिष्येथे | अट्टिष्यध्वे | आट्टिष्यथाः | आट्टिष्येथाम् | आट्टिष्यध्वम् |
| अट्टिष्ये | अट्टिष्यावहे | अट्टिष्यामहे | आट्टिष्ये | आट्टिष्यावहि | आट्टिष्यामहि |

| लुट् 7 Periphrastic Future Tense | | | आशीर्लिङ् 8 Benedictive Mood | | |
|---|---|---|---|---|---|
| अट्टिता | अट्टितारौ | अट्टितारः | अट्टिषीष्ट | अट्टिषीयास्ताम् | अट्टिषीरन् |
| अट्टितासे | अट्टितासाथे | अट्टिताध्वे | अट्टिषीष्ठाः | अट्टिषीयास्थाम् | अट्टिषीध्वम् |
| अट्टिताहे | अट्टितास्वहे | अट्टितास्महे | अट्टिषीय | अट्टिषीवहि | अट्टिषीमहि |

| लिट् 9 Perfect Past Tense | | | लुङ् 10 Aorist Past Tense | | |
|---|---|---|---|---|---|
| आनट्टे | आनट्टाते | आनट्टिरे | आट्टिष्ट | आट्टिषाताम् | आट्टिषत |
| आनट्टिषे | आनट्टाथे | आनट्टिध्वे | आट्टिष्ठाः | आट्टिषाथाम् | आट्टिध्वम् |
| आनट्टे | आनट्टिवहे | आनट्टिमहे | आट्टिषि | आट्टिष्वहि | आट्टिष्महि |

255 वेष्ट वेष्टने । वेष्टँ । वेष्ट् । वेष्टते । A । सेट् । स० । surround, enclose, envelop

| | | | | | |
|---|---|---|---|---|---|
| वेष्टते | वेष्टेते | वेष्टन्ते | अवेष्टत | अवेष्टेताम् | अवेष्टन्त |
| वेष्टसे | वेष्टेथे | वेष्टध्वे | अवेष्टथाः | अवेष्टेथाम् | अवेष्टध्वम् |
| वेष्टे | वेष्टावहे | वेष्टामहे | अवेष्टे | अवेष्टावहि | अवेष्टामहि |

| | | | | | |
|---|---|---|---|---|---|
| वेष्टताम् | वेष्टेताम् | वेष्टन्ताम् | वेष्टेत | वेष्टेयाताम् | वेष्टेरन् |
| वेष्टस्व | वेष्टेथाम् | वेष्टध्वम् | वेष्टेथाः | वेष्टेयाथाम् | वेष्टेध्वम् |
| वेष्टै | वेष्टावहै | वेष्टामहै | वेष्टेय | वेष्टेवहि | वेष्टेमहि |

| | | | | | |
|---|---|---|---|---|---|
| वेष्टिष्यते | वेष्टिष्येते | वेष्टिष्यन्ते | अवेष्टिष्यत | अवेष्टिष्येताम् | अवेष्टिष्यन्त |
| वेष्टिष्यसे | वेष्टिष्येथे | वेष्टिष्यध्वे | अवेष्टिष्यथाः | अवेष्टिष्येथाम् | अवेष्टिष्यध्वम् |
| वेष्टिष्ये | वेष्टिष्यावहे | वेष्टिष्यामहे | अवेष्टिष्ये | अवेष्टिष्यावहि | अवेष्टिष्यामहि |

| | | | | | |
|---|---|---|---|---|---|
| वेष्टिता | वेष्टितारौ | वेष्टितारः | वेष्टिषीष्ट | वेष्टिषीयास्ताम् | वेष्टिषीरन् |
| वेष्टितासे | वेष्टितासाथे | वेष्टिताध्वे | वेष्टिषीष्ठाः | वेष्टिषीयास्थाम् | वेष्टिषीध्वम् |
| वेष्टिताहे | वेष्टितास्वहे | वेष्टितास्महे | वेष्टिषीय | वेष्टिषीवहि | वेष्टिषीमहि |

| | | | | | |
|---|---|---|---|---|---|
| विवेष्टे | विवेष्टाते | विवेष्टिरे | अवेष्टिष्ट | अवेष्टिषाताम् | अवेष्टिषत |
| विवेष्टिषे | विवेष्टाथे | विवेष्टिध्वे | अवेष्टिष्ठाः | अवेष्टिषाथाम् | अवेष्टिध्वम् |
| विवेष्टे | विवेष्टिवहे | विवेष्टिमहे | अवेष्टिषि | अवेष्टिष्वहि | अवेष्टिष्महि |

256 **चेष्ट चेष्टायाम्** । **चेष्टँ** । **चेष्ट्** । **चेष्टते** । A । **सेट्** । अ० । try, endeavour

| | | | | | |
|---|---|---|---|---|---|
| चेष्टते | चेष्टेते | चेष्टन्ते | अचेष्टत | अचेष्टेताम् | अचेष्टन्त |
| चेष्टसे | चेष्टेथे | चेष्टध्वे | अचेष्टथाः | अचेष्टेथाम् | अचेष्टध्वम् |
| चेष्टे | चेष्टावहे | चेष्टामहे | अचेष्टे | अचेष्टावहि | अचेष्टामहि |

| | | | | | |
|---|---|---|---|---|---|
| चेष्टताम् | चेष्टेताम् | चेष्टन्ताम् | चेष्टेत | चेष्टेयाताम् | चेष्टेरन् |
| चेष्टस्व | चेष्टेथाम् | चेष्टध्वम् | चेष्टेथाः | चेष्टेयाथाम् | चेष्टेध्वम् |
| चेष्टै | चेष्टावहै | चेष्टामहै | चेष्टेय | चेष्टेवहि | चेष्टेमहि |

| | | | | | |
|---|---|---|---|---|---|
| चेष्टिष्यते | चेष्टिष्येते | चेष्टिष्यन्ते | अचेष्टिष्यत | अचेष्टिष्येताम् | अचेष्टिष्यन्त |
| चेष्टिष्यसे | चेष्टिष्येथे | चेष्टिष्यध्वे | अचेष्टिष्यथाः | अचेष्टिष्येथाम् | अचेष्टिष्यध्वम् |
| चेष्टिष्ये | चेष्टिष्यावहे | चेष्टिष्यामहे | अचेष्टिष्ये | अचेष्टिष्यावहि | अचेष्टिष्यामहि |

| | | | | | |
|---|---|---|---|---|---|
| चेष्टिता | चेष्टितारौ | चेष्टितारः | चेष्टिषीष्ट | चेष्टिषीयास्ताम् | चेष्टिषीरन् |
| चेष्टितासे | चेष्टितासाथे | चेष्टिताध्वे | चेष्टिषीष्ठाः | चेष्टिषीयास्थाम् | चेष्टिषीध्वम् |
| चेष्टिताहे | चेष्टितास्वहे | चेष्टितास्महे | चेष्टिषीय | चेष्टिषीवहि | चेष्टिषीमहि |

| | | | | | |
|---|---|---|---|---|---|
| चिचेष्टे | चिचेष्टाते | चिचेष्टिरे | अचेष्टिष्ट | अचेष्टिषाताम् | अचेष्टिषत |
| चिचेष्टिषे | चिचेष्टाथे | चिचेष्टिध्वे | अचेष्टिष्ठाः | अचेष्टिषाथाम् | अचेष्टिध्वम् |
| चिचेष्टे | चिचेष्टिवहे | चिचेष्टिमहे | अचेष्टिषि | अचेष्टिष्वहि | अचेष्टिष्महि |

257 **गोष्ट सङ्घाते** । **गोष्टँ** । **गोष्ट्** । **गोष्टते** । A । **सेट्** । अ० । assemble, collect

| | | | | | |
|---|---|---|---|---|---|
| गोष्टते | गोष्टेते | गोष्टन्ते | अगोष्टत | अगोष्टेताम् | अगोष्टन्त |
| गोष्टसे | गोष्टेथे | गोष्टध्वे | अगोष्टथाः | अगोष्टेथाम् | अगोष्टध्वम् |
| गोष्टे | गोष्टावहे | गोष्टामहे | अगोष्टे | अगोष्टावहि | अगोष्टामहि |

| | | | | | |
|---|---|---|---|---|---|
| गोष्टताम् | गोष्टेताम् | गोष्टन्ताम् | गोष्टेत | गोष्टेयाताम् | गोष्टेरन् |
| गोष्टस्व | गोष्टेथाम् | गोष्टध्वम् | गोष्टेथाः | गोष्टेयाथाम् | गोष्टेध्वम् |
| गोष्टै | गोष्टावहै | गोष्टामहै | गोष्टेय | गोष्टेवहि | गोष्टेमहि |

| | | | | | |
|---|---|---|---|---|---|
| गोष्टिष्यते | गोष्टिष्येते | गोष्टिष्यन्ते | अगोष्टिष्यत | अगोष्टिष्येताम् | अगोष्टिष्यन्त |
| गोष्टिष्यसे | गोष्टिष्येथे | गोष्टिष्यध्वे | अगोष्टिष्यथाः | अगोष्टिष्येथाम् | अगोष्टिष्यध्वम् |
| गोष्टिष्ये | गोष्टिष्यावहे | गोष्टिष्यामहे | अगोष्टिष्ये | अगोष्टिष्यावहि | अगोष्टिष्यामहि |

| | | | | | |
|---|---|---|---|---|---|
| गोष्टिता | गोष्टितारौ | गोष्टितारः | गोष्टिषीष्ट | गोष्टिषीयास्ताम् | गोष्टिषीरन् |
| गोष्टितासे | गोष्टितासाथे | गोष्टिताध्वे | गोष्टिषीष्ठाः | गोष्टिषीयास्थाम् | गोष्टिषीध्वम् |
| गोष्टिताहे | गोष्टितास्वहे | गोष्टितास्महे | गोष्टिषीय | गोष्टिषीवहि | गोष्टिषीमहि |

| | | | | | |
|---|---|---|---|---|---|
| जुगोष्टे | जुगोष्टाते | जुगोष्टिरे | अगोष्टिष्ट | अगोष्टिषाताम् | अगोष्टिषत |
| जुगोष्टिषे | जुगोष्टाथे | जुगोष्टिध्वे | अगोष्टिष्ठाः | अगोष्टिषाथाम् | अगोष्टिध्वम् |
| जुगोष्टे | जुगोष्टिवहे | जुगोष्टिमहे | अगोष्टिषि | अगोष्टिष्वहि | अगोष्टिष्महि |

258 लोष्ट सङ्घाते । लोष्टृँ । लोष्ट् । लोष्टते । A । सेट् । अ० । gather, accumulate

| | | | | | |
|---|---|---|---|---|---|
| लोष्टते | लोष्टेते | लोष्टन्ते | अलोष्टत | अलोष्टेताम् | अलोष्टन्त |
| लोष्टसे | लोष्टेथे | लोष्टध्वे | अलोष्टथाः | अलोष्टेथाम् | अलोष्टध्वम् |
| लोष्टे | लोष्टावहे | लोष्टामहे | अलोष्टे | अलोष्टावहि | अलोष्टामहि |

| | | | | | |
|---|---|---|---|---|---|
| लोष्टताम् | लोष्टेताम् | लोष्टन्ताम् | लोष्टेत | लोष्टेयाताम् | लोष्टेरन् |
| लोष्टस्व | लोष्टेथाम् | लोष्टध्वम् | लोष्टेथाः | लोष्टेयाथाम् | लोष्टेध्वम् |
| लोष्टै | लोष्टावहै | लोष्टामहै | लोष्टेय | लोष्टेवहि | लोष्टेमहि |

| | | | | | |
|---|---|---|---|---|---|
| लोष्टिष्यते | लोष्टिष्येते | लोष्टिष्यन्ते | अलोष्टिष्यत | अलोष्टिष्येताम् | अलोष्टिष्यन्त |
| लोष्टिष्यसे | लोष्टिष्येथे | लोष्टिष्यध्वे | अलोष्टिष्यथाः | अलोष्टिष्येथाम् | अलोष्टिष्यध्वम् |
| लोष्टिष्ये | लोष्टिष्यावहे | लोष्टिष्यामहे | अलोष्टिष्ये | अलोष्टिष्यावहि | अलोष्टिष्यामहि |

| | | | | | |
|---|---|---|---|---|---|
| लोष्टिता | लोष्टितारौ | लोष्टितारः | लोष्टिषीष्ट | लोष्टिषीयास्ताम् | लोष्टिषीरन् |
| लोष्टितासे | लोष्टितासाथे | लोष्टिताध्वे | लोष्टिषीष्ठाः | लोष्टिषीयास्थाम् | लोष्टिषीध्वम् |
| लोष्टिताहे | लोष्टितास्वहे | लोष्टितास्महे | लोष्टिषीय | लोष्टिषीवहि | लोष्टिषीमहि |

| | | | | | |
|---|---|---|---|---|---|
| लुलोष्टे | लुलोष्टाते | लुलोष्टिरे | अलोष्टिष्ट | अलोष्टिषाताम् | अलोष्टिषत |
| लुलोष्टिषे | लुलोष्टाथे | लुलोष्टिध्वे | अलोष्टिष्ठाः | अलोष्टिषाथाम् | अलोष्टिध्वम् |
| लुलोष्टे | लुलोष्टिवहे | लुलोष्टिमहे | अलोष्टिषि | अलोष्टिष्वहि | अलोष्टिष्महि |

259 घट्ट चलने । घट्टृँ । घट्ट् । घट्टते । A । सेट् । अ० । shake, touch, rub, stir

| | | | | | |
|---|---|---|---|---|---|
| घट्टते | घट्टेते | घट्टन्ते | अघट्टत | अघट्टेताम् | अघट्टन्त |
| घट्टसे | घट्टेथे | घट्टध्वे | अघट्टथाः | अघट्टेथाम् | अघट्टध्वम् |
| घट्टे | घट्टावहे | घट्टामहे | अघट्टे | अघट्टावहि | अघट्टामहि |

| | | | | | |
|---|---|---|---|---|---|
| घट्टताम् | घट्टेताम् | घट्टन्ताम् | घट्टेत | घट्टेयाताम् | घट्टेरन् |
| घट्टस्व | घट्टेथाम् | घट्टध्वम् | घट्टेथाः | घट्टेयाथाम् | घट्टेध्वम् |

| | | | | | |
|---|---|---|---|---|---|
| घट्टै | घट्टावहै | घट्टामहै | घट्टेय | घट्टेवहि | घट्टेमहि |

| | | | | | |
|---|---|---|---|---|---|
| घट्टिष्यते | घट्टिष्येते | घट्टिष्यन्ते | अघट्टिष्यत | अघट्टिष्येताम् | अघट्टिष्यन्त |
| घट्टिष्यसे | घट्टिष्येथे | घट्टिष्यध्वे | अघट्टिष्यथाः | अघट्टिष्येथाम् | अघट्टिष्यध्वम् |
| घट्टिष्ये | घट्टिष्यावहे | घट्टिष्यामहे | अघट्टिष्ये | अघट्टिष्यावहि | अघट्टिष्यामहि |

| | | | | | |
|---|---|---|---|---|---|
| घट्टिता | घट्टितारौ | घट्टितारः | घट्टिषीष्ट | घट्टिषीयास्ताम् | घट्टिषीरन् |
| घट्टितासे | घट्टितासाथे | घट्टिताध्वे | घट्टिषीष्ठाः | घट्टिषीयास्थाम् | घट्टिषीध्वम् |
| घट्टिताहे | घट्टितास्वहे | घट्टितास्महे | घट्टिषीय | घट्टिषीवहि | घट्टिषीमहि |

| | | | | | |
|---|---|---|---|---|---|
| जघट्टे | जघट्टाते | जघट्टिरे | अघट्टिष्ट | अघट्टिषाताम् | अघट्टिषत |
| जघट्टिषे | जघट्टाथे | जघट्टिध्वे | अघट्टिष्ठाः | अघट्टिषाथाम् | अघट्टिध्वम् |
| जघट्टे | जघट्टिवहे | जघट्टिमहे | अघट्टिषि | अघट्टिष्वहि | अघट्टिष्महि |

260 **स्फुट विकसने। स्फुटँ । स्फुट् । स्फोटते** । A । **सेट्** । **अ०** । burst, split, bloom

| | | | | | |
|---|---|---|---|---|---|
| स्फोटते | स्फोटेते | स्फोटन्ते | अस्फोटत | अस्फोटेताम् | अस्फोटन्त |
| स्फोटसे | स्फोटेथे | स्फोटध्वे | अस्फोटथाः | अस्फोटेथाम् | अस्फोटध्वम् |
| स्फोटे | स्फोटावहे | स्फोटामहे | अस्फोटे | अस्फोटावहि | अस्फोटामहि |

| | | | | | |
|---|---|---|---|---|---|
| स्फोटताम् | स्फोटेताम् | स्फोटन्ताम् | स्फोटेत | स्फोटेयाताम् | स्फोटेरन् |
| स्फोटस्व | स्फोटेथाम् | स्फोटध्वम् | स्फोटेथाः | स्फोटेयाथाम् | स्फोटेध्वम् |
| स्फोटै | स्फोटावहै | स्फोटामहै | स्फोटेय | स्फोटेवहि | स्फोटेमहि |

| | | | | | |
|---|---|---|---|---|---|
| स्फोटिष्यते | स्फोटिष्येते | स्फोटिष्यन्ते | अस्फोटिष्यत | अस्फोटिष्येताम् | अस्फोटिष्यन्त |
| स्फोटिष्यसे | स्फोटिष्येथे | स्फोटिष्यध्वे | अस्फोटिष्यथाः | अस्फोटिष्येथाम् | अस्फोटिष्यध्वम् |
| स्फोटिष्ये | स्फोटिष्यावहे | स्फोटिष्यामहे | अस्फोटिष्ये | अस्फोटिष्यावहि | अस्फोटिष्यामहि |

| | | | | | |
|---|---|---|---|---|---|
| स्फोटिता | स्फोटितारौ | स्फोटितारः | स्फोटिषीष्ट | स्फोटिषीयास्ताम् | स्फोटिषीरन् |
| स्फोटितासे | स्फोटितासाथे | स्फोटिताध्वे | स्फोटिषीष्ठाः | स्फोटिषीयास्थाम् | स्फोटिषीध्वम् |
| स्फोटिताहे | स्फोटितास्वहे | स्फोटितास्महे | स्फोटिषीय | स्फोटिषीवहि | स्फोटिषीमहि |

| | | | | | |
|---|---|---|---|---|---|
| पुस्फुटे | पुस्फटाते | पुस्फुटिरे | अस्फोटिष्ट | अस्फोटिषाताम् | अस्फोटिषत |
| पुस्फुटिषे | पुस्फुटाथे | पुस्फुटिध्वे | अस्फोटिष्ठाः | अस्फोटिषाथाम् | अस्फोटिध्वम् |
| पुस्फुटे | पुस्फुटिवहे | पुस्फुटिमहे | अस्फोटिषि | अस्फोटिष्वहि | अस्फोटिष्महि |

261 **अठि गतौ। अठिँ । अण्ठ् । अण्ठते** । A । **सेट्** । **स०** । go

| | | | | | |
|---|---|---|---|---|---|
| अण्ठते | अण्ठेते | अण्ठन्ते | आण्ठत | आण्ठेताम् | आण्ठन्त |
| अण्ठसे | अण्ठेथे | अण्ठध्वे | आण्ठथाः | आण्ठेथाम् | आण्ठध्वम् |
| अण्ठे | अण्ठावहे | अण्ठामहे | आण्ठे | आण्ठावहि | आण्ठामहि |

| | | | | | |
|---|---|---|---|---|---|
| अण्ठताम् | अण्ठेताम् | अण्ठन्ताम् | अण्ठेत | अण्ठेयाताम् | अण्ठेरन् |
| अण्ठस्व | अण्ठेथाम् | अण्ठध्वम् | अण्ठेथाः | अण्ठेयाथाम् | अण्ठेध्वम् |
| अण्ठै | अण्ठावहै | अण्ठामहै | अण्ठेय | अण्ठेवहि | अण्ठेमहि |

| | | | | | |
|---|---|---|---|---|---|
| अण्ठिष्यते | अण्ठिष्येते | अण्ठिष्यन्ते | आण्ठिष्यत | आण्ठिष्येताम् | आण्ठिष्यन्त |
| अण्ठिष्यसे | अण्ठिष्येथे | अण्ठिष्यध्वे | आण्ठिष्यथाः | आण्ठिष्येथाम् | आण्ठिष्यध्वम् |
| अण्ठिष्ये | अण्ठिष्यावहे | अण्ठिष्यामहे | आण्ठिष्ये | आण्ठिष्यावहि | आण्ठिष्यामहि |

| | | | | | |
|---|---|---|---|---|---|
| अण्ठिता | अण्ठितारौ | अण्ठितारः | अण्ठिषीष्ट | अण्ठिषीयास्ताम् | अण्ठिषीरन् |
| अण्ठितासे | अण्ठितासाथे | अण्ठिताध्वे | अण्ठिषीष्ठाः | अण्ठिषीयास्थाम् | अण्ठिषीध्वम् |
| अण्ठिताहे | अण्ठितास्वहे | अण्ठितास्महे | अण्ठिषीय | अण्ठिषीवहि | अण्ठिषीमहि |

| | | | | | |
|---|---|---|---|---|---|
| आनण्ठे | आनण्ठाते | आनण्ठिरे | आण्ठिष्ट | आण्ठिषाताम् | आण्ठिषत |
| आनण्ठिषे | आनण्ठाथे | आनण्ठिध्वे | आण्ठिष्ठाः | आण्ठिषाथाम् | आण्ठिध्वम् |
| आनण्ठे | आनण्ठिवहे | आनण्ठिमहे | आण्ठिषि | आण्ठिष्वहि | आण्ठिष्महि |

262 **वठि एकचर्यायाम्** । **वठिँ** । **वण्ठ्** । **वण्ठते** । A । **सेट्** । **अ०** । go alone, be unaccompanied, be solitary

| | | | | | |
|---|---|---|---|---|---|
| वण्ठते | वण्ठेते | वण्ठन्ते | अवण्ठत | अवण्ठेताम् | अवण्ठन्त |
| वण्ठसे | वण्ठेथे | वण्ठध्वे | अवण्ठथाः | अवण्ठेथाम् | अवण्ठध्वम् |
| वण्ठे | वण्ठावहे | वण्ठामहे | अवण्ठे | अवण्ठावहि | अवण्ठामहि |

| | | | | | |
|---|---|---|---|---|---|
| वण्ठताम् | वण्ठेताम् | वण्ठन्ताम् | वण्ठेत | वण्ठेयाताम् | वण्ठेरन् |
| वण्ठस्व | वण्ठेथाम् | वण्ठध्वम् | वण्ठेथाः | वण्ठेयाथाम् | वण्ठेध्वम् |
| वण्ठै | वण्ठावहै | वण्ठामहै | वण्ठेय | वण्ठेवहि | वण्ठेमहि |

| | | | | | |
|---|---|---|---|---|---|
| वण्ठिष्यते | वण्ठिष्येते | वण्ठिष्यन्ते | अवण्ठिष्यत | अवण्ठिष्येताम् | अवण्ठिष्यन्त |
| वण्ठिष्यसे | वण्ठिष्येथे | वण्ठिष्यध्वे | अवण्ठिष्यथाः | अवण्ठिष्येथाम् | अवण्ठिष्यध्वम् |
| वण्ठिष्ये | वण्ठिष्यावहे | वण्ठिष्यामहे | अवण्ठिष्ये | अवण्ठिष्यावहि | अवण्ठिष्यामहि |

| | | | | | |
|---|---|---|---|---|---|
| वण्ठिता | वण्ठितारौ | वण्ठितारः | वण्ठिषीष्ट | वण्ठिषीयास्ताम् | वण्ठिषीरन् |
| वण्ठितासे | वण्ठितासाथे | वण्ठिताध्वे | वण्ठिषीष्ठाः | वण्ठिषीयास्थाम् | वण्ठिषीध्वम् |
| वण्ठिताहे | वण्ठितास्वहे | वण्ठितास्महे | वण्ठिषीय | वण्ठिषीवहि | वण्ठिषीमहि |

| | | | | | |
|---|---|---|---|---|---|
| ववण्ठे | ववण्ठाते | ववण्ठिरे | अवण्ठिष्ट | अवण्ठिषाताम् | अवण्ठिषत |
| ववण्ठिषे | ववण्ठाथे | ववण्ठिध्वे | अवण्ठिष्ठाः | अवण्ठिषाथाम् | अवण्ठिध्वम् |
| ववण्ठे | ववण्ठिवहे | ववण्ठिमहे | अवण्ठिषि | अवण्ठिष्वहि | अवण्ठिष्महि |

263 **मठि शोके** । **मठिँ** । **मण्ठ्** । **मण्ठते** । A । **सेट्** । **स०** । suffer, desire feverishly

| | | | | | |
|---|---|---|---|---|---|
| मण्ठते | मण्ठेते | मण्ठन्ते | अमण्ठत | अमण्ठेताम् | अमण्ठन्त |
| मण्ठसे | मण्ठेथे | मण्ठध्वे | अमण्ठथाः | अमण्ठेथाम् | अमण्ठध्वम् |
| मण्ठे | मण्ठावहे | मण्ठामहे | अमण्ठे | अमण्ठावहि | अमण्ठामहि |

| | | | | | | |
|---|---|---|---|---|---|---|
| मण्ठताम् | मण्ठेताम् | मण्ठन्ताम् | मण्ठेत | मण्ठेयाताम् | मण्ठेरन् | |
| मण्ठस्व | मण्ठेथाम् | मण्ठध्वम् | मण्ठेथाः | मण्ठेयाथाम् | मण्ठेध्वम् | |
| मण्ठै | मण्ठावहै | मण्ठामहै | मण्ठेय | मण्ठेवहि | मण्ठेमहि | |
| | | | | | | |
| मण्ठिष्यते | मण्ठिष्येते | मण्ठिष्यन्ते | अमण्ठिष्यत | अमण्ठिष्येताम् | अमण्ठिष्यन्त | |
| मण्ठिष्यसे | मण्ठिष्येथे | मण्ठिष्यध्वे | अमण्ठिष्यथाः | अमण्ठिष्येथाम् | अमण्ठिष्यध्वम् | |
| मण्ठिष्ये | मण्ठिष्यावहे | मण्ठिष्यामहे | अमण्ठिष्ये | अमण्ठिष्यावहि | अमण्ठिष्यामहि | |
| | | | | | | |
| मण्ठिता | मण्ठितारौ | मण्ठितारः | मण्ठिषीष्ट | मण्ठिषीयास्ताम् | मण्ठिषीरन् | |
| मण्ठितासे | मण्ठितासाथे | मण्ठिताध्वे | मण्ठिषीष्ठाः | मण्ठिषीयास्थाम् | मण्ठिषीध्वम् | |
| मण्ठिताहे | मण्ठितास्वहे | मण्ठितास्महे | मण्ठिषीय | मण्ठिषीवहि | मण्ठिषीमहि | |
| | | | | | | |
| ममण्ठे | ममण्ठाते | ममण्ठिरे | अमण्ठिष्ट | अमण्ठिषाताम् | अमण्ठिषत | |
| ममण्ठिषे | ममण्ठाथे | ममण्ठिध्वे | अमण्ठिष्ठाः | अमण्ठिषाथाम् | अमण्ठिध्वम् | |
| ममण्ठे | ममण्ठिवहे | ममण्ठिमहे | अमण्ठिषि | अमण्ठिष्वहि | अमण्ठिष्महि | |

264 कठि शोके । कठिँ । कण्ठ् । कण्ठते । A । सेट् । स० । mourn

| | | | | | |
|---|---|---|---|---|---|
| कण्ठते | कण्ठेते | कण्ठन्ते | अकण्ठत | अकण्ठेताम् | अकण्ठन्त |
| कण्ठसे | कण्ठेथे | कण्ठध्वे | अकण्ठथाः | अकण्ठेथाम् | अकण्ठध्वम् |
| कण्ठे | कण्ठावहे | कण्ठामहे | अकण्ठे | अकण्ठावहि | अकण्ठामहि |
| | | | | | |
| कण्ठताम् | कण्ठेताम् | कण्ठन्ताम् | कण्ठेत | कण्ठेयाताम् | कण्ठेरन् |
| कण्ठस्व | कण्ठेथाम् | कण्ठध्वम् | कण्ठेथाः | कण्ठेयाथाम् | कण्ठेध्वम् |
| कण्ठै | कण्ठावहै | कण्ठामहै | कण्ठेय | कण्ठेवहि | कण्ठेमहि |
| | | | | | |
| कण्ठिष्यते | कण्ठिष्येते | कण्ठिष्यन्ते | अकण्ठिष्यत | अकण्ठिष्येताम् | अकण्ठिष्यन्त |
| कण्ठिष्यसे | कण्ठिष्येथे | कण्ठिष्यध्वे | अकण्ठिष्यथाः | अकण्ठिष्येथाम् | अकण्ठिष्यध्वम् |
| कण्ठिष्ये | कण्ठिष्यावहे | कण्ठिष्यामहे | अकण्ठिष्ये | अकण्ठिष्यावहि | अकण्ठिष्यामहि |
| | | | | | |
| कण्ठिता | कण्ठितारौ | कण्ठितारः | कण्ठिषीष्ट | कण्ठिषीयास्ताम् | कण्ठिषीरन् |
| कण्ठितासे | कण्ठितासाथे | कण्ठिताध्वे | कण्ठिषीष्ठाः | कण्ठिषीयास्थाम् | कण्ठिषीध्वम् |
| कण्ठिताहे | कण्ठितास्वहे | कण्ठितास्महे | कण्ठिषीय | कण्ठिषीवहि | कण्ठिषीमहि |
| | | | | | |
| चकण्ठे | चकण्ठाते | चकण्ठिरे | अकण्ठिष्ट | अकण्ठिषाताम् | अकण्ठिषत |
| चकण्ठिषे | चकण्ठाथे | चकण्ठिध्वे | अकण्ठिष्ठाः | अकण्ठिषाथाम् | अकण्ठिध्वम् |
| चकण्ठे | चकण्ठिवहे | चकण्ठिमहे | अकण्ठिषि | अकण्ठिष्वहि | अकण्ठिष्महि |

265 मुठि पालने । मुठिँ । मुण्ठ् । मुण्ठते । A । सेट् । स० । protect, run away, fly

| | | | | | |
|---|---|---|---|---|---|
| मुण्ठते | मुण्ठेते | मुण्ठन्ते | अमुण्ठत | अमुण्ठेताम् | अमुण्ठन्त |
| मुण्ठसे | मुण्ठेथे | मुण्ठध्वे | अमुण्ठथाः | अमुण्ठेथाम् | अमुण्ठध्वम् |
| मुण्ठे | मुण्ठावहे | मुण्ठामहे | अमुण्ठे | अमुण्ठावहि | अमुण्ठामहि |

| | | | | | |
|---|---|---|---|---|---|
| मुण्ठताम् | मुण्ठेताम् | मुण्ठन्ताम् | मुण्ठेत | मुण्ठेयाताम् | मुण्ठेरन् |
| मुण्ठस्व | मुण्ठेथाम् | मुण्ठध्वम् | मुण्ठेथाः | मुण्ठेयाथाम् | मुण्ठेध्वम् |
| मुण्ठै | मुण्ठावहै | मुण्ठामहै | मुण्ठेय | मुण्ठेवहि | मुण्ठेमहि |

| | | | | | |
|---|---|---|---|---|---|
| मुण्ठिष्यते | मुण्ठिष्येते | मुण्ठिष्यन्ते | अमुण्ठिष्यत | अमुण्ठिष्येताम् | अमुण्ठिष्यन्त |
| मुण्ठिष्यसे | मुण्ठिष्येथे | मुण्ठिष्यध्वे | अमुण्ठिष्यथाः | अमुण्ठिष्येथाम् | अमुण्ठिष्यध्वम् |
| मुण्ठिष्ये | मुण्ठिष्यावहे | मुण्ठिष्यामहे | अमुण्ठिष्ये | अमुण्ठिष्यावहि | अमुण्ठिष्यामहि |

| | | | | | |
|---|---|---|---|---|---|
| मुण्ठिता | मुण्ठितारौ | मुण्ठितारः | मुण्ठिषीष्ट | मुण्ठिषीयास्ताम् | मुण्ठिषीरन् |
| मुण्ठितासे | मुण्ठितासाथे | मुण्ठिताध्वे | मुण्ठिषीष्ठाः | मुण्ठिषीयास्थाम् | मुण्ठिषीध्वम् |
| मुण्ठिताहे | मुण्ठितास्वहे | मुण्ठितास्महे | मुण्ठिषीय | मुण्ठिषीवहि | मुण्ठिषीमहि |

| | | | | | |
|---|---|---|---|---|---|
| मुमुण्ठे | मुमुण्ठाते | मुमुण्ठिरे | अमुण्ठिष्ट | अमुण्ठिषाताम् | अमुण्ठिषत |
| मुमुण्ठिषे | मुमुण्ठाथे | मुमुण्ठिध्वे | अमुण्ठिष्ठाः | अमुण्ठिषाथाम् | अमुण्ठिध्वम् |
| मुमुण्ठे | मुमुण्ठिवहे | मुमुण्ठिमहे | अमुण्ठिषि | अमुण्ठिष्वहि | अमुण्ठिष्महि |

266 **हेठ विबाधायाम्** । **हेठँ** । **हेठ्** । **हेठते** । A । **सेट्** । **स०** । obstruct, be cruel

| | | | | | |
|---|---|---|---|---|---|
| हेठते | हेठेते | हेठन्ते | अहेठत | अहेठेताम् | अहेठन्त |
| हेठसे | हेठेथे | हेठध्वे | अहेठथाः | अहेठेथाम् | अहेठध्वम् |
| हेठे | हेठावहे | हेठामहे | अहेठे | अहेठावहि | अहेठामहि |

| | | | | | |
|---|---|---|---|---|---|
| हेठताम् | हेठेताम् | हेठन्ताम् | हेठेत | हेठेयाताम् | हेठेरन् |
| हेठस्व | हेठेथाम् | हेठध्वम् | हेठेथाः | हेठेयाथाम् | हेठेध्वम् |
| हेठै | हेठावहै | हेठामहै | हेठेय | हेठेवहि | हेठेमहि |

| | | | | | |
|---|---|---|---|---|---|
| हेठिष्यते | हेठिष्येते | हेठिष्यन्ते | अहेठिष्यत | अहेठिष्येताम् | अहेठिष्यन्त |
| हेठिष्यसे | हेठिष्येथे | हेठिष्यध्वे | अहेठिष्यथाः | अहेठिष्येथाम् | अहेठिष्यध्वम् |
| हेठिष्ये | हेठिष्यावहे | हेठिष्यामहे | अहेठिष्ये | अहेठिष्यावहि | अहेठिष्यामहि |

| | | | | | |
|---|---|---|---|---|---|
| हेठिता | हेठितारौ | हेठितारः | हेठिषीष्ट | हेठिषीयास्ताम् | हेठिषीरन् |
| हेठितासे | हेठितासाथे | हेठिताध्वे | हेठिषीष्ठाः | हेठिषीयास्थाम् | हेठिषीध्वम् |
| हेठिताहे | हेठितास्वहे | हेठितास्महे | हेठिषीय | हेठिषीवहि | हेठिषीमहि |

| | | | | | |
|---|---|---|---|---|---|
| जिहेठे | जिहेठाते | जिहेठिरे | अहेठिष्ट | अहेठिषाताम् | अहेठिषत |
| जिहेठिषे | जिहेठाथे | जिहेठिध्वे | अहेठिष्ठाः | अहेठिषाथाम् | अहेठिध्वम् |
| जिहेठे | जिहेठिवहे | जिहेठिमहे | अहेठिषि | अहेठिष्वहि | अहेठिष्महि |

267 **एठ च** । **एठँ** । **एठ्** । **एठते** । A । **सेट्** । **स०** । annoy, resist

3.1.36 **इजादेश्च गुरुमतोऽनृच्छः** । 3.1.40 **कृञ् चानुप्रयुज्यते लिटि** ।

| | | | | | |
|---|---|---|---|---|---|
| एठते | एठेते | एठन्ते | ऐठत | ऐठेताम् | ऐठन्त |
| एठसे | एठेथे | एठध्वे | ऐठथाः | ऐठेथाम् | ऐठध्वम् |
| एठे | एठावहे | एठामहे | ऐठे | ऐठावहि | ऐठामहि |

| | | | | | |
|---|---|---|---|---|---|
| एठताम् | एठेताम् | एठन्ताम् | एठेत | एठेयाताम् | एठेरन् |
| एठस्व | एठेथाम् | एठध्वम् | एठेथाः | एठेयाथाम् | एठेध्वम् |
| एठै | एठावहै | एठामहै | एठेय | एठेवहि | एठेमहि |

| | | | | | |
|---|---|---|---|---|---|
| एठिष्यते | एठिष्येते | एठिष्यन्ते | ऐठिष्यत | ऐठिष्येताम् | ऐठिष्यन्त |
| एठिष्यसे | एठिष्येथे | एठिष्यध्वे | ऐठिष्यथाः | ऐठिष्येथाम् | ऐठिष्यध्वम् |
| एठिष्ये | एठिष्यावहे | एठिष्यामहे | ऐठिष्ये | ऐठिष्यावहि | ऐठिष्यामहि |

| | | | | | |
|---|---|---|---|---|---|
| एठिता | एठितारौ | एठितारः | एठिषीष्ट | एठिषीयास्ताम् | एठिषीरन् |
| एठितासे | एठितासाथे | एठिताध्वे | एठिषीष्ठाः | एठिषीयास्थाम् | एठिषीध्वम् |
| एठिताहे | एठितास्वहे | एठितास्महे | एठिषीय | एठिषीवहि | एठिषीमहि |

| | | | | | |
|---|---|---|---|---|---|
| **एठाञ्चक्रे** | **एठाञ्चक्राते** | **एठाञ्चक्रिरे** | ऐठिष्ट | ऐठिषाताम् | ऐठिषत |
| **एठाम्बभूव** | **एठाम्बभूवतुः** | **एठाम्बभूवुः** | | | |
| **एठामास** | **एठामासतुः** | **एठामासुः** | | | |
| **एठाञ्चकृषे** | **एठाञ्चक्राथे** | **एठाञ्चकृढ्वे** | ऐठिष्ठाः | ऐठिषाथाम् | ऐठिढ्वम् |
| **एठाम्बभूविथ** | **एठाम्बभूवथुः** | **एठाम्बभूव** | | | |
| **एठामासिथ** | **एठामासथुः** | **एठामास** | | | |
| **एठाञ्चक्रे** | **एठाञ्चकृवए** | **एठाञ्चकृमए** | ऐठिषि | ऐठिष्वहि | ऐठिष्महि |
| **एठाम्बभूव** | **एठाम्बभूविव** | **एठाम्बभूविम** | | | |
| **एठामास** | **एठामासिव** | **एठामासिम** | | | |

268 **हिडि गत्यनादरयोः** । **हिडिँ** । **हिण्ड्** । **हिण्डते** । A । **सेट्** । **स०** । wander, humiliate

| | | | | | |
|---|---|---|---|---|---|
| हिण्डते | हिण्डेते | हिण्डन्ते | अहिण्डत | अहिण्डेताम् | अहिण्डन्त |
| हिण्डसे | हिण्डेथे | हिण्डध्वे | अहिण्डथाः | अहिण्डेथाम् | अहिण्डध्वम् |
| हिण्डे | हिण्डावहे | हिण्डामहे | अहिण्डे | अहिण्डावहि | अहिण्डामहि |

| | | | | | |
|---|---|---|---|---|---|
| हिण्डताम् | हिण्डेताम् | हिण्डन्ताम् | हिण्डेत | हिण्डेयाताम् | हिण्डेरन् |
| हिण्डस्व | हिण्डेथाम् | हिण्डध्वम् | हिण्डेथाः | हिण्डेयाथाम् | हिण्डेध्वम् |
| हिण्डै | हिण्डावहै | हिण्डामहै | हिण्डेय | हिण्डेवहि | हिण्डेमहि |

| | | | | | |
|---|---|---|---|---|---|
| हिण्डिष्यते | हिण्डिष्येते | हिण्डिष्यन्ते | अहिण्डिष्यत | अहिण्डिष्येताम् | अहिण्डिष्यन्त |
| हिण्डिष्यसे | हिण्डिष्येथे | हिण्डिष्यध्वे | अहिण्डिष्यथाः | अहिण्डिष्येथाम् | अहिण्डिष्यध्वम् |
| हिण्डिष्ये | हिण्डिष्यावहे | हिण्डिष्यामहे | अहिण्डिष्ये | अहिण्डिष्यावहि | अहिण्डिष्यामहि |

| | | | | | |
|---|---|---|---|---|---|
| हिण्डिता | हिण्डितारौ | हिण्डितारः | हिण्डिषीष्ट | **हिण्डिषीयास्ताम्** | हिण्डिषीरन् |
| हिण्डितासे | हिण्डितासाथे | हिण्डिताध्वे | हिण्डिषीष्ठाः | **हिण्डिषीयास्थाम्** | हिण्डिषीध्वम् |
| हिण्डिताहे | हिण्डितास्वहे | हिण्डितास्महे | हिण्डिषीय | हिण्डिषीवहि | हिण्डिषीमहि |

| | | | | | |
|---|---|---|---|---|---|
| जिहिण्डे | जिहिण्डाते | जिहिण्डिरे | अहिण्डिष्ट | अहिण्डिषाताम् | अहिण्डिषत |

| | | | | | |
|---|---|---|---|---|---|
| जिहिण्डिषे | जिहिण्डाथे | जिहिण्डिध्वे | अहिण्डिष्ठाः | अहिण्डिषाथाम् | अहिण्डिध्वम् |
| जिहिण्डे | जिहिण्डिवहे | जिहिण्डिमहे | अहिण्डिषि | अहिण्डिष्वहि | अहिण्डिष्महि |

269 **हुडि संघाते** । **हुडिँ** । **हुण्ड्** । **हुण्डते** । A । **सेट्** । **स०** । gather, collect, dive

| | | | | | |
|---|---|---|---|---|---|
| हुण्डते | हुण्डेते | हुण्डन्ते | अहुण्डत | अहुण्डेताम् | अहुण्डन्त |
| हुण्डसे | हुण्डेथे | हुण्डध्वे | अहुण्डथाः | अहुण्डेथाम् | अहुण्डध्वम् |
| हुण्डे | हुण्डावहे | हुण्डामहे | अहुण्डे | अहुण्डावहि | अहुण्डामहि |
| | | | | | |
| हुण्डताम् | हुण्डेताम् | हुण्डन्ताम् | हुण्डेत | हुण्डेयाताम् | हुण्डेरन् |
| हुण्डस्व | हुण्डेथाम् | हुण्डध्वम् | हुण्डेथाः | हुण्डेयाथाम् | हुण्डेध्वम् |
| हुण्डै | हुण्डावहै | हुण्डामहै | हुण्डेय | हुण्डेवहि | हुण्डेमहि |
| | | | | | |
| हुण्डिष्यते | हुण्डिष्येते | हुण्डिष्यन्ते | अहुण्डिष्यत | अहुण्डिष्येताम् | अहुण्डिष्यन्त |
| हुण्डिष्यसे | हुण्डिष्येथे | हुण्डिष्यध्वे | अहुण्डिष्यथाः | अहुण्डिष्येथाम् | अहुण्डिष्यध्वम् |
| हुण्डिष्ये | हुण्डिष्यावहे | हुण्डिष्यामहे | अहुण्डिष्ये | अहुण्डिष्यावहि | अहुण्डिष्यामहि |
| | | | | | |
| हुण्डिता | हुण्डितारौ | हुण्डितारः | हुण्डिषीष्ट | **हुण्डिषीयास्ताम्** | हुण्डिषीरन् |
| हुण्डितासे | हुण्डितासाथे | हुण्डिताध्वे | हुण्डिषीष्ठाः | **हुण्डिषीयास्थाम्** | हुण्डिषीध्वम् |
| हुण्डिताहे | हुण्डितास्वहे | हुण्डितास्महे | हुण्डिषीय | हुण्डिषीवहि | हुण्डिषीमहि |
| | | | | | |
| जुहुण्डे | जुहुण्डाते | जुहुण्डिरे | अहुण्डिष्ट | अहुण्डिषाताम् | अहुण्डिषत |
| जुहुण्डिषे | जुहुण्डाथे | जुहुण्डिध्वे | अहुण्डिष्ठाः | अहुण्डिषाथाम् | अहुण्डिध्वम् |
| जुहुण्डे | जुहुण्डिवहे | जुहुण्डिमहे | अहुण्डिषि | अहुण्डिष्वहि | अहुण्डिष्महि |

270 **कुडि दाहे** । **कुडिँ** । **कुण्ड्** । **कुण्डते** । A । **सेट्** । **स०** । burn

| | | | | | |
|---|---|---|---|---|---|
| कुण्डते | कुण्डेते | कुण्डन्ते | अकुण्डत | अकुण्डेताम् | अकुण्डन्त |
| कुण्डसे | कुण्डेथे | कुण्डध्वे | अकुण्डथाः | अकुण्डेथाम् | अकुण्डध्वम् |
| कुण्डे | कुण्डावहे | कुण्डामहे | अकुण्डे | अकुण्डावहि | अकुण्डामहि |
| | | | | | |
| कुण्डताम् | कुण्डेताम् | कुण्डन्ताम् | कुण्डेत | कुण्डेयाताम् | कुण्डेरन् |
| कुण्डस्व | कुण्डेथाम् | कुण्डध्वम् | कुण्डेथाः | कुण्डेयाथाम् | कुण्डेध्वम् |
| कुण्डै | कुण्डावहै | कुण्डामहै | कुण्डेय | कुण्डेवहि | कुण्डेमहि |
| | | | | | |
| कुण्डिष्यते | कुण्डिष्येते | कुण्डिष्यन्ते | अकुण्डिष्यत | अकुण्डिष्येताम् | अकुण्डिष्यन्त |
| कुण्डिष्यसे | कुण्डिष्येथे | कुण्डिष्यध्वे | अकुण्डिष्यथाः | अकुण्डिष्येथाम् | अकुण्डिष्यध्वम् |
| कुण्डिष्ये | कुण्डिष्यावहे | कुण्डिष्यामहे | अकुण्डिष्ये | अकुण्डिष्यावहि | अकुण्डिष्यामहि |
| | | | | | |
| कुण्डिता | कुण्डितारौ | कुण्डितारः | कुण्डिषीष्ट | **कुण्डिषीयास्ताम्** | कुण्डिषीरन् |
| कुण्डितासे | कुण्डितासाथे | कुण्डिताध्वे | कुण्डिषीष्ठाः | **कुण्डिषीयास्थाम्** | कुण्डिषीध्वम् |
| कुण्डिताहे | कुण्डितास्वहे | कुण्डितास्महे | कुण्डिषीय | कुण्डिषीवहि | कुण्डिषीमहि |
| | | | | | |
| चुकुण्डे | चुकुण्डाते | चुकुण्डिरे | अकुण्डिष्ट | अकुण्डिषाताम् | अकुण्डिषत |

| | | | | | |
|---|---|---|---|---|---|
| चुकुण्डिषे | चुकुण्डाथे | चुकुण्डिध्वे | अकुण्डिष्ठाः | अकुण्डिषाथाम् | अकुण्डिध्वम् |
| चुकुण्डे | चुकुण्डिवहे | चुकुण्डिमहे | अकुण्डिषि | अकुण्डिष्वहि | अकुण्डिष्महि |

271 **वडि विभाजने । वडिँ । वण्ड् । वण्डते** । A । **सेट्** । **स०** । partition, share

| | | | | | |
|---|---|---|---|---|---|
| वण्डते | वण्डेते | वण्डन्ते | अवण्डत | अवण्डेताम् | अवण्डन्त |
| वण्डसे | वण्डेथे | वण्डध्वे | अवण्डथाः | अवण्डेथाम् | अवण्डध्वम् |
| वण्डे | वण्डावहे | वण्डामहे | अवण्डे | अवण्डावहि | अवण्डामहि |

| | | | | | |
|---|---|---|---|---|---|
| वण्डताम् | वण्डेताम् | वण्डन्ताम् | वण्डेत | वण्डेयाताम् | वण्डेरन् |
| वण्डस्व | वण्डेथाम् | वण्डध्वम् | वण्डेथाः | वण्डेयाथाम् | वण्डेध्वम् |
| वण्डै | वण्डावहै | वण्डामहै | वण्डेय | वण्डेवहि | वण्डेमहि |

| | | | | | |
|---|---|---|---|---|---|
| वण्डिष्यते | वण्डिष्येते | वण्डिष्यन्ते | अवण्डिष्यत | अवण्डिष्येताम् | अवण्डिष्यन्त |
| वण्डिष्यसे | वण्डिष्येथे | वण्डिष्यध्वे | अवण्डिष्यथाः | अवण्डिष्येथाम् | अवण्डिष्यध्वम् |
| वण्डिष्ये | वण्डिष्यावहे | वण्डिष्यामहे | अवण्डिष्ये | अवण्डिष्यावहि | अवण्डिष्यामहि |

| | | | | | |
|---|---|---|---|---|---|
| वण्डिता | वण्डितारौ | वण्डितारः | वण्डिषीष्ट | **वण्डिषीयास्ताम्** | वण्डिषीरन् |
| वण्डितासे | वण्डितासाथे | वण्डिताध्वे | वण्डिषीष्ठाः | **वण्डिषीयास्थाम्** | वण्डिषीध्वम् |
| वण्डिताहे | वण्डितास्वहे | वण्डितास्महे | वण्डिषीय | वण्डिषीवहि | वण्डिषीमहि |

| | | | | | |
|---|---|---|---|---|---|
| ववण्डे | ववण्डाते | ववण्डिरे | अवण्डिष्ट | अवण्डिषाताम् | अवण्डिषत |
| ववण्डिषे | ववण्डाथे | ववण्डिध्वे | अवण्डिष्ठाः | अवण्डिषाथाम् | अवण्डिध्वम् |
| ववण्डे | ववण्डिवहे | ववण्डिमहे | अवण्डिषि | अवण्डिष्वहि | अवण्डिष्महि |

272 **मडि च । मडिँ । मण्ड् । मण्डते** । A । **सेट्** । **स०** । divide

| | | | | | |
|---|---|---|---|---|---|
| मण्डते | मण्डेते | मण्डन्ते | अमण्डत | अमण्डेताम् | अमण्डन्त |
| मण्डसे | मण्डेथे | मण्डध्वे | अमण्डथाः | अमण्डेथाम् | अमण्डध्वम् |
| मण्डे | मण्डावहे | मण्डामहे | अमण्डे | अमण्डावहि | अमण्डामहि |

| | | | | | |
|---|---|---|---|---|---|
| मण्डताम् | मण्डेताम् | मण्डन्ताम् | मण्डेत | मण्डेयाताम् | मण्डेरन् |
| मण्डस्व | मण्डेथाम् | मण्डध्वम् | मण्डेथाः | मण्डेयाथाम् | मण्डेध्वम् |
| मण्डै | मण्डावहै | मण्डामहै | मण्डेय | मण्डेवहि | मण्डेमहि |

| | | | | | |
|---|---|---|---|---|---|
| मण्डिष्यते | मण्डिष्येते | मण्डिष्यन्ते | अमण्डिष्यत | अमण्डिष्येताम् | अमण्डिष्यन्त |
| मण्डिष्यसे | मण्डिष्येथे | मण्डिष्यध्वे | अमण्डिष्यथाः | अमण्डिष्येथाम् | अमण्डिष्यध्वम् |
| मण्डिष्ये | मण्डिष्यावहे | मण्डिष्यामहे | अमण्डिष्ये | अमण्डिष्यावहि | अमण्डिष्यामहि |

| | | | | | |
|---|---|---|---|---|---|
| मण्डिता | मण्डितारौ | मण्डितारः | मण्डिषीष्ट | **मण्डिषीयास्ताम्** | मण्डिषीरन् |
| मण्डितासे | मण्डितासाथे | मण्डिताध्वे | मण्डिषीष्ठाः | **मण्डिषीयास्थाम्** | मण्डिषीध्वम् |
| मण्डिताहे | मण्डितास्वहे | मण्डितास्महे | मण्डिषीय | मण्डिषीवहि | मण्डिषीमहि |

| | | | | | |
|---|---|---|---|---|---|
| ममण्डे | ममण्डाते | ममण्डिरे | अमण्डिष्ट | अमण्डिषाताम् | अमण्डिषत |

| | | | | | |
|---|---|---|---|---|---|
| ममण्डिषे | ममण्डाथे | ममण्डिध्वे | अमण्डिष्ठाः | अमण्डिषाथाम् | अमण्डिध्वम् |
| ममण्डे | ममण्डिवहे | ममण्डिमहे | अमण्डिषि | अमण्डिष्वहि | अमण्डिष्महि |

273 **भडि परिभाषणे । भडिँ । भण्ड् । भण्डते** । A । **सेट्** । **स०** । jest, accuse

| | | | | | |
|---|---|---|---|---|---|
| भण्डते | भण्डेते | भण्डन्ते | अभण्डत | अभण्डेताम् | अभण्डन्त |
| भण्डसे | भण्डेथे | भण्डध्वे | अभण्डथाः | अभण्डेथाम् | अभण्डध्वम् |
| भण्डे | भण्डावहे | भण्डामहे | अभण्डे | अभण्डावहि | अभण्डामहि |

| | | | | | |
|---|---|---|---|---|---|
| भण्डताम् | भण्डेताम् | भण्डन्ताम् | भण्डेत | भण्डेयाताम् | भण्डेरन् |
| भण्डस्व | भण्डेथाम् | भण्डध्वम् | भण्डेथाः | भण्डेयाथाम् | भण्डेध्वम् |
| भण्डै | भण्डावहै | भण्डामहै | भण्डेय | भण्डेवहि | भण्डेमहि |

| | | | | | |
|---|---|---|---|---|---|
| भण्डिष्यते | भण्डिष्येते | भण्डिष्यन्ते | अभण्डिष्यत | अभण्डिष्येताम् | अभण्डिष्यन्त |
| भण्डिष्यसे | भण्डिष्येथे | भण्डिष्यध्वे | अभण्डिष्यथाः | अभण्डिष्येथाम् | अभण्डिष्यध्वम् |
| भण्डिष्ये | भण्डिष्यावहे | भण्डिष्यामहे | अभण्डिष्ये | अभण्डिष्यावहि | अभण्डिष्यामहि |

| | | | | | |
|---|---|---|---|---|---|
| भण्डिता | भण्डितारौ | भण्डितारः | भण्डिषीष्ट | **भण्डिषीयास्ताम्** | भण्डिषीरन् |
| भण्डितासे | भण्डितासाथे | भण्डिताध्वे | भण्डिषीष्ठाः | **भण्डिषीयास्थाम्** | भण्डिषीध्वम् |
| भण्डिताहे | भण्डितास्वहे | भण्डितास्महे | भण्डिषीय | भण्डिषीवहि | भण्डिषीमहि |

| | | | | | |
|---|---|---|---|---|---|
| बभण्डे | बभण्डाते | बभण्डिरे | अभण्डिष्ट | अभण्डिषाताम् | अभण्डिषत |
| बभण्डिषे | बभण्डाथे | बभण्डिध्वे | अभण्डिष्ठाः | अभण्डिषाथाम् | अभण्डिध्वम् |
| बभण्डे | बभण्डिवहे | बभण्डिमहे | अभण्डिषि | अभण्डिष्वहि | अभण्डिष्महि |

274 **पिडि सङ्घाते । पिडिँ । पिण्ड् । पिण्डते** । A । **सेट्** । **अ०** । join, unite, accumulate, make heap

| | | | | | |
|---|---|---|---|---|---|
| पिण्डते | पिण्डेते | पिण्डन्ते | अपिण्डत | अपिण्डेताम् | अपिण्डन्त |
| पिण्डसे | पिण्डेथे | पिण्डध्वे | अपिण्डथाः | अपिण्डेथाम् | अपिण्डध्वम् |
| पिण्डे | पिण्डावहे | पिण्डामहे | अपिण्डे | अपिण्डावहि | अपिण्डामहि |

| | | | | | |
|---|---|---|---|---|---|
| पिण्डताम् | पिण्डेताम् | पिण्डन्ताम् | पिण्डेत | पिण्डेयाताम् | पिण्डेरन् |
| पिण्डस्व | पिण्डेथाम् | पिण्डध्वम् | पिण्डेथाः | पिण्डेयाथाम् | पिण्डेध्वम् |
| पिण्डै | पिण्डावहै | पिण्डामहै | पिण्डेय | पिण्डेवहि | पिण्डेमहि |

| | | | | | |
|---|---|---|---|---|---|
| पिण्डिष्यते | पिण्डिष्येते | पिण्डिष्यन्ते | अपिण्डिष्यत | अपिण्डिष्येताम् | अपिण्डिष्यन्त |
| पिण्डिष्यसे | पिण्डिष्येथे | पिण्डिष्यध्वे | अपिण्डिष्यथाः | अपिण्डिष्येथाम् | अपिण्डिष्यध्वम् |
| पिण्डिष्ये | पिण्डिष्यावहे | पिण्डिष्यामहे | अपिण्डिष्ये | अपिण्डिष्यावहि | अपिण्डिष्यामहि |

| | | | | | |
|---|---|---|---|---|---|
| पिण्डिता | पिण्डितारौ | पिण्डितारः | पिण्डिषीष्ट | **पिण्डिषीयास्ताम्** | पिण्डिषीरन् |
| पिण्डितासे | पिण्डितासाथे | पिण्डिताध्वे | पिण्डिषीष्ठाः | **पिण्डिषीयास्थाम्** | पिण्डिषीध्वम् |
| पिण्डिताहे | पिण्डितास्वहे | पिण्डितास्महे | पिण्डिषीय | पिण्डिषीवहि | पिण्डिषीमहि |

| | | | | | |
|---|---|---|---|---|---|
| पिपिण्डे | पिपिण्डाते | पिपिण्डिरे | अपिण्डिष्ट | अपिण्डिषाताम् | अपिण्डिषत |

| | | | | | |
|---|---|---|---|---|---|
| पिपिण्डिषे | पिपिण्डाथे | पिपिण्डिध्वे | अपिण्डिष्ठाः | अपिण्डिषाथाम् | अपिण्डिध्वम् |
| पिपिण्डे | पिपिण्डिवहे | पिपिण्डिमहे | अपिण्डिषि | अपिण्डिष्वहि | अपिण्डिष्महि |

275 **मुडि मार्जने** । **मुडिँ** । **मुण्ड्** । **मुण्डते** । A । **सेट्** । **स०** । cleanse, be clean, plunge, sink

| | | | | | |
|---|---|---|---|---|---|
| मुण्डते | मुण्डेते | मुण्डन्ते | अमुण्डत | अमुण्डेताम् | अमुण्डन्त |
| मुण्डसे | मुण्डेथे | मुण्डध्वे | अमुण्डथाः | अमुण्डेथाम् | अमुण्डध्वम् |
| मुण्डे | मुण्डावहे | मुण्डामहे | अमुण्डे | अमुण्डावहि | अमुण्डामहि |
| | | | | | |
| मुण्डताम् | मुण्डेताम् | मुण्डन्ताम् | मुण्डेत | मुण्डेयाताम् | मुण्डेरन् |
| मुण्डस्व | मुण्डेथाम् | मुण्डध्वम् | मुण्डेथाः | मुण्डेयाथाम् | मुण्डेध्वम् |
| मुण्डै | मुण्डावहै | मुण्डामहै | मुण्डेय | मुण्डेवहि | मुण्डेमहि |
| | | | | | |
| मुण्डिष्यते | मुण्डिष्येते | मुण्डिष्यन्ते | अमुण्डिष्यत | अमुण्डिष्येताम् | अमुण्डिष्यन्त |
| मुण्डिष्यसे | मुण्डिष्येथे | मुण्डिष्यध्वे | अमुण्डिष्यथाः | अमुण्डिष्येथाम् | अमुण्डिष्यध्वम् |
| मुण्डिष्ये | मुण्डिष्यावहे | मुण्डिष्यामहे | अमुण्डिष्ये | अमुण्डिष्यावहि | अमुण्डिष्यामहि |
| | | | | | |
| मुण्डिता | मुण्डितारौ | मुण्डितारः | मुण्डिषीष्ट | **मुण्डिषीयास्ताम्** | मुण्डिषीरन् |
| मुण्डितासे | मुण्डितासाथे | मुण्डिताध्वे | मुण्डिषीष्ठाः | **मुण्डिषीयास्थाम्** | मुण्डिषीध्वम् |
| मुण्डिताहे | मुण्डितास्वहे | मुण्डितास्महे | मुण्डिषीय | मुण्डिषीवहि | मुण्डिषीमहि |
| | | | | | |
| मुमुण्डे | मुमुण्डाते | मुमुण्डिरे | अमुण्डिष्ट | अमुण्डिषाताम् | अमुण्डिषत |
| मुमुण्डिषे | मुमुण्डाथे | मुमुण्डिध्वे | अमुण्डिष्ठाः | अमुण्डिषाथाम् | अमुण्डिध्वम् |
| मुमुण्डे | मुमुण्डिवहे | मुमुण्डिमहे | अमुण्डिषि | अमुण्डिष्वहि | अमुण्डिष्महि |

276 **तुडि तोडने** । **तुडिँ** । **तुण्ड्** । **तुण्डते** । A । **सेट्** । **स०** । pluck, cut with teeth, cause pain, press

| | | | | | |
|---|---|---|---|---|---|
| तुण्डते | तुण्डेते | तुण्डन्ते | अतुण्डत | अतुण्डेताम् | अतुण्डन्त |
| तुण्डसे | तुण्डेथे | तुण्डध्वे | अतुण्डथाः | अतुण्डेथाम् | अतुण्डध्वम् |
| तुण्डे | तुण्डावहे | तुण्डामहे | अतुण्डे | अतुण्डावहि | अतुण्डामहि |
| | | | | | |
| तुण्डताम् | तुण्डेताम् | तुण्डन्ताम् | तुण्डेत | तुण्डेयाताम् | तुण्डेरन् |
| तुण्डस्व | तुण्डेथाम् | तुण्डध्वम् | तुण्डेथाः | तुण्डेयाथाम् | तुण्डेध्वम् |
| तुण्डै | तुण्डावहै | तुण्डामहै | तुण्डेय | तुण्डेवहि | तुण्डेमहि |
| | | | | | |
| तुण्डिष्यते | तुण्डिष्येते | तुण्डिष्यन्ते | अतुण्डिष्यत | अतुण्डिष्येताम् | अतुण्डिष्यन्त |
| तुण्डिष्यसे | तुण्डिष्येथे | तुण्डिष्यध्वे | अतुण्डिष्यथाः | अतुण्डिष्येथाम् | अतुण्डिष्यध्वम् |
| तुण्डिष्ये | तुण्डिष्यावहे | तुण्डिष्यामहे | अतुण्डिष्ये | अतुण्डिष्यावहि | अतुण्डिष्यामहि |
| | | | | | |
| तुण्डिता | तुण्डितारौ | तुण्डितारः | तुण्डिषीष्ट | **तुण्डिषीयास्ताम्** | तुण्डिषीरन् |
| तुण्डितासे | तुण्डितासाथे | तुण्डिताध्वे | तुण्डिषीष्ठाः | **तुण्डिषीयास्थाम्** | तुण्डिषीध्वम् |
| तुण्डिताहे | तुण्डितास्वहे | तुण्डितास्महे | तुण्डिषीय | तुण्डिषीवहि | तुण्डिषीमहि |

| | | | | | |
|---|---|---|---|---|---|
| तुतुण्डे | तुतुण्डाते | तुतुण्डिरे | अतुण्डिष्ट | अतुण्डिषाताम् | अतुण्डिषत |
| तुतुण्डिषे | तुतुण्डाथे | तुतुण्डिध्वे | अतुण्डिष्ठाः | अतुण्डिषाथाम् | अतुण्डिध्वम् |
| तुतुण्डे | तुतुण्डिवहे | तुतुण्डिमहे | अतुण्डिषि | अतुण्डिष्वहि | अतुण्डिष्महि |

277 **हुडि वरणे । हरण इत्येके । स्फुडि विकसने । हुडिँ । हुण्ड् । हुण्डते** । A । **सेट्** । **स०** । collect, accept, acknowledge, take. See Root 269 **हुडि सङ्घाते** ।

| | | | | | |
|---|---|---|---|---|---|
| हुण्डते | हुण्डेते | हुण्डन्ते | अहुण्डत | अहुण्डेताम् | अहुण्डन्त |
| हुण्डसे | हुण्डेथे | हुण्डध्वे | अहुण्डथाः | अहुण्डेथाम् | अहुण्डध्वम् |
| हुण्डे | हुण्डावहे | हुण्डामहे | अहुण्डे | अहुण्डावहि | अहुण्डामहि |

| | | | | | |
|---|---|---|---|---|---|
| हुण्डताम् | हुण्डेताम् | हुण्डन्ताम् | हुण्डेत | हुण्डेयाताम् | हुण्डेरन् |
| हुण्डस्व | हुण्डेथाम् | हुण्डध्वम् | हुण्डेथाः | हुण्डेयाथाम् | हुण्डेध्वम् |
| हुण्डै | हुण्डावहै | हुण्डामहै | हुण्डेय | हुण्डेवहि | हुण्डेमहि |

| | | | | | |
|---|---|---|---|---|---|
| हुण्डिष्यते | हुण्डिष्येते | हुण्डिष्यन्ते | अहुण्डिष्यत | अहुण्डिष्येताम् | अहुण्डिष्यन्त |
| हुण्डिष्यसे | हुण्डिष्येथे | हुण्डिष्यध्वे | अहुण्डिष्यथाः | अहुण्डिष्येथाम् | अहुण्डिष्यध्वम् |
| हुण्डिष्ये | हुण्डिष्यावहे | हुण्डिष्यामहे | अहुण्डिष्ये | अहुण्डिष्यावहि | अहुण्डिष्यामहि |

| | | | | | |
|---|---|---|---|---|---|
| हुण्डिता | हुण्डितारौ | हुण्डितारः | हुण्डिषीष्ट | **हुण्डिषीयास्ताम्** | हुण्डिषीरन् |
| हुण्डितासे | हुण्डितासाथे | हुण्डिताध्वे | हुण्डिषीष्ठाः | **हुण्डिषीयास्थाम्** | हुण्डिषीध्वम् |
| हुण्डिताहे | हुण्डितास्वहे | हुण्डितास्महे | हुण्डिषीय | हुण्डिषीवहि | हुण्डिषीमहि |

| | | | | | |
|---|---|---|---|---|---|
| जुहुण्डे | जुहुण्डाते | जुहुण्डिरे | अहुण्डिष्ट | अहुण्डिषाताम् | अहुण्डिषत |
| जुहुण्डिषे | जुहुण्डाथे | जुहुण्डिध्वे | अहुण्डिष्ठाः | अहुण्डिषाथाम् | अहुण्डिध्वम् |
| जुहुण्डे | जुहुण्डिवहे | जुहुण्डिमहे | अहुण्डिषि | अहुण्डिष्वहि | अहुण्डिष्महि |

278 **चडि कोपे । चडिँ । चण्ड् । चण्डते** । A । **सेट्** । **अ०** । be angry, punch

| | | | | | |
|---|---|---|---|---|---|
| चण्डते | चण्डेते | चण्डन्ते | अचण्डत | अचण्डेताम् | अचण्डन्त |
| चण्डसे | चण्डेथे | चण्डध्वे | अचण्डथाः | अचण्डेथाम् | अचण्डध्वम् |
| चण्डे | चण्डावहे | चण्डामहे | अचण्डे | अचण्डावहि | अचण्डामहि |

| | | | | | |
|---|---|---|---|---|---|
| चण्डताम् | चण्डेताम् | चण्डन्ताम् | चण्डेत | चण्डेयाताम् | चण्डेरन् |
| चण्डस्व | चण्डेथाम् | चण्डध्वम् | चण्डेथाः | चण्डेयाथाम् | चण्डेध्वम् |
| चण्डै | चण्डावहै | चण्डामहै | चण्डेय | चण्डेवहि | चण्डेमहि |

| | | | | | |
|---|---|---|---|---|---|
| चण्डिष्यते | चण्डिष्येते | चण्डिष्यन्ते | अचण्डिष्यत | अचण्डिष्येताम् | अचण्डिष्यन्त |
| चण्डिष्यसे | चण्डिष्येथे | चण्डिष्यध्वे | अचण्डिष्यथाः | अचण्डिष्येथाम् | अचण्डिष्यध्वम् |
| चण्डिष्ये | चण्डिष्यावहे | चण्डिष्यामहे | अचण्डिष्ये | अचण्डिष्यावहि | अचण्डिष्यामहि |

| | | | | | |
|---|---|---|---|---|---|
| चण्डिता | चण्डितारौ | चण्डितारः | चण्डिषीष्ट | **चण्डिषीयास्ताम्** | चण्डिषीरन् |
| चण्डितासे | चण्डितासाथे | चण्डिताध्वे | चण्डिषीष्ठाः | **चण्डिषीयास्थाम्** | चण्डिषीध्वम् |

| | | | | | |
|---|---|---|---|---|---|
| चण्डिताहे | चण्डितास्वहे | चण्डितास्महे | चण्डिषीय | चण्डिषीवहि | चण्डिषीमहि |

| | | | | | |
|---|---|---|---|---|---|
| चचण्डे | चचण्डाते | चचण्डिरे | अचण्डिष्ट | अचण्डिषाताम् | अचण्डिषत |
| चचण्डिषे | चचण्डाथे | चचण्डिध्वे | अचण्डिष्ठाः | अचण्डिषाथाम् | अचण्डिध्वम् |
| चचण्डे | चचण्डिवहे | चचण्डिमहे | अचण्डिषि | अचण्डिष्वहि | अचण्डिष्महि |

279 **शडि रुजायां सङ्घाते च । शडिँ । शण्ड् । शण्डते** । A । **सेट्** । **अ०** । be ill, hurt, collect

| | | | | | |
|---|---|---|---|---|---|
| शण्डते | शण्डेते | शण्डन्ते | अशण्डत | अशण्डेताम् | अशण्डन्त |
| शण्डसे | शण्डेथे | शण्डध्वे | अशण्डथाः | अशण्डेथाम् | अशण्डध्वम् |
| शण्डे | शण्डावहे | शण्डामहे | अशण्डे | अशण्डावहि | अशण्डामहि |

| | | | | | |
|---|---|---|---|---|---|
| शण्डताम् | शण्डेताम् | शण्डन्ताम् | शण्डेत | शण्डेयाताम् | शण्डेरन् |
| शण्डस्व | शण्डेथाम् | शण्डध्वम् | शण्डेथाः | शण्डेयाथाम् | शण्डेध्वम् |
| शण्डै | शण्डावहै | शण्डामहै | शण्डेय | शण्डेवहि | शण्डेमहि |

| | | | | | |
|---|---|---|---|---|---|
| शण्डिष्यते | शण्डिष्येते | शण्डिष्यन्ते | अशण्डिष्यत | अशण्डिष्येताम् | अशण्डिष्यन्त |
| शण्डिष्यसे | शण्डिष्येथे | शण्डिष्यध्वे | अशण्डिष्यथाः | अशण्डिष्येथाम् | अशण्डिष्यध्वम् |
| शण्डिष्ये | शण्डिष्यावहे | शण्डिष्यामहे | अशण्डिष्ये | अशण्डिष्यावहि | अशण्डिष्यामहि |

| | | | | | |
|---|---|---|---|---|---|
| शण्डिता | शण्डितारौ | शण्डितारः | शण्डिषीष्ट | **शण्डिषीयास्ताम्** | शण्डिषीरन् |
| शण्डितासे | शण्डितासाथे | शण्डिताध्वे | शण्डिषीष्ठाः | **शण्डिषीयास्थाम्** | शण्डिषीध्वम् |
| शण्डिताहे | शण्डितास्वहे | शण्डितास्महे | शण्डिषीय | शण्डिषीवहि | शण्डिषीमहि |

| | | | | | |
|---|---|---|---|---|---|
| शशण्डे | शशण्डाते | शशण्डिरे | अशण्डिष्ट | अशण्डिषाताम् | अशण्डिषत |
| शशण्डिषे | शशण्डाथे | शशण्डिध्वे | अशण्डिष्ठाः | अशण्डिषाथाम् | अशण्डिध्वम् |
| शशण्डे | शशण्डिवहे | शशण्डिमहे | अशण्डिषि | अशण्डिष्वहि | अशण्डिष्महि |

280 **तडि ताडने । तडिँ । तण्ड् । तण्डते** । A । **सेट्** । **स०** । strike, hit, beat

| | | | | | |
|---|---|---|---|---|---|
| तण्डते | तण्डेते | तण्डन्ते | अतण्डत | अतण्डेताम् | अतण्डन्त |
| तण्डसे | तण्डेथे | तण्डध्वे | अतण्डथाः | अतण्डेथाम् | अतण्डध्वम् |
| तण्डे | तण्डावहे | तण्डामहे | अतण्डे | अतण्डावहि | अतण्डामहि |

| | | | | | |
|---|---|---|---|---|---|
| तण्डताम् | तण्डेताम् | तण्डन्ताम् | तण्डेत | तण्डेयाताम् | तण्डेरन् |
| तण्डस्व | तण्डेथाम् | तण्डध्वम् | तण्डेथाः | तण्डेयाथाम् | तण्डेध्वम् |
| तण्डै | तण्डावहै | तण्डामहै | तण्डेय | तण्डेवहि | तण्डेमहि |

| | | | | | |
|---|---|---|---|---|---|
| तण्डिष्यते | तण्डिष्येते | तण्डिष्यन्ते | अतण्डिष्यत | अतण्डिष्येताम् | अतण्डिष्यन्त |
| तण्डिष्यसे | तण्डिष्येथे | तण्डिष्यध्वे | अतण्डिष्यथाः | अतण्डिष्येथाम् | अतण्डिष्यध्वम् |
| तण्डिष्ये | तण्डिष्यावहे | तण्डिष्यामहे | अतण्डिष्ये | अतण्डिष्यावहि | अतण्डिष्यामहि |

| | | | | | |
|---|---|---|---|---|---|
| तण्डिता | तण्डितारौ | तण्डितारः | तण्डिषीष्ट | **तण्डिषीयास्ताम्** | तण्डिषीरन् |
| तण्डितासे | तण्डितासाथे | तण्डिताध्वे | तण्डिषीष्ठाः | **तण्डिषीयास्थाम्** | तण्डिषीध्वम् |

| | | | | | |
|---|---|---|---|---|---|
| तण्डिताहे | तण्डितास्वहे | तण्डितास्महे | तण्डिषीय | तण्डिषीवहि | तण्डिषीमहि |

| | | | | | |
|---|---|---|---|---|---|
| ततण्डे | ततण्डाते | ततण्डिरे | अतण्डिष्ट | अतण्डिषाताम् | अतण्डिषत |
| ततण्डिषे | ततण्डाथे | ततण्डिढ्वे | अतण्डिष्ठाः | अतण्डिषाथाम् | अतण्डिढ्वम् |
| ततण्डे | ततण्डिवहे | ततण्डिमहे | अतण्डिषि | अतण्डिष्वहि | अतण्डिष्महि |

281 **पडि गतौ** । **पडिँ** । **पण्ड्** । **पण्डते** । A । **सेट्** । **स०** । go, move

| | | | | | |
|---|---|---|---|---|---|
| पण्डते | पण्डेते | पण्डन्ते | अपण्डत | अपण्डेताम् | अपण्डन्त |
| पण्डसे | पण्डेथे | पण्डध्वे | अपण्डथाः | अपण्डेथाम् | अपण्डध्वम् |
| पण्डे | पण्डावहे | पण्डामहे | अपण्डे | अपण्डावहि | अपण्डामहि |

| | | | | | |
|---|---|---|---|---|---|
| पण्डताम् | पण्डेताम् | पण्डन्ताम् | पण्डेत | पण्डेयाताम् | पण्डेरन् |
| पण्डस्व | पण्डेथाम् | पण्डध्वम् | पण्डेथाः | पण्डेयाथाम् | पण्डेध्वम् |
| पण्डै | पण्डावहै | पण्डामहै | पण्डेय | पण्डेवहि | पण्डेमहि |

| | | | | | |
|---|---|---|---|---|---|
| पण्डिष्यते | पण्डिष्येते | पण्डिष्यन्ते | अपण्डिष्यत | अपण्डिष्येताम् | अपण्डिष्यन्त |
| पण्डिष्यसे | पण्डिष्येथे | पण्डिष्यध्वे | अपण्डिष्यथाः | अपण्डिष्येथाम् | अपण्डिष्यध्वम् |
| पण्डिष्ये | पण्डिष्यावहे | पण्डिष्यामहे | अपण्डिष्ये | अपण्डिष्यावहि | अपण्डिष्यामहि |

| | | | | | |
|---|---|---|---|---|---|
| पण्डिता | पण्डितारौ | पण्डितारः | पण्डिषीष्ट | **पण्डिषीयास्ताम्** | पण्डिषीरन् |
| पण्डितासे | पण्डितासाथे | पण्डिताध्वे | पण्डिषीष्ठाः | **पण्डिषीयास्थाम्** | पण्डिषीध्वम् |
| पण्डिताहे | पण्डितास्वहे | पण्डितास्महे | पण्डिषीय | पण्डिषीवहि | पण्डिषीमहि |

| | | | | | |
|---|---|---|---|---|---|
| पपण्डे | पपण्डाते | पपण्डिरे | अपण्डिष्ट | अपण्डिषाताम् | अपण्डिषत |
| पपण्डिषे | पपण्डाथे | पपण्डिढ्वे | अपण्डिष्ठाः | अपण्डिषाथाम् | अपण्डिढ्वम् |
| पपण्डे | पपण्डिवहे | पपण्डिमहे | अपण्डिषि | अपण्डिष्वहि | अपण्डिष्महि |

282 **कडि मदे** । **कडिँ** । **कण्ड्** । **कण्डते** । A । **सेट्** । **अ०** । be proud

| | | | | | |
|---|---|---|---|---|---|
| कण्डते | कण्डेते | कण्डन्ते | अकण्डत | अकण्डेताम् | अकण्डन्त |
| कण्डसे | कण्डेथे | कण्डध्वे | अकण्डथाः | अकण्डेथाम् | अकण्डध्वम् |
| कण्डे | कण्डावहे | कण्डामहे | अकण्डे | अकण्डावहि | अकण्डामहि |

| | | | | | |
|---|---|---|---|---|---|
| कण्डताम् | कण्डेताम् | कण्डन्ताम् | कण्डेत | कण्डेयाताम् | कण्डेरन् |
| कण्डस्व | कण्डेथाम् | कण्डध्वम् | कण्डेथाः | कण्डेयाथाम् | कण्डेध्वम् |
| कण्डै | कण्डावहै | कण्डामहै | कण्डेय | कण्डेवहि | कण्डेमहि |

| | | | | | |
|---|---|---|---|---|---|
| कण्डिष्यते | कण्डिष्येते | कण्डिष्यन्ते | अकण्डिष्यत | अकण्डिष्येताम् | अकण्डिष्यन्त |
| कण्डिष्यसे | कण्डिष्येथे | कण्डिष्यध्वे | अकण्डिष्यथाः | अकण्डिष्येथाम् | अकण्डिष्यध्वम् |
| कण्डिष्ये | कण्डिष्यावहे | कण्डिष्यामहे | अकण्डिष्ये | अकण्डिष्यावहि | अकण्डिष्यामहि |

| | | | | | |
|---|---|---|---|---|---|
| कण्डिता | कण्डितारौ | कण्डितारः | कण्डिषीष्ट | **कण्डिषीयास्ताम्** | कण्डिषीरन् |
| कण्डितासे | कण्डितासाथे | कण्डिताध्वे | कण्डिषीष्ठाः | **कण्डिषीयास्थाम्** | कण्डिषीध्वम् |

| | | | | | |
|---|---|---|---|---|---|
| कण्डिताहे | कण्डितास्वहे | कण्डितास्महे | कण्डिषीय | कण्डिषीवहि | कण्डिषीमहि |

| | | | | | |
|---|---|---|---|---|---|
| चकण्डे | चकण्डाते | चकण्डिरे | अकण्डिष्ट | अकण्डिषाताम् | अकण्डिषत |
| चकण्डिषे | चकण्डाथे | चकण्डिढ्वे | अकण्डिष्ठाः | अकण्डिषाथाम् | अकण्डिढ्वम् |
| चकण्डे | चकण्डिवहे | चकण्डिमहे | अकण्डिषि | अकण्डिष्वहि | अकण्डिष्महि |

283 **खडि मन्थे** । **खडिँ** । **खण्ड्** । **खण्डते** । A । **सेट्** । **स०** । churn, agitate

| | | | | | |
|---|---|---|---|---|---|
| खण्डते | खण्डेते | खण्डन्ते | अखण्डत | अखण्डेताम् | अखण्डन्त |
| खण्डसे | खण्डेथे | खण्डध्वे | अखण्डथाः | अखण्डेथाम् | अखण्डध्वम् |
| खण्डे | खण्डावहे | खण्डामहे | अखण्डे | अखण्डावहि | अखण्डामहि |

| | | | | | |
|---|---|---|---|---|---|
| खण्डताम् | खण्डेताम् | खण्डन्ताम् | खण्डेत | खण्डेयाताम् | खण्डेरन् |
| खण्डस्व | खण्डेथाम् | खण्डध्वम् | खण्डेथाः | खण्डेयाथाम् | खण्डेध्वम् |
| खण्डै | खण्डावहै | खण्डामहै | खण्डेय | खण्डेवहि | खण्डेमहि |

| | | | | | |
|---|---|---|---|---|---|
| खण्डिष्यते | खण्डिष्येते | खण्डिष्यन्ते | अखण्डिष्यत | अखण्डिष्येताम् | अखण्डिष्यन्त |
| खण्डिष्यसे | खण्डिष्येथे | खण्डिष्यध्वे | अखण्डिष्यथाः | अखण्डिष्येथाम् | अखण्डिष्यध्वम् |
| खण्डिष्ये | खण्डिष्यावहे | खण्डिष्यामहे | अखण्डिष्ये | अखण्डिष्यावहि | अखण्डिष्यामहि |

| | | | | | |
|---|---|---|---|---|---|
| खण्डिता | खण्डितारौ | खण्डितारः | खण्डिषीष्ट | **खण्डिषीयास्ताम्** | खण्डिषीरन् |
| खण्डितासे | खण्डितासाथे | खण्डिताध्वे | खण्डिषीष्ठाः | **खण्डिषीयास्थाम्** | खण्डिषीध्वम् |
| खण्डिताहे | खण्डितास्वहे | खण्डितास्महे | खण्डिषीय | खण्डिषीवहि | खण्डिषीमहि |

| | | | | | |
|---|---|---|---|---|---|
| चखण्डे | चखण्डाते | चखण्डिरे | अखण्डिष्ट | अखण्डिषाताम् | अखण्डिषत |
| चखण्डिषे | चखण्डाथे | चखण्डिढ्वे | अखण्डिष्ठाः | अखण्डिषाथाम् | अखण्डिढ्वम् |
| चखण्डे | चखण्डिवहे | चखण्डिमहे | अखण्डिषि | अखण्डिष्वहि | अखण्डिष्महि |

284 **हेडृ अनादरे** । **हेडृँ** । **हेड्** । **हेडते** । A । **सेट्** । **स०** । disregard, neglect

| | | | | | |
|---|---|---|---|---|---|
| हेडते | हेडेते | हेडन्ते | अहेडत | अहेडेताम् | अहेडन्त |
| हेडसे | हेडेथे | हेडध्वे | अहेडथाः | अहेडेथाम् | अहेडध्वम् |
| हेडे | हेडावहे | हेडामहे | अहेडे | अहेडावहि | अहेडामहि |

| | | | | | |
|---|---|---|---|---|---|
| हेडताम् | हेडेताम् | हेडन्ताम् | हेडेत | हेडेयाताम् | हेडेरन् |
| हेडस्व | हेडेथाम् | हेडध्वम् | हेडेथाः | हेडेयाथाम् | हेडेध्वम् |
| हेडै | हेडावहै | हेडामहै | हेडेय | हेडेवहि | हेडेमहि |

| | | | | | |
|---|---|---|---|---|---|
| हेडिष्यते | हेडिष्येते | हेडिष्यन्ते | अहेडिष्यत | अहेडिष्येताम् | अहेडिष्यन्त |
| हेडिष्यसे | हेडिष्येथे | हेडिष्यध्वे | अहेडिष्यथाः | अहेडिष्येथाम् | अहेडिष्यध्वम् |
| हेडिष्ये | हेडिष्यावहे | हेडिष्यामहे | अहेडिष्ये | अहेडिष्यावहि | अहेडिष्यामहि |

| | | | | | |
|---|---|---|---|---|---|
| हेडिता | हेडितारौ | हेडितारः | हेडिषीष्ट | **हेडिषीयास्ताम्** | हेडिषीरन् |
| हेडितासे | हेडितासाथे | हेडिताध्वे | हेडिषीष्ठाः | **हेडिषीयास्थाम्** | हेडिषीध्वम् |

| | | | | | |
|---|---|---|---|---|---|
| हेडिताहे | हेडितास्वहे | हेडितास्महे | हेडिषीय | हेडिषीवहि | हेडिषीमहि |

| | | | | | |
|---|---|---|---|---|---|
| जिहेडे | जिहेडाते | जिहेडिरे | अहेडिष्ट | अहेडिषाताम् | अहेडिषत |
| जिहेडिषे | जिहेडाथे | जिहेडिध्वे | अहेडिष्ठाः | अहेडिषाथाम् | अहेडिढ्वम् |
| जिहेडे | जिहेडिवहे | जिहेडिमहे | अहेडिषि | अहेडिष्वहि | अहेडिष्महि |

285 **होडृ अनादरे** । **होडृँ** । **होड्** । **होडते** । A । **सेट्** । **स०** । disregard, neglect

| | | | | | |
|---|---|---|---|---|---|
| होडते | होडेते | होडन्ते | अहोडत | अहोडेताम् | अहोडन्त |
| होडसे | होडेथे | होडध्वे | अहोडथाः | अहोडेथाम् | अहोडध्वम् |
| होडे | होडावहे | होडामहे | अहोडे | अहोडावहि | अहोडामहि |

| | | | | | |
|---|---|---|---|---|---|
| होडताम् | होडेताम् | होडन्ताम् | होडेत | होडेयाताम् | होडेरन् |
| होडस्व | होडेथाम् | होडध्वम् | होडेथाः | होडेयाथाम् | होडेध्वम् |
| होडै | होडावहै | होडामहै | होडेय | होडेवहि | होडेमहि |

| | | | | | |
|---|---|---|---|---|---|
| होडिष्यते | होडिष्येते | होडिष्यन्ते | अहोडिष्यत | अहोडिष्येताम् | अहोडिष्यन्त |
| होडिष्यसे | होडिष्येथे | होडिष्यध्वे | अहोडिष्यथाः | अहोडिष्येथाम् | अहोडिष्यध्वम् |
| होडिष्ये | होडिष्यावहे | होडिष्यामहे | अहोडिष्ये | अहोडिष्यावहि | अहोडिष्यामहि |

| | | | | | |
|---|---|---|---|---|---|
| होडिता | होडितारौ | होडितारः | हेडिषीष्ट | **हेडिषीयास्ताम्** | हेडिषीरन् |
| होडितासे | होडितासाथे | होडिताध्वे | हेडिषीष्ठाः | **हेडिषीयास्थाम्** | हेडिषीध्वम् |
| होडिताहे | होडितास्वहे | होडितास्महे | हेडिषीय | हेडिषीवहि | हेडिषीमहि |

| | | | | | |
|---|---|---|---|---|---|
| जुहोडे | जुहोडाते | जुहोडिरे | अहोडिष्ट | अहोडिषाताम् | अहोडिषत |
| जुहोडिषे | जुहोडाथे | जुहोडिध्वे | अहोडिष्ठाः | अहोडिषाथाम् | अहोडिढ्वम् |
| जुहोडे | जुहोडिवहे | जुहोडिमहे | अहोडिषि | अहोडिष्वहि | अहोडिष्महि |

286 **बाडृ आप्लाव्ये** । **बाडृँ** । **बाड्** । **बाडते** । A । **सेट्** । **अ०** । flood, sink, dive

| | | | | | |
|---|---|---|---|---|---|
| बाडते | बाडेते | बाडन्ते | अबाडत | अबाडेताम् | अबाडन्त |
| बाडसे | बाडेथे | बाडध्वे | अबाडथाः | अबाडेथाम् | अबाडध्वम् |
| बाडे | बाडावहे | बाडामहे | अबाडे | अबाडावहि | अबाडामहि |

| | | | | | |
|---|---|---|---|---|---|
| बाडताम् | बाडेताम् | बाडन्ताम् | बाडेत | बाडेयाताम् | बाडेरन् |
| बाडस्व | बाडेथाम् | बाडध्वम् | बाडेथाः | बाडेयाथाम् | बाडेध्वम् |
| बाडै | बाडावहै | बाडामहै | बाडेय | बाडेवहि | बाडेमहि |

| | | | | | |
|---|---|---|---|---|---|
| बाडिष्यते | बाडिष्येते | बाडिष्यन्ते | अबाडिष्यत | अबाडिष्येताम् | अबाडिष्यन्त |
| बाडिष्यसे | बाडिष्येथे | बाडिष्यध्वे | अबाडिष्यथाः | अबाडिष्येथाम् | अबाडिष्यध्वम् |
| बाडिष्ये | बाडिष्यावहे | बाडिष्यामहे | अबाडिष्ये | अबाडिष्यावहि | अबाडिष्यामहि |

| | | | | | |
|---|---|---|---|---|---|
| बाडिता | बाडितारौ | बाडितारः | बाडिषीष्ट | **बाडिषीयास्ताम्** | बाडिषीरन् |
| बाडितासे | बाडितासाथे | बाडिताध्वे | बाडिषीष्ठाः | **बाडिषीयास्थाम्** | बाडिषीध्वम् |

| | | | | | |
|---|---|---|---|---|---|
| बाडिताहे | बाडितास्वहे | बाडितास्महे | बाडिषीय | बाडिषीवहि | बाडिषीमहि |

| | | | | | |
|---|---|---|---|---|---|
| बबाडे | बबाडाते | बबाडिरे | अबाडिष्ट | अबाडिषाताम् | अबाडिषत |
| बबाडिषे | बबाडाथे | बबाडिध्वे | अबाडिष्ठाः | अबाडिषाथाम् | अबाडिढ्वम् |
| बबाडे | बबाडिवहे | बबाडिमहे | अबाडिषि | अबाडिष्वहि | अबाडिष्महि |

287 **द्राडृ विशरणे** । **द्राडृँ** । **द्राड्** । **द्राडते** । A । **सेट्** । अ० । split, divide

| | | | | | |
|---|---|---|---|---|---|
| द्राडते | द्राडेते | द्राडन्ते | अद्राडत | अद्राडेताम् | अद्राडन्त |
| द्राडसे | द्राडेथे | द्राडध्वे | अद्राडथाः | अद्राडेथाम् | अद्राडध्वम् |
| द्राडे | द्राडावहे | द्राडामहे | अद्राडे | अद्राडावहि | अद्राडामहि |

| | | | | | |
|---|---|---|---|---|---|
| द्राडताम् | द्राडेताम् | द्राडन्ताम् | द्राडेत | द्राडेयाताम् | द्राडेरन् |
| द्राडस्व | द्राडेथाम् | द्राडध्वम् | द्राडेथाः | द्राडेयाथाम् | द्राडेध्वम् |
| द्राडै | द्राडावहै | द्राडामहै | द्राडेय | द्राडेवहि | द्राडेमहि |

| | | | | | |
|---|---|---|---|---|---|
| द्राडिष्यते | द्राडिष्येते | द्राडिष्यन्ते | अद्राडिष्यत | अद्राडिष्येताम् | अद्राडिष्यन्त |
| द्राडिष्यसे | द्राडिष्येथे | द्राडिष्यध्वे | अद्राडिष्यथाः | अद्राडिष्येथाम् | अद्राडिष्यध्वम् |
| द्राडिष्ये | द्राडिष्यावहे | द्राडिष्यामहे | अद्राडिष्ये | अद्राडिष्यावहि | अद्राडिष्यामहि |

| | | | | | |
|---|---|---|---|---|---|
| द्राडिता | द्राडितारौ | द्राडितारः | द्राडिषीष्ट | **द्राडिषीयास्ताम्** | द्राडिषीरन् |
| द्राडितासे | द्राडितासाथे | द्राडिताध्वे | द्राडिषीष्ठाः | **द्राडिषीयास्थाम्** | द्राडिषीध्वम् |
| द्राडिताहे | द्राडितास्वहे | द्राडितास्महे | द्राडिषीय | द्राडिषीवहि | द्राडिषीमहि |

| | | | | | |
|---|---|---|---|---|---|
| दद्राडे | दद्राडाते | दद्राडिरे | अद्राडिष्ट | अद्राडिषाताम् | अद्राडिषत |
| दद्राडिषे | दद्राडाथे | दद्राडिध्वे | अद्राडिष्ठाः | अद्राडिषाथाम् | अद्राडिढ्वम् |
| दद्राडे | दद्राडिवहे | दद्राडिमहे | अद्राडिषि | अद्राडिष्वहि | अद्राडिष्महि |

288 **ध्राडृ विशरणे** । **ध्राडृँ** । **ध्राड्** । **ध्राडते** । A । **सेट्** । अ० । split, divide

| | | | | | |
|---|---|---|---|---|---|
| ध्राडते | ध्राडेते | ध्राडन्ते | अध्राडत | अध्राडेताम् | अध्राडन्त |
| ध्राडसे | ध्राडेथे | ध्राडध्वे | अध्राडथाः | अध्राडेथाम् | अध्राडध्वम् |
| ध्राडे | ध्राडावहे | ध्राडामहे | अध्राडे | अध्राडावहि | अध्राडामहि |

| | | | | | |
|---|---|---|---|---|---|
| ध्राडताम् | ध्राडेताम् | ध्राडन्ताम् | ध्राडेत | ध्राडेयाताम् | ध्राडेरन् |
| ध्राडस्व | ध्राडेथाम् | ध्राडध्वम् | ध्राडेथाः | ध्राडेयाथाम् | ध्राडेध्वम् |
| ध्राडै | ध्राडावहै | ध्राडामहै | ध्राडेय | ध्राडेवहि | ध्राडेमहि |

| | | | | | |
|---|---|---|---|---|---|
| ध्राडिष्यते | ध्राडिष्येते | ध्राडिष्यन्ते | अध्राडिष्यत | अध्राडिष्येताम् | अध्राडिष्यन्त |
| ध्राडिष्यसे | ध्राडिष्येथे | ध्राडिष्यध्वे | अध्राडिष्यथाः | अध्राडिष्येथाम् | अध्राडिष्यध्वम् |
| ध्राडिष्ये | ध्राडिष्यावहे | ध्राडिष्यामहे | अध्राडिष्ये | अध्राडिष्यावहि | अध्राडिष्यामहि |

| | | | | | |
|---|---|---|---|---|---|
| ध्राडिता | ध्राडितारौ | ध्राडितारः | ध्राडिषीष्ट | **ध्राडिषीयास्ताम्** | ध्राडिषीरन् |
| ध्राडितासे | ध्राडितासाथे | ध्राडिताध्वे | ध्राडिषीष्ठाः | **ध्राडिषीयास्थाम्** | ध्राडिषीध्वम् |

| | | | | | |
|---|---|---|---|---|---|
| ध्राडिताहे | ध्राडितास्वहे | ध्राडितास्महे | ध्राडिषीय | ध्राडिषीवहि | ध्राडिषीमहि |

| | | | | | |
|---|---|---|---|---|---|
| दध्राडे | दध्राडाते | दध्राडिरे | अध्राडिष्ट | अध्राडिषाताम् | अध्राडिषत |
| दध्राडिषे | दध्राडाथे | दध्राडिध्वे | अध्राडिष्ठाः | अध्राडिषाथाम् | अध्राडिध्वम् |
| दध्राडे | दध्राडिवहे | दध्राडिमहे | अध्राडिषि | अध्राडिष्वहि | अध्राडिष्महि |

289 **शाडृ श्लाघायाम्** । **शाडृँ** । **शाड्** । **शाडते** । A । **सेट्** । **स०** । praise, boast, swim

| | | | | | |
|---|---|---|---|---|---|
| शाडते | शाडेते | शाडन्ते | अशाडत | अशाडेताम् | अशाडन्त |
| शाडसे | शाडेथे | शाडध्वे | अशाडथाः | अशाडेथाम् | अशाडध्वम् |
| शाडे | शाडावहे | शाडामहे | अशाडे | अशाडावहि | अशाडामहि |

| | | | | | |
|---|---|---|---|---|---|
| शाडताम् | शाडेताम् | शाडन्ताम् | शाडेत | शाडेयाताम् | शाडेरन् |
| शाडस्व | शाडेथाम् | शाडध्वम् | शाडेथाः | शाडेयाथाम् | शाडेध्वम् |
| शाडै | शाडावहै | शाडामहै | शाडेय | शाडेवहि | शाडेमहि |

| | | | | | |
|---|---|---|---|---|---|
| शाडिष्यते | शाडिष्येते | शाडिष्यन्ते | अशाडिष्यत | अशाडिष्येताम् | अशाडिष्यन्त |
| शाडिष्यसे | शाडिष्येथे | शाडिष्यध्वे | अशाडिष्यथाः | अशाडिष्येथाम् | अशाडिष्यध्वम् |
| शाडिष्ये | शाडिष्यावहे | शाडिष्यामहे | अशाडिष्ये | अशाडिष्यावहि | अशाडिष्यामहि |

| | | | | | |
|---|---|---|---|---|---|
| शाडिता | शाडितारौ | शाडितारः | शाडिषीष्ट | **शाडिषीयास्ताम्** | शाडिषीरन् |
| शाडितासे | शाडितासाथे | शाडिताध्वे | शाडिषीष्ठाः | **शाडिषीयास्थाम्** | शाडिषीध्वम् |
| शाडिताहे | शाडितास्वहे | शाडितास्महे | शाडिषीय | शाडिषीवहि | शाडिषीमहि |

| | | | | | |
|---|---|---|---|---|---|
| शशाडे | शशाडाते | शशाडिरे | अशाडिष्ट | अशाडिषाताम् | अशाडिषत |
| शशाडिषे | शशाडाथे | शशाडिध्वे | अशाडिष्ठाः | अशाडिषाथाम् | अशाडिध्वम् |
| शशाडे | शशाडिवहे | शशाडिमहे | अशाडिषि | अशाडिष्वहि | अशाडिष्महि |

254 अट्टादयः उदात्ताः अनुदात्तेतः आत्मनेभाषाः ।

## 290 अथ आ टवर्गीयान्तसमाप्तेः परस्मैपदिनः ।

290 **शौटृ गर्वे** । **शौटृँ** । **शौट्** । **शौटति** । P । **सेट्** । **अ०** । be proud, be haughty

| **लट्** 1 Present Tense | | | **लङ्** 2 Imperfect Past Tense | | |
|---|---|---|---|---|---|
| शौटति | शौटतः | शौटन्ति | अशौटत् -द् | अशौटताम् | अशौटन् |
| शौटसि | शौटथः | शौटथ | अशौटः | अशौटतम् | अशौटत |
| शौटामि | शौटावः | शौटामः | अशौटम् | अशौटाव | अशौटाम |

| **लोट्** 3 Imperative Mood | | | **विधिलिङ्** 4 Potential Mood | | |
|---|---|---|---|---|---|
| शौटतु शौटतात् -द् | शौटताम् | शौटन्तु | शौटेत् -द् | शौटेताम् | शौटेयुः |
| शौट शौटतात् -द् | शौटतम् | शौटत | शौटेः | शौटेतम् | शौटेत |
| शौटानि | शौटाव | शौटाम | शौटेयम् | शौटेव | शौटेम |

लृट् 5 Simple Future Tense

| | | |
|---|---|---|
| शौटिष्यति | शौटिष्यतः | शौटिष्यन्ति |
| शौटिष्यसि | शौटिष्यथः | शौटिष्यथ |
| शौटिष्यामि | शौटिष्यावः | शौटिष्यामः |

लृङ् 6 Conditional Mood

| | | |
|---|---|---|
| अशौटिष्यत् -द् | अशौटिष्यताम् | अशौटिष्यन् |
| अशौटिष्यः | अशौटिष्यतम् | अशौटिष्यत |
| अशौटिष्यम् | अशौटिष्याव | अशौटिष्याम |

लुट् 7 Periphrastic Future Tense

| | | |
|---|---|---|
| शौटिता | शौटितारौ | शौटितारः |
| शौटितासि | शौटितास्थः | शौटितास्थ |
| शौटितास्मि | शौटितास्वः | शौटितास्मः |

आशीर्लिङ् 8 Benedictive Mood

| | | |
|---|---|---|
| शौट्यात् -द् | शौट्यास्ताम् | शौट्यासुः |
| शौट्याः | शौट्यास्तम् | शौट्यास्त |
| शौट्यासम् | शौट्यास्व | शौट्यास्म |

लिट् 9 Perfect Past Tense

| | | |
|---|---|---|
| शुशौट | शुशौटतुः | शुशौटुः |
| शुशौटिथ | शुशौटथुः | शुशौट |
| शुशौट | शुशौटिव | शुशौटिम |

लुङ् 10 Aorist Past Tense

| | | |
|---|---|---|
| अशौटीत् -द् | अशौटिष्टाम् | अशौटिषुः |
| अशौटीः | अशौटिष्टम् | अशौटिष्ट |
| अशौटिषम् | अशौटिष्व | अशौटिष्म |

291 **यौटृ बन्धे । यौटृँ । यौट् । यौटति** । P । **सेट्** । **स०** । join together

| | | |
|---|---|---|
| यौटति | यौटतः | यौटन्ति |
| यौटसि | यौटथः | यौटथ |
| यौटामि | यौटावः | यौटामः |

| | | |
|---|---|---|
| अयौटत् -द् | अयौटताम् | अयौटन् |
| अयौटः | अयौटतम् | अयौटत |
| अयौटम् | अयौटाव | अयौटाम |

| | | |
|---|---|---|
| यौटतु | यौटताम् | यौटन्तु |
| यौट | यौटतम् | यौटत |
| यौटानि | यौटाव | यौटाम |

| | | |
|---|---|---|
| यौटेत् -द् | यौटेताम् | यौटेयुः |
| यौटेः | यौटेतम् | यौटेत |
| यौटेयम् | यौटेव | यौटेम |

| | | |
|---|---|---|
| यौटिष्यति | यौटिष्यतः | यौटिष्यन्ति |
| यौटिष्यसि | यौटिष्यथः | यौटिष्यथ |
| यौटिष्यामि | यौटिष्यावः | यौटिष्यामः |

| | | |
|---|---|---|
| अयौटिष्यत् -द् | अयौटिष्यताम् | अयौटिष्यन् |
| अयौटिष्यः | अयौटिष्यतम् | अयौटिष्यत |
| अयौटिष्यम् | अयौटिष्याव | अयौटिष्याम |

| | | |
|---|---|---|
| यौटिता | यौटितारौ | यौटितारः |
| यौटितासि | यौटितास्थः | यौटितास्थ |
| यौटितास्मि | यौटितास्वः | यौटितास्मः |

| | | |
|---|---|---|
| यौट्यात् -द् | यौट्यास्ताम् | यौट्यासुः |
| यौट्याः | यौट्यास्तम् | यौट्यास्त |
| यौट्यासम् | यौट्यास्व | यौट्यास्म |

| | | |
|---|---|---|
| युयौट | युयौटतुः | युयौटुः |
| युयौटिथ | युयौटथुः | युयौट |
| युयौट | युयौटिव | युयौटिम |

| | | |
|---|---|---|
| अयौटीत् -द् | अयौटिष्टाम् | अयौटिषुः |
| अयौटीः | अयौटिष्टम् | अयौटिष्ट |
| अयौटिषम् | अयौटिष्व | अयौटिष्म |

292 **म्लेटृ उन्मादे । म्लेटृँ । म्लेट् । म्लेटति** । P । **सेट्** । **अ०** । be mad, be crazy

| | | |
|---|---|---|
| म्लेटति | म्लेटतः | म्लेटन्ति |
| म्लेटसि | म्लेटथः | म्लेटथ |
| म्लेटामि | म्लेटावः | म्लेटामः |

| | | |
|---|---|---|
| अम्लेटत् -द् | अम्लेटताम् | अम्लेटन् |
| अम्लेटः | अम्लेटतम् | अम्लेटत |
| अम्लेटम् | अम्लेटाव | अम्लेटाम |

| | | |
|---|---|---|
| म्लेटतु | म्लेटताम् | म्लेटन्तु |

| | | |
|---|---|---|
| म्लेटेत् -द् | म्लेटेताम् | म्लेटेयुः |

| | | | | | |
|---|---|---|---|---|---|
| म्लेट | म्लेटतम् | म्लेटत | म्लेटेः | म्लेटेतम् | म्लेटेत |
| म्लेटानि | म्लेटाव | म्लेटाम | म्लेटेयम् | म्लेटेव | म्लेटेम |

| | | | | | |
|---|---|---|---|---|---|
| म्लेटिष्यति | म्लेटिष्यतः | म्लेटिष्यन्ति | अम्लेटिष्यत् -द् | अम्लेटिष्यताम् | अम्लेटिष्यन् |
| म्लेटिष्यसि | म्लेटिष्यथः | म्लेटिष्यथ | अम्लेटिष्यः | अम्लेटिष्यतम् | अम्लेटिष्यत |
| म्लेटिष्यामि | म्लेटिष्यावः | म्लेटिष्यामः | अम्लेटिष्यम् | अम्लेटिष्याव | अम्लेटिष्याम |

| | | | | | |
|---|---|---|---|---|---|
| म्लेटिता | म्लेटितारौ | म्लेटितारः | म्लेट्यात् -द् | म्लेट्यास्ताम् | म्लेट्यासुः |
| म्लेटितासि | म्लेटितास्थः | म्लेटितास्थ | म्लेट्याः | म्लेट्यास्तम् | म्लेट्यास्त |
| म्लेटितास्मि | म्लेटितास्वः | म्लेटितास्मः | म्लेट्यासम् | म्लेट्यास्व | म्लेट्यास्म |

| | | | | | |
|---|---|---|---|---|---|
| मिम्लेट | मिम्लेटतुः | मिम्लेटुः | अम्लेटीत् -द् | अम्लेटिष्टाम् | अम्लेटिषुः |
| मिम्लेटिथ | मिम्लेटथुः | मिम्लेट | अम्लेटीः | अम्लेटिष्टम् | अम्लेटिष्ट |
| मिम्लेट | मिम्लेटिव | मिम्लेटिम | अम्लेटिषम् | अम्लेटिष्व | अम्लेटिष्म |

293 **म्रेडृ उन्मादे** । **म्रेडृँ** । **म्रेड्** । **म्रेडति** । P । **सेट्** । **अ०** । be mad, be crazy

| | | | | | |
|---|---|---|---|---|---|
| म्रेडति | म्रेडतः | म्रेडन्ति | अम्रेडत् -द् | अम्रेडताम् | अम्रेडन् |
| म्रेडसि | म्रेडथः | म्रेडथ | अम्रेडः | अम्रेडतम् | अम्रेडत |
| म्रेडामि | म्रेडावः | म्रेडामः | अम्रेडम् | अम्रेडाव | अम्रेडाम |

| | | | | | |
|---|---|---|---|---|---|
| म्रेडतु | म्रेडताम् | म्रेडन्तु | म्रेडेत् -द् | म्रेडेताम् | म्रेडेयुः |
| म्रेड | म्रेडतम् | म्रेडत | म्रेडेः | म्रेडेतम् | म्रेडेत |
| म्रेडानि | म्रेडाव | म्रेडाम | म्रेडेयम् | म्रेडेव | म्रेडेम |

| | | | | | |
|---|---|---|---|---|---|
| म्रेडिष्यति | म्रेडिष्यतः | म्रेडिष्यन्ति | अम्रेडिष्यत् -द् | अम्रेडिष्यताम् | अम्रेडिष्यन् |
| म्रेडिष्यसि | म्रेडिष्यथः | म्रेडिष्यथ | अम्रेडिष्यः | अम्रेडिष्यतम् | अम्रेडिष्यत |
| म्रेडिष्यामि | म्रेडिष्यावः | म्रेडिष्यामः | अम्रेडिष्यम् | अम्रेडिष्याव | अम्रेडिष्याम |

| | | | | | |
|---|---|---|---|---|---|
| म्रेडिता | म्रेडितारौ | म्रेडितारः | म्रेड्यात् -द् | म्रेड्यास्ताम् | म्रेड्यासुः |
| म्रेडितासि | म्रेडितास्थः | म्रेडितास्थ | म्रेड्याः | म्रेड्यास्तम् | म्रेड्यास्त |
| म्रेडितास्मि | म्रेडितास्वः | म्रेडितास्मः | म्रेड्यासम् | म्रेड्यास्व | म्रेड्यास्म |

| | | | | | |
|---|---|---|---|---|---|
| मिम्रेड | मिम्रेडतुः | मिम्रेडुः | अम्रेडीत् -द् | अम्रेडिष्टाम् | अम्रेडिषुः |
| मिम्रेडिथ | मिम्रेडथुः | मिम्रेड | अम्रेडीः | अम्रेडिष्टम् | अम्रेडिष्ट |
| मिम्रेड | मिम्रेडिव | मिम्रेडिम | अम्रेडिषम् | अम्रेडिष्व | अम्रेडिष्म |

294 **कटे वर्षावरणयोः** । **चटे इत्येके** । **कटेँ** । **कट्** । **कटति** । P । **सेट्** । **स०** । rain, cover

**लुङ्** iii/1 → **कट्** + **सिच्** + **त्** → 7.2.35 → **कट्** + **इट्** + **स्** + **त्** → 7.3.96 → **कट्** + **इट्** + **स्** + **ईट्** + **त्** → 8.2.28 **स्** drops → **कट्** + **इट्** + **ईट्** + **त्** → 6.1.101 sandhi → **कट्** + **ई** + **त्** ।

7.2.7 **अतो हलादेर्लघोः** cannot apply due to 7.2.5 **ह्म्यन्तक्षणश्वसजागृणिश्व्येदिताम्** that prevents Vriddhi for **एदित्** Roots.

| | | | | | |
|---|---|---|---|---|---|
| कटति | कटतः | कटन्ति | अकटत् -द् | अकटताम् | अकटन् |
| कटसि | कटथः | कटथ | अकटः | अकटतम् | अकटत |
| कटामि | कटावः | कटामः | अकटम् | अकटाव | अकटाम |
| | | | | | |
| कटतु कटतात् -द् | कटताम् | कटन्तु | कटेत् -द् | कटेताम् | कटेयुः |
| कट कटतात् -द् | कटतम् | कटत | कटेः | कटेतम् | कटेत |
| कटानि | कटाव | कटाम | कटेयम् | कटेव | कटेम |
| | | | | | |
| कटिष्यति | कटिष्यतः | कटिष्यन्ति | अकटिष्यत् -द् | अकटिष्यताम् | अकटिष्यन् |
| कटिष्यसि | कटिष्यथः | कटिष्यथ | अकटिष्यः | अकटिष्यतम् | अकटिष्यत |
| कटिष्यामि | कटिष्यावः | कटिष्यामः | अकटिष्यम् | अकटिष्याव | अकटिष्याम |
| | | | | | |
| कटिता | कटितारौ | कटितारः | कट्यात् -द् | कट्यास्ताम् | कट्यासुः |
| कटितासि | कटितास्थः | कटितास्थ | कट्याः | कट्यास्तम् | कट्यास्त |
| कटितास्मि | कटितास्वः | कटितास्मः | कट्यासम् | कट्यास्व | कट्यास्म |
| | | | | | |
| चकाट | चकटतुः | चकटुः | अकटीत् -द् | अकटिष्टाम् | अकटिषुः |
| चकटिथ | चकटथुः | चकट | अकटीः | अकटिष्टम् | अकटिष्ट |
| चकाट चकट | चकटिव | चकटिम | अकटिषम् | अकटिष्व | अकटिष्म |

**295 अट गतौ । अटँ । अट् । अटति । P । सेट् । स० ।** roam, wander

7.2.7 अतो हलादेर्लघोः cannot apply since Root is not having initial consonant

| | | | | | |
|---|---|---|---|---|---|
| अटति | अटतः | अटन्ति | आटत् -द् | आटताम् | आटन् |
| अटसि | अटथः | अटथ | आटः | आटतम् | आटत |
| अटामि | अटावः | अटामः | आटम् | आटाव | आटाम |
| | | | | | |
| अटतु | अटताम् | अटन्तु | अटेत् -द् | अटेताम् | अटेयुः |
| अट | अटतम् | अटत | अटेः | अटेतम् | अटेत |
| अटानि | अटाव | अटाम | अटेयम् | अटेव | अटेम |
| | | | | | |
| अटिष्यति | अटिष्यतः | अटिष्यन्ति | आटिष्यत् -द् | आटिष्यताम् | आटिष्यन् |
| अटिष्यसि | अटिष्यथः | अटिष्यथ | आटिष्यः | आटिष्यतम् | आटिष्यत |
| अटिष्यामि | अटिष्यावः | अटिष्यामः | आटिष्यम् | आटिष्याव | आटिष्याम |
| | | | | | |
| अटिता | अटितारौ | अटितारः | अट्यात् -द् | अट्यास्ताम् | अट्यासुः |
| अटितासि | अटितास्थः | अटितास्थ | अट्याः | अट्यास्तम् | अट्यास्त |
| अटितास्मि | अटितास्वः | अटितास्मः | अट्यासम् | अट्यास्व | अट्यास्म |
| | | | | | |
| आट | आटतुः | आटुः | आटीत् -द् | आटिष्टाम् | आटिषुः |
| आटिथ | आटथुः | आट | आटीः | आटिष्टम् | आटिष्ट |
| आट | आटिव | आटिम | आटिषम् | आटिष्व | आटिष्म |

296 पट गतौ । पटँ । पट् । पटति । P । सेट् । स० । move, go

7.2.7 अतो हलादेर्लघोः । Optional Vriddhi in Parasmaipada लुङ् when all conditions met

a) सेट् Root

b) consonant beginning

c) having penultimate vowel अकार

d) ending in simple consonant

| | | | | | |
|---|---|---|---|---|---|
| पटति | पटतः | पटन्ति | अपटत् -द् | अपटताम् | अपटन् |
| पटसि | पटथः | पटथ | अपटः | अपटतम् | अपटत |
| पटामि | पटावः | पटामः | अपटम् | अपटाव | अपटाम |

| | | | | | |
|---|---|---|---|---|---|
| पटतु | पटताम् | पटन्तु | पटेत् -द् | पटेताम् | पटेयुः |
| पट | पटतम् | पटत | पटेः | पटेतम् | पटेत |
| पटानि | पटाव | पटाम | पटेयम् | पटेव | पटेम |

| | | | | | |
|---|---|---|---|---|---|
| पटिष्यति | पटिष्यतः | पटिष्यन्ति | अपटिष्यत् -द् | अपटिष्यताम् | अपटिष्यन् |
| पटिष्यसि | पटिष्यथः | पटिष्यथ | अपटिष्यः | अपटिष्यतम् | अपटिष्यत |
| पटिष्यामि | पटिष्यावः | पटिष्यामः | अपटिष्यम् | अपटिष्याव | अपटिष्याम |

| | | | | | |
|---|---|---|---|---|---|
| पटिता | पटितारौ | पटितारः | पट्यात् -द् | पट्यास्ताम् | पट्यासुः |
| पटितासि | पटितास्थः | पटितास्थ | पट्याः | पट्यास्तम् | पट्यास्त |
| पटितास्मि | पटितास्वः | पटितास्मः | पट्यासम् | पट्यास्व | पट्यास्म |

| | | | | | |
|---|---|---|---|---|---|
| पपाट | पेटतुः | पेटुः | अपटीत् -द् | अपटिष्टाम् | अपटिषुः |
| | | | अपाटीत् -द् | अपाटिष्टाम् | अपाटिषुः |
| पेटिथ | पेटथुः | पेट | अपटीः | अपटिष्टम् | अपटिष्ट |
| | | | अपाटीः | अपाटिष्टम् | अपाटिष्ट |
| पपाट पपट | पेटिव | पेटिम | अपटिषम् | अपटिष्व | अपटिष्म |
| | | | अपाटिषम् | अपाटिष्व | अपाटिष्म |

297 रट परिभाषणे । रटँ । रट् । रटति । P । सेट् । स० । speak, shout, yell

| | | | | | |
|---|---|---|---|---|---|
| रटति | रटतः | रटन्ति | अरटत् -द् | अरटताम् | अरटन् |
| रटसि | रटथः | रटथ | अरटः | अरटतम् | अरटत |
| रटामि | रटावः | रटामः | अरटम् | अरटाव | अरटाम |

| | | | | | |
|---|---|---|---|---|---|
| रटतु | रटताम् | रटन्तु | रटेत् -द् | रटेताम् | रटेयुः |
| रट | रटतम् | रटत | रटेः | रटेतम् | रटेत |
| रटानि | रटाव | रटाम | रटेयम् | रटेव | रटेम |

| | | | | | |
|---|---|---|---|---|---|
| रटिष्यति | रटिष्यतः | रटिष्यन्ति | अरटिष्यत् -द् | अरटिष्यताम् | अरटिष्यन् |
| रटिष्यसि | रटिष्यथः | रटिष्यथ | अरटिष्यः | अरटिष्यतम् | अरटिष्यत |
| रटिष्यामि | रटिष्यावः | रटिष्यामः | अरटिष्यम् | अरटिष्याव | अरटिष्याम |

| | | | | | |
|---|---|---|---|---|---|
| रटिता | रटितारौ | रटितारः | रट्यात् -द् | रट्यास्ताम् | रट्यासुः |
| रटितासि | रटितास्थः | रटितास्थ | रट्याः | रट्यास्तम् | रट्यास्त |
| रटितास्मि | रटितास्वः | रटितास्मः | रट्यासम् | रट्यास्व | रट्यास्म |

| | | | | | |
|---|---|---|---|---|---|
| रराट | रेटतुः | रेटुः | अरटीत् -द् | अरटिष्टाम् | अरटिषुः |
| | | | अराटीत् -द् | अराटिष्टाम् | अराटिषुः |
| रेटिथ | रेटथुः | रेट | अरटीः | अरटिष्टम् | अरटिष्ट |
| | | | अराटीः | अराटिष्टम् | अराटिष्ट |
| रराट ररट | रेटिव | रेटिम | अरटिषम् | अरटिष्व | अरटिष्म |
| | | | अराटिषम् | अराटिष्व | अराटिष्म |

298 **लट बाल्ये । लटँ । लट् । लटति** । P । **सेट्** । **अ०** । act childish, be kiddish, prattle,talk less

| | | | | | |
|---|---|---|---|---|---|
| लटति | लटतः | लटन्ति | अलटत् -द् | अलटताम् | अलटन् |
| लटसि | लटथः | लटथ | अलटः | अलटतम् | अलटत |
| लटामि | लटावः | लटामः | अलटम् | अलटाव | अलटाम |

| | | | | | |
|---|---|---|---|---|---|
| लटतु | लटताम् | लटन्तु | लटेत् -द् | लटेताम् | लटेयुः |
| लट | लटतम् | लटत | लटेः | लटेतम् | लटेत |
| लटानि | लटाव | लटाम | लटेयम् | लटेव | लटेम |

| | | | | | |
|---|---|---|---|---|---|
| लटिष्यति | लटिष्यतः | लटिष्यन्ति | अलटिष्यत् -द् | अलटिष्यताम् | अलटिष्यन् |
| लटिष्यसि | लटिष्यथः | लटिष्यथ | अलटिष्यः | अलटिष्यतम् | अलटिष्यत |
| लटिष्यामि | लटिष्यावः | लटिष्यामः | अलटिष्यम् | अलटिष्याव | अलटिष्याम |

| | | | | | |
|---|---|---|---|---|---|
| लटिता | लटितारौ | लटितारः | लट्यात् -द् | लट्यास्ताम् | लट्यासुः |
| लटितासि | लटितास्थः | लटितास्थ | लट्याः | लट्यास्तम् | लट्यास्त |
| लटितास्मि | लटितास्वः | लटितास्मः | लट्यासम् | लट्यास्व | लट्यास्म |

| | | | | | |
|---|---|---|---|---|---|
| ललाट | लेटतुः | लेटुः | अलटीत् -द् | अलटिष्टाम् | अलटिषुः |
| | | | अलाटीत् -द् | अलाटिष्टाम् | अलाटिषुः |
| लेटिथ | लेटथुः | लेट | अलटीः | अलटिष्टम् | अलटिष्ट |
| | | | अलाटीः | अलाटिष्टम् | अलाटिष्ट |
| ललाट ललट | लेटिव | लेटिम | अलटिषम् | अलटिष्व | अलटिष्म |
| | | | अलाटिषम् | अलाटिष्व | अलाटिष्म |

299 **शट रुजाविशरणगत्यवसादनेषु। शटँ । शट् । शटति** । P । **सेट्** । **स०** । be ill, divide, separate, be tired

| | | | | | |
|---|---|---|---|---|---|
| शटति | शटतः | शटन्ति | अशटत् -द् | अशटताम् | अशटन् |
| शटसि | शटथः | शटथ | अशटः | अशटतम् | अशटत |
| शटामि | शटावः | शटामः | अशटम् | अशटाव | अशटाम |

| | | | | | |
|---|---|---|---|---|---|
| शटतु | शटताम् | शटन्तु | शटेत् -द् | शटेताम् | शटेयुः |
| शट | शटतम् | शटत | शटेः | शटेतम् | शटेत |

| | | | | | |
|---|---|---|---|---|---|
| शटानि | शटाव | शटाम | शटेयम् | शटेव | शटेम |

| | | | | | |
|---|---|---|---|---|---|
| शटिष्यति | शटिष्यतः | शटिष्यन्ति | अशटिष्यत् -द् | अशटिष्यताम् | अशटिष्यन् |
| शटिष्यसि | शटिष्यथः | शटिष्यथ | अशटिष्यः | अशटिष्यतम् | अशटिष्यत |
| शटिष्यामि | शटिष्यावः | शटिष्यामः | अशटिष्यम् | अशटिष्याव | अशटिष्याम |

| | | | | | |
|---|---|---|---|---|---|
| शटिता | शटितारौ | शटितारः | शट्यात् -द् | शट्यास्ताम् | शट्यासुः |
| शटितासि | शटितास्थः | शटितास्थ | शट्याः | शट्यास्तम् | शट्यास्त |
| शटितास्मि | शटितास्वः | शटितास्मः | शट्यासम् | शट्यास्व | शट्यास्म |

| | | | | | |
|---|---|---|---|---|---|
| शशाट | शेटतुः | शेटुः | अशटीत् -द् | अशटिष्टाम् | अशटिषुः |
| | | | अशाटीत् -द् | अशाटिष्टाम् | अशाटिषुः |
| शेटिथ | शेटथुः | शेट | अशटीः | अशटिष्टम् | अशटिष्ट |
| | | | अशाटीः | अशाटिष्टम् | अशाटिष्ट |
| शशाट शशट | शेटिव | शेटिम | अशटिषम् | अशटिष्व | अशटिष्म |
| | | | अशाटिषम् | अशाटिष्व | अशाटिष्म |

300 **वट वेष्टने । वटँ । वट् । वटति** । P । **सेट्** । **स०** । surround, encompass, bind

| | | | | | |
|---|---|---|---|---|---|
| वटति | वटतः | वटन्ति | अवटत् -द् | अवटताम् | अवटन् |
| वटसि | वटथः | वटथ | अवटः | अवटतम् | अवटत |
| वटामि | वटावः | वटामः | अवटम् | अवटाव | अवटाम |

| | | | | | |
|---|---|---|---|---|---|
| वटतु | वटताम् | वटन्तु | वटेत् -द् | वटेताम् | वटेयुः |
| वट | वटतम् | वटत | वटेः | वटेतम् | वटेत |
| वटानि | वटाव | वटाम | वटेयम् | वटेव | वटेम |

| | | | | | |
|---|---|---|---|---|---|
| वटिष्यति | वटिष्यतः | वटिष्यन्ति | अवटिष्यत् -द् | अवटिष्यताम् | अवटिष्यन् |
| वटिष्यसि | वटिष्यथः | वटिष्यथ | अवटिष्यः | अवटिष्यतम् | अवटिष्यत |
| वटिष्यामि | वटिष्यावः | वटिष्यामः | अवटिष्यम् | अवटिष्याव | अवटिष्याम |

| | | | | | |
|---|---|---|---|---|---|
| वटिता | वटितारौ | वटितारः | वट्यात् -द् | वट्यास्ताम् | वट्यासुः |
| वटितासि | वटितास्थः | वटितास्थ | वट्याः | वट्यास्तम् | वट्यास्त |
| वटितास्मि | वटितास्वः | वटितास्मः | वट्यासम् | वट्यास्व | वट्यास्म |

| | | | | | |
|---|---|---|---|---|---|
| ववाट | ववटतुः | ववटुः | अवटीत् -द् | अवटिष्टाम् | अवटिषुः |
| | | | अवाटीत् -द् | अवाटिष्टाम् | अवाटिषुः |
| ववटिथ | ववटथुः | ववट | अवटीः | अवटिष्टम् | अवटिष्ट |
| | | | अवाटीः | अवाटिष्टम् | अवाटिष्ट |
| ववाट ववट | ववटिव | ववटिम | अवटिषम् | अवटिष्व | अवटिष्म |
| | | | अवाटिषम् | अवाटिष्व | अवाटिष्म |

301 **किट त्रासे । किटँ । किट् । केटति** । P । **सेट्** । **अ०** । alarm, trouble, terrorise

| | | | | | |
|---|---|---|---|---|---|
| केटति | केटतः | केटन्ति | अकेटत् -द् अकेटताम् | अकेटन् |
| केटसि | केटथः | केटथ | अकेटः | अकेटतम् | अकेटत |
| केटामि | केटावः | केटामः | अकेटम् | अकेटाव | अकेटाम |

| | | | | | |
|---|---|---|---|---|---|
| केटतु -तात् -द् | केटताम् | केटन्तु | केटेत् -द् | केटेताम् | केटेयुः |
| केट -तात् -द् | केटतम् | केटत | केटेः | केटेतम् | केटेत |
| केटानि | केटाव | केटाम | केटेयम् | केटेव | केटेम |

| | | | | | |
|---|---|---|---|---|---|
| केटिष्यति | केटिष्यतः | केटिष्यन्ति | अकेटिष्यत् -द् अकेटिष्यताम् | अकेटिष्यन् |
| केटिष्यसि | केटिष्यथः | केटिष्यथ | अकेटिष्यः | अकेटिष्यतम् | अकेटिष्यत |
| केटिष्यामि | केटिष्यावः | केटिष्यामः | अकेटिष्यम् | अकेटिष्याव | अकेटिष्याम |

| | | | | | |
|---|---|---|---|---|---|
| केटिता | केटितारौ | केटितारः | किट्यात् -द् | किट्यास्ताम् | किट्यासुः |
| केटितासि | केटितास्थः | केटितास्थ | किट्याः | किट्यास्तम् | किट्यास्त |
| केटितास्मि | केटितास्वः | केटितास्मः | किट्यासम् | किट्यास्व | किट्यास्म |

| | | | | | |
|---|---|---|---|---|---|
| चिकेट | चिकिटतुः | चिकिटुः | अकेटीत् -द् | अकेटिष्टाम् | अकेटिषुः |
| चिकेटिथ | चिकिटथुः | चिकिट | अकेटीः | अकेटिष्टम् | अकेटिष्ट |
| चकेट | चिकिटिव | चिकिटिम | अकेटिषम् | अकेटिष्व | अकेटिष्म |

**302 खिट त्रासे ।** खिटँ । खिट् । खेटति । P । सेट् । अ० । be frightened, frighten, pain

| | | | | | |
|---|---|---|---|---|---|
| खेटति | खेटतः | खेटन्ति | अखेटत् -द् | अखेटताम् | अखेटन् |
| खेटसि | खेटथः | खेटथ | अखेटः | अखेटतम् | अखेटत |
| खेटामि | खेटावः | खेटामः | अखेटम् | अखेटाव | अखेटाम |

| | | | | | |
|---|---|---|---|---|---|
| खेटतु -तात् -द् | खेटताम् | खेटन्तु | खेटेत् -द् | खेटेताम् | खेटेयुः |
| खेट -तात् -द् | खेटतम् | खेटत | खेटेः | खेटेतम् | खेटेत |
| खेटानि | खेटाव | खेटाम | खेटेयम् | खेटेव | खेटेम |

| | | | | | |
|---|---|---|---|---|---|
| खेटिष्यति | खेटिष्यतः | खेटिष्यन्ति | अखेटिष्यत् -द् | अखेटिष्यताम् | अखेटिष्यन् |
| खेटिष्यसि | खेटिष्यथः | खेटिष्यथ | अखेटिष्यः | अखेटिष्यतम् | अखेटिष्यत |
| खेटिष्यामि | खेटिष्यावः | खेटिष्यामः | अखेटिष्यम् | अखेटिष्याव | अखेटिष्याम |

| | | | | | |
|---|---|---|---|---|---|
| खेटिता | खेटितारौ | खेटितारः | खिट्यात् -द् | खिट्यास्ताम् | खिट्यासुः |
| खेटितासि | खेटितास्थः | खेटितास्थ | खिट्याः | खिट्यास्तम् | खिट्यास्त |
| खेटितास्मि | खेटितास्वः | खेटितास्मः | खिट्यासम् | खिट्यास्व | खिट्यास्म |

| | | | | | |
|---|---|---|---|---|---|
| चिखेट | चिखिटतुः | चिखिटुः | अखेटीत् -द् | अखेटिष्टाम् | अखेटिषुः |
| चिखेटिथ | चिखिटथुः | चिखिट | अखेटीः | अखेटिष्टम् | अखेटिष्ट |
| चिखेट | चिखिटिव | चिखिटिम | अखेटिषम् | अखेटिष्व | अखेटिष्म |

**303 शिट अनादरे ।** शिटँ । शिट् । शेटति । P । सेट् । स० । despise, insult

| | | | | | |
|---|---|---|---|---|---|
| शेटति | शेटतः | शेटन्ति | अशेटत् -द् | अशेटताम् | अशेटन् |
| शेटसि | शेटथः | शेटथ | अशेटः | अशेटतम् | अशेटत |
| शेटामि | शेटावः | शेटामः | अशेटम् | अशेटाव | अशेटाम |

| | | | | | |
|---|---|---|---|---|---|
| शेटतु -तात् -द् | शेटताम् | शेटन्तु | शेटेत् -द् | शेटेताम् | शेटेयुः |
| शेट -तात् -द् | शेटतम् | शेटत | शेटेः | शेटेतम् | शेटेत |
| शेटानि | शेटाव | शेटाम | शेटेयम् | शेटेव | शेटेम |

| | | | | | |
|---|---|---|---|---|---|
| शेटिष्यति | शेटिष्यतः | शेटिष्यन्ति | अशेटिष्यत् -द् | अशेटिष्यताम् | अशेटिष्यन् |
| शेटिष्यसि | शेटिष्यथः | शेटिष्यथ | अशेटिष्यः | अशेटिष्यतम् | अशेटिष्यत |
| शेटिष्यामि | शेटिष्यावः | शेटिष्यामः | अशेटिष्यम् | अशेटिष्याव | अशेटिष्याम |

| | | | | | |
|---|---|---|---|---|---|
| शेटिता | शेटितारौ | शेटितारः | शिट्यात् -द् | शिट्यास्ताम् | शिट्यासुः |
| शेटितासि | शेटितास्थः | शेटितास्थ | शिट्याः | शिट्यास्तम् | शिट्यास्त |
| शेटितास्मि | शेटितास्वः | शेटितास्मः | शिट्यासम् | शिट्यास्व | शिट्यास्म |

| | | | | | |
|---|---|---|---|---|---|
| शिशेट | शिशिटतुः | शिशिटुः | अशेटीत् -द् | अशेटिष्टाम् | अशेटिषुः |
| शिशेटिथ | शिशिटथुः | शिशिट | अशेटीः | अशेटिष्टम् | अशेटिष्ट |
| शिशेट | शिशिटिव | शिशिटिम | अशेटिषम् | अशेटिष्व | अशेटिष्म |

304 **षिट अनादरे** । **षिटँ** । **सिट्** । **सेटति** । P । **सेट्** । **स०** । insult, neglect, despise

| | | | | | |
|---|---|---|---|---|---|
| सेटति | सेटतः | सेटन्ति | असेटत् -द् | असेटताम् | असेटन् |
| सेटसि | सेटथः | सेटथ | असेटः | असेटतम् | असेटत |
| सेटामि | सेटावः | सेटामः | असेटम् | असेटाव | असेटाम |

| | | | | | |
|---|---|---|---|---|---|
| सेटतु -तात् -द् | सेटताम् | सेटन्तु | सेटेत् -द् | सेटेताम् | सेटेयुः |
| सेट -तात् -द् | सेटतम् | सेटत | सेटेः | सेटेतम् | सेटेत |
| सेटानि | सेटाव | सेटाम | सेटेयम् | सेटेव | सेटेम |

| | | | | | |
|---|---|---|---|---|---|
| सेटिष्यति | सेटिष्यतः | सेटिष्यन्ति | असेटिष्यत् -द् | असेटिष्यताम् | असेटिष्यन् |
| सेटिष्यसि | सेटिष्यथः | सेटिष्यथ | असेटिष्यः | असेटिष्यतम् | असेटिष्यत |
| सेटिष्यामि | सेटिष्यावः | सेटिष्यामः | असेटिष्यम् | असेटिष्याव | असेटिष्याम |

| | | | | | |
|---|---|---|---|---|---|
| सेटिता | सेटितारौ | सेटितारः | सिट्यात् -द् | सिट्यास्ताम् | सिट्यासुः |
| सेटितासि | सेटितास्थः | सेटितास्थ | सिट्याः | सिट्यास्तम् | सिट्यास्त |
| सेटितास्मि | सेटितास्वः | सेटितास्मः | सिट्यासम् | सिट्यास्व | सिट्यास्म |

| | | | | | |
|---|---|---|---|---|---|
| सिषेट | सिषिटतुः | सिषिटुः | असेटीत् -द् | असेटिष्टाम् | असेटिषुः |
| सिषेटिथ | सिषिटथुः | सिषिट | असेटीः | असेटिष्टम् | असेटिष्ट |
| सिषेट | सिषिटिव | सिषिटिम | असेटिषम् | असेटिष्व | असेटिष्म |

305 **जट सङ्घाते** । **जटँ** । **जट्** । **जटति** । P । **सेट्** । **अ०** । clot, be matted, be twisted, do hair bun

| जटति | जटतः | जटन्ति | अजटत् -द् | अजटताम् | अजटन् |
| जटसि | जटथः | जटथ | अजटः | अजटतम् | अजटत |
| जटामि | जटावः | जटामः | अजटम् | अजटाव | अजटाम |
| | | | | | |
| जटतु | जटताम् | जटन्तु | जटेत् -द् | जटेताम् | जटेयुः |
| जट | जटतम् | जटत | जटेः | जटेतम् | जटेत |
| जटानि | जटाव | जटाम | जटेयम् | जटेव | जटेम |
| | | | | | |
| जटिष्यति | जटिष्यतः | जटिष्यन्ति | अजटिष्यत् -द् | अजटिष्यताम् | अजटिष्यन् |
| जटिष्यसि | जटिष्यथः | जटिष्यथ | अजटिष्यः | अजटिष्यतम् | अजटिष्यत |
| जटिष्यामि | जटिष्यावः | जटिष्यामः | अजटिष्यम् | अजटिष्याव | अजटिष्याम |
| | | | | | |
| जटिता | जटितारौ | जटितारः | जट्यात् -द् | जट्यास्ताम् | जट्यासुः |
| जटितासि | जटितास्थः | जटितास्थ | जट्याः | जट्यास्तम् | जट्यास्त |
| जटितास्मि | जटितास्वः | जटितास्मः | जट्यासम् | जट्यास्व | जट्यास्म |
| | | | | | |
| जजाट | जेटतुः | जेटुः | अजटीत् -द् | अजटिष्टाम् | अजटिषुः |
| | | | अजाटीत् -द् | अजाटिष्टाम् | अजाटिषुः |
| जेटिथ | जेटथुः | जेट | अजटीः | अजटिष्टम् | अजटिष्ट |
| | | | अजाटीः | अजाटिष्टम् | अजाटिष्ट |
| जजाट जजट | जेटिव | जेटिम | अजटिषम् | अजटिष्व | अजटिष्म |
| | | | अजाटिषम् | अजाटिष्व | अजाटिष्म |

**306 झट सङ्घाते । झटँ । झट् । झटति । P । सेट् । अ० । be collected, be matted**

| झटति | झटतः | झटन्ति | अझटत् -द् | अझटताम् | अझटन् |
| झटसि | झटथः | झटथ | अझटः | अझटतम् | अझटत |
| झटामि | झटावः | झटामः | अझटम् | अझटाव | अझटाम |
| | | | | | |
| झटतु | झटताम् | झटन्तु | झटेत् -द् | झटेताम् | झटेयुः |
| झट | झटतम् | झटत | झटेः | झटेतम् | झटेत |
| झटानि | झटाव | झटाम | झटेयम् | झटेव | झटेम |
| | | | | | |
| झटिष्यति | झटिष्यतः | झटिष्यन्ति | अझटिष्यत् -द् | अझटिष्यताम् | अझटिष्यन् |
| झटिष्यसि | झटिष्यथः | झटिष्यथ | अझटिष्यः | अझटिष्यतम् | अझटिष्यत |
| झटिष्यामि | झटिष्यावः | झटिष्यामः | अझटिष्यम् | अझटिष्याव | अझटिष्याम |
| | | | | | |
| झटिता | झटितारौ | झटितारः | झट्यात् -द् | झट्यास्ताम् | झट्यासुः |
| झटितासि | झटितास्थः | झटितास्थ | झट्याः | झट्यास्तम् | झट्यास्त |
| झटितास्मि | झटितास्वः | झटितास्मः | झट्यासम् | झट्यास्व | झट्यास्म |
| | | | | | |
| जझाट | जझटतुः | जझटुः | अझटीत् -द् | अझटिष्टाम् | अझटिषुः |
| | | | अझाटीत् -द् | अझाटिष्टाम् | अझाटिषुः |
| जझटिथ | जझटथुः | जझट | अझटीः | अझटिष्टम् | अझटिष्ट |

| | | | | | |
|---|---|---|---|---|---|
| | | | अझाटीः | अझाटिष्टम् | अझाटिष्ट |
| जझाट जझट | जझटिव | जझटिम | अझटिषम् | अझटिष्व | अझटिष्म |
| | | | अझाटिषम् | अझाटिष्व | अझाटिष्म |

307 **भट भृतौ** । **भटँ** । **भट्** । **भटति** । P । **सेट्** । **स०** । wear, have, hire, nourish

| | | | | | |
|---|---|---|---|---|---|
| भटति | भटतः | भटन्ति | अभटत् -द् | अभटताम् | अभटन् |
| भटसि | भटथः | भटथ | अभटः | अभटतम् | अभटत |
| भटामि | भटावः | भटामः | अभटम् | अभटाव | अभटाम |
| | | | | | |
| भटतु | भटताम् | भटन्तु | भटेत् -द् | भटेताम् | भटेयुः |
| भट | भटतम् | भटत | भटेः | भटेतम् | भटेत |
| भटानि | भटाव | भटाम | भटेयम् | भटेव | भटेम |
| | | | | | |
| भटिष्यति | भटिष्यतः | भटिष्यन्ति | अभटिष्यत् -द् | अभटिष्यताम् | अभटिष्यन् |
| भटिष्यसि | भटिष्यथः | भटिष्यथ | अभटिष्यः | अभटिष्यतम् | अभटिष्यत |
| भटिष्यामि | भटिष्यावः | भटिष्यामः | अभटिष्यम् | अभटिष्याव | अभटिष्याम |
| | | | | | |
| भटिता | भटितारौ | भटितारः | भट्यात् -द् | भट्यास्ताम् | भट्यासुः |
| भटितासि | भटितास्थः | भटितास्थ | भट्याः | भट्यास्तम् | भट्यास्त |
| भटितास्मि | भटितास्वः | भटितास्मः | भट्यासम् | भट्यास्व | भट्यास्म |
| | | | | | |
| बभाट | बभटतुः | बभटुः | अभटीत् -द् | अभटिष्टाम् | अभटिषुः |
| | | | अभाटीत् -द् | अभाटिष्टाम् | अभाटिषुः |
| बभटिथ | बभटथुः | बभट | अभटीः | अभटिष्टम् | अभटिष्ट |
| | | | अभाटीः | अभाटिष्टम् | अभाटिष्ट |
| बभाट बभट | बभटिव | बभटिम | अभटिषम् | अभटिष्व | अभटिष्म |
| | | | अभाटिषम् | अभाटिष्व | अभाटिष्म |

308 **तट उच्छ्राये** । **तटँ** । **तट्** । **तटति** । P । **सेट्** । **अ०** । be elevated, undergo enlargement

| | | | | | |
|---|---|---|---|---|---|
| तटति | तटतः | तटन्ति | अतटत् -द् | अतटताम् | अतटन् |
| तटसि | तटथः | तटथ | अतटः | अतटतम् | अतटत |
| तटामि | तटावः | तटामः | अतटम् | अतटाव | अतटाम |
| | | | | | |
| तटतु | तटताम् | तटन्तु | तटेत् -द् | तटेताम् | तटेयुः |
| तट | तटतम् | तटत | तटेः | तटेतम् | तटेत |
| तटानि | तटाव | तटाम | तटेयम् | तटेव | तटेम |
| | | | | | |
| तटिष्यति | तटिष्यतः | तटिष्यन्ति | अतटिष्यत् -द् | अतटिष्यताम् | अतटिष्यन् |
| तटिष्यसि | तटिष्यथः | तटिष्यथ | अतटिष्यः | अतटिष्यतम् | अतटिष्यत |
| तटिष्यामि | तटिष्यावः | तटिष्यामः | अतटिष्यम् | अतटिष्याव | अतटिष्याम |
| | | | | | |
| तटिता | तटितारौ | तटितारः | तट्यात् -द् | तट्यास्ताम् | तट्यासुः |

| | | | | | |
|---|---|---|---|---|---|
| तटितासि | तटितास्थः | तटितास्थ | तट्याः | तट्यास्तम् | तट्यास्त |
| तटितास्मि | तटितास्वः | तटितास्मः | तट्यासम् | तट्यास्व | तट्यास्म |

| | | | | | |
|---|---|---|---|---|---|
| तताट | तेटतुः | तेटुः | अतटीत् -द् | अतटिष्टाम् | अतटिषुः |
| | | | अताटीत् -द् | अताटिष्टाम् | अताटिषुः |
| तेटिथ | तेटथुः | तेट | अतटीः | अतटिष्टम् | अतटिष्ट |
| | | | अताटीः | अताटिष्टम् | अताटिष्ट |
| तताट ततट | तेटिव | तेटिम | अतटिषम् | अतटिष्व | अतटिष्म |
| | | | अताटिषम् | अताटिष्व | अताटिष्म |

309 **खट काङ्क्षायाम्** । **खटँ** । **खट्** । **खटति** । P । **सेट्** । **स०** । desire, search, trace

| | | | | | |
|---|---|---|---|---|---|
| खटति | खटतः | खटन्ति | अखटत् -द् | अखटताम् | अखटन् |
| खटसि | खटथः | खटथ | अखटः | अखटतम् | अखटत |
| खटामि | खटावः | खटामः | अखटम् | अखटाव | अखटाम |

| | | | | | |
|---|---|---|---|---|---|
| खटतु | खटताम् | खटन्तु | खटेत् -द् | खटेताम् | खटेयुः |
| खट | खटतम् | खटत | खटेः | खटेतम् | खटेत |
| खटानि | खटाव | खटाम | खटेयम् | खटेव | खटेम |

| | | | | | |
|---|---|---|---|---|---|
| खटिष्यति | खटिष्यतः | खटिष्यन्ति | अखटिष्यत् -द् | अखटिष्यताम् | अखटिष्यन् |
| खटिष्यसि | खटिष्यथः | खटिष्यथ | अखटिष्यः | अखटिष्यतम् | अखटिष्यत |
| खटिष्यामि | खटिष्यावः | खटिष्यामः | अखटिष्यम् | अखटिष्याव | अखटिष्याम |

| | | | | | |
|---|---|---|---|---|---|
| खटिता | खटितारौ | खटितारः | खट्यात् -द् | खट्यास्ताम् | खट्यासुः |
| खटितासि | खटितास्थः | खटितास्थ | खट्याः | खट्यास्तम् | खट्यास्त |
| खटितास्मि | खटितास्वः | खटितास्मः | खट्यासम् | खट्यास्व | खट्यास्म |

| | | | | | |
|---|---|---|---|---|---|
| चखाट | चखटतुः | चखटुः | अखटीत् -द् | अखटिष्टाम् | अखटिषुः |
| | | | अखाटीत् -द् | अखाटिष्टाम् | अखाटिषुः |
| चखटिथ | चखटथुः | चखट | अखटीः | अखटिष्टम् | अखटिष्ट |
| | | | अखाटीः | अखाटिष्टम् | अखाटिष्ट |
| चखाट चखट | चखटिव | चखटिम | अखटिषम् | अखटिष्व | अखटिष्म |
| | | | अखाटिषम् | अखाटिष्व | अखाटिष्म |

310 **णट नृत्तौ** । **णटँ** । **नट्** । **नटति** । P । **सेट्** । **अ०** । dance 6.1.65 **णो नः** ।

| | | | | | |
|---|---|---|---|---|---|
| नटति | नटतः | नटन्ति | अनटत् -द् | अनटताम् | अनटन् |
| नटसि | नटथः | नटथ | अनटः | अनटतम् | अनटत |
| नटामि | नटावः | नटामः | अनटम् | अनटाव | अनटाम |

| | | | | | |
|---|---|---|---|---|---|
| नटतु | नटताम् | नटन्तु | नटेत् -द् | नटेताम् | नटेयुः |
| नट | नटतम् | नटत | नटेः | नटेतम् | नटेत |
| नटानि | नटाव | नटाम | नटेयम् | नटेव | नटेम |

| | | | | | |
|---|---|---|---|---|---|
| नटिष्यति | नटिष्यतः | नटिष्यन्ति | अनटिष्यत् -द् | अनटिष्यताम् | अनटिष्यन् |
| नटिष्यसि | नटिष्यथः | नटिष्यथ | अनटिष्यः | अनटिष्यतम् | अनटिष्यत |
| नटिष्यामि | नटिष्यावः | नटिष्यामः | अनटिष्यम् | अनटिष्याव | अनटिष्याम |
| नटिता | नटितारौ | नटितारः | नट्यात् -द् | नट्यास्ताम् | नट्यासुः |
| नटितासि | नटितास्थः | नटितास्थ | नट्याः | नट्यास्तम् | नट्यास्त |
| नटितास्मि | नटितास्वः | नटितास्मः | नट्यासम् | नट्यास्व | नट्यास्म |
| ननाट | नेटतुः | नेटुः | अनटीत् -द् | अनटिष्टाम् | अनटिषुः |
| | | | अनाटीत् -द् | अनाटिष्टाम् | अनाटिषुः |
| नेटिथ | नेटथुः | नेट | अनटीः | अनटिष्टम् | अनटिष्ट |
| | | | अनाटीः | अनाटिष्टम् | अनाटिष्ट |
| ननाट ननट | नेटिव | नेटिम | अनटिषम् | अनटिष्व | अनटिष्म |
| | | | अनाटिषम् | अनाटिष्व | अनाटिष्म |

311 पिट शब्दसङ्घातयोः । पिटँ । पिट् । पेटति । P । सेट् । अ० । sound, put together, assemble, heap

| | | | | | |
|---|---|---|---|---|---|
| पेटति | पेटतः | पेटन्ति | अपेटत् -द् | अपेटताम् | अपेटन् |
| पेटसि | पेटथः | पेटथ | अपेटः | अपेटतम् | अपेटत |
| पेटामि | पेटावः | पेटामः | अपेटम् | अपेटाव | अपेटाम |
| पेटतु -तात् -द् | पेटताम् | पेटन्तु | पेटेत् -द् | पेटेताम् | पेटेयुः |
| पेट -तात् -द् | पेटतम् | पेटत | पेटेः | पेटेतम् | पेटेत |
| पेटानि | पेटाव | पेटाम | पेटेयम् | पेटेव | पेटेम |
| पेटिष्यति | पेटिष्यतः | पेटिष्यन्ति | अपेटिष्यत् -द् | अपेटिष्यताम् | अपेटिष्यन् |
| पेटिष्यसि | पेटिष्यथः | पेटिष्यथ | अपेटिष्यः | अपेटिष्यतम् | अपेटिष्यत |
| पेटिष्यामि | पेटिष्यावः | पेटिष्यामः | अपेटिष्यम् | अपेटिष्याव | अपेटिष्याम |
| पेटिता | पेटितारौ | पेटितारः | पिट्यात् -द् | पिट्यास्ताम् | पिट्यासुः |
| पेटितासि | पेटितास्थः | पेटितास्थ | पिट्याः | पिट्यास्तम् | पिट्यास्त |
| पेटितास्मि | पेटितास्वः | पेटितास्मः | पिट्यासम् | पिट्यास्व | पिट्यास्म |
| पिपेट | पिपिटतुः | पिपिटुः | अपेटीत् -द् | अपेटिष्टाम् | अपेटिषुः |
| पिपेटिथ | पिपिटथुः | पिपिट | अपेटीः | अपेटिष्टम् | अपेटिष्ट |
| पिपेट | पिपिटिव | पिपिटिम | अपेटिषम् | अपेटिष्व | अपेटिष्म |

312 हट दीप्तौ । हटँ । हट् । हटति । P । सेट् । अ० । shine

| | | | | | |
|---|---|---|---|---|---|
| हटति | हटतः | हटन्ति | अहटत् -द् | अहटताम् | अहटन् |
| हटसि | हटथः | हटथ | अहटः | अहटतम् | अहटत |
| हटामि | हटावः | हटामः | अहटम् | अहटाव | अहटाम |

| हटतु | हटताम् | हटन्तु | हटेत् -द् | हटेताम् | हटेयुः |
| हट | हटतम् | हटत | हटेः | हटेतम् | हटेत |
| हटानि | हटाव | हटाम | हटेयम् | हटेव | हटेम |

| हटिष्यति | हटिष्यतः | हटिष्यन्ति | अहटिष्यत् -द् | अहटिष्यताम् | अहटिष्यन् |
| हटिष्यसि | हटिष्यथः | हटिष्यथ | अहटिष्यः | अहटिष्यतम् | अहटिष्यत |
| हटिष्यामि | हटिष्यावः | हटिष्यामः | अहटिष्यम् | अहटिष्याव | अहटिष्याम |

| हटिता | हटितारौ | हटितारः | हट्यात् -द् | हट्यास्ताम् | हट्यासुः |
| हटितासि | हटितास्थः | हटितास्थ | हट्याः | हट्यास्तम् | हट्यास्त |
| हटितास्मि | हटितास्वः | हटितास्मः | हट्यासम् | हट्यास्व | हट्यास्म |

| जहाट | जहटतुः | जहटुः | अहटीत् -द् | अहटिष्टाम् | अहटिषुः |
| | | | अहाटीत् -द् | अहाटिष्टाम् | अहाटिषुः |
| जहटिथ | जहटथुः | जहट | अहटीः | अहटिष्टम् | अहटिष्ट |
| | | | अहाटीः | अहाटिष्टम् | अहाटिष्ट |
| जहाट जहट | जहटिव | जहटिम | अहटिषम् | अहटिष्व | अहटिष्म |
| | | | अहाटिषम् | अहाटिष्व | अहाटिष्म |

**313** षट अवयवे । षटँ । सट् । सटति । P । सेट् । अ० । be a part of, be a portion of

| सटति | सटतः | सटन्ति | असटत् -द् | असटताम् | असटन् |
| सटसि | सटथः | सटथ | असटः | असटतम् | असटत |
| सटामि | सटावः | सटामः | असटम् | असटाव | असटाम |

| सटतु | सटताम् | सटन्तु | सटेत् -द् | सटेताम् | सटेयुः |
| सट | सटतम् | सटत | सटेः | सटेतम् | सटेत |
| सटानि | सटाव | सटाम | सटेयम् | सटेव | सटेम |

| सटिष्यति | सटिष्यतः | सटिष्यन्ति | असटिष्यत् -द् | असटिष्यताम् | असटिष्यन् |
| सटिष्यसि | सटिष्यथः | सटिष्यथ | असटिष्यः | असटिष्यतम् | असटिष्यत |
| सटिष्यामि | सटिष्यावः | सटिष्यामः | असटिष्यम् | असटिष्याव | असटिष्याम |

| सटिता | सटितारौ | सटितारः | सट्यात् -द् | सट्यास्ताम् | सट्यासुः |
| सटितासि | सटितास्थः | सटितास्थ | सट्याः | सट्यास्तम् | सट्यास्त |
| सटितास्मि | सटितास्वः | सटितास्मः | सट्यासम् | सट्यास्व | सट्यास्म |

| ससाट | सेटतुः | सेटुः | असटीत् -द् | असटिष्टाम् | असटिषुः |
| | | | असाटीत् -द् | असाटिष्टाम् | असाटिषुः |
| सेटिथ | सेटथुः | सेट | असटीः | असटिष्टम् | असटिष्ट |
| | | | असाटीः | असाटिष्टम् | असाटिष्ट |
| ससाट ससट | सेटिव | सेटिम | असटिषम् | असटिष्व | असटिष्म |
| | | | असाटिषम् | असाटिष्व | असाटिष्म |

314 **लुट विलोडने । डान्तोऽयमित्येके । लुटँ । लुट् । लोटति** । P । **सेट्** । **स०** । stir, shake, roll

| | | | | | |
|---|---|---|---|---|---|
| लोटति | लोटतः | लोटन्ति | अलोटत् -द् | अलोटताम् | अलोटन् |
| लोटसि | लोटथः | लोटथ | अलोटः | अलोटतम् | अलोटत |
| लोटामि | लोटावः | लोटामः | अलोटम् | अलोटाव | अलोटाम |
| लोटतु -तात् -द् | लोटताम् | लोटन्तु | लोटेत् -द् | लोटेताम् | लोटेयुः |
| लोट -तात् -द् | लोटतम् | लोटत | लोटेः | लोटेतम् | लोटेत |
| लोटानि | लोटाव | लोटाम | लोटेयम् | लोटेव | लोटेम |
| लोटिष्यति | लोटिष्यतः | लोटिष्यन्ति | अलोटिष्यत् -द् | अलोटिष्यताम् | अलोटिष्यन् |
| लोटिष्यसि | लोटिष्यथः | लोटिष्यथ | अलोटिष्यः | अलोटिष्यतम् | अलोटिष्यत |
| लोटिष्यामि | लोटिष्यावः | लोटिष्यामः | अलोटिष्यम् | अलोटिष्याव | अलोटिष्याम |
| लोटिता | लोटितारौ | लोटितारः | लुट्यात् -द् | लुट्यास्ताम् | लुट्यासुः |
| लोटितासि | लोटितास्थः | लोटितास्थ | लुट्याः | लुट्यास्तम् | लुट्यास्त |
| लोटितास्मि | लोटितास्वः | लोटितास्मः | लुट्यासम् | लुट्यास्व | लुट्यास्म |
| लुलोट | लुलुटतुः | लुलुटुः | अलोटीत् -द् | अलोटिष्टाम् | अलोटिषुः |
| लुलोटिथ | लुलुटथुः | लुलुट | अलोटीः | अलोटिष्टम् | अलोटिष्ट |
| लुलोट | लुलुटिव | लुलुटिम | अलोटिषम् | अलोटिष्व | अलोटिष्म |

315 **चिट परप्रेष्ये । चिटँ । चिट् । चेटति** । P । **सेट्** । **अ०** । serve, obey like a servant

| | | | | | |
|---|---|---|---|---|---|
| चेटति | चेटतः | चेटन्ति | अचेटत् -द् | अचेटताम् | अचेटन् |
| चेटसि | चेटथः | चेटथ | अचेटः | अचेटतम् | अचेटत |
| चेटामि | चेटावः | चेटामः | अचेटम् | अचेटाव | अचेटाम |
| चेटतु -तात् -द् | चेटताम् | चेटन्तु | चेटेत् -द् | चेटेताम् | चेटेयुः |
| चेट -तात् -द् | चेटतम् | चेटत | चेटेः | चेटेतम् | चेटेत |
| चेटानि | चेटाव | चेटाम | चेटेयम् | चेटेव | चेटेम |
| चेटिष्यति | चेटिष्यतः | चेटिष्यन्ति | अचेटिष्यत् -द् | अचेटिष्यताम् | अचेटिष्यन् |
| चेटिष्यसि | चेटिष्यथः | चेटिष्यथ | अचेटिष्यः | अचेटिष्यतम् | अचेटिष्यत |
| चेटिष्यामि | चेटिष्यावः | चेटिष्यामः | अचेटिष्यम् | अचेटिष्याव | अचेटिष्याम |
| चेटिता | चेटितारौ | चेटितारः | चिट्यात् -द् | चिट्यास्ताम् | चिट्यासुः |
| चेटितासि | चेटितास्थः | चेटितास्थ | चिट्याः | चिट्यास्तम् | चिट्यास्त |
| चेटितास्मि | चेटितास्वः | चेटितास्मः | चिट्यासम् | चिट्यास्व | चिट्यास्म |
| चिचेट | चिचिटतुः | चिचिटुः | अचेटीत् -द् | अचेटिष्टाम् | अचेटिषुः |
| चिचेटिथ | चिचिटथुः | चिचिट | अचेटीः | अचेटिष्टम् | अचेटिष्ट |
| चिचेट | चिचिटिव | चिचिटिम | अचेटिषम् | अचेटिष्व | अचेटिष्म |

316 **विट शब्दे । विटँ । विट् । वेटति । P । सेट् । अ०** । sound, curse, rail

| | | | | | |
|---|---|---|---|---|---|
| वेटति | वेटतः | वेटन्ति | अवेटत् -द् | अवेटताम् | अवेटन् |
| वेटसि | वेटथः | वेटथ | अवेटः | अवेटतम् | अवेटत |
| वेटामि | वेटावः | वेटामः | अवेटम् | अवेटाव | अवेटाम |
| | | | | | |
| वेटतु | वेटताम् | वेटन्तु | वेटेत् -द् | वेटेताम् | वेटेयुः |
| वेट | वेटतम् | वेटत | वेटेः | वेटेतम् | वेटेत |
| वेटानि | वेटाव | वेटाम | वेटेयम् | वेटेव | वेटेम |
| | | | | | |
| वेटिष्यति | वेटिष्यतः | वेटिष्यन्ति | अवेटिष्यत् -द् | अवेटिष्यताम् | अवेटिष्यन् |
| वेटिष्यसि | वेटिष्यथः | वेटिष्यथ | अवेटिष्यः | अवेटिष्यतम् | अवेटिष्यत |
| वेटिष्यामि | वेटिष्यावः | वेटिष्यामः | अवेटिष्यम् | अवेटिष्याव | अवेटिष्याम |
| | | | | | |
| वेटिता | वेटितारौ | वेटितारः | विट्यात् -द् | विट्यास्ताम् | विट्यासुः |
| वेटितासि | वेटितास्थः | वेटितास्थ | विट्याः | विट्यास्तम् | विट्यास्त |
| वेटितास्मि | वेटितास्वः | वेटितास्मः | विट्यासम् | विट्यास्व | विट्यास्म |
| | | | | | |
| विवेट | विविटतुः | विविटुः | अवेटीत् -द् | अवेटिष्टाम् | अवेटिषुः |
| विवेटिथ | विविटथुः | विविट | अवेटीः | अवेटिष्टम् | अवेटिष्ट |
| विवेट | विविटिव | विविटिम | अवेटिषम् | अवेटिष्व | अवेटिष्म |

317 **बिट आक्रोशे । हिट इत्येके । बिटँ । बिट् । बेटति । P । सेट् । स०** । curse, abuse

| | | | | | |
|---|---|---|---|---|---|
| बेटति | बेटतः | बेटन्ति | अबेटत् -द् | अबेटताम् | अबेटन् |
| बेटसि | बेटथः | बेटथ | अबेटः | अबेटतम् | अबेटत |
| बेटामि | बेटावः | बेटामः | अबेटम् | अबेटाव | अबेटाम |
| | | | | | |
| बेटतु | बेटताम् | बेटन्तु | बेटेत् -द् | बेटेताम् | बेटेयुः |
| बेट | बेटतम् | बेटत | बेटेः | बेटेतम् | बेटेत |
| बेटानि | बेटाव | बेटाम | बेटेयम् | बेटेव | बेटेम |
| | | | | | |
| बेटिष्यति | बेटिष्यतः | बेटिष्यन्ति | अबेटिष्यत् -द् | अबेटिष्यताम् | अबेटिष्यन् |
| बेटिष्यसि | बेटिष्यथः | बेटिष्यथ | अबेटिष्यः | अबेटिष्यतम् | अबेटिष्यत |
| बेटिष्यामि | बेटिष्यावः | बेटिष्यामः | अबेटिष्यम् | अबेटिष्याव | अबेटिष्याम |
| | | | | | |
| बेटिता | बेटितारौ | बेटितारः | बिट्यात् -द् | बिट्यास्ताम् | बिट्यासुः |
| बेटितासि | बेटितास्थः | बेटितास्थ | बिट्याः | बिट्यास्तम् | बिट्यास्त |
| बेटितास्मि | बेटितास्वः | बेटितास्मः | बिट्यासम् | बिट्यास्व | बिट्यास्म |
| | | | | | |
| बिबेट | बिबिटतुः | बिबिटुः | अबेटीत् -द् | अबेटिष्टाम् | अबेटिषुः |
| बिबेटिथ | बिबिटथुः | बिबिट | अबेटीः | अबेटिष्टम् | अबेटिष्ट |
| बिबेट | बिबिटिव | बिबिटिम | अबेटिषम् | अबेटिष्व | अबेटिष्म |

318 **इट गतौ । इटँ । इट् । एटति** । P । **सेट्** । **स०** । go

| | | | | | |
|---|---|---|---|---|---|
| एटति | एटतः | एटन्ति | ऐटत् -द् | ऐटताम् | ऐटन् |
| एटसि | एटथः | एटथ | ऐटः | ऐटतम् | ऐटत |
| एटामि | एटावः | एटामः | ऐटम् | ऐटाव | ऐटाम |

| | | | | | |
|---|---|---|---|---|---|
| एटतु | एटताम् | एटन्तु | एटेत् -द् | एटेताम् | एटेयुः |
| एट | एटतम् | एटत | एटेः | एटेतम् | एटेत |
| एटानि | एटाव | एटाम | एटेयम् | एटेव | एटेम |

| | | | | | |
|---|---|---|---|---|---|
| एटिष्यति | एटिष्यतः | एटिष्यन्ति | ऐटिष्यत् -द् | ऐटिष्यताम् | ऐटिष्यन् |
| एटिष्यसि | एटिष्यथः | एटिष्यथ | ऐटिष्यः | ऐटिष्यतम् | ऐटिष्यत |
| एटिष्यामि | एटिष्यावः | एटिष्यामः | ऐटिष्यम् | ऐटिष्याव | ऐटिष्याम |

| | | | | | |
|---|---|---|---|---|---|
| एटिता | एटितारौ | एटितारः | इट्यात् -द् | इट्यास्ताम् | इट्यासुः |
| एटितासि | एटितास्थः | एटितास्थ | इट्याः | इट्यास्तम् | इट्यास्त |
| एटितास्मि | एटितास्वः | एटितास्मः | इट्यासम् | इट्यास्व | इट्यास्म |

| | | | | | |
|---|---|---|---|---|---|
| इयेट | ईटतुः | ईटुः | ऐटीत् -द् | ऐटिष्टाम् | ऐटिषुः |
| इयेटिथ | ईटथुः | ईट | ऐटीः | ऐटिष्टम् | ऐटिष्ट |
| इयेट | ईटिव | ईटिम | ऐटिषम् | ऐटिष्व | ऐटिष्म |

319 **किट गतौ । किटँ । किट् । केटति** । P । **सेट्** । **अ०** । go, terrorize

| | | | | | |
|---|---|---|---|---|---|
| केटति | केटतः | केटन्ति | अकेटत् -द् | अकेटताम् | अकेटन् |
| केटसि | केटथः | केटथ | अकेटः | अकेटतम् | अकेटत |
| केटामि | केटावः | केटामः | अकेटम् | अकेटाव | अकेटाम |

| | | | | | |
|---|---|---|---|---|---|
| केटतु | केटताम् | केटन्तु | केटेत् -द् | केटेताम् | केटेयुः |
| केट | केटतम् | केटत | केटेः | केटेतम् | केटेत |
| केटानि | केटाव | केटाम | केटेयम् | केटेव | केटेम |

| | | | | | |
|---|---|---|---|---|---|
| केटिष्यति | केटिष्यतः | केटिष्यन्ति | अकेटिष्यत् -द् | अकेटिष्यताम् | अकेटिष्यन् |
| केटिष्यसि | केटिष्यथः | केटिष्यथ | अकेटिष्यः | अकेटिष्यतम् | अकेटिष्यत |
| केटिष्यामि | केटिष्यावः | केटिष्यामः | अकेटिष्यम् | अकेटिष्याव | अकेटिष्याम |

| | | | | | |
|---|---|---|---|---|---|
| केटिता | केटितारौ | केटितारः | किट्यात् -द् | किट्यास्ताम् | किट्यासुः |
| केटितासि | केटितास्थः | केटितास्थ | किट्याः | किट्यास्तम् | किट्यास्त |
| केटितास्मि | केटितास्वः | केटितास्मः | किट्यासम् | किट्यास्व | किट्यास्म |

| | | | | | |
|---|---|---|---|---|---|
| चकेट | चिकिटतुः | चिकिटुः | अकेटीत् -द् | अकेटिष्टाम् | अकेटिषुः |
| चिकेटिथ | चिकिटथुः | चिकिट | अकेटीः | अकेटिष्टम् | अकेटिष्ट |
| चिकेट | चिकिटिव | चिकिटिम | अकेटिषम् | अकेटिष्व | अकेटिष्म |

## 320 कटी गतौ । कटीँ । कट् । कटति । P । सेट् । स० । go See Root 294 कटे वर्षावरणयोः ।

| | | | | | |
|---|---|---|---|---|---|
| कटति | कटतः | कटन्ति | अकटत् -द् | अकटताम् | अकटन् |
| कटसि | कटथः | कटथ | अकटः | अकटतम् | अकटत |
| कटामि | कटावः | कटामः | अकटम् | अकटाव | अकटाम |
| | | | | | |
| कटतु | कटताम् | कटन्तु | कटेत् -द् | कटेताम् | कटेयुः |
| कट | कटतम् | कटत | कटेः | कटेतम् | कटेत |
| कटानि | कटाव | कटाम | कटेयम् | कटेव | कटेम |
| | | | | | |
| कटिष्यति | कटिष्यतः | कटिष्यन्ति | अकटिष्यत् -द् | अकटिष्यताम् | अकटिष्यन् |
| कटिष्यसि | कटिष्यथः | कटिष्यथ | अकटिष्यः | अकटिष्यतम् | अकटिष्यत |
| कटिष्यामि | कटिष्यावः | कटिष्यामः | अकटिष्यम् | अकटिष्याव | अकटिष्याम |
| | | | | | |
| कटिता | कटितारौ | कटितारः | कट्यात् -द् | कट्यास्ताम् | कट्यासुः |
| कटितासि | कटितास्थः | कटितास्थ | कट्याः | कट्यास्तम् | कट्यास्त |
| कटितास्मि | कटितास्वः | कटितास्मः | कट्यासम् | कट्यास्व | कट्यास्म |
| | | | | | |
| चकाट | चकटतुः | चकटुः | अकटीत् -द् | अकटिष्टाम् | अकटिषुः |
| | | | अकाटीत् -द् | अकाटिष्टाम् | अकाटिषुः |
| चकटिथ | चकटथुः | चकट | अकटीः | अकटिष्टम् | अकटिष्ट |
| | | | अकाटीः | अकाटिष्टम् | अकाटिष्ट |
| चकाट चकट | चकटिव | चकटिम | अकटिषम् | अकटिष्व | अकटिष्म |
| | | | अकाटिषम् | अकाटिष्व | अकाटिष्म |

## 321 मडि भूषायाम् । मडिँ । मण्ड् । मण्डति । P । सेट् । स० । adorn

| | | | | | |
|---|---|---|---|---|---|
| मण्डति | मण्डतः | मण्डन्ति | अमण्डत् -द् | अमण्डताम् | अमण्डन् |
| मण्डसि | मण्डथः | मण्डथ | अमण्डः | अमण्डतम् | अमण्डत |
| मण्डामि | मण्डावः | मण्डामः | अमण्डम् | अमण्डाव | अमण्डाम |
| | | | | | |
| मण्डतु मण्डतात् -द्मण्डताम् | | मण्डन्तु | मण्डेत् -द् | मण्डेताम् | मण्डेयुः |
| मण्ड मण्डतात् -द् | मण्डतम् | मण्डत | मण्डेः | मण्डेतम् | मण्डेत |
| मण्डानि | मण्डाव | मण्डाम | मण्डेयम् | मण्डेव | मण्डेम |
| | | | | | |
| मण्डिष्यति | मण्डिष्यतः | मण्डिष्यन्ति | अमण्डिष्यत् -द्अमण्डिष्यताम् | | अमण्डिष्यन् |
| मण्डिष्यसि | मण्डिष्यथः | मण्डिष्यथ | अमण्डिष्यः | अमण्डिष्यतम् | अमण्डिष्यत |
| मण्डिष्यामि | मण्डिष्यावः | मण्डिष्यामः | अमण्डिष्यम् | अमण्डिष्याव | अमण्डिष्याम |
| | | | | | |
| मण्डिता | मण्डितारौ | मण्डितारः | मण्ड्यात् -द् | मण्ड्यास्ताम् | मण्ड्यासुः |
| मण्डितासि | मण्डितास्थः | मण्डितास्थ | मण्ड्याः | मण्ड्यास्तम् | मण्ड्यास्त |
| मण्डितास्मि | मण्डितास्वः | मण्डितास्मः | मण्ड्यासम् | मण्ड्यास्व | मण्ड्यास्म |

| | | | | | |
|---|---|---|---|---|---|
| ममण्ड | ममण्डतुः | ममण्डुः | अमण्डीत् -द् | अमण्डिष्टाम् | अमण्डिषुः |
| ममण्डिथ | ममण्डथुः | ममण्ड | अमण्डीः | अमण्डिष्टम् | अमण्डिष्ट |
| ममण्ड | ममण्डिव | ममण्डिम | अमण्डिषम् | अमण्डिष्व | अमण्डिष्म |

**322 कुडि वैकल्ये । कुटि इत्येके । कुडिँ । कुण्ड् । कुण्डति । P । सेट् । अ० । burn, mutilate, be blunted**

| | | | | | |
|---|---|---|---|---|---|
| कुण्डति | कुण्डतः | कुण्डन्ति | अकुण्डत् -द् | अकुण्डताम् | अकुण्डन् |
| कुण्डसि | कुण्डथः | कुण्डथ | अकुण्डः | अकुण्डतम् | अकुण्डत |
| कुण्डामि | कुण्डावः | कुण्डामः | अकुण्डम् | अकुण्डाव | अकुण्डाम |
| कुण्डतु | कुण्डताम् | कुण्डन्तु | कुण्डेत् -द् | कुण्डेताम् | कुण्डेयुः |
| कुण्ड | कुण्डतम् | कुण्डत | कुण्डेः | कुण्डेतम् | कुण्डेत |
| कुण्डानि | कुण्डाव | कुण्डाम | कुण्डेयम् | कुण्डेव | कुण्डेम |
| कुण्डिष्यति | कुण्डिष्यतः | कुण्डिष्यन्ति | अकुण्डिष्यत् -द् | अकुण्डिष्यताम् | अकुण्डिष्यन् |
| कुण्डिष्यसि | कुण्डिष्यथः | कुण्डिष्यथ | अकुण्डिष्यः | अकुण्डिष्यतम् | अकुण्डिष्यत |
| कुण्डिष्यामि | कुण्डिष्यावः | कुण्डिष्यामः | अकुण्डिष्यम् | अकुण्डिष्याव | अकुण्डिष्याम |
| कुण्डिता | कुण्डितारौ | कुण्डितारः | कुण्ड्यात् -द् | कुण्ड्यास्ताम् | कुण्ड्यासुः |
| कुण्डितासि | कुण्डितास्थः | कुण्डितास्थ | कुण्ड्याः | कुण्ड्यास्तम् | कुण्ड्यास्त |
| कुण्डितास्मि | कुण्डितास्वः | कुण्डितास्मः | कुण्ड्यासम् | कुण्ड्यास्व | कुण्ड्यास्म |
| चुकुण्ड | चुकुण्डतुः | चुकुण्डुः | अकुण्डीत् -द् | अकुण्डिष्टाम् | अकुण्डिषुः |
| चुकुण्डिथ | चुकुण्डथुः | चुकुण्ड | अकुण्डीः | अकुण्डिष्टम् | अकुण्डिष्ट |
| चुकुण्ड | चुकुण्डिव | चुकुण्डिम | अकुण्डिषम् | अकुण्डिष्व | अकुण्डिष्म |

**323 मुड मर्दने । मुट केचित् । मुडँ । मुड् । मोडति । P । सेट् । स० । punch, rub, crush, press**

| | | | | | |
|---|---|---|---|---|---|
| मोडति | मोडतः | मोडन्ति | अमोडत् -द् | अमोडताम् | अमोडन् |
| मोडसि | मोडथः | मोडथ | अमोडः | अमोडतम् | अमोडत |
| मोडामि | मोडावः | मोडामः | अमोडम् | अमोडाव | अमोडाम |
| मोडतु | मोडताम् | मोडन्तु | मोडेत् -द् | मोडेताम् | मोडेयुः |
| मोड | मोडतम् | मोडत | मोडेः | मोडेतम् | मोडेत |
| मोडानि | मोडाव | मोडाम | मोडेयम् | मोडेव | मोडेम |
| मोडिष्यति | मोडिष्यतः | मोडिष्यन्ति | अमोडिष्यत् -द् | अमोडिष्यताम् | अमोडिष्यन् |
| मोडिष्यसि | मोडिष्यथः | मोडिष्यथ | अमोडिष्यः | अमोडिष्यतम् | अमोडिष्यत |
| मोडिष्यामि | मोडिष्यावः | मोडिष्यामः | अमोडिष्यम् | अमोडिष्याव | अमोडिष्याम |
| मोडिता | मोडितारौ | मोडितारः | मुड्यात् | मुड्यास्ताम् | मुड्यासुः |
| मोडितासि | मोडितास्थः | मोडितास्थ | मुड्याः | मुड्यास्तम् | मुड्यास्त |
| मोडितास्मि | मोडितास्वः | मोडितास्मः | मुड्यासम् | मुड्यास्व | मुड्यास्म |

| | | | | | |
|---|---|---|---|---|---|
| मुमोड | मुमुडतुः | मुमुडुः | अमोडीत् -द् | अमोडिष्टाम् | अमोडिषुः |
| मुमोडिथ | मुमुडथुः | मुमुड | अमोडीः | अमोडिष्टम् | अमोडिष्ट |
| मुमोड | मुमुडिव | मुमुडिम | अमोडिषम् | अमोडिष्व | अमोडिष्म |

324 **प्रुड मर्दने । पुट केचित् । प्रुडँ । प्रुड् । प्रोडति** । P । **सेट्** । **स०** । grind, rub, fold

| | | | | | |
|---|---|---|---|---|---|
| प्रोडति | प्रोडतः | प्रोडन्ति | अप्रोडत् -द् | अप्रोडताम् | अप्रोडन् |
| प्रोडसि | प्रोडथः | प्रोडथ | अप्रोडः | अप्रोडतम् | अप्रोडत |
| प्रोडामि | प्रोडावः | प्रोडामः | अप्रोडम् | अप्रोडाव | अप्रोडाम |

| | | | | | |
|---|---|---|---|---|---|
| प्रोडतु | प्रोडताम् | प्रोडन्तु | प्रोडेत् -द् | प्रोडेताम् | प्रोडेयुः |
| प्रोड | प्रोडतम् | प्रोडत | प्रोडेः | प्रोडेतम् | प्रोडेत |
| प्रोडानि | प्रोडाव | प्रोडाम | प्रोडेयम् | प्रोडेव | प्रोडेम |

| | | | | | |
|---|---|---|---|---|---|
| प्रोडिष्यति | प्रोडिष्यतः | प्रोडिष्यन्ति | अप्रोडिष्यत् -द् | अप्रोडिष्यताम् | अप्रोडिष्यन् |
| प्रोडिष्यसि | प्रोडिष्यथः | प्रोडिष्यथ | अप्रोडिष्यः | अप्रोडिष्यतम् | अप्रोडिष्यत |
| प्रोडिष्यामि | प्रोडिष्यावः | प्रोडिष्यामः | अप्रोडिष्यम् | अप्रोडिष्याव | अप्रोडिष्याम |

| | | | | | |
|---|---|---|---|---|---|
| प्रोडिता | प्रोडितारौ | प्रोडितारः | प्रुड्यात् -द् | प्रुड्यास्ताम् | प्रुड्यासुः |
| प्रोडितासि | प्रोडितास्थः | प्रोडितास्थ | प्रुड्याः | प्रुड्यास्तम् | प्रुड्यास्त |
| प्रोडितास्मि | प्रोडितास्वः | प्रोडितास्मः | प्रुड्यासम् | प्रुड्यास्व | प्रुड्यास्म |

| | | | | | |
|---|---|---|---|---|---|
| पुप्रोड | पुप्रुडतुः | पुप्रुडुः | अप्रोडीत् -द् | अप्रोडिष्टाम् | अप्रोडिषुः |
| पुप्रोडिथ | पुप्रुडथुः | पुप्रुड | अप्रोडीः | अप्रोडिष्टम् | अप्रोडिष्ट |
| पुप्रोड | पुप्रुडिव | पुप्रुडिम | अप्रोडिषम् | अप्रोडिष्व | अप्रोडिष्म |

325 **चुडि अल्पीभावे । चुडिँ । चुण्ड् । चुण्डति** । P । **सेट्** । **अ०** । be less, be small, be a handful

| | | | | | |
|---|---|---|---|---|---|
| चुण्डति | चुण्डतः | चुण्डन्ति | अचुण्डत् -द् | अचुण्डताम् | अचुण्डन् |
| चुण्डसि | चुण्डथः | चुण्डथ | अचुण्डः | अचुण्डतम् | अचुण्डत |
| चुण्डामि | चुण्डावः | चुण्डामः | अचुण्डम् | अचुण्डाव | अचुण्डाम |

| | | | | | |
|---|---|---|---|---|---|
| चुण्डतु | चुण्डताम् | चुण्डन्तु | चुण्डेत् -द् | चुण्डेताम् | चुण्डेयुः |
| चुण्ड | चुण्डतम् | चुण्डत | चुण्डेः | चुण्डेतम् | चुण्डेत |
| चुण्डानि | चुण्डाव | चुण्डाम | चुण्डेयम् | चुण्डेव | चुण्डेम |

| | | | | | |
|---|---|---|---|---|---|
| चुण्डिष्यति | चुण्डिष्यतः | चुण्डिष्यन्ति | अचुण्डिष्यत् -द् | अचुण्डिष्यताम् | अचुण्डिष्यन् |
| चुण्डिष्यसि | चुण्डिष्यथः | चुण्डिष्यथ | अचुण्डिष्यः | अचुण्डिष्यतम् | अचुण्डिष्यत |
| चुण्डिष्यामि | चुण्डिष्यावः | चुण्डिष्यामः | अचुण्डिष्यम् | अचुण्डिष्याव | अचुण्डिष्याम |

| | | | | | |
|---|---|---|---|---|---|
| चुण्डिता | चुण्डितारौ | चुण्डितारः | चुण्ड्यात् -द् | चुण्ड्यास्ताम् | चुण्ड्यासुः |
| चुण्डितासि | चुण्डितास्थः | चुण्डितास्थ | चुण्ड्याः | चुण्ड्यास्तम् | चुण्ड्यास्त |
| चुण्डितास्मि | चुण्डितास्वः | चुण्डितास्मः | चुण्ड्यासम् | चुण्ड्यास्व | चुण्ड्यास्म |

| | | | | | |
|---|---|---|---|---|---|
| चुचुण्ड | चुचुण्डतुः | चुचुण्डुः | अचुण्डीत् -द् | अचुण्डिष्टाम् | अचुण्डिषुः |
| चुचुण्डिथ | चुचुण्डथुः | चुचुण्ड | अचुण्डीः | अचुण्डिष्टम् | अचुण्डिष्ट |
| चुचुण्ड | चुचुण्डिव | चुचुण्डिम | अचुण्डिषम् | अचुण्डिष्व | अचुण्डिष्म |

326 **मुडि खण्डने । मुटि केचित् । पुडि चेत्येके । मुडिँ । मुण्ड् । मुण्डति** । P। **सेट्** । **स०**। crush, grind, pierce

| | | | | | |
|---|---|---|---|---|---|
| मुण्डति | मुण्डतः | मुण्डन्ति | अमुण्डत् -द् | अमुण्डताम् | अमुण्डन् |
| मुण्डसि | मुण्डथः | मुण्डथ | अमुण्डः | अमुण्डतम् | अमुण्डत |
| मुण्डामि | मुण्डावः | मुण्डामः | अमुण्डम् | अमुण्डाव | अमुण्डाम |

| | | | | | |
|---|---|---|---|---|---|
| मुण्डतु | मुण्डताम् | मुण्डन्तु | मुण्डेत् -द् | मुण्डेताम् | मुण्डेयुः |
| मुण्ड | मुण्डतम् | मुण्डत | मुण्डेः | मुण्डेतम् | मुण्डेत |
| मुण्डानि | मुण्डाव | मुण्डाम | मुण्डेयम् | मुण्डेव | मुण्डेम |

| | | | | | |
|---|---|---|---|---|---|
| मुण्डिष्यति | मुण्डिष्यतः | मुण्डिष्यन्ति | अमुण्डिष्यत् -द् | अमुण्डिष्यताम् | अमुण्डिष्यन् |
| मुण्डिष्यसि | मुण्डिष्यथः | मुण्डिष्यथ | अमुण्डिष्यः | अमुण्डिष्यतम् | अमुण्डिष्यत |
| मुण्डिष्यामि | मुण्डिष्यावः | मुण्डिष्यामः | अमुण्डिष्यम् | अमुण्डिष्याव | अमुण्डिष्याम |

| | | | | | |
|---|---|---|---|---|---|
| मुण्डिता | मुण्डितारौ | मुण्डितारः | मुण्ड्यात् -द् | मुण्ड्यास्ताम् | मुण्ड्यासुः |
| मुण्डितासि | मुण्डितास्थः | मुण्डितास्थ | मुण्ड्याः | मुण्ड्यास्तम् | मुण्ड्यास्त |
| मुण्डितास्मि | मुण्डितास्वः | मुण्डितास्मः | मुण्ड्यासम् | मुण्ड्यास्व | मुण्ड्यास्म |

| | | | | | |
|---|---|---|---|---|---|
| मुमुण्ड | मुमुण्डतुः | मुमुण्डुः | अमुण्डीत् -द् | अमुण्डिष्टाम् | अमुण्डिषुः |
| मुमुण्डिथ | मुमुण्डथुः | मुमुण्ड | अमुण्डीः | अमुण्डिष्टम् | अमुण्डिष्ट |
| मुमुण्ड | मुमुण्डिव | मुमुण्डिम | अमुण्डिषम् | अमुण्डिष्व | अमुण्डिष्म |

327 **रुटि स्तेये । रुटिँ । रुण्ट् । रुण्टति** । P । **सेट्** । **स०** । steal, rob

| | | | | | |
|---|---|---|---|---|---|
| रुण्टति | रुण्टतः | रुण्टन्ति | अरुण्टत् -द् | अरुण्टताम् | अरुण्टन् |
| रुण्टसि | रुण्टथः | रुण्टथ | अरुण्टः | अरुण्टतम् | अरुण्टत |
| रुण्टामि | रुण्टावः | रुण्टामः | अरुण्टम् | अरुण्टाव | अरुण्टाम |

| | | | | | |
|---|---|---|---|---|---|
| रुण्टतु | रुण्टताम् | रुण्टन्तु | रुण्टेत् -द् | रुण्टेताम् | रुण्टेयुः |
| रुण्ट | रुण्टतम् | रुण्टत | रुण्टेः | रुण्टेतम् | रुण्टेत |
| रुण्टानि | रुण्टाव | रुण्टाम | रुण्टेयम् | रुण्टेव | रुण्टेम |

| | | | | | |
|---|---|---|---|---|---|
| रुण्टिष्यति | रुण्टिष्यतः | रुण्टिष्यन्ति | अरुण्टिष्यत् -द् | अरुण्टिष्यताम् | अरुण्टिष्यन् |
| रुण्टिष्यसि | रुण्टिष्यथः | रुण्टिष्यथ | अरुण्टिष्यः | अरुण्टिष्यतम् | अरुण्टिष्यत |
| रुण्टिष्यामि | रुण्टिष्यावः | रुण्टिष्यामः | अरुण्टिष्यम् | अरुण्टिष्याव | अरुण्टिष्याम |

| | | | | | |
|---|---|---|---|---|---|
| रुण्टिता | रुण्टितारौ | रुण्टितारः | रुण्ट्यात् -द् | रुण्ट्यास्ताम् | रुण्ट्यासुः |
| रुण्टितासि | रुण्टितास्थः | रुण्टितास्थ | रुण्ट्याः | रुण्ट्यास्तम् | रुण्ट्यास्त |
| रुण्टितास्मि | रुण्टितास्वः | रुण्टितास्मः | रुण्ट्यासम् | रुण्ट्यास्व | रुण्ट्यास्म |

| | | | | | |
|---|---|---|---|---|---|
| रुरुण्ट | रुरुण्टतुः | रुरुण्टुः | अरुण्टीत् -द् | अरुण्टिष्टाम् | अरुण्टषुः |
| रुरुण्टिथ | रुरुण्टथुः | रुरुण्ट | अरुण्टीः | अरुण्टिष्टम् | अरुण्टष्ट |
| रुरुण्ट | रुरुण्टिव | रुरुण्टिम | अरुण्टिषम् | अरुण्टिष्व | अरुण्टिष्म |

328 **लुटि स्तेये । रुठि लुठि इत्येके । रुडि लुडि इत्यपरे । लुटिँ । लुण्ट् । लुण्टति** । P । **सेट् । स० ।** steal, rob, plunder, despise

| | | | | | |
|---|---|---|---|---|---|
| लुण्टति | लुण्टतः | लुण्टन्ति | अलुण्टत् -द् | अलुण्टताम् | अलुण्टन् |
| लुण्टसि | लुण्टथः | लुण्टथ | अलुण्टः | अलुण्टतम् | अलुण्टत |
| लुण्टामि | लुण्टावः | लुण्टामः | अलुण्टम् | अलुण्टाव | अलुण्टाम |
| | | | | | |
| लुण्टतु | लुण्टताम् | लुण्टन्तु | लुण्टेत् -द् | लुण्टेताम् | लुण्टेयुः |
| लुण्ट | लुण्टतम् | लुण्टत | लुण्टेः | लुण्टेतम् | लुण्टेत |
| लुण्टानि | लुण्टाव | लुण्टाम | लुण्टेयम् | लुण्टेव | लुण्टेम |
| | | | | | |
| लुण्टिष्यति | लुण्टिष्यतः | लुण्टिष्यन्ति | अलुण्टिष्यत् -द् | अलुण्टिष्यताम् | अलुण्टिष्यन् |
| लुण्टिष्यसि | लुण्टिष्यथः | लुण्टिष्यथ | अलुण्टिष्यः | अलुण्टिष्यतम् | अलुण्टिष्यत |
| लुण्टिष्यामि | लुण्टिष्यावः | लुण्टिष्यामः | अलुण्टिष्यम् | अलुण्टिष्याव | अलुण्टिष्याम |
| | | | | | |
| लुण्टिता | लुण्टितारौ | लुण्टितारः | लुण्ट्यात् -द् | लुण्ट्यास्ताम् | लुण्ट्यासुः |
| लुण्टितासि | लुण्टितास्थः | लुण्टितास्थ | लुण्ट्याः | लुण्ट्यास्तम् | लुण्ट्यास्त |
| लुण्टितास्मि | लुण्टितास्वः | लुण्टितास्मः | लुण्ट्यासम् | लुण्ट्यास्व | लुण्ट्यास्म |
| | | | | | |
| लुलुण्ट | लुलुण्टतुः | लुलुण्टुः | अलुण्टीत् -द् | अलुण्टिष्टाम् | अलुण्टषुः |
| लुलुण्टिथ | लुलुण्टथुः | लुलुण्ट | अलुण्टीः | अलुण्टिष्टम् | अलुण्टष्ट |
| लुलुण्ट | लुलुण्टिव | लुलुण्टिम | अलुण्टिषम् | अलुण्टिष्व | अलुण्टिष्म |

329 **स्फुटिर् विशरणे । स्फुटि इत्यपि केचित् । स्फुटिँर् । स्फुट् । स्फोटति** । P । **सेट् । अ० ।** destroy, be destroyed, blast 3.1.57 **इरितो वा ।**

| | | | | | |
|---|---|---|---|---|---|
| **स्फोटति** | **स्फोटतः** | **स्फोटन्ति** | **अस्फोटत् -द्** | **अस्फोटताम्** | **अस्फोटन्** |
| **स्फोटसि** | **स्फोटथः** | **स्फोटथ** | **अस्फोटः** | **अस्फोटतम्** | **अस्फोटत** |
| **स्फोटामि** | **स्फोटावः** | **स्फोटामः** | **अस्फोटम्** | **अस्फोटाव** | **अस्फोटाम** |
| | | | | | |
| **स्फोटतु** | **स्फोटताम्** | **स्फोटन्तु** | **स्फोटेत् -द्** | **स्फोटेताम्** | **स्फोटेयुः** |
| **स्फोट** | **स्फोटतम्** | **स्फोटत** | **स्फोटेः** | **स्फोटेतम्** | **स्फोटेत** |
| **स्फोटानि** | **स्फोटाव** | **स्फोटाम** | **स्फोटेयम्** | **स्फोटेव** | **स्फोटेम** |
| | | | | | |
| **स्फोटिष्यति** | **स्फोटिष्यतः** | **स्फोटिष्यन्ति** | **अस्फोटिष्यत् -द्** | **अस्फोटिष्यताम्** | **अस्फोटिष्यन्** |
| **स्फोटिष्यसि** | **स्फोटिष्यथः** | **स्फोटिष्यथ** | **अस्फोटिष्यः** | **अस्फोटिष्यतम्** | **अस्फोटिष्यत** |
| **स्फोटिष्यामि** | **स्फोटिष्यावः** | **स्फोटिष्यामः** | **अस्फोटिष्यम्** | **अस्फोटिष्याव** | **अस्फोटिष्याम** |

| | | | | | |
|---|---|---|---|---|---|
| स्फोटिता | स्फोटितारौ | स्फोटितारः | स्फुट्यात् -द् | स्फुट्यास्ताम् | स्फुट्यासुः |
| स्फोटितासि | स्फोटितास्थः | स्फोटितास्थ | स्फुट्याः | स्फुट्यास्तम् | स्फुट्यास्त |
| स्फोटितास्मि | स्फोटितास्वः | स्फोटितास्मः | स्फुट्यासम् | स्फुट्यास्व | स्फुट्यास्म |

| | | | | | |
|---|---|---|---|---|---|
| पुस्फोट | पुस्फुटतुः | पुस्फुटुः | अस्फोटीत् -द् | अस्फोटिष्टाम् | अस्फोटिषुः |
| | | | अस्फुटत् -द् | अस्फुटताम् | अस्फुटन् |
| पुस्फोटिथ | पुस्फुटथुः | पुस्फुट | अस्फोटीः | अस्फोटिष्टम् | अस्फोटिष्ट |
| | | | अस्फुटः | अस्फुटतम् | अस्फुटत |
| पुस्फोट | पुस्फुटिव | पुस्फुटिम | अस्फोटिषम् | अस्फोटिष्व | अस्फोटिष्म |
| | | | अस्फुटम् | अस्फुटाव | अस्फुटाम |

330 पठ व्यक्तायां वाचि । पठँ । पठ् । पठति । P । सेट् । स० । read, learn

| | | | | | |
|---|---|---|---|---|---|
| पठति | पठतः | पठन्ति | अपठत् -द् | अपठताम् | अपठन् |
| पठसि | पठथः | पठथ | अपठः | अपठतम् | अपठत |
| पठामि | पठावः | पठामः | अपठम् | अपठाव | अपठाम |

| | | | | | |
|---|---|---|---|---|---|
| पठतु पठतात् -द् | पठताम् | पठन्तु | पठेत् -द् | पठेताम् | पठेयुः |
| पठ पठतात् -द् | पठतम् | पठत | पठेः | पठेतम् | पठेत |
| पठानि | पठाव | पठाम | पठेयम् | पठेव | पठेम |

| | | | | | |
|---|---|---|---|---|---|
| पठिष्यति | पठिष्यतः | पठिष्यन्ति | अपठिष्यत् -द् | अपठिष्यताम् | अपठिष्यन् |
| पठिष्यसि | पठिष्यथः | पठिष्यथ | अपठिष्यः | अपठिष्यतम् | अपठिष्यत |
| पठिष्यामि | पठिष्यावः | पठिष्यामः | अपठिष्यम् | अपठिष्याव | अपठिष्याम |

| | | | | | |
|---|---|---|---|---|---|
| पठिता | पठितारौ | पठितारः | पठ्यात् -द् | पठ्यास्ताम् | पठ्यासुः |
| पठितासि | पठितास्थः | पठितास्थ | पठ्याः | पठ्यास्तम् | पठ्यास्त |
| पठितास्मि | पठितास्वः | पठितास्मः | पठ्यासम् | पठ्यास्व | पठ्यास्म |

| | | | | | |
|---|---|---|---|---|---|
| पपाठ | पेठतुः | पेठुः | अपठीत् -द् | अपठिष्टाम् | अपठिषुः |
| | | | अपाठीत् -द् | अपाठिष्टाम् | अपाठिषुः |
| पेठिथ | पेठथुः | पेठ | अपठीः | अपठिष्टम् | अपठिष्ट |
| | | | अपाठीः | अपाठिष्टम् | अपाठिष्ट |
| पपाठ पपठ | पेठिव | पेठिम | अपठिषम् | अपठिष्व | अपठिष्म |
| | | | अपाठिषम् | अपाठिष्व | अपाठिष्म |

331 वठ स्थौल्ये । वठँ । वठ् । वठति । P । सेट् । अ० । be powerful, be fat

| | | | | | |
|---|---|---|---|---|---|
| वठति | वठतः | वठन्ति | अवठत् -द् | अवठताम् | अवठन् |

| | | | | | | |
|---|---|---|---|---|---|---|
| वठसि | वठथः | वठथ | | अवठः | अवठतम् | अवठत |
| वठामि | वठावः | वठामः | | अवठम् | अवठाव | अवठाम |
| | | | | | | |
| वठतु वठतात् -द् | वठताम् | वठन्तु | | वठेत् -द् | वठेताम् | वठेयुः |
| वठ वठतात् -द् | वठतम् | वठत | | वठेः | वठेतम् | वठेत |
| वठानि | वठाव | वठाम | | वठेयम् | वठेव | वठेम |
| | | | | | | |
| वठिष्यति | वठिष्यतः | वठिष्यन्ति | | अवठिष्यत् -द् | अवठिष्यताम् | अवठिष्यन् |
| वठिष्यसि | वठिष्यथः | वठिष्यथ | | अवठिष्यः | अवठिष्यतम् | अवठिष्यत |
| वठिष्यामि | वठिष्यावः | वठिष्यामः | | अवठिष्यम् | अवठिष्याव | अवठिष्याम |
| | | | | | | |
| वठिता | वठितारौ | वठितारः | | वठ्यात् -द् | वठ्यास्ताम् | वठ्यासुः |
| वठितासि | वठितास्थः | वठितास्थ | | वठ्याः | वठ्यास्तम् | वठ्यास्त |
| वठितास्मि | वठितास्वः | वठितास्मः | | वठ्यासम् | वठ्यास्व | वठ्यास्म |
| | | | | | | |
| ववाठ | ववठतुः | ववठुः | | अवठीत् -द् | अवठिष्टाम् | अवठिषुः |
| | | | | अवाठीत् -द् | अवाठिष्टाम् | अवाठिषुः |
| ववठिथ | ववठथुः | ववठ | | अवठीः | अवठिष्टम् | अवठिष्ट |
| | | | | अवाठीः | अवाठिष्टम् | अवाठिष्ट |
| ववाठ ववठ | ववठिव | ववठिम | | अवठिषम् | अवठिष्व | अवठिष्म |
| | | | | अवाठिषम् | अवाठिष्व | अवाठिष्म |

332 मठ मदनिवासयोः । मठँ । मठ् । मठति । P । सेट् । अ० । be arrogant, reside

| | | | | | | |
|---|---|---|---|---|---|---|
| मठति | मठतः | मठन्ति | | अमठत् -द् | अमठताम् | अमठन् |
| मठसि | मठथः | मठथ | | अमठः | अमठतम् | अमठत |
| मठामि | मठावः | मठामः | | अमठम् | अमठाव | अमठाम |
| | | | | | | |
| मठतु | मठताम् | मठन्तु | | मठेत् -द् | मठेताम् | मठेयुः |
| मठ | मठतम् | मठत | | मठेः | मठेतम् | मठेत |
| मठानि | मठाव | मठाम | | मठेयम् | मठेव | मठेम |
| | | | | | | |
| मठिष्यति | मठिष्यतः | मठिष्यन्ति | | अमठिष्यत् -द् | अमठिष्यताम् | अमठिष्यन् |
| मठिष्यसि | मठिष्यथः | मठिष्यथ | | अमठिष्यः | अमठिष्यतम् | अमठिष्यत |
| मठिष्यामि | मठिष्यावः | मठिष्यामः | | अमठिष्यम् | अमठिष्याव | अमठिष्याम |
| | | | | | | |
| मठिता | मठितारौ | मठितारः | | मठ्यात् -द् | मठ्यास्ताम् | मठ्यासुः |
| मठितासि | मठितास्थः | मठितास्थ | | मठ्याः | मठ्यास्तम् | मठ्यास्त |

| मठितास्मि | मठितास्वः | मठितास्मः | मठ्यासम् | मठ्यास्व | मठ्यास्म |
| ममाठ | मेठतुः | मेठुः | अमठीत् -द् | अमठिष्टाम् | अमठिषुः |
|  |  |  | अमाठीत् -द् | अमाठिष्टाम् | अमाठिषुः |
| मेठिथ | मेठथुः | मेठ | अमठीः | अमठिष्टम् | अमठिष्ट |
|  |  |  | अमाठीः | अमाठिष्टम् | अमाठिष्ट |
| ममाठ ममठ | मेठिव | मेठिम | अमठिषम् | अमठिष्व | अमठिष्म |
|  |  |  | अमाठिषम् | अमाठिष्व | अमाठिष्म |

333 कठ कृच्छ्रजीवने । कठँ । कठ् । कठति । P । सेट् । अ० । live in difficulty

| कठति | कठतः | कठन्ति | अकठत् -द् | अकठताम् | अकठन् |
| कठसि | कठथः | कठथ | अकठः | अकठतम् | अकठत |
| कठामि | कठावः | कठामः | अकठम् | अकठाव | अकठाम |

| कठतु | कठताम् | कठन्तु | कठेत् -द् | कठेताम् | कठेयुः |
| कठ | कठतम् | कठत | कठेः | कठेतम् | कठेत |
| कठानि | कठाव | कठाम | कठेयम् | कठेव | कठेम |

| कठिष्यति | कठिष्यतः | कठिष्यन्ति | अकठिष्यत् -द् | अकठिष्यताम् | अकठिष्यन् |
| कठिष्यसि | कठिष्यथः | कठिष्यथ | अकठिष्यः | अकठिष्यतम् | अकठिष्यत |
| कठिष्यामि | कठिष्यावः | कठिष्यामः | अकठिष्यम् | अकठिष्याव | अकठिष्याम |

| कठिता | कठितारौ | कठितारः | कठ्यात् -द् | कठ्यास्ताम् | कठ्यासुः |
| कठितासि | कठितास्थः | कठितास्थ | कठ्याः | कठ्यास्तम् | कठ्यास्त |
| कठितास्मि | कठितास्वः | कठितास्मः | कठ्यासम् | कठ्यास्व | कठ्यास्म |

| चकाठ | चकठतुः | चकठुः | अकठीत् -द् | अकठिष्टाम् | अकठिषुः |
|  |  |  | अकाठीत् -द् | अकाठिष्टाम् | अकाठिषुः |
| चकठिथ | चकठथुः | चकठ | अकठीः | अकठिष्टम् | अकठिष्ट |
|  |  |  | अकाठीः | अकाठिष्टम् | अकाठिष्ट |
| चकाठ चकठ | चकठिव | चकठिम | अकठिषम् | अकठिष्व | अकठिष्म |
|  |  |  | अकाठिषम् | अकाठिष्व | अकाठिष्म |

334 रट परिभाषणे । रठ इत्येके । रटँ । रट् । रटति । P । सेट् । स० । speak, shout, yell

| रटति | रटतः | रटन्ति | अरटत् -द् | अरटताम् | अरटन् |
| रटसि | रटथः | रटथ | अरटः | अरटतम् | अरटत |
| रटामि | रटावः | रटामः | अरटम् | अरटाव | अरटाम |

| | | | | | |
|---|---|---|---|---|---|
| रटतु | रटताम् | रटन्तु | रटेत् -द् | रटेताम् | रटेयुः |
| रट | रटतम् | रटत | रटेः | रटेतम् | रटेत |
| रटानि | रटाव | रटाम | रटेयम् | रटेव | रटेम |
| | | | | | |
| रटिष्यति | रटिष्यतः | रटिष्यन्ति | अरटिष्यत् -द् | अरटिष्यताम् | अरटिष्यन् |
| रटिष्यसि | रटिष्यथः | रटिष्यथ | अरटिष्यः | अरटिष्यतम् | अरटिष्यत |
| रटिष्यामि | रटिष्यावः | रटिष्यामः | अरटिष्यम् | अरटिष्याव | अरटिष्याम |
| | | | | | |
| रटिता | रटितारौ | रटितारः | रट्यात् -द् | रट्यास्ताम् | रट्यासुः |
| रटितासि | रटितास्थः | रटितास्थ | रट्याः | रट्यास्तम् | रट्यास्त |
| रटितास्मि | रटितास्वः | रटितास्मः | रट्यासम् | रट्यास्व | रट्यास्म |
| | | | | | |
| रराट | रेटतुः | रेटुः | अरटीत् -द् | अरटिष्टाम् | अरटिषुः |
| | | | अराटीत् -द् | अराटिष्टाम् | अराटिषुः |
| रेटिथ | रेटथुः | रेट | अरटीः | अरटिष्टम् | अरटिष्ट |
| | | | अराटीः | अराटिष्टम् | अराटिष्ट |
| रराट ररट | रेटिव | रेटिम | अरटिषम् | अरटिष्व | अरटिष्म |
| | | | अराटिषम् | अराटिष्व | अराटिष्म |

335 हठ प्लुतिशठत्वयोः । बलात्कार इत्यन्ये । हठँ । हठ् । हठति । P । सेट् । अ० । jump, hop, be wicked

| | | | | | |
|---|---|---|---|---|---|
| हठति | हठतः | हठन्ति | अहठत् -द् | अहठताम् | अहठन् |
| हठसि | हठथः | हठथ | अहठः | अहठतम् | अहठत |
| हठामि | हठावः | हठामः | अहठम् | अहठाव | अहठाम |
| | | | | | |
| हठतु | हठताम् | हठन्तु | हठेत् -द् | हठेताम् | हठेयुः |
| हठ | हठतम् | हठत | हठेः | हठेतम् | हठेत |
| हठानि | हठाव | हठाम | हठेयम् | हठेव | हठेम |
| | | | | | |
| हठिष्यति | हठिष्यतः | हठिष्यन्ति | अहठिष्यत् -द् | अहठिष्यताम् | अहठिष्यन् |
| हठिष्यसि | हठिष्यथः | हठिष्यथ | अहठिष्यः | अहठिष्यतम् | अहठिष्यत |
| हठिष्यामि | हठिष्यावः | हठिष्यामः | अहठिष्यम् | अहठिष्याव | अहठिष्याम |
| | | | | | |
| हठिता | हठितारौ | हठितारः | हठ्यात् -द् | हठ्यास्ताम् | हठ्यासुः |
| हठितासि | हठितास्थः | हठितास्थ | हठ्याः | हठ्यास्तम् | हठ्यास्त |
| हठितास्मि | हठितास्वः | हठितास्मः | हठ्यासम् | हठ्यास्व | हठ्यास्म |

| जहाठ | जहठतुः | जहठुः | अहठीत् -द् | अहठिष्टाम् | अहठिषुः |
| | | | अहाठीत् -द् | अहाठिष्टाम् | अहाठिषुः |
| जहठिथ | जहठथुः | जहठ | अहठीः | अहठिष्टम् | अहठिष्ट |
| | | | अहाठीः | अहाठिष्टम् | अहाठिष्ट |
| जहाठ जहठ | जहठिव | जहठिम | अहठिषम् | अहठिष्व | अहठिष्म |
| | | | अहाठिषम् | अहाठिष्व | अहाठिष्म |

**336 रुठ उपघाते । रुट केचित् । रुठँ । रुठ् । रोठति । P । सेट् । स० । strike against, fall down, lie flat**

| रोठति | रोठतः | रोठन्ति | अरोठत् -द् | अरोठताम् | अरोठन् |
| रोठसि | रोठथः | रोठथ | अरोठः | अरोठतम् | अरोठत |
| रोठामि | रोठावः | रोठामः | अरोठम् | अरोठाव | अरोठाम |

| रोठतु | रोठताम् | रोठन्तु | रोठेत् -द् | रोठेताम् | रोठेयुः |
| रोठ | रोठतम् | रोठत | रोठेः | रोठेतम् | रोठेत |
| रोठानि | रोठाव | रोठाम | रोठेयम् | रोठेव | रोठेम |

| रोठिष्यति | रोठिष्यतः | रोठिष्यन्ति | अरोठिष्यत् -द् | अरोठिष्यताम् | अरोठिष्यन् |
| रोठिष्यसि | रोठिष्यथः | रोठिष्यथ | अरोठिष्यः | अरोठिष्यतम् | अरोठिष्यत |
| रोठिष्यामि | रोठिष्यावः | रोठिष्यामः | अरोठिष्यम् | अरोठिष्याव | अरोठिष्याम |

| रोठिता | रोठितारौ | रोठितारः | रुठ्यात् -द् | रुठ्यास्ताम् | रुठ्यासुः |
| रोठितासि | रोठितास्थः | रोठितास्थ | रुठ्याः | रुठ्यास्तम् | रुठ्यास्त |
| रोठितास्मि | रोठितास्वः | रोठितास्मः | रुठ्यासम् | रुठ्यास्व | रुठ्यास्म |

| रुरोठ | रुरुठतुः | रुरुठुः | अरोठीत् -द् | अरोठिष्टाम् | अरोठिषुः |
| रुरोठिथ | रुरुठथुः | रुरुठ | अरोठीः | अरोठिष्टम् | अरोठिष्ट |
| रुरोठ | रुरुठिव | रुरुठिम | अरोठिषम् | अरोठिष्व | अरोठिष्म |

**337 लुठ उपघाते । लुठँ । लुठ् । लोठति । P । सेट् । स० । knock down, roll on ground**

| लोठति | लोठतः | लोठन्ति | अलोठत् -द् | अलोठताम् | अलोठन् |
| लोठसि | लोठथः | लोठथ | अलोठः | अलोठतम् | अलोठत |
| लोठामि | लोठावः | लोठामः | अलोठम् | अलोठाव | अलोठाम |

| लोठतु | लोठताम् | लोठन्तु | लोठेत् -द् | लोठेताम् | लोठेयुः |
| लोठ | लोठतम् | लोठत | लोठेः | लोठेतम् | लोठेत |
| लोठानि | लोठाव | लोठाम | लोठेयम् | लोठेव | लोठेम |

| | | | | | |
|---|---|---|---|---|---|
| लोठिष्यति | लोठिष्यतः | लोठिष्यन्ति | अलोठिष्यत् -द् | अलोठिष्यताम् | अलोठिष्यन् |
| लोठिष्यसि | लोठिष्यथः | लोठिष्यथ | अलोठिष्यः | अलोठिष्यतम् | अलोठिष्यत |
| लोठिष्यामि | लोठिष्यावः | लोठिष्यामः | अलोठिष्यम् | अलोठिष्याव | अलोठिष्याम |
| | | | | | |
| लोठिता | लोठितारौ | लोठितारः | लुठ्यात् -द् | लुठ्यास्ताम् | लुठ्यासुः |
| लोठितासि | लोठितास्थः | लोठितास्थ | लुठ्याः | लुठ्यास्तम् | लुठ्यास्त |
| लोठितास्मि | लोठितास्वः | लोठितास्मः | लुठ्यासम् | लुठ्यास्व | लुठ्यास्म |
| | | | | | |
| लुलोठ | लुलुठतुः | लुलुठुः | अलोठीत् -द् | अलोठिष्टाम् | अलोठिषुः |
| लुलोठिथ | लुलुठथुः | लुलुठ | अलोठीः | अलोठिष्टम् | अलोठिष्ट |
| लुलोठ | लुलुठिव | लुलुठिम | अलोठिषम् | अलोठिष्व | अलोठिष्म |

338 उठ उपघाते । ऊठ इत्येके । उठँ । उठ् । ओठति । P* । सेट् । स० । strike, destroy, beat
6.4.78 अभ्यासस्यासवर्णे ।

| | | | | | |
|---|---|---|---|---|---|
| ओठति | ओठतः | ओठन्ति | औठत् -द् | औठताम् | औठन् |
| ओठसि | ओठथः | ओठथ | औठः | औठतम् | औठत |
| ओठामि | ओठावः | ओठामः | औठम् | औठाव | औठाम |
| | | | | | |
| ओठतु | ओठताम् | ओठन्तु | ओठेत् -द् | ओठेताम् | ओठेयुः |
| ओठ | ओठतम् | ओठत | ओठेः | ओठेतम् | ओठेत |
| ओठानि | ओठाव | ओठाम | ओठेयम् | ओठेव | ओठेम |
| | | | | | |
| ओठिष्यति | ओठिष्यतः | ओठिष्यन्ति | औठिष्यत् -द् | औठिष्यताम् | औठिष्यन् |
| ओठिष्यसि | ओठिष्यथः | ओठिष्यथ | औठिष्यः | औठिष्यतम् | औठिष्यत |
| ओठिष्यामि | ओठिष्यावः | ओठिष्यामः | औठिष्यम् | औठिष्याव | औठिष्याम |
| | | | | | |
| ओठिता | ओठितारौ | ओठितारः | उठ्यात् -द् | उठ्यास्ताम् | उठ्यासुः |
| ओठितासि | ओठितास्थः | ओठितास्थ | उठ्याः | उठ्यास्तम् | उठ्यास्त |
| ओठितास्मि | ओठितास्वः | ओठितास्मः | उठ्यासम् | उठ्यास्व | उठ्यास्म |
| | | | | | |
| उवोठ | ऊठतुः | ऊठुः | औठीत् -द् | औठिष्टाम् | औठिषुः |
| उवोठिथ | ऊठथुः | ऊठ | औठीः | औठिष्टम् | औठिष्ट |
| उवोठ | ऊठिव | ऊठिम | औठिषम् | औठिष्व | औठिष्म |

339 पिठ हिंसासङ्क्लेशनयोः । पिठँ । पिठ् । पेठति । P । सेट् । स० । inflict pain, feel pain

| | | | | | |
|---|---|---|---|---|---|
| पेठति | पेठतः | पेठन्ति | अपेठत् -द् | अपेठताम् | अपेठन् |
| पेठसि | पेठथः | पेठथ | अपेठः | अपेठतम् | अपेठत |

| पेठामि | पेठावः | पेठामः | अपेठम् | अपेठाव | अपेठाम |

| पेठतु | पेठताम् | पेठन्तु | पेठेत् -द् | पेठेताम् | पेठेयुः |
| पेठ | पेठतम् | पेठत | पेठेः | पेठेतम् | पेठेत |
| पेठानि | पेठाव | पेठाम | पेठेयम् | पेठेव | पेठेम |

| पेठिष्यति | पेठिष्यतः | पेठिष्यन्ति | अपेठिष्यत् -द् | अपेठिष्यताम् | अपेठिष्यन् |
| पेठिष्यसि | पेठिष्यथः | पेठिष्यथ | अपेठिष्यः | अपेठिष्यतम् | अपेठिष्यत |
| पेठिष्यामि | पेठिष्यावः | पेठिष्यामः | अपेठिष्यम् | अपेठिष्याव | अपेठिष्याम |

| पेठिता | पेठितारौ | पेठितारः | पिठ्यात् -द् | पिठ्यास्ताम् | पिठ्यासुः |
| पेठितासि | पेठितास्थः | पेठितास्थ | पिठ्याः | पिठ्यास्तम् | पिठ्यास्त |
| पेठितास्मि | पेठितास्वः | पेठितास्मः | पिठ्यासम् | पिठ्यास्व | पिठ्यास्म |

| पिपेठ | पिपिठतुः | पिपिठुः | अपेठीत् -द् | अपेठिष्टाम् | अपेठिषुः |
| पिपेठिथ | पिपिठथुः | पिपिठ | अपेठीः | अपेठिष्टम् | अपेठिष्ट |
| पिपेठ | पिपिठिव | पिपिठिम | अपेठिषम् | अपेठिष्व | अपेठिष्म |

340 शठ कैतवे च । शठँ । शठ् । शठति । P । सेट् । स० । deceive, cheat, suffer

| शठति | शठतः | शठन्ति | अशठत् -द् | अशठताम् | अशठन् |
| शठसि | शठथः | शठथ | अशठः | अशठतम् | अशठत |
| शठामि | शठावः | शठामः | अशठम् | अशठाव | अशठाम |

| शठतु | शठताम् | शठन्तु | शठेत् -द् | शठेताम् | शठेयुः |
| शठ | शठतम् | शठत | शठेः | शठेतम् | शठेत |
| शठानि | शठाव | शठाम | शठेयम् | शठेव | शठेम |

| शठिष्यति | शठिष्यतः | शठिष्यन्ति | अशठिष्यत् -द् | अशठिष्यताम् | अशठिष्यन् |
| शठिष्यसि | शठिष्यथः | शठिष्यथ | अशठिष्यः | अशठिष्यतम् | अशठिष्यत |
| शठिष्यामि | शठिष्यावः | शठिष्यामः | अशठिष्यम् | अशठिष्याव | अशठिष्याम |

| शठिता | शठितारौ | शठितारः | शठ्यात् -द् | शठ्यास्ताम् | शठ्यासुः |
| शठितासि | शठितास्थः | शठितास्थ | शठ्याः | शठ्यास्तम् | शठ्यास्त |
| शठितास्मि | शठितास्वः | शठितास्मः | शठ्यासम् | शठ्यास्व | शठ्यास्म |

| शशाठ | शेठतुः | शेठुः | अशठीत् -द् | अशठिष्टाम् | अशठिषुः |
| | | | अशाठीत् -द् | अशाठिष्टाम् | अशाठिषुः |

| | | | | | |
|---|---|---|---|---|---|
| शेठिथ | शेठथुः | शेठ | अशठीः | अशठिष्टम् | अशठिष्ट |
| | | | अशाठीः | अशाठिष्टम् | अशाठिष्ट |
| शशाठ शशठ | शेठिव | शेठिम | अशठिषम् | अशठिष्व | अशठिष्म |
| | | | अशाठिषम् | अशाठिष्व | अशाठिष्म |

341 शुठ गतिप्रतिघाते । शुठि इति स्वामी । शुठँ । शुठ् । शोठति । P । सेट् । स० । obstruct, be obstructed, limp

| | | | | | |
|---|---|---|---|---|---|
| शोठति | शोठतः | शोठन्ति | अशोठत् -द् | अशोठताम् | अशोठन् |
| शोठसि | शोठथः | शोठथ | अशोठः | अशोठतम् | अशोठत |
| शोठामि | शोठावः | शोठामः | अशोठम् | अशोठाव | अशोठाम |

| | | | | | |
|---|---|---|---|---|---|
| शोठतु | शोठताम् | शोठन्तु | शोठेत् -द् | शोठेताम् | शोठेयुः |
| शोठ | शोठतम् | शोठत | शोठेः | शोठेतम् | शोठेत |
| शोठानि | शोठाव | शोठाम | शोठेयम् | शोठेव | शोठेम |

| | | | | | |
|---|---|---|---|---|---|
| शोठिष्यति | शोठिष्यतः | शोठिष्यन्ति | अशोठिष्यत् -द् | अशोठिष्यताम् | अशोठिष्यन् |
| शोठिष्यसि | शोठिष्यथः | शोठिष्यथ | अशोठिष्यः | अशोठिष्यतम् | अशोठिष्यत |
| शोठिष्यामि | शोठिष्यावः | शोठिष्यामः | अशोठिष्यम् | अशोठिष्याव | अशोठिष्याम |

| | | | | | |
|---|---|---|---|---|---|
| शोठिता | शोठितारौ | शोठितारः | शुठ्यात् -द् | शुठ्यास्ताम् | शुठ्यासुः |
| शोठितासि | शोठितास्थः | शोठितास्थ | शुठ्याः | शुठ्यास्तम् | शुठ्यास्त |
| शोठितास्मि | शोठितास्वः | शोठितास्मः | शुठ्यासम् | शुठ्यास्व | शुठ्यास्म |

| | | | | | |
|---|---|---|---|---|---|
| शुशोठ | शुशुठतुः | शुशुठुः | अशोठीत् -द् | अशोठिष्टाम् | अशोठिषुः |
| शुशोठिथ | शुशुठथुः | शुशुठ | अशोठीः | अशोठिष्टम् | अशोठिष्ट |
| शुशोठ | शुशुठिव | शुशुठिम | अशोठिषम् | अशोठिष्व | अशोठिष्म |

342 कुठि च । कुठिँ । कुण्ठ् । कुण्ठति । P । सेट् । स० । be blunted

| | | | | | |
|---|---|---|---|---|---|
| कुण्ठति | कुण्ठतः | कुण्ठन्ति | अकुण्ठत् -द् | अकुण्ठताम् | अकुण्ठन् |
| कुण्ठसि | कुण्ठथः | कुण्ठथ | अकुण्ठः | अकुण्ठतम् | अकुण्ठत |
| कुण्ठामि | कुण्ठावः | कुण्ठामः | अकुण्ठम् | अकुण्ठाव | अकुण्ठाम |

| | | | | | |
|---|---|---|---|---|---|
| कुण्ठतु | कुण्ठताम् | कुण्ठन्तु | कुण्ठेत् -द् | कुण्ठेताम् | कुण्ठेयुः |
| कुण्ठ | कुण्ठतम् | कुण्ठत | कुण्ठेः | कुण्ठेतम् | कुण्ठेत |
| कुण्ठानि | कुण्ठाव | कुण्ठाम | कुण्ठेयम् | कुण्ठेव | कुण्ठेम |

| | | | | | |
|---|---|---|---|---|---|
| कुण्ठिष्यति | कुण्ठिष्यतः | कुण्ठिष्यन्ति | अकुण्ठिष्यत् -द् | अकुण्ठिष्यताम् | अकुण्ठिष्यन् |

| | | | | | |
|---|---|---|---|---|---|
| कुण्ठिष्यसि | कुण्ठिष्यथः | कुण्ठिष्यथ | अकुण्ठिष्यः | अकुण्ठिष्यतम् | अकुण्ठिष्यत |
| कुण्ठिष्यामि | कुण्ठिष्यावः | कुण्ठिष्यामः | अकुण्ठिष्यम् | अकुण्ठिष्याव | अकुण्ठिष्याम |

| | | | | | |
|---|---|---|---|---|---|
| कुण्ठिता | कुण्ठितारौ | कुण्ठितारः | कुण्ठ्यात् -द् | कुण्ठ्यास्ताम् | कुण्ठ्यासुः |
| कुण्ठितासि | कुण्ठितास्थः | कुण्ठितास्थ | कुण्ठ्याः | कुण्ठ्यास्तम् | कुण्ठ्यास्त |
| कुण्ठितास्मि | कुण्ठितास्वः | कुण्ठितास्मः | कुण्ठ्यासम् | कुण्ठ्यास्व | कुण्ठ्यास्म |

| | | | | | |
|---|---|---|---|---|---|
| चुकुण्ठ | चुकुण्ठतुः | चुकुण्ठुः | अकुण्ठीत् -द् | अकुण्ठिष्टाम् | अकुण्ठिषुः |
| चुकुण्ठिथ | चुकुण्ठथुः | चुकुण्ठ | अकुण्ठीः | अकुण्ठिष्टम् | अकुण्ठिष्ट |
| चुकुण्ठ | चुकुण्ठिव | चुकुण्ठिम | अकुण्ठिषम् | अकुण्ठिष्व | अकुण्ठिष्म |

343 लुठि आलस्ये प्रतिघाते च । लुठिँ । लुण्ठ् । लुण्ठति । P । सेट् । स० । be idle, be lazy, limp, resist

| | | | | | |
|---|---|---|---|---|---|
| लुण्ठति | लुण्ठतः | लुण्ठन्ति | अलुण्ठत् -द् | अलुण्ठताम् | अलुण्ठन् |
| लुण्ठसि | लुण्ठथः | लुण्ठथ | अलुण्ठः | अलुण्ठतम् | अलुण्ठत |
| लुण्ठामि | लुण्ठावः | लुण्ठामः | अलुण्ठम् | अलुण्ठाव | अलुण्ठाम |

| | | | | | |
|---|---|---|---|---|---|
| लुण्ठतु | लुण्ठताम् | लुण्ठन्तु | लुण्ठेत् -द् | लुण्ठेताम् | लुण्ठेयुः |
| लुण्ठ | लुण्ठतम् | लुण्ठत | लुण्ठेः | लुण्ठेतम् | लुण्ठेत |
| लुण्ठानि | लुण्ठाव | लुण्ठाम | लुण्ठेयम् | लुण्ठेव | लुण्ठेम |

| | | | | | |
|---|---|---|---|---|---|
| लुण्ठिष्यति | लुण्ठिष्यतः | लुण्ठिष्यन्ति | अलुण्ठिष्यत् -द् | अलुण्ठिष्यताम् | अलुण्ठिष्यन् |
| लुण्ठिष्यसि | लुण्ठिष्यथः | लुण्ठिष्यथ | अलुण्ठिष्यः | अलुण्ठिष्यतम् | अलुण्ठिष्यत |
| लुण्ठिष्यामि | लुण्ठिष्यावः | लुण्ठिष्यामः | अलुण्ठिष्यम् | अलुण्ठिष्याव | अलुण्ठिष्याम |

| | | | | | |
|---|---|---|---|---|---|
| लुण्ठिता | लुण्ठितारौ | लुण्ठितारः | लुण्ठ्यात् -द् | लुण्ठ्यास्ताम् | लुण्ठ्यासुः |
| लुण्ठितासि | लुण्ठितास्थः | लुण्ठितास्थ | लुण्ठ्याः | लुण्ठ्यास्तम् | लुण्ठ्यास्त |
| लुण्ठितास्मि | लुण्ठितास्वः | लुण्ठितास्मः | लुण्ठ्यासम् | लुण्ठ्यास्व | लुण्ठ्यास्म |

| | | | | | |
|---|---|---|---|---|---|
| लुलुण्ठ | लुलुण्ठतुः | लुलुण्ठुः | अलुण्ठीत् -द् | अलुण्ठिष्टाम् | अलुण्ठिषुः |
| लुलुण्ठिथ | लुलुण्ठथुः | लुलुण्ठ | अलुण्ठीः | अलुण्ठिष्टम् | अलुण्ठिष्ट |
| लुलुण्ठ | लुलुण्ठिव | लुलुण्ठिम | अलुण्ठिषम् | अलुण्ठिष्व | अलुण्ठिष्म |

344 शुठि शोषणे । शुठिँ । शुण्ठ् । शुण्ठति । P । सेट् । स० । dry

| | | | | | |
|---|---|---|---|---|---|
| शुण्ठति | शुण्ठतः | शुण्ठन्ति | अशुण्ठत् -द् | अशुण्ठताम् | अशुण्ठन् |
| शुण्ठसि | शुण्ठथः | शुण्ठथ | अशुण्ठः | अशुण्ठतम् | अशुण्ठत |
| शुण्ठामि | शुण्ठावः | शुण्ठामः | अशुण्ठम् | अशुण्ठाव | अशुण्ठाम |

| | | | | | |
|---|---|---|---|---|---|
| शुण्ठतु | शुण्ठताम् | शुण्ठन्तु | शुण्ठेत् -द् | शुण्ठेताम् | शुण्ठेयुः |
| शुण्ठ | शुण्ठतम् | शुण्ठत | शुण्ठेः | शुण्ठेतम् | शुण्ठेत |
| शुण्ठानि | शुण्ठाव | शुण्ठाम | शुण्ठेयम् | शुण्ठेव | शुण्ठेम |

| | | | | | |
|---|---|---|---|---|---|
| शुण्ठिष्यति | शुण्ठिष्यतः | शुण्ठिष्यन्ति | अशुण्ठिष्यत् -द् | अशुण्ठिष्यताम् | अशुण्ठिष्यन् |
| शुण्ठिष्यसि | शुण्ठिष्यथः | शुण्ठिष्यथ | अशुण्ठिष्यः | अशुण्ठिष्यतम् | अशुण्ठिष्यत |
| शुण्ठिष्यामि | शुण्ठिष्यावः | शुण्ठिष्यामः | अशुण्ठिष्यम् | अशुण्ठिष्याव | अशुण्ठिष्याम |

| | | | | | |
|---|---|---|---|---|---|
| शुण्ठिता | शुण्ठितारौ | शुण्ठितारः | शुण्ठ्यात् -द् | शुण्ठ्यास्ताम् | शुण्ठ्यासुः |
| शुण्ठितासि | शुण्ठितास्थः | शुण्ठितास्थ | शुण्ठ्याः | शुण्ठ्यास्तम् | शुण्ठ्यास्त |
| शुण्ठितास्मि | शुण्ठितास्वः | शुण्ठितास्मः | शुण्ठ्यासम् | शुण्ठ्यास्व | शुण्ठ्यास्म |

| | | | | | |
|---|---|---|---|---|---|
| शुशुण्ठ | शुशुण्ठतुः | शुशुण्ठुः | अशुण्ठीत् -द् | अशुण्ठिष्टाम् | अशुण्ठिषुः |
| शुशुण्ठिथ | शुशुण्ठथुः | शुशुण्ठ | अशुण्ठीः | अशुण्ठिष्टम् | अशुण्ठिष्ट |
| शुशुण्ठ | शुशुण्ठिव | शुशुण्ठिम | अशुण्ठिषम् | अशुण्ठिष्व | अशुण्ठिष्म |

345 रुठि गतौ । रुठिँ । रुण्ठ् । रुण्ठति । P । सेट् । स० । go, be lame, limp

| | | | | | |
|---|---|---|---|---|---|
| रुण्ठति | रुण्ठतः | रुण्ठन्ति | अरुण्ठत् -द् | अरुण्ठताम् | अरुण्ठन् |
| रुण्ठसि | रुण्ठथः | रुण्ठथ | अरुण्ठः | अरुण्ठतम् | अरुण्ठत |
| रुण्ठामि | रुण्ठावः | रुण्ठामः | अरुण्ठम् | अरुण्ठाव | अरुण्ठाम |

| | | | | | |
|---|---|---|---|---|---|
| रुण्ठतु | रुण्ठताम् | रुण्ठन्तु | रुण्ठेत् -द् | रुण्ठेताम् | रुण्ठेयुः |
| रुण्ठ | रुण्ठतम् | रुण्ठत | रुण्ठेः | रुण्ठेतम् | रुण्ठेत |
| रुण्ठानि | रुण्ठाव | रुण्ठाम | रुण्ठेयम् | रुण्ठेव | रुण्ठेम |

| | | | | | |
|---|---|---|---|---|---|
| रुण्ठिष्यति | रुण्ठिष्यतः | रुण्ठिष्यन्ति | अरुण्ठिष्यत् -द् | अरुण्ठिष्यताम् | अरुण्ठिष्यन् |
| रुण्ठिष्यसि | रुण्ठिष्यथः | रुण्ठिष्यथ | अरुण्ठिष्यः | अरुण्ठिष्यतम् | अरुण्ठिष्यत |
| रुण्ठिष्यामि | रुण्ठिष्यावः | रुण्ठिष्यामः | अरुण्ठिष्यम् | अरुण्ठिष्याव | अरुण्ठिष्याम |

| | | | | | |
|---|---|---|---|---|---|
| रुण्ठिता | रुण्ठितारौ | रुण्ठितारः | रुण्ठ्यात् -द् | रुण्ठ्यास्ताम् | रुण्ठ्यासुः |
| रुण्ठितासि | रुण्ठितास्थः | रुण्ठितास्थ | रुण्ठ्याः | रुण्ठ्यास्तम् | रुण्ठ्यास्त |
| रुण्ठितास्मि | रुण्ठितास्वः | रुण्ठितास्मः | रुण्ठ्यासम् | रुण्ठ्यास्व | रुण्ठ्यास्म |

| | | | | | |
|---|---|---|---|---|---|
| रुरुण्ठ | रुरुण्ठतुः | रुरुण्ठुः | अरुण्ठीत् -द् | अरुण्ठिष्टाम् | अरुण्ठिषुः |
| रुरुण्ठिथ | रुरुण्ठथुः | रुरुण्ठ | अरुण्ठीः | अरुण्ठिष्टम् | अरुण्ठिष्ट |
| रुरुण्ठ | रुरुण्ठिव | रुरुण्ठिम | अरुण्ठिषम् | अरुण्ठिष्व | अरुण्ठिष्म |

**346 लुठि गतौ । लुठिँ । लुण्ठ् । लुण्ठति । P । सेट् । स० । go, set in motion**

| | | | | | |
|---|---|---|---|---|---|
| लुण्ठति | लुण्ठतः | लुण्ठन्ति | अलुण्ठत् -द् | अलुण्ठताम् | अलुण्ठन् |
| लुण्ठसि | लुण्ठथः | लुण्ठथ | अलुण्ठः | अलुण्ठतम् | अलुण्ठत |
| लुण्ठामि | लुण्ठावः | लुण्ठामः | अलुण्ठम् | अलुण्ठाव | अलुण्ठाम |
| लुण्ठतु | लुण्ठताम् | लुण्ठन्तु | लुण्ठेत् -द् | लुण्ठेताम् | लुण्ठेयुः |
| लुण्ठ | लुण्ठतम् | लुण्ठत | लुण्ठेः | लुण्ठेतम् | लुण्ठेत |
| लुण्ठानि | लुण्ठाव | लुण्ठाम | लुण्ठेयम् | लुण्ठेव | लुण्ठेम |
| लुण्ठिष्यति | लुण्ठिष्यतः | लुण्ठिष्यन्ति | अलुण्ठिष्यत् -द् | अलुण्ठिष्यताम् | अलुण्ठिष्यन् |
| लुण्ठिष्यसि | लुण्ठिष्यथः | लुण्ठिष्यथ | अलुण्ठिष्यः | अलुण्ठिष्यतम् | अलुण्ठिष्यत |
| लुण्ठिष्यामि | लुण्ठिष्यावः | लुण्ठिष्यामः | अलुण्ठिष्यम् | अलुण्ठिष्याव | अलुण्ठिष्याम |
| लुण्ठिता | लुण्ठितारौ | लुण्ठितारः | लुण्ठ्यात् -द् | लुण्ठ्यास्ताम् | लुण्ठ्यासुः |
| लुण्ठितासि | लुण्ठितास्थः | लुण्ठितास्थ | लुण्ठ्याः | लुण्ठ्यास्तम् | लुण्ठ्यास्त |
| लुण्ठितास्मि | लुण्ठितास्वः | लुण्ठितास्मः | लुण्ठ्यासम् | लुण्ठ्यास्व | लुण्ठ्यास्म |
| लुलुण्ठ | लुलुण्ठतुः | लुलुण्ठुः | अलुण्ठीत् -द् | अलुण्ठिष्टाम् | अलुण्ठिषुः |
| लुलुण्ठिथ | लुलुण्ठथुः | लुलुण्ठ | अलुण्ठीः | अलुण्ठिष्टम् | अलुण्ठिष्ट |
| लुलुण्ठ | लुलुण्ठिव | लुलुण्ठिम | अलुण्ठिषम् | अलुण्ठिष्व | अलुण्ठिष्म |

**347 चुड्ड भावकरणे । चुड्डँ । चुड्ड् । चुड्डति । P । सेट् । अ० । make foreplay, indulge in sex, flirt**

| | | | | | |
|---|---|---|---|---|---|
| चुड्डति | चुड्डतः | चुड्डन्ति | अचुड्डत् -द् | अचुड्डताम् | अचुड्डन् |
| चुड्डसि | चुड्डथः | चुड्डथ | अचुड्डः | अचुड्डतम् | अचुड्डत |
| चुड्डामि | चुड्डावः | चुड्डामः | अचुड्डम् | अचुड्डाव | अचुड्डाम |
| चुड्डतु चुड्डतात् -द् | चुड्डताम् | चुड्डन्तु | चुड्डेत् -द् | चुड्डेताम् | चुड्डेयुः |
| चुड्ड चुड्डतात् -द् | चुड्डतम् | चुड्डत | चुड्डेः | चुड्डेतम् | चुड्डेत |
| चुड्डानि | चुड्डाव | चुड्डाम | चुड्डेयम् | चुड्डेव | चुड्डेम |
| चुड्डिष्यति | चुड्डिष्यतः | चुड्डिष्यन्ति | अचुड्डिष्यत् -द् | अचुड्डिष्यताम् | अचुड्डिष्यन् |
| चुड्डिष्यसि | चुड्डिष्यथः | चुड्डिष्यथ | अचुड्डिष्यः | अचुड्डिष्यतम् | अचुड्डिष्यत |
| चुड्डिष्यामि | चुड्डिष्यावः | चुड्डिष्यामः | अचुड्डिष्यम् | अचुड्डिष्याव | अचुड्डिष्याम |
| चुड्डिता | चुड्डितारौ | चुड्डितारः | चुड्ड्यात् -द् | चुड्ड्यास्ताम् | चुड्ड्यासुः |
| चुड्डितासि | चुड्डितास्थः | चुड्डितास्थ | चुड्ड्याः | चुड्ड्यास्तम् | चुड्ड्यास्त |

| | | | | | |
|---|---|---|---|---|---|
| चुड्डितास्मि | चुड्डितास्वः | चुड्डितास्मः | चुड्ड्यासम् | चुड्ड्यास्व | चुड्ड्यास्म |

| | | | | | |
|---|---|---|---|---|---|
| चुचुड्ड | चुचुड्डतुः | चुचुड्डुः | अचुड्डीत् -द् | अचुड्डिष्टाम् | अचुड्डिषुः |
| चुचुड्डिथ | चुचुड्डथुः | चुचुड्ड | अचुड्डीः | अचुड्डिष्टम् | अचुड्डिष्ट |
| चुचुड्ड | चुचुड्डिव | चुचुड्डिम | अचुड्डिषम् | अचुड्डिष्व | अचुड्डिष्म |

348 अड्ड अभियोगे । अड्डँ । अड्ड् । अड्डति । P । सेट् । स० । join 7.4.71 इति नुट् ।

| | | | | | |
|---|---|---|---|---|---|
| अड्डति | अड्डतः | अड्डन्ति | आड्डत् -द् | आड्डताम् | आड्डन् |
| अड्डसि | अड्डथः | अड्डथ | आड्डः | आड्डतम् | आड्डत |
| अड्डामि | अड्डावः | अड्डामः | आड्डम् | आड्डाव | आड्डाम |

| | | | | | |
|---|---|---|---|---|---|
| अड्डतु | अड्डताम् | अड्डन्तु | अड्डेत् -द् | अड्डेताम् | अड्डेयुः |
| अड्ड | अड्डतम् | अड्डत | अड्डेः | अड्डेतम् | अड्डेत |
| अड्डानि | अड्डाव | अड्डाम | अड्डेयम् | अड्डेव | अड्डेम |

| | | | | | |
|---|---|---|---|---|---|
| अड्डिष्यति | अड्डिष्यतः | अड्डिष्यन्ति | आड्डिष्यत् -द् | आड्डिष्यताम् | आड्डिष्यन् |
| अड्डिष्यसि | अड्डिष्यथः | अड्डिष्यथ | आड्डिष्यः | आड्डिष्यतम् | आड्डिष्यत |
| अड्डिष्यामि | अड्डिष्यावः | अड्डिष्यामः | आड्डिष्यम् | आड्डिष्याव | आड्डिष्याम |

| | | | | | |
|---|---|---|---|---|---|
| अड्डिता | अड्डितारौ | अड्डितारः | अड्ड्यात् -द् | अड्ड्यास्ताम् | अड्ड्यासुः |
| अड्डितासि | अड्डितास्थः | अड्डितास्थ | अड्ड्याः | अड्ड्यास्तम् | अड्ड्यास्त |
| अड्डितास्मि | अड्डितास्वः | अड्डितास्मः | अड्ड्यासम् | अड्ड्यास्व | अड्ड्यास्म |

| | | | | | |
|---|---|---|---|---|---|
| आनड्ड | आनड्डतुः | आनड्डुः | आड्डीत् -द् | आड्डिष्टाम् | आड्डिषुः |
| आनड्डिथ | आनड्डथुः | आनड्ड | आड्डीः | आड्डिष्टम् | आड्डिष्ट |
| आनड्ड | आनड्डिव | आनड्डिम | आड्डिषम् | आड्डिष्व | आड्डिष्म |

349 कड्ड कार्कश्ये । चुड्डादयस्त्रयोदोपधाः । कड्डँ । कड्ड् । कड्डति । P । सेट् । अ० । be hard, be rough

| | | | | | |
|---|---|---|---|---|---|
| कड्डति | कड्डतः | कड्डन्ति | अकड्डत् -द् | अकड्डताम् | अकड्डन् |
| कड्डसि | कड्डथः | कड्डथ | अकड्डः | अकड्डतम् | अकड्डत |
| कड्डामि | कड्डावः | कड्डामः | अकड्डम् | अकड्डाव | अकड्डाम |

| | | | | | |
|---|---|---|---|---|---|
| कड्डतु | कड्डताम् | कड्डन्तु | कड्डेत् -द् | कड्डेताम् | कड्डेयुः |
| कड्ड | कड्डतम् | कड्डत | कड्डेः | कड्डेतम् | कड्डेत |
| कड्डानि | कड्डाव | कड्डाम | कड्डेयम् | कड्डेव | कड्डेम |

| | | | | | |
|---|---|---|---|---|---|
| कड्डिष्यति | कड्डिष्यतः | कड्डिष्यन्ति | अकड्डिष्यत् -द् | अकड्डिष्यताम् | अकड्डिष्यन् |

| | | | | | |
|---|---|---|---|---|---|
| कड्डिष्यसि | कड्डिष्यथः | कड्डिष्यथ | अकड्डिष्यः | अकड्डिष्यतम् | अकड्डिष्यत |
| कड्डिष्यामि | कड्डिष्यावः | कड्डिष्यामः | अकड्डिष्यम् | अकड्डिष्याव | अकड्डिष्याम |

| | | | | | |
|---|---|---|---|---|---|
| कड्डिता | कड्डितारौ | कड्डितारः | कड्ड्यात् -द् | कड्ड्यास्ताम् | कड्ड्यासुः |
| कड्डितासि | कड्डितास्थः | कड्डितास्थ | कड्ड्याः | कड्ड्यास्तम् | कड्ड्यास्त |
| कड्डितास्मि | कड्डितास्वः | कड्डितास्मः | कड्ड्यासम् | कड्ड्यास्व | कड्ड्यास्म |

| | | | | | |
|---|---|---|---|---|---|
| चकड्ड | चकड्डतुः | चकड्डुः | अकड्डीत् -द् | अकड्डिष्टाम् | अकड्डिषुः |
| चकड्डिथ | चकड्डथुः | चकड्ड | अकड्डीः | अकड्डिष्टम् | अकड्डिष्ट |
| चकड्ड | चकड्डिव | चकड्डिम | अकड्डिषम् | अकड्डिष्व | अकड्डिष्म |

350 क्रीडृ विहारे । क्रीडृँ । क्रीड् । क्रीडति । P । सेट् । अ० । play, enjoy, entertain

| | | | | | |
|---|---|---|---|---|---|
| क्रीडति | क्रीडतः | क्रीडन्ति | अक्रीडत् -द् | अक्रीडताम् | अक्रीडन् |
| क्रीडसि | क्रीडथः | क्रीडथ | अक्रीडः | अक्रीडतम् | अक्रीडत |
| क्रीडामि | क्रीडावः | क्रीडामः | अक्रीडम् | अक्रीडाव | अक्रीडाम |

| | | | | | |
|---|---|---|---|---|---|
| क्रीडतु क्रीडतात् -द् | क्रीडताम् | क्रीडन्तु | क्रीडेत् -द् | क्रीडेताम् | क्रीडेयुः |
| क्रीड क्रीडतात् -द् | क्रीडतम् | क्रीडत | क्रीडेः | क्रीडेतम् | क्रीडेत |
| क्रीडानि | क्रीडाव | क्रीडाम | क्रीडेयम् | क्रीडेव | क्रीडेम |

| | | | | | |
|---|---|---|---|---|---|
| क्रीडिष्यति | क्रीडिष्यतः | क्रीडिष्यन्ति | अक्रीडिष्यत् -द् | अक्रीडिष्यताम् | अक्रीडिष्यन् |
| क्रीडिष्यसि | क्रीडिष्यथः | क्रीडिष्यथ | अक्रीडिष्यः | अक्रीडिष्यतम् | अक्रीडिष्यत |
| क्रीडिष्यामि | क्रीडिष्यावः | क्रीडिष्यामः | अक्रीडिष्यम् | अक्रीडिष्याव | अक्रीडिष्याम |

| | | | | | |
|---|---|---|---|---|---|
| क्रीडिता | क्रीडितारौ | क्रीडितारः | क्रीड्यात् -द् | क्रीड्यास्ताम् | क्रीड्यासुः |
| क्रीडितासि | क्रीडितास्थः | क्रीडितास्थ | क्रीड्याः | क्रीड्यास्तम् | क्रीड्यास्त |
| क्रीडितास्मि | क्रीडितास्वः | क्रीडितास्मः | क्रीड्यासम् | क्रीड्यास्व | क्रीड्यास्म |

| | | | | | |
|---|---|---|---|---|---|
| चिक्रीड | चिक्रीडतुः | चिक्रीडुः | अक्रीडीत् -द् | अक्रीडिष्टाम् | अक्रीडिषुः |
| चिक्रीडिथ | चिक्रीडथुः | चिक्रीड | अक्रीडीः | अक्रीडिष्टम् | अक्रीडिष्ट |
| चिक्रीड | चिक्रीडिव | चिक्रीडिम | अक्रीडिषम् | अक्रीडिष्व | अक्रीडिष्म |

351 तुडृ तोडने । तूडृ इत्येके । तुडृँ । तुड् । तोडति । P । सेट् । स० । disregard, pluck

| | | | | | |
|---|---|---|---|---|---|
| तोडति | तोडतः | तोडन्ति | अतोडत् -द् | अतोडताम् | अतोडन् |
| तोडसि | तोडथः | तोडथ | अतोडः | अतोडतम् | अतोडत |
| तोडामि | तोडावः | तोडामः | अतोडम् | अतोडाव | अतोडाम |

| | | | | | |
|---|---|---|---|---|---|
| तोडतु | तोडताम् | तोडन्तु | तोडेत् -द् | तोडेताम् | तोडेयुः |
| तोड | तोडतम् | तोडत | तोडेः | तोडेतम् | तोडेत |
| तोडानि | तोडाव | तोडाम | तोडेयम् | तोडेव | तोडेम |

| | | | | | |
|---|---|---|---|---|---|
| तोडिष्यति | तोडिष्यतः | तोडिष्यन्ति | अतोडिष्यत् -द् | अतोडिष्यताम् | अतोडिष्यन् |
| तोडिष्यसि | तोडिष्यथः | तोडिष्यथ | अतोडिष्यः | अतोडिष्यतम् | अतोडिष्यत |
| तोडिष्यामि | तोडिष्यावः | तोडिष्यामः | अतोडिष्यम् | अतोडिष्याव | अतोडिष्याम |

| | | | | | |
|---|---|---|---|---|---|
| तोडिता | तोडितारौ | तोडितारः | तुड्यात् -द् | तुड्यास्ताम् | तुड्यासुः |
| तोडितासि | तोडितास्थः | तोडितास्थ | तुड्याः | तुड्यास्तम् | तुड्यास्त |
| तोडितास्मि | तोडितास्वः | तोडितास्मः | तुड्यासम् | तुड्यास्व | तुड्यास्म |

| | | | | | |
|---|---|---|---|---|---|
| तुतोड | तुतुडतुः | तुतुडुः | अतोडीत् -द् | अतोडिष्टाम् | अतोडिषुः |
| तुतोडिथ | तुतुडथुः | तुतुड | अतोडीः | अतोडिष्टम् | अतोडिष्ट |
| तुतोड | तुतुडिव | तुतुडिम | अतोडिषम् | अतोडिष्व | अतोडिष्म |

352 हुडृ गतौ । हुडृँ । हुड् । होडति । P । सेट् । स० । go, compete

| | | | | | |
|---|---|---|---|---|---|
| होडति | होडतः | होडन्ति | अहोडत् -द् | अहोडताम् | अहोडन् |
| होडसि | होडथः | होडथ | अहोडः | अहोडतम् | अहोडत |
| होडामि | होडावः | होडामः | अहोडम् | अहोडाव | अहोडाम |

| | | | | | |
|---|---|---|---|---|---|
| होडतु | होडताम् | होडन्तु | होडेत् -द् | होडेताम् | होडेयुः |
| होड | होडतम् | होडत | होडेः | होडेतम् | होडेत |
| होडानि | होडाव | होडाम | होडेयम् | होडेव | होडेम |

| | | | | | |
|---|---|---|---|---|---|
| होडिष्यति | होडिष्यतः | होडिष्यन्ति | अहोडिष्यत् -द् | अहोडिष्यताम् | अहोडिष्यन् |
| होडिष्यसि | होडिष्यथः | होडिष्यथ | अहोडिष्यः | अहोडिष्यतम् | अहोडिष्यत |
| होडिष्यामि | होडिष्यावः | होडिष्यामः | अहोडिष्यम् | अहोडिष्याव | अहोडिष्याम |

| | | | | | |
|---|---|---|---|---|---|
| होडिता | होडितारौ | होडितारः | हुड्यात् -द् | हुड्यास्ताम् | हुड्यासुः |
| होडितासि | होडितास्थः | होडितास्थ | हुड्याः | हुड्यास्तम् | हुड्यास्त |
| होडितास्मि | होडितास्वः | होडितास्मः | हुड्यासम् | हुड्यास्व | हुड्यास्म |

| | | | | | |
|---|---|---|---|---|---|
| जुहोड | जुहुडतुः | जुहुडुः | अहोडीत् -द् | अहोडिष्टाम् | अहोडिषुः |
| जुहोडिथ | जुहुडथुः | जुहुड | अहोडीः | अहोडिष्टम् | अहोडिष्ट |
| जुहोड | जुहुडिव | जुहुडिम | अहोडिषम् | अहोडिष्व | अहोडिष्म |

353 हूडृ गतौ । हूडृँ । हूड् । हूडति । P । सेट् । स० । go, move

| | | | | | |
|---|---|---|---|---|---|
| हूडति | हूडतः | हूडन्ति | अहूडत् -द् | अहूडताम् | अहूडन् |
| हूडसि | हूडथः | हूडथ | अहूडः | अहूडतम् | अहूडत |
| हूडामि | हूडावः | हूडामः | अहूडम् | अहूडाव | अहूडाम |

| | | | | | |
|---|---|---|---|---|---|
| हूडतु | हूडताम् | हूडन्तु | हूडेत् -द् | हूडेताम् | हूडेयुः |
| हूड | हूडतम् | हूडत | हूडेः | हूडेतम् | हूडेत |
| हूडानि | हूडाव | हूडाम | हूडेयम् | हूडेव | हूडेम |

| | | | | | |
|---|---|---|---|---|---|
| हूडिष्यति | हूडिष्यतः | हूडिष्यन्ति | अहूडिष्यत् -द् | अहूडिष्यताम् | अहूडिष्यन् |
| हूडिष्यसि | हूडिष्यथः | हूडिष्यथ | अहूडिष्यः | अहूडिष्यतम् | अहूडिष्यत |
| हूडिष्यामि | हूडिष्यावः | हूडिष्यामः | अहूडिष्यम् | अहूडिष्याव | अहूडिष्याम |

| | | | | | |
|---|---|---|---|---|---|
| हूडिता | हूडितारौ | हूडितारः | हूड्यात् -द् | हूड्यास्ताम् | हूड्यासुः |
| हूडितासि | हूडितास्थः | हूडितास्थ | हूड्याः | हूड्यास्तम् | हूड्यास्त |
| हूडितास्मि | हूडितास्वः | हूडितास्मः | हूड्यासम् | हूड्यास्व | हूड्यास्म |

| | | | | | |
|---|---|---|---|---|---|
| जुहूड | जुहूडतुः | जुहूडुः | अहूडीत् -द् | अहूडिष्टाम् | अहूडिषुः |
| जुहूडिथ | जुहूडथुः | जुहूड | अहूडीः | अहूडिष्टम् | अहूडिष्ट |
| जुहूड | जुहूडिव | जुहूडिम | अहूडिषम् | अहूडिष्व | अहूडिष्म |

354 होडृ गतौ । होडृँ । होड् । होडति । P । सेट् । स० । go

| | | | | | |
|---|---|---|---|---|---|
| होडति | होडतः | होडन्ति | अहोडत् -द् | अहोडताम् | अहोडन् |
| होडसि | होडथः | होडथ | अहोडः | अहोडतम् | अहोडत |
| होडामि | होडावः | होडामः | अहोडम् | अहोडाव | अहोडाम |

| | | | | | |
|---|---|---|---|---|---|
| होडतु | होडताम् | होडन्तु | होडेत् -द् | होडेताम् | होडेयुः |
| होड | होडतम् | होडत | होडेः | होडेतम् | होडेत |
| होडानि | होडाव | होडाम | होडेयम् | होडेव | होडेम |

| | | | | | |
|---|---|---|---|---|---|
| होडिष्यति | होडिष्यतः | होडिष्यन्ति | अहोडिष्यत् -द् | अहोडिष्यताम् | अहोडिष्यन् |
| होडिष्यसि | होडिष्यथः | होडिष्यथ | अहोडिष्यः | अहोडिष्यतम् | अहोडिष्यत |
| होडिष्यामि | होडिष्यावः | होडिष्यामः | अहोडिष्यम् | अहोडिष्याव | अहोडिष्याम |

| | | | | | |
|---|---|---|---|---|---|
| होडिता | होडितारौ | होडितारः | होड्यात् -द् | होड्यास्ताम् | होड्यासुः |
| होडितासि | होडितास्थः | होडितास्थ | होड्याः | होड्यास्तम् | होड्यास्त |
| होडितास्मि | होडितास्वः | होडितास्मः | होड्यासम् | होड्यास्व | होड्यास्म |

| | | | | | |
|---|---|---|---|---|---|
| जुहोड | जुहोडतुः | जुहोडुः | अहोडीत् -द् | अहोडिष्टाम् | अहोडिषुः |
| जुहोडिथ | जुहोडथुः | जुहोड | अहोडीः | अहोडिष्टम् | अहोडिष्ट |
| जुहोड | जुहोडिव | जुहोडिम | अहोडिषम् | अहोडिष्व | अहोडिष्म |

355 रौडृ अनादरे । रौडृँ । रौड् । रौडति । P । सेट् । स० । disrespect, dishonour

| | | | | | |
|---|---|---|---|---|---|
| रौडति | रौडतः | रौडन्ति | अरौडत् -द् | अरौडताम् | अरौडन् |
| रौडसि | रौडथः | रौडथ | अरौडः | अरौडतम् | अरौडत |
| रौडामि | रौडावः | रौडामः | अरौडम् | अरौडाव | अरौडाम |

| | | | | | |
|---|---|---|---|---|---|
| रौडतु | रौडताम् | रौडन्तु | रौडेत् -द् | रौडेताम् | रौडेयुः |
| रौड | रौडतम् | रौडत | रौडेः | रौडेतम् | रौडेत |
| रौडानि | रौडाव | रौडाम | रौडेयम् | रौडेव | रौडेम |

| | | | | | |
|---|---|---|---|---|---|
| रौडिष्यति | रौडिष्यतः | रौडिष्यन्ति | अरौडिष्यत् -द् | अरौडिष्यताम् | अरौडिष्यन् |
| रौडिष्यसि | रौडिष्यथः | रौडिष्यथ | अरौडिष्यः | अरौडिष्यतम् | अरौडिष्यत |
| रौडिष्यामि | रौडिष्यावः | रौडिष्यामः | अरौडिष्यम् | अरौडिष्याव | अरौडिष्याम |

| | | | | | |
|---|---|---|---|---|---|
| रौडिता | रौडितारौ | रौडितारः | रौड्यात् -द् | रौड्यास्ताम् | रौड्यासुः |
| रौडितासि | रौडितास्थः | रौडितास्थ | रौड्याः | रौड्यास्तम् | रौड्यास्त |
| रौडितास्मि | रौडितास्वः | रौडितास्मः | रौड्यासम् | रौड्यास्व | रौड्यास्म |

| | | | | | |
|---|---|---|---|---|---|
| रुरौड | रुरौडतुः | रुरौडुः | अरौडीत् -द् | अरौडिष्टाम् | अरौडिषुः |
| रुरौडिथ | रुरौडथुः | रुरौड | अरौडीः | अरौडिष्टम् | अरौडिष्ट |
| रुरौड | रुरौडिव | रुरौडिम | अरौडिषम् | अरौडिष्व | अरौडिष्म |

356 रोडृ उन्मादे । रोडृँ । रोड् । रोडति । P । सेट् । अ० । be drunk, be mad, be humiliated

| | | | | | |
|---|---|---|---|---|---|
| रोडति | रोडतः | रोडन्ति | अरोडत् -द् | अरोडताम् | अरोडन् |
| रोडसि | रोडथः | रोडथ | अरोडः | अरोडतम् | अरोडत |
| रोडामि | रोडावः | रोडामः | अरोडम् | अरोडाव | अरोडाम |

| | | | | | |
|---|---|---|---|---|---|
| रोडतु | रोडताम् | रोडन्तु | रोडेत् -द् | रोडेताम् | रोडेयुः |
| रोड | रोडतम् | रोडत | रोडेः | रोडेतम् | रोडेत |
| रोडानि | रोडाव | रोडाम | रोडेयम् | रोडेव | रोडेम |

| | | | | | |
|---|---|---|---|---|---|
| रोडिष्यति | रोडिष्यतः | रोडिष्यन्ति | अरोडिष्यत् -द् | अरोडिष्यताम् | अरोडिष्यन् |
| रोडिष्यसि | रोडिष्यथः | रोडिष्यथ | अरोडिष्यः | अरोडिष्यतम् | अरोडिष्यत |

| | | | | | |
|---|---|---|---|---|---|
| रोडिष्यामि | रोडिष्यावः | रोडिष्यामः | अरोडिष्यम् | अरोडिष्याव | अरोडिष्याम |

| | | | | | |
|---|---|---|---|---|---|
| रोडिता | रोडितारौ | रोडितारः | रोड्यात् -द् | रोड्यास्ताम् | रोड्यासुः |
| रोडितासि | रोडितास्थः | रोडितास्थ | रोड्याः | रोड्यास्तम् | रोड्यास्त |
| रोडितास्मि | रोडितास्वः | रोडितास्मः | रोड्यासम् | रोड्यास्व | रोड्यास्म |

| | | | | | |
|---|---|---|---|---|---|
| रुरोड | रुरोडतुः | रुरोडुः | अरोडीत् -द् | अरोडिष्टाम् | अरोडिषुः |
| रुरोडिथ | रुरोडथुः | रुरोड | अरोडीः | अरोडिष्टम् | अरोडिष्ट |
| रुरोड | रुरोडिव | रुरोडिम | अरोडिषम् | अरोडिष्व | अरोडिष्म |

357 लोड़ृ उन्मादे । लोड़ृँ । लोड् । लोडति । P । सेट् । अ० । be mad, be stupid

| | | | | | |
|---|---|---|---|---|---|
| लोडति | लोडतः | लोडन्ति | अलोडत् -द् | अलोडताम् | अलोडन् |
| लोडसि | लोडथः | लोडथ | अलोडः | अलोडतम् | अलोडत |
| लोडामि | लोडावः | लोडामः | अलोडम् | अलोडाव | अलोडाम |

| | | | | | |
|---|---|---|---|---|---|
| लोडतु | लोडताम् | लोडन्तु | लोडेत् -द् | लोडेताम् | लोडेयुः |
| लोड | लोडतम् | लोडत | लोडेः | लोडेतम् | लोडेत |
| लोडानि | लोडाव | लोडाम | लोडेयम् | लोडेव | लोडेम |

| | | | | | |
|---|---|---|---|---|---|
| लोडिष्यति | लोडिष्यतः | लोडिष्यन्ति | अलोडिष्यत् -द् | अलोडिष्यताम् | अलोडिष्यन् |
| लोडिष्यसि | लोडिष्यथः | लोडिष्यथ | अलोडिष्यः | अलोडिष्यतम् | अलोडिष्यत |
| लोडिष्यामि | लोडिष्यावः | लोडिष्यामः | अलोडिष्यम् | अलोडिष्याव | अलोडिष्याम |

| | | | | | |
|---|---|---|---|---|---|
| लोडिता | लोडितारौ | लोडितारः | लोड्यात् -द् | लोड्यास्ताम् | लोड्यासुः |
| लोडितासि | लोडितास्थः | लोडितास्थ | लोड्याः | लोड्यास्तम् | लोड्यास्त |
| लोडितास्मि | लोडितास्वः | लोडितास्मः | लोड्यासम् | लोड्यास्व | लोड्यास्म |

| | | | | | |
|---|---|---|---|---|---|
| लुलोड | लुलोडतुः | लुलोडुः | अलोडीत् -द् | अलोडिष्टाम् | अलोडिषुः |
| लुलोडिथ | लुलोडथुः | लुलोड | अलोडीः | अलोडिष्टम् | अलोडिष्ट |
| लुलोड | लुलोडिव | लुलोडिम | अलोडिषम् | अलोडिष्व | अलोडिष्म |

358 अड उद्यमे । अडँ । अड् । अडति । P । सेट् । स० । try, endeavor

| | | | | | |
|---|---|---|---|---|---|
| अडति | अडतः | अडन्ति | आडत् -द् | आडताम् | आडन् |
| अडसि | अडथः | अडथ | आडः | आडतम् | आडत |
| अडामि | अडावः | अडामः | आडम् | आडाव | आडाम |

| | | | | | |
|---|---|---|---|---|---|
| अडतु | अडताम् | अडन्तु | अडेत् -द् | अडेताम् | अडेयुः |

| | | | | | |
|---|---|---|---|---|---|
| अड | अडतम् | अडत | अडेः | अडेतम् | अडेत |
| अडानि | अडाव | अडाम | अडेयम् | अडेव | अडेम |

| | | | | | |
|---|---|---|---|---|---|
| अडिष्यति | अडिष्यतः | अडिष्यन्ति | आडिष्यत् -द् | आडिष्यताम् | आडिष्यन् |
| अडिष्यसि | अडिष्यथः | अडिष्यथ | आडिष्यः | आडिष्यतम् | आडिष्यत |
| अडिष्यामि | अडिष्यावः | अडिष्यामः | आडिष्यम् | आडिष्याव | आडिष्याम |

| | | | | | |
|---|---|---|---|---|---|
| अडिता | अडितारौ | अडितारः | अड्यात् -द् | अड्यास्ताम् | अड्यासुः |
| अडितासि | अडितास्थः | अडितास्थ | अड्याः | अड्यास्तम् | अड्यास्त |
| अडितास्मि | अडितास्वः | अडितास्मः | अड्यासम् | अड्यास्व | अड्यास्म |

| | | | | | |
|---|---|---|---|---|---|
| आड | आडतुः | आडुः | आडीत् -द् | आडिष्टाम् | आडिषुः |
| आडिथ | आडथुः | आड | आडीः | आडिष्टम् | आडिष्ट |
| आड | आडिव | आडिम | आडिषम् | आडिष्व | आडिष्म |

359 लड विलासे । लल इत्येके । लडँ । लड् । लडति । P । सेट् । अ० । play, sport, loll the tongue

| | | | | | |
|---|---|---|---|---|---|
| लडति | लडतः | लडन्ति | अलडत् -द् | अलडताम् | अलडन् |
| लडसि | लडथः | लडथ | अलडः | अलडतम् | अलडत |
| लडामि | लडावः | लडामः | अलडम् | अलडाव | अलडाम |

| | | | | | |
|---|---|---|---|---|---|
| लडतु | लडताम् | लडन्तु | लडेत् -द् | लडेताम् | लडेयुः |
| लड | लडतम् | लडत | लडेः | लडेतम् | लडेत |
| लडानि | लडाव | लडाम | लडेयम् | लडेव | लडेम |

| | | | | | |
|---|---|---|---|---|---|
| लडिष्यति | लडिष्यतः | लडिष्यन्ति | अलडिष्यत् -द् | अलडिष्यताम् | अलडिष्यन् |
| लडिष्यसि | लडिष्यथः | लडिष्यथ | अलडिष्यः | अलडिष्यतम् | अलडिष्यत |
| लडिष्यामि | लडिष्यावः | लडिष्यामः | अलडिष्यम् | अलडिष्याव | अलडिष्याम |

| | | | | | |
|---|---|---|---|---|---|
| लडिता | लडितारौ | लडितारः | लड्यात् -द् | लड्यास्ताम् | लड्यासुः |
| लडितासि | लडितास्थः | लडितास्थ | लड्याः | लड्यास्तम् | लड्यास्त |
| लडितास्मि | लडितास्वः | लडितास्मः | लड्यासम् | लड्यास्व | लड्यास्म |

| | | | | | |
|---|---|---|---|---|---|
| ललाड | लेडतुः | लेडुः | अलडीत् -द् | अलडिष्टाम् | अलडिषुः |
| | | | अलाडीत् -द् | अलाडिष्टाम् | अलाडिषुः |
| लेडिथ | लेडथुः | लेड | अलडीः | अलडिष्टम् | अलडिष्ट |
| | | | अलाडीः | अलाडिष्टम् | अलाडिष्ट |
| ललाड ललड | लेडिव | लेडिम | अलडिषम् | अलडिष्व | अलडिष्म |

| | | | | | |
|---|---|---|---|---|---|
| | | | अलाडिषम् | अलाडिष्व | अलाडिष्म |

360 कड मदे । कडि इत्येके । कडँ । कड् । कडति । P । सेट् । अ० । be proud, be glad

| | | | | | |
|---|---|---|---|---|---|
| कडति | कडतः | कडन्ति | अकडत् -द् | अकडताम् | अकडन् |
| कडसि | कडथः | कडथ | अकडः | अकडतम् | अकडत |
| कडामि | कडावः | कडामः | अकडम् | अकडाव | अकडाम |

| | | | | | |
|---|---|---|---|---|---|
| कडतु | कडताम् | कडन्तु | कडेत् -द् | कडेताम् | कडेयुः |
| कड | कडतम् | कडत | कडेः | कडेतम् | कडेत |
| कडानि | कडाव | कडाम | कडेयम् | कडेव | कडेम |

| | | | | | |
|---|---|---|---|---|---|
| कडिष्यति | कडिष्यतः | कडिष्यन्ति | अकडिष्यत् -द् | अकडिष्यताम् | अकडिष्यन् |
| कडिष्यसि | कडिष्यथः | कडिष्यथ | अकडिष्यः | अकडिष्यतम् | अकडिष्यत |
| कडिष्यामि | कडिष्यावः | कडिष्यामः | अकडिष्यम् | अकडिष्याव | अकडिष्याम |

| | | | | | |
|---|---|---|---|---|---|
| कडिता | कडितारौ | कडितारः | कड्यात् -द् | कड्यास्ताम् | कड्यासुः |
| कडितासि | कडितास्थः | कडितास्थ | कड्याः | कड्यास्तम् | कड्यास्त |
| कडितास्मि | कडितास्वः | कडितास्मः | कड्यासम् | कड्यास्व | कड्यास्म |

| | | | | | |
|---|---|---|---|---|---|
| चकाड | चकडतुः | चकडुः | अकडीत् -द् | अकडिष्टाम् | अकडिषुः |
| | | | अकाडीत् -द् | अकाडिष्टाम् | अकाडिषुः |
| चकडिथ | चकडथुः | चकड | अकडीः | अकडिष्टम् | अकडिष्ट |
| | | | अकाडीः | अकाडिष्टम् | अकाडिष्ट |
| चकाड चकड | चकडिव | चकडिम | अकडिषम् | अकडिष्व | अकडिष्म |
| | | | अकाडिषम् | अकाडिष्व | अकाडिष्म |

361 गडि वदनैकदेशे । गडिँ । गण्ड् । गण्डति । P । सेट् । अ० । affect the cheek, have goitre

| | | | | | |
|---|---|---|---|---|---|
| गण्डति | गण्डतः | गण्डन्ति | अगण्डत् -द् | अगण्डताम् | अगण्डन् |
| गण्डसि | गण्डथः | गण्डथ | अगण्डः | अगण्डतम् | अगण्डत |
| गण्डामि | गण्डावः | गण्डामः | अगण्डम् | अगण्डाव | अगण्डाम |

| | | | | | |
|---|---|---|---|---|---|
| गण्डतु | गण्डताम् | गण्डन्तु | गण्डेत् -द् | गण्डेताम् | गण्डेयुः |
| गण्ड | गण्डतम् | गण्डत | गण्डेः | गण्डेतम् | गण्डेत |
| गण्डानि | गण्डाव | गण्डाम | गण्डेयम् | गण्डेव | गण्डेम |

| | | | | | |
|---|---|---|---|---|---|
| गण्डिष्यति | गण्डिष्यतः | गण्डिष्यन्ति | अगण्डिष्यत् -द् | अगण्डिष्यताम् | अगण्डिष्यन् |
| गण्डिष्यसि | गण्डिष्यथः | गण्डिष्यथ | अगण्डिष्यः | अगण्डिष्यतम् | अगण्डिष्यत |

| | | | | | |
|---|---|---|---|---|---|
| गण्डिष्यामि | गण्डिष्यावः | गण्डिष्यामः | अगण्डिष्यम् | अगण्डिष्याव | अगण्डिष्याम |

| | | | | | |
|---|---|---|---|---|---|
| गण्डिता | गण्डितारौ | गण्डितारः | गण्ड्यात् -द् | गण्ड्यास्ताम् | गण्ड्यासुः |
| गण्डितासि | गण्डितास्थः | गण्डितास्थ | गण्ड्याः | गण्ड्यास्तम् | गण्ड्यास्त |
| गण्डितास्मि | गण्डितास्वः | गण्डितास्मः | गण्ड्यासम् | गण्ड्यास्व | गण्ड्यास्म |

| | | | | | |
|---|---|---|---|---|---|
| जगण्ड | जगण्डतुः | जगण्डुः | अगण्डीत् -द् | अगण्डिष्टाम् | अगण्डिषुः |
| जगण्डिथ | जगण्डथुः | जगण्ड | अगण्डीः | अगण्डिष्टम् | अगण्डिष्ट |
| जगण्ड | जगण्डिव | जगण्डिम | अगण्डिषम् | अगण्डिष्व | अगण्डिष्म |

290 शौट्रादयः उदात्ताः उदात्तेतः परस्मैभाषाः ।

## 362 अथ पवर्गीयान्ताः आत्मनेपदिनः स्तोभत्यन्ताः चतुस्त्रिंशत् ।

362 तिपृ क्षरणे । तिपृँ । तिप् । तेपते । A । अनिट् । अ० । sprinkle

| | | | | | |
|---|---|---|---|---|---|
| तेपते | तेपेते | तेपन्ते | अतेपत | अतेपेताम् | अतेपन्त |
| तेपसे | तेपेथे | तेपध्वे | अतेपथाः | अतेपेथाम् | अतेपध्वम् |
| तेपे | तेपावहे | तेपामहे | अतेपे | अतेपावहि | अतेपामहि |

| | | | | | |
|---|---|---|---|---|---|
| तेपताम् | तेपेताम् | तेपन्ताम् | तेपेत | तेपेयाताम् | तेपेरन् |
| तेपस्व | तेपेथाम् | तेपध्वम् | तेपेथाः | तेपेयाथाम् | तेपेध्वम् |
| तेपै | तेपावहै | तेपामहै | तेपेय | तेपेवहि | तेपेमहि |

| | | | | | |
|---|---|---|---|---|---|
| तेप्स्यते | तेप्स्येते | तेप्स्यन्ते | अतेप्स्यत | अतेप्स्येताम् | अतेप्स्यन्त |
| तेप्स्यसे | तेप्स्येथे | तेप्स्यध्वे | अतेप्स्यथाः | अतेप्स्येथाम् | अतेप्स्यध्वम् |
| तेप्स्ये | तेप्स्यावहे | तेप्स्यामहे | अतेप्स्ये | अतेप्स्यावहि | अतेप्स्यामहि |

| | | | | | |
|---|---|---|---|---|---|
| तेप्ता | तेप्तारौ | तेप्तारः | तिप्सीष्ट | तिप्सीयास्ताम् | तिप्सीरन् |
| तेप्तासे | तेप्तासाथे | तेप्ताध्वे | तिप्सीष्ठाः | तिप्सीयास्थाम् | तिप्सीध्वम् |
| तेप्ताहे | तेप्तास्वहे | तेप्तास्महे | तिप्सीय | तिप्सीवहि | तिप्सीमहि |

| | | | | | |
|---|---|---|---|---|---|
| तितिपे | तितिपाते | तितिपिरे | अतिप्त | अतिप्साताम् | अतिप्सत |
| तितिपिषे | तितिपाथे | तितिपिध्वे | अतिप्थाः | अतिप्साथाम् | अतिब्ध्वम् |
| तितिपे | तितिपिवहे | तितिपिमहे | अतिप्सि | अतिप्स्वहि | अतिप्स्महि |

363 तेपृ क्षरणे । कम्पने च । तेपृँ । तेप् । तेपते । A । सेट् । अ० । distill, leak, tremble

| | | | | | |
|---|---|---|---|---|---|
| तेपते | तेपेते | तेपन्ते | अतेपत | अतेपेताम् | अतेपन्त |
| तेपसे | तेपेथे | तेपध्वे | अतेपथाः | अतेपेथाम् | अतेपध्वम् |
| तेपे | तेपावहे | तेपामहे | अतेपे | अतेपावहि | अतेपामहि |

| | | | | | |
|---|---|---|---|---|---|
| तेपताम् | तेपेताम् | तेपन्ताम् | तेपेत | तेपेयाताम् | तेपेरन् |
| तेपस्व | तेपेथाम् | तेपध्वम् | तेपेथाः | तेपेयाथाम् | तेपेध्वम् |
| तेपै | तेपावहै | तेपामहै | तेपेय | तेपेवहि | तेपेमहि |

| | | | | | |
|---|---|---|---|---|---|
| तेपिष्यते | तेपिष्येते | तेपिष्यन्ते | अतेपिष्यत | अतेपिष्येताम् | अतेपिष्यन्त |
| तेपिष्यसे | तेपिष्येथे | तेपिष्यध्वे | अतेपिष्यथाः | अतेपिष्येथाम् | अतेपिष्यध्वम् |
| तेपिष्ये | तेपिष्यावहे | तेपिष्यामहे | अतेपिष्ये | अतेपिष्यावहि | अतेपिष्यामहि |

| | | | | | |
|---|---|---|---|---|---|
| तेपिता | तेपितारौ | तेपितारः | तेपिषीष्ट | तेपिषीयास्ताम् | तेपिषीरन् |
| तेपितासे | तेपितासाथे | तेपिताध्वे | तेपिषीष्ठाः | तेपिषीयास्थाम् | तेपिषीध्वम् |
| तेपिताहे | तेपितास्वहे | तेपितास्महे | तेपिषीय | तेपिषीवहि | तेपिषीमहि |

| | | | | | |
|---|---|---|---|---|---|
| तितेपे | तितेपाते | तितेपिरे | अतेपिष्ट | अतेपिषाताम् | अतेपिषत |
| तितेपिषे | तितेपाथे | तितेपिध्वे | अतेपिष्ठाः | अतेपिषाथाम् | अतेपिध्वम् |
| तितेपे | तितेपिवहे | तितेपिमहे | अतेपिषि | अतेपिष्वहि | अतेपिष्महि |

364 ष्टिपृ क्षरणे । ष्टिपृँ । स्तिप् । स्तेपते । A । सेट् । अ० । drop, drip, ooze

| | | | | | |
|---|---|---|---|---|---|
| स्तेपते | स्तेपेते | स्तेपन्ते | अस्तेपत | अस्तेपेताम् | अस्तेपन्त |
| स्तेपसे | स्तेपेथे | स्तेपध्वे | अस्तेपथाः | अस्तेपेथाम् | अस्तेपध्वम् |
| स्तेपे | स्तेपावहे | स्तेपामहे | अस्तेपे | अस्तेपावहि | अस्तेपामहि |

| | | | | | |
|---|---|---|---|---|---|
| स्तेपताम् | स्तेपेताम् | स्तेपन्ताम् | स्तेपेत | स्तेपेयाताम् | स्तेपेरन् |
| स्तेपस्व | स्तेपेथाम् | स्तेपध्वम् | स्तेपेथाः | स्तेपेयाथाम् | स्तेपेध्वम् |
| स्तेपै | स्तेपावहै | स्तेपामहै | स्तेपेय | स्तेपेवहि | स्तेपेमहि |

| | | | | | |
|---|---|---|---|---|---|
| स्तेपिष्यते | स्तेपिष्येते | स्तेपिष्यन्ते | अस्तेपिष्यत | अस्तेपिष्येताम् | अस्तेपिष्यन्त |
| स्तेपिष्यसे | स्तेपिष्येथे | स्तेपिष्यध्वे | अस्तेपिष्यथाः | अस्तेपिष्येथाम् | अस्तेपिष्यध्वम् |
| स्तेपिष्ये | स्तेपिष्यावहे | स्तेपिष्यामहे | अस्तेपिष्ये | अस्तेपिष्यावहि | अस्तेपिष्यामहि |

| | | | | | |
|---|---|---|---|---|---|
| स्तेपिता | स्तेपितारौ | स्तेपितारः | स्तेपिषीष्ट | स्तेपिषीयास्ताम् | स्तेपिषीरन् |
| स्तेपितासे | स्तेपितासाथे | स्तेपिताध्वे | स्तेपिषीष्ठाः | स्तेपिषीयास्थाम् | स्तेपिषीध्वम् |
| स्तेपिताहे | स्तेपितास्वहे | स्तेपितास्महे | स्तेपिषीय | स्तेपिषीवहि | स्तेपिषीमहि |

| | | | | | |
|---|---|---|---|---|---|
| तिष्टिपे | तिष्टिपाते | तिष्टिपिरे | अस्तेपिष्ट | अस्तेपिषाताम् | अस्तेपिषत |
| तिष्टिपिषे | तिष्टिपाथे | तिष्टिपिध्वे | अस्तेपिष्ठाः | अस्तेपिषाथाम् | अस्तेपिध्वम् |
| तिष्टिपे | तिष्टिपिवहे | तिष्टिपिमहे | अस्तेपिषि | अस्तेपिष्वहि | अस्तेपिष्महि |

365 ष्टेपृ क्षरणार्थाः । आद्योऽनुदात्तः। तेपृ कम्पने च। ष्टेपृँ । स्तेप् । स्तेपते । A । सेट् । अ० । ooze, trickle, wet

| | | | | | |
|---|---|---|---|---|---|
| स्तेपते | स्तेपेते | स्तेपन्ते | अस्तेपत | अस्तेपेताम् | अस्तेपन्त |
| स्तेपसे | स्तेपेथे | स्तेपध्वे | अस्तेपथाः | अस्तेपेथाम् | अस्तेपध्वम् |
| स्तेपे | स्तेपावहे | स्तेपामहे | अस्तेपे | अस्तेपावहि | अस्तेपामहि |

| | | | | | |
|---|---|---|---|---|---|
| स्तेपताम् | स्तेपेताम् | स्तेपन्ताम् | स्तेपेत | स्तेपेयाताम् | स्तेपेरन् |
| स्तेपस्व | स्तेपेथाम् | स्तेपध्वम् | स्तेपेथाः | स्तेपेयाथाम् | स्तेपेध्वम् |
| स्तेपै | स्तेपावहै | स्तेपामहै | स्तेपेय | स्तेपेवहि | स्तेपेमहि |

| | | | | | |
|---|---|---|---|---|---|
| स्तेपिष्यते | स्तेपिष्येते | स्तेपिष्यन्ते | अस्तेपिष्यत | अस्तेपिष्येताम् | अस्तेपिष्यन्त |
| स्तेपिष्यसे | स्तेपिष्येथे | स्तेपिष्यध्वे | अस्तेपिष्यथाः | अस्तेपिष्येथाम् | अस्तेपिष्यध्वम् |
| स्तेपिष्ये | स्तेपिष्यावहे | स्तेपिष्यामहे | अस्तेपिष्ये | अस्तेपिष्यावहि | अस्तेपिष्यामहि |

| | | | | | |
|---|---|---|---|---|---|
| स्तेपिता | स्तेपितारौ | स्तेपितारः | स्तेपिषीष्ट | स्तेपिषीयास्ताम् | स्तेपिषीरन् |
| स्तेपितासे | स्तेपितासाथे | स्तेपिताध्वे | स्तेपिषीष्ठाः | स्तेपिषीयास्थाम् | स्तेपिषीध्वम् |
| स्तेपिताहे | स्तेपितास्वहे | स्तेपितास्महे | स्तेपिषीय | स्तेपिषीवहि | स्तेपिषीमहि |

| | | | | | |
|---|---|---|---|---|---|
| तिष्टेपे | तिष्टेपाते | तिष्टेपिरे | अस्तेपिष्ट | अस्तेपिषाताम् | अस्तेपिषत |
| तिष्टेपिषे | तिष्टेपाथे | तिष्टेपिध्वे | अस्तेपिष्ठाः | अस्तेपिषाथाम् | अस्तेपिध्वम् |
| तिष्टेपे | तिष्टेपिवहे | तिष्टेपिमहे | अस्तेपिषि | अस्तेपिष्वहि | अस्तेपिष्महि |

366 ग्लेपृ दैन्ये । ग्लेपृँ । ग्लेप् । ग्लेपते । A । सेट् । स० । be poor, dependent

| | | | | | |
|---|---|---|---|---|---|
| ग्लेपते | ग्लेपेते | ग्लेपन्ते | अग्लेपत | अग्लेपेताम् | अग्लेपन्त |
| ग्लेपसे | ग्लेपेथे | ग्लेपध्वे | अग्लेपथाः | अग्लेपेथाम् | अग्लेपध्वम् |
| ग्लेपे | ग्लेपावहे | ग्लेपामहे | अग्लेपे | अग्लेपावहि | अग्लेपामहि |

| | | | | | |
|---|---|---|---|---|---|
| ग्लेपताम् | ग्लेपेताम् | ग्लेपन्ताम् | ग्लेपेत | ग्लेपेयाताम् | ग्लेपेरन् |
| ग्लेपस्व | ग्लेपेथाम् | ग्लेपध्वम् | ग्लेपेथाः | ग्लेपेयाथाम् | ग्लेपेध्वम् |
| ग्लेपै | ग्लेपावहै | ग्लेपामहै | ग्लेपेय | ग्लेपेवहि | ग्लेपेमहि |

| | | | | | |
|---|---|---|---|---|---|
| ग्लेपिष्यते | ग्लेपिष्येते | ग्लेपिष्यन्ते | अग्लेपिष्यत | अग्लेपिष्येताम् | अग्लेपिष्यन्त |
| ग्लेपिष्यसे | ग्लेपिष्येथे | ग्लेपिष्यध्वे | अग्लेपिष्यथाः | अग्लेपिष्येथाम् | अग्लेपिष्यध्वम् |
| ग्लेपिष्ये | ग्लेपिष्यावहे | ग्लेपिष्यामहे | अग्लेपिष्ये | अग्लेपिष्यावहि | अग्लेपिष्यामहि |

| | | | | | |
|---|---|---|---|---|---|
| ग्लेपिता | ग्लेपितारौ | ग्लेपितारः | ग्लेपिषीष्ट | ग्लेपिषीयास्ताम् | ग्लेपिषीरन् |
| ग्लेपितासे | ग्लेपितासाथे | ग्लेपिताध्वे | ग्लेपिषीष्ठाः | ग्लेपिषीयास्थाम् | ग्लेपिषीध्वम् |
| ग्लेपिताहे | ग्लेपितास्वहे | ग्लेपितास्महे | ग्लेपिषीय | ग्लेपिषीवहि | ग्लेपिषीमहि |

| | | | | | |
|---|---|---|---|---|---|
| जिग्लेपे | जिग्लेपाते | जिग्लेपिरे | अग्लेपिष्ट | अग्लेपिषाताम् | अग्लेपिषत |
| जिग्लेपिषे | जिग्लेपाथे | जिग्लेपिध्वे | अग्लेपिष्ठाः | अग्लेपिषाथाम् | अग्लेपिध्वम् |

| | | | | | |
|---|---|---|---|---|---|
| जिग्लेपे | जिग्लेपिवहे | जिग्लेपिमहे | अग्लेपिषि | अग्लेपिष्वहि | अग्लेपिष्महि |

367 **टुवेपृ कम्पने । टुवेपृँ । वेप् । वेपते ।** A **। सेट् । अ० ।** tremble

| | | | | | |
|---|---|---|---|---|---|
| वेपते | वेपेते | वेपन्ते | अवेपत | अवेपेताम् | अवेपन्त |
| वेपसे | वेपेथे | वेपध्वे | अवेपथाः | अवेपेथाम् | अवेपध्वम् |
| वेपे | वेपावहे | वेपामहे | अवेपे | अवेपावहि | अवेपामहि |

| | | | | | |
|---|---|---|---|---|---|
| वेपताम् | वेपेताम् | वेपन्ताम् | वेपेत | वेपेयाताम् | वेपेरन् |
| वेपस्व | वेपेथाम् | वेपध्वम् | वेपेथाः | वेपेयाथाम् | वेपेध्वम् |
| वेपै | वेपावहै | वेपामहै | वेपेय | वेपेवहि | वेपेमहि |

| | | | | | |
|---|---|---|---|---|---|
| वेपिष्यते | वेपिष्येते | वेपिष्यन्ते | अवेपिष्यत | अवेपिष्येताम् | अवेपिष्यन्त |
| वेपिष्यसे | वेपिष्येथे | वेपिष्यध्वे | अवेपिष्यथाः | अवेपिष्येथाम् | अवेपिष्यध्वम् |
| वेपिष्ये | वेपिष्यावहे | वेपिष्यामहे | अवेपिष्ये | अवेपिष्यावहि | अवेपिष्यामहि |

| | | | | | |
|---|---|---|---|---|---|
| वेपिता | वेपितारौ | वेपितारः | वेपिषीष्ट | वेपिषीयास्ताम् | वेपिषीरन् |
| वेपितासे | वेपितासाथे | वेपिताध्वे | वेपिषीष्ठाः | वेपिषीयास्थाम् | वेपिषीध्वम् |
| वेपिताहे | वेपितास्वहे | वेपितास्महे | वेपिषीय | वेपिषीवहि | वेपिषीमहि |

| | | | | | |
|---|---|---|---|---|---|
| विवेपे | विवेपाते | विवेपिरे | अवेपिष्ट | अवेपिषाताम् | अवेपिषत |
| विवेपिषे | विवेपाथे | विवेपिध्वे | अवेपिष्ठाः | अवेपिषाथाम् | अवेपिढ्वम् |
| विवेपे | विवेपिवहे | विवेपिमहे | अवेपिषि | अवेपिष्वहि | अवेपिष्महि |

368 **केपृ कम्पने । गतौ च । केपृँ । केप् । केपते ।** A **। सेट् । अ० ।** shake, go

| | | | | | |
|---|---|---|---|---|---|
| केपते | केपेते | केपन्ते | अकेपत | अकेपेताम् | अकेपन्त |
| केपसे | केपेथे | केपध्वे | अकेपथाः | अकेपेथाम् | अकेपध्वम् |
| केपे | केपावहे | केपामहे | अकेपे | अकेपावहि | अकेपामहि |

| | | | | | |
|---|---|---|---|---|---|
| केपताम् | केपेताम् | केपन्ताम् | केपेत | केपेयाताम् | केपेरन् |
| केपस्व | केपेथाम् | केपध्वम् | केपेथाः | केपेयाथाम् | केपेध्वम् |
| केपै | केपावहै | केपामहै | केपेय | केपेवहि | केपेमहि |

| | | | | | |
|---|---|---|---|---|---|
| केपिष्यते | केपिष्येते | केपिष्यन्ते | अकेपिष्यत | अकेपिष्येताम् | अकेपिष्यन्त |
| केपिष्यसे | केपिष्येथे | केपिष्यध्वे | अकेपिष्यथाः | अकेपिष्येथाम् | अकेपिष्यध्वम् |
| केपिष्ये | केपिष्यावहे | केपिष्यामहे | अकेपिष्ये | अकेपिष्यावहि | अकेपिष्यामहि |

| | | | | | |
|---|---|---|---|---|---|
| केपिता | केपितारौ | केपितारः | केपिषीष्ट | केपिषीयास्ताम् | केपिषीरन् |
| केपितासे | केपितासाथे | केपिताध्वे | केपिषीष्ठाः | केपिषीयास्थाम् | केपिषीध्वम् |
| केपिताहे | केपितास्वहे | केपितास्महे | केपिषीय | केपिषीवहि | केपिषीमहि |

| | | | | | |
|---|---|---|---|---|---|
| चिकेपे | चिकेपाते | चिकेपिरे | अकेपिष्ट | अकेपिषाताम् | अकेपिषत |
| चिकेपिषे | चिकेपाथे | चिकेपिध्वे | अकेपिष्ठाः | अकेपिषाथाम् | अकेपिध्वम् |
| चिकेपे | चिकेपिवहे | चिकेपिमहे | अकेपिषि | अकेपिष्वहि | अकेपिष्महि |

369 गेपृ कम्पने । गतौ च । गेपृँ । गेप् । गेपते । A । सेट् । स० । shake, tremble, go, transfer

| | | | | | |
|---|---|---|---|---|---|
| गेपते | गेपेते | गेपन्ते | अगेपत | अगेपेताम् | अगेपन्त |
| गेपसे | गेपेथे | गेपध्वे | अगेपथाः | अगेपेथाम् | अगेपध्वम् |
| गेपे | गेपावहे | गेपामहे | अगेपे | अगेपावहि | अगेपामहि |

| | | | | | |
|---|---|---|---|---|---|
| गेपताम् | गेपेताम् | गेपन्ताम् | गेपेत | गेपेयाताम् | गेपेरन् |
| गेपस्व | गेपेथाम् | गेपध्वम् | गेपेथाः | गेपेयाथाम् | गेपेध्वम् |
| गेपै | गेपावहै | गेपामहै | गेपेय | गेपेवहि | गेपेमहि |

| | | | | | |
|---|---|---|---|---|---|
| गेपिष्यते | गेपिष्येते | गेपिष्यन्ते | अगेपिष्यत | अगेपिष्येताम् | अगेपिष्यन्त |
| गेपिष्यसे | गेपिष्येथे | गेपिष्यध्वे | अगेपिष्यथाः | अगेपिष्येथाम् | अगेपिष्यध्वम् |
| गेपिष्ये | गेपिष्यावहे | गेपिष्यामहे | अगेपिष्ये | अगेपिष्यावहि | अगेपिष्यामहि |

| | | | | | |
|---|---|---|---|---|---|
| गेपिता | गेपितारौ | गेपितारः | गेपिषीष्ट | गेपिषीयास्ताम् | गेपिषीरन् |
| गेपितासे | गेपितासाथे | गेपिताध्वे | गेपिषीष्ठाः | गेपिषीयास्थाम् | गेपिषीध्वम् |
| गेपिताहे | गेपितास्वहे | गेपितास्महे | गेपिषीय | गेपिषीवहि | गेपिषीमहि |

| | | | | | |
|---|---|---|---|---|---|
| जिगेपे | जिगेपाते | जिगेपिरे | अगेपिष्ट | अगेपिषाताम् | अगेपिषत |
| जिगेपिषे | जिगेपाथे | जिगेपिध्वे | अगेपिष्ठाः | अगेपिषाथाम् | अगेपिध्वम् |
| जिगेपे | जिगेपिवहे | जिगेपिमहे | अगेपिषि | अगेपिष्वहि | अगेपिष्महि |

370 ग्लेपृ कम्पने गतौ च । ग्लेपृँ । ग्लेप् । ग्लेपते । A । सेट् । स० । be poor, be dependent, tremble, go

| | | | | | |
|---|---|---|---|---|---|
| ग्लेपते | ग्लेपेते | ग्लेपन्ते | अग्लेपत | अग्लेपेताम् | अग्लेपन्त |
| ग्लेपसे | ग्लेपेथे | ग्लेपध्वे | अग्लेपथाः | अग्लेपेथाम् | अग्लेपध्वम् |
| ग्लेपे | ग्लेपावहे | ग्लेपामहे | अग्लेपे | अग्लेपावहि | अग्लेपामहि |

| | | | | | |
|---|---|---|---|---|---|
| ग्लेपताम् | ग्लेपेताम् | ग्लेपन्ताम् | ग्लेपेत | ग्लेपेयाताम् | ग्लेपेरन् |
| ग्लेपस्व | ग्लेपेथाम् | ग्लेपध्वम् | ग्लेपेथाः | ग्लेपेयाथाम् | ग्लेपेध्वम् |
| ग्लेपै | ग्लेपावहै | ग्लेपामहै | ग्लेपेय | ग्लेपेवहि | ग्लेपेमहि |

| | | | | | |
|---|---|---|---|---|---|
| ग्लेपिष्यते | ग्लेपिष्येते | ग्लेपिष्यन्ते | अग्लेपिष्यत | अग्लेपिष्येताम् | अग्लेपिष्यन्त |
| ग्लेपिष्यसे | ग्लेपिष्येथे | ग्लेपिष्यध्वे | अग्लेपिष्यथाः | अग्लेपिष्येथाम् | अग्लेपिष्यध्वम् |
| ग्लेपिष्ये | ग्लेपिष्यावहे | ग्लेपिष्यामहे | अग्लेपिष्ये | अग्लेपिष्यावहि | अग्लेपिष्यामहि |

| | | | | | |
|---|---|---|---|---|---|
| ग्लेपिता | ग्लेपितारौ | ग्लेपितारः | ग्लेपिषीष्ट | ग्लेपिषीयास्ताम् | ग्लेपिषीरन् |
| ग्लेपितासे | ग्लेपितासाथे | ग्लेपिताध्वे | ग्लेपिषीष्ठाः | ग्लेपिषीयास्थाम् | ग्लेपिषीध्वम् |
| ग्लेपिताहे | ग्लेपितास्वहे | ग्लेपितास्महे | ग्लेपिषीय | ग्लेपिषीवहि | ग्लेपिषीमहि |

| | | | | | |
|---|---|---|---|---|---|
| जिग्लेपे | जिग्लेपाते | जिग्लेपिरे | अग्लेपिष्ट | अग्लेपिषाताम् | अग्लेपिषत |
| जिग्लेपिषे | जिग्लेपाथे | जिग्लेपिध्वे | अग्लेपिष्ठाः | अग्लेपिषाथाम् | अग्लेपिध्वम् |
| जिग्लेपे | जिग्लेपिवहे | जिग्लेपिमहे | अग्लेपिषि | अग्लेपिष्वहि | अग्लेपिष्महि |

371 मेपृ गतौ । मेपृँ । मेप् । मेपते । A । सेट् । स० । move, serve

| | | | | | |
|---|---|---|---|---|---|
| मेपते | मेपेते | मेपन्ते | अमेपत | अमेपेताम् | अमेपन्त |
| मेपसे | मेपेथे | मेपध्वे | अमेपथाः | अमेपेथाम् | अमेपध्वम् |
| मेपे | मेपावहे | मेपामहे | अमेपे | अमेपावहि | अमेपामहि |

| | | | | | |
|---|---|---|---|---|---|
| मेपताम् | मेपेताम् | मेपन्ताम् | मेपेत | मेपेयाताम् | मेपेरन् |
| मेपस्व | मेपेथाम् | मेपध्वम् | मेपेथाः | मेपेयाथाम् | मेपेध्वम् |
| मेपै | मेपावहै | मेपामहै | मेपेय | मेपेवहि | मेपेमहि |

| | | | | | |
|---|---|---|---|---|---|
| मेपिष्यते | मेपिष्येते | मेपिष्यन्ते | अमेपिष्यत | अमेपिष्येताम् | अमेपिष्यन्त |
| मेपिष्यसे | मेपिष्येथे | मेपिष्यध्वे | अमेपिष्यथाः | अमेपिष्येथाम् | अमेपिष्यध्वम् |
| मेपिष्ये | मेपिष्यावहे | मेपिष्यामहे | अमेपिष्ये | अमेपिष्यावहि | अमेपिष्यामहि |

| | | | | | |
|---|---|---|---|---|---|
| मेपिता | मेपितारौ | मेपितारः | मेपिषीष्ट | मेपिषीयास्ताम् | मेपिषीरन् |
| मेपितासे | मेपितासाथे | मेपिताध्वे | मेपिषीष्ठाः | मेपिषीयास्थाम् | मेपिषीध्वम् |
| मेपिताहे | मेपितास्वहे | मेपितास्महे | मेपिषीय | मेपिषीवहि | मेपिषीमहि |

| | | | | | |
|---|---|---|---|---|---|
| मिमेपे | मिमेपाते | मिमेपिरे | अमेपिष्ट | अमेपिषाताम् | अमेपिषत |
| मिमेपिषे | मिमेपाथे | मिमेपिध्वे | अमेपिष्ठाः | अमेपिषाथाम् | अमेपिध्वम् |
| मिमेगे | मिमेपिवहे | मिमेपिमहे | अमेपिषि | अमेपिष्वहि | अमेपिष्महि |

372 रेपृ गतौ । रेपृँ । रेप् । रेपते । A । सेट् । स० । go, move

| | | | | | |
|---|---|---|---|---|---|
| रेपते | रेपेते | रेपन्ते | अरेपत | अरेपेताम् | अरेपन्त |
| रेपसे | रेपेथे | रेपध्वे | अरेपथाः | अरेपेथाम् | अरेपध्वम् |
| रेपे | रेपावहे | रेपामहे | अरेपे | अरेपावहि | अरेपामहि |

| | | | | | |
|---|---|---|---|---|---|
| रेपताम् | रेपेताम् | रेपन्ताम् | रेपेत | रेपेयाताम् | रेपेरन् |
| रेपस्व | रेपेथाम् | रेपध्वम् | रेपेथाः | रेपेयाथाम् | रेपेध्वम् |
| रेपै | रेपावहै | रेपामहै | रेपेय | रेपेवहि | रेपेमहि |

| | | | | | |
|---|---|---|---|---|---|
| रेपिष्यते | रेपिष्येते | रेपिष्यन्ते | अरेपिष्यत | अरेपिष्येताम् | अरेपिष्यन्त |

| | | | | | |
|---|---|---|---|---|---|
| रेपिष्यसे | रेपिष्येथे | रेपिष्यध्वे | अरेपिष्यथाः | अरेपिष्येथाम् | अरेपिष्यध्वम् |
| रेपिष्ये | रेपिष्यावहे | रेपिष्यामहे | अरेपिष्ये | अरेपिष्यावहि | अरेपिष्यामहि |
| रेपिता | रेपितारौ | रेपितारः | रेपिषीष्ट | रेपिषीयास्ताम् | रेपिषीरन् |
| रेपितासे | रेपितासाथे | रेपिताध्वे | रेपिषीष्ठाः | रेपिषीयास्थाम् | रेपिषीध्वम् |
| रेपिताहे | रेपितास्वहे | रेपितास्महे | रेपिषीय | रेपिषीवहि | रेपिषीमहि |
| रिरेपे | रिरेपाते | रिरेपिरे | अरेपिष्ट | अरेपिषाताम् | अरेपिषत |
| रिरेपिषे | रिरेपाथे | रिरेपिध्वे | अरेपिष्ठाः | अरेपिषाथाम् | अरेपिध्वम् |
| रिरेपे | रिरेपिवहे | रिरेपिमहे | अरेपिषि | अरेपिष्वहि | अरेपिष्महि |

373 लेपृ गतौ । लेपृँ । लेप् । लेपते । A । सेट् । स० । go near, reach close, sound

| | | | | | |
|---|---|---|---|---|---|
| लेपते | लेपेते | लेपन्ते | अलेपत | अलेपेताम् | अलेपन्त |
| लेपसे | लेपेथे | लेपध्वे | अलेपथाः | अलेपेथाम् | अलेपध्वम् |
| लेपे | लेपावहे | लेपामहे | अलेपे | अलेपावहि | अलेपामहि |
| लेपताम् | लेपेताम् | लेपन्ताम् | लेपेत | लेपेयाताम् | लेपेरन् |
| लेपस्व | लेपेथाम् | लेपध्वम् | लेपेथाः | लेपेयाथाम् | लेपेध्वम् |
| लेपै | लेपावहै | लेपामहै | लेपेय | लेपेवहि | लेपेमहि |
| लेपिष्यते | लेपिष्येते | लेपिष्यन्ते | अलेपिष्यत | अलेपिष्येताम् | अलेपिष्यन्त |
| लेपिष्यसे | लेपिष्येथे | लेपिष्यध्वे | अलेपिष्यथाः | अलेपिष्येथाम् | अलेपिष्यध्वम् |
| लेपिष्ये | लेपिष्यावहे | लेपिष्यामहे | अलेपिष्ये | अलेपिष्यावहि | अलेपिष्यामहि |
| लेपिता | लेपितारौ | लेपितारः | लेपिषीष्ट | लेपिषीयास्ताम् | लेपिषीरन् |
| लेपितासे | लेपितासाथे | लेपिताध्वे | लेपिषीष्ठाः | लेपिषीयास्थाम् | लेपिषीध्वम् |
| लेपिताहे | लेपितास्वहे | लेपितास्महे | लेपिषीय | लेपिषीवहि | लेपिषीमहि |
| लिलेपे | लिलेपाते | लिलेपिरे | अलेपिष्ट | अलेपिषाताम् | अलेपिषत |
| लिलेपिषे | लिलेपाथे | लिलेपिध्वे | अलेपिष्ठाः | अलेपिषाथाम् | अलेपिध्वम् |
| लिलेपे | लिलेपिवहे | लिलेपिमहे | अलेपिषि | अलेपिष्वहि | अलेपिष्महि |

374 त्रपूष् लज्जायाम् । त्रपूँष् । त्रप् । त्रपते । A । वेट् । अ० । be ashamed
7.2.44 स्वरतिसूति० । 6.4.122 तृफलभजत्रपश्च । Also see 816 गणसूत्र = दलि-वलि-स्खलि-रणि-ध्वनि-त्रपि-क्षपयः च इति भोजः । इति मित्त्व पाठः ।

| | | | | | |
|---|---|---|---|---|---|
| त्रपते | त्रपेते | त्रपन्ते | अत्रपत | अत्रपेताम् | अत्रपन्त |
| त्रपसे | त्रपेथे | त्रपध्वे | अत्रपथाः | अत्रपेथाम् | अत्रपध्वम् |
| त्रपे | त्रपावहे | त्रपामहे | अत्रपे | अत्रपावहि | अत्रपामहि |

| | | | | | |
|---|---|---|---|---|---|
| त्रपताम् | त्रपेताम् | त्रपन्ताम् | त्रपेत | त्रपेयाताम् | त्रपेरन् |
| त्रपस्व | त्रपेथाम् | त्रपध्वम् | त्रपेथाः | त्रपेयाथाम् | त्रपेध्वम् |
| त्रपै | त्रपावहै | त्रपामहै | त्रपेय | त्रपेवहि | त्रपेमहि |

| लृट् 5 Simple Future Tense 7.2.44 पक्षे अनिट् | | | लृङ् 6 Conditional Mood 7.2.44 | | |
|---|---|---|---|---|---|
| त्रपिष्यते , | त्रपिष्येते , | त्रपिष्यन्ते , | अत्रपिष्यत | अत्रपिष्येताम् | अत्रपिष्यन्त |
| त्रप्स्यते | त्रप्स्येते | त्रप्स्यन्ते | अत्रप्स्यत | अत्रप्स्येताम् | अत्रप्स्यन्त |
| त्रपिष्यसे , | त्रपिष्येथे , | त्रपिष्यध्वे , | अत्रपिष्यथाः | अत्रपिष्येथाम् | अत्रपिष्यध्वम् |
| त्रप्स्यसे | त्रप्स्येथे | त्रप्स्यध्वे | अत्रप्स्यथाः | अत्रप्स्येथाम् | अत्रप्स्यध्वम् |
| त्रपिष्ये , | त्रपिष्यावहे , | त्रपिष्यामहे , | अत्रपिष्ये | अत्रपिष्यावहि | अत्रपिष्यामहि |
| त्रप्स्ये | त्रप्स्यावहे | त्रप्स्यामहे | अत्रप्स्ये | अत्रप्स्यावहि | अत्रप्स्यामहि |

| | | | | | |
|---|---|---|---|---|---|
| त्रपिता | त्रपितारौ | त्रपितारः | त्रपिषीष्ट | त्रपिषीयास्ताम् | त्रपिषीरन् |
| त्रप्ता | त्रप्तारौ | त्रप्तारः | त्रप्सीष्ट | त्रप्सीयास्ताम् | त्रप्सीरन् |
| त्रपितासे | त्रपितासाथे | त्रपिताध्वे | त्रपिषीष्ठाः | त्रपिषीयास्थाम् | त्रपिषीध्वम् |
| त्रप्तासे | त्रप्तासाथे | त्रप्ताध्वे | त्रप्सीष्ठाः | त्रप्सीयास्थाम् | त्रप्सीध्वम् |
| त्रपिताहे | त्रपितास्वहे | त्रपितास्महे | त्रपिषीय | त्रपिषीवहि | त्रपिषीमहि |
| त्रप्ताहे | त्रप्तास्वहे | त्रप्तास्महे | त्रप्सीय | त्रप्सीवहि | त्रप्सीमहि |

| | | | | | |
|---|---|---|---|---|---|
| त्रेपे | त्रेपाते | त्रेपिरे | अत्रपिष्ट | अत्रपिषाताम् | अत्रपिषत |
| | | | अत्रप्त | अत्रप्साताम् | अत्रप्सत |
| त्रेपिषे त्रेप्से | त्रेपाथे | त्रेपिध्वे त्रेब्ध्वे | अत्रपिष्ठाः | अत्रपिषाथाम् | अत्रपिध्वम् |
| | | | अत्रप्थाः | अत्रप्साथाम् | अत्रब्ध्वम् |
| त्रेपे | त्रेपिवहे त्रेप्वहे | त्रेपिमहे त्रप्महे | अत्रपिषि | अत्रपिष्वहि | अत्रपिष्महि |
| | | | अत्रप्सि | अत्रप्स्वहि | अत्रप्स्महि |

375 कपि चलने । कपिँ । कम्प् । कम्पते । A । सेट् । अ० । shake, move about

| | | | | | |
|---|---|---|---|---|---|
| कम्पते | कम्पेते | कम्पन्ते | अकम्पत | अकम्पेताम् | अकम्पन्त |
| कम्पसे | कम्पेथे | कम्पध्वे | अकम्पथाः | अकम्पेथाम् | अकम्पध्वम् |
| कम्पे | कम्पावहे | कम्पामहे | अकम्पे | अकम्पावहि | अकम्पामहि |

| | | | | | |
|---|---|---|---|---|---|
| कम्पताम् | कम्पेताम् | कम्पन्ताम् | कम्पेत | कम्पेयाताम् | कम्पेरन् |
| कम्पस्व | कम्पेथाम् | कम्पध्वम् | कम्पेथाः | कम्पेयाथाम् | कम्पेध्वम् |
| कम्पै | कम्पावहै | कम्पामहै | कम्पेय | कम्पेवहि | कम्पेमहि |

| | | | | | |
|---|---|---|---|---|---|
| कम्पिष्यते | कम्पिष्येते | कम्पिष्यन्ते | अकम्पिष्यत | अकम्पिष्येताम् | अकम्पिष्यन्त |
| कम्पिष्यसे | कम्पिष्येथे | कम्पिष्यध्वे | अकम्पिष्यथाः | अकम्पिष्येथाम् | अकम्पिष्यध्वम् |
| कम्पिष्ये | कम्पिष्यावहे | कम्पिष्यामहे | अकम्पिष्ये | अकम्पिष्यावहि | अकम्पिष्यामहि |

| कम्पिता | कम्पितारौ | कम्पितारः | कम्पिषीष्ट | कम्पिषीयास्ताम् | कम्पिषीरन् |
| कम्पितासे | कम्पितासाथे | कम्पिताध्वे | कम्पिषीष्ठाः | कम्पिषीयास्थाम् | कम्पिषीध्वम् |
| कम्पिताहे | कम्पितास्वहे | कम्पितास्महे | कम्पिषीय | कम्पिषीवहि | कम्पिषीमहि |

| चकम्पे | चकम्पाकम् | चकम्पिरे | अकम्पिष्ट | अकम्पिषाताम् | अकम्पिषत |
| चकम्पिषे | चकम्पाथे | चकम्पिध्वे | अकम्पिष्ठाः | अकम्पिषाथाम् | अकम्पिध्वम् |
| चकम्पे | चकम्पिवहे | चकम्पिमहे | अकम्पिषि | अकम्पिष्वहि | अकम्पिष्महि |

376 रबि शब्दे । रबिँ । रम्ब् । रम्बते । A । सेट् । अ० । sound

| रम्बते | रम्बेते | रम्बन्ते | अरम्बत | अरम्बेताम् | अरम्बन्त |
| रम्बसे | रम्बेथे | रम्बध्वे | अरम्बथाः | अरम्बेथाम् | अरम्बध्वम् |
| रम्बे | रम्बावहे | रम्बामहे | अरम्बे | अरम्बावहि | अरम्बामहि |

| रम्बताम् | रम्बेताम् | रम्बन्ताम् | रम्बेत | रम्बेयाताम् | रम्बेरन् |
| रम्बस्व | रम्बेथाम् | रम्बध्वम् | रम्बेथाः | रम्बेयाथाम् | रम्बेध्वम् |
| रम्बै | रम्बावहै | रम्बामहै | रम्बेय | रम्बेवहि | रम्बेमहि |

| रम्बिष्यते | रम्बिष्येते | रम्बिष्यन्ते | अरम्बिष्यत | अरम्बिष्येताम् | अरम्बिष्यन्त |
| रम्बिष्यसे | रम्बिष्येथे | रम्बिष्यध्वे | अरम्बिष्यथाः | अरम्बिष्येथाम् | अरम्बिष्यध्वम् |
| रम्बिष्ये | रम्बिष्यावहे | रम्बिष्यामहे | अरम्बिष्ये | अरम्बिष्यावहि | अरम्बिष्यामहि |

| रम्बिता | रम्बितारौ | रम्बितारः | रम्बिषीष्ट | रम्बिषीयास्ताम् | रम्बिषीरन् |
| रम्बितासे | रम्बितासाथे | रम्बिताध्वे | रम्बिषीष्ठाः | रम्बिषीयास्थाम् | रम्बिषीध्वम् |
| रम्बिताहे | रम्बितास्वहे | रम्बितास्महे | रम्बिषीय | रम्बिषीवहि | रम्बिषीमहि |

| ररम्बे | ररम्बाते | ररम्बिरे | अरम्बिष्ट | अरम्बिषाताम् | अरम्बिषत |
| ररम्बिषे | ररम्बाथे | ररम्बिध्वे | अरम्बिष्ठाः | अरम्बिषाथाम् | अरम्बिध्वम् |
| ररम्बे | ररम्बिवहे | ररम्बिमहे | अरम्बिषि | अरम्बिष्वहि | अरम्बिष्महि |

377 लबि शब्दे । लबिँ । लम्ब् । लम्बते । A । सेट् । अ० । sound

| लम्बते | लम्बेते | लम्बन्ते | अलम्बत | अलम्बेताम् | अलम्बन्त |
| लम्बसे | लम्बेथे | लम्बध्वे | अलम्बथाः | अलम्बेथाम् | अलम्बध्वम् |
| लम्बे | लम्बावहे | लम्बामहे | अलम्बे | अलम्बावहि | अलम्बामहि |

| लम्बताम् | लम्बेताम् | लम्बन्ताम् | लम्बेत | लम्बेयाताम् | लम्बेरन् |
| लम्बस्व | लम्बेथाम् | लम्बध्वम् | लम्बेथाः | लम्बेयाथाम् | लम्बेध्वम् |
| लम्बै | लम्बावहै | लम्बामहै | लम्बेय | लम्बेवहि | लम्बेमहि |

| लम्बिष्यते | लम्बिष्येते | लम्बिष्यन्ते | अलम्बिष्यत | अलम्बिष्येताम् | अलम्बिष्यन्त |
| लम्बिष्यसे | लम्बिष्येथे | लम्बिष्यध्वे | अलम्बिष्यथाः | अलम्बिष्येथाम् | अलम्बिष्यध्वम् |

| लम्बिष्ये | लम्बिष्यावहे | लम्बिष्यामहे | अलम्बिष्ये | अलम्बिष्यावहि | अलम्बिष्यामहि |
|---|---|---|---|---|---|
| लम्बिता | लम्बितारौ | लम्बितारः | लम्बिषीष्ट | लम्बिषीयास्ताम् | लम्बिषीरन् |
| लम्बितासे | लम्बितासाथे | लम्बिताध्वे | लम्बिषीष्ठाः | लम्बिषीयास्थाम् | लम्बिषीध्वम् |
| लम्बिताहे | लम्बितास्वहे | लम्बितास्महे | लम्बिषीय | लम्बिषीवहि | लम्बिषीमहि |
| ललम्बे | ललम्बाते | ललम्बिरे | अलम्बिष्ट | अलम्बिषाताम् | अलम्बिषत |
| ललम्बिषे | ललम्बाथे | ललम्बिध्वे | अलम्बिष्ठाः | अलम्बिषाथाम् | अलम्बिध्वम् |
| ललम्बे | ललम्बिवहे | ललम्बिमहे | अलम्बिषि | अलम्बिष्वहि | अलम्बिष्महि |

**378 अबि शब्दे । अबिँ । अम्ब् । अम्बते । A । सेट् । अ० । sound**

| अम्बते | अम्बेते | अम्बन्ते | आम्बत | आम्बेताम् | आम्बन्त |
|---|---|---|---|---|---|
| अम्बसे | अम्बेथे | अम्बध्वे | आम्बथाः | आम्बेथाम् | आम्बध्वम् |
| अम्बे | अम्बावहे | अम्बामहे | आम्बे | आम्बावहि | आम्बामहि |
| अम्बताम् | अम्बेताम् | अम्बन्ताम् | अम्बेत | अम्बेयाताम् | अम्बेरन् |
| अम्बस्व | अम्बेथाम् | अम्बध्वम् | अम्बेथाः | अम्बेयाथाम् | अम्बेध्वम् |
| अम्बै | अम्बावहै | अम्बामहै | अम्बेय | अम्बेवहि | अम्बेमहि |
| अम्बिष्यते | अम्बिष्येते | अम्बिष्यन्ते | आम्बिष्यत | आम्बिष्येताम् | आम्बिष्यन्त |
| अम्बिष्यसे | अम्बिष्येथे | अम्बिष्यध्वे | आम्बिष्यथाः | आम्बिष्येथाम् | आम्बिष्यध्वम् |
| अम्बिष्ये | अम्बिष्यावहे | अम्बिष्यामहे | आम्बिष्ये | आम्बिष्यावहि | आम्बिष्यामहि |
| अम्बिता | अम्बितारौ | अम्बितारः | अम्बिषीष्ट | अम्बिषीयास्ताम् | अम्बिषीरन् |
| अम्बितासे | अम्बितासाथे | अम्बिताध्वे | अम्बिषीष्ठाः | अम्बिषीयास्थाम् | अम्बिषीध्वम् |
| अम्बिताहे | अम्बितास्वहे | अम्बितास्महे | अम्बिषीय | अम्बिषीवहि | अम्बिषीमहि |
| आनम्बे | आनम्बाते | आनम्बिरे | आम्बिष्ट | आम्बिषाताम् | आम्बिषत |
| आनम्बिषे | आनम्बाथे | आनम्बिध्वे | आम्बिष्ठाः | आम्बिषाथाम् | आम्बिध्वम् |
| आनम्बे | आनम्बिवहे | आनम्बिमहे | आम्बिषि | आम्बिष्वहि | आम्बिष्महि |

**379 लबि अवस्रंसने च । लबिँ । लम्ब् । लम्बते । A । सेट् । अ० । sound, hang, dangle, drop head first**

| लम्बते | लम्बेते | लम्बन्ते | अलम्बत | अलम्बेताम् | अलम्बन्त |
|---|---|---|---|---|---|
| लम्बसे | लम्बेथे | लम्बध्वे | अलम्बथाः | अलम्बेथाम् | अलम्बध्वम् |
| लम्बे | लम्बावहे | लम्बामहे | अलम्बे | अलम्बावहि | अलम्बामहि |
| लम्बताम् | लम्बेताम् | लम्बन्ताम् | लम्बेत | लम्बेयाताम् | लम्बेरन् |
| लम्बस्व | लम्बेथाम् | लम्बध्वम् | लम्बेथाः | लम्बेयाथाम् | लम्बेध्वम् |
| लम्बै | लम्बावहै | लम्बामहै | लम्बेय | लम्बेवहि | लम्बेमहि |

| | | | | | |
|---|---|---|---|---|---|
| लम्बिष्यते | लम्बिष्येते | लम्बिष्यन्ते | अलम्बिष्यत | अलम्बिष्येताम् | अलम्बिष्यन्त |
| लम्बिष्यसे | लम्बिष्येथे | लम्बिष्यध्वे | अलम्बिष्यथाः | अलम्बिष्येथाम् | अलम्बिष्यध्वम् |
| लम्बिष्ये | लम्बिष्यावहे | लम्बिष्यामहे | अलम्बिष्ये | अलम्बिष्यावहि | अलम्बिष्यामहि |

| | | | | | |
|---|---|---|---|---|---|
| लम्बिता | लम्बितारौ | लम्बितारः | लम्बिषीष्ट | लम्बिषीयास्ताम् | लम्बिषीरन् |
| लम्बितासे | लम्बितासाथे | लम्बिताध्वे | लम्बिषीष्ठाः | लम्बिषीयास्थाम् | लम्बिषीध्वम् |
| लम्बिताहे | लम्बितास्वहे | लम्बितास्महे | लम्बिषीय | लम्बिषीवहि | लम्बिषीमहि |

| | | | | | |
|---|---|---|---|---|---|
| ललम्बे | ललम्बाते | ललम्बिरे | अलम्बिष्ट | अलम्बिषाताम् | अलम्बिषत |
| ललम्बिषे | ललम्बाथे | ललम्बिध्वे | अलम्बिष्ठाः | अलम्बिषाथाम् | अलम्बिध्वम् |
| ललम्बे | ललम्बिवहे | ललम्बिमहे | अलम्बिषि | अलम्बिष्वहि | अलम्बिष्महि |

380 कबृ वर्णे । कबृँ । कब् । कबते । A । सेट् । अ० । paint, describe, write poetry

| | | | | | |
|---|---|---|---|---|---|
| कबते | कबेते | कबन्ते | अकबत | अकबेताम् | अकबन्त |
| कबसे | कबेथे | कबध्वे | अकबथाः | अकबेथाम् | अकबध्वम् |
| कबे | कबावहे | कबामहे | अकबे | अकबावहि | अकबामहि |

| | | | | | |
|---|---|---|---|---|---|
| कबताम् | कबेताम् | कबन्ताम् | कबेत | कबेयाताम् | कबेरन् |
| कबस्व | कबेथाम् | कबध्वम् | कबेथाः | कबेयाथाम् | कबेध्वम् |
| कबै | कबावहै | कबामहै | कबेय | कबेवहि | कबेमहि |

| | | | | | |
|---|---|---|---|---|---|
| कबिष्यते | कबिष्येते | कबिष्यन्ते | अकबिष्यत | अकबिष्येताम् | अकबिष्यन्त |
| कबिष्यसे | कबिष्येथे | कबिष्यध्वे | अकबिष्यथाः | अकबिष्येथाम् | अकबिष्यध्वम् |
| कबिष्ये | कबिष्यावहे | कबिष्यामहे | अकबिष्ये | अकबिष्यावहि | अकबिष्यामहि |

| | | | | | |
|---|---|---|---|---|---|
| कबिता | कबितारौ | कबितारः | कबिषीष्ट | कबिषीयास्ताम् | कबिषीरन् |
| कबितासे | कबितासाथे | कबिताध्वे | कबिषीष्ठाः | कबिषीयास्थाम् | कबिषीध्वम् |
| कबिताहे | कबितास्वहे | कबितास्महे | कबिषीय | कबिषीवहि | कबिषीमहि |

| | | | | | |
|---|---|---|---|---|---|
| चकबे | चकबाते | चकबिरे | अकबिष्ट | अकबिषाताम् | अकबिषत |
| चकबिषे | चकबाथे | चकबिध्वे | अकबिष्ठाः | अकबिषाथाम् | अकबिध्वम् |
| चकबे | चकबिवहे | चकबिमहे | अकबिषि | अकबिष्वहि | अकबिष्महि |

381 क्लीबृ अधाष्ट्र्ये । क्लीबृँ । क्लीब् । क्लीबते । A । सेट् । अ० । be timid, be weak, be impotent

| | | | | | |
|---|---|---|---|---|---|
| क्लीबते | क्लीबेते | क्लीबन्ते | अक्लीबत | अक्लीबेताम् | अक्लीबन्त |
| क्लीबसे | क्लीबेथे | क्लीबध्वे | अक्लीबथाः | अक्लीबेथाम् | अक्लीबध्वम् |
| क्लीबे | क्लीबावहे | क्लीबामहे | अक्लीबे | अक्लीबावहि | अक्लीबामहि |

| | | | | | |
|---|---|---|---|---|---|
| क्लीबताम् | क्लीबेताम् | क्लीबन्ताम् | क्लीबेत | क्लीबेयाताम् | क्लीबेरन् |

| | | | | | |
|---|---|---|---|---|---|
| क्लीबस्व | क्लीबेथाम् | क्लीबध्वम् | क्लीबेथाः | क्लीबेयाथाम् | क्लीबेध्वम् |
| क्लीबै | क्लीबावहै | क्लीबामहै | क्लीबेय | क्लीबेवहि | क्लीबेमहि |

| | | | | | |
|---|---|---|---|---|---|
| क्लीबिष्यते | क्लीबिष्येते | क्लीबिष्यन्ते | अक्लीबिष्यत | अक्लीबिष्येताम् | अक्लीबिष्यन्त |
| क्लीबिष्यसे | क्लीबिष्येथे | क्लीबिष्यध्वे | अक्लीबिष्यथाः | अक्लीबिष्येथाम् | अक्लीबिष्यध्वम् |
| क्लीबिष्ये | क्लीबिष्यावहे | क्लीबिष्यामहे | अक्लीबिष्ये | अक्लीबिष्यावहि | अक्लीबिष्यामहि |

| | | | | | |
|---|---|---|---|---|---|
| क्लीबिता | क्लीबितारौ | क्लीबितारः | क्लीबिषीष्ट | क्लीबिषीयास्ताम् | क्लीबिषीरन् |
| क्लीबितासे | क्लीबितासाथे | क्लीबिताध्वे | क्लीबिषीष्ठाः | क्लीबिषीयास्थाम् | क्लीबिषीध्वम् |
| क्लीबिताहे | क्लीबितास्वहे | क्लीबितास्महे | क्लीबिषीय | क्लीबिषीवहि | क्लीबिषीमहि |

| | | | | | |
|---|---|---|---|---|---|
| चिक्लीबे | चिक्लीबाते | चिक्लीबिरे | अक्लीबिष्ट | अक्लीबिषाताम् | अक्लीबिषत |
| चिक्लीबिषे | चिक्लीबाथे | चिक्लीबिढ्वे | अक्लीबिष्ठाः | अक्लीबिषाथाम् | अक्लीबिढ्वम् |
| चिक्लीबे | चिक्लीबिवहे | चिक्लीबिमहे | अक्लीबिषि | अक्लीबिष्वहि | अक्लीबिष्महि |

382 क्षीबृ मदे । क्षीबृँ । क्षीब् । क्षीबते । A । सेट् । अ० । be intoxicated, be carefree. 8.2.55 अनुपसर्गात् फुल्लक्षीबकृशोल्लाघाः । without Upasarga, Form is stated as क्षीब in this sutra

| | | | | | |
|---|---|---|---|---|---|
| क्षीबते | क्षीबेते | क्षीबन्ते | अक्षीबत | अक्षीबेताम् | अक्षीबन्त |
| क्षीबसे | क्षीबेथे | क्षीबध्वे | अक्षीबथाः | अक्षीबेथाम् | अक्षीबध्वम् |
| क्षीबे | क्षीबावहे | क्षीबामहे | अक्षीबे | अक्षीबावहि | अक्षीबामहि |

| | | | | | |
|---|---|---|---|---|---|
| क्षीबताम् | क्षीबेताम् | क्षीबन्ताम् | क्षीबेत | क्षीबेयाताम् | क्षीबेरन् |
| क्षीबस्व | क्षीबेथाम् | क्षीबध्वम् | क्षीबेथाः | क्षीबेयाथाम् | क्षीबेध्वम् |
| क्षीबै | क्षीबावहै | क्षीबामहै | क्षीबेय | क्षीबेवहि | क्षीबेमहि |

| | | | | | |
|---|---|---|---|---|---|
| क्षीबिष्यते | क्षीबिष्येते | क्षीबिष्यन्ते | अक्षीबिष्यत | अक्षीबिष्येताम् | अक्षीबिष्यन्त |
| क्षीबिष्यसे | क्षीबिष्येथे | क्षीबिष्यध्वे | अक्षीबिष्यथाः | अक्षीबिष्येथाम् | अक्षीबिष्यध्वम् |
| क्षीबिष्ये | क्षीबिष्यावहे | क्षीबिष्यामहे | अक्षीबिष्ये | अक्षीबिष्यावहि | अक्षीबिष्यामहि |

| | | | | | |
|---|---|---|---|---|---|
| क्षीबिता | क्षीबितारौ | क्षीबितारः | क्षीबिषीष्ट | क्षीबिषीयास्ताम् | क्षीबिषीरन् |
| क्षीबितासे | क्षीबितासाथे | क्षीबिताध्वे | क्षीबिषीष्ठाः | क्षीबिषीयास्थाम् | क्षीबिषीध्वम् |
| क्षीबिताहे | क्षीबितास्वहे | क्षीबितास्महे | क्षीबिषीय | क्षीबिषीवहि | क्षीबिषीमहि |

| | | | | | |
|---|---|---|---|---|---|
| चिक्षीबे | चिक्षीबाते | चिक्षीबिरे | अक्षीबिष्ट | अक्षीबिषाताम् | अक्षीबिषत |
| चिक्षीबिषे | चिक्षीबाथे | चिक्षीबिढ्वे | अक्षीबिष्ठाः | अक्षीबिषाथाम् | अक्षीबिढ्वम् |
| चिक्षीबे | चिक्षीबिवहे | चिक्षीबिमहे | अक्षीबिषि | अक्षीबिष्वहि | अक्षीबिष्महि |

383 शीभृ कत्थने । शीभृँ । शीभ् । शीभते । A । सेट् । स० । praise, boast

| | | | | | |
|---|---|---|---|---|---|
| शीभते | शीभेते | शीभन्ते | अशीभत | अशीभेताम् | अशीभन्त |

| | | | | | |
|---|---|---|---|---|---|
| शीभसे | शीभेथे | शीभध्वे | अशीभथाः | अशीभेथाम् | अशीभध्वम् |
| शीभे | शीभावहे | शीभामहे | अशीभे | अशीभावहि | अशीभामहि |

| | | | | | |
|---|---|---|---|---|---|
| शीभताम् | शीभेताम् | शीभन्ताम् | शीभेत | शीभेयाताम् | शीभेरन् |
| शीभस्व | शीभेथाम् | शीभध्वम् | शीभेथाः | शीभेयाथाम् | शीभेध्वम् |
| शीभै | शीभावहै | शीभामहै | शीभेय | शीभेवहि | शीभेमहि |

| | | | | | |
|---|---|---|---|---|---|
| शीभिष्यते | शीभिष्येते | शीभिष्यन्ते | अशीभिष्यत | अशीभिष्येताम् | अशीभिष्यन्त |
| शीभिष्यसे | शीभिष्येथे | शीभिष्यध्वे | अशीभिष्यथाः | अशीभिष्येथाम् | अशीभिष्यध्वम् |
| शीभिष्ये | शीभिष्यावहे | शीभिष्यामहे | अशीभिष्ये | अशीभिष्यावहि | अशीभिष्यामहि |

| | | | | | |
|---|---|---|---|---|---|
| शीभिता | शीभितारौ | शीभितारः | शीभिषीष्ट | शीभिषीयास्ताम् | शीभिषीरन् |
| शीभितासे | शीभितासाथे | शीभिताध्वे | शीभिषीष्ठाः | शीभिषीयास्थाम् | शीभिषीध्वम् |
| शीभिताहे | शीभितास्वहे | शीभितास्महे | शीभिषीय | शीभिषीवहि | शीभिषीमहि |

| | | | | | |
|---|---|---|---|---|---|
| शिशीभे | शिशीभाते | शिशीभिरे | अशीभिष्ट | अशीभिषाताम् | अशीभिषत |
| शिशीभिषे | शिशीभाथे | शिशीभिध्वे | अशीभिष्ठाः | अशीभिषाथाम् | अशीभिढ्वम् |
| शिशीभे | शिशीभिवहे | शिशीभिमहे | अशीभिषि | अशीभिष्वहि | अशीभिष्महि |

384 चीभृ च । चीभृँ । चीभ् । चीभते । A । सेट् । स० । praise, praise falsely

| | | | | | |
|---|---|---|---|---|---|
| चीभते | चीभेते | चीभन्ते | अचीभत | अचीभेताम् | अचीभन्त |
| चीभसे | चीभेथे | चीभध्वे | अचीभथाः | अचीभेथाम् | अचीभध्वम् |
| चीभे | चीभावहे | चीभामहे | अचीभे | अचीभावहि | अचीभामहि |

| | | | | | |
|---|---|---|---|---|---|
| चीभताम् | चीभेताम् | चीभन्ताम् | चीभेत | चीभेयाताम् | चीभेरन् |
| चीभस्व | चीभेथाम् | चीभध्वम् | चीभेथाः | चीभेयाथाम् | चीभेध्वम् |
| चीभै | चीभावहै | चीभामहै | चीभेय | चीभेवहि | चीभेमहि |

| | | | | | |
|---|---|---|---|---|---|
| चीभिष्यते | चीभिष्येते | चीभिष्यन्ते | अचीभिष्यत | अचीभिष्येताम् | अचीभिष्यन्त |
| चीभिष्यसे | चीभिष्येथे | चीभिष्यध्वे | अचीभिष्यथाः | अचीभिष्येथाम् | अचीभिष्यध्वम् |
| चीभिष्ये | चीभिष्यावहे | चीभिष्यामहे | अचीभिष्ये | अचीभिष्यावहि | अचीभिष्यामहि |

| | | | | | |
|---|---|---|---|---|---|
| चीभिता | चीभितारौ | चीभितारः | चीभिषीष्ट | चीभिषीयास्ताम् | चीभिषीरन् |
| चीभितासे | चीभितासाथे | चीभिताध्वे | चीभिषीष्ठाः | चीभिषीयास्थाम् | चीभिषीध्वम् |
| चीभिताहे | चीभितास्वहे | चीभितास्महे | चीभिषीय | चीभिषीवहि | चीभिषीमहि |

| | | | | | |
|---|---|---|---|---|---|
| चिचीभे | चिचीभाते | चिचीभिरे | अचीभिष्ट | अचीभिषाताम् | अचीभिषत |
| चिचीभिषे | चिचीभाथे | चिचीभिध्वे | अचीभिष्ठाः | अचीभिषाथाम् | अचीभिढ्वम् |
| चिचीभे | चिचीभिवहे | चिचीभिमहे | अचीभिषि | अचीभिष्वहि | अचीभिष्महि |

385 रेभृ शब्दे । अभि, रभि क्वचित् पठ्येते । लभि च । रेभृँ । रेभ् । रेभते । A । सेट् । अ० । sound

| रेभते | रेभेते | रेभन्ते | अरेभत | अरेभेताम् | अरेभन्त |
| रेभसे | रेभेथे | रेभध्वे | अरेभथाः | अरेभेथाम् | अरेभध्वम् |
| रेभे | रेभावहे | रेभामहे | अरेभे | अरेभावहि | अरेभामहि |

| रेभताम् | रेभेताम् | रेभन्ताम् | रेभेत | रेभेयाताम् | रेभेरन् |
| रेभस्व | रेभेथाम् | रेभध्वम् | रेभेथाः | रेभेयाथाम् | रेभेध्वम् |
| रेभै | रेभावहै | रेभामहै | रेभेय | रेभेवहि | रेभेमहि |

| रेभिष्यते | रेभिष्येते | रेभिष्यन्ते | अरेभिष्यत | अरेभिष्येताम् | अरेभिष्यन्त |
| रेभिष्यसे | रेभिष्येथे | रेभिष्यध्वे | अरेभिष्यथाः | अरेभिष्येथाम् | अरेभिष्यध्वम् |
| रेभिष्ये | रेभिष्यावहे | रेभिष्यामहे | अरेभिष्ये | अरेभिष्यावहि | अरेभिष्यामहि |

| रेभिता | रेभितारौ | रेभितारः | रेभिषीष्ट | रेभिषीयास्ताम् | रेभिषीरन् |
| रेभितासे | रेभितासाथे | रेभिताध्वे | रेभिषीष्ठाः | रेभिषीयास्थाम् | रेभिषीध्वम् |
| रेभिताहे | रेभितास्वहे | रेभितास्महे | रेभिषीय | रेभिषीवहि | रेभिषीमहि |

| रिरेभे | रिरेभाते | रिरेभिरे | अरेभिष्ट | अरेभिषाताम् | अरेभिषत |
| रिरेभिषे | रिरेभाथे | रिरेभिध्वे | अरेभिष्ठाः | अरेभिषाथाम् | अरेभिध्वम् |
| रिरेभे | रिरेभिवहे | रिरेभिमहे | अरेभिषि | अरेभिष्वहि | अरेभिष्महि |

386 ष्टभि प्रतिबन्धे । ष्टभिँ । स्तम्भ् । स्तम्भते । A । सेट् । स० । stop, be stupid, hold firmly

| स्तम्भते | स्तम्भेते | स्तम्भन्ते | अस्तम्भत | अस्तम्भेताम् | अस्तम्भन्त |
| स्तम्भसे | स्तम्भेथे | स्तम्भध्वे | अस्तम्भथाः | अस्तम्भेथाम् | अस्तम्भध्वम् |
| स्तम्भे | स्तम्भावहे | स्तम्भामहे | अस्तम्भे | अस्तम्भावहि | अस्तम्भामहि |

| स्तम्भताम् | स्तम्भेताम् | स्तम्भन्ताम् | स्तम्भेत | स्तम्भेयाताम् | स्तम्भेरन् |
| स्तम्भस्व | स्तम्भेथाम् | स्तम्भध्वम् | स्तम्भेथाः | स्तम्भेयाथाम् | स्तम्भेध्वम् |
| स्तम्भै | स्तम्भावहै | स्तम्भामहै | स्तम्भेय | स्तम्भेवहि | स्तम्भेमहि |

| स्तम्भिष्यते | स्तम्भिष्येते | स्तम्भिष्यन्ते | अस्तम्भिष्यत | अस्तम्भिष्येताम् | अस्तम्भिष्यन्त |
| स्तम्भिष्यसे | स्तम्भिष्येथे | स्तम्भिष्यध्वे | अस्तम्भिष्यथाः | अस्तम्भिष्येथाम् | अस्तम्भिष्यध्वम् |
| स्तम्भिष्ये | स्तम्भिष्यावहे | स्तम्भिष्यामहे | अस्तम्भिष्ये | अस्तम्भिष्यावहि | अस्तम्भिष्यामहि |

| स्तम्भिता | स्तम्भितारौ | स्तम्भितारः | स्तम्भिषीष्ट | स्तम्भिषीयास्ताम् | स्तम्भिषीरन् |
| स्तम्भितासे | स्तम्भितासाथे | स्तम्भिताध्वे | स्तम्भिषीष्ठाः | स्तम्भिषीयास्थाम् | स्तम्भिषीध्वम् |
| स्तम्भिताहे | स्तम्भितास्वहे | स्तम्भितास्महे | स्तम्भिषीय | स्तम्भिषीवहि | स्तम्भिषीमहि |

| | | | | | |
|---|---|---|---|---|---|
| तस्तम्भे | तस्तम्भाते | तस्तम्भिरे | अस्तम्भिष्ट | अस्तम्भिषाताम् | अस्तम्भिषत |
| तस्तम्भिषे | तस्तम्भाथे | तस्तम्भिध्वे | अस्तम्भिष्ठाः | अस्तम्भिषाथाम् | अस्तम्भिध्वम् |
| तस्तम्भे | तस्तम्भिवहे | तस्तम्भिमहे | अस्तम्भिषि | अस्तम्भिष्वहि | अस्तम्भिष्महि |

387 स्कभि प्रतिबन्धे । स्कभिँ । स्कम्भ् । स्कम्भते । A । सेट् । स० । stop

| | | | | | |
|---|---|---|---|---|---|
| स्कम्भते | स्कम्भेते | स्कम्भन्ते | अस्कम्भत | अस्कम्भेताम् | अस्कम्भन्त |
| स्कम्भसे | स्कम्भेथे | स्कम्भध्वे | अस्कम्भथाः | अस्कम्भेथाम् | अस्कम्भध्वम् |
| स्कम्भे | स्कम्भावहे | स्कम्भामहे | अस्कम्भे | अस्कम्भावहि | अस्कम्भामहि |
| स्कम्भताम् | स्कम्भेताम् | स्कम्भन्ताम् | स्कम्भेत | स्कम्भेयाताम् | स्कम्भेरन् |
| स्कम्भस्व | स्कम्भेथाम् | स्कम्भध्वम् | स्कम्भेथाः | स्कम्भेयाथाम् | स्कम्भेध्वम् |
| स्कम्भै | स्कम्भावहै | स्कम्भामहै | स्कम्भेय | स्कम्भेवहि | स्कम्भेमहि |
| स्कम्भिष्यते | स्कम्भिष्येते | स्कम्भिष्यन्ते | अस्कम्भिष्यत | अस्कम्भिष्येताम् | अस्कम्भिष्यन्त |
| स्कम्भिष्यसे | स्कम्भिष्येथे | स्कम्भिष्यध्वे | अस्कम्भिष्यथाः | अस्कम्भिष्येथाम् | अस्कम्भिष्यध्वम् |
| स्कम्भिष्ये | स्कम्भिष्यावहे | स्कम्भिष्यामहे | अस्कम्भिष्ये | अस्कम्भिष्यावहि | अस्कम्भिष्यामहि |
| स्कम्भिता | स्कम्भितारौ | स्कम्भितारः | स्कम्भिषीष्ट | स्कम्भिषीयास्ताम् | स्कम्भिषीरन् |
| स्कम्भितासे | स्कम्भितासाथे | स्कम्भिताध्वे | स्कम्भिषीष्ठाः | स्कम्भिषीयास्थाम् | स्कम्भिषीध्वम् |
| स्कम्भिताहे | स्कम्भितास्वहे | स्कम्भितास्महे | स्कम्भिषीय | स्कम्भिषीवहि | स्कम्भिषीमहि |
| चस्कम्भे | चस्कम्भाते | चस्कम्भिरे | अस्कम्भिष्ट | अस्कम्भिषाताम् | अस्कम्भिषत |
| चस्कम्भिषे | चस्कम्भाथे | चस्कम्भिध्वे | अस्कम्भिष्ठाः | अस्कम्भिषाथाम् | अस्कम्भिध्वम् |
| चस्कम्भे | चस्कम्भिवहे | चस्कम्भिमहे | अस्कम्भिषि | अस्कम्भिष्वहि | अस्कम्भिष्महि |

388 जभी गात्रविनामे । जभीँ । जभ् । जम्भते । A । सेट् । अ० । yawn, gape, copulate, make love   7.1.61 रधिजभोरचि इति नुम् आगमः अजादि प्रत्यये परे । 8.2.40 झषस्तथोर्धोऽधः । 8.4.53

| | | | | | |
|---|---|---|---|---|---|
| जम्भते | जम्भेते | जम्भन्ते | अजम्भत | अजम्भेताम् | अजम्भन्त |
| जम्भसे | जम्भेथे | जम्भध्वे | अजम्भथाः | अजम्भेथाम् | अजम्भध्वम् |
| जम्भे | जम्भावहे | जम्भामहे | अजम्भे | अजम्भावहि | अजम्भामहि |
| जम्भताम् | जम्भेताम् | जम्भन्ताम् | जम्भेत | जम्भेयाताम् | जम्भेरन् |
| जम्भस्व | जम्भेथाम् | जम्भध्वम् | जम्भेथाः | जम्भेयाथाम् | जम्भेध्वम् |
| जम्भै | जम्भावहै | जम्भामहै | जम्भेय | जम्भेवहि | जम्भेमहि |
| जम्भिष्यते | जम्भिष्येते | जम्भिष्यन्ते | अजम्भिष्यत | अजम्भिष्येताम् | अजम्भिष्यन्त |

| | | | | | |
|---|---|---|---|---|---|
| जम्भिष्यसे | जम्भिष्येथे | जम्भिष्यध्वे | अजम्भिष्यथाः | अजम्भिष्येथाम् | अजम्भिष्यध्वम् |
| जम्भिष्ये | जम्भिष्यावहे | जम्भिष्यामहे | अजम्भिष्ये | अजम्भिष्यावहि | अजम्भिष्यामहि |

| | | | | | |
|---|---|---|---|---|---|
| जम्भिता | जम्भितारौ | जम्भितारः | जम्भिषीष्ट | जम्भिषीयास्ताम् | जम्भिषीरन् |
| जम्भितासे | जम्भितासाथे | जम्भिताध्वे | जम्भिषीष्ठाः | जम्भिषीयास्थाम् | जम्भिषीध्वम् |
| जम्भिताहे | जम्भितास्वहे | जम्भितास्महे | जम्भिषीय | जम्भिषीवहि | जम्भिषीमहि |

| | | | | | |
|---|---|---|---|---|---|
| जजम्भे | जजम्भाते | जजम्भिरे | अजम्भिष्ट | अजम्भिषाताम् | अजम्भिषत |
| जजम्भिषे | जजम्भाथे | जजम्भिध्वे | अजम्भिष्ठाः | अजम्भिषाथाम् | अजम्भिध्वम् |
| जजम्भे | जजम्भिवहे | जजम्भिमहे | अजम्भिषि | अजम्भिष्वहि | अजम्भिष्महि |

389 जृभि गात्रविनामे । जृभिँ । जृम्भ् । जृम्भते । A । सेट् । अ० । yawn

| | | | | | |
|---|---|---|---|---|---|
| जृम्भते | जृम्भेते | जृम्भन्ते | अजृम्भत | अजृम्भेताम् | अजृम्भन्त |
| जृम्भसे | जृम्भेथे | जृम्भध्वे | अजृम्भथाः | अजृम्भेथाम् | अजृम्भध्वम् |
| जृम्भे | जृम्भावहे | जृम्भामहे | अजृम्भे | अजृम्भावहि | अजृम्भामहि |

| | | | | | |
|---|---|---|---|---|---|
| जृम्भताम् | जृम्भेताम् | जृम्भन्ताम् | जृम्भेत | जृम्भेयाताम् | जृम्भेरन् |
| जृम्भस्व | जृम्भेथाम् | जृम्भध्वम् | जृम्भेथाः | जृम्भेयाथाम् | जृम्भेध्वम् |
| जृम्भै | जृम्भावहै | जृम्भामहै | जृम्भेय | जृम्भेवहि | जृम्भेमहि |

| | | | | | |
|---|---|---|---|---|---|
| जृम्भिष्यते | जृम्भिष्येते | जृम्भिष्यन्ते | अजृम्भिष्यत | अजृम्भिष्येताम् | अजृम्भिष्यन्त |
| जृम्भिष्यसे | जृम्भिष्येथे | जृम्भिष्यध्वे | अजृम्भिष्यथाः | अजृम्भिष्येथाम् | अजृम्भिष्यध्वम् |
| जृम्भिष्ये | जृम्भिष्यावहे | जृम्भिष्यामहे | अजृम्भिष्ये | अजृम्भिष्यावहि | अजृम्भिष्यामहि |

| | | | | | |
|---|---|---|---|---|---|
| जृम्भिता | जृम्भितारौ | जृम्भितारः | जृम्भिषीष्ट | जृम्भिषीयास्ताम् | जृम्भिषीरन् |
| जृम्भितासे | जृम्भितासाथे | जृम्भिताध्वे | जृम्भिषीष्ठाः | जृम्भिषीयास्थाम् | जृम्भिषीध्वम् |
| जृम्भिताहे | जृम्भितास्वहे | जृम्भितास्महे | जृम्भिषीय | जृम्भिषीवहि | जृम्भिषीमहि |

| | | | | | |
|---|---|---|---|---|---|
| जजृम्भे | जजृम्भाते | जजृम्भिरे | अजृम्भिष्ट | अजृम्भिषाताम् | अजृम्भिषत |
| जजृम्भिषे | जजृम्भाथे | जजृम्भिध्वे | अजृम्भिष्ठाः | अजृम्भिषाथाम् | अजृम्भिध्वम् |
| जजृम्भे | जजृम्भिवहे | जजृम्भिमहे | अजृम्भिषि | अजृम्भिष्वहि | अजृम्भिष्महि |

390 शल्भ कत्थने । शल्भँ । शल्भ् । शल्भते । A । सेट् । स० । praise, boast

| | | | | | |
|---|---|---|---|---|---|
| शल्भते | शल्भेते | शल्भन्ते | अशल्भत | अशल्भेताम् | अशल्भन्त |
| शल्भसे | शल्भेथे | शल्भध्वे | अशल्भथाः | अशल्भेथाम् | अशल्भध्वम् |
| शल्भे | शल्भावहे | शल्भामहे | अशल्भे | अशल्भावहि | अशल्भामहि |

| | | | | | |
|---|---|---|---|---|---|
| शल्भताम् | शल्भेताम् | शल्भन्ताम् | शल्भेत | शल्भेयाताम् | शल्भेरन् |
| शल्भस्व | शल्भेथाम् | शल्भध्वम् | शल्भेथाः | शल्भेयाथाम् | शल्भेध्वम् |
| शल्भै | शल्भावहै | शल्भामहै | शल्भेय | शल्भेवहि | शल्भेमहि |

| | | | | | |
|---|---|---|---|---|---|
| शल्भिष्यते | शल्भिष्येते | शल्भिष्यन्ते | अशल्भिष्यत | अशल्भिष्येताम् | अशल्भिष्यन्त |
| शल्भिष्यसे | शल्भिष्येथे | शल्भिष्यध्वे | अशल्भिष्यथाः | अशल्भिष्येथाम् | अशल्भिष्यध्वम् |
| शल्भिष्ये | शल्भिष्यावहे | शल्भिष्यामहे | अशल्भिष्ये | अशल्भिष्यावहि | अशल्भिष्यामहि |

| | | | | | |
|---|---|---|---|---|---|
| शल्भिता | शल्भितारौ | शल्भितारः | शल्भिषीष्ट | शल्भिषीयास्ताम् | शल्भिषीरन् |
| शल्भितासे | शल्भितासाथे | शल्भिताध्वे | शल्भिषीष्ठाः | शल्भिषीयास्थाम् | शल्भिषीध्वम् |
| शल्भिताहे | शल्भितास्वहे | शल्भितास्महे | शल्भिषीय | शल्भिषीवहि | शल्भिषीमहि |

| | | | | | |
|---|---|---|---|---|---|
| शशल्भे | शशल्भाते | शशल्भिरे | अशल्भिष्ट | अशल्भिषाताम् | अशल्भिषत |
| शशल्भिषे | शशल्भाथे | शशल्भिध्वे | अशल्भिष्ठाः | अशल्भिषाथाम् | अशल्भिध्वम् |
| शशल्भे | शशल्भिवहे | शशल्भिमहे | अशल्भिषि | अशल्भिष्वहि | अशल्भिष्महि |

391 वल्भ भोजने । वल्भँ । वल्भ् । वल्भते । A । सेट् । स० । eat, devour

| | | | | | |
|---|---|---|---|---|---|
| वल्भते | वल्भेते | वल्भन्ते | अवल्भत | अवल्भेताम् | अवल्भन्त |
| वल्भसे | वल्भेथे | वल्भध्वे | अवल्भथाः | अवल्भेथाम् | अवल्भध्वम् |
| वल्भे | वल्भावहे | वल्भामहे | अवल्भे | अवल्भावहि | अवल्भामहि |

| | | | | | |
|---|---|---|---|---|---|
| वल्भताम् | वल्भेताम् | वल्भन्ताम् | वल्भेत | वल्भेयाताम् | वल्भेरन् |
| वल्भस्व | वल्भेथाम् | वल्भध्वम् | वल्भेथाः | वल्भेयाथाम् | वल्भेध्वम् |
| वल्भै | वल्भावहै | वल्भामहै | वल्भेय | वल्भेवहि | वल्भेमहि |

| | | | | | |
|---|---|---|---|---|---|
| वल्भिष्यते | वल्भिष्येते | वल्भिष्यन्ते | अवल्भिष्यत | अवल्भिष्येताम् | अवल्भिष्यन्त |
| वल्भिष्यसे | वल्भिष्येथे | वल्भिष्यध्वे | अवल्भिष्यथाः | अवल्भिष्येथाम् | अवल्भिष्यध्वम् |
| वल्भिष्ये | वल्भिष्यावहे | वल्भिष्यामहे | अवल्भिष्ये | अवल्भिष्यावहि | अवल्भिष्यामहि |

| | | | | | |
|---|---|---|---|---|---|
| वल्भिता | वल्भितारौ | वल्भितारः | वल्भिषीष्ट | वल्भिषीयास्ताम् | वल्भिषीरन् |
| वल्भितासे | वल्भितासाथे | वल्भिताध्वे | वल्भिषीष्ठाः | वल्भिषीयास्थाम् | वल्भिषीध्वम् |
| वल्भिताहे | वल्भितास्वहे | वल्भितास्महे | वल्भिषीय | वल्भिषीवहि | वल्भिषीमहि |

| | | | | | |
|---|---|---|---|---|---|
| ववल्भे | ववल्भाते | ववल्भिरे | अवल्भिष्ट | अवल्भिषाताम् | अवल्भिषत |
| ववल्भिषे | ववल्भाथे | ववल्भिध्वे | अवल्भिष्ठाः | अवल्भिषाथाम् | अवल्भिध्वम् |
| ववल्भे | ववल्भिवहे | ववल्भिमहे | अवल्भिषि | अवल्भिष्वहि | अवल्भिष्महि |

392 गल्भ धाष्ट्र्ये । गल्भँ । गल्भ् । गल्भते । A । सेट् । अ० । be bold, confident

| | | | | | |
|---|---|---|---|---|---|
| गल्भते | गल्भेते | गल्भन्ते | अगल्भत | अगल्भेताम् | अगल्भन्त |
| गल्भसे | गल्भेथे | गल्भध्वे | अगल्भथाः | अगल्भेथाम् | अगल्भध्वम् |
| गल्भे | गल्भावहे | गल्भामहे | अगल्भे | अगल्भावहि | अगल्भामहि |

| | | | | | |
|---|---|---|---|---|---|
| गल्भताम् | गल्भेताम् | गल्भन्ताम् | गल्भेत | गल्भेयाताम् | गल्भेरन् |
| गल्भस्व | गल्भेथाम् | गल्भध्वम् | गल्भेथाः | गल्भेयाथाम् | गल्भेध्वम् |
| गल्भै | गल्भावहै | गल्भामहै | गल्भेय | गल्भेवहि | गल्भेमहि |

| | | | | | |
|---|---|---|---|---|---|
| गल्भिष्यते | गल्भिष्येते | गल्भिष्यन्ते | अगल्भिष्यत | अगल्भिष्येताम् | अगल्भिष्यन्त |
| गल्भिष्यसे | गल्भिष्येथे | गल्भिष्यध्वे | अगल्भिष्यथाः | अगल्भिष्येथाम् | अगल्भिष्यध्वम् |
| गल्भिष्ये | गल्भिष्यावहे | गल्भिष्यामहे | अगल्भिष्ये | अगल्भिष्यावहि | अगल्भिष्यामहि |

| | | | | | |
|---|---|---|---|---|---|
| गल्भिता | गल्भितारौ | गल्भितारः | गल्भिषीष्ट | गल्भिषीयास्ताम् | गल्भिषीरन् |
| गल्भितासे | गल्भितासाथे | गल्भिताध्वे | गल्भिषीष्ठाः | गल्भिषीयास्थाम् | गल्भिषीध्वम् |
| गल्भिताहे | गल्भितास्वहे | गल्भितास्महे | गल्भिषीय | गल्भिषीवहि | गल्भिषीमहि |

| | | | | | |
|---|---|---|---|---|---|
| जगल्भे | जगल्भाते | जगल्भिरे | अगल्भिष्ट | अगल्भिषाताम् | अगल्भिषत |
| जगल्भिषे | जगल्भाथे | जगल्भिध्वे | अगल्भिष्ठाः | अगल्भिषाथाम् | अगल्भिध्वम् |
| जगल्भे | जगल्भिवहे | जगल्भिमहे | अगल्भिषि | अगल्भिष्वहि | अगल्भिष्महि |

393 श्रम्भु प्रमादे । दन्त्यादिश्च । श्रम्भुँ । श्रम्भ् । श्रम्भते । A । सेट् । अ० । be careless, be negligent, err 6.4.24 अनिदितां हल उपधायाः क्ङिति। 8.2.40 झषस्तथोर्धोऽधः । 8.4.53 झलां जश् झशि ।

| | | | | | |
|---|---|---|---|---|---|
| श्रम्भते | श्रम्भेते | श्रम्भन्ते | अश्रम्भत | अश्रम्भेताम् | अश्रम्भन्त |
| श्रम्भसे | श्रम्भेथे | श्रम्भध्वे | अश्रम्भथाः | अश्रम्भेथाम् | अश्रम्भध्वम् |
| श्रम्भे | श्रम्भावहे | श्रम्भामहे | अश्रम्भे | अश्रम्भावहि | अश्रम्भामहि |

| | | | | | |
|---|---|---|---|---|---|
| श्रम्भताम् | श्रम्भेताम् | श्रम्भन्ताम् | श्रम्भेत | श्रम्भेयाताम् | श्रम्भेरन् |
| श्रम्भस्व | श्रम्भेथाम् | श्रम्भध्वम् | श्रम्भेथाः | श्रम्भेयाथाम् | श्रम्भेध्वम् |
| श्रम्भै | श्रम्भावहै | श्रम्भामहै | श्रम्भेय | श्रम्भेवहि | श्रम्भेमहि |

| | | | | | |
|---|---|---|---|---|---|
| श्रम्भिष्यते | श्रम्भिष्येते | श्रम्भिष्यन्ते | अश्रम्भिष्यत | अश्रम्भिष्येताम् | अश्रम्भिष्यन्त |
| श्रम्भिष्यसे | श्रम्भिष्येथे | श्रम्भिष्यध्वे | अश्रम्भिष्यथाः | अश्रम्भिष्येथाम् | अश्रम्भिष्यध्वम् |
| श्रम्भिष्ये | श्रम्भिष्यावहे | श्रम्भिष्यामहे | अश्रम्भिष्ये | अश्रम्भिष्यावहि | अश्रम्भिष्यामहि |

| | | | | | |
|---|---|---|---|---|---|
| श्रम्भिता | श्रम्भितारौ | श्रम्भितारः | श्रम्भिषीष्ट | श्रम्भिषीयास्ताम् | श्रम्भिषीरन् |
| श्रम्भितासे | श्रम्भितासाथे | श्रम्भिताध्वे | श्रम्भिषीष्ठाः | श्रम्भिषीयास्थाम् | श्रम्भिषीध्वम् |
| श्रम्भिताहे | श्रम्भितास्वहे | श्रम्भितास्महे | श्रम्भिषीय | श्रम्भिषीवहि | श्रम्भिषीमहि |

| | | | | | |
|---|---|---|---|---|---|
| शश्रम्भे | शश्रम्भाते | शश्रम्भिरे | अश्रम्भिष्ट | अश्रम्भिषाताम् | अश्रम्भिषत |
| शश्रम्भिषे | शश्रम्भाथे | शश्रम्भिध्वे | अश्रम्भिष्ठाः | अश्रम्भिषाथाम् | अश्रम्भिध्वम् |
| शश्रम्भे | शश्रम्भिवहे | शश्रम्भिमहे | अश्रम्भिषि | अश्रम्भिष्वहि | अश्रम्भिष्महि |

394 ष्टुभु स्तम्भे । ष्टुभुँ । स्तुभ् । स्तोभते । A । सेट् । अ० । prevent, suppress 8.2.40 झष०

| | | | | | |
|---|---|---|---|---|---|
| स्तोभते | स्तोभेते | स्तोभन्ते | अस्तोभत | अस्तोभेताम् | अस्तोभन्त |
| स्तोभसे | स्तोभेथे | स्तोभध्वे | अस्तोभथाः | अस्तोभेथाम् | अस्तोभध्वम् |
| स्तोभे | स्तोभावहे | स्तोभामहे | अस्तोभे | अस्तोभावहि | अस्तोभामहि |

| | | | | | |
|---|---|---|---|---|---|
| स्तोभताम् | स्तोभेताम् | स्तोभन्ताम् | स्तोभेत | स्तोभेयाताम् | स्तोभेरन् |
| स्तोभस्व | स्तोभेथाम् | स्तोभध्वम् | स्तोभेथाः | स्तोभेयाथाम् | स्तोभेध्वम् |
| स्तोभै | स्तोभावहै | स्तोभामहै | स्तोभेय | स्तोभेवहि | स्तोभेमहि |

| | | | | | |
|---|---|---|---|---|---|
| स्तोभिष्यते | स्तोभिष्येते | स्तोभिष्यन्ते | अस्तोभिष्यत | अस्तोभिष्येताम् | अस्तोभिष्यन्त |
| स्तोभिष्यसे | स्तोभिष्येथे | स्तोभिष्यध्वे | अस्तोभिष्यथाः | अस्तोभिष्येथाम् | अस्तोभिष्यध्वम् |
| स्तोभिष्ये | स्तोभिष्यावहे | स्तोभिष्यामहे | अस्तोभिष्ये | अस्तोभिष्यावहि | अस्तोभिष्यामहि |

| | | | | | |
|---|---|---|---|---|---|
| स्तोभिता | स्तोभितारौ | स्तोभितारः | स्तोभिषीष्ट | स्तोभिषीयास्ताम् | स्तोभिषीरन् |
| स्तोभितासे | स्तोभितासाथे | स्तोभिताध्वे | स्तोभिषीष्ठाः | स्तोभिषीयास्थाम् | स्तोभिषीध्वम् |
| स्तोभिताहे | स्तोभितास्वहे | स्तोभितास्महे | स्तोभिषीय | स्तोभिषीवहि | स्तोभिषीमहि |

| | | | | | |
|---|---|---|---|---|---|
| तुष्टुभे | तुष्टुभाते | तुष्टुभिरे | अस्तोभिष्ट | अस्तोभिषाताम् | अस्तोभिषत |
| तुष्टुभिषे | तुष्टुभाथे | तुष्टुभिध्वे | अस्तोभिष्ठाः | अस्तोभिषाथाम् | अस्तोभिध्वम् |
| तुष्टुभे | तुष्टुभिवहे | तुष्टुभिमहे | अस्तोभिषि | अस्तोभिष्वहि | अस्तोभिष्महि |

362 तिप्यादयः उदात्ताः अनुदात्तेतः आत्मनेभाषाः । तिपिः तु अनुदात्तः ।

## 395 अथ पवर्गीयान्ताः परस्मैपदिनः एकचत्वारिंशत् ।

395 गुपू रक्षणे । । गुपूँ । गुप् । गोपायति । P । वेट् । स० । protect, hide. Also See 970 गुप गोपने 7.2.44 स्वरतिसूतिसूयतिधूञूदितो वा । इति वेट् । 3.1.28 गुपूधूपविच्छिपणिपनिभ्य आयः । 3.1.31 आयादय०

### Parasmaipadi Table Seconday Root गोपाय

| | | | | | |
|---|---|---|---|---|---|
| गोपायति | गोपायतः | गोपायन्ति | अगोपायत् -द् | अगोपायताम् | अगोपायन् |
| गोपायसि | गोपायथः | गोपायथ | अगोपायः | अगोपायतम् | अगोपायत |
| गोपायामि | गोपायावः | गोपायामः | अगोपायम् | अगोपायाव | अगोपायाम |

| | | | | | |
|---|---|---|---|---|---|
| गोपायतु -तात् -द् | गोपायताम् | गोपायन्तु | गोपायेत् -द् | गोपायेताम् | गोपायेयुः |

| | | |
|---|---|---|
| गोपाय -तात् -द् | गोपायतम् | गोपायत |
| गोपायानि | गोपायाव | गोपायाम |

| | | |
|---|---|---|
| गोपायेः | गोपायेतम् | गोपायेत |
| गोपायेयम् | गोपायेव | गोपायेम |

लृट् 5 Simple Future 3.1.31 7.2.44

| | | |
|---|---|---|
| गोपायिष्यति | गोपायिष्यतः | गोपायिष्यन्ति |
| गोपिष्यति | गोपिष्यतः | गोपिष्यन्ति |
| गोप्स्यति | गोप्स्यतः | गोप्स्यन्ति |
| गोपायिष्यसि | गोपायिष्यथः | गोपायिष्यथ |
| गोपिष्यसि | गोपिष्यथः | गोपिष्यथ |
| गोप्स्यसि | गोप्स्यथः | गोप्स्यथ |
| गोपायिष्यामि | गोपायिष्यावः | गोपायिष्यामः |
| गोपिष्यामि | गोपिष्यावः | गोपिष्यामः |
| गोप्स्यामि | गोप्स्यावः | गोप्स्यामः |

लृङ् 6 Conditional Mood 3.1.31 7.2.44

| | | |
|---|---|---|
| अगोपायिष्यत् -द् | अगोपायिष्यताम् | अगोपायिष्यन् |
| अगोपिष्यत् -द् | अगोपिष्यताम् | अगोपिष्यन् |
| अगोप्स्यत् -द् | अगोप्स्यताम् | अगोप्स्यन् |
| अगोपायिष्यः | अगोपायिष्यतम् | अगोपायिष्यत |
| अगोपिष्यः | अगोपिष्यतम् | अगोपिष्यत |
| अगोप्स्यः | अगोप्स्यतम् | अगोप्स्यत |
| अगोपायिष्यम् | अगोपायिष्याव | अगोपायिष्याम |
| अगोपिष्यम् | अगोपिष्याव | अगोपिष्याम |
| अगोप्स्यम् | अगोप्स्याव | अगोप्स्याम |

लुट् 7 Periphrastic Future 3.1.31 7.2.44

| | | |
|---|---|---|
| गोपायिता | गोपायितारौ | गोपायितारः |
| गोपिता | गोपितारौ | गोपितारः |
| गोप्ता | गोप्तारौ | गोप्तारः |
| गोपायितासि | गोपायितास्थः | गोपायितास्थ |
| गोपितासि | गोपितास्थः | गोपितास्थ |
| गोप्तासि | गोप्तास्थः | गोप्तास्थ |
| गोपायितास्मि | गोपायितास्वः | गोपायितास्मः |
| गोपितास्मि | गोपितास्वः | गोपितास्मः |
| गोप्तास्मि | गोप्तास्वः | गोप्तास्मः |

आशीर्लिङ् 8 Benedictive 3.1.28 7.2.44

| | | |
|---|---|---|
| गोपाय्यात् -द् | गोपाय्यास्ताम् | गोपाय्यासुः |
| गुप्यात् -द् | गुप्यास्ताम् | गुप्यासुः |
| गोपाय्याः | गोपाय्यास्तम् | गोपाय्यास्त |
| गुप्याः | गुप्यास्तम् | गुप्यास्त |
| गोपाय्यासम् | गोपाय्यास्व | गोपाय्यास्म |
| गुप्यासम् | गुप्यास्व | गुप्यास्म |

लिट् 9 Perfect Past Tense 3.1.31 3.1.35 3.1.40

| | | |
|---|---|---|
| जुगोप / | जुगुपतुः / | जुगुपुः / |
| गोपायाञ्चकार | गोपायाञ्चक्रतुः | गोपायाञ्चक्रुः |
| गोपायाम्बभूव | गोपायाम्बभूवतुः | गोपायाम्बभूवुः |
| गोपायामास | गोपायामासतुः | गोपायामासुः |
| जुगोपिथ जुगोप्त / | जुगुपथुः / | जुगुप / |
| गोपायाञ्चकर्थ | गोपायाञ्चक्रथुः | गोपायाञ्चक्र |
| गोपायाम्बभूविथ | गोपायाम्बभूवथुः | गोपायाम्बभूव |
| गोपायामासिथ | गोपायामासथुः | गोपायामास |
| जुगोप / | जुगुपिव जुगुप्व / | जुगुपिम जुगुप्म / |
| गोपायाञ्चकर -कार | गोपायाञ्चकृव | गोपायाञ्चकृम |

लुङ् 10 Aorist Past 3.1.31 7.2.44 7.2.3

| | | |
|---|---|---|
| अगोपायीत् -द् | अगोपायिष्टाम् | अगोपायिषुः |
| अगोपीत् -द् | अगोपिष्टाम् | अगोपिषुः |
| अगौप्सीत् -द् | अगौप्ताम् | अगौप्सुः |
| अगोपायीः | अगोपायिष्टम् | अगोपायिष्ट |
| अगोपीः | अगोपिष्टम् | अगोपिष्ट |
| अगौप्सीः | अगौप्तम् | अगौप्त |
| अगोपायिषम् | अगोपायिष्व | अगोपायिष्म |
| अगोपिषम् | अगोपिष्व | अगोपिष्म |

| | | | | | |
|---|---|---|---|---|---|
| गोपायाम्बभूव | गोपायाम्बभूविव | गोपायाम्बभूविम | अगौप्सम् | अगौप्स्व | अगौप्स्म |
| गोपायामास | गोपायामासिव | गोपायामासिम | | | |

396 धूप सन्तापे । स्वार्थे आयः । धूपँ । धूप् । धूपायति । P । सेट् । स० । heat, be heated, fumigate
3.1.28 गुपूधूपविच्छिपणिपनिभ्य आयः । 3.1.31 आयादय आर्धद्धातुके वा ।

| | | | | | |
|---|---|---|---|---|---|
| धूपायति | धूपायतः | धूपायन्ति | अधूपायत् -द् | अधूपायताम् | अधूपायन् |
| धूपायसि | धूपायथः | धूपायथ | अधूपायः | अधूपायतम् | अधूपायत |
| धूपायामि | धूपायावः | धूपायामः | अधूपायम् | अधूपायाव | अधूपायाम |

| | | | | | |
|---|---|---|---|---|---|
| धूपायतु | धूपायताम् | धूपायन्तु | धूपायेत् -द् | धूपायेताम् | धूपायेयुः |
| धूपाय | धूपायतम् | धूपायत | धूपायेः | धूपायेतम् | धूपायेत |
| धूपायानि | धूपायाव | धूपायाम | धूपायेयम् | धूपायेव | धूपायेम |

| | | | | | |
|---|---|---|---|---|---|
| धूपायिष्यति | धूपायिष्यतः | धूपायिष्यन्ति | अधूपायिष्यत् -द् | अधूपायिष्यताम् | अधूपायिष्यन् |
| धूपिष्यति | धूपिष्यतः | धूपिष्यन्ति | अधूपिष्यत् -द् | अधूपिष्यताम् | अधूपिष्यन् |
| धूपायिष्यसि | धूपायिष्यथः | धूपायिष्यथ | अधूपायिष्यः | अधूपायिष्यतम् | अधूपायिष्यत |
| धूपिष्यसि | धूपिष्यथः | धूपिष्यथ | अधूपिष्यः | अधूपिष्यतम् | अधूपिष्यत |
| धूपायिष्यामि | धूपायिष्यावः | धूपायिष्यामः | अधूपायिष्यम् | अधूपायिष्याव | अधूपायिष्याम |
| धूपिष्यामि | धूपिष्यावः | धूपिष्यामः | अधूपिष्यम् | अधूपिष्याव | अधूपिष्याम |

| | | | | | |
|---|---|---|---|---|---|
| धूपायिता | धूपायितारौ | धूपायितारः | धूपाय्यात् -द् | धूपाय्यास्ताम् | धूपाय्यासुः |
| धूपिता | धूपितारौ | धूपितारः | धूप्यात् -द् | धूप्यास्ताम् | धूप्यासुः |
| धूपायितासि | धूपायितास्थः | धूपायितास्थ | धूपाय्याः | धूपाय्यास्तम् | धूपाय्यास्त |
| धूपितासि | धूपितास्थः | धूपितास्थ | धूप्याः | धूप्यास्तम् | धूप्यास्त |
| धूपायितास्मि | धूपायितास्वः | धूपायितास्मः | धूपाय्यासम् | धूपाय्यास्व | धूपाय्यास्म |
| धूपितास्मि | धूपितास्वः | धूपितास्मः | धूप्यासम् | धूप्यास्व | धूप्यास्म |

| | | | | | |
|---|---|---|---|---|---|
| दुधूप / | दुधूपतुः / | दुधूपुः / | अधूपायीत् -द् | अधूपायिष्टाम् | अधूपायिषुः |
| धूपायाञ्चकार | धूपायाञ्चक्रतुः | धूपायाञ्चक्रुः | अधूपीत् -द् | अधूपिष्टाम् | अधूपिषुः |
| धूपायाम्बभूव | धूपायाम्बभूवतुः | धूपायाम्बभूवुः | | | |
| धूपायामास | धूपायामासतुः | धूपायामासुः | | | |
| दुधूपिथ / | दुधूपथुः / | दुधूप / | अधूपायीः | अधूपायिष्टम् | अधूपायिष्ट |
| धूपायाञ्चकर्थ | धूपायाञ्चक्रथुः | धूपायाञ्चक्र | अधूपीः | अधूपिष्टम् | अधूपिष्ट |
| धूपायाम्बभूविथ | धूपायाम्बभूवथुः | धूपायाम्बभूव | | | |
| धूपायामासिथ | धूपायामासथुः | धूपायामास | | | |
| दुधूप / | दुधूपिव / | दुधूपिम / | अधूपायिषम् | अधूपायिष्व | अधूपायिष्म |

| धूपायाञ्चकर -कार | धूपायाञ्चकृव | धूपायाञ्चकृम | अधूपिषम् | अधूपिष्व | अधूपिष्म |
| धूपायाम्बभूव | धूपायाम्बभूविव | धूपायाम्बभूविम | | | |
| धूपायामास | धूपायामासिव | धूपायामासिम | | | |

397 जप व्यक्तायां वाचि । मानसे च । जपँ । जप् । जपति । P । सेट् । स० । do japa, mutter, utter in low voice  7.1.91 णलुत्तमो वा । 7.2.7 अतो हलादेर्लघोः ।

| जपति | जपतः | जपन्ति | अजपत् -द् | अजपताम् | अजपन् |
| जपसि | जपथः | जपथ | अजपः | अजपतम् | अजपत |
| जपामि | जपावः | जपामः | अजपम् | अजपाव | अजपाम |
| | | | | | |
| जपतु | जपताम् | जपन्तु | जपेत् -द् | जपेताम् | जपेयुः |
| जप | जपतम् | जपत | जपेः | जपेतम् | जपेत |
| जपानि | जपाव | जपाम | जपेयम् | जपेव | जपेम |
| | | | | | |
| जपिष्यति | जपिष्यतः | जपिष्यन्ति | अजपिष्यत् -द् | अजपिष्यताम् | अजपिष्यन् |
| जपिष्यसि | जपिष्यथः | जपिष्यथ | अजपिष्यः | अजपिष्यतम् | अजपिष्यत |
| जपिष्यामि | जपिष्यावः | जपिष्यामः | अजपिष्यम् | अजपिष्याव | अजपिष्याम |
| | | | | | |
| जपिता | जपितारौ | जपितारः | जप्यात् -द् | जप्यास्ताम् | जप्यासुः |
| जपितासि | जपितास्थः | जपितास्थ | जप्याः | जप्यास्तम् | जप्यास्त |
| जपितास्मि | जपितास्वः | जपितास्मः | जप्यासम् | जप्यास्व | जप्यास्म |
| | | | | | |
| जजाप | जेपतुः | जेपुः | अजपीत् -द् | अजपिष्टाम् | अजपिषुः |
| | | | अजापीत् -द् | अजापिष्टाम् | अजापिषुः |
| जेपिथ | जेपथुः | जेप | अजपीः | अजपिष्टम् | अजपिष्ट |
| | | | अजापीः | अजापिष्टम् | अजापिष्ट |
| जजाप जजप | जेपिव | जेपिम | अजपिषम् | अजपिष्व | अजपिष्म |
| | | | अजापिषम् | अजापिष्व | अजापिष्म |

398 जल्प व्यक्तायां वाचि । जप मानसे च । जल्पँ । जल्प् । जल्पति । P । सेट् । स० । prattle, speak

| जल्पति | जल्पतः | जल्पन्ति | अजल्पत् -द् | अजल्पताम् | अजल्पन् |
| जल्पसि | जल्पथः | जल्पथ | अजल्पः | अजल्पतम् | अजल्पत |
| जल्पामि | जल्पावः | जल्पामः | अजल्पम् | अजल्पाव | अजल्पाम |
| | | | | | |
| जल्पतु | जल्पताम् | जल्पन्तु | जल्पेत् -द् | जल्पेताम् | जल्पेयुः |
| जल्प | जल्पतम् | जल्पत | जल्पेः | जल्पेतम् | जल्पेत |
| जल्पानि | जल्पाव | जल्पाम | जल्पेयम् | जल्पेव | जल्पेम |
| | | | | | |
| जल्पिष्यति | जल्पिष्यतः | जल्पिष्यन्ति | अजल्पिष्यत् -द् | अजल्पिष्यताम् | अजल्पिष्यन् |
| जल्पिष्यसि | जल्पिष्यथः | जल्पिष्यथ | अजल्पिष्यः | अजल्पिष्यतम् | अजल्पिष्यत |
| जल्पिष्यामि | जल्पिष्यावः | जल्पिष्यामः | अजल्पिष्यम् | अजल्पिष्याव | अजल्पिष्याम |

| जल्पिता | जल्पितारौ | जल्पितारः | जल्प्यात् | जल्प्यास्ताम् | जल्प्यासुः |
| जल्पितासि | जल्पितास्थः | जल्पितास्थ | जल्प्याः | जल्प्यास्तम् | जल्प्यास्त |
| जल्पितास्मि | जल्पितास्वः | जल्पितास्मः | जल्प्यासम् | जल्प्यास्व | जल्प्यास्म |

| जजल्प | जजल्पतुः | जजल्पुः | अजल्पीत् -द् | अजल्पिष्टाम् | अजल्पिषुः |
| जजल्पिथ | जजल्पथुः | जजल्प | अजल्पीः | अजल्पिष्टम् | अजल्पिष्ट |
| जजल्प | जजल्पिव | जजल्पिम | अजल्पिषम् | अजल्पिष्व | अजल्पिष्म |

### 399 चप सान्त्वने । चपँ । चप् । चपति । P । सेट् । स० । console, soothe

| चपति | चपतः | चपन्ति | अचपत् -द् | अचपताम् | अचपन् |
| चपसि | चपथः | चपथ | अचपः | अचपतम् | अचपत |
| चपामि | चपावः | चपामः | अचपम् | अचपाव | अचपाम |

| चपतु | चपताम् | चपन्तु | चपेत् -द् | चपेताम् | चपेयुः |
| चप | चपतम् | चपत | चपेः | चपेतम् | चपेत |
| चपानि | चपाव | चपाम | चपेयम् | चपेव | चपेम |

| चपिष्यति | चपिष्यतः | चपिष्यन्ति | अचपिष्यत् -द् | अचपिष्यताम् | अचपिष्यन् |
| चपिष्यसि | चपिष्यथः | चपिष्यथ | अचपिष्यः | अचपिष्यतम् | अचपिष्यत |
| चपिष्यामि | चपिष्यावः | चपिष्यामः | अचपिष्यम् | अचपिष्याव | अचपिष्याम |

| चपिता | चपितारौ | चपितारः | चप्यात् -द् | चप्यास्ताम् | चप्यासुः |
| चपितासि | चपितास्थः | चपितास्थ | चप्याः | चप्यास्तम् | चप्यास्त |
| चपितास्मि | चपितास्वः | चपितास्मः | चप्यासम् | चप्यास्व | चप्यास्म |

| चचाप | चेपतुः | चेपुः | अचपीत् -द् | अचपिष्टाम् | अचपिषुः |
| | | | अचापीत् -द् | अचापिष्टाम् | अचापिषुः |
| चेपिथ | चेपथुः | चेप | अचपीः | अचपिष्टम् | अचपिष्ट |
| | | | अचापीः | अचापिष्टम् | अचापिष्ट |
| चचाप चचप | चेपिव | चेपिम | अचपिषम् | अचपिष्व | अचपिष्म |
| | | | अचापिषम् | अचापिष्व | अचापिष्म |

### 400 षप समवाये । षपँ । सप् । सपति । P । सेट् । स० । honour, know well, be attached

| सपति | सपतः | सपन्ति | असपत् -द् | असपताम् | असपन् |
| सपसि | सपथः | सपथ | असपः | असपतम् | असपत |
| सपामि | सपावः | सपामः | असपम् | असपाव | असपाम |

| सपतु | सपताम् | सपन्तु | सपेत् -द् | सपेताम् | सपेयुः |
| सप | सपतम् | सपत | सपेः | सपेतम् | सपेत |
| सपानि | सपाव | सपाम | सपेयम् | सपेव | सपेम |

| सपिष्यति | सपिष्यतः | सपिष्यन्ति | असपिष्यत् -द् | असपिष्यताम् | असपिष्यन् |
| सपिष्यसि | सपिष्यथः | सपिष्यथ | असपिष्यः | असपिष्यतम् | असपिष्यत |
| सपिष्यामि | सपिष्यावः | सपिष्यामः | असपिष्यम् | असपिष्याव | असपिष्याम |
| | | | | | |
| सपिता | सपितारौ | सपितारः | सप्यात् -द् | सप्यास्ताम् | सप्यासुः |
| सपितासि | सपितास्थः | सपितास्थ | सप्याः | सप्यास्तम् | सप्यास्त |
| सपितास्मि | सपितास्वः | सपितास्मः | सप्यासम् | सप्यास्व | सप्यास्म |
| | | | | | |
| ससाप | सेपतुः | सेपुः | असपीत् -द् | असपिष्टाम् | असपिषुः |
| | | | असापीत् -द् | असापिष्टाम् | असापिषुः |
| सेपिथ | सेपथुः | सेप | असपीः | असपिष्टम् | असपिष्ट |
| | | | असापीः | असापिष्टम् | असापिष्ट |
| ससाप ससप | सेपिव | सेपिम | असपिषम् | असपिष्व | असपिष्म |
| | | | असापिषम् | असापिष्व | असापिष्म |

**401 रप व्यक्तायां वाचि । रपँ । रप् । रपति । P । सेट् । स० ।** talk, chatter

| रपति | रपतः | रपन्ति | अरपत् -द् | अरपताम् | अरपन् |
| रपसि | रपथः | रपथ | अरपः | अरपतम् | अरपत |
| रपामि | रपावः | रपामः | अरपम् | अरपाव | अरपाम |
| | | | | | |
| रपतु | रपताम् | रपन्तु | रपेत् -द् | रपेताम् | रपेयुः |
| रप | रपतम् | रपत | रपेः | रपेतम् | रपेत |
| रपाणि | रपाव | रपाम | रपेयम् | रपेव | रपेम |
| | | | | | |
| रपिष्यति | रपिष्यतः | रपिष्यन्ति | अरपिष्यत् -द् | अरपिष्यताम् | अरपिष्यन् |
| रपिष्यसि | रपिष्यथः | रपिष्यथ | अरपिष्यः | अरपिष्यतम् | अरपिष्यत |
| रपिष्यामि | रपिष्यावः | रपिष्यामः | अरपिष्यम् | अरपिष्याव | अरपिष्याम |
| | | | | | |
| रपिता | रपितारौ | रपितारः | रप्यात् -द् | रप्यास्ताम् | रप्यासुः |
| रपितासि | रपितास्थः | रपितास्थ | रप्याः | रप्यास्तम् | रप्यास्त |
| रपितास्मि | रपितास्वः | रपितास्मः | रप्यासम् | रप्यास्व | रप्यास्म |
| | | | | | |
| रराप | रेपतुः | रेपुः | अरपीत् -द् | अरपिष्टाम् | अरपिषुः |
| | | | अरापीत् -द् | अरापिष्टाम् | अरापिषुः |
| रेपिथ | रेपथुः | रेप | अरपीः | अरपिष्टम् | अरपिष्ट |
| | | | अरापीः | अरापिष्टम् | अरापिष्ट |
| रराप ररप | रेपिव | रेपिम | अरपिषम् | अरपिष्व | अरपिष्म |
| | | | अरापिषम् | अरापिष्व | अरापिष्म |

**402 लप व्यक्तायां वाचि । लपँ । लप् । लपति । P । सेट् । अ० ।** speak, make general talk

| लपति | लपतः | लपन्ति | अलपत् -द् | अलपताम् | अलपन् |
| लपसि | लपथः | लपथ | अलपः | अलपतम् | अलपत |

| | | | | | |
|---|---|---|---|---|---|
| लपामि | लपावः | लपामः | अलपम् | अलपाव | अलपाम |
| लपतु | लपताम् | लपन्तु | लपेत् -द् | लपेताम् | लपेयुः |
| लप | लपतम् | लपत | लपेः | लपेतम् | लपेत |
| लपानि | लपाव | लपाम | लपेयम् | लपेव | लपेम |
| लपिष्यति | लपिष्यतः | लपिष्यन्ति | अलपिष्यत् -द् | अलपिष्यताम् | अलपिष्यन् |
| लपिष्यसि | लपिष्यथः | लपिष्यथ | अलपिष्यः | अलपिष्यतम् | अलपिष्यत |
| लपिष्यामि | लपिष्यावः | लपिष्यामः | अलपिष्यम् | अलपिष्याव | अलपिष्याम |
| लपिता | लपितारौ | लपितारः | लप्यात् -द् | लप्यास्ताम् | लप्यासुः |
| लपितासि | लपितास्थः | लपितास्थ | लप्याः | लप्यास्तम् | लप्यास्त |
| लपितास्मि | लपितास्वः | लपितास्मः | लप्यासम् | लप्यास्व | लप्यास्म |
| ललाप | लेपतुः | लेपुः | अलपीत् -द् | अलपिष्टाम् | अलपिषुः |
| | | | अलापीत् -द् | अलापिष्टाम् | अलापिषुः |
| लेपिथ | लेपथुः | लेप | अलपीः | अलपिष्टम् | अलपिष्ट |
| | | | अलापीः | अलापिष्टम् | अलापिष्ट |
| ललाप ललप | लेपिव | लेपिम | अलपिषम् | अलपिष्व | अलपिष्म |
| | | | अलापिषम् | अलापिष्व | अलापिष्म |

403 **चुप मन्दायां गतौ । चुपँ । चुप् । चोपति** । P । **सेट्** । अ० । move slowly, creep, walk stealthily

| | | | | | |
|---|---|---|---|---|---|
| चोपति | चोपतः | चोपन्ति | अचोपत् -द् | अचोपताम् | अचोपन् |
| चोपसि | चोपथः | चोपथ | अचोपः | अचोपतम् | अचोपत |
| चोपामि | चोपावः | चोपामः | अचोपम् | अचोपाव | अचोपाम |
| चोपतु | चोपताम् | चोपन्तु | चोपेत् -द् | चोपेताम् | चोपेयुः |
| चोप | चोपतम् | चोपत | चोपेः | चोपेतम् | चोपेत |
| चोपानि | चोपाव | चोपाम | चोपेयम् | चोपेव | चोपेम |
| चोपिष्यति | चोपिष्यतः | चोपिष्यन्ति | अचोपिष्यत् -द् | अचोपिष्यताम् | अचोपिष्यन् |
| चोपिष्यसि | चोपिष्यथः | चोपिष्यथ | अचोपिष्यः | अचोपिष्यतम् | अचोपिष्यत |
| चोपिष्यामि | चोपिष्यावः | चोपिष्यामः | अचोपिष्यम् | अचोपिष्याव | अचोपिष्याम |
| चोपिता | चोपितारौ | चोपितारः | चुप्यात् -द् | चुप्यास्ताम् | चुप्यासुः |
| चोपितासि | चोपितास्थः | चोपितास्थ | चुप्याः | चुप्यास्तम् | चुप्यास्त |
| चोपितास्मि | चोपितास्वः | चोपितास्मः | चुप्यासम् | चुप्यास्व | चुप्यास्म |
| चुचोप | चुचुपतुः | चुचुपुः | अचोपीत् -द् | अचोपिष्टाम् | अचोपिषुः |
| चुचोपिथ | चुचुपथुः | चुचुप | अचोपीः | अचोपिष्टम् | अचोपिष्ट |
| चुचोप | चुचुपिव | चुचुपिम | अचोपिषम् | अचोपिष्व | अचोपिष्म |

## 404 तुप हिंसायाम् । तुपँ । तुप् । तोपति । P । सेट् । स० । hurt, cause pain

| तोपति | तोपतः | तोपन्ति | अतोपत् -द् | अतोपताम् | अतोपन् |
| तोपसि | तोपथः | तोपथ | अतोपः | अतोपतम् | अतोपत |
| तोपामि | तोपावः | तोपामः | अतोपम् | अतोपाव | अतोपाम |

| तोपतु | तोपताम् | तोपन्तु | तोपेत् -द् | तोपेताम् | तोपेयुः |
| तोप | तोपतम् | तोपत | तोपेः | तोपेतम् | तोपेत |
| तोपानि | तोपाव | तोपाम | तोपेयम् | तोपेव | तोपेम |

| तोपिष्यति | तोपिष्यतः | तोपिष्यन्ति | अतोपिष्यत् -द् | अतोपिष्यताम् | अतोपिष्यन् |
| तोपिष्यसि | तोपिष्यथः | तोपिष्यथ | अतोपिष्यः | अतोपिष्यतम् | अतोपिष्यत |
| तोपिष्यामि | तोपिष्यावः | तोपिष्यामः | अतोपिष्यम् | अतोपिष्याव | अतोपिष्याम |

| तोपिता | तोपितारौ | तोपितारः | तुप्यात् -द् | तुप्यास्ताम् | तुप्यासुः |
| तोपितासि | तोपितास्थः | तोपितास्थ | तुप्याः | तुप्यास्तम् | तुप्यास्त |
| तोपितास्मि | तोपितास्वः | तोपितास्मः | तुप्यासम् | तुप्यास्व | तुप्यास्म |

| तुतोप | तुतुपतुः | तुतुपुः | अतोपीत् -द् | अतोपिष्टाम् | अतोपिषुः |
| तुतोपिथ | तुतुपथुः | तुतुप | अतोपीः | अतोपिष्टम् | अतोपिष्ट |
| तुतोप | तुतुपिव | तुतुपिम | अतोपिषम् | अतोपिष्व | अतोपिष्म |

## 405 तुम्प हिंसायाम् । तुम्पँ । तुम्प् । तुम्पति । P । सेट् । स० । hurt, strike 6.4.24 अनिदितां० ।

| तुम्पति | तुम्पतः | तुम्पन्ति | अतुम्पत् -द् | अतुम्पताम् | अतुम्पन् |
| तुम्पसि | तुम्पथः | तुम्पथ | अतुम्पः | अतुम्पतम् | अतुम्पत |
| तुम्पामि | तुम्पावः | तुम्पामः | अतुम्पम् | अतुम्पाव | अतुम्पाम |

| तुम्पतु | तुम्पताम् | तुम्पन्तु | तुम्पेत् -द् | तुम्पेताम् | तुम्पेयुः |
| तुम्प | तुम्पतम् | तुम्पत | तुम्पेः | तुम्पेतम् | तुम्पेत |
| तुम्पानि | तुम्पाव | तुम्पाम | तुम्पेयम् | तुम्पेव | तुम्पेम |

| तुम्पिष्यति | तुम्पिष्यतः | तुम्पिष्यन्ति | अतुम्पिष्यत् -द् | अतुम्पिष्यताम् | अतुम्पिष्यन् |
| तुम्पिष्यसि | तुम्पिष्यथः | तुम्पिष्यथ | अतुम्पिष्यः | अतुम्पिष्यतम् | अतुम्पिष्यत |
| तुम्पिष्यामि | तुम्पिष्यावः | तुम्पिष्यामः | अतुम्पिष्यम् | अतुम्पिष्याव | अतुम्पिष्याम |

| तुम्पिता | तुम्पितारौ | तुम्पितारः | तुप्यात् -द् | तुप्यास्ताम् | तुप्यासुः |
| तुम्पितासि | तुम्पितास्थः | तुम्पितास्थ | तुप्याः | तुप्यास्तम् | तुप्यास्त |
| तुम्पितास्मि | तुम्पितास्वः | तुम्पितास्मः | तुप्यासम् | तुप्यास्व | तुप्यास्म |

| तुतुम्प | तुतुम्पतुः | तुतुम्पुः | अतुम्पीत् -द् | अतुम्पिष्टाम् | अतुम्पिषुः |
| तुतुम्पिथ | तुतुम्पथुः | तुतुम्प | अतुम्पीः | अतुम्पिष्टम् | अतुम्पिष्ट |

| तुतुम्प | तुतुम्पिव | तुतुम्पिम | अतुम्पिषम् | अतुम्पिष्व | अतुम्पिष्म |

## 406 त्रुप हिंसायाम् । त्रुपँ । त्रुप् । त्रोपति । P । सेट् । स० । hurt, torture 8.4.2

| त्रोपति | त्रोपतः | त्रोपन्ति | अत्रोपत् -द् | अत्रोपताम् | अत्रोपन् |
| त्रोपसि | त्रोपथः | त्रोपथ | अत्रोपः | अत्रोपतम् | अत्रोपत |
| त्रोपामि | त्रोपावः | त्रोपामः | अत्रोपम् | अत्रोपाव | अत्रोपाम |

| त्रोपतु | त्रोपताम् | त्रोपन्तु | त्रोपेत् -द् | त्रोपेताम् | त्रोपेयुः |
| त्रोप | त्रोपतम् | त्रोपत | त्रोपेः | त्रोपेतम् | त्रोपेत |
| त्रोपाणि | त्रोपाव | त्रोपाम | त्रोपेयम् | त्रोपेव | त्रोपेम |

| त्रोपिष्यति | त्रोपिष्यतः | त्रोपिष्यन्ति | अत्रोपिष्यत् -द् | अत्रोपिष्यताम् | अत्रोपिष्यन् |
| त्रोपिष्यसि | त्रोपिष्यथः | त्रोपिष्यथ | अत्रोपिष्यः | अत्रोपिष्यतम् | अत्रोपिष्यत |
| त्रोपिष्यामि | त्रोपिष्यावः | त्रोपिष्यामः | अत्रोपिष्यम् | अत्रोपिष्याव | अत्रोपिष्याम |

| त्रोपिता | त्रोपितारौ | त्रोपितारः | त्रुप्यात् -द् | त्रुप्यास्ताम् | त्रुप्यासुः |
| त्रोपितासि | त्रोपितास्थः | त्रोपितास्थ | त्रुप्याः | त्रुप्यास्तम् | त्रुप्यास्त |
| त्रोपितास्मि | त्रोपितास्वः | त्रोपितास्मः | त्रुप्यासम् | त्रुप्यास्व | त्रुप्यास्म |

| तुत्रोप | तुत्रुपतुः | तुत्रुपुः | अत्रोपीत् -द् | अत्रोपिष्टाम् | अत्रोपिषुः |
| तुत्रोपिथ | तुत्रुपथुः | तुत्रुप | अत्रोपीः | अत्रोपिष्टम् | अत्रोपिष्ट |
| तुत्रोप | तुत्रुपिव | तुत्रुपिम | अत्रोपिषम् | अत्रोपिष्व | अत्रोपिष्म |

## 407 त्रुम्प हिंसायाम् । त्रुम्पँ । त्रुम्प् । त्रुम्पति । P । सेट् । स० । hurt, torture 6.4.24 अनिदितां० ।

| त्रुम्पति | त्रुम्पतः | त्रुम्पन्ति | अत्रुम्पत् -द् | अत्रुम्पताम् | अत्रुम्पन् |
| त्रुम्पसि | त्रुम्पथः | त्रुम्पथ | अत्रुम्पः | अत्रुम्पतम् | अत्रुम्पत |
| त्रुम्पामि | त्रुम्पावः | त्रुम्पामः | अत्रुम्पम् | अत्रुम्पाव | अत्रुम्पाम |

| त्रुम्पतु | त्रुम्पताम् | त्रुम्पन्तु | त्रुम्पेत् -द् | त्रुम्पेताम् | त्रुम्पेयुः |
| त्रुम्प | त्रुम्पतम् | त्रुम्पत | त्रुम्पेः | त्रुम्पेतम् | त्रुम्पेत |
| त्रुम्पाणि | त्रुम्पाव | त्रुम्पाम | त्रुम्पेयम् | त्रुम्पेव | त्रुम्पेम |

| त्रुम्पिष्यति | त्रुम्पिष्यतः | त्रुम्पिष्यन्ति | अत्रुम्पिष्यत् -द् | अत्रुम्पिष्यताम् | अत्रुम्पिष्यन् |
| त्रुम्पिष्यसि | त्रुम्पिष्यथः | त्रुम्पिष्यथ | अत्रुम्पिष्यः | अत्रुम्पिष्यतम् | अत्रुम्पिष्यत |
| त्रुम्पिष्यामि | त्रुम्पिष्यावः | त्रुम्पिष्यामः | अत्रुम्पिष्यम् | अत्रुम्पिष्याव | अत्रुम्पिष्याम |

| त्रुम्पिता | त्रुम्पितारौ | त्रुम्पितारः | त्रुप्यात् -द् | त्रुप्यास्ताम् | त्रुप्यासुः |
| त्रुम्पितासि | त्रुम्पितास्थः | त्रुम्पितास्थ | त्रुप्याः | त्रुप्यास्तम् | त्रुप्यास्त |
| त्रुम्पितास्मि | त्रुम्पितास्वः | त्रुम्पितास्मः | त्रुप्यासम् | त्रुप्यास्व | त्रुप्यास्म |

| | | | | | |
|---|---|---|---|---|---|
| तुत्रुम्प | तुत्रुम्पतुः | तुत्रुम्पुः | अत्रुम्पीत् -द् | अत्रुम्पिष्टाम् | अत्रुम्पिषुः |
| तुत्रुम्पिथ | तुत्रुम्पथुः | तुत्रुम्प | अत्रुम्पीः | अत्रुम्पिष्टम् | अत्रुम्पिष्ट |
| तुत्रुम्प | तुत्रुम्पिव | तुत्रुम्पिम | अत्रुम्पिषम् | अत्रुम्पिष्व | अत्रुम्पिष्म |

408 **तुफ हिंसायाम्** । **तुफँ** । **तुफ्** । **तोफति** । P । **सेट्** । **स०** । hurt, cause pain

| | | | | | |
|---|---|---|---|---|---|
| तोफति | तोफतः | तोफन्ति | अतोफत् -द् | अतोफताम् | अतोफन् |
| तोफसि | तोफथः | तोफथ | अतोफः | अतोफतम् | अतोफत |
| तोफामि | तोफावः | तोफामः | अतोफम् | अतोफाव | अतोफाम |
| | | | | | |
| तोफतु | तोफताम् | तोफन्तु | तोफेत् -द् | तोफेताम् | तोफेयुः |
| तोफ | तोफतम् | तोफत | तोफेः | तोफेतम् | तोफेत |
| तोफानि | तोफाव | तोफाम | तोफेयम् | तोफेव | तोफेम |
| | | | | | |
| तोफिष्यति | तोफिष्यतः | तोफिष्यन्ति | अतोफिष्यत् -द् | अतोफिष्यताम् | अतोफिष्यन् |
| तोफिष्यसि | तोफिष्यथः | तोफिष्यथ | अतोफिष्यः | अतोफिष्यतम् | अतोफिष्यत |
| तोफिष्यामि | तोफिष्यावः | तोफिष्यामः | अतोफिष्यम् | अतोफिष्याव | अतोफिष्याम |
| | | | | | |
| तोफिता | तोफितारौ | तोफितारः | तुफ्यात् -द् | तुफ्यास्ताम् | तुफ्यासुः |
| तोफितासि | तोफितास्थः | तोफितास्थ | तुफ्याः | तुफ्यास्तम् | तुफ्यास्त |
| तोफितास्मि | तोफितास्वः | तोफितास्मः | तुफ्यासम् | तुफ्यास्व | तुफ्यास्म |
| | | | | | |
| तुतोफ | तुतुफतुः | तुतुफुः | अतोफीत् -द् | अतोफिष्टाम् | अतोफिषुः |
| तुतोफिथ | तुतुफथुः | तुतुफ | अतोफीः | अतोफिष्टम् | अतोफिष्ट |
| तुतोफ | तुतुफिव | तुतुफिम | अतोफिषम् | अतोफिष्व | अतोफिष्म |

409 **तुम्फ हिंसायाम्** । **तुम्फँ** । **तुम्फ्** । **तुम्फति** । P । **सेट्** । **स०** । hurt, strike 6.4.24 **अनिदितां०**। **वा० शे तृम्फादीनां नुम्** वाच्यः । applies to Roots of 6c to bring back **नकारः** dropped by 6.4.24. Here due to **शप्**, **नकारः** is not dropped, except in **आशीर्लिङ्** ।

| | | | | | |
|---|---|---|---|---|---|
| तुम्फति | तुम्फतः | तुम्फन्ति | अतुम्फत् -द् | अतुम्फताम् | अतुम्फन् |
| तुम्फसि | तुम्फथः | तुम्फथ | अतुम्फः | अतुम्फतम् | अतुम्फत |
| तुम्फामि | तुम्फावः | तुम्फामः | अतुम्फम् | अतुम्फाव | अतुम्फाम |
| | | | | | |
| तुम्फतु | तुम्फताम् | तुम्फन्तु | तुम्फेत् -द् | तुम्फेताम् | तुम्फेयुः |
| तुम्फ | तुम्फतम् | तुम्फत | तुम्फेः | तुम्फेतम् | तुम्फेत |
| तुम्फानि | तुम्फाव | तुम्फाम | तुम्फेयम् | तुम्फेव | तुम्फेम |
| | | | | | |
| तुम्फिष्यति | तुम्फिष्यतः | तुम्फिष्यन्ति | अतुम्फिष्यत् -द् | अतुम्फिष्यताम् | अतुम्फिष्यन् |
| तुम्फिष्यसि | तुम्फिष्यथः | तुम्फिष्यथ | अतुम्फिष्यः | अतुम्फिष्यतम् | अतुम्फिष्यत |

| तुम्फिष्यामि | तुम्फिष्यावः | तुम्फिष्यामः | अतुम्फिष्यम् | अतुम्फिष्याव | अतुम्फिष्याम |
| तुम्फिता | तुम्फितारौ | तुम्फितारः | तुफ्यात् -द् | तुफ्यास्ताम् | तुफ्यासुः |
| तुम्फितासि | तुम्फितास्थः | तुम्फितास्थ | तुफ्याः | तुफ्यास्तम् | तुफ्यास्त |
| तुम्फितास्मि | तुम्फितास्वः | तुम्फितास्मः | तुफ्यासम् | तुफ्यास्व | तुफ्यास्म |
| तुतुम्फ | तुतुम्फतुः | तुतुम्फुः | अतुम्फीत् -द् | अतुम्फिष्टाम् | अतुम्फिषुः |
| तुतुम्फिथ | तुतुम्फथुः | तुतुम्फ | अतुम्फीः | अतुम्फिष्टम् | अतुम्फिष्ट |
| तुतुम्फ | तुतुम्फिव | तुतुम्फिम | अतुम्फिषम् | अतुम्फिष्व | अतुम्फिष्म |

410 त्रुफ हिंसायाम् । त्रुफँ । त्रुफ् । त्रोफति । P । सेट् । स० । hurt, torture

| त्रोफति | त्रोफतः | त्रोफन्ति | अत्रोफत् -द् | अत्रोफताम् | अत्रोफन् |
| त्रोफसि | त्रोफथः | त्रोफथ | अत्रोफः | अत्रोफतम् | अत्रोफत |
| त्रोफामि | त्रोफावः | त्रोफामः | अत्रोफम् | अत्रोफाव | अत्रोफाम |
| त्रोफतु | त्रोफताम् | त्रोफन्तु | त्रोफेत् -द् | त्रोफेताम् | त्रोफेयुः |
| त्रोफ | त्रोफतम् | त्रोफत | त्रोफेः | त्रोफेतम् | त्रोफेत |
| त्रोफाणि | त्रोफाव | त्रोफाम | त्रोफेयम् | त्रोफेव | त्रोफेम |
| त्रोफिष्यति | त्रोफिष्यतः | त्रोफिष्यन्ति | अत्रोफिष्यत् -द् | अत्रोफिष्यताम् | अत्रोफिष्यन् |
| त्रोफिष्यसि | त्रोफिष्यथः | त्रोफिष्यथ | अत्रोफिष्यः | अत्रोफिष्यतम् | अत्रोफिष्यत |
| त्रोफिष्यामि | त्रोफिष्यावः | त्रोफिष्यामः | अत्रोफिष्यम् | अत्रोफिष्याव | अत्रोफिष्याम |
| त्रोफिता | त्रोफितारौ | त्रोफितारः | त्रुफ्यात् -द् | त्रुफ्यास्ताम् | त्रुफ्यासुः |
| त्रोफितासि | त्रोफितास्थः | त्रोफितास्थ | त्रुफ्याः | त्रुफ्यास्तम् | त्रुफ्यास्त |
| त्रोफितास्मि | त्रोफितास्वः | त्रोफितास्मः | त्रुफ्यासम् | त्रुफ्यास्व | त्रुफ्यास्म |
| तुत्रोफ | तुत्रुफतुः | तुत्रुफुः | अत्रोफीत् -द् | अत्रोफिष्टाम् | अत्रोफिषुः |
| तुत्रोफिथ | तुत्रुफथुः | तुत्रुफ | अत्रोफीः | अत्रोफिष्टम् | अत्रोफिष्ट |
| तुत्रोफ | तुत्रुफिव | तुत्रुफिम | अत्रोफिषम् | अत्रोफिष्व | अत्रोफिष्म |

411 त्रुम्फ हिंसार्थाः । त्रुम्फँ । त्रुम्फ् । त्रुम्फति । P । सेट् । स० । hurt, torture 6.4.24 अनिदितां० ।

| त्रुम्फति | त्रुम्फतः | त्रुम्फन्ति | अत्रुम्फत् -द् | अत्रुम्फताम् | अत्रुम्फन् |
| त्रुम्फसि | त्रुम्फथः | त्रुम्फथ | अत्रुम्फः | अत्रुम्फतम् | अत्रुम्फत |
| त्रुम्फामि | त्रुम्फावः | त्रुम्फामः | अत्रुम्फम् | अत्रुम्फाव | अत्रुम्फाम |
| त्रुम्फतु | त्रुम्फताम् | त्रुम्फन्तु | त्रुम्फेत् -द् | त्रुम्फेताम् | त्रुम्फेयुः |
| त्रुम्फ | त्रुम्फतम् | त्रुम्फत | त्रुम्फेः | त्रुम्फेतम् | त्रुम्फेत |
| त्रुम्फाणि | त्रुम्फाव | त्रुम्फाम | त्रुम्फेयम् | त्रुम्फेव | त्रुम्फेम |

| | | | | | |
|---|---|---|---|---|---|
| त्रुम्फिष्यति | त्रुम्फिष्यतः | त्रुम्फिष्यन्ति | अत्रुम्फिष्यत् -द् | अत्रुम्फिष्यताम् | अत्रुम्फिष्यन् |
| त्रुम्फिष्यसि | त्रुम्फिष्यथः | त्रुम्फिष्यथ | अत्रुम्फिष्यः | अत्रुम्फिष्यतम् | अत्रुम्फिष्यत |
| त्रुम्फिष्यामि | त्रुम्फिष्यावः | त्रुम्फिष्यामः | अत्रुम्फिष्यम् | अत्रुम्फिष्याव | अत्रुम्फिष्याम |

| | | | | | |
|---|---|---|---|---|---|
| त्रुम्फिता | त्रुम्फितारौ | त्रुम्फितारः | त्रुफ्यात् -द् | त्रुफ्यास्ताम् | त्रुफ्यासुः |
| त्रुम्फितासि | त्रुम्फितास्थः | त्रुम्फितास्थ | त्रुफ्याः | त्रुफ्यास्तम् | त्रुफ्यास्त |
| त्रुम्फितास्मि | त्रुम्फितास्वः | त्रुम्फितास्मः | त्रुफ्यासम् | त्रुफ्यास्व | त्रुफ्यास्म |

| | | | | | |
|---|---|---|---|---|---|
| तुत्रुम्फ | तुत्रुम्फतुः | तुत्रुम्फुः | अत्रुम्फीत् -द् | अत्रुम्फिष्टाम् | अत्रुम्फिषुः |
| तुत्रुम्फिथ | तुत्रुम्फथुः | तुत्रुम्फ | अत्रुम्फीः | अत्रुम्फिष्टम् | अत्रुम्फिष्ट |
| तुत्रुम्फ | तुत्रुम्फिव | तुत्रुम्फिम | अत्रुम्फिषम् | अत्रुम्फिष्व | अत्रुम्फिष्म |

412 **पर्प गतौ** । **पर्पँ** । **पर्प्** । **पर्पति** । P । **सेट्** । **स०** । move

| | | | | | |
|---|---|---|---|---|---|
| पर्पति | पर्पतः | पर्पन्ति | अपर्पत् -द् | अपर्पताम् | अपर्पन् |
| पर्पसि | पर्पथः | पर्पथ | अपर्पः | अपर्पतम् | अपर्पत |
| पर्पामि | पर्पावः | पर्पामः | अपर्पम् | अपर्पाव | अपर्पाम |

| | | | | | |
|---|---|---|---|---|---|
| पर्पतु | पर्पताम् | पर्पन्तु | पर्पेत् -द् | पर्पेताम् | पर्पेयुः |
| पर्प | पर्पतम् | पर्पत | पर्पेः | पर्पेतम् | पर्पेत |
| पर्पाणि | पर्पाव | पर्पाम | पर्पेयम् | पर्पेव | पर्पेम |

| | | | | | |
|---|---|---|---|---|---|
| पर्पिष्यति | पर्पिष्यतः | पर्पिष्यन्ति | अपर्पिष्यत् -द् | अपर्पिष्यताम् | अपर्पिष्यन् |
| पर्पिष्यसि | पर्पिष्यथः | पर्पिष्यथ | अपर्पिष्यः | अपर्पिष्यतम् | अपर्पिष्यत |
| पर्पिष्यामि | पर्पिष्यावः | पर्पिष्यामः | अपर्पिष्यम् | अपर्पिष्याव | अपर्पिष्याम |

| | | | | | |
|---|---|---|---|---|---|
| पर्पिता | पर्पितारौ | पर्पितारः | पर्प्यात् -द् | पर्प्यास्ताम् | पर्प्यासुः |
| पर्पितासि | पर्पितास्थः | पर्पितास्थ | पर्प्याः | पर्प्यास्तम् | पर्प्यास्त |
| पर्पितास्मि | पर्पितास्वः | पर्पितास्मः | पर्प्यासम् | पर्प्यास्व | पर्प्यास्म |

| | | | | | |
|---|---|---|---|---|---|
| पपर्प | पपर्पतुः | पपर्पुः | अपर्पीत् -द् | अपर्पिष्टाम् | अपर्पिषुः |
| पपर्पिथ | पपर्पथुः | पपर्प | अपर्पीः | अपर्पिष्टम् | अपर्पिष्ट |
| पपर्प | पपर्पिव | पपर्पिम | अपर्पिषम् | अपर्पिष्व | अपर्पिष्म |

413 **रफ गतौ** । **रफँ** । **रफ्** । **रफति** । P । **सेट्** । **स०** । go, hurt

| | | | | | |
|---|---|---|---|---|---|
| रफति | रफतः | रफन्ति | अरफत् -द् | अरफताम् | अरफन् |
| रफसि | रफथः | रफथ | अरफः | अरफतम् | अरफत |
| रफामि | रफावः | रफामः | अरफम् | अरफाव | अरफाम |

| | | | | | |
|---|---|---|---|---|---|
| रफतु | रफताम् | रफन्तु | रफेत् -द् | रफेताम् | रफेयुः |
| रफ | रफतम् | रफत | रफेः | रफेतम् | रफेत |
| रफाणि | रफाव | रफाम | रफेयम् | रफेव | रफेम |

| | | | | | |
|---|---|---|---|---|---|
| रफिष्यति | रफिष्यतः | रफिष्यन्ति | अरफिष्यत् -द् | अरफिष्यताम् | अरफिष्यन् |
| रफिष्यसि | रफिष्यथः | रफिष्यथ | अरफिष्यः | अरफिष्यतम् | अरफिष्यत |
| रफिष्यामि | रफिष्यावः | रफिष्यामः | अरफिष्यम् | अरफिष्याव | अरफिष्याम |

| | | | | | |
|---|---|---|---|---|---|
| रफिता | रफितारौ | रफितारः | रफ्यात् -द् | रफ्यास्ताम् | रफ्यासुः |
| रफितासि | रफितास्थः | रफितास्थ | रफ्याः | रफ्यास्तम् | रफ्यास्त |
| रफितास्मि | रफितास्वः | रफितास्मः | रफ्यासम् | रफ्यास्व | रफ्यास्म |

| | | | | | |
|---|---|---|---|---|---|
| रराफ | रेफतुः | रेफुः | अरफीत् -द् | अरफिष्टाम् | अरफिषुः |
| | | | अराफीत् -द् | अराफिष्टाम् | अराफषुः |
| रेफिथ | रेफथुः | रेफ | अरफीः | अरफिष्टम् | अरफिष्ट |
| | | | अराफीः | अराफिष्टम् | अराफिष्ट |
| रराफ ररफ | रेफिव | रेफिम | अरफिषम् | अरफिष्व | अरफिष्म |
| | | | अराफिषम् | अराफिष्व | अराफिष्म |

414 रफि गतौ । रफिँ । रम्फ् । रम्फति । P । सेट् । स० । go, hurt

| | | | | | |
|---|---|---|---|---|---|
| रम्फति | रम्फतः | रम्फन्ति | अरम्फत् -द् | अरम्फताम् | अरम्फन् |
| रम्फसि | रम्फथः | रम्फथ | अरम्फः | अरम्फतम् | अरम्फत |
| रम्फामि | रम्फावः | रम्फामः | अरम्फम् | अरम्फाव | अरम्फाम |

| | | | | | |
|---|---|---|---|---|---|
| रम्फतु | रम्फताम् | रम्फन्तु | रम्फेत् -द् | रम्फेताम् | रम्फेयुः |
| रम्फ | रम्फतम् | रम्फत | रम्फेः | रम्फेतम् | रम्फेत |
| रम्फाणि | रम्फाव | रम्फाम | रम्फेयम् | रम्फेव | रम्फेम |

| | | | | | |
|---|---|---|---|---|---|
| रम्फिष्यति | रम्फिष्यतः | रम्फिष्यन्ति | अरम्फिष्यत् -द् | अरम्फिष्यताम् | अरम्फिष्यन् |
| रम्फिष्यसि | रम्फिष्यथः | रम्फिष्यथ | अरम्फिष्यः | अरम्फिष्यतम् | अरम्फिष्यत |
| रम्फिष्यामि | रम्फिष्यावः | रम्फिष्यामः | अरम्फिष्यम् | अरम्फिष्याव | अरम्फिष्याम |

| | | | | | |
|---|---|---|---|---|---|
| रम्फिता | रम्फितारौ | रम्फितारः | रम्फ्यात् -द् | रम्फ्यास्ताम् | रम्फ्यासुः |
| रम्फितासि | रम्फितास्थः | रम्फितास्थ | रम्फ्याः | रम्फ्यास्तम् | रम्फ्यास्त |
| रम्फितास्मि | रम्फितास्वः | रम्फितास्मः | रम्फ्यासम् | रम्फ्यास्व | रम्फ्यास्म |

| | | | | | |
|---|---|---|---|---|---|
| ररम्फ | ररम्फतुः | ररम्फुः | अरम्फीत् -द् | अरम्फिष्टाम् | अरम्फिषुः |
| ररम्फिथ | ररम्फथुः | ररम्फ | अरम्फीः | अरम्फिष्टम् | अरम्फिष्ट |
| ररम्फ | ररम्फिव | ररम्फिम | अरम्फिषम् | अरम्फिष्व | अरम्फिष्म |

415 अर्ब गतौ । अर्बँ । अर्ब् । अर्बति । P । सेट् । स० । go towards, hurt

| | | | | | |
|---|---|---|---|---|---|
| अर्बति | अर्बतः | अर्बन्ति | आर्बत् -द् | आर्बताम् | आर्बन् |

| | | | | | |
|---|---|---|---|---|---|
| अर्बसि | अर्बथः | अर्बथ | आर्बः | आर्बतम् | आर्बत |
| अर्बामि | अर्बावः | अर्बामः | आर्बम् | आर्बाव | आर्बाम |

| | | | | | |
|---|---|---|---|---|---|
| अर्बतु | अर्बताम् | अर्बन्तु | अर्बेत् -द् | अर्बेताम् | अर्बेयुः |
| अर्ब | अर्बतम् | अर्बत | अर्बेः | अर्बेतम् | अर्बेत |
| अर्बाणि | अर्बाव | अर्बाम | अर्बेयम् | अर्बेव | अर्बेम |

| | | | | | |
|---|---|---|---|---|---|
| अर्बिष्यति | अर्बिष्यतः | अर्बिष्यन्ति | आर्बिष्यत् -द् | आर्बिष्यताम् | आर्बिष्यन् |
| अर्बिष्यसि | अर्बिष्यथः | अर्बिष्यथ | आर्बिष्यः | आर्बिष्यतम् | आर्बिष्यत |
| अर्बिष्यामि | अर्बिष्यावः | अर्बिष्यामः | आर्बिष्यम् | आर्बिष्याव | आर्बिष्याम |

| | | | | | |
|---|---|---|---|---|---|
| अर्बिता | अर्बितारौ | अर्बितारः | अर्ब्यात् -द् | अर्ब्यास्ताम् | अर्ब्यासुः |
| अर्बितासि | अर्बितास्थः | अर्बितास्थ | अर्ब्याः | अर्ब्यास्तम् | अर्ब्यास्त |
| अर्बितास्मि | अर्बितास्वः | अर्बितास्मः | अर्ब्यासम् | अर्ब्यास्व | अर्ब्यास्म |

| | | | | | |
|---|---|---|---|---|---|
| आनर्ब | आनर्बतुः | आनर्बुः | आर्बीत् -द् | आर्बिष्टाम् | आर्बिषुः |
| आनर्बिथ | आनर्बथुः | आनर्ब | आर्बीः | आर्बिष्टम् | आर्बिष्ट |
| आनर्ब | आनर्बिव | आनर्बिम | आर्बिषम् | आर्बिष्व | आर्बिष्म |

416 **पर्ब गतौ । पर्बँ । पर्ब् । पर्बति** । P । **सेट्** । **स०** । move

| | | | | | |
|---|---|---|---|---|---|
| पर्बति | पर्बतः | पर्बन्ति | अपर्बत् -द् | अपर्बताम् | अपर्बन् |
| पर्बसि | पर्बथः | पर्बथ | अपर्बः | अपर्बतम् | अपर्बत |
| पर्बामि | पर्बावः | पर्बामः | अपर्बम् | अपर्बाव | अपर्बाम |

| | | | | | |
|---|---|---|---|---|---|
| पर्बतु | पर्बताम् | पर्बन्तु | पर्बेत् -द् | पर्बेताम् | पर्बेयुः |
| पर्ब | पर्बतम् | पर्बत | पर्बेः | पर्बेतम् | पर्बेत |
| पर्बाणि | पर्बाव | पर्बाम | पर्बेयम् | पर्बेव | पर्बेम |

| | | | | | |
|---|---|---|---|---|---|
| पर्बिष्यति | पर्बिष्यतः | पर्बिष्यन्ति | अपर्बिष्यत् -द् | अपर्बिष्यताम् | अपर्बिष्यन् |
| पर्बिष्यसि | पर्बिष्यथः | पर्बिष्यथ | अपर्बिष्यः | अपर्बिष्यतम् | अपर्बिष्यत |
| पर्बिष्यामि | पर्बिष्यावः | पर्बिष्यामः | अपर्बिष्यम् | अपर्बिष्याव | अपर्बिष्याम |

| | | | | | |
|---|---|---|---|---|---|
| पर्बिता | पर्बितारौ | पर्बितारः | पर्ब्यात् -द् | पर्ब्यास्ताम् | पर्ब्यासुः |
| पर्बितासि | पर्बितास्थः | पर्बितास्थ | पर्ब्याः | पर्ब्यास्तम् | पर्ब्यास्त |
| पर्बितास्मि | पर्बितास्वः | पर्बितास्मः | पर्ब्यासम् | पर्ब्यास्व | पर्ब्यास्म |

| | | | | | |
|---|---|---|---|---|---|
| पपर्ब | पपर्बतुः | पपर्बुः | अपर्बीत् -द् | अपर्बिष्टाम् | अपर्बिषुः |
| पपर्बिथ | पपर्बथुः | पपर्ब | अपर्बीः | अपर्बिष्टम् | अपर्बिष्ट |
| पपर्ब | पपर्बिव | पपर्बिम | अपर्बिषम् | अपर्बिष्व | अपर्बिष्म |

417 **लर्ब गतौ । लर्बँ । लर्ब् । लर्बति** । P । **सेट्** । **स०** । go, move

| | | | | | |
|---|---|---|---|---|---|
| लर्बति | लर्बतः | लर्बन्ति | अलर्बत् -द् | अलर्बताम् | अलर्बन् |

| | | | | | |
|---|---|---|---|---|---|
| लर्बसि | लर्बथः | लर्बथ | अलर्बः | अलर्बतम् | अलर्बत |
| लर्बामि | लर्बावः | लर्बामः | अलर्बम् | अलर्बाव | अलर्बाम |

| | | | | | |
|---|---|---|---|---|---|
| लर्बतु | लर्बताम् | लर्बन्तु | लर्बेत् -द् | लर्बेताम् | लर्बेयुः |
| लर्ब | लर्बतम् | लर्बत | लर्बेः | लर्बेतम् | लर्बेत |
| लर्बाणि | लर्बाव | लर्बाम | लर्बेयम् | लर्बेव | लर्बेम |

| | | | | | |
|---|---|---|---|---|---|
| लर्बिष्यति | लर्बिष्यतः | लर्बिष्यन्ति | अलर्बिष्यत् -द् | अलर्बिष्यताम् | अलर्बिष्यन् |
| लर्बिष्यसि | लर्बिष्यथः | लर्बिष्यथ | अलर्बिष्यः | अलर्बिष्यतम् | अलर्बिष्यत |
| लर्बिष्यामि | लर्बिष्यावः | लर्बिष्यामः | अलर्बिष्यम् | अलर्बिष्याव | अलर्बिष्याम |

| | | | | | |
|---|---|---|---|---|---|
| लर्बिता | लर्बितारौ | लर्बितारः | लर्ब्यात् -द् | लर्ब्यास्ताम् | लर्ब्यासुः |
| लर्बितासि | लर्बितास्थः | लर्बितास्थ | लर्ब्याः | लर्ब्यास्तम् | लर्ब्यास्त |
| लर्बितास्मि | लर्बितास्वः | लर्बितास्मः | लर्ब्यासम् | लर्ब्यास्व | लर्ब्यास्म |

| | | | | | |
|---|---|---|---|---|---|
| ललर्ब | ललर्बतुः | ललर्बुः | अलर्बीत् -द् | अलर्बिष्टाम् | अलर्बिषुः |
| ललर्बिथ | ललर्बथुः | ललर्ब | अलर्बीः | अलर्बिष्टम् | अलर्बिष्ट |
| ललर्ब | ललर्बिव | ललर्बिम | अलर्बिषम् | अलर्बिष्व | अलर्बिष्म |

418 **बर्ब गतौ । बर्बँ । बर्ब् । बर्बति** । P । **सेट्** । **स०** । go, move

| | | | | | |
|---|---|---|---|---|---|
| बर्बति | बर्बतः | बर्बन्ति | अबर्बत् -द् | अबर्बताम् | अबर्बन् |
| बर्बसि | बर्बथः | बर्बथ | अबर्बः | अबर्बतम् | अबर्बत |
| बर्बामि | बर्बावः | बर्बामः | अबर्बम् | अबर्बाव | अबर्बाम |

| | | | | | |
|---|---|---|---|---|---|
| बर्बतु | बर्बताम् | बर्बन्तु | बर्बेत् -द् | बर्बेताम् | बर्बेयुः |
| बर्ब | बर्बतम् | बर्बत | बर्बेः | बर्बेतम् | बर्बेत |
| बर्बाणि | बर्बाव | बर्बाम | बर्बेयम् | बर्बेव | बर्बेम |

| | | | | | |
|---|---|---|---|---|---|
| बर्बिष्यति | बर्बिष्यतः | बर्बिष्यन्ति | अबर्बिष्यत् -द् | अबर्बिष्यताम् | अबर्बिष्यन् |
| बर्बिष्यसि | बर्बिष्यथः | बर्बिष्यथ | अबर्बिष्यः | अबर्बिष्यतम् | अबर्बिष्यत |
| बर्बिष्यामि | बर्बिष्यावः | बर्बिष्यामः | अबर्बिष्यम् | अबर्बिष्याव | अबर्बिष्याम |

| | | | | | |
|---|---|---|---|---|---|
| बर्बिता | बर्बितारौ | बर्बितारः | बर्ब्यात् -द् | बर्ब्यास्ताम् | बर्ब्यासुः |
| बर्बितासि | बर्बितास्थः | बर्बितास्थ | बर्ब्याः | बर्ब्यास्तम् | बर्ब्यास्त |
| बर्बितास्मि | बर्बितास्वः | बर्बितास्मः | बर्ब्यासम् | बर्ब्यास्व | बर्ब्यास्म |

| | | | | | |
|---|---|---|---|---|---|
| बबर्ब | बबर्बतुः | बबर्बुः | अबर्बीत् -द् | अबर्बिष्टाम् | अबर्बिषुः |
| बबर्बिथ | बबर्बथुः | बबर्ब | अबर्बीः | अबर्बिष्टम् | अबर्बिष्ट |
| बबर्ब | बबर्बिव | बबर्बिम | अबर्बिषम् | अबर्बिष्व | अबर्बिष्म |

419 **मर्ब गतौ । मर्बँ । मर्ब् । मर्बति** । P । **सेट्** । **स०** । go, move

| | | | | | |
|---|---|---|---|---|---|
| मर्बति | मर्बतः | मर्बन्ति | अमर्बत् -द् | अमर्बताम् | अमर्बन् |

| | | | | | |
|---|---|---|---|---|---|
| मर्बसि | मर्बथः | मर्बथ | अमर्बः | अमर्बतम् | अमर्बत |
| मर्बामि | मर्बावः | मर्बामः | अमर्बम् | अमर्बाव | अमर्बाम |

| | | | | | |
|---|---|---|---|---|---|
| मर्बतु | मर्बताम् | मर्बन्तु | मर्बेत् -द् | मर्बेताम् | मर्बेयुः |
| मर्ब | मर्बतम् | मर्बत | मर्बेः | मर्बेतम् | मर्बेत |
| मर्बाणि | मर्बाव | मर्बाम | मर्बेयम् | मर्बेव | मर्बेम |

| | | | | | |
|---|---|---|---|---|---|
| मर्बिष्यति | मर्बिष्यतः | मर्बिष्यन्ति | अमर्बिष्यत् -द् | अमर्बिष्यताम् | अमर्बिष्यन् |
| मर्बिष्यसि | मर्बिष्यथः | मर्बिष्यथ | अमर्बिष्यः | अमर्बिष्यतम् | अमर्बिष्यत |
| मर्बिष्यामि | मर्बिष्यावः | मर्बिष्यामः | अमर्बिष्यम् | अमर्बिष्याव | अमर्बिष्याम |

| | | | | | |
|---|---|---|---|---|---|
| मर्बिता | मर्बितारौ | मर्बितारः | मर्ब्यात् -द् | मर्ब्यास्ताम् | मर्ब्यासुः |
| मर्बितासि | मर्बितास्थः | मर्बितास्थ | मर्ब्याः | मर्ब्यास्तम् | मर्ब्यास्त |
| मर्बितास्मि | मर्बितास्वः | मर्बितास्मः | मर्ब्यासम् | मर्ब्यास्व | मर्ब्यास्म |

| | | | | | |
|---|---|---|---|---|---|
| ममर्ब | ममर्बतुः | ममर्बुः | अमर्बीत् -द् | अमर्बिष्टाम् | अमर्बिषुः |
| ममर्बिथ | ममर्बथुः | ममर्ब | अमर्बीः | अमर्बिष्टम् | अमर्बिष्ट |
| ममर्ब | ममर्बिव | ममर्बिम | अमर्बिषम् | अमर्बिष्व | अमर्बिष्म |

420 **कर्ब गतौ** । **कर्बँ** । **कर्ब्** । **कर्बति** । P । **सेट्** । **स०** । go

| | | | | | |
|---|---|---|---|---|---|
| कर्बति | कर्बतः | कर्बन्ति | अकर्बत् -द् | अकर्बताम् | अकर्बन् |
| कर्बसि | कर्बथः | कर्बथ | अकर्बः | अकर्बतम् | अकर्बत |
| कर्बामि | कर्बावः | कर्बामः | अकर्बम् | अकर्बाव | अकर्बाम |

| | | | | | |
|---|---|---|---|---|---|
| कर्बतु | कर्बताम् | कर्बन्तु | कर्बेत् -द् | कर्बेताम् | कर्बेयुः |
| कर्ब | कर्बतम् | कर्बत | कर्बेः | कर्बेतम् | कर्बेत |
| कर्बाणि | कर्बाव | कर्बाम | कर्बेयम् | कर्बेव | कर्बेम |

| | | | | | |
|---|---|---|---|---|---|
| कर्बिष्यति | कर्बिष्यतः | कर्बिष्यन्ति | अकर्बिष्यत् -द् | अकर्बिष्यताम् | अकर्बिष्यन् |
| कर्बिष्यसि | कर्बिष्यथः | कर्बिष्यथ | अकर्बिष्यः | अकर्बिष्यतम् | अकर्बिष्यत |
| कर्बिष्यामि | कर्बिष्यावः | कर्बिष्यामः | अकर्बिष्यम् | अकर्बिष्याव | अकर्बिष्याम |

| | | | | | |
|---|---|---|---|---|---|
| कर्बिता | कर्बितारौ | कर्बितारः | कर्ब्यात् -द् | कर्ब्यास्ताम् | कर्ब्यासुः |
| कर्बितासि | कर्बितास्थः | कर्बितास्थ | कर्ब्याः | कर्ब्यास्तम् | कर्ब्यास्त |
| कर्बितास्मि | कर्बितास्वः | कर्बितास्मः | कर्ब्यासम् | कर्ब्यास्व | कर्ब्यास्म |

| | | | | | |
|---|---|---|---|---|---|
| चकर्ब | चकर्बतुः | चकर्बुः | अकर्बीत् -द् | अकर्बिष्टाम् | अकर्बिषुः |
| चकर्बिथ | चकर्बथुः | चकर्ब | अकर्बीः | अकर्बिष्टम् | अकर्बिष्ट |
| चकर्ब | चकर्बिव | चकर्बिम | अकर्बिषम् | अकर्बिष्व | अकर्बिष्म |

421 **खर्ब गतौ** । **खर्बँ** । **खर्ब्** । **खर्बति** । P । **सेट्** । **स०** । go

| | | | | | |
|---|---|---|---|---|---|
| खर्बति | खर्बतः | खर्बन्ति | अखर्बत् -द् | अखर्बताम् | अखर्बन् |

| | | | | | |
|---|---|---|---|---|---|
| खर्बसि | खर्बथः | खर्बथ | अखर्बः | अखर्बतम् | अखर्बत |
| खर्बामि | खर्बावः | खर्बामः | अखर्बम् | अखर्बाव | अखर्बाम |

| | | | | | |
|---|---|---|---|---|---|
| खर्बतु | खर्बताम् | खर्बन्तु | खर्बेत् -द् | खर्बेताम् | खर्बेयुः |
| खर्ब | खर्बतम् | खर्बत | खर्बेः | खर्बेतम् | खर्बेत |
| खर्बाणि | खर्बाव | खर्बाम | खर्बेयम् | खर्बेव | खर्बेम |

| | | | | | |
|---|---|---|---|---|---|
| खर्बिष्यति | खर्बिष्यतः | खर्बिष्यन्ति | अखर्बिष्यत् -द् | अखर्बिष्यताम् | अखर्बिष्यन् |
| खर्बिष्यसि | खर्बिष्यथः | खर्बिष्यथ | अखर्बिष्यः | अखर्बिष्यतम् | अखर्बिष्यत |
| खर्बिष्यामि | खर्बिष्यावः | खर्बिष्यामः | अखर्बिष्यम् | अखर्बिष्याव | अखर्बिष्याम |

| | | | | | |
|---|---|---|---|---|---|
| खर्बिता | खर्बितारौ | खर्बितारः | खर्ब्यात् -द् | खर्ब्यास्ताम् | खर्ब्यासुः |
| खर्बितासि | खर्बितास्थः | खर्बितास्थ | खर्ब्याः | खर्ब्यास्तम् | खर्ब्यास्त |
| खर्बितास्मि | खर्बितास्वः | खर्बितास्मः | खर्ब्यासम् | खर्ब्यास्व | खर्ब्यास्म |

| | | | | | |
|---|---|---|---|---|---|
| चखर्ब | चखर्बतुः | चखर्बुः | अखर्बीत् -द् | अखर्बिष्टाम् | अखर्बिषुः |
| चखर्बिथ | चखर्बथुः | चखर्ब | अखर्बीः | अखर्बिष्टम् | अखर्बिष्ट |
| चखर्ब | चखर्बिव | चखर्बिम | अखर्बिषम् | अखर्बिष्व | अखर्बिष्म |

422 **गर्ब गतौ** । **गर्बँ** । **गर्ब्** । **गर्बति** । P । **सेट्** । **स०** । go

| | | | | | |
|---|---|---|---|---|---|
| गर्बति | गर्बतः | गर्बन्ति | अगर्बत् -द् | अगर्बताम् | अगर्बन् |
| गर्बसि | गर्बथः | गर्बथ | अगर्बः | अगर्बतम् | अगर्बत |
| गर्बामि | गर्बावः | गर्बामः | अगर्बम् | अगर्बाव | अगर्बाम |

| | | | | | |
|---|---|---|---|---|---|
| गर्बतु | गर्बताम् | गर्बन्तु | गर्बेत् -द् | गर्बेताम् | गर्बेयुः |
| गर्ब | गर्बतम् | गर्बत | गर्बेः | गर्बेतम् | गर्बेत |
| गर्बाणि | गर्बाव | गर्बाम | गर्बेयम् | गर्बेव | गर्बेम |

| | | | | | |
|---|---|---|---|---|---|
| गर्बिष्यति | गर्बिष्यतः | गर्बिष्यन्ति | अगर्बिष्यत् -द् | अगर्बिष्यताम् | अगर्बिष्यन् |
| गर्बिष्यसि | गर्बिष्यथः | गर्बिष्यथ | अगर्बिष्यः | अगर्बिष्यतम् | अगर्बिष्यत |
| गर्बिष्यामि | गर्बिष्यावः | गर्बिष्यामः | अगर्बिष्यम् | अगर्बिष्याव | अगर्बिष्याम |

| | | | | | |
|---|---|---|---|---|---|
| गर्बिता | गर्बितारौ | गर्बितारः | गर्ब्यात् -द् | गर्ब्यास्ताम् | गर्ब्यासुः |
| गर्बितासि | गर्बितास्थः | गर्बितास्थ | गर्ब्याः | गर्ब्यास्तम् | गर्ब्यास्त |
| गर्बितास्मि | गर्बितास्वः | गर्बितास्मः | गर्ब्यासम् | गर्ब्यास्व | गर्ब्यास्म |

| | | | | | |
|---|---|---|---|---|---|
| जगर्ब | जगर्बतुः | जगर्बुः | अगर्बीत् -द् | अगर्बिष्टाम् | अगर्बिषुः |
| जगर्बिथ | जगर्बथुः | जगर्ब | अगर्बीः | अगर्बिष्टम् | अगर्बिष्ट |
| जगर्ब | जगर्बिव | जगर्बिम | अगर्बिषम् | अगर्बिष्व | अगर्बिष्म |

423 **शर्ब गतौ** । **शर्बँ** । **शर्ब्** । **शर्बति** । P । **सेट्** । **स०** । go, injure, harm

| | | | | | |
|---|---|---|---|---|---|
| शर्बति | शर्बतः | शर्बन्ति | अशर्बत् -द् | अशर्बताम् | अशर्बन् |

| | | | | | |
|---|---|---|---|---|---|
| शर्बसि | शर्बथः | शर्बथ | अशर्बः | अशर्बतम् | अशर्बत |
| शर्बामि | शर्बावः | शर्बामः | अशर्बम् | अशर्बाव | अशर्बाम |

| | | | | | |
|---|---|---|---|---|---|
| शर्बतु | शर्बताम् | शर्बन्तु | शर्बेत् -द् | शर्बेताम् | शर्बेयुः |
| शर्ब | शर्बतम् | शर्बत | शर्बेः | शर्बेतम् | शर्बेत |
| शर्बाणि | शर्बाव | शर्बाम | शर्बेयम् | शर्बेव | शर्बेम |

| | | | | | |
|---|---|---|---|---|---|
| शर्बिष्यति | शर्बिष्यतः | शर्बिष्यन्ति | अशर्बिष्यत् -द् | अशर्बिष्यताम् | अशर्बिष्यन् |
| शर्बिष्यसि | शर्बिष्यथः | शर्बिष्यथ | अशर्बिष्यः | अशर्बिष्यतम् | अशर्बिष्यत |
| शर्बिष्यामि | शर्बिष्यावः | शर्बिष्यामः | अशर्बिष्यम् | अशर्बिष्याव | अशर्बिष्याम |

| | | | | | |
|---|---|---|---|---|---|
| शर्बिता | शर्बितारौ | शर्बितारः | शर्ब्यात् -द् | शर्ब्यास्ताम् | शर्ब्यासुः |
| शर्बितासि | शर्बितास्थः | शर्बितास्थ | शर्ब्याः | शर्ब्यास्तम् | शर्ब्यास्त |
| शर्बितास्मि | शर्बितास्वः | शर्बितास्मः | शर्ब्यासम् | शर्ब्यास्व | शर्ब्यास्म |

| | | | | | |
|---|---|---|---|---|---|
| शशर्ब | शशर्बतुः | शशर्बुः | अशर्बीत् -द् | अशर्बिष्टाम् | अशर्बिषुः |
| शशर्बिथ | शशर्बथुः | शशर्ब | अशर्बीः | अशर्बिष्टम् | अशर्बिष्ट |
| शशर्ब | शशर्बिव | शशर्बिम | अशर्बिषम् | अशर्बिष्व | अशर्बिष्म |

424 **षर्ब गतौ । षर्व केचित् । षर्बँ । सर्ब् । सर्बति** । P । **सेट्** । **स०** । go, move 6.1.64

| | | | | | |
|---|---|---|---|---|---|
| सर्बति | सर्बतः | सर्बन्ति | असर्बत् -द् | असर्बताम् | असर्बन् |
| सर्बसि | सर्बथः | सर्बथ | असर्बः | असर्बतम् | असर्बत |
| सर्बामि | सर्बावः | सर्बामः | असर्बम् | असर्बाव | असर्बाम |

| | | | | | |
|---|---|---|---|---|---|
| सर्बतु | सर्बताम् | सर्बन्तु | सर्बेत् -द् | सर्बेताम् | सर्बेयुः |
| सर्ब | सर्बतम् | सर्बत | सर्बेः | सर्बेतम् | सर्बेत |
| सर्बाणि | सर्बाव | सर्बाम | सर्बेयम् | सर्बेव | सर्बेम |

| | | | | | |
|---|---|---|---|---|---|
| सर्बिष्यति | सर्बिष्यतः | सर्बिष्यन्ति | असर्बिष्यत् -द् | असर्बिष्यताम् | असर्बिष्यन् |
| सर्बिष्यसि | सर्बिष्यथः | सर्बिष्यथ | असर्बिष्यः | असर्बिष्यतम् | असर्बिष्यत |
| सर्बिष्यामि | सर्बिष्यावः | सर्बिष्यामः | असर्बिष्यम् | असर्बिष्याव | असर्बिष्याम |

| | | | | | |
|---|---|---|---|---|---|
| सर्बिता | सर्बितारौ | सर्बितारः | सर्ब्यात् -द् | सर्ब्यास्ताम् | सर्ब्यासुः |
| सर्बितासि | सर्बितास्थः | सर्बितास्थ | सर्ब्याः | सर्ब्यास्तम् | सर्ब्यास्त |
| सर्बितास्मि | सर्बितास्वः | सर्बितास्मः | सर्ब्यासम् | सर्ब्यास्व | सर्ब्यास्म |

| | | | | | |
|---|---|---|---|---|---|
| ससर्ब | ससर्बतुः | ससर्बुः | असर्बीत् -द् | असर्बिष्टाम् | असर्बिषुः |
| ससर्बिथ | ससर्बथुः | ससर्ब | असर्बीः | असर्बिष्टम् | असर्बिष्ट |
| ससर्ब | ससर्बिव | ससर्बिम | असर्बिषम् | असर्बिष्व | असर्बिष्म |

425 **चर्ब गतौ । चर्बँ । चर्ब् । चर्बति** । P । **सेट्** । **स०** । go

| | | | | | |
|---|---|---|---|---|---|
| चर्बति | चर्बतः | चर्बन्ति | अचर्बत् -द् | अचर्बताम् | अचर्बन् |

| चर्बसि | चर्बथः | चर्बथ | अचर्बः | अचर्बतम् | अचर्बत |
| चर्बामि | चर्बावः | चर्बामः | अचर्बम् | अचर्बाव | अचर्बाम |

| चर्बतु | चर्बताम् | चर्बन्तु | चर्बेत् -द् | चर्बेताम् | चर्बेयुः |
| चर्ब | चर्बतम् | चर्बत | चर्बेः | चर्बेतम् | चर्बेत |
| चर्बाणि | चर्बाव | चर्बाम | चर्बेयम् | चर्बेव | चर्बेम |

| चर्बिष्यति | चर्बिष्यतः | चर्बिष्यन्ति | अचर्बिष्यत् -द् | अचर्बिष्यताम् | अचर्बिष्यन् |
| चर्बिष्यसि | चर्बिष्यथः | चर्बिष्यथ | अचर्बिष्यः | अचर्बिष्यतम् | अचर्बिष्यत |
| चर्बिष्यामि | चर्बिष्यावः | चर्बिष्यामः | अचर्बिष्यम् | अचर्बिष्याव | अचर्बिष्याम |

| चर्बिता | चर्बितारौ | चर्बितारः | चर्ब्यात् -द् | चर्ब्यास्ताम् | चर्ब्यासुः |
| चर्बितासि | चर्बितास्थः | चर्बितास्थ | चर्ब्याः | चर्ब्यास्तम् | चर्ब्यास्त |
| चर्बितास्मि | चर्बितास्वः | चर्बितास्मः | चर्ब्यासम् | चर्ब्यास्व | चर्ब्यास्म |

| चचर्ब | चचर्बतुः | चचर्बुः | अचर्बीत् -द् | अचर्बिष्टाम् | अचर्बिषुः |
| चचर्बिथ | चचर्बथुः | चचर्ब | अचर्बीः | अचर्बिष्टम् | अचर्बिष्ट |
| चचर्ब | चचर्बिव | चचर्बिम | अचर्बिषम् | अचर्बिष्व | अचर्बिष्म |

426 कुबि आच्छादने । कुबिँ । कुम्ब् । कुम्बति । P । सेट् । स० । cover, tremble

| कुम्बति | कुम्बतः | कुम्बन्ति | अकुम्बत् -द् | अकुम्बताम् | अकुम्बन् |
| कुम्बसि | कुम्बथः | कुम्बथ | अकुम्बः | अकुम्बतम् | अकुम्बत |
| कुम्बामि | कुम्बावः | कुम्बामः | अकुम्बम् | अकुम्बाव | अकुम्बाम |

| कुम्बतु | कुम्बताम् | कुम्बन्तु | कुम्बेत् -द् | कुम्बेताम् | कुम्बेयुः |
| कुम्ब | कुम्बतम् | कुम्बत | कुम्बेः | कुम्बेतम् | कुम्बेत |
| कुम्बानि | कुम्बाव | कुम्बाम | कुम्बेयम् | कुम्बेव | कुम्बेम |

| कुम्बिष्यति | कुम्बिष्यतः | कुम्बिष्यन्ति | अकुम्बिष्यत् -द् | अकुम्बिष्यताम् | अकुम्बिष्यन् |
| कुम्बिष्यसि | कुम्बिष्यथः | कुम्बिष्यथ | अकुम्बिष्यः | अकुम्बिष्यतम् | अकुम्बिष्यत |
| कुम्बिष्यामि | कुम्बिष्यावः | कुम्बिष्यामः | अकुम्बिष्यम् | अकुम्बिष्याव | अकुम्बिष्याम |

| कुम्बिता | कुम्बितारौ | कुम्बितारः | कुम्ब्यात् -द् | कुम्ब्यास्ताम् | कुम्ब्यासुः |
| कुम्बितासि | कुम्बितास्थः | कुम्बितास्थ | कुम्ब्याः | कुम्ब्यास्तम् | कुम्ब्यास्त |
| कुम्बितास्मि | कुम्बितास्वः | कुम्बितास्मः | कुम्ब्यासम् | कुम्ब्यास्व | कुम्ब्यास्म |

| चुकुम्ब | चुकुम्बतुः | चुकुम्बुः | अकुम्बीत् -द् | अकुम्बिष्टाम् | अकुम्बिषुः |
| चुकुम्बिथ | चुकुम्बथुः | चुकुम्ब | अकुम्बीः | अकुम्बिष्टम् | अकुम्बिष्ट |
| चुकुम्ब | चुकुम्बिव | चुकुम्बिम | अकुम्बिषम् | अकुम्बिष्व | अकुम्बिष्म |

## 427 लुबि अर्दने । लुबिँ । लुम्ब् । लुम्बति । P । सेट् । स० । hurt, harm, peck

| | | | | | |
|---|---|---|---|---|---|
| लुम्बति | लुम्बतः | लुम्बन्ति | अलुम्बत् -द् | अलुम्बताम् | अलुम्बन् |
| लुम्बसि | लुम्बथः | लुम्बथ | अलुम्बः | अलुम्बतम् | अलुम्बत |
| लुम्बामि | लुम्बावः | लुम्बामः | अलुम्बम् | अलुम्बाव | अलुम्बाम |
| | | | | | |
| लुम्बतु | लुम्बताम् | लुम्बन्तु | लुम्बेत् -द् | लुम्बेताम् | लुम्बेयुः |
| लुम्ब | लुम्बतम् | लुम्बत | लुम्बेः | लुम्बेतम् | लुम्बेत |
| लुम्बानि | लुम्बाव | लुम्बाम | लुम्बेयम् | लुम्बेव | लुम्बेम |
| | | | | | |
| लुम्बिष्यति | लुम्बिष्यतः | लुम्बिष्यन्ति | अलुम्बिष्यत् -द् | अलुम्बिष्यताम् | अलुम्बिष्यन् |
| लुम्बिष्यसि | लुम्बिष्यथः | लुम्बिष्यथ | अलुम्बिष्यः | अलुम्बिष्यतम् | अलुम्बिष्यत |
| लुम्बिष्यामि | लुम्बिष्यावः | लुम्बिष्यामः | अलुम्बिष्यम् | अलुम्बिष्याव | अलुम्बिष्याम |
| | | | | | |
| लुम्बिता | लुम्बितारौ | लुम्बितारः | लुम्ब्यात् -द् | लुम्ब्यास्ताम् | लुम्ब्यासुः |
| लुम्बितासि | लुम्बितास्थः | लुम्बितास्थ | लुम्ब्याः | लुम्ब्यास्तम् | लुम्ब्यास्त |
| लुम्बितास्मि | लुम्बितास्वः | लुम्बितास्मः | लुम्ब्यासम् | लुम्ब्यास्व | लुम्ब्यास्म |
| | | | | | |
| लुलुम्ब | लुलुम्बतुः | लुलुम्बुः | अलुम्बीत् -द् | अलुम्बिष्टाम् | अलुम्बिषुः |
| लुलुम्बिथ | लुलुम्बथुः | लुलुम्ब | अलुम्बीः | अलुम्बिष्टम् | अलुम्बिष्ट |
| लुलुम्ब | लुलुम्बिव | लुलुम्बिम | अलुम्बिषम् | अलुम्बिष्व | अलुम्बिष्म |

## 428 तुबि अर्दने । तुबिँ । तुम्ब् । तुम्बति । P । सेट् । स० । hurt, cause pain

| | | | | | |
|---|---|---|---|---|---|
| तुम्बति | तुम्बतः | तुम्बन्ति | अतुम्बत् -द् | अतुम्बताम् | अतुम्बन् |
| तुम्बसि | तुम्बथः | तुम्बथ | अतुम्बः | अतुम्बतम् | अतुम्बत |
| तुम्बामि | तुम्बावः | तुम्बामः | अतुम्बम् | अतुम्बाव | अतुम्बाम |
| | | | | | |
| तुम्बतु | तुम्बताम् | तुम्बन्तु | तुम्बेत् -द् | तुम्बेताम् | तुम्बेयुः |
| तुम्ब | तुम्बतम् | तुम्बत | तुम्बेः | तुम्बेतम् | तुम्बेत |
| तुम्बानि | तुम्बाव | तुम्बाम | तुम्बेयम् | तुम्बेव | तुम्बेम |
| | | | | | |
| तुम्बिष्यति | तुम्बिष्यतः | तुम्बिष्यन्ति | अतुम्बिष्यत् -द् | अतुम्बिष्यताम् | अतुम्बिष्यन् |
| तुम्बिष्यसि | तुम्बिष्यथः | तुम्बिष्यथ | अतुम्बिष्यः | अतुम्बिष्यतम् | अतुम्बिष्यत |
| तुम्बिष्यामि | तुम्बिष्यावः | तुम्बिष्यामः | अतुम्बिष्यम् | अतुम्बिष्याव | अतुम्बिष्याम |
| | | | | | |
| तुम्बिता | तुम्बितारौ | तुम्बितारः | तुम्ब्यात् -द् | तुम्ब्यास्ताम् | तुम्ब्यासुः |
| तुम्बितासि | तुम्बितास्थः | तुम्बितास्थ | तुम्ब्याः | तुम्ब्यास्तम् | तुम्ब्यास्त |

| तुम्बितास्मि | तुम्बितास्वः | तुम्बितास्मः | तुम्ब्यासम् | तुम्ब्यास्व | तुम्ब्यास्म |

| तुतुम्ब | तुतुम्बतुः | तुतुम्बुः | अतुम्बीत् -द् | अतुम्बिष्टाम् | अतुम्बिषुः |
| तुतुम्बिथ | तुतुम्बथुः | तुतुम्ब | अतुम्बीः | अतुम्बिष्टम् | अतुम्बिष्ट |
| तुतुम्ब | तुतुम्बिव | तुतुम्बिम | अतुम्बिषम् | अतुम्बिष्व | अतुम्बिष्म |

### 429 चुबि वक्त्रसंयोगे । चुबिँ । चुम्ब् । चुम्बति । P । सेट् । स० । kiss, touch softly

| चुम्बति | चुम्बतः | चुम्बन्ति | अचुम्बत् -द् | अचुम्बताम् | अचुम्बन् |
| चुम्बसि | चुम्बथः | चुम्बथ | अचुम्बः | अचुम्बतम् | अचुम्बत |
| चुम्बामि | चुम्बावः | चुम्बामः | अचुम्बम् | अचुम्बाव | अचुम्बाम |

| चुम्बतु | चुम्बताम् | चुम्बन्तु | चुम्बेत् -द् | चुम्बेताम् | चुम्बेयुः |
| चुम्ब | चुम्बतम् | चुम्बत | चुम्बेः | चुम्बेतम् | चुम्बेत |
| चुम्बानि | चुम्बाव | चुम्बाम | चुम्बेयम् | चुम्बेव | चुम्बेम |

| चुम्बिष्यति | चुम्बिष्यतः | चुम्बिष्यन्ति | अचुम्बिष्यत् -द् | अचुम्बिष्यताम् | अचुम्बिष्यन् |
| चुम्बिष्यसि | चुम्बिष्यथः | चुम्बिष्यथ | अचुम्बिष्यः | अचुम्बिष्यतम् | अचुम्बिष्यत |
| चुम्बिष्यामि | चुम्बिष्यावः | चुम्बिष्यामः | अचुम्बिष्यम् | अचुम्बिष्याव | अचुम्बिष्याम |

| चुम्बिता | चुम्बितारौ | चुम्बितारः | चुम्ब्यात् -द् | चुम्ब्यास्ताम् | चुम्ब्यासुः |
| चुम्बितासि | चुम्बितास्थः | चुम्बितास्थ | चुम्ब्याः | चुम्ब्यास्तम् | चुम्ब्यास्त |
| चुम्बितास्मि | चुम्बितास्वः | चुम्बितास्मः | चुम्ब्यासम् | चुम्ब्यास्व | चुम्ब्यास्म |

| चुचुम्ब | चुचुम्बतुः | चुचुम्बुः | अचुम्बीत् -द् | अचुम्बिष्टाम् | अचुम्बिषुः |
| चुचुम्बिथ | चुचुम्बथुः | चुचुम्ब | अचुम्बीः | अचुम्बिष्टम् | अचुम्बिष्ट |
| चुचुम्ब | चुचुम्बिव | चुचुम्बिम | अचुम्बिषम् | अचुम्बिष्व | अचुम्बिष्म |

### 430 षृभु हिंसार्थौ । षृभुँ । सृभ् । सर्भति । P । सेट् । स० । hurt, injure

| सर्भति | सर्भतः | सर्भन्ति | असर्भत् -द् | असर्भताम् | असर्भन् |
| सर्भसि | सर्भथः | सर्भथ | असर्भः | असर्भतम् | असर्भत |
| सर्भामि | सर्भावः | सर्भामः | असर्भम् | असर्भाव | असर्भाम |

| सर्भतु | सर्भताम् | सर्भन्तु | सर्भेत् -द् | सर्भेताम् | सर्भेयुः |
| सर्भ | सर्भतम् | सर्भत | सर्भेः | सर्भेतम् | सर्भेत |
| सर्भाणि | सर्भाव | सर्भाम | सर्भेयम् | सर्भेव | सर्भेम |

| सर्भिष्यति | सर्भिष्यतः | सर्भिष्यन्ति | असर्भिष्यत् -द् | असर्भिष्यताम् | असर्भिष्यन् |
| सर्भिष्यसि | सर्भिष्यथः | सर्भिष्यथ | असर्भिष्यः | असर्भिष्यतम् | असर्भिष्यत |

| | | | | | |
|---|---|---|---|---|---|
| सर्भिष्यामि | सर्भिष्यावः | सर्भिष्यामः | असर्भिष्यम् | असर्भिष्याव | असर्भिष्याम |

| | | | | | |
|---|---|---|---|---|---|
| सर्भिता | सर्भितारौ | सर्भितारः | सृभ्यात् -द् | सृभ्यास्ताम् | सृभ्यासुः |
| सर्भितासि | सर्भितास्थः | सर्भितास्थ | सृभ्याः | सृभ्यास्तम् | सृभ्यास्त |
| सर्भितास्मि | सर्भितास्वः | सर्भितास्मः | सृभ्यासम् | सृभ्यास्व | सृभ्यास्म |

| | | | | | |
|---|---|---|---|---|---|
| ससर्भ | ससृभतुः | ससृभुः | असर्भीत् -द् | असर्भिष्टाम् | असर्भिषुः |
| ससर्भिथ | ससृभथुः | ससृभ | असर्भीः | असर्भिष्टम् | असर्भिष्ट |
| ससर्भ | ससृभिव | ससृभिम | असर्भिषम् | असर्भिष्व | असर्भिष्म |

431 **षृम्भु हिंसार्थौ । षिभु षिभि इत्येके । षृम्भुँ । सृम्भ् । सृम्भति** । P । **सेट्** । **स०** । hurt, injure

| | | | | | |
|---|---|---|---|---|---|
| सृम्भति | सृम्भतः | सृम्भन्ति | असृम्भत् -द् | असृम्भताम् | असृम्भन् |
| सृम्भसि | सृम्भथः | सृम्भथ | असृम्भः | असृम्भतम् | असृम्भत |
| सृम्भामि | सृम्भावः | सृम्भामः | असृम्भम् | असृम्भाव | असृम्भाम |

| | | | | | |
|---|---|---|---|---|---|
| सृम्भतु | सृम्भताम् | सृम्भन्तु | सृम्भेत् -द् | सृम्भेताम् | सृम्भेयुः |
| सृम्भ | सृम्भतम् | सृम्भत | सृम्भेः | सृम्भेतम् | सृम्भेत |
| सृम्भाणि | सृम्भाव | सृम्भाम | सृम्भेयम् | सृम्भेव | सृम्भेम |

| | | | | | |
|---|---|---|---|---|---|
| सृम्भिष्यति | सृम्भिष्यतः | सृम्भिष्यन्ति | **असृम्भिष्यत् -द्** | असृम्भिष्यताम् | असृम्भिष्यन् |
| सृम्भिष्यसि | सृम्भिष्यथः | सृम्भिष्यथ | असृम्भिष्यः | असृम्भिष्यतम् | असृम्भिष्यत |
| सृम्भिष्यामि | सृम्भिष्यावः | सृम्भिष्यामः | असृम्भिष्यम् | असृम्भिष्याव | असृम्भिष्याम |

| | | | | | |
|---|---|---|---|---|---|
| सृम्भिता | सृम्भितारौ | सृम्भितारः | सृभ्यात् -द् | सृभ्यास्ताम् | सृभ्यासुः |
| सृम्भितासि | सृम्भितास्थः | सृम्भितास्थ | सृभ्याः | सृभ्यास्तम् | सृभ्यास्त |
| सृम्भितास्मि | सृम्भितास्वः | सृम्भितास्मः | सृभ्यासम् | सृभ्यास्व | सृभ्यास्म |

| | | | | | |
|---|---|---|---|---|---|
| ससृम्भ | ससृम्भतुः | ससृम्भुः | असृम्भीत् -द् | असृम्भिष्टाम् | असृम्भिषुः |
| ससृम्भिथ | ससृम्भथुः | ससृम्भ | असृम्भीः | असृम्भिष्टम् | असृम्भिष्ट |
| ससृम्भ | ससृम्भिव | ससृम्भिम | असृम्भिषम् | असृम्भिष्व | असृम्भिष्म |

432 **शुभ भाषणे । शुभँ । शुभ् । शोभति** । P । **सेट्** । **स०** । shine, speak

| | | | | | |
|---|---|---|---|---|---|
| शोभति | शोभतः | शोभन्ति | अशोभत् -द् | अशोभताम् | अशोभन् |
| शोभसि | शोभथः | शोभथ | अशोभः | अशोभतम् | अशोभत |
| शोभामि | शोभावः | शोभामः | अशोभम् | अशोभाव | अशोभाम |

| | | | | | |
|---|---|---|---|---|---|
| शोभतु | शोभताम् | शोभन्तु | शोभेत् -द् | शोभेताम् | शोभेयुः |
| शोभ | शोभतम् | शोभत | शोभेः | शोभेतम् | शोभेत |
| शोभानि | शोभाव | शोभाम | शोभेयम् | शोभेव | शोभेम |

| | | | | | |
|---|---|---|---|---|---|
| शोभिष्यति | शोभिष्यतः | शोभिष्यन्ति | अशोभिष्यत् -द् | अशोभिष्यताम् | अशोभिष्यन् |

| | | | | | |
|---|---|---|---|---|---|
| शोभिष्यसि | शोभिष्यथः | शोभिष्यथ | अशोभिष्यः | अशोभिष्यतम् | अशोभिष्यत |
| शोभिष्यामि | शोभिष्यावः | शोभिष्यामः | अशोभिष्यम् | अशोभिष्याव | अशोभिष्याम |

| | | | | | |
|---|---|---|---|---|---|
| शोभिता | शोभितारौ | शोभितारः | शुभ्यात् -द् | शुभ्यास्ताम् | शुभ्यासुः |
| शोभितासि | शोभितास्थः | शोभितास्थ | शुभ्याः | शुभ्यास्तम् | शुभ्यास्त |
| शोभितास्मि | शोभितास्वः | शोभितास्मः | शुभ्यासम् | शुभ्यास्व | शुभ्यास्म |

| | | | | | |
|---|---|---|---|---|---|
| शुशोभ | शुशुभतुः | शुशुभुः | अशोभीत् -द् | अशोभिष्टाम् | अशोभिषुः |
| शुशोभिथ | शुशुभथुः | शुशुभ | अशोभीः | अशोभिष्टम् | अशोभिष्ट |
| शुशोभ | शुशुभिव | शुशुभिम | अशोभिषम् | अशोभिष्व | अशोभिष्म |

433 शुम्भ भाषणे । भासने इत्येके । हिंसायाम् इत्यन्ये । शुम्भँ । शुम्भ् । शुम्भति । P । सेट् । स० ।
shine, speak 6.4.24 अनिदितां० ।

| | | | | | |
|---|---|---|---|---|---|
| शुम्भति | शुम्भतः | शुम्भन्ति | अशुम्भत् -द् | अशुम्भताम् | अशुम्भन् |
| शुम्भसि | शुम्भथः | शुम्भथ | अशुम्भः | अशुम्भतम् | अशुम्भत |
| शुम्भामि | शुम्भावः | शुम्भामः | अशुम्भम् | अशुम्भाव | अशुम्भाम |

| | | | | | |
|---|---|---|---|---|---|
| शुम्भतु | शुम्भताम् | शुम्भन्तु | शुम्भेत् -द् | शुम्भेताम् | शुम्भेयुः |
| शुम्भ | शुम्भतम् | शुम्भत | शुम्भेः | शुम्भेतम् | शुम्भेत |
| शुम्भानि | शुम्भाव | शुम्भाम | शुम्भेयम् | शुम्भेव | शुम्भेम |

| | | | | | |
|---|---|---|---|---|---|
| शुम्भिष्यति | शुम्भिष्यतः | शुम्भिष्यन्ति | अशुम्भिष्यत् -द् | अशुम्भिष्यताम् | अशुम्भिष्यन् |
| शुम्भिष्यसि | शुम्भिष्यथः | शुम्भिष्यथ | अशुम्भिष्यः | अशुम्भिष्यतम् | अशुम्भिष्यत |
| शुम्भिष्यामि | शुम्भिष्यावः | शुम्भिष्यामः | अशुम्भिष्यम् | अशुम्भिष्याव | अशुम्भिष्याम |

| | | | | | |
|---|---|---|---|---|---|
| शुम्भिता | शुम्भितारौ | शुम्भितारः | शुभ्यात् -द् | शुभ्यास्ताम् | शुभ्यासुः |
| शुम्भितासि | शुम्भितास्थः | शुम्भितास्थ | शुभ्याः | शुभ्यास्तम् | शुभ्यास्त |
| शुम्भितास्मि | शुम्भितास्वः | शुम्भितास्मः | शुभ्यासम् | शुभ्यास्व | शुभ्यास्म |

| | | | | | |
|---|---|---|---|---|---|
| शुशुम्भ | शुशुम्भतुः | शुशुम्भुः | अशुम्भीत् -द् | अशुम्भिष्टाम् | अशुम्भिषुः |
| शुशुम्भिथ | शुशुम्भथुः | शुशुम्भ | अशुम्भीः | अशुम्भिष्टम् | अशुम्भिष्ट |
| शुशुम्भ | शुशुम्भिव | शुशुम्भिम | अशुम्भिषम् | अशुम्भिष्व | अशुम्भिष्म |

395 गुपादयः उदात्ताः उदात्तेतः परस्मैभाषाः ।

## 434 अथ अनुनासिकान्ताः आत्मनेपदिनः दश ।

434 घिणि ग्रहणे । घिणिँ । घिण्ण् । घिण्णते । A । सेट् । स० । take

लट् 1 Present Tense

| | | |
|---|---|---|
| घिण्णते | घिण्णेते | घिण्णन्ते |
| घिण्णसे | घिण्णेथे | घिण्णध्वे |
| घिण्णे | घिण्णावहे | घिण्णामहे |

लङ् 2 Imperfect Past Tense

| | | |
|---|---|---|
| अघिण्णत | अघिण्णेताम् | अघिण्णन्त |
| अघिण्णथाः | अघिण्णेथाम् | अघिण्णध्वम् |
| अघिण्णे | अघिण्णावहि | अघिण्णामहि |

लोट् 3 Imperative Mood

| | | |
|---|---|---|
| घिण्णताम् | घिण्णेताम् | घिण्णन्ताम् |
| घिण्णस्व | घिण्णेथाम् | घिण्णध्वम् |
| घिण्णै | घिण्णावहै | घिण्णामहै |

विधिलिङ् 4 Potential Mood

| | | |
|---|---|---|
| घिण्णेत | घिण्णेयाताम् | घिण्णेरन् |
| घिण्णेथाः | घिण्णेयाथाम् | घिण्णेध्वम् |
| घिण्णेय | घिण्णेवहि | घिण्णेमहि |

लृट् 5 Simple Future Tense

| | | |
|---|---|---|
| घिण्णिष्यते | घिण्णिष्येते | घिण्णिष्यन्ते |
| घिण्णिष्यसे | घिण्णिष्येथे | घिण्णिष्यध्वे |
| घिण्णिष्ये | घिण्णिष्यावहे | घिण्णिष्यामहे |

लृङ् 6 Conditional Mood

| | | |
|---|---|---|
| अघिण्णिष्यत | अघिण्णिष्येताम् | अघिण्णिष्यन्त |
| अघिण्णिष्यथाः | अघिण्णिष्येथाम् | अघिण्णिष्यध्वम् |
| अघिण्णिष्ये | अघिण्णिष्यावहि | अघिण्णिष्यामहि |

लुट् 7 Periphrastic Future Tense

| | | |
|---|---|---|
| घिण्णिता | घिण्णितारौ | घिण्णितारः |
| घिण्णितासे | घिण्णितासाथे | घिण्णिताध्वे |
| घिण्णिताहे | घिण्णितास्वहे | घिण्णितास्महे |

आशीर्लिङ् 8 Benedictive Mood

| | | |
|---|---|---|
| घिण्णिषीष्ट | घिण्णिषीयास्ताम् | घिण्णिषीरन् |
| घिण्णिषीष्ठाः | घिण्णिषीयास्थाम् | घिण्णिषीध्वम् |
| घिण्णिषीय | घिण्णिषीवहि | घिण्णिषीमहि |

लिट् 9 Perfect Past Tense

| | | |
|---|---|---|
| जिघिण्णे | जिघिण्णाते | जिघिण्णिरे |
| जिघिण्णिषे | जिघिण्णाथे | जिघिण्णिध्वे |
| जिघिण्णे | जिघिण्णिवहे | जिघिण्णिमहे |

लुङ् 10 Aorist Past Tense

| | | |
|---|---|---|
| अघिण्णिष्ट | अघिण्णिषाताम् | अघिण्णिषत |
| अघिण्णिष्ठाः | अघिण्णिषाथाम् | अघिण्णिध्वम् |
| अघिण्णिषि | अघिण्णिष्वहि | अघिण्णिष्महि |

435 घुणि ग्रहणे । घुणिँ । घुण्ण् । घुण्णते । A । सेट् । स० । take, accept

| | | |
|---|---|---|
| घुण्णते | घुण्णेते | घुण्णन्ते |
| घुण्णसे | घुण्णेथे | घुण्णध्वे |
| घुण्णे | घुण्णावहे | घुण्णामहे |

| | | |
|---|---|---|
| अघुण्णत | अघुण्णेताम् | अघुण्णन्त |
| अघुण्णथाः | अघुण्णेथाम् | अघुण्णध्वम् |
| अघुण्णे | अघुण्णावहि | अघुण्णामहि |

| | | |
|---|---|---|
| घुण्णताम् | घुण्णेताम् | घुण्णन्ताम् |
| घुण्णस्व | घुण्णेथाम् | घुण्णध्वम् |
| घुण्णै | घुण्णावहै | घुण्णामहै |

| | | |
|---|---|---|
| घुण्णेत | घुण्णेयाताम् | घुण्णेरन् |
| घुण्णेथाः | घुण्णेयाथाम् | घुण्णेध्वम् |
| घुण्णेय | घुण्णेवहि | घुण्णेमहि |

| | | |
|---|---|---|
| घुण्णिष्यते | घुण्णिष्येते | घुण्णिष्यन्ते |
| घुण्णिष्यसे | घुण्णिष्येथे | घुण्णिष्यध्वे |
| घुण्णिष्ये | घुण्णिष्यावहे | घुण्णिष्यामहे |

| | | |
|---|---|---|
| अघुण्णिष्यत | अघुण्णिष्येताम् | अघुण्णिष्यन्त |
| अघुण्णिष्यथाः | अघुण्णिष्येथाम् | अघुण्णिष्यध्वम् |
| अघुण्णिष्ये | अघुण्णिष्यावहि | अघुण्णिष्यामहि |

| | | | | | |
|---|---|---|---|---|---|
| घुण्णिता | घुण्णितारौ | घुण्णितारः | घुण्णिषीष्ट | घुण्णिषीयास्ताम् | घुण्णिषीरन् |
| घुण्णितासे | घुण्णितासाथे | घुण्णिताध्वे | घुण्णिषीष्ठाः | घुण्णिषीयास्थाम् | घुण्णिषीध्वम् |
| घुण्णिताहे | घुण्णितास्वहे | घुण्णितास्महे | घुण्णिषीय | घुण्णिषीवहि | घुण्णिषीमहि |

| | | | | | |
|---|---|---|---|---|---|
| जुघुण्णे | जुघुण्णाते | जुघुण्णिरे | अघुण्णिष्ट | अघुण्णिषाताम् | अघुण्णिषत |
| जुघुण्णिषे | जुघुण्णाथे | जुघुण्णिध्वे | अघुण्णिष्ठाः | अघुण्णिषाथाम् | अघुण्णिध्वम् |
| जुघुण्णे | जुघुण्णिवहे | जुघुण्णिमहे | अघुण्णिषि | अघुण्णिष्वहि | अघुण्णिष्महि |

436 घृणि ग्रहणे । घृणिँ । घृण्ण् । घृण्णते । A । सेट् । स० । take, accept

| | | | | | |
|---|---|---|---|---|---|
| घृण्णते | घृण्णेते | घृण्णन्ते | अघृण्णत | अघृण्णेताम् | अघृण्णन्त |
| घृण्णसे | घृण्णेथे | घृण्णध्वे | अघृण्णथाः | अघृण्णेथाम् | अघृण्णध्वम् |
| घृण्णे | घृण्णावहे | घृण्णामहे | अघृण्णे | अघृण्णावहि | अघृण्णामहि |

| | | | | | |
|---|---|---|---|---|---|
| घृण्णताम् | घृण्णेताम् | घृण्णन्ताम् | घृण्णेत | घृण्णेयाताम् | घृण्णेरन् |
| घृण्णस्व | घृण्णेथाम् | घृण्णध्वम् | घृण्णेथाः | घृण्णेयाथाम् | घृण्णेध्वम् |
| घृण्णै | घृण्णावहै | घृण्णामहै | घृण्णेय | घृण्णेवहि | घृण्णेमहि |

| | | | | | |
|---|---|---|---|---|---|
| घृण्णिष्यते | घृण्णिष्येते | घृण्णिष्यन्ते | अघृण्णिष्यत | अघृण्णिष्येताम् | अघृण्णिष्यन्त |
| घृण्णिष्यसे | घृण्णिष्येथे | घृण्णिष्यध्वे | अघृण्णिष्यथाः | अघृण्णिष्येथाम् | अघृण्णिष्यध्वम् |
| घृण्णिष्ये | घृण्णिष्यावहे | घृण्णिष्यामहे | अघृण्णिष्ये | अघृण्णिष्यावहि | अघृण्णिष्यामहि |

| | | | | | |
|---|---|---|---|---|---|
| घृण्णिता | घृण्णितारौ | घृण्णितारः | घृण्णिषीष्ट | घृण्णिषीयास्ताम् | घृण्णिषीरन् |
| घृण्णितासे | घृण्णितासाथे | घृण्णिताध्वे | घृण्णिषीष्ठाः | घृण्णिषीयास्थाम् | घृण्णिषीध्वम् |
| घृण्णिताहे | घृण्णितास्वहे | घृण्णितास्महे | घृण्णिषीय | घृण्णिषीवहि | घृण्णिषीमहि |

| | | | | | |
|---|---|---|---|---|---|
| जघृण्णे | जघृण्णाते | जघृण्णिरे | अघृण्णिष्ट | अघृण्णिषाताम् | अघृण्णिषत |
| जघृण्णिषे | जघृण्णाथे | जघृण्णिध्वे | अघृण्णिष्ठाः | अघृण्णिषाथाम् | अघृण्णिध्वम् |
| जघृण्णे | जघृण्णिवहे | जघृण्णिमहे | अघृण्णिषि | अघृण्णिष्वहि | अघृण्णिष्महि |

437 घुण भ्रमणे । घुणँ । घुण् । घोणते । A । सेट् । अ० । roll, wheel, stagger, reel

| | | | | | |
|---|---|---|---|---|---|
| घोणते | घोणेते | घोणन्ते | अघोणत | अघोणेताम् | अघोणन्त |
| घोणसे | घोणेथे | घोणध्वे | अघोणथाः | अघोणेथाम् | अघोणध्वम् |
| घोणे | घोणावहे | घोणामहे | अघोणे | अघोणावहि | अघोणामहि |

| | | | | | |
|---|---|---|---|---|---|
| घोणताम् | घोणेताम् | घोणन्ताम् | घोणेत | घोणेयाताम् | घोणेरन् |
| घोणस्व | घोणेथाम् | घोणध्वम् | घोणेथाः | घोणेयाथाम् | घोणेध्वम् |
| घोणै | घोणावहै | घोणामहै | घोणेय | घोणेवहि | घोणेमहि |

| | | | | | |
|---|---|---|---|---|---|
| घोणिष्यते | घोणिष्येते | घोणिष्यन्ते | अघोणिष्यत | अघोणिष्येताम् | अघोणिष्यन्त |

| | | | | | |
|---|---|---|---|---|---|
| घोणिष्यसे | घोणिष्येथे | घोणिष्यध्वे | अघोणिष्यथाः | अघोणिष्येथाम् | अघोणिष्यध्वम् |
| घोणिष्ये | घोणिष्यावहे | घोणिष्यामहे | अघोणिष्ये | अघोणिष्यावहि | अघोणिष्यामहि |

| | | | | | |
|---|---|---|---|---|---|
| घोणिता | घोणितारौ | घोणितारः | घोणिषीष्ट | घोणिषीयास्ताम् | घोणिषीरन् |
| घोणितासे | घोणितासाथे | घोणिताध्वे | घोणिषीष्ठाः | घोणिषीयास्थाम् | घोणिषीध्वम् |
| घोणिताहे | घोणितास्वहे | घोणितास्महे | घोणिषीय | घोणिषीवहि | घोणिषीमहि |

| | | | | | |
|---|---|---|---|---|---|
| जुघुणे | जुघुणाते | जुघुणिरे | अघोणिष्ट | अघोणिषाताम् | अघोणिषत |
| जुघुणिषे | जुघुणाथे | जुघुणिध्वे | अघोणिष्ठाः | अघोणिषाथाम् | अघोणिध्वम् |
| जुघुणे | जुघुणिवहे | जुघुणिमहे | अघोणिषि | अघोणिष्वहि | अघोणिष्महि |

438 घूर्ण भ्रमणे । घूर्णँ । घूर्ण् । घूर्णते । A । सेट् । अ० । whirl, turn round, revolve

| | | | | | |
|---|---|---|---|---|---|
| घूर्णते | घूर्णेते | घूर्णन्ते | अघूर्णत | अघूर्णेताम् | अघूर्णन्त |
| घूर्णसे | घूर्णेथे | घूर्णध्वे | अघूर्णथाः | अघूर्णेथाम् | अघूर्णध्वम् |
| घूर्णे | घूर्णावहे | घूर्णामहे | अघूर्णे | अघूर्णावहि | अघूर्णामहि |

| | | | | | |
|---|---|---|---|---|---|
| घूर्णताम् | घूर्णेताम् | घूर्णन्ताम् | घूर्णेत | घूर्णेयाताम् | घूर्णेरन् |
| घूर्णस्व | घूर्णेथाम् | घूर्णध्वम् | घूर्णेथाः | घूर्णेयाथाम् | घूर्णेध्वम् |
| घूर्णै | घूर्णावहै | घूर्णामहै | घूर्णेय | घूर्णेवहि | घूर्णेमहि |

| | | | | | |
|---|---|---|---|---|---|
| घूर्णिष्यते | घूर्णिष्येते | घूर्णिष्यन्ते | अघूर्णिष्यत | अघूर्णिष्येताम् | अघूर्णिष्यन्त |
| घूर्णिष्यसे | घूर्णिष्येथे | घूर्णिष्यध्वे | अघूर्णिष्यथाः | अघूर्णिष्येथाम् | अघूर्णिष्यध्वम् |
| घूर्णिष्ये | घूर्णिष्यावहे | घूर्णिष्यामहे | अघूर्णिष्ये | अघूर्णिष्यावहि | अघूर्णिष्यामहि |

| | | | | | |
|---|---|---|---|---|---|
| घूर्णिता | घूर्णितारौ | घूर्णितारः | घूर्णिषीष्ट | घूर्णिषीयास्ताम् | घूर्णिषीरन् |
| घूर्णितासे | घूर्णितासाथे | घूर्णिताध्वे | घूर्णिषीष्ठाः | घूर्णिषीयास्थाम् | घूर्णिषीध्वम् |
| घूर्णिताहे | घूर्णितास्वहे | घूर्णितास्महे | घूर्णिषीय | घूर्णिषीवहि | घूर्णिषीमहि |

| | | | | | |
|---|---|---|---|---|---|
| जुघूर्णे | जुघूर्णाते | जुघूर्णिरे | अघूर्णिष्ट | अघूर्णिषाताम् | अघूर्णिषत |
| जुघूर्णिषे | जुघूर्णाथे | जुघूर्णिध्वे | अघूर्णिष्ठाः | अघूर्णिषाथाम् | अघूर्णिध्वम् |
| जुघूर्णे | जुघूर्णिवहे | जुघूर्णिमहे | अघूर्णिषि | अघूर्णिष्वहि | अघूर्णिष्महि |

439 पण व्यवहारे स्तुतौ च । पणँ । पण् । पणते , पणायति । A* । सेट् । स० । barter, bargain, deal, praise 3.1.28 गुपूधूपविच्छिपणिपनिभ्य आयः । स्तुतौ अर्थे आय । 3.1.31 आयादय आर्धद्धातुके वा । अयं व्यवहारे अर्थे आत्मनेपदम् । स्तुतौ परस्मैपदम् ।

व्यवहारे अर्थे **Atmanepadi Forms**

| लट् 1 Present Tense | | | लङ् 2 Imperfect Past Tense | | |
|---|---|---|---|---|---|
| पणते | पणेते | पणन्ते | अपणत | अपणेताम् | अपणन्त |

| | | | | | |
|---|---|---|---|---|---|
| पणसे | पणेथे | पणध्वे | अपणथाः | अपणेथाम् | अपणध्वम् |
| पणे | पणावहे | पणामहे | अपणे | अपणावहि | अपणामहि |

### लोट् 3 Imperative Mood | विधिलिङ् 4 Potential Mood

| | | | | | |
|---|---|---|---|---|---|
| पणताम् | पणेताम् | पणन्ताम् | पणेत | पणेयाताम् | पणेरन् |
| पणस्व | पणेथाम् | पणध्वम् | पणेथाः | पणेयाथाम् | पणेध्वम् |
| पणै | पणावहै | पणामहै | पणेय | पणेवहि | पणेमहि |

### लृट् 5 Simple Future Tense | लृङ् 6 Conditional Mood

| | | | | | |
|---|---|---|---|---|---|
| पणिष्यते | पणिष्येते | पणिष्यन्ते | अपणिष्यत | अपणिष्येताम् | अपणिष्यन्त |
| पणिष्यसे | पणिष्येथे | पणिष्यध्वे | अपणिष्यथाः | अपणिष्येथाम् | अपणिष्यध्वम् |
| पणिष्ये | पणिष्यावहे | पणिष्यामहे | अपणिष्ये | अपणिष्यावहि | अपणिष्यामहि |

### लुट् 7 Periphrastic Future Tense | आशीर्लिङ् 8 Benedictive Mood

| | | | | | |
|---|---|---|---|---|---|
| पणिता | पणितारौ | पणितारः | पणिषीष्ट | पणिषीयास्ताम् | पणिषीरन् |
| पणितासे | पणितासाथे | पणिताध्वे | पणिषीष्ठाः | पणिषीयास्थाम् | पणिषीध्वम् |
| पणिताहे | पणितास्वहे | पणितास्महे | पणिषीय | पणिषीवहि | पणिषीमहि |

### लिट् 9 Perfect Past Tense | लुङ् 10 Aorist Past Tense

| | | | | | |
|---|---|---|---|---|---|
| पेणे | पेणाते | पेणिरे | अपणिष्ट | अपणिषाताम् | अपणिषत |
| पेणिषे | पेणाथे | पेणिध्वे | अपणिष्ठाः | अपणिषाथाम् | अपणिध्वम् |
| पेणे | पेणिवहे | पेणिमहे | अपणिषि | अपणिष्वहि | अपणिष्महि |

3.1.28 गुपूधूपविच्छिपणिपनिभ्य आयः । स्तुतौ अर्थे आय । 3.1.31 आयादय आर्धधातुके वा ।

## स्तुतौ अर्थे Sarvadhatuka Parasmaipadi Forms

### लट् 1 Present Tense | लङ् 2 Imperfect Past Tense

| | | | | | |
|---|---|---|---|---|---|
| पणायति | पणायतः | पणायन्ति | अपणायत् -द् | अपणायताम् | अपणायन् |
| पणायसि | पणायथः | पणायथ | अपणायः | अपणायतम् | अपणायत |
| पणायामि | पणायावः | पणायामः | अपणायम् | अपणायाव | अपणायाम |

### लोट् 3 Imperative Mood | विधिलिङ् 4 Potential Mood

| | | | | | |
|---|---|---|---|---|---|
| पणायतु | पणायताम् | पणायन्तु | पणायेत् -द् | पणायेताम् | पणायेयुः |
| पणाय | पणायतम् | पणायत | पणायेः | पणायेतम् | पणायेत |
| पणायानि | पणायाव | पणायाम | पणायेयम् | पणायेव | पणायेम |

## स्तुतौ अर्थे Ardhadhatuka Optional Parasmaipadi / पक्षे Atmanepadi Forms

### लृट् 5 Simple Future Tense | लृङ् 6 Conditional Mood

| | | | |
|---|---|---|---|
| पणायिष्यति / | पणायिष्यतः / | पणायिष्यन्ति / | अपणायिष्यत् -द् /अपणायिष्यताम् / अपणायिष्यन् / |

| | | |
|---|---|---|
| पणिष्यते | पणिष्येते | पणिष्यन्ते |
| पणायिष्यसि / | पणायिष्यथः / | पणायिष्यथ / |
| पणिष्यसे | पणिष्येथे | पणिष्यध्वे |
| पणायिष्यामि / | पणायिष्यावः / | पणायिष्यामः / |
| पणिष्ये | पणिष्यावहे | पणिष्यामहे |

| | | |
|---|---|---|
| अपणिष्यत | अपणिष्येताम् | अपणिष्यन्त |
| अपणायिष्यः / | अपणायिष्यतम् / | अपणायिष्यत / |
| अपणिष्यथाः | अपणिष्येथाम् | अपणिष्यध्वम् |
| अपणायिष्यम् / | अपणायिष्याव / | अपणायिष्याम / |
| अपणिष्ये | अपणिष्यावहि | अपणिष्यामहि |

लुट् 7 Periphrastic Future Tense

| | | |
|---|---|---|
| पणायिता / | पणायितारौ / | पणायितारः / |
| पणिता | पणितारौ | पणितारः |
| पणायितासि / | पणायितास्थः / | पणायितास्थः / |
| पणितासे | पणितासाथे | पणिताध्वे |
| पणायितास्मि / | पणायितास्वः / | पणायितास्मः / |
| पणिताहे | पणितास्वहे | पणितास्महे |

आशीर्लिङ् 8 Benedictive Mood

| | | |
|---|---|---|
| पणाय्यात् -द् / | पणाय्यास्ताम् / | पणाय्यासुः / |
| पणिषीष्ट | पणिषीयास्ताम् | पणिषीरन् |
| पणाय्याः / | पणाय्यास्तम् / | पणाय्यास्त / |
| पणिषीष्ठाः | पणिषीयास्थाम् | पणिषीध्वम् |
| पणाय्यासम् / | पणाय्यास्व / | पणाय्यास्म / |
| पणिषीय | पणिषीवहि | पणिषीमहि |

लिट् 9 Perfect Past Tense

| | | |
|---|---|---|
| पणायाञ्चकार | पणायाञ्चक्रतुः | पणायाञ्चक्रुः |
| पणायाम्बभूव | पणायाम्बभूवतुः | पणायाम्बभूवुः |
| पणायामास / | पणायामासतुः / | पणायामासुः / |
| पेणे | पेणाते | पेणिरे |
| पणायाञ्चकर्थ | पणायाञ्चक्रथुः | पणायाञ्चक्र |
| पणायाम्बभूविथ | पणायाम्बभूवथुः | पणायाम्बभूव |
| पणायामासिथ / | पणायामासथुः / | पणायामास / |
| पेणिषे | पेणाथे | पेणिध्वे |
| पणायाञ्चकर -कार | पणायाञ्चकृव | पणायाञ्चकृम |
| पणायाम्बभूव | पणायाम्बभूविव | पणायाम्बभूविम |
| पणायामास / | पणायामासिव / | पणायामासिम / |
| पेणे | पेणिवहे | पेणिमहे |

लुङ् 10 Aorist Past Tense

| | | |
|---|---|---|
| अपणायीत् -द् / | अपणायिष्टाम् / | अपणायिषुः / |
| अपणिष्ट | अपणिषाताम् | अपणिषत |
| अपणायीः / | अपणायिष्टम् / | अपणायिष्ट / |
| अपणिष्ठाः | अपणिषाथाम् | अपणिढ्वम् |
| अपणायिषम् / | अपणायिष्व / | अपणायिष्म / |
| अपणिषि | अपणिष्वहि | अपणिष्महि |

440 पन च । स्तुतौ एव । पनँ । पन् । पनते , पनायति । A* । सेट् । स० । praise, extol.

3.1.28 गुपूधूपविच्छिपणिपनिभ्य आयः । स्तुतौ अर्थे आय । 3.1.31 आयादय आर्धद्धातुके वा ।

Note: Root 439 पण व्यवहारे स्तुतौ च । Has both meanings. Whereas Root 440 पन स्तुतौ । Used in only स्तुतौ meaning. Hence there are no Atmanepadi forms for Sarvadhatuka.

स्तुतौ अर्थे **Sarvadhatuka Parasmaipadi Forms**

लट् 1 Present Tense

| | | |
|---|---|---|
| पनायति | पनायतः | पनायन्ति |
| पनायसि | पनायथः | पनायथ |
| पनायामि | पनायावः | पनायामः |

लङ् 2 Imperfect Past Tense

| | | |
|---|---|---|
| अपनायत् -द् | अपनायताम् | अपनायन् |
| अपनायः | अपनायतम् | अपनायत |
| अपनायम् | अपनायाव | अपनायाम |

## लोट् 3 Imperative Mood

| पनायतु | पनायताम् | पनायन्तु |
| पनाय | पनायतम् | पनायत |
| पनायानि | पनायाव | पनायाम |

## विधिलिङ् 4 Potential Mood

| पनायेत् -द् | पनायेताम् | पनायेयुः |
| पनायेः | पनायेतम् | पनायेत |
| पनायेयम् | पनायेव | पनायेम |

### स्तुतौ अर्थे Ardhadhatuka Optional Parasmaipadi / पक्षे Atmanepadi Forms

## लृट् 5 Simple Future Tense

| पनायिष्यति / | पनायिष्यतः / | पनायिष्यन्ति / |
| पनिष्यते | पनिष्येते | पनिष्यन्ते |
| पनायिष्यसि / | पनायिष्यथः / | पनायिष्यथ / |
| पनिष्यसे | पनिष्येथे | पनिष्यध्वे |
| पनायिष्यामि / | पनायिष्यावः / | पनायिष्यामः / |
| पनिष्ये | पनिष्यावहे | पनिष्यामहे |

## लृङ् 6 Conditional Mood

| अपनायिष्यत् -द् / | अपनायिष्यताम् / | अपनायिष्यन् / |
| अपनिष्यत | अपनिष्येताम् | अपनिष्यन्त |
| अपनायिष्यः / | अपनायिष्यतम् / | अपनायिष्यत / |
| अपनिष्यथाः | अपनिष्येथाम् | अपनिष्यध्वम् |
| अपनायिष्यम् / | अपनायिष्याव / | अपनायिष्याम / |
| अपनिष्ये | अपनिष्यावहि | अपनिष्यामहि |

## लुट् 7 Periphrastic Future Tense

| पनायिता / | पनायितारौ / | पनायितारः / |
| पनिता | पनितारौ | पनितारः |
| पनायितासि / | पनायितास्थः / | पनायितास्थः / |
| पनितासे | पनितासाथे | पनिताध्वे |
| पनायितास्मि / | पनायितास्वः / | पनायितास्मः / |
| पनिताहे | पनितास्वहे | पनितास्महे |

## आशीर्लिङ् 8 Benedictive Mood

| पनाय्यात् -द् / | पनाय्यास्ताम् / | पनाय्यासुः / |
| पनिषीष्ट | पनिषीयास्ताम् | पनिषीरन् |
| पनाय्याः / | पनाय्यास्तम् / | पनाय्यास्त / |
| पनिषीष्ठाः | पनिषीयास्थाम् | पनिषीध्वम् |
| पनाय्यासम् / | पनाय्यास्व / | पनाय्यास्म / |
| पनिषीय | पनिषीवहि | पनिषीमहि |

## लिट् 9 Perfect Past Tense

| पनायाञ्चकार | पनायाञ्चक्रतुः | पनायाञ्चक्रुः |
| पनायाम्बभूव | पनायाम्बभूवतुः | पनायाम्बभूवुः |
| पनायामास / | पनायामासतुः / | पनायामासुः / |
| पेने | पेनाते | पेनिरे |
| पनायाञ्चकर्थ | पनायाञ्चक्रथुः | पनायाञ्चक्र |
| पनायाम्बभूविथ | पनायाम्बभूवथुः | पनायाम्बभूव |
| पनायामासिथ / | पनायामासथुः / | पनायामास / |
| पेनिषे | पेनाथे | पेनिध्वे |
| पनायाञ्चकर -कार | पनायाञ्चकृव | पनायाञ्चकृम |
| पनायाम्बभूव | पनायाम्बभूविव | पनायाम्बभूविम |
| पनायामास / | पनायामासिव / | पनायामासिम / |
| पेने | पेनिवहे | पेनिमहे |

## लुङ् 10 Aorist Past Tense

| अपनायीत् -द् / | अपनायिष्टाम् / | अपनायिषुः / |
| अपनिष्ट | अपनिषाताम् | अपनिषत |
| | | |
| अपनायीः / | अपनायिष्टम् / | अपनायिष्ट / |
| अपनिष्ठाः | अपनिषाथाम् | अपनिध्वम् |
| | | |
| अपनायिषम् / | अपनायिष्व / | अपनायिष्म / |
| अपनिषि | अपनिष्वहि | अपनिष्महि |

---

441 भाम क्रोधे । भामँ । भाम् । भामते । A । सेट् । अ० । be angry, wrathful, annoyed

| | | | | | |
|---|---|---|---|---|---|
| भामते | भामेते | भामन्ते | अभामत | अभामेताम् | अभामन्त |
| भामसे | भामेथे | भामध्वे | अभामथाः | अभामेथाम् | अभामध्वम् |
| भामे | भामावहे | भामामहे | अभामे | अभामावहि | अभामामहि |

| | | | | | |
|---|---|---|---|---|---|
| भामताम् | भामेताम् | भामन्ताम् | भामेत | भामेयाताम् | भामेरन् |
| भामस्व | भामेथाम् | भामध्वम् | भामेथाः | भामेयाथाम् | भामेध्वम् |
| भामै | भामावहै | भामामहै | भामेय | भामेवहि | भामेमहि |

| | | | | | |
|---|---|---|---|---|---|
| भामिष्यते | भामिष्येते | भामिष्यन्ते | अभामिष्यत | अभामिष्येताम् | अभामिष्यन्त |
| भामिष्यसे | भामिष्येथे | भामिष्यध्वे | अभामिष्यथाः | अभामिष्येथाम् | अभामिष्यध्वम् |
| भामिष्ये | भामिष्यावहे | भामिष्यामहे | अभामिष्ये | अभामिष्यावहि | अभामिष्यामहि |

| | | | | | |
|---|---|---|---|---|---|
| भामिता | भामितारौ | भामितारः | भामिषीष्ट | भामिषीयास्ताम् | भामिषीरन् |
| भामितासे | भामितासाथे | भामिताध्वे | भामिषीष्ठाः | भामिषीयास्थाम् | भामिषीध्वम् |
| भामिताहे | भामितास्वहे | भामितास्महे | भामिषीय | भामिषीवहि | भामिषीमहि |

| | | | | | |
|---|---|---|---|---|---|
| बभामे | बभामाते | बभामिरे | अभामिष्ट | अभामिषाताम् | अभामिषत |
| बभामिषे | बभामाथे | बभामिध्वे | अभामिष्ठाः | अभामिषाथाम् | अभामिढ्वम् |
| बभामे | बभामिवहे | बभामिमहे | अभामिषि | अभामिष्वहि | अभामिष्महि |

442 क्षमूष् सहने । क्षमूँष् । क्षम् । क्षमते । A । वेट् । स० । suffer, tolerate, forgive, stop.
7.2.44 स्वरतिसूतिसूयतिधूञूदितो वा । इति वेट् । 3.3.104 षिद्भिदादिभ्योऽङ् । अयं षित् ।
8.2.65 म्वोश्च for लिट् । 6.4.15 अनुनासिकस्य० । 8.3.24 नश्चापदान्तस्य० । 8.4.58 अनुस्वारस्य० ।

| | | | | | |
|---|---|---|---|---|---|
| क्षमते | क्षमेते | क्षमन्ते | अक्षमत | अक्षमेताम् | अक्षमन्त |
| क्षमसे | क्षमेथे | क्षमध्वे | अक्षमथाः | अक्षमेथाम् | अक्षमध्वम् |
| क्षमे | क्षमावहे | क्षमामहे | अक्षमे | अक्षमावहि | अक्षमामहि |

| | | | | | |
|---|---|---|---|---|---|
| क्षमताम् | क्षमेताम् | क्षमन्ताम् | क्षमेत | क्षमेयाताम् | क्षमेरन् |
| क्षमस्व | क्षमेथाम् | क्षमध्वम् | क्षमेथाः | क्षमेयाथाम् | क्षमेध्वम् |
| क्षमै | क्षमावहै | क्षमामहै | क्षमेय | क्षमेवहि | क्षमेमहि |

| | | | | | |
|---|---|---|---|---|---|
| क्षमिष्यते | क्षमिष्येते | क्षमिष्यन्ते | अक्षमिष्यत | अक्षमिष्येताम् | अक्षमिष्यन्त |
| क्षंस्यते | क्षंस्येते | क्षंस्यन्ते | अक्षंस्यत | अक्षंस्येताम् | अक्षंस्यन्त |
| क्षमिष्यसे | क्षमिष्येथे | क्षमिष्यध्वे | अक्षमिष्यथाः | अक्षमिष्येथाम् | अक्षमिष्यध्वम् |
| क्षंस्यसे | क्षंस्येथे | क्षंस्यध्वे | अक्षंस्यथाः | अक्षंस्येथाम् | अक्षंस्यध्वम् |
| क्षमिष्ये | क्षमिष्यावहे | क्षमिष्यामहे | अक्षमिष्ये | अक्षमिष्यावहि | अक्षमिष्यामहि |
| क्षंस्ये | क्षंस्यावहे | क्षंस्यामहे | अक्षंस्ये | अक्षंस्यावहि | अक्षंस्यामहि |

| | | | | | |
|---|---|---|---|---|---|
| क्षमिता | क्षमितारौ | क्षमितारः | क्षमिषीष्ट | क्षमिषीयास्ताम् | क्षमिषीरन् |
| क्षन्ता | क्षन्तारौ | क्षन्तारः | क्षंसीष्ट | क्षंसीयास्ताम् | क्षंसीरन् |
| क्षमितासे | क्षमितासाथे | क्षमिताध्वे | क्षमिषीष्ठाः | क्षमिषीयास्थाम् | क्षमिषीध्वम् |
| क्षन्तासे | क्षन्तासाथे | क्षन्ताध्वे | क्षंसीष्ठाः | क्षंसीयास्थाम् | क्षंसीध्वम् |
| क्षमिताहे | क्षमितास्वहे | क्षमितास्महे | क्षमिषीय | क्षमिषीवहि | क्षमिषीमहि |
| क्षन्ताहे | क्षन्तास्वहे | क्षन्तास्महे | क्षंसीय | क्षंसीवहि | क्षंसीमहि |

| | | | | | |
|---|---|---|---|---|---|
| चक्षमे | चक्षमाते | चक्षमिरे | अक्षमिष्ट | अक्षमिषाताम् | अक्षमिषत |
| | | | अक्षंस्त | अक्षंसाताम् | अक्षंसत |
| चक्षमिषे | चक्षमाथे | चक्षमिध्वे | अक्षमिष्ठाः | अक्षमिषाथाम् | अक्षमिध्वम् |
| चक्षंसे | | चक्षन्ध्वे | अक्षंस्थाः | अक्षंसाथाम् | अक्षन्ध्वम् |
| चक्षमे | चक्षमिवहे | चक्षमिमहे | अक्षमिषि | अक्षमिष्वहि | अक्षमिष्महि |
| | चक्षण्वहे | चक्षण्महे | अक्षंसि | अक्षंस्वहि | अक्षंस्महि |

443 कमु कान्तौ । कमुँ । कम् । कामयते । A । सेट् । स० । love, be enamoured of, desire.
3.1.30 कमेर्णिङ् इति स्वार्थे णिङ् इति वृद्धिः । 3.1.31 आयादय आर्धद्धातुके वा । 8.3.79 विभाषेटः ।
3.1.48 णिश्रिद्रुस्रुभ्यः कर्तरि चङ् । वा० कमेश्च्लेश्चङ् वक्तव्यः । वा० कमेरुपसंख्यानम् । णिङ्पक्षे सन्वद्भावः ।
6.1.11 चङि । 7.4.79 सन्यतः ।

| | | | | | |
|---|---|---|---|---|---|
| कामयते | कामयेते | कामयन्ते | अकामयत | अकामयेताम् | अकामयन्त |
| कामयसे | कामयेथे | कामयध्वे | अकामयथाः | अकामयेथाम् | अकामयध्वम् |
| कामये | कामयावहे | कामयामहे | अकामये | अकामयावहि | अकामयामहि |

| | | | | | |
|---|---|---|---|---|---|
| कामयताम् | कामयेताम् | कामयन्ताम् | कामयेत | कामयेयाताम् | कामयेरन् |
| कामयस्व | कामयेथाम् | कामयध्वम् | कामयेथाः | कामयेयाथाम् | कामयेध्वम् |
| कामयै | कामयावहै | कामयामहै | कामये | कामयेवहि | कामयेमहि |

| | | | | | |
|---|---|---|---|---|---|
| कामयिष्यते | कामिष्येते | कामिष्यन्ते | अकामयिष्यत | अकामयिष्येताम् | अकामयिष्यन्त |
| कमिष्यते | कमिष्येते | कमिष्यन्ते | अकमिष्यत | अकमिष्येताम् | अकमिष्यन्त |
| कामयिष्यसे | कामिष्येथे | कामिष्यध्वे | अकामयिष्यथाः | अकामयिष्येथाम् | अकामयिष्यध्वम् |
| कमिष्यसे | कमिष्येथे | कमिष्यध्वे | अकमिष्यथाः | अकमिष्येथाम् | अकमिष्यध्वम् |
| कामयिष्ये | कामिष्यावहे | कामिष्यामहे | अकामयिष्ये | अकामयिष्यावहि | अकामयिष्यामहि |
| कमिष्ये | कमिष्यावहे | कमिष्यामहे | अकमिष्ये | अकमिष्यावहि | अकमिष्यामहि |

| | | | | | |
|---|---|---|---|---|---|
| कामयिता | कामयितारौ | कामयितारः | कामयिषीष्ट | कामयिषीयास्ताम् | कामयिषीरन् |
| कमिता | कमितारौ | कमितारः | कमिषीष्ट | कमिषीयास्ताम् | कमिषीरन् |
| कामयितासे | कामयितासाथे | कामयिताध्वे | कामयिषीष्ठाः | कामयिषीयास्थाम् | कामयिषीध्वम् -ढ्वम |
| कमितासे | कमितासाथे | कमिताध्वे | कमिषीष्ठाः | कमिषीयास्थाम् | कमिषीध्वम् |
| कामयिताहे | कामयितास्वहे | कामयितास्महे | कामयिषीय | कामयिषीवहि | कामयिषीमहि |

| कमिताहे | कमितास्वहे | कमितास्महे | कमिषीय | कमिषीवहि | कमिषीमहि |

| | | | | | |
|---|---|---|---|---|---|
| चकमे / कामयाञ्चक्रे कामयाम्बभूव कामयामास | चकमाते / कामयाञ्चक्राते कामयाम्बभूवतुः कामयामासतुः | चकमिरे / कामयाञ्चक्रिरे कामयाम्बभूवुः कामयामासुः | अचीकमत अचकमत | अचीकमेताम् अचकमेताम् | अचीकमन्त अचकमन्त |
| चकमिषे / कामयाञ्चकृषे कामयाम्बभूविथ कामयामासिथ | चकमाथे / कामयाञ्चक्राथे कामयाम्बभूवथुः कामयामासथुः | चकमिध्वे / कामयाञ्चकृढ्वे कामयाम्बभूव कामयामास | अचीकमथाः अचकमथाः | अचीकमेथाम् अचकमेथाम् | अचीकमध्वम् अचकमध्वम् |
| चकमे / कामयाञ्चक्रे कामयाम्बभूव कामयामास | चकमिवहे / कामयाञ्चकृवहे कामयाम्बभूविव कामयामासिव | चकमिमहे / कामयाञ्चकृमहे कामयाम्बभूविम कामयामासिम | अचीकमे अचकमे | अचीकमावहि अचकमावहि | अचीकमामहि अचकमामहि |

**434** घिण्यादयः उदात्ताः अनुदात्तेतः आत्मनेभाषाः ।

**444** अथ क्रम्यन्ताः परस्मैपदिनः त्रिंशत् ।

**444** अण शब्दे । अणँ । अण् । अणति । P । सेट् । स० । sound

### लट् 1 Present Tense
| अणति | अणतः | अणन्ति |
| अणसि | अणथः | अणथ |
| अणामि | अणावः | अणामः |

### लङ् 2 Imperfect Past Tense
| आणत् -द् | आणताम् | आणन् |
| आणः | आणतम् | आणत |
| आणम् | आणाव | आणाम |

### लोट् 3 Imperative Mood
| अणतु अणतात् -द् | अणताम् | अणन्तु |
| अण अणतात् -द् | अणतम् | अणत |
| अणानि | अणाव | अणाम |

### विधिलिङ् 4 Potential Mood
| अणेत् -द् | अणेताम् | अणेयुः |
| अणेः | अणेतम् | अणेत |
| अणेयम् | अणेव | अणेम |

### लृट् 5 Simple Future Tense
| अणिष्यति | अणिष्यतः | अणिष्यन्ति |
| अणिष्यसि | अणिष्यथः | अणिष्यथ |
| अणिष्यामि | अणिष्यावः | अणिष्यामः |

### लृङ् 6 Conditional Mood
| आणिष्यत् -द् | आणिष्यताम् | आणिष्यन् |
| आणिष्यः | आणिष्यतम् | आणिष्यत |
| आणिष्यम् | आणिष्याव | आणिष्याम |

### लुट् 7 Periphrastic Future Tense
| अणिता | अणितारौ | अणितारः |

### आशीर्लिङ् 8 Benedictive Mood
| अण्यात् -द् | अण्यास्ताम् | अण्यासुः |

| | | | | | |
|---|---|---|---|---|---|
| अणितासि | अणितास्थः | अणितास्थ | अण्याः | अण्यास्तम् | अण्यास्त |
| अणितास्मि | अणितास्वः | अणितास्मः | अण्यासम् | अण्यास्व | अण्यास्म |

| लिट् 9 Perfect Past Tense | | | लुङ् 10 Aorist Past Tense | | |
|---|---|---|---|---|---|
| आण | आणतुः | आणुः | आणीत् -द् | आणिष्टाम् | आणिषुः |
| आणिथ | आणथुः | आण | आणीः | आणिष्टम् | आणिष्ट |
| आण | आणिव | आणिम | आणिषम् | आणिष्व | आणिष्म |

445 **रण शब्दे । गतौ च । रणँ । रण् । रणति** । P । **सेट्** । **अ०** । sound, go

6.4.120 **अत एकहल्मध्येऽनादेशादेर्लिटि** ।

| | | | | | |
|---|---|---|---|---|---|
| रणति | रणतः | रणन्ति | अरणत् द् | अरणताम् | अरणन् |
| रणसि | रणथः | रणथ | अरणः | अरणतम् | अरणत |
| रणामि | रणावः | रणामः | अरणम् | अरणाव | अरणाम |

| | | | | | |
|---|---|---|---|---|---|
| रणतु | रणताम् | रणन्तु | रणेत् द् | रणेताम् | रणेयुः |
| रण | रणतम् | रणत | रणेः | रणेतम् | रणेत |
| रणानि | रणाव | रणाम | रणेयम् | रणेव | रणेम |

| | | | | | |
|---|---|---|---|---|---|
| रणिष्यति | रणिष्यतः | रणिष्यन्ति | अरणिष्यत् द् | अरणिष्यताम् | अरणिष्यन् |
| रणिष्यसि | रणिष्यथः | रणिष्यथ | अरणिष्यः | अरणिष्यतम् | अरणिष्यत |
| रणिष्यामि | रणिष्यावः | रणिष्यामः | अरणिष्यम् | अरणिष्याव | अरणिष्याम |

| | | | | | |
|---|---|---|---|---|---|
| रणिता | रणितारौ | रणितारः | रण्यात् -द् | रण्यास्ताम् | रण्यासुः |
| रणितासि | रणितास्थः | रणितास्थ | रण्याः | रण्यास्तम् | रण्यास्त |
| रणितास्मि | रणितास्वः | रणितास्मः | रण्यासम् | रण्यास्व | रण्यास्म |

| | | | | | |
|---|---|---|---|---|---|
| रराण | रेणतुः | रेणुः | अरणीत् -द् | अरणिष्टाम् | अरणिषुः |
| | | | अराणीत् -द् | अराणिष्टाम् | अराणिषुः |
| रेणिथ | रेणथुः | रेण | अरणीः | अरणिष्टम् | अरणिष्ट |
| | | | अराणीः | अराणिष्टम् | अराणिष्ट |
| रराण ररण | रेणिव | रेणिम | अरणिषम् | अरणिष्व | अरणिष्म |
| | | | अराणिषम् | अराणिष्व | अराणिष्म |

446 **वण शब्दे । वणँ । वण् । वणति** । P । **सेट्** । **अ०** । sound

6.4.126 **न शसददवादिगुणानाम्** ।

| | | | | | |
|---|---|---|---|---|---|
| वणति | वणतः | वणन्ति | अवणत् -द् | अवणताम् | अवणन् |
| वणसि | वणथः | वणथ | अवणः | अवणतम् | अवणत |
| वणामि | वणावः | वणामः | अवणम् | अवणाव | अवणाम |

| | | | | | |
|---|---|---|---|---|---|
| वणतु | वणताम् | वणन्तु | वणेत् -द् | वणेताम् | वणेयुः |
| वण | वणतम् | वणत | वणेः | वणेतम् | वणेत |

| | | | | | | |
|---|---|---|---|---|---|---|
| वणानि | वणाव | वणाम | वणेयम् | वणेव | वणेम | |
| | | | | | | |
| वणिष्यति | वणिष्यतः | वणिष्यन्ति | अवणिष्यत् -द् | अवणिष्यताम् | अवणिष्यन् | |
| वणिष्यसि | वणिष्यथः | वणिष्यथ | अवणिष्यः | अवणिष्यतम् | अवणिष्यत | |
| वणिष्यामि | वणिष्यावः | वणिष्यामः | अवणिष्यम् | अवणिष्याव | अवणिष्याम | |
| | | | | | | |
| वणिता | वणितारौ | वणितारः | वण्यात् -द् | वण्यास्ताम् | वण्यासुः | |
| वणितासि | वणितास्थः | वणितास्थ | वण्याः | वण्यास्तम् | वण्यास्त | |
| वणितास्मि | वणितास्वः | वणितास्मः | वण्यासम् | वण्यास्व | वण्यास्म | |
| | | | | | | |
| ववाण | ववणतुः | ववणुः | अवणीत् -द् | अवणिष्टाम् | अवणिषुः | |
| | | | अवाणीत् -द् | अवाणिष्टाम् | अवाणिषुः | |
| ववणिथ | ववणथुः | ववण | अवणीः | अवणिष्टम् | अवणिष्ट | |
| | | | अवाणीः | अवाणिष्टम् | अवाणिष्ट | |
| ववाण ववण | ववणिव | ववणिम | अवणिषम् | अवणिष्व | अवणिष्म | |
| | | | अवाणिषम् | अवाणिष्व | अवाणिष्म | |

447 भण शब्दे । भणँ । भण् । भणति । P । सेट् । अ० । speak clearly, be frank, call, give name

| | | | | | |
|---|---|---|---|---|---|
| भणति | भणतः | भणन्ति | अभणत् -द् | अभणताम् | अभणन् |
| भणसि | भणथः | भणथ | अभणः | अभणतम् | अभणत |
| भणामि | भणावः | भणामः | अभणम् | अभणाव | अभणाम |
| | | | | | |
| भणतु | भणताम् | भणन्तु | भणेत् -द् | भणेताम् | भणेयुः |
| भण | भणतम् | भणत | भणेः | भणेतम् | भणेत |
| भणानि | भणाव | भणाम | भणेयम् | भणेव | भणेम |
| | | | | | |
| भणिष्यति | भणिष्यतः | भणिष्यन्ति | अभणिष्यत् -द् | अभणिष्यताम् | अभणिष्यन् |
| भणिष्यसि | भणिष्यथः | भणिष्यथ | अभणिष्यः | अभणिष्यतम् | अभणिष्यत |
| भणिष्यामि | भणिष्यावः | भणिष्यामः | अभणिष्यम् | अभणिष्याव | अभणिष्याम |
| | | | | | |
| भणिता | भणितारौ | भणितारः | भण्यात् -द् | भण्यास्ताम् | भण्यासुः |
| भणितासि | भणितास्थः | भणितास्थ | भण्याः | भण्यास्तम् | भण्यास्त |
| भणितास्मि | भणितास्वः | भणितास्मः | भण्यासम् | भण्यास्व | भण्यास्म |
| | | | | | |
| बभाण | बभणतुः | बभणुः | अभणीत् -द् | अभणिष्टाम् | अभणिषुः |
| | | | अभाणीत् -द् | अभाणिष्टाम् | अभाणिषुः |
| बभणिथ | बभणथुः | बभण | अभणीः | अभणिष्टम् | अभणिष्ट |
| | | | अभाणीः | अभाणिष्टम् | अभाणिष्ट |
| बभाण बभण | बभणिव | बभणिम | अभणिषम् | अभणिष्व | अभणिष्म |
| | | | अभाणिषम् | अभाणिष्व | अभाणिष्म |

448 मण शब्दे । मणँ । मण् । मणति । P । सेट् । अ० । murmur, sound indistinct

| मणति | मणतः | मणन्ति | अमणत् -द् | अमणताम् | अमणन् |
| मणसि | मणथः | मणथ | अमणः | अमणतम् | अमणत |
| मणामि | मणावः | मणामः | अमणम् | अमणाव | अमणाम |
| | | | | | |
| मणतु | मणताम् | मणन्तु | मणेत् -द् | मणेताम् | मणेयुः |
| मण | मणतम् | मणत | मणेः | मणेतम् | मणेत |
| मणानि | मणाव | मणाम | मणेयम् | मणेव | मणेम |
| | | | | | |
| मणिष्यति | मणिष्यतः | मणिष्यन्ति | अमणिष्यत् -द् | अमणिष्यताम् | अमणिष्यन् |
| मणिष्यसि | मणिष्यथः | मणिष्यथ | अमणिष्यः | अमणिष्यतम् | अमणिष्यत |
| मणिष्यामि | मणिष्यावः | मणिष्यामः | अमणिष्यम् | अमणिष्याव | अमणिष्याम |
| | | | | | |
| मणिता | मणितारौ | मणितारः | मण्यात् -द् | मण्यास्ताम् | मण्यासुः |
| मणितासि | मणितास्थः | मणितास्थ | मण्याः | मण्यास्तम् | मण्यास्त |
| मणितास्मि | मणितास्वः | मणितास्मः | मण्यासम् | मण्यास्व | मण्यास्म |
| | | | | | |
| ममाण | मेणतुः | मेणुः | अमणीत् -द् | अमणिष्टाम् | अमणिषुः |
| | | | अमाणीत् -द् | अमाणिष्टाम् | अमाणिषुः |
| मेणिथ | मेणथुः | मेण | अमणीः | अमणिष्टम् | अमणिष्ट |
| | | | अमाणीः | अमाणिष्टम् | अमाणिष्ट |
| ममाण ममण | मेणिव | मेणिम | अमणिषम् | अमणिष्व | अमणिष्म |
| | | | अमाणिषम् | अमाणिष्व | अमाणिष्म |

449 कण शब्दे । कणँ । कण् । कणति । P । सेट् । अ० । cry in distress

| कणति | कणतः | कणन्ति | अकणत् -द् | अकणताम् | अकणन् |
| कणसि | कणथः | कणथ | अकणः | अकणतम् | अकणत |
| कणामि | कणावः | कणामः | अकणम् | अकणाव | अकणाम |
| | | | | | |
| कणतु | कणताम् | कणन्तु | कणेत् -द् | कणेताम् | कणेयुः |
| कण | कणतम् | कणत | कणेः | कणेतम् | कणेत |
| कणानि | कणाव | कणाम | कणेयम् | कणेव | कणेम |
| | | | | | |
| कणिष्यति | कणिष्यतः | कणिष्यन्ति | अकणिष्यत् -द् | अकणिष्यताम् | अकणिष्यन् |
| कणिष्यसि | कणिष्यथः | कणिष्यथ | अकणिष्यः | अकणिष्यतम् | अकणिष्यत |
| कणिष्यामि | कणिष्यावः | कणिष्यामः | अकणिष्यम् | अकणिष्याव | अकणिष्याम |
| | | | | | |
| कणिता | कणितारौ | कणितारः | कण्यात् -द् | कण्यास्ताम् | कण्यासुः |
| कणितासि | कणितास्थः | कणितास्थ | कण्याः | कण्यास्तम् | कण्यास्त |
| कणितास्मि | कणितास्वः | कणितास्मः | कण्यासम् | कण्यास्व | कण्यास्म |
| | | | | | |
| चकाण | चकणतुः | चकणुः | अकणीत् -द् | अकणिष्टाम् | अकणिषुः |
| | | | अकाणीत् -द् | अकाणिष्टाम् | अकाणिषुः |
| चकणिथ | चकणथुः | चकण | अकणीः | अकणिष्टम् | अकणिष्ट |

| | | | | | |
|---|---|---|---|---|---|
| | | | अकाणीः | अकाणिष्टम् | अकाणिष्ट |
| चकाण चकण | चकणिव | चकणिम | अकणिषम् | अकणिष्व | अकणिष्म |
| | | | अकाणिषम् | अकाणिष्व | अकाणिष्म |

450 **क्वण शब्दे** । **क्वणँ** । **क्वण्** । **क्वणति** । P । **सेट्** । **अ०** । hum, jingle, tinkle, sound indistinctly

| | | | | | |
|---|---|---|---|---|---|
| क्वणति | क्वणतः | क्वणन्ति | अक्वणत् -द् | अक्वणताम् | अक्वणन् |
| क्वणसि | क्वणथः | क्वणथ | अक्वणः | अक्वणतम् | अक्वणत |
| क्वणामि | क्वणावः | क्वणामः | अक्वणम् | अक्वणाव | अक्वणाम |

| | | | | | |
|---|---|---|---|---|---|
| क्वणतु | क्वणताम् | क्वणन्तु | क्वणेत् -द् | क्वणेताम् | क्वणेयुः |
| क्वण | क्वणतम् | क्वणत | क्वणेः | क्वणेतम् | क्वणेत |
| क्वणानि | क्वणाव | क्वणाम | क्वणेयम् | क्वणेव | क्वणेम |

| | | | | | |
|---|---|---|---|---|---|
| क्वणिष्यति | क्वणिष्यतः | क्वणिष्यन्ति | अक्वणिष्यत् -द् | अक्वणिष्यताम् | अक्वणिष्यन् |
| क्वणिष्यसि | क्वणिष्यथः | क्वणिष्यथ | अक्वणिष्यः | अक्वणिष्यतम् | अक्वणिष्यत |
| क्वणिष्यामि | क्वणिष्यावः | क्वणिष्यामः | अक्वणिष्यम् | अक्वणिष्याव | अक्वणिष्याम |

| | | | | | |
|---|---|---|---|---|---|
| क्वणिता | क्वणितारौ | क्वणितारः | क्वण्यात् -द् | क्वण्यास्ताम् | क्वण्यासुः |
| क्वणितासि | क्वणितास्थः | क्वणितास्थ | क्वण्याः | क्वण्यास्तम् | क्वण्यास्त |
| क्वणितास्मि | क्वणितास्वः | क्वणितास्मः | क्वण्यासम् | क्वण्यास्व | क्वण्यास्म |

| | | | | | |
|---|---|---|---|---|---|
| चक्वाण | चक्वणतुः | चक्वणुः | अक्वणीत् -द् | अक्वणिष्टाम् | अक्वणिषुः |
| | | | अक्वाणीत् -द् | अक्वाणिष्टाम् | अक्वाणिषुः |
| चक्वणिथ | चक्वणथुः | चक्वण | अक्वणीः | अक्वणिष्टम् | अक्वणिष्ट |
| | | | अक्वाणीः | अक्वाणिष्टम् | अक्वाणिष्ट |
| चक्वाण चक्वण | चक्वणिव | चक्वणिम | अक्वणिषम् | अक्वणिष्व | अक्वणिष्म |
| | | | अक्वाणिषम् | अक्वाणिष्व | अक्वाणिष्म |

451 **व्रण शब्दे** । **व्रणँ** । **व्रण्** । **व्रणति** । P । **सेट्** । **अ०** । sound

| | | | | | |
|---|---|---|---|---|---|
| व्रणति | व्रणतः | व्रणन्ति | अव्रणत् -द् | अव्रणताम् | अव्रणन् |
| व्रणसि | व्रणथः | व्रणथ | अव्रणः | अव्रणतम् | अव्रणत |
| व्रणामि | व्रणावः | व्रणामः | अव्रणम् | अव्रणाव | अव्रणाम |

| | | | | | |
|---|---|---|---|---|---|
| व्रणतु | व्रणताम् | व्रणन्तु | व्रणेत् -द् | व्रणेताम् | व्रणेयुः |
| व्रण | व्रणतम् | व्रणत | व्रणेः | व्रणेतम् | व्रणेत |
| व्रणानि | व्रणाव | व्रणाम | व्रणेयम् | व्रणेव | व्रणेम |

| | | | | | |
|---|---|---|---|---|---|
| व्रणिष्यति | व्रणिष्यतः | व्रणिष्यन्ति | अव्रणिष्यत् -द् | अव्रणिष्यताम् | अव्रणिष्यन् |
| व्रणिष्यसि | व्रणिष्यथः | व्रणिष्यथ | अव्रणिष्यः | अव्रणिष्यतम् | अव्रणिष्यत |
| व्रणिष्यामि | व्रणिष्यावः | व्रणिष्यामः | अव्रणिष्यम् | अव्रणिष्याव | अव्रणिष्याम |

| | | | | | |
|---|---|---|---|---|---|
| व्रणिता | व्रणितारौ | व्रणितारः | व्रण्यात् -द् | व्रण्यास्ताम् | व्रण्यासुः |

| | | | | | |
|---|---|---|---|---|---|
| व्रणितासि | व्रणितास्थः | व्रणितास्थ | व्रण्याः | व्रण्यास्तम् | व्रण्यास्त |
| व्रणितास्मि | व्रणितास्वः | व्रणितास्मः | व्रण्यासम् | व्रण्यास्व | व्रण्यास्म |

| | | | | | |
|---|---|---|---|---|---|
| वव्राण | वव्रणतुः | वव्रणुः | अव्रणीत् -द् | अव्रणिष्टाम् | अव्रणिषुः |
| | | | अव्राणीत् -द् | अव्राणिष्टाम् | अव्राणिषुः |
| वव्रणिथ | वव्रणथुः | वव्रण | अव्रणीः | अव्रणिष्टम् | अव्रणिष्ट |
| | | | अव्राणीः | अव्राणिष्टम् | अव्राणिष्ट |
| वव्राण वव्रण | वव्रणिव | वव्रणिम | अव्रणिषम् | अव्रणिष्व | अव्रणिष्म |
| | | | अव्राणिषम् | अव्राणिष्व | अव्राणिष्म |

452 **भ्रण शब्दे** । **भ्रणँ** । **भ्रण्** । **भ्रणति** । P । **सेट्** । अ० । sound

| | | | | | |
|---|---|---|---|---|---|
| भ्रणति | भ्रणतः | भ्रणन्ति | अभ्रणत् -द् | अभ्रणताम् | अभ्रणन् |
| भ्रणसि | भ्रणथः | भ्रणथ | अभ्रणः | अभ्रणतम् | अभ्रणत |
| भ्रणामि | भ्रणावः | भ्रणामः | अभ्रणम् | अभ्रणाव | अभ्रणाम |

| | | | | | |
|---|---|---|---|---|---|
| भ्रणतु | भ्रणताम् | भ्रणन्तु | भ्रणेत् -द् | भ्रणेताम् | भ्रणेयुः |
| भ्रण | भ्रणतम् | भ्रणत | भ्रणेः | भ्रणेतम् | भ्रणेत |
| भ्रणानि | भ्रणाव | भ्रणाम | भ्रणेयम् | भ्रणेव | भ्रणेम |

| | | | | | |
|---|---|---|---|---|---|
| भ्रणिष्यति | भ्रणिष्यतः | भ्रणिष्यन्ति | अभ्रणिष्यत् -द् | अभ्रणिष्यताम् | अभ्रणिष्यन् |
| भ्रणिष्यसि | भ्रणिष्यथः | भ्रणिष्यथ | अभ्रणिष्यः | अभ्रणिष्यतम् | अभ्रणिष्यत |
| भ्रणिष्यामि | भ्रणिष्यावः | भ्रणिष्यामः | अभ्रणिष्यम् | अभ्रणिष्याव | अभ्रणिष्याम |

| | | | | | |
|---|---|---|---|---|---|
| भ्रणिता | भ्रणितारौ | भ्रणितारः | भ्रण्यात् -द् | भ्रण्यास्ताम् | भ्रण्यासुः |
| भ्रणितासि | भ्रणितास्थः | भ्रणितास्थ | भ्रण्याः | भ्रण्यास्तम् | भ्रण्यास्त |
| भ्रणितास्मि | भ्रणितास्वः | भ्रणितास्मः | भ्रण्यासम् | भ्रण्यास्व | भ्रण्यास्म |

| | | | | | |
|---|---|---|---|---|---|
| बभ्राण | बभ्रणतुः | बभ्रणुः | अभ्रणीत् -द् | अभ्रणिष्टाम् | अभ्रणिषुः |
| | | | अभ्राणीत् -द् | अभ्राणिष्टाम् | अभ्राणिषुः |
| बभ्रणिथ | बभ्रणथुः | बभ्रण | अभ्रणीः | अभ्रणिष्टम् | अभ्रणिष्ट |
| | | | अभ्राणीः | अभ्राणिष्टम् | अभ्राणिष्ट |
| बभ्राण बभ्रण | बभ्रणिव | बभ्रणिम | अभ्रणिषम् | अभ्रणिष्व | अभ्रणिष्म |
| | | | अभ्राणिषम् | अभ्राणिष्व | अभ्राणिष्म |

453 **ध्वण शब्दार्थाः । धण इत्यपि केचित्** । **ध्वणँ** । **ध्वण्** । **ध्वणति** । P । **सेट्** । **स०** । sound

| | | | | | |
|---|---|---|---|---|---|
| ध्वणति | ध्वणतः | ध्वणन्ति | अध्वणत् -द् | अध्वणताम् | अध्वणन् |
| ध्वणसि | ध्वणथः | ध्वणथ | अध्वणः | अध्वणतम् | अध्वणत |
| ध्वणामि | ध्वणावः | ध्वणामः | अध्वणम् | अध्वणाव | अध्वणाम |

| | | | | | |
|---|---|---|---|---|---|
| ध्वणतु | ध्वणताम् | ध्वणन्तु | ध्वणेत् -द् | ध्वणेताम् | ध्वणेयुः |
| ध्वण | ध्वणतम् | ध्वणत | ध्वणेः | ध्वणेतम् | ध्वणेत |
| ध्वणानि | ध्वणाव | ध्वणाम | ध्वणेयम् | ध्वणेव | ध्वणेम |

| | | | | | |
|---|---|---|---|---|---|
| ध्वणिष्यति | ध्वणिष्यतः | ध्वणिष्यन्ति | अध्वणिष्यत् -द् | अध्वणिष्यताम् | अध्वणिष्यन् |
| ध्वणिष्यसि | ध्वणिष्यथः | ध्वणिष्यथ | अध्वणिष्यः | अध्वणिष्यतम् | अध्वणिष्यत |
| ध्वणिष्यामि | ध्वणिष्यावः | ध्वणिष्यामः | अध्वणिष्यम् | अध्वणिष्याव | अध्वणिष्याम |

| | | | | | |
|---|---|---|---|---|---|
| ध्वणिता | ध्वणितारौ | ध्वणितारः | ध्वण्यात् -द् | ध्वण्यास्ताम् | ध्वण्यासुः |
| ध्वणितासि | ध्वणितास्थः | ध्वणितास्थ | ध्वण्याः | ध्वण्यास्तम् | ध्वण्यास्त |
| ध्वणितास्मि | ध्वणितास्वः | ध्वणितास्मः | ध्वण्यासम् | ध्वण्यास्व | ध्वण्यास्म |

| | | | | | |
|---|---|---|---|---|---|
| दध्वाण | दध्वणतुः | दध्वणुः | अध्वणीत् -द् | अध्वणिष्टाम् | अध्वणिषुः |
| | | | अध्वाणीत् -द् | अध्वाणिष्टाम् | अध्वाणिषुः |
| दध्वणिथ | दध्वणथुः | दध्वण | अध्वणीः | अध्वणिष्टम् | अध्वणिष्ट |
| | | | अध्वाणीः | अध्वाणिष्टम् | अध्वाणिष्ट |
| दध्वाण दध्वण | दध्वणिव | दध्वणिम | अध्वणिषम् | अध्वणिष्व | अध्वणिष्म |
| | | | अध्वाणिषम् | अध्वाणिष्व | अध्वाणिष्म |

454 **ओणृ अपनयने । ओणृँ । ओण् ।** ओणति । P । **सेट् । स०** । remove, take away

| | | | | | |
|---|---|---|---|---|---|
| ओणति | ओणतः | ओणन्ति | औणत् -द् | औणताम् | औणन् |
| ओणसि | ओणथः | ओणथ | औणः | औणतम् | औणत |
| ओणामि | ओणावः | ओणामः | औणम् | औणाव | औणाम |

| | | | | | |
|---|---|---|---|---|---|
| ओणतु | ओणताम् | ओणन्तु | ओणेत् -द् | ओणेताम् | ओणेयुः |
| ओण | ओणतम् | ओणत | ओणेः | ओणेतम् | ओणेत |
| ओणानि | ओणाव | ओणाम | ओणेयम् | ओणेव | ओणेम |

| | | | | | |
|---|---|---|---|---|---|
| ओणिष्यति | ओणिष्यतः | ओणिष्यन्ति | औणिष्यत् -द् | औणिष्यताम् | औणिष्यन् |
| ओणिष्यसि | ओणिष्यथः | ओणिष्यथ | औणिष्यः | औणिष्यतम् | औणिष्यत |
| ओणिष्यामि | ओणिष्यावः | ओणिष्यामः | औणिष्यम् | औणिष्याव | औणिष्याम |

| | | | | | |
|---|---|---|---|---|---|
| ओणिता | ओणितारौ | ओणितारः | ओण्यात् -द् | ओण्यास्ताम् | ओण्यासुः |
| ओणितासि | ओणितास्थः | ओणितास्थ | ओण्याः | ओण्यास्तम् | ओण्यास्त |
| ओणितास्मि | ओणितास्वः | ओणितास्मः | ओण्यासम् | ओण्यास्व | ओण्यास्म |

| | | | | | |
|---|---|---|---|---|---|
| ओणाञ्चकार | ओणाञ्चक्रतुः | ओणाञ्चक्रुः | औणीत् -द् | औणिष्टाम् | औणिषुः |
| ओणाम्बभूव | ओणाम्बभूवतुः | ओणाम्बभूवुः | | | |
| ओणामास | ओणामासतुः | ओणामासुः | | | |
| ओणाञ्चकर्थ | ओणाञ्चक्रथुः | ओणाञ्चक्र | औणीः | औणिष्टम् | औणिष्ट |
| ओणाम्बभूविथ | ओणाम्बभूवथुः | ओणाम्बभूव | | | |
| ओणामासिथ | ओणामासथुः | ओणामास | | | |
| ओणाञ्चकर -कार | ओणाञ्चकृव | ओणाञ्चकृम | औणिषम् | औणिष्व | औणिष्म |
| ओणाम्बभूव | ओणाम्बभूविव | ओणाम्बभूविम | | | |

| ओणामास | ओणामासिव | ओणामासिम | |

**455 शोणृ वर्णगत्योः । शोणृँ । शोण् । शोणति । P । सेट् । अ० । redden, move**

| शोणति | शोणतः | शोणन्ति | अशोणत् -द् | अशोणताम् | अशोणन् |
| शोणसि | शोणथः | शोणथ | अशोणः | अशोणतम् | अशोणत |
| शोणामि | शोणावः | शोणामः | अशोणम् | अशोणाव | अशोणाम |

| शोणतु | शोणताम् | शोणन्तु | शोणेत् -द् | शोणेताम् | शोणेयुः |
| शोण | शोणतम् | शोणत | शोणेः | शोणेतम् | शोणेत |
| शोणानि | शोणाव | शोणाम | शोणेयम् | शोणेव | शोणेम |

| शोणिष्यति | शोणिष्यतः | शोणिष्यन्ति | अशोणिष्यत् -द् | अशोणिष्यताम् | अशोणिष्यन् |
| शोणिष्यसि | शोणिष्यथः | शोणिष्यथ | अशोणिष्यः | अशोणिष्यतम् | अशोणिष्यत |
| शोणिष्यामि | शोणिष्यावः | शोणिष्यामः | अशोणिष्यम् | अशोणिष्याव | अशोणिष्याम |

| शोणिता | शोणितारौ | शोणितारः | शोण्यात् -द् | शोण्यास्ताम् | शोण्यासुः |
| शोणितासि | शोणितास्थः | शोणितास्थ | शोण्याः | शोण्यास्तम् | शोण्यास्त |
| शोणितास्मि | शोणितास्वः | शोणितास्मः | शोण्यासम् | शोण्यास्व | शोण्यास्म |

| शुशोण | शुशोणतुः | शुशोणुः | अशोणीत् -द् | अशोणिष्टाम् | अशोणिषुः |
| शुशोणिथ | शुशोणथुः | शुशोण | अशोणीः | अशोणिष्टम् | अशोणिष्ट |
| शुशोण | शुशोणिव | शुशोणिम | अशोणिषम् | अशोणिष्व | अशोणिष्म |

**456 श्रोणृ सङ्घाते । श्रोणृँ । श्रोण् । श्रोणति । P । सेट् । अ० । collect, heap, accumulate**

| श्रोणति | श्रोणतः | श्रोणन्ति | अश्रोणत् -द् | अश्रोणताम् | अश्रोणन् |
| श्रोणसि | श्रोणथः | श्रोणथ | अश्रोणः | अश्रोणतम् | अश्रोणत |
| श्रोणामि | श्रोणावः | श्रोणामः | अश्रोणम् | अश्रोणाव | अश्रोणाम |

| श्रोणतु | श्रोणताम् | श्रोणन्तु | श्रोणेत् -द् | श्रोणेताम् | श्रोणेयुः |
| श्रोण | श्रोणतम् | श्रोणत | श्रोणेः | श्रोणेतम् | श्रोणेत |
| श्रोणानि | श्रोणाव | श्रोणाम | श्रोणेयम् | श्रोणेव | श्रोणेम |

| श्रोणिष्यति | श्रोणिष्यतः | श्रोणिष्यन्ति | अश्रोणिष्यत् -द् | अश्रोणिष्यताम् | अश्रोणिष्यन् |
| श्रोणिष्यसि | श्रोणिष्यथः | श्रोणिष्यथ | अश्रोणिष्यः | अश्रोणिष्यतम् | अश्रोणिष्यत |
| श्रोणिष्यामि | श्रोणिष्यावः | श्रोणिष्यामः | अश्रोणिष्यम् | अश्रोणिष्याव | अश्रोणिष्याम |

| श्रोणिता | श्रोणितारौ | श्रोणितारः | श्रोण्यात् -द् | श्रोण्यास्ताम् | श्रोण्यासुः |
| श्रोणितासि | श्रोणितास्थः | श्रोणितास्थ | श्रोण्याः | श्रोण्यास्तम् | श्रोण्यास्त |
| श्रोणितास्मि | श्रोणितास्वः | श्रोणितास्मः | श्रोण्यासम् | श्रोण्यास्व | श्रोण्यास्म |

| शुश्रोण | शुश्रोणतुः | शुश्रोणुः | अश्रोणीत् -द् | अश्रोणिष्टाम् | अश्रोणिषुः |

| | | | | | |
|---|---|---|---|---|---|
| शुश्रोणिथ | शुश्रोणथुः | शुश्रोण | अश्रोणीः | अश्रोणिष्टम् | अश्रोणिष्ट |
| शुश्रोण | शुश्रोणिव | शुश्रोणिम | अश्रोणिषम् | अश्रोणिष्व | अश्रोणिष्म |

457 **श्लोणृ च । सङ्घाते । श्लोणृँ । श्लोण् । श्लोणति** । P । **सेट्** । **अ०** । collect, gather

| | | | | | |
|---|---|---|---|---|---|
| **श्लोणति** | **श्लोणतः** | **श्लोणन्ति** | **अश्लोणत् -द्** | **अश्लोणताम्** | **अश्लोणन्** |
| **श्लोणसि** | **श्लोणथः** | **श्लोणथ** | **अश्लोणः** | **अश्लोणतम्** | **अश्लोणत** |
| **श्लोणामि** | **श्लोणावः** | **श्लोणामः** | **अश्लोणम्** | **अश्लोणाव** | **अश्लोणाम** |
| | | | | | |
| **श्लोणतु** | **श्लोणताम्** | **श्लोणन्तु** | **श्लोणेत् -द्** | **श्लोणेताम्** | **श्लोणेयुः** |
| **श्लोण** | **श्लोणतम्** | **श्लोणत** | **श्लोणेः** | **श्लोणेतम्** | **श्लोणेत** |
| **श्लोणानि** | **श्लोणाव** | **श्लोणाम** | **श्लोणेयम्** | **श्लोणेव** | **श्लोणेम** |
| | | | | | |
| **श्लोणिष्यति** | **श्लोणिष्यतः** | **श्लोणिष्यन्ति** | **अश्लोणिष्यत् -द्** | **अश्लोणिष्यताम्** | **अश्लोणिष्यन्** |
| **श्लोणिष्यसि** | **श्लोणिष्यथः** | **श्लोणिष्यथ** | **अश्लोणिष्यः** | **अश्लोणिष्यतम्** | **अश्लोणिष्यत** |
| **श्लोणिष्यामि** | **श्लोणिष्यावः** | **श्लोणिष्यामः** | **अश्लोणिष्यम्** | **अश्लोणिष्याव** | **अश्लोणिष्याम** |
| | | | | | |
| **श्लोणिता** | **श्लोणितारौ** | **श्लोणितारः** | **श्लोण्यात् -द्** | **श्लोण्यास्ताम्** | **श्लोण्यासुः** |
| **श्लोणितासि** | **श्लोणितास्थः** | **श्लोणितास्थ** | **श्लोण्याः** | **श्लोण्यास्तम्** | **श्लोण्यास्त** |
| **श्लोणितास्मि** | **श्लोणितास्वः** | **श्लोणितास्मः** | **श्लोण्यासम्** | **श्लोण्यास्व** | **श्लोण्यास्म** |
| | | | | | |
| **शुश्लोण** | **शुश्लोणतुः** | **शुश्लोणुः** | **अश्लोणीत् -द्** | **अश्लोणिष्टाम्** | **अश्लोणिषुः** |
| **शुश्लोणिथ** | **शुश्लोणथुः** | **शुश्लोण** | **अश्लोणीः** | **अश्लोणिष्टम्** | **अश्लोणिष्ट** |
| **शुश्लोण** | **शुश्लोणिव** | **शुश्लोणिम** | **अश्लोणिषम्** | **अश्लोणिष्व** | **अश्लोणिष्म** |

458 **पैणृ गतिप्रेरणश्लेषणेषु । प्रैणृ इत्यपि । पैणृँ । पैण् । पैणति** । P । **सेट्** । **स०** । permit, go, embrace

| | | | | | |
|---|---|---|---|---|---|
| पैणति | पैणतः | पैणन्ति | अपैणत् -द् | अपैणताम् | अपैणन् |
| पैणसि | पैणथः | पैणथ | अपैणः | अपैणतम् | अपैणत |
| पैणामि | पैणावः | पैणामः | अपैणम् | अपैणाव | अपैणाम |
| | | | | | |
| पैणतु | पैणताम् | पैणन्तु | पैणेत् -द् | पैणेताम् | पैणेयुः |
| पैण | पैणतम् | पैणत | पैणेः | पैणेतम् | पैणेत |
| पैणानि | पैणाव | पैणाम | पैणेयम् | पैणेव | पैणेम |
| | | | | | |
| पैणिष्यति | पैणिष्यतः | पैणिष्यन्ति | अपैणिष्यत् -द् | अपैणिष्यताम् | अपैणिष्यन् |
| पैणिष्यसि | पैणिष्यथः | पैणिष्यथ | अपैणिष्यः | अपैणिष्यतम् | अपैणिष्यत |
| पैणिष्यामि | पैणिष्यावः | पैणिष्यामः | अपैणिष्यम् | अपैणिष्याव | अपैणिष्याम |
| | | | | | |
| पैणिता | पैणितारौ | पैणितारः | पैण्यात् -द् | पैण्यास्ताम् | पैण्यासुः |
| पैणितासि | पैणितास्थः | पैणितास्थ | पैण्याः | पैण्यास्तम् | पैण्यास्त |

| | | | | | |
|---|---|---|---|---|---|
| पैणितास्मि | पैणितास्वः | पैणितास्मः | पैण्यासम् | पैण्यास्व | पैण्यास्म |

| | | | | | |
|---|---|---|---|---|---|
| पिपैण | पिपैणतुः | पिपैणुः | अपैणीत् -द् | अपैणिष्टाम् | अपैणिषुः |
| पिपैणिथ | पिपैणथुः | पिपैण | अपैणीः | अपैणिष्टम् | अपैणिष्ट |
| पिपैण | पिपैणिव | पिपैणिम | अपैणिषम् | अपैणिष्व | अपैणिष्म |

459 **ध्रण शब्दे । ध्रन । बण इत्यपि केचित् । ध्रणँ । ध्रण् । ध्रणति** । P । **सेट्** । **स०** । sound

| | | | | | |
|---|---|---|---|---|---|
| ध्रणति | ध्रणतः | ध्रणन्ति | अध्रणत् -द् | अध्रणताम् | अध्रणन् |
| ध्रणसि | ध्रणथः | ध्रणथ | अध्रणः | अध्रणतम् | अध्रणत |
| ध्रणामि | ध्रणावः | ध्रणामः | अध्रणम् | अध्रणाव | अध्रणाम |

| | | | | | |
|---|---|---|---|---|---|
| ध्रणतु | ध्रणताम् | ध्रणन्तु | ध्रणेत् -द् | ध्रणेताम् | ध्रणेयुः |
| ध्रण | ध्रणतम् | ध्रणत | ध्रणेः | ध्रणेतम् | ध्रणेत |
| ध्रणानि | ध्रणाव | ध्रणाम | ध्रणेयम् | ध्रणेव | ध्रणेम |

| | | | | | |
|---|---|---|---|---|---|
| ध्रणिष्यति | ध्रणिष्यतः | ध्रणिष्यन्ति | अध्रणिष्यत् -द् | अध्रणिष्यताम् | अध्रणिष्यन् |
| ध्रणिष्यसि | ध्रणिष्यथः | ध्रणिष्यथ | अध्रणिष्यः | अध्रणिष्यतम् | अध्रणिष्यत |
| ध्रणिष्यामि | ध्रणिष्यावः | ध्रणिष्यामः | अध्रणिष्यम् | अध्रणिष्याव | अध्रणिष्याम |

| | | | | | |
|---|---|---|---|---|---|
| ध्रणिता | ध्रणितारौ | ध्रणितारः | ध्रण्यात् -द् | ध्रण्यास्ताम् | ध्रण्यासुः |
| ध्रणितासि | ध्रणितास्थः | ध्रणितास्थ | ध्रण्याः | ध्रण्यास्तम् | ध्रण्यास्त |
| ध्रणितास्मि | ध्रणितास्वः | ध्रणितास्मः | ध्रण्यासम् | ध्रण्यास्व | ध्रण्यास्म |

| | | | | | |
|---|---|---|---|---|---|
| दध्राण | दध्रणतुः | दध्रणुः | अध्रणीत् -द् | अध्रणिष्टाम् | अध्रणिषुः |
| | | | अध्राणीत् -द् | अध्राणिष्टाम् | अध्राणिषुः |
| दध्रणिथ | दध्रणथुः | दध्रण | अध्रणीः | अध्रणिष्टम् | अध्रणिष्ट |
| | | | अध्राणीः | अध्राणिष्टम् | अध्राणिष्ट |
| दध्राण दध्रण | दध्रणिव | दध्रणिम | अध्रणिषम् | अध्रणिष्व | अध्रणिष्म |
| | | | अध्राणिषम् | अध्राणिष्व | अध्राणिष्म |

460 **कनी दीप्तिकान्तिगतिषु । कनीँ । कन् । कनति** । P । **सेट्** । **अ०** । shine, desire, come close

| | | | | | |
|---|---|---|---|---|---|
| कनति | कनतः | कनन्ति | अकनत् -द् | अकनताम् | अकनन् |
| कनसि | कनथः | कनथ | अकनः | अकनतम् | अकनत |
| कनामि | कनावः | कनामः | अकनम् | अकनाव | अकनाम |

| | | | | | |
|---|---|---|---|---|---|
| कनतु | कनताम् | कनन्तु | कनेत् -द् | कनेताम् | कनेयुः |
| कन | कनतम् | कनत | कनेः | कनेतम् | कनेत |
| कनानि | कनाव | कनाम | कनेयम् | कनेव | कनेम |

| | | | | | |
|---|---|---|---|---|---|
| कनिष्यति | कनिष्यतः | कनिष्यन्ति | अकनिष्यत् -द् | अकनिष्यताम् | अकनिष्यन् |
| कनिष्यसि | कनिष्यथः | कनिष्यथ | अकनिष्यः | अकनिष्यतम् | अकनिष्यत |
| कनिष्यामि | कनिष्यावः | कनिष्यामः | अकनिष्यम् | अकनिष्याव | अकनिष्याम |

| | | | | | |
|---|---|---|---|---|---|
| कनिता | कनितारौ | कनितारः | कन्यात् -द् | कन्यास्ताम् | कन्यासुः |
| कनितासि | कनितास्थः | कनितास्थ | कन्याः | कन्यास्तम् | कन्यास्त |
| कनितास्मि | कनितास्वः | कनितास्मः | कन्यासम् | कन्यास्व | कन्यास्म |
| | | | | | |
| चकान | चकनतुः | चकनुः | अकनीत् -द् | अकनिष्टाम् | अकनिषुः |
| | | | अकानीत् -द् | अकानिष्टाम् | अकानिषुः |
| चकनिथ | चकनथुः | चकन | अकनीः | अकनिष्टम् | अकनिष्ट |
| | | | अकानीः | अकानिष्टम् | अकानिष्ट |
| चकान चकन | चकनिव | चकनिम | अकनिषम् | अकनिष्व | अकनिष्म |
| | | | अकानिषम् | अकानिष्व | अकानिष्म |

461 ष्टन शब्दे । ष्टनँ । स्तन् । स्तनति । P । सेट् । अ० । sound loud, roar

| | | | | | |
|---|---|---|---|---|---|
| स्तनति | स्तनतः | स्तनन्ति | अस्तनत् -द् | अस्तनताम् | अस्तनन् |
| स्तनसि | स्तनथः | स्तनथ | अस्तनः | अस्तनतम् | अस्तनत |
| स्तनामि | स्तनावः | स्तनामः | अस्तनम् | अस्तनाव | अस्तनाम |
| | | | | | |
| स्तनतु | स्तनताम् | स्तनन्तु | स्तनेत् -द् | स्तनेताम् | स्तनेयुः |
| स्तन | स्तनतम् | स्तनत | स्तनेः | स्तनेतम् | स्तनेत |
| स्तनानि | स्तनाव | स्तनाम | स्तनेयम् | स्तनेव | स्तनेम |
| | | | | | |
| स्तनिष्यति | स्तनिष्यतः | स्तनिष्यन्ति | अस्तनिष्यत् -द् | अस्तनिष्यताम् | अस्तनिष्यन् |
| स्तनिष्यसि | स्तनिष्यथः | स्तनिष्यथ | अस्तनिष्यः | अस्तनिष्यतम् | अस्तनिष्यत |
| स्तनिष्यामि | स्तनिष्यावः | स्तनिष्यामः | अस्तनिष्यम् | अस्तनिष्याव | अस्तनिष्याम |
| | | | | | |
| स्तनिता | स्तनितारौ | स्तनितारः | स्तन्यात् -द् | स्तन्यास्ताम् | स्तन्यासुः |
| स्तनितासि | स्तनितास्थः | स्तनितास्थ | स्तन्याः | स्तन्यास्तम् | स्तन्यास्त |
| स्तनितास्मि | स्तनितास्वः | स्तनितास्मः | स्तन्यासम् | स्तन्यास्व | स्तन्यास्म |
| | | | | | |
| तस्तान | तस्तनतुः | तस्तनुः | अस्तनीत् -द् | अस्तनिष्टाम् | अस्तनिषुः |
| | | | अस्तानीत् -द् | अस्तानिष्टाम् | अस्तानिषुः |
| तस्तनिथ | तस्तनथुः | तस्तन | अस्तनीः | अस्तनिष्टम् | अस्तनिष्ट |
| | | | अस्तानीः | अस्तानिष्टम् | अस्तानिष्ट |
| तस्तान तस्तन | तस्तनिव | तस्तनिम | अस्तनिषम् | अस्तनिष्व | अस्तनिष्म |
| | | | अस्तानिषम् | अस्तानिष्व | अस्तानिष्म |

462 वन शब्दे । वनँ । वन् । वनति । P । सेट् । स० । sound

| | | | | | |
|---|---|---|---|---|---|
| वनति | वनतः | वनन्ति | अवनत् -द् | अवनताम् | अवनन् |
| वनसि | वनथः | वनथ | अवनः | अवनतम् | अवनत |

| वनामि | वनावः | वनामः | अवनम् | अवनाव | अवनाम |
| वनतु | वनताम् | वनन्तु | वनेत् -द् | वनेताम् | वनेयुः |
| वन | वनतम् | वनत | वनेः | वनेतम् | वनेत |
| वनानि | वनाव | वनाम | वनेयम् | वनेव | वनेम |
| वनिष्यति | वनिष्यतः | वनिष्यन्ति | अवनिष्यत् -द् | अवनिष्यताम् | अवनिष्यन् |
| वनिष्यसि | वनिष्यथः | वनिष्यथ | अवनिष्यः | अवनिष्यतम् | अवनिष्यत |
| वनिष्यामि | वनिष्यावः | वनिष्यामः | अवनिष्यम् | अवनिष्याव | अवनिष्याम |
| वनिता | वनितारौ | वनितारः | वन्यात् -द् | वन्यास्ताम् | वन्यासुः |
| वनितासि | वनितास्थः | वनितास्थ | वन्याः | वन्यास्तम् | वन्यास्त |
| वनितास्मि | वनितास्वः | वनितास्मः | वन्यासम् | वन्यास्व | वन्यास्म |
| ववान | ववनतुः | ववनुः | अवनीत् -द् | अवनिष्टाम् | अवनिषुः |
| | | | अवानीत् -द् | अवानिष्टाम् | अवानिषुः |
| ववनिथ | ववनथुः | ववन | अवनीः | अवनिष्टम् | अवनिष्ट |
| | | | अवानीः | अवानिष्टम् | अवानिष्ट |
| ववान ववन | ववनिव | ववनिम | अवनिषम् | अवनिष्व | अवनिष्म |
| | | | अवानिषम् | अवानिष्व | अवानिष्म |

463 वन सम्भक्तौ । वनँ । वन् । वनति । P । सेट् । स० । serve, help, be in trouble

| वनति | वनतः | वनन्ति | अवनत् -द् | अवनताम् | अवनन् |
| वनसि | वनथः | वनथ | अवनः | अवनतम् | अवनत |
| वनामि | वनावः | वनामः | अवनम् | अवनाव | अवनाम |
| वनतु | वनताम् | वनन्तु | वनेत् -द् | वनेताम् | वनेयुः |
| वन | वनतम् | वनत | वनेः | वनेतम् | वनेत |
| वनानि | वनाव | वनाम | वनेयम् | वनेव | वनेम |
| वनिष्यति | वनिष्यतः | वनिष्यन्ति | अवनिष्यत् -द् | अवनिष्यताम् | अवनिष्यन् |
| वनिष्यसि | वनिष्यथः | वनिष्यथ | अवनिष्यः | अवनिष्यतम् | अवनिष्यत |
| वनिष्यामि | वनिष्यावः | वनिष्यामः | अवनिष्यम् | अवनिष्याव | अवनिष्याम |
| वनिता | वनितारौ | वनितारः | वन्यात् -द् | वन्यास्ताम् | वन्यासुः |
| वनितासि | वनितास्थः | वनितास्थ | वन्याः | वन्यास्तम् | वन्यास्त |
| वनितास्मि | वनितास्वः | वनितास्मः | वन्यासम् | वन्यास्व | वन्यास्म |
| ववान | ववनतुः | ववनुः | अवनीत् -द् | अवनिष्टाम् | अवनिषुः |
| | | | अवानीत् -द् | अवानिष्टाम् | अवानिषुः |
| ववनिथ | ववनथुः | ववन | अवनीः | अवनिष्टम् | अवनिष्ट |
| | | | अवानीः | अवानिष्टम् | अवानिष्ट |

| | | | | | | |
|---|---|---|---|---|---|---|
| ववान ववन | | ववनिव | ववनिम | अवनिषम् | अवनिष्व | अवनिष्म |
| | | | | अवानिषम् | अवानिष्व | अवानिष्म |

**464** षण सम्भक्तौ । षणँ । सन् । सनति । P । सेट् । स० । love, serve, worship
6.1.64 धात्वादेः षः सः । निमित्तापाये नैमित्तिकस्याप्यपायः इति परिभाषाम् षस्य सः णस्य नः ।
6.4.43 ये विभाषा ।

| | | | | | |
|---|---|---|---|---|---|
| सनति | सनतः | सनन्ति | असनत् -द् | असनताम् | असनन् |
| सनसि | सनथः | सनथ | असनः | असनतम् | असनत |
| सनामि | सनावः | सनामः | असनम् | असनाव | असनाम |
| | | | | | |
| सनतु | सनताम् | सनन्तु | सनेत् -द् | सनेताम् | सनेयुः |
| सन | सनतम् | सनत | सनेः | सनेतम् | सनेत |
| सनानि | सनाव | सनाम | सनेयम् | सनेव | सनेम |
| | | | | | |
| सनिष्यति | सनिष्यतः | सनिष्यन्ति | असनिष्यत् -द् | असनिष्यताम् | असनिष्यन् |
| सनिष्यसि | सनिष्यथः | सनिष्यथ | असनिष्यः | असनिष्यतम् | असनिष्यत |
| सनिष्यामि | सनिष्यावः | सनिष्यामः | असनिष्यम् | असनिष्याव | असनिष्याम |
| | | | | | |
| सनिता | सनितारौ | सनितारः | सन्यात् -द् | सन्यास्ताम् | सन्यासुः |
| | | | सायात् -द् | सायास्ताम् | सायासुः |
| सनितासि | सनितास्थः | सनितास्थ | सन्याः | सन्यास्तम् | सन्यास्त |
| | | | सायाः | सायास्तम् | सायास्त |
| सनितास्मि | सनितास्वः | सनितास्मः | सन्यासम् | सन्यास्व | सन्यास्म |
| | | | सायासम् | सायास्व | सायास्म |
| | | | | | |
| ससान | सेनतुः | सेनुः | असनीत् -द् | असनिष्टाम् | असनिषुः |
| | | | असानीत् -द् | असानिष्टाम् | असानिषुः |
| सेनिथ | सेनथुः | सेन | असनीः | असनिष्टम् | असनिष्ट |
| | | | असानीः | असानिष्टम् | असानिष्ट |
| ससान ससन | सेनिव | सेनिम | असनिषम् | असनिष्व | असनिष्म |
| | | | असानिषम् | असानिष्व | असानिष्म |

**465** अम गत्यादिषु । गतौ, शब्दे, सम्भक्तौ इत्यर्थः । अमँ । अम् । अमति । P । सेट् । स० । go, eat, sound, serve 6.4.15 अनुनासिकस्य० । 8.3.24 नश्चापदान्तस्य० । 8.4.58 अनुस्वारस्य० । 7.2.28 रुष्यमत्वरसंघुषस्वनाम् । इति निष्ठायाम् इट् विकल्पः ।

| | | | | | |
|---|---|---|---|---|---|
| अमति | अमतः | अमन्ति | आमत् -द् | आमताम् | आमन् |
| अमसि | अमथः | अमथ | आमः | आमतम् | आमत |
| अमामि | अमावः | अमामः | आमम् | आमाव | आमाम |
| | | | | | |
| अमतु | अमताम् | अमन्तु | अमेत् -द् | अमेताम् | अमेयुः |
| अम | अमतम् | अमत | अमेः | अमेतम् | अमेत |

| | | | | | |
|---|---|---|---|---|---|
| अमानि | अमाव | अमाम | अमेयम् | अमेव | अमेम |

| | | | | | |
|---|---|---|---|---|---|
| अमिष्यति | अमिष्यतः | अमिष्यन्ति | आमिष्यत् -द् | आमिष्यताम् | आमिष्यन् |
| अमिष्यसि | अमिष्यथः | अमिष्यथ | आमिष्यः | आमिष्यतम् | आमिष्यत |
| अमिष्यामि | अमिष्यावः | अमिष्यामः | आमिष्यम् | आमिष्याव | आमिष्याम |

| | | | | | |
|---|---|---|---|---|---|
| अमिता | अमितारौ | अमितारः | अम्यात् -द् | अम्यास्ताम् | अम्यासुः |
| अमितासि | अमितास्थः | अमितास्थ | अम्याः | अम्यास्तम् | अम्यास्त |
| अमितास्मि | अमितास्वः | अमितास्मः | अम्यासम् | अम्यास्व | अम्यास्म |

| | | | | | |
|---|---|---|---|---|---|
| आम | आमतुः | आमुः | आमीत् -द् | आमिष्टाम् | आमिषुः |
| आमिथ | आमथुः | आम | आमीः | आमिष्टम् | आमिष्ट |
| आम | आमिव | आमिम | आमिषम् | आमिष्व | आमिष्म |

466 द्रम गतौ । द्रमँ । द्रम् । द्रमति । P । सेट् । स० । go about, run about 8.4.2
7.2.5 ह्म्यन्तक्षणश्वसजागृणिश्व्येदिताम् । इति लुङि वृद्धिः निषेधः ।

| | | | | | |
|---|---|---|---|---|---|
| द्रमति | द्रमतः | द्रमन्ति | अद्रमत् -द् | अद्रमताम् | अद्रमन् |
| द्रमसि | द्रमथः | द्रमथ | अद्रमः | अद्रमतम् | अद्रमत |
| द्रमामि | द्रमावः | द्रमामः | अद्रमम् | अद्रमाव | अद्रमाम |

| | | | | | |
|---|---|---|---|---|---|
| द्रमतु | द्रमताम् | द्रमन्तु | द्रमेत् -द् | द्रमेताम् | द्रमेयुः |
| द्रम | द्रमतम् | द्रमत | द्रमेः | द्रमेतम् | द्रमेत |
| द्रमाणि | द्रमाव | द्रमाम | द्रमेयम् | द्रमेव | द्रमेम |

| | | | | | |
|---|---|---|---|---|---|
| द्रमिष्यति | द्रमिष्यतः | द्रमिष्यन्ति | अद्रमिष्यत् -द् | अद्रमिष्यताम् | अद्रमिष्यन् |
| द्रमिष्यसि | द्रमिष्यथः | द्रमिष्यथ | अद्रमिष्यः | अद्रमिष्यतम् | अद्रमिष्यत |
| द्रमिष्यामि | द्रमिष्यावः | द्रमिष्यामः | अद्रमिष्यम् | अद्रमिष्याव | अद्रमिष्याम |

| | | | | | |
|---|---|---|---|---|---|
| द्रमिता | द्रमितारौ | द्रमितारः | द्रम्यात् -द् | द्रम्यास्ताम् | द्रम्यासुः |
| द्रमितासि | द्रमितास्थः | द्रमितास्थ | द्रम्याः | द्रम्यास्तम् | द्रम्यास्त |
| द्रमितास्मि | द्रमितास्वः | द्रमितास्मः | द्रम्यासम् | द्रम्यास्व | द्रम्यास्म |

| | | | | | |
|---|---|---|---|---|---|
| दद्राम | दद्रमतुः | दद्रमुः | अद्रमीत् -द् | अद्रमिष्टाम् | अद्रमिषुः |
| दद्रमिथ | दद्रमथुः | दद्रम | अद्रमीः | अद्रमिष्टम् | अद्रमिष्ट |
| दद्राम दद्रम | दद्रमिव | दद्रमिम | अद्रमिषम् | अद्रमिष्व | अद्रमिष्म |

467 हम्म गतौ । हम्मँ । हम्म् । हम्मति । P । सेट् । स० । move 6.4.24 अनिदितां० ।

| | | | | | |
|---|---|---|---|---|---|
| हम्मति | हम्मतः | हम्मन्ति | अहम्मत् -द् | अहम्मताम् | अहम्मन् |
| हम्मसि | हम्मथः | हम्मथ | अहम्मः | अहम्मतम् | अहम्मत |
| हम्मामि | हम्मावः | हम्मामः | अहम्मम् | अहम्माव | अहम्माम |

| | | | | | |
|---|---|---|---|---|---|
| हम्मतु | हम्मताम् | हम्मन्तु | हम्मेत् -द् | हम्मेताम् | हम्मेयुः |

| | | | | | |
|---|---|---|---|---|---|
| हम्म | हम्मतम् | हम्मत | हम्मेः | हम्मेतम् | हम्मेत |
| हम्मानि | हम्माव | हम्माम | हम्मेयम् | हम्मेव | हम्मेम |

| | | | | | |
|---|---|---|---|---|---|
| हम्मिष्यति | हम्मिष्यतः | हम्मिष्यन्ति | अहम्मिष्यत् -द् | अहम्मिष्यताम् | अहम्मिष्यन् |
| हम्मिष्यसि | हम्मिष्यथः | हम्मिष्यथ | अहम्मिष्यः | अहम्मिष्यतम् | अहम्मिष्यत |
| हम्मिष्यामि | हम्मिष्यावः | हम्मिष्यामः | अहम्मिष्यम् | अहम्मिष्याव | अहम्मिष्याम |

| | | | | | |
|---|---|---|---|---|---|
| हम्मिता | हम्मितारौ | हम्मितारः | हम्यात् -द् | हम्यास्ताम् | हम्यासुः |
| हम्मितासि | हम्मितास्थः | हम्मितास्थ | हम्याः | हम्यास्तम् | हम्यास्त |
| हम्मितास्मि | हम्मितास्वः | हम्मितास्मः | हम्यासम् | हम्यास्व | हम्यास्म |

| | | | | | |
|---|---|---|---|---|---|
| जहम्म | जहम्मतुः | जहम्मुः | अहम्मीत् -द् | अहम्मिष्टाम् | अहम्मिषुः |
| जहम्मिथ | जहम्मथुः | जहम्म | अहम्मीः | अहम्मिष्टम् | अहम्मिष्ट |
| जहम्म | जहम्मिव | जहम्मिम | अहम्मिषम् | अहम्मिष्व | अहम्मिष्म |

468 **मीमृ गतौ । मीमृ शब्दे च । मीमृँ । मीम् । मीमति** । P । **सेट्** । **स०*** । go, make sound

| | | | | | |
|---|---|---|---|---|---|
| मीमति | मीमतः | मीमन्ति | अमीमत् -द् | अमीमताम् | अमीमन् |
| मीमसि | मीमथः | मीमथ | अमीमः | अमीमतम् | अमीमत |
| मीमामि | मीमावः | मीमामः | अमीमम् | अमीमाव | अमीमाम |

| | | | | | |
|---|---|---|---|---|---|
| मीमतु | मीमताम् | मीमन्तु | मीमेत् -द् | मीमेताम् | मीमेयुः |
| मीम | मीमतम् | मीमत | मीमेः | मीमेतम् | मीमेत |
| मीमानि | मीमाव | मीमाम | मीमेयम् | मीमेव | मीमेम |

| | | | | | |
|---|---|---|---|---|---|
| मीमिष्यति | मीमिष्यतः | मीमिष्यन्ति | अमीमिष्यत् -द् | अमीमिष्यताम् | अमीमिष्यन् |
| मीमिष्यसि | मीमिष्यथः | मीमिष्यथ | अमीमिष्यः | अमीमिष्यतम् | अमीमिष्यत |
| मीमिष्यामि | मीमिष्यावः | मीमिष्यामः | अमीमिष्यम् | अमीमिष्याव | अमीमिष्याम |

| | | | | | |
|---|---|---|---|---|---|
| मीमिता | मीमितारौ | मीमितारः | मीम्यात् -द् | मीम्यास्ताम् | मीम्यासुः |
| मीमितासि | मीमितास्थः | मीमितास्थ | मीम्याः | मीम्यास्तम् | मीम्यास्त |
| मीमितास्मि | मीमितास्वः | मीमितास्मः | मीम्यासम् | मीम्यास्व | मीम्यास्म |

| | | | | | |
|---|---|---|---|---|---|
| मिमीम | मिमीमतुः | मिमीमुः | अमीमीत् -द् | अमीमिष्टाम् | अमीमिषुः |
| मिमीमिथ | मिमीमथुः | मिमीम | अमीमीः | अमीमिष्टम् | अमीमिष्ट |
| मिमीम | मिमीमिव | मिमीमिम | अमीमिषम् | अमीमिष्व | अमीमिष्म |

469 **चमु अदने । आङ् पूर्वकः । चमुँ । चम् । चमति , आचामति** । P । **सेट्** । **स०** । drink, sip.
7.3.75 **ष्ठिवुक्लमुचमां शिति । वा० आङि चम इति वक्तव्यम्** । With particle **आङ्** Root vowel is lengthened before Sarvadhatuka affixes.

| | | | | | |
|---|---|---|---|---|---|
| **चमति** | चमतः | चमन्ति | अचमत् -द् | अचमताम् | अचमन् |
| **आचामति** | आचामतः | आचामन्ति | आचामत् -द् | आचामताम् | आचामन् |

| | | | | | | |
|---|---|---|---|---|---|---|
| चमसि | चमथः | चमथ | अचमः | अचमतम् | अचमत | |
| आचामसि | आचामथः | आचामथ | आचामः | आचामतम् | आचामत | |
| चमामि | चमावः | चमामः | अचमम् | अचमाव | अचमाम | |
| आचामामि | आचामावः | आचामामः | आचामम् | आचामाव | आचामाम | |

| | | | | | |
|---|---|---|---|---|---|
| चमतु चमतात् -द् | चमताम् | चमन्तु | चमेत् -द् | चमेताम् | चमेयुः |
| आचामतु आचामतात् -द् | आचामताम् | आचामन्तु | आचामेत् -द् | आचामेताम् | आचामेयुः |
| चम चमतात् -द् | चमतम् | चमत | चमेः | चमेतम् | चमेत |
| आचाम आचामतात् -द् | आचामतम् | आचामत | आचामेः | आचामेतम् | आचामेत |
| चमानि | चमाव | चमाम | चमेयम् | चमेव | चमेम |
| आचामानि | आचामाव | आचामाम | आचामेयम् | आचामेव | आचामेम |

| | | | | | |
|---|---|---|---|---|---|
| चमिष्यति | चमिष्यतः | चमिष्यन्ति | अचमिष्यत् -द् | अचमिष्यताम् | अचमिष्यन् |
| आचमिष्यति | आचमिष्यतः | आचमिष्यन्ति | आचमिष्यत् -द् | आचमिष्यताम् | आचमिष्यन् |
| चमिष्यसि | चमिष्यथः | चमिष्यथ | अचमिष्यः | अचमिष्यतम् | अचमिष्यत |
| आचमिष्यसि | आचमिष्यथः | आचमिष्यथ | आचमिष्यः | आचमिष्यतम् | आचमिष्यत |
| चमिष्यामि | चमिष्यावः | चमिष्यामः | अचमिष्यम् | अचमिष्याव | अचमिष्याम |
| आचमिष्यामि | आचमिष्यावः | आचमिष्यामः | आचमिष्यम् | आचमिष्याव | आचमिष्याम |

| | | | | | |
|---|---|---|---|---|---|
| चमिता | चमितारौ | चमितारः | चम्यात् -द् | चम्यास्ताम् | चम्यासुः |
| आचमिता | आचमितारौ | आचमितारः | आचम्यात् -द् | आचम्यास्ताम् | आचम्यासुः |
| चमितासि | चमितास्थः | चमितास्थ | चम्याः | चम्यास्तम् | चम्यास्त |
| आचमितासि | आचमितास्थः | आचमितास्थ | आचम्याः | आचम्यास्तम् | आचम्यास्त |
| चमितास्मि | चमितास्वः | चमितास्मः | चम्यासम् | चम्यास्व | चम्यास्म |
| आचमितास्मि | आचमितास्वः | आचमितास्मः | आचम्यासम् | आचम्यास्व | आचम्यास्म |

| | | | | | |
|---|---|---|---|---|---|
| चचाम | चेमतुः | चेमुः | अचमीत् -द् | अचमिष्टाम् | अचमिषुः |
| आचचाम | आचेमतुः | आचेमुः | आचमीत् -द् | आचमिष्टाम् | आचमिषुः |
| चेमिथ | चेमथुः | चेम | अचमीः | अचमिष्टम् | अचमिष्ट |
| आचेमिथ | आचेमथुः | आचेम | आचमीः | आचमिष्टम् | आचमिष्ट |
| चचाम चचम | चेमिव | चेमिम | अचमिषम् | अचमिष्व | अचमिष्म |
| आचचाम आचचम | आचेमिव | आचेमिम | आचमिषम् | आचमिष्व | आचमिष्म |

470 छमु अदने । छमुँ । छम् । छमति । P । सेट् । स० । eat 6.1.73 8.4.40

| | | | | | |
|---|---|---|---|---|---|
| छमति | छमतः | छमन्ति | अच्छमत् -द् | अच्छमताम् | अच्छमन् |
| छमसि | छमथः | छमथ | अच्छमः | अच्छमतम् | अच्छमत |
| छमामि | छमावः | छमामः | अच्छमम् | अच्छमाव | अच्छमाम |

| | | | | | |
|---|---|---|---|---|---|
| छमतु | छमताम् | छमन्तु | छमेत् -द् | छमेताम् | छमेयुः |
| छम | छमतम् | छमत | छमेः | छमेतम् | छमेत |
| छमानि | छमाव | छमाम | छमेयम् | छमेव | छमेम |

| | | | | | |
|---|---|---|---|---|---|
| छमिष्यति | छमिष्यतः | छमिष्यन्ति | अच्छमिष्यत् -द् | अच्छमिष्यताम् | अच्छमिष्यन् |
| छमिष्यसि | छमिष्यथः | छमिष्यथ | अच्छमिष्यः | अच्छमिष्यतम् | अच्छमिष्यत |
| छमिष्यामि | छमिष्यावः | छमिष्यामः | अच्छमिष्यम् | अच्छमिष्याव | अच्छमिष्याम |

| | | | | | |
|---|---|---|---|---|---|
| छमिता | छमितारौ | छमितारः | छम्यात् -द् | छम्यास्ताम् | छम्यासुः |
| छमितासि | छमितास्थः | छमितास्थ | छम्याः | छम्यास्तम् | छम्यास्त |
| छमितास्मि | छमितास्वः | छमितास्मः | छम्यासम् | छम्यास्व | छम्यास्म |

| | | | | | |
|---|---|---|---|---|---|
| चच्छाम | चच्छमतुः | चच्छमुः | अच्छमीत् -द् | अच्छमिष्टाम् | अच्छमिषुः |
| चच्छमिथ | चच्छमथुः | चच्छम | अच्छमीः | अच्छमिष्टम् | अच्छमिष्ट |
| चच्छाम चच्छम | चच्छमिव | चच्छमिम | अच्छमिषम् | अच्छमिष्व | अच्छमिष्म |

471 जमु अदने । जमुँ । जम् । जमति । P । सेट् । स० । eat

| | | | | | |
|---|---|---|---|---|---|
| जमति | जमतः | जमन्ति | अजमत् -द् | अजमताम् | अजमन् |
| जमसि | जमथः | जमथ | अजमः | अजमतम् | अजमत |
| जमामि | जमावः | जमामः | अजमम् | अजमाव | अजमाम |

| | | | | | |
|---|---|---|---|---|---|
| जमतु | जमताम् | जमन्तु | जमेत् -द् | जमेताम् | जमेयुः |
| जम | जमतम् | जमत | जमेः | जमेतम् | जमेत |
| जमानि | जमाव | जमाम | जमेयम् | जमेव | जमेम |

| | | | | | |
|---|---|---|---|---|---|
| जमिष्यति | जमिष्यतः | जमिष्यन्ति | अजमिष्यत् -द् | अजमिष्यताम् | अजमिष्यन् |
| जमिष्यसि | जमिष्यथः | जमिष्यथ | अजमिष्यः | अजमिष्यतम् | अजमिष्यत |
| जमिष्यामि | जमिष्यावः | जमिष्यामः | अजमिष्यम् | अजमिष्याव | अजमिष्याम |

| | | | | | |
|---|---|---|---|---|---|
| जमिता | जमितारौ | जमितारः | जम्यात् -द् | जम्यास्ताम् | जम्यासुः |
| जमितासि | जमितास्थः | जमितास्थ | जम्याः | जम्यास्तम् | जम्यास्त |
| जमितास्मि | जमितास्वः | जमितास्मः | जम्यासम् | जम्यास्व | जम्यास्म |

| | | | | | |
|---|---|---|---|---|---|
| जजाम | जेमतुः | जेमुः | अजमीत् -द् | अजमिष्टाम् | अजमिषुः |
| जेमिथ | जेमथुः | जेम | अजमीः | अजमिष्टम् | अजमिष्ट |
| जजाम जजम | जेमिव | जेमिम | अजमिषम् | अजमिष्व | अजमिष्म |

472 झमु अदने । जिमु इति केचित् । झमँ । झम् । झमति । P । सेट् । स० । eat, swallow

| | | | | | |
|---|---|---|---|---|---|
| झमति | झमतः | झमन्ति | अझमत् -द् | अझमताम् | अझमन् |

| | | | | | |
|---|---|---|---|---|---|
| झमसि | झमथः | झमथ | अझमः | अझमतम् | अझमत |
| झमामि | झमावः | झमामः | अझमम् | अझमाव | अझमाम |

| | | | | | |
|---|---|---|---|---|---|
| झमतु | झमताम् | झमन्तु | झमेत् -द् | झमेताम् | झमेयुः |
| झम | झमतम् | झमत | झमेः | झमेतम् | झमेत |
| झमानि | झमाव | झमाम | झमेयम् | झमेव | झमेम |

| | | | | | |
|---|---|---|---|---|---|
| झमिष्यति | झमिष्यतः | झमिष्यन्ति | अझमिष्यत् -द् | अझमिष्यताम् | अझमिष्यन् |
| झमिष्यसि | झमिष्यथः | झमिष्यथ | अझमिष्यः | अझमिष्यतम् | अझमिष्यत |
| झमिष्यामि | झमिष्यावः | झमिष्यामः | अझमिष्यम् | अझमिष्याव | अझमिष्याम |

| | | | | | |
|---|---|---|---|---|---|
| झमिता | झमितारौ | झमितारः | झम्यात् -द् | झम्यास्ताम् | झम्यासुः |
| झमितासि | झमितास्थः | झमितास्थ | झम्याः | झम्यास्तम् | झम्यास्त |
| झमितास्मि | झमितास्वः | झमितास्मः | झम्यासम् | झम्यास्व | झम्यास्म |

| | | | | | |
|---|---|---|---|---|---|
| जझाम | जझमतुः | जझमुः | अझमीत् -द् | अझमिष्टाम् | अझमिषुः |
| जझमिथ | जझमथुः | जझम | अझमीः | अझमिष्टम् | अझमिष्ट |
| जझाम जझम | जझमिव | जझमिम | अझमिषम् | अझमिष्व | अझमिष्म |

473 क्रमु पादविक्षेपे । चरणसश्चालनम् । क्रमुँ । क्रम् । क्रामति / क्रमते , क्राम्यति । P । सेट् । स० । walk,step, go fearlessly, protect, grow । 7.3.76 क्रमः परस्मैपदेषु , इति दीर्घः शिति परतः । 3.1.70 वा भ्राशभ्लाशभ्रमुक्रमुक्लमुत्रसित्रुटिलषः , इति पक्षे श्यन् । 1.3.43 अनुपसर्गाद्वा । इति आत्मनेपदम् ।

**Parasmaipadi Table**

| लट् 1 Present Tense पक्षे श्यन् | | | लङ् 2 Imperfect Past Tense पक्षे श्यन् | | |
|---|---|---|---|---|---|
| क्रामति , | क्रामतः , | क्रामन्ति , | अक्रामत् -द् , | अक्रामताम् , | अक्रामन् , |
| क्राम्यति | क्राम्यतः | क्राम्यन्ति | अक्राम्यत् -द् | अक्राम्यताम् | अक्राम्यन् |
| क्रामसि , | क्रामथः , | क्रामथ , | अक्रामः , | अक्रामतम् , | अक्रामत , |
| क्राम्यसि | क्राम्यथः | क्राम्यथ | अक्राम्यः | अक्राम्यतम् | अक्राम्यत |
| क्रामामि , | क्रामावः , | क्रामामः , | अक्रामम् , | अक्रामाव , | अक्रामाम , |
| क्राम्यामि | क्राम्यावः | क्राम्यामः | अक्राम्यम् | अक्राम्याव | अक्राम्याम |

| लोट् 3 Imperative Mood 8.4.2 | | | विधिलिङ् 4 Potential Mood | | |
|---|---|---|---|---|---|
| क्रामतु , | क्रामताम् , | क्रामन्तु , | क्रामेत् -द् , | क्रामेताम् , | क्रामेयुः , |
| क्राम्यतु | क्राम्यताम् | क्राम्यन्तु | क्राम्येत् -द् | क्राम्येताम् | क्राम्येयुः |
| क्राम , | क्रामतम् , | क्रामत , | क्रामेः , | क्रामेतम् , | क्रामेत , |
| क्राम्य | क्राम्यतम् | क्राम्यत | क्राम्येः | क्राम्येतम् | क्राम्येत |
| क्रामाणि , | क्रामाव , | क्रामाम , | क्रामेयम् , | क्रामेव , | क्रामेम , |
| क्राम्याणि | क्राम्याव | क्राम्याम | क्राम्येयम् | क्राम्येव | क्राम्येम |

लृट् 5 Simple Future Tense

| | | |
|---|---|---|
| क्रमिष्यति | क्रमिष्यतः | क्रमिष्यन्ति |
| क्रमिष्यसि | क्रमिष्यथः | क्रमिष्यथ |
| क्रमिष्यामि | क्रमिष्यावः | क्रमिष्यामः |

लृङ् 6 Conditional Mood

| | | |
|---|---|---|
| अक्रमिष्यत् -द् | अक्रमिष्यताम् | अक्रमिष्यन् |
| अक्रमिष्यः | अक्रमिष्यतम् | अक्रमिष्यत |
| अक्रमिष्यम् | अक्रमिष्याव | अक्रमिष्याम |

लुट् 7 Periphrastic Future Tense

| | | |
|---|---|---|
| क्रमिता | क्रमितारौ | क्रमितारः |
| क्रमितासि | क्रमितास्थः | क्रमितास्थ |
| क्रमितास्मि | क्रमितास्वः | क्रमितास्मः |

आशीर्लिङ् 8 Benedictive Mood

| | | |
|---|---|---|
| क्रम्यात् -द् | क्रम्यास्ताम् | क्रम्यासुः |
| क्रम्याः | क्रम्यास्तम् | क्रम्यास्त |
| क्रम्यासम् | क्रम्यास्व | क्रम्यास्म |

लिट् 9 Perfect Past Tense

| | | |
|---|---|---|
| चक्राम | चक्रमतुः | चक्रमुः |
| चक्रमिथ | चक्रमथुः | चक्रम |
| चक्राम चक्रम | चक्रमिव | चक्रमिम |

लुङ् 10 Aorist Past Tense

| | | |
|---|---|---|
| अक्रमीत् -द् | अक्रमिष्टाम् | अक्रमिषुः |
| अक्रमीः | अक्रमिष्टम् | अक्रमिष्ट |
| अक्रमिषम् | अक्रमिष्व | अक्रमिष्म |

**Atmanepadi Table** पक्षे श्यन् । 7.2.36 स्नुक्रमोरनात्मनेपदनिमित्ते । इट् निषेधः ।

लट् 1 Present Tense

| | | |
|---|---|---|
| क्रमते , | क्रमेते , | क्रमन्ते , |
| क्रम्यते | क्रम्येते | क्रम्यन्ते |
| क्रमसे , | क्रमेथे , | क्रमध्वे , |
| क्रम्यसे | क्रम्येथे | क्रम्यध्वे |
| क्रमे , | क्रमावहे , | क्रमामहे , |
| क्रम्ये | क्रम्यावहे | क्रम्यामहे |

लङ् 2 Imperfect Past Tense

| | | |
|---|---|---|
| अक्रमत , | अक्रमेताम् , | अक्रमन्त , |
| अक्रम्यत | अक्रम्येताम् | अक्रम्यन्त |
| अक्रमथाः , | अक्रमेथाम् , | अक्रमध्वम् , |
| अक्रम्यथाः | अक्रम्येथाम् | अक्रम्यध्वम् |
| अक्रमे , | अक्रमावहि , | अक्रमामहि , |
| अक्रम्ये | अक्रम्यावहि | अक्रम्यामहि |

लोट् 3 Imperative Mood

| | | |
|---|---|---|
| क्रमताम् , | क्रमेताम् , | क्रमन्ताम् , |
| क्रम्यताम् | क्रम्येताम् | क्रम्यन्ताम् |
| क्रमस्व , | क्रमेथाम् , | क्रमध्वम् , |
| क्रम्यस्व | क्रम्येथाम् | क्रम्यध्वम् |
| क्रमै , | क्रमावहै , | क्रमामहै , |
| क्रम्यै | क्रम्यावहै | क्रम्यामहै |

विधिलिङ् 4 Potential Mood

| | | |
|---|---|---|
| क्रमेत , | क्रमेयाताम् , | क्रमेरन् , |
| क्रम्येत | क्रम्येयाताम् | क्रम्येरन् |
| क्रमेथाः , | क्रमेयाथाम् , | क्रमेध्वम् , |
| क्रम्येथाः | क्रम्येयाथाम् | क्रम्येध्वम् |
| क्रमेय , | क्रमेवहि , | क्रमेमहि , |
| क्रम्येय | क्रम्येवहि | क्रम्येमहि |

लृट् 5 Simple Future Tense

| | | |
|---|---|---|
| क्रंस्यते | क्रंस्येते | क्रंस्यन्ते |
| क्रंस्यसे | क्रंस्येथे | क्रंस्यध्वे |
| क्रंस्ये | क्रंस्यावहे | क्रंस्यामहे |

लृङ् 6 Conditional Mood

| | | |
|---|---|---|
| अक्रंस्यत | अक्रंस्येताम् | अक्रंस्यन्त |
| अक्रंस्यथाः | अक्रंस्येथाम् | अक्रंस्यध्वम् |
| अक्रंस्ये | अक्रंस्यावहि | अक्रंस्यामहि |

लुट् 7 Periphrastic Future Tense

| | | |
|---|---|---|
| क्रन्ता | क्रन्तारौ | क्रन्तारः |
| क्रन्तासे | क्रन्तासाथे | क्रन्ताध्वे |
| क्रन्ताहे | क्रन्तास्वहे | क्रन्तास्महे |

आशीर्लिङ् 8 Benedictive Mood

| | | |
|---|---|---|
| क्रंसीष्ट | क्रंसीयास्ताम् | क्रंसीरन् |
| क्रंसीष्ठाः | क्रंसीयास्थाम् | क्रंसीध्वम् |
| क्रंसीय | क्रंसीवहि | क्रंसीमहि |

लिट् 9 Perfect Past Tense

| | | |
|---|---|---|
| चक्रमे | चक्रमाते | चक्रमिरे |
| चक्रमिषे | चक्रमाथे | चक्रमिध्वे |
| चक्रमे | चक्रमिवहे | चक्रमिमहे |

लुङ् 10 Aorist Past Tense

| | | |
|---|---|---|
| अक्रंस्त | अक्रंसाताम् | अक्रंसत |
| अक्रंस्थाः | अक्रंसाथाम् | अक्रन्ध्वम् |
| अक्रंसि | अक्रंस्वहि | अक्रंस्महि |

444 अणादयः उदात्ताः उदात्तेतः परस्मैभाषाः ।

## 474 अथ रेवत्यन्ताः आत्मनेपदिनः चत्वारिंशत् ।

474 अय गतौ । अयँ । अय् । अयते । A* । सेट् । स० । go 3.1.37 दयायासश्च। 8.3.79 विभाषेटः।

लट् 1 Present Tense

| | | |
|---|---|---|
| अयते | अयेते | अयन्ते |
| अयसे | अयेथे | अयध्वे |
| अये | अयावहे | अयामहे |

लङ् 2 Imperfect Past Tense

| | | |
|---|---|---|
| आयत | आयेताम् | आयन्त |
| आयथाः | आयेथाम् | आयध्वम् |
| आये | आयावहि | आयामहि |

लोट् 3 Imperative Mood

| | | |
|---|---|---|
| अयताम् | अयेताम् | अयन्ताम् |
| अयस्व | अयेथाम् | अयध्वम् |
| अयै | अयावहै | अयामहै |

विधिलिङ् 4 Potential Mood

| | | |
|---|---|---|
| अयेत | अयेयाताम् | अयेरन् |
| अयेथाः | अयेयाथाम् | अयेध्वम् |
| अयेय | अयेवहि | अयेमहि |

लृट् 5 Simple Future Tense

| | | |
|---|---|---|
| अयिष्यते | अयिष्येते | अयिष्यन्ते |
| अयिष्यसे | अयिष्येथे | अयिष्यध्वे |
| अयिष्ये | अयिष्यावहे | अयिष्यामहे |

लृङ् 6 Conditional Mood

| | | |
|---|---|---|
| आयिष्यत | आयिष्येताम् | आयिष्यन्त |
| आयिष्यथाः | आयिष्येथाम् | आयिष्यध्वम् |
| आयिष्ये | आयिष्यावहि | आयिष्यामहि |

लुट् 7 Periphrastic Future Tense

| | | |
|---|---|---|
| अयिता | अयितारौ | अयितारः |
| अयितासे | अयितासाथे | अयिताध्वे |
| अयिताहे | अयितास्वहे | अयितास्महे |

आशीर्लिङ् 8 Benedictive Mood

| | | |
|---|---|---|
| अयिषीष्ट | अयिषीयास्ताम् | अयिषीरन् |
| अयिषीष्ठाः | अयिषीयास्थाम् | अयिषीध्वम् -ढ्वम् |
| अयिषीय | अयिषीवहि | अयिषीमहि |

लिट् 9 Perfect Past Tense

| | | |
|---|---|---|
| अयाञ्चक्रे | अयाञ्चक्राते | अयाञ्चक्रिरे |

लुङ् 10 Aorist Past Tense

| | | |
|---|---|---|
| आयिष्ट | आयिषाताम् | आयिषत |

| | | | | | |
|---|---|---|---|---|---|
| अयाम्बभूव | अयाम्बभूवतुः | अयाम्बभूवुः | | | |
| अयामास | अयामासतुः | अयामासुः | | | |
| अयाञ्चकृषे | अयाञ्चक्राथे | अयाञ्चकृढ्वे | आयिष्ठाः | आयिषाथाम् | आयिध्वम् -ढ्वम् |
| अयाम्बभूविथ | अयाम्बभूवथुः | अयाम्बभूव | | | |
| अयामासिथ | अयामासथुः | अयामास | | | |
| अयाञ्चक्रे | अयाञ्चकृवहे | अयाञ्चकृमहे | आयिषि | आयिष्वहि | आयिष्महि |
| अयाम्बभूव | अयाम्बभूविव | अयाम्बभूविम | | | |
| अयामास | अयामासिव | अयामासिम | | | |

475 वय गतौ । वयँ । वय् । वयते । A । सेट् । स० । go, move
8.3.79 विभाषेटः । 6.4.120 अत एकहल्मध्येऽनादेशादेर्लिटि ।

| | | | | | |
|---|---|---|---|---|---|
| वयते | वयेते | वयन्ते | अवयत | अवयेताम् | अवयन्त |
| वयसे | वयेथे | वयध्वे | अवयथाः | अवयेथाम् | अवयध्वम् |
| वये | वयावहे | वयामहे | अवये | अवयावहि | अवयामहि |
| | | | | | |
| वयताम् | वयेताम् | वयन्ताम् | वयेत | वयेयाताम् | वयेरन् |
| वयस्व | वयेथाम् | वयध्वम् | वयेथाः | वयेयाथाम् | वयेध्वम् |
| वयै | वयावहै | वयामहै | वयेय | वयेवहि | वयेमहि |
| | | | | | |
| वयिष्यते | वयिष्येते | वयिष्यन्ते | अवयिष्यत | अवयिष्येताम् | अवयिष्यन्त |
| वयिष्यसे | वयिष्येथे | वयिष्यध्वे | अवयिष्यथाः | अवयिष्येथाम् | अवयिष्यध्वम् |
| वयिष्ये | वयिष्यावहे | वयिष्यामहे | अवयिष्ये | अवयिष्यावहि | अवयिष्यामहि |
| | | | | | |
| वयिता | वयितारौ | वयितारः | वयिषीष्ट | वयिषीयास्ताम् | वयिषीरन् |
| वयितासे | वयितासाथे | वयिताध्वे | वयिषीष्ठाः | वयिषीयास्थाम् | वयिषीध्वम् -ढ्वम् |
| वयिताहे | वयितास्वहे | वयितास्महे | वयिषीय | वयिषीवहि | वयिषीमहि |
| | | | | | |
| ववये | ववयाते | ववयिरे | अवयिष्ट | अवयिषाताम् | अवयिषत |
| ववयिषे | ववयाथे | ववयिध्वे -ढ्वे | अवयिष्ठाः | अवयिषाथाम् | अवयिध्वम् -ढ्वम् |
| ववये | ववयिवहे | ववयिमहे | अवयिषि | अवयिष्वहि | अवयिष्महि |

476 पय गतौ । पयँ । पय् । पयते । A । सेट् । स० । move, flow

| | | | | | |
|---|---|---|---|---|---|
| पयते | पयेते | पयन्ते | अपयत | अपयेताम् | अपयन्त |
| पयसे | पयेथे | पयध्वे | अपयथाः | अपयेथाम् | अपयध्वम् |
| पये | पयावहे | पयामहे | अपये | अपयावहि | अपयामहि |
| | | | | | |
| पयताम् | पयेताम् | पयन्ताम् | पयेत | पयेयाताम् | पयेरन् |

| पयस्व | पयेथाम् | पयध्वम् | पयेथाः | पयेयाथाम् | पयेध्वम् |
| पयै | पयावहै | पयामहै | पयेय | पयेवहि | पयेमहि |

| पयिष्यते | पयिष्येते | पयिष्यन्ते | अपयिष्यत | अपयिष्येताम् | अपयिष्यन्त |
| पयिष्यसे | पयिष्येथे | पयिष्यध्वे | अपयिष्यथाः | अपयिष्येथाम् | अपयिष्यध्वम् |
| पयिष्ये | पयिष्यावहे | पयिष्यामहे | अपयिष्ये | अपयिष्यावहि | अपयिष्यामहि |

| पयिता | पयितारौ | पयितारः | पयिषीष्ट | पयिषीयास्ताम् | पयिषीरन् |
| पयितासे | पयितासाथे | पयिताध्वे | पयिषीष्ठाः | पयिषीयास्थाम् | **पयिषीध्वम्** -ढ्वम् |
| पयिताहे | पयितास्वहे | पयितास्महे | पयिषीय | पयिषीवहि | पयिषीमहि |

| पेये | पेयाते | पेयिरे | अपयिष्ट | अपयिषाताम् | अपयिषत |
| पेयिषे | पेयाथे | पेयिध्वे पेयिढ्वे | अपयिष्ठाः | अपयिषाथाम् | **अपयिध्वम्** -ढ्वम् |
| पेये | पेयिवहे | पेयिमहे | अपयिषि | अपयिष्वहि | अपयिष्महि |

477 मय गतौ । मयँ । मय् । मयते । A । सेट् । स० । go, move

| मयते | मयेते | मयन्ते | अमयत | अमयेताम् | अमयन्त |
| मयसे | मयेथे | मयध्वे | अमयथाः | अमयेथाम् | अमयध्वम् |
| मये | मयावहे | मयामहे | अमये | अमयावहि | अमयामहि |

| मयताम् | मयेताम् | मयन्ताम् | मयेत | मयेयाताम् | मयेरन् |
| मयस्व | मयेथाम् | मयध्वम् | मयेथाः | मयेयाथाम् | मयेध्वम् |
| मयै | मयावहै | मयामहै | मयेय | मयेवहि | मयेमहि |

| मयिष्यते | मयिष्येते | मयिष्यन्ते | अमयिष्यत | अमयिष्येताम् | अमयिष्यन्त |
| मयिष्यसे | मयिष्येथे | मयिष्यध्वे | अमयिष्यथाः | अमयिष्येथाम् | अमयिष्यध्वम् |
| मयिष्ये | मयिष्यावहे | मयिष्यामहे | अमयिष्ये | अमयिष्यावहि | अमयिष्यामहि |

| मयिता | मयितारौ | मयितारः | मयिषीष्ट | मयिषीयास्ताम् | मयिषीरन् |
| मयितासे | मयितासाथे | मयिताध्वे | मयिषीष्ठाः | मयिषीयास्थाम् | **मयिषीध्वम्** -ढ्वम् |
| मयिताहे | मयितास्वहे | मयितास्महे | मयिषीय | मयिषीवहि | मयिषीमहि |

| मेये | मेयाते | मेयिरे | अमयिष्ट | अमयिषाताम् | अमयिषत |
| मेयिषे | मेयाथे | मेयिध्वे -ढ्वे | अमयिष्ठाः | अमयिषाथाम् | **अमयिध्वम्** -ढ्वम् |
| मेये | मेयिवहे | मेयिमहे | अमयिषि | अमयिष्वहि | अमयिष्महि |

478 चय गतौ । चयँ । चय् । चयते । A । सेट् । स० । go, move

| चयते | चयेते | चयन्ते | अचयत | अचयेताम् | अचयन्त |
| चयसे | चयेथे | चयध्वे | अचयथाः | अचयेथाम् | अचयध्वम् |

| | | | | | |
|---|---|---|---|---|---|
| चये | चयावहे | चयामहे | अचये | अचयावहि | अचयामहि |

| | | | | | |
|---|---|---|---|---|---|
| चयताम् | चयेताम् | चयन्ताम् | चयेत | चयेयाताम् | चयेरन् |
| चयस्व | चयेथाम् | चयध्वम् | चयेथाः | चयेयाथाम् | चयेध्वम् |
| चयै | चयावहै | चयामहै | चयेय | चयेवहि | चयेमहि |

| | | | | | |
|---|---|---|---|---|---|
| चयिष्यते | चयिष्येते | चयिष्यन्ते | अचयिष्यत | अचयिष्येताम् | अचयिष्यन्त |
| चयिष्यसे | चयिष्येथे | चयिष्यध्वे | अचयिष्यथाः | अचयिष्येथाम् | अचयिष्यध्वम् |
| चयिष्ये | चयिष्यावहे | चयिष्यामहे | अचयिष्ये | अचयिष्यावहि | अचयिष्यामहि |

| | | | | | |
|---|---|---|---|---|---|
| चयिता | चयितारौ | चयितारः | चयिषीष्ट | चयिषीयास्ताम् | चयिषीरन् |
| चयितासे | चयितासाथे | चयिताध्वे | चयिषीष्ठाः | चयिषीयास्थाम् | चयिषीध्वम् -ढ्वम् |
| चयिताहे | चयितास्वहे | चयितास्महे | चयिषीय | चयिषीवहि | चयिषीमहि |

| | | | | | |
|---|---|---|---|---|---|
| चेये | चेयाते | चेयिरे | अचयिष्ट | अचयिषाताम् | अचयिषत |
| चेयिषे | चेयाथे | चेयिध्वे -ढ्वे | अचयिष्ठाः | अचयिषाथाम् | अचयिध्वम् -ढ्वम् |
| चेये | चेयिवहे | चेयिमहे | अचयिषि | अचयिष्वहि | अचयिष्महि |

479 तय गतौ । तयँ । तय् । तयते । A । सेट् । स० । go, move, guard, protect

| | | | | | |
|---|---|---|---|---|---|
| तयते | तयेते | तयन्ते | अतयत | अतयेताम् | अतयन्त |
| तयसे | तयेथे | तयध्वे | अतयथाः | अतयेथाम् | अतयध्वम् |
| तये | तयावहे | तयामहे | अतये | अतयावहि | अतयामहि |

| | | | | | |
|---|---|---|---|---|---|
| तयताम् | तयेताम् | तयन्ताम् | तयेत | तयेयाताम् | तयेरन् |
| तयस्व | तयेथाम् | तयध्वम् | तयेथाः | तयेयाथाम् | तयेध्वम् |
| तयै | तयावहै | तयामहै | तयेय | तयेवहि | तयेमहि |

| | | | | | |
|---|---|---|---|---|---|
| तयिष्यते | तयिष्येते | तयिष्यन्ते | अतयिष्यत | अतयिष्येताम् | अतयिष्यन्त |
| तयिष्यसे | तयिष्येथे | तयिष्यध्वे | अतयिष्यथाः | अतयिष्येथाम् | अतयिष्यध्वम् |
| तयिष्ये | तयिष्यावहे | तयिष्यामहे | अतयिष्ये | अतयिष्यावहि | अतयिष्यामहि |

| | | | | | |
|---|---|---|---|---|---|
| तयिता | तयितारौ | तयितारः | तयिषीष्ट | तयिषीयास्ताम् | तयिषीरन् |
| तयितासे | तयितासाथे | तयिताध्वे | तयिषीष्ठाः | तयिषीयास्थाम् | तयिषीध्वम् -ढ्वम् |
| तयिताहे | तयितास्वहे | तयितास्महे | तयिषीय | तयिषीवहि | तयिषीमहि |

| | | | | | |
|---|---|---|---|---|---|
| तेये | तेयाते | तेयिरे | अतयिष्ट | अतयिषाताम् | अतयिषत |
| तेयिषे | तेयाथे | तेयिध्वे -ढ्वे | अतयिष्ठाः | अतयिषाथाम् | अतयिध्वम् -ढ्वम् |
| तेये | तेयिवहे | तेयिमहे | अतयिषि | अतयिष्वहि | अतयिष्महि |

480 णय गतौ । णयँ । नय् । नयते । A । सेट् । स० । go, move, reach, protect

| | | | | | |
|---|---|---|---|---|---|
| नयते | नयेते | नयन्ते | अनयत | अनयेताम् | अनयन्त |
| नयसे | नयेथे | नयध्वे | अनयथाः | अनयेथाम् | अनयध्वम् |
| नये | नयावहे | नयामहे | अनये | अनयावहि | अनयामहि |

| | | | | | |
|---|---|---|---|---|---|
| नयताम् | नयेताम् | नयन्ताम् | नयेत | नयेयाताम् | नयेरन् |
| नयस्व | नयेथाम् | नयध्वम् | नयेथाः | नयेयाथाम् | नयेध्वम् |
| नयै | नयावहै | नयामहै | नयेय | नयेवहि | नयेमहि |

| | | | | | |
|---|---|---|---|---|---|
| नयिष्यते | नयिष्येते | नयिष्यन्ते | अनयिष्यत | अनयिष्येताम् | अनयिष्यन्त |
| नयिष्यसे | नयिष्येथे | नयिष्यध्वे | अनयिष्यथाः | अनयिष्येथाम् | अनयिष्यध्वम् |
| नयिष्ये | नयिष्यावहे | नयिष्यामहे | अनयिष्ये | अनयिष्यावहि | अनयिष्यामहि |

| | | | | | |
|---|---|---|---|---|---|
| नयिता | नयितारौ | नयितारः | नयिषीष्ट | नयिषीयास्ताम् | नयिषीरन् |
| नयितासे | नयितासाथे | नयिताध्वे | नयिषीष्ठाः | नयिषीयास्थाम् | नयिषीध्वम् -ढ्वम् |
| नयिताहे | नयितास्वहे | नयितास्महे | नयिषीय | नयिषीवहि | नयिषीमहि |

| | | | | | |
|---|---|---|---|---|---|
| नेये | नेयाते | नेयिरे | अनयिष्ट | अनयिषाताम् | अनयिषत |
| नेयिषे | नेयाथे | नेयिध्वे -ढ्वे | अनयिष्ठाः | अनयिषाथाम् | अनयिध्वम् -ढ्वम् |
| नेये | नेयिवहे | नेयिमहे | अनयिषि | अनयिष्वहि | अनयिष्महि |

481 दय दानगतिरक्षणहिंसादानेषु । दयँ । दय् । दयते । A । सेट् । स० । donate, award, destroy, have pity

3.1.37 दयायासश्च । 8.3.79 विभाषेटः ।

| | | | | | |
|---|---|---|---|---|---|
| दयते | दयेते | दयन्ते | अदयत | अदयेताम् | अदयन्त |
| दयसे | दयेथे | दयध्वे | अदयथाः | अदयेथाम् | अदयध्वम् |
| दये | दयावहे | दयामहे | अदये | अदयावहि | अदयामहि |

| | | | | | |
|---|---|---|---|---|---|
| दयताम् | दयेताम् | दयन्ताम् | दयेत | दयेयाताम् | दयेरन् |
| दयस्व | दयेथाम् | दयध्वम् | दयेथाः | दयेयाथाम् | दयेध्वम् |
| दयै | दयावहै | दयामहै | दयेय | दयेवहि | दयेमहि |

| | | | | | |
|---|---|---|---|---|---|
| दयिष्यते | दयिष्येते | दयिष्यन्ते | अदयिष्यत | अदयिष्येताम् | अदयिष्यन्त |
| दयिष्यसे | दयिष्येथे | दयिष्यध्वे | अदयिष्यथाः | अदयिष्येथाम् | अदयिष्यध्वम् |
| दयिष्ये | दयिष्यावहे | दयिष्यामहे | अदयिष्ये | अदयिष्यावहि | अदयिष्यामहि |

| | | | | | |
|---|---|---|---|---|---|
| दयिता | दयितारौ | दयितारः | दयिषीष्ट | दयिषीयास्ताम् | दयिषीरन् |
| दयितासे | दयितासाथे | दयिताध्वे | दयिषीष्ठाः | दयिषीयास्थाम् | दयिषीध्वम् -ढ्वम् |
| दयिताहे | दयितास्वहे | दयितास्महे | दयिषीय | दयिषीवहि | दयिषीमहि |

| | | | | | |
|---|---|---|---|---|---|
| दयाञ्चक्रे | दयाञ्चक्राते | दयाञ्चक्रिरे | अदयिष्ट | अदयिषाताम् | अदयिषत |
| दयाम्बभूव | दयाम्बभूवतुः | दयाम्बभूवुः | | | |
| दयामास | दयामासतुः | दयामासुः | | | |
| दयाञ्चकृषे | दयाञ्चक्राथे | दयाञ्चकृढ्वे | अदयिष्ठाः | अदयिषाथाम् | अदयिध्वम् -ढ्वम् |
| दयाम्बभूविथ | दयाम्बभूवथुः | दयाम्बभूव | | | |
| दयामासिथ | दयामासथुः | दयामास | | | |
| दयाञ्चक्रे | दयाञ्चकृवहे | दयाञ्चकृमहे | अदयिषि | अदयिष्वहि | अदयिष्महि |
| दयाम्बभूव | दयाम्बभूविव | दयाम्बभूविम | | | |
| दयामास | दयामासिव | दयामासिम | | | |

482 रय गतौ । लय च । रयँ । रय् । रयते । A । सेट् । स० । go, shake

| | | | | | |
|---|---|---|---|---|---|
| रयते | रयेते | रयन्ते | अरयत | अरयेताम् | अरयन्त |
| रयसे | रयेथे | रयध्वे | अरयथाः | अरयेथाम् | अरयध्वम् |
| रये | रयावहे | रयामहे | अरये | अरयावहि | अरयामहि |

| | | | | | |
|---|---|---|---|---|---|
| रयताम् | रयेताम् | रयन्ताम् | रयेत | रयेयाताम् | रयेरन् |
| रयस्व | रयेथाम् | रयध्वम् | रयेथाः | रयेयाथाम् | रयेध्वम् |
| रयै | रयावहै | रयामहै | रयेय | रयेवहि | रयेमहि |

| | | | | | |
|---|---|---|---|---|---|
| रयिष्यते | रयिष्येते | रयिष्यन्ते | अरयिष्यत | अरयिष्येताम् | अरयिष्यन्त |
| रयिष्यसे | रयिष्येथे | रयिष्यध्वे | अरयिष्यथाः | अरयिष्येथाम् | अरयिष्यध्वम् |
| रयिष्ये | रयिष्यावहे | रयिष्यामहे | अरयिष्ये | अरयिष्यावहि | अरयिष्यामहि |

| | | | | | |
|---|---|---|---|---|---|
| रयिता | रयितारौ | रयितारः | रयिषीष्ट | रयिषीयास्ताम् | रयिषीरन् |
| रयितासे | रयितासाथे | रयिताध्वे | रयिषीष्ठाः | रयिषीयास्थाम् | रयिषीध्वम् -ढ्वम् |
| रयिताहे | रयितास्वहे | रयितास्महे | रयिषीय | रयिषीवहि | रयिषीमहि |

| | | | | | |
|---|---|---|---|---|---|
| रेये | रेयाते | रेयिरे | अरयिष्ट | अरयिषाताम् | अरयिषत |
| रेयिषे | रेयाथे | रेयिध्वे -ढ्वे | अरयिष्ठाः | अरयिषाथाम् | अरयिध्वम् -ढ्वम् |
| रेये | रेयिवहे | रेयिमहे | अरयिषि | अरयिष्वहि | अरयिष्महि |

483 ऊयी तन्तुसन्ताने । ऊयीँ । ऊय् । ऊयते । A । सेट् । स० । weave, sew 3.1.36 3.1.40

| | | | | | |
|---|---|---|---|---|---|
| ऊयते | ऊयेते | ऊयन्ते | औयत | औयेताम् | औयन्त |
| ऊयसे | ऊयेथे | ऊयध्वे | औयथाः | औयेथाम् | औयध्वम् |
| ऊये | ऊयावहे | ऊयामहे | औये | औयावहि | औयामहि |

| | | | | | |
|---|---|---|---|---|---|
| ऊयताम् | ऊयेताम् | ऊयन्ताम् | ऊयेत | ऊयेयाताम् | ऊयेरन् |

| | | | | | |
|---|---|---|---|---|---|
| ऊयस्व | ऊयेथाम् | ऊयध्वम् | ऊयेथाः | ऊयेयाथाम् | ऊयेध्वम् |
| ऊयै | ऊयावहै | ऊयामहै | ऊयेय | ऊयेवहि | ऊयेमहि |

| | | | | | |
|---|---|---|---|---|---|
| ऊयिष्यते | ऊयिष्येते | ऊयिष्यन्ते | औयिष्यत | औयिष्येताम् | औयिष्यन्त |
| ऊयिष्यसे | ऊयिष्येथे | ऊयिष्यध्वे | औयिष्यथाः | औयिष्येथाम् | औयिष्यध्वम् |
| ऊयिष्ये | ऊयिष्यावहे | ऊयिष्यामहे | औयिष्ये | औयिष्यावहि | औयिष्यामहि |

| | | | | | |
|---|---|---|---|---|---|
| ऊयिता | ऊयितारौ | ऊयितारः | ऊयिषीष्ट | ऊयिषीयास्ताम् | ऊयिषीरन् |
| ऊयितासे | ऊयितासाथे | ऊयिताध्वे | ऊयिषीष्ठाः | ऊयिषीयास्थाम् | ऊयिषीध्वम् -ढ्वम् |
| ऊयिताहे | ऊयितास्वहे | ऊयितास्महे | ऊयिषीय | ऊयिषीवहि | ऊयिषीमहि |

| | | | | | |
|---|---|---|---|---|---|
| ऊयाञ्चक्रे | ऊयाञ्चक्राते | ऊयाञ्चक्रिरे | औयिष्ट | औयिषाताम् | औयिषत |
| ऊयाम्बभूव | ऊयाम्बभूवतुः | ऊयाम्बभूवुः | | | |
| ऊयामास | ऊयामासतुः | ऊयामासुः | | | |
| ऊयाञ्चकृषे | ऊयाञ्चक्राथे | ऊयाञ्चकृढ्वे | औयिष्ठाः | औयिषाथाम् | औयिध्वम् -ढ्वम् |
| ऊयाम्बभूविथ | ऊयाम्बभूवथुः | ऊयाम्बभूव | | | |
| ऊयामासिथ | ऊयामासथुः | ऊयामास | | | |
| ऊयाञ्चक्रे | ऊयाञ्चकृवहे | ऊयाञ्चकृमहे | औयिषि | औयिष्वहि | औयिष्महि |
| ऊयाम्बभूव | ऊयाम्बभूविव | ऊयाम्बभूविम | | | |
| ऊयामास | ऊयामासिव | ऊयामासिम | | | |

484 पूयी विशरणे दुर्गन्धे च । पूयीँ । पूय् । पूयते । A । सेट् । अ० । break, tear, be smelly

| | | | | | |
|---|---|---|---|---|---|
| पूयते | पूयेते | पूयन्ते | अपूयत | अपूयेताम् | अपूयन्त |
| पूयसे | पूयेथे | पूयध्वे | अपूयथाः | अपूयेथाम् | अपूयध्वम् |
| पूये | पूयावहे | पूयामहे | अपूये | अपूयावहि | अपूयामहि |

| | | | | | |
|---|---|---|---|---|---|
| पूयताम् | पूयेताम् | पूयन्ताम् | पूयेत | पूयेयाताम् | पूयेरन् |
| पूयस्व | पूयेथाम् | पूयध्वम् | पूयेथाः | पूयेयाथाम् | पूयेध्वम् |
| पूयै | पूयावहै | पूयामहै | पूयेय | पूयेवहि | पूयेमहि |

| | | | | | |
|---|---|---|---|---|---|
| पूयिष्यते | पूयिष्येते | पूयिष्यन्ते | अपूयिष्यत | अपूयिष्येताम् | अपूयिष्यन्त |
| पूयिष्यसे | पूयिष्येथे | पूयिष्यध्वे | अपूयिष्यथाः | अपूयिष्येथाम् | अपूयिष्यध्वम् |
| पूयिष्ये | पूयिष्यावहे | पूयिष्यामहे | अपूयिष्ये | अपूयिष्यावहि | अपूयिष्यामहि |

| | | | | | |
|---|---|---|---|---|---|
| पूयिता | पूयितारौ | पूयितारः | पूयिषीष्ट | पूयिषीयास्ताम् | पूयिषीरन् |
| पूयितासे | पूयितासाथे | पूयिताध्वे | पूयिषीष्ठाः | पूयिषीयास्थाम् | **पूयिषीध्वम्** -ढ्वम् |
| पूयिताहे | पूयितास्वहे | पूयितास्महे | पूयिषीय | पूयिषीवहि | पूयिषीमहि |

| | | | | | |
|---|---|---|---|---|---|
| पुपूये | पुपूयाते | पुपूयिरे | अपूयिष्ट | अपूयिषाताम् | अपूयिषत |
| पुपूयिषे | पुपूयाथे | पुपूयिध्वे -ढ्वे | अपूयिष्ठाः | अपूयिषाथाम् | अपूयिध्वम् -ढ्वम् |
| पुपूये | पुपूयिवहे | पुपूयिमहे | अपूयिषि | अपूयिष्वहि | अपूयिष्महि |

485 क्नूयी शब्दे उन्दने च । क्नूयीँ । क्नूय् । क्नूयते । A । सेट् । स० । make cracking sound, be wet, be smelly

| | | | | | |
|---|---|---|---|---|---|
| क्नूयते | क्नूयेते | क्नूयन्ते | अक्नूयत | अक्नूयेताम् | अक्नूयन्त |
| क्नूयसे | क्नूयेथे | क्नूयध्वे | अक्नूयथाः | अक्नूयेथाम् | अक्नूयध्वम् |
| क्नूये | क्नूयावहे | क्नूयामहे | अक्नूये | अक्नूयावहि | अक्नूयामहि |

| | | | | | |
|---|---|---|---|---|---|
| क्नूयताम् | क्नूयेताम् | क्नूयन्ताम् | क्नूयेत | क्नूयेयाताम् | क्नूयेरन् |
| क्नूयस्व | क्नूयेथाम् | क्नूयध्वम् | क्नूयेथाः | क्नूयेयाथाम् | क्नूयेध्वम् |
| क्नूयै | क्नूयावहै | क्नूयामहै | क्नूयेय | क्नूयेवहि | क्नूयेमहि |

| | | | | | |
|---|---|---|---|---|---|
| क्नूयिष्यते | क्नूयिष्येते | क्नूयिष्यन्ते | अक्नूयिष्यत | अक्नूयिष्येताम् | अक्नूयिष्यन्त |
| क्नूयिष्यसे | क्नूयिष्येथे | क्नूयिष्यध्वे | अक्नूयिष्यथाः | अक्नूयिष्येथाम् | अक्नूयिष्यध्वम् |
| क्नूयिष्ये | क्नूयिष्यावहे | क्नूयिष्यामहे | अक्नूयिष्ये | अक्नूयिष्यावहि | अक्नूयिष्यामहि |

| | | | | | |
|---|---|---|---|---|---|
| क्नूयिता | क्नूयितारौ | क्नूयितारः | क्नूयिषीष्ट | क्नूयिषीयास्ताम् | क्नूयिषीरन् |
| क्नूयितासे | क्नूयितासाथे | क्नूयिताध्वे | क्नूयिषीष्ठाः | क्नूयिषीयास्थाम् | क्नूयिषीध्वम् -ढ्वम् |
| क्नूयिताहे | क्नूयितास्वहे | क्नूयितास्महे | क्नूयिषीय | क्नूयिषीवहि | क्नूयिषीमहि |

| | | | | | |
|---|---|---|---|---|---|
| चुक्नूये | चुक्नूयाते | चुक्नूयिरे | अक्नूयिष्ट | अक्नूयिषाताम् | अक्नूयिषत |
| चुक्नूयिषे | चुक्नूयाथे | चुक्नूयिध्वे -ढ्वे | अक्नूयिष्ठाः | अक्नूयिषाथाम् | अक्नूयिध्वम् -ढ्वम् |
| चुक्नूये | चुक्नूयिवहे | चुक्नूयिमहे | अक्नूयिषि | अक्नूयिष्वहि | अक्नूयिष्महि |

486 क्ष्मायी विधूनने । क्ष्मायीँ । क्ष्माय् । क्ष्मायते । A । सेट् । स० । be shaken, shake, move

| | | | | | |
|---|---|---|---|---|---|
| क्ष्मायते | क्ष्मायेते | क्ष्मायन्ते | अक्ष्मायत | अक्ष्मायेताम् | अक्ष्मायन्त |
| क्ष्मायसे | क्ष्मायेथे | क्ष्मायध्वे | अक्ष्मायथाः | अक्ष्मायेथाम् | अक्ष्मायध्वम् |
| क्ष्माये | क्ष्मायावहे | क्ष्मायामहे | अक्ष्माये | अक्ष्मायावहि | अक्ष्मायामहि |

| | | | | | |
|---|---|---|---|---|---|
| क्ष्मायताम् | क्ष्मायेताम् | क्ष्मायन्ताम् | क्ष्मायेत | क्ष्मायेयाताम् | क्ष्मायेरन् |
| क्ष्मायस्व | क्ष्मायेथाम् | क्ष्मायध्वम् | क्ष्मायेथाः | क्ष्मायेयाथाम् | क्ष्मायेध्वम् |
| क्ष्मायै | क्ष्मायावहै | क्ष्मायामहै | क्ष्मायेय | क्ष्मायेवहि | क्ष्मायेमहि |

| | | | | | |
|---|---|---|---|---|---|
| क्ष्मायिष्यते | क्ष्मायिष्येते | क्ष्मायिष्यन्ते | अक्ष्मायिष्यत | अक्ष्मायिष्येताम् | अक्ष्मायिष्यन्त |
| क्ष्मायिष्यसे | क्ष्मायिष्येथे | क्ष्मायिष्यध्वे | अक्ष्मायिष्यथाः | अक्ष्मायिष्येथाम् | अक्ष्मायिष्यध्वम् |
| क्ष्मायिष्ये | क्ष्मायिष्यावहे | क्ष्मायिष्यामहे | अक्ष्मायिष्ये | अक्ष्मायिष्यावहि | अक्ष्मायिष्यामहि |

| | | | | | |
|---|---|---|---|---|---|
| क्ष्मायिता | क्ष्मायितारौ | क्ष्मायितारः | क्ष्मायिषीष्ट | क्ष्मायिषीयास्ताम् | क्ष्मायिषीरन् |
| क्ष्मायितासे | क्ष्मायितासाथे | क्ष्मायिताध्वे | क्ष्मायिषीष्ठाः | क्ष्मायिषीयास्थाम् | क्ष्मायिषीध्वम् -ढ्वम् |
| क्ष्मायिताहे | क्ष्मायितास्वहे | क्ष्मायितास्महे | क्ष्मायिषीय | क्ष्मायिषीवहि | क्ष्मायिषीमहि |

| | | | | | |
|---|---|---|---|---|---|
| चक्ष्माये | चक्ष्मायाते | चक्ष्मायिरे | अक्ष्मायिष्ट | अक्ष्मायिषाताम् | अक्ष्मायिषत |
| चक्ष्मायिषे | चक्ष्मायाथे | चक्ष्मायिध्वे -ढ्वे | अक्ष्मायिष्ठाः | अक्ष्मायिषाथाम् | अक्ष्मायिध्वम् -ढ्वम् |
| चक्ष्माये | चक्ष्मायिवहे | चक्ष्मायिमहे | अक्ष्मायिषि | अक्ष्मायिष्वहि | अक्ष्मायिष्महि |

487 स्फायी वृद्धौ । स्फायीँ । स्फाय् । स्फायते । A । सेट् । अ० । grow, swell, be fat.

| | | | | | |
|---|---|---|---|---|---|
| स्फायते | स्फायेते | स्फायन्ते | अस्फायत | अस्फायेताम् | अस्फायन्त |
| स्फायसे | स्फायेथे | स्फायध्वे | अस्फायथाः | अस्फायेथाम् | अस्फायध्वम् |
| स्फाये | स्फायावहे | स्फायामहे | अस्फाये | अस्फायावहि | अस्फायामहि |

| | | | | | |
|---|---|---|---|---|---|
| स्फायताम् | स्फायेताम् | स्फायन्ताम् | स्फायेत | स्फायेयाताम् | स्फायेरन् |
| स्फायस्व | स्फायेथाम् | स्फायध्वम् | स्फायेथाः | स्फायेयाथाम् | स्फायेध्वम् |
| स्फायै | स्फायावहै | स्फायामहै | स्फायेय | स्फायेवहि | स्फायेमहि |

| | | | | | |
|---|---|---|---|---|---|
| स्फायिष्यते | स्फायिष्येते | स्फायिष्यन्ते | अस्फायिष्यत | अस्फायिष्येताम् | अस्फायिष्यन्त |
| स्फायिष्यसे | स्फायिष्येथे | स्फायिष्यध्वे | अस्फायिष्यथाः | अस्फायिष्येथाम् | अस्फायिष्यध्वम् |
| स्फायिष्ये | स्फायिष्यावहे | स्फायिष्यामहे | अस्फायिष्ये | अस्फायिष्यावहि | अस्फायिष्यामहि |

| | | | | | |
|---|---|---|---|---|---|
| स्फायिता | स्फायितारौ | स्फायितारः | स्फायिषीष्ट | स्फायिषीयास्ताम् | स्फायिषीरन् |
| स्फायितासे | स्फायितासाथे | स्फायिताध्वे | स्फायिषीष्ठाः | स्फायिषीयास्थाम् | स्फायिषीध्वम् -ढ्वम् |
| स्फायिताहे | स्फायितास्वहे | स्फायितास्महे | स्फायिषीय | स्फायिषीवहि | स्फायिषीमहि |

| | | | | | |
|---|---|---|---|---|---|
| पस्फाये | पस्फायाते | पस्फायिरे | अस्फायिष्ट | अस्फायिषाताम् | अस्फायिषत |
| पस्फायिषे | पस्फायाथे | पस्फायिध्वे -ढ्वे | अस्फायिष्ठाः | अस्फायिषाथाम् | अस्फायिध्वम् -ढ्वम् |
| पस्फाये | पस्फायिवहे | पस्फायिमहे | अस्फायिषि | अस्फायिष्वहि | अस्फायिष्महि |

488 ओप्यायी वृद्धौ । ओँप्यायीँ । प्याय् । प्यायते । A । सेट् । अ० । be exuberant, swell.
6.1.28 प्यायः पी । इति अनुपसर्गात् नित्य पी आदेशः । 6.1.29 लिड्यङोश्च ।
6.1.66 लोपो व्योर्वलि । इति यकारस्य लोपः । 3.1.61 दीपजनबुधपूरितायिप्यायिभ्योऽन्यतरस्याम् ।

| | | | | | |
|---|---|---|---|---|---|
| प्यायते | प्यायेते | प्यायन्ते | अप्यायत | अप्यायेताम् | अप्यायन्त |
| प्यायसे | प्यायेथे | प्यायध्वे | अप्यायथाः | अप्यायेथाम् | अप्यायध्वम् |
| प्याये | प्यायावहे | प्यायामहे | अप्याये | अप्यायावहि | अप्यायामहि |

| | | | | | |
|---|---|---|---|---|---|
| प्यायताम् | प्यायेताम् | प्यायन्ताम् | प्यायेत | प्यायेयाताम् | प्यायेरन् |

| प्यायस्व | प्यायेथाम् | प्यायध्वम् | प्यायेथाः | प्यायेयाथाम् | प्यायेध्वम् |
| प्यायै | प्यायावहै | प्यायामहै | प्यायेय | प्यायेवहि | प्यायेमहि |
| | | | | | |
| प्यायिष्यते | प्यायिष्येते | प्यायिष्यन्ते | अप्यायिष्यत | अप्यायिष्येताम् | अप्यायिष्यन्त |
| प्यायिष्यसे | प्यायिष्येथे | प्यायिष्यध्वे | अप्यायिष्यथाः | अप्यायिष्येथाम् | अप्यायिष्यध्वम् |
| प्यायिष्ये | प्यायिष्यावहे | प्यायिष्यामहे | अप्यायिष्ये | अप्यायिष्यावहि | अप्यायिष्यामहि |
| | | | | | |
| प्यायिता | प्यायितारौ | प्यायितारः | प्यायिषीष्ट | प्यायिषीयास्ताम् | प्यायिषीरन् |
| प्यायितासे | प्यायितासाथे | प्यायिताध्वे | प्यायिषीष्ठाः | प्यायिषीयास्थाम् | प्यायिषीध्वम् -ढ्वम् |
| प्यायिताहे | प्यायितास्वहे | प्यायितास्महे | प्यायिषीय | प्यायिषीवहि | प्यायिषीमहि |
| | | | | | |
| पिप्ये | पिप्याते | पिप्यिरे | अप्यायिष्ट अप्यायि | अप्यायिषाताम् | अप्यायिषत |
| पिप्यिषे | पिप्याथे | पिप्यिध्वे -ढ्वे | अप्यायिष्ठाः | अप्यायिषाथाम् | अप्यायिध्वम् -ढ्वम् |
| पिप्ये | पिप्यिवहे | पिप्यिमहे | अप्यायिषि | अप्यायिष्वहि | अप्यायिष्महि |

489 तायृ सन्तानपालनयोः । तायृँ । ताय् । तायते । A । सेट् । स० । protect, spread 3.1.61

| तायते | तायेते | तायन्ते | अतायत | अतायेताम् | अतायन्त |
| तायसे | तायेथे | तायध्वे | अतायथाः | अतायेथाम् | अतायध्वम् |
| ताये | तायावहे | तायामहे | अताये | अतायावहि | अतायामहि |
| | | | | | |
| तायताम् | तायेताम् | तायन्ताम् | तायेत | तायेयाताम् | तायेरन् |
| तायस्व | तायेथाम् | तायध्वम् | तायेथाः | तायेयाथाम् | तायेध्वम् |
| तायै | तायावहै | तायामहै | तायेय | तायेवहि | तायेमहि |
| | | | | | |
| तायिष्यते | तायिष्येते | तायिष्यन्ते | अतायिष्यत | अतायिष्येताम् | अतायिष्यन्त |
| तायिष्यसे | तायिष्येथे | तायिष्यध्वे | अतायिष्यथाः | अतायिष्येथाम् | अतायिष्यध्वम् |
| तायिष्ये | तायिष्यावहे | तायिष्यामहे | अतायिष्ये | अतायिष्यावहि | अतायिष्यामहि |
| | | | | | |
| तायिता | तायितारौ | तायितारः | तायिषीष्ट | तायिषीयास्ताम् | तायिषीरन् |
| तायितासे | तायितासाथे | तायिताध्वे | तायिषीष्ठाः | तायिषीयास्थाम् | **तायिषीध्वम्** -ढ्वम् |
| तायिताहे | तायितास्वहे | तायितास्महे | तायिषीय | तायिषीवहि | तायिषीमहि |
| | | | | | |
| तताये | ततायाते | ततायिरे | अतायिष्ट अतायि | अतायिषाताम् | अतायिषत |
| ततायिषे | ततायाथे | ततायिध्वे -ढ्वे | अतायिष्ठाः | अतायिषाथाम् | अतायिध्वम् -ढ्वम् |
| तताये | ततायिवहे | ततायिमहे | अतायिषि | अतायिष्वहि | अतायिष्महि |

490 शल चलनसंवरणयोः । शलँ । शल् । शलते । A । सेट् । अ० । go, prick, cover

| शलते | शलेते | शलन्ते | अशलत | अशलेताम् | अशलन्त |
| शलसे | शलेथे | शलध्वे | अशलथाः | अशलेथाम् | अशलध्वम् |
| शले | शलावहे | शलामहे | अशले | अशलावहि | अशलामहि |

| शलताम् | शलेताम् | शलन्ताम् | शलेत | शलेयाताम् | शलेरन् |
| शलस्व | शलेथाम् | शलध्वम् | शलेथाः | शलेयाथाम् | शलेध्वम् |
| शलै | शलावहै | शलामहै | शलेय | शलेवहि | शलेमहि |

| शलिष्यते | शलिष्येते | शलिष्यन्ते | अशलिष्यत | अशलिष्येताम् | अशलिष्यन्त |
| शलिष्यसे | शलिष्येथे | शलिष्यध्वे | अशलिष्यथाः | अशलिष्येथाम् | अशलिष्यध्वम् |
| शलिष्ये | शलिष्यावहे | शलिष्यामहे | अशलिष्ये | अशलिष्यावहि | अशलिष्यामहि |

| शलिता | शलितारौ | शलितारः | शलिषीष्ट | शलिषीयास्ताम् | शलिषीरन् |
| शलितासे | शलितासाथे | शलिताध्वे | शलिषीष्ठाः | शलिषीयास्थाम् | **शलिषीध्वम्** -ढ्वम् |
| शलिताहे | शलितास्वहे | शलितास्महे | शलिषीय | शलिषीवहि | शलिषीमहि |

| शेले | शेलाते | शेलिरे | अशलिष्ट | अशलिषाताम् | अशलिषत |
| शेलिषे | शेलाथे | शेलिध्वे -ढ्वे | अशलिष्ठाः | अशलिषाथाम् | **अशलिध्वम्** -ढ्वम् |
| शेले | शेलिवहे | शेलिमहे | अशलिषि | अशलिष्वहि | अशलिष्महि |

491 वल संवरणे सञ्चरणे च । वलँ । वल् । वलते । A । सेट् । स० । cover, encircle, go

| वलते | वलेते | वलन्ते | अवलत | अवलेताम् | अवलन्त |
| वलसे | वलेथे | वलध्वे | अवलथाः | अवलेथाम् | अवलध्वम् |
| वले | वलावहे | वलामहे | अवले | अवलावहि | अवलामहि |

| वलताम् | वलेताम् | वलन्ताम् | वलेत | वलेयाताम् | वलेरन् |
| वलस्व | वलेथाम् | वलध्वम् | वलेथाः | वलेयाथाम् | वलेध्वम् |
| वलै | वलावहै | वलामहै | वलेय | वलेवहि | वलेमहि |

| वलिष्यते | वलिष्येते | वलिष्यन्ते | अवलिष्यत | अवलिष्येताम् | अवलिष्यन्त |
| वलिष्यसे | वलिष्येथे | वलिष्यध्वे | अवलिष्यथाः | अवलिष्येथाम् | अवलिष्यध्वम् |
| वलिष्ये | वलिष्यावहे | वलिष्यामहे | अवलिष्ये | अवलिष्यावहि | अवलिष्यामहि |

| वलिता | वलितारौ | वलितारः | वलिषीष्ट | वलिषीयास्ताम् | वलिषीरन् |
| वलितासे | वलितासाथे | वलिताध्वे | वलिषीष्ठाः | वलिषीयास्थाम् | **वलिषीध्वम्** -ढ्वम् |
| वलिताहे | वलितास्वहे | वलितास्महे | वलिषीय | वलिषीवहि | वलिषीमहि |

| ववले | ववलाते | ववलिरे | अवलिष्ट | अवलिषाताम् | अवलिषत |
| ववलिषे | ववलाथे | ववलिध्वे -ढ्वे | अवलिष्ठाः | अवलिषाथाम् | **अवलिध्वम्** -ढ्वम् |

| | | | | | |
|---|---|---|---|---|---|
| ववले | ववलिवहे | ववलिमहे | अवलिषि | अवलिष्वहि | अवलिष्महि |

492 वल्ल संवरणे सञ्चरणे च । वल्लँ । वल्ल् । वल्लते । A । सेट् । स० । cover, be covered, hidden, go, move

| | | | | | |
|---|---|---|---|---|---|
| वल्लते | वल्लेते | वल्लन्ते | अवल्लत | अवल्लेताम् | अवल्लन्त |
| वल्लसे | वल्लेथे | वल्लध्वे | अवल्लथाः | अवल्लेथाम् | अवल्लध्वम् |
| वल्ले | वल्लावहे | वल्लामहे | अवल्ले | अवल्लावहि | अवल्लामहि |
| | | | | | |
| वल्लताम् | वल्लेताम् | वल्लन्ताम् | वल्लेत | वल्लेयाताम् | वल्लेरन् |
| वल्लस्व | वल्लेथाम् | वल्लध्वम् | वल्लेथाः | वल्लेयाथाम् | वल्लेध्वम् |
| वल्लै | वल्लावहै | वल्लामहै | वल्लेय | वल्लेवहि | वल्लेमहि |
| | | | | | |
| वल्लिष्यते | वल्लिष्येते | वल्लिष्यन्ते | अवल्लिष्यत | अवल्लिष्येताम् | अवल्लिष्यन्त |
| वल्लिष्यसे | वल्लिष्येथे | वल्लिष्यध्वे | अवल्लिष्यथाः | अवल्लिष्येथाम् | अवल्लिष्यध्वम् |
| वल्लिष्ये | वल्लिष्यावहे | वल्लिष्यामहे | अवल्लिष्ये | अवल्लिष्यावहि | अवल्लिष्यामहि |
| | | | | | |
| वल्लिता | वल्लितारौ | वल्लितारः | वल्लिषीष्ट | वल्लिषीयास्ताम् | वल्लिषीरन् |
| वल्लितासे | वल्लितासाथे | वल्लिताध्वे | वल्लिषीष्ठाः | वल्लिषीयास्थाम् | वल्लिषीध्वम् -ढ्वम् |
| वल्लिताहे | वल्लितास्वहे | वल्लितास्महे | वल्लिषीय | वल्लिषीवहि | वल्लिषीमहि |
| | | | | | |
| ववल्ले | ववल्लाते | ववल्लिरे | अवल्लिष्ट | अवल्लिषाताम् | अवल्लिषत |
| ववल्लिषे | ववल्लाथे | ववल्लिध्वे -ढ्वे | अवल्लिष्ठाः | अवल्लिषाथाम् | अवल्लिध्वम् -ढ्वम् |
| ववल्ले | ववल्लिवहे | ववल्लिमहे | अवल्लिषि | अवल्लिष्वहि | अवल्लिष्महि |

493 मल धारणे । मलँ । मल् । मलते । A । सेट् । स० । hold, possess, stick

| | | | | | |
|---|---|---|---|---|---|
| मलते | मलेते | मलन्ते | अमलत | अमलेताम् | अमलन्त |
| मलसे | मलेथे | मलध्वे | अमलथाः | अमलेथाम् | अमलध्वम् |
| मले | मलावहे | मलामहे | अमले | अमलावहि | अमलामहि |
| | | | | | |
| मलताम् | मलेताम् | मलन्ताम् | मलेत | मलेयाताम् | मलेरन् |
| मलस्व | मलेथाम् | मलध्वम् | मलेथाः | मलेयाथाम् | मलेध्वम् |
| मलै | मलावहै | मलामहै | मलेय | मलेवहि | मलेमहि |
| | | | | | |
| मलिष्यते | मलिष्येते | मलिष्यन्ते | अमलिष्यत | अमलिष्येताम् | अमलिष्यन्त |
| मलिष्यसे | मलिष्येथे | मलिष्यध्वे | अमलिष्यथाः | अमलिष्येथाम् | अमलिष्यध्वम् |
| मलिष्ये | मलिष्यावहे | मलिष्यामहे | अमलिष्ये | अमलिष्यावहि | अमलिष्यामहि |
| | | | | | |
| मलिता | मलितारौ | मलितारः | मलिषीष्ट | मलिषीयास्ताम् | मलिषीरन् |
| मलितासे | मलितासाथे | मलिताध्वे | मलिषीष्ठाः | मलिषीयास्थाम् | मलिषीध्वम् -ढ्वम् |

| | | | | | |
|---|---|---|---|---|---|
| मलिताहे | मलितास्वहे | मलितास्महे | मलिषीय | मलिषीवहि | मलिषीमहि |

| | | | | | |
|---|---|---|---|---|---|
| मेले | मेलाते | मेलिरे | अमलिष्ट | अमलिषाताम् | अमलिषत |
| मेलिषे | मेलाथे | मेलिध्वे -ढ्वे | अमलिष्ठाः | अमलिषाथाम् | अमलिध्वम् -ढ्वम् |
| मेले | मेलिवहे | मेलिमहे | अमलिषि | अमलिष्वहि | अमलिष्महि |

494 मल्ल धारणे । मल्लँ । मल्ल् । मल्लते । A । सेट् । स० । hold, possess, stick

| | | | | | |
|---|---|---|---|---|---|
| मल्लते | मल्लेते | मल्लन्ते | अमल्लत | अमल्लेताम् | अमल्लन्त |
| मल्लसे | मल्लेथे | मल्लध्वे | अमल्लथाः | अमल्लेथाम् | अमल्लध्वम् |
| मल्ले | मल्लावहे | मल्लामहे | अमल्ले | अमल्लावहि | अमल्लामहि |

| | | | | | |
|---|---|---|---|---|---|
| मल्लताम् | मल्लेताम् | मल्लन्ताम् | मल्लेत | मल्लेयाताम् | मल्लेरन् |
| मल्लस्व | मल्लेथाम् | मल्लध्वम् | मल्लेथाः | मल्लेयाथाम् | मल्लेध्वम् |
| मल्लै | मल्लावहै | मल्लामहै | मल्लेय | मल्लेवहि | मल्लेमहि |

| | | | | | |
|---|---|---|---|---|---|
| मल्लिष्यते | मल्लिष्येते | मल्लिष्यन्ते | अमल्लिष्यत | अमल्लिष्येताम् | अमल्लिष्यन्त |
| मल्लिष्यसे | मल्लिष्येथे | मल्लिष्यध्वे | अमल्लिष्यथाः | अमल्लिष्येथाम् | अमल्लिष्यध्वम् |
| मल्लिष्ये | मल्लिष्यावहे | मल्लिष्यामहे | अमल्लिष्ये | अमल्लिष्यावहि | अमल्लिष्यामहि |

| | | | | | |
|---|---|---|---|---|---|
| मल्लिता | मल्लितारौ | मल्लितारः | मल्लिषीष्ट | मल्लिषीयास्ताम् | मल्लिषीरन् |
| मल्लितासे | मल्लितासाथे | मल्लिताध्वे | मल्लिषीष्ठाः | मल्लिषीयास्थाम् | मल्लिषीध्वम् -ढ्वम् |
| मल्लिताहे | मल्लितास्वहे | मल्लितास्महे | मल्लिषीय | मल्लिषीवहि | मल्लिषीमहि |

| | | | | | |
|---|---|---|---|---|---|
| ममल्ले | ममल्लाते | ममल्लिरे | अमल्लिष्ट | अमल्लिषाताम् | अमल्लिषत |
| ममल्लिषे | ममल्लाथे | ममल्लिध्वे -ढ्वे | अमल्लिष्ठाः | अमल्लिषाथाम् | अमल्लिध्वम् -ढ्वम् |
| ममल्ले | ममल्लिवहे | ममल्लिमहे | अमल्लिषि | अमल्लिष्वहि | अमल्लिष्महि |

495 भल परिभाषणहिंसादानेषु । भलँ । भल् । भलते । A । सेट् । स० । speak, describe, hurt

| | | | | | |
|---|---|---|---|---|---|
| भलते | भलेते | भलन्ते | अभलत | अभलेताम् | अभलन्त |
| भलसे | भलेथे | भलध्वे | अभलथाः | अभलेथाम् | अभलध्वम् |
| भले | भलावहे | भलामहे | अभले | अभलावहि | अभलामहि |

| | | | | | |
|---|---|---|---|---|---|
| भलताम् | भलेताम् | भलन्ताम् | भलेत | भलेयाताम् | भलेरन् |
| भलस्व | भलेथाम् | भलध्वम् | भलेथाः | भलेयाथाम् | भलेध्वम् |
| भलै | भलावहै | भलामहै | भलेय | भलेवहि | भलेमहि |

| | | | | | |
|---|---|---|---|---|---|
| भलिष्यते | भलिष्येते | भलिष्यन्ते | अभलिष्यत | अभलिष्येताम् | अभलिष्यन्त |
| भलिष्यसे | भलिष्येथे | भलिष्यध्वे | अभलिष्यथाः | अभलिष्येथाम् | अभलिष्यध्वम् |

| | | | | | |
|---|---|---|---|---|---|
| भलिष्ये | भलिष्यावहे | भलिष्यामहे | अभलिष्ये | अभलिष्यावहि | अभलिष्यामहि |

| | | | | | |
|---|---|---|---|---|---|
| भलिता | भलितारौ | भलितारः | भलिषीष्ट | भलिषीयास्ताम् | भलिषीरन् |
| भलितासे | भलितासाथे | भलिताध्वे | भलिषीष्ठाः | भलिषीयास्थाम् | भलिषीध्वम् -ढ्वम् |
| भलिताहे | भलितास्वहे | भलितास्महे | भलिषीय | भलिषीवहि | भलिषीमहि |

| | | | | | |
|---|---|---|---|---|---|
| बभले | बभलाते | बभलिरे | अभलिष्ट | अभलिषाताम् | अभलिषत |
| बभलिषे | बभलाथे | बभलिध्वे -ढ्वे | अभलिष्ठाः | अभलिषाथाम् | अभलिध्वम् -ढ्वम् |
| बभले | बभलिवहे | बभलिमहे | अभलिषि | अभलिष्वहि | अभलिष्महि |

496 भल्ल परिभाषणहिंसादानेषु । भल्लँ । भल्ल् । भल्लते । A । सेट् । स० । speak, describe, hurt

| | | | | | |
|---|---|---|---|---|---|
| भल्लते | भल्लेते | भल्लन्ते | अभल्लत | अभल्लेताम् | अभल्लन्त |
| भल्लसे | भल्लेथे | भल्लध्वे | अभल्लथाः | अभल्लेथाम् | अभल्लध्वम् |
| भल्ले | भल्लावहे | भल्लामहे | अभल्ले | अभल्लावहि | अभल्लामहि |

| | | | | | |
|---|---|---|---|---|---|
| भल्लताम् | भल्लेताम् | भल्लन्ताम् | भल्लेत | भल्लेयाताम् | भल्लेरन् |
| भल्लस्व | भल्लेथाम् | भल्लध्वम् | भल्लेथाः | भल्लेयाथाम् | भल्लेध्वम् |
| भल्लै | भल्लावहै | भल्लामहै | भल्लेय | भल्लेवहि | भल्लेमहि |

| | | | | | |
|---|---|---|---|---|---|
| भल्लिष्यते | भल्लिष्येते | भल्लिष्यन्ते | अभल्लिष्यत | अभल्लिष्येताम् | अभल्लिष्यन्त |
| भल्लिष्यसे | भल्लिष्येथे | भल्लिष्यध्वे | अभल्लिष्यथाः | अभल्लिष्येथाम् | अभल्लिष्यध्वम् |
| भल्लिष्ये | भल्लिष्यावहे | भल्लिष्यामहे | अभल्लिष्ये | अभल्लिष्यावहि | अभल्लिष्यामहि |

| | | | | | |
|---|---|---|---|---|---|
| भल्लिता | भल्लितारौ | भल्लितारः | भल्लिषीष्ट | भल्लिषीयास्ताम् | भल्लिषीरन् |
| भल्लितासे | भल्लितासाथे | भल्लिताध्वे | भल्लिषीष्ठाः | भल्लिषीयास्थाम् | भल्लिषीध्वम् -ढ्वम् |
| भल्लिताहे | भल्लितास्वहे | भल्लितास्महे | भल्लिषीय | भल्लिषीवहि | भल्लिषीमहि |

| | | | | | |
|---|---|---|---|---|---|
| बभल्ले | बभल्लाते | बभल्लिरे | अभल्लिष्ट | अभल्लिषाताम् | अभल्लिषत |
| बभल्लिषे | बभल्लाथे | बभल्लिध्वे -ढ्वे | अभल्लिष्ठाः | अभल्लिषाथाम् | अभल्लिध्वम् -ढ्वम् |
| बभल्ले | बभल्लिवहे | बभल्लिमहे | अभल्लिषि | अभल्लिष्वहि | अभल्लिष्महि |

497 कल शब्दसङ्ख्यानयोः । कलँ । कल् । कलते । A । सेट् । अ० । sound, count

| | | | | | |
|---|---|---|---|---|---|
| कलते | कलेते | कलन्ते | अकलत | अकलेताम् | अकलन्त |
| कलसे | कलेथे | कलध्वे | अकलथाः | अकलेथाम् | अकलध्वम् |
| कले | कलावहे | कलामहे | अकले | अकलावहि | अकलामहि |

| | | | | | |
|---|---|---|---|---|---|
| कलताम् | कलेताम् | कलन्ताम् | कलेत | कलेयाताम् | कलेरन् |
| कलस्व | कलेथाम् | कलध्वम् | कलेथाः | कलेयाथाम् | कलेध्वम् |

| | | | | | |
|---|---|---|---|---|---|
| कलै | कलावहै | कलामहै | कलेय | कलेवहि | कलेमहि |

| | | | | | |
|---|---|---|---|---|---|
| कलिष्यते | कलिष्येते | कलिष्यन्ते | अकलिष्यत | अकलिष्येताम् | अकलिष्यन्त |
| कलिष्यसे | कलिष्येथे | कलिष्यध्वे | अकलिष्यथाः | अकलिष्येथाम् | अकलिष्यध्वम् |
| कलिष्ये | कलिष्यावहे | कलिष्यामहे | अकलिष्ये | अकलिष्यावहि | अकलिष्यामहि |

| | | | | | |
|---|---|---|---|---|---|
| कलिता | कलितारौ | कलितारः | कलिषीष्ट | कलिषीयास्ताम् | कलिषीरन् |
| कलितासे | कलितासाथे | कलिताध्वे | कलिषीष्ठाः | कलिषीयास्थाम् | कलिषीध्वम् -ढ्वम् |
| कलिताहे | कलितास्वहे | कलितास्महे | कलिषीय | कलिषीवहि | कलिषीमहि |

| | | | | | |
|---|---|---|---|---|---|
| चकले | चकलाते | चकलिरे | अकलिष्ट | अकलिषाताम् | अकलिषत |
| चकलिषे | चकलाथे | चकलिध्वे -ढ्वे | अकलिष्ठाः | अकलिषाथाम् | अकलिढ्वम् -ढ्वम् |
| चकले | चकलिवहे | चकलिमहे | अकलिषि | अकलिष्वहि | अकलिष्महि |

498 कल्ल अव्यक्ते शब्दे । अशब्द इति स्वामी । कल्लँ । कल्ल् । कल्लते । A । सेट् । स० । utter indistinct sound, be dumb

| | | | | | |
|---|---|---|---|---|---|
| कल्लते | कल्लेते | कल्लन्ते | अकल्लत | अकल्लेताम् | अकल्लन्त |
| कल्लसे | कल्लेथे | कल्लध्वे | अकल्लथाः | अकल्लेथाम् | अकल्लध्वम् |
| कल्ले | कल्लावहे | कल्लामहे | अकल्ले | अकल्लावहि | अकल्लामहि |

| | | | | | |
|---|---|---|---|---|---|
| कल्लताम् | कल्लेताम् | कल्लन्ताम् | कल्लेत | कल्लेयाताम् | कल्लेरन् |
| कल्लस्व | कल्लेथाम् | कल्लध्वम् | कल्लेथाः | कल्लेयाथाम् | कल्लेध्वम् |
| कल्लै | कल्लावहै | कल्लामहै | कल्लेय | कल्लेवहि | कल्लेमहि |

| | | | | | |
|---|---|---|---|---|---|
| कल्लिष्यते | कल्लिष्येते | कल्लिष्यन्ते | अकल्लिष्यत | अकल्लिष्येताम् | अकल्लिष्यन्त |
| कल्लिष्यसे | कल्लिष्येथे | कल्लिष्यध्वे | अकल्लिष्यथाः | अकल्लिष्येथाम् | अकल्लिष्यध्वम् |
| कल्लिष्ये | कल्लिष्यावहे | कल्लिष्यामहे | अकल्लिष्ये | अकल्लिष्यावहि | अकल्लिष्यामहि |

| | | | | | |
|---|---|---|---|---|---|
| कल्लिता | कल्लितारौ | कल्लितारः | कल्लिषीष्ट | कल्लिषीयास्ताम् | कल्लिषीरन् |
| कल्लितासे | कल्लितासाथे | कल्लिताध्वे | कल्लिषीष्ठाः | कल्लिषीयास्थाम् | कल्लिषीध्वम् -ढ्वम् |
| कल्लिताहे | कल्लितास्वहे | कल्लितास्महे | कल्लिषीय | कल्लिषीवहि | कल्लिषीमहि |

| | | | | | |
|---|---|---|---|---|---|
| चकल्ले | चकल्लाते | चकल्लिरे | अकल्लिष्ट | अकल्लिषाताम् | अकल्लिषत |
| चकल्लिषे | चकल्लाथे | चकल्लिध्वे -ढ्वे | अकल्लिष्ठाः | अकल्लिषाथाम् | अकल्लिढ्वम् -ढ्वम् |
| चकल्ले | चकल्लिवहे | चकल्लिमहे | अकल्लिषि | अकल्लिष्वहि | अकल्लिष्महि |

499 तेवृ देवने । तेवृँ । तेव् । तेवते । A । सेट् । अ० । sport, cry, repent

| | | | | | |
|---|---|---|---|---|---|
| तेवते | तेवेते | तेवन्ते | अतेवत | अतेवेताम् | अतेवन्त |

| तेवसे | तेवेथे | तेवध्वे | अतेवथाः | अतेवेथाम् | अतेवध्वम् |
| तेवे | तेवावहे | तेवामहे | अतेवे | अतेवावहि | अतेवामहि |
| | | | | | |
| तेवताम् | तेवेताम् | तेवन्ताम् | तेवेत | तेवेयाताम् | तेवेरन् |
| तेवस्व | तेवेथाम् | तेवध्वम् | तेवेथाः | तेवेयाथाम् | तेवेध्वम् |
| तेवै | तेवावहै | तेवामहै | तेवेय | तेवेवहि | तेवेमहि |
| | | | | | |
| तेविष्यते | तेविष्येते | तेविष्यन्ते | अतेविष्यत | अतेविष्येताम् | अतेविष्यन्त |
| तेविष्यसे | तेविष्येथे | तेविष्यध्वे | अतेविष्यथाः | अतेविष्येथाम् | अतेविष्यध्वम् |
| तेविष्ये | तेविष्यावहे | तेविष्यामहे | अतेविष्ये | अतेविष्यावहि | अतेविष्यामहि |
| | | | | | |
| तेविता | तेवितारौ | तेवितारः | तेविषीष्ट | तेविषीयास्ताम् | तेविषीरन् |
| तेवितासे | तेवितासाथे | तेविताध्वे | तेविषीष्ठाः | तेविषीयास्थाम् | तेविषीध्वम् -ढ्वम् |
| तेविताहे | तेवितास्वहे | तेवितास्महे | तेविषीय | तेविषीवहि | तेविषीमहि |
| | | | | | |
| तितेवे | तितेवाते | तितेविरे | अतेविष्ट | अतेविषाताम् | अतेविषत |
| तितेविषे | तितेवाथे | तितेविध्वे -ढ्वे | अतेविष्ठाः | अतेविषाथाम् | अतेविध्वम् -ढ्वम् |
| तितेवे | तितेविवहे | तितेविमहे | अतेविषि | अतेविष्वहि | अतेविष्महि |

500 देवृ देवने । देवृँ । देव् । देवते । A । सेट् । अ० । play, sport, gamble

| देवते | देवेते | देवन्ते | अदेवत | अदेवेताम् | अदेवन्त |
| देवसे | देवेथे | देवध्वे | अदेवथाः | अदेवेथाम् | अदेवध्वम् |
| देवे | देवावहे | देवामहे | अदेवे | अदेवावहि | अदेवामहि |
| | | | | | |
| देवताम् | देवेताम् | देवन्ताम् | देवेत | देवेयाताम् | देवेरन् |
| देवस्व | देवेथाम् | देवध्वम् | देवेथाः | देवेयाथाम् | देवेध्वम् |
| देवै | देवावहै | देवामहै | देवेय | देवेवहि | देवेमहि |
| | | | | | |
| देविष्यते | देविष्येते | देविष्यन्ते | अदेविष्यत | अदेविष्येताम् | अदेविष्यन्त |
| देविष्यसे | देविष्येथे | देविष्यध्वे | अदेविष्यथाः | अदेविष्येथाम् | अदेविष्यध्वम् |
| देविष्ये | देविष्यावहे | देविष्यामहे | अदेविष्ये | अदेविष्यावहि | अदेविष्यामहि |
| | | | | | |
| देविता | देवितारौ | देवितारः | देविषीष्ट | देविषीयास्ताम् | देविषीरन् |
| देवितासे | देवितासाथे | देविताध्वे | देविषीष्ठाः | देविषीयास्थाम् | देविषीध्वम् -ढ्वम् |
| देविताहे | देवितास्वहे | देवितास्महे | देविषीय | देविषीवहि | देविषीमहि |
| | | | | | |
| दिदेवे | दिदेवाते | दिदेविरे | अदेविष्ट | अदेविषाताम् | अदेविषत |
| दिदेविषे | दिदेवाथे | दिदेविध्वे -ढ्वे | अदेविष्ठाः | अदेविषाथाम् | अदेविध्वम् -ढ्वम् |
| दिदेवे | दिदेविवहे | दिदेविमहे | अदेविषि | अदेविष्वहि | अदेविष्महि |

501 षेवृ सेवने । षेवृँ । सेव् । सेवते । A । सेट् । स० । serve, be devoted, be yes man, obey

| | | | | | |
|---|---|---|---|---|---|
| सेवते | सेवेते | सेवन्ते | असेवत | असेवेताम् | असेवन्त |
| सेवसे | सेवेथे | सेवध्वे | असेवथाः | असेवेथाम् | असेवध्वम् |
| सेवे | सेवावहे | सेवामहे | असेवे | असेवावहि | असेवामहि |

| | | | | | |
|---|---|---|---|---|---|
| सेवताम् | सेवेताम् | सेवन्ताम् | सेवेत | सेवेयाताम् | सेवेरन् |
| सेवस्व | सेवेथाम् | सेवध्वम् | सेवेथाः | सेवेयाथाम् | सेवेध्वम् |
| सेवै | सेवावहै | सेवामहै | सेवेय | सेवेवहि | सेवेमहि |

| | | | | | |
|---|---|---|---|---|---|
| सेविष्यते | सेविष्येते | सेविष्यन्ते | असेविष्यत | असेविष्येताम् | असेविष्यन्त |
| सेविष्यसे | सेविष्येथे | सेविष्यध्वे | असेविष्यथाः | असेविष्येथाम् | असेविष्यध्वम् |
| सेविष्ये | सेविष्यावहे | सेविष्यामहे | असेविष्ये | असेविष्यावहि | असेविष्यामहि |

| | | | | | |
|---|---|---|---|---|---|
| सेविता | सेवितारौ | सेवितारः | सेविषीष्ट | सेविषीयास्ताम् | सेविषीरन् |
| सेवितासे | सेवितासाथे | सेविताध्वे | सेविषीष्ठाः | सेविषीयास्थाम् | सेविषीध्वम् -ढ्वम् |
| सेविताहे | सेवितास्वहे | सेवितास्महे | सेविषीय | सेविषीवहि | सेविषीमहि |

| | | | | | |
|---|---|---|---|---|---|
| सिषेवे | सिषेवाते | सिषेविरे | असेविष्ट | असेविषाताम् | असेविषत |
| सिषेविषे | सिषेवाथे | सिषेविध्वे -ढ्वे | असेविष्ठाः | असेविषाथाम् | असेविध्वम् -ढ्वम् |
| सिषेवे | सिषेविवहे | सिषेविमहे | असेविषि | असेविष्वहि | असेविष्महि |

502 गेवृ सेवने । गेवृँ । गेव् । गेवते । A । सेट् । स० । serve

| | | | | | |
|---|---|---|---|---|---|
| गेवते | गेवेते | गेवन्ते | अगेवत | अगेवेताम् | अगेवन्त |
| गेवसे | गेवेथे | गेवध्वे | अगेवथाः | अगेवेथाम् | अगेवध्वम् |
| गेवे | गेवावहे | गेवामहे | अगेवे | अगेवावहि | अगेवामहि |

| | | | | | |
|---|---|---|---|---|---|
| गेवताम् | गेवेताम् | गेवन्ताम् | गेवेत | गेवेयाताम् | गेवेरन् |
| गेवस्व | गेवेथाम् | गेवध्वम् | गेवेथाः | गेवेयाथाम् | गेवेध्वम् |
| गेवै | गेवावहै | गेवामहै | गेवेय | गेवेवहि | गेवेमहि |

| | | | | | |
|---|---|---|---|---|---|
| गेविष्यते | गेविष्येते | गेविष्यन्ते | अगेविष्यत | अगेविष्येताम् | अगेविष्यन्त |
| गेविष्यसे | गेविष्येथे | गेविष्यध्वे | अगेविष्यथाः | अगेविष्येथाम् | अगेविष्यध्वम् |
| गेविष्ये | गेविष्यावहे | गेविष्यामहे | अगेविष्ये | अगेविष्यावहि | अगेविष्यामहि |

| | | | | | |
|---|---|---|---|---|---|
| गेविता | गेवितारौ | गेवितारः | गेविषीष्ट | गेविषीयास्ताम् | गेविषीरन् |
| गेवितासे | गेवितासाथे | गेविताध्वे | गेविषीष्ठाः | गेविषीयास्थाम् | गेविषीध्वम् -ढ्वम् |
| गेविताहे | गेवितास्वहे | गेवितास्महे | गेविषीय | गेविषीवहि | गेविषीमहि |

| | | | | | |
|---|---|---|---|---|---|
| जिगेवे | जिगेवाते | जिगेविरे | अगेविष्ट | अगेविषाताम् | अगेविषत |
| जिगेविषे | जिगेवाथे | जिगेविध्वे -ढ्वे | अगेविष्ठाः | अगेविषाथाम् | अगेविध्वम् -ढ्वम् |
| जिगेवे | जिगेविवहे | जिगेविमहे | अगेविषि | अगेविष्वहि | अगेविष्महि |

503 ग्लेवृ सेवने । ग्लेवृँ । ग्लेव् । ग्लेवते । A । सेट् । स० । serve

| | | | | | |
|---|---|---|---|---|---|
| ग्लेवते | ग्लेवेते | ग्लेवन्ते | अग्लेवत | अग्लेवेताम् | अग्लेवन्त |
| ग्लेवसे | ग्लेवेथे | ग्लेवध्वे | अग्लेवथाः | अग्लेवेथाम् | अग्लेवध्वम् |
| ग्लेवे | ग्लेवावहे | ग्लेवामहे | अग्लेवे | अग्लेवावहि | अग्लेवामहि |

| | | | | | |
|---|---|---|---|---|---|
| ग्लेवताम् | ग्लेवेताम् | ग्लेवन्ताम् | ग्लेवेत | ग्लेवेयाताम् | ग्लेवेरन् |
| ग्लेवस्व | ग्लेवेथाम् | ग्लेवध्वम् | ग्लेवेथाः | ग्लेवेयाथाम् | ग्लेवेध्वम् |
| ग्लेवै | ग्लेवावहै | ग्लेवामहै | ग्लेवेय | ग्लेवेवहि | ग्लेवेमहि |

| | | | | | |
|---|---|---|---|---|---|
| ग्लेविष्यते | ग्लेविष्येते | ग्लेविष्यन्ते | अग्लेविष्यत | अग्लेविष्येताम् | अग्लेविष्यन्त |
| ग्लेविष्यसे | ग्लेविष्येथे | ग्लेविष्यध्वे | अग्लेविष्यथाः | अग्लेविष्येथाम् | अग्लेविष्यध्वम् |
| ग्लेविष्ये | ग्लेविष्यावहे | ग्लेविष्यामहे | अग्लेविष्ये | अग्लेविष्यावहि | अग्लेविष्यामहि |

| | | | | | |
|---|---|---|---|---|---|
| ग्लेविता | ग्लेवितारौ | ग्लेवितारः | ग्लेविषीष्ट | ग्लेविषीयास्ताम् | ग्लेविषीरन् |
| ग्लेवितासे | ग्लेवितासाथे | ग्लेविताध्वे | ग्लेविषीष्ठाः | ग्लेविषीयास्थाम् | ग्लेविषीध्वम् -ढ्वम् |
| ग्लेविताहे | ग्लेवितास्वहे | ग्लेवितास्महे | ग्लेविषीय | ग्लेविषीवहि | ग्लेविषीमहि |

| | | | | | |
|---|---|---|---|---|---|
| जिग्लेवे | जिग्लेवाते | जिग्लेविरे | अग्लेविष्ट | अग्लेविषाताम् | अग्लेविषत |
| जिग्लेविषे | जिग्लेवाथे | जिग्लेविध्वे -ढ्वे | अग्लेविष्ठाः | अग्लेविषाथाम् | अग्लेविध्वम् -ढ्वम् |
| जिग्लेवे | जिग्लेविवहे | जिग्लेविमहे | अग्लेविषि | अग्लेविष्वहि | अग्लेविष्महि |

504 पेवृ सेवने । पेवृँ । पेव् । पेवते । A । सेट् । स० । serve

| | | | | | |
|---|---|---|---|---|---|
| पेवते | पेवेते | पेवन्ते | अपेवत | अपेवेताम् | अपेवन्त |
| पेवसे | पेवेथे | पेवध्वे | अपेवथाः | अपेवेथाम् | अपेवध्वम् |
| पेवे | पेवावहे | पेवामहे | अपेवे | अपेवावहि | अपेवामहि |

| | | | | | |
|---|---|---|---|---|---|
| पेवताम् | पेवेताम् | पेवन्ताम् | पेवेत | पेवेयाताम् | पेवेरन् |
| पेवस्व | पेवेथाम् | पेवध्वम् | पेवेथाः | पेवेयाथाम् | पेवेध्वम् |
| पेवै | पेवावहै | पेवामहै | पेवेय | पेवेवहि | पेवेमहि |

| | | | | | |
|---|---|---|---|---|---|
| पेविष्यते | पेविष्येते | पेविष्यन्ते | अपेविष्यत | अपेविष्येताम् | अपेविष्यन्त |
| पेविष्यसे | पेविष्येथे | पेविष्यध्वे | अपेविष्यथाः | अपेविष्येथाम् | अपेविष्यध्वम् |
| पेविष्ये | पेविष्यावहे | पेविष्यामहे | अपेविष्ये | अपेविष्यावहि | अपेविष्यामहि |

| | | | | | |
|---|---|---|---|---|---|
| पेविता | पेवितारौ | पेवितारः | पेविषीष्ट | पेविषीयास्ताम् | पेविषीरन् |
| पेवितासे | पेवितासाथे | पेविताध्वे | पेविषीष्ठाः | पेविषीयास्थाम् | पेविषीध्वम् -ढ्वम् |
| पेविताहे | पेवितास्वहे | पेवितास्महे | पेविषीय | पेविषीवहि | पेविषीमहि |

| | | | | | |
|---|---|---|---|---|---|
| पिपेवे | पिपेवाते | पिपेविरे | अपेविष्ट | अपेविषाताम् | अपेविषत |
| पिपेविषे | पिपेवाथे | पिपेविध्वे -ढ्वे | अपेविष्ठाः | अपेविषाथाम् | अपेविध्वम् -ढ्वम् |
| पिपेवे | पिपेविवहे | पिपेविमहे | अपेविषि | अपेविष्वहि | अपेविष्महि |

505 मेवृ सेवने । मेवृँ । मेव् । मेवते । A । सेट् । स० । serve

| | | | | | |
|---|---|---|---|---|---|
| मेवते | मेवेते | मेवन्ते | अमेवत | अमेवेताम् | अमेवन्त |
| मेवसे | मेवेथे | मेवध्वे | अमेवथाः | अमेवेथाम् | अमेवध्वम् |
| मेवे | मेवावहे | मेवामहे | अमेवे | अमेवावहि | अमेवामहि |

| | | | | | |
|---|---|---|---|---|---|
| मेवताम् | मेवेताम् | मेवन्ताम् | मेवेत | मेवेयाताम् | मेवेरन् |
| मेवस्व | मेवेथाम् | मेवध्वम् | मेवेथाः | मेवेयाथाम् | मेवेध्वम् |
| मेवै | मेवावहै | मेवामहै | मेवेय | मेवेवहि | मेवेमहि |

| | | | | | |
|---|---|---|---|---|---|
| मेविष्यते | मेविष्येते | मेविष्यन्ते | अमेविष्यत | अमेविष्येताम् | अमेविष्यन्त |
| मेविष्यसे | मेविष्येथे | मेविष्यध्वे | अमेविष्यथाः | अमेविष्येथाम् | अमेविष्यध्वम् |
| मेविष्ये | मेविष्यावहे | मेविष्यामहे | अमेविष्ये | अमेविष्यावहि | अमेविष्यामहि |

| | | | | | |
|---|---|---|---|---|---|
| मेविता | मेवितारौ | मेवितारः | मेविषीष्ट | मेविषीयास्ताम् | मेविषीरन् |
| मेवितासे | मेवितासाथे | मेविताध्वे | मेविषीष्ठाः | मेविषीयास्थाम् | मेविषीध्वम् -ढ्वम् |
| मेविताहे | मेवितास्वहे | मेवितास्महे | मेविषीय | मेविषीवहि | मेविषीमहि |

| | | | | | |
|---|---|---|---|---|---|
| मिमेवे | मिमेवाते | मिमेविरे | अमेविष्ट | अमेविषाताम् | अमेविषत |
| मिमेविषे | मिमेवाथे | मिमेविध्वे -ढ्वे | अमेविष्ठाः | अमेविषाथाम् | अमेविध्वम् -ढ्वम् |
| मिमेवे | मिमेविवहे | मिमेविमहे | अमेविषि | अमेविष्वहि | अमेविष्महि |

506 म्लेवृ सेवने । शेवृ खेवृ क्लेवृ इत्यप्येके । म्लेवृँ । म्लेव् । म्लेवते । A । सेट् । स० । serve

| | | | | | |
|---|---|---|---|---|---|
| म्लेवते | म्लेवेते | म्लेवन्ते | अम्लेवत | अम्लेवेताम् | अम्लेवन्त |
| म्लेवसे | म्लेवेथे | म्लेवध्वे | अम्लेवथाः | अम्लेवेथाम् | अम्लेवध्वम् |
| म्लेवे | म्लेवावहे | म्लेवामहे | अम्लेवे | अम्लेवावहि | अम्लेवामहि |

| | | | | | |
|---|---|---|---|---|---|
| म्लेवताम् | म्लेवेताम् | म्लेवन्ताम् | म्लेवेत | म्लेवेयाताम् | म्लेवेरन् |
| म्लेवस्व | म्लेवेथाम् | म्लेवध्वम् | म्लेवेथाः | म्लेवेयाथाम् | म्लेवेध्वम् |
| म्लेवै | म्लेवावहै | म्लेवामहै | म्लेवेय | म्लेवेवहि | म्लेवेमहि |

| | | | | | |
|---|---|---|---|---|---|
| म्लेविष्यते | म्लेविष्येते | म्लेविष्यन्ते | अम्लेविष्यत | अम्लेविष्येताम् | अम्लेविष्यन्त |
| म्लेविष्यसे | म्लेविष्येथे | म्लेविष्यध्वे | अम्लेविष्यथाः | अम्लेविष्येथाम् | अम्लेविष्यध्वम् |
| म्लेविष्ये | म्लेविष्यावहे | म्लेविष्यामहे | अम्लेविष्ये | अम्लेविष्यावहि | अम्लेविष्यामहि |

| | | | | | |
|---|---|---|---|---|---|
| म्लेविता | म्लेवितारौ | म्लेवितारः | म्लेविषीष्ट | म्लेविषीयास्ताम् | म्लेविषीरन् |
| म्लेवितासे | म्लेवितासाथे | म्लेविताध्वे | म्लेविषीष्ठाः | म्लेविषीयास्थाम् | म्लेविषीध्वम् -ढ्वम् |
| म्लेविताहे | म्लेवितास्वहे | म्लेवितास्महे | म्लेविषीय | म्लेविषीवहि | म्लेविषीमहि |

| | | | | | |
|---|---|---|---|---|---|
| मिम्लेवे | मिम्लेवाते | मिम्लेविरे | अम्लेविष्ट | अम्लेविषाताम् | अम्लेविषत |
| मिम्लेविषे | मिम्लेवाथे | मिम्लेविध्वे -ढ्वे | अम्लेविष्ठाः | अम्लेविषाथाम् | अम्लेविध्वम् -ढ्वम् |
| मिम्लेवे | मिम्लेविवहे | मिम्लेविमहे | अम्लेविषि | अम्लेविष्वहि | अम्लेविष्महि |

507 रेवृ प्लवगतौ । रेवृँ । रेव् । रेवते । A । सेट् । अ० । go flying,swim across, flow like a river

| | | | | | |
|---|---|---|---|---|---|
| रेवते | रेवेते | रेवन्ते | अरेवत | अरेवेताम् | अरेवन्त |
| रेवसे | रेवेथे | रेवध्वे | अरेवथाः | अरेवेथाम् | अरेवध्वम् |
| रेवे | रेवावहे | रेवामहे | अरेवे | अरेवावहि | अरेवामहि |

| | | | | | |
|---|---|---|---|---|---|
| रेवताम् | रेवेताम् | रेवन्ताम् | रेवेत | रेवेयाताम् | रेवेरन् |
| रेवस्व | रेवेथाम् | रेवध्वम् | रेवेथाः | रेवेयाथाम् | रेवेध्वम् |
| रेवै | रेवावहै | रेवामहै | रेवेय | रेवेवहि | रेवेमहि |

| | | | | | |
|---|---|---|---|---|---|
| रेविष्यते | रेविष्येते | रेविष्यन्ते | अरेविष्यत | अरेविष्येताम् | अरेविष्यन्त |
| रेविष्यसे | रेविष्येथे | रेविष्यध्वे | अरेविष्यथाः | अरेविष्येथाम् | अरेविष्यध्वम् |
| रेविष्ये | रेविष्यावहे | रेविष्यामहे | अरेविष्ये | अरेविष्यावहि | अरेविष्यामहि |

| | | | | | |
|---|---|---|---|---|---|
| रेविता | रेवितारौ | रेवितारः | रेविषीष्ट | रेविषीयास्ताम् | रेविषीरन् |
| रेवितासे | रेवितासाथे | रेविताध्वे | रेविषीष्ठाः | रेविषीयास्थाम् | रेविषीध्वम् -ढ्वम् |
| रेविताहे | रेवितास्वहे | रेवितास्महे | रेविषीय | रेविषीवहि | रेविषीमहि |

| | | | | | |
|---|---|---|---|---|---|
| रिरेवे | रिरेवाते | रिरेविरे | अरेविष्ट | अरेविषाताम् | अरेविषत |
| रिरेविषे | रिरेवाथे | रिरेविध्वे -ढ्वे | अरेविष्ठाः | अरेविषाथाम् | अरेविध्वम् -ढ्वम् |
| रिरेवे | रिरेविवहे | रिरेविमहे | अरेविषि | अरेविष्वहि | अरेविष्महि |

474 अयादयः उदात्ताः अनुदात्तेतः आत्मनेभाषाः ।

## 508 अथ अवत्यन्ताः परस्मैपदिनः एकनवतिः ।

508 मव्य बन्धने । मव्यँ । मव्य् । मव्यति । P । सेट् । स० । bind, check 8.4.64 हलो यमां यमि लोपः

लट् 1 Present Tense

| | | |
|---|---|---|
| मव्यति | मव्यतः | मव्यन्ति |
| मव्यसि | मव्यथः | मव्यथ |
| मव्यामि | मव्यावः | मव्यामः |

लङ् 2 Imperfect Past Tense

| | | |
|---|---|---|
| अमव्यत् -द् | अमव्यताम् | अमव्यन् |
| अमव्यः | अमव्यतम् | अमव्यत |
| अमव्यम् | अमव्याव | अमव्याम |

लोट् 3 Imperative Mood

| | | |
|---|---|---|
| मव्यतु मव्यतात् -द् | मव्यताम् | मव्यन्तु |
| मव्य मव्यतात् -द् | मव्यतम् | मव्यत |
| मव्यानि | मव्याव | मव्याम |

विधिलिङ् 4 Potential Mood

| | | |
|---|---|---|
| मव्येत् -द् | मव्येताम् | मव्येयुः |
| मव्येः | मव्येतम् | मव्येत |
| मव्येयम् | मव्येव | मव्येम |

लृट् 5 Simple Future Tense

| | | |
|---|---|---|
| मव्यिष्यति | मव्यिष्यतः | मव्यिष्यन्ति |
| मव्यिष्यसि | मव्यिष्यथः | मव्यिष्यथ |
| मव्यिष्यामि | मव्यिष्यावः | मव्यिष्यामः |

लृङ् 6 Conditional Mood

| | | |
|---|---|---|
| अमव्यिष्यत् -द् | अमव्यिष्यताम् | अमव्यिष्यन् |
| अमव्यिष्यः | अमव्यिष्यतम् | अमव्यिष्यत |
| अमव्यिष्यम् | अमव्यिष्याव | अमव्यिष्याम |

लुट् 7 Periphrastic Future Tense

| | | |
|---|---|---|
| मव्यिता | मव्यितारौ | मव्यितारः |
| मव्यितासि | मव्यितास्थः | मव्यितास्थ |
| मव्यितास्मि | मव्यितास्वः | मव्यितास्मः |

आशीर्लिङ् 8 Benedictive Mood

| | | |
|---|---|---|
| मव्य्यात् -द् | मव्य्यास्ताम् | मव्य्यासुः |
| मव्यात् -द् | मव्यास्ताम् | मव्यासुः |
| मव्य्याः | मव्य्यास्तम् | मव्य्यास्त |
| मव्याः | मव्यास्तम् | मव्यास्त |
| मव्य्यासम् | मव्य्यास्व | मव्य्यास्म |
| मव्यासम् | मव्यास्व | मव्यास्म |

लिट् 9 Perfect Past Tense

| | | |
|---|---|---|
| ममव्य | ममव्यतुः | ममव्युः |
| ममव्यिथ | ममव्यथुः | ममव्य |
| ममव्य | ममव्यिव | ममव्यिम |

लुङ् 10 Aorist Past Tense

| | | |
|---|---|---|
| अमव्यीत् -द् | अमव्यिष्टाम् | अमव्यिषुः |
| अमव्यीः | अमव्यिष्टम् | अमव्यिष्ट |
| अमव्यिषम् | अमव्यिष्व | अमव्यिष्म |

509 सूर्क्ष्य ईर्ष्यायाम् । सूर्क्ष्यँ । सूर्क्ष्य् । सूर्क्ष्यति । P । सेट् । अ० । be jealous, be envious 8.4.64

| | | |
|---|---|---|
| सूर्क्ष्यति | सूर्क्ष्यतः | सूर्क्ष्यन्ति |
| सूर्क्ष्यसि | सूर्क्ष्यथः | सूर्क्ष्यथ |
| सूर्क्ष्यामि | सूर्क्ष्यावः | सूर्क्ष्यामः |

| | | |
|---|---|---|
| असूर्क्ष्यत् -द् | असूर्क्ष्यताम् | असूर्क्ष्यन् |
| असूर्क्ष्यः | असूर्क्ष्यतम् | असूर्क्ष्यत |
| असूर्क्ष्यम् | असूर्क्ष्याव | असूर्क्ष्याम |

| | | |
|---|---|---|
| सूर्क्ष्यतु | सूर्क्ष्यताम् | सूर्क्ष्यन्तु |
| सूर्क्ष्य | सूर्क्ष्यतम् | सूर्क्ष्यत |
| सूर्क्ष्याणि | सूर्क्ष्याव | सूर्क्ष्याम |

| | | |
|---|---|---|
| सूर्क्ष्येत् -द् | सूर्क्ष्येताम् | सूर्क्ष्येयुः |
| सूर्क्ष्येः | सूर्क्ष्येतम् | सूर्क्ष्येत |
| सूर्क्ष्येयम् | सूर्क्ष्येव | सूर्क्ष्येम |

| | | |
|---|---|---|
| सूर्क्ष्यिष्यति | सूर्क्ष्यिष्यतः | सूर्क्ष्यिष्यन्ति |
| सूर्क्ष्यिष्यसि | सूर्क्ष्यिष्यथः | सूर्क्ष्यिष्यथ |
| सूर्क्ष्यिष्यामि | सूर्क्ष्यिष्यावः | सूर्क्ष्यिष्यामः |

| | | |
|---|---|---|
| असूर्क्ष्यिष्यत् -द् | असूर्क्ष्यिष्यताम् | असूर्क्ष्यिष्यन् |
| असूर्क्ष्यिष्यः | असूर्क्ष्यिष्यतम् | असूर्क्ष्यिष्यत |
| असूर्क्ष्यिष्यम् | असूर्क्ष्यिष्याव | असूर्क्ष्यिष्याम |

| | | | | | |
|---|---|---|---|---|---|
| सूर्क्षिता | सूर्क्षितारौ | सूर्क्षितारः | सूक्ष्य्यात् -द् | सूक्ष्य्यास्ताम् | सूक्ष्य्यासुः |
| | | | सूक्ष्यात् -द् | सूक्ष्यास्ताम् | सूक्ष्यासुः |
| सूर्क्षितासि | सूर्क्षितास्थः | सूर्क्षितास्थ | सूक्ष्य्याः | सूक्ष्य्यास्तम् | सूक्ष्य्यास्त |
| | | | सूक्ष्याः | सूक्ष्यास्तम् | सूक्ष्यास्त |
| सूर्क्षितास्मि | सूर्क्षितास्वः | सूर्क्षितास्मः | सूक्ष्य्यासम् | सूक्ष्य्यास्व | सूक्ष्य्यास्म |
| | | | सूक्ष्यासम् | सूक्ष्यास्व | सूक्ष्यास्म |

| | | | | | |
|---|---|---|---|---|---|
| सुसूर्क्ष्य | सुसूर्क्ष्यतुः | सुसूर्क्ष्युः | असूर्क्षीत् -द् | असूर्क्षिष्टाम् | असूर्क्षिषुः |
| सुसूर्क्षिथ | सुसूर्क्ष्यथुः | सुसूर्क्ष्य | असूर्क्षीः | असूर्क्षिष्टम् | असूर्क्षिष्ट |
| सुसूर्क्ष्य | सुसूर्क्षिव | सुसूर्क्षिम | असूर्क्षिषम् | असूर्क्षिष्व | असूर्क्षिष्म |

510 ईर्क्ष्य ईर्ष्यायाम् । ईर्क्ष्यँ । ईर्क्ष्य् । ईर्क्ष्यति । P । सेट् । अ० । envy, be jealous

| | | | | | |
|---|---|---|---|---|---|
| ईर्क्ष्यति | ईर्क्ष्यतः | ईर्क्ष्यन्ति | ऐर्क्ष्यत् -द् | ऐर्क्ष्यताम् | ऐर्क्ष्यन् |
| ईर्क्ष्यसि | ईर्क्ष्यथः | ईर्क्ष्यथ | ऐर्क्ष्यः | ऐर्क्ष्यतम् | ऐर्क्ष्यत |
| ईर्क्ष्यामि | ईर्क्ष्यावः | ईर्क्ष्यामः | ऐर्क्ष्यम् | ऐर्क्ष्याव | ऐर्क्ष्याम |

| | | | | | |
|---|---|---|---|---|---|
| ईर्क्ष्यतु | ईर्क्ष्यताम् | ईर्क्ष्यन्तु | ईर्क्ष्येत् -द् | ईर्क्ष्येताम् | ईर्क्ष्येयुः |
| ईर्क्ष्य | ईर्क्ष्यतम् | ईर्क्ष्यत | ईर्क्ष्येः | ईर्क्ष्येतम् | ईर्क्ष्येत |
| ईर्क्ष्याणि | ईर्क्ष्याव | ईर्क्ष्याम | ईर्क्ष्येयम् | ईर्क्ष्येव | ईर्क्ष्येम |

| | | | | | |
|---|---|---|---|---|---|
| ईर्क्षिष्यति | ईर्क्षिष्यतः | ईर्क्षिष्यन्ति | ऐर्क्षिष्यत् -द् | ऐर्क्षिष्यताम् | ऐर्क्षिष्यन् |
| ईर्क्षिष्यसि | ईर्क्षिष्यथः | ईर्क्षिष्यथ | ऐर्क्षिष्यः | ऐर्क्षिष्यतम् | ऐर्क्षिष्यत |
| ईर्क्षिष्यामि | ईर्क्षिष्यावः | ईर्क्षिष्यामः | ऐर्क्षिष्यम् | ऐर्क्षिष्याव | ऐर्क्षिष्याम |

| | | | | | |
|---|---|---|---|---|---|
| ईर्क्षिता | ईर्क्षितारौ | ईर्क्षितारः | ईक्ष्य्यात् -द् | ईक्ष्य्यास्ताम् | ईक्ष्य्यासुः |
| | | | ईक्ष्यात् -द् | ईक्ष्यास्ताम् | ईक्ष्यासुः |
| ईर्क्षितासि | ईर्क्षितास्थः | ईर्क्षितास्थ | ईक्ष्य्याः | ईक्ष्य्यास्तम् | ईक्ष्य्यास्त |
| | | | ईक्ष्याः | ईक्ष्यास्तम् | ईक्ष्यास्त |
| ईर्क्षितास्मि | ईर्क्षितास्वः | ईर्क्षितास्मः | ईक्ष्य्यासम् | ईक्ष्य्यास्व | ईक्ष्य्यास्म |
| | | | ईक्ष्यासम् | ईक्ष्यास्व | ईक्ष्यास्म |

| | | | | | |
|---|---|---|---|---|---|
| ईर्क्ष्याञ्चकार | ईर्क्ष्याञ्चक्रतुः | ईर्क्ष्याञ्चक्रुः | ऐर्क्ष्यीत् -द् | ऐर्क्षिष्टाम् | ऐर्क्षिषुः |
| ईर्क्ष्याम्बभूव | ईर्क्ष्याम्बभूवतुः | ईर्क्ष्याम्बभूवुः | | | |
| ईर्क्ष्यामास | ईर्क्ष्यामासतुः | ईर्क्ष्यामासुः | | | |
| ईर्क्ष्याञ्चकर्थ | ईर्क्ष्याञ्चक्रथुः | ईर्क्ष्याञ्चक्र | ऐर्क्ष्यीः | ऐर्क्षिष्टम् | ऐर्क्षिष्ट |
| ईर्क्ष्याम्बभूविथ | ईर्क्ष्याम्बभूवथुः | ईर्क्ष्याम्बभूव | | | |
| ईर्क्ष्यामासिथ | ईर्क्ष्यामासथुः | ईर्क्ष्यामास | | | |

| | | | | | |
|---|---|---|---|---|---|
| ईर्क्ष्याञ्चकर -कार | ईर्क्ष्याञ्चकृव | ईर्क्ष्याञ्चकृम | ऐर्क्ष्यिषम् | ऐर्क्ष्यिष्व | ऐर्क्ष्यिष्म |
| ईर्क्ष्याम्बभूव | ईर्क्ष्याम्बभूविव | ईर्क्ष्याम्बभूविम | | | |
| ईर्क्ष्यामास | ईर्क्ष्यामासिव | ईर्क्ष्यामासिम | | | |

511 ईर्ष्य ईर्ष्यार्थाः । ईर्ष्यँ । ईर्ष्य् । ईर्ष्यति । P । सेट् । अ० । be jealous

| | | | | | |
|---|---|---|---|---|---|
| ईर्ष्यति | ईर्ष्यतः | ईर्ष्यन्ति | ऐर्ष्यत् -द् | ऐर्ष्यताम् | ऐर्ष्यन् |
| ईर्ष्यसि | ईर्ष्यथः | ईर्ष्यथ | ऐर्ष्यः | ऐर्ष्यतम् | ऐर्ष्यत |
| ईर्ष्यामि | ईर्ष्यावः | ईर्ष्यामः | ऐर्ष्यम् | ऐर्ष्याव | ऐर्ष्याम |

| | | | | | |
|---|---|---|---|---|---|
| ईर्ष्यतु | ईर्ष्यताम् | ईर्ष्यन्तु | ईर्ष्येत् -द् | ईर्ष्येताम् | ईर्ष्येयुः |
| ईर्ष्य | ईर्ष्यतम् | ईर्ष्यत | ईर्ष्येः | ईर्ष्येतम् | ईर्ष्येत |
| ईर्ष्याणि | ईर्ष्याव | ईर्ष्याम | ईर्ष्येयम् | ईर्ष्येव | ईर्ष्येम |

| | | | | | |
|---|---|---|---|---|---|
| ईर्ष्यिष्यति | ईर्ष्यिष्यतः | ईर्ष्यिष्यन्ति | ऐर्ष्यिष्यत् -द् | ऐर्ष्यिष्यताम् | ऐर्ष्यिष्यन् |
| ईर्ष्यिष्यसि | ईर्ष्यिष्यथः | ईर्ष्यिष्यथ | ऐर्ष्यिष्यः | ऐर्ष्यिष्यतम् | ऐर्ष्यिष्यत |
| ईर्ष्यिष्यामि | ईर्ष्यिष्यावः | ईर्ष्यिष्यामः | ऐर्ष्यिष्यम् | ऐर्ष्यिष्याव | ऐर्ष्यिष्याम |

| | | | | | |
|---|---|---|---|---|---|
| ईर्ष्यिता | ईर्ष्यितारौ | ईर्ष्यितारः | ईर्ष्य्यात् -द् | ईर्ष्य्यास्ताम् | ईर्ष्य्यासुः |
| | | | ईर्ष्यात् -द् | ईर्ष्यास्ताम् | ईर्ष्यासुः |
| ईर्ष्यितासि | ईर्ष्यितास्थः | ईर्ष्यितास्थ | ईर्ष्य्याः | ईर्ष्य्यास्तम् | ईर्ष्य्यास्त |
| | | | ईर्ष्याः | ईर्ष्यास्तम् | ईर्ष्यास्त |
| ईर्ष्यितास्मि | ईर्ष्यितास्वः | ईर्ष्यितास्मः | ईर्ष्य्यासम् | ईर्ष्य्यास्व | ईर्ष्य्यास्म |
| | | | ईर्ष्यासम् | ईर्ष्यास्व | ईर्ष्यास्म |

| | | | | | |
|---|---|---|---|---|---|
| ईर्ष्याञ्चकार | ईर्ष्याञ्चक्रतुः | ईर्ष्याञ्चक्रुः | ऐर्ष्यीत् -द् | ऐर्ष्यिष्टाम् | ऐर्ष्यिषुः |
| ईर्ष्याम्बभूव | ईर्ष्याम्बभूवतुः | ईर्ष्याम्बभूवुः | | | |
| ईर्ष्यामास | ईर्ष्यामासतुः | ईर्ष्यामासुः | | | |
| ईर्ष्याञ्चकर्थ | ईर्ष्याञ्चक्रथुः | ईर्ष्याञ्चक्र | ऐर्ष्यीः | ऐर्ष्यिष्टम् | ऐर्ष्यिष्ट |
| ईर्ष्याम्बभूविथ | ईर्ष्याम्बभूवथुः | ईर्ष्याम्बभूव | | | |
| ईर्ष्यामासिथ | ईर्ष्यामासथुः | ईर्ष्यामास | | | |
| ईर्ष्याञ्चकर -कार | ईर्ष्याञ्चकृव | ईर्ष्याञ्चकृम | ऐर्ष्यिषम् | ऐर्ष्यिष्व | ऐर्ष्यिष्म |
| ईर्ष्याम्बभूव | ईर्ष्याम्बभूविव | ईर्ष्याम्बभूविम | | | |
| ईर्ष्यामास | ईर्ष्यामासिव | ईर्ष्यामासिम | | | |

512 हय गतौ । हयँ । हय् । हयति । P । सेट् । स० । go, pray

| | | | | | |
|---|---|---|---|---|---|
| हयति | हयतः | हयन्ति | अहयत् -द् | अहयताम् | अहयन् |
| हयसि | हयथः | हयथ | अहयः | अहयतम् | अहयत |

| | | | | | |
|---|---|---|---|---|---|
| हयामि | हयावः | हयामः | अहयम् | अहयाव | अहयाम |
| हयतु | हयताम् | हयन्तु | हयेत् -द् | हयेताम् | हयेयुः |
| हय | हयतम् | हयत | हयेः | हयेतम् | हयेत |
| हयानि | हयाव | हयाम | हयेयम् | हयेव | हयेम |
| हयिष्यति | हयिष्यतः | हयिष्यन्ति | अहयिष्यत् -द् | अहयिष्यताम् | अहयिष्यन् |
| हयिष्यसि | हयिष्यथः | हयिष्यथ | अहयिष्यः | अहयिष्यतम् | अहयिष्यत |
| हयिष्यामि | हयिष्यावः | हयिष्यामः | अहयिष्यम् | अहयिष्याव | अहयिष्याम |
| हयिता | हयितारौ | हयितारः | हय्यात् -द् | हय्यास्ताम् | हय्यासुः |
| हयितासि | हयितास्थः | हयितास्थ | हय्याः | हय्यास्तम् | हय्यास्त |
| हयितास्मि | हयितास्वः | हयितास्मः | हय्यासम् | हय्यास्व | हय्यास्म |
| जहाय | जहयतुः | जहयुः | अहयीत् -द् | अहयिष्टाम् | अहयिषुः |
| जहयिथ | जहयथुः | जहय | अहयीः | अहयिष्टम् | अहयिष्ट |
| जहाय जहय | जहयिव | जहयिम | अहयिषम् | अहयिष्व | अहयिष्म |

513 शुच्य अभिषवे । चुच्य इत्येके । शुच्यँ । शुच्य् । शुच्यति । P। सेट् । अ०। bathe, filter, distill

| | | | | | |
|---|---|---|---|---|---|
| शुच्यति | शुच्यतः | शुच्यन्ति | अशुच्यत् -द् | अशुच्यताम् | अशुच्यन् |
| शुच्यसि | शुच्यथः | शुच्यथ | अशुच्यः | अशुच्यतम् | अशुच्यत |
| शुच्यामि | शुच्यावः | शुच्यामः | अशुच्यम् | अशुच्याव | अशुच्याम |
| शुच्यतु | शुच्यताम् | शुच्यन्तु | शुच्येत् -द् | शुच्येताम् | शुच्येयुः |
| शुच्य | शुच्यतम् | शुच्यत | शुच्येः | शुच्येतम् | शुच्येत |
| शुच्यानि | शुच्याव | शुच्याम | शुच्येयम् | शुच्येव | शुच्येम |
| शुच्यिष्यति | शुच्यिष्यतः | शुच्यिष्यन्ति | अशुच्यिष्यत् -द् | अशुच्यिष्यताम् | अशुच्यिष्यन् |
| शुच्यिष्यसि | शुच्यिष्यथः | शुच्यिष्यथ | अशुच्यिष्यः | अशुच्यिष्यतम् | अशुच्यिष्यत |
| शुच्यिष्यामि | शुच्यिष्यावः | शुच्यिष्यामः | अशुच्यिष्यम् | अशुच्यिष्याव | अशुच्यिष्याम |
| शुच्यिता | शुच्यितारौ | शुच्यितारः | शुच्य्यात् -द् | शुच्य्यास्ताम् | शुच्य्यासुः |
| | | | शुच्यात् -द् | शुच्यास्ताम् | शुच्यासुः |
| शुच्यितासि | शुच्यितास्थः | शुच्यितास्थ | शुच्य्याः | शुच्य्यास्तम् | शुच्य्यास्त |
| | | | शुच्याः | शुच्यास्तम् | शुच्यास्त |
| शुच्यितास्मि | शुच्यितास्वः | शुच्यितास्मः | शुच्य्यासम् | शुच्य्यास्व | शुच्य्यास्म |
| | | | शुच्यासम् | शुच्यास्व | शुच्यास्म |
| शुशुच्य | शुशुच्यतुः | शुशुच्युः | अशुच्यीत् -द् | अशुच्यिष्टाम् | अशुच्यिषुः |
| शुशुच्यिथ | शुशुच्यथुः | शुशुच्य | अशुच्यीः | अशुच्यिष्टम् | अशुच्यिष्ट |

| | | | | | |
|---|---|---|---|---|---|
| शुशुच्य | शुशुच्यिव | शुशुच्यिम | अशुच्यिषम् | अशुच्यिष्व | अशुच्यिष्म |

514 हर्य गतिकान्त्योः । हर्यँ । हर्य् । हर्यति । P । सेट् । स० । go, desire, shine

| | | | | | |
|---|---|---|---|---|---|
| हर्यति | हर्यतः | हर्यन्ति | अहर्यत् -द् | अहर्यताम् | अहर्यन् |
| हर्यसि | हर्यथः | हर्यथ | अहर्यः | अहर्यतम् | अहर्यत |
| हर्यामि | हर्यावः | हर्यामः | अहर्यम् | अहर्याव | अहर्याम |

| | | | | | |
|---|---|---|---|---|---|
| हर्यतु | हर्यताम् | हर्यन्तु | हर्येत् -द् | हर्येताम् | हर्येयुः |
| हर्य | हर्यतम् | हर्यत | हर्येः | हर्येतम् | हर्येत |
| हर्याणि | हर्याव | हर्याम | हर्येयम् | हर्येव | हर्येम |

| | | | | | |
|---|---|---|---|---|---|
| हर्यिष्यति | हर्यिष्यतः | हर्यिष्यन्ति | अहर्यिष्यत् -द् | अहर्यिष्यताम् | अहर्यिष्यन् |
| हर्यिष्यसि | हर्यिष्यथः | हर्यिष्यथ | अहर्यिष्यः | अहर्यिष्यतम् | अहर्यिष्यत |
| हर्यिष्यामि | हर्यिष्यावः | हर्यिष्यामः | अहर्यिष्यम् | अहर्यिष्याव | अहर्यिष्याम |

| | | | | | |
|---|---|---|---|---|---|
| हर्यिता | हर्यितारौ | हर्यितारः | हर्य्यात् -द् | हर्य्यास्ताम् | हर्य्यासुः |
| | | | हर्यात् -द् | हर्यास्ताम् | हर्यासुः |
| हर्यितासि | हर्यितास्थः | हर्यितास्थ | हर्य्याः | हर्य्यास्तम् | हर्य्यास्त |
| | | | हर्याः | हर्यास्तम् | हर्यास्त |
| हर्यितास्मि | हर्यितास्वः | हर्यितास्मः | हर्य्यासम् | हर्य्यास्व | हर्य्यास्म |
| | | | हर्यासम् | हर्यास्व | हर्यास्म |

| | | | | | |
|---|---|---|---|---|---|
| जहर्य | जहर्यतुः | जहर्युः | अहर्यीत् -द् | अहर्यिष्टाम् | अहर्यिषुः |
| जहर्यिथ | जहर्यथुः | जहर्य | अहर्यीः | अहर्यिष्टम् | अहर्यिष्ट |
| जहर्य | जहर्यिव | जहर्यिम | अहर्यिषम् | अहर्यिष्व | अहर्यिष्म |

515 अल भूषणपर्याप्तिवारणेषु । अयं स्वरितेदित्येके । अलँ॑ । अल् । अलति , अलते । U । सेट् । स० ।
adorn, be competent, prevent, suffice **Parasmaipadi , Atmanepadi Forms**

| | | | | | |
|---|---|---|---|---|---|
| अलति , | अलतः , | अलन्ति , | आलत् -द् , | आलताम् , | आलन् , |
| अलते | अलेते | अलन्ते | आलत | आलेताम् | आलन्त |
| अलसि , | अलथः , | अलथ , | आलः , | आलतम् , | आलत , |
| अलसे | अलेथे | अलध्वे | आलथाः | आलेथाम् | आलध्वम् |
| अलामि , | अलावः , | अलामः , | आलम् , | आलाव , | आलाम , |
| अले | अलावहे | अलामहे | आले | आलावहि | आलामहि |

| | | | | | |
|---|---|---|---|---|---|
| अलतु , | अलताम् , | अलन्तु , | अलेत् -द् , | अलेताम् , | अलेयुः , |
| अलताम् | अलेताम् | अलन्ताम् | अलेत | अलेयाताम् | अलेरन् |
| अल , | अलतम् , | अलत , | अलेः , | अलेतम् , | अलेत , |
| अलस्व | अलेथाम् | अलध्वम् | अलेथाः | अलेयाथाम् | अलेध्वम् |
| अलानि , | अलाव , | अलाम , | अलेयम् , | अलेव , | अलेम , |

| | | | | | |
|---|---|---|---|---|---|
| अलै | अलावहै | अलामहै | अलेय | अलेवहि | अलेमहि |

| | | | | | |
|---|---|---|---|---|---|
| अलिष्यति , | अलिष्यतः , | अलिष्यन्ति , | आलिष्यत् -द् , | आलिष्यताम् , | आलिष्यन् , |
| अलिष्यते | अलिष्येते | अलिष्यन्ते | आलिष्यत | आलिष्येताम् | आलिष्यन्त |
| अलिष्यसि , | अलिष्यथः , | अलिष्यथ , | आलिष्यः , | आलिष्यतम् , | आलिष्यत , |
| अलिष्यसे | अलिष्येथे | अलिष्यध्वे | आलिष्यथाः | आलिष्येथाम् | आलिष्यध्वम् |
| अलिष्यामि , | अलिष्यावः , | अलिष्यामः , | आलिष्यम् , | आलिष्याव , | आलिष्याम , |
| अलिष्ये | अलिष्यावहे | अलिष्यामहे | आलिष्ये | आलिष्यावहि | आलिष्यामहि |

| | | | | | |
|---|---|---|---|---|---|
| अलिता , | अलितारौ , | अलितारः , | अल्यात् -द् , | अल्यास्ताम् , | अल्यासुः , |
| अलिता | अलितारौ | अलितारः | अलिषीष्ट | अलिषीयास्ताम् | अलिषीरन् |
| अलितासि , | अलितास्थः , | अलितास्थ , | अल्याः , | अल्यास्तम् , | **अल्यास्त** , |
| अलितासे | अलितासाथे | अलिताध्वे | अलिषीष्ठाः | अलिषीयास्थाम् | **अलिषीध्वम् -ढ्वम्** |
| अलितास्मि , | अलितास्वः , | अलितास्मः , | अल्यासम् , | अल्यास्व , | अल्यास्म , |
| अलिताहे | अलितास्वहे | अलितास्महे | अलिषीय | अलिषीवहि | अलिषीमहि |

| | | | | | |
|---|---|---|---|---|---|
| आल , | आलतुः , | आलुः , | आलीत् -द् , | आलिष्टाम् , | आलिषुः , |
| आले | आलाते | आलिरे | आलिष्ट | आलिषाताम् | आलिषत |
| आलिथ , | आलथुः , | आल , | आलीः , | आलिष्टम् , | **आलिष्ट** , |
| आलिषे | आलाथे | आलिध्वे | आलिष्ठाः | आलिषाथाम् | **आलिध्वम् -ढ्वम्** |
| आल , | आलिव , | आलिम , | आलिषम् , | आलिष्व , | आलिष्म , |
| आले | आलिवहे | आलिमहे | आलिषि | आलिष्वहि | आलिष्महि |

516 **ञिफला विशरणे** । **ञिफलाँ** । **फल्** । **फलति** । P । **सेट्** । **अ०** । produce, burst, bear fruit, yield 3.2.187 **ञीतः क्तः** । 7.4.89 **ति च** । 7.2.2 **अतो ल्रान्तस्य** ।

| | | | | | |
|---|---|---|---|---|---|
| फलति | फलतः | फलन्ति | अफलत् -द् | अफलताम् | अफलन् |
| फलसि | फलथः | फलथ | अफलः | अफलतम् | अफलत |
| फलामि | फलावः | फलामः | अफलम् | अफलाव | अफलाम |

| | | | | | |
|---|---|---|---|---|---|
| फलतु | फलताम् | फलन्तु | फलेत् -द् | फलेताम् | फलेयुः |
| फल | फलतम् | फलत | फलेः | फलेतम् | फलेत |
| फलानि | फलाव | फलाम | फलेयम् | फलेव | फलेम |

| | | | | | |
|---|---|---|---|---|---|
| फलिष्यति | फलिष्यतः | फलिष्यन्ति | अफलिष्यत् -द् | अफलिष्यताम् | अफलिष्यन् |
| फलिष्यसि | फलिष्यथः | फलिष्यथ | अफलिष्यः | अफलिष्यतम् | अफलिष्यत |
| फलिष्यामि | फलिष्यावः | फलिष्यामः | अफलिष्यम् | अफलिष्याव | अफलिष्याम |

| | | | | | |
|---|---|---|---|---|---|
| फलिता | फलितारौ | फलितारः | फल्यात् -द् | फल्यास्ताम् | फल्यासुः |
| फलितासि | फलितास्थः | फलितास्थ | फल्याः | फल्यास्तम् | फल्यास्त |
| फलितास्मि | फलितास्वः | फलितास्मः | फल्यासम् | फल्यास्व | फल्यास्म |

| | | | | | |
|---|---|---|---|---|---|
| पफाल | फेलतुः | फेलुः | अफालीत् -द् | अफालिष्टाम् | अफालिषुः |
| फेलिथ | फेलथुः | फेल | अफालीः | अफालिष्टम् | अफालिष्ट |
| पफाल पफल | फेलिव | फेलिम | अफालिषम् | अफालिष्व | अफालिष्म |

517 **मील निमेषणे । मीलँ । मील् । मीलति** । P । **सेट्** । अ० । wink, blink, hide

| | | | | | |
|---|---|---|---|---|---|
| मीलति | मीलतः | मीलन्ति | अमीलत् -द् | अमीलताम् | अमीलन् |
| मीलसि | मीलथः | मीलथ | अमीलः | अमीलतम् | अमीलत |
| मीलामि | मीलावः | मीलामः | अमीलम् | अमीलाव | अमीलाम |

| | | | | | |
|---|---|---|---|---|---|
| मीलतु | मीलताम् | मीलन्तु | मीलेत् -द् | मीलेताम् | मीलेयुः |
| मील | मीलतम् | मीलत | मीलेः | मीलेतम् | मीलेत |
| मीलानि | मीलाव | मीलाम | मीलेयम् | मीलेव | मीलेम |

| | | | | | |
|---|---|---|---|---|---|
| मीलिष्यति | मीलिष्यतः | मीलिष्यन्ति | अमीलिष्यत् -द् | अमीलिष्यताम् | अमीलिष्यन् |
| मीलिष्यसि | मीलिष्यथः | मीलिष्यथ | अमीलिष्यः | अमीलिष्यतम् | अमीलिष्यत |
| मीलिष्यामि | मीलिष्यावः | मीलिष्यामः | अमीलिष्यम् | अमीलिष्याव | अमीलिष्याम |

| | | | | | |
|---|---|---|---|---|---|
| मीलिता | मीलितारौ | मीलितारः | मील्यात् -द् | मील्यास्ताम् | मील्यासुः |
| मीलितासि | मीलितास्थः | मीलितास्थ | मील्याः | मील्यास्तम् | मील्यास्त |
| मीलितास्मि | मीलितास्वः | मीलितास्मः | मील्यासम् | मील्यास्व | मील्यास्म |

| | | | | | |
|---|---|---|---|---|---|
| मिमील | मिमीलतुः | मिमीलुः | अमीलीत् -द् | अमीलिष्टाम् | अमीलिषुः |
| मिमीलिथ | मिमीलथुः | मिमील | अमीलीः | अमीलिष्टम् | अमीलिष्ट |
| मिमील | मिमीलिव | मिमीलिम | अमीलिषम् | अमीलिष्व | अमीलिष्म |

518 **श्मील निमेषणे । श्मीलँ । श्मील् । श्मीलति** । P । **सेट्** । अ० । wink, twinkle, bat eyes

| | | | | | |
|---|---|---|---|---|---|
| श्मीलति | श्मीलतः | श्मीलन्ति | अश्मीलत् -द् | अश्मीलताम् | अश्मीलन् |
| श्मीलसि | श्मीलथः | श्मीलथ | अश्मीलः | अश्मीलतम् | अश्मीलत |
| श्मीलामि | श्मीलावः | श्मीलामः | अश्मीलम् | अश्मीलाव | अश्मीलाम |

| | | | | | |
|---|---|---|---|---|---|
| श्मीलतु | श्मीलताम् | श्मीलन्तु | श्मीलेत् -द् | श्मीलेताम् | श्मीलेयुः |
| श्मील | श्मीलतम् | श्मीलत | श्मीलेः | श्मीलेतम् | श्मीलेत |
| श्मीलानि | श्मीलाव | श्मीलाम | श्मीलेयम् | श्मीलेव | श्मीलेम |

| | | | | | |
|---|---|---|---|---|---|
| श्मीलिष्यति | श्मीलिष्यतः | श्मीलिष्यन्ति | अश्मीलिष्यत् -द् | अश्मीलिष्यताम् | अश्मीलिष्यन् |
| श्मीलिष्यसि | श्मीलिष्यथः | श्मीलिष्यथ | अश्मीलिष्यः | अश्मीलिष्यतम् | अश्मीलिष्यत |
| श्मीलिष्यामि | श्मीलिष्यावः | श्मीलिष्यामः | अश्मीलिष्यम् | अश्मीलिष्याव | अश्मीलिष्याम |

| | | | | | |
|---|---|---|---|---|---|
| श्मीलिता | श्मीलितारौ | श्मीलितारः | श्मील्यात् -द् | श्मील्यास्ताम् | श्मील्यासुः |
| श्मीलितासि | श्मीलितास्थः | श्मीलितास्थ | श्मील्याः | श्मील्यास्तम् | श्मील्यास्त |

| | | | | | |
|---|---|---|---|---|---|
| श्मीलितास्मि | श्मीलितास्वः | श्मीलितास्मः | श्मील्यासम् | श्मील्यास्व | श्मील्यास्म |

| | | | | | |
|---|---|---|---|---|---|
| शिश्मील | शिश्मीलतुः | शिश्मीलुः | अश्मीलीत् -द् | अश्मीलिष्टाम् | अश्मीलिषुः |
| शिश्मीलिथ | शिश्मीलथुः | शिश्मील | अश्मीलीः | अश्मीलिष्टम् | अश्मीलिष्ट |
| शिश्मील | शिश्मीलिव | शिश्मीलिम | अश्मीलिषम् | अश्मीलिष्व | अश्मीलिष्म |

519 स्मील निमेषणे । स्मीलँ । स्मील् । स्मीलति । P । सेट् । अ० । wink, blink

| | | | | | |
|---|---|---|---|---|---|
| स्मीलति | स्मीलतः | स्मीलन्ति | अस्मीलत् -द् | अस्मीलताम् | अस्मीलन् |
| स्मीलसि | स्मीलथः | स्मीलथ | अस्मीलः | अस्मीलतम् | अस्मीलत |
| स्मीलामि | स्मीलावः | स्मीलामः | अस्मीलम् | अस्मीलाव | अस्मीलाम |

| | | | | | |
|---|---|---|---|---|---|
| स्मीलतु | स्मीलताम् | स्मीलन्तु | स्मीलेत् -द् | स्मीलेताम् | स्मीलेयुः |
| स्मील | स्मीलतम् | स्मीलत | स्मीलेः | स्मीलेतम् | स्मीलेत |
| स्मीलानि | स्मीलाव | स्मीलाम | स्मीलेयम् | स्मीलेव | स्मीलेम |

| | | | | | |
|---|---|---|---|---|---|
| स्मीलिष्यति | स्मीलिष्यतः | स्मीलिष्यन्ति | अस्मीलिष्यत् -द् | अस्मीलिष्यताम् | अस्मीलिष्यन् |
| स्मीलिष्यसि | स्मीलिष्यथः | स्मीलिष्यथ | अस्मीलिष्यः | अस्मीलिष्यतम् | अस्मीलिष्यत |
| स्मीलिष्यामि | स्मीलिष्यावः | स्मीलिष्यामः | अस्मीलिष्यम् | अस्मीलिष्याव | अस्मीलिष्याम |

| | | | | | |
|---|---|---|---|---|---|
| स्मीलिता | स्मीलितारौ | स्मीलितारः | स्मील्यात् -द् | स्मील्यास्ताम् | स्मील्यासुः |
| स्मीलितासि | स्मीलितास्थः | स्मीलितास्थ | स्मील्याः | स्मील्यास्तम् | स्मील्यास्त |
| स्मीलितास्मि | स्मीलितास्वः | स्मीलितास्मः | स्मील्यासम् | स्मील्यास्व | स्मील्यास्म |

| | | | | | |
|---|---|---|---|---|---|
| सिस्मील | सिस्मीलतुः | सिस्मीलुः | अस्मीलीत् -द् | अस्मीलिष्टाम् | अस्मीलिषुः |
| सिस्मीलिथ | सिस्मीलथुः | सिस्मील | अस्मीलीः | अस्मीलिष्टम् | अस्मीलिष्ट |
| सिस्मील | सिस्मीलिव | सिस्मीलिम | अस्मीलिषम् | अस्मीलिष्व | अस्मीलिष्म |

520 क्ष्मील निमेषणे । क्ष्मीलँ । क्ष्मील् । क्ष्मीलति । P । सेट् । अ० । twinkle, close eyelids, droop

| | | | | | |
|---|---|---|---|---|---|
| क्ष्मीलति | क्ष्मीलतः | क्ष्मीलन्ति | अक्ष्मीलत् -द् | अक्ष्मीलताम् | अक्ष्मीलन् |
| क्ष्मीलसि | क्ष्मीलथः | क्ष्मीलथ | अक्ष्मीलः | अक्ष्मीलतम् | अक्ष्मीलत |
| क्ष्मीलामि | क्ष्मीलावः | क्ष्मीलामः | अक्ष्मीलम् | अक्ष्मीलाव | अक्ष्मीलाम |

| | | | | | |
|---|---|---|---|---|---|
| क्ष्मीलतु | क्ष्मीलताम् | क्ष्मीलन्तु | क्ष्मीलेत् -द् | क्ष्मीलेताम् | क्ष्मीलेयुः |
| क्ष्मील | क्ष्मीलतम् | क्ष्मीलत | क्ष्मीलेः | क्ष्मीलेतम् | क्ष्मीलेत |
| क्ष्मीलानि | क्ष्मीलाव | क्ष्मीलाम | क्ष्मीलेयम् | क्ष्मीलेव | क्ष्मीलेम |

| | | | | | |
|---|---|---|---|---|---|
| क्ष्मीलिष्यति | क्ष्मीलिष्यतः | क्ष्मीलिष्यन्ति | अक्ष्मीलिष्यत् -द् | अक्ष्मीलिष्यताम् | अक्ष्मीलिष्यन् |

| क्ष्मीलिष्यसि | क्ष्मीलिष्यथः | क्ष्मीलिष्यथ | अक्ष्मीलिष्यः | अक्ष्मीलिष्यतम् | अक्ष्मीलिष्यत |
| क्ष्मीलिष्यामि | क्ष्मीलिष्यावः | क्ष्मीलिष्यामः | अक्ष्मीलिष्यम् | अक्ष्मीलिष्याव | अक्ष्मीलिष्याम |

| क्ष्मीलिता | क्ष्मीलितारौ | क्ष्मीलितारः | क्ष्मील्यात् -द् | क्ष्मील्यास्ताम् | क्ष्मील्यासुः |
| क्ष्मीलितासि | क्ष्मीलितास्थः | क्ष्मीलितास्थ | क्ष्मील्याः | क्ष्मील्यास्तम् | क्ष्मील्यास्त |
| क्ष्मीलितास्मि | क्ष्मीलितास्वः | क्ष्मीलितास्मः | क्ष्मील्यासम् | क्ष्मील्यास्व | क्ष्मील्यास्म |

| चिक्ष्मील | चिक्ष्मीलतुः | चिक्ष्मीलुः | अक्ष्मीलीत् -द् | अक्ष्मीलिष्टाम् | अक्ष्मीलिषुः |
| चिक्ष्मीलिथ | चिक्ष्मीलथुः | चिक्ष्मील | अक्ष्मीलीः | अक्ष्मीलिष्टम् | अक्ष्मीलिष्ट |
| चिक्ष्मील | चिक्ष्मीलिव | चिक्ष्मीलिम | अक्ष्मीलिषम् | अक्ष्मीलिष्व | अक्ष्मीलिष्म |

521 पील प्रतिष्टम्भे । पीलँ । पील् । पीलति । P । सेट् । स० । be stupid, stop, break speed

| पीलति | पीलतः | पीलन्ति | अपीलत् -द् | अपीलताम् | अपीलन् |
| पीलसि | पीलथः | पीलथ | अपीलः | अपीलतम् | अपीलत |
| पीलामि | पीलावः | पीलामः | अपीलम् | अपीलाव | अपीलाम |

| पीलतु | पीलताम् | पीलन्तु | पीलेत् -द् | पीलेताम् | पीलेयुः |
| पील | पीलतम् | पीलत | पीलेः | पीलेतम् | पीलेत |
| पीलानि | पीलाव | पीलाम | पीलेयम् | पीलेव | पीलेम |

| पीलिष्यति | पीलिष्यतः | पीलिष्यन्ति | अपीलिष्यत् -द् | अपीलिष्यताम् | अपीलिष्यन् |
| पीलिष्यसि | पीलिष्यथः | पीलिष्यथ | अपीलिष्यः | अपीलिष्यतम् | अपीलिष्यत |
| पीलिष्यामि | पीलिष्यावः | पीलिष्यामः | अपीलिष्यम् | अपीलिष्याव | अपीलिष्याम |

| पीलिता | पीलितारौ | पीलितारः | पील्यात् -द् | पील्यास्ताम् | पील्यासुः |
| पीलितासि | पीलितास्थः | पीलितास्थ | पील्याः | पील्यास्तम् | पील्यास्त |
| पीलितास्मि | पीलितास्वः | पीलितास्मः | पील्यासम् | पील्यास्व | पील्यास्म |

| पिपील | पिपीलतुः | पिपीलुः | अपीलीत् -द् | अपीलिष्टाम् | अपीलिषुः |
| पिपीलिथ | पिपीलथुः | पिपील | अपीलीः | अपीलिष्टम् | अपीलिष्ट |
| पिपील | पिपीलिव | पिपीलिम | अपीलिषम् | अपीलिष्व | अपीलिष्म |

522 णील वर्णे । णीलँ । नील् । नीलति । P । सेट् । अ० । dye blue, dye indigo

| नीलति | नीलतः | नीलन्ति | अनीलत् -द् | अनीलताम् | अनीलन् |
| नीलसि | नीलथः | नीलथ | अनीलः | अनीलतम् | अनीलत |
| नीलामि | नीलावः | नीलामः | अनीलम् | अनीलाव | अनीलाम |

| नीलतु | नीलताम् | नीलन्तु | नीलेत् -द् | नीलेताम् | नीलेयुः |
| नील | नीलतम् | नीलत | नीलेः | नीलेतम् | नीलेत |
| नीलानि | नीलाव | नीलाम | नीलेयम् | नीलेव | नीलेम |

| | | | | | |
|---|---|---|---|---|---|
| नीलिष्यति | नीलिष्यतः | नीलिष्यन्ति | अनीलिष्यत् -द् | अनीलिष्यताम् | अनीलिष्यन् |
| नीलिष्यसि | नीलिष्यथः | नीलिष्यथ | अनीलिष्यः | अनीलिष्यतम् | अनीलिष्यत |
| नीलिष्यामि | नीलिष्यावः | नीलिष्यामः | अनीलिष्यम् | अनीलिष्याव | अनीलिष्याम |

| | | | | | |
|---|---|---|---|---|---|
| नीलिता | नीलितारौ | नीलितारः | नील्यात् -द् | नील्यास्ताम् | नील्यासुः |
| नीलितासि | नीलितास्थः | नीलितास्थ | नील्याः | नील्यास्तम् | नील्यास्त |
| नीलितास्मि | नीलितास्वः | नीलितास्मः | नील्यासम् | नील्यास्व | नील्यास्म |

| | | | | | |
|---|---|---|---|---|---|
| निनील | निनीलतुः | निनीलुः | अनीलीत् -द् | अनीलिष्टाम् | अनीलिषुः |
| निनीलिथ | निनीलथुः | निनील | अनीलीः | अनीलिष्टम् | अनीलिष्ट |
| निनील | निनीलिव | निनीलिम | अनीलिषम् | अनीलिष्व | अनीलिष्म |

523 शील समाधौ । शीलँ । शील् । शीलति । P । सेट् । अ० । contemplate, meditate

| | | | | | |
|---|---|---|---|---|---|
| शीलति | शीलतः | शीलन्ति | अशीलत् -द् | अशीलताम् | अशीलन् |
| शीलसि | शीलथः | शीलथ | अशीलः | अशीलतम् | अशीलत |
| शीलामि | शीलावः | शीलामः | अशीलम् | अशीलाव | अशीलाम |

| | | | | | |
|---|---|---|---|---|---|
| शीलतु | शीलताम् | शीलन्तु | शीलेत् -द् | शीलेताम् | शीलेयुः |
| शील | शीलतम् | शीलत | शीलेः | शीलेतम् | शीलेत |
| शीलानि | शीलाव | शीलाम | शीलेयम् | शीलेव | शीलेम |

| | | | | | |
|---|---|---|---|---|---|
| शीलिष्यति | शीलिष्यतः | शीलिष्यन्ति | अशीलिष्यत् -द् | अशीलिष्यताम् | अशीलिष्यन् |
| शीलिष्यसि | शीलिष्यथः | शीलिष्यथ | अशीलिष्यः | अशीलिष्यतम् | अशीलिष्यत |
| शीलिष्यामि | शीलिष्यावः | शीलिष्यामः | अशीलिष्यम् | अशीलिष्याव | अशीलिष्याम |

| | | | | | |
|---|---|---|---|---|---|
| शीलिता | शीलितारौ | शीलितारः | शील्यात् -द् | शील्यास्ताम् | शील्यासुः |
| शीलितासि | शीलितास्थः | शीलितास्थ | शील्याः | शील्यास्तम् | शील्यास्त |
| शीलितास्मि | शीलितास्वः | शीलितास्मः | शील्यासम् | शील्यास्व | शील्यास्म |

| | | | | | |
|---|---|---|---|---|---|
| शिशील | शिशीलतुः | शिशीलुः | अशीलीत् -द् | अशीलिष्टाम् | अशीलिषुः |
| शिशीलिथ | शिशीलथुः | शिशील | अशीलीः | अशीलिष्टम् | अशीलिष्ट |
| शिशील | शिशीलिव | शिशीलिम | अशीलिषम् | अशीलिष्व | अशीलिष्म |

524 कील बन्धने । कीलँ । कील् । कीलति । P । सेट् । स० । bind, tie to stake

| | | | | | |
|---|---|---|---|---|---|
| कीलति | कीलतः | कीलन्ति | अकीलत् -द् | अकीलताम् | अकीलन् |
| कीलसि | कीलथः | कीलथ | अकीलः | अकीलतम् | अकीलत |
| कीलामि | कीलावः | कीलामः | अकीलम् | अकीलाव | अकीलाम |

| | | | | | |
|---|---|---|---|---|---|
| कीलतु | कीलताम् | कीलन्तु | कीलेत् -द् | कीलेताम् | कीलेयुः |
| कील | कीलतम् | कीलत | कीलेः | कीलेतम् | कीलेत |

| कीलानि | कीलाव | कीलाम | कीलेयम् | कीलेव | कीलेम |
|---|---|---|---|---|---|
| कीलिष्यति | कीलिष्यतः | कीलिष्यन्ति | अकीलिष्यत् -द् | अकीलिष्यताम् | अकीलिष्यन् |
| कीलिष्यसि | कीलिष्यथः | कीलिष्यथ | अकीलिष्यः | अकीलिष्यतम् | अकीलिष्यत |
| कीलिष्यामि | कीलिष्यावः | कीलिष्यामः | अकीलिष्यम् | अकीलिष्याव | अकीलिष्याम |
| कीलिता | कीलितारौ | कीलितारः | कील्यात् -द् | कील्यास्ताम् | कील्यासुः |
| कीलितासि | कीलितास्थः | कीलितास्थ | कील्याः | कील्यास्तम् | कील्यास्त |
| कीलितास्मि | कीलितास्वः | कीलितास्मः | कील्यासम् | कील्यास्व | कील्यास्म |
| चिकील | चिकीलतुः | चिकीलुः | अकीलीत् -द् | अकीलिष्टाम् | अकीलिषुः |
| चिकीलिथ | चिकीलथुः | चिकील | अकीलीः | अकीलिष्टम् | अकीलिष्ट |
| चिकील | चिकीलिव | चिकीलिम | अकीलिषम् | अकीलिष्व | अकीलिष्म |

525 कूल आवरणे । कूलँ । कूल् । कूलति । P । सेट् । स० । cover, hide

| कूलति | कूलतः | कूलन्ति | अकूलत् -द् | अकूलताम् | अकूलन् |
|---|---|---|---|---|---|
| कूलसि | कूलथः | कूलथ | अकूलः | अकूलतम् | अकूलत |
| कूलामि | कूलावः | कूलामः | अकूलम् | अकूलाव | अकूलाम |
| कूलतु | कूलताम् | कूलन्तु | कूलेत् -द् | कूलेताम् | कूलेयुः |
| कूल | कूलतम् | कूलत | कूलेः | कूलेतम् | कूलेत |
| कूलानि | कूलाव | कूलाम | कूलेयम् | कूलेव | कूलेम |
| कूलिष्यति | कूलिष्यतः | कूलिष्यन्ति | अकूलिष्यत् -द् | अकूलिष्यताम् | अकूलिष्यन् |
| कूलिष्यसि | कूलिष्यथः | कूलिष्यथ | अकूलिष्यः | अकूलिष्यतम् | अकूलिष्यत |
| कूलिष्यामि | कूलिष्यावः | कूलिष्यामः | अकूलिष्यम् | अकूलिष्याव | अकूलिष्याम |
| कूलिता | कूलितारौ | कूलितारः | कूल्यात् -द् | कूल्यास्ताम् | कूल्यासुः |
| कूलितासि | कूलितास्थः | कूलितास्थ | कूल्याः | कूल्यास्तम् | कूल्यास्त |
| कूलितास्मि | कूलितास्वः | कूलितास्मः | कूल्यासम् | कूल्यास्व | कूल्यास्म |
| चुकूल | चुकूलतुः | चुकूलुः | अकूलीत् -द् | अकूलिष्टाम् | अकूलिषुः |
| चुकूलिथ | चुकूलथुः | चुकूल | अकूलीः | अकूलिष्टम् | अकूलिष्ट |
| चुकूल | चुकूलिव | चुकूलिम | अकूलिषम् | अकूलिष्व | अकूलिष्म |

526 शूल रुजायां सङ्घोषे च । शूलँ । शूल् । शूलति । P । सेट् । स० । have stomach pain, suffer, assassinate

| शूलति | शूलतः | शूलन्ति | अशूलत् -द् | अशूलताम् | अशूलन् |
|---|---|---|---|---|---|
| शूलसि | शूलथः | शूलथ | अशूलः | अशूलतम् | अशूलत |
| शूलामि | शूलावः | शूलामः | अशूलम् | अशूलाव | अशूलाम |

| | | | | | | |
|---|---|---|---|---|---|---|
| शूलतु | शूलताम् | शूलन्तु | शूलेत् -द् | शूलेताम् | शूलेयुः | |
| शूल | शूलतम् | शूलत | शूलेः | शूलेतम् | शूलेत | |
| शूलानि | शूलाव | शूलाम | शूलेयम् | शूलेव | शूलेम | |

| | | | | | |
|---|---|---|---|---|---|
| शूलिष्यति | शूलिष्यतः | शूलिष्यन्ति | अशूलिष्यत् -द् | अशूलिष्यताम् | अशूलिष्यन् |
| शूलिष्यसि | शूलिष्यथः | शूलिष्यथ | अशूलिष्यः | अशूलिष्यतम् | अशूलिष्यत |
| शूलिष्यामि | शूलिष्यावः | शूलिष्यामः | अशूलिष्यम् | अशूलिष्याव | अशूलिष्याम |

| | | | | | |
|---|---|---|---|---|---|
| शूलिता | शूलितारौ | शूलितारः | शूल्यात् -द् | शूल्यास्ताम् | शूल्यासुः |
| शूलितासि | शूलितास्थः | शूलितास्थ | शूल्याः | शूल्यास्तम् | शूल्यास्त |
| शूलितास्मि | शूलितास्वः | शूलितास्मः | शूल्यासम् | शूल्यास्व | शूल्यास्म |

| | | | | | |
|---|---|---|---|---|---|
| शुशूल | शुशूलतुः | शुशूलुः | अशूलीत् -द् | अशूलिष्टाम् | अशूलिषुः |
| शुशूलिथ | शुशूलथुः | शुशूल | अशूलीः | अशूलिष्टम् | अशूलिष्ट |
| शुशूल | शुशूलिव | शुशूलिम | अशूलिषम् | अशूलिष्व | अशूलिष्म |

527 तूल निष्कर्षे । तूलँ । तूल् । तूलति । P । सेट् । स० । give up, exile

| | | | | | |
|---|---|---|---|---|---|
| तूलति | तूलतः | तूलन्ति | अतूलत् -द् | अतूलताम् | अतूलन् |
| तूलसि | तूलथः | तूलथ | अतूलः | अतूलतम् | अतूलत |
| तूलामि | तूलावः | तूलामः | अतूलम् | अतूलाव | अतूलाम |

| | | | | | |
|---|---|---|---|---|---|
| तूलतु | तूलताम् | तूलन्तु | तूलेत् -द् | तूलेताम् | तूलेयुः |
| तूल | तूलतम् | तूलत | तूलेः | तूलेतम् | तूलेत |
| तूलानि | तूलाव | तूलाम | तूलेयम् | तूलेव | तूलेम |

| | | | | | |
|---|---|---|---|---|---|
| तूलिष्यति | तूलिष्यतः | तूलिष्यन्ति | अतूलिष्यत् -द् | अतूलिष्यताम् | अतूलिष्यन् |
| तूलिष्यसि | तूलिष्यथः | तूलिष्यथ | अतूलिष्यः | अतूलिष्यतम् | अतूलिष्यत |
| तूलिष्यामि | तूलिष्यावः | तूलिष्यामः | अतूलिष्यम् | अतूलिष्याव | अतूलिष्याम |

| | | | | | |
|---|---|---|---|---|---|
| तूलिता | तूलितारौ | तूलितारः | तूल्यात् -द् | तूल्यास्ताम् | तूल्यासुः |
| तूलितासि | तूलितास्थः | तूलितास्थ | तूल्याः | तूल्यास्तम् | तूल्यास्त |
| तूलितास्मि | तूलितास्वः | तूलितास्मः | तूल्यासम् | तूल्यास्व | तूल्यास्म |

| | | | | | |
|---|---|---|---|---|---|
| तुतूल | तुतूलतुः | तुतूलुः | अतूलीत् -द् | अतूलिष्टाम् | अतूलिषुः |
| तुतूलिथ | तुतूलथुः | तुतूल | अतूलीः | अतूलिष्टम् | अतूलिष्ट |
| तुतूल | तुतूलिव | तुतूलिम | अतूलिषम् | अतूलिष्व | अतूलिष्म |

528 पूल सङ्घाते । पूलँ । पूल् । पूलति । P । सेट् । अ० । heap, collect, gather

| | | | | | |
|---|---|---|---|---|---|
| पूलति | पूलतः | पूलन्ति | अपूलत् -द् | अपूलताम् | अपूलन् |
| पूलसि | पूलथः | पूलथ | अपूलः | अपूलतम् | अपूलत |
| पूलामि | पूलावः | पूलामः | अपूलम् | अपूलाव | अपूलाम |

| | | | | | |
|---|---|---|---|---|---|
| पूलतु | पूलताम् | पूलन्तु | पूलेत् -द् | पूलेताम् | पूलेयुः |
| पूल | पूलतम् | पूलत | पूलेः | पूलेतम् | पूलेत |
| पूलानि | पूलाव | पूलाम | पूलेयम् | पूलेव | पूलेम |

| | | | | | |
|---|---|---|---|---|---|
| पूलिष्यति | पूलिष्यतः | पूलिष्यन्ति | अपूलिष्यत् -द् | अपूलिष्यताम् | अपूलिष्यन् |
| पूलिष्यसि | पूलिष्यथः | पूलिष्यथ | अपूलिष्यः | अपूलिष्यतम् | अपूलिष्यत |
| पूलिष्यामि | पूलिष्यावः | पूलिष्यामः | अपूलिष्यम् | अपूलिष्याव | अपूलिष्याम |

| | | | | | |
|---|---|---|---|---|---|
| पूलिता | पूलितारौ | पूलितारः | पूल्यात् -द् | पूल्यास्ताम् | पूल्यासुः |
| पूलितासि | पूलितास्थः | पूलितास्थ | पूल्याः | पूल्यास्तम् | पूल्यास्त |
| पूलितास्मि | पूलितास्वः | पूलितास्मः | पूल्यासम् | पूल्यास्व | पूल्यास्म |

| | | | | | |
|---|---|---|---|---|---|
| पुपूल | पुपूलतुः | पुपूलुः | अपूलीत् -द् | अपूलिष्टाम् | अपूलिषुः |
| पुपूलिथ | पुपूलथुः | पुपूल | अपूलीः | अपूलिष्टम् | अपूलिष्ट |
| पुपूल | पुपूलिव | पुपूलिम | अपूलिषम् | अपूलिष्व | अपूलिष्म |

529 मूल प्रतिष्ठायाम् । मूलँ । मूल् । मूलति । P । सेट् । अ० । be rooted, be firm, plant

| | | | | | |
|---|---|---|---|---|---|
| मूलति | मूलतः | मूलन्ति | अमूलत् -द् | अमूलताम् | अमूलन् |
| मूलसि | मूलथः | मूलथ | अमूलः | अमूलतम् | अमूलत |
| मूलामि | मूलावः | मूलामः | अमूलम् | अमूलाव | अमूलाम |

| | | | | | |
|---|---|---|---|---|---|
| मूलतु | मूलताम् | मूलन्तु | मूलेत् -द् | मूलेताम् | मूलेयुः |
| मूल | मूलतम् | मूलत | मूलेः | मूलेतम् | मूलेत |
| मूलानि | मूलाव | मूलाम | मूलेयम् | मूलेव | मूलेम |

| | | | | | |
|---|---|---|---|---|---|
| मूलिष्यति | मूलिष्यतः | मूलिष्यन्ति | अमूलिष्यत् -द् | अमूलिष्यताम् | अमूलिष्यन् |
| मूलिष्यसि | मूलिष्यथः | मूलिष्यथ | अमूलिष्यः | अमूलिष्यतम् | अमूलिष्यत |
| मूलिष्यामि | मूलिष्यावः | मूलिष्यामः | अमूलिष्यम् | अमूलिष्याव | अमूलिष्याम |

| | | | | | |
|---|---|---|---|---|---|
| मूलिता | मूलितारौ | मूलितारः | मूल्यात् | मूल्यास्ताम् | मूल्यासुः |
| मूलितासि | मूलितास्थः | मूलितास्थ | मूल्याः | मूल्यास्तम् | मूल्यास्त |
| मूलितास्मि | मूलितास्वः | मूलितास्मः | मूल्यासम् | मूल्यास्व | मूल्यास्म |

| | | | | | |
|---|---|---|---|---|---|
| मुमूल | मुमूलतुः | मुमूलुः | अमूलीत् -द् | अमूलिष्टाम् | अमूलिषुः |
| मुमूलिथ | मुमूलथुः | मुमूल | अमूलीः | अमूलिष्टम् | अमूलिष्ट |

| | | | | | |
|---|---|---|---|---|---|
| मुमूल | मुमूलिव | मुमूलिम | अमूलिषम् | अमूलिष्व | अमूलिष्म |

530 फल निष्पत्तौ । फलँ । फल् । फलति । P । सेट् । अ० । burst, bloom, yield fruit 7.2.2

| | | | | | |
|---|---|---|---|---|---|
| फलति | फलतः | फलन्ति | अफलत् -द् | अफलताम् | अफलन् |
| फलसि | फलथः | फलथ | अफलः | अफलतम् | अफलत |
| फलामि | फलावः | फलामः | अफलम् | अफलाव | अफलाम |

| | | | | | |
|---|---|---|---|---|---|
| फलतु | फलताम् | फलन्तु | फलेत् -द् | फलेताम् | फलेयुः |
| फल | फलतम् | फलत | फलेः | फलेतम् | फलेत |
| फलानि | फलाव | फलाम | फलेयम् | फलेव | फलेम |

| | | | | | |
|---|---|---|---|---|---|
| फलिष्यति | फलिष्यतः | फलिष्यन्ति | अफलिष्यत् -द् | अफलिष्यताम् | अफलिष्यन् |
| फलिष्यसि | फलिष्यथः | फलिष्यथ | अफलिष्यः | अफलिष्यतम् | अफलिष्यत |
| फलिष्यामि | फलिष्यावः | फलिष्यामः | अफलिष्यम् | अफलिष्याव | अफलिष्याम |

| | | | | | |
|---|---|---|---|---|---|
| फलिता | फलितारौ | फलितारः | फल्यात् -द् | फल्यास्ताम् | फल्यासुः |
| फलितासि | फलितास्थः | फलितास्थ | फल्याः | फल्यास्तम् | फल्यास्त |
| फलितास्मि | फलितास्वः | फलितास्मः | फल्यासम् | फल्यास्व | फल्यास्म |

| | | | | | |
|---|---|---|---|---|---|
| पफाल | फेलतुः | फेलुः | अफालीत् -द् | अफालिष्टाम् | अफालिषुः |
| फेलिथ | फेलथुः | फेल | अफालीः | अफालिष्टम् | अफालिष्ट |
| पफाल पफल | फेलिव | फेलिम | अफालिषम् | अफालिष्व | अफालिष्म |

531 चुल्ल भावकरणे । चुल्लँ । चुल्ल् । चुल्लति । P । सेट् । अ० । make amorous gestures

| | | | | | |
|---|---|---|---|---|---|
| चुल्लति | चुल्लतः | चुल्लन्ति | अचुल्लत् -द् | अचुल्लताम् | अचुल्लन् |
| चुल्लसि | चुल्लथः | चुल्लथ | अचुल्लः | अचुल्लतम् | अचुल्लत |
| चुल्लामि | चुल्लावः | चुल्लामः | अचुल्लम् | अचुल्लाव | अचुल्लाम |

| | | | | | |
|---|---|---|---|---|---|
| चुल्लतु | चुल्लताम् | चुल्लन्तु | चुल्लेत् -द् | चुल्लेताम् | चुल्लेयुः |
| चुल्ल | चुल्लतम् | चुल्लत | चुल्लेः | चुल्लेतम् | चुल्लेत |
| चुल्लानि | चुल्लाव | चुल्लाम | चुल्लेयम् | चुल्लेव | चुल्लेम |

| | | | | | |
|---|---|---|---|---|---|
| चुल्लिष्यति | चुल्लिष्यतः | चुल्लिष्यन्ति | अचुल्लिष्यत् -द् | अचुल्लिष्यताम् | अचुल्लिष्यन् |
| चुल्लिष्यसि | चुल्लिष्यथः | चुल्लिष्यथ | अचुल्लिष्यः | अचुल्लिष्यतम् | अचुल्लिष्यत |
| चुल्लिष्यामि | चुल्लिष्यावः | चुल्लिष्यामः | अचुल्लिष्यम् | अचुल्लिष्याव | अचुल्लिष्याम |

| | | | | | |
|---|---|---|---|---|---|
| चुल्लिता | चुल्लितारौ | चुल्लितारः | चुल्ल्यात् -द् | चुल्ल्यास्ताम् | चुल्ल्यासुः |
| चुल्लितासि | चुल्लितास्थः | चुल्लितास्थ | चुल्ल्याः | चुल्ल्यास्तम् | चुल्ल्यास्त |
| चुल्लितास्मि | चुल्लितास्वः | चुल्लितास्मः | चुल्ल्यासम् | चुल्ल्यास्व | चुल्ल्यास्म |

| | | | | | |
|---|---|---|---|---|---|
| चुचुल्ल | चुचुल्लतुः | चुचुल्लुः | अचुल्लीत् -द् | अचुल्लिष्टाम् | अचुल्लिषुः |
| चुचुल्लिथ | चुचुल्लथुः | चुचुल्ल | अचुल्लीः | अचुल्लिष्टम् | अचुल्लिष्ट |
| चुचुल्ल | चुचुल्लिव | चुचुल्लिम | अचुल्लिषम् | अचुल्लिष्व | अचुल्लिष्म |

532 फुल्ल विकसने । फुल्लँ । फुल्ल् । फुल्लति । P । सेट् । अ० । bloom, expand, open, smile

| | | | | | |
|---|---|---|---|---|---|
| फुल्लति | फुल्लतः | फुल्लन्ति | अफुल्लत् -द् | अफुल्लताम् | अफुल्लन् |
| फुल्लसि | फुल्लथः | फुल्लथ | अफुल्लः | अफुल्लतम् | अफुल्लत |
| फुल्लामि | फुल्लावः | फुल्लामः | अफुल्लम् | अफुल्लाव | अफुल्लाम |

| | | | | | |
|---|---|---|---|---|---|
| फुल्लतु | फुल्लताम् | फुल्लन्तु | फुल्लेत् -द् | फुल्लेताम् | फुल्लेयुः |
| फुल्ल | फुल्लतम् | फुल्लत | फुल्लेः | फुल्लेतम् | फुल्लेत |
| फुल्लानि | फुल्लाव | फुल्लाम | फुल्लेयम् | फुल्लेव | फुल्लेम |

| | | | | | |
|---|---|---|---|---|---|
| फुल्लिष्यति | फुल्लिष्यतः | फुल्लिष्यन्ति | अफुल्लिष्यत् -द् | अफुल्लिष्यताम् | अफुल्लिष्यन् |
| फुल्लिष्यसि | फुल्लिष्यथः | फुल्लिष्यथ | अफुल्लिष्यः | अफुल्लिष्यतम् | अफुल्लिष्यत |
| फुल्लिष्यामि | फुल्लिष्यावः | फुल्लिष्यामः | अफुल्लिष्यम् | अफुल्लिष्याव | अफुल्लिष्याम |

| | | | | | |
|---|---|---|---|---|---|
| फुल्लिता | फुल्लितारौ | फुल्लितारः | फुल्ल्यात् -द् | फुल्ल्यास्ताम् | फुल्ल्यासुः |
| फुल्लितासि | फुल्लितास्थः | फुल्लितास्थ | फुल्ल्याः | फुल्ल्यास्तम् | फुल्ल्यास्त |
| फुल्लितास्मि | फुल्लितास्वः | फुल्लितास्मः | फुल्ल्यासम् | फुल्ल्यास्व | फुल्ल्यास्म |

| | | | | | |
|---|---|---|---|---|---|
| पुफुल्ल | पुफुल्लतुः | पुफुल्लुः | अफुल्लीत् -द् | अफुल्लिष्टाम् | अफुल्लिषुः |
| पुफुल्लिथ | पुफुल्लथुः | पुफुल्ल | अफुल्लीः | अफुल्लिष्टम् | अफुल्लिष्ट |
| पुफुल्ल | पुफुल्लिव | पुफुल्लिम | अफुल्लिषम् | अफुल्लिष्व | अफुल्लिष्म |

533 चिल्ल शैथिल्ये भावकरणे च । चिल्लँ । चिल्ल् । चिल्लति । P । सेट् । अ० । act wantonly, sport, relieve, loosen

| | | | | | |
|---|---|---|---|---|---|
| चिल्लति | चिल्लतः | चिल्लन्ति | अचिल्लत् -द् | अचिल्लताम् | अचिल्लन् |
| चिल्लसि | चिल्लथः | चिल्लथ | अचिल्लः | अचिल्लतम् | अचिल्लत |
| चिल्लामि | चिल्लावः | चिल्लामः | अचिल्लम् | अचिल्लाव | अचिल्लाम |

| | | | | | |
|---|---|---|---|---|---|
| चिल्लतु | चिल्लताम् | चिल्लन्तु | चिल्लेत् -द् | चिल्लेताम् | चिल्लेयुः |
| चिल्ल | चिल्लतम् | चिल्लत | चिल्लेः | चिल्लेतम् | चिल्लेत |
| चिल्लानि | चिल्लाव | चिल्लाम | चिल्लेयम् | चिल्लेव | चिल्लेम |

| | | | | | |
|---|---|---|---|---|---|
| चिल्लिष्यति | चिल्लिष्यतः | चिल्लिष्यन्ति | अचिल्लिष्यत् -द् | अचिल्लिष्यताम् | अचिल्लिष्यन् |
| चिल्लिष्यसि | चिल्लिष्यथः | चिल्लिष्यथ | अचिल्लिष्यः | अचिल्लिष्यतम् | अचिल्लिष्यत |
| चिल्लिष्यामि | चिल्लिष्यावः | चिल्लिष्यामः | अचिल्लिष्यम् | अचिल्लिष्याव | अचिल्लिष्याम |

| | | | | | |
|---|---|---|---|---|---|
| चिल्लिता | चिल्लितारौ | चिल्लितारः | चिल्ल्यात् -द् | चिल्ल्यास्ताम् | चिल्ल्यासुः |
| चिल्लितासि | चिल्लितास्थः | चिल्लितास्थ | चिल्ल्याः | चिल्ल्यास्तम् | चिल्ल्यास्त |
| चिल्लितास्मि | चिल्लितास्वः | चिल्लितास्मः | चिल्ल्यासम् | चिल्ल्यास्व | चिल्ल्यास्म |

| | | | | | |
|---|---|---|---|---|---|
| चिचिल्ल | चिचिल्लतुः | चिचिल्लुः | अचिल्लीत् -द् | अचिल्लिष्टाम् | अचिल्लिषुः |
| चिचिल्लिथ | चिचिल्लथुः | चिचिल्ल | अचिल्लीः | अचिल्लिष्टम् | अचिल्लिष्ट |
| चिचिल्ल | चिचिल्लिव | चिचिल्लिम | अचिल्लिषम् | अचिल्लिष्व | अचिल्लिष्म |

534 तिल गतौ । तिल्ल इत्येके । तिलँ । तिल् । तेलति । P । सेट् । स० । go

| | | | | | |
|---|---|---|---|---|---|
| तेलति | तेलतः | तेलन्ति | अतेलत् -द् | अतेलताम् | अतेलन् |
| तेलसि | तेलथः | तेलथ | अतेलः | अतेलतम् | अतेलत |
| तेलामि | तेलावः | तेलामः | अतेलम् | अतेलाव | अतेलाम |

| | | | | | |
|---|---|---|---|---|---|
| तेलतु | तेलताम् | तेलन्तु | तेलेत् -द् | तेलेताम् | तेलेयुः |
| तेल | तेलतम् | तेलत | तेलेः | तेलेतम् | तेलेत |
| तेलानि | तेलाव | तेलाम | तेलेयम् | तेलेव | तेलेम |

| | | | | | |
|---|---|---|---|---|---|
| तेलिष्यति | तेलिष्यतः | तेलिष्यन्ति | अतेलिष्यत् -द् | अतेलिष्यताम् | अतेलिष्यन् |
| तेलिष्यसि | तेलिष्यथः | तेलिष्यथ | अतेलिष्यः | अतेलिष्यतम् | अतेलिष्यत |
| तेलिष्यामि | तेलिष्यावः | तेलिष्यामः | अतेलिष्यम् | अतेलिष्याव | अतेलिष्याम |

| | | | | | |
|---|---|---|---|---|---|
| तेलिता | तेलितारौ | तेलितारः | तिल्यात् -द् | तिल्यास्ताम् | तिल्यासुः |
| तेलितासि | तेलितास्थः | तेलितास्थ | तिल्याः | तिल्यास्तम् | तिल्यास्त |
| तेलितास्मि | तेलितास्वः | तेलितास्मः | तिल्यासम् | तिल्यास्व | तिल्यास्म |

| | | | | | |
|---|---|---|---|---|---|
| तितेल | तितिलतुः | तितिलुः | अतेलीत् -द् | अतेलिष्टाम् | अतेलिषुः |
| तितेलिथ | तितिलथुः | तितिल | अतेलीः | अतेलिष्टम् | अतेलिष्ट |
| तितेल | तितिलिव | तितिलिम | अतेलिषम् | अतेलिष्व | अतेलिष्म |

535 वेलृ चलने । वेलृँ । वेल् । वेलति । P । सेट् । स० । go, move, shake, tremble

| | | | | | |
|---|---|---|---|---|---|
| वेलति | वेलतः | वेलन्ति | अवेलत् -द् | अवेलताम् | अवेलन् |
| वेलसि | वेलथः | वेलथ | अवेलः | अवेलतम् | अवेलत |
| वेलामि | वेलावः | वेलामः | अवेलम् | अवेलाव | अवेलाम |

| | | | | | |
|---|---|---|---|---|---|
| वेलतु | वेलताम् | वेलन्तु | वेलेत् -द् | वेलेताम् | वेलेयुः |
| वेल | वेलतम् | वेलत | वेलेः | वेलेतम् | वेलेत |
| वेलानि | वेलाव | वेलाम | वेलेयम् | वेलेव | वेलेम |

| | | | | | |
|---|---|---|---|---|---|
| वेलिष्यति | वेलिष्यतः | वेलिष्यन्ति | अवेलिष्यत् -द् | अवेलिष्यताम् | अवेलिष्यन् |
| वेलिष्यसि | वेलिष्यथः | वेलिष्यथ | अवेलिष्यः | अवेलिष्यतम् | अवेलिष्यत |
| वेलिष्यामि | वेलिष्यावः | वेलिष्यामः | अवेलिष्यम् | अवेलिष्याव | अवेलिष्याम |

| | | | | | |
|---|---|---|---|---|---|
| वेलिता | वेलितारौ | वेलितारः | वेल्यात् -द् | वेल्यास्ताम् | वेल्यासुः |
| वेलितासि | वेलितास्थः | वेलितास्थ | वेल्याः | वेल्यास्तम् | वेल्यास्त |
| वेलितास्मि | वेलितास्वः | वेलितास्मः | वेल्यासम् | वेल्यास्व | वेल्यास्म |

| | | | | | |
|---|---|---|---|---|---|
| विवेल | विवेलतुः | विवेलुः | अवेलीत् -द् | अवेलिष्टाम् | अवेलिषुः |
| विवेलिथ | विवेलथुः | विवेल | अवेलीः | अवेलिष्टम् | अवेलिष्ट |
| विवेल | विवेलिव | विवेलिम | अवेलिषम् | अवेलिष्व | अवेलिष्म |

536 चेलृ चलने । चेलृँ । चेल् । चेलति । P । सेट् । अ० । shake, be disturbed

| | | | | | |
|---|---|---|---|---|---|
| चेलति | चेलतः | चेलन्ति | अचेलत् -द् | अचेलताम् | अचेलन् |
| चेलसि | चेलथः | चेलथ | अचेलः | अचेलतम् | अचेलत |
| चेलामि | चेलावः | चेलामः | अचेलम् | अचेलाव | अचेलाम |

| | | | | | |
|---|---|---|---|---|---|
| चेलतु | चेलताम् | चेलन्तु | चेलेत् -द् | चेलेताम् | चेलेयुः |
| चेल | चेलतम् | चेलत | चेलेः | चेलेतम् | चेलेत |
| चेलानि | चेलाव | चेलाम | चेलेयम् | चेलेव | चेलेम |

| | | | | | |
|---|---|---|---|---|---|
| चेलिष्यति | चेलिष्यतः | चेलिष्यन्ति | अचेलिष्यत् -द् | अचेलिष्यताम् | अचेलिष्यन् |
| चेलिष्यसि | चेलिष्यथः | चेलिष्यथ | अचेलिष्यः | अचेलिष्यतम् | अचेलिष्यत |
| चेलिष्यामि | चेलिष्यावः | चेलिष्यामः | अचेलिष्यम् | अचेलिष्याव | अचेलिष्याम |

| | | | | | |
|---|---|---|---|---|---|
| चेलिता | चेलितारौ | चेलितारः | चेल्यात् -द् | चेल्यास्ताम् | चेल्यासुः |
| चेलितासि | चेलितास्थः | चेलितास्थ | चेल्याः | चेल्यास्तम् | चेल्यास्त |
| चेलितास्मि | चेलितास्वः | चेलितास्मः | चेल्यासम् | चेल्यास्व | चेल्यास्म |

| | | | | | |
|---|---|---|---|---|---|
| चिचेल | चिचेलतुः | चिचेलुः | अचेलीत् -द् | अचेलिष्टाम् | अचेलिषुः |
| चिचेलिथ | चिचेलथुः | चिचेल | अचेलीः | अचेलिष्टम् | अचेलिष्ट |
| चिचेल | चिचेलिव | चिचेलिम | अचेलिषम् | अचेलिष्व | अचेलिष्म |

537 केलृ चलने । केलृँ । केल् । केलति । P । सेट् । अ० । be shaken, go

| | | | | | |
|---|---|---|---|---|---|
| केलति | केलतः | केलन्ति | अकेलत् -द् | अकेलताम् | अकेलन् |
| केलसि | केलथः | केलथ | अकेलः | अकेलतम् | अकेलत |
| केलामि | केलावः | केलामः | अकेलम् | अकेलाव | अकेलाम |

| | | | | | |
|---|---|---|---|---|---|
| केलतु | केलताम् | केलन्तु | केलेत् -द् | केलेताम् | केलेयुः |

| केल | केलतम् | केलत | केलेः | केलेतम् | केलेत |
| केलानि | केलाव | केलाम | केलेयम् | केलेव | केलेम |

| केलिष्यति | केलिष्यतः | केलिष्यन्ति | अकेलिष्यत् -द् | अकेलिष्यताम् | अकेलिष्यन् |
| केलिष्यसि | केलिष्यथः | केलिष्यथ | अकेलिष्यः | अकेलिष्यतम् | अकेलिष्यत |
| केलिष्यामि | केलिष्यावः | केलिष्यामः | अकेलिष्यम् | अकेलिष्याव | अकेलिष्याम |

| केलिता | केलितारौ | केलितारः | केल्यात् -द् | केल्यास्ताम् | केल्यासुः |
| केलितासि | केलितास्थः | केलितास्थ | केल्याः | केल्यास्तम् | केल्यास्त |
| केलितास्मि | केलितास्वः | केलितास्मः | केल्यासम् | केल्यास्व | केल्यास्म |

| चिकेल | चिकेलतुः | चिकेलुः | अकेलीत् -द् | अकेलिष्टाम् | अकेलिषुः |
| चिकेलिथ | चिकेलथुः | चिकेल | अकेलीः | अकेलिष्टम् | अकेलिष्ट |
| चिकेल | चिकेलिव | चिकेलिम | अकेलिषम् | अकेलिष्व | अकेलिष्म |

538 खेलृ चलने । खेलृँ । खेल् । खेलति । P । सेट् । अ० । shake, tremble, play, go

| खेलति | खेलतः | खेलन्ति | अखेलत् -द् | अखेलताम् | अखेलन् |
| खेलसि | खेलथः | खेलथ | अखेलः | अखेलतम् | अखेलत |
| खेलामि | खेलावः | खेलामः | अखेलम् | अखेलाव | अखेलाम |

| खेलतु | खेलताम् | खेलन्तु | खेलेत् -द् | खेलेताम् | खेलेयुः |
| खेल | खेलतम् | खेलत | खेलेः | खेलेतम् | खेलेत |
| खेलानि | खेलाव | खेलाम | खेलेयम् | खेलेव | खेलेम |

| खेलिष्यति | खेलिष्यतः | खेलिष्यन्ति | अखेलिष्यत् -द् | अखेलिष्यताम् | अखेलिष्यन् |
| खेलिष्यसि | खेलिष्यथः | खेलिष्यथ | अखेलिष्यः | अखेलिष्यतम् | अखेलिष्यत |
| खेलिष्यामि | खेलिष्यावः | खेलिष्यामः | अखेलिष्यम् | अखेलिष्याव | अखेलिष्याम |

| खेलिता | खेलितारौ | खेलितारः | खेल्यात् -द् | खेल्यास्ताम् | खेल्यासुः |
| खेलितासि | खेलितास्थः | खेलितास्थ | खेल्याः | खेल्यास्तम् | खेल्यास्त |
| खेलितास्मि | खेलितास्वः | खेलितास्मः | खेल्यासम् | खेल्यास्व | खेल्यास्म |

| चिखेल | चिखेलतुः | चिखेलुः | अखेलीत् -द् | अखेलिष्टाम् | अखेलिषुः |
| चिखेलिथ | चिखेलथुः | चिखेल | अखेलीः | अखेलिष्टम् | अखेलिष्ट |
| चिखेल | चिखेलिव | चिखेलिम | अखेलिषम् | अखेलिष्व | अखेलिष्म |

539 क्ष्वेलृ चलने । क्ष्वेलृँ । क्ष्वेल् । क्ष्वेलति । P । सेट् । अ० । tremble, shudder, jump, play

| क्ष्वेलति | क्ष्वेलतः | क्ष्वेलन्ति | अक्ष्वेलत् -द् | अक्ष्वेलताम् | अक्ष्वेलन् |
| क्ष्वेलसि | क्ष्वेलथः | क्ष्वेलथ | अक्ष्वेलः | अक्ष्वेलतम् | अक्ष्वेलत |

| | | | | | |
|---|---|---|---|---|---|
| क्ष्वेलामि | क्ष्वेलावः | क्ष्वेलामः | अक्ष्वेलम् | अक्ष्वेलाव | अक्ष्वेलाम |

| | | | | | |
|---|---|---|---|---|---|
| क्ष्वेलतु | क्ष्वेलताम् | क्ष्वेलन्तु | क्ष्वेलेत् -द् | क्ष्वेलेताम् | क्ष्वेलेयुः |
| क्ष्वेल | क्ष्वेलतम् | क्ष्वेलत | क्ष्वेलेः | क्ष्वेलेतम् | क्ष्वेलेत |
| क्ष्वेलानि | क्ष्वेलाव | क्ष्वेलाम | क्ष्वेलेयम् | क्ष्वेलेव | क्ष्वेलेम |

| | | | | | |
|---|---|---|---|---|---|
| क्ष्वेलिष्यति | क्ष्वेलिष्यतः | क्ष्वेलिष्यन्ति | अक्ष्वेलिष्यत् -द् | अक्ष्वेलिष्यताम् | अक्ष्वेलिष्यन् |
| क्ष्वेलिष्यसि | क्ष्वेलिष्यथः | क्ष्वेलिष्यथ | अक्ष्वेलिष्यः | अक्ष्वेलिष्यतम् | अक्ष्वेलिष्यत |
| क्ष्वेलिष्यामि | क्ष्वेलिष्यावः | क्ष्वेलिष्यामः | अक्ष्वेलिष्यम् | अक्ष्वेलिष्याव | अक्ष्वेलिष्याम |

| | | | | | |
|---|---|---|---|---|---|
| क्ष्वेलिता | क्ष्वेलितारौ | क्ष्वेलितारः | क्ष्वेल्यात् -द् | क्ष्वेल्यास्ताम् | क्ष्वेल्यासुः |
| क्ष्वेलितासि | क्ष्वेलितास्थः | क्ष्वेलितास्थ | क्ष्वेल्याः | क्ष्वेल्यास्तम् | क्ष्वेल्यास्त |
| क्ष्वेलितास्मि | क्ष्वेलितास्वः | क्ष्वेलितास्मः | क्ष्वेल्यासम् | क्ष्वेल्यास्व | क्ष्वेल्यास्म |

| | | | | | |
|---|---|---|---|---|---|
| चिक्ष्वेल | चिक्ष्वेलतुः | चिक्ष्वेलुः | अक्ष्वेलीत् -द् | अक्ष्वेलिष्टाम् | अक्ष्वेलिषुः |
| चिक्ष्वेलिथ | चिक्ष्वेलथुः | चिक्ष्वेल | अक्ष्वेलीः | अक्ष्वेलिष्टम् | अक्ष्वेलिष्ट |
| चिक्ष्वेल | चिक्ष्वेलिव | चिक्ष्वेलिम | अक्ष्वेलिषम् | अक्ष्वेलिष्व | अक्ष्वेलिष्म |

540 वेल्ल चलने । वेल्लँ । वेल्ल् । वेल्लति । P । सेट् । अ० । go, move, shake, tremble

| | | | | | |
|---|---|---|---|---|---|
| वेल्लति | वेल्लतः | वेल्लन्ति | अवेल्लत् -द् | अवेल्लताम् | अवेल्लन् |
| वेल्लसि | वेल्लथः | वेल्लथ | अवेल्लः | अवेल्लतम् | अवेल्लत |
| वेल्लामि | वेल्लावः | वेल्लामः | अवेल्लम् | अवेल्लाव | अवेल्लाम |

| | | | | | |
|---|---|---|---|---|---|
| वेल्लतु | वेल्लताम् | वेल्लन्तु | वेल्लेत् -द् | वेल्लेताम् | वेल्लेयुः |
| वेल्ल | वेल्लतम् | वेल्लत | वेल्लेः | वेल्लेतम् | वेल्लेत |
| वेल्लानि | वेल्लाव | वेल्लाम | वेल्लेयम् | वेल्लेव | वेल्लेम |

| | | | | | |
|---|---|---|---|---|---|
| वेल्लिष्यति | वेल्लिष्यतः | वेल्लिष्यन्ति | अवेल्लिष्यत् -द् | अवेल्लिष्यताम् | अवेल्लिष्यन् |
| वेल्लिष्यसि | वेल्लिष्यथः | वेल्लिष्यथ | अवेल्लिष्यः | अवेल्लिष्यतम् | अवेल्लिष्यत |
| वेल्लिष्यामि | वेल्लिष्यावः | वेल्लिष्यामः | अवेल्लिष्यम् | अवेल्लिष्याव | अवेल्लिष्याम |

| | | | | | |
|---|---|---|---|---|---|
| वेल्लिता | वेल्लितारौ | वेल्लितारः | वेल्ल्यात् -द् | वेल्ल्यास्ताम् | वेल्ल्यासुः |
| वेल्लितासि | वेल्लितास्थः | वेल्लितास्थ | वेल्ल्याः | वेल्ल्यास्तम् | वेल्ल्यास्त |
| वेल्लितास्मि | वेल्लितास्वः | वेल्लितास्मः | वेल्ल्यासम् | वेल्ल्यास्व | वेल्ल्यास्म |

| | | | | | |
|---|---|---|---|---|---|
| विवेल्ल | विवेल्लतुः | विवेल्लुः | अवेल्लीत् -द् | अवेल्लिष्टाम् | अवेल्लिषुः |
| विवेल्लिथ | विवेल्लथुः | विवेल्ल | अवेल्लीः | अवेल्लिष्टम् | अवेल्लिष्ट |
| विवेल्ल | विवेल्लिव | विवेल्लिम | अवेल्लिषम् | अवेल्लिष्व | अवेल्लिष्म |

## 541 पेलृ गतौ । पेलृँ । पेल् । पेलति । P । सेट् । स० । go, move, shake

| पेलति | पेलतः | पेलन्ति | अपेलत् -द् | अपेलताम् | अपेलन् |
| पेलसि | पेलथः | पेलथ | अपेलः | अपेलतम् | अपेलत |
| पेलामि | पेलावः | पेलामः | अपेलम् | अपेलाव | अपेलाम |

| पेलतु | पेलताम् | पेलन्तु | पेलेत् -द् | पेलेताम् | पेलेयुः |
| पेल | पेलतम् | पेलत | पेलेः | पेलेतम् | पेलेत |
| पेलानि | पेलाव | पेलाम | पेलेयम् | पेलेव | पेलेम |

| पेलिष्यति | पेलिष्यतः | पेलिष्यन्ति | अपेलिष्यत् -द् | अपेलिष्यताम् | अपेलिष्यन् |
| पेलिष्यसि | पेलिष्यथः | पेलिष्यथ | अपेलिष्यः | अपेलिष्यतम् | अपेलिष्यत |
| पेलिष्यामि | पेलिष्यावः | पेलिष्यामः | अपेलिष्यम् | अपेलिष्याव | अपेलिष्याम |

| पेलिता | पेलितारौ | पेलितारः | पेल्यात् -द् | पेल्यास्ताम् | पेल्यासुः |
| पेलितासि | पेलितास्थः | पेलितास्थ | पेल्याः | पेल्यास्तम् | पेल्यास्त |
| पेलितास्मि | पेलितास्वः | पेलितास्मः | पेल्यासम् | पेल्यास्व | पेल्यास्म |

| पिपेल | पिपेलतुः | पिपेलुः | अपेलीत् -द् | अपेलिष्टाम् | अपेलिषुः |
| पिपेलिथ | पिपेलथुः | पिपेल | अपेलीः | अपेलिष्टम् | अपेलिष्ट |
| पिपेल | पिपेलिव | पिपेलिम | अपेलिषम् | अपेलिष्व | अपेलिष्म |

## 542 फेलृ गतौ । फेलृँ । फेल् । फेलति । P । सेट् । स० । go, move, transfer

| फेलति | फेलतः | फेलन्ति | अफेलत् -द् | अफेलताम् | अफेलन् |
| फेलसि | फेलथः | फेलथ | अफेलः | अफेलतम् | अफेलत |
| फेलामि | फेलावः | फेलामः | अफेलम् | अफेलाव | अफेलाम |

| फेलतु | फेलताम् | फेलन्तु | फेलेत् -द् | फेलेताम् | फेलेयुः |
| फेल | फेलतम् | फेलत | फेलेः | फेलेतम् | फेलेत |
| फेलानि | फेलाव | फेलाम | फेलेयम् | फेलेव | फेलेम |

| फेलिष्यति | फेलिष्यतः | फेलिष्यन्ति | अफेलिष्यत् -द् | अफेलिष्यताम् | अफेलिष्यन् |
| फेलिष्यसि | फेलिष्यथः | फेलिष्यथ | अफेलिष्यः | अफेलिष्यतम् | अफेलिष्यत |
| फेलिष्यामि | फेलिष्यावः | फेलिष्यामः | अफेलिष्यम् | अफेलिष्याव | अफेलिष्याम |

| फेलिता | फेलितारौ | फेलितारः | फेल्यात् -द् | फेल्यास्ताम् | फेल्यासुः |
| फेलितासि | फेलितास्थः | फेलितास्थ | फेल्याः | फेल्यास्तम् | फेल्यास्त |
| फेलितास्मि | फेलितास्वः | फेलितास्मः | फेल्यासम् | फेल्यास्व | फेल्यास्म |

| पिफेल | पिफेलतुः | पिफेलुः | अफेलीत् -द् | अफेलिष्टाम् | अफेलिषुः |

| | | | | | |
|---|---|---|---|---|---|
| पिफेलिथ | पिफेलथुः | पिफेल | अफेलीः | अफेलिष्टम् | अफेलिष्ट |
| पिफेल | पिफेलिव | पिफेलिम | अफेलिषम् | अफेलिष्व | अफेलिष्म |

543 शेलृ गतौ । षेलृ इत्येके । शेलृँ । शेल् । शेलति । P । सेट् । स० । go, move, tremble

| | | | | | |
|---|---|---|---|---|---|
| शेलति | शेलतः | शेलन्ति | अशेलत् -द् | अशेलताम् | अशेलन् |
| शेलसि | शेलथः | शेलथ | अशेलः | अशेलतम् | अशेलत |
| शेलामि | शेलावः | शेलामः | अशेलम् | अशेलाव | अशेलाम |

| | | | | | |
|---|---|---|---|---|---|
| शेलतु | शेलताम् | शेलन्तु | शेलेत् -द् | शेलेताम् | शेलेयुः |
| शेल | शेलतम् | शेलत | शेलेः | शेलेतम् | शेलेत |
| शेलानि | शेलाव | शेलाम | शेलेयम् | शेलेव | शेलेम |

| | | | | | |
|---|---|---|---|---|---|
| शेलिष्यति | शेलिष्यतः | शेलिष्यन्ति | अशेलिष्यत् -द् | अशेलिष्यताम् | अशेलिष्यन् |
| शेलिष्यसि | शेलिष्यथः | शेलिष्यथ | अशेलिष्यः | अशेलिष्यतम् | अशेलिष्यत |
| शेलिष्यामि | शेलिष्यावः | शेलिष्यामः | अशेलिष्यम् | अशेलिष्याव | अशेलिष्याम |

| | | | | | |
|---|---|---|---|---|---|
| शेलिता | शेलितारौ | शेलितारः | शेल्यात् -द् | शेल्यास्ताम् | शेल्यासुः |
| शेलितासि | शेलितास्थः | शेलितास्थ | शेल्याः | शेल्यास्तम् | शेल्यास्त |
| शेलितास्मि | शेलितास्वः | शेलितास्मः | शेल्यासम् | शेल्यास्व | शेल्यास्म |

| | | | | | |
|---|---|---|---|---|---|
| शिशेल | शिशेलतुः | शिशेलुः | अशेलीत् -द् | अशेलिष्टाम् | अशेलिषुः |
| शिशेलिथ | शिशेलथुः | शिशेल | अशेलीः | अशेलिष्टम् | अशेलिष्ट |
| शिशेल | शिशेलिव | शिशेलिम | अशेलिषम् | अशेलिष्व | अशेलिष्म |

544 स्खल सञ्चलने । स्खलँ । स्खल् । स्खलति । P । सेट् । अ० । stumble, tumble, fall 7.2.2

| | | | | | |
|---|---|---|---|---|---|
| स्खलति | स्खलतः | स्खलन्ति | अस्खलत् -द् | अस्खलताम् | अस्खलन् |
| स्खलसि | स्खलथः | स्खलथ | अस्खलः | अस्खलतम् | अस्खलत |
| स्खलामि | स्खलावः | स्खलामः | अस्खलम् | अस्खलाव | अस्खलाम |

| | | | | | |
|---|---|---|---|---|---|
| स्खलतु | स्खलताम् | स्खलन्तु | स्खलेत् -द् | स्खलेताम् | स्खलेयुः |
| स्खल | स्खलतम् | स्खलत | स्खलेः | स्खलेतम् | स्खलेत |
| स्खलानि | स्खलाव | स्खलाम | स्खलेयम् | स्खलेव | स्खलेम |

| | | | | | |
|---|---|---|---|---|---|
| स्खलिष्यति | स्खलिष्यतः | स्खलिष्यन्ति | अस्खलिष्यत्-द् | अस्खलिष्यताम् | अस्खलिष्यन् |
| स्खलिष्यसि | स्खलिष्यथः | स्खलिष्यथ | अस्खलिष्यः | अस्खलिष्यतम् | अस्खलिष्यत |
| स्खलिष्यामि | स्खलिष्यावः | स्खलिष्यामः | अस्खलिष्यम् | अस्खलिष्याव | अस्खलिष्याम |

| | | | | | |
|---|---|---|---|---|---|
| स्खलिता | स्खलितारौ | स्खलितारः | स्खल्यात् -द् | स्खल्यास्ताम् | स्खल्यासुः |
| स्खलितासि | स्खलितास्थः | स्खलितास्थ | स्खल्याः | स्खल्यास्तम् | स्खल्यास्त |

| | | | | | |
|---|---|---|---|---|---|
| स्खलितास्मि | स्खलितास्वः | स्खलितास्मः | स्खल्यासम् | स्खल्यास्व | स्खल्यास्म |

| | | | | | |
|---|---|---|---|---|---|
| चस्खाल | चस्खलतुः | चस्खलुः | अस्खालीत् -द् | अस्खालिष्टाम् | अस्खालिषुः |
| चस्खलिथ | चस्खलथुः | चस्खल | अस्खालीः | अस्खालिष्टम् | अस्खालिष्ट |
| चस्खाल चस्खल | चस्खलिव | चस्खलिम | अस्खालिषम् | अस्खालिष्व | अस्खालिष्म |

545 खल सञ्चये । खलँ । खल् । खलति । P । सेट् । स० । move, gather, collect 7.2.2

| | | | | | |
|---|---|---|---|---|---|
| खलति | खलतः | खलन्ति | अखलत् -द् | अखलताम् | अखलन् |
| खलसि | खलथः | खलथ | अखलः | अखलतम् | अखलत |
| खलामि | खलावः | खलामः | अखलम् | अखलाव | अखलाम |

| | | | | | |
|---|---|---|---|---|---|
| खलतु | खलताम् | खलन्तु | खलेत् -द् | खलेताम् | खलेयुः |
| खल | खलतम् | खलत | खलेः | खलेतम् | खलेत |
| खलानि | खलाव | खलाम | खलेयम् | खलेव | खलेम |

| | | | | | |
|---|---|---|---|---|---|
| खलिष्यति | खलिष्यतः | खलिष्यन्ति | अखलिष्यत् -द् | अखलिष्यताम् | अखलिष्यन् |
| खलिष्यसि | खलिष्यथः | खलिष्यथ | अखलिष्यः | अखलिष्यतम् | अखलिष्यत |
| खलिष्यामि | खलिष्यावः | खलिष्यामः | अखलिष्यम् | अखलिष्याव | अखलिष्याम |

| | | | | | |
|---|---|---|---|---|---|
| खलिता | खलितारौ | खलितारः | खल्यात् -द् | खल्यास्ताम् | खल्यासुः |
| खलितासि | खलितास्थः | खलितास्थ | खल्याः | खल्यास्तम् | खल्यास्त |
| खलितास्मि | खलितास्वः | खलितास्मः | खल्यासम् | खल्यास्व | खल्यास्म |

| | | | | | |
|---|---|---|---|---|---|
| चखाल | चखलतुः | चखलुः | अखालीत् -द् | अखालिष्टाम् | अखालिषुः |
| चखलिथ | चखलथुः | चखल | अखालीः | अखालिष्टम् | अखालिष्ट |
| चखाल चखल | चखलिव | चखलिम | अखालिषम् | अखालिष्व | अखालिष्म |

546 गल अदने । गलँ । गल् । गलति । P । सेट् । स० । eat, drop,fall down 7.2.2

| | | | | | |
|---|---|---|---|---|---|
| गलति | गलतः | गलन्ति | अगलत् -द् | अगलताम् | अगलन् |
| गलसि | गलथः | गलथ | अगलः | अगलतम् | अगलत |
| गलामि | गलावः | गलामः | अगलम् | अगलाव | अगलाम |

| | | | | | |
|---|---|---|---|---|---|
| गलतु | गलताम् | गलन्तु | गलेत् -द् | गलेताम् | गलेयुः |
| गल | गलतम् | गलत | गलेः | गलेतम् | गलेत |
| गलानि | गलाव | गलाम | गलेयम् | गलेव | गलेम |

| | | | | | |
|---|---|---|---|---|---|
| गलिष्यति | गलिष्यतः | गलिष्यन्ति | अगलिष्यत् -द् | अगलिष्यताम् | अगलिष्यन् |
| गलिष्यसि | गलिष्यथः | गलिष्यथ | अगलिष्यः | अगलिष्यतम् | अगलिष्यत |
| गलिष्यामि | गलिष्यावः | गलिष्यामः | अगलिष्यम् | अगलिष्याव | अगलिष्याम |

| गलिता | गलितारौ | गलितारः | गल्यात् -द् | गल्यास्ताम् | गल्यासुः |
| गलितासि | गलितास्थः | गलितास्थ | गल्याः | गल्यास्तम् | गल्यास्त |
| गलितास्मि | गलितास्वः | गलितास्मः | गल्यासम् | गल्यास्व | गल्यास्म |

| जगाल | जगलतुः | जगलुः | अगालीत् -द् | अगालिष्टाम् | अगालिषुः |
| जगलिथ | जगलथुः | जगल | अगालीः | अगालिष्टम् | अगालिष्ट |
| जगाल जगल | जगलिव | जगलिम | अगालिषम् | अगालिष्व | अगालिष्म |

**547 षल गतौ । षलँ । सल् । सलति । P । सेट् । स० । go, slither, tremble  7.2.2**

| सलति | सलतः | सलन्ति | असलत् -द् | असलताम् | असलन् |
| सलसि | सलथः | सलथ | असलः | असलतम् | असलत |
| सलामि | सलावः | सलामः | असलम् | असलाव | असलाम |

| सलतु | सलताम् | सलन्तु | सलेत् -द् | सलेताम् | सलेयुः |
| सल | सलतम् | सलत | सलेः | सलेतम् | सलेत |
| सलानि | सलाव | सलाम | सलेयम् | सलेव | सलेम |

| सलिष्यति | सलिष्यतः | सलिष्यन्ति | असलिष्यत् -द् | असलिष्यताम् | असलिष्यन् |
| सलिष्यसि | सलिष्यथः | सलिष्यथ | असलिष्यः | असलिष्यतम् | असलिष्यत |
| सलिष्यामि | सलिष्यावः | सलिष्यामः | असलिष्यम् | असलिष्याव | असलिष्याम |

| सलिता | सलितारौ | सलितारः | सल्यात् -द् | सल्यास्ताम् | सल्यासुः |
| सलितासि | सलितास्थः | सलितास्थ | सल्याः | सल्यास्तम् | सल्यास्त |
| सलितास्मि | सलितास्वः | सलितास्मः | सल्यासम् | सल्यास्व | सल्यास्म |

| ससाल | सेलतुः | सेलुः | असालीत् -द् | असालिष्टाम् | असालिषुः |
| सेलिथ | सेलथुः | सेल | असालीः | असालिष्टम् | असालिष्ट |
| ससाल ससल | सेलिव | सेलिम | असालिषम् | असालिष्व | असालिष्म |

**548 दल विशरणे । दलँ । दल् । दलति । P । सेट् । अ० । burst open, crack, cleave  7.2.2**

| दलति | दलतः | दलन्ति | अदलत् -द् | अदलताम् | अदलन् |
| दलसि | दलथः | दलथ | अदलः | अदलतम् | अदलत |
| दलामि | दलावः | दलामः | अदलम् | अदलाव | अदलाम |

| दलतु | दलताम् | दलन्तु | दलेत् -द् | दलेताम् | दलेयुः |
| दल | दलतम् | दलत | दलेः | दलेतम् | दलेत |
| दलानि | दलाव | दलाम | दलेयम् | दलेव | दलेम |

| | | | | | |
|---|---|---|---|---|---|
| दलिष्यति | दलिष्यतः | दलिष्यन्ति | अदलिष्यत् -द् | अदलिष्यताम् | अदलिष्यन् |
| दलिष्यसि | दलिष्यथः | दलिष्यथ | अदलिष्यः | अदलिष्यतम् | अदलिष्यत |
| दलिष्यामि | दलिष्यावः | दलिष्यामः | अदलिष्यम् | अदलिष्याव | अदलिष्याम |

| | | | | | |
|---|---|---|---|---|---|
| दलिता | दलितारौ | दलितारः | दल्यात् -द् | दल्यास्ताम् | दल्यासुः |
| दलितासि | दलितास्थः | दलितास्थ | दल्याः | दल्यास्तम् | दल्यास्त |
| दलितास्मि | दलितास्वः | दलितास्मः | दल्यासम् | दल्यास्व | दल्यास्म |

| | | | | | |
|---|---|---|---|---|---|
| ददाल | देलतुः | देलुः | अदालीत् -द् | अदालिष्टाम् | अदालिषुः |
| देलिथ | देलथुः | देल | अदालीः | अदालिष्टम् | अदालिष्ट |
| ददाल ददल | देलिव | देलिम | अदालिषम् | अदालिष्व | अदालिष्म |

549 श्वल आशुगमने । श्वलँ । श्वल् । श्वलति । P । सेट् । अ० । walk fast, hurry, jog 7.2.2

| | | | | | |
|---|---|---|---|---|---|
| श्वलति | श्वलतः | श्वलन्ति | अश्वलत् -द् | अश्वलताम् | अश्वलन् |
| श्वलसि | श्वलथः | श्वलथ | अश्वलः | अश्वलतम् | अश्वलत |
| श्वलामि | श्वलावः | श्वलामः | अश्वलम् | अश्वलाव | अश्वलाम |

| | | | | | |
|---|---|---|---|---|---|
| श्वलतु | श्वलताम् | श्वलन्तु | श्वलेत् -द् | श्वलेताम् | श्वलेयुः |
| श्वल | श्वलतम् | श्वलत | श्वलेः | श्वलेतम् | श्वलेत |
| श्वलानि | श्वलाव | श्वलाम | श्वलेयम् | श्वलेव | श्वलेम |

| | | | | | |
|---|---|---|---|---|---|
| श्वलिष्यति | श्वलिष्यतः | श्वलिष्यन्ति | अश्वलिष्यत् -द् | अश्वलिष्यताम् | अश्वलिष्यन् |
| श्वलिष्यसि | श्वलिष्यथः | श्वलिष्यथ | अश्वलिष्यः | अश्वलिष्यतम् | अश्वलिष्यत |
| श्वलिष्यामि | श्वलिष्यावः | श्वलिष्यामः | अश्वलिष्यम् | अश्वलिष्याव | अश्वलिष्याम |

| | | | | | |
|---|---|---|---|---|---|
| श्वलिता | श्वलितारौ | श्वलितारः | श्वल्यात् -द् | श्वल्यास्ताम् | श्वल्यासुः |
| श्वलितासि | श्वलितास्थः | श्वलितास्थ | श्वल्याः | श्वल्यास्तम् | श्वल्यास्त |
| श्वलितास्मि | श्वलितास्वः | श्वलितास्मः | श्वल्यासम् | श्वल्यास्व | श्वल्यास्म |

| | | | | | |
|---|---|---|---|---|---|
| शश्वाल | शश्वलतुः | शश्वलुः | अश्वालीत् -द् | अश्वालिष्टाम् | अश्वालिषुः |
| शश्वलिथ | शश्वलथुः | शश्वल | अश्वालीः | अश्वालिष्टम् | अश्वालिष्ट |
| शश्वाल शश्वल | शश्वलिव | शश्वलिम | अश्वालिषम् | अश्वालिष्व | अश्वालिष्म |

550 श्वल्ल आशुगमने । श्वल्लँ । श्वल्ल् । श्वल्लति । P । सेट् । अ० । walk fast, hurry

| | | | | | |
|---|---|---|---|---|---|
| श्वल्लति | श्वल्लतः | श्वल्लन्ति | अश्वल्लत् -द् | अश्वल्लताम् | अश्वल्लन् |
| श्वल्लसि | श्वल्लथः | श्वल्लथ | अश्वल्लः | अश्वल्लतम् | अश्वल्लत |
| श्वल्लामि | श्वल्लावः | श्वल्लामः | अश्वल्लम् | अश्वल्लाव | अश्वल्लाम |

| | | | | | |
|---|---|---|---|---|---|
| श्वल्लतु | श्वल्लताम् | श्वल्लन्तु | श्वल्लेत् -द् | श्वल्लेताम् | श्वल्लेयुः |

| | | | | | |
|---|---|---|---|---|---|
| श्वल्ल | श्वल्लतम् | श्वल्लत | श्वल्लेः | श्वल्लेतम् | श्वल्लेत |
| श्वल्लानि | श्वल्लाव | श्वल्लाम | श्वल्लेयम् | श्वल्लेव | श्वल्लेम |

| | | | | | |
|---|---|---|---|---|---|
| श्वल्लिष्यति | श्वल्लिष्यतः | श्वल्लिष्यन्ति | अश्वल्लिष्यत् -द् | अश्वल्लिष्यताम् | अश्वल्लिष्यन् |
| श्वल्लिष्यसि | श्वल्लिष्यथः | श्वल्लिष्यथ | अश्वल्लिष्यः | अश्वल्लिष्यतम् | अश्वल्लिष्यत |
| श्वल्लिष्यामि | श्वल्लिष्यावः | श्वल्लिष्यामः | अश्वल्लिष्यम् | अश्वल्लिष्याव | अश्वल्लिष्याम |

| | | | | | |
|---|---|---|---|---|---|
| श्वल्लिता | श्वल्लितारौ | श्वल्लितारः | श्वल्ल्यात् -द् | श्वल्ल्यास्ताम् | श्वल्ल्यासुः |
| श्वल्लितासि | श्वल्लितास्थः | श्वल्लितास्थ | श्वल्ल्याः | श्वल्ल्यास्तम् | श्वल्ल्यास्त |
| श्वल्लितास्मि | श्वल्लितास्वः | श्वल्लितास्मः | श्वल्ल्यासम् | श्वल्ल्यास्व | श्वल्ल्यास्म |

| | | | | | |
|---|---|---|---|---|---|
| शश्वल्ल | शश्वल्लतुः | शश्वल्लुः | अश्वल्लीत् -द् | अश्वल्लिष्टाम् | अश्वल्लिषुः |
| शश्वल्लिथ | शश्वल्लथुः | शश्वल्ल | अश्वल्लीः | अश्वल्लिष्टम् | अश्वल्लिष्ट |
| शश्वल्ल | शश्वल्लिव | शश्वल्लिम | अश्वल्लिषम् | अश्वल्लिष्व | अश्वल्लिष्म |

551 खोलृ गतिप्रतिघाते । खोलृँ । खोल् । खोलति । P । सेट् । अ० । limp

| | | | | | |
|---|---|---|---|---|---|
| खोलति | खोलतः | खोलन्ति | अखोलत् -द् | अखोलताम् | अखोलन् |
| खोलसि | खोलथः | खोलथ | अखोलः | अखोलतम् | अखोलत |
| खोलामि | खोलावः | खोलामः | अखोलम् | अखोलाव | अखोलाम |

| | | | | | |
|---|---|---|---|---|---|
| खोलतु | खोलताम् | खोलन्तु | खोलेत् -द् | खोलेताम् | खोलेयुः |
| खोल | खोलतम् | खोलत | खोलेः | खोलेतम् | खोलेत |
| खोलानि | खोलाव | खोलाम | खोलेयम् | खोलेव | खोलेम |

| | | | | | |
|---|---|---|---|---|---|
| खोलिष्यति | खोलिष्यतः | खोलिष्यन्ति | अखोलिष्यत् -द् | अखोलिष्यताम् | अखोलिष्यन् |
| खोलिष्यसि | खोलिष्यथः | खोलिष्यथ | अखोलिष्यः | अखोलिष्यतम् | अखोलिष्यत |
| खोलिष्यामि | खोलिष्यावः | खोलिष्यामः | अखोलिष्यम् | अखोलिष्याव | अखोलिष्याम |

| | | | | | |
|---|---|---|---|---|---|
| खोलिता | खोलितारौ | खोलितारः | खोल्यात् -द् | खोल्यास्ताम् | खोल्यासुः |
| खोलितासि | खोलितास्थः | खोलितास्थ | खोल्याः | खोल्यास्तम् | खोल्यास्त |
| खोलितास्मि | खोलितास्वः | खोलितास्मः | खोल्यासम् | खोल्यास्व | खोल्यास्म |

| | | | | | |
|---|---|---|---|---|---|
| चुखोल | चुखोलतुः | चुखोलुः | अखोलीत् -द् | अखोलिष्टाम् | अखोलिषुः |
| चुखोलिथ | चुखोलथुः | चुखोल | अखोलीः | अखोलिष्टम् | अखोलिष्ट |
| चुखोल | चुखोलिव | चुखोलिम | अखोलिषम् | अखोलिष्व | अखोलिष्म |

552 खोरृ गतिप्रतिघाते । खोरृँ । खोर् । खोरति । P । सेट् । अ० । limp

| | | | | | |
|---|---|---|---|---|---|
| खोरति | खोरतः | खोरन्ति | अखोरत् -द् | अखोरताम् | अखोरन् |
| खोरसि | खोरथः | खोरथ | अखोरः | अखोरतम् | अखोरत |

| | | | | | |
|---|---|---|---|---|---|
| खोरामि | खोरावः | खोरामः | अखोरम् | अखोराव | अखोराम |
| | | | | | |
| खोरतु | खोरताम् | खोरन्तु | खोरेत् -द् | खोरेताम् | खोरेयुः |
| खोर | खोरतम् | खोरत | खोरेः | खोरेतम् | खोरेत |
| खोराणि | खोराव | खोराम | खोरेयम् | खोरेव | खोरेम |
| | | | | | |
| खोरिष्यति | खोरिष्यतः | खोरिष्यन्ति | अखोरिष्यत् -द् | अखोरिष्यताम् | अखोरिष्यन् |
| खोरिष्यसि | खोरिष्यथः | खोरिष्यथ | अखोरिष्यः | अखोरिष्यतम् | अखोरिष्यत |
| खोरिष्यामि | खोरिष्यावः | खोरिष्यामः | अखोरिष्यम् | अखोरिष्याव | अखोरिष्याम |
| | | | | | |
| खोरिता | खोरितारौ | खोरितारः | खोर्यात् -द् | खोर्यास्ताम् | खोर्यासुः |
| खोरितासि | खोरितास्थः | खोरितास्थ | खोर्याः | खोर्यास्तम् | खोर्यास्त |
| खोरितास्मि | खोरितास्वः | खोरितास्मः | खोर्यासम् | खोर्यास्व | खोर्यास्म |
| | | | | | |
| चुखोर | चुखोरतुः | चुखोरुः | अखोरीत् -द् | अखोरिष्टाम् | अखोरिषुः |
| चुखोरिथ | चुखोरथुः | चुखोर | अखोरीः | अखोरिष्टम् | अखोरिष्ट |
| चुखोर | चुखोरिव | चुखोरिम | अखोरिषम् | अखोरिष्व | अखोरिष्म |

553 **धोर्ऋ गतिचातुर्ये । धोर्ऋँ । धोर् । धोरति । P । सेट् । अ० ।** walk properly, be alert

| | | | | | |
|---|---|---|---|---|---|
| धोरति | धोरतः | धोरन्ति | अधोरत् -द् | अधोरताम् | अधोरन् |
| धोरसि | धोरथः | धोरथ | अधोरः | अधोरतम् | अधोरत |
| धोरामि | धोरावः | धोरामः | अधोरम् | अधोराव | अधोराम |
| | | | | | |
| धोरतु | धोरताम् | धोरन्तु | धोरेत् -द् | धोरेताम् | धोरेयुः |
| धोर | धोरतम् | धोरत | धोरेः | धोरेतम् | धोरेत |
| धोराणि | धोराव | धोराम | धोरेयम् | धोरेव | धोरेम |
| | | | | | |
| धोरिष्यति | धोरिष्यतः | धोरिष्यन्ति | अधोरिष्यत् -द् | अधोरिष्यताम् | अधोरिष्यन् |
| धोरिष्यसि | धोरिष्यथः | धोरिष्यथ | अधोरिष्यः | अधोरिष्यतम् | अधोरिष्यत |
| धोरिष्यामि | धोरिष्यावः | धोरिष्यामः | अधोरिष्यम् | अधोरिष्याव | अधोरिष्याम |
| | | | | | |
| धोरिता | धोरितारौ | धोरितारः | धोर्यात् -द् | धोर्यास्ताम् | धोर्यासुः |
| धोरितासि | धोरितास्थः | धोरितास्थ | धोर्याः | धोर्यास्तम् | धोर्यास्त |
| धोरितास्मि | धोरितास्वः | धोरितास्मः | धोर्यासम् | धोर्यास्व | धोर्यास्म |
| | | | | | |
| दुधोर | दुधोरतुः | दुधोरुः | अधोरीत् -द् | अधोरिष्टाम् | अधोरिषुः |
| दुधोरिथ | दुधोरथुः | दुधोर | अधोरीः | अधोरिष्टम् | अधोरिष्ट |
| दुधोर | दुधोरिव | दुधोरिम | अधोरिषम् | अधोरिष्व | अधोरिष्म |

554 त्सर छद्मगतौ । त्सरँ । त्सर् । त्सरति । P । सेट् । अ० । sneak in, creep in 7.2.2

| | | | | | |
|---|---|---|---|---|---|
| त्सरति | त्सरतः | त्सरन्ति | अत्सरत् -द् | अत्सरताम् | अत्सरन् |
| त्सरसि | त्सरथः | त्सरथ | अत्सरः | अत्सरतम् | अत्सरत |
| त्सरामि | त्सरावः | त्सरामः | अत्सरम् | अत्सराव | अत्सराम |

| | | | | | |
|---|---|---|---|---|---|
| त्सरतु | त्सरताम् | त्सरन्तु | त्सरेत् -द् | त्सरेताम् | त्सरेयुः |
| त्सर | त्सरतम् | त्सरत | त्सरेः | त्सरेतम् | त्सरेत |
| त्सराणि | त्सराव | त्सराम | त्सरेयम् | त्सरेव | त्सरेम |

| | | | | | |
|---|---|---|---|---|---|
| त्सरिष्यति | त्सरिष्यतः | त्सरिष्यन्ति | अत्सरिष्यत् -द् | अत्सरिष्यताम् | अत्सरिष्यन् |
| त्सरिष्यसि | त्सरिष्यथः | त्सरिष्यथ | अत्सरिष्यः | अत्सरिष्यतम् | अत्सरिष्यत |
| त्सरिष्यामि | त्सरिष्यावः | त्सरिष्यामः | अत्सरिष्यम् | अत्सरिष्याव | अत्सरिष्याम |

| | | | | | |
|---|---|---|---|---|---|
| त्सरिता | त्सरितारौ | त्सरितारः | त्सर्यात् -द् | त्सर्यास्ताम् | त्सर्यासुः |
| त्सरितासि | त्सरितास्थः | त्सरितास्थ | त्सर्याः | त्सर्यास्तम् | त्सर्यास्त |
| त्सरितास्मि | त्सरितास्वः | त्सरितास्मः | त्सर्यासम् | त्सर्यास्व | त्सर्यास्म |

| | | | | | |
|---|---|---|---|---|---|
| तत्सार | तत्सरतुः | तत्सरुः | अत्सारीत् -द् | अत्सारिष्टाम् | अत्सारिषुः |
| तत्सरिथ | तत्सरथुः | तत्सर | अत्सारीः | अत्सारिष्टम् | अत्सारिष्ट |
| तत्सार तत्सर | तत्सरिव | तत्सरिम | अत्सारिषम् | अत्सारिष्व | अत्सारिष्म |

555 क्मर हूर्च्छने । क्मरँ । क्मर् । क्मरति । P । सेट् । अ० । be crooked in mind or body 7.2.2

| | | | | | |
|---|---|---|---|---|---|
| क्मरति | क्मरतः | क्मरन्ति | अक्मरत् -द् | अक्मरताम् | अक्मरन् |
| क्मरसि | क्मरथः | क्मरथ | अक्मरः | अक्मरतम् | अक्मरत |
| क्मरामि | क्मरावः | क्मरामः | अक्मरम् | अक्मराव | अक्मराम |

| | | | | | |
|---|---|---|---|---|---|
| क्मरतु | क्मरताम् | क्मरन्तु | क्मरेत् -द् | क्मरेताम् | क्मरेयुः |
| क्मर | क्मरतम् | क्मरत | क्मरेः | क्मरेतम् | क्मरेत |
| क्मराणि | क्मराव | क्मराम | क्मरेयम् | क्मरेव | क्मरेम |

| | | | | | |
|---|---|---|---|---|---|
| क्मरिष्यति | क्मरिष्यतः | क्मरिष्यन्ति | अक्मरिष्यत् -द् | अक्मरिष्यताम् | अक्मरिष्यन् |
| क्मरिष्यसि | क्मरिष्यथः | क्मरिष्यथ | अक्मरिष्यः | अक्मरिष्यतम् | अक्मरिष्यत |
| क्मरिष्यामि | क्मरिष्यावः | क्मरिष्यामः | अक्मरिष्यम् | अक्मरिष्याव | अक्मरिष्याम |

| | | | | | |
|---|---|---|---|---|---|
| क्मरिता | क्मरितारौ | क्मरितारः | क्मर्यात् -द् | क्मर्यास्ताम् | क्मर्यासुः |
| क्मरितासि | क्मरितास्थः | क्मरितास्थ | क्मर्याः | क्मर्यास्तम् | क्मर्यास्त |
| क्मरितास्मि | क्मरितास्वः | क्मरितास्मः | क्मर्यासम् | क्मर्यास्व | क्मर्यास्म |

| | | | | | |
|---|---|---|---|---|---|
| चक्मार | चक्मरतुः | चक्मरुः | अक्मारीत् -द् | अक्मारिष्टाम् | अक्मारिषुः |

| | | | | | |
|---|---|---|---|---|---|
| चक्मरिथ | चक्मरथुः | चक्मर | अक्मारीः | अक्मारिष्टम् | अक्मारिष्ट |
| चक्मार चक्मर | चक्मरिव | चक्मरिम | अक्मारिषम् | अक्मारिष्व | अक्मारिष्म |

556 **अभ्र गतौ । अभ्रँ । अभ्र् । अभ्रति** । P । **सेट्** । **स०** । go, wander

| | | | | | |
|---|---|---|---|---|---|
| अभ्रति | अभ्रतः | अभ्रन्ति | आभ्रत् -द् | आभ्रताम् | आभ्रन् |
| अभ्रसि | अभ्रथः | अभ्रथ | आभ्रः | आभ्रतम् | आभ्रत |
| अभ्रामि | अभ्रावः | अभ्रामः | आभ्रम् | आभ्राव | आभ्राम |

| | | | | | |
|---|---|---|---|---|---|
| अभ्रतु | अभ्रताम् | अभ्रन्तु | अभ्रेत् -द् | अभ्रेताम् | अभ्रेयुः |
| अभ्र | अभ्रतम् | अभ्रत | अभ्रेः | अभ्रेतम् | अभ्रेत |
| अभ्राणि | अभ्राव | अभ्राम | अभ्रेयम् | अभ्रेव | अभ्रेम |

| | | | | | |
|---|---|---|---|---|---|
| अभ्रिष्यति | अभ्रिष्यतः | अभ्रिष्यन्ति | आभ्रिष्यत् -द् | आभ्रिष्यताम् | आभ्रिष्यन् |
| अभ्रिष्यसि | अभ्रिष्यथः | अभ्रिष्यथ | आभ्रिष्यः | आभ्रिष्यतम् | आभ्रिष्यत |
| अभ्रिष्यामि | अभ्रिष्यावः | अभ्रिष्यामः | आभ्रिष्यम् | आभ्रिष्याव | आभ्रिष्याम |

| | | | | | |
|---|---|---|---|---|---|
| अभ्रिता | अभ्रितारौ | अभ्रितारः | अभ्र्यात् -द् | अभ्र्यास्ताम् | अभ्र्यासुः |
| अभ्रितासि | अभ्रितास्थः | अभ्रितास्थ | अभ्र्याः | अभ्र्यास्तम् | अभ्र्यास्त |
| अभ्रितास्मि | अभ्रितास्वः | अभ्रितास्मः | अभ्र्यासम् | अभ्र्यास्व | अभ्र्यास्म |

| | | | | | |
|---|---|---|---|---|---|
| आनभ्र | आनभ्रतुः | आनभ्रुः | आभ्रीत् -द् | आभ्रिष्टाम् | आभ्रिषुः |
| आनभ्रिथ | आनभ्रथुः | आनभ्र | आभ्रीः | आभ्रिष्टम् | आभ्रिष्ट |
| आनभ्र | आनभ्रिव | आनभ्रिम | आभ्रिषम् | आभ्रिष्व | आभ्रिष्म |

557 **वभ्र गतौ । वभ्रँ । वभ्र् । वभ्रति** । P । **सेट्** । **स०** । go, move, change places

| | | | | | |
|---|---|---|---|---|---|
| वभ्रति | वभ्रतः | वभ्रन्ति | अवभ्रत् -द् | अवभ्रताम् | अवभ्रन् |
| वभ्रसि | वभ्रथः | वभ्रथ | अवभ्रः | अवभ्रतम् | अवभ्रत |
| वभ्रामि | वभ्रावः | वभ्रामः | अवभ्रम् | अवभ्राव | अवभ्राम |

| | | | | | |
|---|---|---|---|---|---|
| वभ्रतु | वभ्रताम् | वभ्रन्तु | वभ्रेत् -द् | वभ्रेताम् | वभ्रेयुः |
| वभ्र | वभ्रतम् | वभ्रत | वभ्रेः | वभ्रेतम् | वभ्रेत |
| वभ्राणि | वभ्राव | वभ्राम | वभ्रेयम् | वभ्रेव | वभ्रेम |

| | | | | | |
|---|---|---|---|---|---|
| वभ्रिष्यति | वभ्रिष्यतः | वभ्रिष्यन्ति | अवभ्रिष्यत् -द् | अवभ्रिष्यताम् | अवभ्रिष्यन् |
| वभ्रिष्यसि | वभ्रिष्यथः | वभ्रिष्यथ | अवभ्रिष्यः | अवभ्रिष्यतम् | अवभ्रिष्यत |
| वभ्रिष्यामि | वभ्रिष्यावः | वभ्रिष्यामः | अवभ्रिष्यम् | अवभ्रिष्याव | अवभ्रिष्याम |

| | | | | | |
|---|---|---|---|---|---|
| वभ्रिता | वभ्रितारौ | वभ्रितारः | वभ्र्यात् -द् | वभ्र्यास्ताम् | वभ्र्यासुः |
| वभ्रितासि | वभ्रितास्थः | वभ्रितास्थ | वभ्र्याः | वभ्र्यास्तम् | वभ्र्यास्त |

| | | | | | |
|---|---|---|---|---|---|
| वभ्रितास्मि | वभ्रितास्वः | वभ्रितास्मः | वभ्र्यासम् | वभ्र्यास्व | वभ्र्यास्म |

| | | | | | |
|---|---|---|---|---|---|
| ववभ्र | ववभ्रतुः | ववभ्रुः | अवभ्रीत् -द् | अवभ्रिष्टाम् | अवभ्रिषुः |
| ववभ्रिथ | ववभ्रथुः | ववभ्र | अवभ्रीः | अवभ्रिष्टम् | अवभ्रिष्ट |
| ववभ्र | ववभ्रिव | ववभ्रिम | अवभ्रिषम् | अवभ्रिष्व | अवभ्रिष्म |

558 **मभ्र गतौ । मभ्रँ । मभ्र् । मभ्रति** । P । **सेट्** । **स०** । go, move

| | | | | | |
|---|---|---|---|---|---|
| मभ्रति | मभ्रतः | मभ्रन्ति | अमभ्रत् -द् | अमभ्रताम् | अमभ्रन् |
| मभ्रसि | मभ्रथः | मभ्रथ | अमभ्रः | अमभ्रतम् | अमभ्रत |
| मभ्रामि | मभ्रावः | मभ्रामः | अमभ्रम् | अमभ्राव | अमभ्राम |

| | | | | | |
|---|---|---|---|---|---|
| मभ्रतु | मभ्रताम् | मभ्रन्तु | मभ्रेत् -द् | मभ्रेताम् | मभ्रेयुः |
| मभ्र | मभ्रतम् | मभ्रत | मभ्रेः | मभ्रेतम् | मभ्रेत |
| मभ्राणि | मभ्राव | मभ्राम | मभ्रेयम् | मभ्रेव | मभ्रेम |

| | | | | | |
|---|---|---|---|---|---|
| मभ्रिष्यति | मभ्रिष्यतः | मभ्रिष्यन्ति | अमभ्रिष्यत् -द् | अमभ्रिष्यताम् | अमभ्रिष्यन् |
| मभ्रिष्यसि | मभ्रिष्यथः | मभ्रिष्यथ | अमभ्रिष्यः | अमभ्रिष्यतम् | अमभ्रिष्यत |
| मभ्रिष्यामि | मभ्रिष्यावः | मभ्रिष्यामः | अमभ्रिष्यम् | अमभ्रिष्याव | अमभ्रिष्याम |

| | | | | | |
|---|---|---|---|---|---|
| मभ्रिता | मभ्रितारौ | मभ्रितारः | मभ्र्यात् -द् | मभ्र्यास्ताम् | मभ्र्यासुः |
| मभ्रितासि | मभ्रितास्थः | मभ्रितास्थ | मभ्र्याः | मभ्र्यास्तम् | मभ्र्यास्त |
| मभ्रितास्मि | मभ्रितास्वः | मभ्रितास्मः | मभ्र्यासम् | मभ्र्यास्व | मभ्र्यास्म |

| | | | | | |
|---|---|---|---|---|---|
| ममभ्र | ममभ्रतुः | ममभ्रुः | अमभ्रीत् -द् | अमभ्रिष्टाम् | अमभ्रिषुः |
| ममभ्रिथ | ममभ्रथुः | ममभ्र | अमभ्रीः | अमभ्रिष्टम् | अमभ्रिष्ट |
| ममभ्र | ममभ्रिव | ममभ्रिम | अमभ्रिषम् | अमभ्रिष्व | अमभ्रिष्म |

559 **चर गत्यर्थाः । चरतिः भक्षणे अपि । चरँ । चर् । चरति** । P । **सेट्** । **स०** । move, go, graze, practice, behave 7.2.2

| | | | | | |
|---|---|---|---|---|---|
| चरति | चरतः | चरन्ति | अचरत् -द् | अचरताम् | अचरन् |
| चरसि | चरथः | चरथ | अचरः | अचरतम् | अचरत |
| चरामि | चरावः | चरामः | अचरम् | अचराव | अचराम |

| | | | | | |
|---|---|---|---|---|---|
| चरतु | चरताम् | चरन्तु | चरेत् -द् | चरेताम् | चरेयुः |
| चर | चरतम् | चरत | चरेः | चरेतम् | चरेत |
| चराणि | चराव | चराम | चरेयम् | चरेव | चरेम |

| | | | | | |
|---|---|---|---|---|---|
| चरिष्यति | चरिष्यतः | चरिष्यन्ति | अचरिष्यत् -द् | अचरिष्यताम् | अचरिष्यन् |
| चरिष्यसि | चरिष्यथः | चरिष्यथ | अचरिष्यः | अचरिष्यतम् | अचरिष्यत |

| | | | | | |
|---|---|---|---|---|---|
| चरिष्यामि | चरिष्यावः | चरिष्यामः | अचरिष्यम् | अचरिष्याव | अचरिष्याम |

| | | | | | |
|---|---|---|---|---|---|
| चरिता | चरितारौ | चरितारः | चर्यात् -द् | चर्यास्ताम् | चर्यासुः |
| चरितासि | चरितास्थः | चरितास्थ | चर्याः | चर्यास्तम् | चर्यास्त |
| चरितास्मि | चरितास्वः | चरितास्मः | चर्यासम् | चर्यास्व | चर्यास्म |

| | | | | | |
|---|---|---|---|---|---|
| चचार | चेरतुः | चेरुः | अचारीत् -द् | अचारिष्टाम् | अचारिषुः |
| चेरिथ | चेरथुः | चेर | अचारीः | अचारिष्टम् | अचारिष्ट |
| चचार चचर | चेरिव | चेरिम | अचारिषम् | अचारिष्व | अचारिष्म |

560 ष्ठिवु निरसने । उदात्तः उदात्तेतः। ष्ठिवुँ । ष्ठिव् । ष्ठीवति । P। सेट्। अ०। spit, eject saliva, spatter. 6.1.64 धात्वादेः षः सः । वा० सुब्धातु–ष्ठिवु–ष्वष्कतीनां सत्वप्रतिषेधो वाच्यः । 7.3.75 ष्ठिवुक्लम्याचमां शिति इति दीर्घः । 8.2.77 हलि च । Siddhanta Kaumudi says under 7.2.2 अतो ल्रान्तस्य । अस्य द्वितीयस्थकारष्ठकारो वेति वृत्तिः । According to some Grammarians if we apply 6.1.64 vartika, then in reduplication we get ष्ठिव् ष्ठिव् and if we don't then we get स्थिव् ष्ठिव् । Thus two forms in लिट् ।

लिट् iii/1 ष्ठिव् + ति → 3.4.82 → ष्ठिव् + णल् → 1.3.3 1.3.7 1.3.9 → ष्ठिव् + अ → 6.1.8 6.1.64 vartika → ष्ठिव् ष्ठिव् + अ । Otherwise ष्ठिव् + अ → 6.1.8 6.1.64 → स्थिव् ष्ठिव् + अ ।

With 6.1.64 vartika

ष्ठिव् ष्ठिव् + अ → 7.4.61 → ठि ष्ठिव् + अ → 3.4.115 → ठि ष्ठेव् + अ → 8.4.54 → टि ष्ठेव् + अ = टिष्ठेव ।

Without 6.1.64 vartika

स्थिव् ष्ठिव् + अ → 7.4.61 → थि ष्ठिव् + अ → 3.4.115 → थि ष्ठेव् + अ → 8.4.54 → ति ष्ठेव् + अ = तिष्ठेव ।

| | | | | | |
|---|---|---|---|---|---|
| ष्ठीवति | ष्ठीवतः | ष्ठीवन्ति | अष्ठीवत् -द् | अष्ठीवताम् | अष्ठीवन् |
| ष्ठीवसि | ष्ठीवथः | ष्ठीवथ | अष्ठीवः | अष्ठीवतम् | अष्ठीवत |
| ष्ठीवामि | ष्ठीवावः | ष्ठीवामः | अष्ठीवम् | अष्ठीवाव | अष्ठीवाम |

| | | | | | |
|---|---|---|---|---|---|
| ष्ठीवतु | ष्ठीवताम् | ष्ठीवन्तु | ष्ठीवेत् -द् | ष्ठीवेताम् | ष्ठीवेयुः |
| ष्ठीव | ष्ठीवतम् | ष्ठीवत | ष्ठीवेः | ष्ठीवेतम् | ष्ठीवेत |
| ष्ठीवानि | ष्ठीवाव | ष्ठीवाम | ष्ठीवेयम् | ष्ठीवेव | ष्ठीवेम |

| | | | | | |
|---|---|---|---|---|---|
| ष्ठेविष्यति | ष्ठेविष्यतः | ष्ठेविष्यन्ति | अष्ठेविष्यत् -द् | अष्ठेविष्यताम् | अष्ठेविष्यन् |
| ष्ठेविष्यसि | ष्ठेविष्यथः | ष्ठेविष्यथ | अष्ठेविष्यः | अष्ठेविष्यतम् | अष्ठेविष्यत |
| ष्ठेविष्यामि | ष्ठेविष्यावः | ष्ठेविष्यामः | अष्ठेविष्यम् | अष्ठेविष्याव | अष्ठेविष्याम |

| | | | | | |
|---|---|---|---|---|---|
| ष्ठेविता | ष्ठेवितारौ | ष्ठेवितारः | ष्ठीव्यात् -द् | ष्ठीव्यास्ताम् | ष्ठीव्यासुः |

| | | | | | |
|---|---|---|---|---|---|
| ष्ठेवितासि | ष्ठेवितास्थः | ष्ठेवितास्थ | ष्ठीव्याः | ष्ठीव्यास्तम् | ष्ठीव्यास्त |
| ष्ठेवितास्मि | ष्ठेवितास्वः | ष्ठेवितास्मः | ष्ठीव्यासम् | ष्ठीव्यास्व | ष्ठीव्यास्म |

| | | | | | |
|---|---|---|---|---|---|
| टिष्ठेव | टिष्ठिवतुः | टिष्ठिवुः | अष्ठेवीत् -द् | अष्ठेविष्टाम् | अष्ठेविषुः |
| तिष्ठेव | तिष्ठिवतुः | तिष्ठिवुः | | | |
| टिष्ठेविथ | टिष्ठिवथुः | टिष्ठिव | अष्ठेवीः | अष्ठेविष्टम् | अष्ठेविष्ट |
| तिष्ठेविथ | तिष्ठिवथुः | तिष्ठिव | | | |
| टिष्ठेव | टिष्ठिविव | टिष्ठिविम | अष्ठेविषम् | अष्ठेविष्व | अष्ठेविष्म |
| तिष्ठेव | तिष्ठिविव | तिष्ठिविम | | | |

561 जि जये । जि॒ । जि । जयति । P । अनिट् । अ० । conquer, defeat, subjugate

7.4.25 अकृत्सार्वधातुकयोर्दीर्घः । 7.3.57 सन्लिटोर्जेः । 7.2.1 सिचि वृद्धिः परस्मैपदेषु ।

| | | | | | |
|---|---|---|---|---|---|
| जयति | जयतः | जयन्ति | अजयत् -द् | अजयताम् | अजयन् |
| जयसि | जयथः | जयथ | अजयः | अजयतम् | अजयत |
| जयामि | जयावः | जयामः | अजयम् | अजयाव | अजयाम |

| | | | | | |
|---|---|---|---|---|---|
| जयतु | जयताम् | जयन्तु | जयेत् -द् | जयेताम् | जयेयुः |
| जय | जयतम् | जयत | जयेः | जयेतम् | जयेत |
| जयानि | जयाव | जयाम | जयेयम् | जयेव | जयेम |

| | | | | | |
|---|---|---|---|---|---|
| जेष्यति | जेष्यतः | जेष्यन्ति | अजेष्यत् -द् | अजेष्यताम् | अजेष्यन् |
| जेष्यसि | जेष्यथः | जेष्यथ | अजेष्यः | अजेष्यतम् | अजेष्यत |
| जेष्यामि | जेष्यावः | जेष्यामः | अजेष्यम् | अजेष्याव | अजेष्याम |

| | | | | | |
|---|---|---|---|---|---|
| जेता | जेतारौ | जेतारः | जीयात् -द् | जीयास्ताम् | जीयासुः |
| जेतासि | जेतास्थः | जेतास्थ | जीयाः | जीयास्तम् | जीयास्त |
| जेतास्मि | जेतास्वः | जेतास्मः | जीयासम् | जीयास्व | जीयास्म |

| | | | | | |
|---|---|---|---|---|---|
| जिगाय | जिग्यतुः | जिग्युः | अजैषीत् -द् | अजैष्टाम् | अजैषुः |
| जिगयिथ जिगेथ | जिग्यथुः | जिग्य | अजैषीः | अजैष्टम् | अजैष्ट |
| जिगाय जिगय | जिग्यिव | जिग्यिम | अजैषम् | अजैष्व | अजैष्म |

562 जीव प्राणधारणे । जीवँ । जीव् । जीवति । P । सेट् । अ० । live, be alive

| | | | | | |
|---|---|---|---|---|---|
| जीवति | जीवतः | जीवन्ति | अजीवत् -द् | अजीवताम् | अजीवन् |
| जीवसि | जीवथः | जीवथ | अजीवः | अजीवतम् | अजीवत |
| जीवामि | जीवावः | जीवामः | अजीवम् | अजीवाव | अजीवाम |

| | | | | | |
|---|---|---|---|---|---|
| जीवतु | जीवताम् | जीवन्तु | जीवेत् -द् | जीवेताम् | जीवेयुः |
| जीव | जीवतम् | जीवत | जीवेः | जीवेतम् | जीवेत |

| जीवानि | जीवाव | जीवाम | जीवेयम् | जीवेव | जीवेम |

| जीविष्यति | जीविष्यतः | जीविष्यन्ति | अजीविष्यत् -द् | अजीविष्यताम् | अजीविष्यन् |
| जीविष्यसि | जीविष्यथः | जीविष्यथ | अजीविष्यः | अजीविष्यतम् | अजीविष्यत |
| जीविष्यामि | जीविष्यावः | जीविष्यामः | अजीविष्यम् | अजीविष्याव | अजीविष्याम |

| जीविता | जीवितारौ | जीवितारः | जीव्यात् -द् | जीव्यास्ताम् | जीव्यासुः |
| जीवितासि | जीवितास्थः | जीवितास्थ | जीव्याः | जीव्यास्तम् | जीव्यास्त |
| जीवितास्मि | जीवितास्वः | जीवितास्मः | जीव्यासम् | जीव्यास्व | जीव्यास्म |

| जिजीव | जिजीवतुः | जिजीवुः | अजीवीत् -द् | अजीविष्टाम् | अजीविषुः |
| जिजीविथ | जिजीवथुः | जिजीव | अजीवीः | अजीविष्टम् | अजीविष्ट |
| जिजीव | जिजीविव | जिजीविम | अजीविषम् | अजीविष्व | अजीविष्म |

563 पीव स्थौल्ये । पीवँ । पीव् । पीवति । P । सेट् । अ० । be fat

| पीवति | पीवतः | पीवन्ति | अपीवत् -द् | अपीवताम् | अपीवन् |
| पीवसि | पीवथः | पीवथ | अपीवः | अपीवतम् | अपीवत |
| पीवामि | पीवावः | पीवामः | अपीवम् | अपीवाव | अपीवाम |

| पीवतु | पीवताम् | पीवन्तु | पीवेत् -द् | पीवेताम् | पीवेयुः |
| पीव | पीवतम् | पीवत | पीवेः | पीवेतम् | पीवेत |
| पीवानि | पीवाव | पीवाम | पीवेयम् | पीवेव | पीवेम |

| पीविष्यति | पीविष्यतः | पीविष्यन्ति | अपीविष्यत् -द् | अपीविष्यताम् | अपीविष्यन् |
| पीविष्यसि | पीविष्यथः | पीविष्यथ | अपीविष्यः | अपीविष्यतम् | अपीविष्यत |
| पीविष्यामि | पीविष्यावः | पीविष्यामः | अपीविष्यम् | अपीविष्याव | अपीविष्याम |

| पीविता | पीवितारौ | पीवितारः | पीव्यात् -द् | पीव्यास्ताम् | पीव्यासुः |
| पीवितासि | पीवितास्थः | पीवितास्थ | पीव्याः | पीव्यास्तम् | पीव्यास्त |
| पीवितास्मि | पीवितास्वः | पीवितास्मः | पीव्यासम् | पीव्यास्व | पीव्यास्म |

| पिपीव | पिपीवतुः | पिपीवुः | अपीवीत् -द् | अपीविष्टाम् | अपीविषुः |
| पिपीविथ | पिपीवथुः | पिपीव | अपीवीः | अपीविष्टम् | अपीविष्ट |
| पिपीव | पिपीविव | पिपीविम | अपीविषम् | अपीविष्व | अपीविष्म |

564 मीव स्थौल्ये । मीवँ । मीव् । मीवति । P । सेट् । अ० । go, move, be fat

| मीवति | मीवतः | मीवन्ति | अमीवत् -द् | अमीवताम् | अमीवन् |
| मीवसि | मीवथः | मीवथ | अमीवः | अमीवतम् | अमीवत |
| मीवामि | मीवावः | मीवामः | अमीवम् | अमीवाव | अमीवाम |

| मीवतु | मीवताम् | मीवन्तु | मीवेत् -द् | मीवेताम् | मीवेयुः |
| मीव | मीवतम् | मीवत | मीवेः | मीवेतम् | मीवेत |
| मीवानि | मीवाव | मीवाम | मीवेयम् | मीवेव | मीवेम |

| मीविष्यति | मीविष्यतः | मीविष्यन्ति | अमीविष्यत् -द् | अमीविष्यताम् | अमीविष्यन् |
| मीविष्यसि | मीविष्यथः | मीविष्यथ | अमीविष्यः | अमीविष्यतम् | अमीविष्यत |
| मीविष्यामि | मीविष्यावः | मीविष्यामः | अमीविष्यम् | अमीविष्याव | अमीविष्याम |

| मीविता | मीवितारौ | मीवितारः | मीव्यात् -द् | मीव्यास्ताम् | मीव्यासुः |
| मीवितासि | मीवितास्थः | मीवितास्थ | मीव्याः | मीव्यास्तम् | मीव्यास्त |
| मीवितास्मि | मीवितास्वः | मीवितास्मः | मीव्यासम् | मीव्यास्व | मीव्यास्म |

| मिमीव | मिमीवतुः | मिमीवुः | अमीवीत् -द् | अमीविष्टाम् | अमीविषुः |
| मिमीविथ | मिमीवथुः | मिमीव | अमीवीः | अमीविष्टम् | अमीविष्ट |
| मिमीव | मिमीविव | मिमीविम | अमीविषम् | अमीविष्व | अमीविष्म |

565 तीव स्थौल्ये । तीवँ । तीव् । तीवति । P । सेट् । अ० । be fat

| तीवति | तीवतः | तीवन्ति | अतीवत् -द् | अतीवताम् | अतीवन् |
| तीवसि | तीवथः | तीवथ | अतीवः | अतीवतम् | अतीवत |
| तीवामि | तीवावः | तीवामः | अतीवम् | अतीवाव | अतीवाम |

| तीवतु | तीवताम् | तीवन्तु | तीवेत् -द् | तीवेताम् | तीवेयुः |
| तीव | तीवतम् | तीवत | तीवेः | तीवेतम् | तीवेत |
| तीवानि | तीवाव | तीवाम | तीवेयम् | तीवेव | तीवेम |

| तीविष्यति | तीविष्यतः | तीविष्यन्ति | अतीविष्यत् -द् | अतीविष्यताम् | अतीविष्यन् |
| तीविष्यसि | तीविष्यथः | तीविष्यथ | अतीविष्यः | अतीविष्यतम् | अतीविष्यत |
| तीविष्यामि | तीविष्यावः | तीविष्यामः | अतीविष्यम् | अतीविष्याव | अतीविष्याम |

| तीविता | तीवितारौ | तीवितारः | तीव्यात् -द् | तीव्यास्ताम् | तीव्यासुः |
| तीवितासि | तीवितास्थः | तीवितास्थ | तीव्याः | तीव्यास्तम् | तीव्यास्त |
| तीवितास्मि | तीवितास्वः | तीवितास्मः | तीव्यासम् | तीव्यास्व | तीव्यास्म |

| तितीव | तितीवतुः | तितीवुः | अतीवीत् -द् | अतीविष्टाम् | अतीविषुः |
| तितीविथ | तितीवथुः | तितीव | अतीवीः | अतीविष्टम् | अतीविष्ट |
| तितीव | तितीविव | तितीविम | अतीविषम् | अतीविष्व | अतीविष्म |

566 णीव स्थौल्ये । णीवँ । नीव् । नीवति । P । सेट् । अ० । be fat

| | | | | | |
|---|---|---|---|---|---|
| नीवति | नीवतः | नीवन्ति | अनीवत् -द् | अनीवताम् | अनीवन् |
| नीवसि | नीवथः | नीवथ | अनीवः | अनीवतम् | अनीवत |
| नीवामि | नीवावः | नीवामः | अनीवम् | अनीवाव | अनीवाम |

| | | | | | |
|---|---|---|---|---|---|
| नीवतु | नीवताम् | नीवन्तु | नीवेत् -द् | नीवेताम् | नीवेयुः |
| नीव | नीवतम् | नीवत | नीवेः | नीवेतम् | नीवेत |
| नीवानि | नीवाव | नीवाम | नीवेयम् | नीवेव | नीवेम |

| | | | | | |
|---|---|---|---|---|---|
| नीविष्यति | नीविष्यतः | नीविष्यन्ति | अनीविष्यत् -द् | अनीविष्यताम् | अनीविष्यन् |
| नीविष्यसि | नीविष्यथः | नीविष्यथ | अनीविष्यः | अनीविष्यतम् | अनीविष्यत |
| नीविष्यामि | नीविष्यावः | नीविष्यामः | अनीविष्यम् | अनीविष्याव | अनीविष्याम |

| | | | | | |
|---|---|---|---|---|---|
| नीविता | नीवितारौ | नीवितारः | नीव्यात् -द् | नीव्यास्ताम् | नीव्यासुः |
| नीवितासि | नीवितास्थः | नीवितास्थ | नीव्याः | नीव्यास्तम् | नीव्यास्त |
| नीवितास्मि | नीवितास्वः | नीवितास्मः | नीव्यासम् | नीव्यास्व | नीव्यास्म |

| | | | | | |
|---|---|---|---|---|---|
| निनीव | निनीवतुः | निनीवुः | अनीवीत् -द् | अनीविष्टाम् | अनीविषुः |
| निनीविथ | निनीवथुः | निनीव | अनीवीः | अनीविष्टम् | अनीविष्ट |
| निनीव | निनीविव | निनीविम | अनीविषम् | अनीविष्व | अनीविष्म |

567 **क्षीवु निरसने । क्षिवु इत्येव । क्षीवुँ । क्षीव् । क्षीवति** । P । **सेट्** । **स०** । spit, vomit 8.4.2

| | | | | | |
|---|---|---|---|---|---|
| क्षीवति | क्षीवतः | क्षीवन्ति | अक्षीवत् -द् | अक्षीवताम् | अक्षीवन् |
| क्षीवसि | क्षीवथः | क्षीवथ | अक्षीवः | अक्षीवतम् | अक्षीवत |
| क्षीवामि | क्षीवावः | क्षीवामः | अक्षीवम् | अक्षीवाव | अक्षीवाम |

| | | | | | |
|---|---|---|---|---|---|
| क्षीवतु | क्षीवताम् | क्षीवन्तु | क्षीवेत् -द् | क्षीवेताम् | क्षीवेयुः |
| क्षीव | क्षीवतम् | क्षीवत | क्षीवेः | क्षीवेतम् | क्षीवेत |
| क्षीवाणि | क्षीवाव | क्षीवाम | क्षीवेयम् | क्षीवेव | क्षीवेम |

| | | | | | |
|---|---|---|---|---|---|
| क्षीविष्यति | क्षीविष्यतः | क्षीविष्यन्ति | अक्षीविष्यत् -द् | अक्षीविष्यताम् | अक्षीविष्यन् |
| क्षीविष्यसि | क्षीविष्यथः | क्षीविष्यथ | अक्षीविष्यः | अक्षीविष्यतम् | अक्षीविष्यत |
| क्षीविष्यामि | क्षीविष्यावः | क्षीविष्यामः | अक्षीविष्यम् | अक्षीविष्याव | अक्षीविष्याम |

| | | | | | |
|---|---|---|---|---|---|
| क्षीविता | क्षीवितारौ | क्षीवितारः | क्षीव्यात् -द् | क्षीव्यास्ताम् | क्षीव्यासुः |
| क्षीवितासि | क्षीवितास्थः | क्षीवितास्थ | क्षीव्याः | क्षीव्यास्तम् | क्षीव्यास्त |
| क्षीवितास्मि | क्षीवितास्वः | क्षीवितास्मः | क्षीव्यासम् | क्षीव्यास्व | क्षीव्यास्म |

| | | | | | |
|---|---|---|---|---|---|
| चिक्षीव | चिक्षीवतुः | चिक्षीवुः | अक्षीवीत् -द् | अक्षीविष्टाम् | अक्षीविषुः |
| चिक्षीविथ | चिक्षीवथुः | चिक्षीव | अक्षीवीः | अक्षीविष्टम् | अक्षीविष्ट |

| | | | | | |
|---|---|---|---|---|---|
| चिक्षीव | चिक्षीविव | चिक्षीविम | अक्षीविषम् | अक्षीविष्व | अक्षीविष्म |

568 क्षेवु निरसने । क्षेवुँ । क्षेव् । क्षेवति । P । सेट् । स० । spit, vomit

| | | | | | |
|---|---|---|---|---|---|
| क्षेवति | क्षेवतः | क्षेवन्ति | अक्षेवत् -द् | अक्षेवताम् | अक्षेवन् |
| क्षेवसि | क्षेवथः | क्षेवथ | अक्षेवः | अक्षेवतम् | अक्षेवत |
| क्षेवामि | क्षेवावः | क्षेवामः | अक्षेवम् | अक्षेवाव | अक्षेवाम |
| | | | | | |
| क्षेवतु | क्षेवताम् | क्षेवन्तु | क्षेवेत् -द् | क्षेवेताम् | क्षेवेयुः |
| क्षेव | क्षेवतम् | क्षेवत | क्षेवेः | क्षेवेतम् | क्षेवेत |
| क्षेवाणि | क्षेवाव | क्षेवाम | क्षेवेयम् | क्षेवेव | क्षेवेम |
| | | | | | |
| क्षेविष्यति | क्षेविष्यतः | क्षेविष्यन्ति | अक्षेविष्यत् -द् | अक्षेविष्यताम् | अक्षेविष्यन् |
| क्षेविष्यसि | क्षेविष्यथः | क्षेविष्यथ | अक्षेविष्यः | अक्षेविष्यतम् | अक्षेविष्यत |
| क्षेविष्यामि | क्षेविष्यावः | क्षेविष्यामः | अक्षेविष्यम् | अक्षेविष्याव | अक्षेविष्याम |
| | | | | | |
| क्षेविता | क्षेवितारौ | क्षेवितारः | क्षेव्यात् -द् | क्षेव्यास्ताम् | क्षेव्यासुः |
| क्षेवितासि | क्षेवितास्थः | क्षेवितास्थ | क्षेव्याः | क्षेव्यास्तम् | क्षेव्यास्त |
| क्षेवितास्मि | क्षेवितास्वः | क्षेवितास्मः | क्षेव्यासम् | क्षेव्यास्व | क्षेव्यास्म |
| | | | | | |
| चिक्षेव | चिक्षेवतुः | चिक्षेवुः | अक्षेवीत् -द् | अक्षेविष्टाम् | अक्षेविषुः |
| चिक्षेविथ | चिक्षेवथुः | चिक्षेव | अक्षेवीः | अक्षेविष्टम् | अक्षेविष्ट |
| चिक्षेव | चिक्षेविव | चिक्षेविम | अक्षेविषम् | अक्षेविष्व | अक्षेविष्म |

## 569 अथ अष्टौ धात्वः मध्ये उपधा रेफः च रेफस्य पूर्व उकार ।

8.2.78 उपधायां च । इति इकः दीर्घः ।

569 उर्वी हिंसायाम् । उर्वीँ । उर्व् । ऊर्वति । P । सेट् । स० । cause hurt, torture 8.2.78

| लट् 1 Present Tense | | | लङ् 2 Imperfect Past Tense | | |
|---|---|---|---|---|---|
| ऊर्वति | ऊर्वतः | ऊर्वन्ति | और्वत् -द् | और्वताम् | और्वन् |
| ऊर्वसि | ऊर्वथः | ऊर्वथ | और्वः | और्वतम् | और्वत |
| ऊर्वामि | ऊर्वावः | ऊर्वामः | और्वम् | और्वाव | और्वाम |
| | | | | | |
| **लोट् 3 Imperative Mood** | | | **विधिलिङ् 4 Potential Mood** | | |
| ऊर्वतु ऊर्वतात् -द् | ऊर्वताम् | ऊर्वन्तु | ऊर्वेत् -द् | ऊर्वेताम् | ऊर्वेयुः |
| ऊर्व ऊर्वतात् -द् | ऊर्वतम् | ऊर्वत | ऊर्वेः | ऊर्वेतम् | ऊर्वेत |
| ऊर्वाणि | ऊर्वाव | ऊर्वाम | ऊर्वेयम् | ऊर्वेव | ऊर्वेम |
| | | | | | |
| **लृट् 5 Simple Future Tense** | | | **लृङ् 6 Conditional Mood** | | |
| ऊर्विष्यति | ऊर्विष्यतः | ऊर्विष्यन्ति | और्विष्यत् -द् | और्विष्यताम् | और्विष्यन् |

| | | | | | |
|---|---|---|---|---|---|
| ऊर्विष्यसि | ऊर्विष्यथः | ऊर्विष्यथ | और्विष्यः | और्विष्यतम् | और्विष्यत |
| ऊर्विष्यामि | ऊर्विष्यावः | ऊर्विष्यामः | और्विष्यम् | और्विष्याव | और्विष्याम |

| लुट् 7 Periphrastic Future Tense | | | आशीर्लिङ् 8 Benedictive Mood | | |
|---|---|---|---|---|---|
| ऊर्विता | ऊर्वितारौ | ऊर्वितारः | ऊर्व्यात् -द् | ऊर्व्यास्ताम् | ऊर्व्यासुः |
| ऊर्वितासि | ऊर्वितास्थः | ऊर्वितास्थ | ऊर्व्याः | ऊर्व्यास्तम् | ऊर्व्यास्त |
| ऊर्वितास्मि | ऊर्वितास्वः | ऊर्वितास्मः | ऊर्व्यासम् | ऊर्व्यास्व | ऊर्व्यास्म |

| लिट् 9 Perfect Past Tense | | | लुङ् 10 Aorist Past Tense | | |
|---|---|---|---|---|---|
| **ऊर्वाञ्चकार** | **ऊर्वाञ्चक्रतुः** | **ऊर्वाञ्चक्रुः** | और्वीत् -द् | और्विष्टाम् | और्विषुः |
| **ऊर्वाम्बभूव** | **ऊर्वाम्बभूवतुः** | **ऊर्वाम्बभूवुः** | | | |
| **ऊर्वामास** | **ऊर्वामासतुः** | **ऊर्वामासुः** | | | |
| **ऊर्वाञ्चकर्थ** | **ऊर्वाञ्चक्रथुः** | **ऊर्वाञ्चक्र** | और्वीः | और्विष्टम् | और्विष्ट |
| **ऊर्वाम्बभूविथ** | **ऊर्वाम्बभूवथुः** | **ऊर्वाम्बभूव** | | | |
| **ऊर्वामासिथ** | **ऊर्वामासथुः** | **ऊर्वामास** | | | |
| **ऊर्वाञ्चकर -कार** | **ऊर्वाञ्चकृव** | **ऊर्वाञ्चकृम** | और्विषम् | और्विष्व | और्विष्म |
| **ऊर्वाम्बभूव** | **ऊर्वाम्बभूविव** | **ऊर्वाम्बभूविम** | | | |
| **ऊर्वामास** | **ऊर्वामासिव** | **ऊर्वामासिम** | | | |

570 **तुर्वी हिंसायाम्** । तुर्वीँ । तुर्व् । तूर्वति । P । सेट् । स० । hurt, overpower, be better 8.2.78

| | | | | | |
|---|---|---|---|---|---|
| तूर्वति | तूर्वतः | तूर्वन्ति | अतूर्वत् -द् | अतूर्वताम् | अतूर्वन् |
| तूर्वसि | तूर्वथः | तूर्वथ | अतूर्वः | अतूर्वतम् | अतूर्वत |
| तूर्वामि | तूर्वावः | तूर्वामः | अतूर्वम् | अतूर्वाव | अतूर्वाम |

| | | | | | |
|---|---|---|---|---|---|
| तूर्वतु | तूर्वताम् | तूर्वन्तु | तूर्वेत् -द् | तूर्वेताम् | तूर्वेयुः |
| तूर्व | तूर्वतम् | तूर्वत | तूर्वेः | तूर्वेतम् | तूर्वेत |
| तूर्वाणि | तूर्वाव | तूर्वाम | तूर्वेयम् | तूर्वेव | तूर्वेम |

| | | | | | |
|---|---|---|---|---|---|
| तूर्विष्यति | तूर्विष्यतः | तूर्विष्यन्ति | अतूर्विष्यत् -द् | अतूर्विष्यताम् | अतूर्विष्यन् |
| तूर्विष्यसि | तूर्विष्यथः | तूर्विष्यथ | अतूर्विष्यः | अतूर्विष्यतम् | अतूर्विष्यत |
| तूर्विष्यामि | तूर्विष्यावः | तूर्विष्यामः | अतूर्विष्यम् | अतूर्विष्याव | अतूर्विष्याम |

| | | | | | |
|---|---|---|---|---|---|
| तूर्विता | तूर्वितारौ | तूर्वितारः | तूर्व्यात् -द् | तूर्व्यास्ताम् | तूर्व्यासुः |
| तूर्वितासि | तूर्वितास्थः | तूर्वितास्थ | तूर्व्याः | तूर्व्यास्तम् | तूर्व्यास्त |
| तूर्वितास्मि | तूर्वितास्वः | तूर्वितास्मः | तूर्व्यासम् | तूर्व्यास्व | तूर्व्यास्म |

| | | | | | |
|---|---|---|---|---|---|
| तुतूर्व | तुतूर्वतुः | तुतूर्वुः | अतूर्वीत् -द् | अतूर्विष्टाम् | अतूर्विषुः |
| तुतूर्विथ | तुतूर्वथुः | तुतूर्व | अतूर्वीः | अतूर्विष्टम् | अतूर्विष्ट |
| तुतूर्व | तुतूर्विव | तुतूर्विम | अतूर्विषम् | अतूर्विष्व | अतूर्विष्म |

## 571 थुर्वी हिंसायाम् । थुर्वीँ । थुर्व् । थूर्वति । P । सेट् । स० । hurt, injure 8.2.78

| | | | | | |
|---|---|---|---|---|---|
| थूर्वति | थूर्वतः | थूर्वन्ति | अथूर्वत् -द् | अथूर्वताम् | अथूर्वन् |
| थूर्वसि | थूर्वथः | थूर्वथ | अथूर्वः | अथूर्वतम् | अथूर्वत |
| थूर्वामि | थूर्वावः | थूर्वामः | अथूर्वम् | अथूर्वाव | अथूर्वाम |
| | | | | | |
| थूर्वतु | थूर्वताम् | थूर्वन्तु | थूर्वेत् -द् | थूर्वेताम् | थूर्वेयुः |
| थूर्व | थूर्वतम् | थूर्वत | थूर्वेः | थूर्वेतम् | थूर्वेत |
| थूर्वाणि | थूर्वाव | थूर्वाम | थूर्वेयम् | थूर्वेव | थूर्वेम |
| | | | | | |
| थूर्विष्यति | थूर्विष्यतः | थूर्विष्यन्ति | अथूर्विष्यत् -द् | अथूर्विष्यताम् | अथूर्विष्यन् |
| थूर्विष्यसि | थूर्विष्यथः | थूर्विष्यथ | अथूर्विष्यः | अथूर्विष्यतम् | अथूर्विष्यत |
| थूर्विष्यामि | थूर्विष्यावः | थूर्विष्यामः | अथूर्विष्यम् | अथूर्विष्याव | अथूर्विष्याम |
| | | | | | |
| थूर्विता | थूर्वितारौ | थूर्वितारः | थूर्व्यात् -द् | थूर्व्यास्ताम् | थूर्व्यासुः |
| थूर्वितासि | थूर्वितास्थः | थूर्वितास्थ | थूर्व्याः | थूर्व्यास्तम् | थूर्व्यास्त |
| थूर्वितास्मि | थूर्वितास्वः | थूर्वितास्मः | थूर्व्यासम् | थूर्व्यास्व | थूर्व्यास्म |
| | | | | | |
| तुथूर्व | तुथूर्वतुः | तुथूर्वुः | अथूर्वीत् -द् | अथूर्विष्टाम् | अथूर्विषुः |
| तुथूर्विथ | तुथूर्वथुः | तुथूर्व | अथूर्वीः | अथूर्विष्टम् | अथूर्विष्ट |
| तुथूर्व | तुथूर्विव | तुथूर्विम | अथूर्विषम् | अथूर्विष्व | अथूर्विष्म |

## 572 दुर्वी हिंसायाम् । दुर्वीँ । दुर्व् । दूर्वति । P । सेट् । स० । hurt, overpower, be better 8.2.78

| | | | | | |
|---|---|---|---|---|---|
| दूर्वति | दूर्वतः | दूर्वन्ति | अदूर्वत् -द् | अदूर्वताम् | अदूर्वन् |
| दूर्वसि | दूर्वथः | दूर्वथ | अदूर्वः | अदूर्वतम् | अदूर्वत |
| दूर्वामि | दूर्वावः | दूर्वामः | अदूर्वम् | अदूर्वाव | अदूर्वाम |
| | | | | | |
| दूर्वतु | दूर्वताम् | दूर्वन्तु | दूर्वेत् -द् | दूर्वेताम् | दूर्वेयुः |
| दूर्व | दूर्वतम् | दूर्वत | दूर्वेः | दूर्वेतम् | दूर्वेत |
| दूर्वाणि | दूर्वाव | दूर्वाम | दूर्वेयम् | दूर्वेव | दूर्वेम |
| | | | | | |
| दूर्विष्यति | दूर्विष्यतः | दूर्विष्यन्ति | अदूर्विष्यत् -द् | अदूर्विष्यताम् | अदूर्विष्यन् |
| दूर्विष्यसि | दूर्विष्यथः | दूर्विष्यथ | अदूर्विष्यः | अदूर्विष्यतम् | अदूर्विष्यत |
| दूर्विष्यामि | दूर्विष्यावः | दूर्विष्यामः | अदूर्विष्यम् | अदूर्विष्याव | अदूर्विष्याम |
| | | | | | |
| दूर्विता | दूर्वितारौ | दूर्वितारः | दूर्व्यात् -द् | दूर्व्यास्ताम् | दूर्व्यासुः |
| दूर्वितासि | दूर्वितास्थः | दूर्वितास्थ | दूर्व्याः | दूर्व्यास्तम् | दूर्व्यास्त |
| दूर्वितास्मि | दूर्वितास्वः | दूर्वितास्मः | दूर्व्यासम् | दूर्व्यास्व | दूर्व्यास्म |
| | | | | | |
| दुदूर्व | दुदूर्वतुः | दुदूर्वुः | अदूर्वीत् -द् | अदूर्विष्टाम् | अदूर्विषुः |
| दुदूर्विथ | दुदूर्वथुः | दुदूर्व | अदूर्वीः | अदूर्विष्टम् | अदूर्विष्ट |
| दुदूर्व | दुदूर्विव | दुदूर्विम | अदूर्विषम् | अदूर्विष्व | अदूर्विष्म |

573 **धुर्वी हिंसार्थाः** । **धुर्वीँ** । **धुर्व्** । **धूर्वति** । P । **सेट्** । **स०** । kill, torture 8.2.78

| | | | | | |
|---|---|---|---|---|---|
| धूर्वति | धूर्वतः | धूर्वन्ति | अधूर्वत् -द् | अधूर्वताम् | अधूर्वन् |
| धूर्वसि | धूर्वथः | धूर्वथ | अधूर्वः | अधूर्वतम् | अधूर्वत |
| धूर्वामि | धूर्वावः | धूर्वामः | अधूर्वम् | अधूर्वाव | अधूर्वाम |

| | | | | | |
|---|---|---|---|---|---|
| धूर्वतु | धूर्वताम् | धूर्वन्तु | धूर्वेत् -द् | धूर्वेताम् | धूर्वेयुः |
| धूर्व | धूर्वतम् | धूर्वत | धूर्वेः | धूर्वेतम् | धूर्वेत |
| धूर्वाणि | धूर्वाव | धूर्वाम | धूर्वेयम् | धूर्वेव | धूर्वेम |

| | | | | | |
|---|---|---|---|---|---|
| धूर्विष्यति | धूर्विष्यतः | धूर्विष्यन्ति | अधूर्विष्यत् -द् | अधूर्विष्यताम् | अधूर्विष्यन् |
| धूर्विष्यसि | धूर्विष्यथः | धूर्विष्यथ | अधूर्विष्यः | अधूर्विष्यतम् | अधूर्विष्यत |
| धूर्विष्यामि | धूर्विष्यावः | धूर्विष्यामः | अधूर्विष्यम् | अधूर्विष्याव | अधूर्विष्याम |

| | | | | | |
|---|---|---|---|---|---|
| धूर्विता | धूर्वितारौ | धूर्वितारः | धूर्व्यात् -द् | धूर्व्यास्ताम् | धूर्व्यासुः |
| धूर्वितासि | धूर्वितास्थः | धूर्वितास्थ | धूर्व्याः | धूर्व्यास्तम् | धूर्व्यास्त |
| धूर्वितास्मि | धूर्वितास्वः | धूर्वितास्मः | धूर्व्यासम् | धूर्व्यास्व | धूर्व्यास्म |

| | | | | | |
|---|---|---|---|---|---|
| दुधूर्व | दुधूर्वतुः | दुधूर्वुः | अधूर्वीत् -द् | अधूर्विष्टाम् | अधूर्विषुः |
| दुधूर्विथ | दुधूर्वथुः | दुधूर्व | अधूर्वीः | अधूर्विष्टम् | अधूर्विष्ट |
| दुधूर्व | दुधूर्विव | दुधूर्विम | अधूर्विषम् | अधूर्विष्व | अधूर्विष्म |

574 **गुर्वी उद्यमने** । **गुर्वीँ** । **गुर्व्** । **गूर्वति** । P । **सेट्** । **अ०** । make effort,work hard 8.2.78

| | | | | | |
|---|---|---|---|---|---|
| गूर्वति | गूर्वतः | गूर्वन्ति | अगूर्वत् -द् | अगूर्वताम् | अगूर्वन् |
| गूर्वसि | गूर्वथः | गूर्वथ | अगूर्वः | अगूर्वतम् | अगूर्वत |
| गूर्वामि | गूर्वावः | गूर्वामः | अगूर्वम् | अगूर्वाव | अगूर्वाम |

| | | | | | |
|---|---|---|---|---|---|
| गूर्वतु | गूर्वताम् | गूर्वन्तु | गूर्वेत् -द् | गूर्वेताम् | गूर्वेयुः |
| गूर्व | गूर्वतम् | गूर्वत | गूर्वेः | गूर्वेतम् | गूर्वेत |
| गूर्वाणि | गूर्वाव | गूर्वाम | गूर्वेयम् | गूर्वेव | गूर्वेम |

| | | | | | |
|---|---|---|---|---|---|
| गूर्विष्यति | गूर्विष्यतः | गूर्विष्यन्ति | अगूर्विष्यत् -द् | अगूर्विष्यताम् | अगूर्विष्यन् |
| गूर्विष्यसि | गूर्विष्यथः | गूर्विष्यथ | अगूर्विष्यः | अगूर्विष्यतम् | अगूर्विष्यत |
| गूर्विष्यामि | गूर्विष्यावः | गूर्विष्यामः | अगूर्विष्यम् | अगूर्विष्याव | अगूर्विष्याम |

| | | | | | |
|---|---|---|---|---|---|
| गूर्विता | गूर्वितारौ | गूर्वितारः | गूर्व्यात् -द् | गूर्व्यास्ताम् | गूर्व्यासुः |
| गूर्वितासि | गूर्वितास्थः | गूर्वितास्थ | गूर्व्याः | गूर्व्यास्तम् | गूर्व्यास्त |
| गूर्वितास्मि | गूर्वितास्वः | गूर्वितास्मः | गूर्व्यासम् | गूर्व्यास्व | गूर्व्यास्म |

| | | | | | |
|---|---|---|---|---|---|
| जुगूर्व | जुगूर्वतुः | जुगूर्वुः | अगूर्वीत् -द् | अगूर्विष्टाम् | अगूर्विषुः |
| जुगूर्विथ | जुगूर्वथुः | जुगूर्व | अगूर्वीः | अगूर्विष्टम् | अगूर्विष्ट |
| जुगूर्व | जुगूर्विव | जुगूर्विम | अगूर्विषम् | अगूर्विष्व | अगूर्विष्म |

575 **मुर्वी बन्धने । मुर्वीँ । मुर्व् । मूर्वति** । P । **सेट्** । **स०** । bind, stop 8.2.78

| | | | | | |
|---|---|---|---|---|---|
| मूर्वति | मूर्वतः | मूर्वन्ति | अमूर्वत् -द् | अमूर्वताम् | अमूर्वन् |
| मूर्वसि | मूर्वथः | मूर्वथ | अमूर्वः | अमूर्वतम् | अमूर्वत |
| मूर्वामि | मूर्वावः | मूर्वामः | अमूर्वम् | अमूर्वाव | अमूर्वाम |
| | | | | | |
| मूर्वतु | मूर्वताम् | मूर्वन्तु | मूर्वेत् -द् | मूर्वेताम् | मूर्वेयुः |
| मूर्व | मूर्वतम् | मूर्वत | मूर्वेः | मूर्वेतम् | मूर्वेत |
| मूर्वाणि | मूर्वाव | मूर्वाम | मूर्वेयम् | मूर्वेव | मूर्वेम |
| | | | | | |
| मूर्विष्यति | मूर्विष्यतः | मूर्विष्यन्ति | अमूर्विष्यत् -द् | अमूर्विष्यताम् | अमूर्विष्यन् |
| मूर्विष्यसि | मूर्विष्यथः | मूर्विष्यथ | अमूर्विष्यः | अमूर्विष्यतम् | अमूर्विष्यत |
| मूर्विष्यामि | मूर्विष्यावः | मूर्विष्यामः | अमूर्विष्यम् | अमूर्विष्याव | अमूर्विष्याम |
| | | | | | |
| मूर्विता | मूर्वितारौ | मूर्वितारः | मूर्व्यात् -द् | मूर्व्यास्ताम् | मूर्व्यासुः |
| मूर्वितासि | मूर्वितास्थः | मूर्वितास्थ | मूर्व्याः | मूर्व्यास्तम् | मूर्व्यास्त |
| मूर्वितास्मि | मूर्वितास्वः | मूर्वितास्मः | मूर्व्यासम् | मूर्व्यास्व | मूर्व्यास्म |
| | | | | | |
| मुमूर्व | मुमूर्वतुः | मुमूर्वुः | अमूर्वीत् -द् | अमूर्विष्टाम् | अमूर्विषुः |
| मुमूर्विथ | मुमूर्वथुः | मुमूर्व | अमूर्वीः | अमूर्विष्टम् | अमूर्विष्ट |
| मुमूर्व | मुमूर्विव | मुमूर्विम | अमूर्विषम् | अमूर्विष्व | अमूर्विष्म |

576 **पुर्व पूरणे । पूर्व इत्येके । पुर्वँ । पुर्व् । पूर्वति** । P । **सेट्** । **स०** । complete, fill 8.2.78

| | | | | | |
|---|---|---|---|---|---|
| पूर्वति | पूर्वतः | पूर्वन्ति | अपूर्वत् -द् | अपूर्वताम् | अपूर्वन् |
| पूर्वसि | पूर्वथः | पूर्वथ | अपूर्वः | अपूर्वतम् | अपूर्वत |
| पूर्वामि | पूर्वावः | पूर्वामः | अपूर्वम् | अपूर्वाव | अपूर्वाम |
| | | | | | |
| पूर्वतु | पूर्वताम् | पूर्वन्तु | पूर्वेत् -द् | पूर्वेताम् | पूर्वेयुः |
| पूर्व | पूर्वतम् | पूर्वत | पूर्वेः | पूर्वेतम् | पूर्वेत |
| पूर्वाणि | पूर्वाव | पूर्वाम | पूर्वेयम् | पूर्वेव | पूर्वेम |
| | | | | | |
| पूर्विष्यति | पूर्विष्यतः | पूर्विष्यन्ति | अपूर्विष्यत् -द् | अपूर्विष्यताम् | अपूर्विष्यन् |
| पूर्विष्यसि | पूर्विष्यथः | पूर्विष्यथ | अपूर्विष्यः | अपूर्विष्यतम् | अपूर्विष्यत |
| पूर्विष्यामि | पूर्विष्यावः | पूर्विष्यामः | अपूर्विष्यम् | अपूर्विष्याव | अपूर्विष्याम |
| | | | | | |
| पूर्विता | पूर्वितारौ | पूर्वितारः | पूर्व्यात् | पूर्व्यास्ताम् | पूर्व्यासुः |
| पूर्वितासि | पूर्वितास्थः | पूर्वितास्थ | पूर्व्याः | पूर्व्यास्तम् | पूर्व्यास्त |
| पूर्वितास्मि | पूर्वितास्वः | पूर्वितास्मः | पूर्व्यासम् | पूर्व्यास्व | पूर्व्यास्म |
| | | | | | |
| पुपूर्व | पुपूर्वतुः | पुपूर्वुः | अपूर्वीत् -द् | अपूर्विष्टाम् | अपूर्विषुः |
| पुपूर्विथ | पुपूर्वथुः | पुपूर्व | अपूर्वीः | अपूर्विष्टम् | अपूर्विष्ट |
| पुपूर्व | पुपूर्विव | पुपूर्विम | अपूर्विषम् | अपूर्विष्व | अपूर्विष्म |

वृत् । 8.2.78 उपधायां च । गतः ।

577 **पर्व पूरणे** । **पर्वँ** । **पर्व्** । **पर्वति** । P । **सेट्** । **अ०** । fill

| | | | | | |
|---|---|---|---|---|---|
| पर्वति | पर्वतः | पर्वन्ति | अपर्वत् -द् | अपर्वताम् | अपर्वन् |
| पर्वसि | पर्वथः | पर्वथ | अपर्वः | अपर्वतम् | अपर्वत |
| पर्वामि | पर्वावः | पर्वामः | अपर्वम् | अपर्वाव | अपर्वाम |
| | | | | | |
| पर्वतु | पर्वताम् | पर्वन्तु | पर्वेत् -द् | पर्वेताम् | पर्वेयुः |
| पर्व | पर्वतम् | पर्वत | पर्वेः | पर्वेतम् | पर्वेत |
| पर्वाणि | पर्वाव | पर्वाम | पर्वेयम् | पर्वेव | पर्वेम |
| | | | | | |
| पर्विष्यति | पर्विष्यतः | पर्विष्यन्ति | अपर्विष्यत् -द् | अपर्विष्यताम् | अपर्विष्यन् |
| पर्विष्यसि | पर्विष्यथः | पर्विष्यथ | अपर्विष्यः | अपर्विष्यतम् | अपर्विष्यत |
| पर्विष्यामि | पर्विष्यावः | पर्विष्यामः | अपर्विष्यम् | अपर्विष्याव | अपर्विष्याम |
| | | | | | |
| पर्विता | पर्वितारौ | पर्वितारः | पर्व्यात् -द् | पर्व्यास्ताम् | पर्व्यासुः |
| पर्वितासि | पर्वितास्थः | पर्वितास्थ | पर्व्याः | पर्व्यास्तम् | पर्व्यास्त |
| पर्वितास्मि | पर्वितास्वः | पर्वितास्मः | पर्व्यासम् | पर्व्यास्व | पर्व्यास्म |
| | | | | | |
| पपर्व | पपर्वतुः | पपर्वुः | अपर्वीत् -द् | अपर्विष्टाम् | अपर्विषुः |
| पपर्विथ | पपर्वथुः | पपर्व | अपर्वीः | अपर्विष्टम् | अपर्विष्ट |
| पपर्व | पपर्विव | पपर्विम | अपर्विषम् | अपर्विष्व | अपर्विष्म |

578 **मर्व पूरणे** । **मर्वँ** । **मर्व्** । **मर्वति** । P । **सेट्** । **स०** । go, move, fill

| | | | | | |
|---|---|---|---|---|---|
| मर्वति | मर्वतः | मर्वन्ति | अमर्वत् -द् | अमर्वताम् | अमर्वन् |
| मर्वसि | मर्वथः | मर्वथ | अमर्वः | अमर्वतम् | अमर्वत |
| मर्वामि | मर्वावः | मर्वामः | अमर्वम् | अमर्वाव | अमर्वाम |
| | | | | | |
| मर्वतु | मर्वताम् | मर्वन्तु | मर्वेत् -द् | मर्वेताम् | मर्वेयुः |
| मर्व | मर्वतम् | मर्वत | मर्वेः | मर्वेतम् | मर्वेत |
| मर्वाणि | मर्वाव | मर्वाम | मर्वेयम् | मर्वेव | मर्वेम |
| | | | | | |
| मर्विष्यति | मर्विष्यतः | मर्विष्यन्ति | अमर्विष्यत् -द् | अमर्विष्यताम् | अमर्विष्यन् |
| मर्विष्यसि | मर्विष्यथः | मर्विष्यथ | अमर्विष्यः | अमर्विष्यतम् | अमर्विष्यत |
| मर्विष्यामि | मर्विष्यावः | मर्विष्यामः | अमर्विष्यम् | अमर्विष्याव | अमर्विष्याम |
| | | | | | |
| मर्विता | मर्वितारौ | मर्वितारः | मर्व्यात् -द् | मर्व्यास्ताम् | मर्व्यासुः |
| मर्वितासि | मर्वितास्थः | मर्वितास्थ | मर्व्याः | मर्व्यास्तम् | मर्व्यास्त |
| मर्वितास्मि | मर्वितास्वः | मर्वितास्मः | मर्व्यासम् | मर्व्यास्व | मर्व्यास्म |
| | | | | | |
| ममर्व | ममर्वतुः | ममर्वुः | अमर्वीत् -द् | अमर्विष्टाम् | अमर्विषुः |
| ममर्विथ | ममर्वथुः | ममर्व | अमर्वीः | अमर्विष्टम् | अमर्विष्ट |

| | | | | | |
|---|---|---|---|---|---|
| ममर्व | ममर्विव | ममर्विम | अमर्विषम् | अमर्विष्व | अमर्विष्म |

579 चर्व अदने । चर्वँ । चर्व् । चर्वति । P । सेट् । स० । eat, chew, bite, relish

| | | | | | |
|---|---|---|---|---|---|
| चर्वति | चर्वतः | चर्वन्ति | अचर्वत् -द् | अचर्वताम् | अचर्वन् |
| चर्वसि | चर्वथः | चर्वथ | अचर्वः | अचर्वतम् | अचर्वत |
| चर्वामि | चर्वावः | चर्वामः | अचर्वम् | अचर्वाव | अचर्वाम |
| | | | | | |
| चर्वतु | चर्वताम् | चर्वन्तु | चर्वेत् -द् | चर्वेताम् | चर्वेयुः |
| चर्व | चर्वतम् | चर्वत | चर्वेः | चर्वेतम् | चर्वेत |
| चर्वाणि | चर्वाव | चर्वाम | चर्वेयम् | चर्वेव | चर्वेम |
| | | | | | |
| चर्विष्यति | चर्विष्यतः | चर्विष्यन्ति | अचर्विष्यत् -द् | अचर्विष्यताम् | अचर्विष्यन् |
| चर्विष्यसि | चर्विष्यथः | चर्विष्यथ | अचर्विष्यः | अचर्विष्यतम् | अचर्विष्यत |
| चर्विष्यामि | चर्विष्यावः | चर्विष्यामः | अचर्विष्यम् | अचर्विष्याव | अचर्विष्याम |
| | | | | | |
| चर्विता | चर्वितारौ | चर्वितारः | चर्व्यात् -द् | चर्व्यास्ताम् | चर्व्यासुः |
| चर्वितासि | चर्वितास्थः | चर्वितास्थ | चर्व्याः | चर्व्यास्तम् | चर्व्यास्त |
| चर्वितास्मि | चर्वितास्वः | चर्वितास्मः | चर्व्यासम् | चर्व्यास्व | चर्व्यास्म |
| | | | | | |
| चचर्व | चचर्वतुः | चचर्वुः | अचर्वीत् -द् | अचर्विष्टाम् | अचर्विषुः |
| चचर्विथ | चचर्वथुः | चचर्व | अचर्वीः | अचर्विष्टम् | अचर्विष्ट |
| चचर्व | चचर्विव | चचर्विम | अचर्विषम् | अचर्विष्व | अचर्विष्म |

580 भर्व हिंसायाम् । भर्वँ । भर्व् । भर्वति । P । सेट् । स० । be violent

| | | | | | |
|---|---|---|---|---|---|
| भर्वति | भर्वतः | भर्वन्ति | अभर्वत् -द् | अभर्वताम् | अभर्वन् |
| भर्वसि | भर्वथः | भर्वथ | अभर्वः | अभर्वतम् | अभर्वत |
| भर्वामि | भर्वावः | भर्वामः | अभर्वम् | अभर्वाव | अभर्वाम |
| | | | | | |
| भर्वतु | भर्वताम् | भर्वन्तु | भर्वेत् -द् | भर्वेताम् | भर्वेयुः |
| भर्व | भर्वतम् | भर्वत | भर्वेः | भर्वेतम् | भर्वेत |
| भर्वाणि | भर्वाव | भर्वाम | भर्वेयम् | भर्वेव | भर्वेम |
| | | | | | |
| भर्विष्यति | भर्विष्यतः | भर्विष्यन्ति | अभर्विष्यत् -द् | अभर्विष्यताम् | अभर्विष्यन् |
| भर्विष्यसि | भर्विष्यथः | भर्विष्यथ | अभर्विष्यः | अभर्विष्यतम् | अभर्विष्यत |
| भर्विष्यामि | भर्विष्यावः | भर्विष्यामः | अभर्विष्यम् | अभर्विष्याव | अभर्विष्याम |
| | | | | | |
| भर्विता | भर्वितारौ | भर्वितारः | भर्व्यात् -द् | भर्व्यास्ताम् | भर्व्यासुः |
| भर्वितासि | भर्वितास्थः | भर्वितास्थ | भर्व्याः | भर्व्यास्तम् | भर्व्यास्त |
| भर्वितास्मि | भर्वितास्वः | भर्वितास्मः | भर्व्यासम् | भर्व्यास्व | भर्व्यास्म |
| | | | | | |
| बभर्व | बभर्वतुः | बभर्वुः | अभर्वीत् -द् | अभर्विष्टाम् | अभर्विषुः |
| बभर्विथ | बभर्वथुः | बभर्व | अभर्वीः | अभर्विष्टम् | अभर्विष्ट |

| बभर्व | बभर्विव | बभर्विम | अभर्विषम् | अभर्विष्व | अभर्विष्म |

**581 कर्व दर्पे । कर्वँ । कर्व् । कर्वति । P । सेट् । अ० । be proud, boast**

| कर्वति | कर्वतः | कर्वन्ति | अकर्वत् -द् | अकर्वताम् | अकर्वन् |
| कर्वसि | कर्वथः | कर्वथ | अकर्वः | अकर्वतम् | अकर्वत |
| कर्वामि | कर्वावः | कर्वामः | अकर्वम् | अकर्वाव | अकर्वाम |

| कर्वतु | कर्वताम् | कर्वन्तु | कर्वेत् -द् | कर्वेताम् | कर्वेयुः |
| कर्व | कर्वतम् | कर्वत | कर्वेः | कर्वेतम् | कर्वेत |
| कर्वाणि | कर्वाव | कर्वाम | कर्वेयम् | कर्वेव | कर्वेम |

| कर्विष्यति | कर्विष्यतः | कर्विष्यन्ति | अकर्विष्यत् -द् | अकर्विष्यताम् | अकर्विष्यन् |
| कर्विष्यसि | कर्विष्यथः | कर्विष्यथ | अकर्विष्यः | अकर्विष्यतम् | अकर्विष्यत |
| कर्विष्यामि | कर्विष्यावः | कर्विष्यामः | अकर्विष्यम् | अकर्विष्याव | अकर्विष्याम |

| कर्विता | कर्वितारौ | कर्वितारः | कर्व्यात् -द् | कर्व्यास्ताम् | कर्व्यासुः |
| कर्वितासि | कर्वितास्थः | कर्वितास्थ | कर्व्याः | कर्व्यास्तम् | कर्व्यास्त |
| कर्वितास्मि | कर्वितास्वः | कर्वितास्मः | कर्व्यासम् | कर्व्यास्व | कर्व्यास्म |

| चकर्व | चकर्वतुः | चकर्वुः | अकर्वीत् -द् | अकर्विष्टाम् | अकर्विषुः |
| चकर्विथ | चकर्वथुः | चकर्व | अकर्वीः | अकर्विष्टम् | अकर्विष्ट |
| चकर्व | चकर्विव | चकर्विम | अकर्विषम् | अकर्विष्व | अकर्विष्म |

**582 खर्व दर्पे । खर्वँ । खर्व् । खर्वति । P । सेट् । अ० । be proud, be obstinate**

| खर्वति | खर्वतः | खर्वन्ति | अखर्वत् -द् | अखर्वताम् | अखर्वन् |
| खर्वसि | खर्वथः | खर्वथ | अखर्वः | अखर्वतम् | अखर्वत |
| खर्वामि | खर्वावः | खर्वामः | अखर्वम् | अखर्वाव | अखर्वाम |

| खर्वतु | खर्वताम् | खर्वन्तु | खर्वेत् -द् | खर्वेताम् | खर्वेयुः |
| खर्व | खर्वतम् | खर्वत | खर्वेः | खर्वेतम् | खर्वेत |
| खर्वाणि | खर्वाव | खर्वाम | खर्वेयम् | खर्वेव | खर्वेम |

| खर्विष्यति | खर्विष्यतः | खर्विष्यन्ति | अखर्विष्यत् -द् | अखर्विष्यताम् | अखर्विष्यन् |
| खर्विष्यसि | खर्विष्यथः | खर्विष्यथ | अखर्विष्यः | अखर्विष्यतम् | अखर्विष्यत |
| खर्विष्यामि | खर्विष्यावः | खर्विष्यामः | अखर्विष्यम् | अखर्विष्याव | अखर्विष्याम |

| खर्विता | खर्वितारौ | खर्वितारः | खर्व्यात् -द् | खर्व्यास्ताम् | खर्व्यासुः |
| खर्वितासि | खर्वितास्थः | खर्वितास्थ | खर्व्याः | खर्व्यास्तम् | खर्व्यास्त |
| खर्वितास्मि | खर्वितास्वः | खर्वितास्मः | खर्व्यासम् | खर्व्यास्व | खर्व्यास्म |

| चखर्व | चखर्वतुः | चखर्वुः | अखर्वीत् -द् | अखर्विष्टाम् | अखर्विषुः |
| चखर्विथ | चखर्वथुः | चखर्व | अखर्वीः | अखर्विष्टम् | अखर्विष्ट |

| | | | | | |
|---|---|---|---|---|---|
| चखर्व | चखर्विव | चखर्विम | अखर्विषम् | अखर्विष्व | अखर्विष्म |

583 गर्व दर्पे । गर्वँ । गर्व् । गर्वति । P । सेट् । अ० । be proud, be haughty

| | | | | | |
|---|---|---|---|---|---|
| गर्वति | गर्वतः | गर्वन्ति | अगर्वत् -द् | अगर्वताम् | अगर्वन् |
| गर्वसि | गर्वथः | गर्वथ | अगर्वः | अगर्वतम् | अगर्वत |
| गर्वामि | गर्वावः | गर्वामः | अगर्वम् | अगर्वाव | अगर्वाम |

| | | | | | |
|---|---|---|---|---|---|
| गर्वतु | गर्वताम् | गर्वन्तु | गर्वेत् -द् | गर्वेताम् | गर्वेयुः |
| गर्व | गर्वतम् | गर्वत | गर्वेः | गर्वेतम् | गर्वेत |
| गर्वाणि | गर्वाव | गर्वाम | गर्वेयम् | गर्वेव | गर्वेम |

| | | | | | |
|---|---|---|---|---|---|
| गर्विष्यति | गर्विष्यतः | गर्विष्यन्ति | अगर्विष्यत् -द् | अगर्विष्यताम् | अगर्विष्यन् |
| गर्विष्यसि | गर्विष्यथः | गर्विष्यथ | अगर्विष्यः | अगर्विष्यतम् | अगर्विष्यत |
| गर्विष्यामि | गर्विष्यावः | गर्विष्यामः | अगर्विष्यम् | अगर्विष्याव | अगर्विष्याम |

| | | | | | |
|---|---|---|---|---|---|
| गर्विता | गर्वितारौ | गर्वितारः | गर्व्यात् -द् | गर्व्यास्ताम् | गर्व्यासुः |
| गर्वितासि | गर्वितास्थः | गर्वितास्थ | गर्व्याः | गर्व्यास्तम् | गर्व्यास्त |
| गर्वितास्मि | गर्वितास्वः | गर्वितास्मः | गर्व्यासम् | गर्व्यास्व | गर्व्यास्म |

| | | | | | |
|---|---|---|---|---|---|
| जगर्व | जगर्वतुः | जगर्वुः | अगर्वीत् -द् | अगर्विष्टाम् | अगर्विषुः |
| जगर्विथ | जगर्वथुः | जगर्व | अगर्वीः | अगर्विष्टम् | अगर्विष्ट |
| जगर्व | जगर्विव | जगर्विम | अगर्विषम् | अगर्विष्व | अगर्विष्म |

584 अर्व हिंसायाम् । अर्वँ । अर्व् । अर्वति । P । सेट् । स० । cause hurt

| | | | | | |
|---|---|---|---|---|---|
| अर्वति | अर्वतः | अर्वन्ति | आर्वत् -द् | आर्वताम् | आर्वन् |
| अर्वसि | अर्वथः | अर्वथ | आर्वः | आर्वतम् | आर्वत |
| अर्वामि | अर्वावः | अर्वामः | आर्वम् | आर्वाव | आर्वाम |

| | | | | | |
|---|---|---|---|---|---|
| अर्वतु | अर्वताम् | अर्वन्तु | अर्वेत् -द् | अर्वेताम् | अर्वेयुः |
| अर्व | अर्वतम् | अर्वत | अर्वेः | अर्वेतम् | अर्वेत |
| अर्वाणि | अर्वाव | अर्वाम | अर्वेयम् | अर्वेव | अर्वेम |

| | | | | | |
|---|---|---|---|---|---|
| अर्विष्यति | अर्विष्यतः | अर्विष्यन्ति | आर्विष्यत् -द् | आर्विष्यताम् | आर्विष्यन् |
| अर्विष्यसि | अर्विष्यथः | अर्विष्यथ | आर्विष्यः | आर्विष्यतम् | आर्विष्यत |
| अर्विष्यामि | अर्विष्यावः | अर्विष्यामः | आर्विष्यम् | आर्विष्याव | आर्विष्याम |

| | | | | | |
|---|---|---|---|---|---|
| अर्विता | अर्वितारौ | अर्वितारः | अर्व्यात् -द् | अर्व्यास्ताम् | अर्व्यासुः |
| अर्वितासि | अर्वितास्थः | अर्वितास्थ | अर्व्याः | अर्व्यास्तम् | अर्व्यास्त |
| अर्वितास्मि | अर्वितास्वः | अर्वितास्मः | अर्व्यासम् | अर्व्यास्व | अर्व्यास्म |

| | | | | | |
|---|---|---|---|---|---|
| आनर्व | आनर्वतुः | आनर्वुः | आर्वीत् -द् | आर्विष्टाम् | आर्विषुः |
| आनर्विथ | आनर्वथुः | आनर्व | आर्वीः | आर्विष्टम् | आर्विष्ट |

| आनर्व | आनर्विव | आनर्विम | आर्विषम् | आर्विष्व | आर्विष्म |

**585 शर्व हिंसायाम् । शर्वँ । शर्व् । शर्वति । P । सेट् । स० । injure, kill**

| शर्वति | शर्वतः | शर्वन्ति | अशर्वत् -द् | अशर्वताम् | अशर्वन् |
| शर्वसि | शर्वथः | शर्वथ | अशर्वः | अशर्वतम् | अशर्वत |
| शर्वामि | शर्वावः | शर्वामः | अशर्वम् | अशर्वाव | अशर्वाम |

| शर्वतु | शर्वताम् | शर्वन्तु | शर्वेत् -द् | शर्वेताम् | शर्वेयुः |
| शर्व | शर्वतम् | शर्वत | शर्वेः | शर्वेतम् | शर्वेत |
| शर्वाणि | शर्वाव | शर्वाम | शर्वेयम् | शर्वेव | शर्वेम |

| शर्विष्यति | शर्विष्यतः | शर्विष्यन्ति | अशर्विष्यत् -द् | अशर्विष्यताम् | अशर्विष्यन् |
| शर्विष्यसि | शर्विष्यथः | शर्विष्यथ | अशर्विष्यः | अशर्विष्यतम् | अशर्विष्यत |
| शर्विष्यामि | शर्विष्यावः | शर्विष्यामः | अशर्विष्यम् | अशर्विष्याव | अशर्विष्याम |

| शर्विता | शर्वितारौ | शर्वितारः | शर्व्यात् -द् | शर्व्यास्ताम् | शर्व्यासुः |
| शर्वितासि | शर्वितास्थः | शर्वितास्थ | शर्व्याः | शर्व्यास्तम् | शर्व्यास्त |
| शर्वितास्मि | शर्वितास्वः | शर्वितास्मः | शर्व्यासम् | शर्व्यास्व | शर्व्यास्म |

| शशर्व | शशर्वतुः | शशर्वुः | अशर्वीत् -द् | अशर्विष्टाम् | अशर्विषुः |
| शशर्विथ | शशर्वथुः | शशर्व | अशर्वीः | अशर्विष्टम् | अशर्विष्ट |
| शशर्व | शशर्विव | शशर्विम | अशर्विषम् | अशर्विष्व | अशर्विष्म |

**586 षर्व हिंसायाम् । षर्वँ । सर्व् । सर्वति । P । सेट् । स० । go, hurt, oppress**

| सर्वति | सर्वतः | सर्वन्ति | असर्वत् -द् | असर्वताम् | असर्वन् |
| सर्वसि | सर्वथः | सर्वथ | असर्वः | असर्वतम् | असर्वत |
| सर्वामि | सर्वावः | सर्वामः | असर्वम् | असर्वाव | असर्वाम |

| सर्वतु | सर्वताम् | सर्वन्तु | सर्वेत् -द् | सर्वेताम् | सर्वेयुः |
| सर्व | सर्वतम् | सर्वत | सर्वेः | सर्वेतम् | सर्वेत |
| सर्वाणि | सर्वाव | सर्वाम | सर्वेयम् | सर्वेव | सर्वेम |

| सर्विष्यति | सर्विष्यतः | सर्विष्यन्ति | असर्विष्यत् -द् | असर्विष्यताम् | असर्विष्यन् |
| सर्विष्यसि | सर्विष्यथः | सर्विष्यथ | असर्विष्यः | असर्विष्यतम् | असर्विष्यत |
| सर्विष्यामि | सर्विष्यावः | सर्विष्यामः | असर्विष्यम् | असर्विष्याव | असर्विष्याम |

| सर्विता | सर्वितारौ | सर्वितारः | सर्व्यात् -द् | सर्व्यास्ताम् | सर्व्यासुः |
| सर्वितासि | सर्वितास्थः | सर्वितास्थ | सर्व्याः | सर्व्यास्तम् | सर्व्यास्त |
| सर्वितास्मि | सर्वितास्वः | सर्वितास्मः | सर्व्यासम् | सर्व्यास्व | सर्व्यास्म |

| ससर्व | ससर्वतुः | ससर्वुः | असर्वीत् -द् | असर्विष्टाम् | असर्विषुः |
| ससर्विथ | ससर्वथुः | ससर्व | असर्वीः | असर्विष्टम् | असर्विष्ट |

| | | | | | |
|---|---|---|---|---|---|
| ससर्व | ससर्विव | ससर्विम | असर्विषम् | असर्विष्व | असर्विष्म |

587 **इवि व्याप्तौ । इविँ । इन्व् । इन्वति** । P । **सेट्** । **स०** । pervade

| | | | | | |
|---|---|---|---|---|---|
| इन्वति | इन्वतः | इन्वन्ति | ऐन्वत् -द् | ऐन्वताम् | ऐन्वन् |
| इन्वसि | इन्वथः | इन्वथ | ऐन्वः | ऐन्वतम् | ऐन्वत |
| इन्वामि | इन्वावः | इन्वामः | ऐन्वम् | ऐन्वाव | ऐन्वाम |
| | | | | | |
| इन्वतु | इन्वताम् | इन्वन्तु | इन्वेत् -द् | इन्वेताम् | इन्वेयुः |
| इन्व | इन्वतम् | इन्वत | इन्वेः | इन्वेतम् | इन्वेत |
| इन्वानि | इन्वाव | इन्वाम | इन्वेयम् | इन्वेव | इन्वेम |
| | | | | | |
| इन्विष्यति | इन्विष्यतः | इन्विष्यन्ति | ऐन्विष्यत् -द् | ऐन्विष्यताम् | ऐन्विष्यन् |
| इन्विष्यसि | इन्विष्यथः | इन्विष्यथ | ऐन्विष्यः | ऐन्विष्यतम् | ऐन्विष्यत |
| इन्विष्यामि | इन्विष्यावः | इन्विष्यामः | ऐन्विष्यम् | ऐन्विष्याव | ऐन्विष्याम |
| | | | | | |
| इन्विता | इन्वितारौ | इन्वितारः | इन्व्यात् -द् | इन्व्यास्ताम् | इन्व्यासुः |
| इन्वितासि | इन्वितास्थः | इन्वितास्थ | इन्व्याः | इन्व्यास्तम् | इन्व्यास्त |
| इन्वितास्मि | इन्वितास्वः | इन्वितास्मः | इन्व्यासम् | इन्व्यास्व | इन्व्यास्म |
| | | | | | |
| **इन्वाञ्चकार** | **इन्वाञ्चक्रतुः** | **इन्वाञ्चक्रुः** | ऐन्वीत् -द् | ऐन्विष्टाम् | ऐन्विषुः |
| **इन्वाम्बभूव** | **इन्वाम्बभूवतुः** | **इन्वाम्बभूवुः** | | | |
| **इन्वामास** | **इन्वामासतुः** | **इन्वामासुः** | | | |
| **इन्वाञ्चकर्थ** | **इन्वाञ्चक्रथुः** | **इन्वाञ्चक्र** | ऐन्वीः | ऐन्विष्टम् | ऐन्विष्ट |
| **इन्वाम्बभूविथ** | **इन्वाम्बभूवथुः** | **इन्वाम्बभूव** | | | |
| **इन्वामासिथ** | **इन्वामासथुः** | **इन्वामास** | | | |
| **इन्वाञ्चकर -कार** | **इन्वाञ्चकृव** | **इन्वाञ्चकृम** | ऐन्विषम् | ऐन्विष्व | ऐन्विष्म |
| **इन्वाम्बभूव** | **इन्वाम्बभूविव** | **इन्वाम्बभूविम** | | | |
| **इन्वामास** | **इन्वामासिव** | **इन्वामासिम** | | | |

588 **पिवि सेचने । पिविँ । पिन्व् । पिन्वति** । P । **सेट्** । **स०** । serve, sprinkle holy water, wet

| | | | | | |
|---|---|---|---|---|---|
| पिन्वति | पिन्वतः | पिन्वन्ति | अपिन्वत् -द् | अपिन्वताम् | अपिन्वन् |
| पिन्वसि | पिन्वथः | पिन्वथ | अपिन्वः | अपिन्वतम् | अपिन्वत |
| पिन्वामि | पिन्वावः | पिन्वामः | अपिन्वम् | अपिन्वाव | अपिन्वाम |
| | | | | | |
| पिन्वतु | पिन्वताम् | पिन्वन्तु | पिन्वेत् -द् | पिन्वेताम् | पिन्वेयुः |
| पिन्व | पिन्वतम् | पिन्वत | पिन्वेः | पिन्वेतम् | पिन्वेत |
| पिन्वानि | पिन्वाव | पिन्वाम | पिन्वेयम् | पिन्वेव | पिन्वेम |
| | | | | | |
| पिन्विष्यति | पिन्विष्यतः | पिन्विष्यन्ति | **अपिन्विष्यत् -द्** | अपिन्विष्यताम् | अपिन्विष्यन् |
| पिन्विष्यसि | पिन्विष्यथः | पिन्विष्यथ | अपिन्विष्यः | अपिन्विष्यतम् | अपिन्विष्यत |

| पिन्विष्यामि | पिन्विष्यावः | पिन्विष्यामः | अपिन्विष्यम् | अपिन्विष्याव | अपिन्विष्याम |
| पिन्विता | पिन्वितारौ | पिन्वितारः | पिन्व्यात् -द् | पिन्व्यास्ताम् | पिन्व्यासुः |
| पिन्वितासि | पिन्वितास्थः | पिन्वितास्थ | पिन्व्याः | पिन्व्यास्तम् | पिन्व्यास्त |
| पिन्वितास्मि | पिन्वितास्वः | पिन्वितास्मः | पिन्व्यासम् | पिन्व्यास्व | पिन्व्यास्म |
| पिपिन्व | पिपिन्वतुः | पिपिन्वुः | अपिन्वीत् -द् | अपिन्विष्टाम् | अपिन्विषुः |
| पिपिन्विथ | पिपिन्वथुः | पिपिन्व | अपिन्वीः | अपिन्विष्टम् | अपिन्विष्ट |
| पिपिन्व | पिपिन्विव | पिपिन्विम | अपिन्विषम् | अपिन्विष्व | अपिन्विष्म |

589 मिवि सेचने । मिविँ । मिन्व् । मिन्वति । P । सेट् । स० । sprinkle, moisten, honour

| मिन्वति | मिन्वतः | मिन्वन्ति | अमिन्वत् -द् | अमिन्वताम् | अमिन्वन् |
| मिन्वसि | मिन्वथः | मिन्वथ | अमिन्वः | अमिन्वतम् | अमिन्वत |
| मिन्वामि | मिन्वावः | मिन्वामः | अमिन्वम् | अमिन्वाव | अमिन्वाम |
| मिन्वतु | मिन्वताम् | मिन्वन्तु | मिन्वेत् -द् | मिन्वेताम् | मिन्वेयुः |
| मिन्व | मिन्वतम् | मिन्वत | मिन्वेः | मिन्वेतम् | मिन्वेत |
| मिन्वानि | मिन्वाव | मिन्वाम | मिन्वेयम् | मिन्वेव | मिन्वेम |
| मिन्विष्यति | मिन्विष्यतः | मिन्विष्यन्ति | अमिन्विष्यत् -द् | अमिन्विष्यताम् | अमिन्विष्यन् |
| मिन्विष्यसि | मिन्विष्यथः | मिन्विष्यथ | अमिन्विष्यः | अमिन्विष्यतम् | अमिन्विष्यत |
| मिन्विष्यामि | मिन्विष्यावः | मिन्विष्यामः | अमिन्विष्यम् | अमिन्विष्याव | अमिन्विष्याम |
| मिन्विता | मिन्वितारौ | मिन्वितारः | मिन्व्यात् -द् | मिन्व्यास्ताम् | मिन्व्यासुः |
| मिन्वितासि | मिन्वितास्थः | मिन्वितास्थ | मिन्व्याः | मिन्व्यास्तम् | मिन्व्यास्त |
| मिन्वितास्मि | मिन्वितास्वः | मिन्वितास्मः | मिन्व्यासम् | मिन्व्यास्व | मिन्व्यास्म |
| मिमिन्व | मिमिन्वतुः | मिमिन्वुः | अमिन्वीत् -द् | अमिन्विष्टाम् | अमिन्विषुः |
| मिमिन्विथ | मिमिन्वथुः | मिमिन्व | अमिन्वीः | अमिन्विष्टम् | अमिन्विष्ट |
| मिमिन्व | मिमिन्विव | मिमिन्विम | अमिन्विषम् | अमिन्विष्व | अमिन्विष्म |

590 णिवि सेचने । षिवि इत्येके । सेवने इत्यन्ये । णिविँ । निन्व् । निन्वति । P।सेट्। स० । wet, attend

| निन्वति | निन्वतः | निन्वन्ति | अनिन्वत् -द् | अनिन्वताम् | अनिन्वन् |
| निन्वसि | निन्वथः | निन्वथ | अनिन्वः | अनिन्वतम् | अनिन्वत |
| निन्वामि | निन्वावः | निन्वामः | अनिन्वम् | अनिन्वाव | अनिन्वाम |
| निन्वतु | निन्वताम् | निन्वन्तु | निन्वेत् -द् | निन्वेताम् | निन्वेयुः |
| निन्व | निन्वतम् | निन्वत | निन्वेः | निन्वेतम् | निन्वेत |
| निन्वानि | निन्वाव | निन्वाम | निन्वेयम् | निन्वेव | निन्वेम |
| निन्विष्यति | निन्विष्यतः | निन्विष्यन्ति | अनिन्विष्यत् -द् | अनिन्विष्यताम् | अनिन्विष्यन् |
| निन्विष्यसि | निन्विष्यथः | निन्विष्यथ | अनिन्विष्यः | अनिन्विष्यतम् | अनिन्विष्यत |

| | | | | | |
|---|---|---|---|---|---|
| निन्विष्यामि | निन्विष्यावः | निन्विष्यामः | अनिन्विष्यम् | अनिन्विष्याव | अनिन्विष्याम |

| | | | | | |
|---|---|---|---|---|---|
| निन्विता | निन्वितारौ | निन्वितारः | निन्व्यात् -द् | निन्व्यास्ताम् | निन्व्यासुः |
| निन्वितासि | निन्वितास्थः | निन्वितास्थ | निन्व्याः | निन्व्यास्तम् | निन्व्यास्त |
| निन्वितास्मि | निन्वितास्वः | निन्वितास्मः | निन्व्यासम् | निन्व्यास्व | निन्व्यास्म |

| | | | | | |
|---|---|---|---|---|---|
| निनिन्व | निनिन्वतुः | निनिन्वुः | अनिन्वीत् -द् | अनिन्विष्टाम् | अनिन्विषुः |
| निनिन्विथ | निनिन्वथुः | निनिन्व | अनिन्वीः | अनिन्विष्टम् | अनिन्विष्ट |
| निनिन्व | निनिन्विव | निनिन्विम | अनिन्विषम् | अनिन्विष्व | अनिन्विष्म |

591 **हिवि प्रीणने** । **हिविँ** । **हिन्व्** । **हिन्वति** । P । **सेट्** । **स०** । satisfy, be calm

| | | | | | |
|---|---|---|---|---|---|
| हिन्वति | हिन्वतः | हिन्वन्ति | अहिन्वत् -द् | अहिन्वताम् | अहिन्वन् |
| हिन्वसि | हिन्वथः | हिन्वथ | अहिन्वः | अहिन्वतम् | अहिन्वत |
| हिन्वामि | हिन्वावः | हिन्वामः | अहिन्वम् | अहिन्वाव | अहिन्वाम |

| | | | | | |
|---|---|---|---|---|---|
| हिन्वतु | हिन्वताम् | हिन्वन्तु | हिन्वेत् -द् | हिन्वेताम् | हिन्वेयुः |
| हिन्व | हिन्वतम् | हिन्वत | हिन्वेः | हिन्वेतम् | हिन्वेत |
| हिन्वानि | हिन्वाव | हिन्वाम | हिन्वेयम् | हिन्वेव | हिन्वेम |

| | | | | | |
|---|---|---|---|---|---|
| हिन्विष्यति | हिन्विष्यतः | हिन्विष्यन्ति | **अहिन्विष्यत् -द्** | अहिन्विष्यताम् | अहिन्विष्यन् |
| हिन्विष्यसि | हिन्विष्यथः | हिन्विष्यथ | अहिन्विष्यः | अहिन्विष्यतम् | अहिन्विष्यत |
| हिन्विष्यामि | हिन्विष्यावः | हिन्विष्यामः | अहिन्विष्यम् | अहिन्विष्याव | अहिन्विष्याम |

| | | | | | |
|---|---|---|---|---|---|
| हिन्विता | हिन्वितारौ | हिन्वितारः | हिन्व्यात् -द् | हिन्व्यास्ताम् | हिन्व्यासुः |
| हिन्वितासि | हिन्वितास्थः | हिन्वितास्थ | हिन्व्याः | हिन्व्यास्तम् | हिन्व्यास्त |
| हिन्वितास्मि | हिन्वितास्वः | हिन्वितास्मः | हिन्व्यासम् | हिन्व्यास्व | हिन्व्यास्म |

| | | | | | |
|---|---|---|---|---|---|
| जिहिन्व | जिहिन्वतुः | जिहिन्वुः | अहिन्वीत् -द् | अहिन्विष्टाम् | अहिन्विषुः |
| जिहिन्विथ | जिहिन्वथुः | जिहिन्व | अहिन्वीः | अहिन्विष्टम् | अहिन्विष्ट |
| जिहिन्व | जिहिन्विव | जिहिन्विम | अहिन्विषम् | अहिन्विष्व | अहिन्विष्म |

592 **दिवि प्रीणने** । **दिविँ** । **दिन्व्** । **दिन्वति** । P । **सेट्** । **स०** । be happy, be glad, make happy

| | | | | | |
|---|---|---|---|---|---|
| दिन्वति | दिन्वतः | दिन्वन्ति | अदिन्वत् -द् | अदिन्वताम् | अदिन्वन् |
| दिन्वसि | दिन्वथः | दिन्वथ | अदिन्वः | अदिन्वतम् | अदिन्वत |
| दिन्वामि | दिन्वावः | दिन्वामः | अदिन्वम् | अदिन्वाव | अदिन्वाम |

| | | | | | |
|---|---|---|---|---|---|
| दिन्वतु | दिन्वताम् | दिन्वन्तु | दिन्वेत् -द् | दिन्वेताम् | दिन्वेयुः |
| दिन्व | दिन्वतम् | दिन्वत | दिन्वेः | दिन्वेतम् | दिन्वेत |
| दिन्वानि | दिन्वाव | दिन्वाम | दिन्वेयम् | दिन्वेव | दिन्वेम |

| | | | | | |
|---|---|---|---|---|---|
| दिन्विष्यति | दिन्विष्यतः | दिन्विष्यन्ति | **अदिन्विष्यत् -द्** | अदिन्विष्यताम् | अदिन्विष्यन् |
| दिन्विष्यसि | दिन्विष्यथः | दिन्विष्यथ | अदिन्विष्यः | अदिन्विष्यतम् | अदिन्विष्यत |

| | | | | | |
|---|---|---|---|---|---|
| दिन्विष्यामि | दिन्विष्यावः | दिन्विष्यामः | अदिन्विष्यम् | अदिन्विष्याव | अदिन्विष्याम |

| | | | | | |
|---|---|---|---|---|---|
| दिन्विता | दिन्वितारौ | दिन्वितारः | दिन्व्यात् -द् | दिन्व्यास्ताम् | दिन्व्यासुः |
| दिन्वितासि | दिन्वितास्थः | दिन्वितास्थ | दिन्व्याः | दिन्व्यास्तम् | दिन्व्यास्त |
| दिन्वितास्मि | दिन्वितास्वः | दिन्वितास्मः | दिन्व्यासम् | दिन्व्यास्व | दिन्व्यास्म |

| | | | | | |
|---|---|---|---|---|---|
| दिदिन्व | दिदिन्वतुः | दिदिन्वुः | अदिन्वीत् -द् | अदिन्विष्टाम् | अदिन्विषुः |
| दिदिन्विथ | दिदिन्वथुः | दिदिन्व | अदिन्वीः | अदिन्विष्टम् | अदिन्विष्ट |
| दिदिन्व | दिदिन्विव | दिदिन्विम | अदिन्विषम् | अदिन्विष्व | अदिन्विष्म |

593 **धिवि प्रीणने । धिविँ । धिन्व् । धिनोति** । P । **सेट्** । **स०** । satisfy, nourish, delight

3.1.80 **धिन्विकृण्व्योर च । अकारः अन्तादेशः तथा उ विकरणः शपि परतः ।** 6.4.48 **अतो लोपः ।**

**स्थानिवद्भावेन लघूपधागुणः निषेधः ।**

| | | | | | |
|---|---|---|---|---|---|
| धिनोति | धिनुतः | धिन्वन्ति | अधिनोत् -द् | अधिनुताम् | अधिन्वन् |
| धिनोषि | धिनुथः | धिनुथ | अधिनोः | अधिनुतम् | अधिनुत |
| धिनोमि | धिन्वः , धिनुवः | धिन्मः , धिनुमः | अधिनवम् | अधिन्व, अधिनुव | अधिन्म, अधिनुम |

| | | | | | |
|---|---|---|---|---|---|
| धिनोतु | धिनुताम् | धिन्वन्तु | धिनुयात् -द् | धिनुयाताम् | धिनुयुः |
| धिनु | धिनुतम् | धिनुत | धिनुयाः | धिनुयातम् | धिनुयात |
| धिनवानि | धिनवाव | धिनवाम | धिनुयाम् | धिनुयाव | धिनुयाम |

| | | | | | |
|---|---|---|---|---|---|
| धिन्विष्यति | धिन्विष्यतः | धिन्विष्यन्ति | **अधिन्विष्यत्** -द् | अधिन्विष्यताम् | अधिन्विष्यन् |
| धिन्विष्यसि | धिन्विष्यथः | धिन्विष्यथ | अधिन्विष्यः | अधिन्विष्यतम् | अधिन्विष्यत |
| धिन्विष्यामि | धिन्विष्यावः | धिन्विष्यामः | अधिन्विष्यम् | अधिन्विष्याव | अधिन्विष्याम |

| | | | | | |
|---|---|---|---|---|---|
| धिन्विता | धिन्वितारौ | धिन्वितारः | धिन्व्यात् -द् | धिन्व्यास्ताम् | धिन्व्यासुः |
| धिन्वितासि | धिन्वितास्थः | धिन्वितास्थ | धिन्व्याः | धिन्व्यास्तम् | धिन्व्यास्त |
| धिन्वितास्मि | धिन्वितास्वः | धिन्वितास्मः | धिन्व्यासम् | धिन्व्यास्व | धिन्व्यास्म |

| | | | | | |
|---|---|---|---|---|---|
| दिधिन्व | दिधिन्वतुः | दिधिन्वुः | अधिन्वीत् -द् | अधिन्विष्टाम् | अधिन्विषुः |
| दिधिन्विथ | दिधिन्वथुः | दिधिन्व | अधिन्वीः | अधिन्विष्टम् | अधिन्विष्ट |
| दिधिन्व | दिधिन्विव | दिधिन्विम | अधिन्विषम् | अधिन्विष्व | अधिन्विष्म |

594 **जिवि प्रीणनार्थाः । जिविँ । जिन्व् । जिन्वति** । P । **सेट्** । **स०** । satisfy, please, release, set free

| | | | | | |
|---|---|---|---|---|---|
| जिन्वति | जिन्वतः | जिन्वन्ति | अजिन्वत् -द् | अजिन्वताम् | अजिन्वन् |
| जिन्वसि | जिन्वथः | जिन्वथ | अजिन्वः | अजिन्वतम् | अजिन्वत |
| जिन्वामि | जिन्वावः | जिन्वामः | अजिन्वम् | अजिन्वाव | अजिन्वाम |

| | | | | | |
|---|---|---|---|---|---|
| जिन्वतु | जिन्वताम् | जिन्वन्तु | जिन्वेत् -द् | जिन्वेताम् | जिन्वेयुः |
| जिन्व | जिन्वतम् | जिन्वत | जिन्वेः | जिन्वेतम् | जिन्वेत |
| जिन्वानि | जिन्वाव | जिन्वाम | जिन्वेयम् | जिन्वेव | जिन्वेम |

| | | | | | |
|---|---|---|---|---|---|
| जिन्विष्यति | जिन्विष्यतः | जिन्विष्यन्ति | **अजिन्विष्यत्** -द् | अजिन्विष्यताम् | अजिन्विष्यन् |
| जिन्विष्यसि | जिन्विष्यथः | जिन्विष्यथ | अजिन्विष्यः | अजिन्विष्यतम् | अजिन्विष्यत |
| जिन्विष्यामि | जिन्विष्यावः | जिन्विष्यामः | अजिन्विष्यम् | अजिन्विष्याव | अजिन्विष्याम |

| | | | | | |
|---|---|---|---|---|---|
| जिन्विता | जिन्वितारौ | जिन्वितारः | जिन्व्यात् -द् | जिन्व्यास्ताम् | जिन्व्यासुः |
| जिन्वितासि | जिन्वितास्थः | जिन्वितास्थ | जिन्व्याः | जिन्व्यास्तम् | जिन्व्यास्त |
| जिन्वितास्मि | जिन्वितास्वः | जिन्वितास्मः | जिन्व्यासम् | जिन्व्यास्व | जिन्व्यास्म |

| | | | | | |
|---|---|---|---|---|---|
| जिजिन्व | जिजिन्वतुः | जिजिन्वुः | अजिन्वीत् -द् | अजिन्विष्टाम् | अजिन्विषुः |
| जिजिन्विथ | जिजिन्वथुः | जिजिन्व | अजिन्वीः | अजिन्विष्टम् | अजिन्विष्ट |
| जिजिन्व | जिजिन्विव | जिजिन्विम | अजिन्विषम् | अजिन्विष्व | अजिन्विष्म |

595 **रिवि गतौ** । **रिविँ** । **रिन्व्** । **रिण्वति** । P । **सेट्** । **स०** । go 8.4.2 **अट्कुप्वाङ्नुम्व्यवायेऽपि** ।

| | | | | | |
|---|---|---|---|---|---|
| रिण्वति | रिण्वतः | रिण्वन्ति | अरिण्वत् -द् | अरिण्वताम् | अरिण्वन् |
| रिण्वसि | रिण्वथः | रिण्वथ | अरिण्वः | अरिण्वतम् | अरिण्वत |
| रिण्वामि | रिण्वावः | रिण्वामः | अरिण्वम् | अरिण्वाव | अरिण्वाम |

| | | | | | |
|---|---|---|---|---|---|
| रिण्वतु | रिण्वताम् | रिण्वन्तु | रिण्वेत् -द् | रिण्वेताम् | रिण्वेयुः |
| रिण्व | रिण्वतम् | रिण्वत | रिण्वेः | रिण्वेतम् | रिण्वेत |
| रिण्वानि | रिण्वाव | रिण्वाम | रिण्वेयम् | रिण्वेव | रिण्वेम |

| | | | | | |
|---|---|---|---|---|---|
| रिण्विष्यति | रिण्विष्यतः | रिण्विष्यन्ति | **अरिण्विष्यत्** -द् | अरिण्विष्यताम् | अरिण्विष्यन् |
| रिण्विष्यसि | रिण्विष्यथः | रिण्विष्यथ | अरिण्विष्यः | अरिण्विष्यतम् | अरिण्विष्यत |
| रिण्विष्यामि | रिण्विष्यावः | रिण्विष्यामः | अरिण्विष्यम् | अरिण्विष्याव | अरिण्विष्याम |

| | | | | | |
|---|---|---|---|---|---|
| रिण्विता | रिण्वितारौ | रिण्वितारः | रिण्व्यात् -द् | रिण्व्यास्ताम् | रिण्व्यासुः |
| रिण्वितासि | रिण्वितास्थः | रिण्वितास्थ | रिण्व्याः | रिण्व्यास्तम् | रिण्व्यास्त |
| रिण्वितास्मि | रिण्वितास्वः | रिण्वितास्मः | रिण्व्यासम् | रिण्व्यास्व | रिण्व्यास्म |

| | | | | | |
|---|---|---|---|---|---|
| रिरिण्व | रिरिण्वतुः | रिरिण्वुः | अरिण्वीत् -द् | अरिण्विष्टाम् | अरिण्विषुः |
| रिरिण्विथ | रिरिण्वथुः | रिरिण्व | अरिण्वीः | अरिण्विष्टम् | अरिण्विष्ट |
| रिरिण्व | रिरिण्विव | रिरिण्विम | अरिण्विषम् | अरिण्विष्व | अरिण्विष्म |

596 **रवि गतौ** । **रविँ** । **रन्व्** । **रण्वति** । P । **सेट्** । **स०** । move 8.4.2

| | | | | | |
|---|---|---|---|---|---|
| रण्वति | रण्वतः | रण्वन्ति | अरण्वत् -द् | अरण्वताम् | अरण्वन् |
| रण्वसि | रण्वथः | रण्वथ | अरण्वः | अरण्वतम् | अरण्वत |
| रण्वामि | रण्वावः | रण्वामः | अरण्वम् | अरण्वाव | अरण्वाम |

| | | | | | |
|---|---|---|---|---|---|
| रण्वतु | रण्वताम् | रण्वन्तु | रण्वेत् -द् | रण्वेताम् | रण्वेयुः |
| रण्व | रण्वतम् | रण्वत | रण्वेः | रण्वेतम् | रण्वेत |
| रण्वानि | रण्वाव | रण्वाम | रण्वेयम् | रण्वेव | रण्वेम |

| | | | | | |
|---|---|---|---|---|---|
| रण्विष्यति | रण्विष्यतः | रण्विष्यन्ति | अरण्विष्यत् -द् | अरण्विष्यताम् | अरण्विष्यन् |
| रण्विष्यसि | रण्विष्यथः | रण्विष्यथ | अरण्विष्यः | अरण्विष्यतम् | अरण्विष्यत |
| रण्विष्यामि | रण्विष्यावः | रण्विष्यामः | अरण्विष्यम् | अरण्विष्याव | अरण्विष्याम |

| | | | | | |
|---|---|---|---|---|---|
| रण्विता | रण्वितारौ | रण्वितारः | रण्व्यात् -द् | रण्व्यास्ताम् | रण्व्यासुः |
| रण्वितासि | रण्वितास्थः | रण्वितास्थ | रण्व्याः | रण्व्यास्तम् | रण्व्यास्त |
| रण्वितास्मि | रण्वितास्वः | रण्वितास्मः | रण्व्यासम् | रण्व्यास्व | रण्व्यास्म |

| | | | | | |
|---|---|---|---|---|---|
| ररण्व | ररण्वतुः | ररण्वुः | अरण्वीत् -द् | अरण्विष्टाम् | अरण्विषुः |
| ररण्विथ | ररण्वथुः | ररण्व | अरण्वीः | अरण्विष्टम् | अरण्विष्ट |
| ररण्व | ररण्विव | ररण्विम | अरण्विषम् | अरण्विष्व | अरण्विष्म |

597 **धवि गतौ** । **धविँ** । **धन्व्** । **धन्वति** । P । **सेट्** । **स०** । move, replace

| | | | | | |
|---|---|---|---|---|---|
| धन्वति | धन्वतः | धन्वन्ति | अधन्वत् -द् | अधन्वताम् | अधन्वन् |
| धन्वसि | धन्वथः | धन्वथ | अधन्वः | अधन्वतम् | अधन्वत |
| धन्वामि | धन्वावः | धन्वामः | अधन्वम् | अधन्वाव | अधन्वाम |

| | | | | | |
|---|---|---|---|---|---|
| धन्वतु | धन्वताम् | धन्वन्तु | धन्वेत् -द् | धन्वेताम् | धन्वेयुः |
| धन्व | धन्वतम् | धन्वत | धन्वेः | धन्वेतम् | धन्वेत |
| धन्वानि | धन्वाव | धन्वाम | धन्वेयम् | धन्वेव | धन्वेम |

| | | | | | |
|---|---|---|---|---|---|
| धन्विष्यति | धन्विष्यतः | धन्विष्यन्ति | अधन्विष्यत् -द् | अधन्विष्यताम् | अधन्विष्यन् |
| धन्विष्यसि | धन्विष्यथः | धन्विष्यथ | अधन्विष्यः | अधन्विष्यतम् | अधन्विष्यत |
| धन्विष्यामि | धन्विष्यावः | धन्विष्यामः | अधन्विष्यम् | अधन्विष्याव | अधन्विष्याम |

| | | | | | |
|---|---|---|---|---|---|
| धन्विता | धन्वितारौ | धन्वितारः | धन्व्यात् -द् | धन्व्यास्ताम् | धन्व्यासुः |
| धन्वितासि | धन्वितास्थः | धन्वितास्थ | धन्व्याः | धन्व्यास्तम् | धन्व्यास्त |
| धन्वितास्मि | धन्वितास्वः | धन्वितास्मः | धन्व्यासम् | धन्व्यास्व | धन्व्यास्म |

| | | | | | |
|---|---|---|---|---|---|
| दधन्व | दधन्वतुः | दधन्वुः | अधन्वीत् -द् | अधन्विष्टाम् | अधन्विषुः |
| दधन्विथ | दधन्वथुः | दधन्व | अधन्वीः | अधन्विष्टम् | अधन्विष्ट |
| दधन्व | दधन्विव | दधन्विम | अधन्विषम् | अधन्विष्व | अधन्विष्म |

598 **कृवि हिंसाकरणयोश्च** । **कृविँ** । **कृन्व्** । **कृणोति** । P । **सेट्** । **स०** । hurt, cut to pieces, be sorry
3.1.80 **धिन्विकृण्व्योर च** । **अकारः अन्तादेशः तथा उ विकरणः शपि परतः** । 6.4.48 **अतो लोपः** ।
**स्थानिवद्भावेन लघूपधागुणः निषेधः** । 8.4.2

| | | | | | |
|---|---|---|---|---|---|
| कृणोति | कृणुतः | कृण्वन्ति | अकृणोत् -द् | अकृणुताम् | अकृण्वन् |
| कृणोषि | कृणुथः | कृणुथ | अकृणोः | अकृणुतम् | अकृणुत |
| कृणोमि | कृण्वः , कृणुवः | कृण्मः , कृणुमः | अकृणवम् | अकृण्व, अकृणुव | अकृण्म, अकृणुम |

| | | | | | |
|---|---|---|---|---|---|
| कृणोतु | कृणुताम् | कृण्वन्तु | कृणुयात् -द् | कृणुयाताम् | कृणुयुः |

| | | | | | |
|---|---|---|---|---|---|
| कृणु | कृणुतम् | कृणुत | कृणुयाः | कृणुयातम् | कृणुयात |
| कृणवानि | कृणवाव | कृणवाम | कृणुयाम् | कृणुयाव | कृणुयाम |

| | | | | | |
|---|---|---|---|---|---|
| कृण्विष्यति | कृण्विष्यतः | कृण्विष्यन्ति | अकृण्विष्यत् -द् | अकृण्विष्यताम् | अकृण्विष्यन् |
| कृण्विष्यसि | कृण्विष्यथः | कृण्विष्यथ | अकृण्विष्यः | अकृण्विष्यतम् | अकृण्विष्यत |
| कृण्विष्यामि | कृण्विष्यावः | कृण्विष्यामः | अकृण्विष्यम् | अकृण्विष्याव | अकृण्विष्याम |

| | | | | | |
|---|---|---|---|---|---|
| कृण्विता | कृण्वितारौ | कृण्वितारः | कृण्व्यात् -द् | कृण्व्यास्ताम् | कृण्व्यासुः |
| कृण्वितासि | कृण्वितास्थः | कृण्वितास्थ | कृण्व्याः | कृण्व्यास्तम् | कृण्व्यास्त |
| कृण्वितास्मि | कृण्वितास्वः | कृण्वितास्मः | कृण्व्यासम् | कृण्व्यास्व | कृण्व्यास्म |

| | | | | | |
|---|---|---|---|---|---|
| चकृण्व | चकृण्वतुः | चकृण्वुः | अकृण्वीत् -द् | अकृण्विष्टाम् | अकृण्विषुः |
| चकृण्विथ | चकृण्वथुः | चकृण्व | अकृण्वीः | अकृण्विष्टम् | अकृण्विष्ट |
| चकृण्व | चकृण्विव | चकृण्विम | अकृण्विषम् | अकृण्विष्व | अकृण्विष्म |

599 मव बन्धने । मवँ । मव् । मवति । P । सेट् । स० । bind, check 7.1.91 7.2.7

| | | | | | |
|---|---|---|---|---|---|
| मवति | मवतः | मवन्ति | अमवत् -द् | अमवताम् | अमवन् |
| मवसि | मवथः | मवथ | अमवः | अमवतम् | अमवत |
| मवामि | मवावः | मवामः | अमवम् | अमवाव | अमवाम |

| | | | | | |
|---|---|---|---|---|---|
| मवतु | मवताम् | मवन्तु | मवेत् -द् | मवेताम् | मवेयुः |
| मव | मवतम् | मवत | मवेः | मवेतम् | मवेत |
| मवानि | मवाव | मवाम | मवेयम् | मवेव | मवेम |

| | | | | | |
|---|---|---|---|---|---|
| मविष्यति | मविष्यतः | मविष्यन्ति | अमविष्यत् -द् | अमविष्यताम् | अमविष्यन् |
| मविष्यसि | मविष्यथः | मविष्यथ | अमविष्यः | अमविष्यतम् | अमविष्यत |
| मविष्यामि | मविष्यावः | मविष्यामः | अमविष्यम् | अमविष्याव | अमविष्याम |

| | | | | | |
|---|---|---|---|---|---|
| मविता | मवितारौ | मवितारः | मव्यात् -द् | मव्यास्ताम् | मव्यासुः |
| मवितासि | मवितास्थः | मवितास्थ | मव्याः | मव्यास्तम् | मव्यास्त |
| मवितास्मि | मवितास्वः | मवितास्मः | मव्यासम् | मव्यास्व | मव्यास्म |

| | | | | | |
|---|---|---|---|---|---|
| ममाव | मेवतुः | मेवुः | अमवीत् -द् | अमविष्टाम् | अमविषुः |
| | | | अमावीत् -द् | अमाविष्टाम् | अमाविषुः |
| मेविथ | मेवथुः | मेव | अमवीः | अमविष्टम् | अमविष्ट |
| | | | अमावीः | अमाविष्टम् | अमाविष्ट |
| ममाव ममव | मेविव | मेविम | अमविषम् | अमविष्व | अमविष्म |
| | | | अमाविषम् | अमाविष्व | अमाविष्म |

600 अव रक्षणगतिकान्तिप्रीतितृप्त्यवगमप्रवेशश्रवणस्वाम्यर्थयाचनक्रियेच्छादीप्त्यवाप्त्यालिङ्गनहिंसादानभागवृद्धिषु । अवँ । अव् । अवति । P । सेट् । स० । protect, evolve, love, please, satisfy, like

| | | | | | |
|---|---|---|---|---|---|
| अवति | अवतः | अवन्ति | आवत् -द् | आवताम् | आवन् |

| | | | | | |
|---|---|---|---|---|---|
| अवसि | अवथः | अवथ | आवः | आवतम् | आवत |
| अवामि | अवावः | अवामः | आवम् | आवाव | आवाम |

| | | | | | |
|---|---|---|---|---|---|
| अवतु | अवताम् | अवन्तु | अवेत् -द् | अवेताम् | अवेयुः |
| अव | अवतम् | अवत | अवेः | अवेतम् | अवेत |
| अवानि | अवाव | अवाम | अवेयम् | अवेव | अवेम |

| | | | | | |
|---|---|---|---|---|---|
| अविष्यति | अविष्यतः | अविष्यन्ति | आविष्यत् -द् | आविष्यताम् | आविष्यन् |
| अविष्यसि | अविष्यथः | अविष्यथ | आविष्यः | आविष्यतम् | आविष्यत |
| अविष्यामि | अविष्यावः | अविष्यामः | आविष्यम् | आविष्याव | आविष्याम |

| | | | | | |
|---|---|---|---|---|---|
| अविता | अवितारौ | अवितारः | अव्यात् -द् | अव्यास्ताम् | अव्यासुः |
| अवितासि | अवितास्थः | अवितास्थ | अव्याः | अव्यास्तम् | अव्यास्त |
| अवितास्मि | अवितास्वः | अवितास्मः | अव्यासम् | अव्यास्व | अव्यास्म |

| | | | | | |
|---|---|---|---|---|---|
| आव | आवतुः | आवुः | आवीत् -द् | आविष्टाम् | आविषुः |
| आविथ | आवथुः | आव | आवीः | आविष्टम् | आविष्ट |
| आव | आविव | आविम | आविषम् | आविष्व | आविष्म |

**मव्यादयः उदात्ताः उदात्तेतः परस्मैभाषाः । 561 जिः तु अनुदात्तः ।**

601 धावु गतिशुद्ध्योः । उदात्तः स्वरितेत् उभयतोभाषः । धावुँ । धाव् । धावति / ते । U । सेट् । स० । run

**Parasmaipadi Table**

| | | | | | |
|---|---|---|---|---|---|
| धावति | धावतः | धावन्ति | अधावत् -द् | अधावताम् | अधावन् |
| धावसि | धावथः | धावथ | अधावः | अधावतम् | अधावत |
| धावामि | धावावः | धावामः | अधावम् | अधावाव | अधावाम |

| | | | | | |
|---|---|---|---|---|---|
| धावतु धावतात् -द् | धावताम् | धावन्तु | धावेत् -द् | धावेताम् | धावेयुः |
| धाव धावतात् -द् | धावतम् | धावत | धावेः | धावेतम् | धावेत |
| धावानि | धावाव | धावाम | धावेयम् | धावेव | धावेम |

| | | | | | |
|---|---|---|---|---|---|
| धाविष्यति | धाविष्यतः | धाविष्यन्ति | अधाविष्यत् -द् | अधाविष्यताम् | अधाविष्यन् |
| धाविष्यसि | धाविष्यथः | धाविष्यथ | अधाविष्यः | अधाविष्यतम् | अधाविष्यत |
| धाविष्यामि | धाविष्यावः | धाविष्यामः | अधाविष्यम् | अधाविष्याव | अधाविष्याम |

| | | | | | |
|---|---|---|---|---|---|
| धाविता | धावितारौ | धावितारः | धाव्यात् -द् | धाव्यास्ताम् | धाव्यासुः |
| धावितासि | धावितास्थः | धावितास्थ | धाव्याः | धाव्यास्तम् | धाव्यास्त |
| धावितास्मि | धावितास्वः | धावितास्मः | धाव्यासम् | धाव्यास्व | धाव्यास्म |

| | | | | | |
|---|---|---|---|---|---|
| दधाव | दधावतुः | दधावुः | अधावीत् -द् | अधाविष्टाम् | अधाविषुः |

| दधाविथ | दधावथुः | दधाव | अधावीः | अधाविष्टम् | अधाविष्ट |
| दधाव | दधाविव | दधाविम | अधाविषम् | अधाविष्व | अधाविष्म |

**Atmanepadi Table**  8.3.79 विभाषेटः ।

| धावते | धावेते | धावन्ते | अधावत | अधावेताम् | अधावन्त |
| धावसे | धावेथे | धावध्वे | अधावथाः | अधावेथाम् | अधावध्वम् |
| धावे | धावावहे | धावामहे | अधावे | अधावावहि | अधावामहि |

| धावताम् | धावेताम् | धावन्ताम् | धावेत | धावेयाताम् | धावेरन् |
| धावस्व | धावेथाम् | धावध्वम् | धावेथाः | धावेयाथाम् | धावेध्वम् |
| धावै | धावावहै | धावामहै | धावेय | धावेवहि | धावेमहि |

| धाविष्यते | धाविष्येते | धाविष्यन्ते | अधाविष्यत | अधाविष्येताम् | अधाविष्यन्त |
| धाविष्यसे | धाविष्येथे | धाविष्यध्वे | अधाविष्यथाः | अधाविष्येथाम् | अधाविष्यध्वम् |
| धाविष्ये | धाविष्यावहे | धाविष्यामहे | अधाविष्ये | अधाविष्यावहि | अधाविष्यामहि |

| धाविता | धावितारौ | धावितारः | धाविषीष्ट | धाविषीयास्ताम् | धाविषीरन् |
| धावितासे | धावितासाथे | धाविताध्वे | धाविषीष्ठाः | धाविषीयास्थाम् | धाविषीध्वम् -ढ्वम् |
| धाविताहे | धावितास्वहे | धावितास्महे | धाविषीय | धाविषीवहि | धाविषीमहि |

| दधावे | दधावाते | दधाविरे | अधाविष्ट | अधाविषाताम् | अधाविषत |
| दधाविषे | दधावाथे | दधाविध्वे -ढ्वे | अधाविष्ठाः | अधाविषाथाम् | अधाविध्वम् -ढ्वम् |
| दधावे | दधाविवहे | दधाविमहे | अधाविषि | अधाविष्वहि | अधाविष्महि |

## 602 अथ उष्मान्ताः आत्मनेपदिनः द्विपञ्चाशत् ।

602 धुक्ष सन्दीपनक्लेशनजीवनेषु । धुक्षँ । धुक्ष् । धुक्षते । A । सेट् । स० । kindle, live, be harassed, tire

**लट् 1 Present Tense**

| धुक्षते | धुक्षेते | धुक्षन्ते |
| धुक्षसे | धुक्षेथे | धुक्षध्वे |
| धुक्षे | धुक्षावहे | धुक्षामहे |

**लङ् 2 Imperfect Past Tense**

| अधुक्षत | अधुक्षेताम् | अधुक्षन्त |
| अधुक्षथाः | अधुक्षेथाम् | अधुक्षध्वम् |
| अधुक्षे | अधुक्षावहि | अधुक्षामहि |

**लोट् 3 Imperative Mood**

| धुक्षताम् | धुक्षेताम् | धुक्षन्ताम् |
| धुक्षस्व | धुक्षेथाम् | धुक्षध्वम् |
| धुक्षै | धुक्षावहै | धुक्षामहै |

**विधिलिङ् 4 Potential Mood**

| धुक्षेत | धुक्षेयाताम् | धुक्षेरन् |
| धुक्षेथाः | धुक्षेयाथाम् | धुक्षेध्वम् |
| धुक्षेय | धुक्षेवहि | धुक्षेमहि |

**लृट् 5 Simple Future Tense**

**लृङ् 6 Conditional Mood**

| | | | | | |
|---|---|---|---|---|---|
| धुक्षिष्यते | धुक्षिष्येते | धुक्षिष्यन्ते | अधुक्षिष्यत | अधुक्षिष्येताम् | अधुक्षिष्यन्त |
| धुक्षिष्यसे | धुक्षिष्येथे | धुक्षिष्यध्वे | अधुक्षिष्यथाः | अधुक्षिष्येथाम् | अधुक्षिष्यध्वम् |
| धुक्षिष्ये | धुक्षिष्यावहे | धुक्षिष्यामहे | अधुक्षिष्ये | अधुक्षिष्यावहि | अधुक्षिष्यामहि |

| **लुट्** 7 Periphrastic Future Tense | | | **आशीर्लिङ्** 8 Benedictive Mood | | |
|---|---|---|---|---|---|
| धुक्षिता | धुक्षितारौ | धुक्षितारः | धुक्षिषीष्ट | धुक्षिषीयास्ताम् | धुक्षिषीरन् |
| धुक्षितासे | धुक्षितासाथे | धुक्षिताध्वे | धुक्षिषीष्ठाः | धुक्षिषीयास्थाम् | धुक्षिषीध्वम् |
| धुक्षिताहे | धुक्षितास्वहे | धुक्षितास्महे | धुक्षिषीय | धुक्षिषीवहि | धुक्षिषीमहि |

| **लिट्** 9 Perfect Past Tense | | | **लुङ्** 10 Aorist Past Tense | | |
|---|---|---|---|---|---|
| दुधुक्षे | दुधुक्षाते | दुधुक्षिरे | अधुक्षिष्ट | अधुक्षिषाताम् | अधुक्षिषत |
| दुधुक्षिषे | दुधुक्षाथे | दुधुक्षिध्वे | अधुक्षिष्ठाः | अधुक्षिषाथाम् | अधुक्षिध्वम् |
| दुधुक्षे | दुधुक्षिवहे | दुधुक्षिमहे | अधुक्षिषि | अधुक्षिष्वहि | अधुक्षिष्महि |

603 **धिक्ष सन्दीपनक्लेशनजीवनेषु** । **धिक्षँ** । **धिक्ष्** । **धिक्षते** । A । **सेट्** । **स०** । kindle, live, be harassed, tire

| | | | | | |
|---|---|---|---|---|---|
| धिक्षते | धिक्षेते | धिक्षन्ते | अधिक्षत | अधिक्षेताम् | अधिक्षन्त |
| धिक्षसे | धिक्षेथे | धिक्षध्वे | अधिक्षथाः | अधिक्षेथाम् | अधिक्षध्वम् |
| धिक्षे | धिक्षावहे | धिक्षामहे | अधिक्षे | अधिक्षावहि | अधिक्षामहि |

| | | | | | |
|---|---|---|---|---|---|
| धिक्षताम् | धिक्षेताम् | धिक्षन्ताम् | धिक्षेत | धिक्षेयाताम् | धिक्षेरन् |
| धिक्षस्व | धिक्षेथाम् | धिक्षध्वम् | धिक्षेथाः | धिक्षेयाथाम् | धिक्षेध्वम् |
| धिक्षै | धिक्षावहै | धिक्षामहै | धिक्षेय | धिक्षेवहि | धिक्षेमहि |

| | | | | | |
|---|---|---|---|---|---|
| धिक्षिष्यते | धिक्षिष्येते | धिक्षिष्यन्ते | अधिक्षिष्यत | अधिक्षिष्येताम् | अधिक्षिष्यन्त |
| धिक्षिष्यसे | धिक्षिष्येथे | धिक्षिष्यध्वे | अधिक्षिष्यथाः | अधिक्षिष्येथाम् | अधिक्षिष्यध्वम् |
| धिक्षिष्ये | धिक्षिष्यावहे | धिक्षिष्यामहे | अधिक्षिष्ये | अधिक्षिष्यावहि | अधिक्षिष्यामहि |

| | | | | | |
|---|---|---|---|---|---|
| धिक्षिता | धिक्षितारौ | धिक्षितारः | धिक्षिषीष्ट | **धिक्षिषीयास्ताम्** | धिक्षिषीरन् |
| धिक्षितासे | धिक्षितासाथे | धिक्षिताध्वे | धिक्षिषीष्ठाः | **धिक्षिषीयास्थाम्** | धिक्षिषीध्वम् |
| धिक्षिताहे | धिक्षितास्वहे | धिक्षितास्महे | धिक्षिषीय | धिक्षिषीवहि | धिक्षिषीमहि |

| | | | | | |
|---|---|---|---|---|---|
| दिधिक्षे | दिधिक्षाते | दिधिक्षिरे | अधिक्षिष्ट | अधिक्षिषाताम् | अधिक्षिषत |
| दिधिक्षिषे | दिधिक्षाथे | दिधिक्षिध्वे | अधिक्षिष्ठाः | अधिक्षिषाथाम् | अधिक्षिध्वम् |
| दिधिक्षे | दिधिक्षिवहे | दिधिक्षिमहे | अधिक्षिषि | अधिक्षिष्वहि | अधिक्षिष्महि |

604 **वृक्ष वरणे** । **वृक्षँ** । **वृक्ष्** । **वृक्षते** । A । **सेट्** । **स०** । accept, select, cover

| | | | | | |
|---|---|---|---|---|---|
| वृक्षते | वृक्षेते | वृक्षन्ते | अवृक्षत | अवृक्षेताम् | अवृक्षन्त |
| वृक्षसे | वृक्षेथे | वृक्षध्वे | अवृक्षथाः | अवृक्षेथाम् | अवृक्षध्वम् |
| वृक्षे | वृक्षावहे | वृक्षामहे | अवृक्षे | अवृक्षावहि | अवृक्षामहि |

| | | | | | |
|---|---|---|---|---|---|
| वृक्षताम् | वृक्षेताम् | वृक्षन्ताम् | वृक्षेत | वृक्षेयाताम् | वृक्षेरन् |

| | | | | | |
|---|---|---|---|---|---|
| वृक्षस्व | वृक्षेथाम् | वृक्षध्वम् | वृक्षेथाः | वृक्षेयाथाम् | वृक्षेध्वम् |
| वृक्षै | वृक्षावहै | वृक्षामहै | वृक्षेय | वृक्षेवहि | वृक्षेमहि |

| | | | | | |
|---|---|---|---|---|---|
| वृक्षिष्यते | वृक्षिष्येते | वृक्षिष्यन्ते | अवृक्षिष्यत | अवृक्षिष्येताम् | अवृक्षिष्यन्त |
| वृक्षिष्यसे | वृक्षिष्येथे | वृक्षिष्यध्वे | अवृक्षिष्यथाः | अवृक्षिष्येथाम् | अवृक्षिष्यध्वम् |
| वृक्षिष्ये | वृक्षिष्यावहे | वृक्षिष्यामहे | अवृक्षिष्ये | अवृक्षिष्यावहि | अवृक्षिष्यामहि |

| | | | | | |
|---|---|---|---|---|---|
| वृक्षिता | वृक्षितारौ | वृक्षितारः | वृक्षिषीष्ट | वृक्षिषीयास्ताम् | वृक्षिषीरन् |
| वृक्षितासे | वृक्षितासाथे | वृक्षिताध्वे | वृक्षिषीष्ठाः | वृक्षिषीयास्थाम् | वृक्षिषीध्वम् |
| वृक्षिताहे | वृक्षितास्वहे | वृक्षितास्महे | वृक्षिषीय | वृक्षिषीवहि | वृक्षिषीमहि |

| | | | | | |
|---|---|---|---|---|---|
| ववृक्षे | ववृक्षाते | ववृक्षिरे | अवृक्षिष्ट | अवृक्षिषाताम् | अवृक्षिषत |
| ववृक्षिषे | ववृक्षाथे | ववृक्षिध्वे | अवृक्षिष्ठाः | अवृक्षिषाथाम् | अवृक्षिध्वम् |
| ववृक्षे | ववृक्षिवहे | ववृक्षिमहे | अवृक्षिषि | अवृक्षिष्वहि | अवृक्षिष्महि |

605 **शिक्ष विद्योपादाने । शिक्षँ । शिक्ष् । शिक्षते** । A । **सेट्** । **स०** । learn, practice, teach

| | | | | | |
|---|---|---|---|---|---|
| शिक्षते | शिक्षेते | शिक्षन्ते | अशिक्षत | अशिक्षेताम् | अशिक्षन्त |
| शिक्षसे | शिक्षेथे | शिक्षध्वे | अशिक्षथाः | अशिक्षेथाम् | अशिक्षध्वम् |
| शिक्षे | शिक्षावहे | शिक्षामहे | अशिक्षे | अशिक्षावहि | अशिक्षामहि |

| | | | | | |
|---|---|---|---|---|---|
| शिक्षताम् | शिक्षेताम् | शिक्षन्ताम् | शिक्षेत | शिक्षेयाताम् | शिक्षेरन् |
| शिक्षस्व | शिक्षेथाम् | शिक्षध्वम् | शिक्षेथाः | शिक्षेयाथाम् | शिक्षेध्वम् |
| शिक्षै | शिक्षावहै | शिक्षामहै | शिक्षेय | शिक्षेवहि | शिक्षेमहि |

| | | | | | |
|---|---|---|---|---|---|
| शिक्षिष्यते | शिक्षिष्येते | शिक्षिष्यन्ते | अशिक्षिष्यत | अशिक्षिष्येताम् | अशिक्षिष्यन्त |
| शिक्षिष्यसे | शिक्षिष्येथे | शिक्षिष्यध्वे | अशिक्षिष्यथाः | अशिक्षिष्येथाम् | अशिक्षिष्यध्वम् |
| शिक्षिष्ये | शिक्षिष्यावहे | शिक्षिष्यामहे | अशिक्षिष्ये | अशिक्षिष्यावहि | अशिक्षिष्यामहि |

| | | | | | |
|---|---|---|---|---|---|
| शिक्षिता | शिक्षितारौ | शिक्षितारः | शिक्षिषीष्ट | शिक्षिषीयास्ताम् | शिक्षिषीरन् |
| शिक्षितासे | शिक्षितासाथे | शिक्षिताध्वे | शिक्षिषीष्ठाः | शिक्षिषीयास्थाम् | शिक्षिषीध्वम् |
| शिक्षिताहे | शिक्षितास्वहे | शिक्षितास्महे | शिक्षिषीय | शिक्षिषीवहि | शिक्षिषीमहि |

| | | | | | |
|---|---|---|---|---|---|
| शिशिक्षे | शिशिक्षाते | शिशिक्षिरे | अशिक्षिष्ट | अशिक्षिषाताम् | अशिक्षिषत |
| शिशिक्षिषे | शिशिक्षाथे | शिशिक्षिध्वे | अशिक्षिष्ठाः | अशिक्षिषाथाम् | अशिक्षिध्वम् |
| शिशिक्षे | शिशिक्षिवहे | शिशिक्षिमहे | अशिक्षिषि | अशिक्षिष्वहि | अशिक्षिष्महि |

606 **भिक्ष भिक्षायाम् अलाभे लाभे च । भिक्षँ । भिक्ष् । भिक्षते** । A । **सेट्** । **स०** । beg, obtain

| | | | | | |
|---|---|---|---|---|---|
| भिक्षते | भिक्षेते | भिक्षन्ते | अभिक्षत | अभिक्षेताम् | अभिक्षन्त |
| भिक्षसे | भिक्षेथे | भिक्षध्वे | अभिक्षथाः | अभिक्षेथाम् | अभिक्षध्वम् |
| भिक्षे | भिक्षावहे | भिक्षामहे | अभिक्षे | अभिक्षावहि | अभिक्षामहि |

| | | | | | |
|---|---|---|---|---|---|
| भिक्षताम् | भिक्षेताम् | भिक्षन्ताम् | भिक्षेत | भिक्षेयाताम् | भिक्षेरन् |

| | | | | | |
|---|---|---|---|---|---|
| भिक्षस्व | भिक्षेथाम् | भिक्षध्वम् | भिक्षेथाः | भिक्षेयाथाम् | भिक्षेध्वम् |
| भिक्षै | भिक्षावहै | भिक्षामहै | भिक्षेय | भिक्षेवहि | भिक्षेमहि |

| | | | | | |
|---|---|---|---|---|---|
| भिक्षिष्यते | भिक्षिष्येते | भिक्षिष्यन्ते | अभिक्षिष्यत | अभिक्षिष्येताम् | अभिक्षिष्यन्त |
| भिक्षिष्यसे | भिक्षिष्येथे | भिक्षिष्यध्वे | अभिक्षिष्यथाः | अभिक्षिष्येथाम् | अभिक्षिष्यध्वम् |
| भिक्षिष्ये | भिक्षिष्यावहे | भिक्षिष्यामहे | अभिक्षिष्ये | अभिक्षिष्यावहि | अभिक्षिष्यामहि |

| | | | | | |
|---|---|---|---|---|---|
| भिक्षिता | भिक्षितारौ | भिक्षितारः | भिक्षिषीष्ट | **भिक्षिषीयास्ताम्** | भिक्षिषीरन् |
| भिक्षितासे | भिक्षितासाथे | भिक्षिताध्वे | भिक्षिषीष्ठाः | **भिक्षिषीयास्थाम्** | भिक्षिषीध्वम् |
| भिक्षिताहे | भिक्षितास्वहे | भिक्षितास्महे | भिक्षिषीय | भिक्षिषीवहि | भिक्षिषीमहि |

| | | | | | |
|---|---|---|---|---|---|
| बिभिक्षे | बिभिक्षाते | बिभिक्षिरे | अभिक्षिष्ट | अभिक्षिषाताम् | अभिक्षिषत |
| बिभिक्षिषे | बिभिक्षाथे | बिभिक्षिध्वे | अभिक्षिष्ठाः | अभिक्षिषाथाम् | अभिक्षिध्वम् |
| बिभिक्षे | बिभिक्षिवहे | बिभिक्षिमहे | अभिक्षिषि | अभिक्षिष्वहि | अभिक्षिष्महि |

607 **क्लेश अव्यक्तायां वाचि । बाधने इति दुर्गः ।** **क्लेशँ** । **क्लेश्** । **क्लेशते** । A । **सेट्** । **स०** । speak inarticulately, torture, be rude

| | | | | | |
|---|---|---|---|---|---|
| क्लेशते | क्लेशेते | क्लेशन्ते | अक्लेशत | अक्लेशेताम् | अक्लेशन्त |
| क्लेशसे | क्लेशेथे | क्लेशध्वे | अक्लेशथाः | अक्लेशेथाम् | अक्लेशध्वम् |
| क्लेशे | क्लेशावहे | क्लेशामहे | अक्लेशे | अक्लेशावहि | अक्लेशामहि |

| | | | | | |
|---|---|---|---|---|---|
| क्लेशताम् | क्लेशेताम् | क्लेशन्ताम् | क्लेशेत | क्लेशेयाताम् | क्लेशेरन् |
| क्लेशस्व | क्लेशेथाम् | क्लेशध्वम् | क्लेशेथाः | क्लेशेयाथाम् | क्लेशेध्वम् |
| क्लेशै | क्लेशावहै | क्लेशामहै | क्लेशेय | क्लेशेवहि | क्लेशेमहि |

| | | | | | |
|---|---|---|---|---|---|
| क्लेशिष्यते | क्लेशिष्येते | क्लेशिष्यन्ते | अक्लेशिष्यत | अक्लेशिष्येताम् | अक्लेशिष्यन्त |
| क्लेशिष्यसे | क्लेशिष्येथे | क्लेशिष्यध्वे | अक्लेशिष्यथाः | अक्लेशिष्येथाम् | अक्लेशिष्यध्वम् |
| क्लेशिष्ये | क्लेशिष्यावहे | क्लेशिष्यामहे | अक्लेशिष्ये | अक्लेशिष्यावहि | अक्लेशिष्यामहि |

| | | | | | |
|---|---|---|---|---|---|
| क्लेशिता | क्लेशितारौ | क्लेशितारः | क्लेशिषीष्ट | **क्लेशिषीयास्ताम्** | क्लेशिषीरन् |
| क्लेशितासे | क्लेशितासाथे | क्लेशिताध्वे | क्लेशिषीष्ठाः | **क्लेशिषीयास्थाम्** | क्लेशिषीध्वम् |
| क्लेशिताहे | क्लेशितास्वहे | क्लेशितास्महे | क्लेशिषीय | क्लेशिषीवहि | क्लेशिषीमहि |

| | | | | | |
|---|---|---|---|---|---|
| चिक्लेशे | चिक्लेशाते | चिक्लेशिरे | अक्लेशिष्ट | अक्लेशिषाताम् | अक्लेशिषत |
| चिक्लेशिषे | चिक्लेशाथे | चिक्लेशिध्वे | अक्लेशिष्ठाः | अक्लेशिषाथाम् | अक्लेशिध्वम् |
| चिक्लेशे | चिक्लेशिवहे | चिक्लेशिमहे | अक्लेशिषि | अक्लेशिष्वहि | अक्लेशिष्महि |

608 **दक्ष वृद्धौ शीघ्रार्थे च । दक्षँ । दक्ष् । दक्षते** । A । **सेट्** । **अ०** । be rich, work quickly, be able

| | | | | | |
|---|---|---|---|---|---|
| दक्षते | दक्षेते | दक्षन्ते | अदक्षत | अदक्षेताम् | अदक्षन्त |
| दक्षसे | दक्षेथे | दक्षध्वे | अदक्षथाः | अदक्षेथाम् | अदक्षध्वम् |
| दक्षे | दक्षावहे | दक्षामहे | अदक्षे | अदक्षावहि | अदक्षामहि |

| | | | | | |
|---|---|---|---|---|---|
| दक्षताम् | दक्षेताम् | दक्षन्ताम् | दक्षेत | दक्षेयाताम् | दक्षेरन् |
| दक्षस्व | दक्षेथाम् | दक्षध्वम् | दक्षेथाः | दक्षेयाथाम् | दक्षेध्वम् |
| दक्षै | दक्षावहै | दक्षामहै | दक्षेय | दक्षेवहि | दक्षेमहि |

| | | | | | |
|---|---|---|---|---|---|
| दक्षिष्यते | दक्षिष्येते | दक्षिष्यन्ते | अदक्षिष्यत | अदक्षिष्येताम् | अदक्षिष्यन्त |
| दक्षिष्यसे | दक्षिष्येथे | दक्षिष्यध्वे | अदक्षिष्यथाः | अदक्षिष्येथाम् | अदक्षिष्यध्वम् |
| दक्षिष्ये | दक्षिष्यावहे | दक्षिष्यामहे | अदक्षिष्ये | अदक्षिष्यावहि | अदक्षिष्यामहि |

| | | | | | |
|---|---|---|---|---|---|
| दक्षिता | दक्षितारौ | दक्षितारः | दक्षिषीष्ट | दक्षिषीयास्ताम् | दक्षिषीरन् |
| दक्षितासे | दक्षितासाथे | दक्षिताध्वे | दक्षिषीष्ठाः | दक्षिषीयास्थाम् | दक्षिषीध्वम् |
| दक्षिताहे | दक्षितास्वहे | दक्षितास्महे | दक्षिषीय | दक्षिषीवहि | दक्षिषीमहि |

| | | | | | |
|---|---|---|---|---|---|
| ददक्षे | ददक्षाते | ददक्षिरे | अदक्षिष्ट | अदक्षिषाताम् | अदक्षिषत |
| ददक्षिषे | ददक्षाथे | ददक्षिध्वे | अदक्षिष्ठाः | अदक्षिषाथाम् | अदक्षिध्वम् |
| ददक्षे | ददक्षिवहे | ददक्षिमहे | अदक्षिषि | अदक्षिष्वहि | अदक्षिष्महि |

609 दीक्ष मौण्ड्येज्योपनयननियमव्रतादेशेषु । दीक्षँ । दीक्ष् । दीक्षते । A । सेट् । अ० । give diksha, initiation

| | | | | | |
|---|---|---|---|---|---|
| दीक्षते | दीक्षेते | दीक्षन्ते | अदीक्षत | अदीक्षेताम् | अदीक्षन्त |
| दीक्षसे | दीक्षेथे | दीक्षध्वे | अदीक्षथाः | अदीक्षेथाम् | अदीक्षध्वम् |
| दीक्षे | दीक्षावहे | दीक्षामहे | अदीक्षे | अदीक्षावहि | अदीक्षामहि |

| | | | | | |
|---|---|---|---|---|---|
| दीक्षताम् | दीक्षेताम् | दीक्षन्ताम् | दीक्षेत | दीक्षेयाताम् | दीक्षेरन् |
| दीक्षस्व | दीक्षेथाम् | दीक्षध्वम् | दीक्षेथाः | दीक्षेयाथाम् | दीक्षेध्वम् |
| दीक्षै | दीक्षावहै | दीक्षामहै | दीक्षेय | दीक्षेवहि | दीक्षेमहि |

| | | | | | |
|---|---|---|---|---|---|
| दीक्षिष्यते | दीक्षिष्येते | दीक्षिष्यन्ते | अदीक्षिष्यत | अदीक्षिष्येताम् | अदीक्षिष्यन्त |
| दीक्षिष्यसे | दीक्षिष्येथे | दीक्षिष्यध्वे | अदीक्षिष्यथाः | अदीक्षिष्येथाम् | अदीक्षिष्यध्वम् |
| दीक्षिष्ये | दीक्षिष्यावहे | दीक्षिष्यामहे | अदीक्षिष्ये | अदीक्षिष्यावहि | अदीक्षिष्यामहि |

| | | | | | |
|---|---|---|---|---|---|
| दीक्षिता | दीक्षितारौ | दीक्षितारः | दीक्षिषीष्ट | दीक्षिषीयास्ताम् | दीक्षिषीरन् |
| दीक्षितासे | दीक्षितासाथे | दीक्षिताध्वे | दीक्षिषीष्ठाः | दीक्षिषीयास्थाम् | दीक्षिषीध्वम् |
| दीक्षिताहे | दीक्षितास्वहे | दीक्षितास्महे | दीक्षिषीय | दीक्षिषीवहि | दीक्षिषीमहि |

| | | | | | |
|---|---|---|---|---|---|
| दिदीक्षे | दिदीक्षाते | दिदीक्षिरे | अदीक्षिष्ट | अदीक्षिषाताम् | अदीक्षिषत |
| दिदीक्षिषे | दिदीक्षाथे | दिदीक्षिध्वे | अदीक्षिष्ठाः | अदीक्षिषाथाम् | अदीक्षिध्वम् |
| दिदीक्षे | दिदीक्षिवहे | दिदीक्षिमहे | अदीक्षिषि | अदीक्षिष्वहि | अदीक्षिष्महि |

610 ईक्ष दर्शने । ईक्षँ । ईक्ष् । ईक्षते । A । सेट् । स० । see, perceive

| | | | | | |
|---|---|---|---|---|---|
| ईक्षते | ईक्षेते | ईक्षन्ते | ऐक्षत | ऐक्षेताम् | ऐक्षन्त |
| ईक्षसे | ईक्षेथे | ईक्षध्वे | ऐक्षथाः | ऐक्षेथाम् | ऐक्षध्वम् |
| ईक्षे | ईक्षावहे | ईक्षामहे | ऐक्षे | ऐक्षावहि | ऐक्षामहि |

| | | | | | |
|---|---|---|---|---|---|
| ईक्षताम् | ईक्षेताम् | ईक्षन्ताम् | ईक्षेत | ईक्षेयाताम् | ईक्षेरन् |
| ईक्षस्व | ईक्षेथाम् | ईक्षध्वम् | ईक्षेथाः | ईक्षेयाथाम् | ईक्षेध्वम् |
| ईक्षै | ईक्षावहै | ईक्षामहै | ईक्षेय | ईक्षेवहि | ईक्षेमहि |

| | | | | | |
|---|---|---|---|---|---|
| ईक्षिष्यते | ईक्षिष्येते | ईक्षिष्यन्ते | ऐक्षिष्यत | ऐक्षिष्येताम् | ऐक्षिष्यन्त |
| ईक्षिष्यसे | ईक्षिष्येथे | ईक्षिष्यध्वे | ऐक्षिष्यथाः | ऐक्षिष्येथाम् | ऐक्षिष्यध्वम् |
| ईक्षिष्ये | ईक्षिष्यावहे | ईक्षिष्यामहे | ऐक्षिष्ये | ऐक्षिष्यावहि | ऐक्षिष्यामहि |

| | | | | | |
|---|---|---|---|---|---|
| ईक्षिता | ईक्षितारौ | ईक्षितारः | ईक्षिषीष्ट | ईक्षिषीयास्ताम् | ईक्षिषीरन् |
| ईक्षितासे | ईक्षितासाथे | ईक्षिताध्वे | ईक्षिषीष्ठाः | ईक्षिषीयास्थाम् | ईक्षिषीध्वम् |
| ईक्षिताहे | ईक्षितास्वहे | ईक्षितास्महे | ईक्षिषीय | ईक्षिषीवहि | ईक्षिषीमहि |

| | | | | | |
|---|---|---|---|---|---|
| **ईक्षाञ्चक्रे** | **ईक्षाञ्चक्राते** | **ईक्षाञ्चक्रिरे** | **ऐक्षिष्ट** | **ऐक्षिषाताम्** | **ऐक्षिषत** |
| **ईक्षाम्बभूव** | **ईक्षाम्बभूवतुः** | **ईक्षाम्बभूवुः** | | | |
| **ईक्षामास** | **ईक्षामासतुः** | **ईक्षामासुः** | | | |
| **ईक्षाञ्चकृषे** | **ईक्षाञ्चक्राथे** | **ईक्षाञ्चकृढ्वे** | **ऐक्षिष्ठाः** | **ऐक्षिषाथाम्** | **ऐक्षिध्वम्** |
| **ईक्षाम्बभूविथ** | **ईक्षाम्बभूवथुः** | **ईक्षाम्बभूव** | | | |
| **ईक्षामासिथ** | **ईक्षामासथुः** | **ईक्षामास** | | | |
| **ईक्षाञ्चक्रे** | **ईक्षाञ्चकृवहे** | **ईक्षाञ्चकृमहे** | **ऐक्षिषि** | **ऐक्षिष्वहि** | **ऐक्षिष्महि** |
| **ईक्षाम्बभूव** | **ईक्षाम्बभूविव** | **ईक्षाम्बभूविम** | | | |
| **ईक्षामास** | **ईक्षामासिव** | **ईक्षामासिम** | | | |

611 **ईष गतिहिंसादर्शनेषु** । **ईषँ** । **ईष्** । **ईषते** । A । **सेट्** । **स०** । go, kill, see, fly away, give

| | | | | | |
|---|---|---|---|---|---|
| ईषते | ईषेते | ईषन्ते | ऐषत | ऐषेताम् | ऐषन्त |
| ईषसे | ईषेथे | ईषध्वे | ऐषथाः | ऐषेथाम् | ऐषध्वम् |
| ईषे | ईषावहे | ईषामहे | ऐषे | ऐषावहि | ऐषामहि |

| | | | | | |
|---|---|---|---|---|---|
| ईषताम् | ईषेताम् | ईषन्ताम् | ईषेत | ईषेयाताम् | ईषेरन् |
| ईषस्व | ईषेथाम् | ईषध्वम् | ईषेथाः | ईषेयाथाम् | ईषेध्वम् |
| ईषै | ईषावहै | ईषामहै | ईषेय | ईषेवहि | ईषेमहि |

| | | | | | |
|---|---|---|---|---|---|
| ईषिष्यते | ईषिष्येते | ईषिष्यन्ते | ऐषिष्यत | ऐषिष्येताम् | ऐषिष्यन्त |
| ईषिष्यसे | ईषिष्येथे | ईषिष्यध्वे | ऐषिष्यथाः | ऐषिष्येथाम् | ऐषिष्यध्वम् |
| ईषिष्ये | ईषिष्यावहे | ईषिष्यामहे | ऐषिष्ये | ऐषिष्यावहि | ऐषिष्यामहि |

| | | | | | |
|---|---|---|---|---|---|
| ईषिता | ईषितारौ | ईषितारः | ईषिषीष्ट | ईषिषीयास्ताम् | ईषिषीरन् |
| ईषितासे | ईषितासाथे | ईषिताध्वे | ईषिषीष्ठाः | ईषिषीयास्थाम् | ईषिषीध्वम् |
| ईषिताहे | ईषितास्वहे | ईषितास्महे | ईषिषीय | ईषिषीवहि | ईषिषीमहि |

| | | | | | |
|---|---|---|---|---|---|
| **ईषाञ्चक्रे** | **ईषाञ्चक्राते** | **ईषाञ्चक्रिरे** | **ऐषिष्ट** | **ऐषिषाताम्** | **ऐषिषत** |

| | | | | | |
|---|---|---|---|---|---|
| ईषाम्बभूव | ईषाम्बभूवतुः | ईषाम्बभूवुः | | | |
| ईषामास | ईषामासतुः | ईषामासुः | | | |
| ईषाञ्चकृषे | ईषाञ्चक्राथे | ईषाञ्चकृढ्वे | ऐषिष्ठाः | ऐषिषाथाम् | ऐषिध्वम् |
| ईषाम्बभूविथ | ईषाम्बभूवथुः | ईषाम्बभूव | | | |
| ईषामासिथ | ईषामासथुः | ईषामास | | | |
| ईषाञ्चक्रे | ईषाञ्चकृवहे | ईषाञ्चकृमहे | ऐषिषि | ऐषिष्वहि | ऐषिष्महि |
| ईषाम्बभूव | ईषाम्बभूविव | ईषाम्बभूविम | | | |
| ईषामास | ईषामासिव | ईषामासिम | | | |

612 भाष व्यक्तायां वाचि । भाषँ । भाष् । भाषते । A । सेट् । स० । speak

| | | | | | |
|---|---|---|---|---|---|
| भाषते | भाषेते | भाषन्ते | अभाषत | अभाषेताम् | अभाषन्त |
| भाषसे | भाषेथे | भाषध्वे | अभाषथाः | अभाषेथाम् | अभाषध्वम् |
| भाषे | भाषावहे | भाषामहे | अभाषे | अभाषावहि | अभाषामहि |

| | | | | | |
|---|---|---|---|---|---|
| भाषताम् | भाषेताम् | भाषन्ताम् | भाषेत | भाषेयाताम् | भाषेरन् |
| भाषस्व | भाषेथाम् | भाषध्वम् | भाषेथाः | भाषेयाथाम् | भाषेध्वम् |
| भाषै | भाषावहै | भाषामहै | भाषेय | भाषेवहि | भाषेमहि |

| | | | | | |
|---|---|---|---|---|---|
| भाषिष्यते | भाषिष्येते | भाषिष्यन्ते | अभाषिष्यत | अभाषिष्येताम् | अभाषिष्यन्त |
| भाषिष्यसे | भाषिष्येथे | भाषिष्यध्वे | अभाषिष्यथाः | अभाषिष्येथाम् | अभाषिष्यध्वम् |
| भाषिष्ये | भाषिष्यावहे | भाषिष्यामहे | अभाषिष्ये | अभाषिष्यावहि | अभाषिष्यामहि |

| | | | | | |
|---|---|---|---|---|---|
| भाषिता | भाषितारौ | भाषितारः | भाषिषीष्ट | भाषिषीयास्ताम् | भाषिषीरन् |
| भाषितासे | भाषितासाथे | भाषिताध्वे | भाषिषीष्ठाः | भाषिषीयास्थाम् | भाषिषीध्वम् |
| भाषिताहे | भाषितास्वहे | भाषितास्महे | भाषिषीय | भाषिषीवहि | भाषिषीमहि |

| | | | | | |
|---|---|---|---|---|---|
| बभाषे | बभाषाते | बभाषिरे | अभाषिष्ट | अभाषिषाताम् | अभाषिषत |
| बभाषिषे | बभाषाथे | बभाषिध्वे | अभाषिष्ठाः | अभाषिषाथाम् | अभाषिढ्वम् |
| बभाषे | बभाषिवहे | बभाषिमहे | अभाषिषि | अभाषिष्वहि | अभाषिष्महि |

613 वर्ष स्नेहने । वृषु सेचन इत्यग्रे परस्मैपदी । वर्षँ । वर्ष् । वर्षते । A । सेट् । अ० । be wet, drenched

| | | | | | |
|---|---|---|---|---|---|
| वर्षते | वर्षेते | वर्षन्ते | अवर्षत | अवर्षेताम् | अवर्षन्त |
| वर्षसे | वर्षेथे | वर्षध्वे | अवर्षथाः | अवर्षेथाम् | अवर्षध्वम् |
| वर्षे | वर्षावहे | वर्षामहे | अवर्षे | अवर्षावहि | अवर्षामहि |

| | | | | | |
|---|---|---|---|---|---|
| वर्षताम् | वर्षेताम् | वर्षन्ताम् | वर्षेत | वर्षेयाताम् | वर्षेरन् |
| वर्षस्व | वर्षेथाम् | वर्षध्वम् | वर्षेथाः | वर्षेयाथाम् | वर्षेध्वम् |
| वर्षै | वर्षावहै | वर्षामहै | वर्षेय | वर्षेवहि | वर्षेमहि |

| | | | | | |
|---|---|---|---|---|---|
| वर्षिष्यते | वर्षिष्येते | वर्षिष्यन्ते | अवर्षिष्यत | अवर्षिष्येताम् | अवर्षिष्यन्त |

| वर्षिष्यसे | वर्षिष्येथे | वर्षिष्यध्वे | अवर्षिष्यथाः | अवर्षिष्येथाम् | अवर्षिष्यध्वम् |
| वर्षिष्ये | वर्षिष्यावहे | वर्षिष्यामहे | अवर्षिष्ये | अवर्षिष्यावहि | अवर्षिष्यामहि |
| | | | | | |
| वर्षिता | वर्षितारौ | वर्षितारः | वर्षिषीष्ट | **वर्षिषीयास्ताम्** | वर्षिषीरन् |
| वर्षितासे | वर्षितासाथे | वर्षिताध्वे | वर्षिषीष्ठाः | **वर्षिषीयास्थाम्** | वर्षिषीध्वम् |
| वर्षिताहे | वर्षितास्वहे | वर्षितास्महे | वर्षिषीय | वर्षिषीवहि | वर्षिषीमहि |
| | | | | | |
|ववर्षे | ववर्षाते | ववर्षिरे | अवर्षिष्ट | अवर्षिषाताम् | अवर्षिषत |
| ववर्षिषे | ववर्षाथे | ववर्षिध्वे | अवर्षिष्ठाः | अवर्षिषाथाम् | अवर्षिध्वम् |
| ववर्षे | ववर्षिवहे | ववर्षिमहे | अवर्षिषि | अवर्षिष्वहि | अवर्षिष्महि |

614 गेषृ अन्विच्छायाम् । ग्लेषृ इत्येके । गेषृँ । गेष् । गेषते । A । सेट् । स० । seek, investigate, search

| गेषते | गेषेते | गेषन्ते | अगेषत | अगेषेताम् | अगेषन्त |
| गेषसे | गेषेथे | गेषध्वे | अगेषथाः | अगेषेथाम् | अगेषध्वम् |
| गेषे | गेषावहे | गेषामहे | अगेषे | अगेषावहि | अगेषामहि |
| | | | | | |
| गेषताम् | गेषेताम् | गेषन्ताम् | गेषेत | गेषेयाताम् | गेषेरन् |
| गेषस्व | गेषेथाम् | गेषध्वम् | गेषेथाः | गेषेयाथाम् | गेषेध्वम् |
| गेषै | गेषावहै | गेषामहै | गेषेय | गेषेवहि | गेषेमहि |
| | | | | | |
| गेषिष्यते | गेषिष्येते | गेषिष्यन्ते | अगेषिष्यत | अगेषिष्येताम् | अगेषिष्यन्त |
| गेषिष्यसे | गेषिष्येथे | गेषिष्यध्वे | अगेषिष्यथाः | अगेषिष्येथाम् | अगेषिष्यध्वम् |
| गेषिष्ये | गेषिष्यावहे | गेषिष्यामहे | अगेषिष्ये | अगेषिष्यावहि | अगेषिष्यामहि |
| | | | | | |
| गेषिता | गेषितारौ | गेषितारः | गेषिषीष्ट | **गेषिषीयास्ताम्** | गेषिषीरन् |
| गेषितासे | गेषितासाथे | गेषिताध्वे | गेषिषीष्ठाः | **गेषिषीयास्थाम्** | गेषिषीध्वम् |
| गेषिताहे | गेषितास्वहे | गेषितास्महे | गेषिषीय | गेषिषीवहि | गेषिषीमहि |
| | | | | | |
| जिगेषे | जिगेषाते | जिगेषिरे | अगेषिष्ट | अगेषिषाताम् | अगेषिषत |
| जिगेषिषे | जिगेषाथे | जिगेषिध्वे | अगेषिष्ठाः | अगेषिषाथाम् | अगेषिध्वम् |
| जिगेषे | जिगेषिवहे | जिगेषिमहे | अगेषिषि | अगेषिष्वहि | अगेषिष्महि |

615 पेषृ प्रयत्ने । एषृ इत्येके । येषृ इत्यप्यन्ये । पेषृँ । पेष् । पेषते । A । सेट् । स० । make one stay, strive diligently

| पेषते | पेषेते | पेषन्ते | अपेषत | अपेषेताम् | अपेषन्त |
| पेषसे | पेषेथे | पेषध्वे | अपेषथाः | अपेषेथाम् | अपेषध्वम् |
| पेषे | पेषावहे | पेषामहे | अपेषे | अपेषावहि | अपेषामहि |
| | | | | | |
| पेषताम् | पेषेताम् | पेषन्ताम् | पेषेत | पेषेयाताम् | पेषेरन् |
| पेषस्व | पेषेथाम् | पेषध्वम् | पेषेथाः | पेषेयाथाम् | पेषेध्वम् |
| पेषै | पेषावहै | पेषामहै | पेषेय | पेषेवहि | पेषेमहि |

| | | | | | |
|---|---|---|---|---|---|
| पेषिष्यते | पेषिष्येते | पेषिष्यन्ते | अपेषिष्यत | अपेषिष्येताम् | अपेषिष्यन्त |
| पेषिष्यसे | पेषिष्येथे | पेषिष्यध्वे | अपेषिष्यथाः | अपेषिष्येथाम् | अपेषिष्यध्वम् |
| पेषिष्ये | पेषिष्यावहे | पेषिष्यामहे | अपेषिष्ये | अपेषिष्यावहि | अपेषिष्यामहि |

| | | | | | |
|---|---|---|---|---|---|
| पेषिता | पेषितारौ | पेषितारः | पेषिषीष्ट | **पेषिषीयास्ताम्** | पेषिषीरन् |
| पेषितासे | पेषितासाथे | पेषिताध्वे | पेषिषीष्ठाः | **पेषिषीयास्थाम्** | पेषिषीध्वम् |
| पेषिताहे | पेषितास्वहे | पेषितास्महे | पेषिषीय | पेषिषीवहि | पेषिषीमहि |

| | | | | | |
|---|---|---|---|---|---|
| पिपेषे | पिपेषाते | पिपेषिरे | अपेषिष्ट | अपेषिषाताम् | अपेषिषत |
| पिपेषिषे | पिपेषाथे | पिपेषिध्वे | अपेषिष्ठाः | अपेषिषाथाम् | अपेषिध्वम् |
| पिपेषे | पिपेषिवहे | पिपेषिमहे | अपेषिषि | अपेषिष्वहि | अपेषिष्महि |

616 **जेषृ गतौ** । **जेषृँ** । **जेष्** । **जेषते** । A । **सेट्** । **स०** । go

| | | | | | |
|---|---|---|---|---|---|
| जेषते | जेषेते | जेषन्ते | अजेषत | अजेषेताम् | अजेषन्त |
| जेषसे | जेषेथे | जेषध्वे | अजेषथाः | अजेषेथाम् | अजेषध्वम् |
| जेषे | जेषावहे | जेषामहे | अजेषे | अजेषावहि | अजेषामहि |

| | | | | | |
|---|---|---|---|---|---|
| जेषताम् | जेषेताम् | जेषन्ताम् | जेषेत | जेषेयाताम् | जेषेरन् |
| जेषस्व | जेषेथाम् | जेषध्वम् | जेषेथाः | जेषेयाथाम् | जेषेध्वम् |
| जेषै | जेषावहै | जेषामहै | जेषेय | जेषेवहि | जेषेमहि |

| | | | | | |
|---|---|---|---|---|---|
| जेषिष्यते | जेषिष्येते | जेषिष्यन्ते | अजेषिष्यत | अजेषिष्येताम् | अजेषिष्यन्त |
| जेषिष्यसे | जेषिष्येथे | जेषिष्यध्वे | अजेषिष्यथाः | अजेषिष्येथाम् | अजेषिष्यध्वम् |
| जेषिष्ये | जेषिष्यावहे | जेषिष्यामहे | अजेषिष्ये | अजेषिष्यावहि | अजेषिष्यामहि |

| | | | | | |
|---|---|---|---|---|---|
| जेषिता | जेषितारौ | जेषितारः | जेषिषीष्ट | **जेषिषीयास्ताम्** | जेषिषीरन् |
| जेषितासे | जेषितासाथे | जेषिताध्वे | जेषिषीष्ठाः | **जेषिषीयास्थाम्** | जेषिषीध्वम् |
| जेषिताहे | जेषितास्वहे | जेषितास्महे | जेषिषीय | जेषिषीवहि | जेषिषीमहि |

| | | | | | |
|---|---|---|---|---|---|
| जिजेषे | जिजेषाते | जिजेषिरे | अजेषिष्ट | अजेषिषाताम् | अजेषिषत |
| जिजेषिषे | जिजेषाथे | जिजेषिध्वे | अजेषिष्ठाः | अजेषिषाथाम् | अजेषिध्वम् |
| जिजेषे | जिजेषिवहे | जिजेषिमहे | अजेषिषि | अजेषिष्वहि | अजेषिष्महि |

617 **णेषृ गतौ** । **णेषृँ** । **नेष्** । **नेषते** । A । **सेट्** । **स०** । go, reach

| | | | | | |
|---|---|---|---|---|---|
| नेषते | नेषेते | नेषन्ते | अनेषत | अनेषेताम् | अनेषन्त |
| नेषसे | नेषेथे | नेषध्वे | अनेषथाः | अनेषेथाम् | अनेषध्वम् |
| नेषे | नेषावहे | नेषामहे | अनेषे | अनेषावहि | अनेषामहि |

| | | | | | |
|---|---|---|---|---|---|
| नेषताम् | नेषेताम् | नेषन्ताम् | नेषेत | नेषेयाताम् | नेषेरन् |
| नेषस्व | नेषेथाम् | नेषध्वम् | नेषेथाः | नेषेयाथाम् | नेषेध्वम् |
| नेषै | नेषावहै | नेषामहै | नेषेय | नेषेवहि | नेषेमहि |

| | | | | | |
|---|---|---|---|---|---|
| नेषिष्यते | नेषिष्येते | नेषिष्यन्ते | अनेषिष्यत | अनेषिष्येताम् | अनेषिष्यन्त |
| नेषिष्यसे | नेषिष्येथे | नेषिष्यध्वे | अनेषिष्यथाः | अनेषिष्येथाम् | अनेषिष्यध्वम् |
| नेषिष्ये | नेषिष्यावहे | नेषिष्यामहे | अनेषिष्ये | अनेषिष्यावहि | अनेषिष्यामहि |

| | | | | | |
|---|---|---|---|---|---|
| नेषिता | नेषितारौ | नेषितारः | नेषिषीष्ट | **नेषिषीयास्ताम्** | नेषिषीरन् |
| नेषितासे | नेषितासाथे | नेषिताध्वे | नेषिषीष्ठाः | **नेषिषीयास्थाम्** | नेषिषीध्वम् |
| नेषिताहे | नेषितास्वहे | नेषितास्महे | नेषिषीय | नेषिषीवहि | नेषिषीमहि |

| | | | | | |
|---|---|---|---|---|---|
| निनेषे | निनेषाते | निनेषिरे | अनेषिष्ट | अनेषिषाताम् | अनेषिषत |
| निनेषिषे | निनेषाथे | निनेषिध्वे | अनेषिष्ठाः | अनेषिषाथाम् | अनेषिध्वम् |
| निनेषे | निनेषिवहे | निनेषिमहे | अनेषिषि | अनेषिष्वहि | अनेषिष्महि |

618 **एषृ गतौ । एषृँ । एष् । एषते** । A । **सेट्** । **स०** । try, go

| | | | | | |
|---|---|---|---|---|---|
| एषते | एषेते | एषन्ते | ऐषत | ऐषेताम् | ऐषन्त |
| एषसे | एषेथे | एषध्वे | ऐषथाः | ऐषेथाम् | ऐषध्वम् |
| एषे | एषावहे | एषामहे | ऐषे | ऐषावहि | ऐषामहि |

| | | | | | |
|---|---|---|---|---|---|
| एषताम् | एषेताम् | एषन्ताम् | एषेत | एषेयाताम् | एषेरन् |
| एषस्व | एषेथाम् | एषध्वम् | एषेथाः | एषेयाथाम् | एषेध्वम् |
| एषै | एषावहै | एषामहै | एषेय | एषेवहि | एषेमहि |

| | | | | | |
|---|---|---|---|---|---|
| एषिष्यते | एषिष्येते | एषिष्यन्ते | ऐषिष्यत | ऐषिष्येताम् | ऐषिष्यन्त |
| एषिष्यसे | एषिष्येथे | एषिष्यध्वे | ऐषिष्यथाः | ऐषिष्येथाम् | ऐषिष्यध्वम् |
| एषिष्ये | एषिष्यावहे | एषिष्यामहे | ऐषिष्ये | ऐषिष्यावहि | ऐषिष्यामहि |

| | | | | | |
|---|---|---|---|---|---|
| एषिता | एषितारौ | एषितारः | एषिषीष्ट | **एषिषीयास्ताम्** | एषिषीरन् |
| एषितासे | एषितासाथे | एषिताध्वे | एषिषीष्ठाः | **एषिषीयास्थाम्** | एषिषीध्वम् |
| एषिताहे | एषितास्वहे | एषितास्महे | एषिषीय | एषिषीवहि | एषिषीमहि |

| | | | | | |
|---|---|---|---|---|---|
| **एषाञ्चक्रे** | **एषाञ्चक्राते** | **एषाञ्चक्रिरे** | **ऐषिष्ट** | **ऐषिषाताम्** | **ऐषिषत** |
| **एषाम्बभूव** | **एषाम्बभूवतुः** | **एषाम्बभूवुः** | | | |
| **एषामास** | **एषामासतुः** | **एषामासुः** | | | |
| **एषाञ्चकृषे** | **एषाञ्चक्राथे** | **एषाञ्चकृढ्वे** | **ऐषिष्ठाः** | **ऐषिषाथाम्** | **ऐषिध्वम्** |
| **एषाम्बभूविथ** | **एषाम्बभूवथुः** | **एषाम्बभूव** | | | |
| **एषामासिथ** | **एषामासथुः** | **एषामास** | | | |
| **एषाञ्चक्रे** | **एषाञ्चकृवहे** | **एषाञ्चकृमहे** | **ऐषिषि** | **ऐषिष्वहि** | **ऐषिष्महि** |
| **एषाम्बभूव** | **एषाम्बभूविव** | **एषाम्बभूविम** | | | |
| **एषामास** | **एषामासिव** | **एषामासिम** | | | |

619 **प्रेषृ गतौ । प्रेषृँ । प्रेष् । प्रेषते** । A । **सेट्** । **स०** । go, move, cast, throw

| प्रेषते | प्रेषेते | प्रेषन्ते | अप्रेषत | अप्रेषेताम् | अप्रेषन्त |
| प्रेषसे | प्रेषेथे | प्रेषध्वे | अप्रेषथाः | अप्रेषेथाम् | अप्रेषध्वम् |
| प्रेषे | प्रेषावहे | प्रेषामहे | अप्रेषे | अप्रेषावहि | अप्रेषामहि |
| प्रेषताम् | प्रेषेताम् | प्रेषन्ताम् | प्रेषेत | प्रेषेयाताम् | प्रेषेरन् |
| प्रेषस्व | प्रेषेथाम् | प्रेषध्वम् | प्रेषेथाः | प्रेषेयाथाम् | प्रेषेध्वम् |
| प्रेषै | प्रेषावहै | प्रेषामहै | प्रेषेय | प्रेषेवहि | प्रेषेमहि |
| प्रेषिष्यते | प्रेषिष्येते | प्रेषिष्यन्ते | अप्रेषिष्यत | अप्रेषिष्येताम् | अप्रेषिष्यन्त |
| प्रेषिष्यसे | प्रेषिष्येथे | प्रेषिष्यध्वे | अप्रेषिष्यथाः | अप्रेषिष्येथाम् | अप्रेषिष्यध्वम् |
| प्रेषिष्ये | प्रेषिष्यावहे | प्रेषिष्यामहे | अप्रेषिष्ये | अप्रेषिष्यावहि | अप्रेषिष्यामहि |
| प्रेषिता | प्रेषितारौ | प्रेषितारः | प्रेषिषीष्ट | **प्रेषिषीयास्ताम्** | प्रेषिषीरन् |
| प्रेषितासे | प्रेषितासाथे | प्रेषिताध्वे | प्रेषिषीष्ठाः | **प्रेषिषीयास्थाम्** | प्रेषिषीध्वम् |
| प्रेषिताहे | प्रेषितास्वहे | प्रेषितास्महे | प्रेषिषीय | प्रेषिषीवहि | प्रेषिषीमहि |
| पिप्रेषे | पिप्रेषाते | पिप्रेषिरे | अप्रेषिष्ट | अप्रेषिषाताम् | अप्रेषिषत |
| पिप्रेषिषे | पिप्रेषाथे | पिप्रेषिध्वे | अप्रेषिष्ठाः | अप्रेषिषाथाम् | अप्रेषिध्वम् |
| पिप्रेषे | पिप्रेषिवहे | पिप्रेषिमहे | अप्रेषिषि | अप्रेषिष्वहि | अप्रेषिष्महि |

**620 रेषृ** अव्यक्ते शब्दे । रेषृँ । रेष् । रेषते । A । सेट् । अ० । utter indistinctly, snarl, neigh, howl

| रेषते | रेषेते | रेषन्ते | अरेषत | अरेषेताम् | अरेषन्त |
| रेषसे | रेषेथे | रेषध्वे | अरेषथाः | अरेषेथाम् | अरेषध्वम् |
| रेषे | रेषावहे | रेषामहे | अरेषे | अरेषावहि | अरेषामहि |
| रेषताम् | रेषेताम् | रेषन्ताम् | रेषेत | रेषेयाताम् | रेषेरन् |
| रेषस्व | रेषेथाम् | रेषध्वम् | रेषेथाः | रेषेयाथाम् | रेषेध्वम् |
| रेषै | रेषावहै | रेषामहै | रेषेय | रेषेवहि | रेषेमहि |
| रेषिष्यते | रेषिष्येते | रेषिष्यन्ते | अरेषिष्यत | अरेषिष्येताम् | अरेषिष्यन्त |
| रेषिष्यसे | रेषिष्येथे | रेषिष्यध्वे | अरेषिष्यथाः | अरेषिष्येथाम् | अरेषिष्यध्वम् |
| रेषिष्ये | रेषिष्यावहे | रेषिष्यामहे | अरेषिष्ये | अरेषिष्यावहि | अरेषिष्यामहि |
| रेषिता | रेषितारौ | रेषितारः | रेषिषीष्ट | **रेषिषीयास्ताम्** | रेषिषीरन् |
| रेषितासे | रेषितासाथे | रेषिताध्वे | रेषिषीष्ठाः | **रेषिषीयास्थाम्** | रेषिषीध्वम् |
| रेषिताहे | रेषितास्वहे | रेषितास्महे | रेषिषीय | रेषिषीवहि | रेषिषीमहि |
| रिरेषे | रिरेषाते | रिरेषिरे | अरेषिष्ट | अरेषिषाताम् | अरेषिषत |
| रिरेषिषे | रिरेषाथे | रिरेषिध्वे | अरेषिष्ठाः | अरेषिषाथाम् | अरेषिध्वम् |
| रिरेषे | रिरेषिवहे | रिरेषिमहे | अरेषिषि | अरेषिष्वहि | अरेषिष्महि |

**621 हेषृ** अव्यक्ते शब्दे । हेषृँ । हेष् । हेषते । A । सेट् । अ० । neigh, sound like horse

| | | | | | |
|---|---|---|---|---|---|
| हेषते | हेषेते | हेषन्ते | अहेषत | अहेषेताम् | अहेषन्त |
| हेषसे | हेषेथे | हेषध्वे | अहेषथाः | अहेषेथाम् | अहेषध्वम् |
| हेषे | हेषावहे | हेषामहे | अहेषे | अहेषावहि | अहेषामहि |

| | | | | | |
|---|---|---|---|---|---|
| हेषताम् | हेषेताम् | हेषन्ताम् | हेषेत | हेषेयाताम् | हेषेरन् |
| हेषस्व | हेषेथाम् | हेषध्वम् | हेषेथाः | हेषेयाथाम् | हेषेध्वम् |
| हेषै | हेषावहै | हेषामहै | हेषेय | हेषेवहि | हेषेमहि |

| | | | | | |
|---|---|---|---|---|---|
| हेषिष्यते | हेषिष्येते | हेषिष्यन्ते | अहेषिष्यत | अहेषिष्येताम् | अहेषिष्यन्त |
| हेषिष्यसे | हेषिष्येथे | हेषिष्यध्वे | अहेषिष्यथाः | अहेषिष्येथाम् | अहेषिष्यध्वम् |
| हेषिष्ये | हेषिष्यावहे | हेषिष्यामहे | अहेषिष्ये | अहेषिष्यावहि | अहेषिष्यामहि |

| | | | | | |
|---|---|---|---|---|---|
| हेषिता | हेषितारौ | हेषितारः | हेषिषीष्ट | **हेषिषीयास्ताम्** | हेषिषीरन् |
| हेषितासे | हेषितासाथे | हेषिताध्वे | हेषिषीष्ठाः | **हेषिषीयास्थाम्** | हेषिषीध्वम् |
| हेषिताहे | हेषितास्वहे | हेषितास्महे | हेषिषीय | हेषिषीवहि | हेषिषीमहि |

| | | | | | |
|---|---|---|---|---|---|
| जिहेषे | जिहेषाते | जिहेषिरे | अहेषिष्ट | अहेषिषाताम् | अहेषिषत |
| जिहेषिषे | जिहेषाथे | जिहेषिध्वे | अहेषिष्ठाः | अहेषिषाथाम् | अहेषिध्वम् |
| जिहेषे | जिहेषिवहे | जिहेषिमहे | अहेषिषि | अहेषिष्वहि | अहेषिष्महि |

622 **ह्लेषृ अव्यक्ते शब्दे । ह्लेषृँ । ह्लेष् । ह्लेषते** । A । **सेट्** । अ० । neigh, sound like horse

| | | | | | |
|---|---|---|---|---|---|
| ह्लेषते | ह्लेषेते | ह्लेषन्ते | अह्लेषत | अह्लेषेताम् | अह्लेषन्त |
| ह्लेषसे | ह्लेषेथे | ह्लेषध्वे | अह्लेषथाः | अह्लेषेथाम् | अह्लेषध्वम् |
| ह्लेषे | ह्लेषावहे | ह्लेषामहे | अह्लेषे | अह्लेषावहि | अह्लेषामहि |

| | | | | | |
|---|---|---|---|---|---|
| ह्लेषताम् | ह्लेषेताम् | ह्लेषन्ताम् | ह्लेषेत | ह्लेषेयाताम् | ह्लेषेरन् |
| ह्लेषस्व | ह्लेषेथाम् | ह्लेषध्वम् | ह्लेषेथाः | ह्लेषेयाथाम् | ह्लेषेध्वम् |
| ह्लेषै | ह्लेषावहै | ह्लेषामहै | ह्लेषेय | ह्लेषेवहि | ह्लेषेमहि |

| | | | | | |
|---|---|---|---|---|---|
| ह्लेषिष्यते | ह्लेषिष्येते | ह्लेषिष्यन्ते | अह्लेषिष्यत | अह्लेषिष्येताम् | अह्लेषिष्यन्त |
| ह्लेषिष्यसे | ह्लेषिष्येथे | ह्लेषिष्यध्वे | अह्लेषिष्यथाः | अह्लेषिष्येथाम् | अह्लेषिष्यध्वम् |
| ह्लेषिष्ये | ह्लेषिष्यावहे | ह्लेषिष्यामहे | अह्लेषिष्ये | अह्लेषिष्यावहि | अह्लेषिष्यामहि |

| | | | | | |
|---|---|---|---|---|---|
| ह्लेषिता | ह्लेषितारौ | ह्लेषितारः | ह्लेषिषीष्ट | **ह्लेषिषीयास्ताम्** | ह्लेषिषीरन् |
| ह्लेषितासे | ह्लेषितासाथे | ह्लेषिताध्वे | ह्लेषिषीष्ठाः | **ह्लेषिषीयास्थाम्** | ह्लेषिषीध्वम् |
| ह्लेषिताहे | ह्लेषितास्वहे | ह्लेषितास्महे | ह्लेषिषीय | ह्लेषिषीवहि | ह्लेषिषीमहि |

| | | | | | |
|---|---|---|---|---|---|
| जिह्लेषे | जिह्लेषाते | जिह्लेषिरे | अह्लेषिष्ट | अह्लेषिषाताम् | अह्लेषिषत |
| जिह्लेषिषे | जिह्लेषाथे | जिह्लेषिध्वे | अह्लेषिष्ठाः | अह्लेषिषाथाम् | अह्लेषिध्वम् |
| जिह्लेषे | जिह्लेषिवहे | जिह्लेषिमहे | अह्लेषिषि | अह्लेषिष्वहि | अह्लेषिष्महि |

623 **कासृ शब्दकुत्सायाम्** । **कासृँ** । **कास्** । **कासते** । A । **सेट्** । अ० । cough

3.1.35 कास्प्रत्ययादाममन्त्रे लिटि । 3.1.40 कृञ् चानुप्रयुज्यते लिटि ।

| | | | | | |
|---|---|---|---|---|---|
| कासते | कासेते | कासन्ते | अकासत | अकासेताम् | अकासन्त |
| काससे | कासेथे | कासध्वे | अकासथाः | अकासेथाम् | अकासध्वम् |
| कासे | कासावहे | कासामहे | अकासे | अकासावहि | अकासामहि |

| | | | | | |
|---|---|---|---|---|---|
| कासताम् | कासेताम् | कासन्ताम् | कासेत | कासेयाताम् | कासेरन् |
| कासस्व | कासेथाम् | कासध्वम् | कासेथाः | कासेयाथाम् | कासेध्वम् |
| कासै | कासावहै | कासामहै | कासेय | कासेवहि | कासेमहि |

| | | | | | |
|---|---|---|---|---|---|
| कासिष्यते | कासिष्येते | कासिष्यन्ते | अकासिष्यत | अकासिष्येताम् | अकासिष्यन्त |
| कासिष्यसे | कासिष्येथे | कासिष्यध्वे | अकासिष्यथाः | अकासिष्येथाम् | अकासिष्यध्वम् |
| कासिष्ये | कासिष्यावहे | कासिष्यामहे | अकासिष्ये | अकासिष्यावहि | अकासिष्यामहि |

| | | | | | |
|---|---|---|---|---|---|
| कासिता | कासितारौ | कासितारः | कासिषीष्ट | कासिषीयास्ताम् | कासिषीरन् |
| कासितासे | कासितासाथे | कासिताध्वे | कासिषीष्ठाः | कासिषीयास्थाम् | कासिषीध्वम् |
| कासिताहे | कासितास्वहे | कासितास्महे | कासिषीय | कासिषीवहि | कासिषीमहि |

| | | | | | |
|---|---|---|---|---|---|
| कासाञ्चक्रे | कासाञ्चक्राते | कासाञ्चक्रिरे | अकासिष्ट | अकासिषाताम् | अकासिषत |
| कासाम्बभूव | कासाम्बभूवतुः | कासाम्बभूवुः | | | |
| कासामास | कासामासतुः | कासामासुः | | | |
| कासाञ्चकृषे | कासाञ्चक्राथे | कासाञ्चकृढ्वे | अकासिष्ठाः | अकासिषाथाम् | अकासिध्वम् |
| कासाम्बभूविथ | कासाम्बभूवथुः | कासाम्बभूव | | | |
| कासामासिथ | कासामासथुः | कासामास | | | |
| कासाञ्चक्रे | कासाञ्चकृवहे | कासाञ्चकृमहे | अकासिषि | अकासिष्वहि | अकासिष्महि |
| कासाम्बभूव | कासाम्बभूविव | कासाम्बभूविम | | | |
| कासामास | कासामासिव | कासामासिम | | | |

624 भासृ दीप्तौ । भासृँ । भास् । भासते । A । सेट् । अ० । shine, be bright

| | | | | | |
|---|---|---|---|---|---|
| भासते | भासेते | भासन्ते | अभासत | अभासेताम् | अभासन्त |
| भाससे | भासेथे | भासध्वे | अभासथाः | अभासेथाम् | अभासध्वम् |
| भासे | भासावहे | भासामहे | अभासे | अभासावहि | अभासामहि |

| | | | | | |
|---|---|---|---|---|---|
| भासताम् | भासेताम् | भासन्ताम् | भासेत | भासेयाताम् | भासेरन् |
| भासस्व | भासेथाम् | भासध्वम् | भासेथाः | भासेयाथाम् | भासेध्वम् |
| भासै | भासावहै | भासामहै | भासेय | भासेवहि | भासेमहि |

| | | | | | |
|---|---|---|---|---|---|
| भासिष्यते | भासिष्येते | भासिष्यन्ते | अभासिष्यत | अभासिष्येताम् | अभासिष्यन्त |
| भासिष्यसे | भासिष्येथे | भासिष्यध्वे | अभासिष्यथाः | अभासिष्येथाम् | अभासिष्यध्वम् |
| भासिष्ये | भासिष्यावहे | भासिष्यामहे | अभासिष्ये | अभासिष्यावहि | अभासिष्यामहि |

| | | | | | |
|---|---|---|---|---|---|
| भासिता | भासितारौ | भासितारः | भासिषीष्ट | **भासिषीयास्ताम्** | भासिषीरन् |
| भासितासे | भासितासाथे | भासिताध्वे | भासिषीष्ठाः | **भासिषीयास्थाम्** | भासिषीध्वम् |
| भासिताहे | भासितास्वहे | भासितास्महे | भासिषीय | भासिषीवहि | भासिषीमहि |

| | | | | | |
|---|---|---|---|---|---|
| बभासे | बभासाते | बभासिरे | अभासिष्ट | अभासिषाताम् | अभासिषत |
| बभासिषे | बभासाथे | बभासिध्वे | अभासिष्ठाः | अभासिषाथाम् | अभासिध्वम् |
| बभासे | बभासिवहे | बभासिमहे | अभासिषि | अभासिष्वहि | अभासिष्महि |

**625 णासृ शब्दे । णासृँ । नास् । नासते । A । सेट् । अ० । sound**

| | | | | | |
|---|---|---|---|---|---|
| नासते | नासेते | नासन्ते | अनासत | अनासेताम् | अनासन्त |
| नाससे | नासेथे | नासध्वे | अनासथाः | अनासेथाम् | अनासध्वम् |
| नासे | नासावहे | नासामहे | अनासे | अनासावहि | अनासामहि |

| | | | | | |
|---|---|---|---|---|---|
| नासताम् | नासेताम् | नासन्ताम् | नासेत | नासेयाताम् | नासेरन् |
| नासस्व | नासेथाम् | नासध्वम् | नासेथाः | नासेयाथाम् | नासेध्वम् |
| नासै | नासावहै | नासामहै | नासेय | नासेवहि | नासेमहि |

| | | | | | |
|---|---|---|---|---|---|
| नासिष्यते | नासिष्येते | नासिष्यन्ते | अनासिष्यत | अनासिष्येताम् | अनासिष्यन्त |
| नासिष्यसे | नासिष्येथे | नासिष्यध्वे | अनासिष्यथाः | अनासिष्येथाम् | अनासिष्यध्वम् |
| नासिष्ये | नासिष्यावहे | नासिष्यामहे | अनासिष्ये | अनासिष्यावहि | अनासिष्यामहि |

| | | | | | |
|---|---|---|---|---|---|
| नासिता | नासितारौ | नासितारः | नासिषीष्ट | **नासिषीयास्ताम्** | नासिषीरन् |
| नासितासे | नासितासाथे | नासिताध्वे | नासिषीष्ठाः | **नासिषीयास्थाम्** | नासिषीध्वम् |
| नासिताहे | नासितास्वहे | नासितास्महे | नासिषीय | नासिषीवहि | नासिषीमहि |

| | | | | | |
|---|---|---|---|---|---|
| ननासे | ननासाते | ननासिरे | अनासिष्ट | अनासिषाताम् | अनासिषत |
| ननासिषे | ननासाथे | ननासिध्वे | अनासिष्ठाः | अनासिषाथाम् | अनासिध्वम् |
| ननासे | ननासिवहे | ननासिमहे | अनासिषि | अनासिष्वहि | अनासिष्महि |

**626 रासृ शब्दे । रासृँ । रास् । रासते । A । सेट् । अ० । cry, scream, make sounds**

| | | | | | |
|---|---|---|---|---|---|
| रासते | रासेते | रासन्ते | अरासत | अरासेताम् | अरासन्त |
| राससे | रासेथे | रासध्वे | अरासथाः | अरासेथाम् | अरासध्वम् |
| रासे | रासावहे | रासामहे | अरासे | अरासावहि | अरासामहि |

| | | | | | |
|---|---|---|---|---|---|
| रासताम् | रासेताम् | रासन्ताम् | रासेत | रासेयाताम् | रासेरन् |
| रासस्व | रासेथाम् | रासध्वम् | रासेथाः | रासेयाथाम् | रासेध्वम् |
| रासै | रासावहै | रासामहै | रासेय | रासेवहि | रासेमहि |

| | | | | | |
|---|---|---|---|---|---|
| रासिष्यते | रासिष्येते | रासिष्यन्ते | अरासिष्यत | अरासिष्येताम् | अरासिष्यन्त |
| रासिष्यसे | रासिष्येथे | रासिष्यध्वे | अरासिष्यथाः | अरासिष्येथाम् | अरासिष्यध्वम् |
| रासिष्ये | रासिष्यावहे | रासिष्यामहे | अरासिष्ये | अरासिष्यावहि | अरासिष्यामहि |

| रासिता | रासितारौ | रासितारः | रासिषीष्ट | **रासिषीयास्ताम्** | रासिषीरन् |
| रासितासे | रासितासाथे | रासिताध्वे | रासिषीष्ठाः | **रासिषीयास्थाम्** | रासिषीध्वम् |
| रासिताहे | रासितास्वहे | रासितास्महे | रासिषीय | रासिषीवहि | रासिषीमहि |

| ररासे | ररासाते | ररासिरे | अरासिष्ट | अरासिषाताम् | अरासिषत |
| ररासिषे | ररासाथे | ररासिध्वे | अरासिष्ठाः | अरासिषाथाम् | अरासिध्वम् |
| ररासे | ररासिवहे | ररासिमहे | अरासिषि | अरासिष्वहि | अरासिष्महि |

**627 णस कौटिल्ये । णसँ । नस् । नसते । A । सेट् । अ० । be crooked, be fraudulent**

| नसते | नसेते | नसन्ते | अनसत | अनसेताम् | अनसन्त |
| नससे | नसेथे | नसध्वे | अनसथाः | अनसेथाम् | अनसध्वम् |
| नसे | नसावहे | नसामहे | अनसे | अनसावहि | अनसामहि |

| नसताम् | नसेताम् | नसन्ताम् | नसेत | नसेयाताम् | नसेरन् |
| नसस्व | नसेथाम् | नसध्वम् | नसेथाः | नसेयाथाम् | नसेध्वम् |
| नसै | नसावहै | नसामहै | नसेय | नसेवहि | नसेमहि |

| नसिष्यते | नसिष्येते | नसिष्यन्ते | अनसिष्यत | अनसिष्येताम् | अनसिष्यन्त |
| नसिष्यसे | नसिष्येथे | नसिष्यध्वे | अनसिष्यथाः | अनसिष्येथाम् | अनसिष्यध्वम् |
| नसिष्ये | नसिष्यावहे | नसिष्यामहे | अनसिष्ये | अनसिष्यावहि | अनसिष्यामहि |

| नसिता | नसितारौ | नसितारः | नसिषीष्ट | **नसिषीयास्ताम्** | नसिषीरन् |
| नसितासे | नसितासाथे | नसिताध्वे | नसिषीष्ठाः | **नसिषीयास्थाम्** | नसिषीध्वम् |
| नसिताहे | नसितास्वहे | नसितास्महे | नसिषीय | नसिषीवहि | नसिषीमहि |

| नेसे | नेसाते | नेसिरे | अनसिष्ट | अनसिषाताम् | अनसिषत |
| नेसिषे | नेसाथे | नेसिध्वे | अनसिष्ठाः | अनसिषाथाम् | अनसिध्वम् |
| नेसे | नेसिवहे | नेसिमहे | अनसिषि | अनसिष्वहि | अनसिष्महि |

**628 भ्यस भये । भ्यसँ । भ्यस् । भ्यसते । A । सेट् । अ० । be afraid**

| भ्यसते | भ्यसेते | भ्यसन्ते | अभ्यसत | अभ्यसेताम् | अभ्यसन्त |
| भ्यससे | भ्यसेथे | भ्यसध्वे | अभ्यसथाः | अभ्यसेथाम् | अभ्यसध्वम् |
| भ्यसे | भ्यसावहे | भ्यसामहे | अभ्यसे | अभ्यसावहि | अभ्यसामहि |

| भ्यसताम् | भ्यसेताम् | भ्यसन्ताम् | भ्यसेत | भ्यसेयाताम् | भ्यसेरन् |
| भ्यसस्व | भ्यसेथाम् | भ्यसध्वम् | भ्यसेथाः | भ्यसेयाथाम् | भ्यसेध्वम् |
| भ्यसै | भ्यसावहै | भ्यसामहै | भ्यसेय | भ्यसेवहि | भ्यसेमहि |

| भ्यसिष्यते | भ्यसिष्येते | भ्यसिष्यन्ते | अभ्यसिष्यत | अभ्यसिष्येताम् | अभ्यसिष्यन्त |
| भ्यसिष्यसे | भ्यसिष्येथे | भ्यसिष्यध्वे | अभ्यसिष्यथाः | अभ्यसिष्येथाम् | अभ्यसिष्यध्वम् |
| भ्यसिष्ये | भ्यसिष्यावहे | भ्यसिष्यामहे | अभ्यसिष्ये | अभ्यसिष्यावहि | अभ्यसिष्यामहि |

| | | | | | | |
|---|---|---|---|---|---|---|
| भ्यसिता | भ्यसितारौ | भ्यसितारः | भ्यसिषीष्ट | भ्यसिषीयास्ताम् | भ्यसिषीरन् |
| भ्यसितासे | भ्यसितासाथे | भ्यसिताध्वे | भ्यसिषीष्ठाः | भ्यसिषीयास्थाम् | भ्यसिषीध्वम् |
| भ्यसिताहे | भ्यसितास्वहे | भ्यसितास्महे | भ्यसिषीय | भ्यसिषीवहि | भ्यसिषीमहि |
| बभ्यसे | बभ्यसाते | बभ्यसिरे | अभ्यसिष्ट | अभ्यसिषाताम् | अभ्यसिषत |
| बभ्यसिषे | बभ्यसाथे | बभ्यसिध्वे | अभ्यसिष्ठाः | अभ्यसिषाथाम् | अभ्यसिध्वम् |
| बभ्यसे | बभ्यसिवहे | बभ्यसिमहे | अभ्यसिषि | अभ्यसिष्वहि | अभ्यसिष्महि |

**629** आङः शसि इच्छायाम् । आङः शसिँ । आशंस् । आशंसते । A । सेट् । स० । desire

We have given Sarvadhatuka Affixes with particle आङ् and Ardhadhatuka without.

| | | | | | |
|---|---|---|---|---|---|
| आशंसते | आशंसेते | आशंसन्ते | आशंसत | आशंसेताम् | आशंसन्त |
| आशंससे | आशंसेथे | आशंसध्वे | आशंसथाः | आशंसेथाम् | आशंसध्वम् |
| आशंसे | आशंसावहे | आशंसामहे | आशंसे | आशंसावहि | आशंसामहि |
| आशंसताम् | आशंसेताम् | आशंसन्ताम् | आशंसेत | आशंसेयाताम् | आशंसेरन् |
| आशंसस्व | आशंसेथाम् | आशंसध्वम् | आशंसेथाः | आशंसेयाथाम् | आशंसेध्वम् |
| आशंसै | आशंसावहै | आशंसामहै | आशंसेय | आशंसेवहि | आशंसेमहि |
| शंसिष्यते | शंसिष्येते | शंसिष्यन्ते | अशंसिष्यत | अशंसिष्येताम् | अशंसिष्यन्त |
| शंसिष्यसे | शंसिष्येथे | शंसिष्यध्वे | अशंसिष्यथाः | अशंसिष्येथाम् | अशंसिष्यध्वम् |
| शंसिष्ये | शंसिष्यावहे | शंसिष्यामहे | अशंसिष्ये | अशंसिष्यावहि | अशंसिष्यामहि |
| शंसिता | शंसितारौ | शंसितारः | शंसिषीष्ट | शंसिषीयास्ताम् | शंसिषीरन् |
| शंसितासे | शंसितासाथे | शंसिताध्वे | शंसिषीष्ठाः | शंसिषीयास्थाम् | शंसिषीध्वम् |
| शंसिताहे | शंसितास्वहे | शंसितास्महे | शंसिषीय | शंसिषीवहि | शंसिषीमहि |
| शशंसे | शशंसाते | शशंसिरे | अशंसिष्ट | अशंसिषाताम् | अशंसिषत |
| शशंसिषे | शशंसाथे | शशंसिध्वे | अशंसिष्ठाः | अशंसिषाथाम् | अशंसिध्वम् |
| शशंसे | शशंसिवहे | शशंसिमहे | अशंसिषि | अशंसिष्वहि | अशंसिष्महि |

**630** ग्रसु अदने । ग्रसुँ । ग्रस् । ग्रसते । A । सेट् । स० । swallow, eat, devour, consume

| | | | | | |
|---|---|---|---|---|---|
| ग्रसते | ग्रसेते | ग्रसन्ते | अग्रसत | अग्रसेताम् | अग्रसन्त |
| ग्रससे | ग्रसेथे | ग्रसध्वे | अग्रसथाः | अग्रसेथाम् | अग्रसध्वम् |
| ग्रसे | ग्रसावहे | ग्रसामहे | अग्रसे | अग्रसावहि | अग्रसामहि |
| ग्रसताम् | ग्रसेताम् | ग्रसन्ताम् | ग्रसेत | ग्रसेयाताम् | ग्रसेरन् |
| ग्रसस्व | ग्रसेथाम् | ग्रसध्वम् | ग्रसेथाः | ग्रसेयाथाम् | ग्रसेध्वम् |
| ग्रसै | ग्रसावहै | ग्रसामहै | ग्रसेय | ग्रसेवहि | ग्रसेमहि |
| ग्रसिष्यते | ग्रसिष्येते | ग्रसिष्यन्ते | अग्रसिष्यत | अग्रसिष्येताम् | अग्रसिष्यन्त |

| ग्रसिष्यसे | ग्रसिष्येथे | ग्रसिष्यध्वे | अग्रसिष्यथाः | अग्रसिष्येथाम् | अग्रसिष्यध्वम् |
| ग्रसिष्ये | ग्रसिष्यावहे | ग्रसिष्यामहे | अग्रसिष्ये | अग्रसिष्यावहि | अग्रसिष्यामहि |

| ग्रसिता | ग्रसितारौ | ग्रसितारः | ग्रसिषीष्ट | ग्रसिषीयास्ताम् | ग्रसिषीरन् |
| ग्रसितासे | ग्रसितासाथे | ग्रसिताध्वे | ग्रसिषीष्ठाः | ग्रसिषीयास्थाम् | ग्रसिषीध्वम् |
| ग्रसिताहे | ग्रसितास्वहे | ग्रसितास्महे | ग्रसिषीय | ग्रसिषीवहि | ग्रसिषीमहि |

| जग्रसे | जग्रसाते | जग्रसिरे | अग्रसिष्ट | अग्रसिषाताम् | अग्रसिषत |
| जग्रसिषे | जग्रसाथे | जग्रसिध्वे | अग्रसिष्ठाः | अग्रसिषाथाम् | अग्रसिध्वम् |
| जग्रसे | जग्रसिवहे | जग्रसिमहे | अग्रसिषि | अग्रसिष्वहि | अग्रसिष्महि |

631 ग्लसु अदने । ग्लसुँ । ग्लस् । ग्लसते । A । सेट् । स० । eat, digest, devour

| ग्लसते | ग्लसेते | ग्लसन्ते | अग्लसत | अग्लसेताम् | अग्लसन्त |
| ग्लससे | ग्लसेथे | ग्लसध्वे | अग्लसथाः | अग्लसेथाम् | अग्लसध्वम् |
| ग्लसे | ग्लसावहे | ग्लसामहे | अग्लसे | अग्लसावहि | अग्लसामहि |

| ग्लसताम् | ग्लसेताम् | ग्लसन्ताम् | ग्लसेत | ग्लसेयाताम् | ग्लसेरन् |
| ग्लसस्व | ग्लसेथाम् | ग्लसध्वम् | ग्लसेथाः | ग्लसेयाथाम् | ग्लसेध्वम् |
| ग्लसै | ग्लसावहै | ग्लसामहै | ग्लसेय | ग्लसेवहि | ग्लसेमहि |

| ग्लसिष्यते | ग्लसिष्येते | ग्लसिष्यन्ते | अग्लसिष्यत | अग्लसिष्येताम् | अग्लसिष्यन्त |
| ग्लसिष्यसे | ग्लसिष्येथे | ग्लसिष्यध्वे | अग्लसिष्यथाः | अग्लसिष्येथाम् | अग्लसिष्यध्वम् |
| ग्लसिष्ये | ग्लसिष्यावहे | ग्लसिष्यामहे | अग्लसिष्ये | अग्लसिष्यावहि | अग्लसिष्यामहि |

| ग्लसिता | ग्लसितारौ | ग्लसितारः | ग्लसिषीष्ट | ग्लसिषीयास्ताम् | ग्लसिषीरन् |
| ग्लसितासे | ग्लसितासाथे | ग्लसिताध्वे | ग्लसिषीष्ठाः | ग्लसिषीयास्थाम् | ग्लसिषीध्वम् |
| ग्लसिताहे | ग्लसितास्वहे | ग्लसितास्महे | ग्लसिषीय | ग्लसिषीवहि | ग्लसिषीमहि |

| जग्लसे | जग्लसाते | जग्लसिरे | अग्लसिष्ट | अग्लसिषाताम् | अग्लसिषत |
| जग्लसिषे | जग्लसाथे | जग्लसिध्वे | अग्लसिष्ठाः | अग्लसिषाथाम् | अग्लसिध्वम् |
| जग्लसे | जग्लसिवहे | जग्लसिमहे | अग्लसिषि | अग्लसिष्वहि | अग्लसिष्महि |

632 ईह चेष्टायाम् । ईहँ । ईह् । ईहते । A । सेट् । अ० । desire, aim, endeavour 8.3.79

| ईहते | ईहेते | ईहन्ते | ऐहत | ऐहेताम् | ऐहन्त |
| ईहसे | ईहेथे | ईहध्वे | ऐहथाः | ऐहेथाम् | ऐहध्वम् |
| ईहे | ईहावहे | ईहामहे | ऐहे | ऐहावहि | ऐहामहि |

| ईहताम् | ईहेताम् | ईहन्ताम् | ईहेत | ईहेयाताम् | ईहेरन् |
| ईहस्व | ईहेथाम् | ईहध्वम् | ईहेथाः | ईहेयाथाम् | ईहेध्वम् |
| ईहै | ईहावहै | ईहामहै | ईहेय | ईहेवहि | ईहेमहि |

| ईहिष्यते | ईहिष्येते | ईहिष्यन्ते | ऐहिष्यत | ऐहिष्येताम् | ऐहिष्यन्त |

| | | | | | |
|---|---|---|---|---|---|
| ईहिष्यसे | ईहिष्येथे | ईहिष्यध्वे | ऐहिष्यथाः | ऐहिष्येथाम् | ऐहिष्यध्वम् |
| ईहिष्ये | ईहिष्यावहे | ईहिष्यामहे | ऐहिष्ये | ऐहिष्यावहि | ऐहिष्यामहि |

| | | | | | |
|---|---|---|---|---|---|
| ईहिता | ईहितारौ | ईहितारः | ईहिषीष्ट | ईहिषीयास्ताम् | ईहिषीरन् |
| ईहितासे | ईहितासाथे | ईहिताध्वे | ईहिषीष्ठाः | ईहिषीयास्थाम् | ईहिषीध्वम् ढ्वम् |
| ईहिताहे | ईहितास्वहे | ईहितास्महे | ईहिषीय | ईहिषीवहि | ईहिषीमहि |

| | | | | | |
|---|---|---|---|---|---|
| ईहाञ्चक्रे | ईहाञ्चक्राते | ईहाञ्चक्रिरे | ऐहिष्ट | ऐहिषाताम् | ऐहिषत |
| ईहाम्बभूव | ईहाम्बभूवतुः | ईहाम्बभूवुः | | | |
| ईहामास | ईहामासतुः | ईहामासुः | | | |
| ईहाञ्चकृषे | ईहाञ्चक्राथे | ईहाञ्चकृढ्वे | ऐहिष्ठाः | ऐहिषाथाम् | ऐहिध्वम् -ढ्वम् |
| ईहाम्बभूविथ | ईहाम्बभूवथुः | ईहाम्बभूव | | | |
| ईहामासिथ | ईहामासथुः | ईहामास | | | |
| ईहाञ्चक्रे | ईहाञ्चकृवहे | ईहाञ्चकृमहे | ऐहिषि | ऐहिष्वहि | ऐहिष्महि |
| ईहाम्बभूव | ईहाम्बभूविव | ईहाम्बभूविम | | | |
| ईहामास | ईहामासिव | ईहामासिम | | | |

633 बहि वृद्धौ । बहिँ । बंह् । बंहते । A । सेट् । अ० । grow, prosper 8.3.79

| | | | | | |
|---|---|---|---|---|---|
| बंहते | बंहेते | बंहन्ते | अबंहत | अबंहेताम् | अबंहन्त |
| बंहसे | बंहेथे | बंहध्वे | अबंहथाः | अबंहेथाम् | अबंहध्वम् |
| बंहे | बंहावहे | बंहामहे | अबंहे | अबंहावहि | अबंहामहि |

| | | | | | |
|---|---|---|---|---|---|
| बंहताम् | बंहेताम् | बंहन्ताम् | बंहेत | बंहेयाताम् | बंहेरन् |
| बंहस्व | बंहेथाम् | बंहध्वम् | बंहेथाः | बंहेयाथाम् | बंहेध्वम् |
| बंहै | बंहावहै | बंहामहै | बंहेय | बंहेवहि | बंहेमहि |

| | | | | | |
|---|---|---|---|---|---|
| बंहिष्यते | बंहिष्येते | बंहिष्यन्ते | अबंहिष्यत | अबंहिष्येताम् | अबंहिष्यन्त |
| बंहिष्यसे | बंहिष्येथे | बंहिष्यध्वे | अबंहिष्यथाः | अबंहिष्येथाम् | अबंहिष्यध्वम् |
| बंहिष्ये | बंहिष्यावहे | बंहिष्यामहे | अबंहिष्ये | अबंहिष्यावहि | अबंहिष्यामहि |

| | | | | | |
|---|---|---|---|---|---|
| बंहिता | बंहितारौ | बंहितारः | बंहिषीष्ट | बंहिषीयास्ताम् | बंहिषीरन् |
| बंहितासे | बंहितासाथे | बंहिताध्वे | बंहिषीष्ठाः | बंहिषीयास्थाम् | बंहिषीध्वम् ढ्वम् |
| बंहिताहे | बंहितास्वहे | बंहितास्महे | बंहिषीय | बंहिषीवहि | बंहिषीमहि |

| | | | | | |
|---|---|---|---|---|---|
| बबंहे | बबंहाते | बबंहिरे | अबंहिष्ट | अबंहिषाताम् | अबंहिषत |
| बबंहिषे | बबंहाथे | बबंहिध्वे -ढ्वे | अबंहिष्ठाः | अबंहिषाथाम् | अबंहिध्वम् -ढ्वम् |
| बबंहे | बबंहिवहे | बबंहिमहे | अबंहिषि | अबंहिष्वहि | अबंहिष्महि |

634 महि वृद्धौ । वहि इत्येके । महिँ । मंह् । मंहते । A । सेट् । अ० । grow 8.3.79

| | | | | | |
|---|---|---|---|---|---|
| मंहते | मंहेते | मंहन्ते | अमंहत | अमंहेताम् | अमंहन्त |
| मंहसे | मंहेथे | मंहध्वे | अमंहथाः | अमंहेथाम् | अमंहध्वम् |
| मंहे | मंहावहे | मंहामहे | अमंहे | अमंहावहि | अमंहामहि |

| | | | | | |
|---|---|---|---|---|---|
| मंहताम् | मंहेताम् | मंहन्ताम् | मंहेत | मंहेयाताम् | मंहेरन् |
| मंहस्व | मंहेथाम् | मंहध्वम् | मंहेथाः | मंहेयाथाम् | मंहेध्वम् |
| मंहै | मंहावहै | मंहामहै | मंहेय | मंहेवहि | मंहेमहि |

| | | | | | |
|---|---|---|---|---|---|
| मंहिष्यते | मंहिष्येते | मंहिष्यन्ते | अमंहिष्यत | अमंहिष्येताम् | अमंहिष्यन्त |
| मंहिष्यसे | मंहिष्येथे | मंहिष्यध्वे | अमंहिष्यथाः | अमंहिष्येथाम् | अमंहिष्यध्वम् |
| मंहिष्ये | मंहिष्यावहे | मंहिष्यामहे | अमंहिष्ये | अमंहिष्यावहि | अमंहिष्यामहि |

| | | | | | |
|---|---|---|---|---|---|
| मंहिता | मंहितारौ | मंहितारः | मंहिषीष्ट | **मंहिषीयास्ताम्** | मंहिषीरन् |
| मंहितासे | मंहितासाथे | मंहिताध्वे | मंहिषीष्ठाः | **मंहिषीयास्थाम्** | **मंहिषीध्वम् ढ्वम्** |
| मंहिताहे | मंहितास्वहे | मंहितास्महे | मंहिषीय | मंहिषीवहि | मंहिषीमहि |

| | | | | | |
|---|---|---|---|---|---|
| ममंहे | ममंहाते | ममंहिरे | अमंहिष्ट | अमंहिषाताम् | अमंहिषत |
| ममंहिषे | ममंहाथे | ममंहिध्वे -ढ्वे | अमंहिष्ठाः | अमंहिषाथाम् | **अमंहिध्वम् -ढ्वम्** |
| ममंहे | ममंहिवहे | ममंहिमहे | अमंहिषि | अमंहिष्वहि | अमंहिष्महि |

635 **अहि गतौ** । **अहिँ** । **अंह्** । **अंहते** । A । **सेट्** । **स०** । go 7.4.70 7.4.71 8.3.79

| | | | | | |
|---|---|---|---|---|---|
| अंहते | अंहेते | अंहन्ते | आंहत | आंहेताम् | आंहन्त |
| अंहसे | अंहेथे | अंहध्वे | आंहथाः | आंहेथाम् | आंहध्वम् |
| अंहे | अंहावहे | अंहामहे | आंहे | आंहावहि | आंहामहि |

| | | | | | |
|---|---|---|---|---|---|
| अंहताम् | अंहेताम् | अंहन्ताम् | अंहेत | अंहेयाताम् | अंहेरन् |
| अंहस्व | अंहेथाम् | अंहध्वम् | अंहेथाः | अंहेयाथाम् | अंहेध्वम् |
| अंहै | अंहावहै | अंहामहै | अंहेय | अंहेवहि | अंहेमहि |

| | | | | | |
|---|---|---|---|---|---|
| अंहिष्यते | अंहिष्येते | अंहिष्यन्ते | आंहिष्यत | आंहिष्येताम् | आंहिष्यन्त |
| अंहिष्यसे | अंहिष्येथे | अंहिष्यध्वे | आंहिष्यथाः | आंहिष्येथाम् | आंहिष्यध्वम् |
| अंहिष्ये | अंहिष्यावहे | अंहिष्यामहे | आंहिष्ये | आंहिष्यावहि | आंहिष्यामहि |

| | | | | | |
|---|---|---|---|---|---|
| अंहिता | अंहितारौ | अंहितारः | अंहिषीष्ट | **अंहिषीयास्ताम्** | अंहिषीरन् |
| अंहितासे | अंहितासाथे | अंहिताध्वे | अंहिषीष्ठाः | **अंहिषीयास्थाम्** | **अंहिषीध्वम् ढ्वम्** |
| अंहिताहे | अंहितास्वहे | अंहितास्महे | अंहिषीय | अंहिषीवहि | अंहिषीमहि |

| | | | | | |
|---|---|---|---|---|---|
| आनंहे | आनंहाते | आनंहिरे | आंहिष्ट | आंहिषाताम् | आंहिषत |
| आनंहिषे | आनंहाथे | आनंहिध्वे -ढ्वे | आंहिष्ठाः | आंहिषाथाम् | **आंहिध्वम् -ढ्वम्** |
| आनंहे | आनंहिवहे | आनंहिमहे | आंहिषि | आंहिष्वहि | आंहिष्महि |

636 **गर्ह कुत्सायाम्** । **गर्हँ** । **गर्ह्** । **गर्हते** । A । **सेट्** । **स०** । blame, criticize, accuse, reproach

| | | | | | |
|---|---|---|---|---|---|
| गर्हते | गर्हेते | गर्हन्ते | अगर्हत | अगर्हेताम् | अगर्हन्त |
| गर्हसे | गर्हेथे | गर्हध्वे | अगर्हथाः | अगर्हेथाम् | अगर्हध्वम् |
| गर्हे | गर्हावहे | गर्हामहे | अगर्हे | अगर्हावहि | अगर्हामहि |

| | | | | | |
|---|---|---|---|---|---|
| गर्हताम् | गर्हेताम् | गर्हन्ताम् | गर्हेत | गर्हेयाताम् | गर्हेरन् |
| गर्हस्व | गर्हेथाम् | गर्हध्वम् | गर्हेथाः | गर्हेयाथाम् | गर्हेध्वम् |
| गर्है | गर्हावहै | गर्हामहै | गर्हेय | गर्हेवहि | गर्हेमहि |

| | | | | | |
|---|---|---|---|---|---|
| गर्हिष्यते | गर्हिष्येते | गर्हिष्यन्ते | अगर्हिष्यत | अगर्हिष्येताम् | अगर्हिष्यन्त |
| गर्हिष्यसे | गर्हिष्येथे | गर्हिष्यध्वे | अगर्हिष्यथाः | अगर्हिष्येथाम् | अगर्हिष्यध्वम् |
| गर्हिष्ये | गर्हिष्यावहे | गर्हिष्यामहे | अगर्हिष्ये | अगर्हिष्यावहि | अगर्हिष्यामहि |

| | | | | | |
|---|---|---|---|---|---|
| गर्हिता | गर्हितारौ | गर्हितारः | गर्हिषीष्ट | **गर्हिषीयास्ताम्** | गर्हिषीरन् |
| गर्हितासे | गर्हितासाथे | गर्हिताध्वे | गर्हिषीष्ठाः | **गर्हिषीयास्थाम्** | **गर्हिषीध्वम् ढ्वम्** |
| गर्हिताहे | गर्हितास्वहे | गर्हितास्महे | गर्हिषीय | गर्हिषीवहि | गर्हिषीमहि |

| | | | | | |
|---|---|---|---|---|---|
| जगर्हे | जगर्हाते | जगर्हिरे | अगर्हिष्ट | अगर्हिषाताम् | अगर्हिषत |
| जगर्हिषे | जगर्हाथे | जगर्हिध्वे -ढ्वे | अगर्हिष्ठाः | अगर्हिषाथाम् | **अगर्हिध्वम् -ढ्वम्** |
| जगर्हे | जगर्हिवहे | जगर्हिमहे | अगर्हिषि | अगर्हिष्वहि | अगर्हिष्महि |

637 **गल्ह कुत्सायाम्** । **गल्हँ** । **गल्ह्** । **गल्हते** । A । **सेट्** । **स०** । blame, accuse 8.3.79

| | | | | | |
|---|---|---|---|---|---|
| गल्हते | गल्हेते | गल्हन्ते | अगल्हत | अगल्हेताम् | अगल्हन्त |
| गल्हसे | गल्हेथे | गल्हध्वे | अगल्हथाः | अगल्हेथाम् | अगल्हध्वम् |
| गल्हे | गल्हावहे | गल्हामहे | अगल्हे | अगल्हावहि | अगल्हामहि |

| | | | | | |
|---|---|---|---|---|---|
| गल्हताम् | गल्हेताम् | गल्हन्ताम् | गल्हेत | गल्हेयाताम् | गल्हेरन् |
| गल्हस्व | गल्हेथाम् | गल्हध्वम् | गल्हेथाः | गल्हेयाथाम् | गल्हेध्वम् |
| गल्है | गल्हावहै | गल्हामहै | गल्हेय | गल्हेवहि | गल्हेमहि |

| | | | | | |
|---|---|---|---|---|---|
| गल्हिष्यते | गल्हिष्येते | गल्हिष्यन्ते | अगल्हिष्यत | अगल्हिष्येताम् | अगल्हिष्यन्त |
| गल्हिष्यसे | गल्हिष्येथे | गल्हिष्यध्वे | अगल्हिष्यथाः | अगल्हिष्येथाम् | अगल्हिष्यध्वम् |
| गल्हिष्ये | गल्हिष्यावहे | गल्हिष्यामहे | अगल्हिष्ये | अगल्हिष्यावहि | अगल्हिष्यामहि |

| | | | | | |
|---|---|---|---|---|---|
| गल्हिता | गल्हितारौ | गल्हितारः | गल्हिषीष्ट | **गल्हिषीयास्ताम्** | गल्हिषीरन् |
| गल्हितासे | गल्हितासाथे | गल्हिताध्वे | गल्हिषीष्ठाः | **गल्हिषीयास्थाम्** | **गल्हिषीध्वम् ढ्वम्** |
| गल्हिताहे | गल्हितास्वहे | गल्हितास्महे | गल्हिषीय | गल्हिषीवहि | गल्हिषीमहि |

| | | | | | |
|---|---|---|---|---|---|
| जगल्हे | जगल्हाते | जगल्हिरे | अगल्हिष्ट | अगल्हिषाताम् | अगल्हिषत |
| जगल्हिषे | जगल्हाथे | जगल्हिध्वे -ढ्वे | अगल्हिष्ठाः | अगल्हिषाथाम् | **अगल्हिध्वम् -ढ्वम्** |
| जगल्हे | जगल्हिवहे | जगल्हिमहे | अगल्हिषि | अगल्हिष्वहि | अगल्हिष्महि |

638 **बर्ह प्राधान्ये । बर्हँ । बर्ह् । बर्हते ।** A **। सेट् । स० ।** be the best, shine 8.3.79

| | | | | | |
|---|---|---|---|---|---|
| बर्हते | बर्हेते | बर्हन्ते | अबर्हत | अबर्हेताम् | अबर्हन्त |
| बर्हसे | बर्हेथे | बर्हध्वे | अबर्हथाः | अबर्हेथाम् | अबर्हध्वम् |
| बर्हे | बर्हावहे | बर्हामहे | अबर्हे | अबर्हावहि | अबर्हामहि |

| | | | | | |
|---|---|---|---|---|---|
| बर्हताम् | बर्हेताम् | बर्हन्ताम् | बर्हेत | बर्हेयाताम् | बर्हेरन् |
| बर्हस्व | बर्हेथाम् | बर्हध्वम् | बर्हेथाः | बर्हेयाथाम् | बर्हेध्वम् |
| बर्है | बर्हावहै | बर्हामहै | बर्हेय | बर्हेवहि | बर्हेमहि |

| | | | | | |
|---|---|---|---|---|---|
| बर्हिष्यते | बर्हिष्येते | बर्हिष्यन्ते | अबर्हिष्यत | अबर्हिष्येताम् | अबर्हिष्यन्त |
| बर्हिष्यसे | बर्हिष्येथे | बर्हिष्यध्वे | अबर्हिष्यथाः | अबर्हिष्येथाम् | अबर्हिष्यध्वम् |
| बर्हिष्ये | बर्हिष्यावहे | बर्हिष्यामहे | अबर्हिष्ये | अबर्हिष्यावहि | अबर्हिष्यामहि |

| | | | | | |
|---|---|---|---|---|---|
| बर्हिता | बर्हितारौ | बर्हितारः | बर्हिषीष्ट | **बर्हिषीयास्ताम्** | बर्हिषीरन् |
| बर्हितासे | बर्हितासाथे | बर्हिताध्वे | बर्हिषीष्ठाः | **बर्हिषीयास्थाम्** | **बर्हिषीध्वम् ढ्वम्** |
| बर्हिताहे | बर्हितास्वहे | बर्हितास्महे | बर्हिषीय | बर्हिषीवहि | बर्हिषीमहि |

| | | | | | |
|---|---|---|---|---|---|
| बबर्हे | बबर्हाते | बबर्हिरे | अबर्हिष्ट | अबर्हिषाताम् | अबर्हिषत |
| बबर्हिषे | बबर्हाथे | बबर्हिध्वे -ढ्वे | अबर्हिष्ठाः | अबर्हिषाथाम् | **अबर्हिध्वम् -ढ्वम्** |
| बबर्हे | बबर्हिवहे | बबर्हिमहे | अबर्हिषि | अबर्हिष्वहि | अबर्हिष्महि |

639 **बल्ह प्राधान्ये । बल्हँ । बल्ह् । बल्हते ।** A **। सेट् । स० ।** be the best, shine 8.3.79

| | | | | | |
|---|---|---|---|---|---|
| बल्हते | बल्हेते | बल्हन्ते | अबल्हत | अबल्हेताम् | अबल्हन्त |
| बल्हसे | बल्हेथे | बल्हध्वे | अबल्हथाः | अबल्हेथाम् | अबल्हध्वम् |
| बल्हे | बल्हावहे | बल्हामहे | अबल्हे | अबल्हावहि | अबल्हामहि |

| | | | | | |
|---|---|---|---|---|---|
| बल्हताम् | बल्हेताम् | बल्हन्ताम् | बल्हेत | बल्हेयाताम् | बल्हेरन् |
| बल्हस्व | बल्हेथाम् | बल्हध्वम् | बल्हेथाः | बल्हेयाथाम् | बल्हेध्वम् |
| बल्है | बल्हावहै | बल्हामहै | बल्हेय | बल्हेवहि | बल्हेमहि |

| | | | | | |
|---|---|---|---|---|---|
| बल्हिष्यते | बल्हिष्येते | बल्हिष्यन्ते | अबल्हिष्यत | अबल्हिष्येताम् | अबल्हिष्यन्त |
| बल्हिष्यसे | बल्हिष्येथे | बल्हिष्यध्वे | अबल्हिष्यथाः | अबल्हिष्येथाम् | अबल्हिष्यध्वम् |
| बल्हिष्ये | बल्हिष्यावहे | बल्हिष्यामहे | अबल्हिष्ये | अबल्हिष्यावहि | अबल्हिष्यामहि |

| | | | | | |
|---|---|---|---|---|---|
| बल्हिता | बल्हितारौ | बल्हितारः | बल्हिषीष्ट | **बल्हिषीयास्ताम्** | बल्हिषीरन् |
| बल्हितासे | बल्हितासाथे | बल्हिताध्वे | बल्हिषीष्ठाः | **बल्हिषीयास्थाम्** | **बल्हिषीध्वम् ढ्वम्** |
| बल्हिताहे | बल्हितास्वहे | बल्हितास्महे | बल्हिषीय | बल्हिषीवहि | बल्हिषीमहि |

| | | | | | |
|---|---|---|---|---|---|
| बबल्हे | बबल्हाते | बबल्हिरे | अबल्हिष्ट | अबल्हिषाताम् | अबल्हिषत |
| बबल्हिषे | बबल्हाथे | बबल्हिध्वे -ढ्वे | अबल्हिष्ठाः | अबल्हिषाथाम् | **अबल्हिध्वम् -ढ्वम्** |

| | | | | | |
|---|---|---|---|---|---|
| बबल्हे | बबल्हिवहे | बबल्हिमहे | अबल्हिषि | अबल्हिष्वहि | अबल्हिष्महि |

640 **वर्ह परिभाषणहिंसाच्छादनेषु** । **वर्हँ** । **वर्ह्** । **वर्हते** । A । **सेट्** । **स०** । tell, say, injure, cover

| | | | | | |
|---|---|---|---|---|---|
| **वर्हते** | **वर्हेते** | **वर्हन्ते** | **अवर्हत** | **अवर्हेताम्** | **अवर्हन्त** |
| वर्हसे | वर्हेथे | वर्हध्वे | अवर्हथाः | अवर्हेथाम् | अवर्हध्वम् |
| वर्हे | वर्हावहे | वर्हामहे | अवर्हे | अवर्हावहि | अवर्हामहि |

| | | | | | |
|---|---|---|---|---|---|
| वर्हताम् | वर्हेताम् | वर्हन्ताम् | वर्हेत | वर्हेयाताम् | वर्हेरन् |
| वर्हस्व | वर्हेथाम् | वर्हध्वम् | वर्हेथाः | वर्हेयाथाम् | वर्हेध्वम् |
| वर्है | वर्हावहै | वर्हामहै | वर्हेय | वर्हेवहि | वर्हेमहि |

| | | | | | |
|---|---|---|---|---|---|
| वर्हिष्यते | वर्हिष्येते | वर्हिष्यन्ते | अवर्हिष्यत | अवर्हिष्येताम् | अवर्हिष्यन्त |
| वर्हिष्यसे | वर्हिष्येथे | वर्हिष्यध्वे | अवर्हिष्यथाः | अवर्हिष्येथाम् | अवर्हिष्यध्वम् |
| वर्हिष्ये | वर्हिष्यावहे | वर्हिष्यामहे | अवर्हिष्ये | अवर्हिष्यावहि | अवर्हिष्यामहि |

| | | | | | |
|---|---|---|---|---|---|
| वर्हिता | वर्हितारौ | वर्हितारः | वर्हिषीष्ट | **वर्हिषीयास्ताम्** | वर्हिषीरन् |
| वर्हितासे | वर्हितासाथे | वर्हिताध्वे | वर्हिषीष्ठाः | **वर्हिषीयास्थाम्** | **वर्हिषीध्वम् ढ्वम्** |
| वर्हिताहे | वर्हितास्वहे | वर्हितास्महे | वर्हिषीय | वर्हिषीवहि | वर्हिषीमहि |

| | | | | | |
|---|---|---|---|---|---|
| ववर्हे | ववर्हाते | ववर्हिरे | अवर्हिष्ट | अवर्हिषाताम् | अवर्हिषत |
| ववर्हिषे | ववर्हाथे | ववर्हिध्वे -ढ्वे | अवर्हिष्ठाः | अवर्हिषाथाम् | **अवर्हिध्वम् -ढ्वम्** |
| ववर्हे | ववर्हिवहे | ववर्हिमहे | अवर्हिषि | अवर्हिष्वहि | अवर्हिष्महि |

641 **वल्ह परिभाषणहिंसाच्छादनेषु** । **वल्हँ** । **वल्ह्** । **वल्हते** । A । **सेट्** । **स०** । speak, hurt, cover

| | | | | | |
|---|---|---|---|---|---|
| वल्हते | वल्हेते | वल्हन्ते | अवल्हत | अवल्हेताम् | अवल्हन्त |
| वल्हसे | वल्हेथे | वल्हध्वे | अवल्हथाः | अवल्हेथाम् | अवल्हध्वम् |
| वल्हे | वल्हावहे | वल्हामहे | अवल्हे | अवल्हावहि | अवल्हामहि |

| | | | | | |
|---|---|---|---|---|---|
| वल्हताम् | वल्हेताम् | वल्हन्ताम् | वल्हेत | वल्हेयाताम् | वल्हेरन् |
| वल्हस्व | वल्हेथाम् | वल्हध्वम् | वल्हेथाः | वल्हेयाथाम् | वल्हेध्वम् |
| वल्है | वल्हावहै | वल्हामहै | वल्हेय | वल्हेवहि | वल्हेमहि |

| | | | | | |
|---|---|---|---|---|---|
| वल्हिष्यते | वल्हिष्येते | वल्हिष्यन्ते | अवल्हिष्यत | अवल्हिष्येताम् | अवल्हिष्यन्त |
| वल्हिष्यसे | वल्हिष्येथे | वल्हिष्यध्वे | अवल्हिष्यथाः | अवल्हिष्येथाम् | अवल्हिष्यध्वम् |
| वल्हिष्ये | वल्हिष्यावहे | वल्हिष्यामहे | अवल्हिष्ये | अवल्हिष्यावहि | अवल्हिष्यामहि |

| | | | | | |
|---|---|---|---|---|---|
| वल्हिता | वल्हितारौ | वल्हितारः | वल्हिषीष्ट | **वल्हिषीयास्ताम्** | वल्हिषीरन् |
| वल्हितासे | वल्हितासाथे | वल्हिताध्वे | वल्हिषीष्ठाः | **वल्हिषीयास्थाम्** | **वल्हिषीध्वम् ढ्वम्** |
| वल्हिताहे | वल्हितास्वहे | वल्हितास्महे | वल्हिषीय | वल्हिषीवहि | वल्हिषीमहि |

| | | | | | |
|---|---|---|---|---|---|
| ववल्हे | ववल्हाते | ववल्हिरे | अवल्हिष्ट | अवल्हिषाताम् | अवल्हिषत |

| | | | | | |
|---|---|---|---|---|---|
| ववल्हिषे | ववल्हाथे | ववल्हिध्वे -ढ्वे | अवल्हिष्ठाः | अवल्हिषाथाम् | **अवल्हिध्वम् -ढ्वम्** |
| ववल्हे | ववल्हिवहे | ववल्हिमहे | अवल्हिषि | अवल्हिष्वहि | अवल्हिष्महि |

642 **प्लिह गतौ** । प्लिहँ । प्लिह् । **प्लेहते** । A । **सेट्** । **स०** । go, move 8.3.79 1.2.5 **असंयोगाल्लिट् कित्** ।

| | | | | | |
|---|---|---|---|---|---|
| प्लेहते | प्लेहेते | प्लेहन्ते | अप्लेहत | अप्लेहेताम् | अप्लेहन्त |
| प्लेहसे | प्लेहेथे | प्लेहध्वे | अप्लेहथाः | अप्लेहेथाम् | अप्लेहध्वम् |
| प्लेहे | प्लेहावहे | प्लेहामहे | अप्लेहे | अप्लेहावहि | अप्लेहामहि |

| | | | | | |
|---|---|---|---|---|---|
| प्लेहताम् | प्लेहेताम् | प्लेहन्ताम् | प्लेहेत | प्लेहेयाताम् | प्लेहेरन् |
| प्लेहस्व | प्लेहेथाम् | प्लेहध्वम् | प्लेहेथाः | प्लेहेयाथाम् | प्लेहेध्वम् |
| प्लेहै | प्लेहावहै | प्लेहामहै | प्लेहेय | प्लेहेवहि | प्लेहेमहि |

| | | | | | |
|---|---|---|---|---|---|
| प्लेहिष्यते | प्लेहिष्येते | प्लेहिष्यन्ते | अप्लेहिष्यत | अप्लेहिष्येताम् | अप्लेहिष्यन्त |
| प्लेहिष्यसे | प्लेहिष्येथे | प्लेहिष्यध्वे | अप्लेहिष्यथाः | अप्लेहिष्येथाम् | अप्लेहिष्यध्वम् |
| प्लेहिष्ये | प्लेहिष्यावहे | प्लेहिष्यामहे | अप्लेहिष्ये | अप्लेहिष्यावहि | अप्लेहिष्यामहि |

| | | | | | |
|---|---|---|---|---|---|
| प्लेहिता | प्लेहितारौ | प्लेहितारः | प्लेहिषीष्ट | **प्लेहिषीयास्ताम्** | प्लेहिषीरन् |
| प्लेहितासे | प्लेहितासाथे | प्लेहिताध्वे | प्लेहिषीष्ठाः | **प्लेहिषीयास्थाम्** | **प्लेहिषीध्वम् ढ्वम्** |
| प्लेहिताहे | प्लेहितास्वहे | प्लेहितास्महे | प्लेहिषीय | प्लेहिषीवहि | प्लेहिषीमहि |

| | | | | | |
|---|---|---|---|---|---|
| पिप्लिहे | पिप्लिहाते | पिप्लिहिरे | अप्लेहिष्ट | अप्लेहिषाताम् | अप्लेहिषत |
| पिप्लिहिषे | पिप्लिहाथे | **पिप्लिहिध्वे -ढ्वे** | अप्लेहिष्ठाः | अप्लेहिषाथाम् | **अप्लेहिध्वम् -ढ्वम्** |
| पिप्लिहे | पिप्लिहिवहे | पिप्लिहिमहे | अप्लेहिषि | अप्लेहिष्वहि | अप्लेहिष्महि |

643 **वेह प्रयत्ने** । **बेह केचित्** । **वेहँ** । **वेह्** । **वेहते** । A । **सेट्** । **अ०** । try, make commitment, make one stay 8.3.79

| | | | | | |
|---|---|---|---|---|---|
| वेहते | वेहेते | वेहन्ते | अवेहत | अवेहेताम् | अवेहन्त |
| वेहसे | वेहेथे | वेहध्वे | अवेहथाः | अवेहेथाम् | अवेहध्वम् |
| वेहे | वेहावहे | वेहामहे | अवेहे | अवेहावहि | अवेहामहि |

| | | | | | |
|---|---|---|---|---|---|
| वेहताम् | वेहेताम् | वेहन्ताम् | वेहेत | वेहेयाताम् | वेहेरन् |
| वेहस्व | वेहेथाम् | वेहध्वम् | वेहेथाः | वेहेयाथाम् | वेहेध्वम् |
| वेहै | वेहावहै | वेहामहै | वेहेय | वेहेवहि | वेहेमहि |

| | | | | | |
|---|---|---|---|---|---|
| वेहिष्यते | वेहिष्येते | वेहिष्यन्ते | अवेहिष्यत | अवेहिष्येताम् | अवेहिष्यन्त |
| वेहिष्यसे | वेहिष्येथे | वेहिष्यध्वे | अवेहिष्यथाः | अवेहिष्येथाम् | अवेहिष्यध्वम् |
| वेहिष्ये | वेहिष्यावहे | वेहिष्यामहे | अवेहिष्ये | अवेहिष्यावहि | अवेहिष्यामहि |

| | | | | | |
|---|---|---|---|---|---|
| वेहिता | वेहितारौ | वेहितारः | वेहिषीष्ट | **वेहिषीयास्ताम्** | वेहिषीरन् |
| वेहितासे | वेहितासाथे | वेहिताध्वे | वेहिषीष्ठाः | **वेहिषीयास्थाम्** | **वेहिषीध्वम् ढ्वम्** |
| वेहिताहे | वेहितास्वहे | वेहितास्महे | वेहिषीय | वेहिषीवहि | वेहिषीमहि |

| | | | | | |
|---|---|---|---|---|---|
| विवेहे | विवेहाते | विवेहिरे | अवेहिष्ट | अवेहिषाताम् | अवेहिषत |
| विवेहिषे | विवेहाथे | विवेहिध्वे -ढ्वे | अवेहिष्ठाः | अवेहिषाथाम् | **अवेहिध्वम् -ढ्वम्** |
| विवेहे | विवेहिवहे | विवेहिमहे | अवेहिषि | अवेहिष्वहि | अवेहिष्महि |

644 **जेहृ प्रयत्ने । गतौ च । जेहृँ । जेह् । जेहते** । A । **सेट्** । **अ०** । attempt with curiosity, go

| | | | | | |
|---|---|---|---|---|---|
| जेहते | जेहेते | जेहन्ते | अजेहत | अजेहेताम् | अजेहन्त |
| जेहसे | जेहेथे | जेहध्वे | अजेहथाः | अजेहेथाम् | अजेहध्वम् |
| जेहे | जेहावहे | जेहामहे | अजेहे | अजेहावहि | अजेहामहि |
| | | | | | |
| जेहताम् | जेहेताम् | जेहन्ताम् | जेहेत | जेहेयाताम् | जेहेरन् |
| जेहस्व | जेहेथाम् | जेहध्वम् | जेहेथाः | जेहेयाथाम् | जेहेध्वम् |
| जेहै | जेहावहै | जेहामहै | जेहेय | जेहेवहि | जेहेमहि |
| | | | | | |
| जेहिष्यते | जेहिष्येते | जेहिष्यन्ते | अजेहिष्यत | अजेहिष्येताम् | अजेहिष्यन्त |
| जेहिष्यसे | जेहिष्येथे | जेहिष्यध्वे | अजेहिष्यथाः | अजेहिष्येथाम् | अजेहिष्यध्वम् |
| जेहिष्ये | जेहिष्यावहे | जेहिष्यामहे | अजेहिष्ये | अजेहिष्यावहि | अजेहिष्यामहि |
| | | | | | |
| जेहिता | जेहितारौ | जेहितारः | जेहिषीष्ट | **जेहिषीयास्ताम्** | जेहिषीरन् |
| जेहितासे | जेहितासाथे | जेहिताध्वे | जेहिषीष्ठाः | **जेहिषीयास्थाम्** | **जेहिषीध्वम् ढ्वम्** |
| जेहिताहे | जेहितास्वहे | जेहितास्महे | जेहिषीय | जेहिषीवहि | जेहिषीमहि |
| | | | | | |
| जिजेहे | जिजेहाते | जिजेहिरे | अजेहिष्ट | अजेहिषाताम् | अजेहिषत |
| जिजेहिषे | जिजेहाथे | जिजेहिध्वे -ढ्वे | अजेहिष्ठाः | अजेहिषाथाम् | **अजेहिध्वम् -ढ्वम्** |
| जिजेहे | जिजेहिवहे | जिजेहिमहे | अजेहिषि | अजेहिष्वहि | अजेहिष्महि |

645 **वाहृ प्रयत्ने । बाहृ केचित् । जेहृ गतावपि । वाहृँ । वाह् । वाहते** । A । **सेट्** । **अ०** । make exemplary effort, stay. *Famous word* **बाढम्** WOW Great ! 8.3.79

| **लट्** 1 Present Tense | | | **लङ्** 2 Imperfect Past Tense | | |
|---|---|---|---|---|---|
| वाहते | वाहेते | वाहन्ते | अवाहत | अवाहेताम् | अवाहन्त |
| वाहसे | वाहेथे | वाहध्वे | अवाहथाः | अवाहेथाम् | अवाहध्वम् |
| वाहे | वाहावहे | वाहामहे | अवाहे | अवाहावहि | अवाहामहि |
| | | | | | |
| वाहताम् | वाहेताम् | वाहन्ताम् | वाहेत | वाहेयाताम् | वाहेरन् |
| वाहस्व | वाहेथाम् | वाहध्वम् | वाहेथाः | वाहेयाथाम् | वाहेध्वम् |
| वाहै | वाहावहै | वाहामहै | वाहेय | वाहेवहि | वाहेमहि |
| | | | | | |
| वाहिष्यते | वाहिष्येते | वाहिष्यन्ते | अवाहिष्यत | अवाहिष्येताम् | अवाहिष्यन्त |
| वाहिष्यसे | वाहिष्येथे | वाहिष्यध्वे | अवाहिष्यथाः | अवाहिष्येथाम् | अवाहिष्यध्वम् |
| वाहिष्ये | वाहिष्यावहे | वाहिष्यामहे | अवाहिष्ये | अवाहिष्यावहि | अवाहिष्यामहि |

| | | | | | |
|---|---|---|---|---|---|
| वाहिता | वाहितारौ | वाहितारः | वाहिषीष्ट | वाहिषीयास्ताम् | वाहिषीरन् |
| वाहितासे | वाहितासाथे | वाहिताध्वे | वाहिषीष्ठाः | वाहिषीयास्थाम् | वाहिषीध्वम् ढ्वम् |
| वाहिताहे | वाहितास्वहे | वाहितास्महे | वाहिषीय | वाहिषीवहि | वाहिषीमहि |

| | | | | | |
|---|---|---|---|---|---|
| ववाहे | ववाहाते | ववाहिरे | अवाहिष्ट | अवाहिषाताम् | अवाहिषत |
| ववाहिषे | ववाहाथे | ववाहिध्वे -ढ्वे | अवाहिष्ठाः | अवाहिषाथाम् | अवाहिध्वम् -ढ्वम् |
| ववाहे | ववाहिवहे | ववाहिमहे | अवाहिषि | अवाहिष्वहि | अवाहिष्महि |

646 **द्राहृ निद्राक्षये । निक्षेप इत्येके । द्राहृँ । द्राह् । द्राहते** । A । **सेट्** । अ० । awaken, mortgage

| | | | | | |
|---|---|---|---|---|---|
| द्राहते | द्राहेते | द्राहन्ते | अद्राहत | अद्राहेताम् | अद्राहन्त |
| द्राहसे | द्राहेथे | द्राहध्वे | अद्राहथाः | अद्राहेथाम् | अद्राहध्वम् |
| द्राहे | द्राहावहे | द्राहामहे | अद्राहे | अद्राहावहि | अद्राहामहि |

| | | | | | |
|---|---|---|---|---|---|
| द्राहताम् | द्राहेताम् | द्राहन्ताम् | द्राहेत | द्राहेयाताम् | द्राहेरन् |
| द्राहस्व | द्राहेथाम् | द्राहध्वम् | द्राहेथाः | द्राहेयाथाम् | द्राहेध्वम् |
| द्राहै | द्राहावहै | द्राहामहै | द्राहेय | द्राहेवहि | द्राहेमहि |

| | | | | | |
|---|---|---|---|---|---|
| द्राहिष्यते | द्राहिष्येते | द्राहिष्यन्ते | अद्राहिष्यत | अद्राहिष्येताम् | अद्राहिष्यन्त |
| द्राहिष्यसे | द्राहिष्येथे | द्राहिष्यध्वे | अद्राहिष्यथाः | अद्राहिष्येथाम् | अद्राहिष्यध्वम् |
| द्राहिष्ये | द्राहिष्यावहे | द्राहिष्यामहे | अद्राहिष्ये | अद्राहिष्यावहि | अद्राहिष्यामहि |

| | | | | | |
|---|---|---|---|---|---|
| द्राहिता | द्राहितारौ | द्राहितारः | द्राहिषीष्ट | द्राहिषीयास्ताम् | द्राहिषीरन् |
| द्राहितासे | द्राहितासाथे | द्राहिताध्वे | द्राहिषीष्ठाः | द्राहिषीयास्थाम् | द्राहिषीध्वम् ढ्वम् |
| द्राहिताहे | द्राहितास्वहे | द्राहितास्महे | द्राहिषीय | द्राहिषीवहि | द्राहिषीमहि |

| | | | | | |
|---|---|---|---|---|---|
| दद्राहे | दद्राहाते | दद्राहिरे | अद्राहिष्ट | अद्राहिषाताम् | अद्राहिषत |
| दद्राहिषे | दद्राहाथे | दद्राहिध्वे -ढ्वे | अद्राहिष्ठाः | अद्राहिषाथाम् | अद्राहिध्वम् -ढ्वम् |
| दद्राहे | दद्राहिवहे | दद्राहिमहे | अद्राहिषि | अद्राहिष्वहि | अद्राहिष्महि |

647 **काशृ दीप्तौ । काशृँ । काश् । काशते** । A । **सेट्** । अ० । shine, be brilliant

| | | | | | |
|---|---|---|---|---|---|
| काशते | काशेते | काशन्ते | अकाशत | अकाशेताम् | अकाशन्त |
| काशसे | काशेथे | काशध्वे | अकाशथाः | अकाशेथाम् | अकाशध्वम् |
| काशे | काशावहे | काशामहे | अकाशे | अकाशावहि | अकाशामहि |

| | | | | | |
|---|---|---|---|---|---|
| काशताम् | काशेताम् | काशन्ताम् | काशेत | काशेयाताम् | काशेरन् |
| काशस्व | काशेथाम् | काशध्वम् | काशेथाः | काशेयाथाम् | काशेध्वम् |
| काशै | काशावहै | काशामहै | काशेय | काशेवहि | काशेमहि |

| | | | | | |
|---|---|---|---|---|---|
| काशिष्यते | काशिष्येते | काशिष्यन्ते | अकाशिष्यत | अकाशिष्येताम् | अकाशिष्यन्त |
| काशिष्यसे | काशिष्येथे | काशिष्यध्वे | अकाशिष्यथाः | अकाशिष्येथाम् | अकाशिष्यध्वम् |
| काशिष्ये | काशिष्यावहे | काशिष्यामहे | अकाशिष्ये | अकाशिष्यावहि | अकाशिष्यामहि |

| | | | | | |
|---|---|---|---|---|---|
| काशिता | काशितारौ | काशितारः | काशिषीष्ट | **काशिषीयास्ताम्** | काशिषीरन् |
| काशितासे | काशितासाथे | काशिताध्वे | काशिषीष्ठाः | **काशिषीयास्थाम्** | **काशिषीध्वम्** |
| काशिताहे | काशितास्वहे | काशितास्महे | काशिषीय | काशिषीवहि | काशिषीमहि |

| | | | | | |
|---|---|---|---|---|---|
| चकाशे | चकाशाते | चकाशिरे | अकाशिष्ट | अकाशिषाताम् | अकाशिषत |
| चकाशिषे | चकाशाथे | चकाशिध्वे | अकाशिष्ठाः | अकाशिषाथाम् | अकाशिध्वम् |
| चकाशे | चकाशिवहे | चकाशिमहे | अकाशिषि | अकाशिष्वहि | अकाशिष्महि |

648 **ऊह वितर्के । ऊहँ । ऊह् । ऊहते** । A । **सेट्** । **स०** । conjecture, reason 8.3.79

| | | | | | |
|---|---|---|---|---|---|
| ऊहते | ऊहेते | ऊहन्ते | औहत | औहेताम् | औहन्त |
| ऊहसे | ऊहेथे | ऊहध्वे | औहथाः | औहेथाम् | औहध्वम् |
| ऊहे | ऊहावहे | ऊहामहे | औहे | औहावहि | औहामहि |

| | | | | | |
|---|---|---|---|---|---|
| ऊहताम् | ऊहेताम् | ऊहन्ताम् | ऊहेत | ऊहेयाताम् | ऊहेरन् |
| ऊहस्व | ऊहेथाम् | ऊहध्वम् | ऊहेथाः | ऊहेयाथाम् | ऊहेध्वम् |
| ऊहै | ऊहावहै | ऊहामहै | ऊहेय | ऊहेवहि | ऊहेमहि |

| | | | | | |
|---|---|---|---|---|---|
| ऊहिष्यते | ऊहिष्येते | ऊहिष्यन्ते | औहिष्यत | औहिष्येताम् | औहिष्यन्त |
| ऊहिष्यसे | ऊहिष्येथे | ऊहिष्यध्वे | औहिष्यथाः | औहिष्येथाम् | औहिष्यध्वम् |
| ऊहिष्ये | ऊहिष्यावहे | ऊहिष्यामहे | औहिष्ये | औहिष्यावहि | औहिष्यामहि |

| | | | | | |
|---|---|---|---|---|---|
| ऊहिता | ऊहितारौ | ऊहितारः | ऊहिषीष्ट | ऊहिषीयास्ताम् | ऊहिषीरन् |
| ऊहितासे | ऊहितासाथे | ऊहिताध्वे | ऊहिषीष्ठाः | ऊहिषीयास्थाम् | **ऊहिषीध्वम् ढ्वम्** |
| ऊहिताहे | ऊहितास्वहे | ऊहितास्महे | ऊहिषीय | ऊहिषीवहि | ऊहिषीमहि |

| | | | | | |
|---|---|---|---|---|---|
| **ऊहाञ्चक्रे** | **ऊहाञ्चक्राते** | **ऊहाञ्चक्रिरे** | **औहिष्ट** | **औहिषाताम्** | **औहिषत** |
| **ऊहाम्बभूव** | **ऊहाम्बभूवतुः** | **ऊहाम्बभूवुः** | | | |
| **ऊहामास** | **ऊहामासतुः** | **ऊहामासुः** | | | |
| **ऊहाञ्चकृषे** | **ऊहाञ्चक्राथे** | **ऊहाञ्चकृढ्वे** | **औहिष्ठाः** | **औहिषाथाम्** | **औहिध्वम् -ढ्वम्** |
| **ऊहाम्बभूविथ** | **ऊहाम्बभूवथुः** | **ऊहाम्बभूव** | | | |
| **ऊहामासिथ** | **ऊहामासथुः** | **ऊहामास** | | | |
| **ऊहाञ्चक्रे** | **ऊहाञ्चकृवहे** | **ऊहाञ्चकृमहे** | **औहिषि** | **औहिष्वहि** | **औहिष्महि** |
| **ऊहाम्बभूव** | **ऊहाम्बभूविव** | **ऊहाम्बभूविम** | | | |
| **ऊहामास** | **ऊहामासिव** | **ऊहामासिम** | | | |

649 **गाहू विलोडने । गाहूँ । गाह् । गाहते** । A । **वेट्** । **स०** । dive, stir, penetrate, plunge, disclose

7.2.44 स्वरतिसूतिसूयतिधूञूदितो वा । 8.2.37 एकाचो बशो भष् झषन्तस्य स्ध्वोः । 7.4.62 कुहोश्चुः । 8.2.26 झलो झलि । 8.2.31 हो ढः । 8.2.40 झषस्तथोर्धोऽधः । 8.4.41 ष्टुना ष्टुः । 8.3.13 ढो ढे लोपः । 8.3.79 विभाषेटः । 3.1.44 च्लेः सिच् । 7.1.5 आत्मनेपदेष्वनतः ।

| | | | | | |
|---|---|---|---|---|---|
| गाहते | गाहेते | गाहन्ते | अगाहत | अगाहेताम् | अगाहन्त |
| गाहसे | गाहेथे | गाहध्वे | अगाहथाः | अगाहेथाम् | अगाहध्वम् |
| गाहे | गाहावहे | गाहामहे | अगाहे | अगाहावहि | अगाहामहि |

| | | | | | |
|---|---|---|---|---|---|
| गाहताम् | गाहेताम् | गाहन्ताम् | गाहेत | गाहेयाताम् | गाहेरन् |
| गाहस्व | गाहेथाम् | गाहध्वम् | गाहेथाः | गाहेयाथाम् | गाहेध्वम् |
| गाहै | गाहावहै | गाहामहै | गाहेय | गाहेवहि | गाहेमहि |

| | | | | | |
|---|---|---|---|---|---|
| गाहिष्यते | गाहिष्येते | गाहिष्यन्ते | अगाहिष्यत | अगाहिष्येताम् | अगाहिष्यन्त |
| घाक्ष्यते | घाक्ष्येते | घाक्ष्यन्ते | अघाक्ष्यत | अघाक्ष्येताम् | अघाक्ष्यन्त |
| गाहिष्यसे | गाहिष्येथे | गाहिष्यध्वे | अगाहिष्यथाः | अगाहिष्येथाम् | अगाहिष्यध्वम् |
| घाक्ष्यसे | घाक्ष्येथे | घाक्ष्यध्वे | अघाक्ष्यथाः | अघाक्ष्येथाम् | अघाक्ष्यध्वम् |
| गाहिष्ये | गाहिष्यावहे | गाहिष्यामहे | अगाहिष्ये | अगाहिष्यावहि | अगाहिष्यामहि |
| घाक्ष्ये | घाक्ष्यावहे | घाक्ष्यामहे | अघाक्ष्ये | अघाक्ष्यावहि | अघाक्ष्यामहि |

| | | | | | |
|---|---|---|---|---|---|
| गाहिता | गाहितारौ | गाहितारः | गाहिषीष्ट | गाहिषीयास्ताम् | गाहिषीरन् |
| गाढा | गाढारौ | गाढारः | घाक्षीष्ट | घाक्षीयास्ताम् | घाक्षीरन् |
| गाहितासे | गाहितासाथे | गाहिताध्वे | गाहिषीष्ठाः | गाहिषीयास्थाम् | गाहिषीध्वम् ढ्वम् |
| गाढासे | गाढासाथे | गाढाध्वे | घाक्षीष्ठाः | घाक्षीयास्थाम् | घाक्षीध्वम् |
| गाहिताहे | गाहितास्वहे | गाहितास्महे | गाहिषीय | गाहिषीवहि | गाहिषीमहि |
| गाढाहे | गाढास्वहे | गाढास्महे | घाक्षीय | घाक्षीवहि | घाक्षीमहि |

| | | | | | |
|---|---|---|---|---|---|
| जगाहे | जगाहाते | जगाहिरे | अगाहिष्ट | अगाहिषाताम् | अगाहिषत |
| | | | अगाढ | अघाक्षाताम् | अघाक्षत |
| जगाहिषे | जगाहाथे | जगाहिध्वे -ढ्वे | अगाहिष्ठाः | अगाहिषाथाम् | अगाहिध्वम् -ढ्वम् |
| जघाक्षे | | जघाढ्वे | अगाढाः | अघाक्षाथाम् | अघाढ्वम् |
| जगाहे | जगाहिवहे | जगाहिमहे | अगाहिषि | अगाहिष्वहि | अगाहिष्महि |
| | जगाह्वहे | जगाह्महे | अघाक्षि | अघाक्ष्वहि | अघाक्ष्महि |

650 गृहू ग्रहणे । गृहूँ । गृह् । गर्हते । A । वेट् । स० । seize, take

3.1.45 शल इगुपधादनिटः क्सः । 7.1.3 झोऽन्तः । 7.3.72 क्सस्याचि । 7.3.101 अतो दीर्घो यञि ।

| | | | | | |
|---|---|---|---|---|---|
| गर्हते | गर्हेते | गर्हन्ते | अगर्हत | अगर्हेताम् | अगर्हन्त |
| गर्हसे | गर्हेथे | गर्हध्वे | अगर्हथाः | अगर्हेथाम् | अगर्हध्वम् |
| गर्हे | गर्हावहे | गर्हामहे | अगर्हे | अगर्हावहि | अगर्हामहि |

| | | | | | |
|---|---|---|---|---|---|
| गर्हताम् | गर्हेताम् | गर्हन्ताम् | गर्हेत | गर्हेयाताम् | गर्हेरन् |
| गर्हस्व | गर्हेथाम् | गर्हध्वम् | गर्हेथाः | गर्हेयाथाम् | गर्हेध्वम् |
| गर्है | गर्हावहै | गर्हामहै | गर्हेय | गर्हेवहि | गर्हेमहि |

| | | | | | |
|---|---|---|---|---|---|
| गर्हिष्यते | गर्हिष्येते | गर्हिष्यन्ते | अगर्हिष्यत | अगर्हिष्येताम् | अगर्हिष्यन्त |
| घर्क्ष्यते | घर्क्ष्येते | घर्क्ष्यन्ते | अघर्क्ष्यत | अघर्क्ष्येताम् | अघर्क्ष्यन्त |
| गर्हिष्यसे | गर्हिष्येथे | गर्हिष्यध्वे | अगर्हिष्यथाः | अगर्हिष्येथाम् | अगर्हिष्यध्वम् |
| घर्क्ष्यसे | घर्क्ष्येथे | घर्क्ष्यध्वे | अघर्क्ष्यथाः | अघर्क्ष्येथाम् | अघर्क्ष्यध्वम् |
| गर्हिष्ये | गर्हिष्यावहे | गर्हिष्यामहे | अगर्हिष्ये | अगर्हिष्यावहि | अगर्हिष्यामहि |
| घर्क्ष्ये | घर्क्ष्यावहे | घर्क्ष्यामहे | अघर्क्ष्ये | अघर्क्ष्यावहि | अघर्क्ष्यामहि |

| | | | | | |
|---|---|---|---|---|---|
| गर्हिता | गर्हितारौ | गर्हितारः | गर्हिषीष्ट | **गर्हिषीयास्ताम्** | गर्हिषीरन् |
| गर्ढा | गर्ढारौ | गर्ढारः | घृक्षीष्ट | घृक्षीयास्ताम् | घृक्षीरन् |
| गर्हितासे | गर्हितासाथे | गर्हिताध्वे | गर्हिषीष्ठाः | **गर्हिषीयास्थाम्** | **गर्हिषीध्वम् ढ्वम्** |
| गर्ढासे | गर्ढासाथे | गर्ढाध्वे | घृक्षीष्ठाः | घृक्षीयास्थाम् | घृक्षीध्वम् |
| गर्हिताहे | गर्हितास्वहे | गर्हितास्महे | गर्हिषीय | गर्हिषीवहि | गर्हिषीमहि |
| गर्ढाहे | गर्ढास्वहे | गर्ढास्महे | घृक्षीय | घृक्षीवहि | घृक्षीमहि |

| | | | | | |
|---|---|---|---|---|---|
| जगृहे | जगृहाते | जगृहिरे | अगर्हिष्ट | अगर्हिषाताम् | अगर्हिषत |
| | | | अघृक्षत | अघृक्षाताम् | अघृक्षन्त |
| जगृहिषे | जगृहाथे | जगृहिध्वे -ढ्वे | अगर्हिष्ठाः | अगर्हिषाथाम् | **अगर्हिढ्वम् -ढ्वम्** |
| जघृक्षे | | जघृढ्वे | अघृक्षथाः | अघृक्षाथाम् | अघृक्षध्वम् |
| जगृहे | जगृहिवहे | जगृहिमहे | अगर्हिषि | अगर्हिष्वहि | अगर्हिष्महि |
| | **जगृह्वहे** | **जगृह्महे** | अघृक्षि | अघृक्षावहि | अघृक्षामहि |

651 **ग्लह** च । **ग्लहू इति क्षीरस्वामी** । **ग्लहँ** । **ग्लह्** । **ग्लहते** । A । **सेट्** । **स०** । take, receive, gamble, win in gambling 8.3.79 **विभाषेटः** ।

| | | | | | |
|---|---|---|---|---|---|
| गल्हते | गल्हेते | गल्हन्ते | अगल्हत | अगल्हेताम् | अगल्हन्त |
| गल्हसे | गल्हेथे | गल्हध्वे | अगल्हथाः | अगल्हेथाम् | अगल्हध्वम् |
| गल्हे | गल्हावहे | गल्हामहे | अगल्हे | अगल्हावहि | अगल्हामहि |

| | | | | | |
|---|---|---|---|---|---|
| गल्हताम् | गल्हेताम् | गल्हन्ताम् | गल्हेत | गल्हेयाताम् | गल्हेरन् |
| गल्हस्व | गल्हेथाम् | गल्हध्वम् | गल्हेथाः | गल्हेयाथाम् | गल्हेध्वम् |
| गल्है | गल्हावहै | गल्हामहै | गल्हेय | गल्हेवहि | गल्हेमहि |

| | | | | | |
|---|---|---|---|---|---|
| गल्हिष्यते | गल्हिष्येते | गल्हिष्यन्ते | अग्लहिष्यत | अग्लहिष्येताम् | अग्लहिष्यन्त |
| गल्हिष्यसे | गल्हिष्येथे | गल्हिष्यध्वे | अग्लहिष्यथाः | अग्लहिष्येथाम् | अग्लहिष्यध्वम् |
| गल्हिष्ये | गल्हिष्यावहे | गल्हिष्यामहे | अग्लहिष्ये | अग्लहिष्यावहि | अग्लहिष्यामहि |

| | | | | | |
|---|---|---|---|---|---|
| ग्लहिता | ग्लहितारौ | ग्लहितारः | ग्लहिषीष्ट | **ग्लहिषीयास्ताम्** | ग्लहिषीरन् |
| ग्लहितासे | ग्लहितासाथे | ग्लहिताध्वे | ग्लहिषीष्ठाः | **ग्लहिषीयास्थाम्** | **ग्लहिषीध्वम् ढ्वम्** |
| ग्लहिताहे | ग्लहितास्वहे | ग्लहितास्महे | ग्लहिषीय | ग्लहिषीवहि | ग्लहिषीमहि |

| | | | | | |
|---|---|---|---|---|---|
| जग्लहे | जग्लहाते | जग्लहिरे | अग्लहिष्ट | अग्लहिषाताम् | अग्लहिषत |

| | | | | | |
|---|---|---|---|---|---|
| जग्लहिषे | जग्लहाथे | जग्लहिध्वे -ढ्वे | अग्लहिष्ठाः | अग्लहिषाथाम् | **अग्लहिध्वम् -ढ्वम्** |
| जग्लहे | जग्लहिवहे | जग्लहिमहे | अग्लहिषि | अग्लहिष्वहि | अग्लहिष्महि |

652 **घुषि कान्तिकरणे । घष इति केचित् । घुषिँ । घुंष् । घुंषते** । A । **सेट्** । **स०** । clean, sweep, brighten

| | | | | | |
|---|---|---|---|---|---|
| घुंषते | घुंषेते | घुंषन्ते | अघुंषत | अघुंषेताम् | अघुंषन्त |
| घुंषसे | घुंषेथे | घुंषध्वे | अघुंषथाः | अघुंषेथाम् | अघुंषध्वम् |
| घुंषे | घुंषावहे | घुंषामहे | अघुंषे | अघुंषावहि | अघुंषामहि |

| | | | | | |
|---|---|---|---|---|---|
| घुंषताम् | घुंषेताम् | घुंषन्ताम् | घुंषेत | घुंषेयाताम् | घुंषेरन् |
| घुंषस्व | घुंषेथाम् | घुंषध्वम् | घुंषेथाः | घुंषेयाथाम् | घुंषेध्वम् |
| घुंषै | घुंषावहै | घुंषामहै | घुंषेय | घुंषेवहि | घुंषेमहि |

| | | | | | |
|---|---|---|---|---|---|
| घुंषिष्यते | घुंषिष्येते | घुंषिष्यन्ते | अघुंषिष्यत | अघुंषिष्येताम् | अघुंषिष्यन्त |
| घुंषिष्यसे | घुंषिष्येथे | घुंषिष्यध्वे | अघुंषिष्यथाः | अघुंषिष्येथाम् | अघुंषिष्यध्वम् |
| घुंषिष्ये | घुंषिष्यावहे | घुंषिष्यामहे | अघुंषिष्ये | अघुंषिष्यावहि | अघुंषिष्यामहि |

| | | | | | |
|---|---|---|---|---|---|
| घुंषिता | घुंषितारौ | घुंषितारः | घुंषिषीष्ट | घुंषिषीयास्ताम् | घुंषिषीरन् |
| घुंषितासे | घुंषितासाथे | घुंषिताध्वे | घुंषिषीष्ठाः | घुंषिषीयास्थाम् | घुंषिषीध्वम् |
| घुंषिताहे | घुंषितास्वहे | घुंषितास्महे | घुंषिषीय | घुंषिषीवहि | घुंषिषीमहि |

| | | | | | |
|---|---|---|---|---|---|
| जुघुंषे | जुघुंषाते | जुघुंषिरे | अघुंषिष्ट | अघुंषिषाताम् | अघुंषिषत |
| जुघुंषिषे | जुघुंषाथे | जुघुंषिध्वे | अघुंषिष्ठाः | अघुंषिषाथाम् | अघुंषिध्वम् |
| जुघुंषे | जुघुंषिवषे | जुघुंषिमषे | अघुंषिषि | अघुंषिष्वहि | अघुंषिष्महि |

602 **घुक्षादयः उदात्ताः अनुदात्तेतः आत्मनेभाषाः । गृहिः तु वेट् ।**

## 653 अथ अर्हत्यन्ताः परस्मैपदिनः एकनवतिः ।

653 **घुषिर् अविशब्दने। शब्दः इति अन्ये पेठुः । घुषिँर् । घुष् । घोषति** । P । **सेट्** । **स०** । proclaim, act secretly
3.1.44 **च्लेः सिच्** । 3.1.57 **इरितो वा** ।

| **लट्** 1 Present Tense | | | **लङ्** 2 Imperfect Past Tense | | |
|---|---|---|---|---|---|
| घोषति | घोषतः | घोषन्ति | अघोषत् | अघोषताम् | अघोषन् |
| घोषसि | घोषथः | घोषथ | अघोषः | अघोषतम् | अघोषत |
| घोषामि | घोषावः | घोषामः | अघोषम् | अघोषाव | अघोषाम |

| **लोट्** 3 Imperative Mood | | | **विधिलिङ्** 4 Potential Mood | | |
|---|---|---|---|---|---|
| घोषतु घोषतात् -द् | घोषताम् | घोषन्तु | घोषेत् | घोषेताम् | घोषेयुः |
| घोष घोषतात् -द् | घोषतम् | घोषत | घोषेः | घोषेतम् | घोषेत |
| घोषाणि | घोषाव | घोषाम | घोषेयम् | घोषेव | घोषेम |

**लृट्** 5 Simple Future Tense | **लृङ्** 6 Conditional Mood

| | | |
|---|---|---|
| घोषिष्यति | घोषिष्यतः | घोषिष्यन्ति |
| घोषिष्यसि | घोषिष्यथः | घोषिष्यथ |
| घोषिष्यामि | घोषिष्यावः | घोषिष्यामः |

| | | |
|---|---|---|
| अघोषिष्यत् | अघोषिष्यताम् | अघोषिष्यन् |
| अघोषिष्यः | अघोषिष्यतम् | अघोषिष्यत |
| अघोषिष्यम् | अघोषिष्याव | अघोषिष्याम |

लुट् 7 Periphrastic Future Tense

| | | |
|---|---|---|
| घोषिता | घोषितारौ | घोषितारः |
| घोषितासि | घोषितास्थः | घोषितास्थ |
| घोषितास्मि | घोषितास्वः | घोषितास्मः |

आशीर्लिङ् 8 Benedictive Mood

| | | |
|---|---|---|
| घुष्यात् | घुष्यास्ताम् | घुष्यासुः |
| घुष्याः | घुष्यास्तम् | घुष्यास्त |
| घुष्यासम् | घुष्यास्व | घुष्यास्म |

लिट् 9 Perfect Past Tense

| | | |
|---|---|---|
| जुघोष | जुघुषतुः | जुघुषुः |
| जुघोषिथ | जुघुषथुः | जुघुष |
| जुघोष | जुघुषिव | जुघुषिम |

लुङ् 10 Aorist Past Tense

| | | |
|---|---|---|
| अघोषीत् | अघोषिष्टाम् | अघोषिषुः |
| अघुषत् | अघुषताम् | अघुषन् |
| अघोषीः | अघोषिष्टम् | अघोषिष्ट |
| अघुषः | अघुषतम् | अघुषत |
| अघोषिषम् | अघोषिष्व | अघोषिष्म |
| अघुषम् | अघुषाव | अघुषाम |

654 अक्षू व्याप्तौ । अक्षूँ । अक्ष् । अक्षति, अक्ष्णोति । P । वेट् । स० । reach, accumulate, pervade 3.1.75 अक्षोऽन्यतरस्याम् इति वा श्नु । शिति शप् , श्नु । 7.2.44 स्वरतिसूतिसूयतिधूञूदितो वा । 7.2.3 वदव्रजहलन्तस्याचः । Aorist Past Tense लुङ् Points to Note:

7.3.96 अस्तिसिचोऽपृक्ते । For Root अस् , and for Affixes सिच् (लुङ्) , the Stem + Sarvadhatuka Affix that is हलि = consonant beginning affix and अपृक्त = single consonant affix gets ईट् augment. This will hence apply only to लुङ् affixes iii/1 and ii/1.

Q. Are not all affixes of लुङ् Ardhadhatuka? What about लुङ् affixes iii/1 and ii/1?

A. Vikarana सिच् makes all लुङ् Affixes as Ardhadhatuka, however the Ting Affixes तिप् तस् झि etc. remain Sarvadhatuka.

लट् 1 Present Tense शप् , श्नु

| | | |
|---|---|---|
| अक्षति , | अक्षतः , | अक्षन्ति , |
| अक्ष्णोति | अक्ष्णुतः | अक्ष्णुवन्ति |
| अक्षसि , | अक्षथः , | अक्षथ , |
| अक्ष्णोषि | अक्ष्णुथः | अक्ष्णुथ |
| अक्षामि , | अक्षावः , | अक्षामः , |
| अक्ष्णोमि | अक्ष्णुवः | अक्ष्णुमः |

लङ् 2 Imperfect Past Tense शप् , श्नु

| | | |
|---|---|---|
| आक्षत् , | आक्षताम् , | आक्षन् , |
| आक्ष्णोत् | आक्ष्णुताम् | आक्ष्णुवन् |
| आक्षः , | आक्षतम् , | आक्षत , |
| आक्ष्णोः | आक्ष्णुतम् | आक्ष्णुत |
| आक्षम् , | आक्षाव , | आक्षाम , |
| आक्ष्णवम् | आक्ष्णुव | आक्ष्णुम |

लोट् 3 Imperative Mood शप् , श्नु

| | | |
|---|---|---|
| अक्षतु , | अक्षताम् , | अक्षन्तु , |
| अक्ष्णोतु | अक्ष्णुताम् | अक्ष्णुवन्तु |
| अक्ष , | अक्षतम् , | अक्षत , |
| अक्ष्णुहि | अक्ष्णुतम् | अक्ष्णुत |

विधिलिङ् 4 Potential Mood शप् , श्नु

| | | |
|---|---|---|
| अक्षेत् , | अक्षेताम् , | अक्षेयुः , |
| अक्ष्णुयात् | अक्ष्णुयाताम् | अक्ष्णुयुः |
| अक्षेः , | अक्षेतम् , | अक्षेत , |
| अक्ष्णुयाः | अक्ष्णुयातम् | अक्ष्णुयात |

| | | |
|---|---|---|
| अक्षाणि , | अक्षाव , | अक्षाम , |
| अक्ष्णवानि | अक्ष्णवाव | अक्ष्णवाम |

| | | |
|---|---|---|
| अक्षेयम् , | अक्षेव , | अक्षेम , |
| अक्ष्णुयाम् | अक्ष्णुयाव | अक्ष्णुयाम |

लृट् 5 Simple Future Tense वेट् = सेट् , अनिट्

| | | |
|---|---|---|
| अक्षिष्यति | अक्षिष्यतः | अक्षिष्यन्ति |
| अक्ष्यति | अक्ष्यतः | अक्ष्यन्ति |
| अक्षिष्यसि | अक्षिष्यथः | अक्षिष्यथ |
| अक्ष्यसि | अक्ष्यथः | अक्ष्यथ |
| अक्षिष्यामि | अक्षिष्यावः | अक्षिष्यामः |
| अक्ष्यामि | अक्ष्यावः | अक्ष्यामः |

लृङ् 6 Conditional Mood वेट् = सेट् , अनिट्

| | | |
|---|---|---|
| आक्षिष्यत् | आक्षिष्यताम् | आक्षिष्यन् |
| आक्ष्यत् | आक्ष्यताम् | आक्ष्यन् |
| आक्षिष्यः | आक्षिष्यतम् | आक्षिष्यत |
| आक्ष्यः | आक्ष्यतम् | आक्ष्यत |
| आक्षिष्यम् | आक्षिष्याव | आक्षिष्याम |
| आक्ष्यम् | आक्ष्याव | आक्ष्याम |

लुट् 7 Periphrastic Future Tense सेट् , अनिट्

| | | |
|---|---|---|
| अक्षिता | अक्षितारौ | अक्षितारः |
| अष्टा | अष्टारौ | अष्टारः |
| अक्षितासि | अक्षितास्थः | अक्षितास्थ |
| अष्टासि | अष्टास्थः | अष्टास्थ |
| अक्षितास्मि | अक्षितास्वः | अक्षितास्मः |
| अष्टास्मि | अष्टास्वः | अष्टास्मः |

आशीर्लिङ् 8 Benedictive 3.4.104 किदाशिषि

| | | |
|---|---|---|
| अक्ष्यात् | अक्ष्यास्ताम् | अक्ष्यासुः |
| अक्ष्याः | अक्ष्यास्तम् | अक्ष्यास्त |
| अक्ष्यासम् | अक्ष्यास्व | अक्ष्यास्म |

लिट् 9 Perfect Past Tense वेट् = सेट् , अनिट्

| | | |
|---|---|---|
| आनक्ष | आनक्षतुः | आनक्षुः |
| आनक्षिथ , आनष्ठ | आनक्षथुः | आनक्ष |
| आनक्ष | आनक्षिव , आनक्ष्व | आनक्ष , आनक्ष्म |

लुङ् 10 Aorist Past Tense वेट् = सेट् , अनिट्

| | | |
|---|---|---|
| आक्षीत् | आक्षिष्टाम् | आक्षिषुः |
| आक्षीत् | आष्टाम् | आक्षुः |
| आक्षीः | आक्षिष्टम् | आक्षिष्ट |
| आक्षीः | आष्टम् | आष्ट |
| आक्षिषम् | आक्षिष्व | आक्षिष्म |
| आक्षम् | आक्ष्व | आक्ष्म |

655 तक्षू तनूकरणे । तक्षँ । तक्ष् । तक्षति, तक्ष्णोति । P । वेट् । स० । chop, slice, split
3.1.76 तनूकरणे तक्षः इति वा श्नु । 7.2.44 स्वरतिसूतिसूयतिधूञूदितो वा । 7.2.3 वदव्रजहलन्तस्याचः ।
Q. Why 7.2.3 applies for लुङ् iii/1 and ii/1 **here** but not in Root 654 अक्षू व्याप्तौ ?
A. In 654 अक्ष् the forms with and without 7.2.3 are identical due to आट् augment.

| | | |
|---|---|---|
| तक्षति , | तक्षतः , | तक्षन्ति , |
| तक्ष्णोति | तक्ष्णुतः | तक्ष्णुवन्ति |
| तक्षसि , | तक्षथः , | तक्षथ , |
| तक्ष्णोषि | तक्ष्णुथः | तक्ष्णुथ |
| तक्षामि , | तक्षावः , | तक्षामः , |
| तक्ष्णोमि | तक्ष्णुवः | तक्ष्णुमः |

| | | |
|---|---|---|
| अतक्षत् , | अतक्षताम् , | अतक्षन् , |
| अतक्ष्णोत् | अतक्ष्णुताम् | अतक्ष्णुवन् |
| अतक्षः , | अतक्षतम् , | अतक्षत , |
| अतक्ष्णोः | अतक्ष्णुतम् | अतक्ष्णुत |
| अतक्षम् , | अतक्षाव , | अतक्षाम , |
| अतक्ष्णवम् | अतक्ष्णुव | अतक्ष्णुम |

| | | |
|---|---|---|
| तक्षतु , | तक्षताम् , | तक्षन्तु , |

| | | |
|---|---|---|
| तक्षेत् , | तक्षेताम् , | तक्षेयुः , |

| | | | | | |
|---|---|---|---|---|---|
| तक्ष्णोतु | तक्ष्णुताम् | तक्ष्णुवन्तु | तक्ष्णुयात् | तक्ष्णुयाताम् | तक्ष्णुयुः |
| तक्ष , | तक्षतम् , | तक्षत , | तक्षेः , | तक्षेतम् , | तक्षेत , |
| तक्ष्णुहि | तक्ष्णुतम् | तक्ष्णुत | तक्ष्णुयाः | तक्ष्णुयातम् | तक्ष्णुयात |
| तक्षाणि , | तक्षाव , | तक्षाम , | तक्षेयम् , | तक्षेव , | तक्षेम , |
| तक्ष्णवानि | तक्ष्णवाव | तक्ष्णवाम | तक्ष्णुयाम् | तक्ष्णुयाव | तक्ष्णुयाम |

| | | | | | |
|---|---|---|---|---|---|
| तक्षिष्यति | तक्षिष्यतः | तक्षिष्यन्ति | अतक्षिष्यत् | अतक्षिष्यताम् | अतक्षिष्यन् |
| तक्ष्यति | तक्ष्यतः | तक्ष्यन्ति | अतक्ष्यत् | अतक्ष्यताम् | अतक्ष्यन् |
| तक्षिष्यसि | तक्षिष्यथः | तक्षिष्यथ | अतक्षिष्यः | अतक्षिष्यतम् | अतक्षिष्यत |
| तक्ष्यसि | तक्ष्यथः | तक्ष्यथ | अतक्ष्यः | अतक्ष्यतम् | अतक्ष्यत |
| तक्षिष्यामि | तक्षिष्यावः | तक्षिष्यामः | अतक्षिष्यम् | अतक्षिष्याव | अतक्षिष्याम |
| तक्ष्यामि | तक्ष्यावः | तक्ष्यामः | अतक्ष्यम् | अतक्ष्याव | अतक्ष्याम |

| | | | | | |
|---|---|---|---|---|---|
| तक्षिता | तक्षितारौ | तक्षितारः | तक्ष्यात् | तक्ष्यास्ताम् | तक्ष्यासुः |
| तष्टा | तष्टारौ | तष्टारः | | | |
| तक्षितासि | तक्षितास्थः | तक्षितास्थ | तक्ष्याः | तक्ष्यास्तम् | तक्ष्यास्त |
| तष्टासि | तष्टास्थः | तष्टास्थ | | | |
| तक्षितास्मि | तक्षितास्वः | तक्षितास्मः | तक्ष्यासम् | तक्ष्यास्व | तक्ष्यास्म |
| तष्टास्मि | तष्टास्वः | तष्टास्मः | | | |

लिट् 9 Perfect Past Tense वेट् = सेट् , अनिट्

लुङ् 10 Aorist Past Tense iii/1 ii/1 7.2.3 only
Rest of the forms 7.2.44 and 7.2.3

| | | | | | |
|---|---|---|---|---|---|
| ततक्ष | ततक्षतुः | ततक्षुः | अतक्षीत् | अतक्षिष्टाम् | अतक्षिषुः |
| | | | अताक्षीत् | अताष्टाम् | अताक्षुः |
| ततक्षिथ | ततक्षथुः | ततक्ष | अतक्षीः | अतक्षिष्टम् | अतक्षिष्ट |
| ततष्ठ | | | अताक्षीः | अताष्टम् | अताष्ट |
| ततक्ष | ततक्षिव | ततक्षिम | अतक्षिषम् | अतक्षिष्व | अतक्षिष्म |
| | ततक्ष्व | ततक्ष्म | अताक्षम् | अताक्ष्व | अताक्ष्म |

656 त्वक्षू तनूकरणे । त्वक्षूँ । त्वक्ष् । त्वक्षति । P । वेट् । स० । trim, pare, peel

| | | | | | |
|---|---|---|---|---|---|
| त्वक्षति | त्वक्षतः | त्वक्षन्ति | अत्वक्षत् | अत्वक्षताम् | अत्वक्षन् |
| त्वक्षसि | त्वक्षथः | त्वक्षथ | अत्वक्षः | अत्वक्षतम् | अत्वक्षत |
| त्वक्षामि | त्वक्षावः | त्वक्षामः | अत्वक्षम् | अत्वक्षाव | अत्वक्षाम |

| | | | | | |
|---|---|---|---|---|---|
| त्वक्षतु | त्वक्षताम् | त्वक्षन्तु | त्वक्षेत् | त्वक्षेताम् | त्वक्षेयुः |
| त्वक्ष | त्वक्षतम् | त्वक्षत | त्वक्षेः | त्वक्षेतम् | त्वक्षेत |
| त्वक्षाणि | त्वक्षाव | त्वक्षाम | त्वक्षेयम् | त्वक्षेव | त्वक्षेम |

| | | | | | |
|---|---|---|---|---|---|
| त्वक्षिष्यति | त्वक्षिष्यतः | त्वक्षिष्यन्ति | अत्वक्षिष्यत् | अत्वक्षिष्यताम् | अत्वक्षिष्यन् |
| त्वक्ष्यति | त्वक्ष्यतः | त्वक्ष्यन्ति | अत्वक्ष्यत् | अत्वक्ष्यताम् | अत्वक्ष्यन् |

| | | | | | |
|---|---|---|---|---|---|
| त्वक्षिष्यसि | त्वक्षिष्यथः | त्वक्षिष्यथ | अत्वक्षिष्यः | अत्वक्षिष्यतम् | अत्वक्षिष्यत |
| त्वक्ष्यसि | त्वक्ष्यथः | त्वक्ष्यथ | अत्वक्ष्यः | अत्वक्ष्यतम् | अत्वक्ष्यत |
| त्वक्षिष्यामि | त्वक्षिष्यावः | त्वक्षिष्यामः | अत्वक्षिष्यम् | अत्वक्षिष्याव | अत्वक्षिष्याम |
| त्वक्ष्यामि | त्वक्ष्यावः | त्वक्ष्यामः | अत्वक्ष्यम् | अत्वक्ष्याव | अत्वक्ष्याम |

| | | | | | |
|---|---|---|---|---|---|
| त्वक्षिता | त्वक्षितारौ | त्वक्षितारः | त्वक्ष्यात् | त्वक्ष्यास्ताम् | त्वक्ष्यासुः |
| त्वष्टा | त्वष्टारौ | त्वष्टारः | | | |
| त्वक्षितासि | त्वक्षितास्थः | त्वक्षितास्थ | त्वक्ष्याः | त्वक्ष्यास्तम् | त्वक्ष्यास्त |
| त्वष्टासि | त्वष्टास्थः | त्वष्टास्थ | | | |
| त्वक्षितास्मि | त्वक्षितास्वः | त्वक्षितास्मः | त्वक्ष्यासम् | त्वक्ष्यास्व | त्वक्ष्यास्म |
| त्वष्टास्मि | त्वष्टास्वः | त्वष्टास्मः | | | |

| | | | | | |
|---|---|---|---|---|---|
| तत्वक्ष | तत्वक्षतुः | तत्वक्षुः | अत्वक्षीत् | अत्वक्षिष्टाम् | अत्वक्षिषुः |
| | | | अत्वाक्षीत् | अत्वाष्टाम् | अत्वाक्षुः |
| तत्वक्षिथ | तत्वक्षथुः | तत्वक्ष | अत्वक्षीः | अत्वक्षिष्टम् | अत्वक्षिष्ट |
| तत्वष्ठ | | | अत्वाक्षीः | अत्वाष्टम् | अत्वाष्ट |
| तत्वक्ष | तत्वक्षिव | तत्वक्षिम | अत्वक्षिषम् | अत्वक्षिष्व | अत्वक्षिष्म |
| | तत्वक्ष्व | तत्वक्ष्म | अत्वाक्षम् | अत्वाक्ष्व | अत्वाक्ष्म |

657 उक्ष सेचने । उक्षँ । उक्ष् । उक्षति । P । सेट् । स० । sprinkle, make wet, consecrate

| | | | | | |
|---|---|---|---|---|---|
| उक्षति | उक्षतः | उक्षन्ति | औक्षत् | औक्षताम् | औक्षन् |
| उक्षसि | उक्षथः | उक्षथ | औक्षः | औक्षतम् | औक्षत |
| उक्षामि | उक्षावः | उक्षामः | औक्षम् | औक्षाव | औक्षाम |

| | | | | | |
|---|---|---|---|---|---|
| उक्षतु | उक्षताम् | उक्षन्तु | उक्षेत् | उक्षेताम् | उक्षेयुः |
| उक्ष | उक्षतम् | उक्षत | उक्षेः | उक्षेतम् | उक्षेत |
| उक्षाणि | उक्षाव | उक्षाम | उक्षेयम् | उक्षेव | उक्षेम |

| | | | | | |
|---|---|---|---|---|---|
| उक्षिष्यति | उक्षिष्यतः | उक्षिष्यन्ति | औक्षिष्यत् | औक्षिष्यताम् | औक्षिष्यन् |
| उक्षिष्यसि | उक्षिष्यथः | उक्षिष्यथ | औक्षिष्यः | औक्षिष्यतम् | औक्षिष्यत |
| उक्षिष्यामि | उक्षिष्यावः | उक्षिष्यामः | औक्षिष्यम् | औक्षिष्याव | औक्षिष्याम |

| | | | | | |
|---|---|---|---|---|---|
| उक्षिता | उक्षितारौ | उक्षितारः | उक्ष्यात् | उक्ष्यास्ताम् | उक्ष्यासुः |
| उक्षितासि | उक्षितास्थः | उक्षितास्थ | उक्ष्याः | उक्ष्यास्तम् | उक्ष्यास्त |
| उक्षितास्मि | उक्षितास्वः | उक्षितास्मः | उक्ष्यासम् | उक्ष्यास्व | उक्ष्यास्म |

| | | | | | |
|---|---|---|---|---|---|
| उक्षाञ्चकार | उक्षाञ्चक्रतुः | उक्षाञ्चक्रुः | औक्षीत् | औक्षिष्टाम् | औक्षिषुः |
| उक्षाम्बभूव | उक्षाम्बभूवतुः | उक्षाम्बभूवुः | | | |
| उक्षामास | उक्षामासतुः | उक्षामासुः | | | |
| उक्षाञ्चकर्थ | उक्षाञ्चक्रथुः | उक्षाञ्चक्र | औक्षीः | औक्षिष्टम् | औक्षिष्ट |
| उक्षाम्बभूविथ | उक्षाम्बभूवथुः | उक्षाम्बभूव | | | |

| उक्षामासिथ | उक्षामासथुः | उक्षामास | | | |
| उक्षाञ्चकर -कार | उक्षाञ्चकृव | उक्षाञ्चकृम | औक्षिषम् | औक्षिष्व | औक्षिष्म |
| उक्षाम्बभूव | उक्षाम्बभूविव | उक्षाम्बभूविम | | | |
| उक्षामास | उक्षामासिव | उक्षामासिम | | | |

658 रक्ष पालने । रक्षँ । रक्ष् । रक्षति । P । सेट् । स० । protect, guide, follow the law

Q. How in लुङ् iii/1 and ii/1 both sutras 7.2.35 (for Ardhadhatuka) and 7.3.96 (for Sarvadhatuka) apply? A. Sutra 7.2.35 applies to सिच् vikarana that is Ardhadhatuka. Sutra 7.3.96 applies to Ting Affixes that are Sarvadhatuka.

| रक्षति | रक्षतः | रक्षन्ति | अरक्षत् | अरक्षताम् | अरक्षन् |
| रक्षसि | रक्षथः | रक्षथ | अरक्षः | अरक्षतम् | अरक्षत |
| रक्षामि | रक्षावः | रक्षामः | अरक्षम् | अरक्षाव | अरक्षाम |

| रक्षतु | रक्षताम् | रक्षन्तु | रक्षेत् | रक्षेताम् | रक्षेयुः |
| रक्ष | रक्षतम् | रक्षत | रक्षेः | रक्षेतम् | रक्षेत |
| रक्षाणि | रक्षाव | रक्षाम | रक्षेयम् | रक्षेव | रक्षेम |

| रक्षिष्यति | रक्षिष्यतः | रक्षिष्यन्ति | अरक्षिष्यत् | अरक्षिष्यताम् | अरक्षिष्यन् |
| रक्षिष्यसि | रक्षिष्यथः | रक्षिष्यथ | अरक्षिष्यः | अरक्षिष्यतम् | अरक्षिष्यत |
| रक्षिष्यामि | रक्षिष्यावः | रक्षिष्यामः | अरक्षिष्यम् | अरक्षिष्याव | अरक्षिष्याम |

| रक्षिता | रक्षितारौ | रक्षितारः | रक्ष्यात् | रक्ष्यास्ताम् | रक्ष्यासुः |
| रक्षितासि | रक्षितास्थः | रक्षितास्थ | रक्ष्याः | रक्ष्यास्तम् | रक्ष्यास्त |
| रक्षितास्मि | रक्षितास्वः | रक्षितास्मः | रक्ष्यासम् | रक्ष्यास्व | रक्ष्यास्म |

| ररक्ष | ररक्षतुः | ररक्षुः | अरक्षीत् | अरक्षिष्टाम् | अरक्षिषुः |
| ररक्षिथ | ररक्षथुः | ररक्ष | अरक्षीः | अरक्षिष्टम् | अरक्षिष्ट |
| ररक्ष | ररक्षिव | ररक्षिम | अरक्षिषम् | अरक्षिष्व | अरक्षिष्म |

659 णिक्ष चुम्बने । णिक्षँ । निक्ष् । निक्षति । P । सेट् । स० । kiss

| निक्षति | निक्षतः | निक्षन्ति | अनिक्षत् | अनिक्षताम् | अनिक्षन् |
| निक्षसि | निक्षथः | निक्षथ | अनिक्षः | अनिक्षतम् | अनिक्षत |
| निक्षामि | निक्षावः | निक्षामः | अनिक्षम् | अनिक्षाव | अनिक्षाम |

| निक्षतु | निक्षताम् | निक्षन्तु | निक्षेत् | निक्षेताम् | निक्षेयुः |
| निक्ष | निक्षतम् | निक्षत | निक्षेः | निक्षेतम् | निक्षेत |
| निक्षाणि | निक्षाव | निक्षाम | निक्षेयम् | निक्षेव | निक्षेम |

| निक्षिष्यति | निक्षिष्यतः | निक्षिष्यन्ति | अनिक्षिष्यत् | अनिक्षिष्यताम् | अनिक्षिष्यन् |
| निक्षिष्यसि | निक्षिष्यथः | निक्षिष्यथ | अनिक्षिष्यः | अनिक्षिष्यतम् | अनिक्षिष्यत |
| निक्षिष्यामि | निक्षिष्यावः | निक्षिष्यामः | अनिक्षिष्यम् | अनिक्षिष्याव | अनिक्षिष्याम |

| | | | | | |
|---|---|---|---|---|---|
| निक्षिता | निक्षितारौ | निक्षितारः | निक्ष्यात् | निक्ष्यास्ताम् | निक्ष्यासुः |
| निक्षितासि | निक्षितास्थः | निक्षितास्थ | निक्ष्याः | निक्ष्यास्तम् | निक्ष्यास्त |
| निक्षितास्मि | निक्षितास्वः | निक्षितास्मः | निक्ष्यासम् | निक्ष्यास्व | निक्ष्यास्म |

| | | | | | |
|---|---|---|---|---|---|
| निनिक्ष | निनिक्षतुः | निनिक्षुः | अनिक्षीत् | अनिक्षिष्टाम् | अनिक्षिषुः |
| निनिक्षिथ | निनिक्षथुः | निनिक्ष | अनिक्षीः | अनिक्षिष्टम् | अनिक्षिष्ट |
| निनिक्ष | निनिक्षिव | निनिक्षिम | अनिक्षिषम् | अनिक्षिष्व | अनिक्षिष्म |

660 त्रक्ष गतौ । त्रक्षँ । त्रक्ष् । त्रक्षति । P । सेट् । स० । move

Siddhanta Kaumudi lists Root 660 तृक्ष instead of 660 त्रक्ष here.

| | | | | | |
|---|---|---|---|---|---|
| त्रक्षति | त्रक्षतः | त्रक्षन्ति | अत्रक्षत् | अत्रक्षताम् | अत्रक्षन् |
| त्रक्षसि | त्रक्षथः | त्रक्षथ | अत्रक्षः | अत्रक्षतम् | अत्रक्षत |
| त्रक्षामि | त्रक्षावः | त्रक्षामः | अत्रक्षम् | अत्रक्षाव | अत्रक्षाम |

| | | | | | |
|---|---|---|---|---|---|
| त्रक्षतु | त्रक्षताम् | त्रक्षन्तु | त्रक्षेत् | त्रक्षेताम् | त्रक्षेयुः |
| त्रक्ष | त्रक्षतम् | त्रक्षत | त्रक्षेः | त्रक्षेतम् | त्रक्षेत |
| त्रक्षाणि | त्रक्षाव | त्रक्षाम | त्रक्षेयम् | त्रक्षेव | त्रक्षेम |

| | | | | | |
|---|---|---|---|---|---|
| त्रक्षिष्यति | त्रक्षिष्यतः | त्रक्षिष्यन्ति | अत्रक्षिष्यत् | अत्रक्षिष्यताम् | अत्रक्षिष्यन् |
| त्रक्षिष्यसि | त्रक्षिष्यथः | त्रक्षिष्यथ | अत्रक्षिष्यः | अत्रक्षिष्यतम् | अत्रक्षिष्यत |
| त्रक्षिष्यामि | त्रक्षिष्यावः | त्रक्षिष्यामः | अत्रक्षिष्यम् | अत्रक्षिष्याव | अत्रक्षिष्याम |

| | | | | | |
|---|---|---|---|---|---|
| त्रक्षिता | त्रक्षितारौ | त्रक्षितारः | त्रक्ष्यात् | त्रक्ष्यास्ताम् | त्रक्ष्यासुः |
| त्रक्षितासि | त्रक्षितास्थः | त्रक्षितास्थ | त्रक्ष्याः | त्रक्ष्यास्तम् | त्रक्ष्यास्त |
| त्रक्षितास्मि | त्रक्षितास्वः | त्रक्षितास्मः | त्रक्ष्यासम् | त्रक्ष्यास्व | त्रक्ष्यास्म |

| | | | | | |
|---|---|---|---|---|---|
| तत्रक्ष | तत्रक्षतुः | तत्रक्षुः | अत्रक्षीत् | अत्रक्षिष्टाम् | अत्रक्षिषुः |
| तत्रक्षिथ | तत्रक्षथुः | तत्रक्ष | अत्रक्षीः | अत्रक्षिष्टम् | अत्रक्षिष्ट |
| तत्रक्ष | तत्रक्षिव | तत्रक्षिम | अत्रक्षिषम् | अत्रक्षिष्व | अत्रक्षिष्म |

661 ष्टृक्ष गतौ । तृक्ष ष्टृक्ष । ष्टृक्षँ । स्त्रक्ष् । स्त्रक्षति । P । सेट् । स० । go

| | | | | | |
|---|---|---|---|---|---|
| स्त्रक्षति | स्त्रक्षतः | स्त्रक्षन्ति | अस्त्रक्षत् | अस्त्रक्षताम् | अस्त्रक्षन् |
| स्त्रक्षसि | स्त्रक्षथः | स्त्रक्षथ | अस्त्रक्षः | अस्त्रक्षतम् | अस्त्रक्षत |
| स्त्रक्षामि | स्त्रक्षावः | स्त्रक्षामः | अस्त्रक्षम् | अस्त्रक्षाव | अस्त्रक्षाम |

| | | | | | |
|---|---|---|---|---|---|
| स्त्रक्षतु | स्त्रक्षताम् | स्त्रक्षन्तु | स्त्रक्षेत् | स्त्रक्षेताम् | स्त्रक्षेयुः |
| स्त्रक्ष | स्त्रक्षतम् | स्त्रक्षत | स्त्रक्षेः | स्त्रक्षेतम् | स्त्रक्षेत |
| स्त्रक्षाणि | स्त्रक्षाव | स्त्रक्षाम | स्त्रक्षेयम् | स्त्रक्षेव | स्त्रक्षेम |

| | | | | | |
|---|---|---|---|---|---|
| स्त्रक्षिष्यति | स्त्रक्षिष्यतः | स्त्रक्षिष्यन्ति | अस्त्रक्षिष्यत् | अस्त्रक्षिष्यताम् | अस्त्रक्षिष्यन् |
| स्त्रक्षिष्यसि | स्त्रक्षिष्यथः | स्त्रक्षिष्यथ | अस्त्रक्षिष्यः | अस्त्रक्षिष्यतम् | अस्त्रक्षिष्यत |

| | | | | | |
|---|---|---|---|---|---|
| स्तृक्षिष्यामि | स्तृक्षिष्यावः | स्तृक्षिष्यामः | अस्तृक्षिष्यम् | अस्तृक्षिष्याव | अस्तृक्षिष्याम |

| | | | | | |
|---|---|---|---|---|---|
| स्तृक्षिता | स्तृक्षितारौ | स्तृक्षितारः | स्तृक्ष्यात् | स्तृक्ष्यास्ताम् | स्तृक्ष्यासुः |
| स्तृक्षितासि | स्तृक्षितास्थः | स्तृक्षितास्थ | स्तृक्ष्याः | स्तृक्ष्यास्तम् | स्तृक्ष्यास्त |
| स्तृक्षितास्मि | स्तृक्षितास्वः | स्तृक्षितास्मः | स्तृक्ष्यासम् | स्तृक्ष्यास्व | स्तृक्ष्यास्म |

| | | | | | |
|---|---|---|---|---|---|
| तस्तृक्ष | तस्तृक्षतुः | तस्तृक्षुः | अस्तृक्षीत् | अस्तृक्षिष्टाम् | अस्तृक्षिषुः |
| तस्तृक्षिथ | तस्तृक्षथुः | तस्तृक्ष | अस्तृक्षीः | अस्तृक्षिष्टम् | अस्तृक्षिष्ट |
| तस्तृक्ष | तस्तृक्षिव | तस्तृक्षिम | अस्तृक्षिषम् | अस्तृक्षिष्व | अस्तृक्षिष्म |

662 **णक्ष गतौ । णक्षँ । नक्ष् । नक्षति** । P । **सेट्** । **स०** । come near, approach

| | | | | | |
|---|---|---|---|---|---|
| नक्षति | नक्षतः | नक्षन्ति | अनक्षत् | अनक्षताम् | अनक्षन् |
| नक्षसि | नक्षथः | नक्षथ | अनक्षः | अनक्षतम् | अनक्षत |
| नक्षामि | नक्षावः | नक्षामः | अनक्षम् | अनक्षाव | अनक्षाम |

| | | | | | |
|---|---|---|---|---|---|
| नक्षतु | नक्षताम् | नक्षन्तु | नक्षेत् | नक्षेताम् | नक्षेयुः |
| नक्ष | नक्षतम् | नक्षत | नक्षेः | नक्षेतम् | नक्षेत |
| नक्षाणि | नक्षाव | नक्षाम | नक्षेयम् | नक्षेव | नक्षेम |

| | | | | | |
|---|---|---|---|---|---|
| नक्षिष्यति | नक्षिष्यतः | नक्षिष्यन्ति | अनक्षिष्यत् | अनक्षिष्यताम् | अनक्षिष्यन् |
| नक्षिष्यसि | नक्षिष्यथः | नक्षिष्यथ | अनक्षिष्यः | अनक्षिष्यतम् | अनक्षिष्यत |
| नक्षिष्यामि | नक्षिष्यावः | नक्षिष्यामः | अनक्षिष्यम् | अनक्षिष्याव | अनक्षिष्याम |

| | | | | | |
|---|---|---|---|---|---|
| नक्षिता | नक्षितारौ | नक्षितारः | नक्ष्यात् | नक्ष्यास्ताम् | नक्ष्यासुः |
| नक्षितासि | नक्षितास्थः | नक्षितास्थ | नक्ष्याः | नक्ष्यास्तम् | नक्ष्यास्त |
| नक्षितास्मि | नक्षितास्वः | नक्षितास्मः | नक्ष्यासम् | नक्ष्यास्व | नक्ष्यास्म |

| | | | | | |
|---|---|---|---|---|---|
| ननक्ष | ननक्षतुः | ननक्षुः | अनक्षीत् | अनक्षिष्टाम् | अनक्षिषुः |
| ननक्षिथ | ननक्षथुः | ननक्ष | अनक्षीः | अनक्षिष्टम् | अनक्षिष्ट |
| ननक्ष | ननक्षिव | ननक्षिम | अनक्षिषम् | अनक्षिष्व | अनक्षिष्म |

663 **वक्ष रोषे । सङ्घाते इत्येके । वक्षँ । वक्ष् । वक्षति** । P । **सेट्** । **अ०** । be angry, collect, accumulate

| | | | | | |
|---|---|---|---|---|---|
| वक्षति | वक्षतः | वक्षन्ति | अवक्षत् | अवक्षताम् | अवक्षन् |
| वक्षसि | वक्षथः | वक्षथ | अवक्षः | अवक्षतम् | अवक्षत |
| वक्षामि | वक्षावः | वक्षामः | अवक्षम् | अवक्षाव | अवक्षाम |

| | | | | | |
|---|---|---|---|---|---|
| वक्षतु | वक्षताम् | वक्षन्तु | वक्षेत् | वक्षेताम् | वक्षेयुः |
| वक्ष | वक्षतम् | वक्षत | वक्षेः | वक्षेतम् | वक्षेत |
| वक्षाणि | वक्षाव | वक्षाम | वक्षेयम् | वक्षेव | वक्षेम |

| | | | | | |
|---|---|---|---|---|---|
| वक्षिष्यति | वक्षिष्यतः | वक्षिष्यन्ति | अवक्षिष्यत् | अवक्षिष्यताम् | अवक्षिष्यन् |
| वक्षिष्यसि | वक्षिष्यथः | वक्षिष्यथ | अवक्षिष्यः | अवक्षिष्यतम् | अवक्षिष्यत |

| | | | | | |
|---|---|---|---|---|---|
| वक्षिष्यामि | वक्षिष्यावः | वक्षिष्यामः | अवक्षिष्यम् | अवक्षिष्याव | अवक्षिष्याम |

| | | | | | |
|---|---|---|---|---|---|
| वक्षिता | वक्षितारौ | वक्षितारः | वक्ष्यात् | वक्ष्यास्ताम् | वक्ष्यासुः |
| वक्षितासि | वक्षितास्थः | वक्षितास्थ | वक्ष्याः | वक्ष्यास्तम् | वक्ष्यास्त |
| वक्षितास्मि | वक्षितास्वः | वक्षितास्मः | वक्ष्यासम् | वक्ष्यास्व | वक्ष्यास्म |

| | | | | | |
|---|---|---|---|---|---|
| ववक्ष | ववक्षतुः | ववक्षुः | अवक्षीत् | अवक्षिष्टाम् | अवक्षिषुः |
| ववक्षिथ | ववक्षथुः | ववक्ष | अवक्षीः | अवक्षिष्टम् | अवक्षिष्ट |
| ववक्ष | ववक्षिव | ववक्षिम | अवक्षिषम् | अवक्षिष्व | अवक्षिष्म |

664 **मृक्ष सङ्घाते । म्रक्ष इत्येके । मृक्षँ । मृक्ष् । मृक्षति** । P । **सेट्** । **अ०** । gather, accumulate

| | | | | | |
|---|---|---|---|---|---|
| मृक्षति | मृक्षतः | मृक्षन्ति | अमृक्षत् | अमृक्षताम् | अमृक्षन् |
| मृक्षसि | मृक्षथः | मृक्षथ | अमृक्षः | अमृक्षतम् | अमृक्षत |
| मृक्षामि | मृक्षावः | मृक्षामः | अमृक्षम् | अमृक्षाव | अमृक्षाम |

| | | | | | |
|---|---|---|---|---|---|
| मृक्षतु | मृक्षताम् | मृक्षन्तु | मृक्षेत् | मृक्षेताम् | मृक्षेयुः |
| मृक्ष | मृक्षतम् | मृक्षत | मृक्षेः | मृक्षेतम् | मृक्षेत |
| मृक्षाणि | मृक्षाव | मृक्षाम | मृक्षेयम् | मृक्षेव | मृक्षेम |

| | | | | | |
|---|---|---|---|---|---|
| मृक्षिष्यति | मृक्षिष्यतः | मृक्षिष्यन्ति | अमृक्षिष्यत् | अमृक्षिष्यताम् | अमृक्षिष्यन् |
| मृक्षिष्यसि | मृक्षिष्यथः | मृक्षिष्यथ | अमृक्षिष्यः | अमृक्षिष्यतम् | अमृक्षिष्यत |
| मृक्षिष्यामि | मृक्षिष्यावः | मृक्षिष्यामः | अमृक्षिष्यम् | अमृक्षिष्याव | अमृक्षिष्याम |

| | | | | | |
|---|---|---|---|---|---|
| मृक्षिता | मृक्षितारौ | मृक्षितारः | मृक्ष्यात् | मृक्ष्यास्ताम् | मृक्ष्यासुः |
| मृक्षितासि | मृक्षितास्थः | मृक्षितास्थ | मृक्ष्याः | मृक्ष्यास्तम् | मृक्ष्यास्त |
| मृक्षितास्मि | मृक्षितास्वः | मृक्षितास्मः | मृक्ष्यासम् | मृक्ष्यास्व | मृक्ष्यास्म |

| | | | | | |
|---|---|---|---|---|---|
| ममृक्ष | ममृक्षतुः | ममृक्षुः | अमृक्षीत् | अमृक्षिष्टाम् | अमृक्षिषुः |
| ममृक्षिथ | ममृक्षथुः | ममृक्ष | अमृक्षीः | अमृक्षिष्टम् | अमृक्षिष्ट |
| ममृक्ष | ममृक्षिव | ममृक्षिम | अमृक्षिषम् | अमृक्षिष्व | अमृक्षिष्म |

665 **तक्ष त्वचने । पक्ष परिग्रहे इत्येके । तक्षँ । तक्ष् । तक्षति** । P । **सेट्** । **स०** । cover

| | | | | | |
|---|---|---|---|---|---|
| तक्षति | तक्षतः | तक्षन्ति | अतक्षत् | अतक्षताम् | अतक्षन् |
| तक्षसि | तक्षथः | तक्षथ | अतक्षः | अतक्षतम् | अतक्षत |
| तक्षामि | तक्षावः | तक्षामः | अतक्षम् | अतक्षाव | अतक्षाम |

| | | | | | |
|---|---|---|---|---|---|
| तक्षतु | तक्षताम् | तक्षन्तु | तक्षेत् | तक्षेताम् | तक्षेयुः |
| तक्ष | तक्षतम् | तक्षत | तक्षेः | तक्षेतम् | तक्षेत |
| तक्षाणि | तक्षाव | तक्षाम | तक्षेयम् | तक्षेव | तक्षेम |

| | | | | | |
|---|---|---|---|---|---|
| तक्षिष्यति | तक्षिष्यतः | तक्षिष्यन्ति | अतक्षिष्यत् | अतक्षिष्यताम् | अतक्षिष्यन् |
| तक्षिष्यसि | तक्षिष्यथः | तक्षिष्यथ | अतक्षिष्यः | अतक्षिष्यतम् | अतक्षिष्यत |

| | | | | | |
|---|---|---|---|---|---|
| तक्षिष्यामि | तक्षिष्यावः | तक्षिष्यामः | अतक्षिष्यम् | अतक्षिष्याव | अतक्षिष्याम |

| | | | | | |
|---|---|---|---|---|---|
| तक्षिता | तक्षितारौ | तक्षितारः | तक्ष्यात् | तक्ष्यास्ताम् | तक्ष्यासुः |
| तक्षितासि | तक्षितास्थः | तक्षितास्थ | तक्ष्याः | तक्ष्यास्तम् | तक्ष्यास्त |
| तक्षितास्मि | तक्षितास्वः | तक्षितास्मः | तक्ष्यासम् | तक्ष्यास्व | तक्ष्यास्म |

| | | | | | |
|---|---|---|---|---|---|
| ततक्ष | ततक्षतुः | ततक्षुः | अतक्षीत् | अतक्षिष्टाम् | अतक्षिषुः |
| ततक्षिथ | ततक्षथुः | ततक्ष | अतक्षीः | अतक्षिष्टम् | अतक्षिष्ट |
| ततक्ष | ततक्षिव | ततक्षिम | अतक्षिषम् | अतक्षिष्व | अतक्षिष्म |

666 **सूर्क्ष आदरे । षूर्क्ष इति केचित् । सूर्क्षँ । सूर्क्ष् । सूर्क्षति** । P । **सेट्** । **स०** । respect, disrespect

| | | | | | |
|---|---|---|---|---|---|
| सूर्क्षति | सूर्क्षतः | सूर्क्षन्ति | असूर्क्षत् | असूर्क्षताम् | असूर्क्षन् |
| सूर्क्षसि | सूर्क्षथः | सूर्क्षथ | असूर्क्षः | असूर्क्षतम् | असूर्क्षत |
| सूर्क्षामि | सूर्क्षावः | सूर्क्षामः | असूर्क्षम् | असूर्क्षाव | असूर्क्षाम |

| | | | | | |
|---|---|---|---|---|---|
| सूर्क्षतु | सूर्क्षताम् | सूर्क्षन्तु | सूर्क्षेत् | सूर्क्षेताम् | सूर्क्षेयुः |
| सूर्क्ष | सूर्क्षतम् | सूर्क्षत | सूर्क्षेः | सूर्क्षेतम् | सूर्क्षेत |
| सूर्क्षाणि | सूर्क्षाव | सूर्क्षाम | सूर्क्षेयम् | सूर्क्षेव | सूर्क्षेम |

| | | | | | |
|---|---|---|---|---|---|
| सूर्क्षिष्यति | सूर्क्षिष्यतः | सूर्क्षिष्यन्ति | असूर्क्षिष्यत् | असूर्क्षिष्यताम् | असूर्क्षिष्यन् |
| सूर्क्षिष्यसि | सूर्क्षिष्यथः | सूर्क्षिष्यथ | असूर्क्षिष्यः | असूर्क्षिष्यतम् | असूर्क्षिष्यत |
| सूर्क्षिष्यामि | सूर्क्षिष्यावः | सूर्क्षिष्यामः | असूर्क्षिष्यम् | असूर्क्षिष्याव | असूर्क्षिष्याम |

| | | | | | |
|---|---|---|---|---|---|
| सूर्क्षिता | सूर्क्षितारौ | सूर्क्षितारः | सूर्क्ष्यात् | सूर्क्ष्यास्ताम् | सूर्क्ष्यासुः |
| सूर्क्षितासि | सूर्क्षितास्थः | सूर्क्षितास्थ | सूर्क्ष्याः | सूर्क्ष्यास्तम् | सूर्क्ष्यास्त |
| सूर्क्षितास्मि | सूर्क्षितास्वः | सूर्क्षितास्मः | सूर्क्ष्यासम् | सूर्क्ष्यास्व | सूर्क्ष्यास्म |

| | | | | | |
|---|---|---|---|---|---|
| सुसूर्क्ष | सुसूर्क्षतुः | सुसूर्क्षुः | असूर्क्षीत् | असूर्क्षिष्टाम् | असूर्क्षिषुः |
| सुसूर्क्षिथ | सुसूर्क्षथुः | सुसूर्क्ष | असूर्क्षीः | असूर्क्षिष्टम् | असूर्क्षिष्ट |
| सुसूर्क्ष | सुसूर्क्षिव | सुसूर्क्षिम | असूर्क्षिषम् | असूर्क्षिष्व | असूर्क्षिष्म |

667 **काक्षि काङ्क्षायाम् । काक्षिँ । काङ्क्ष् । काङ्क्षति** । P । **सेट्** । **स०** । desire, wish

| | | | | | |
|---|---|---|---|---|---|
| काङ्क्षति | काङ्क्षतः | काङ्क्षन्ति | अकाङ्क्षत् | अकाङ्क्षताम् | अकाङ्क्षन् |
| काङ्क्षसि | काङ्क्षथः | काङ्क्षथ | अकाङ्क्षः | अकाङ्क्षतम् | अकाङ्क्षत |
| काङ्क्षामि | काङ्क्षावः | काङ्क्षामः | अकाङ्क्षम् | अकाङ्क्षाव | अकाङ्क्षाम |

| | | | | | |
|---|---|---|---|---|---|
| काङ्क्षतु | काङ्क्षताम् | काङ्क्षन्तु | काङ्क्षेत् | काङ्क्षेताम् | काङ्क्षेयुः |
| काङ्क्ष | काङ्क्षतम् | काङ्क्षत | काङ्क्षेः | काङ्क्षेतम् | काङ्क्षेत |
| काङ्क्षाणि | काङ्क्षाव | काङ्क्षाम | काङ्क्षेयम् | काङ्क्षेव | काङ्क्षेम |

| | | | | | |
|---|---|---|---|---|---|
| काङ्क्षिष्यति | काङ्क्षिष्यतः | काङ्क्षिष्यन्ति | अकाङ्क्षिष्यत् | अकाङ्क्षिष्यताम् | अकाङ्क्षिष्यन् |

| | | | | | |
|---|---|---|---|---|---|
| काङ्क्षिष्यसि | काङ्क्षिष्यथः | काङ्क्षिष्यथ | अकाङ्क्षिष्यः | अकाङ्क्षिष्यतम् | अकाङ्क्षिष्यत |
| काङ्क्षिष्यामि | काङ्क्षिष्यावः | काङ्क्षिष्यामः | अकाङ्क्षिष्यम् | अकाङ्क्षिष्याव | अकाङ्क्षिष्याम |

| | | | | | |
|---|---|---|---|---|---|
| काङ्क्षिता | काङ्क्षितारौ | काङ्क्षितारः | काङ्क्ष्यात् | काङ्क्ष्यास्ताम् | काङ्क्ष्यासुः |
| काङ्क्षितासि | काङ्क्षितास्थः | काङ्क्षितास्थ | काङ्क्ष्याः | काङ्क्ष्यास्तम् | काङ्क्ष्यास्त |
| काङ्क्षितास्मि | काङ्क्षितास्वः | काङ्क्षितास्मः | काङ्क्ष्यासम् | काङ्क्ष्यास्व | काङ्क्ष्यास्म |

| | | | | | |
|---|---|---|---|---|---|
| चकाङ्क्ष | चकाङ्क्षतुः | चकाङ्क्षुः | अकाङ्क्षीत् | अकाङ्क्षिष्टाम् | अकाङ्क्षिषुः |
| चकाङ्क्षिथ | चकाङ्क्षथुः | चकाङ्क्ष | अकाङ्क्षीः | अकाङ्क्षिष्टम् | अकाङ्क्षिष्ट |
| चकाङ्क्ष | चकाङ्क्षिव | चकाङ्क्षिम | अकाङ्क्षिषम् | अकाङ्क्षिष्व | अकाङ्क्षिष्म |

668 वाक्षि काङ्क्षायाम् । वाक्षिँ । वाङ्क्ष् । वाङ्क्षति । P । सेट् । स० । wish, desire

| | | | | | |
|---|---|---|---|---|---|
| वाङ्क्षति | वाङ्क्षतः | वाङ्क्षन्ति | अवाङ्क्षत् | अवाङ्क्षताम् | अवाङ्क्षन् |
| वाङ्क्षसि | वाङ्क्षथः | वाङ्क्षथ | अवाङ्क्षः | अवाङ्क्षतम् | अवाङ्क्षत |
| वाङ्क्षामि | वाङ्क्षावः | वाङ्क्षामः | अवाङ्क्षम् | अवाङ्क्षाव | अवाङ्क्षाम |

| | | | | | |
|---|---|---|---|---|---|
| वाङ्क्षतु | वाङ्क्षताम् | वाङ्क्षन्तु | वाङ्क्षेत् | वाङ्क्षेताम् | वाङ्क्षेयुः |
| वाङ्क्ष | वाङ्क्षतम् | वाङ्क्षत | वाङ्क्षेः | वाङ्क्षेतम् | वाङ्क्षेत |
| वाङ्क्षाणि | वाङ्क्षाव | वाङ्क्षाम | वाङ्क्षेयम् | वाङ्क्षेव | वाङ्क्षेम |

| | | | | | |
|---|---|---|---|---|---|
| वाङ्क्षिष्यति | वाङ्क्षिष्यतः | वाङ्क्षिष्यन्ति | अवाङ्क्षिष्यत् | अवाङ्क्षिष्यताम् | अवाङ्क्षिष्यन् |
| वाङ्क्षिष्यसि | वाङ्क्षिष्यथः | वाङ्क्षिष्यथ | अवाङ्क्षिष्यः | अवाङ्क्षिष्यतम् | अवाङ्क्षिष्यत |
| वाङ्क्षिष्यामि | वाङ्क्षिष्यावः | वाङ्क्षिष्यामः | अवाङ्क्षिष्यम् | अवाङ्क्षिष्याव | अवाङ्क्षिष्याम |

| | | | | | |
|---|---|---|---|---|---|
| वाङ्क्षिता | वाङ्क्षितारौ | वाङ्क्षितारः | वाङ्क्ष्यात् | वाङ्क्ष्यास्ताम् | वाङ्क्ष्यासुः |
| वाङ्क्षितासि | वाङ्क्षितास्थः | वाङ्क्षितास्थ | वाङ्क्ष्याः | वाङ्क्ष्यास्तम् | वाङ्क्ष्यास्त |
| वाङ्क्षितास्मि | वाङ्क्षितास्वः | वाङ्क्षितास्मः | वाङ्क्ष्यासम् | वाङ्क्ष्यास्व | वाङ्क्ष्यास्म |

| | | | | | |
|---|---|---|---|---|---|
| ववाङ्क्ष | ववाङ्क्षतुः | ववाङ्क्षुः | अवाङ्क्षीत् | अवाङ्क्षिष्टाम् | अवाङ्क्षिषुः |
| ववाङ्क्षिथ | ववाङ्क्षथुः | ववाङ्क्ष | अवाङ्क्षीः | अवाङ्क्षिष्टम् | अवाङ्क्षिष्ट |
| ववाङ्क्ष | ववाङ्क्षिव | ववाङ्क्षिम | अवाङ्क्षिषम् | अवाङ्क्षिष्व | अवाङ्क्षिष्म |

669 माक्षि काङ्क्षायाम् । माक्षिँ । माङ्क्ष् । माङ्क्षति । P । सेट् । स० । desire

| | | | | | |
|---|---|---|---|---|---|
| माङ्क्षति | माङ्क्षतः | माङ्क्षन्ति | अमाङ्क्षत् | अमाङ्क्षताम् | अमाङ्क्षन् |
| माङ्क्षसि | माङ्क्षथः | माङ्क्षथ | अमाङ्क्षः | अमाङ्क्षतम् | अमाङ्क्षत |
| माङ्क्षामि | माङ्क्षावः | माङ्क्षामः | अमाङ्क्षम् | अमाङ्क्षाव | अमाङ्क्षाम |

| | | | | | |
|---|---|---|---|---|---|
| माङ्क्षतु | माङ्क्षताम् | माङ्क्षन्तु | माङ्क्षेत् | माङ्क्षेताम् | माङ्क्षेयुः |

| | | | | | |
|---|---|---|---|---|---|
| माङ्क्ष | माङ्क्षतम् | माङ्क्षत | माङ्क्षेः | माङ्क्षेतम् | माङ्क्षेत |
| माङ्क्षाणि | माङ्क्षाव | माङ्क्षाम | माङ्क्षेयम् | माङ्क्षेव | माङ्क्षेम |

| | | | | | |
|---|---|---|---|---|---|
| माङ्क्षिष्यति | माङ्क्षिष्यतः | माङ्क्षिष्यन्ति | अमाङ्क्षिष्यत् | **अमाङ्क्षिष्यताम्** | अमाङ्क्षिष्यन् |
| माङ्क्षिष्यसि | माङ्क्षिष्यथः | माङ्क्षिष्यथ | अमाङ्क्षिष्यः | **अमाङ्क्षिष्यतम्** | अमाङ्क्षिष्यत |
| माङ्क्षिष्यामि | माङ्क्षिष्यावः | माङ्क्षिष्यामः | अमाङ्क्षिष्यम् | अमाङ्क्षिष्याव | अमाङ्क्षिष्याम |

| | | | | | |
|---|---|---|---|---|---|
| माङ्क्षिता | माङ्क्षितारौ | माङ्क्षितारः | माङ्क्ष्यात् | माङ्क्ष्यास्ताम् | माङ्क्ष्यासुः |
| माङ्क्षितासि | माङ्क्षितास्थः | माङ्क्षितास्थ | माङ्क्ष्याः | माङ्क्ष्यास्तम् | माङ्क्ष्यास्त |
| माङ्क्षितास्मि | माङ्क्षितास्वः | माङ्क्षितास्मः | माङ्क्ष्यासम् | माङ्क्ष्यास्व | माङ्क्ष्यास्म |

| | | | | | |
|---|---|---|---|---|---|
| ममाङ्क्ष | ममाङ्क्षतुः | ममाङ्क्षुः | अमाङ्क्षीत् | अमाङ्क्षिष्टाम् | अमाङ्क्षिषुः |
| ममाङ्क्षिथ | ममाङ्क्षथुः | ममाङ्क्ष | अमाङ्क्षीः | अमाङ्क्षिष्टम् | अमाङ्क्षिष्ट |
| ममाङ्क्ष | ममाङ्क्षिव | ममाङ्क्षिम | अमाङ्क्षिषम् | अमाङ्क्षिष्व | अमाङ्क्षिष्म |

670 **द्राक्षि घोरवासिते च । द्राक्षिँ । द्राङ्क्ष् । द्राङ्क्षति** । P । सेट् । अ० । croak, caw, desire 8.3.24 8.4.58

| | | | | | |
|---|---|---|---|---|---|
| द्राङ्क्षति | द्राङ्क्षतः | द्राङ्क्षन्ति | अद्राङ्क्षत् | अद्राङ्क्षताम् | अद्राङ्क्षन् |
| द्राङ्क्षसि | द्राङ्क्षथः | द्राङ्क्षथ | अद्राङ्क्षः | अद्राङ्क्षतम् | अद्राङ्क्षत |
| द्राङ्क्षामि | द्राङ्क्षावः | द्राङ्क्षामः | अद्राङ्क्षम् | अद्राङ्क्षाव | अद्राङ्क्षाम |

| | | | | | |
|---|---|---|---|---|---|
| द्राङ्क्षतु | द्राङ्क्षताम् | द्राङ्क्षन्तु | द्राङ्क्षेत् | द्राङ्क्षेताम् | द्राङ्क्षेयुः |
| द्राङ्क्ष | द्राङ्क्षतम् | द्राङ्क्षत | द्राङ्क्षेः | द्राङ्क्षेतम् | द्राङ्क्षेत |
| द्राङ्क्षाणि | द्राङ्क्षाव | द्राङ्क्षाम | द्राङ्क्षेयम् | द्राङ्क्षेव | द्राङ्क्षेम |

| | | | | | |
|---|---|---|---|---|---|
| द्राङ्क्षिष्यति | द्राङ्क्षिष्यतः | द्राङ्क्षिष्यन्ति | अद्राङ्क्षिष्यत् | **अद्राङ्क्षिष्यताम्** | अद्राङ्क्षिष्यन् |
| द्राङ्क्षिष्यसि | द्राङ्क्षिष्यथः | द्राङ्क्षिष्यथ | अद्राङ्क्षिष्यः | **अद्राङ्क्षिष्यतम्** | अद्राङ्क्षिष्यत |
| द्राङ्क्षिष्यामि | द्राङ्क्षिष्यावः | द्राङ्क्षिष्यामः | अद्राङ्क्षिष्यम् | अद्राङ्क्षिष्याव | अद्राङ्क्षिष्याम |

| | | | | | |
|---|---|---|---|---|---|
| द्राङ्क्षिता | द्राङ्क्षितारौ | द्राङ्क्षितारः | द्राङ्क्ष्यात् | द्राङ्क्ष्यास्ताम् | द्राङ्क्ष्यासुः |
| द्राङ्क्षितासि | द्राङ्क्षितास्थः | द्राङ्क्षितास्थ | द्राङ्क्ष्याः | द्राङ्क्ष्यास्तम् | द्राङ्क्ष्यास्त |
| द्राङ्क्षितास्मि | द्राङ्क्षितास्वः | द्राङ्क्षितास्मः | द्राङ्क्ष्यासम् | द्राङ्क्ष्यास्व | द्राङ्क्ष्यास्म |

| | | | | | |
|---|---|---|---|---|---|
| दद्राङ्क्ष | दद्राङ्क्षतुः | दद्राङ्क्षुः | अद्राङ्क्षीत् | अद्राङ्क्षिष्टाम् | अद्राङ्क्षिषुः |
| दद्राङ्क्षिथ | दद्राङ्क्षथुः | दद्राङ्क्ष | अद्राङ्क्षीः | अद्राङ्क्षिष्टम् | अद्राङ्क्षिष्ट |
| दद्राङ्क्ष | दद्राङ्क्षिव | दद्राङ्क्षिम | अद्राङ्क्षिषम् | अद्राङ्क्षिष्व | अद्राङ्क्षिष्म |

671 **ध्राक्षि घोरवासिते च । ध्राक्षिँ । ध्राङ्क्ष् । ध्राङ्क्षति** । P । सेट् । अ० । croak, caw, desire

| | | | | | |
|---|---|---|---|---|---|
| **ध्राङ्क्षति** | **ध्राङ्क्षतः** | **ध्राङ्क्षन्ति** | **अध्राङ्क्षत्** | **अध्राङ्क्षताम्** | **अध्राङ्क्षन्** |
| **ध्राङ्क्षसि** | **ध्राङ्क्षथः** | **ध्राङ्क्षथ** | **अध्राङ्क्षः** | **अध्राङ्क्षतम्** | **अध्राङ्क्षत** |
| **ध्राङ्क्षामि** | **ध्राङ्क्षावः** | **ध्राङ्क्षामः** | **अध्राङ्क्षम्** | **अध्राङ्क्षाव** | **अध्राङ्क्षाम** |

| | | | | | |
|---|---|---|---|---|---|
| ध्राङ्क्षतु | ध्राङ्क्षताम् | ध्राङ्क्षन्तु | ध्राङ्क्षेत् | ध्राङ्क्षेताम् | ध्राङ्क्षेयुः |
| ध्राङ्क्ष | ध्राङ्क्षतम् | ध्राङ्क्षत | ध्राङ्क्षेः | ध्राङ्क्षेतम् | ध्राङ्क्षेत |
| ध्राङ्क्षाणि | ध्राङ्क्षाव | ध्राङ्क्षाम | ध्राङ्क्षेयम् | ध्राङ्क्षेव | ध्राङ्क्षेम |

| | | | | | |
|---|---|---|---|---|---|
| ध्राङ्क्षिष्यति | ध्राङ्क्षिष्यतः | ध्राङ्क्षिष्यन्ति | अध्राङ्क्षिष्यत् | अध्राङ्क्षिष्यताम् | अध्राङ्क्षिष्यन् |
| ध्राङ्क्षिष्यसि | ध्राङ्क्षिष्यथः | ध्राङ्क्षिष्यथ | अध्राङ्क्षिष्यः | अध्राङ्क्षिष्यतम् | अध्राङ्क्षिष्यत |
| ध्राङ्क्षिष्यामि | ध्राङ्क्षिष्यावः | ध्राङ्क्षिष्यामः | अध्राङ्क्षिष्यम् | अध्राङ्क्षिष्याव | अध्राङ्क्षिष्याम |

| | | | | | |
|---|---|---|---|---|---|
| ध्राङ्क्षिता | ध्राङ्क्षितारौ | ध्राङ्क्षितारः | ध्राङ्क्ष्यात् | ध्राङ्क्ष्यास्ताम् | ध्राङ्क्ष्यासुः |
| ध्राङ्क्षितासि | ध्राङ्क्षितास्थः | ध्राङ्क्षितास्थ | ध्राङ्क्ष्याः | ध्राङ्क्ष्यास्तम् | ध्राङ्क्ष्यास्त |
| ध्राङ्क्षितास्मि | ध्राङ्क्षितास्वः | ध्राङ्क्षितास्मः | ध्राङ्क्ष्यासम् | ध्राङ्क्ष्यास्व | ध्राङ्क्ष्यास्म |

| | | | | | |
|---|---|---|---|---|---|
| दध्राङ्क्ष | दध्राङ्क्षतुः | दध्राङ्क्षुः | अध्राङ्क्षीत् | अध्राङ्क्षिष्टाम् | अध्राङ्क्षिषुः |
| दध्राङ्क्षिथ | दध्राङ्क्षथुः | दध्राङ्क्ष | अध्राङ्क्षीः | अध्राङ्क्षिष्टम् | अध्राङ्क्षिष्ट |
| दध्राङ्क्ष | दध्राङ्क्षिव | दध्राङ्क्षिम | अध्राङ्क्षिषम् | अध्राङ्क्षिष्व | अध्राङ्क्षिष्म |

672 ध्वाक्षि घोरवासिते च । काङ्क्षायाम् च । ध्वाक्षिँ । ध्वाङ्क्ष् । ध्वाङ्क्षति । P । सेट् । अ० । croak, caw, desire

| | | | | | |
|---|---|---|---|---|---|
| ध्वाङ्क्षति | ध्वाङ्क्षतः | ध्वाङ्क्षन्ति | अध्वाङ्क्षत् | अध्वाङ्क्षताम् | अध्वाङ्क्षन् |
| ध्वाङ्क्षसि | ध्वाङ्क्षथः | ध्वाङ्क्षथ | अध्वाङ्क्षः | अध्वाङ्क्षतम् | अध्वाङ्क्षत |
| ध्वाङ्क्षामि | ध्वाङ्क्षावः | ध्वाङ्क्षामः | अध्वाङ्क्षम् | अध्वाङ्क्षाव | अध्वाङ्क्षाम |

| | | | | | |
|---|---|---|---|---|---|
| ध्वाङ्क्षतु | ध्वाङ्क्षताम् | ध्वाङ्क्षन्तु | ध्वाङ्क्षेत् | ध्वाङ्क्षेताम् | ध्वाङ्क्षेयुः |
| ध्वाङ्क्ष | ध्वाङ्क्षतम् | ध्वाङ्क्षत | ध्वाङ्क्षेः | ध्वाङ्क्षेतम् | ध्वाङ्क्षेत |
| ध्वाङ्क्षाणि | ध्वाङ्क्षाव | ध्वाङ्क्षाम | ध्वाङ्क्षेयम् | ध्वाङ्क्षेव | ध्वाङ्क्षेम |

| | | | | | |
|---|---|---|---|---|---|
| ध्वाङ्क्षिष्यति | ध्वाङ्क्षिष्यतः | ध्वाङ्क्षिष्यन्ति | अध्वाङ्क्षिष्यत् | अध्वाङ्क्षिष्यताम् | अध्वाङ्क्षिष्यन् |
| ध्वाङ्क्षिष्यसि | ध्वाङ्क्षिष्यथः | ध्वाङ्क्षिष्यथ | अध्वाङ्क्षिष्यः | अध्वाङ्क्षिष्यतम् | अध्वाङ्क्षिष्यत |
| ध्वाङ्क्षिष्यामि | ध्वाङ्क्षिष्यावः | ध्वाङ्क्षिष्यामः | अध्वाङ्क्षिष्यम् | अध्वाङ्क्षिष्याव | अध्वाङ्क्षिष्याम |

| | | | | | |
|---|---|---|---|---|---|
| ध्वाङ्क्षिता | ध्वाङ्क्षितारौ | ध्वाङ्क्षितारः | ध्वाङ्क्ष्यात् | ध्वाङ्क्ष्यास्ताम् | ध्वाङ्क्ष्यासुः |
| ध्वाङ्क्षितासि | ध्वाङ्क्षितास्थः | ध्वाङ्क्षितास्थ | ध्वाङ्क्ष्याः | ध्वाङ्क्ष्यास्तम् | ध्वाङ्क्ष्यास्त |
| ध्वाङ्क्षितास्मि | ध्वाङ्क्षितास्वः | ध्वाङ्क्षितास्मः | ध्वाङ्क्ष्यासम् | ध्वाङ्क्ष्यास्व | ध्वाङ्क्ष्यास्म |

| | | | | | |
|---|---|---|---|---|---|
| दध्वाङ्क्ष | दध्वाङ्क्षतुः | दध्वाङ्क्षुः | अध्वाङ्क्षीत् | अध्वाङ्क्षिष्टाम् | अध्वाङ्क्षिषुः |
| दध्वाङ्क्षिथ | दध्वाङ्क्षथुः | दध्वाङ्क्ष | अध्वाङ्क्षीः | अध्वाङ्क्षिष्टम् | अध्वाङ्क्षिष्ट |
| दध्वाङ्क्ष | दध्वाङ्क्षिव | दध्वाङ्क्षिम | अध्वाङ्क्षिषम् | अध्वाङ्क्षिष्व | अध्वाङ्क्षिष्म |

## 673 चूष पाने । चूषँ । चूष् । चूषति । P । सेट् । स० । drink, suck in, suck out  8.4.2

| चूषति | चूषतः | चूषन्ति | अचूषत् | अचूषताम् | अचूषन् |
| चूषसि | चूषथः | चूषथ | अचूषः | अचूषतम् | अचूषत |
| चूषामि | चूषावः | चूषामः | अचूषम् | अचूषाव | अचूषाम |

| चूषतु | चूषताम् | चूषन्तु | चूषेत् | चूषेताम् | चूषेयुः |
| चूष | चूषतम् | चूषत | चूषेः | चूषेतम् | चूषेत |
| चूषाणि | चूषाव | चूषाम | चूषेयम् | चूषेव | चूषेम |

| चूषिष्यति | चूषिष्यतः | चूषिष्यन्ति | अचूषिष्यत् | अचूषिष्यताम् | अचूषिष्यन् |
| चूषिष्यसि | चूषिष्यथः | चूषिष्यथ | अचूषिष्यः | अचूषिष्यतम् | अचूषिष्यत |
| चूषिष्यामि | चूषिष्यावः | चूषिष्यामः | अचूषिष्यम् | अचूषिष्याव | अचूषिष्याम |

| चूषिता | चूषितारौ | चूषितारः | चूष्यात् | चूष्यास्ताम् | चूष्यासुः |
| चूषितासि | चूषितास्थः | चूषितास्थ | चूष्याः | चूष्यास्तम् | चूष्यास्त |
| चूषितास्मि | चूषितास्वः | चूषितास्मः | चूष्यासम् | चूष्यास्व | चूष्यास्म |

| चुचूष | चुचूषतुः | चुचूषुः | अचूषीत् | अचूषिष्टाम् | अचूषिषुः |
| चुचूषिथ | चुचूषथुः | चुचूष | अचूषीः | अचूषिष्टम् | अचूषिष्ट |
| चुचूष | चुचूषिव | चुचूषिम | अचूषिषम् | अचूषिष्व | अचूषिष्म |

## 674 तूष तुष्टौ । तूषँ । तूष् । तूषति । P । सेट् । अ० । satisfy, be satisfied

| तूषति | तूषतः | तूषन्ति | अतूषत् | अतूषताम् | अतूषन् |
| तूषसि | तूषथः | तूषथ | अतूषः | अतूषतम् | अतूषत |
| तूषामि | तूषावः | तूषामः | अतूषम् | अतूषाव | अतूषाम |

| तूषतु | तूषताम् | तूषन्तु | तूषेत् | तूषेताम् | तूषेयुः |
| तूष | तूषतम् | तूषत | तूषेः | तूषेतम् | तूषेत |
| तूषाणि | तूषाव | तूषाम | तूषेयम् | तूषेव | तूषेम |

| तूषिष्यति | तूषिष्यतः | तूषिष्यन्ति | अतूषिष्यत् | अतूषिष्यताम् | अतूषिष्यन् |
| तूषिष्यसि | तूषिष्यथः | तूषिष्यथ | अतूषिष्यः | अतूषिष्यतम् | अतूषिष्यत |
| तूषिष्यामि | तूषिष्यावः | तूषिष्यामः | अतूषिष्यम् | अतूषिष्याव | अतूषिष्याम |

| तूषिता | तूषितारौ | तूषितारः | तूष्यात् | तूष्यास्ताम् | तूष्यासुः |
| तूषितासि | तूषितास्थः | तूषितास्थ | तूष्याः | तूष्यास्तम् | तूष्यास्त |
| तूषितास्मि | तूषितास्वः | तूषितास्मः | तूष्यासम् | तूष्यास्व | तूष्यास्म |

| तुतूष | तुतूषतुः | तुतूषुः | अतूषीत् | अतूषिष्टाम् | अतूषिषुः |
| तुतूषिथ | तुतूषथुः | तुतूष | अतूषीः | अतूषिष्टम् | अतूषिष्ट |
| तुतूष | तुतूषिव | तुतूषिम | अतूषिषम् | अतूषिष्व | अतूषिष्म |

## 675 पूष वृद्धौ । पूषँ । पूष् । पूषति । P । सेट् । अ० । grow, nourish, upbring

| | | | | | |
|---|---|---|---|---|---|
| पूषति | पूषतः | पूषन्ति | अपूषत् | अपूषताम् | अपूषन् |
| पूषसि | पूषथः | पूषथ | अपूषः | अपूषतम् | अपूषत |
| पूषामि | पूषावः | पूषामः | अपूषम् | अपूषाव | अपूषाम |
| पूषतु | पूषताम् | पूषन्तु | पूषेत् | पूषेताम् | पूषेयुः |
| पूष | पूषतम् | पूषत | पूषेः | पूषेतम् | पूषेत |
| पूषाणि | पूषाव | पूषाम | पूषेयम् | पूषेव | पूषेम |
| पूषिष्यति | पूषिष्यतः | पूषिष्यन्ति | अपूषिष्यत् | अपूषिष्यताम् | अपूषिष्यन् |
| पूषिष्यसि | पूषिष्यथः | पूषिष्यथ | अपूषिष्यः | अपूषिष्यतम् | अपूषिष्यत |
| पूषिष्यामि | पूषिष्यावः | पूषिष्यामः | अपूषिष्यम् | अपूषिष्याव | अपूषिष्याम |
| पूषिता | पूषितारौ | पूषितारः | पूष्यात् | पूष्यास्ताम् | पूष्यासुः |
| पूषितासि | पूषितास्थः | पूषितास्थ | पूष्याः | पूष्यास्तम् | पूष्यास्त |
| पूषितास्मि | पूषितास्वः | पूषितास्मः | पूष्यासम् | पूष्यास्व | पूष्यास्म |
| पुपूष | पुपूषतुः | पुपूषुः | अपूषीत् | अपूषिष्टाम् | अपूषिषुः |
| पुपूषिथ | पुपूषथुः | पुपूष | अपूषीः | अपूषिष्टम् | अपूषिष्ट |
| पुपूष | पुपूषिव | पुपूषिम | अपूषिषम् | अपूषिष्व | अपूषिष्म |

## 676 मूष स्तेये । मूषँ । मूष् । मूषति । P । सेट् । स० । steal, rob

| | | | | | |
|---|---|---|---|---|---|
| मूषति | मूषतः | मूषन्ति | अमूषत् | अमूषताम् | अमूषन् |
| मूषसि | मूषथः | मूषथ | अमूषः | अमूषतम् | अमूषत |
| मूषामि | मूषावः | मूषामः | अमूषम् | अमूषाव | अमूषाम |
| मूषतु | मूषताम् | मूषन्तु | मूषेत् | मूषेताम् | मूषेयुः |
| मूष | मूषतम् | मूषत | मूषेः | मूषेतम् | मूषेत |
| मूषाणि | मूषाव | मूषाम | मूषेयम् | मूषेव | मूषेम |
| मूषिष्यति | मूषिष्यतः | मूषिष्यन्ति | अमूषिष्यत् | अमूषिष्यताम् | अमूषिष्यन् |
| मूषिष्यसि | मूषिष्यथः | मूषिष्यथ | अमूषिष्यः | अमूषिष्यतम् | अमूषिष्यत |
| मूषिष्यामि | मूषिष्यावः | मूषिष्यामः | अमूषिष्यम् | अमूषिष्याव | अमूषिष्याम |
| मूषिता | मूषितारौ | मूषितारः | मूष्यात् | मूष्यास्ताम् | मूष्यासुः |
| मूषितासि | मूषितास्थः | मूषितास्थ | मूष्याः | मूष्यास्तम् | मूष्यास्त |
| मूषितास्मि | मूषितास्वः | मूषितास्मः | मूष्यासम् | मूष्यास्व | मूष्यास्म |
| मुमूष | मुमूषतुः | मुमूषुः | अमूषीत् | अमूषिष्टाम् | अमूषिषुः |
| मुमूषिथ | मुमूषथुः | मुमूष | अमूषीः | अमूषिष्टम् | अमूषिष्ट |
| मुमूष | मुमूषिव | मुमूषिम | अमूषिषम् | अमूषिष्व | अमूषिष्म |

## 677 लूष भूषायाम् । लूषँ । लूष् । लूषति । P । सेट् । स० । decorate, makeup, ornate

| | | | | | | |
|---|---|---|---|---|---|---|
| लूषति | लूषतः | लूषन्ति | अलूषत् | अलूषताम् | अलूषन् |
| लूषसि | लूषथः | लूषथ | अलूषः | अलूषतम् | अलूषत |
| लूषामि | लूषावः | लूषामः | अलूषम् | अलूषाव | अलूषाम |
| | | | | | |
| लूषतु | लूषताम् | लूषन्तु | लूषेत् | लूषेताम् | लूषेयुः |
| लूष | लूषतम् | लूषत | लूषेः | लूषेतम् | लूषेत |
| लूषाणि | लूषाव | लूषाम | लूषेयम् | लूषेव | लूषेम |
| | | | | | |
| लूषिष्यति | लूषिष्यतः | लूषिष्यन्ति | अलूषिष्यत् | अलूषिष्यताम् | अलूषिष्यन् |
| लूषिष्यसि | लूषिष्यथः | लूषिष्यथ | अलूषिष्यः | अलूषिष्यतम् | अलूषिष्यत |
| लूषिष्यामि | लूषिष्यावः | लूषिष्यामः | अलूषिष्यम् | अलूषिष्याव | अलूषिष्याम |
| | | | | | |
| लूषिता | लूषितारौ | लूषितारः | लूष्यात् | लूष्यास्ताम् | लूष्यासुः |
| लूषितासि | लूषितास्थः | लूषितास्थ | लूष्याः | लूष्यास्तम् | लूष्यास्त |
| लूषितास्मि | लूषितास्वः | लूषितास्मः | लूष्यासम् | लूष्यास्व | लूष्यास्म |
| | | | | | |
| लुलूष | लुलूषतुः | लुलूषुः | अलूषीत् | अलूषिष्टाम् | अलूषिषुः |
| लुलूषिथ | लुलूषथुः | लुलूष | अलूषीः | अलूषिष्टम् | अलूषिष्ट |
| लुलूष | लुलूषिव | लुलूषिम | अलूषिषम् | अलूषिष्व | अलूषिष्म |

## 678 रूष भूषायाम् । रूषँ । रूष् । रूषति । P । सेट् । स० । adorn, smear, anoint, overdo makeup

| | | | | | | |
|---|---|---|---|---|---|---|
| रूषति | रूषतः | रूषन्ति | अरूषत् | अरूषताम् | अरूषन् |
| रूषसि | रूषथः | रूषथ | अरूषः | अरूषतम् | अरूषत |
| रूषामि | रूषावः | रूषामः | अरूषम् | अरूषाव | अरूषाम |
| | | | | | |
| रूषतु | रूषताम् | रूषन्तु | रूषेत् | रूषेताम् | रूषेयुः |
| रूष | रूषतम् | रूषत | रूषेः | रूषेतम् | रूषेत |
| रूषाणि | रूषाव | रूषाम | रूषेयम् | रूषेव | रूषेम |
| | | | | | |
| रूषिष्यति | रूषिष्यतः | रूषिष्यन्ति | अरूषिष्यत् | अरूषिष्यताम् | अरूषिष्यन् |
| रूषिष्यसि | रूषिष्यथः | रूषिष्यथ | अरूषिष्यः | अरूषिष्यतम् | अरूषिष्यत |
| रूषिष्यामि | रूषिष्यावः | रूषिष्यामः | अरूषिष्यम् | अरूषिष्याव | अरूषिष्याम |
| | | | | | |
| रूषिता | रूषितारौ | रूषितारः | रूष्यात् | रूष्यास्ताम् | रूष्यासुः |
| रूषितासि | रूषितास्थः | रूषितास्थ | रूष्याः | रूष्यास्तम् | रूष्यास्त |
| रूषितास्मि | रूषितास्वः | रूषितास्मः | रूष्यासम् | रूष्यास्व | रूष्यास्म |
| | | | | | |
| रुरूष | रुरूषतुः | रुरूषुः | अरूषीत् | अरूषिष्टाम् | अरूषिषुः |
| रुरूषिथ | रुरूषथुः | रुरूष | अरूषीः | अरूषिष्टम् | अरूषिष्ट |
| रुरूष | रुरूषिव | रुरूषिम | अरूषिषम् | अरूषिष्व | अरूषिष्म |

## 679 शूष प्रसवे । प्रसवोऽभ्यनुज्ञानम् । शूषँ । शूष् । शूषति । P । सेट् । स० । give birth, bring forth

| | | | | | |
|---|---|---|---|---|---|
| शूषति | शूषतः | शूषन्ति | अशूषत् | अशूषताम् | अशूषन् |
| शूषसि | शूषथः | शूषथ | अशूषः | अशूषतम् | अशूषत |
| शूषामि | शूषावः | शूषामः | अशूषम् | अशूषाव | अशूषाम |
| | | | | | |
| शूषतु | शूषताम् | शूषन्तु | शूषेत् | शूषेताम् | शूषेयुः |
| शूष | शूषतम् | शूषत | शूषेः | शूषेतम् | शूषेत |
| शूषाणि | शूषाव | शूषाम | शूषेयम् | शूषेव | शूषेम |
| | | | | | |
| शूषिष्यति | शूषिष्यतः | शूषिष्यन्ति | अशूषिष्यत् | अशूषिष्यताम् | अशूषिष्यन् |
| शूषिष्यसि | शूषिष्यथः | शूषिष्यथ | अशूषिष्यः | अशूषिष्यतम् | अशूषिष्यत |
| शूषिष्यामि | शूषिष्यावः | शूषिष्यामः | अशूषिष्यम् | अशूषिष्याव | अशूषिष्याम |
| | | | | | |
| शूषिता | शूषितारौ | शूषितारः | शूष्यात् | शूष्यास्ताम् | शूष्यासुः |
| शूषितासि | शूषितास्थः | शूषितास्थ | शूष्याः | शूष्यास्तम् | शूष्यास्त |
| शूषितास्मि | शूषितास्वः | शूषितास्मः | शूष्यासम् | शूष्यास्व | शूष्यास्म |
| | | | | | |
| शुशूष | शुशूषतुः | शुशूषुः | अशूषीत् | अशूषिष्टाम् | अशूषिषुः |
| शुशूषिथ | शुशूषथुः | शुशूष | अशूषीः | अशूषिष्टम् | अशूषिष्ट |
| शुशूष | शुशूषिव | शुशूषिम | अशूषिषम् | अशूषिष्व | अशूषिष्म |

## 680 यूष हिंसायाम् । यूषँ । यूष् । यूषति । P । सेट् । स० । hurt, injure

| | | | | | |
|---|---|---|---|---|---|
| यूषति | यूषतः | यूषन्ति | अयूषत् | अयूषताम् | अयूषन् |
| यूषसि | यूषथः | यूषथ | अयूषः | अयूषतम् | अयूषत |
| यूषामि | यूषावः | यूषामः | अयूषम् | अयूषाव | अयूषाम |
| | | | | | |
| यूषतु | यूषताम् | यूषन्तु | यूषेत् | यूषेताम् | यूषेयुः |
| यूष | यूषतम् | यूषत | यूषेः | यूषेतम् | यूषेत |
| यूषाणि | यूषाव | यूषाम | यूषेयम् | यूषेव | यूषेम |
| | | | | | |
| यूषिष्यति | यूषिष्यतः | यूषिष्यन्ति | अयूषिष्यत् | अयूषिष्यताम् | अयूषिष्यन् |
| यूषिष्यसि | यूषिष्यथः | यूषिष्यथ | अयूषिष्यः | अयूषिष्यतम् | अयूषिष्यत |
| यूषिष्यामि | यूषिष्यावः | यूषिष्यामः | अयूषिष्यम् | अयूषिष्याव | अयूषिष्याम |
| | | | | | |
| यूषिता | यूषितारौ | यूषितारः | यूष्यात् | यूष्यास्ताम् | यूष्यासुः |
| यूषितासि | यूषितास्थः | यूषितास्थ | यूष्याः | यूष्यास्तम् | यूष्यास्त |
| यूषितास्मि | यूषितास्वः | यूषितास्मः | यूष्यासम् | यूष्यास्व | यूष्यास्म |
| | | | | | |
| युयूष | युयूषतुः | युयूषुः | अयूषीत् | अयूषिष्टाम् | अयूषिषुः |
| युयूषिथ | युयूषथुः | युयूष | अयूषीः | अयूषिष्टम् | अयूषिष्ट |
| युयूष | युयूषिव | युयूषिम | अयूषिषम् | अयूषिष्व | अयूषिष्म |

681 **जूष च । हिंसायाम् च । जूषँ । जूष् । जूषति** । P । **सेट्** । **स०** । hurt, injure

| | | | | | |
|---|---|---|---|---|---|
| जूषति | जूषतः | जूषन्ति | अजूषत् | अजूषताम् | अजूषन् |
| जूषसि | जूषथः | जूषथ | अजूषः | अजूषतम् | अजूषत |
| जूषामि | जूषावः | जूषामः | अजूषम् | अजूषाव | अजूषाम |

| | | | | | |
|---|---|---|---|---|---|
| जूषतु | जूषताम् | जूषन्तु | जूषेत् | जूषेताम् | जूषेयुः |
| जूष | जूषतम् | जूषत | जूषेः | जूषेतम् | जूषेत |
| जूषाणि | जूषाव | जूषाम | जूषेयम् | जूषेव | जूषेम |

| | | | | | |
|---|---|---|---|---|---|
| जूषिष्यति | जूषिष्यतः | जूषिष्यन्ति | अजूषिष्यत् | अजूषिष्यताम् | अजूषिष्यन् |
| जूषिष्यसि | जूषिष्यथः | जूषिष्यथ | अजूषिष्यः | अजूषिष्यतम् | अजूषिष्यत |
| जूषिष्यामि | जूषिष्यावः | जूषिष्यामः | अजूषिष्यम् | अजूषिष्याव | अजूषिष्याम |

| | | | | | |
|---|---|---|---|---|---|
| जूषिता | जूषितारौ | जूषितारः | जूष्यात् | जूष्यास्ताम् | जूष्यासुः |
| जूषितासि | जूषितास्थः | जूषितास्थ | जूष्याः | जूष्यास्तम् | जूष्यास्त |
| जूषितास्मि | जूषितास्वः | जूषितास्मः | जूष्यासम् | जूष्यास्व | जूष्यास्म |

| | | | | | |
|---|---|---|---|---|---|
| जुजूष | जुजूषतुः | जुजूषुः | अजूषीत् | अजूषिष्टाम् | अजूषिषुः |
| जुजूषिथ | जुजूषथुः | जुजूष | अजूषीः | अजूषिष्टम् | अजूषिष्ट |
| जुजूष | जुजूषिव | जुजूषिम | अजूषिषम् | अजूषिष्व | अजूषिष्म |

682 **भूष अलङ्कारे । भूषँ । भूष् । भूषति** । P । **सेट्** । **स०** । adorn, decorate

| | | | | | |
|---|---|---|---|---|---|
| भूषति | भूषतः | भूषन्ति | अभूषत् | अभूषताम् | अभूषन् |
| भूषसि | भूषथः | भूषथ | अभूषः | अभूषतम् | अभूषत |
| भूषामि | भूषावः | भूषामः | अभूषम् | अभूषाव | अभूषाम |

| | | | | | |
|---|---|---|---|---|---|
| भूषतु | भूषताम् | भूषन्तु | भूषेत् | भूषेताम् | भूषेयुः |
| भूष | भूषतम् | भूषत | भूषेः | भूषेतम् | भूषेत |
| भूषाणि | भूषाव | भूषाम | भूषेयम् | भूषेव | भूषेम |

| | | | | | |
|---|---|---|---|---|---|
| भूषिष्यति | भूषिष्यतः | भूषिष्यन्ति | अभूषिष्यत् | अभूषिष्यताम् | अभूषिष्यन् |
| भूषिष्यसि | भूषिष्यथः | भूषिष्यथ | अभूषिष्यः | अभूषिष्यतम् | अभूषिष्यत |
| भूषिष्यामि | भूषिष्यावः | भूषिष्यामः | अभूषिष्यम् | अभूषिष्याव | अभूषिष्याम |

| | | | | | |
|---|---|---|---|---|---|
| भूषिता | भूषितारौ | भूषितारः | भूष्यात् | भूष्यास्ताम् | भूष्यासुः |
| भूषितासि | भूषितास्थः | भूषितास्थ | भूष्याः | भूष्यास्तम् | भूष्यास्त |
| भूषितास्मि | भूषितास्वः | भूषितास्मः | भूष्यासम् | भूष्यास्व | भूष्यास्म |

| | | | | | |
|---|---|---|---|---|---|
| बुभूष | बुभूषतुः | बुभूषुः | अभूषीत् | अभूषिष्टाम् | अभूषिषुः |
| बुभूषिथ | बुभूषथुः | बुभूष | अभूषीः | अभूषिष्टम् | अभूषिष्ट |
| बुभूष | बुभूषिव | बुभूषिम | अभूषिषम् | अभूषिष्व | अभूषिष्म |

683 ऊष रुजायाम् । ऊषँ । ऊष् । ऊषति । P । सेट् । स० । be diseased, disordered

| | | | | | |
|---|---|---|---|---|---|
| ऊषति | ऊषतः | ऊषन्ति | औषत् | औषताम् | औषन् |
| ऊषसि | ऊषथः | ऊषथ | औषः | औषतम् | औषत |
| ऊषामि | ऊषावः | ऊषामः | औषम् | औषाव | औषाम |

| | | | | | |
|---|---|---|---|---|---|
| ऊषतु | ऊषताम् | ऊषन्तु | ऊषेत् | ऊषेताम् | ऊषेयुः |
| ऊष | ऊषतम् | ऊषत | ऊषेः | ऊषेतम् | ऊषेत |
| ऊषाणि | ऊषाव | ऊषाम | ऊषेयम् | ऊषेव | ऊषेम |

| | | | | | |
|---|---|---|---|---|---|
| ऊषिष्यति | ऊषिष्यतः | ऊषिष्यन्ति | औषिष्यत् | औषिष्यताम् | औषिष्यन् |
| ऊषिष्यसि | ऊषिष्यथः | ऊषिष्यथ | औषिष्यः | औषिष्यतम् | औषिष्यत |
| ऊषिष्यामि | ऊषिष्यावः | ऊषिष्यामः | औषिष्यम् | औषिष्याव | औषिष्याम |

| | | | | | |
|---|---|---|---|---|---|
| ऊषिता | ऊषितारौ | ऊषितारः | ऊष्यात् | ऊष्यास्ताम् | ऊष्यासुः |
| ऊषितासि | ऊषितास्थः | ऊषितास्थ | ऊष्याः | ऊष्यास्तम् | ऊष्यास्त |
| ऊषितास्मि | ऊषितास्वः | ऊषितास्मः | ऊष्यासम् | ऊष्यास्व | ऊष्यास्म |

| | | | | | |
|---|---|---|---|---|---|
| ऊषाञ्चकार | ऊषाञ्चक्रतुः | ऊषाञ्चक्रुः | औषीत् | औषिष्टाम् | औषिषुः |
| ऊषाम्बभूव | ऊषाम्बभूवतुः | ऊषाम्बभूवुः | | | |
| ऊषामास | ऊषामासतुः | ऊषामासुः | | | |
| ऊषाञ्चकर्थ | ऊषाञ्चक्रथुः | ऊषाञ्चक्र | औषीः | औषिष्टम् | औषिष्ट |
| ऊषाम्बभूविथ | ऊषाम्बभूवथुः | ऊषाम्बभूव | | | |
| ऊषामासिथ | ऊषामासथुः | ऊषामास | | | |
| ऊषाञ्चकर -कार | ऊषाञ्चकृव | ऊषाञ्चकृम | औषिषम् | औषिष्व | औषिष्म |
| ऊषाम्बभूव | ऊषाम्बभूविव | ऊषाम्बभूविम | | | |
| ऊषामास | ऊषामासिव | ऊषामासिम | | | |

684 ईष उञ्छे । ईषँ । ईष् । ईषति । P । सेट् । स० । glean

| | | | | | |
|---|---|---|---|---|---|
| ईषति | ईषतः | ईषन्ति | ऐषत् | ऐषताम् | ऐषन् |
| ईषसि | ईषथः | ईषथ | ऐषः | ऐषतम् | ऐषत |
| ईषामि | ईषावः | ईषामः | ऐषम् | ऐषाव | ऐषाम |

| | | | | | |
|---|---|---|---|---|---|
| ईषतु | ईषताम् | ईषन्तु | ईषेत् | ईषेताम् | ईषेयुः |
| ईष | ईषतम् | ईषत | ईषेः | ईषेतम् | ईषेत |
| ईषाणि | ईषाव | ईषाम | ईषेयम् | ईषेव | ईषेम |

| | | | | | |
|---|---|---|---|---|---|
| ईषिष्यति | ईषिष्यतः | ईषिष्यन्ति | ऐषिष्यत् | ऐषिष्यताम् | ऐषिष्यन् |
| ईषिष्यसि | ईषिष्यथः | ईषिष्यथ | ऐषिष्यः | ऐषिष्यतम् | ऐषिष्यत |
| ईषिष्यामि | ईषिष्यावः | ईषिष्यामः | ऐषिष्यम् | ऐषिष्याव | ऐषिष्याम |

| | | | | | |
|---|---|---|---|---|---|
| ईषिता | ईषितारौ | ईषितारः | ईष्यात् | ईष्यास्ताम् | ईष्यासुः |

| | | | | | |
|---|---|---|---|---|---|
| ईषितासि | ईषितास्थः | ईषितास्थ | ईष्याः | ईष्यास्तम् | ईष्यास्त |
| ईषितास्मि | ईषितास्वः | ईषितास्मः | ईष्यासम् | ईष्यास्व | ईष्यास्म |

| | | | | | |
|---|---|---|---|---|---|
| ईषाञ्चकार | ईषाञ्चक्रतुः | ईषाञ्चक्रुः | ऐषीत् | ऐषिष्टाम् | ऐषिषुः |
| ईषाम्बभूव | ईषाम्बभूवतुः | ईषाम्बभूवुः | | | |
| ईषामास | ईषामासतुः | ईषामासुः | | | |
| ईषाञ्चकर्थ | ईषाञ्चक्रथुः | ईषाञ्चक्र | ऐषीः | ऐषिष्टम् | ऐषिष्ट |
| ईषाम्बभूविथ | ईषाम्बभूवथुः | ईषाम्बभूव | | | |
| ईषामासिथ | ईषामासथुः | ईषामास | | | |
| ईषाञ्चकर -कार | ईषाञ्चकृव | ईषाञ्चकृम | ऐषिषम् | ऐषिष्व | ऐषिष्म |
| ईषाम्बभूव | ईषाम्बभूविव | ईषाम्बभूविम | | | |
| ईषामास | ईषामासिव | ईषामासिम | | | |

685 कष हिंसायाम् । कषँ । कष् । कषति । P । सेट् । स० । kill, cause pain, check gold's authencity by rubbing 7.1.91 णलुत्तमो वा । 7.2.7 अतो हलादेर्लघोः ।

| | | | | | |
|---|---|---|---|---|---|
| कषति | कषतः | कषन्ति | अकषत् | अकषताम् | अकषन् |
| कषसि | कषथः | कषथ | अकषः | अकषतम् | अकषत |
| कषामि | कषावः | कषामः | अकषम् | अकषाव | अकषाम |

| | | | | | |
|---|---|---|---|---|---|
| कषतु | कषताम् | कषन्तु | कषेत् | कषेताम् | कषेयुः |
| कष | कषतम् | कषत | कषेः | कषेतम् | कषेत |
| कषाणि | कषाव | कषाम | कषेयम् | कषेव | कषेम |

| | | | | | |
|---|---|---|---|---|---|
| कषिष्यति | कषिष्यतः | कषिष्यन्ति | अकषिष्यत् | अकषिष्यताम् | अकषिष्यन् |
| कषिष्यसि | कषिष्यथः | कषिष्यथ | अकषिष्यः | अकषिष्यतम् | अकषिष्यत |
| कषिष्यामि | कषिष्यावः | कषिष्यामः | अकषिष्यम् | अकषिष्याव | अकषिष्याम |

| | | | | | |
|---|---|---|---|---|---|
| कषिता | कषितारौ | कषितारः | कष्यात् | कष्यास्ताम् | कष्यासुः |
| कषितासि | कषितास्थः | कषितास्थ | कष्याः | कष्यास्तम् | कष्यास्त |
| कषितास्मि | कषितास्वः | कषितास्मः | कष्यासम् | कष्यास्व | कष्यास्म |

| | | | | | |
|---|---|---|---|---|---|
| चकाष | चकषतुः | चकषुः | अकषीत् | अकषिष्टाम् | अकषिषुः |
| | | | अकाषीत् | अकाषिष्टाम् | अकाषिषुः |
| चकषिथ | चकषथुः | चकष | अकषीः | अकषिष्टम् | अकषिष्ट |
| | | | अकाषीः | अकाषिष्टम् | अकाषिष्ट |
| चकाष चकष | चकषिव | चकषिम | अकषिषम् | अकषिष्व | अकषिष्म |
| | | | अकाषिषम् | अकाषिष्व | अकाषिष्म |

686 खष हिंसायाम् । खषँ । खष् । खषति । P । सेट् । स० । kill, torture

| | | | | | |
|---|---|---|---|---|---|
| खषति | खषतः | खषन्ति | अखषत् | अखषताम् | अखषन् |

| | | | | | |
|---|---|---|---|---|---|
| खषसि | खषथः | खषथ | अखषः | अखषतम् | अखषत |
| खषामि | खषावः | खषामः | अखषम् | अखषाव | अखषाम |

| | | | | | |
|---|---|---|---|---|---|
| खषतु | खषताम् | खषन्तु | खषेत् | खषेताम् | खषेयुः |
| खष | खषतम् | खषत | खषेः | खषेतम् | खषेत |
| खषाणि | खषाव | खषाम | खषेयम् | खषेव | खषेम |

| | | | | | |
|---|---|---|---|---|---|
| खषिष्यति | खषिष्यतः | खषिष्यन्ति | अखषिष्यत् | अखषिष्यताम् | अखषिष्यन् |
| खषिष्यसि | खषिष्यथः | खषिष्यथ | अखषिष्यः | अखषिष्यतम् | अखषिष्यत |
| खषिष्यामि | खषिष्यावः | खषिष्यामः | अखषिष्यम् | अखषिष्याव | अखषिष्याम |

| | | | | | |
|---|---|---|---|---|---|
| खषिता | खषितारौ | खषितारः | खष्यात् | खष्यास्ताम् | खष्यासुः |
| खषितासि | खषितास्थः | खषितास्थ | खष्याः | खष्यास्तम् | खष्यास्त |
| खषितास्मि | खषितास्वः | खषितास्मः | खष्यासम् | खष्यास्व | खष्यास्म |

| | | | | | |
|---|---|---|---|---|---|
| चखाष | चखषतुः | चखषुः | अखषीत् | अखषिष्टाम् | अखषिषुः |
| | | | अखाषीत् | अखाषिष्टाम् | अखाषिषुः |
| चखषिथ | चखषथुः | चखष | अखषीः | अखषिष्टम् | अखषिष्ट |
| | | | अखाषीः | अखाषिष्टम् | अखाषिष्ट |
| चखाष चखष | चखषिव | चखषिम | अखषिषम् | अखषिष्व | अखषिष्म |
| | | | अखाषिषम् | अखाषिष्व | अखाषिष्म |

687 **शिष हिंसायाम्** । **शि॒षँ** । **शिष्** । **शेषति** । P । **अनिट्** । **स०** । hurt, injure
3.1.45 **शल इगुपधादनिटः क्सः** । 1.1.5 **क्ङिति च** । Hence in **लुङ्** no Guna.

| | | | | | |
|---|---|---|---|---|---|
| शेषति | शेषतः | शेषन्ति | अशेषत् | अशेषताम् | अशेषन् |
| शेषसि | शेषथः | शेषथ | अशेषः | अशेषतम् | अशेषत |
| शेषामि | शेषावः | शेषामः | अशेषम् | अशेषाव | अशेषाम |

| | | | | | |
|---|---|---|---|---|---|
| शेषतु | शेषताम् | शेषन्तु | शेषेत् | शेषेताम् | शेषेयुः |
| शेष | शेषतम् | शेषत | शेषेः | शेषेतम् | शेषेत |
| शेषाणि | शेषाव | शेषाम | शेषेयम् | शेषेव | शेषेम |

| | | | | | |
|---|---|---|---|---|---|
| शेक्ष्यति | शेक्ष्यतः | शेक्ष्यन्ति | अशेक्ष्यत् | अशेक्ष्यताम् | अशेक्ष्यन् |
| शेक्ष्यसि | शेक्ष्यथः | शेक्ष्यथ | अशेक्ष्यः | अशेक्ष्यतम् | अशेक्ष्यत |
| शेक्ष्यामि | शेक्ष्यावः | शेक्ष्यामः | अशेक्ष्यम् | अशेक्ष्याव | अशेक्ष्याम |

| | | | | | |
|---|---|---|---|---|---|
| शेष्टा | शेष्टारौ | शेष्टारः | शिष्यात् | शिष्यास्ताम् | शिष्यासुः |
| शेष्टासि | शेष्टास्थः | शेष्टास्थ | शिष्याः | शिष्यास्तम् | शिष्यास्त |
| शेष्टास्मि | शेष्टास्वः | शेष्टास्मः | शिष्यासम् | शिष्यास्व | शिष्यास्म |

| | | | | | |
|---|---|---|---|---|---|
| शिशेष | शिशिषतुः | शिशिषुः | अशिक्षत् | अशिक्षताम् | अशिक्षन् |
| शिशेषिथ | शिशिषथुः | शिशिष | अशिक्षः | अशिक्षतम् | अशिक्षत |

| | | | | | |
|---|---|---|---|---|---|
| शिशेष | शिशिषिव | शिशिषिम | अशिक्षम् | अशिक्षाव | अशिक्षाम |

**688 जष हिंसायाम् । जषँ । जष् । जषति । P । सेट् । स० । injure, hurt**

6.4.120 अत एकहल्मध्येऽनादेशादेर्लिटि । 7.1.91 णलुत्तमो वा । 7.2.7 अतो हलादेर्लघोः ।

| | | | | | |
|---|---|---|---|---|---|
| जषति | जषतः | जषन्ति | अजषत् | अजषताम् | अजषन् |
| जषसि | जषथः | जषथ | अजषः | अजषतम् | अजषत |
| जषामि | जषावः | जषामः | अजषम् | अजषाव | अजषाम |
| | | | | | |
| जषतु | जषताम् | जषन्तु | जषेत् | जषेताम् | जषेयुः |
| जष | जषतम् | जषत | जषेः | जषेतम् | जषेत |
| जषाणि | जषाव | जषाम | जषेयम् | जषेव | जषेम |
| | | | | | |
| जषिष्यति | जषिष्यतः | जषिष्यन्ति | अजषिष्यत् | अजषिष्यताम् | अजषिष्यन् |
| जषिष्यसि | जषिष्यथः | जषिष्यथ | अजषिष्यः | अजषिष्यतम् | अजषिष्यत |
| जषिष्यामि | जषिष्यावः | जषिष्यामः | अजषिष्यम् | अजषिष्याव | अजषिष्याम |
| | | | | | |
| जषिता | जषितारौ | जषितारः | जष्यात् | जष्यास्ताम् | जष्यासुः |
| जषितासि | जषितास्थः | जषितास्थ | जष्याः | जष्यास्तम् | जष्यास्त |
| जषितास्मि | जषितास्वः | जषितास्मः | जष्यासम् | जष्यास्व | जष्यास्म |
| | | | | | |
| जजाष | जेषतुः | जेषुः | अजषीत् | अजषिष्टाम् | अजषिषुः |
| | | | अजाषीत् | अजाषिष्टाम् | अजाषिषुः |
| जेषिथ | जेषथुः | जेष | अजषीः | अजषिष्टम् | अजषिष्ट |
| | | | अजाषीः | अजाषिष्टम् | अजाषिष्ट |
| जजाष जजष | जेषिव | जेषिम | अजषिषम् | अजषिष्व | अजषिष्म |
| | | | अजाषिषम् | अजाषिष्व | अजाषिष्म |

**689 झष हिंसायाम् । झषँ । झष् । झषति । P । सेट् । स० । injure, wound**

| | | | | | |
|---|---|---|---|---|---|
| झषति | झषतः | झषन्ति | अझषत् | अझषताम् | अझषन् |
| झषसि | झषथः | झषथ | अझषः | अझषतम् | अझषत |
| झषामि | झषावः | झषामः | अझषम् | अझषाव | अझषाम |
| | | | | | |
| झषतु | झषताम् | झषन्तु | झषेत् | झषेताम् | झषेयुः |
| झष | झषतम् | झषत | झषेः | झषेतम् | झषेत |
| झषाणि | झषाव | झषाम | झषेयम् | झषेव | झषेम |
| | | | | | |
| झषिष्यति | झषिष्यतः | झषिष्यन्ति | अझषिष्यत् | अझषिष्यताम् | अझषिष्यन् |
| झषिष्यसि | झषिष्यथः | झषिष्यथ | अझषिष्यः | अझषिष्यतम् | अझषिष्यत |
| झषिष्यामि | झषिष्यावः | झषिष्यामः | अझषिष्यम् | अझषिष्याव | अझषिष्याम |
| | | | | | |
| झषिता | झषितारौ | झषितारः | झष्यात् | झष्यास्ताम् | झष्यासुः |
| झषितासि | झषितास्थः | झषितास्थ | झष्याः | झष्यास्तम् | झष्यास्त |

407

| झषितास्मि | झषितास्वः | झषितास्मः | झष्यासम् | झष्यास्व | झष्यास्म |

| जझाष | जझषतुः | जझषुः | अझषीत् | अझषिष्टाम् | अझषिषुः |
| | | | अझाषीत् | अझाषिष्टाम् | अझाषिषुः |
| जझषिथ | जझषथुः | जझष | अझषीः | अझषिष्टम् | अझषिष्ट |
| | | | अझाषीः | अझाषिष्टम् | अझाषिष्ट |
| जझाष जझष | जझषिव | जझषिम | अझषिषम् | अझषिष्व | अझषिष्म |
| | | | अझाषिषम् | अझाषिष्व | अझाषिष्म |

**690** शष हिंसायाम् । शषँ । शष् । शषति । P । सेट् । स० । hurt, injure

| शषति | शषतः | शषन्ति | अशषत् | अशषताम् | अशषन् |
| शषसि | शषथः | शषथ | अशषः | अशषतम् | अशषत |
| शषामि | शषावः | शषामः | अशषम् | अशषाव | अशषाम |

| शषतु | शषताम् | शषन्तु | शषेत् | शषेताम् | शषेयुः |
| शष | शषतम् | शषत | शषेः | शषेतम् | शषेत |
| शषाणि | शषाव | शषाम | शषेयम् | शषेव | शषेम |

| शषिष्यति | शषिष्यतः | शषिष्यन्ति | अशषिष्यत् | अशषिष्यताम् | अशषिष्यन् |
| शषिष्यसि | शषिष्यथः | शषिष्यथ | अशषिष्यः | अशषिष्यतम् | अशषिष्यत |
| शषिष्यामि | शषिष्यावः | शषिष्यामः | अशषिष्यम् | अशषिष्याव | अशषिष्याम |

| शषिता | शषितारौ | शषितारः | शष्यात् | शष्यास्ताम् | शष्यासुः |
| शषितासि | शषितास्थः | शषितास्थ | शष्याः | शष्यास्तम् | शष्यास्त |
| शषितास्मि | शषितास्वः | शषितास्मः | शष्यासम् | शष्यास्व | शष्यास्म |

| शशाष | शेषतुः | शेषुः | अशषीत् | अशषिष्टाम् | अशषिषुः |
| | | | अशाषीत् | अशाषिष्टाम् | अशाषिषुः |
| शेषिथ | शेषथुः | शेष | अशषीः | अशषिष्टम् | अशषिष्ट |
| | | | अशाषीः | अशाषिष्टम् | अशाषिष्ट |
| शशाष शशष | शेषिव | शेषिम | अशषिषम् | अशषिष्व | अशषिष्म |
| | | | अशाषिषम् | अशाषिष्व | अशाषिष्म |

**691** वष हिंसायाम् । वषँ । वष् । वषति । P । सेट् । स० । hurt, harm, injure

| वषति | वषतः | वषन्ति | अवषत् | अवषताम् | अवषन् |
| वषसि | वषथः | वषथ | अवषः | अवषतम् | अवषत |
| वषामि | वषावः | वषामः | अवषम् | अवषाव | अवषाम |

| वषतु | वषताम् | वषन्तु | वषेत् | वषेताम् | वषेयुः |
| वष | वषतम् | वषत | वषेः | वषेतम् | वषेत |
| वषाणि | वषाव | वषाम | वषेयम् | वषेव | वषेम |

| वषिष्यति | वषिष्यतः | वषिष्यन्ति | अवषिष्यत् | अवषिष्यताम् | अवषिष्यन् |
| वषिष्यसि | वषिष्यथः | वषिष्यथ | अवषिष्यः | अवषिष्यतम् | अवषिष्यत |
| वषिष्यामि | वषिष्यावः | वषिष्यामः | अवषिष्यम् | अवषिष्याव | अवषिष्याम |
| | | | | | |
| वषिता | वषितारौ | वषितारः | वष्यात् | वष्यास्ताम् | वष्यासुः |
| वषितासि | वषितास्थः | वषितास्थ | वष्याः | वष्यास्तम् | वष्यास्त |
| वषितास्मि | वषितास्वः | वषितास्मः | वष्यासम् | वष्यास्व | वष्यास्म |
| | | | | | |
| ववाष | ववषतुः | ववषुः | अवषीत् | अवषिष्टाम् | अवषिषुः |
| | | | अवाषीत् | अवाषिष्टाम् | अवाषिषुः |
| ववषिथ | ववषथुः | ववष | अवषीः | अवषिष्टम् | अवषिष्ट |
| | | | अवाषीः | अवाषिष्टम् | अवाषिष्ट |
| ववाष ववष | ववषिव | ववषिम | अवषिषम् | अवषिष्व | अवषिष्म |
| | | | अवाषिषम् | अवाषिष्व | अवाषिष्म |

**692** मष हिंसायाम् । मषँ । मष् । मषति । P । सेट् । स० । hurt, injure, destroy

| मषति | मषतः | मषन्ति | अमषत् | अमषताम् | अमषन् |
| मषसि | मषथः | मषथ | अमषः | अमषतम् | अमषत |
| मषामि | मषावः | मषामः | अमषम् | अमषाव | अमषाम |
| | | | | | |
| मषतु | मषताम् | मषन्तु | मषेत् | मषेताम् | मषेयुः |
| मष | मषतम् | मषत | मषेः | मषेतम् | मषेत |
| मषाणि | मषाव | मषाम | मषेयम् | मषेव | मषेम |
| | | | | | |
| मषिष्यति | मषिष्यतः | मषिष्यन्ति | अमषिष्यत् | अमषिष्यताम् | अमषिष्यन् |
| मषिष्यसि | मषिष्यथः | मषिष्यथ | अमषिष्यः | अमषिष्यतम् | अमषिष्यत |
| मषिष्यामि | मषिष्यावः | मषिष्यामः | अमषिष्यम् | अमषिष्याव | अमषिष्याम |
| | | | | | |
| मषिता | मषितारौ | मषितारः | मष्यात् | मष्यास्ताम् | मष्यासुः |
| मषितासि | मषितास्थः | मषितास्थ | मष्याः | मष्यास्तम् | मष्यास्त |
| मषितास्मि | मषितास्वः | मषितास्मः | मष्यासम् | मष्यास्व | मष्यास्म |
| | | | | | |
| ममाष | मेषतुः | मेषुः | अमषीत् | अमषिष्टाम् | अमषिषुः |
| | | | अमाषीत् | अमाषिष्टाम् | अमाषिषुः |
| मेषिथ | मेषथुः | मेष | अमषीः | अमषिष्टम् | अमषिष्ट |
| | | | अमाषीः | अमाषिष्टम् | अमाषिष्ट |
| ममाष ममष | मेषिव | मेषिम | अमषिषम् | अमषिष्व | अमषिष्म |
| | | | अमाषिषम् | अमाषिष्व | अमाषिष्म |

**693** रुष हिंसायाम् । रुषँ । रुष् । रोषति । P । सेट् । स० । injure 7.2.48 तीषसहलुभरुषरिषः ।

| रोषति | रोषतः | रोषन्ति | अरोषत् | अरोषताम् | अरोषन् |
| रोषसि | रोषथः | रोषथ | अरोषः | अरोषतम् | अरोषत |

| | | | | | |
|---|---|---|---|---|---|
| रोषामि | रोषावः | रोषामः | अरोषम् | अरोषाव | अरोषाम |

| | | | | | |
|---|---|---|---|---|---|
| रोषतु | रोषताम् | रोषन्तु | रोषेत् | रोषेताम् | रोषेयुः |
| रोष | रोषतम् | रोषत | रोषेः | रोषेतम् | रोषेत |
| रोषाणि | रोषाव | रोषाम | रोषेयम् | रोषेव | रोषेम |

| | | | | | |
|---|---|---|---|---|---|
| रोषिष्यति | रोषिष्यतः | रोषिष्यन्ति | अरोषिष्यत् | अरोषिष्यताम् | अरोषिष्यन् |
| रोषिष्यसि | रोषिष्यथः | रोषिष्यथ | अरोषिष्यः | अरोषिष्यतम् | अरोषिष्यत |
| रोषिष्यामि | रोषिष्यावः | रोषिष्यामः | अरोषिष्यम् | अरोषिष्याव | अरोषिष्याम |

| | | | | | |
|---|---|---|---|---|---|
| रोषिता | रोषितारौ | रोषितारः | रुष्यात् | रुष्यास्ताम् | रुष्यासुः |
| रोष्टा | रोष्टारौ | रोष्टारः | | | |
| रोषितासि | रोषितास्थः | रोषितास्थ | रुष्याः | रुष्यास्तम् | रुष्यास्त |
| रोष्टासि | रोष्टास्थः | रोष्टास्थ | | | |
| रोषितास्मि | रोषितास्वः | रोषितास्मः | रुष्यासम् | रुष्यास्व | रुष्यास्म |
| रोष्टास्मि | रोष्टास्वः | रोष्टास्मः | | | |

| | | | | | |
|---|---|---|---|---|---|
| रुरोष | रुरुषतुः | रुरुषुः | अरोषीत् | अरोषिष्टाम् | अरोषिषुः |
| रुरोषिथ | रुरुषथुः | रुरुष | अरोषीः | अरोषिष्टम् | अरोषिष्ट |
| रुरोष | रुरुषिव | रुरुषिम | अरोषिषम् | अरोषिष्व | अरोषिष्म |

694 **रिष हिंसार्थाः । रिषँ । रिष् । रेषति** । P । **सेट्** । **स०** । injure, harm, hurt 7.2.48

| | | | | | |
|---|---|---|---|---|---|
| रेषति | रेषतः | रेषन्ति | अरेषत् | अरेषताम् | अरेषन् |
| रेषसि | रेषथः | रेषथ | अरेषः | अरेषतम् | अरेषत |
| रेषामि | रेषावः | रेषामः | अरेषम् | अरेषाव | अरेषाम |

| | | | | | |
|---|---|---|---|---|---|
| रेषतु | रेषताम् | रेषन्तु | रेषेत् | रेषेताम् | रेषेयुः |
| रेष | रेषतम् | रेषत | रेषेः | रेषेतम् | रेषेत |
| रेषाणि | रेषाव | रेषाम | रेषेयम् | रेषेव | रेषेम |

| | | | | | |
|---|---|---|---|---|---|
| रेषिष्यति | रेषिष्यतः | रेषिष्यन्ति | अरेषिष्यत् | अरेषिष्यताम् | अरेषिष्यन् |
| रेषिष्यसि | रेषिष्यथः | रेषिष्यथ | अरेषिष्यः | अरेषिष्यतम् | अरेषिष्यत |
| रेषिष्यामि | रेषिष्यावः | रेषिष्यामः | अरेषिष्यम् | अरेषिष्याव | अरेषिष्याम |

| | | | | | |
|---|---|---|---|---|---|
| रेषिता | रेषितारौ | रेषितारः | रिष्यात् | रिष्यास्ताम् | रिष्यासुः |
| रेष्टा | रेष्टारौ | रेष्टारः | | | |
| रेषितासि | रेषितास्थः | रेषितास्थ | रिष्याः | रिष्यास्तम् | रिष्यास्त |
| रेष्टासि | रेष्टास्थः | रेष्टास्थ | | | |
| रेषितास्मि | रेषितास्वः | रेषितास्मः | रिष्यासम् | रिष्यास्व | रिष्यास्म |
| रेष्टास्मि | रेष्टास्वः | रेष्टास्मः | | | |

| | | | | | |
|---|---|---|---|---|---|
| रिरेष | रिरिषतुः | रिरिषुः | अरेषीत् | अरेषिष्टाम् | अरेषिषुः |
| रिरेषिथ | रिरिषथुः | रिरिष | अरेषीः | अरेषिष्टम् | अरेषिष्ट |

| रिरेष | रिरिषिव | रिरिषिम | अरेषिषम् | अरेषिष्व | अरेषिष्म |

**695 भष भर्त्सने । भषँ । भष् । भषति । P । सेट् । अ० । bark**

| भषति | भषतः | भषन्ति | अभषत् | अभषताम् | अभषन् |
| भषसि | भषथः | भषथ | अभषः | अभषतम् | अभषत |
| भषामि | भषावः | भषामः | अभषम् | अभषाव | अभषाम |

| भषतु | भषताम् | भषन्तु | भषेत् | भषेताम् | भषेयुः |
| भष | भषतम् | भषत | भषेः | भषेतम् | भषेत |
| भषाणि | भषाव | भषाम | भषेयम् | भषेव | भषेम |

| भषिष्यति | भषिष्यतः | भषिष्यन्ति | अभषिष्यत् | अभषिष्यताम् | अभषिष्यन् |
| भषिष्यसि | भषिष्यथः | भषिष्यथ | अभषिष्यः | अभषिष्यतम् | अभषिष्यत |
| भषिष्यामि | भषिष्यावः | भषिष्यामः | अभषिष्यम् | अभषिष्याव | अभषिष्याम |

| भषिता | भषितारौ | भषितारः | भष्यात् | भष्यास्ताम् | भष्यासुः |
| भषितासि | भषितास्थः | भषितास्थ | भष्याः | भष्यास्तम् | भष्यास्त |
| भषितास्मि | भषितास्वः | भषितास्मः | भष्यासम् | भष्यास्व | भष्यास्म |

| बभाष | बभषतुः | बभषुः | अभषीत् | अभषिष्टाम् | अभषिषुः |
|  |  |  | अभाषीत् | अभाषिष्टाम् | अभाषिषुः |
| बभषिथ | बभषथुः | बभष | अभषीः | अभषिष्टम् | अभषिष्ट |
|  |  |  | अभाषीः | अभाषिष्टम् | अभाषिष्ट |
| बभाष बभष | बभषिव | बभषिम | अभषिषम् | अभषिष्व | अभषिष्म |
|  |  |  | अभाषिषम् | अभाषिष्व | अभाषिष्म |

**696 उष दाहे । उषँ । उष् । ओषति । P । सेट् । स० । burn, punish**
**3.1.38 उषविदजागृभ्योऽन्यतरस्याम् । 3.1.40 कृञ् चानुप्रयुज्यते लिटि ।**

| ओषति | ओषतः | ओषन्ति | औषत् | औषताम् | औषन् |
| ओषसि | ओषथः | ओषथ | औषः | औषतम् | औषत |
| ओषामि | ओषावः | ओषामः | औषम् | औषाव | औषाम |

| ओषतु | ओषताम् | ओषन्तु | ओषेत् | ओषेताम् | ओषेयुः |
| ओष | ओषतम् | ओषत | ओषेः | ओषेतम् | ओषेत |
| ओषाणि | ओषाव | ओषाम | ओषेयम् | ओषेव | ओषेम |

| ओषिष्यति | ओषिष्यतः | ओषिष्यन्ति | औषिष्यत् | औषिष्यताम् | औषिष्यन् |
| ओषिष्यसि | ओषिष्यथः | ओषिष्यथ | औषिष्यः | औषिष्यतम् | औषिष्यत |
| ओषिष्यामि | ओषिष्यावः | ओषिष्यामः | औषिष्यम् | औषिष्याव | औषिष्याम |

| ओषिता | ओषितारौ | ओषितारः | उष्यात् | उष्यास्ताम् | उष्यासुः |
| ओषितासि | ओषितास्थः | ओषितास्थ | उष्याः | उष्यास्तम् | उष्यास्त |

| | | | | | |
|---|---|---|---|---|---|
| ओषितास्मि | ओषितास्वः | ओषितास्मः | उष्यासम् | उष्यास्व | उष्यास्म |

| | | | | | |
|---|---|---|---|---|---|
| उवोष / | ऊषतुः / | ऊषुः / | औषीत् | औषिष्टाम् | औषिषुः |
| ओषाञ्चकार | ओषाञ्चक्रतुः | ओषाञ्चक्रुः | | | |
| ओषाम्बभूव | ओषाम्बभूवतुः | ओषाम्बभूवुः | | | |
| ओषामास | ओषामासतुः | ओषामासुः | | | |
| उवोषिथ / | ऊषथुः / | ऊष / | औषीः | औषिष्टम् | औषिष्ट |
| ओषाञ्चकर्थ | ओषाञ्चक्रथुः | ओषाञ्चक्र | | | |
| ओषाम्बभूविथ | ओषाम्बभूवथुः | ओषाम्बभूव | | | |
| ओषामासिथ | ओषामासथुः | ओषामास | | | |
| उवोष / | ऊषिव / | ऊषिम / | औषिषम् | औषिष्व | औषिष्म |
| ओषाञ्चकर -कार | ओषाञ्चकृव | ओषाञ्चकृम | | | |
| ओषाम्बभूव | ओषाम्बभूविव | ओषाम्बभूविम | | | |
| ओषामास | ओषामासिव | ओषामासिम | | | |

697 **जिषु सेचने** । **जिषुँ** । **जिष्** । **जेषति** । P । **सेट्** । **स०** । serve, irrigate, water

| | | | | | |
|---|---|---|---|---|---|
| जेषति | जेषतः | जेषन्ति | अजेषत् | अजेषताम् | अजेषन् |
| जेषसि | जेषथः | जेषथ | अजेषः | अजेषतम् | अजेषत |
| जेषामि | जेषावः | जेषामः | अजेषम् | अजेषाव | अजेषाम |

| | | | | | |
|---|---|---|---|---|---|
| जेषतु | जेषताम् | जेषन्तु | जेषेत् | जेषेताम् | जेषेयुः |
| जेष | जेषतम् | जेषत | जेषेः | जेषेतम् | जेषेत |
| जेषाणि | जेषाव | जेषाम | जेषेयम् | जेषेव | जेषेम |

| | | | | | |
|---|---|---|---|---|---|
| जेषिष्यति | जेषिष्यतः | जेषिष्यन्ति | अजेषिष्यत् | अजेषिष्यताम् | अजेषिष्यन् |
| जेषिष्यसि | जेषिष्यथः | जेषिष्यथ | अजेषिष्यः | अजेषिष्यतम् | अजेषिष्यत |
| जेषिष्यामि | जेषिष्यावः | जेषिष्यामः | अजेषिष्यम् | अजेषिष्याव | अजेषिष्याम |

| | | | | | |
|---|---|---|---|---|---|
| जेषिता | जेषितारौ | जेषितारः | जिष्यात् | जिष्यास्ताम् | जिष्यासुः |
| जेषितासि | जेषितास्थः | जेषितास्थ | जिष्याः | जिष्यास्तम् | जिष्यास्त |
| जेषितास्मि | जेषितास्वः | जेषितास्मः | जिष्यासम् | जिष्यास्व | जिष्यास्म |

| | | | | | |
|---|---|---|---|---|---|
| जिजेष | जिजिषतुः | जिजिषुः | अजेषीत् | अजेषिष्टाम् | अजेषिषुः |
| जिजेषिथ | जिजिषथुः | जिजिष | अजेषीः | अजेषिष्टम् | अजेषिष्ट |
| जिजेष | जिजिषिव | जिजिषिम | अजेषिषम् | अजेषिष्व | अजेषिष्म |

698 **विषु सेचने** । **विषुँ** । **विष्** । **वेषति** । P । **अनिट्** । **स०** । sprinkle, pour 3.1.45

| | | | | | |
|---|---|---|---|---|---|
| वेषति | वेषतः | वेषन्ति | अवेषत् | अवेषताम् | अवेषन् |
| वेषसि | वेषथः | वेषथ | अवेषः | अवेषतम् | अवेषत |
| वेषामि | वेषावः | वेषामः | अवेषम् | अवेषाव | अवेषाम |

| | | | | | |
|---|---|---|---|---|---|
| वेषतु | वेषताम् | वेषन्तु | वेषेत् | वेषेताम् | वेषेयुः |
| वेष | वेषतम् | वेषत | वेषेः | वेषेतम् | वेषेत |
| वेषाणि | वेषाव | वेषाम | वेषेयम् | वेषेव | वेषेम |
| | | | | | |
| वेक्ष्यति | वेक्ष्यतः | वेक्ष्यन्ति | अवेक्ष्यत् | अवेक्ष्यताम् | अवेक्ष्यन् |
| वेक्ष्यसि | वेक्ष्यथः | वेक्ष्यथ | अवेक्ष्यः | अवेक्ष्यतम् | अवेक्ष्यत |
| वेक्ष्यामि | वेक्ष्यावः | वेक्ष्यामः | अवेक्ष्यम् | अवेक्ष्याव | अवेक्ष्याम |
| | | | | | |
| वेष्टा | वेष्टारौ | वेष्टारः | विष्यात् | विष्यास्ताम् | विष्यासुः |
| वेष्टासि | वेष्टास्थः | वेष्टास्थ | विष्याः | विष्यास्तम् | विष्यास्त |
| वेष्टास्मि | वेष्टास्वः | वेष्टास्मः | विष्यासम् | विष्यास्व | विष्यास्म |
| | | | | | |
| विवेष | विविषतुः | विविषुः | अविक्षत् | अविक्षताम् | अविक्षन् |
| विवेषिथ | विविषथुः | विविष | अविक्षः | अविक्षतम् | अविक्षत |
| विवेष | विविषिव | विविषिम | अविक्षम् | अविक्षाव | अविक्षाम |

699 मिषु सेचने । मिषुँ । मिष् । मेषति । P । सेट् । स० । wet, sprinkle

| | | | | | |
|---|---|---|---|---|---|
| मेषति | मेषतः | मेषन्ति | अमेषत् | अमेषताम् | अमेषन् |
| मेषसि | मेषथः | मेषथ | अमेषः | अमेषतम् | अमेषत |
| मेषामि | मेषावः | मेषामः | अमेषम् | अमेषाव | अमेषाम |
| | | | | | |
| मेषतु | मेषताम् | मेषन्तु | मेषेत् | मेषेताम् | मेषेयुः |
| मेष | मेषतम् | मेषत | मेषेः | मेषेतम् | मेषेत |
| मेषाणि | मेषाव | मेषाम | मेषेयम् | मेषेव | मेषेम |
| | | | | | |
| मेषिष्यति | मेषिष्यतः | मेषिष्यन्ति | अमेषिष्यत् | अमेषिष्यताम् | अमेषिष्यन् |
| मेषिष्यसि | मेषिष्यथः | मेषिष्यथ | अमेषिष्यः | अमेषिष्यतम् | अमेषिष्यत |
| मेषिष्यामि | मेषिष्यावः | मेषिष्यामः | अमेषिष्यम् | अमेषिष्याव | अमेषिष्याम |
| | | | | | |
| मेषिता | मेषितारौ | मेषितारः | मिष्यात् | मिष्यास्ताम् | मिष्यासुः |
| मेषितासि | मेषितास्थः | मेषितास्थ | मिष्याः | मिष्यास्तम् | मिष्यास्त |
| मेषितास्मि | मेषितास्वः | मेषितास्मः | मिष्यासम् | मिष्यास्व | मिष्यास्म |
| | | | | | |
| मिमेष | मिमिषतुः | मिमिषुः | अमेषीत् | अमेषिष्टाम् | अमेषिषुः |
| मिमेषिथ | मिमिषथुः | मिमिष | अमेषीः | अमेषिष्टम् | अमेषिष्ट |
| मिमेष | मिमिषिव | मिमिषिम | अमेषिषम् | अमेषिष्व | अमेषिष्म |

700 पुष पुष्टौ । पुषँ । पुष् । पोषति । P । सेट् । स० । nourish, foster

| | | | | | |
|---|---|---|---|---|---|
| पोषति | पोषतः | पोषन्ति | अपोषत् | अपोषताम् | अपोषन् |
| पोषसि | पोषथः | पोषथ | अपोषः | अपोषतम् | अपोषत |
| पोषामि | पोषावः | पोषामः | अपोषम् | अपोषाव | अपोषाम |

| | | | | | |
|---|---|---|---|---|---|
| पोषतु | पोषताम् | पोषन्तु | पोषेत् | पोषेताम् | पोषेयुः |
| पोष | पोषतम् | पोषत | पोषेः | पोषेतम् | पोषेत |
| पोषाणि | पोषाव | पोषाम | पोषेयम् | पोषेव | पोषेम |
| पोषिष्यति | पोषिष्यतः | पोषिष्यन्ति | अपोषिष्यत् | अपोषिष्यताम् | अपोषिष्यन् |
| पोषिष्यसि | पोषिष्यथः | पोषिष्यथ | अपोषिष्यः | अपोषिष्यतम् | अपोषिष्यत |
| पोषिष्यामि | पोषिष्यावः | पोषिष्यामः | अपोषिष्यम् | अपोषिष्याव | अपोषिष्याम |
| पोषिता | पोषितारौ | पोषितारः | पुष्यात् | पुष्यास्ताम् | पुष्यासुः |
| पोषितासि | पोषितास्थः | पोषितास्थ | पुष्याः | पुष्यास्तम् | पुष्यास्त |
| पोषितास्मि | पोषितास्वः | पोषितास्मः | पुष्यासम् | पुष्यास्व | पुष्यास्म |
| पुपोष | पुपुषतुः | पुपुषुः | अपोषीत् | अपोषिष्टाम् | अपोषिषुः |
| पुपोषिथ | पुपुषथुः | पुपुष | अपोषीः | अपोषिष्टम् | अपोषिष्ट |
| पुपोष | पुपुषिव | पुपुषिम | अपोषिषम् | अपोषिष्व | अपोषिष्म |

701 श्रिषु दाहे । श्रिषुँ । श्रिष् । श्रेषति । P । सेट् । स० । burn

| | | | | | |
|---|---|---|---|---|---|
| श्रेषति | श्रेषतः | श्रेषन्ति | अश्रेषत् | अश्रेषताम् | अश्रेषन् |
| श्रेषसि | श्रेषथः | श्रेषथ | अश्रेषः | अश्रेषतम् | अश्रेषत |
| श्रेषामि | श्रेषावः | श्रेषामः | अश्रेषम् | अश्रेषाव | अश्रेषाम |
| श्रेषतु | श्रेषताम् | श्रेषन्तु | श्रेषेत् | श्रेषेताम् | श्रेषेयुः |
| श्रेष | श्रेषतम् | श्रेषत | श्रेषेः | श्रेषेतम् | श्रेषेत |
| श्रेषाणि | श्रेषाव | श्रेषाम | श्रेषेयम् | श्रेषेव | श्रेषेम |
| श्रेषिष्यति | श्रेषिष्यतः | श्रेषिष्यन्ति | अश्रेषिष्यत् | अश्रेषिष्यताम् | अश्रेषिष्यन् |
| श्रेषिष्यसि | श्रेषिष्यथः | श्रेषिष्यथ | अश्रेषिष्यः | अश्रेषिष्यतम् | अश्रेषिष्यत |
| श्रेषिष्यामि | श्रेषिष्यावः | श्रेषिष्यामः | अश्रेषिष्यम् | अश्रेषिष्याव | अश्रेषिष्याम |
| श्रेषिता | श्रेषितारौ | श्रेषितारः | श्रिष्यात् | श्रिष्यास्ताम् | श्रिष्यासुः |
| श्रेषितासि | श्रेषितास्थः | श्रेषितास्थ | श्रिष्याः | श्रिष्यास्तम् | श्रिष्यास्त |
| श्रेषितास्मि | श्रेषितास्वः | श्रेषितास्मः | श्रिष्यासम् | श्रिष्यास्व | श्रिष्यास्म |
| शिश्रेष | शिश्रिषतुः | शिश्रिषुः | अश्रेषीत् | अश्रेषिष्टाम् | अश्रेषिषुः |
| शिश्रेषिथ | शिश्रिषथुः | शिश्रिष | अश्रेषीः | अश्रेषिष्टम् | अश्रेषिष्ट |
| शिश्रेष | शिश्रिषिव | शिश्रिषिम | अश्रेषिषम् | अश्रेषिष्व | अश्रेषिष्म |

702 श्लिषु दाहे । श्लिषुँ । श्लिष् । श्लेषति । P । सेट् । स० । burn

| | | | | | |
|---|---|---|---|---|---|
| श्लेषति | श्लेषतः | श्लेषन्ति | अश्लेषत् | अश्लेषताम् | अश्लेषन् |
| श्लेषसि | श्लेषथः | श्लेषथ | अश्लेषः | अश्लेषतम् | अश्लेषत |
| श्लेषामि | श्लेषावः | श्लेषामः | अश्लेषम् | अश्लेषाव | अश्लेषाम |

| श्लेषतु | श्लेषताम् | श्लेषन्तु | श्लेषेत् | श्लेषेताम् | श्लेषेयुः |
| श्लेष | श्लेषतम् | श्लेषत | श्लेषेः | श्लेषेतम् | श्लेषेत |
| श्लेषाणि | श्लेषाव | श्लेषाम | श्लेषेयम् | श्लेषेव | श्लेषेम |
| श्लेषिष्यति | श्लेषिष्यतः | श्लेषिष्यन्ति | अश्लेषिष्यत् | अश्लेषिष्यताम् | अश्लेषिष्यन् |
| श्लेषिष्यसि | श्लेषिष्यथः | श्लेषिष्यथ | अश्लेषिष्यः | अश्लेषिष्यतम् | अश्लेषिष्यत |
| श्लेषिष्यामि | श्लेषिष्यावः | श्लेषिष्यामः | अश्लेषिष्यम् | अश्लेषिष्याव | अश्लेषिष्याम |
| श्लेषिता | श्लेषितारौ | श्लेषितारः | श्लिष्यात् | श्लिष्यास्ताम् | श्लिष्यासुः |
| श्लेषितासि | श्लेषितास्थः | श्लेषितास्थ | श्लिष्याः | श्लिष्यास्तम् | श्लिष्यास्त |
| श्लेषितास्मि | श्लेषितास्वः | श्लेषितास्मः | श्लिष्यासम् | श्लिष्यास्व | श्लिष्यास्म |
| शिश्लेष | शिश्लिषतुः | शिश्लिषुः | अश्लेषीत् | अश्लेषिष्टाम् | अश्लेषिषुः |
| शिश्लेषिथ | शिश्लिषथुः | शिश्लिष | अश्लेषीः | अश्लेषिष्टम् | अश्लेषिष्ट |
| शिश्लेष | शिश्लिषिव | शिश्लिषिम | अश्लेषिषम् | अश्लेषिष्व | अश्लेषिष्म |

**703 प्रुषु दाहे । प्रुषुँ । प्रुष् । प्रोषति । P । सेट् । स० । burn, consume**

| प्रोषति | प्रोषतः | प्रोषन्ति | अप्रोषत् | अप्रोषताम् | अप्रोषन् |
| प्रोषसि | प्रोषथः | प्रोषथ | अप्रोषः | अप्रोषतम् | अप्रोषत |
| प्रोषामि | प्रोषावः | प्रोषामः | अप्रोषम् | अप्रोषाव | अप्रोषाम |
| प्रोषतु | प्रोषताम् | प्रोषन्तु | प्रोषेत् | प्रोषेताम् | प्रोषेयुः |
| प्रोष | प्रोषतम् | प्रोषत | प्रोषेः | प्रोषेतम् | प्रोषेत |
| प्रोषाणि | प्रोषाव | प्रोषाम | प्रोषेयम् | प्रोषेव | प्रोषेम |
| प्रोषिष्यति | प्रोषिष्यतः | प्रोषिष्यन्ति | अप्रोषिष्यत् | अप्रोषिष्यताम् | अप्रोषिष्यन् |
| प्रोषिष्यसि | प्रोषिष्यथः | प्रोषिष्यथ | अप्रोषिष्यः | अप्रोषिष्यतम् | अप्रोषिष्यत |
| प्रोषिष्यामि | प्रोषिष्यावः | प्रोषिष्यामः | अप्रोषिष्यम् | अप्रोषिष्याव | अप्रोषिष्याम |
| प्रोषिता | प्रोषितारौ | प्रोषितारः | प्रुष्यात् | प्रुष्यास्ताम् | प्रुष्यासुः |
| प्रोषितासि | प्रोषितास्थः | प्रोषितास्थ | प्रुष्याः | प्रुष्यास्तम् | प्रुष्यास्त |
| प्रोषितास्मि | प्रोषितास्वः | प्रोषितास्मः | प्रुष्यासम् | प्रुष्यास्व | प्रुष्यास्म |
| पुप्रोष | पुप्रुषतुः | पुप्रुषुः | अप्रोषीत् | अप्रोषिष्टाम् | अप्रोषिषुः |
| पुप्रोषिथ | पुप्रुषथुः | पुप्रुष | अप्रोषीः | अप्रोषिष्टम् | अप्रोषिष्ट |
| पुप्रोष | पुप्रुषिव | पुप्रुषिम | अप्रोषिषम् | अप्रोषिष्व | अप्रोषिष्म |

**704 प्लुषु दाहे । प्लुषुँ । प्लुष् । प्लोषति । P । सेट् । स० । burn, scorch**

| प्लोषति | प्लोषतः | प्लोषन्ति | अप्लोषत् | अप्लोषताम् | अप्लोषन् |

| प्लोषसि | प्लोषथः | प्लोषथ | अप्लोषः | अप्लोषतम् | अप्लोषत |
| प्लोषामि | प्लोषावः | प्लोषामः | अप्लोषम् | अप्लोषाव | अप्लोषाम |
| | | | | | |
| प्लोषतु | प्लोषताम् | प्लोषन्तु | प्लोषेत् | प्लोषेताम् | प्लोषेयुः |
| प्लोष | प्लोषतम् | प्लोषत | प्लोषेः | प्लोषेतम् | प्लोषेत |
| प्लोषाणि | प्लोषाव | प्लोषाम | प्लोषेयम् | प्लोषेव | प्लोषेम |
| | | | | | |
| प्लोषिष्यति | प्लोषिष्यतः | प्लोषिष्यन्ति | अप्लोषिष्यत् | अप्लोषिष्यताम् | अप्लोषिष्यन् |
| प्लोषिष्यसि | प्लोषिष्यथः | प्लोषिष्यथ | अप्लोषिष्यः | अप्लोषिष्यतम् | अप्लोषिष्यत |
| प्लोषिष्यामि | प्लोषिष्यावः | प्लोषिष्यामः | अप्लोषिष्यम् | अप्लोषिष्याव | अप्लोषिष्याम |
| | | | | | |
| प्लोषिता | प्लोषितारौ | प्लोषितारः | प्लुष्यात् | प्लुष्यास्ताम् | प्लुष्यासुः |
| प्लोषितासि | प्लोषितास्थः | प्लोषितास्थ | प्लुष्याः | प्लुष्यास्तम् | प्लुष्यास्त |
| प्लोषितास्मि | प्लोषितास्वः | प्लोषितास्मः | प्लुष्यासम् | प्लुष्यास्व | प्लुष्यास्म |
| | | | | | |
| पुप्लोष | पुप्लुषतुः | पुप्लुषुः | अप्लोषीत् | अप्लोषिष्टाम् | अप्लोषिषुः |
| पुप्लोषिथ | पुप्लुषथुः | पुप्लुष | अप्लोषीः | अप्लोषिष्टम् | अप्लोषिष्ट |
| पुप्लोष | पुप्लुषिव | पुप्लुषिम | अप्लोषिषम् | अप्लोषिष्व | अप्लोषिष्म |

705 पृषु सेचने । पृषुँ । पृष् । पर्षति । P । सेट् । स० । trouble, sprinkle, bear hurt

| पर्षति | पर्षतः | पर्षन्ति | अपर्षत् | अपर्षताम् | अपर्षन् |
| पर्षसि | पर्षथः | पर्षथ | अपर्षः | अपर्षतम् | अपर्षत |
| पर्षामि | पर्षावः | पर्षामः | अपर्षम् | अपर्षाव | अपर्षाम |
| | | | | | |
| पर्षतु | पर्षताम् | पर्षन्तु | पर्षेत् | पर्षेताम् | पर्षेयुः |
| पर्ष | पर्षतम् | पर्षत | पर्षेः | पर्षेतम् | पर्षेत |
| पर्षाणि | पर्षाव | पर्षाम | पर्षेयम् | पर्षेव | पर्षेम |
| | | | | | |
| पर्षिष्यति | पर्षिष्यतः | पर्षिष्यन्ति | अपर्षिष्यत् | अपर्षिष्यताम् | अपर्षिष्यन् |
| पर्षिष्यसि | पर्षिष्यथः | पर्षिष्यथ | अपर्षिष्यः | अपर्षिष्यतम् | अपर्षिष्यत |
| पर्षिष्यामि | पर्षिष्यावः | पर्षिष्यामः | अपर्षिष्यम् | अपर्षिष्याव | अपर्षिष्याम |
| | | | | | |
| पर्षिता | पर्षितारौ | पर्षितारः | पृष्यात् | पृष्यास्ताम् | पृष्यासुः |
| पर्षितासि | पर्षितास्थः | पर्षितास्थ | पृष्याः | पृष्यास्तम् | पृष्यास्त |
| पर्षितास्मि | पर्षितास्वः | पर्षितास्मः | पृष्यासम् | पृष्यास्व | पृष्यास्म |
| | | | | | |
| पपर्ष | पपृषतुः | पपृषुः | अपर्षीत् | अपर्षिष्टाम् | अपर्षिषुः |
| पपर्षिथ | पपृषथुः | पपृष | अपर्षीः | अपर्षिष्टम् | अपर्षिष्ट |
| पपर्ष | पपृषिव | पपृषिम | अपर्षिषम् | अपर्षिष्व | अपर्षिष्म |

706 वृषु सेचने । वृषुँ । वृष् । वर्षति । P । सेट् । स० । shower, rain, pour 8.4.2

| वर्षति | वर्षतः | वर्षन्ति | अवर्षत् | अवर्षताम् | अवर्षन् |

| | | | | | |
|---|---|---|---|---|---|
| वर्षसि | वर्षथः | वर्षथ | अवर्षः | अवर्षतम् | अवर्षत |
| वर्षामि | वर्षावः | वर्षामः | अवर्षम् | अवर्षाव | अवर्षाम |
| | | | | | |
| वर्षतु | वर्षताम् | वर्षन्तु | वर्षेत् | वर्षेताम् | वर्षेयुः |
| वर्ष | वर्षतम् | वर्षत | वर्षेः | वर्षेतम् | वर्षेत |
| वर्षाणि | वर्षाव | वर्षाम | वर्षेयम् | वर्षेव | वर्षेम |
| | | | | | |
| वर्षिष्यति | वर्षिष्यतः | वर्षिष्यन्ति | अवर्षिष्यत् | अवर्षिष्यताम् | अवर्षिष्यन् |
| वर्षिष्यसि | वर्षिष्यथः | वर्षिष्यथ | अवर्षिष्यः | अवर्षिष्यतम् | अवर्षिष्यत |
| वर्षिष्यामि | वर्षिष्यावः | वर्षिष्यामः | अवर्षिष्यम् | अवर्षिष्याव | अवर्षिष्याम |
| | | | | | |
| वर्षिता | वर्षितारौ | वर्षितारः | वृष्यात् | वृष्यास्ताम् | वृष्यासुः |
| वर्षितासि | वर्षितास्थः | वर्षितास्थ | वृष्याः | वृष्यास्तम् | वृष्यास्त |
| वर्षितास्मि | वर्षितास्वः | वर्षितास्मः | वृष्यासम् | वृष्यास्व | वृष्यास्म |
| | | | | | |
| ववर्ष | ववृषतुः | ववृषुः | अवर्षीत् | अवर्षिष्टाम् | अवर्षिषुः |
| ववर्षिथ | ववृषथुः | ववृष | अवर्षीः | अवर्षिष्टम् | अवर्षिष्ट |
| ववर्ष | ववृषिव | ववृषिम | अवर्षिषम् | अवर्षिष्व | अवर्षिष्म |

707 मृषु सेचने । मृषु सहने च । इतरौ हिंसासंक्लेशनयोश्च । मृषुँ । मृष् । मर्षति । P । सेट् । स० ।

sprinkle holy water, moisten

| | | | | | |
|---|---|---|---|---|---|
| मर्षति | मर्षतः | मर्षन्ति | अमर्षत् | अमर्षताम् | अमर्षन् |
| मर्षसि | मर्षथः | मर्षथ | अमर्षः | अमर्षतम् | अमर्षत |
| मर्षामि | मर्षावः | मर्षामः | अमर्षम् | अमर्षाव | अमर्षाम |
| | | | | | |
| मर्षतु | मर्षताम् | मर्षन्तु | मर्षेत् | मर्षेताम् | मर्षेयुः |
| मर्ष | मर्षतम् | मर्षत | मर्षेः | मर्षेतम् | मर्षेत |
| मर्षाणि | मर्षाव | मर्षाम | मर्षेयम् | मर्षेव | मर्षेम |
| | | | | | |
| मर्षिष्यति | मर्षिष्यतः | मर्षिष्यन्ति | अमर्षिष्यत् | अमर्षिष्यताम् | अमर्षिष्यन् |
| मर्षिष्यसि | मर्षिष्यथः | मर्षिष्यथ | अमर्षिष्यः | अमर्षिष्यतम् | अमर्षिष्यत |
| मर्षिष्यामि | मर्षिष्यावः | मर्षिष्यामः | अमर्षिष्यम् | अमर्षिष्याव | अमर्षिष्याम |
| | | | | | |
| मर्षिता | मर्षितारौ | मर्षितारः | मृष्यात् | मृष्यास्ताम् | मृष्यासुः |
| मर्षितासि | मर्षितास्थः | मर्षितास्थ | मृष्याः | मृष्यास्तम् | मृष्यास्त |
| मर्षितास्मि | मर्षितास्वः | मर्षितास्मः | मृष्यासम् | मृष्यास्व | मृष्यास्म |
| | | | | | |
|ममर्ष | ममृषतुः | ममृषुः | अमर्षीत् | अमर्षिष्टाम् | अमर्षिषुः |
| ममर्षिथ | ममृषथुः | ममृष | अमर्षीः | अमर्षिष्टम् | अमर्षिष्ट |
| ममर्ष | ममृषिव | ममृषिम | अमर्षिषम् | अमर्षिष्व | अमर्षिष्म |

708 घृषु सङ्घर्षे । घृषुँ । घृष् । घर्षति । P । सेट् । स० । grind, pound, rub

| घर्षति | घर्षतः | घर्षन्ति | अघर्षत् | अघर्षताम् | अघर्षन् |
| घर्षसि | घर्षथः | घर्षथ | अघर्षः | अघर्षतम् | अघर्षत |
| घर्षामि | घर्षावः | घर्षामः | अघर्षम् | अघर्षाव | अघर्षाम |
| | | | | | |
| घर्षतु | घर्षताम् | घर्षन्तु | घर्षेत् | घर्षेताम् | घर्षेयुः |
| घर्ष | घर्षतम् | घर्षत | घर्षेः | घर्षेतम् | घर्षेत |
| घर्षाणि | घर्षाव | घर्षाम | घर्षेयम् | घर्षेव | घर्षेम |
| | | | | | |
| घर्षिष्यति | घर्षिष्यतः | घर्षिष्यन्ति | अघर्षिष्यत् | अघर्षिष्यताम् | अघर्षिष्यन् |
| घर्षिष्यसि | घर्षिष्यथः | घर्षिष्यथ | अघर्षिष्यः | अघर्षिष्यतम् | अघर्षिष्यत |
| घर्षिष्यामि | घर्षिष्यावः | घर्षिष्यामः | अघर्षिष्यम् | अघर्षिष्याव | अघर्षिष्याम |
| | | | | | |
| घर्षिता | घर्षितारौ | घर्षितारः | घृष्यात् | घृष्यास्ताम् | घृष्यासुः |
| घर्षितासि | घर्षितास्थः | घर्षितास्थ | घृष्याः | घृष्यास्तम् | घृष्यास्त |
| घर्षितास्मि | घर्षितास्वः | घर्षितास्मः | घृष्यासम् | घृष्यास्व | घृष्यास्म |
| | | | | | |
| जघर्ष | जघृषतुः | जघृषुः | अघर्षीत् | अघर्षिष्टाम् | अघर्षिषुः |
| जघर्षिथ | जघृषथुः | जघृष | अघर्षीः | अघर्षिष्टम् | अघर्षिष्ट |
| जघर्ष | जघृषिव | जघृषिम | अघर्षिषम् | अघर्षिष्व | अघर्षिष्म |

709 हृषु अलीके । हृषुँ । हृष् । हर्षति । P । सेट् । अ० । lie, speak untruth

| हर्षति | हर्षतः | हर्षन्ति | अहर्षत् | अहर्षताम् | अहर्षन् |
| हर्षसि | हर्षथः | हर्षथ | अहर्षः | अहर्षतम् | अहर्षत |
| हर्षामि | हर्षावः | हर्षामः | अहर्षम् | अहर्षाव | अहर्षाम |
| | | | | | |
| हर्षतु | हर्षताम् | हर्षन्तु | हर्षेत् | हर्षेताम् | हर्षेयुः |
| हर्ष | हर्षतम् | हर्षत | हर्षेः | हर्षेतम् | हर्षेत |
| हर्षाणि | हर्षाव | हर्षाम | हर्षेयम् | हर्षेव | हर्षेम |
| | | | | | |
| हर्षिष्यति | हर्षिष्यतः | हर्षिष्यन्ति | अहर्षिष्यत् | अहर्षिष्यताम् | अहर्षिष्यन् |
| हर्षिष्यसि | हर्षिष्यथः | हर्षिष्यथ | अहर्षिष्यः | अहर्षिष्यतम् | अहर्षिष्यत |
| हर्षिष्यामि | हर्षिष्यावः | हर्षिष्यामः | अहर्षिष्यम् | अहर्षिष्याव | अहर्षिष्याम |
| | | | | | |
| हर्षिता | हर्षितारौ | हर्षितारः | हृष्यात् | हृष्यास्ताम् | हृष्यासुः |
| हर्षितासि | हर्षितास्थः | हर्षितास्थ | हृष्याः | हृष्यास्तम् | हृष्यास्त |
| हर्षितास्मि | हर्षितास्वः | हर्षितास्मः | हृष्यासम् | हृष्यास्व | हृष्यास्म |
| | | | | | |
| जहर्ष | जहृषतुः | जहृषुः | अहर्षीत् | अहर्षिष्टाम् | अहर्षिषुः |
| जहर्षिथ | जहृषथुः | जहृष | अहर्षीः | अहर्षिष्टम् | अहर्षिष्ट |
| जहर्ष | जहृषिव | जहृषिम | अहर्षिषम् | अहर्षिष्व | अहर्षिष्म |

710 तुस शब्दे । तुसँ । तुस् । तोसति । P । सेट् । अ० । sound

| | | | | | |
|---|---|---|---|---|---|
| तोसति | तोसतः | तोसन्ति | अतोसत् | अतोसताम् | अतोसन् |
| तोससि | तोसथः | तोसथ | अतोसः | अतोसतम् | अतोसत |
| तोसामि | तोसावः | तोसामः | अतोसम् | अतोसाव | अतोसाम |

| | | | | | |
|---|---|---|---|---|---|
| तोसतु | तोसताम् | तोसन्तु | तोसेत् | तोसेताम् | तोसेयुः |
| तोस | तोसतम् | तोसत | तोसेः | तोसेतम् | तोसेत |
| तोसानि | तोसाव | तोसाम | तोसेयम् | तोसेव | तोसेम |

| | | | | | |
|---|---|---|---|---|---|
| तोसिष्यति | तोसिष्यतः | तोसिष्यन्ति | अतोसिष्यत् -द् | अतोसिष्यताम् | अतोसिष्यन् |
| तोसिष्यसि | तोसिष्यथः | तोसिष्यथ | अतोसिष्यः | अतोसिष्यतम् | अतोसिष्यत |
| तोसिष्यामि | तोसिष्यावः | तोसिष्यामः | अतोसिष्यम् | अतोसिष्याव | अतोसिष्याम |

| | | | | | |
|---|---|---|---|---|---|
| तोसिता | तोसितारौ | तोसितारः | तुस्यात् -द् | तुस्यास्ताम् | तुस्यासुः |
| तोसितासि | तोसितास्थः | तोसितास्थ | तुस्याः | तुस्यास्तम् | तुस्यास्त |
| तोसितास्मि | तोसितास्वः | तोसितास्मः | तुस्यासम् | तुस्यास्व | तुस्यास्म |

| | | | | | |
|---|---|---|---|---|---|
| तुतोस | तुतुसतुः | तुतुसुः | अतोसीत् -द् | अतोसिष्टाम् | अतोसिषुः |
| तुतोसिथ | तुतुसथुः | तुतुस | अतोसीः | अतोसिष्टम् | अतोसिष्ट |
| तुतोस | तुतुसिव | तुतुसिम | अतोसिषम् | अतोसिष्व | अतोसिष्म |

711 ह्रस शब्दे । ह्रसँ । ह्रस् । ह्रसति । P । सेट् । अ० । sound, hail, be short 7.1.91 7.2.7

| | | | | | |
|---|---|---|---|---|---|
| ह्रसति | ह्रसतः | ह्रसन्ति | अह्रसत् | अह्रसताम् | अह्रसन् |
| ह्रससि | ह्रसथः | ह्रसथ | अह्रसः | अह्रसतम् | अह्रसत |
| ह्रसामि | ह्रसावः | ह्रसामः | अह्रसम् | अह्रसाव | अह्रसाम |

| | | | | | |
|---|---|---|---|---|---|
| ह्रसतु | ह्रसताम् | ह्रसन्तु | ह्रसेत् | ह्रसेताम् | ह्रसेयुः |
| ह्रस | ह्रसतम् | ह्रसत | ह्रसेः | ह्रसेतम् | ह्रसेत |
| ह्रसानि | ह्रसाव | ह्रसाम | ह्रसेयम् | ह्रसेव | ह्रसेम |

| | | | | | |
|---|---|---|---|---|---|
| ह्रसिष्यति | ह्रसिष्यतः | ह्रसिष्यन्ति | अह्रसिष्यत् -द् | अह्रसिष्यताम् | अह्रसिष्यन् |
| ह्रसिष्यसि | ह्रसिष्यथः | ह्रसिष्यथ | अह्रसिष्यः | अह्रसिष्यतम् | अह्रसिष्यत |
| ह्रसिष्यामि | ह्रसिष्यावः | ह्रसिष्यामः | अह्रसिष्यम् | अह्रसिष्याव | अह्रसिष्याम |

| | | | | | |
|---|---|---|---|---|---|
| ह्रसिता | ह्रसितारौ | ह्रसितारः | ह्रस्यात् -द् | ह्रस्यास्ताम् | ह्रस्यासुः |
| ह्रसितासि | ह्रसितास्थः | ह्रसितास्थ | ह्रस्याः | ह्रस्यास्तम् | ह्रस्यास्त |
| ह्रसितास्मि | ह्रसितास्वः | ह्रसितास्मः | ह्रस्यासम् | ह्रस्यास्व | ह्रस्यास्म |

| | | | | | |
|---|---|---|---|---|---|
| जह्रास | जह्रसतुः | जह्रसुः | अह्रसीत् -द् | अह्रसिष्टाम् | अह्रसिषुः |
| | | | अह्रासीत् -द् | अह्रासिष्टाम् | अह्रासिषुः |

| | | | | | |
|---|---|---|---|---|---|
| जहसिथ | जहसथुः | जहस | अहसीः | अहसिष्टम् | अहसिष्ट |
| | | | अहासीः | अहासिष्टम् | अहासिष्ट |
| जहास जहस | जहसिव | जहसिम | अहसिषम् | अहसिष्व | अहसिष्म |
| | | | अहासिषम् | अहासिष्व | अहासिष्म |

712 ह्लस शब्दे । ह्लसँ । ह्लस् । ह्लसति । P । सेट् । अ० । sound, be noisy

| | | | | | |
|---|---|---|---|---|---|
| ह्लसति | ह्लसतः | ह्लसन्ति | अह्लसत् | अह्लसताम् | अह्लसन् |
| ह्लससि | ह्लसथः | ह्लसथ | अह्लसः | अह्लसतम् | अह्लसत |
| ह्लसामि | ह्लसावः | ह्लसामः | अह्लसम् | अह्लसाव | अह्लसाम |

| | | | | | |
|---|---|---|---|---|---|
| ह्लसतु | ह्लसताम् | ह्लसन्तु | ह्लसेत् | ह्लसेताम् | ह्लसेयुः |
| ह्लस | ह्लसतम् | ह्लसत | ह्लसेः | ह्लसेतम् | ह्लसेत |
| ह्लसानि | ह्लसाव | ह्लसाम | ह्लसेयम् | ह्लसेव | ह्लसेम |

| | | | | | |
|---|---|---|---|---|---|
| ह्लसिष्यति | ह्लसिष्यतः | ह्लसिष्यन्ति | अह्लसिष्यत् -द् | अह्लसिष्यताम् | अह्लसिष्यन् |
| ह्लसिष्यसि | ह्लसिष्यथः | ह्लसिष्यथ | अह्लसिष्यः | अह्लसिष्यतम् | अह्लसिष्यत |
| ह्लसिष्यामि | ह्लसिष्यावः | ह्लसिष्यामः | अह्लसिष्यम् | अह्लसिष्याव | अह्लसिष्याम |

| | | | | | |
|---|---|---|---|---|---|
| ह्लसिता | ह्लसितारौ | ह्लसितारः | ह्लस्यात् -द् | ह्लस्यास्ताम् | ह्लस्यासुः |
| ह्लसितासि | ह्लसितास्थः | ह्लसितास्थ | ह्लस्याः | ह्लस्यास्तम् | ह्लस्यास्त |
| ह्लसितास्मि | ह्लसितास्वः | ह्लसितास्मः | ह्लस्यासम् | ह्लस्यास्व | ह्लस्यास्म |

| | | | | | |
|---|---|---|---|---|---|
| जह्लास | जह्लसतुः | जह्लसुः | अह्लसीत् -द् | अह्लसिष्टाम् | अह्लसिषुः |
| | | | अह्लासीत् -द् | अह्लासिष्टाम् | अह्लासिषुः |
| जह्लसिथ | जह्लसथुः | जह्लस | अह्लसीः | अह्लसिष्टम् | अह्लसिष्ट |
| | | | अह्लासीः | अह्लासिष्टम् | अह्लासिष्ट |
| जह्लास जह्लस | जह्लसिव | जह्लसिम | अह्लसिषम् | अह्लसिष्व | अह्लसिष्म |
| | | | अह्लासिषम् | अह्लासिष्व | अह्लासिष्म |

713 रस शब्दे । रसँ । रस् । रसति । P । सेट् । अ० । cry, shout, wail, praise

| | | | | | |
|---|---|---|---|---|---|
| रसति | रसतः | रसन्ति | अरसत् | अरसताम् | अरसन् |
| रससि | रसथः | रसथ | अरसः | अरसतम् | अरसत |
| रसामि | रसावः | रसामः | अरसम् | अरसाव | अरसाम |

| | | | | | |
|---|---|---|---|---|---|
| रसतु | रसताम् | रसन्तु | रसेत् | रसेताम् | रसेयुः |
| रस | रसतम् | रसत | रसेः | रसेतम् | रसेत |
| रसानि | रसाव | रसाम | रसेयम् | रसेव | रसेम |

| | | | | | |
|---|---|---|---|---|---|
| रसिष्यति | रसिष्यतः | रसिष्यन्ति | अरसिष्यत् -द् | अरसिष्यताम् | अरसिष्यन् |
| रसिष्यसि | रसिष्यथः | रसिष्यथ | अरसिष्यः | अरसिष्यतम् | अरसिष्यत |
| रसिष्यामि | रसिष्यावः | रसिष्यामः | अरसिष्यम् | अरसिष्याव | अरसिष्याम |

| | | | | | |
|---|---|---|---|---|---|
| रसिता | रसितारौ | रसितारः | रस्यात् -द् | रस्यास्ताम् | रस्यासुः |
| रसितासि | रसितास्थः | रसितास्थ | रस्याः | रस्यास्तम् | रस्यास्त |
| रसितास्मि | रसितास्वः | रसितास्मः | रस्यासम् | रस्यास्व | रस्यास्म |

| | | | | | |
|---|---|---|---|---|---|
| ररास | रेसतुः | रेसुः | अरसीत् -द् | अरसिष्टाम् | अरसिषुः |
| | | | अरासीत् -द् | अरासिष्टाम् | अरासिषुः |
| रेसिथ | रेसथुः | रेस | अरसीः | अरसिष्टम् | अरसिष्ट |
| | | | अरासीः | अरासिष्टम् | अरासिष्ट |
| ररास ररस | रेसिव | रेसिम | अरसिषम् | अरसिष्व | अरसिष्म |
| | | | अरासिषम् | अरासिष्व | अरासिष्म |

714 **लस श्लेषणक्रीडनयोः । लसँ । लस् । लसति** । P। **सेट्**। **अ०**। cling, romance, copulate, shine

| | | | | | |
|---|---|---|---|---|---|
| लसति | लसतः | लसन्ति | अलसत् | अलसताम् | अलसन् |
| लससि | लसथः | लसथ | अलसः | अलसतम् | अलसत |
| लसामि | लसावः | लसामः | अलसम् | अलसाव | अलसाम |

| | | | | | |
|---|---|---|---|---|---|
| लसतु | लसताम् | लसन्तु | लसेत् | लसेताम् | लसेयुः |
| लस | लसतम् | लसत | लसेः | लसेतम् | लसेत |
| लसानि | लसाव | लसाम | लसेयम् | लसेव | लसेम |

| | | | | | |
|---|---|---|---|---|---|
| लसिष्यति | लसिष्यतः | लसिष्यन्ति | अलसिष्यत् -द् | अलसिष्यताम् | अलसिष्यन् |
| लसिष्यसि | लसिष्यथः | लसिष्यथ | अलसिष्यः | अलसिष्यतम् | अलसिष्यत |
| लसिष्यामि | लसिष्यावः | लसिष्यामः | अलसिष्यम् | अलसिष्याव | अलसिष्याम |

| | | | | | |
|---|---|---|---|---|---|
| लसिता | लसितारौ | लसितारः | लस्यात् -द् | लस्यास्ताम् | लस्यासुः |
| लसितासि | लसितास्थः | लसितास्थ | लस्याः | लस्यास्तम् | लस्यास्त |
| लसितास्मि | लसितास्वः | लसितास्मः | लस्यासम् | लस्यास्व | लस्यास्म |

| | | | | | |
|---|---|---|---|---|---|
| ललास | लेसतुः | लेसुः | अलसीत् -द् | अलसिष्टाम् | अलसिषुः |
| | | | अलासीत् -द् | अलासिष्टाम् | अलासिषुः |
| लेसिथ | लेसथुः | लेस | अलसीः | अलसिष्टम् | अलसिष्ट |
| | | | अलासीः | अलासिष्टम् | अलासिष्ट |
| ललास ललस | लेसिव | लेसिम | अलसिषम् | अलसिष्व | अलसिष्म |
| | | | अलासिषम् | अलासिष्व | अलासिष्म |

715 **घसॢ** अदने । **अयं न सार्वत्रिकः** । **घ॒सॢँ** । **घस्** । **घसति** । P । **अनिट्** । **स०**। eat, devour

Not a Root that takes all Affixes, since it is a replacement for 1011 अद भक्षणे by 2.4.37 लुङ्सनोर्घस्ऌ and 2.4.40 लिट्यन्यतरस्याम् । Siddhanta Kaumudi says आशीर्लिङि प्रयोगे नास्ति । This Root is not used in Benedictive Mood.

8.3.60 शासिवसिघसीनां च । 3.1.55 पुषादिद्युताद्य्लृदितः परस्मैपदेषु । 7.4.49 सः स्यार्द्धधातुके ।

| | | | | | |
|---|---|---|---|---|---|
| घसति | घसतः | घसन्ति | अघसत् | अघसताम् | अघसन् |
| घससि | घसथः | घसथ | अघसः | अघसतम् | अघसत |
| घसामि | घसावः | घसामः | अघसम् | अघसाव | अघसाम |

| | | | | | |
|---|---|---|---|---|---|
| घसतु | घसताम् | घसन्तु | घसेत् | घसेताम् | घसेयुः |
| घस | घसतम् | घसत | घसेः | घसेतम् | घसेत |
| घसानि | घसाव | घसाम | घसेयम् | घसेव | घसेम |

| | | | | | |
|---|---|---|---|---|---|
| घत्स्यति | घत्स्यतः | घत्स्यन्ति | अघत्स्यत् -द् | अघत्स्यताम् | अघत्स्यन् |
| घत्स्यसि | घत्स्यथः | घत्स्यथ | अघत्स्यः | अघत्स्यतम् | अघत्स्यत |
| घत्स्यामि | घत्स्यावः | घत्स्यामः | अघत्स्यम् | अघत्स्याव | अघत्स्याम |

| लुट् 7 Periphrastic Future Tense | | | आशीर्लिङ् 8 Benedictive Mood |
|---|---|---|---|
| घस्ता | घस्तारौ | घस्तारः | Not Used |
| घस्तासि | घस्तास्थः | घस्तास्थ | |
| घस्तास्मि | घस्तास्वः | घस्तास्मः | |

| | | | | | |
|---|---|---|---|---|---|
| जघास | जक्षतुः | जक्षुः | अघसत् -द् | अघसताम् | अघसन् |
| जघसिथ | जक्षथुः | जक्ष | अघसः | अघसतम् | अघसत |
| जघास जघस | जक्षिव | जक्षिम | अघसम् | अघसाव | अघसाम |

716 जर्ज परिभाषणहिंसातर्जनेषु । जर्जँ । जर्ज् । जर्जति । P । सेट् । स० । say, backbite, accuse, reprimand

| | | | | | |
|---|---|---|---|---|---|
| जर्जति | जर्जतः | जर्जन्ति | अजर्जत् | अजर्जताम् | अजर्जन् |
| जर्जसि | जर्जथः | जर्जथ | अजर्जः | अजर्जतम् | अजर्जत |
| जर्जामि | जर्जावः | जर्जामः | अजर्जम् | अजर्जाव | अजर्जाम |

| | | | | | |
|---|---|---|---|---|---|
| जर्जतु | जर्जताम् | जर्जन्तु | जर्जेत् | जर्जेताम् | जर्जेयुः |
| जर्ज | जर्जतम् | जर्जत | जर्जेः | जर्जेतम् | जर्जेत |
| जर्जानि | जर्जाव | जर्जाम | जर्जेयम् | जर्जेव | जर्जेम |

| | | | | | |
|---|---|---|---|---|---|
| जर्जिष्यति | जर्जिष्यतः | जर्जिष्यन्ति | अजर्जिष्यत् | अजर्जिष्यताम् | अजर्जिष्यन् |
| जर्जिष्यसि | जर्जिष्यथः | जर्जिष्यथ | अजर्जिष्यः | अजर्जिष्यतम् | अजर्जिष्यत |
| जर्जिष्यामि | जर्जिष्यावः | जर्जिष्यामः | अजर्जिष्यम् | अजर्जिष्याव | अजर्जिष्याम |

| | | | | | |
|---|---|---|---|---|---|
| जर्जिता | जर्जितारौ | जर्जितारः | जर्ज्यात् | जर्ज्यास्ताम् | जर्ज्यासुः |
| जर्जितासि | जर्जितास्थः | जर्जितास्थ | जर्ज्याः | जर्ज्यास्तम् | जर्ज्यास्त |

| | | | | | |
|---|---|---|---|---|---|
| जर्जितास्मि | जर्जितास्वः | जर्जितास्मः | जर्ज्यासम् | जर्ज्यास्व | जर्ज्यास्म |

| | | | | | |
|---|---|---|---|---|---|
| जजर्ज | जजर्जतुः | जजर्जुः | अजर्जीत् -द् | अजर्जिष्टाम् | अजर्जिषुः |
| जजर्जिथ | जजर्जथुः | जजर्ज | अजर्जीः | अजर्जिष्टम् | अजर्जिष्ट |
| जजर्ज | जजर्जिव | जजर्जिम | अजर्जिषम् | अजर्जिष्व | अजर्जिष्म |

717 **चर्च परिभाषणहिंसातर्जनेषु । चर्चँ । चर्च् । चर्चति** । P । **सेट्** । **स०** । speak, discuss, threaten, censure

| | | | | | |
|---|---|---|---|---|---|
| चर्चति | चर्चतः | चर्चन्ति | अचर्चत् | अचर्चताम् | अचर्चन् |
| चर्चसि | चर्चथः | चर्चथ | अचर्चः | अचर्चतम् | अचर्चत |
| चर्चामि | चर्चावः | चर्चामः | अचर्चम् | अचर्चाव | अचर्चाम |

| | | | | | |
|---|---|---|---|---|---|
| चर्चतु | चर्चताम् | चर्चन्तु | चर्चेत् | चर्चेताम् | चर्चेयुः |
| चर्च | चर्चतम् | चर्चत | चर्चेः | चर्चेतम् | चर्चेत |
| चर्चानि | चर्चाव | चर्चाम | चर्चेयम् | चर्चेव | चर्चेम |

| | | | | | |
|---|---|---|---|---|---|
| चर्चिष्यति | चर्चिष्यतः | चर्चिष्यन्ति | अचर्चिष्यत् | अचर्चिष्यताम् | अचर्चिष्यन् |
| चर्चिष्यसि | चर्चिष्यथः | चर्चिष्यथ | अचर्चिष्यः | अचर्चिष्यतम् | अचर्चिष्यत |
| चर्चिष्यामि | चर्चिष्यावः | चर्चिष्यामः | अचर्चिष्यम् | अचर्चिष्याव | अचर्चिष्याम |

| | | | | | |
|---|---|---|---|---|---|
| चर्चिता | चर्चितारौ | चर्चितारः | चर्च्यात् | चर्च्यास्ताम् | चर्च्यासुः |
| चर्चितासि | चर्चितास्थः | चर्चितास्थ | चर्च्याः | चर्च्यास्तम् | चर्च्यास्त |
| चर्चितास्मि | चर्चितास्वः | चर्चितास्मः | चर्च्यासम् | चर्च्यास्व | चर्च्यास्म |

| | | | | | |
|---|---|---|---|---|---|
| चचर्च | चचर्चतुः | चचर्चुः | अचर्चीत् -द् | अचर्चिष्टाम् | अचर्चिषुः |
| चचर्चिथ | चचर्चथुः | चचर्च | अचर्चीः | अचर्चिष्टम् | अचर्चिष्ट |
| चचर्च | चचर्चिव | चचर्चिम | अचर्चिषम् | अचर्चिष्व | अचर्चिष्म |

718 **झर्झ परिभाषणहिंसातर्जनेषु । झर्झँ । झर्झ् । झर्झति** । P । **सेट्** । **स०** । utter, say, blame, injure

| | | | | | |
|---|---|---|---|---|---|
| झर्झति | झर्झतः | झर्झन्ति | अझर्झत् | अझर्झताम् | अझर्झन् |
| झर्झसि | झर्झथः | झर्झथ | अझर्झः | अझर्झतम् | अझर्झत |
| झर्झामि | झर्झावः | झर्झामः | अझर्झम् | अझर्झाव | अझर्झाम |

| | | | | | |
|---|---|---|---|---|---|
| झर्झतु | झर्झताम् | झर्झन्तु | झर्झेत् | झर्झेताम् | झर्झेयुः |
| झर्झ | झर्झतम् | झर्झत | झर्झेः | झर्झेतम् | झर्झेत |
| झर्झानि | झर्झाव | झर्झाम | झर्झेयम् | झर्झेव | झर्झेम |

| | | | | | |
|---|---|---|---|---|---|
| झर्झिष्यति | झर्झिष्यतः | झर्झिष्यन्ति | अझर्झिष्यत् | अझर्झिष्यताम् | अझर्झिष्यन् |
| झर्झिष्यसि | झर्झिष्यथः | झर्झिष्यथ | अझर्झिष्यः | अझर्झिष्यतम् | अझर्झिष्यत |
| झर्झिष्यामि | झर्झिष्यावः | झर्झिष्यामः | अझर्झिष्यम् | अझर्झिष्याव | अझर्झिष्याम |

| | | | | | |
|---|---|---|---|---|---|
| झर्झिता | झर्झितारौ | झर्झितारः | झर्झ्यात् | झर्झ्यास्ताम् | झर्झ्यासुः |

| | | | | | |
|---|---|---|---|---|---|
| झर्झितासि | झर्झितास्थः | झर्झितास्थ | झर्झ्यार्ः | झर्झ्यास्तम् | झर्झ्यास्त |
| झर्झितास्मि | झर्झितास्वः | झर्झितास्मः | झर्झ्यासम् | झर्झ्यास्व | झर्झ्यास्म |

| | | | | | |
|---|---|---|---|---|---|
| जझर्झ | जझर्झतुः | जझर्झुः | अझर्झीत् -द् | अझर्झिष्टाम् | अझर्झिषुः |
| जझर्झिथ | जझर्झथुः | जझर्झ | अझर्झीः | अझर्झिष्टम् | अझर्झिष्ट |
| जझर्झ | जझर्झिव | जझर्झिम | अझर्झिषम् | अझर्झिष्व | अझर्झिष्म |

719 **पिसृ गतौ । पिसृँ । पिस् । पेसति** । P । **सेट्** । **स०** । go, move

| | | | | | |
|---|---|---|---|---|---|
| पेसति | पेसतः | पेसन्ति | अपेसत् | अपेसताम् | अपेसन् |
| पेससि | पेसथः | पेसथ | अपेसः | अपेसतम् | अपेसत |
| पेसामि | पेसावः | पेसामः | अपेसम् | अपेसाव | अपेसाम |

| | | | | | |
|---|---|---|---|---|---|
| पेसतु | पेसताम् | पेसन्तु | पेसेत् | पेसेताम् | पेसेयुः |
| पेस | पेसतम् | पेसत | पेसेः | पेसेतम् | पेसेत |
| पेसानि | पेसाव | पेसाम | पेसेयम् | पेसेव | पेसेम |

| | | | | | |
|---|---|---|---|---|---|
| पेसिष्यति | पेसिष्यतः | पेसिष्यन्ति | अपेसिष्यत् -द् | अपेसिष्यताम् | अपेसिष्यन् |
| पेसिष्यसि | पेसिष्यथः | पेसिष्यथ | अपेसिष्यः | अपेसिष्यतम् | अपेसिष्यत |
| पेसिष्यामि | पेसिष्यावः | पेसिष्यामः | अपेसिष्यम् | अपेसिष्याव | अपेसिष्याम |

| | | | | | |
|---|---|---|---|---|---|
| पेसिता | पेसितारौ | पेसितारः | पिस्यात् -द् | पिस्यास्ताम् | पिस्यासुः |
| पेसितासि | पेसितास्थः | पेसितास्थ | पिस्याः | पिस्यास्तम् | पिस्यास्त |
| पेसितास्मि | पेसितास्वः | पेसितास्मः | पिस्यासम् | पिस्यास्व | पिस्यास्म |

| | | | | | |
|---|---|---|---|---|---|
| पिपेस | पिपिसतुः | पिपिसुः | अपेसीत् -द् | अपेसिष्टाम् | अपेसिषुः |
| पिपेसिथ | पिपिसथुः | पिपिस | अपेसीः | अपेसिष्टम् | अपेसिष्ट |
| पिपेस | पिपिसिव | पिपिसिम | अपेसिषम् | अपेसिष्व | अपेसिष्म |

720 **पेसृ गतौ । पेसृँ । पेस् । पेसति** । P । **सेट्** । **स०** । go

| | | | | | |
|---|---|---|---|---|---|
| पेसति | पेसतः | पेसन्ति | अपेसत् | अपेसताम् | अपेसन् |
| पेससि | पेसथः | पेसथ | अपेसः | अपेसतम् | अपेसत |
| पेसामि | पेसावः | पेसामः | अपेसम् | अपेसाव | अपेसाम |

| | | | | | |
|---|---|---|---|---|---|
| पेसतु | पेसताम् | पेसन्तु | पेसेत् | पेसेताम् | पेसेयुः |
| पेस | पेसतम् | पेसत | पेसेः | पेसेतम् | पेसेत |
| पेसानि | पेसाव | पेसाम | पेसेयम् | पेसेव | पेसेम |

| | | | | | |
|---|---|---|---|---|---|
| पेसिष्यति | पेसिष्यतः | पेसिष्यन्ति | अपेसिष्यत् -द् | अपेसिष्यताम् | अपेसिष्यन् |
| पेसिष्यसि | पेसिष्यथः | पेसिष्यथ | अपेसिष्यः | अपेसिष्यतम् | अपेसिष्यत |
| पेसिष्यामि | पेसिष्यावः | पेसिष्यामः | अपेसिष्यम् | अपेसिष्याव | अपेसिष्याम |

| | | | | | |
|---|---|---|---|---|---|
| पेसिता | पेसितारौ | पेसितारः | पेस्यात् -द् | पेस्यास्ताम् | पेस्यासुः |

| | | | | | |
|---|---|---|---|---|---|
| पेसितासि | पेसितास्थः | पेसितास्थ | पेस्याः | पेस्यास्तम् | पेस्यास्त |
| पेसितास्मि | पेसितास्वः | पेसितास्मः | पेस्यासम् | पेस्यास्व | पेस्यास्म |

| | | | | | |
|---|---|---|---|---|---|
| पिपेस | पिपेसतुः | पिपेसुः | अपेसीत् -द् | अपेसिष्टाम् | अपेसिषुः |
| पिपेसिथ | पिपेसथुः | पिपेस | अपेसीः | अपेसिष्टम् | अपेसिष्ट |
| पिपेस | पिपेसिव | पिपेसिम | अपेसिषम् | अपेसिष्व | अपेसिष्म |

721 **हसे हसने । हसँ । हस् । हसति ।** P । **सेट् ।** अ० । laugh, smile

| | | | | | |
|---|---|---|---|---|---|
| हसति | हसतः | हसन्ति | अहसत् | अहसताम् | अहसन् |
| हससि | हसथः | हसथ | अहसः | अहसतम् | अहसत |
| हसामि | हसावः | हसामः | अहसम् | अहसाव | अहसाम |

| | | | | | |
|---|---|---|---|---|---|
| हसतु | हसताम् | हसन्तु | हसेत् | हसेताम् | हसेयुः |
| हस | हसतम् | हसत | हसेः | हसेतम् | हसेत |
| हसानि | हसाव | हसाम | हसेयम् | हसेव | हसेम |

| | | | | | |
|---|---|---|---|---|---|
| हसिष्यति | हसिष्यतः | हसिष्यन्ति | अहसिष्यत् -द् | अहसिष्यताम् | अहसिष्यन् |
| हसिष्यसि | हसिष्यथः | हसिष्यथ | अहसिष्यः | अहसिष्यतम् | अहसिष्यत |
| हसिष्यामि | हसिष्यावः | हसिष्यामः | अहसिष्यम् | अहसिष्याव | अहसिष्याम |

| | | | | | |
|---|---|---|---|---|---|
| हसिता | हसितारौ | हसितारः | हस्यात् -द् | हस्यास्ताम् | हस्यासुः |
| हसितासि | हसितास्थः | हसितास्थ | हस्याः | हस्यास्तम् | हस्यास्त |
| हसितास्मि | हसितास्वः | हसितास्मः | हस्यासम् | हस्यास्व | हस्यास्म |

| | | | | | |
|---|---|---|---|---|---|
| जहास | जहसतुः | जहसुः | अहसीत् -द् | अहसिष्टाम् | अहसिषुः |
| जहसिथ | जहसथुः | जहस | अहसीः | अहसिष्टम् | अहसिष्ट |
| जहास जहस | जहसिव | जहसिम | अहसिषम् | अहसिष्व | अहसिष्म |

722 **णिश समाधौ । समाधिः चित्तवृत्तिनिरोधः । णिशँ । निश् । नेशति ।** P । **सेट् ।** अ० । think over, meditate upon

| | | | | | |
|---|---|---|---|---|---|
| नेशति | नेशतः | नेशन्ति | अनेशत् | अनेशताम् | अनेशन् |
| नेशसि | नेशथः | नेशथ | अनेशः | अनेशतम् | अनेशत |
| नेशामि | नेशावः | नेशामः | अनेशम् | अनेशाव | अनेशाम |

| | | | | | |
|---|---|---|---|---|---|
| नेशतु | नेशताम् | नेशन्तु | नेशेत् | नेशेताम् | नेशेयुः |
| नेश | नेशतम् | नेशत | नेशेः | नेशेतम् | नेशेत |
| नेशानि | नेशाव | नेशाम | नेशेयम् | नेशेव | नेशेम |

| | | | | | |
|---|---|---|---|---|---|
| नेशिष्यति | नेशिष्यतः | नेशिष्यन्ति | अनेशिष्यत् | अनेशिष्यताम् | अनेशिष्यन् |
| नेशिष्यसि | नेशिष्यथः | नेशिष्यथ | अनेशिष्यः | अनेशिष्यतम् | अनेशिष्यत |
| नेशिष्यामि | नेशिष्यावः | नेशिष्यामः | अनेशिष्यम् | अनेशिष्याव | अनेशिष्याम |

| नेशिता | नेशितारौ | नेशितारः | निश्यात् | निश्यास्ताम् | निश्यासुः |
| नेशितासि | नेशितास्थः | नेशितास्थ | निश्याः | निश्यास्तम् | निश्यास्त |
| नेशितास्मि | नेशितास्वः | नेशितास्मः | निश्यासम् | निश्यास्व | निश्यास्म |

| निनेश | निनिशतुः | निनिशुः | अनेशीत् -द् | अनेशिष्टाम् | अनेशिषुः |
| निनेशिथ | निनिशथुः | निनिश | अनेशीः | अनेशिष्टम् | अनेशिष्ट |
| निनेश | निनिशिव | निनिशिम | अनेशिषम् | अनेशिष्व | अनेशिष्म |

**723 मिश** शब्दे रोषकृते च । मिशँ । मिश् । मेशति । P । सेट् । अ० । make a sound, be furious

| मेशति | मेशतः | मेशन्ति | अमेशत् | अमेशताम् | अमेशन् |
| मेशसि | मेशथः | मेशथ | अमेशः | अमेशतम् | अमेशत |
| मेशामि | मेशावः | मेशामः | अमेशम् | अमेशाव | अमेशाम |

| मेशतु | मेशताम् | मेशन्तु | मेशेत् | मेशेताम् | मेशेयुः |
| मेश | मेशतम् | मेशत | मेशेः | मेशेतम् | मेशेत |
| मेशानि | मेशाव | मेशाम | मेशेयम् | मेशेव | मेशेम |

| मेशिष्यति | मेशिष्यतः | मेशिष्यन्ति | अमेशिष्यत् | अमेशिष्यताम् | अमेशिष्यन् |
| मेशिष्यसि | मेशिष्यथः | मेशिष्यथ | अमेशिष्यः | अमेशिष्यतम् | अमेशिष्यत |
| मेशिष्यामि | मेशिष्यावः | मेशिष्यामः | अमेशिष्यम् | अमेशिष्याव | अमेशिष्याम |

| मेशिता | मेशितारौ | मेशितारः | मिश्यात् | मिश्यास्ताम् | मिश्यासुः |
| मेशितासि | मेशितास्थः | मेशितास्थ | मिश्याः | मिश्यास्तम् | मिश्यास्त |
| मेशितास्मि | मेशितास्वः | मेशितास्मः | मिश्यासम् | मिश्यास्व | मिश्यास्म |

| मिमेश | मिमिशतुः | मिमिशुः | अमेशीत् -द् | अमेशिष्टाम् | अमेशिषुः |
| मिमेशिथ | मिमिशथुः | मिमिश | अमेशीः | अमेशिष्टम् | अमेशिष्ट |
| मिमेश | मिमिशिव | मिमिशिम | अमेशिषम् | अमेशिष्व | अमेशिष्म |

**724 मश** शब्दे रोषकृते च । मशँ । मश् । मशति । P । सेट् । अ० । sound, hum, buzz, be angry

| मशति | मशतः | मशन्ति | अमशत् | अमशताम् | अमशन् |
| मशसि | मशथः | मशथ | अमशः | अमशतम् | अमशत |
| मशामि | मशावः | मशामः | अमशम् | अमशाव | अमशाम |

| मशतु | मशताम् | मशन्तु | मशेत् | मशेताम् | मशेयुः |
| मश | मशतम् | मशत | मशेः | मशेतम् | मशेत |
| मशानि | मशाव | मशाम | मशेयम् | मशेव | मशेम |

| मशिष्यति | मशिष्यतः | मशिष्यन्ति | अमशिष्यत् | अमशिष्यताम् | अमशिष्यन् |
| मशिष्यसि | मशिष्यथः | मशिष्यथ | अमशिष्यः | अमशिष्यतम् | अमशिष्यत |
| मशिष्यामि | मशिष्यावः | मशिष्यामः | अमशिष्यम् | अमशिष्याव | अमशिष्याम |

| | | | | | | |
|---|---|---|---|---|---|---|
| मशिता | मशितारौ | मशितारः | मश्यात् | मश्यास्ताम् | मश्यासुः | |
| मशितासि | मशितास्थः | मशितास्थ | मश्याः | मश्यास्तम् | मश्यास्त | |
| मशितास्मि | मशितास्वः | मशितास्मः | मश्यासम् | मश्यास्व | मश्यास्म | |
| | | | | | | |
| ममाश | मेशतुः | मेशुः | अमशीत् -द् | अमशिष्टाम् | अमशिषुः | |
| | | | अमाशीत् -द् | अमाशिष्टाम् | अमाशिषुः | |
| मेशिथ | मेशथुः | मेश | अमशीः | अमशिष्टम् | अमशिष्ट | |
| | | | अमाशीः | अमाशिष्टम् | अमाशिष्ट | |
| ममाश ममश | मेशिव | मेशिम | अमशिषम् | अमशिष्व | अमशिष्म | |
| | | | अमाशिषम् | अमाशिष्व | अमाशिष्म | |

**725 शव गतौ । शवँ । शव् । शवति । P । सेट् । स० । go, come near, roam, alter**

| | | | | | |
|---|---|---|---|---|---|
| शवति | शवतः | शवन्ति | अशवत् | अशवताम् | अशवन् |
| शवसि | शवथः | शवथ | अशवः | अशवतम् | अशवत |
| शवामि | शवावः | शवामः | अशवम् | अशवाव | अशवाम |
| | | | | | |
| शवतु | शवताम् | शवन्तु | शवेत् | शवेताम् | शवेयुः |
| शव | शवतम् | शवत | शवेः | शवेतम् | शवेत |
| शवानि | शवाव | शवाम | शवेयम् | शवेव | शवेम |
| | | | | | |
| शविष्यति | शविष्यतः | शविष्यन्ति | अशविष्यत् | अशविष्यताम् | अशविष्यन् |
| शविष्यसि | शविष्यथः | शविष्यथ | अशविष्यः | अशविष्यतम् | अशविष्यत |
| शविष्यामि | शविष्यावः | शविष्यामः | अशविष्यम् | अशविष्याव | अशविष्याम |
| | | | | | |
| शविता | शवितारौ | शवितारः | शव्यात् | शव्यास्ताम् | शव्यासुः |
| शवितासि | शवितास्थः | शवितास्थ | शव्याः | शव्यास्तम् | शव्यास्त |
| शवितास्मि | शवितास्वः | शवितास्मः | शव्यासम् | शव्यास्व | शव्यास्म |
| | | | | | |
| शशाव | शेवतुः | शेवुः | अशवीत् -द् | अशविष्टाम् | अशविषुः |
| | | | अशावीत् -द् | अशाविष्टाम् | अशाविषुः |
| शेविथ | शेवथुः | शेव | अशवीः | अशविष्टम् | अशविष्ट |
| | | | अशावीः | अशाविष्टम् | अशाविष्ट |
| शशाव शशव | शेविव | शेविम | अशविषम् | अशविष्व | अशविष्म |
| | | | अशाविषम् | अशाविष्व | अशाविष्म |

**726 शश प्लुतगतौ । शशँ । शश् । शशति । P । सेट् । अ० । leap, hop, skip**
लिट् i/1 शशश । Incredible word spelling of three identical letters!

| | | | | | |
|---|---|---|---|---|---|
| शशति | शशतः | शशन्ति | अशशत् | अशशताम् | अशशन् |
| शशसि | शशथः | शशथ | अशशः | अशशतम् | अशशत |
| शशामि | शशावः | शशामः | अशशम् | अशशाव | अशशाम |
| | | | | | |
| शशतु | शशताम् | शशन्तु | शशेत् | शशेताम् | शशेयुः |

| शश | शशतम् | शशत | शशेः | शशेतम् | शशेत |
| शशानि | शशाव | शशाम | शशेयम् | शशेव | शशेम |

| शशिष्यति | शशिष्यतः | शशिष्यन्ति | अशशिष्यत् | अशशिष्यताम् | अशशिष्यन् |
| शशिष्यसि | शशिष्यथः | शशिष्यथ | अशशिष्यः | अशशिष्यतम् | अशशिष्यत |
| शशिष्यामि | शशिष्यावः | शशिष्यामः | अशशिष्यम् | अशशिष्याव | अशशिष्याम |

| शशिता | शशितारौ | शशितारः | शश्यात् | शश्यास्ताम् | शश्यासुः |
| शशितासि | शशितास्थः | शशितास्थ | शश्याः | शश्यास्तम् | शश्यास्त |
| शशितास्मि | शशितास्वः | शशितास्मः | शश्यासम् | शश्यास्व | शश्यास्म |

| शशाश | शेशतुः | शेशुः | अशशीत् -द् | अशशिष्टाम् | अशशिषुः |
| | | | अशाशीत् -द् | अशाशिष्टाम् | अशाशिषुः |
| शेशिथ | शेशथुः | शेश | अशशीः | अशशिष्टम् | अशशिष्ट |
| | | | अशाशीः | अशाशिष्टम् | अशाशिष्ट |
| शशाश शशश | शेशिव | शेशिम | अशशिषम् | अशशिष्व | अशशिष्म |
| | | | अशाशिषम् | अशाशिष्व | अशाशिष्म |

727 शसु हिंसायाम् । शसुँ । शस् । शसति । P । सेट् । स० । cut down, mow down, slay
6.4.126 न शसददवादिगुणानाम् ।

| शसति | शसतः | शसन्ति | अशसत् | अशसताम् | अशसन् |
| शससि | शसथः | शसथ | अशसः | अशसतम् | अशसत |
| शसामि | शसावः | शसामः | अशसम् | अशसाव | अशसाम |

| शसतु | शसताम् | शसन्तु | शसेत् | शसेताम् | शसेयुः |
| शस | शसतम् | शसत | शसेः | शसेतम् | शसेत |
| शसानि | शसाव | शसाम | शसेयम् | शसेव | शसेम |

| शसिष्यति | शसिष्यतः | शसिष्यन्ति | अशसिष्यत् -द् | अशसिष्यताम् | अशसिष्यन् |
| शसिष्यसि | शसिष्यथः | शसिष्यथ | अशसिष्यः | अशसिष्यतम् | अशसिष्यत |
| शसिष्यामि | शसिष्यावः | शसिष्यामः | अशसिष्यम् | अशसिष्याव | अशसिष्याम |

| शसिता | शसितारौ | शसितारः | शस्यात् -द् | शस्यास्ताम् | शस्यासुः |
| शसितासि | शसितास्थः | शसितास्थ | शस्याः | शस्यास्तम् | शस्यास्त |
| शसितास्मि | शसितास्वः | शसितास्मः | शस्यासम् | शस्यास्व | शस्यास्म |

| शशास | शशसतुः | शशसुः | अशसीत् -द् | अशसिष्टाम् | अशसिषुः |
| | | | अशासीत् -द् | अशासिष्टाम् | अशासिषुः |
| शशसिथ | शशसथुः | शशस | अशसीः | अशसिष्टम् | अशसिष्ट |
| | | | अशासीः | अशासिष्टम् | अशासिष्ट |
| शशास शशस | शशसिव | शशसिम | अशसिषम् | अशसिष्व | अशसिष्म |
| | | | अशासिषम् | अशासिष्व | अशासिष्म |

728 **शंसु स्तुतौ । अयं दुर्गताविति दुर्गः । शंसुँ । शंस् । शंसति** । P । **सेट्** । **स०** । praise, comment

6.4.24 **अनिदितां हल उपधायाः क्ङिति ।**

| | | | | | |
|---|---|---|---|---|---|
| शंसति | शंसतः | शंसन्ति | अशंसत् | अशंसताम् | अशंसन् |
| शंससि | शंसथः | शंसथ | अशंसः | अशंसतम् | अशंसत |
| शंसामि | शंसावः | शंसामः | अशंसम् | अशंसाव | अशंसाम |

| | | | | | |
|---|---|---|---|---|---|
| शंसतु | शंसताम् | शंसन्तु | शंसेत् | शंसेताम् | शंसेयुः |
| शंस | शंसतम् | शंसत | शंसेः | शंसेतम् | शंसेत |
| शंसानि | शंसाव | शंसाम | शंसेयम् | शंसेव | शंसेम |

| | | | | | |
|---|---|---|---|---|---|
| शंसिष्यति | शंसिष्यतः | शंसिष्यन्ति | अशंसिष्यत् -द् | अशंसिष्यताम् | अशंसिष्यन् |
| शंसिष्यसि | शंसिष्यथः | शंसिष्यथ | अशंसिष्यः | अशंसिष्यतम् | अशंसिष्यत |
| शंसिष्यामि | शंसिष्यावः | शंसिष्यामः | अशंसिष्यम् | अशंसिष्याव | अशंसिष्याम |

| | | | | | |
|---|---|---|---|---|---|
| शंसिता | शंसितारौ | शंसितारः | शस्यात् -द् | शस्यास्ताम् | शस्यासुः |
| शंसितासि | शंसितास्थः | शंसितास्थ | शस्याः | शस्यास्तम् | शस्यास्त |
| शंसितास्मि | शंसितास्वः | शंसितास्मः | शस्यासम् | शस्यास्व | शस्यास्म |

| | | | | | |
|---|---|---|---|---|---|
| शशंस | शशंसतुः | शशंसुः | अशंसीत् -द् | अशंसिष्टाम् | अशंसिषुः |
| शशंसिथ | शशंसथुः | शशंस | अशंसीः | अशंसिष्टम् | अशंसिष्ट |
| शशंस | शशंसिव | शशंसिम | अशंसिषम् | अशंसिष्व | अशंसिष्म |

729 **चह परिकल्कने । चहँ । चह् । चहति** । P । **सेट्** । **अ०** । deceive, be wicked, be proud

| | | | | | |
|---|---|---|---|---|---|
| चहति | चहतः | चहन्ति | अचहत् | अचहताम् | अचहन् |
| चहसि | चहथः | चहथ | अचहः | अचहतम् | अचहत |
| चहामि | चहावः | चहामः | अचहम् | अचहाव | अचहाम |

| | | | | | |
|---|---|---|---|---|---|
| चहतु | चहताम् | चहन्तु | चहेत् | चहेताम् | चहेयुः |
| चह | चहतम् | चहत | चहेः | चहेतम् | चहेत |
| चहानि | चहाव | चहाम | चहेयम् | चहेव | चहेम |

| | | | | | |
|---|---|---|---|---|---|
| चहिष्यति | चहिष्यतः | चहिष्यन्ति | अचहिष्यत् | अचहिष्यताम् | अचहिष्यन् |
| चहिष्यसि | चहिष्यथः | चहिष्यथ | अचहिष्यः | अचहिष्यतम् | अचहिष्यत |
| चहिष्यामि | चहिष्यावः | चहिष्यामः | अचहिष्यम् | अचहिष्याव | अचहिष्याम |

| | | | | | |
|---|---|---|---|---|---|
| चहिता | चहितारौ | चहितारः | चह्यात् | चह्यास्ताम् | चह्यासुः |
| चहितासि | चहितास्थः | चहितास्थ | चह्याः | चह्यास्तम् | चह्यास्त |
| चहितास्मि | चहितास्वः | चहितास्मः | चह्यासम् | चह्यास्व | चह्यास्म |

| | | | | | |
|---|---|---|---|---|---|
| चचाह | चेहतुः | चेहुः | अचहीत् -द् | अचहिष्टाम् | अचहिषुः |
| चेहिथ | चेहथुः | चेह | अचहीः | अचहिष्टम् | अचहिष्ट |

| | | | | | |
|---|---|---|---|---|---|
| चचाह चचह | चेहिव | चेहिम | अचहिषम् | अचहिष्व | अचहिष्म |

730 **मह पूजायाम्** । **महँ** । **मह्** । **महति** । P । **सेट्** । **स०** । honour, respect

| | | | | | |
|---|---|---|---|---|---|
| महति | महतः | महन्ति | अमहत् | अमहताम् | अमहन् |
| महसि | महथः | महथ | अमहः | अमहतम् | अमहत |
| महामि | महावः | महामः | अमहम् | अमहाव | अमहाम |
| | | | | | |
| महतु | महताम् | महन्तु | महेत् | महेताम् | महेयुः |
| मह | महतम् | महत | महेः | महेतम् | महेत |
| महानि | महाव | महाम | महेयम् | महेव | महेम |
| | | | | | |
| महिष्यति | महिष्यतः | महिष्यन्ति | अमहिष्यत् | अमहिष्यताम् | अमहिष्यन् |
| महिष्यसि | महिष्यथः | महिष्यथ | अमहिष्यः | अमहिष्यतम् | अमहिष्यत |
| महिष्यामि | महिष्यावः | महिष्यामः | अमहिष्यम् | अमहिष्याव | अमहिष्याम |
| | | | | | |
| महिता | महितारौ | महितारः | मह्यात् | मह्यास्ताम् | मह्यासुः |
| महितासि | महितास्थः | महितास्थ | मह्याः | मह्यास्तम् | मह्यास्त |
| महितास्मि | महितास्वः | महितास्मः | मह्यासम् | मह्यास्व | मह्यास्म |
| | | | | | |
| ममाह | मेहतुः | मेहुः | अमहीत् -द् | अमहिष्टाम् | अमहिषुः |
| मेहिथ | मेहथुः | मेह | अमहीः | अमहिष्टम् | अमहिष्ट |
| ममाह ममह | मेहिव | मेहिम | अमहिषम् | अमहिष्व | अमहिष्म |

731 **रह त्यागे** । **रहँ** । **रह्** । **रहति** । P । **सेट्** । **स०** । give up, split, leave, delegate, refuse

| | | | | | |
|---|---|---|---|---|---|
| रहति | रहतः | रहन्ति | अरहत् | अरहताम् | अरहन् |
| रहसि | रहथः | रहथ | अरहः | अरहतम् | अरहत |
| रहामि | रहावः | रहामः | अरहम् | अरहाव | अरहाम |
| | | | | | |
| रहतु | रहताम् | रहन्तु | रहेत् | रहेताम् | रहेयुः |
| रह | रहतम् | रहत | रहेः | रहेतम् | रहेत |
| रहाणि | रहाव | रहाम | रहेयम् | रहेव | रहेम |
| | | | | | |
| रहिष्यति | रहिष्यतः | रहिष्यन्ति | अरहिष्यत् | अरहिष्यताम् | अरहिष्यन् |
| रहिष्यसि | रहिष्यथः | रहिष्यथ | अरहिष्यः | अरहिष्यतम् | अरहिष्यत |
| रहिष्यामि | रहिष्यावः | रहिष्यामः | अरहिष्यम् | अरहिष्याव | अरहिष्याम |
| | | | | | |
| रहिता | रहितारौ | रहितारः | रह्यात् | रह्यास्ताम् | रह्यासुः |
| रहितासि | रहितास्थः | रहितास्थ | रह्याः | रह्यास्तम् | रह्यास्त |
| रहितास्मि | रहितास्वः | रहितास्मः | रह्यासम् | रह्यास्व | रह्यास्म |
| | | | | | |
| रराह | रेहतुः | रेहुः | अरहीत् -द् | अरहिष्टाम् | अरहिषुः |
| रेहिथ | रेहथुः | रेह | अरहीः | अरहिष्टम् | अरहिष्ट |

| | | | | | |
|---|---|---|---|---|---|
| रराह ररह | रेहिव | रेहिम | अरहिषम् | अरहिष्व | अरहिष्म |

732 **रहि गतौ । रहिँ । रंहू । रंहति** । P । **सेट्** । **स०** । run, move speedily

| | | | | | |
|---|---|---|---|---|---|
| रंहति | रंहतः | रंहन्ति | अरंहत् | अरंहताम् | अरंहन् |
| रंहसि | रंहथः | रंहथ | अरंहः | अरंहतम् | अरंहत |
| रंहामि | रंहावः | रंहामः | अरंहम् | अरंहाव | अरंहाम |
| | | | | | |
| रंहतु | रंहताम् | रंहन्तु | रंहेत् | रंहेताम् | रंहेयुः |
| रंह | रंहतम् | रंहत | रंहेः | रंहेतम् | रंहेत |
| रंहाणि | रंहाव | रंहाम | रंहेयम् | रंहेव | रंहेम |
| | | | | | |
| रंहिष्यति | रंहिष्यतः | रंहिष्यन्ति | अरंहिष्यत् | अरंहिष्यताम् | अरंहिष्यन् |
| रंहिष्यसि | रंहिष्यथः | रंहिष्यथ | अरंहिष्यः | अरंहिष्यतम् | अरंहिष्यत |
| रंहिष्यामि | रंहिष्यावः | रंहिष्यामः | अरंहिष्यम् | अरंहिष्याव | अरंहिष्याम |
| | | | | | |
| रंहिता | रंहितारौ | रंहितारः | रंह्यात् | रंह्यास्ताम् | रंह्यासुः |
| रंहितासि | रंहितास्थः | रंहितास्थ | रंह्याः | रंह्यास्तम् | रंह्यास्त |
| रंहितास्मि | रंहितास्वः | रंहितास्मः | रंह्यासम् | रंह्यास्व | रंह्यास्म |
| | | | | | |
| ररंह | ररंहतुः | ररंहुः | अरंहीत् -द् | अरंहिष्टाम् | अरंहिषुः |
| ररंहिथ | ररंहथुः | ररंह | अरंहीः | अरंहिष्टम् | अरंहिष्ट |
| ररंह | ररंहिव | ररंहिम | अरंहिषम् | अरंहिष्व | अरंहिष्म |

733 **दृह वृद्धौ । दृहँ । दृहू । दर्हति** । P । **सेट्** । **अ०** । grow, prosper, be firm, be fixed

| | | | | | |
|---|---|---|---|---|---|
| दर्हति | दर्हतः | दर्हन्ति | अदर्हत् | अदर्हताम् | अदर्हन् |
| दर्हसि | दर्हथः | दर्हथ | अदर्हः | अदर्हतम् | अदर्हत |
| दर्हामि | दर्हावः | दर्हामः | अदर्हम् | अदर्हाव | अदर्हाम |
| | | | | | |
| दर्हतु | दर्हताम् | दर्हन्तु | दर्हेत् | दर्हेताम् | दर्हेयुः |
| दर्ह | दर्हतम् | दर्हत | दर्हेः | दर्हेतम् | दर्हेत |
| दर्हाणि | दर्हाव | दर्हाम | दर्हेयम् | दर्हेव | दर्हेम |
| | | | | | |
| दर्हिष्यति | दर्हिष्यतः | दर्हिष्यन्ति | अदर्हिष्यत् | अदर्हिष्यताम् | अदर्हिष्यन् |
| दर्हिष्यसि | दर्हिष्यथः | दर्हिष्यथ | अदर्हिष्यः | अदर्हिष्यतम् | अदर्हिष्यत |
| दर्हिष्यामि | दर्हिष्यावः | दर्हिष्यामः | अदर्हिष्यम् | अदर्हिष्याव | अदर्हिष्याम |
| | | | | | |
| दर्हिता | दर्हितारौ | दर्हितारः | दृह्यात् | दृह्यास्ताम् | दृह्यासुः |
| दर्हितासि | दर्हितास्थः | दर्हितास्थ | दृह्याः | दृह्यास्तम् | दृह्यास्त |
| दर्हितास्मि | दर्हितास्वः | दर्हितास्मः | दृह्यासम् | दृह्यास्व | दृह्यास्म |
| | | | | | |
| ददर्ह | ददृहतुः | ददृहुः | अदर्हीत् -द् | अदर्हिष्टाम् | अदर्हिषुः |
| ददर्हिथ | ददृहथुः | ददृह | अदर्हीः | अदर्हिष्टम् | अदर्हिष्ट |

| | | | | | |
|---|---|---|---|---|---|
| ददर्ह | ददृहिव | ददृहिम | अदर्हिषम् | अदर्हिष्व | अदर्हिष्म |

734 **दृहि वृद्धौ । दृहिँ । दृंह् । दृंहति** । P । **सेट्** । **अ०** । grow, prosper, be firm, be fixed

| | | | | | |
|---|---|---|---|---|---|
| दृंहति | दृंहतः | दृंहन्ति | अदृंहत् | अदृंहताम् | अदृंहन् |
| दृंहसि | दृंहथः | दृंहथ | अदृंहः | अदृंहतम् | अदृंहत |
| दृंहामि | दृंहावः | दृंहामः | अदृंहम् | अदृंहाव | अदृंहाम |

| | | | | | |
|---|---|---|---|---|---|
| दृंहतु | दृंहताम् | दृंहन्तु | दृंहेत् | दृंहेताम् | दृंहेयुः |
| दृंह | दृंहतम् | दृंहत | दृंहेः | दृंहेतम् | दृंहेत |
| दृंहाणि | दृंहाव | दृंहाम | दृंहेयम् | दृंहेव | दृंहेम |

| | | | | | |
|---|---|---|---|---|---|
| दृंहिष्यति | दृंहिष्यतः | दृंहिष्यन्ति | अदृंहिष्यत् | अदृंहिष्यताम् | अदृंहिष्यन् |
| दृंहिष्यसि | दृंहिष्यथः | दृंहिष्यथ | अदृंहिष्यः | अदृंहिष्यतम् | अदृंहिष्यत |
| दृंहिष्यामि | दृंहिष्यावः | दृंहिष्यामः | अदृंहिष्यम् | अदृंहिष्याव | अदृंहिष्याम |

| | | | | | |
|---|---|---|---|---|---|
| दृंहिता | दृंहितारौ | दृंहितारः | दृंह्यात् | दृंह्यास्ताम् | दृंह्यासुः |
| दृंहितासि | दृंहितास्थः | दृंहितास्थ | दृंह्याः | दृंह्यास्तम् | दृंह्यास्त |
| दृंहितास्मि | दृंहितास्वः | दृंहितास्मः | दृंह्यासम् | दृंह्यास्व | दृंह्यास्म |

| | | | | | |
|---|---|---|---|---|---|
| ददृंह | ददृंहतुः | ददृंहुः | अदृंहीत् -द् | अदृंहिष्टाम् | अदृंहिषुः |
| ददृंहिथ | ददृंहथुः | ददृंह | अदृंहीः | अदृंहिष्टम् | अदृंहिष्ट |
| ददृंह | ददृंहिव | ददृंहिम | अदृंहिषम् | अदृंहिष्व | अदृंहिष्म |

735 **बृह वृद्धौ । वृह केचित् । बृहँ । बृह् । बर्हति** । P । **सेट्** । **अ०** । grow, increase, expand

| | | | | | |
|---|---|---|---|---|---|
| बर्हति | बर्हतः | बर्हन्ति | अबर्हत् | अबर्हताम् | अबर्हन् |
| बर्हसि | बर्हथः | बर्हथ | अबर्हः | अबर्हतम् | अबर्हत |
| बर्हामि | बर्हावः | बर्हामः | अबर्हम् | अबर्हाव | अबर्हाम |

| | | | | | |
|---|---|---|---|---|---|
| बर्हतु | बर्हताम् | बर्हन्तु | बर्हेत् | बर्हेताम् | बर्हेयुः |
| बर्ह | बर्हतम् | बर्हत | बर्हेः | बर्हेतम् | बर्हेत |
| बर्हाणि | बर्हाव | बर्हाम | बर्हेयम् | बर्हेव | बर्हेम |

| | | | | | |
|---|---|---|---|---|---|
| बर्हिष्यति | बर्हिष्यतः | बर्हिष्यन्ति | अबर्हिष्यत् | अबर्हिष्यताम् | अबर्हिष्यन् |
| बर्हिष्यसि | बर्हिष्यथः | बर्हिष्यथ | अबर्हिष्यः | अबर्हिष्यतम् | अबर्हिष्यत |
| बर्हिष्यामि | बर्हिष्यावः | बर्हिष्यामः | अबर्हिष्यम् | अबर्हिष्याव | अबर्हिष्याम |

| | | | | | |
|---|---|---|---|---|---|
| बर्हिता | बर्हितारौ | बर्हितारः | बृह्यात् | बृह्यास्ताम् | बृह्यासुः |
| बर्हितासि | बर्हितास्थः | बर्हितास्थ | बृह्याः | बृह्यास्तम् | बृह्यास्त |
| बर्हितास्मि | बर्हितास्वः | बर्हितास्मः | बृह्यासम् | बृह्यास्व | बृह्यास्म |

| | | | | | |
|---|---|---|---|---|---|
| बबर्ह | बबृहतुः | बबृहुः | अबर्हीत् -द् | अबर्हिष्टाम् | अबर्हिषुः |
| बबर्हिथ | बबृहथुः | बबृह | अबर्हीः | अबर्हिष्टम् | अबर्हिष्ट |

| | | | | | |
|---|---|---|---|---|---|
| बबर्ह | बबृहिव | बबृहिम | अबर्हिषम् | अबर्हिष्व | अबर्हिष्म |

736 **बृहि वृद्धौ । बृहि शब्दे च । बृहिर् चेत्येके । वृहि केचित् । बृहिँ । बृंह् । बृंहति** । P । **सेट्** । **अ०** ।
grow, prosper, sound like elephant

| | | | | | |
|---|---|---|---|---|---|
| बृंहति | बृंहतः | बृंहन्ति | अबृंहत् | अबृंहताम् | अबृंहन् |
| बृंहसि | बृंहथः | बृंहथ | अबृंहः | अबृंहतम् | अबृंहत |
| बृंहामि | बृंहावः | बृंहामः | अबृंहम् | अबृंहाव | अबृंहाम |
| | | | | | |
| बृंहतु | बृंहताम् | बृंहन्तु | बृंहेत् | बृंहेताम् | बृंहेयुः |
| बृंह | बृंहतम् | बृंहत | बृंहेः | बृंहेतम् | बृंहेत |
| बृंहाणि | बृंहाव | बृंहाम | बृंहेयम् | बृंहेव | बृंहेम |
| | | | | | |
| बृंहिष्यति | बृंहिष्यतः | बृंहिष्यन्ति | अबृंहिष्यत् | अबृंहिष्यताम् | अबृंहिष्यन् |
| बृंहिष्यसि | बृंहिष्यथः | बृंहिष्यथ | अबृंहिष्यः | अबृंहिष्यतम् | अबृंहिष्यत |
| बृंहिष्यामि | बृंहिष्यावः | बृंहिष्यामः | अबृंहिष्यम् | अबृंहिष्याव | अबृंहिष्याम |
| | | | | | |
| बृंहिता | बृंहितारौ | बृंहितारः | बृंह्यात् | बृंह्यास्ताम् | बृंह्यासुः |
| बृंहितासि | बृंहितास्थः | बृंहितास्थ | बृंह्याः | बृंह्यास्तम् | बृंह्यास्त |
| बृंहितास्मि | बृंहितास्वः | बृंहितास्मः | बृंह्यासम् | बृंह्यास्व | बृंह्यास्म |
| | | | | | |
| बबृंह | बबृंहतुः | बबृंहुः | अबृंहीत् -द् | अबृंहिष्टाम् | अबृंहिषुः |
| बबृंहिथ | बबृंहथुः | बबृंह | अबृंहीः | अबृंहिष्टम् | अबृंहिष्ट |
| बबृंह | बबृंहिव | बबृंहिम | अबृंहिषम् | अबृंहिष्व | अबृंहिष्म |

737 **तुहिर् अर्दने । तुहिँर् । तुह् । तोहति** । P । **सेट्** । **स०** । hurt, cause pain 3.1.57 **इरितो वा** ।

| | | | | | |
|---|---|---|---|---|---|
| तोहति | तोहतः | तोहन्ति | अतोहत् | अतोहताम् | अतोहन् |
| तोहसि | तोहथः | तोहथ | अतोहः | अतोहतम् | अतोहत |
| तोहामि | तोहावः | तोहामः | अतोहम् | अतोहाव | अतोहाम |
| | | | | | |
| तोहतु | तोहताम् | तोहन्तु | तोहेत् | तोहेताम् | तोहेयुः |
| तोह | तोहतम् | तोहत | तोहेः | तोहेतम् | तोहेत |
| तोहानि | तोहाव | तोहाम | तोहेयम् | तोहेव | तोहेम |
| | | | | | |
| तोहिष्यति | तोहिष्यतः | तोहिष्यन्ति | अतोहिष्यत् | अतोहिष्यताम् | अतोहिष्यन् |
| तोहिष्यसि | तोहिष्यथः | तोहिष्यथ | अतोहिष्यः | अतोहिष्यतम् | अतोहिष्यत |
| तोहिष्यामि | तोहिष्यावः | तोहिष्यामः | अतोहिष्यम् | अतोहिष्याव | अतोहिष्याम |
| | | | | | |
| तोहिता | तोहितारौ | तोहितारः | तुह्यात् | तुह्यास्ताम् | तुह्यासुः |
| तोहितासि | तोहितास्थः | तोहितास्थ | तुह्याः | तुह्यास्तम् | तुह्यास्त |
| तोहितास्मि | तोहितास्वः | तोहितास्मः | तुह्यासम् | तुह्यास्व | तुह्यास्म |
| | | | | | |
| तुतोह | तुतुहतुः | तुतुहुः | अतोहीत् -द् | अतोहिष्टाम् | अतोहिषुः |

| | | | अतुहत् -द् | अतुहताम् | अतुहन् |
|---|---|---|---|---|---|
| तुतोहिथ | तुतुहथुः | तुतुह | अतोहीः | अतोहिष्टम् | अतोहिष्ट |
| | | | अतुहः | अतुहतम् | अतुहत |
| तुतोह | तुतुहिव | तुतुहिम | अतोहिषम् | अतोहिष्व | अतोहिष्म |
| | | | अतुहम् | अतुहाव | अतुहाम |

**738 दुहिर् अर्दने । दुहिँर् । दुह् । दोहति । P । सेट् । स० । hurt, cause pain 3.1.57**

| दोहति | दोहतः | दोहन्ति | अदोहत् | अदोहताम् | अदोहन् |
|---|---|---|---|---|---|
| दोहसि | दोहथः | दोहथ | अदोहः | अदोहतम् | अदोहत |
| दोहामि | दोहावः | दोहामः | अदोहम् | अदोहाव | अदोहाम |

| दोहतु | दोहताम् | दोहन्तु | दोहेत् | दोहेताम् | दोहेयुः |
|---|---|---|---|---|---|
| दोह | दोहतम् | दोहत | दोहेः | दोहेतम् | दोहेत |
| दोहानि | दोहाव | दोहाम | दोहेयम् | दोहेव | दोहेम |

| दोहिष्यति | दोहिष्यतः | दोहिष्यन्ति | अदोहिष्यत् | अदोहिष्यताम् | अदोहिष्यन् |
|---|---|---|---|---|---|
| दोहिष्यसि | दोहिष्यथः | दोहिष्यथ | अदोहिष्यः | अदोहिष्यतम् | अदोहिष्यत |
| दोहिष्यामि | दोहिष्यावः | दोहिष्यामः | अदोहिष्यम् | अदोहिष्याव | अदोहिष्याम |

| दोहिता | दोहितारौ | दोहितारः | दुह्यात् | दुह्यास्ताम् | दुह्यासुः |
|---|---|---|---|---|---|
| दोहितासि | दोहितास्थः | दोहितास्थ | दुह्याः | दुह्यास्तम् | दुह्यास्त |
| दोहितास्मि | दोहितास्वः | दोहितास्मः | दुह्यासम् | दुह्यास्व | दुह्यास्म |

| दुदोह | दुदुहतुः | दुदुहुः | अदोहीत् -द् | अदोहिष्टाम् | अदोहिषुः |
|---|---|---|---|---|---|
| | | | अदुहत् -द् | अदुहताम् | अदुहन् |
| दुदोहिथ | दुदुहथुः | दुदुह | अदोहीः | अदोहिष्टम् | अदोहिष्ट |
| | | | अदुहः | अदुहतम् | अदुहत |
| दुदोह | दुदुहिव | दुदुहिम | अदोहिषम् | अदोहिष्व | अदोहिष्म |
| | | | अदुहम् | अदुहाव | अदुहाम |

**739 उहिर् अर्दने । उहिँर् । उह् । ओहति । P । सेट् । स० । hurt, kill 3.1.57**

| ओहति | ओहतः | ओहन्ति | औहत् | औहताम् | औहन् |
|---|---|---|---|---|---|
| ओहसि | ओहथः | ओहथ | औहः | औहतम् | औहत |
| ओहामि | ओहावः | ओहामः | औहम् | औहाव | औहाम |

| ओहतु | ओहताम् | ओहन्तु | ओहेत् | ओहेताम् | ओहेयुः |
|---|---|---|---|---|---|
| ओह | ओहतम् | ओहत | ओहेः | ओहेतम् | ओहेत |
| ओहानि | ओहाव | ओहाम | ओहेयम् | ओहेव | ओहेम |

| ओहिष्यति | ओहिष्यतः | ओहिष्यन्ति | औहिष्यत् | औहिष्यताम् | औहिष्यन् |
|---|---|---|---|---|---|
| ओहिष्यसि | ओहिष्यथः | ओहिष्यथ | औहिष्यः | औहिष्यतम् | औहिष्यत |
| ओहिष्यामि | ओहिष्यावः | ओहिष्यामः | औहिष्यम् | औहिष्याव | औहिष्याम |

| | | | | | |
|---|---|---|---|---|---|
| ओहिता | ओहितारौ | ओहितारः | उह्यात् | उह्यास्ताम् | उह्यासुः |
| ओहितासि | ओहितास्थः | ओहितास्थ | उह्याः | उह्यास्तम् | उह्यास्त |
| ओहितास्मि | ओहितास्वः | ओहितास्मः | उह्यासम् | उह्यास्व | उह्यास्म |

| | | | | | |
|---|---|---|---|---|---|
| उवोह | ऊहतुः | ऊहुः | औहीत् -द् | औहिष्टाम् | औहिषुः |
| | | | औहत् -द् | औहताम् | औहन् |
| उवोहिथ | ऊहथुः | ऊह | औहीः | औहिष्टम् | औहिष्ट |
| | | | औहः | औहतम् | औहत |
| उवोह | ऊहिव | ऊहिम | औहिषम् | औहिष्व | औहिष्म |
| | | | औहम् | औहाव | औहाम |

740 **अर्ह पूजायाम्** । **अर्हँ** । **अर्ह्** । **अर्हति** । P । **सेट्** । **स०** । deserve, be fit for worship, worship

| | | | | | |
|---|---|---|---|---|---|
| अर्हति | अर्हतः | अर्हन्ति | आर्हत् | आर्हताम् | आर्हन् |
| अर्हसि | अर्हथः | अर्हथ | आर्हः | आर्हतम् | आर्हत |
| अर्हामि | अर्हावः | अर्हामः | आर्हम् | आर्हाव | आर्हाम |

| | | | | | |
|---|---|---|---|---|---|
| अर्हतु | अर्हताम् | अर्हन्तु | अर्हेत् | अर्हेताम् | अर्हेयुः |
| अर्ह | अर्हतम् | अर्हत | अर्हेः | अर्हेतम् | अर्हेत |
| अर्हाणि | अर्हाव | अर्हाम | अर्हेयम् | अर्हेव | अर्हेम |

| | | | | | |
|---|---|---|---|---|---|
| अर्हिष्यति | अर्हिष्यतः | अर्हिष्यन्ति | आर्हिष्यत् | आर्हिष्यताम् | आर्हिष्यन् |
| अर्हिष्यसि | अर्हिष्यथः | अर्हिष्यथ | आर्हिष्यः | आर्हिष्यतम् | आर्हिष्यत |
| अर्हिष्यामि | अर्हिष्यावः | अर्हिष्यामः | आर्हिष्यम् | आर्हिष्याव | आर्हिष्याम |

| | | | | | |
|---|---|---|---|---|---|
| अर्हिता | अर्हितारौ | अर्हितारः | अर्ह्यात् | अर्ह्यास्ताम् | अर्ह्यासुः |
| अर्हितासि | अर्हितास्थः | अर्हितास्थ | अर्ह्याः | अर्ह्यास्तम् | अर्ह्यास्त |
| अर्हितास्मि | अर्हितास्वः | अर्हितास्मः | अर्ह्यासम् | अर्ह्यास्व | अर्ह्यास्म |

| | | | | | |
|---|---|---|---|---|---|
| आनर्ह | आनर्हतुः | आनर्हुः | आर्हीत् -द् | आर्हिष्टाम् | आर्हिषुः |
| आनर्हिथ | आनर्हथुः | आनर्ह | आर्हीः | आर्हिष्टम् | आर्हिष्ट |
| आनर्ह | आनर्हिव | आनर्हिम | आर्हिषम् | आर्हिष्व | आर्हिष्म |

653 **घुषिरादयः उदात्ताः उदात्तेतः परस्मैभाषाः । घसिः तु अनुदात्तः ।**

## 741 अथ कृपूपर्यन्ताः आत्मनेपदिनः षड्विंशतिः । अथ द्युतादि अन्तर्गणः ।

1.3.91 **द्युद्भ्यो लुङि** । 3.1.55 **पुषादिद्युताद्यॢदितः परस्मैपदेषु** । **लुङ्** Optional forms.

741 **द्युत दीप्तौ** । **द्युतँ** । **द्युत्** । **द्योतते** । A । **सेट्** । **अ०** । shine

1.3.91 **द्युद्भ्यो लुङि** । 3.1.55 **पुषादिद्युताद्यॢदितः परस्मैपदेषु** ।

| **लट्** 1 Present Tense | | | **लङ्** 2 Imperfect Past Tense | | |
|---|---|---|---|---|---|
| द्योतते | द्योतेते | द्योतन्ते | अद्योतत | अद्योतेताम् | अद्योतन्त |

| | | | | | |
|---|---|---|---|---|---|
| द्योतसे | द्योतेथे | द्योतध्वे | अद्योतथाः | अद्योतेथाम् | अद्योतध्वम् |
| द्योते | द्योतावहे | द्योतामहे | अद्योते | अद्योतावहि | अद्योतामहि |

| लोट् 3 Imperative Mood | | | विधिलिङ् 4 Potential Mood | | |
|---|---|---|---|---|---|
| द्योतताम् | द्योतेताम् | द्योतन्ताम् | द्योतेत | द्योतेयाताम् | द्योतेरन् |
| द्योतस्व | द्योतेथाम् | द्योतध्वम् | द्योतेथाः | द्योतेयाथाम् | द्योतेध्वम् |
| द्योतै | द्योतावहै | द्योतामहै | द्योतेय | द्योतेवहि | द्योतेमहि |

| लृट् 5 Simple Future Tense | | | लृङ् 6 Conditional Mood | | |
|---|---|---|---|---|---|
| द्योतिष्यते | द्योतिष्येते | द्योतिष्यन्ते | अद्योतिष्यत | अद्योतिष्येताम् | अद्योतिष्यन्त |
| द्योतिष्यसे | द्योतिष्येथे | द्योतिष्यध्वे | अद्योतिष्यथाः | अद्योतिष्येथाम् | अद्योतिष्यध्वम् |
| द्योतिष्ये | द्योतिष्यावहे | द्योतिष्यामहे | अद्योतिष्ये | अद्योतिष्यावहि | अद्योतिष्यामहि |

| लुट् 7 Periphrastic Future Tense | | | आशीर्लिङ् 8 Benedictive Mood | | |
|---|---|---|---|---|---|
| द्योतिता | द्योतितारौ | द्योतितारः | द्योतिषीष्ट | **द्योतिषीयास्ताम्** | द्योतिषीरन् |
| द्योतितासे | द्योतितासाथे | द्योतिताध्वे | द्योतिषीष्ठाः | **द्योतिषीयास्थाम्** | द्योतिषीध्वम् |
| द्योतिताहे | द्योतितास्वहे | द्योतितास्महे | द्योतिषीय | द्योतिषीवहि | द्योतिषीमहि |

| लिट् 9 Perfect Past Tense | | | लुङ् 10 Aorist Past Tense 1.3.91 **पक्षे परस्मैपदि** | | |
|---|---|---|---|---|---|
| दिद्युते | दिद्युताते | दिद्युतिरे | अद्योतिष्ट | अद्योतिषाताम् | अद्योतिषत |
| | | | अद्युतत् -द् | अद्युतताम् | अद्युतन् |
| दिद्युतिषे | दिद्युताथे | दिद्युतिध्वे | अद्योतिष्ठाः | अद्योतिषाथाम् | अद्योतिध्वम् |
| | | | अद्युतः | अद्युततम् | अद्युतत |
| दिद्युते | दिद्युतिवहे | दिद्युतिमहे | अद्योतिषि | अद्योतिष्वहि | अद्योतिष्महि |
| | | | अद्युतम् | अद्युताव | अद्युताम |

742 **श्विता वर्णे । श्विताँ । श्वित् । श्वेतते** । A । **सेट्** । **अ०** । whitewash, whiten 1.3.91

| | | | | | |
|---|---|---|---|---|---|
| श्वेतते | श्वेतेते | श्वेतन्ते | अश्वेतत | अश्वेतेताम् | अश्वेतन्त |
| श्वेतसे | श्वेतेथे | श्वेतध्वे | अश्वेतथाः | अश्वेतेथाम् | अश्वेतध्वम् |
| श्वेते | श्वेतावहे | श्वेतामहे | अश्वेते | अश्वेतावहि | अश्वेतामहि |

| | | | | | |
|---|---|---|---|---|---|
| श्वेतताम् | श्वेतेताम् | श्वेतन्ताम् | श्वेतेत | श्वेतेयाताम् | श्वेतेरन् |
| श्वेतस्व | श्वेतेथाम् | श्वेतध्वम् | श्वेतेथाः | श्वेतेयाथाम् | श्वेतेध्वम् |
| श्वेतै | श्वेतावहै | श्वेतामहै | श्वेतेय | श्वेतेवहि | श्वेतेमहि |

| | | | | | |
|---|---|---|---|---|---|
| श्वेतिष्यते | श्वेतिष्येते | श्वेतिष्यन्ते | अश्वेतिष्यत | अश्वेतिष्येताम् | अश्वेतिष्यन्त |
| श्वेतिष्यसे | श्वेतिष्येथे | श्वेतिष्यध्वे | अश्वेतिष्यथाः | अश्वेतिष्येथाम् | अश्वेतिष्यध्वम् |
| श्वेतिष्ये | श्वेतिष्यावहे | श्वेतिष्यामहे | अश्वेतिष्ये | अश्वेतिष्यावहि | अश्वेतिष्यामहि |

| | | | | | |
|---|---|---|---|---|---|
| श्वेतिता | श्वेतितारौ | श्वेतितारः | श्वेतिषीष्ट | **श्वेतिषीयास्ताम्** | श्वेतिषीरन् |
| श्वेतितासे | श्वेतितासाथे | श्वेतिताध्वे | श्वेतिषीष्ठाः | **श्वेतिषीयास्थाम्** | श्वेतिषीध्वम् |

| | | | | | |
|---|---|---|---|---|---|
| श्वेतिताहे | श्वेतितास्वहे | श्वेतितास्महे | श्वेतिषीय | श्वेतिषीवहि | श्वेतिषीमहि |

| | | | | | |
|---|---|---|---|---|---|
| शिश्विते | शिश्विताते | शिश्वितिरे | अश्वेतिष्ट<br>अश्वितत् -द् | अश्वेतिषाताम्<br>अश्वितताम् | अश्वेतिषत<br>अश्वितन् |
| शिश्वितिषे | शिश्विताथे | शिश्वितिध्वे | अश्वेतिष्ठाः<br>अश्वितः | अश्वेतिषाथाम्<br>अश्विततम् | अश्वेतिध्वम्<br>अश्वितत |
| शिश्विते | शिश्वितिवहे | शिश्वितिमहे | अश्वेतिषि<br>अश्वितम् | अश्वेतिष्वहि<br>अश्विताव | अश्वेतिष्महि<br>अश्विताम |

743 ञिमिदा स्नेहने । ञिमिदाँ । मिद् । मेदते । A । सेट् । अ० । melt, love, be affectionate, apply oil

| | | | | | |
|---|---|---|---|---|---|
| मेदते | मेदेते | मेदन्ते | अमेदत | अमेदेताम् | अमेदन्त |
| मेदसे | मेदेथे | मेदध्वे | अमेदथाः | अमेदेथाम् | अमेदध्वम् |
| मेदे | मेदावहे | मेदामहे | अमेदे | अमेदावहि | अमेदामहि |

| | | | | | |
|---|---|---|---|---|---|
| मेदताम् | मेदेताम् | मेदन्ताम् | मेदेत | मेदेयाताम् | मेदेरन् |
| मेदस्व | मेदेथाम् | मेदध्वम् | मेदेथाः | मेदेयाथाम् | मेदेध्वम् |
| मेदै | मेदावहै | मेदामहै | मेदेय | मेदेवहि | मेदेमहि |

| | | | | | |
|---|---|---|---|---|---|
| मेदिष्यते | मेदिष्येते | मेदिष्यन्ते | अमेदिष्यत | अमेदिष्येताम् | अमेदिष्यन्त |
| मेदिष्यसे | मेदिष्येथे | मेदिष्यध्वे | अमेदिष्यथाः | अमेदिष्येथाम् | अमेदिष्यध्वम् |
| मेदिष्ये | मेदिष्यावहे | मेदिष्यामहे | अमेदिष्ये | अमेदिष्यावहि | अमेदिष्यामहि |

| | | | | | |
|---|---|---|---|---|---|
| मेदिता | मेदितारौ | मेदितारः | मेदिषीष्ट | **मेदिषीयास्ताम्** | मेदिषीरन् |
| मेदितासे | मेदितासाथे | मेदिताध्वे | मेदिषीष्ठाः | **मेदिषीयास्थाम्** | मेदिषीध्वम् |
| मेदिताहे | मेदितास्वहे | मेदितास्महे | मेदिषीय | मेदिषीवहि | मेदिषीमहि |

| | | | | | |
|---|---|---|---|---|---|
| मिमिदे | मिमिदाते | मिमिदिरे | अमेदिष्ट<br>अमिदत् -द् | अमेदिषाताम्<br>अमिदताम् | अमेदिषत<br>अमिदन् |
| मिमिदिषे | मिमिदाथे | मिमिदिध्वे | अमेदिष्ठाः<br>अमिदः | अमेदिषाथाम्<br>अमिदतम् | अमेदिध्वम्<br>अमिदत |
| मिमिदे | मिमिदिवहे | मिमिदिमहे | अमेदिषि<br>अमिदम् | अमेदिष्वहि<br>अमिदाव | अमेदिष्महि<br>अमिदाम |

744 ञिष्विदा स्नेहनमोचनयोः । मोहनयोरित्येके । ञिक्ष्विदा चेत्येके । ञिष्विदाँ । स्विद् । स्वेदते । A । सेट् । अ० । sweat, give up

| | | | | | |
|---|---|---|---|---|---|
| स्वेदते | स्वेदेते | स्वेदन्ते | अस्वेदत | अस्वेदेताम् | अस्वेदन्त |
| स्वेदसे | स्वेदेथे | स्वेदध्वे | अस्वेदथाः | अस्वेदेथाम् | अस्वेदध्वम् |
| स्वेदे | स्वेदावहे | स्वेदामहे | अस्वेदे | अस्वेदावहि | अस्वेदामहि |

| | | | | | |
|---|---|---|---|---|---|
| स्वेदताम् | स्वेदेताम् | स्वेदन्ताम् | स्वेदेत | स्वेदेयाताम् | स्वेदेरन् |
| स्वेदस्व | स्वेदेथाम् | स्वेदध्वम् | स्वेदेथाः | स्वेदेयाथाम् | स्वेदेध्वम् |
| स्वेदै | स्वेदावहै | स्वेदामहै | स्वेदेय | स्वेदेवहि | स्वेदेमहि |

| | | | | | |
|---|---|---|---|---|---|
| स्वेदिष्यते | स्वेदिष्येते | स्वेदिष्यन्ते | अस्वेदिष्यत | अस्वेदिष्येताम् | अस्वेदिष्यन्त |
| स्वेदिष्यसे | स्वेदिष्येथे | स्वेदिष्यध्वे | अस्वेदिष्यथाः | अस्वेदिष्येथाम् | अस्वेदिष्यध्वम् |
| स्वेदिष्ये | स्वेदिष्यावहे | स्वेदिष्यामहे | अस्वेदिष्ये | अस्वेदिष्यावहि | अस्वेदिष्यामहि |

| | | | | | |
|---|---|---|---|---|---|
| स्वेदिता | स्वेदितारौ | स्वेदितारः | स्वेदिषीष्ट | **स्वेदिषीयास्ताम्** | स्वेदिषीरन् |
| स्वेदितासे | स्वेदितासाथे | स्वेदिताध्वे | स्वेदिषीष्ठाः | **स्वेदिषीयास्थाम्** | स्वेदिषीध्वम् |
| स्वेदिताहे | स्वेदितास्वहे | स्वेदितास्महे | स्वेदिषीय | स्वेदिषीवहि | स्वेदिषीमहि |

| | | | | | |
|---|---|---|---|---|---|
| सिष्विदे | सिष्विदाते | सिष्विदिरे | अस्वेदिष्ट | अस्वेदिषाताम् | अस्वेदिषत |
| | | | अस्विदत् -द् | अस्विदताम् | अस्विदन् |
| सिष्विदिषे | सिष्विदाथे | सिष्विदिध्वे | अस्वेदिष्ठाः | अस्वेदिषाथाम् | अस्वेदिध्वम् |
| | | | अस्विदः | अस्विदतम् | अस्विदत |
| सिष्विदे | सिष्विदिवहे | सिष्विदिमहे | अस्वेदिषि | अस्वेदिष्वहि | अस्वेदिष्महि |
| | | | अस्विदम् | अस्विदाव | अस्विदाम |

745 **रुच दीप्तावभिप्रीतौ च रुचँ** । **रुच्** । **रोचते** । A । **सेट्** । **अ०** । be pleased, be fond of, be beautiful, shine

| | | | | | |
|---|---|---|---|---|---|
| रोचते | रोचेते | रोचन्ते | अरोचत | अरोचेताम् | अरोचन्त |
| रोचसे | रोचेथे | रोचध्वे | अरोचथाः | अरोचेथाम् | अरोचध्वम् |
| रोचे | रोचावहे | रोचामहे | अरोचे | अरोचावहि | अरोचामहि |

| | | | | | |
|---|---|---|---|---|---|
| रोचताम् | रोचेताम् | रोचन्ताम् | रोचेत | रोचेयाताम् | रोचेरन् |
| रोचस्व | रोचेथाम् | रोचध्वम् | रोचेथाः | रोचेयाथाम् | रोचेध्वम् |
| रोचै | रोचावहै | रोचामहै | रोचेय | रोचेवहि | रोचेमहि |

| | | | | | |
|---|---|---|---|---|---|
| रोचिष्यते | रोचिष्येते | रोचिष्यन्ते | अरोचिष्यत | अरोचिष्येताम् | अरोचिष्यन्त |
| रोचिष्यसे | रोचिष्येथे | रोचिष्यध्वे | अरोचिष्यथाः | अरोचिष्येथाम् | अरोचिष्यध्वम् |
| रोचिष्ये | रोचिष्यावहे | रोचिष्यामहे | अरोचिष्ये | अरोचिष्यावहि | अरोचिष्यामहि |

| | | | | | |
|---|---|---|---|---|---|
| रोचिता | रोचितारौ | रोचितारः | रोचिषीष्ट | **रोचिषीयास्ताम्** | रोचिषीरन् |
| रोचितासे | रोचितासाथे | रोचिताध्वे | रोचिषीष्ठाः | **रोचिषीयास्थाम्** | रोचिषीध्वम् |
| रोचिताहे | रोचितास्वहे | रोचितास्महे | रोचिषीय | रोचिषीवहि | रोचिषीमहि |

| | | | | | |
|---|---|---|---|---|---|
| रुरुचे | रुरुचाते | रुरुचिरे | अरोचिष्ट | अरोचिषाताम् | अरोचिषत |
| | | | अरुचत् -द् | अरुचताम् | अरुचन् |
| रुरुचिषे | रुरुचाथे | रुरुचिध्वे | अरोचिष्ठाः | अरोचिषाथाम् | अरोचिध्वम् |
| | | | अरुचः | अरुचतम् | अरुचत |
| रुरुचे | रुरुचिवहे | रुरुचिमहे | अरोचिषि | अरोचिष्वहि | अरोचिष्महि |
| | | | अरुचम् | अरुचाव | अरुचाम |

746 **घुट परिवर्तने** । **घुटँ** । **घुट्** । **घोटते** । A । **सेट्** । **स०** । come back, barter, exchange

| | | | | | |
|---|---|---|---|---|---|
| घोटते | घोटेते | घोटन्ते | अघोटत | अघोटेताम् | अघोटन्त |
| घोटसे | घोटेथे | घोटध्वे | अघोटथाः | अघोटेथाम् | अघोटध्वम् |
| घोटे | घोटावहे | घोटामहे | अघोटे | अघोटावहि | अघोटामहि |

| | | | | | |
|---|---|---|---|---|---|
| घोटताम् | घोटेताम् | घोटन्ताम् | घोटेत | घोटेयाताम् | घोटेरन् |
| घोटस्व | घोटेथाम् | घोटध्वम् | घोटेथाः | घोटेयाथाम् | घोटेध्वम् |
| घोटै | घोटावहै | घोटामहै | घोटेय | घोटेवहि | घोटेमहि |

| | | | | | |
|---|---|---|---|---|---|
| घोटिष्यते | घोटिष्येते | घोटिष्यन्ते | अघोटिष्यत | अघोटिष्येताम् | अघोटिष्यन्त |
| घोटिष्यसे | घोटिष्येथे | घोटिष्यध्वे | अघोटिष्यथाः | अघोटिष्येथाम् | अघोटिष्यध्वम् |
| घोटिष्ये | घोटिष्यावहे | घोटिष्यामहे | अघोटिष्ये | अघोटिष्यावहि | अघोटिष्यामहि |

| | | | | | |
|---|---|---|---|---|---|
| घोटिता | घोटितारौ | घोटितारः | घोटिषीष्ट | **घोटिषीयास्ताम्** | घोटिषीरन् |
| घोटितासे | घोटितासाथे | घोटिताध्वे | घोटिषीष्ठाः | **घोटिषीयास्थाम्** | घोटिषीध्वम् |
| घोटिताहे | घोटितास्वहे | घोटितास्महे | घोटिषीय | घोटिषीवहि | घोटिषीमहि |

| | | | | | |
|---|---|---|---|---|---|
| जुघुटे | जुघुटाते | जुघुटिरे | अघोटिष्ट | अघोटिषाताम् | अघोटिषत |
| | | | अघुटत् -द् | अघुटताम् | अघुटन् |
| जुघुटिषे | जुघुटाथे | जुघुटिध्वे | अघोटिष्ठाः | अघोटिषाथाम् | अघोटिढ्वम् |
| | | | अघुटः | अघुटतम् | अघुटत |
| जुघुटे | जुघुटिवहे | जुघुटिमहे | अघोटिषि | अघोटिष्वहि | अघोटिष्महि |
| | | | अघुटम् | अघुटाव | अघुटाम |

747 **रुट प्रतीघाते** । **रुटँ** । **रुट्** । **रोटते** । A । **सेट्** । **स०** । fall down, fall flat

| | | | | | |
|---|---|---|---|---|---|
| रोटते | रोटेते | रोटन्ते | अरोटत | अरोटेताम् | अरोटन्त |
| रोटसे | रोटेथे | रोटध्वे | अरोटथाः | अरोटेथाम् | अरोटध्वम् |
| रोटे | रोटावहे | रोटामहे | अरोटे | अरोटावहि | अरोटामहि |

| | | | | | |
|---|---|---|---|---|---|
| रोटताम् | रोटेताम् | रोटन्ताम् | रोटेत | रोटेयाताम् | रोटेरन् |
| रोटस्व | रोटेथाम् | रोटध्वम् | रोटेथाः | रोटेयाथाम् | रोटेध्वम् |
| रोटै | रोटावहै | रोटामहै | रोटेय | रोटेवहि | रोटेमहि |

| | | | | | |
|---|---|---|---|---|---|
| रोटिष्यते | रोटिष्येते | रोटिष्यन्ते | अरोटिष्यत | अरोटिष्येताम् | अरोटिष्यन्त |
| रोटिष्यसे | रोटिष्येथे | रोटिष्यध्वे | अरोटिष्यथाः | अरोटिष्येथाम् | अरोटिष्यध्वम् |
| रोटिष्ये | रोटिष्यावहे | रोटिष्यामहे | अरोटिष्ये | अरोटिष्यावहि | अरोटिष्यामहि |

| | | | | | |
|---|---|---|---|---|---|
| रोटिता | रोटितारौ | रोटितारः | रोटिषीष्ट | **रोटिषीयास्ताम्** | रोटिषीरन् |
| रोटितासे | रोटितासाथे | रोटिताध्वे | रोटिषीष्ठाः | **रोटिषीयास्थाम्** | रोटिषीध्वम् |
| रोटिताहे | रोटितास्वहे | रोटितास्महे | रोटिषीय | रोटिषीवहि | रोटिषीमहि |

| | | | | | |
|---|---|---|---|---|---|
| रुरुटे | रुरुटाते | रुरुटिरे | अरोटिष्ट | अरोटिषाताम् | अरोटिषत |
| | | | अरुटत् -द् | अरुटताम् | अरुटन् |

| | | | | | |
|---|---|---|---|---|---|
| रुरुटिषे | रुरुटाथे | रुरुटिध्वे | अरोटिष्ठाः | अरोटिषाथाम् | अरोटिढ्वम् |
| | | | अरुटः | अरुटतम् | अरुटत |
| रुरुटे | रुरुटिवहे | रुरुटिमहे | अरोटिषि | अरोटिष्वहि | अरोटिष्महि |
| | | | अरुटम् | अरुटाव | अरुटाम |

748 **लुट प्रतीघाते** । **लुटँ** । **लुट्** । **लोटते** । A । **सेट्** । **स०** । resist, repel, oppose, push

| | | | | | |
|---|---|---|---|---|---|
| लोटते | लोटेते | लोटन्ते | अलोटत | अलोटेताम् | अलोटन्त |
| लोटसे | लोटेथे | लोटध्वे | अलोटथाः | अलोटेथाम् | अलोटध्वम् |
| लोटे | लोटावहे | लोटामहे | अलोटे | अलोटावहि | अलोटामहि |

| | | | | | |
|---|---|---|---|---|---|
| लोटताम् | लोटेताम् | लोटन्ताम् | लोटेत | लोटेयाताम् | लोटेरन् |
| लोटस्व | लोटेथाम् | लोटध्वम् | लोटेथाः | लोटेयाथाम् | लोटेध्वम् |
| लोटै | लोटावहै | लोटामहै | लोटेय | लोटेवहि | लोटेमहि |

| | | | | | |
|---|---|---|---|---|---|
| लोटिष्यते | लोटिष्येते | लोटिष्यन्ते | अलोटिष्यत | अलोटिष्येताम् | अलोटिष्यन्त |
| लोटिष्यसे | लोटिष्येथे | लोटिष्यध्वे | अलोटिष्यथाः | अलोटिष्येथाम् | अलोटिष्यध्वम् |
| लोटिष्ये | लोटिष्यावहे | लोटिष्यामहे | अलोटिष्ये | अलोटिष्यावहि | अलोटिष्यामहि |

| | | | | | |
|---|---|---|---|---|---|
| लोटिता | लोटितारौ | लोटितारः | लोटिषीष्ट | **लोटिषीयास्ताम्** | लोटिषीरन् |
| लोटितासे | लोटितासाथे | लोटिताध्वे | लोटिषीष्ठाः | **लोटिषीयास्थाम्** | लोटिषीध्वम् |
| लोटिताहे | लोटितास्वहे | लोटितास्महे | लोटिषीय | लोटिषीवहि | लोटिषीमहि |

| | | | | | |
|---|---|---|---|---|---|
| लुलुटे | लुलुटाते | लुलुटिरे | अलोटिष्ट | अलोटिषाताम् | अलोटिषत |
| | | | अलुटत् -द् | अलुटताम् | अलुटन् |
| लुलुटिषे | लुलुटाथे | लुलुटिध्वे | अलोटिष्ठाः | अलोटिषाथाम् | अलोटिढ्वम् |
| | | | अलुटः | अलुटतम् | अलुटत |
| लुलुटे | लुलुटिवहे | लुलुटिमहे | अलोटिषि | अलोटिष्वहि | अलोटिष्महि |
| | | | अलुटम् | अलुटाव | अलुटाम |

749 **लुठ प्रतीघाते** । **लुठँ** । **लुठ्** । **लोठते** । A । **सेट्** । **स०** । resist, repel, oppose, push

| | | | | | |
|---|---|---|---|---|---|
| लोठते | लोठेते | लोठन्ते | अलोठत | अलोठेताम् | अलोठन्त |
| लोठसे | लोठेथे | लोठध्वे | अलोठथाः | अलोठेथाम् | अलोठध्वम् |
| लोठे | लोठावहे | लोठामहे | अलोठे | अलोठावहि | अलोठामहि |

| | | | | | |
|---|---|---|---|---|---|
| लोठताम् | लोठेताम् | लोठन्ताम् | लोठेत | लोठेयाताम् | लोठेरन् |
| लोठस्व | लोठेथाम् | लोठध्वम् | लोठेथाः | लोठेयाथाम् | लोठेध्वम् |
| लोठै | लोठावहै | लोठामहै | लोठेय | लोठेवहि | लोठेमहि |

| | | | | | |
|---|---|---|---|---|---|
| लोठिष्यते | लोठिष्येते | लोठिष्यन्ते | अलोठिष्यत | अलोठिष्येताम् | अलोठिष्यन्त |
| लोठिष्यसे | लोठिष्येथे | लोठिष्यध्वे | अलोठिष्यथाः | अलोठिष्येथाम् | अलोठिष्यध्वम् |
| लोठिष्ये | लोठिष्यावहे | लोठिष्यामहे | अलोठिष्ये | अलोठिष्यावहि | अलोठिष्यामहि |

| | | | | | |
|---|---|---|---|---|---|
| लोठिता | लोठितारौ | लोठितारः | लोठिषीष्ट | **लोठिषीयास्ताम्** | लोठिषीरन् |
| लोठितासे | लोठितासाथे | लोठिताध्वे | लोठिषीष्ठाः | **लोठिषीयास्थाम्** | लोठिषीध्वम् |
| लोठिताहे | लोठितास्वहे | लोठितास्महे | लोठिषीय | लोठिषीवहि | लोठिषीमहि |

| | | | | | |
|---|---|---|---|---|---|
| लुलुठे | लुलुठाते | लुलुठिरे | अलोठिष्ट | अलोठिषाताम् | अलोठिषत |
| | | | अलुठत् -द् | अलुठताम् | अलुठन् |
| लुलुठिषे | लुलुठाथे | लुलुठिध्वे | अलोठिष्ठाः | अलोठिषाथाम् | अलोठिढ्वम् |
| | | | अलुठः | अलुठतम् | अलुठत |
| लुलुठे | लुलुठिवहे | लुलुठिमहे | अलोठिषि | अलोठिष्वहि | अलोठिष्महि |
| | | | अलुठम् | अलुठाव | अलुठाम |

750 **शुभ दीप्तौ** । **शुभँ** । **शुभ्** । **शोभते** । A । **सेट्** । अ० । shine, be bright, be splendid

| | | | | | |
|---|---|---|---|---|---|
| शोभते | शोभेते | शोभन्ते | अशोभत | अशोभेताम् | अशोभन्त |
| शोभसे | शोभेथे | शोभध्वे | अशोभथाः | अशोभेथाम् | अशोभध्वम् |
| शोभे | शोभावहे | शोभामहे | अशोभे | अशोभावहि | अशोभामहि |

| | | | | | |
|---|---|---|---|---|---|
| शोभताम् | शोभेताम् | शोभन्ताम् | शोभेत | शोभेयाताम् | शोभेरन् |
| शोभस्व | शोभेथाम् | शोभध्वम् | शोभेथाः | शोभेयाथाम् | शोभेध्वम् |
| शोभै | शोभावहै | शोभामहै | शोभेय | शोभेवहि | शोभेमहि |

| | | | | | |
|---|---|---|---|---|---|
| शोभिष्यते | शोभिष्येते | शोभिष्यन्ते | अशोभिष्यत | अशोभिष्येताम् | अशोभिष्यन्त |
| शोभिष्यसे | शोभिष्येथे | शोभिष्यध्वे | अशोभिष्यथाः | अशोभिष्येथाम् | अशोभिष्यध्वम् |
| शोभिष्ये | शोभिष्यावहे | शोभिष्यामहे | अशोभिष्ये | अशोभिष्यावहि | अशोभिष्यामहि |

| | | | | | |
|---|---|---|---|---|---|
| शोभिता | शोभितारौ | शोभितारः | शोभिषीष्ट | **शोभिषीयास्ताम्** | शोभिषीरन् |
| शोभितासे | शोभितासाथे | शोभिताध्वे | शोभिषीष्ठाः | **शोभिषीयास्थाम्** | शोभिषीध्वम् |
| शोभिताहे | शोभितास्वहे | शोभितास्महे | शोभिषीय | शोभिषीवहि | शोभिषीमहि |

| | | | | | |
|---|---|---|---|---|---|
| शुशुभे | शुशुभाते | शुशुभिरे | अशोभिष्ट | अशोभिषाताम् | अशोभिषत |
| | | | अशुभत् -द् | अशुभताम् | अशुभन् |
| शुशुभिषे | शुशुभाथे | शुशुभिध्वे | अशोभिष्ठाः | अशोभिषाथाम् | अशोभिढ्वम् |
| | | | अशुभः | अशुभतम् | अशुभत |
| शुशुभे | शुशुभिवहे | शुशुभिमहे | अशोभिषि | अशोभिष्वहि | अशोभिष्महि |
| | | | अशुभम् | अशुभाव | अशुभाम |

751 **क्षुभ सञ्चलने** । **क्षुभँ** । **क्षुभ्** । **क्षोभते** । A । **सेट्** । अ० । tremble, be agitated

| | | | | | |
|---|---|---|---|---|---|
| क्षोभते | क्षोभेते | क्षोभन्ते | अक्षोभत | अक्षोभेताम् | अक्षोभन्त |
| क्षोभसे | क्षोभेथे | क्षोभध्वे | अक्षोभथाः | अक्षोभेथाम् | अक्षोभध्वम् |
| क्षोभे | क्षोभावहे | क्षोभामहे | अक्षोभे | अक्षोभावहि | अक्षोभामहि |

| | | | | | |
|---|---|---|---|---|---|
| क्षोभताम् | क्षोभेताम् | क्षोभन्ताम् | क्षोभेत | क्षोभेयाताम् | क्षोभेरन् |

| क्षोभस्व | क्षोभेथाम् | क्षोभध्वम् | क्षोभेथाः | क्षोभेयाथाम् | क्षोभेध्वम् |
| क्षोभै | क्षोभावहै | क्षोभामहै | क्षोभेय | क्षोभेवहि | क्षोभेमहि |
| | | | | | |
| क्षोभिष्यते | क्षोभिष्येते | क्षोभिष्यन्ते | अक्षोभिष्यत | अक्षोभिष्येताम् | अक्षोभिष्यन्त |
| क्षोभिष्यसे | क्षोभिष्येथे | क्षोभिष्यध्वे | अक्षोभिष्यथाः | अक्षोभिष्येथाम् | अक्षोभिष्यध्वम् |
| क्षोभिष्ये | क्षोभिष्यावहे | क्षोभिष्यामहे | अक्षोभिष्ये | अक्षोभिष्यावहि | अक्षोभिष्यामहि |
| | | | | | |
| क्षोभिता | क्षोभितारौ | क्षोभितारः | क्षोभिषीष्ट | **क्षोभिषीयास्ताम्** | क्षोभिषीरन् |
| क्षोभितासे | क्षोभितासाथे | क्षोभिताध्वे | क्षोभिषीष्ठाः | **क्षोभिषीयास्थाम्** | क्षोभिषीध्वम् |
| क्षोभिताहे | क्षोभितास्वहे | क्षोभितास्महे | क्षोभिषीय | क्षोभिषीवहि | क्षोभिषीमहि |
| | | | | | |
| चुक्षुभे | चुक्षुभाते | चुक्षुभिरे | अक्षोभिष्ट | अक्षोभिषाताम् | अक्षोभिषत |
| | | | अक्षुभत् -द् | अक्षुभताम् | अक्षुभन् |
| चुक्षुभिषे | चुक्षुभाथे | चुक्षुभिध्वे | अक्षोभिष्ठाः | अक्षोभिषाथाम् | अक्षोभिध्वम् |
| | | | अक्षुभः | अक्षुभतम् | अक्षुभत |
| चुक्षुभे | चुक्षुभिवहे | चुक्षुभिमहे | अक्षोभिषि | अक्षोभिष्वहि | अक्षोभिष्महि |
| | | | अक्षुभम् | अक्षुभाव | अक्षुभाम |

752 णभ हिंसायाम् । णभँ । नभ् । नभते । A । सेट् । स० । hurt, destroy 6.4.120

| नभते | नभेते | नभन्ते | अनभत | अनभेताम् | अनभन्त |
| नभसे | नभेथे | नभध्वे | अनभथाः | अनभेथाम् | अनभध्वम् |
| नभे | नभावहे | नभामहे | अनभे | अनभावहि | अनभामहि |
| | | | | | |
| नभताम् | नभेताम् | नभन्ताम् | नभेत | नभेयाताम् | नभेरन् |
| नभस्व | नभेथाम् | नभध्वम् | नभेथाः | नभेयाथाम् | नभेध्वम् |
| नभै | नभावहै | नभामहै | नभेय | नभेवहि | नभेमहि |
| | | | | | |
| नभिष्यते | नभिष्येते | नभिष्यन्ते | अनभिष्यत | अनभिष्येताम् | अनभिष्यन्त |
| नभिष्यसे | नभिष्येथे | नभिष्यध्वे | अनभिष्यथाः | अनभिष्येथाम् | अनभिष्यध्वम् |
| नभिष्ये | नभिष्यावहे | नभिष्यामहे | अनभिष्ये | अनभिष्यावहि | अनभिष्यामहि |
| | | | | | |
| नभिता | नभितारौ | नभितारः | नभिषीष्ट | **नभिषीयास्ताम्** | नभिषीरन् |
| नभितासे | नभितासाथे | नभिताध्वे | नभिषीष्ठाः | **नभिषीयास्थाम्** | नभिषीध्वम् |
| नभिताहे | नभितास्वहे | नभितास्महे | नभिषीय | नभिषीवहि | नभिषीमहि |
| | | | | | |
| नेभे | नेभाते | नेभिरे | अनभिष्ट | अनभिषाताम् | अनभिषत |
| | | | अनभत् -द् | अनभताम् | अनभन् |
| नेभिषे | नेभाथे | नेभिध्वे | अनभिष्ठाः | अनभिषाथाम् | अनभिध्वम् |
| | | | अनभः | अनभतम् | अनभत |
| नेभे | नेभिवहे | नेभिमहे | अनभिषि | अनभिष्वहि | अनभिष्महि |
| | | | अनभम् | अनभाव | अनभाम |

753 तुभ **हिंसायाम्** । आद्योऽभावेऽपि । तुभँ । तुभ् । तोभते । A । सेट् । स० । hurt, cause pain

| | | | | | |
|---|---|---|---|---|---|
| तोभते | तोभेते | तोभन्ते | अतोभत | अतोभेताम् | अतोभन्त |
| तोभसे | तोभेथे | तोभध्वे | अतोभथाः | अतोभेथाम् | अतोभध्वम् |
| तोभे | तोभावहे | तोभामहे | अतोभे | अतोभावहि | अतोभामहि |

| | | | | | |
|---|---|---|---|---|---|
| तोभताम् | तोभेताम् | तोभन्ताम् | तोभेत | तोभेयाताम् | तोभेरन् |
| तोभस्व | तोभेथाम् | तोभध्वम् | तोभेथाः | तोभेयाथाम् | तोभेध्वम् |
| तोभै | तोभावहै | तोभामहै | तोभेय | तोभेवहि | तोभेमहि |

| | | | | | |
|---|---|---|---|---|---|
| तोभिष्यते | तोभिष्येते | तोभिष्यन्ते | अतोभिष्यत | अतोभिष्येताम् | अतोभिष्यन्त |
| तोभिष्यसे | तोभिष्येथे | तोभिष्यध्वे | अतोभिष्यथाः | अतोभिष्येथाम् | अतोभिष्यध्वम् |
| तोभिष्ये | तोभिष्यावहे | तोभिष्यामहे | अतोभिष्ये | अतोभिष्यावहि | अतोभिष्यामहि |

| | | | | | |
|---|---|---|---|---|---|
| तोभिता | तोभितारौ | तोभितारः | तोभिषीष्ट | **तोभिषीयास्ताम्** | तोभिषीरन् |
| तोभितासे | तोभितासाथे | तोभिताध्वे | तोभिषीष्ठाः | **तोभिषीयास्थाम्** | तोभिषीध्वम् |
| तोभिताहे | तोभितास्वहे | तोभितास्महे | तोभिषीय | तोभिषीवहि | तोभिषीमहि |

| | | | | | |
|---|---|---|---|---|---|
| तुतुभे | तुतुभाते | तुतुभिरे | अतोभिष्ट | अतोभिषाताम् | अतोभिषत |
| | | | अतुभत् -द् | अतुभताम् | अतुभन् |
| तुतुभिषे | तुतुभाथे | तुतुभिध्वे | अतोभिष्ठाः | अतोभिषाथाम् | अतोभिध्वम् |
| | | | अतुभः | अतुभतम् | अतुभत |
| तुतुभे | तुतुभिवहे | तुतुभिमहे | अतोभिषि | अतोभिष्वहि | अतोभिष्महि |
| | | | अतुभम् | अतुभाव | अतुभाम |

754 **स्रंसु अवस्रंसने** । **स्रंसुँ** । **स्रंस्** । **स्रंसते** । A । **सेट्** । **अ०** । fall, drop, slip 6.4.24

| | | | | | |
|---|---|---|---|---|---|
| स्रंसते | स्रंसेते | स्रंसन्ते | अस्रंसत | अस्रंसेताम् | अस्रंसन्त |
| स्रंससे | स्रंसेथे | स्रंसध्वे | अस्रंसथाः | अस्रंसेथाम् | अस्रंसध्वम् |
| स्रंसे | स्रंसावहे | स्रंसामहे | अस्रंसे | अस्रंसावहि | अस्रंसामहि |

| | | | | | |
|---|---|---|---|---|---|
| स्रंसताम् | स्रंसेताम् | स्रंसन्ताम् | स्रंसेत | स्रंसेयाताम् | स्रंसेरन् |
| स्रंसस्व | स्रंसेथाम् | स्रंसध्वम् | स्रंसेथाः | स्रंसेयाथाम् | स्रंसेध्वम् |
| स्रंसै | स्रंसावहै | स्रंसामहै | स्रंसेय | स्रंसेवहि | स्रंसेमहि |

| | | | | | |
|---|---|---|---|---|---|
| स्रंसिष्यते | स्रंसिष्येते | स्रंसिष्यन्ते | अस्रंसिष्यत | अस्रंसिष्येताम् | अस्रंसिष्यन्त |
| स्रंसिष्यसे | स्रंसिष्येथे | स्रंसिष्यध्वे | अस्रंसिष्यथाः | अस्रंसिष्येथाम् | अस्रंसिष्यध्वम् |
| स्रंसिष्ये | स्रंसिष्यावहे | स्रंसिष्यामहे | अस्रंसिष्ये | अस्रंसिष्यावहि | अस्रंसिष्यामहि |

| | | | | | |
|---|---|---|---|---|---|
| स्रंसिता | स्रंसितारौ | स्रंसितारः | स्रंसिषीष्ट | **स्रंसिषीयास्ताम्** | स्रंसिषीरन् |
| स्रंसितासे | स्रंसितासाथे | स्रंसिताध्वे | स्रंसिषीष्ठाः | **स्रंसिषीयास्थाम्** | स्रंसिषीध्वम् |
| स्रंसिताहे | स्रंसितास्वहे | स्रंसितास्महे | स्रंसिषीय | स्रंसिषीवहि | स्रंसिषीमहि |

| | | | | | |
|---|---|---|---|---|---|
| सस्रंसे | सस्रंसाते | सस्रंसिरे | अस्रंसिष्ट | अस्रंसिषाताम् | अस्रंसिषत |

| | | | अस्रसत् -द् | अस्रसताम् | अस्रसन् |
|---|---|---|---|---|---|
| सस्रंसिषे | सस्रंसाथे | सस्रंसिध्वे | अस्रंसिष्ठाः | अस्रंसिषाथाम् | अस्रंसिध्वम् |
| | | | अस्रसः | अस्रसतम् | अस्रसत |
| सस्रंसे | सस्रंसिवहे | सस्रंसिमहे | अस्रंसिषि | अस्रंसिष्वहि | अस्रंसिष्महि |
| | | | अस्रसम् | अस्रसाव | अस्रसाम |

**755 ध्वंसु अवस्रंसने । गतौ च । ध्वंसुँ । ध्वंस् । ध्वंसते । A । सेट् । अ० । be destroyed 6.4.24**

| ध्वंसते | ध्वंसेते | ध्वंसन्ते | अध्वंसत | अध्वंसेताम् | अध्वंसन्त |
|---|---|---|---|---|---|
| ध्वंससे | ध्वंसेथे | ध्वंसध्वे | अध्वंसथाः | अध्वंसेथाम् | अध्वंसध्वम् |
| ध्वंसे | ध्वंसावहे | ध्वंसामहे | अध्वंसे | अध्वंसावहि | अध्वंसामहि |

| ध्वंसताम् | ध्वंसेताम् | ध्वंसन्ताम् | ध्वंसेत | ध्वंसेयाताम् | ध्वंसेरन् |
|---|---|---|---|---|---|
| ध्वंसस्व | ध्वंसेथाम् | ध्वंसध्वम् | ध्वंसेथाः | ध्वंसेयाथाम् | ध्वंसेध्वम् |
| ध्वंसै | ध्वंसावहै | ध्वंसामहै | ध्वंसेय | ध्वंसेवहि | ध्वंसेमहि |

| ध्वंसिष्यते | ध्वंसिष्येते | ध्वंसिष्यन्ते | अध्वंसिष्यत | अध्वंसिष्येताम् | अध्वंसिष्यन्त |
|---|---|---|---|---|---|
| ध्वंसिष्यसे | ध्वंसिष्येथे | ध्वंसिष्यध्वे | अध्वंसिष्यथाः | अध्वंसिष्येथाम् | अध्वंसिष्यध्वम् |
| ध्वंसिष्ये | ध्वंसिष्यावहे | ध्वंसिष्यामहे | अध्वंसिष्ये | अध्वंसिष्यावहि | अध्वंसिष्यामहि |

| ध्वंसिता | ध्वंसितारौ | ध्वंसितारः | ध्वंसिषीष्ट | **ध्वंसिषीयास्ताम्** | ध्वंसिषीरन् |
|---|---|---|---|---|---|
| ध्वंसितासे | ध्वंसितासाथे | ध्वंसिताध्वे | ध्वंसिषीष्ठाः | **ध्वंसिषीयास्थाम्** | ध्वंसिषीध्वम् |
| ध्वंसिताहे | ध्वंसितास्वहे | ध्वंसितास्महे | ध्वंसिषीय | ध्वंसिषीवहि | ध्वंसिषीमहि |

| दध्वंसे | दध्वंसाते | दध्वंसिरे | अध्वंसिष्ट | अध्वंसिषाताम् | अध्वंसिषत |
|---|---|---|---|---|---|
| | | | अध्वसत् -द् | अध्वसताम् | अध्वसन् |
| दध्वंसिषे | दध्वंसाथे | दध्वंसिध्वे | अध्वंसिष्ठाः | अध्वंसिषाथाम् | अध्वंसिध्वम् |
| | | | अध्वसः | अध्वसतम् | अध्वसत |
| दध्वंसे | दध्वंसिवहे | दध्वंसिमहे | अध्वंसिषि | अध्वंसिष्वहि | अध्वंसिष्महि |
| | | | अध्वसम् | अध्वसाव | अध्वसाम |

**756 भ्रंसु अवस्रंसने । ध्वंसु गतौ च । भ्रंशु इत्यपि केचित् । तृतीय एव तालव्यान्त इत्यन्ये । भ्रंसुँ । भ्रंस् । भ्रंसते । A । सेट् । अ० । fall, drop 6.4.24**

| भ्रंसते | भ्रंसेते | भ्रंसन्ते | अभ्रंसत | अभ्रंसेताम् | अभ्रंसन्त |
|---|---|---|---|---|---|
| भ्रंससे | भ्रंसेथे | भ्रंसध्वे | अभ्रंसथाः | अभ्रंसेथाम् | अभ्रंसध्वम् |
| भ्रंसे | भ्रंसावहे | भ्रंसामहे | अभ्रंसे | अभ्रंसावहि | अभ्रंसामहि |

| भ्रंसताम् | भ्रंसेताम् | भ्रंसन्ताम् | भ्रंसेत | भ्रंसेयाताम् | भ्रंसेरन् |
|---|---|---|---|---|---|
| भ्रंसस्व | भ्रंसेथाम् | भ्रंसध्वम् | भ्रंसेथाः | भ्रंसेयाथाम् | भ्रंसेध्वम् |
| भ्रंसै | भ्रंसावहै | भ्रंसामहै | भ्रंसेय | भ्रंसेवहि | भ्रंसेमहि |

| भ्रंसिष्यते | भ्रंसिष्येते | भ्रंसिष्यन्ते | अभ्रंसिष्यत | अभ्रंसिष्येताम् | अभ्रंसिष्यन्त |
|---|---|---|---|---|---|
| भ्रंसिष्यसे | भ्रंसिष्येथे | भ्रंसिष्यध्वे | अभ्रंसिष्यथाः | अभ्रंसिष्येथाम् | अभ्रंसिष्यध्वम् |

| | | | | | |
|---|---|---|---|---|---|
| भ्रंसिष्ये | भ्रंसिष्यावहे | भ्रंसिष्यामहे | अभ्रंसिष्ये | अभ्रंसिष्यावहि | अभ्रंसिष्यामहि |

| | | | | | |
|---|---|---|---|---|---|
| भ्रंसिता | भ्रंसितारौ | भ्रंसितारः | भ्रंसिषीष्ट | **भ्रंसिषीयास्ताम्** | भ्रंसिषीरन् |
| भ्रंसितासे | भ्रंसितासाथे | भ्रंसिताध्वे | भ्रंसिषीष्ठाः | **भ्रंसिषीयास्थाम्** | भ्रंसिषीध्वम् |
| भ्रंसिताहे | भ्रंसितास्वहे | भ्रंसितास्महे | भ्रंसिषीय | भ्रंसिषीवहि | भ्रंसिषीमहि |

| | | | | | |
|---|---|---|---|---|---|
| बभ्रंसे | बभ्रंसाते | बभ्रंसिरे | अभ्रंसिष्ट | अभ्रंसिषाताम् | अभ्रंसिषत |
| | | | अभ्रसत् -द् | अभ्रसताम् | अभ्रसन् |
| बभ्रंसिषे | बभ्रंसाथे | बभ्रंसिध्वे | अभ्रंसिष्ठाः | अभ्रंसिषाथाम् | अभ्रंसिध्वम् |
| | | | अभ्रसः | अभ्रसतम् | अभ्रसत |
| बभ्रंसे | बभ्रंसिवहे | बभ्रंसिमहे | अभ्रंसिषि | अभ्रंसिष्वहि | अभ्रंसिष्महि |
| | | | अभ्रसम् | अभ्रसाव | अभ्रसाम |

757 **स्रम्भु विश्वासे । स्रन्हु इत्येके। स्रम्भुँ । स्रम्भ् । स्रम्भते** । A। **सेट्**। अ०। trust, confide, be secure

**अयं प्रायेण वि-पूर्वकः । विस्रम्भते** । इत्यादिः । 6.4.24

| | | | | | |
|---|---|---|---|---|---|
| स्रम्भते | स्रम्भेते | स्रम्भन्ते | अस्रम्भत | अस्रम्भेताम् | अस्रम्भन्त |
| स्रम्भसे | स्रम्भेथे | स्रम्भध्वे | अस्रम्भथाः | अस्रम्भेथाम् | अस्रम्भध्वम् |
| स्रम्भे | स्रम्भावहे | स्रम्भामहे | अस्रम्भे | अस्रम्भावहि | अस्रम्भामहि |

| | | | | | |
|---|---|---|---|---|---|
| स्रम्भताम् | स्रम्भेताम् | स्रम्भन्ताम् | स्रम्भेत | स्रम्भेयाताम् | स्रम्भेरन् |
| स्रम्भस्व | स्रम्भेथाम् | स्रम्भध्वम् | स्रम्भेथाः | स्रम्भेयाथाम् | स्रम्भेध्वम् |
| स्रम्भै | स्रम्भावहै | स्रम्भामहै | स्रम्भेय | स्रम्भेवहि | स्रम्भेमहि |

| | | | | | |
|---|---|---|---|---|---|
| स्रम्भिष्यते | स्रम्भिष्येते | स्रम्भिष्यन्ते | अस्रम्भिष्यत | अस्रम्भिष्येताम् | अस्रम्भिष्यन्त |
| स्रम्भिष्यसे | स्रम्भिष्येथे | स्रम्भिष्यध्वे | अस्रम्भिष्यथाः | अस्रम्भिष्येथाम् | अस्रम्भिष्यध्वम् |
| स्रम्भिष्ये | स्रम्भिष्यावहे | स्रम्भिष्यामहे | अस्रम्भिष्ये | अस्रम्भिष्यावहि | अस्रम्भिष्यामहि |

| | | | | | |
|---|---|---|---|---|---|
| स्रम्भिता | स्रम्भितारौ | स्रम्भितारः | स्रम्भिषीष्ट | **स्रम्भिषीयास्ताम्** | स्रम्भिषीरन् |
| स्रम्भितासे | स्रम्भितासाथे | स्रम्भिताध्वे | स्रम्भिषीष्ठाः | **स्रम्भिषीयास्थाम्** | स्रम्भिषीध्वम् |
| स्रम्भिताहे | स्रम्भितास्वहे | स्रम्भितास्महे | स्रम्भिषीय | स्रम्भिषीवहि | स्रम्भिषीमहि |

| | | | | | |
|---|---|---|---|---|---|
| सस्रम्भे | सस्रम्भाते | सस्रम्भिरे | अस्रम्भिष्ट | अस्रम्भिषाताम् | अस्रम्भिषत |
| | | | अस्रभत् -द् | अस्रभताम् | अस्रभन् |
| सस्रम्भिषे | सस्रम्भाथे | सस्रम्भिध्वे | अस्रम्भिष्ठाः | अस्रम्भिषाथाम् | अस्रम्भिध्वम् |
| | | | अस्रभः | अस्रभतम् | अस्रभत |
| सस्रम्भे | सस्रम्भिवहे | सस्रम्भिमहे | अस्रम्भिषि | अस्रम्भिष्वहि | अस्रम्भिष्महि |
| | | | अस्रभम् | अस्रभाव | अस्रभाम |

## 758 वृतादि अन्तर्गणः आरम्भः ।

1.3.92 **वृद्भ्यः स्यसनोः । लृट् लृङ् लुङ् परस्मैपदं वा । 7.2.59 न वृद्भ्यश्चतुर्भ्यः। इति इडभावः ।**

758 वृतु वर्तने । वृतुँ । वृत् । वर्तते । A । सेट् । अ० । be, exist, abide, be solitary 1.3.92

| | | | | | |
|---|---|---|---|---|---|
| वर्तते | वर्तेते | वर्तन्ते | अवर्तत | अवर्तेताम् | अवर्तन्त |
| वर्तसे | वर्तेथे | वर्तध्वे | अवर्तथाः | अवर्तेथाम् | अवर्तध्वम् |
| वर्ते | वर्तावहे | वर्तामहे | अवर्ते | अवर्तावहि | अवर्तामहि |

| | | | | | |
|---|---|---|---|---|---|
| वर्तताम् | वर्तेताम् | वर्तन्ताम् | वर्तेत | वर्तेयाताम् | वर्तेरन् |
| वर्तस्व | वर्तेथाम् | वर्तध्वम् | वर्तेथाः | वर्तेयाथाम् | वर्तेध्वम् |
| वर्तै | वर्तावहै | वर्तामहै | वर्तेय | वर्तेवहि | वर्तेमहि |

| लृट् 5 Simple Future 1.3.92 **पक्षे परस्मैपदि** | | | लृङ् 6 Conditional Mood 1.3.92 **पक्षे परस्मैपदि** | | |
|---|---|---|---|---|---|
| वर्तिष्यते | वर्तिष्येते | वर्तिष्यन्ते | अवर्तिष्यत | अवर्तिष्येताम् | अवर्तिष्यन्त |
| वर्त्स्यति | वर्त्स्यतः | वर्त्स्यन्ति | अवर्त्स्यत् -द् | अवर्त्स्यताम् | अवर्त्स्यन् |
| वर्तिष्यसे | वर्तिष्येथे | वर्तिष्यध्वे | अवर्तिष्यथाः | अवर्तिष्येथाम् | अवर्तिष्यध्वम् |
| वर्त्स्यसि | वर्त्स्यथः | वर्त्स्यथ | अवर्त्स्यः | अवर्त्स्यतम् | अवर्त्स्यत |
| वर्तिष्ये | वर्तिष्यावहे | वर्तिष्यामहे | अवर्तिष्ये | अवर्तिष्यावहि | अवर्तिष्यामहि |
| वर्त्स्यामि | वर्त्स्यावः | वर्त्स्यामः | अवर्त्स्यम् | अवर्त्स्याव | अवर्त्स्याम |

| | | | | | |
|---|---|---|---|---|---|
| वर्तिता | वर्तितारौ | वर्तितारः | वर्तिषीष्ट | **वर्तिषीयास्ताम्** | वर्तिषीरन् |
| वर्तितासे | वर्तितासाथे | वर्तिताध्वे | वर्तिषीष्ठाः | **वर्तिषीयास्थाम्** | वर्तिषीध्वम् |
| वर्तिताहे | वर्तितास्वहे | वर्तितास्महे | वर्तिषीय | वर्तिषीवहि | वर्तिषीमहि |

| लिट् 9 Perfect Past Tense | | | लुङ् 10 Aorist Past Tense 1.3.92 **पक्षे परस्मैपदि** | | |
|---|---|---|---|---|---|
| ववृते | ववृताते | ववृतिरे | अवर्तिष्ट | अवर्तिषाताम् | अवर्तिषत |
| | | | अवृतत् -द् | अवृतताम् | अवृतन् |
| ववृतिषे | ववृताथे | ववृतिध्वे | अवर्तिष्ठाः | अवर्तिषाथाम् | अवर्तिध्वम् |
| | | | अवृतः | अवृततम् | अवृतत |
| ववृते | ववृतिवहे | ववृतिमहे | अवर्तिषि | अवर्तिष्वहि | अवर्तिष्महि |
| | | | अवृतम् | अवृताव | अवृताम |

759 वृधु वृद्धौ । वृधुँ । वृध् । वर्धते । A । सेट् । अ० । increase, thrive, prosper 8.4.55

| | | | | | |
|---|---|---|---|---|---|
| वर्धते | वर्धेते | वर्धन्ते | अवर्धत | अवर्धेताम् | अवर्धन्त |
| वर्धसे | वर्धेथे | वर्धध्वे | अवर्धथाः | अवर्धेथाम् | अवर्धध्वम् |
| वर्धे | वर्धावहे | वर्धामहे | अवर्धे | अवर्धावहि | अवर्धामहि |

| | | | | | |
|---|---|---|---|---|---|
| वर्धताम् | वर्धेताम् | वर्धन्ताम् | वर्धेत | वर्धेयाताम् | वर्धेरन् |
| वर्धस्व | वर्धेथाम् | वर्धध्वम् | वर्धेथाः | वर्धेयाथाम् | वर्धेध्वम् |
| वर्धै | वर्धावहै | वर्धामहै | वर्धेय | वर्धेवहि | वर्धेमहि |

| | | | | | |
|---|---|---|---|---|---|
| वर्धिष्यते | वर्धिष्येते | वर्धिष्यन्ते | अवर्धिष्यत | अवर्धिष्येताम् | अवर्धिष्यन्त |
| वर्त्स्यति | वर्त्स्यतः | वर्त्स्यन्ति | अवर्त्स्यत् -द् | अवर्त्स्यताम् | अवर्त्स्यन् |
| वर्धिष्यसे | वर्धिष्येथे | वर्धिष्यध्वे | अवर्धिष्यथाः | अवर्धिष्येथाम् | अवर्धिष्यध्वम् |
| वर्त्स्यसि | वर्त्स्यथः | वर्त्स्यथ | अवर्त्स्यः | अवर्त्स्यतम् | अवर्त्स्यत |

| | | | | | |
|---|---|---|---|---|---|
| वर्धिष्ये | वर्धिष्यावहे | वर्धिष्यामहे | अवर्धिष्ये | अवर्धिष्यावहि | अवर्धिष्यामहि |
| वर्त्स्यामि | वर्त्स्यावः | वर्त्स्यामः | अवर्त्स्यम् | अवर्त्स्याव | अवर्त्स्याम |

| | | | | | |
|---|---|---|---|---|---|
| वर्धिता | वर्धितारौ | वर्धितारः | वर्धिषीष्ट | **वर्धिषीयास्ताम्** | वर्धिषीरन् |
| वर्धितासे | वर्धितासाथे | वर्धिताध्वे | वर्धिषीष्ठाः | **वर्धिषीयास्थाम्** | वर्धिषीध्वम् |
| वर्धिताहे | वर्धितास्वहे | वर्धितास्महे | वर्धिषीय | वर्धिषीवहि | वर्धिषीमहि |

| | | | | | |
|---|---|---|---|---|---|
| ववृधे | ववृधाते | ववृधिरे | अवर्धिष्ट | अवर्धिषाताम् | अवर्धिषत |
| | | | अवृधत् -द् | अवृधताम् | अवृधन् |
| ववृधिषे | ववृधाथे | ववृधिध्वे | अवर्धिष्ठाः | अवर्धिषाथाम् | अवर्धिध्वम् |
| | | | अवृधः | अवृधतम् | अवृधत |
| ववृधे | ववृधिवहे | ववृधिमहे | अवर्धिषि | अवर्धिष्वहि | अवर्धिष्महि |
| | | | अवृधम् | अवृधाव | अवृधाम |

760 शृधु **शब्दकुत्सायाम्** । शृधुँ । शृध् । शर्धते । A । सेट् । अ० । belch, burp, pass wind

| | | | | | |
|---|---|---|---|---|---|
| शर्धते | शर्धेते | शर्धन्ते | अशर्धत | अशर्धेताम् | अशर्धन्त |
| शर्धसे | शर्धेथे | शर्धध्वे | अशर्धथाः | अशर्धेथाम् | अशर्धध्वम् |
| शर्धे | शर्धावहे | शर्धामहे | अशर्धे | अशर्धावहि | अशर्धामहि |

| | | | | | |
|---|---|---|---|---|---|
| शर्धताम् | शर्धेताम् | शर्धन्ताम् | शर्धेत | शर्धेयाताम् | शर्धेरन् |
| शर्धस्व | शर्धेथाम् | शर्धध्वम् | शर्धेथाः | शर्धेयाथाम् | शर्धेध्वम् |
| शर्धै | शर्धावहै | शर्धामहै | शर्धेय | शर्धेवहि | शर्धेमहि |

| | | | | | |
|---|---|---|---|---|---|
| शर्धिष्यते | शर्धिष्येते | शर्धिष्यन्ते | अशर्धिष्यत | अशर्धिष्येताम् | अशर्धिष्यन्त |
| शर्त्स्यति | शर्त्स्यतः | शर्त्स्यन्ति | अशर्त्स्यत् -द् | अशर्त्स्यताम् | अशर्त्स्यन् |
| शर्धिष्यसे | शर्धिष्येथे | शर्धिष्यध्वे | अशर्धिष्यथाः | अशर्धिष्येथाम् | अशर्धिष्यध्वम् |
| शर्त्स्यसि | शर्त्स्यथः | शर्त्स्यथ | अशर्त्स्यः | अशर्त्स्यतम् | अशर्त्स्यत |
| शर्धिष्ये | शर्धिष्यावहे | शर्धिष्यामहे | अशर्धिष्ये | अशर्धिष्यावहि | अशर्धिष्यामहि |
| शर्त्स्यामि | शर्त्स्यावः | शर्त्स्यामः | अशर्त्स्यम् | अशर्त्स्याव | अशर्त्स्याम |

| | | | | | |
|---|---|---|---|---|---|
| शर्धिता | शर्धितारौ | शर्धितारः | शर्धिषीष्ट | **शर्धिषीयास्ताम्** | शर्धिषीरन् |
| शर्धितासे | शर्धितासाथे | शर्धिताध्वे | शर्धिषीष्ठाः | **शर्धिषीयास्थाम्** | शर्धिषीध्वम् |
| शर्धिताहे | शर्धितास्वहे | शर्धितास्महे | शर्धिषीय | शर्धिषीवहि | शर्धिषीमहि |

| | | | | | |
|---|---|---|---|---|---|
| शशृधे | शशृधाते | शशृधिरे | अशर्धिष्ट | अशर्धिषाताम् | अशर्धिषत |
| | | | अशृधत् -द् | अशृधताम् | अशृधन् |
| शशृधिषे | शशृधाथे | शशृधिध्वे | अशर्धिष्ठाः | अशर्धिषाथाम् | अशर्धिध्वम् |
| | | | अशृधः | अशृधतम् | अशृधत |
| शशृधे | शशृधिवहे | शशृधिमहे | अशर्धिषि | अशर्धिष्वहि | अशर्धिष्महि |
| | | | अशृधम् | अशृधाव | अशृधाम |

761 स्यन्दू प्रस्रवणे । स्यन्दूँ । स्यन्द् । स्यन्दते । A । वेट् । अ० । ooze, trickle, wet
1.3.92 वृद्भ्यः स्यसनोः । लृट् लृङ् लुङ् परस्मैपदं वा । 7.2.59 न वृद्भ्यश्चतुर्भ्यः । इति इडभावः ।
7.2.44 स्वरतिसूतिसूयतिधूञूदितो वा । 8.4.65 झरो झरि सवर्णे ।

This Root has many Optional forms. We list them separately.

**Atmanepadi Forms Sarvadhatuka Affixes**

| | | | | | |
|---|---|---|---|---|---|
| स्यन्दते | स्यन्देते | स्यन्दन्ते | अस्यन्दत | अस्यन्देताम् | अस्यन्दन्त |
| स्यन्दसे | स्यन्देथे | स्यन्दध्वे | अस्यन्दथाः | अस्यन्देथाम् | अस्यन्दध्वम् |
| स्यन्दे | स्यन्दावहे | स्यन्दामहे | अस्यन्दे | अस्यन्दावहि | अस्यन्दामहि |

| | | | | | |
|---|---|---|---|---|---|
| स्यन्दताम् | स्यन्देताम् | स्यन्दन्ताम् | स्यन्देत | स्यन्देयाताम् | स्यन्देरन् |
| स्यन्दस्व | स्यन्देथाम् | स्यन्दध्वम् | स्यन्देथाः | स्यन्देयाथाम् | स्यन्देध्वम् |
| स्यन्दै | स्यन्दावहै | स्यन्दामहै | स्यन्देय | स्यन्देवहि | स्यन्देमहि |

सेट् , अनिट् **Atmanepadi Forms Ardhadhatuka Affixes**

| लृट् 5 Simple Future सेट् , अनिट् 8.4.55 | | | लृङ् 6 Conditional Mood सेट् , अनिट् 8.4.55 | | |
|---|---|---|---|---|---|
| स्यन्दिष्यते , | स्यन्दिष्येते , | स्यन्दिष्यन्ते , | अस्यन्दिष्यत , | अस्यन्दिष्येताम् , | अस्यन्दिष्यन्त , |
| स्यन्त्स्यते | स्यन्त्स्येते | स्यन्त्स्यन्ते | अस्यन्त्स्यत | अस्यन्त्स्येताम् | अस्यन्त्स्यन्त |
| स्यन्दिष्यसे , | स्यन्दिष्येथे , | स्यन्दिष्यध्वे , | अस्यन्दिष्यथाः , | अस्यन्दिष्येथाम् , | अस्यन्दिष्यध्वम् , |
| स्यन्त्स्यसे | स्यन्त्स्येथे | स्यन्त्स्यध्वे | अस्यन्त्स्यथाः | अस्यन्त्स्येथाम् | अस्यन्त्स्यध्वम् |
| स्यन्दिष्ये , | स्यन्दिष्यावहे , | स्यन्दिष्यामहे , | अस्यन्दिष्ये , | अस्यन्दिष्यावहि , | अस्यन्दिष्यामहि , |
| स्यन्त्स्ये | स्यन्त्स्यावहे | स्यन्त्स्यामहे | अस्यन्त्स्ये | अस्यन्त्स्यावहि | अस्यन्त्स्यामहि |

| लुट् 7 Periphrastic Future सेट् , अनिट् / 8.4.65 | | | आशीर्लिङ् 8 Benedictive Mood सेट् , अनिट् | | |
|---|---|---|---|---|---|
| स्यन्दिता , स्यन्त्ता / स्यन्ता | स्यन्दितारौ , स्यन्त्तारौ / स्यन्तारौ | स्यन्दितारः , स्यन्त्तारः / स्यन्तारः | स्यन्दिषीष्ट , स्यन्त्सीष्ट | स्यन्दिषीयास्ताम् , स्यन्त्सीयास्ताम् | स्यन्दिषीरन् , स्यन्त्सीरन् |
| स्यन्दितासे , स्यन्त्तासे / स्यन्तासे | स्यन्दितासाथे , स्यन्त्तासाथे / स्यन्तासाथे | स्यन्दिताध्वे , स्यन्त्ताध्वे / स्यन्ताध्वे | स्यन्दिषीष्ठाः , स्यन्त्सीष्ठाः | स्यन्दिषीयास्थाम् , स्यन्त्सीयास्थाम् | स्यन्दिषीध्वम् , स्यन्त्सीध्वम् |
| स्यन्दिताहे , स्यन्त्ताहे / स्यन्ताहे | स्यन्दितास्वहे , स्यन्त्तास्वहे / स्यन्तास्वहे | स्यन्दितास्महे , स्यन्त्तास्महे / स्यन्तास्महे | स्यन्दिषीय , स्यन्त्सीय | स्यन्दिषीवहि , स्यन्त्सीवहि | स्यन्दिषीमहि , स्यन्त्सीमहि |

| लिट् 9 Perfect Past Tense सेट् , अनिट् / 8.4.65 | | | लुङ् 10 Aorist Past Tense सेट् , अनिट् / 8.4.65 | | |
|---|---|---|---|---|---|
| सस्यन्दे | सस्यन्दाते | सस्यन्दिरे | अस्यन्दिष्ट , अस्यन्त्त / अस्यन्त | अस्यन्दिषाताम् , अस्यन्त्साताम् | अस्यन्दिषत , अस्यन्त्सत |

| | | | | | |
|---|---|---|---|---|---|
| सस्यन्दिषे, सस्यन्त्से | सस्यन्दाथे | सस्यन्दिध्वे, सस्यन्द्ध्वे / सस्यन्ध्वे | अस्यन्दिष्ठाः, अस्यन्त्थाः / अस्यन्थाः | अस्यन्दिषाथाम्, अस्यन्त्साथाम् | अस्यन्दिध्वम्, अस्यन्द्ध्वम् / अस्यन्ध्वम् |
| सस्यन्दे | सस्यन्दिवहे, सस्यन्द्वहे | सस्यन्दिमहे, सस्यन्द्महे | अस्यन्दिषि, अस्यन्त्सि | अस्यन्दिष्वहि, अस्यन्त्स्वहि | अस्यन्दिष्महि, अस्यन्त्स्महि |

**अनिट् Parasmaipadi Forms लृट् लृङ् लुङ् ।**

1.3.92 वृद्भ्यः स्यसनोः । लृट् लृङ् लुङ् परस्मैपदं वा । 7.2.59 न वृद्भ्यश्चतुर्भ्यः । इति इड्भावः ।

**लृट् 5 Simple Future Tense 1.3.92 8.4.55**

| | | |
|---|---|---|
| स्यन्त्स्यति | स्यन्त्स्यतः | स्यन्त्स्यन्ति |
| स्यन्त्स्यसि | स्यन्त्स्यथः | स्यन्त्स्यथ |
| स्यन्त्स्यामि | स्यन्त्स्यावः | स्यन्त्स्यामः |

**लृङ् 6 Conditional Mood 1.3.92 8.4.55**

| | | |
|---|---|---|
| अस्यन्त्स्यत् -द् | अस्यन्त्स्यताम् | अस्यन्त्स्यन् |
| अस्यन्त्स्यः | अस्यन्त्स्यतम् | अस्यन्त्स्यत |
| अस्यन्त्स्यम् | अस्यन्त्स्याव | अस्यन्त्स्याम |

**लुङ् 10 Aorist Past 1.3.92 3.1.55 6.4.24**

| | | |
|---|---|---|
| अस्यदत् -द् | अस्यदताम् | अस्यदन् |
| अस्यदः | अस्यदतम् | अस्यदत |
| अस्यदम् | अस्यदाव | अस्यदाम |

762 कृपू सामर्थ्ये । कृपूँ । कृप् । कल्पते । A । वेट् । अ० । be able, be fit for, accomplish
*Famous words* कल्पना, सङ्कल्पः, विकल्पः । 8.2.18 कृपो रो लः । 7.2.60 तासि च क्ऌपः ।
1.3.92 वृद्भ्यः स्यसनोः । 1.3.93 लुटि च क्ऌपः ।

**Atmanepadi Forms Sarvadhatuka Affixes**

| | | | | | |
|---|---|---|---|---|---|
| कल्पते | कल्पेते | कल्पन्ते | अकल्पत | अकल्पेताम् | अकल्पन्त |
| कल्पसे | कल्पेथे | कल्पध्वे | अकल्पथाः | अकल्पेथाम् | अकल्पध्वम् |
| कल्पे | कल्पावहे | कल्पामहे | अकल्पे | अकल्पावहि | अकल्पामहि |
| | | | | | |
| कल्पताम् | कल्पेताम् | कल्पन्ताम् | कल्पेत | कल्पेयाताम् | कल्पेरन् |
| कल्पस्व | कल्पेथाम् | कल्पध्वम् | कल्पेथाः | कल्पेयाथाम् | कल्पेध्वम् |
| कल्पै | कल्पावहै | कल्पामहै | कल्पेय | कल्पेवहि | कल्पेमहि |

**सेट्, अनिट् Atmanepadi Forms Ardhadhatuka Affixes**

**लृट् 5 Simple Future सेट्, अनिट्**

| | | |
|---|---|---|
| कल्पिष्यते, कल्प्स्यते | कल्पिष्येते, कल्प्स्येते | कल्पिष्यन्ते, कल्प्स्यन्ते |
| कल्पिष्यसे, कल्प्स्यसे | कल्पिष्येथे, कल्प्स्येथे | कल्पिष्यध्वे, कल्प्स्यध्वे |

**लृङ् 6 Conditional Mood सेट्, अनिट्**

| | | |
|---|---|---|
| अकल्पिष्यत, अकल्प्स्यत | अकल्पिष्येताम्, अकल्प्स्येताम् | अकल्पिष्यन्त, अकल्प्स्यन्त |
| अकल्पिष्यथाः, अकल्प्स्यथाः | अकल्पिष्येथाम्, अकल्प्स्येथाम् | अकल्पिष्यध्वम्, अकल्प्स्यध्वम् |

| | | |
|---|---|---|
| कल्पिष्ये , | कल्पिष्यावहे , | कल्पिष्यामहे , |
| कल्प्स्ये | कल्प्स्यावहे | कल्प्स्यामहे |

| | | |
|---|---|---|
| अकल्पिष्ये , | अकल्पिष्यावहि , | अकल्पिष्यामहि , |
| अकल्प्स्ये | अकल्प्स्यावहि | अकल्प्स्यामहि |

लुट् 7 Periphrastic Future सेट् , अनिट्

| | | |
|---|---|---|
| कल्पिता , | कल्पितारौ , | कल्पितारः , |
| कल्प्ता | कल्प्तारौ | कल्प्तारः |
| कल्पितासे , | कल्पितासाथे , | कल्पिताध्वे , |
| कल्प्तासे | कल्प्तासाथे | कल्प्ताध्वे |
| कल्पिताहे , | कल्पितास्वहे , | कल्पितास्महे , |
| कल्प्ताहे | कल्प्तास्वहे | कल्प्तास्महे |

आशीर्लिङ् 8 Benedictive Mood सेट् , अनिट्

| | | |
|---|---|---|
| कल्पिषीष्ट , | कल्पिषीयास्ताम् , | कल्पिषीरन् , |
| क्लृप्सीष्ट | क्लृप्सीयास्ताम् | क्लृप्सीरन् |
| कल्पिषीष्ठाः , | कल्पिषीयास्थाम् , | कल्पिषीध्वम् , |
| क्लृप्सीष्ठाः | क्लृप्सीयास्थाम् | क्लृप्सीध्वम् |
| कल्पिषीय , | कल्पिषीवहि , | कल्पिषीमहि , |
| क्लृप्सीय | क्लृप्सीवहि | क्लृप्सीमहि |

लिट् 9 Perfect Past Tense सेट् , अनिट्

| | | |
|---|---|---|
| चक्लृपे | चक्लृपाते | चक्लृपिरे |
| | | |
| चक्लृपिषे , | चक्लृपाथे | चक्लृपिध्वे , |
| चक्लृप्से | | चक्लृब्ध्वे |
| चक्लृपे | चक्लृपिवहे , | चक्लृपिमहे , |
| | चक्लृप्वहे | चक्लृप्महे |

लुङ् 10 Aorist Past सेट् , अनिट् 8.2.25 8.4.53

| | | |
|---|---|---|
| अकल्पिष्ट , | अकल्पिषाताम् , | अकल्पिषत , |
| अक्लृप्त | अक्लृप्साताम् | अक्लृप्सत |
| अकल्पिष्ठाः , | अकल्पिषाथाम् , | अकल्पिध्वम् , |
| अक्लृप्थाः | अक्लृप्साथाम् | अक्लृब्ध्वम् |
| अकल्पिषि , | अकल्पिष्वहि , | अकल्पिष्महि , |
| अक्लृप्सि | अक्लृप्स्वहि | अक्लृप्स्महि |

अनिट् **Parasmaipadi Forms** लृट् लृङ् लुङ् । लुट् ।

1.3.92 वृद्भ्यः स्यसनोः । लृट् लृङ् लुङ् परस्मैपदं वा । 7.2.59 न वृद्भ्यश्चतुर्भ्यः। इति इडभावः ।

1.3.93 लुटि च क्लृपः । 7.2.60 तासि च क्लृपः ।

लृट् 5 Simple Future Tense 1.3.92 7.2.59

| | | |
|---|---|---|
| कल्प्स्यति | कल्प्स्यतः | कल्प्स्यन्ति |
| कल्प्स्यसि | कल्प्स्यथः | कल्प्स्यथ |
| कल्प्स्यामि | कल्प्स्यावः | कल्प्स्यामः |

लृङ् 6 Conditional Mood 1.3.92 7.2.59

| | | |
|---|---|---|
| अकल्प्स्यत् -द् | अकल्प्स्यताम् | अकल्प्स्यन् |
| अकल्प्स्यः | अकल्प्स्यतम् | अकल्प्स्यत |
| अकल्प्स्यम् | अकल्प्स्याव | अकल्प्स्याम |

लुट् 7 Periphrastic Future 1.3.93 7.2.60

| | | |
|---|---|---|
| कल्प्ता | कल्प्तारौ | कल्प्तारः |
| कल्प्तासि | कल्प्तास्थः | कल्प्तास्थ |
| कल्प्तास्मि | कल्प्तास्वः | कल्प्तास्मः |

लुङ् 10 Aorist Past 1.3.92 3.1.55 8.2.18

| | | |
|---|---|---|
| अक्लृपत् -द् | अक्लृपताम् | अक्लृपन् |
| अक्लृपः | अक्लृपतम् | अक्लृपत |
| अक्लृपम् | अक्लृपाव | अक्लृपाम |

द्युतादयः उदात्ताः अनुदात्तेतः आत्मनेभाषाः । वृत् । वृतादयः गताः । द्युतादयः गताः ।

## 763 घटादि अन्तर्गणः आरम्भः । घटादयः मितः । 6.4.92 मितां ह्रस्वः ।

घटादयः षितः । 3.3.104 षिद्भिदादिभ्योऽङ् । इति स्त्रियाम् । अथ त्वरत्यन्ताः त्रयोदश आत्मनेपदिनः षितः च । These मित् Roots are actually present in Dhatupatha elsewhere, and are given in this घटादिः section again in a particular meaning when their णिच् forms will take 6.4.92 मितां ह्रस्वः instead of 7.2.116 अत उपधायाः । However for Roots with final conjunct anyways 7.2.116 cannot apply and hence 6.4.92 is superfluous.

Note: Primary Root Verb forms are unaffected. Only for Secondary णिजन्त Roots.

## Editor's Note: For घटादि Roots, Secondary णिजन्त forms are indicated

763 घट चेष्टायाम् । घटँ । घट् । घटते, घटयति /घटयते । A । सेट् । अ० । endeavor, strive for, happen, be possible. *Also see* 1723. घट सङ्घाते । 1766. घट भाषायाम् । घाटयति /घाटयते । घटादयः फणान्ताः मितः । This ganasutra reflects what happens when स्वार्थे or प्रेरणार्थक णिच् affix is added. As in the 10c gana or in the सनादि affixes that make secondary Dhatus. Hence घटयति is for घट् + णिच् + लट् , not for घट् + लट् ।

घट् + णिच् → 7.2.116 अत उपधायाः → घाट् + इ → घाटि → 6.4.92 मितां ह्रस्वः → घटि ।

Now this घटि is a new secondary Root and will follow the regular procedure of adding affixes in लट् , लोट् etc. घटि + तिप् → शप् , guna, ayava → घटयति । Notice that for णिच् the default Parasmaipada affix has been used by 1.3.78 शेषात् कर्तरि परस्मैपदम् and Atmanepadi affix additionally by 1.3.74 णिचश्च । 7.2.116 अत उपधायाः । उपधायाम् अतः वृद्धिः , ञित् णित् च प्रत्यये परे । 6.4.92 मितां ह्रस्वः । मित् धातूनाम् उपधायाः स्वरः ह्रस्वः भवति, णिच् प्रत्यये परे । मित् कश्चन अन्तर्गणः । भ्वादिगणे घटादयः उपगणे मित् अन्तर्गणः सन्ति, अपि च चुरादिगणे ज्ञपादयः षट् धातवः मित् अन्तर्गणः सन्ति ।

लट् 1 Present Tense

| | | |
|---|---|---|
| घटते | घटेते | घटन्ते |
| घटसे | घटेथे | घटध्वे |
| घटे | घटावहे | घटामहे |

लङ् 2 Imperfect Past Tense

| | | |
|---|---|---|
| अघटत | अघटेताम् | अघटन्त |
| अघटथाः | अघटेथाम् | अघटध्वम् |
| अघटे | अघटावहि | अघटामहि |

लोट् 3 Imperative Mood

| | | |
|---|---|---|
| घटताम् | घटेताम् | घटन्ताम् |
| घटस्व | घटेथाम् | घटध्वम् |
| घटै | घटावहै | घटामहै |

विधिलिङ् 4 Potential Mood

| | | |
|---|---|---|
| घटेत | घटेयाताम् | घटेरन् |
| घटेथाः | घटेयाथाम् | घटेध्वम् |
| घटेय | घटेवहि | घटेमहि |

लृट् 5 Simple Future Tense

| | | |
|---|---|---|
| घटिष्यते | घटिष्येते | घटिष्यन्ते |

लृङ् 6 Conditional Mood

| | | |
|---|---|---|
| अघटिष्यत | अघटिष्येताम् | अघटिष्यन्त |

| | | |
|---|---|---|
| घटिष्यसे | घटिष्येथे | घटिष्यध्वे |
| घटिष्ये | घटिष्यावहे | घटिष्यामहे |

| | | |
|---|---|---|
| अघटिष्यथाः | अघटिष्येथाम् | अघटिष्यध्वम् |
| अघटिष्ये | अघटिष्यावहि | अघटिष्यामहि |

लुट् 7 Periphrastic Future Tense

| | | |
|---|---|---|
| घटिता | घटितारौ | घटितारः |
| घटितासे | घटितासाथे | घटिताध्वे |
| घटिताहे | घटितास्वहे | घटितास्महे |

आशीर्लिङ् 8 Benedictive Mood

| | | |
|---|---|---|
| घटिषीष्ट | घटिषीयास्ताम् | घटिषीरन् |
| घटिषीष्ठाः | घटिषीयास्थाम् | घटिषीध्वम् |
| घटिषीय | घटिषीवहि | घटिषीमहि |

लिट् 9 Perfect Past Tense

| | | |
|---|---|---|
| जघटे | जघटाते | जघटिरे |
| जघटिषे | जघटाथे | जघटिध्वे |
| जघटे | जघटिवहे | जघटिमहे |

लुङ् 10 Aorist Past Tense

| | | |
|---|---|---|
| अघटिष्ट | अघटिषाताम् | अघटिषत |
| अघटिष्ठाः | अघटिषाथाम् | अघटिढ्वम् |
| अघटिषि | अघटिष्वहि | अघटिष्महि |

*णिजन्त Root* घटि । **Ubhayepadi** घटयति / घटयते । In the णिजन्त forms Sutra 7.2.116 अत उपधायाः is overridden by 6.4.92 मितां ह्रस्वः । ***Similarly for all Roots in this internal group.*** 3.1.48 णिश्रिद्रुस्रुभ्यः कर्तरि चङ् ।

लट् 1 Present Tense

| | | |
|---|---|---|
| घटयति / | घटयतः / | घटयन्ति / |
| घटयते | घटयेते | घटयन्ते |
| घटयसि / | घटयथः / | घटयथ / |
| घटयसे | घटयेथे | घटयध्वे |
| घटयामि / | घटयावः / | घटयामः / |
| घटये | घटयावहे | घटयामहे |

लङ् 2 Imperfect Past Tense

| | | |
|---|---|---|
| अघटयत् / | अघटयताम् / | अघटयन् / |
| अघटयत | अघटयेताम् | अघटयन्त |
| अघटयः / | अघटयतम् / | अघटयत / |
| अघटयथाः | अघटयेथाम् | अघटयध्वम् |
| अघटयम् / | अघटयाव / | अघटयाम / |
| अघटये | अघटयावहि | अघटयामहि |

लोट् 3 Imperative Mood

| | | |
|---|---|---|
| घटयतु / | घटयताम् / | घटयन्तु / |
| घटयताम् | घटयेताम् | घटयन्ताम् |
| घटय / | घटयतम् / | घटयत / |
| घटयस्व | घटयेथाम् | घटयध्वम् |
| घटयानि / | घटयाव / | घटयाम / |
| घटयै | घटयावहै | घटयामहै |

विधिलिङ् 4 Potential Mood

| | | |
|---|---|---|
| घटयेत् / | घटयेताम् / | घटयेयुः / |
| घटयेत | घटयेयाताम् | घटयेरन् |
| घटयेः / | घटयेतम् / | घटयेत / |
| घटयेथाः | घटयेयाथाम् | घटयेध्वम् |
| घटयेयम् / | घटयेव / | घटयेम / |
| घटयेय | घटयेवहि | घटयेमहि |

लृट् 5 Simple Future Tense

| | | |
|---|---|---|
| घटयिष्यति / | घटयिष्यतः / | घटयिष्यन्ति / |
| घटयिष्यते | घटयिष्येते | घटयिष्यन्ते |
| घटयिष्यसि / | घटयिष्यथः / | घटयिष्यथ / |
| घटयिष्यसे | घटयिष्येथे | घटयिष्यध्वे |
| घटयिष्यामि / | घटयिष्यावः / | घटयिष्यामः / |

लृङ् 6 Conditional Mood

| | | |
|---|---|---|
| अघटयिष्यत् -द् / | अघटयिष्यताम् / | अघटयिष्यन् / |
| अघटयिष्यत | अघटयिष्येताम् | अघटयिष्यन्त |
| अघटयिष्यः / | अघटयिष्यतम् / | अघटयिष्यत / |
| अघटयिष्यथाः | अघटयिष्येथाम् | अघटयिष्यध्वम् |
| अघटयिष्यम् / | अघटयिष्याव / | अघटयिष्याम / |

| | | | | | |
|---|---|---|---|---|---|
| घटयिष्ये | घटयिष्यावहे | घटयिष्यामहे | अघटयिष्ये | अघटयिष्यावहि | अघटयिष्यामहि |

| लुट् 7 Periphrastic Future Tense | | | आशीर्लिङ् 8 Benedictive Mood | | |
|---|---|---|---|---|---|
| घटयिता / | घटयितारौ / | घटयितारः / | घट्यात् -द् / | घट्यास्ताम् / | घट्यासुः / |
| घटयिता | घटयितारौ | घटयितारः | घटयिषीष्ट | घटयिषीयास्ताम् | घटयिषीरन् |
| घटयितासि / | घटयितास्थः / | घटयितास्थ / | घट्याः / | घट्यास्तम् / | घट्यास्त / |
| घटयितासे | घटयितासाथे | घटयिताध्वे | घटयिषीष्ठाः | घटयिषीयास्थाम् | घटयिषीध्वम् -ढ्वम् |
| घटयितास्मि / | घटयितास्वः / | घटयितास्मः / | घट्यासम् / | घट्यास्व / | घट्यास्म / |
| घटयिताहे | घटयितास्वहे | घटयितास्महे | घटयिषीय | घटयिषीवहि | घटयिषीमहि |

| लिट् 9 Perfect Past Tense | | | लुङ् 10 Aorist Past Tense | | |
|---|---|---|---|---|---|
| घटयाञ्चकार | घटयाञ्चक्रतुः | घटयाञ्चक्रुः | अजीघटत् -द् / | अजीघटताम् / | अजीघटन् / |
| घटयाम्बभूव | घटयाम्बभूवतुः | घटयाम्बभूवुः | अजीघटत | अजीघटेताम् | अजीघटन्त |
| घटयामास | घटयामासतुः | घटयामासुः | | | |
| घटयाञ्चकर्थ | घटयाञ्चक्रथुः | घटयाञ्चक्र | अजीघटः / | अजीघटतम् / | अजीघटत / |
| घटयाम्बभूविथ | घटयाम्बभूवथुः | घटयाम्बभूव | अजीघटथाः | अजीघटेथाम् | अजीघटध्वम् |
| घटयामासिथ | घटयामासथुः | घटयामास | | | |
| घटयाञ्चकर -कार | घटयाञ्चकृव | घटयाञ्चकृम | अजीघटम् / | अजीघटाव / | अजीघटाम / |
| घटयाम्बभूव | घटयाम्बभूविव | घटयाम्बभूविम | अजीघटे | अजीघटावहि | अजीघटामहि |
| घटयामास | घटयामासिव | घटयामासिम | | | |

764 **व्यथ भयसञ्चलनयोः। व्यथँ॒ । व्यथ् । व्यथते** । A । **सेट्** । **अ०**। be sorrowful, be sad.
*णिजन्त Root* **व्यथि** । **Ubhayepadi व्यथयति** /ते । 6.4.92 (*No other such Root in Dhatupatha*).

| | | | | | |
|---|---|---|---|---|---|
| व्यथते | व्यथेते | व्यथन्ते | अव्यथत | अव्यथेताम् | अव्यथन्त |
| व्यथसे | व्यथेथे | व्यथध्वे | अव्यथथाः | अव्यथेथाम् | अव्यथध्वम् |
| व्यथे | व्यथावहे | व्यथामहे | अव्यथे | अव्यथावहि | अव्यथामहि |
| | | | | | |
| व्यथताम् | व्यथेताम् | व्यथन्ताम् | व्यथेत | व्यथेयाताम् | व्यथेरन् |
| व्यथस्व | व्यथेथाम् | व्यथध्वम् | व्यथेथाः | व्यथेयाथाम् | व्यथेध्वम् |
| व्यथै | व्यथावहै | व्यथामहै | व्यथेय | व्यथेवहि | व्यथेमहि |
| | | | | | |
| व्यथिष्यते | व्यथिष्येते | व्यथिष्यन्ते | अव्यथिष्यत | अव्यथिष्येताम् | अव्यथिष्यन्त |
| व्यथिष्यसे | व्यथिष्येथे | व्यथिष्यध्वे | अव्यथिष्यथाः | अव्यथिष्येथाम् | अव्यथिष्यध्वम् |
| व्यथिष्ये | व्यथिष्यावहे | व्यथिष्यामहे | अव्यथिष्ये | अव्यथिष्यावहि | अव्यथिष्यामहि |
| | | | | | |
| व्यथिता | व्यथितारौ | व्यथितारः | व्यथिषीष्ट | व्यथिषीयास्ताम् | व्यथिषीरन् |
| व्यथितासे | व्यथितासाथे | व्यथिताध्वे | व्यथिषीष्ठाः | व्यथिषीयास्थाम् | व्यथिषीध्वम् |
| व्यथिताहे | व्यथितास्वहे | व्यथितास्महे | व्यथिषीय | व्यथिषीवहि | व्यथिषीमहि |

| | | | | | |
|---|---|---|---|---|---|
| विव्यथे | विव्यथाते | विव्यथिरे | अव्यथिष्ट | अव्यथिषाताम् | अव्यथिषत |
| विव्यथिषे | विव्यथाथे | विव्यथिध्वे | अव्यथिष्ठाः | अव्यथिषाथाम् | अव्यथिध्वम् |
| विव्यथे | विव्यथिवहे | विव्यथिमहे | अव्यथिषि | अव्यथिष्वहि | अव्यथिष्महि |

765 प्रथ प्रख्याने । प्रथँ । प्रथ् । प्रथते । A । सेट् । अ० । be famous, extend, spread.
*Famous words* पृथिवी , प्रथा , पृथुः । *णिजन्त* Root प्रथि । **Ubhayepadi** प्रथयति/ ते । 6.4.92
*Also see* 1553. प्रथ प्रख्याने । प्राथयति/ ते ।

| | | | | | |
|---|---|---|---|---|---|
| प्रथते | प्रथेते | प्रथन्ते | अप्रथत | अप्रथेताम् | अप्रथन्त |
| प्रथसे | प्रथेथे | प्रथध्वे | अप्रथथाः | अप्रथेथाम् | अप्रथध्वम् |
| प्रथे | प्रथावहे | प्रथामहे | अप्रथे | अप्रथावहि | अप्रथामहि |
| प्रथताम् | प्रथेताम् | प्रथन्ताम् | प्रथेत | प्रथेयाताम् | प्रथेरन् |
| प्रथस्व | प्रथेथाम् | प्रथध्वम् | प्रथेथाः | प्रथेयाथाम् | प्रथेध्वम् |
| प्रथै | प्रथावहै | प्रथामहै | प्रथेय | प्रथेवहि | प्रथेमहि |
| प्रथिष्यते | प्रथिष्येते | प्रथिष्यन्ते | अप्रथिष्यत | अप्रथिष्येताम् | अप्रथिष्यन्त |
| प्रथिष्यसे | प्रथिष्येथे | प्रथिष्यध्वे | अप्रथिष्यथाः | अप्रथिष्येथाम् | अप्रथिष्यध्वम् |
| प्रथिष्ये | प्रथिष्यावहे | प्रथिष्यामहे | अप्रथिष्ये | अप्रथिष्यावहि | अप्रथिष्यामहि |
| प्रथिता | प्रथितारौ | प्रथितारः | प्रथिषीष्ट | प्रथिषीयास्ताम् | प्रथिषीरन् |
| प्रथितासे | प्रथितासाथे | प्रथिताध्वे | प्रथिषीष्ठाः | प्रथिषीयास्थाम् | प्रथिषीध्वम् |
| प्रथिताहे | प्रथितास्वहे | प्रथितास्महे | प्रथिषीय | प्रथिषीवहि | प्रथिषीमहि |
| पप्रथे | पप्रथाते | पप्रथिरे | अप्रथिष्ट | अप्रथिषाताम् | अप्रथिषत |
| पप्रथिषे | पप्रथाथे | पप्रथिध्वे | अप्रथिष्ठाः | अप्रथिषाथाम् | अप्रथिध्वम् |
| पप्रथे | पप्रथिवहे | पप्रथिमहे | अप्रथिषि | अप्रथिष्वहि | अप्रथिष्महि |

766 प्रस विस्तारे । प्रसँ । प्रस् । प्रसते । A । सेट् । अ० । extend, spread.
*णिजन्त* Root प्रसि । **Ubhayepadi** प्रसयति / ते । 6.4.92

| | | | | | |
|---|---|---|---|---|---|
| प्रसते | प्रसेते | प्रसन्ते | अप्रसत | अप्रसेताम् | अप्रसन्त |
| प्रससे | प्रसेथे | प्रसध्वे | अप्रसथाः | अप्रसेथाम् | अप्रसध्वम् |
| प्रसे | प्रसावहे | प्रसामहे | अप्रसे | अप्रसावहि | अप्रसामहि |
| प्रसताम् | प्रसेताम् | प्रसन्ताम् | प्रसेत | प्रसेयाताम् | प्रसेरन् |
| प्रसस्व | प्रसेथाम् | प्रसध्वम् | प्रसेथाः | प्रसेयाथाम् | प्रसेध्वम् |
| प्रसै | प्रसावहै | प्रसामहै | प्रसेय | प्रसेवहि | प्रसेमहि |
| प्रसिष्यते | प्रसिष्येते | प्रसिष्यन्ते | अप्रसिष्यत | अप्रसिष्येताम् | अप्रसिष्यन्त |
| प्रसिष्यसे | प्रसिष्येथे | प्रसिष्यध्वे | अप्रसिष्यथाः | अप्रसिष्येथाम् | अप्रसिष्यध्वम् |
| प्रसिष्ये | प्रसिष्यावहे | प्रसिष्यामहे | अप्रसिष्ये | अप्रसिष्यावहि | अप्रसिष्यामहि |
| प्रसिता | प्रसितारौ | प्रसितारः | प्रसिषीष्ट | प्रसिषीयास्ताम् | प्रसिषीरन् |

| | | | | | |
|---|---|---|---|---|---|
| प्रसितासे | प्रसितासाथे | प्रसिताध्वे | प्रसिषीष्ठाः | प्रसिषीयास्थाम् | प्रसिषीध्वम् |
| प्रसिताहे | प्रसितास्वहे | प्रसितास्महे | प्रसिषीय | प्रसिषीवहि | प्रसिषीमहि |

| | | | | | |
|---|---|---|---|---|---|
| पप्रसे | पप्रसाते | पप्रसिरे | अप्रसिष्ट | अप्रसिषाताम् | अप्रसिषत |
| पप्रसिषे | पप्रसाथे | पप्रसिध्वे | अप्रसिष्ठाः | अप्रसिषाथाम् | अप्रसिध्वम् |
| पप्रसे | पप्रसे | पप्रसिमहे | अप्रसिषि | अप्रसिष्वहि | अप्रसिष्महि |

767 **म्रद मर्दने । म्रदँ । म्रद् । म्रदते ।** A । **सेट् । स० ।** pound, smoothen.

*णिजन्त Root* **म्रदि । Ubhayepadi म्रदयति** / ते । 6.4.92

| | | | | | |
|---|---|---|---|---|---|
| म्रदते | म्रदेते | म्रदन्ते | अम्रदत | अम्रदेताम् | अम्रदन्त |
| म्रदसे | म्रदेथे | म्रदध्वे | अम्रदथाः | अम्रदेथाम् | अम्रदध्वम् |
| म्रदे | म्रदावहे | म्रदामहे | अम्रदे | अम्रदावहि | अम्रदामहि |

| | | | | | |
|---|---|---|---|---|---|
| म्रदताम् | म्रदेताम् | म्रदन्ताम् | म्रदेत | म्रदेयाताम् | म्रदेरन् |
| म्रदस्व | म्रदेथाम् | म्रदध्वम् | म्रदेथाः | म्रदेयाथाम् | म्रदेध्वम् |
| म्रदै | म्रदावहै | म्रदामहै | म्रदेय | म्रदेवहि | म्रदेमहि |

| | | | | | |
|---|---|---|---|---|---|
| म्रदिष्यते | म्रदिष्येते | म्रदिष्यन्ते | अम्रदिष्यत | अम्रदिष्येताम् | अम्रदिष्यन्त |
| म्रदिष्यसे | म्रदिष्येथे | म्रदिष्यध्वे | अम्रदिष्यथाः | अम्रदिष्येथाम् | अम्रदिष्यध्वम् |
| म्रदिष्ये | म्रदिष्यावहे | म्रदिष्यामहे | अम्रदिष्ये | अम्रदिष्यावहि | अम्रदिष्यामहि |

| | | | | | |
|---|---|---|---|---|---|
| म्रदिता | म्रदितारौ | म्रदितारः | म्रदिषीष्ट | म्रदिषीयास्ताम् | म्रदिषीरन् |
| म्रदितासे | म्रदितासाथे | म्रदिताध्वे | म्रदिषीष्ठाः | म्रदिषीयास्थाम् | म्रदिषीध्वम् |
| म्रदिताहे | म्रदितास्वहे | म्रदितास्महे | म्रदिषीय | म्रदिषीवहि | म्रदिषीमहि |

| | | | | | |
|---|---|---|---|---|---|
| मम्रदे | मम्रदाते | मम्रदिरे | अम्रदिष्ट | अम्रदिषाताम् | अम्रदिषत |
| मम्रदिषे | मम्रदाथे | मम्रदिध्वे | अम्रदिष्ठाः | अम्रदिषाथाम् | अम्रदिध्वम् |
| मम्रदे | मम्रदिवहे | मम्रदिमहे | अम्रदिषि | अम्रदिष्वहि | अम्रदिष्महि |

768 **स्खद स्खदने । स्खदँ । स्खद् । स्खदते ।** A । **सेट् । स० ।** win, conquer, tear, cut.

*णिजन्त Root* **स्खदि । Ubhayepadi स्खदयति / स्खदयते ।** 6.4.92

*Also see* 820. **स्खदिर् अवपरिभ्यां च । अवस्खादयति / ते । परिस्खादयति / ते ।**

| | | | | | |
|---|---|---|---|---|---|
| स्खदते | स्खदेते | स्खदन्ते | अस्खदत | अस्खदेताम् | अस्खदन्त |
| स्खदसे | स्खदेथे | स्खदध्वे | अस्खदथाः | अस्खदेथाम् | अस्खदध्वम् |
| स्खदे | स्खदावहे | स्खदामहे | अस्खदे | अस्खदावहि | अस्खदामहि |

| | | | | | |
|---|---|---|---|---|---|
| स्खदताम् | स्खदेताम् | स्खदन्ताम् | स्खदेत | स्खदेयाताम् | स्खदेरन् |
| स्खदस्व | स्खदेथाम् | स्खदध्वम् | स्खदेथाः | स्खदेयाथाम् | स्खदेध्वम् |
| स्खदै | स्खदावहै | स्खदामहै | स्खदेय | स्खदेवहि | स्खदेमहि |

| | | | | | |
|---|---|---|---|---|---|
| स्खदिष्यते | स्खदिष्येते | स्खदिष्यन्ते | अस्खदिष्यत | अस्खदिष्येताम् | अस्खदिष्यन्त |
| स्खदिष्यसे | स्खदिष्येथे | स्खदिष्यध्वे | अस्खदिष्यथाः | अस्खदिष्येथाम् | अस्खदिष्यध्वम् |

| | | | | | |
|---|---|---|---|---|---|
| स्खदिष्ये | स्खदिष्यावहे | स्खदिष्यामहे | अस्खदिष्ये | अस्खदिष्यावहि | अस्खदिष्यामहि |

| | | | | | |
|---|---|---|---|---|---|
| स्खदिता | स्खदितारौ | स्खदितारः | स्खदिषीष्ट | **स्खदिषीयास्ताम्** | स्खदिषीरन् |
| स्खदितासे | स्खदितासाथे | स्खदिताध्वे | स्खदिषीष्ठाः | **स्खदिषीयास्थाम्** | स्खदिषीध्वम् |
| स्खदिताहे | स्खदितास्वहे | स्खदितास्महे | स्खदिषीय | स्खदिषीवहि | स्खदिषीमहि |

| | | | | | |
|---|---|---|---|---|---|
| चस्खदे | चस्खदाते | चस्खदिरे | अस्खदिष्ट | अस्खदिषाताम् | अस्खदिषत |
| चस्खदिषे | चस्खदाथे | चस्खदिध्वे | अस्खदिष्ठाः | अस्खदिषाथाम् | अस्खदिढ्वम् |
| चस्खदे | चस्खदिवहे | चस्खदिमहे | अस्खदिषि | अस्खदिष्वहि | अस्खदिष्महि |

769 **क्षजि गतिदानयोः** । **क्षजिँ** । **क्षञ्ज्** । **क्षञ्जते , क्षञ्जयति/ते** । A । **सेट्** । **स०** । move, give, slip, donate. 7.1.58 **इदितो नुम् धातोः** । **गणसूत्र० घटादयः मितः** । 6.4.92 **मितां ह्रस्वः** । **मित्-धातूनाम् उपधायाः स्वरः ह्रस्वः भवति, णिच्-प्रत्यये परे** । Even though the penultimate letter is **नकारः** still since it is under **मित् अन्तर्गणः** we find **चिण्** forms like **अक्षञ्जि , अक्षाञ्जि** in literature.

| | | | | | |
|---|---|---|---|---|---|
| क्षञ्जते | क्षञ्जेते | क्षञ्जन्ते | अक्षञ्जत | अक्षञ्जेताम् | अक्षञ्जन्त |
| क्षञ्जसे | क्षञ्जेथे | क्षञ्जध्वे | अक्षञ्जथाः | अक्षञ्जेथाम् | अक्षञ्जध्वम् |
| क्षञ्जे | क्षञ्जावहे | क्षञ्जामहे | अक्षञ्जे | अक्षञ्जावहि | अक्षञ्जामहि |

| | | | | | |
|---|---|---|---|---|---|
| क्षञ्जताम् | क्षञ्जेताम् | क्षञ्जन्ताम् | क्षञ्जेत | क्षञ्जेयाताम् | क्षञ्जेरन् |
| क्षञ्जस्व | क्षञ्जेथाम् | क्षञ्जध्वम् | क्षञ्जेथाः | क्षञ्जेयाथाम् | क्षञ्जेध्वम् |
| क्षञ्जै | क्षञ्जावहै | क्षञ्जामहै | क्षञ्जेय | क्षञ्जेवहि | क्षञ्जेमहि |

| | | | | | |
|---|---|---|---|---|---|
| क्षञ्जिष्यते | क्षञ्जिष्येते | क्षञ्जिष्यन्ते | अक्षञ्जिष्यत | अक्षञ्जिष्येताम् | अक्षञ्जिष्यन्त |
| क्षञ्जिष्यसे | क्षञ्जिष्येथे | क्षञ्जिष्यध्वे | अक्षञ्जिष्यथाः | अक्षञ्जिष्येथाम् | अक्षञ्जिष्यध्वम् |
| क्षञ्जिष्ये | क्षञ्जिष्यावहे | क्षञ्जिष्यामहे | अक्षञ्जिष्ये | अक्षञ्जिष्यावहि | अक्षञ्जिष्यामहि |

| | | | | | |
|---|---|---|---|---|---|
| क्षञ्जिता | क्षञ्जितारौ | क्षञ्जितारः | क्षञ्जिषीष्ट | क्षञ्जिषीयास्ताम् | क्षञ्जिषीरन् |
| क्षञ्जितासे | क्षञ्जितासाथे | क्षञ्जिताध्वे | क्षञ्जिषीष्ठाः | क्षञ्जिषीयास्थाम् | क्षञ्जिषीध्वम् |
| क्षञ्जिताहे | क्षञ्जितास्वहे | क्षञ्जितास्महे | क्षञ्जिषीय | क्षञ्जिषीवहि | क्षञ्जिषीमहि |

| | | | | | |
|---|---|---|---|---|---|
| चक्षञ्जे | चक्षञ्जाते | चक्षञ्जिरे | अक्षञ्जिष्ट | अक्षञ्जिषाताम् | अक्षञ्जिषत |
| चक्षञ्जिषे | चक्षञ्जाथे | चक्षञ्जिध्वे | अक्षञ्जिष्ठाः | अक्षञ्जिषाथाम् | अक्षञ्जिढ्वम् |
| चक्षञ्जे | चक्षञ्जिवहे | चक्षञ्जिमहे | अक्षञ्जिषि | अक्षञ्जिष्वहि | अक्षञ्जिष्महि |

770 **दक्ष गतिहिंसनयोः** । **गतिशासनयोः** । **दक्षँ** । **दक्ष्** । **दक्षते, दक्षयति /दक्षयते** । A । **सेट्** । **स०** । go, kill. 6.4.92 is superfluous here since Root ends in a consonant and so 7.2.116 cannot apply. *Also see* 608. **दक्ष वृद्धौ शीघ्रार्थे च** । **दक्षयति /दक्षयते** ।

| | | | | | |
|---|---|---|---|---|---|
| दक्षते | दक्षेते | दक्षन्ते | अदक्षत | अदक्षाताम् | अदक्षन्त |
| दक्षसे | दक्षेथे | दक्षध्वे | अदक्षथाः | अदक्षाथाम् | अदक्षध्वम् |
| दक्षे | दक्षावहे | दक्षामहे | अदक्षे | अदक्षावहि | अदक्षामहि |

| | | | | | |
|---|---|---|---|---|---|
| दक्षताम् | दक्षाताम् | दक्षन्ताम् | दक्षेत | दक्षेयाताम् | दक्षेरन् |
| दक्षस्व | दक्षाथाम् | दक्षध्वम् | दक्षेथाः | दक्षेयाथाम् | दक्षेध्वम् |
| दक्षै | दक्षावहै | दक्षामहै | दक्षेय | दक्षेवहि | दक्षेमहि |

| | | | | | |
|---|---|---|---|---|---|
| दक्षिष्यते | दक्षिष्येते | दक्षिष्यन्ते | अदक्षिष्यत | अदक्षिष्येताम् | अदक्षिष्यन्त |
| दक्षिष्यसे | दक्षिष्येथे | दक्षिष्यध्वे | अदक्षिष्यथाः | अदक्षिष्येथाम् | अदक्षिष्यध्वम् |
| दक्षिष्ये | दक्षिष्यावहे | दक्षिष्यामहे | अदक्षिष्ये | अदक्षिष्यावहि | अदक्षिष्यामहि |

| | | | | | |
|---|---|---|---|---|---|
| दक्षिता | दक्षितारौ | दक्षितारः | दक्षिषीष्ट | दक्षिषीयास्ताम् | दक्षिषीरन् |
| दक्षितासे | दक्षितासाथे | दक्षिताध्वे | दक्षिषीष्ठाः | दक्षिषीयास्थाम् | दक्षिषीध्वम् |
| दक्षिताहे | दक्षितास्वहे | दक्षितास्महे | दक्षिषीय | दक्षिषीवहि | दक्षिषीमहि |

| | | | | | |
|---|---|---|---|---|---|
| ददक्षे | ददक्षाते | ददक्षिरे | अदक्षिष्ट | अदक्षिषाताम् | अदक्षिषत |
| ददक्षिषे | ददक्षाथे | ददक्षिध्वे | अदक्षिष्ठाः | अदक्षिषाथाम् | अदक्षिध्वम् |
| ददक्षे | ददक्षिवहे | ददक्षिमहे | अदक्षिषि | अदक्षिष्वहि | अदक्षिष्महि |

771 **क्रप** **कृपायां गतौ च** । **क्रपँ** । **क्रप्** । **क्रपते , क्रपयति/ते** । A । **सेट्** । **स०** । pity, go **कृपा** ।

| | | | | | |
|---|---|---|---|---|---|
| क्रपते | क्रपेते | क्रपन्ते | अक्रपत | अक्रपाताम् | अक्रपन्त |
| क्रपसे | क्रपेथे | क्रपध्वे | अक्रपथाः | अक्रपाथाम् | अक्रपध्वम् |
| क्रपे | क्रपावहे | क्रपामहे | अक्रपे | अक्रपावहि | अक्रपामहि |

| | | | | | |
|---|---|---|---|---|---|
| क्रपताम् | क्रपाताम् | क्रपन्ताम् | क्रपेत | क्रपेयाताम् | क्रपेरन् |
| क्रपस्व | क्रपाथाम् | क्रपध्वम् | क्रपेथाः | क्रपेयाथाम् | क्रपेध्वम् |
| क्रपै | क्रपावहै | क्रपामहै | क्रपेय | क्रपेवहि | क्रपेमहि |

| | | | | | |
|---|---|---|---|---|---|
| क्रपिष्यते | क्रपिष्येते | क्रपिष्यन्ते | अक्रपिष्यत | अक्रपिष्येताम् | अक्रपिष्यन्त |
| क्रपिष्यसे | क्रपिष्येथे | क्रपिष्यध्वे | अक्रपिष्यथाः | अक्रपिष्येथाम् | अक्रपिष्यध्वम् |
| क्रपिष्ये | क्रपिष्यावहे | क्रपिष्यामहे | अक्रपिष्ये | अक्रपिष्यावहि | अक्रपिष्यामहि |

| | | | | | |
|---|---|---|---|---|---|
| क्रपिता | क्रपितारौ | क्रपितारः | क्रपिषीष्ट | क्रपिषीयास्ताम् | क्रपिषीरन् |
| क्रपितासे | क्रपितासाथे | क्रपिताध्वे | क्रपिषीष्ठाः | क्रपिषीयास्थाम् | क्रपिषीध्वम् |
| क्रगिताहे | क्रपितास्वहे | क्रपितास्महे | क्रपिषीय | क्रपिषीवहि | क्रपिषीमहि |

| | | | | | |
|---|---|---|---|---|---|
| चक्रपे | चक्रपाते | चक्रपिरे | अक्रपिष्ट | अक्रपिषाताम् | अक्रपिषत |
| चक्रपिषे | चक्रपाथे | चक्रपिध्वे | अक्रपिष्ठाः | अक्रपिषाथाम् | अक्रपिध्वम् |
| चक्रपे | चक्रपिवहे | चक्रपिमहे | अक्रपिषि | अक्रपिष्वहि | अक्रपिष्महि |

772 **कदि** **वैक्लव्ये । वैकलये इत्येके । कदिँ** । **कन्द्** । **कन्दते , कन्दयति / कन्दयते** । A । **सेट्** । **अ०** ।
grieve, be scared. 7.1.58 *Also see* 70. **कदि आह्वाने रोदने च** । **कन्दयति / कन्दयते** ।

| | | | | | |
|---|---|---|---|---|---|
| कन्दते | कन्देते | कन्दन्ते | अकन्दत | अकन्देताम् | अकन्दन्त |
| कन्दसे | कन्देथे | कन्दध्वे | अकन्दथाः | अकन्देथाम् | अकन्दध्वम् |
| कन्दे | कन्दावहे | कन्दामहे | अकन्दे | अकन्दावहि | अकन्दामहि |

| | | | | | |
|---|---|---|---|---|---|
| कन्दताम् | कन्देताम् | कन्दन्ताम् | कन्देत | कन्देयाताम् | कन्देरन् |
| कन्दस्व | कन्देथाम् | कन्दध्वम् | कन्देथाः | कन्देयाथाम् | कन्देध्वम् |
| कन्दै | कन्दावहै | कन्दामहै | कन्देय | कन्देवहि | कन्देमहि |

| | | | | | |
|---|---|---|---|---|---|
| कन्दिष्यते | कन्दिष्येते | कन्दिष्यन्ते | अकन्दिष्यत | अकन्दिष्येताम् | अकन्दिष्यन्त |
| कन्दिष्यसे | कन्दिष्येथे | कन्दिष्यध्वे | अकन्दिष्यथाः | अकन्दिष्येथाम् | अकन्दिष्यध्वम् |
| कन्दिष्ये | कन्दिष्यावहे | कन्दिष्यामहे | अकन्दिष्ये | अकन्दिष्यावहि | अकन्दिष्यामहि |

| | | | | | |
|---|---|---|---|---|---|
| कन्दिता | कन्दितारौ | कन्दितारः | कन्दिषीष्ट | कन्दिषीयास्ताम् | कन्दिषीरन् |
| कन्दितासे | कन्दितासाथे | कन्दिताध्वे | कन्दिषीष्ठाः | कन्दिषीयास्थाम् | कन्दिषीध्वम् |
| कन्दिताहे | कन्दितास्वहे | कन्दितास्महे | कन्दिषीय | कन्दिषीवहि | कन्दिषीमहि |

| | | | | | |
|---|---|---|---|---|---|
| चकन्दे | चकन्दाते | चकन्दिरे | अकन्दिष्ट | अकन्दिषाताम् | अकन्दिषत |
| चकन्दिषे | चकन्दाथे | चकन्दिध्वे | अकन्दिष्ठाः | अकन्दिषाथाम् | अकन्दिध्वम् |
| चकन्दे | चकन्दिवहे | चकन्दिमहे | अकन्दिषि | अकन्दिष्वहि | अकन्दिष्महि |

773 **क्रदि वैक्लब्ये । क्रदिँ । क्रन्द् । क्रन्दते, क्रन्दयति /क्रन्दयते ।** A । **सेट् । अ० ।** grieve,call, shriek.7.1.58 6.4.92 *Also see* 71. **क्रदि आह्वाने रोदने च । क्रन्दयति /क्रन्दयते ।**

| | | | | | |
|---|---|---|---|---|---|
| क्रन्दते | क्रन्देते | क्रन्दन्ते | अक्रन्दत | अक्रन्देताम् | अक्रन्दन्त |
| क्रन्दसे | क्रन्देथे | क्रन्दध्वे | अक्रन्दथाः | अक्रन्देथाम् | अक्रन्दध्वम् |
| क्रन्दे | क्रन्दावहे | क्रन्दामहे | अक्रन्दे | अक्रन्दावहि | अक्रन्दामहि |

| | | | | | |
|---|---|---|---|---|---|
| क्रन्दताम् | क्रन्देताम् | क्रन्दन्ताम् | क्रन्देत | क्रन्देयाताम् | क्रन्देरन् |
| क्रन्दस्व | क्रन्देथाम् | क्रन्दध्वम् | क्रन्देथाः | क्रन्देयाथाम् | क्रन्देध्वम् |
| क्रन्दै | क्रन्दावहै | क्रन्दामहै | क्रन्देय | क्रन्देवहि | क्रन्देमहि |

| | | | | | |
|---|---|---|---|---|---|
| क्रन्दिष्यते | क्रन्दिष्येते | क्रन्दिष्यन्ते | अक्रन्दिष्यत | अक्रन्दिष्येताम् | अक्रन्दिष्यन्त |
| क्रन्दिष्यसे | क्रन्दिष्येथे | क्रन्दिष्यध्वे | अक्रन्दिष्यथाः | अक्रन्दिष्येथाम् | अक्रन्दिष्यध्वम् |
| क्रन्दिष्ये | क्रन्दिष्यावहे | क्रन्दिष्यामहे | अक्रन्दिष्ये | अक्रन्दिष्यावहि | अक्रन्दिष्यामहि |

| | | | | | |
|---|---|---|---|---|---|
| क्रन्दिता | क्रन्दितारौ | क्रन्दितारः | क्रन्दिषीष्ट | क्रन्दिषीयास्ताम् | क्रन्दिषीरन् |
| क्रन्दितासे | क्रन्दितासाथे | क्रन्दिताध्वे | क्रन्दिषीष्ठाः | क्रन्दिषीयास्थाम् | क्रन्दिषीध्वम् |
| क्रन्दिताहे | क्रन्दितास्वहे | क्रन्दितास्महे | क्रन्दिषीय | क्रन्दिषीवहि | क्रन्दिषीमहि |

| | | | | | |
|---|---|---|---|---|---|
| चक्रन्दे | चक्रन्दाते | चक्रन्दिरे | अक्रन्दिष्ट | अक्रन्दिषाताम् | अक्रन्दिषत |
| चक्रन्दिषे | चक्रन्दाथे | चक्रन्दिध्वे | अक्रन्दिष्ठाः | अक्रन्दिषाथाम् | अक्रन्दिध्वम् |
| चक्रन्दे | चक्रन्दिवहे | चक्रन्दिमहे | अक्रन्दिषि | अक्रन्दिष्वहि | अक्रन्दिष्महि |

774 **क्लदि वैक्लब्ये । वैकल्ये इत्येके । क्लदिँ । क्लन्द् । क्लन्दते , क्लन्दयति/ते ।** A **। सेट्। अ० ।** be sad, perturbed, confused **त्रयोऽप्यनिदित कद , क्रद , क्लद इति नन्दि । इदित इति स्वामी । कदि क्रदि इदितौ, क्रद क्लद इति च अनिदितौ इति मैत्रेयः।** 7.1.58 *Also see* 72. **क्लदि आह्वाने रोदने च । क्लन्दयति/ते ।**

| | | | | | |
|---|---|---|---|---|---|
| क्लन्दते | क्लन्देते | क्लन्दन्ते | अक्लन्दत | अक्लन्देताम् | अक्लन्दन्त |
| क्लन्दसे | क्लन्देथे | क्लन्दध्वे | अक्लन्दथाः | अक्लन्देथाम् | अक्लन्दध्वम् |
| क्लन्दे | क्लन्दावहे | क्लन्दामहे | अक्लन्दे | अक्लन्दावहि | अक्लन्दामहि |

| | | | | | |
|---|---|---|---|---|---|
| क्लन्दताम् | क्लन्देताम् | क्लन्दन्ताम् | क्लन्देत | क्लन्देयाताम् | क्लन्देरन् |
| क्लन्दस्व | क्लन्देथाम् | क्लन्दध्वम् | क्लन्देथाः | क्लन्देयाथाम् | क्लन्देध्वम् |
| क्लन्दै | क्लन्दावहै | क्लन्दामहै | क्लन्देय | क्लन्देवहि | क्लन्देमहि |

| | | | | | |
|---|---|---|---|---|---|
| **क्लन्दिष्यते** | **क्लन्दिष्येते** | **क्लन्दिष्यन्ते** | **अक्लन्दिष्यत** | **अक्लन्दिष्येताम्** | **अक्लन्दिष्यन्त** |
| **क्लन्दिष्यसे** | **क्लन्दिष्येथे** | **क्लन्दिष्यध्वे** | **अक्लन्दिष्यथाः** | **अक्लन्दिष्येथाम्** | **अक्लन्दिष्यध्वम्** |
| **क्लन्दिष्ये** | **क्लन्दिष्यावहे** | **क्लन्दिष्यामहे** | **अक्लन्दिष्ये** | **अक्लन्दिष्यावहि** | **अक्लन्दिष्यामहि** |

| | | | | | |
|---|---|---|---|---|---|
| **क्लन्दिता** | **क्लन्दितारौ** | **क्लन्दितारः** | **क्लन्दिषीष्ट** | **क्लन्दिषीयास्ताम्** | **क्लन्दिषीरन्** |
| **क्लन्दितासे** | **क्लन्दितासाथे** | **क्लन्दिताध्वे** | **क्लन्दिषीष्ठाः** | **क्लन्दिषीयास्थाम्** | **क्लन्दिषीध्वम्** |
| **क्लन्दिताहे** | **क्लन्दितास्वहे** | **क्लन्दितास्महे** | **क्लन्दिषीय** | **क्लन्दिषीवहि** | **क्लन्दिषीमहि** |

| | | | | | |
|---|---|---|---|---|---|
| **चक्लन्दे** | **चक्लन्दाते** | **चक्लन्दिरे** | **अक्लन्दिष्ट** | **अक्लन्दिषाताम्** | **अक्लन्दिषत** |
| **चक्लन्दिषे** | **चक्लन्दाथे** | **चक्लन्दिध्वे** | **अक्लन्दिष्ठाः** | **अक्लन्दिषाथाम्** | **अक्लन्दिध्वम्** |
| **चक्लन्दे** | **चक्लन्दिवहे** | **चक्लन्दिमहे** | **अक्लन्दिषि** | **अक्लन्दिष्वहि** | **अक्लन्दिष्महि** |

775 ञित्वरा **सम्भ्रमे** । ञित्वराँ । त्वर् । त्वरते , त्वरयति / त्वरयते । A । सेट् । अ० । hasten

| | | | | | |
|---|---|---|---|---|---|
| त्वरते | त्वरेते | त्वरन्ते | अत्वरत | अत्वरेताम् | अत्वरन्त |
| त्वरसे | त्वरेथे | त्वरध्वे | अत्वरथाः | अत्वरेथाम् | अत्वरध्वम् |
| त्वरे | त्वरावहे | त्वरामहे | अत्वरे | अत्वरावहि | अत्वरामहि |

| | | | | | |
|---|---|---|---|---|---|
| त्वरताम् | त्वरेताम् | त्वरन्ताम् | त्वरेत | त्वरेयाताम् | त्वरेरन् |
| त्वरस्व | त्वरेथाम् | त्वरध्वम् | त्वरेथाः | त्वरेयाथाम् | त्वरेध्वम् |
| त्वरै | त्वरावहै | त्वरामहै | त्वरेय | त्वरेवहि | त्वरेमहि |

| | | | | | |
|---|---|---|---|---|---|
| त्वरिष्यते | त्वरिष्येते | त्वरिष्यन्ते | अत्वरिष्यत | अत्वरिष्येताम् | अत्वरिष्यन्त |
| त्वरिष्यसे | त्वरिष्येथे | त्वरिष्यध्वे | अत्वरिष्यथाः | अत्वरिष्येथाम् | अत्वरिष्यध्वम् |
| त्वरिष्ये | त्वरिष्यावहे | त्वरिष्यामहे | अत्वरिष्ये | अत्वरिष्यावहि | अत्वरिष्यामहि |

| | | | | | |
|---|---|---|---|---|---|
| त्वरिता | त्वरितारौ | त्वरितारः | त्वरिषीष्ट | **त्वरिषीयास्ताम्** | त्वरिषीरन् |
| त्वरितासे | त्वरितासाथे | त्वरिताध्वे | त्वरिषीष्ठाः | **त्वरिषीयास्थाम्** | **त्वरिषीध्वम् -ढ्वम्** |
| त्वरिताहे | त्वरितास्वहे | त्वरितास्महे | त्वरिषीय | त्वरिषीवहि | त्वरिषीमहि |

| | | | | | |
|---|---|---|---|---|---|
| तत्वरे | तत्वराते | तत्वरिरे | अत्वरिष्ट | अत्वरिषाताम् | अत्वरिषत |
| तत्वरिषे | तत्वराथे | तत्वरिध्वे -ढ्वे | अत्वरिष्ठाः | अत्वरिषाथाम् | **अत्वरिध्वम् -ढ्वम्** |
| तत्वरे | तत्वरिवहे | तत्वरिमहे | अत्वरिषि | अत्वरिष्वहि | अत्वरिष्महि |

वृत् । घटादयः षितः गताः । उदात्ताः अनुदात्तेतः आत्मनेभाषाः ।

776 अथ फणान्ताः परस्मैपदिनः । घटादिः ।

6.4.92 मितां ह्रस्वः । मित्-धातूनाम् उपधायाः स्वरः ह्रस्वः भवति, णिच्-प्रत्यये परे ।

776 ज्वर रोगे । ज्वरँ । ज्वर् । ज्वरति, ज्वरयति /ज्वरयते । P । सेट् । अ० । be feverish, fall ill, be diseased 7.2.2 अतो ल्रान्तस्य ।

लट् 1 Present Tense

| | | |
|---|---|---|
| ज्वरति | ज्वरतः | ज्वरन्ति |
| ज्वरसि | ज्वरथः | ज्वरथ |
| ज्वरामि | ज्वरावः | ज्वरामः |

लङ् 2 Imperfect Past Tense

| | | |
|---|---|---|
| अज्वरत् -द् | अज्वरताम् | अज्वरन् |
| अज्वरः | अज्वरतम् | अज्वरत |
| अज्वरम् | अज्वराव | अज्वराम |

लोट् 3 Imperative Mood

| | | |
|---|---|---|
| ज्वरतु ज्वरतात् -द् | ज्वरताम् | ज्वरन्तु |
| ज्वर ज्वरतात् -द् | ज्वरतम् | ज्वरत |
| ज्वराणि | ज्वराव | ज्वराम |

विधिलिङ् 4 Potential Mood

| | | |
|---|---|---|
| ज्वरेत् -द् | ज्वरेताम् | ज्वरेयुः |
| ज्वरेः | ज्वरेतम् | ज्वरेत |
| ज्वरेयम् | ज्वरेव | ज्वरेम |

लृट् 5 Simple Future Tense

| | | |
|---|---|---|
| ज्वरिष्यति | ज्वरिष्यतः | ज्वरिष्यन्ति |
| ज्वरिष्यसि | ज्वरिष्यथः | ज्वरिष्यथ |
| ज्वरिष्यामि | ज्वरिष्यावः | ज्वरिष्यामः |

लृङ् 6 Conditional Mood

| | | |
|---|---|---|
| अज्वरिष्यत् -द् | अज्वरिष्यताम् | अज्वरिष्यन् |
| अज्वरिष्यः | अज्वरिष्यतम् | अज्वरिष्यत |
| अज्वरिष्यम् | अज्वरिष्याव | अज्वरिष्याम |

लुट् 7 Periphrastic Future Tense

| | | |
|---|---|---|
| ज्वरिता | ज्वरितारौ | ज्वरितारः |
| ज्वरितासि | ज्वरितास्थः | ज्वरितास्थ |
| ज्वरितास्मि | ज्वरितास्वः | ज्वरितास्मः |

आशीर्लिङ् 8 Benedictive Mood

| | | |
|---|---|---|
| ज्वर्यात् -द् | ज्वर्यास्ताम् | ज्वर्यासुः |
| ज्वर्याः | ज्वर्यास्तम् | ज्वर्यास्त |
| ज्वर्यासम् | ज्वर्यास्व | ज्वर्यास्म |

लिट् 9 Perfect Past Tense

| | | |
|---|---|---|
| जज्वार | जज्वरतुः | जज्वरुः |
| जज्वरिथ | जज्वरथुः | जज्वर |
| जज्वार जज्वर | जज्वरिव | जज्वरिम |

लुङ् 10 Aorist Past Tense

| | | |
|---|---|---|
| अज्वारीत् -द् | अज्वारिष्टाम् | अज्वारिषुः |
| अज्वारीः | अज्वारिष्टम् | अज्वारिष्ट |
| अज्वारिषम् | अज्वारिष्व | अज्वारिष्म |

777 गड सेचने । गडँ । गड् । गडति, गडयति/ते । P । सेट् । स० । distill, draw out a liquid.

| | | |
|---|---|---|
| गडति | गडतः | गडन्ति |
| गडसि | गडथः | गडथ |
| गडामि | गडावः | गडामः |

| | | |
|---|---|---|
| अगडत् -द् | अगडताम् | अगडन् |
| अगडः | अगडतम् | अगडत |
| अगडम् | अगडाव | अगडाम |

| | | |
|---|---|---|
| गडतु | गडताम् | गडन्तु |
| गड | गडतम् | गडत |
| गडानि | गडाव | गडाम |

| | | |
|---|---|---|
| गडेत् -द् | गडेताम् | गडेयुः |
| गडेः | गडेतम् | गडेत |
| गडेयम् | गडेव | गडेम |

| | | | | | |
|---|---|---|---|---|---|
| गडिष्यति | गडिष्यतः | गडिष्यन्ति | अगडिष्यत् -द् | अगडिष्यताम् | अगडिष्यन् |
| गडिष्यसि | गडिष्यथः | गडिष्यथ | अगडिष्यः | अगडिष्यतम् | अगडिष्यत |
| गडिष्यामि | गडिष्यावः | गडिष्यामः | अगडिष्यम् | अगडिष्याव | अगडिष्याम |

| | | | | | |
|---|---|---|---|---|---|
| गडिता | गडितारौ | गडितारः | गड्यात् -द् | गड्यास्ताम् | गड्यासुः |
| गडितासि | गडितास्थः | गडितास्थ | गड्याः | गड्यास्तम् | गड्यास्त |
| गडितास्मि | गडितास्वः | गडितास्मः | गड्यासम् | गड्यास्व | गड्यास्म |

| | | | | | |
|---|---|---|---|---|---|
| जगाड | जगडतुः | जगडुः | अगडीत् -द् | अगडिष्टाम् | अगडिषुः |
| | | | अगाडीत् -द् | अगाडिष्टाम् | अगाडिषुः |
| जगडिथ | जगडथुः | जगड | अगडीः | अगडिष्टम् | अगडिष्ट |
| | | | अगाडीः | अगाडिष्टम् | अगाडिष्ट |
| जगाड जगड | जगडिव | जगडिम | अगडिषम् | अगडिष्व | अगडिष्म |
| | | | अगाडिषम् | अगाडिष्व | अगाडिष्म |

778 हेड वेष्टने । हेडँ । हेड् । हेडति, हिडयति / हिडयते । P । सेट् । स० । surround, enclose
6.4.92 मितां ह्रस्वः । मित्-धातूनाम् उपधायाः स्वरः ह्रस्वः भवति, णिच्-प्रत्यये परे ।
Notice that ह्रस्व for एकारः in this case is इकरः by 1.1.48 एच इग्घ्रस्वादेशे ।
*For Root* 284. हेडृ अनादरे that is not घटादि , the णिच् form will be हेडयति / हेडयते ।

| | | | | | |
|---|---|---|---|---|---|
| हेडति | हेडतः | हेडन्ति | अहेडत् -द् | अहेडताम् | अहेडन् |
| हेडसि | हेडथः | हेडथ | अहेडः | अहेडतम् | अहेडत |
| हेडामि | हेडावः | हेडामः | अहेडम् | अहेडाव | अहेडाम |

| | | | | | |
|---|---|---|---|---|---|
| हेडतु | हेडताम् | हेडन्तु | हेडेत् -द् | हेडेताम् | हेडेयुः |
| हेड | हेडतम् | हेडत | हेडेः | हेडेतम् | हेडेत |
| हेडानि | हेडाव | हेडाम | हेडेयम् | हेडेव | हेडेम |

| | | | | | |
|---|---|---|---|---|---|
| हेडिष्यति | हेडिष्यतः | हेडिष्यन्ति | अहेडिष्यत् -द् | अहेडिष्यताम् | अहेडिष्यन् |
| हेडिष्यसि | हेडिष्यथः | हेडिष्यथ | अहेडिष्यः | अहेडिष्यतम् | अहेडिष्यत |
| हेडिष्यामि | हेडिष्यावः | हेडिष्यामः | अहेडिष्यम् | अहेडिष्याव | अहेडिष्याम |

| | | | | | |
|---|---|---|---|---|---|
| हेडिता | हेडितारौ | हेडितारः | हेड्यात् -द् | हेड्यास्ताम् | हेड्यासुः |
| हेडितासि | हेडितास्थः | हेडितास्थ | हेड्याः | हेड्यास्तम् | हेड्यास्त |
| हेडितास्मि | हेडितास्वः | हेडितास्मः | हेड्यासम् | हेड्यास्व | हेड्यास्म |

| | | | | | |
|---|---|---|---|---|---|
| जिहेड | जिहेडतुः | जिहेडुः | अहेडीत् -द् | अहेडिष्टाम् | अहेडिषुः |
| जिहेडिथ | जिहेडथुः | जिहेड | अहेडीः | अहेडिष्टम् | अहेडिष्ट |
| जिहेड | जिहेडिव | जिहेडिम | अहेडिषम् | अहेडिष्व | अहेडिष्म |

779 वट परिभाषणे । वटँ । वट् । वटति, वटयति/ वटयते । P । सेट् । स० । utter filthy, speak nonsense. *Also see* Roots 300 वट वेष्टने । वाटयति/वाटयते । 1857 वट ग्रन्थे । कथादयः अग्लोपि । वटयति/वटयते । 1919 वट विभाजने । कथादयः अग्लोपि । वटयति/वटयते ।

| वटति | वटतः | वटन्ति | अवटत् -द् | अवटताम् | अवटन् |
| वटसि | वटथः | वटथ | अवटः | अवटतम् | अवटत |
| वटामि | वटावः | वटामः | अवटम् | अवटाव | अवटाम |

| वटतु | वटताम् | वटन्तु | वटेत् -द् | वटेताम् | वटेयुः |
| वट | वटतम् | वटत | वटेः | वटेतम् | वटेत |
| वटानि | वटाव | वटाम | वटेयम् | वटेव | वटेम |

| वटिष्यति | वटिष्यतः | वटिष्यन्ति | अवटिष्यत् -द् | अवटिष्यताम् | अवटिष्यन् |
| वटिष्यसि | वटिष्यथः | वटिष्यथ | अवटिष्यः | अवटिष्यतम् | अवटिष्यत |
| वटिष्यामि | वटिष्यावः | वटिष्यामः | अवटिष्यम् | अवटिष्याव | अवटिष्याम |

| वटिता | वटितारौ | वटितारः | वट्यात् -द् | वट्यास्ताम् | वट्यासुः |
| वटितासि | वटितास्थः | वटितास्थ | वट्याः | वट्यास्तम् | वट्यास्त |
| वटितास्मि | वटितास्वः | वटितास्मः | वट्यासम् | वट्यास्व | वट्यास्म |

| ववाट | ववटतुः | ववटुः | अवटीत् -द् | अवटिष्टाम् | अवटिषुः |
| | | | अवाटीत् -द् | अवाटिष्टाम् | अवाटिषुः |
| ववटिथ | ववटथुः | ववट | अवटीः | अवटिष्टम् | अवटिष्ट |
| | | | अवाटीः | अवाटिष्टम् | अवाटिष्ट |
| ववाट ववट | ववटिव | ववटिम | अवटिषम् | अवटिष्व | अवटिष्म |
| | | | अवाटिषम् | अवाटिष्व | अवाटिष्म |

780 भट परिभाषणे । भटँ । भट् । भटति, भटयति/ भटयते । P । सेट् । स० । speak, argue, debate. *Also see* 307 भट भृतौ । भाटयति/ भाटयते ।

| भटति | भटतः | भटन्ति | अभटत् -द् | अभटताम् | अभटन् |
| भटसि | भटथः | भटथ | अभटः | अभटतम् | अभटत |
| भटामि | भटावः | भटामः | अभटम् | अभटाव | अभटाम |

| भटतु | भटताम् | भटन्तु | भटेत् -द् | भटेताम् | भटेयुः |
| भट | भटतम् | भटत | भटेः | भटेतम् | भटेत |
| भटानि | भटाव | भटाम | भटेयम् | भटेव | भटेम |

| भटिष्यति | भटिष्यतः | भटिष्यन्ति | अभटिष्यत् -द् | अभटिष्यताम् | अभटिष्यन् |
| भटिष्यसि | भटिष्यथः | भटिष्यथ | अभटिष्यः | अभटिष्यतम् | अभटिष्यत |
| भटिष्यामि | भटिष्यावः | भटिष्यामः | अभटिष्यम् | अभटिष्याव | अभटिष्याम |

| भटिता | भटितारौ | भटितारः | भट्यात् -द् | भट्यास्ताम् | भट्यासुः |
| भटितासि | भटितास्थः | भटितास्थ | भट्याः | भट्यास्तम् | भट्यास्त |

| | | | | | |
|---|---|---|---|---|---|
| भटितास्मि | भटितास्वः | भटितास्मः | भट्यासम् | भट्यास्व | भट्यास्म |
| बभाट | बभटतुः | बभटुः | अभटीत् -द् | अभटिष्टाम् | अभटिषुः |
| | | | अभाटीत् -द् | अभाटिष्टाम् | अभाटिषुः |
| बभटिथ | बभटथुः | बभट | अभटीः | अभटिष्टम् | अभटिष्ट |
| | | | अभाटीः | अभाटिष्टम् | अभाटिष्ट |
| बभाट बभट | बभटिव | बभटिम | अभटिषम् | अभटिष्व | अभटिष्म |
| | | | अभाटिषम् | अभाटिष्व | अभाटिष्म |

781 **णट नृत्तौ । नतावित्येके। णटँ । नट् । नटति , नटयति/नटयते** । P । **सेट्** । अ० । **गतावित्यन्ये।** dance
*Famous word* **नाटकः** । 6.1.65 **णो नः** । *Also see* 310 **णट नृत्तौ । णिच् नाटयति /नाटयते** ।

| | | | | | |
|---|---|---|---|---|---|
| नटति | नटतः | नटन्ति | अनटत् -द् | अनटताम् | अनटन् |
| नटसि | नटथः | नटथ | अनटः | अनटतम् | अनटत |
| नटामि | नटावः | नटामः | अनटम् | अनटाव | अनटाम |
| नटतु | नटताम् | नटन्तु | नटेत् -द् | नटेताम् | नटेयुः |
| नट | नटतम् | नटत | नटेः | नटेतम् | नटेत |
| नटानि | नटाव | नटाम | नटेयम् | नटेव | नटेम |
| नटिष्यति | नटिष्यतः | नटिष्यन्ति | अनटिष्यत् -द् | अनटिष्यताम् | अनटिष्यन् |
| नटिष्यसि | नटिष्यथः | नटिष्यथ | अनटिष्यः | अनटिष्यतम् | अनटिष्यत |
| नटिष्यामि | नटिष्यावः | नटिष्यामः | अनटिष्यम् | अनटिष्याव | अनटिष्याम |
| नटिता | नटितारौ | नटितारः | नट्यात् -द् | नट्यास्ताम् | नट्यासुः |
| नटितासि | नटितास्थः | नटितास्थ | नट्याः | नट्यास्तम् | नट्यास्त |
| नटितास्मि | नटितास्वः | नटितास्मः | नट्यासम् | नट्यास्व | नट्यास्म |
| ननाट | नेटतुः | नेटुः | अनटीत् -द् | अनटिष्टाम् | अनटिषुः |
| | | | अनाटीत् -द् | अनाटिष्टाम् | अनाटिषुः |
| नेटिथ | नेटथुः | नेट | अनटीः | अनटिष्टम् | अनटिष्ट |
| | | | अनाटीः | अनाटिष्टम् | अनाटिष्ट |
| ननाट ननट | नेटिव | नेटिम | अनटिषम् | अनटिष्व | अनटिष्म |
| | | | अनाटिषम् | अनाटिष्व | अनाटिष्म |

782 **ष्टक प्रतिघाते । ष्टकँ । स्तक् । स्तकति , स्तकयति/ते** । P । **सेट्** । **स०** । resist, defend, strike.
6.1.64 **धात्वादेः षः सः । "निमित्तापाये नैमित्तिकस्याप्यपायः" इति न्यायेन टकारस्य तकारः ।**

| | | | | | |
|---|---|---|---|---|---|
| स्तकति | स्तकतः | स्तकन्ति | अस्तकत् -द् | अस्तकताम् | अस्तकन् |
| स्तकसि | स्तकथः | स्तकथ | अस्तकः | अस्तकतम् | अस्तकत |
| स्तकामि | स्तकावः | स्तकामः | अस्तकम् | अस्तकाव | अस्तकाम |
| स्तकतु | स्तकताम् | स्तकन्तु | स्तकेत् -द् | स्तकेताम् | स्तकेयुः |
| स्तक | स्तकतम् | स्तकत | स्तकेः | स्तकेतम् | स्तकेत |

| | | | | | |
|---|---|---|---|---|---|
| स्तकानि | स्तकाव | स्तकाम | स्तकेयम् | स्तकेव | स्तकेम |

| | | | | | |
|---|---|---|---|---|---|
| स्तकिष्यति | स्तकिष्यतः | स्तकिष्यन्ति | अस्तकिष्यत् -द् | अस्तकिष्यताम् | अस्तकिष्यन् |
| स्तकिष्यसि | स्तकिष्यथः | स्तकिष्यथ | अस्तकिष्यः | अस्तकिष्यतम् | अस्तकिष्यत |
| स्तकिष्यामि | स्तकिष्यावः | स्तकिष्यामः | अस्तकिष्यम् | अस्तकिष्याव | अस्तकिष्याम |

| | | | | | |
|---|---|---|---|---|---|
| स्तकिता | स्तकितारौ | स्तकितारः | स्तक्यात् -द् | स्तक्यास्ताम् | स्तक्यासुः |
| स्तकितासि | स्तकितास्थः | स्तकितास्थ | स्तक्याः | स्तक्यास्तम् | स्तक्यास्त |
| स्तकितास्मि | स्तकितास्वः | स्तकितास्मः | स्तक्यासम् | स्तक्यास्व | स्तक्यास्म |

| | | | | | |
|---|---|---|---|---|---|
| तस्ताक | तस्तकतुः | तस्तकुः | अस्तकीत् -द् | अस्तकिष्टाम् | अस्तकिषुः |
| | | | अस्ताकीत् -द् | अस्ताकिष्टाम् | अस्ताकिषुः |
| तस्तकिथ | तस्तकथुः | तस्तक | अस्तकीः | अस्तकिष्टम् | अस्तकिष्ट |
| | | | अस्ताकीः | अस्ताकिष्टम् | अस्ताकिष्ट |
| तस्ताक तस्तक | तस्तकिव | तस्तकिम | अस्तकिषम् | अस्तकिष्व | अस्तकिष्म |
| | | | अस्ताकिषम् | अस्ताकिष्व | अस्ताकिष्म |

783 **चक तृप्तौ । चकँ । चक्। चकति , चकयति / चकयते ।** P **। सेट् । अ० ।** be satisfied, be satiated, resist.
*Also see* 93. **चक तृप्तौ प्रतिघाते च । णिच् चाकयति/ चाकयते ।**

| | | | | | |
|---|---|---|---|---|---|
| चकति | चकतः | चकन्ति | अचकत् -द् | अचकताम् | अचकन् |
| चकसि | चकथः | चकथ | अचकः | अचकतम् | अचकत |
| चकामि | चकावः | चकामः | अचकम् | अचकाव | अचकाम |

| | | | | | |
|---|---|---|---|---|---|
| चकतु | चकताम् | चकन्तु | चकेत् -द् | चकेताम् | चकेयुः |
| चक | चकतम् | चकत | चकेः | चकेतम् | चकेत |
| चकानि | चकाव | चकाम | चकेयम् | चकेव | चकेम |

| | | | | | |
|---|---|---|---|---|---|
| चकिष्यति | चकिष्यतः | चकिष्यन्ति | अचकिष्यत् -द् | अचकिष्यताम् | अचकिष्यन् |
| चकिष्यसि | चकिष्यथः | चकिष्यथ | अचकिष्यः | अचकिष्यतम् | अचकिष्यत |
| चकिष्यामि | चकिष्यावः | चकिष्यामः | अचकिष्यम् | अचकिष्याव | अचकिष्याम |

| | | | | | |
|---|---|---|---|---|---|
| चकिता | चकितारौ | चकितारः | चक्यात् -द् | चक्यास्ताम् | चक्यासुः |
| चकितासि | चकितास्थः | चकितास्थ | चक्याः | चक्यास्तम् | चक्यास्त |
| चकितास्मि | चकितास्वः | चकितास्मः | चक्यासम् | चक्यास्व | चक्यास्म |

| | | | | | |
|---|---|---|---|---|---|
| चचाक | चेकतुः | चेकुः | अचकीत् -द् | अचकिष्टाम् | अचकिषुः |
| | | | अचाकीत् -द् | अचाकिष्टाम् | अचाकिषुः |
| चेकिथ | चेकथुः | चेक | अचकीः | अचकिष्टम् | अचकिष्ट |
| | | | अचाकीः | अचाकिष्टम् | अचाकिष्ट |
| चचाक चचक | चेकिव | चेकिम | अचकिषम् | अचकिष्व | अचकिष्म |
| | | | अचाकिषम् | अचाकिष्व | अचाकिष्म |

# 784 अथ एदित् धातुः।

**7.2.5 हम्यन्तक्षणश्वसजागृणिश्व्येदिताम्।** For एदित् Roots with ए Tag, लुङ् परे वृद्धिः निषेधः।

784 कखे हसने। कखेँ। कख्। कखति, कखयति/ते। P। सेट्। अ०। laugh.
एदित्। 7.2.5 *Also see* 120 कख हसने। काखयति/ते।

| | | | | | |
|---|---|---|---|---|---|
| कखति | कखतः | कखन्ति | अकखत् -द् | अकखताम् | अकखन् |
| कखसि | कखथः | कखथ | अकखः | अकखतम् | अकखत |
| कखामि | कखावः | कखामः | अकखम् | अकखाव | अकखाम |

| | | | | | |
|---|---|---|---|---|---|
| कखतु कखतात् -द् | कखताम् | कखन्तु | कखेत् -द् | कखेताम् | कखेयुः |
| कख कखतात् -द् | कखतम् | कखत | कखेः | कखेतम् | कखेत |
| कखानि | कखाव | कखाम | कखेयम् | कखेव | कखेम |

| | | | | | |
|---|---|---|---|---|---|
| कखिष्यति | कखिष्यतः | कखिष्यन्ति | अकखिष्यत् -द् | अकखिष्यताम् | अकखिष्यन् |
| कखिष्यसि | कखिष्यथः | कखिष्यथ | अकखिष्यः | अकखिष्यतम् | अकखिष्यत |
| कखिष्यामि | कखिष्यावः | कखिष्यामः | अकखिष्यम् | अकखिष्याव | अकखिष्याम |

| | | | | | |
|---|---|---|---|---|---|
| कखिता | कखितारौ | कखितारः | कख्यात् -द् | कख्यास्ताम् | कख्यासुः |
| कखितासि | कखितास्थः | कखितास्थ | कख्याः | कख्यास्तम् | कख्यास्त |
| कखितास्मि | कखितास्वः | कखितास्मः | कख्यासम् | कख्यास्व | कख्यास्म |

| | | | | | |
|---|---|---|---|---|---|
| चकाख | चकखतुः | चकखुः | अकखीत् -द् | अकखिष्टाम् | अकखिषुः |
| चकखिथ | चकखथुः | चकख | अकखीः | अकखिष्टम् | अकखिष्ट |
| चकाख चकख | चकखिव | चकखिम | अकखिषम् | अकखिष्व | अकखिष्म |

785 रगे शङ्कायाम्। रगेँ। रग्। रगति, रगयति/ते। P। सेट्। स०। suspect. एदित्। 7.2.5

| | | | | | |
|---|---|---|---|---|---|
| रगति | रगतः | रगन्ति | अरगत् -द् | अरगताम् | अरगन् |
| रगसि | रगथः | रगथ | अरगः | अरगतम् | अरगत |
| रगामि | रगावः | रगामः | अरगम् | अरगाव | अरगाम |

| | | | | | |
|---|---|---|---|---|---|
| रगतु | रगताम् | रगन्तु | रगेत् -द् | रगेताम् | रगेयुः |
| रग | रगतम् | रगत | रगेः | रगेतम् | रगेत |
| रगाणि | रगाव | रगाम | रगेयम् | रगेव | रगेम |

| | | | | | |
|---|---|---|---|---|---|
| रगिष्यति | रगिष्यतः | रगिष्यन्ति | अरगिष्यत् -द् | अरगिष्यताम् | अरगिष्यन् |
| रगिष्यसि | रगिष्यथः | रगिष्यथ | अरगिष्यः | अरगिष्यतम् | अरगिष्यत |
| रगिष्यामि | रगिष्यावः | रगिष्यामः | अरगिष्यम् | अरगिष्याव | अरगिष्याम |

| | | | | | |
|---|---|---|---|---|---|
| रगिता | रगितारौ | रगितारः | रग्यात् -द् | रग्यास्ताम् | रग्यासुः |
| रगितासि | रगितास्थः | रगितास्थ | रग्याः | रग्यास्तम् | रग्यास्त |
| रगितास्मि | रगितास्वः | रगितास्मः | रग्यासम् | रग्यास्व | रग्यास्म |

| | | | | | |
|---|---|---|---|---|---|
| रराग | रेगतुः | रेगुः | अरगीत् -द् | अरगिष्टाम् | अरगिषुः |
| रेगिथ | रेगथुः | रेग | अरगीः | अरगिष्टम् | अरगिष्ट |
| रराग ररग | रेगिव | रेगिम | अरगिषम् | अरगिष्व | अरगिष्म |

786 **लगे सङ्गे । लगेँ । लग् । लगति , लगयति /ते ।** P । **सेट् । अ०** । unite, meet, touch, contact.

*Famous word* **लग्नः** = *marriage* **एदित्** 7.2.5 । 7.2.18 **क्षुब्ध०** ।

*Also see* 1737 **लग आस्वादने । लागयति /ते ।**

| | | | | | |
|---|---|---|---|---|---|
| लगति | लगतः | लगन्ति | अलगत् -द् | अलगताम् | अलगन् |
| लगसि | लगथः | लगथ | अलगः | अलगतम् | अलगत |
| लगामि | लगावः | लगामः | अलगम् | अलगाव | अलगाम |

| | | | | | |
|---|---|---|---|---|---|
| लगतु | लगताम् | लगन्तु | लगेत् -द् | लगेताम् | लगेयुः |
| लग | लगतम् | लगत | लगेः | लगेतम् | लगेत |
| लगानि | लगाव | लगाम | लगेयम् | लगेव | लगेम |

| | | | | | |
|---|---|---|---|---|---|
| लगिष्यति | लगिष्यतः | लगिष्यन्ति | अलगिष्यत् -द् | अलगिष्यताम् | अलगिष्यन् |
| लगिष्यसि | लगिष्यथः | लगिष्यथ | अलगिष्यः | अलगिष्यतम् | अलगिष्यत |
| लगिष्यामि | लगिष्यावः | लगिष्यामः | अलगिष्यम् | अलगिष्याव | अलगिष्याम |

| | | | | | |
|---|---|---|---|---|---|
| लगिता | लगितारौ | लगितारः | लग्यात् -द् | लग्यास्ताम् | लग्यासुः |
| लगितासि | लगितास्थः | लगितास्थ | लग्याः | लग्यास्तम् | लग्यास्त |
| लगितास्मि | लगितास्वः | लगितास्मः | लग्यासम् | लग्यास्व | लग्यास्म |

| | | | | | |
|---|---|---|---|---|---|
| ललाग | लेगतुः | लेगुः | अलगीत् -द् | अलगिष्टाम् | अलगिषुः |
| लेगिथ | लेगथुः | लेग | अलगीः | अलगिष्टम् | अलगिष्ट |
| ललाग ललग | लेगिव | लेगिम | अलगिषम् | अलगिष्व | अलगिष्म |

787 **ह्लगे संवरणे । ह्लगेँ । ह्लग् । ह्लगति, ह्लगयति /ते ।** P । **सेट् । स०** । cover, wrap. **एदित्** ।

| | | | | | |
|---|---|---|---|---|---|
| ह्लगति | ह्लगतः | ह्लगन्ति | अह्लगत् -द् | अह्लगताम् | अह्लगन् |
| ह्लगसि | ह्लगथः | ह्लगथ | अह्लगः | अह्लगतम् | अह्लगत |
| ह्लगामि | ह्लगावः | ह्लगामः | अह्लगम् | अह्लगाव | अह्लगाम |

| | | | | | |
|---|---|---|---|---|---|
| ह्लगतु | ह्लगताम् | ह्लगन्तु | ह्लगेत् -द् | ह्लगेताम् | ह्लगेयुः |
| ह्लग | ह्लगतम् | ह्लगत | ह्लगेः | ह्लगेतम् | ह्लगेत |
| ह्लगाणि | ह्लगाव | ह्लगाम | ह्लगेयम् | ह्लगेव | ह्लगेम |

| | | | | | |
|---|---|---|---|---|---|
| ह्लगिष्यति | ह्लगिष्यतः | ह्लगिष्यन्ति | अह्लगिष्यत् -द् | अह्लगिष्यताम् | अह्लगिष्यन् |
| ह्लगिष्यसि | ह्लगिष्यथः | ह्लगिष्यथ | अह्लगिष्यः | अह्लगिष्यतम् | अह्लगिष्यत |
| ह्लगिष्यामि | ह्लगिष्यावः | ह्लगिष्यामः | अह्लगिष्यम् | अह्लगिष्याव | अह्लगिष्याम |

| | | | | | |
|---|---|---|---|---|---|
| ह्लगिता | ह्लगितारौ | ह्लगितारः | ह्लग्यात् -द् | ह्लग्यास्ताम् | ह्लग्यासुः |
| ह्लगितासि | ह्लगितास्थः | ह्लगितास्थ | ह्लग्याः | ह्लग्यास्तम् | ह्लग्यास्त |

| | | | | | |
|---|---|---|---|---|---|
| ह्लगितास्मि | ह्लगितास्वः | ह्लगितास्मः | ह्लग्यासम् | ह्लग्यास्व | ह्लग्यास्म |

| | | | | | |
|---|---|---|---|---|---|
| जह्लाग | जह्लगतुः | जह्लगुः | अह्लगीत् -द् | अह्लगिष्टाम् | अह्लगिषुः |
| जह्लगिथ | जह्लगथुः | जह्लग | अह्लगीः | अह्लगिष्टम् | अह्लगिष्ट |
| जह्लाग जह्लग | जह्लगिव | जह्लगिम | अह्लगिषम् | अह्लगिष्व | अह्लगिष्म |

788 ह्लगे संवरणे । ह्लगेँ । ह्लग् । ह्लगति, ह्लगयति/ते । P । सेट् । स० । cover, wrap. एदित् ।

| | | | | | |
|---|---|---|---|---|---|
| ह्लगति | ह्लगतः | ह्लगन्ति | अह्लगत् -द् | अह्लगताम् | अह्लगन् |
| ह्लगसि | ह्लगथः | ह्लगथ | अह्लगः | अह्लगतम् | अह्लगत |
| ह्लगामि | ह्लगावः | ह्लगामः | अह्लगम् | अह्लगाव | अह्लगाम |

| | | | | | |
|---|---|---|---|---|---|
| ह्लगतु | ह्लगताम् | ह्लगन्तु | ह्लगेत् -द् | ह्लगेताम् | ह्लगेयुः |
| ह्लग | ह्लगतम् | ह्लगत | ह्लगेः | ह्लगेतम् | ह्लगेत |
| ह्लगानि | ह्लगाव | ह्लगाम | ह्लगेयम् | ह्लगेव | ह्लगेम |

| | | | | | |
|---|---|---|---|---|---|
| ह्लगिष्यति | ह्लगिष्यतः | ह्लगिष्यन्ति | अह्लगिष्यत् -द् | अह्लगिष्यताम् | अह्लगिष्यन् |
| ह्लगिष्यसि | ह्लगिष्यथः | ह्लगिष्यथ | अह्लगिष्यः | अह्लगिष्यतम् | अह्लगिष्यत |
| ह्लगिष्यामि | ह्लगिष्यावः | ह्लगिष्यामः | अह्लगिष्यम् | अह्लगिष्याव | अह्लगिष्याम |

| | | | | | |
|---|---|---|---|---|---|
| ह्लगिता | ह्लगितारौ | ह्लगितारः | ह्लग्यात् -द् | ह्लग्यास्ताम् | ह्लग्यासुः |
| ह्लगितासि | ह्लगितास्थः | ह्लगितास्थ | ह्लग्याः | ह्लग्यास्तम् | ह्लग्यास्त |
| ह्लगितास्मि | ह्लगितास्वः | ह्लगितास्मः | ह्लग्यासम् | ह्लग्यास्व | ह्लग्यास्म |

| | | | | | |
|---|---|---|---|---|---|
| जह्लाग | जह्लगतुः | जह्लगुः | अह्लगीत् -द् | अह्लगिष्टाम् | अह्लगिषुः |
| जह्लगिथ | जह्लगथुः | जह्लग | अह्लगीः | अह्लगिष्टम् | अह्लगिष्ट |
| जह्लाग जह्लग | जह्लगिव | जह्लगिम | अह्लगिषम् | अह्लगिष्व | अह्लगिष्म |

789 षगे संवरणे । षगेँ । सग् । सगति , सगयति/ते । P । सेट् । स० । cover, hide. एदित् ।

| | | | | | |
|---|---|---|---|---|---|
| सगति | सगतः | सगन्ति | असगत् -द् | असगताम् | असगन् |
| सगसि | सगथः | सगथ | असगः | असगतम् | असगत |
| सगामि | सगावः | सगामः | असगम् | असगाव | असगाम |

| | | | | | |
|---|---|---|---|---|---|
| सगतु | सगताम् | सगन्तु | सगेत् -द् | सगेताम् | सगेयुः |
| सग | सगतम् | सगत | सगेः | सगेतम् | सगेत |
| सगानि | सगाव | सगाम | सगेयम् | सगेव | सगेम |

| | | | | | |
|---|---|---|---|---|---|
| सगिष्यति | सगिष्यतः | सगिष्यन्ति | असगिष्यत् -द् | असगिष्यताम् | असगिष्यन् |
| सगिष्यसि | सगिष्यथः | सगिष्यथ | असगिष्यः | असगिष्यतम् | असगिष्यत |
| सगिष्यामि | सगिष्यावः | सगिष्यामः | असगिष्यम् | असगिष्याव | असगिष्याम |

| | | | | | |
|---|---|---|---|---|---|
| सगिता | सगितारौ | सगितारः | सग्यात् -द् | सग्यास्ताम् | सग्यासुः |
| सगितासि | सगितास्थः | सगितास्थ | सग्याः | सग्यास्तम् | सग्यास्त |
| सगितास्मि | सगितास्वः | सगितास्मः | सग्यासम् | सग्यास्व | सग्यास्म |

| | | | | | |
|---|---|---|---|---|---|
| ससाग | सेगतुः | सेगुः | असगीत् -द् | असगिष्टाम् | असगिषुः |
| सेगिथ | सेगथुः | सेग | असगीः | असगिष्टम् | असगिष्ट |
| ससाग ससग | सेगिव | सेगिम | असगिषम् | असगिष्व | असगिष्म |

790 **ष्टगे संवरणे । ष्टगे स्थगे केचित् । ष्टगेँ ।** **स्तग् । स्तगति , स्तगयति/ते** । P । **सेट् । स०** । cover, hide. **एदित् ।**

| | | | | | |
|---|---|---|---|---|---|
| स्तगति | स्तगतः | स्तगन्ति | अस्तगत् -द् | अस्तगताम् | अस्तगन् |
| स्तगसि | स्तगथः | स्तगथ | अस्तगः | अस्तगतम् | अस्तगत |
| स्तगामि | स्तगावः | स्तगामः | अस्तगम् | अस्तगाव | अस्तगाम |

| | | | | | |
|---|---|---|---|---|---|
| स्तगतु | स्तगताम् | स्तगन्तु | स्तगेत् -द् | स्तगेताम् | स्तगेयुः |
| स्तग | स्तगतम् | स्तगत | स्तगेः | स्तगेतम् | स्तगेत |
| स्तगानि | स्तगाव | स्तगाम | स्तगेयम् | स्तगेव | स्तगेम |

| | | | | | |
|---|---|---|---|---|---|
| स्तगिष्यति | स्तगिष्यतः | स्तगिष्यन्ति | अस्तगिष्यत् -द् | अस्तगिष्यताम् | अस्तगिष्यन् |
| स्तगिष्यसि | स्तगिष्यथः | स्तगिष्यथ | अस्तगिष्यः | अस्तगिष्यतम् | अस्तगिष्यत |
| स्तगिष्यामि | स्तगिष्यावः | स्तगिष्यामः | अस्तगिष्यम् | अस्तगिष्याव | अस्तगिष्याम |

| | | | | | |
|---|---|---|---|---|---|
| स्तगिता | स्तगितारौ | स्तगितारः | स्तग्यात् -द् | स्तग्यास्ताम् | स्तग्यासुः |
| स्तगितासि | स्तगितास्थः | स्तगितास्थ | स्तग्याः | स्तग्यास्तम् | स्तग्यास्त |
| स्तगितास्मि | स्तगितास्वः | स्तगितास्मः | स्तग्यासम् | स्तग्यास्व | स्तग्यास्म |

| | | | | | |
|---|---|---|---|---|---|
| तस्ताग | तस्तगतुः | तस्तगुः | अस्तगीत् -द् | अस्तगिष्टाम् | अस्तगिषुः |
| तस्तगिथ | तस्तगथुः | तस्तग | अस्तगीः | अस्तगिष्टम् | अस्तगिष्ट |
| तस्ताग तस्तग | तस्तगिव | तस्तगिम | अस्तगिषम् | अस्तगिष्व | अस्तगिष्म |

791 **कगे नोच्यते । कगेँ ।** **कग् । कगति , कगयति/ते** । P । **सेट् । स०** । no specific meaning. **अस्य अयम् अर्थ इति नोच्यते इत्यर्थः क्रियासामान्यवाचित्वात्** । simple action. **अनेकार्थत्वादियन्ये** । *Some grammarians are of the view it can be used in many meanings, hence no specific meaning is listed.*

| | | | | | |
|---|---|---|---|---|---|
| कगति | कगतः | कगन्ति | अकगत् -द् | अकगताम् | अकगन् |
| कगसि | कगथः | कगथ | अकगः | अकगतम् | अकगत |
| कगामि | कगावः | कगामः | अकगम् | अकगाव | अकगाम |

| | | | | | |
|---|---|---|---|---|---|
| कगतु | कगताम् | कगन्तु | कगेत् -द् | कगेताम् | कगेयुः |
| कग | कगतम् | कगत | कगेः | कगेतम् | कगेत |
| कगानि | कगाव | कगाम | कगेयम् | कगेव | कगेम |

| | | | | | |
|---|---|---|---|---|---|
| कगिष्यति | कगिष्यतः | कगिष्यन्ति | अकगिष्यत् -द् | अकगिष्यताम् | अकगिष्यन् |

| कगिष्यसि | कगिष्यथः | कगिष्यथ | अकगिष्यः | अकगिष्यतम् | अकगिष्यत |
| कगिष्यामि | कगिष्यावः | कगिष्यामः | अकगिष्यम् | अकगिष्याव | अकगिष्याम |

| कगिता | कगितारौ | कगितारः | कग्यात् -द् | कग्यास्ताम् | कग्यासुः |
| कगितासि | कगितास्थः | कगितास्थ | कग्याः | कग्यास्तम् | कग्यास्त |
| कगितास्मि | कगितास्वः | कगितास्मः | कग्यासम् | कग्यास्व | कग्यास्म |

| चकाग | चकगतुः | चकगुः | अकगीत् -द् | अकगिष्टाम् | अकगिषुः |
| चकगिथ | चकगथुः | चकग | अकगीः | अकगिष्टम् | अकगिष्ट |
| चकाग चकग | चकगिव | चकगिम | अकगिषम् | अकगिष्व | अकगिष्म |

**वृत् । एदित् गताः । End of एदित् Roots**

**792 अक कुटिलायां गतौ । अकँ । अक् । अकति, अकयति /ते । P । सेट् । स० । move like a snake**

| अकति | अकतः | अकन्ति | आकत् -द् | आकताम् | आकन् |
| अकसि | अकथः | अकथ | आकः | आकतम् | आकत |
| अकामि | अकावः | अकामः | आकम् | आकाव | आकाम |

| अकतु | अकताम् | अकन्तु | अकेत् -द् | अकेताम् | अकेयुः |
| अक | अकतम् | अकत | अकेः | अकेतम् | अकेत |
| अकानि | अकाव | अकाम | अकेयम् | अकेव | अकेम |

| अकिष्यति | अकिष्यतः | अकिष्यन्ति | आकिष्यत् -द् | आकिष्यताम् | आकिष्यन् |
| अकिष्यसि | अकिष्यथः | अकिष्यथ | आकिष्यः | आकिष्यतम् | आकिष्यत |
| अकिष्यामि | अकिष्यावः | अकिष्यामः | आकिष्यम् | आकिष्याव | आकिष्याम |

| अकिता | अकितारौ | अकितारः | अक्यात् -द् | अक्यास्ताम् | अक्यासुः |
| अकितासि | अकितास्थः | अकितास्थ | अक्याः | अक्यास्तम् | अक्यास्त |
| अकितास्मि | अकितास्वः | अकितास्मः | अक्यासम् | अक्यास्व | अक्यास्म |

| आक | आकतुः | आकुः | आकीत् -द् | आकिष्टाम् | आकिषुः |
| आकिथ | आकथुः | आक | आकीः | आकिष्टम् | आकिष्ट |
| आक | आकिव | आकिम | आकिषम् | आकिष्व | आकिष्म |

**793 अग कुटिलायां गतौ । अगँ । अग् । अगति, अगयति/ते । P । सेट् । स० । move distractedly**

| अगति | अगतः | अगन्ति | आगत् -द् | आगताम् | आगन् |
| अगसि | अगथः | अगथ | आगः | आगतम् | आगत |
| अगामि | अगावः | अगामः | आगम् | आगाव | आगाम |

| अगतु | अगताम् | अगन्तु | अगेत् -द् | अगेताम् | अगेयुः |
| अग | अगतम् | अगत | अगेः | अगेतम् | अगेत |
| अगानि | अगाव | अगाम | अगेयम् | अगेव | अगेम |

| | | | | | |
|---|---|---|---|---|---|
| अगिष्यति | अगिष्यतः | अगिष्यन्ति | आगिष्यत् -द् | आगिष्यताम् | आगिष्यन् |
| अगिष्यसि | अगिष्यथः | अगिष्यथ | आगिष्यः | आगिष्यतम् | आगिष्यत |
| अगिष्यामि | अगिष्यावः | अगिष्यामः | आगिष्यम् | आगिष्याव | आगिष्याम |
| अगिता | अगितारौ | अगितारः | अग्यात् -द् | अग्यास्ताम् | अग्यासुः |
| अगितासि | अगितास्थः | अगितास्थ | अग्याः | अग्यास्तम् | अग्यास्त |
| अगितास्मि | अगितास्वः | अगितास्मः | अग्यासम् | अग्यास्व | अग्यास्म |
| आग | आगतुः | आगुः | आगीत् -द् | आगिष्टाम् | आगिषुः |
| आगिथ | आगथुः | आग | आगीः | आगिष्टम् | आगिष्ट |
| आग | आगिव | आगिम | आगिषम् | आगिष्व | आगिष्म |

794 कण गतौ । कणँ । कण् । कणति, कणयति/ते । P । सेट् । स० । go, be small, atomic
Also see 449 कण शब्दार्थाः । काणयति/ते । 7.2.7 अतो हलादेर्लघोः ।

| | | | | | |
|---|---|---|---|---|---|
| कणति | कणतः | कणन्ति | अकणत् -द् | अकणताम् | अकणन् |
| कणसि | कणथः | कणथ | अकणः | अकणतम् | अकणत |
| कणामि | कणावः | कणामः | अकणम् | अकणाव | अकणाम |
| कणतु | कणताम् | कणन्तु | कणेत् -द् | कणेताम् | कणेयुः |
| कण | कणतम् | कणत | कणेः | कणेतम् | कणेत |
| कणानि | कणाव | कणाम | कणेयम् | कणेव | कणेम |
| कणिष्यति | कणिष्यतः | कणिष्यन्ति | अकणिष्यत् -द् | अकणिष्यताम् | अकणिष्यन् |
| कणिष्यसि | कणिष्यथः | कणिष्यथ | अकणिष्यः | अकणिष्यतम् | अकणिष्यत |
| कणिष्यामि | कणिष्यावः | कणिष्यामः | अकणिष्यम् | अकणिष्याव | अकणिष्याम |
| कणिता | कणितारौ | कणितारः | कण्यात् -द् | कण्यास्ताम् | कण्यासुः |
| कणितासि | कणितास्थः | कणितास्थ | कण्याः | कण्यास्तम् | कण्यास्त |
| कणितास्मि | कणितास्वः | कणितास्मः | कण्यासम् | कण्यास्व | कण्यास्म |
| चकाण | चकणतुः | चकणुः | अकणीत् -द् | अकणिष्टाम् | अकणिषुः |
| | | | अकाणीत् -द् | अकाणिष्टाम् | अकाणिषुः |
| चकणिथ | चकणथुः | चकण | अकणीः | अकणिष्टम् | अकणिष्ट |
| | | | अकाणीः | अकाणिष्टम् | अकाणिष्ट |
| चकाण चकण | चकणिव | चकणिम | अकणिषम् | अकणिष्व | अकणिष्म |
| | | | अकाणिषम् | अकाणिष्व | अकाणिष्म |

795 रण गतौ । रणँ । रण् । रणति, रणयति/ते । P । सेट् । स० । sound, go
Also see 445 रण शब्दार्थाः । राणयति/ते ।

| | | | | | |
|---|---|---|---|---|---|
| रणति | रणतः | रणन्ति | अरणत् -द् | अरणताम् | अरणन् |
| रणसि | रणथः | रणथ | अरणः | अरणतम् | अरणत |

| | | | | | |
|---|---|---|---|---|---|
| रणामि | रणावः | रणामः | अरणम् | अरणाव | अरणाम |

| | | | | | |
|---|---|---|---|---|---|
| रणतु | रणताम् | रणन्तु | रणेत् -द् | रणेताम् | रणेयुः |
| रण | रणतम् | रणत | रणेः | रणेतम् | रणेत |
| रणानि | रणाव | रणाम | रणेयम् | रणेव | रणेम |

| | | | | | |
|---|---|---|---|---|---|
| रणिष्यति | रणिष्यतः | रणिष्यन्ति | अरणिष्यत् -द् | अरणिष्यताम् | अरणिष्यन् |
| रणिष्यसि | रणिष्यथः | रणिष्यथ | अरणिष्यः | अरणिष्यतम् | अरणिष्यत |
| रणिष्यामि | रणिष्यावः | रणिष्यामः | अरणिष्यम् | अरणिष्याव | अरणिष्याम |

| | | | | | |
|---|---|---|---|---|---|
| रणिता | रणितारौ | रणितारः | रण्यात् -द् | रण्यास्ताम् | रण्यासुः |
| रणितासि | रणितास्थः | रणितास्थ | रण्याः | रण्यास्तम् | रण्यास्त |
| रणितास्मि | रणितास्वः | रणितास्मः | रण्यासम् | रण्यास्व | रण्यास्म |

| | | | | | |
|---|---|---|---|---|---|
| रराण | रेणतुः | रेणुः | अरणीत् -द् | अरणिष्टाम् | अरणिषुः |
| | | | अराणीत् -द् | अराणिष्टाम् | अराणिषुः |
| रेणिथ | रेणथुः | रेण | अरणीः | अरणिष्टम् | अरणिष्ट |
| | | | अराणीः | अराणिष्टम् | अराणिष्ट |
| रराण ररण | रेणिव | रेणिम | अरणिषम् | अरणिष्व | अरणिष्म |
| | | | अराणिषम् | अराणिष्व | अराणिष्म |

796 **चण दाने च । गतौ । चणँ । चण् । चणति, चणयति /ते । P । सेट् । स० ।** donate, give, sound like infected gram

| | | | | | |
|---|---|---|---|---|---|
| चणति | चणतः | चणन्ति | अचणत् -द् | अचणताम् | अचणन् |
| चणसि | चणथः | चणथ | अचणः | अचणतम् | अचणत |
| चणामि | चणावः | चणामः | अचणम् | अचणाव | अचणाम |

| | | | | | |
|---|---|---|---|---|---|
| चणतु | चणताम् | चणन्तु | चणेत् -द् | चणेताम् | चणेयुः |
| चण | चणतम् | चणत | चणेः | चणेतम् | चणेत |
| चणानि | चणाव | चणाम | चणेयम् | चणेव | चणेम |

| | | | | | |
|---|---|---|---|---|---|
| चणिष्यति | चणिष्यतः | चणिष्यन्ति | अचणिष्यत् -द् | अचणिष्यताम् | अचणिष्यन् |
| चणिष्यसि | चणिष्यथः | चणिष्यथ | अचणिष्यः | अचणिष्यतम् | अचणिष्यत |
| चणिष्यामि | चणिष्यावः | चणिष्यामः | अचणिष्यम् | अचणिष्याव | अचणिष्याम |

| | | | | | |
|---|---|---|---|---|---|
| चणिता | चणितारौ | चणितारः | चण्यात् -द् | चण्यास्ताम् | चण्यासुः |
| चणितासि | चणितास्थः | चणितास्थ | चण्याः | चण्यास्तम् | चण्यास्त |
| चणितास्मि | चणितास्वः | चणितास्मः | चण्यासम् | चण्यास्व | चण्यास्म |

| | | | | | |
|---|---|---|---|---|---|
| चचाण | चेणतुः | चेणुः | अचणीत् -द् | अचणिष्टाम् | अचणिषुः |
| | | | अचाणीत् -द् | अचाणिष्टाम् | अचाणिषुः |
| चेणिथ | चेणथुः | चेण | अचणीः | अचणिष्टम् | अचणिष्ट |
| | | | अचाणीः | अचाणिष्टम् | अचाणिष्ट |

| | | | | | |
|---|---|---|---|---|---|
| चचाण चचण | चेणिव | चेणिम | अचणिषम् | अचणिष्व | अचणिष्म |
| | | | अचाणिषम् | अचाणिष्व | अचाणिष्म |

**797 शण दाने च । शण गतौ इत्यन्ये । शणँ । शण् । शणति, शणयति/ते ।** P **। सेट् । स० ।** give, go

| | | | | | |
|---|---|---|---|---|---|
| शणति | शणतः | शणन्ति | अशणत् -द् | अशणताम् | अशणन् |
| शणसि | शणथः | शणथ | अशणः | अशणतम् | अशणत |
| शणामि | शणावः | शणामः | अशणम् | अशणाव | अशणाम |

| | | | | | |
|---|---|---|---|---|---|
| शणतु | शणताम् | शणन्तु | शणेत् -द् | शणेताम् | शणेयुः |
| शण | शणतम् | शणत | शणेः | शणेतम् | शणेत |
| शणानि | शणाव | शणाम | शणेयम् | शणेव | शणेम |

| | | | | | |
|---|---|---|---|---|---|
| शणिष्यति | शणिष्यतः | शणिष्यन्ति | अशणिष्यत् -द् | अशणिष्यताम् | अशणिष्यन् |
| शणिष्यसि | शणिष्यथः | शणिष्यथ | अशणिष्यः | अशणिष्यतम् | अशणिष्यत |
| शणिष्यामि | शणिष्यावः | शणिष्यामः | अशणिष्यम् | अशणिष्याव | अशणिष्याम |

| | | | | | |
|---|---|---|---|---|---|
| शणिता | शणितारौ | शणितारः | शण्यात् -द् | शण्यास्ताम् | शण्यासुः |
| शणितासि | शणितास्थः | शणितास्थ | शण्याः | शण्यास्तम् | शण्यास्त |
| शणितास्मि | शणितास्वः | शणितास्मः | शण्यासम् | शण्यास्व | शण्यास्म |

| | | | | | |
|---|---|---|---|---|---|
| शशाण | शेणतुः | शेणुः | अशणीत् -द् | अशणिष्टाम् | अशणिषुः |
| | | | अशाणीत् -द् | अशाणिष्टाम् | अशाणिषुः |
| शेणिथ | शेणथुः | शेण | अशणीः | अशणिष्टम् | अशणिष्ट |
| | | | अशाणीः | अशाणिष्टम् | अशाणिष्ट |
| शशाण शशण | शेणिव | शेणिम | अशणिषम् | अशणिष्व | अशणिष्म |
| | | | अशाणिषम् | अशाणिष्व | अशाणिष्म |

**798 श्रण दाने च । गतौ । श्रणँ । श्रण् । श्रणति , श्रणयति/ते ।** P **। सेट् । स० ।** go, give

| | | | | | |
|---|---|---|---|---|---|
| श्रणति | श्रणतः | श्रणन्ति | अश्रणत् -द् | अश्रणताम् | अश्रणन् |
| श्रणसि | श्रणथः | श्रणथ | अश्रणः | अश्रणतम् | अश्रणत |
| श्रणामि | श्रणावः | श्रणामः | अश्रणम् | अश्रणाव | अश्रणाम |

| | | | | | |
|---|---|---|---|---|---|
| श्रणतु | श्रणताम् | श्रणन्तु | श्रणेत् -द् | श्रणेताम् | श्रणेयुः |
| श्रण | श्रणतम् | श्रणत | श्रणेः | श्रणेतम् | श्रणेत |
| श्रणानि | श्रणाव | श्रणाम | श्रणेयम् | श्रणेव | श्रणेम |

| | | | | | |
|---|---|---|---|---|---|
| श्रणिष्यति | श्रणिष्यतः | श्रणिष्यन्ति | अश्रणिष्यत् -द् | अश्रणिष्यताम् | अश्रणिष्यन् |
| श्रणिष्यसि | श्रणिष्यथः | श्रणिष्यथ | अश्रणिष्यः | अश्रणिष्यतम् | अश्रणिष्यत |
| श्रणिष्यामि | श्रणिष्यावः | श्रणिष्यामः | अश्रणिष्यम् | अश्रणिष्याव | अश्रणिष्याम |

| | | | | | |
|---|---|---|---|---|---|
| श्रणिता | श्रणितारौ | श्रणितारः | श्रण्यात् -द् | श्रण्यास्ताम् | श्रण्यासुः |
| श्रणितासि | श्रणितास्थः | श्रणितास्थ | श्रण्याः | श्रण्यास्तम् | श्रण्यास्त |

| | | | | | |
|---|---|---|---|---|---|
| श्रणितास्मि | श्रणितास्वः | श्रणितास्मः | श्रण्यासम् | श्रण्यास्व | श्रण्यास्म |

| | | | | | |
|---|---|---|---|---|---|
| शश्राण | शश्रणतुः | शश्रणुः | अश्रणीत् -द् | अश्रणिष्टाम् | अश्रणिषुः |
| | | | अश्राणीत् -द् | अश्राणिष्टाम् | अश्राणिषुः |
| शश्रणिथ | शश्रणथुः | शश्रण | अश्रणीः | अश्रणिष्टम् | अश्रणिष्ट |
| | | | अश्राणीः | अश्राणिष्टम् | अश्राणिष्ट |
| शश्राण शश्रण | शश्रणिव | शश्रणिम | अश्रणिषम् | अश्रणिष्व | अश्रणिष्म |
| | | | अश्राणिषम् | अश्राणिष्व | अश्राणिष्म |

799 **श्रथ हिंसायाम् । श्नथ श्लथ इत्येके। श्रथँ । श्रथ् । श्रथति , श्रथयति/ते** । P । **सेट्** । **स०** । hurt, injure

*Also see* 1546 **श्रथ प्रयत्ने । श्राथयति / ते** ।

| | | | | | |
|---|---|---|---|---|---|
| श्रथति | श्रथतः | श्रथन्ति | अश्रथत् -द् | अश्रथताम् | अश्रथन् |
| श्रथसि | श्रथथः | श्रथथ | अश्रथः | अश्रथतम् | अश्रथत |
| श्रथामि | श्रथावः | श्रथामः | अश्रथम् | अश्रथाव | अश्रथाम |

| | | | | | |
|---|---|---|---|---|---|
| श्रथतु | श्रथताम् | श्रथन्तु | श्रथेत् -द् | श्रथेताम् | श्रथेयुः |
| श्रथ | श्रथतम् | श्रथत | श्रथेः | श्रथेतम् | श्रथेत |
| श्रथानि | श्रथाव | श्रथाम | श्रथेयम् | श्रथेव | श्रथेम |

| | | | | | |
|---|---|---|---|---|---|
| श्रथिष्यति | श्रथिष्यतः | श्रथिष्यन्ति | अश्रथिष्यत् -द् | अश्रथिष्यताम् | अश्रथिष्यन् |
| श्रथिष्यसि | श्रथिष्यथः | श्रथिष्यथ | अश्रथिष्यः | अश्रथिष्यतम् | अश्रथिष्यत |
| श्रथिष्यामि | श्रथिष्यावः | श्रथिष्यामः | अश्रथिष्यम् | अश्रथिष्याव | अश्रथिष्याम |

| | | | | | |
|---|---|---|---|---|---|
| श्रथिता | श्रथितारौ | श्रथितारः | श्रथ्यात् -द् | श्रथ्यास्ताम् | श्रथ्यासुः |
| श्रथितासि | श्रथितास्थः | श्रथितास्थ | श्रथ्याः | श्रथ्यास्तम् | श्रथ्यास्त |
| श्रथितास्मि | श्रथितास्वः | श्रथितास्मः | श्रथ्यासम् | श्रथ्यास्व | श्रथ्यास्म |

| | | | | | |
|---|---|---|---|---|---|
| शश्राथ | शश्रथतुः | शश्रथुः | अश्रथीत् -द् | अश्रथिष्टाम् | अश्रथिषुः |
| | | | अश्राथीत् -द् | अश्राथिष्टाम् | अश्राथिषुः |
| शश्रथिथ | शश्रथथुः | शश्रथ | अश्रथीः | अश्रथिष्टम् | अश्रथिष्ट |
| | | | अश्राथीः | अश्राथिष्टम् | अश्राथिष्ट |
| शश्राथ शश्रथ | शश्रथिव | शश्रथिम | अश्रथिषम् | अश्रथिष्व | अश्रथिष्म |
| | | | अश्राथिषम् | अश्राथिष्व | अश्राथिष्म |

800 **क्नथ हिंसायाम्** । **श्लथ इत्येके** । **क्नथँ** । **क्नथ्** । **क्नथति, क्नथयति/ते** । P । **सेट्** । **स०** । hurt, wound

| | | | | | |
|---|---|---|---|---|---|
| **क्नथति** | **क्नथतः** | **क्नथन्ति** | **अक्नथत् -द्** | **अक्नथताम्** | **अक्नथन्** |
| **क्नथसि** | **क्नथथः** | **क्नथथ** | **अक्नथः** | **अक्नथतम्** | **अक्नथत** |
| **क्नथामि** | **क्नथावः** | **क्नथामः** | **अक्नथम्** | **अक्नथाव** | **अक्नथाम** |

| | | | | | |
|---|---|---|---|---|---|
| **क्नथतु** | **क्नथताम्** | **क्नथन्तु** | **क्नथेत् -द्** | **क्नथेताम्** | **क्नथेयुः** |
| **क्नथ** | **क्नथतम्** | **क्नथत** | **क्नथेः** | **क्नथेतम्** | **क्नथेत** |

| | | | | | |
|---|---|---|---|---|---|
| क्नथानि | क्नथाव | क्नथाम | क्नथेयम् | क्नथेव | क्नथेम |

| | | | | | |
|---|---|---|---|---|---|
| क्नथिष्यति | क्नथिष्यतः | क्नथिष्यन्ति | अक्नथिष्यत् -द् | अक्नथिष्यताम् | अक्नथिष्यन् |
| क्नथिष्यसि | क्नथिष्यथः | क्नथिष्यथ | अक्नथिष्यः | अक्नथिष्यतम् | अक्नथिष्यत |
| क्नथिष्यामि | क्नथिष्यावः | क्नथिष्यामः | अक्नथिष्यम् | अक्नथिष्याव | अक्नथिष्याम |

| | | | | | |
|---|---|---|---|---|---|
| क्नथिता | क्नथितारौ | क्नथितारः | क्नथ्यात् -द् | क्नथ्यास्ताम् | क्नथ्यासुः |
| क्नथितासि | क्नथितास्थः | क्नथितास्थ | क्नथ्याः | क्नथ्यास्तम् | क्नथ्यास्त |
| क्नथितास्मि | क्नथितास्वः | क्नथितास्मः | क्नथ्यासम् | क्नथ्यास्व | क्नथ्यास्म |

| | | | | | |
|---|---|---|---|---|---|
| चक्नाथ | चक्नथतुः | चक्नथुः | अक्नथीत् -द् | अक्नथिष्टाम् | अक्नथिषुः |
| | | | अक्नाथीत् -द् | अक्नाथिष्टाम् | अक्नाथिषुः |
| चक्नथिथ | चक्नथथुः | चक्नथ | अक्नथीः | अक्नथिष्टम् | अक्नथिष्ट |
| | | | अक्नाथीः | अक्नाथिष्टम् | अक्नाथिष्ट |
| चक्नाथ चक्नथ | चक्नथिव | चक्नथिम | अक्नथिषम् | अक्नथिष्व | अक्नथिष्म |
| | | | अक्नाथिषम् | अक्नाथिष्व | अक्नाथिष्म |

801 क्रथ हिंसायाम् । क्रथँ । क्रथ् । क्रथति, क्राथयति/ते । P । सेट् । स० । cause hurt 6.4.92 2.3.56

लट् 1 Present Tense 6.1.97[1] अतो गुणे । | लङ् 2 Imperfect Past Tense

| | | | | | |
|---|---|---|---|---|---|
| क्रथति | क्रथतः | क्रथन्ति[1] | अक्रथत् -द् | अक्रथताम् | अक्रथन्[1] |
| क्रथसि | क्रथथः | क्रथथ | अक्रथः | अक्रथतम् | अक्रथत |
| क्रथामि | क्रथावः | क्रथामः | अक्रथम्[1] | अक्रथाव | अक्रथाम |

| | | | | | |
|---|---|---|---|---|---|
| क्रथतु | क्रथताम् | क्रथन्तु[1] | क्रथेत् -द् | क्रथेताम् | क्रथेयुः |
| क्रथ | क्रथतम् | क्रथत | क्रथेः | क्रथेतम् | क्रथेत |
| क्रथानि | क्रथाव | क्रथाम | क्रथेयम् | क्रथेव | क्रथेम |

| | | | | | |
|---|---|---|---|---|---|
| क्रथिष्यति | क्रथिष्यतः | क्रथिष्यन्ति | अक्रथिष्यत् -द् | अक्रथिष्यताम् | अक्रथिष्यन् |
| क्रथिष्यसि | क्रथिष्यथः | क्रथिष्यथ | अक्रथिष्यः | अक्रथिष्यतम् | अक्रथिष्यत |
| क्रथिष्यामि | क्रथिष्यावः | क्रथिष्यामः | अक्रथिष्यम् | अक्रथिष्याव | अक्रथिष्याम |

| | | | | | |
|---|---|---|---|---|---|
| क्रथिता | क्रथितारौ | क्रथितारः | क्रथ्यात् -द् | क्रथ्यास्ताम् | क्रथ्यासुः |
| क्रथितासि | क्रथितास्थः | क्रथितास्थ | क्रथ्याः | क्रथ्यास्तम् | क्रथ्यास्त |
| क्रथितास्मि | क्रथितास्वः | क्रथितास्मः | क्रथ्यासम् | क्रथ्यास्व | क्रथ्यास्म |

| | | | | | |
|---|---|---|---|---|---|
| चक्राथ | चक्रथतुः | चक्रथुः | अक्रथीत् -द् | अक्रथिष्टाम् | अक्रथिषुः |
| | | | अक्राथीत् -द् | अक्राथिष्टाम् | अक्राथिषुः |
| चक्रथिथ | चक्रथथुः | चक्रथ | अक्रथीः | अक्रथिष्टम् | अक्रथिष्ट |
| | | | अक्राथीः | अक्राथिष्टम् | अक्राथिष्ट |

| | | | | | |
|---|---|---|---|---|---|
| चक्राथ चक्रथ | चक्रथिव | चक्रथिम | अक्रथिषम् | अक्रथिष्व | अक्रथिष्म |
| | | | अक्राथिषम् | अक्राथिष्व | अक्राथिष्म |

802 **क्नथ हिंसार्थाः । क्नथँ । क्नथ् । क्नथति, क्नथयति/ते । P । सेट् । स० ।** hurt, kill, wander

| | | | | | |
|---|---|---|---|---|---|
| क्लथति | क्लथतः | क्लथन्ति | अक्लथत् -द् | अक्लथताम् | अक्लथन् |
| क्लथसि | क्लथथः | क्लथथ | अक्लथः | अक्लथतम् | अक्लथत |
| क्लथामि | क्लथावः | क्लथामः | अक्लथम् | अक्लथाव | अक्लथाम |
| क्लथतु | क्लथताम् | क्लथन्तु | क्लथेत् -द् | क्लथेताम् | क्लथेयुः |
| क्लथ | क्लथतम् | क्लथत | क्लथेः | क्लथेतम् | क्लथेत |
| क्लथानि | क्लथाव | क्लथाम | क्लथेयम् | क्लथेव | क्लथेम |
| क्लथिष्यति | क्लथिष्यतः | क्लथिष्यन्ति | **अक्नथिष्यत्** -द् | अक्लथिष्यताम् | अक्लथिष्यन् |
| क्लथिष्यसि | क्लथिष्यथः | क्लथिष्यथ | अक्लथिष्यः | अक्लथिष्यतम् | अक्लथिष्यत |
| क्लथिष्यामि | क्लथिष्यावः | क्लथिष्यामः | अक्लथिष्यम् | अक्लथिष्याव | अक्लथिष्याम |
| क्लथिता | क्लथितारौ | क्लथितारः | क्लथ्यात् -द् | क्लथ्यास्ताम् | क्लथ्यासुः |
| क्लथितासि | क्लथितास्थः | क्लथितास्थ | क्लथ्याः | क्लथ्यास्तम् | क्लथ्यास्त |
| क्लथितास्मि | क्लथितास्वः | क्लथितास्मः | क्लथ्यासम् | क्लथ्यास्व | क्लथ्यास्म |
| चक्लाथ | चक्लथतुः | चक्लथुः | अक्लथीत् -द् | अक्लथिष्टाम् | अक्लथिषुः |
| | | | अक्लाथीत् -द् | अक्लाथिष्टाम् | अक्लाथिषुः |
| चक्लथिथ | चक्लथथुः | चक्लथ | अक्लथीः | अक्लथिष्टम् | अक्लथिष्ट |
| | | | अक्लाथीः | अक्लाथिष्टम् | अक्लाथिष्ट |
| चक्लाथ चक्लथ | चक्लथिव | चक्लथिम | अक्लथिषम् | अक्लथिष्व | अक्लथिष्म |
| | | | अक्लाथिषम् | अक्लाथिष्व | अक्लाथिष्म |

803 **वन च । चन । वनु च नोच्यते । न केवलं कगे यावद् वनु च नोच्यते इति क्षीरस्वामी । वनँ । वन् । वनति, वनयति/ते । P । सेट् । स० ।** hurt. *Also see* 462 **वन शब्दे । वानयति/ते ।**

| | | | | | |
|---|---|---|---|---|---|
| वनति | वनतः | वनन्ति | अवनत् -द् | अवनताम् | अवनन् |
| वनसि | वनथः | वनथ | अवनः | अवनतम् | अवनत |
| वनामि | वनावः | वनामः | अवनम् | अवनाव | अवनाम |
| वनतु | वनताम् | वनन्तु | वनेत् -द् | वनेताम् | वनेयुः |
| वन | वनतम् | वनत | वनेः | वनेतम् | वनेत |
| वनानि | वनाव | वनाम | वनेयम् | वनेव | वनेम |
| वनिष्यति | वनिष्यतः | वनिष्यन्ति | अवनिष्यत् -द् | अवनिष्यताम् | अवनिष्यन् |
| वनिष्यसि | वनिष्यथः | वनिष्यथ | अवनिष्यः | अवनिष्यतम् | अवनिष्यत |
| वनिष्यामि | वनिष्यावः | वनिष्यामः | अवनिष्यम् | अवनिष्याव | अवनिष्याम |
| वनिता | वनितारौ | वनितारः | वन्यात् -द् | वन्यास्ताम् | वन्यासुः |

| | | | | | |
|---|---|---|---|---|---|
| वनितासि | वनितास्थः | वनितास्थ | वन्याः | वन्यास्तम् | वन्यास्त |
| वनितास्मि | वनितास्वः | वनितास्मः | वन्यासम् | वन्यास्व | वन्यास्म |

| | | | | | |
|---|---|---|---|---|---|
| ववान | ववनतुः | ववनुः | अवनीत् -द् | अवनिष्टाम् | अवनिषुः |
| | | | अवानीत् -द् | अवानिष्टाम् | अवानिषुः |
| ववनिथ | ववनथुः | ववन | अवनीः | अवनिष्टम् | अवनिष्ट |
| | | | अवानीः | अवानिष्टम् | अवानिष्ट |
| ववान ववन | ववनिव | ववनिम | अवनिषम् | अवनिष्व | अवनिष्म |
| | | | अवानिषम् | अवानिष्व | अवानिष्म |

6.4.92 मितां ह्रस्वः । Optional due to ganasutra.

### 804 Application of गणसूत्र = ज्वल-ह्वल-ह्मल-नम-आमनुपसर्गाद्वा । एषां मित्त्वं वा ।

ज्वलादिः four Roots are मित् when Upasarga is present and optionally मित् without upasarga. Roots listed as मित् in Ganasutras are simply PROXY ROOTS for Nich Secondary forms. Their Primary forms are given elsewhere.

## PROXY Roots for मित् Secondary णिजन्त forms

804 ज्वल दीप्तौ । PROXY ROOT for 831 ज्वलँ । ज्वल् । णिजन्त Roots ज्वलि । ज्वालि । प्रज्वलि । ज्वलयति-ते / ज्वालयति-ते । प्रज्वलयति-ते । P । सेट् । अ० । burn brightly, blaze, glow. *Famous word* प्रज्वलयन् । Siddhanta Kaumudi says णप्रत्ययार्थं पठिष्यमाण एवायं मित्त्वार्थमनूद्यते । प्रज्वलयति । This Root is simply listed to give मित् classification for the secondary Root. Thus secondary णिजन्त Root may be ज्वलि or ज्वालि without upasarga and only प्रज्वलि with upasarga. We do not have primary Root forms here. Primary Root forms are listed for Root 831 ज्वल दीप्तौ ।

Secondary णिजन्त Root ज्वलि forms without Upasarga are Optional मित् । Examples

| Parasmaipadi | Atmanepadi | Parasmaipadi | Atmanepadi |
|---|---|---|---|
| 1 लट् ज्वलयति ।<br>ज्वलायति । | ज्वलयते ।<br>ज्वालयते । | 2 लङ् अज्वलयत् ।<br>अज्वालयत् । | अज्वलयत ।<br>अज्वालयत । |
| 3 लोट् ज्वलयतु ।<br>ज्वालयतु । | ज्वलयताम् ।<br>ज्वालयताम् । | 4 विधिलिङ् ज्वलयेत् ।<br>ज्वालयेत् । | ज्वलयेत ।<br>ज्वालयेत । |
| 5 लृट् ज्वलयिष्यति ।<br>ज्वालयिष्यति । | ज्वलयिष्यते ।<br>ज्वालयिष्यते । | 6 लृङ् अज्वलयिष्यत् ।<br>अज्वालयिष्यत् । | अज्वलयिष्यत ।<br>अज्वालयिष्यत । |
| 7 लुट् ज्वलयिता ।<br>ज्वलायिता । | ज्वलयिता ।<br>ज्वालयिता । | 8 आशीर्लिङ् ज्वल्यात् ।<br>ज्वाल्यात् । | ज्वलयिषीष्ट ।<br>ज्वलयिषीष्ट । |
| 9 लिट् ज्वलयाञ्चकार<br>ज्वलयाम्बभूव | ज्वलयाञ्चक्रे<br>ज्वलयाम्बभूव | 10 लुङ् अजिज्वलत् ।<br>7.4.1 Hence only | अजिज्वलत ।<br>ह्रस्वः form |

| | | | |
|---|---|---|---|
| ज्वलयामास ।<br><br>ज्वालयाञ्चकार<br>ज्वालयाम्बभूव<br>ज्वालयामास । | ज्वलयामास ।<br><br>ज्वालयाञ्चक्रे<br>ज्वालयाम्बभूव<br>ज्वालयामास । | | |

Secondary णिजन्त Root ज्वलि forms with Upasarga are नित्यं मित् । Examples प्र Upasarga.

| Parasmaipadi | Atmanepadi | Parasmaipadi | Atmanepadi |
|---|---|---|---|
| 1 लट् प्रज्वलयति । | प्रज्वलयते । | 2 लङ् प्राज्वलयत् । | प्राज्वलयत । |
| 3 लोट् प्रज्वलयतु । | प्रज्वलयताम् । | 4 विधिलिङ् प्रज्वलयेत् । | प्रज्वलयेत । |
| 5 लृट् प्रज्वलयिष्यति । | प्रज्वलयिष्यते । | 6 लृङ् प्राज्वलयिष्यत् । | प्राज्वलयिष्यत । |
| 7 लुट् प्रज्वलयिता । | प्रज्वलयिता । | 8 आशीर्लिङ् प्रज्वल्यात् । | प्रज्वलयिषीष्ट । |
| 9 लिट् प्रज्वलयाञ्चकार<br>प्रज्वलयाम्बभूव<br>प्रज्वलयामास । | प्रज्वलयाञ्चक्रे<br>प्रज्वलयाम्बभूव<br>प्रज्वलयामास । | 10 लुङ् प्राजिज्वलत् । | प्राजिज्वलत । |

805 ह्वल चलने । ह्वलँ । ह्वल् । ह्वलति, ह्वलयति-ते / ह्वालयति-ते । प्रह्वलयति-ते । P । सेट् । अ० । go, tremble. णिजन्त Roots ह्वलि । ह्वालि । प्रह्वलि । Since this root is not present anywhere else in Dhatupatha, we give all Primary forms here. 7.2.2

| | | | | | |
|---|---|---|---|---|---|
| ह्वलति | ह्वलतः | ह्वलन्ति | अह्वलत् -द् | अह्वलताम् | अह्वलन् |
| ह्वलसि | ह्वलथः | ह्वलथ | अह्वलः | अह्वलतम् | अह्वलत |
| ह्वलामि | ह्वलावः | ह्वलामः | अह्वलम् | अह्वलाव | अह्वलाम |

| | | | | | |
|---|---|---|---|---|---|
| ह्वलतु | ह्वलताम् | ह्वलन्तु | ह्वलेत् -द् | ह्वलेताम् | ह्वलेयुः |
| ह्वल | ह्वलतम् | ह्वलत | ह्वलेः | ह्वलेतम् | ह्वलेत |
| ह्वलानि | ह्वलाव | ह्वलाम | ह्वलेयम् | ह्वलेव | ह्वलेम |

| | | | | | |
|---|---|---|---|---|---|
| ह्वलिष्यति | ह्वलिष्यतः | ह्वलिष्यन्ति | अह्वलिष्यत् -द् | अह्वलिष्यताम् | अह्वलिष्यन् |
| ह्वलिष्यसि | ह्वलिष्यथः | ह्वलिष्यथ | अह्वलिष्यः | अह्वलिष्यतम् | अह्वलिष्यत |
| ह्वलिष्यामि | ह्वलिष्यावः | ह्वलिष्यामः | अह्वलिष्यम् | अह्वलिष्याव | अह्वलिष्याम |

| | | | | | |
|---|---|---|---|---|---|
| ह्वलिता | ह्वलितारौ | ह्वलितारः | ह्वल्यात् -द् | ह्वल्यास्ताम् | ह्वल्यासुः |
| ह्वलितासि | ह्वलितास्थः | ह्वलितास्थ | ह्वल्याः | ह्वल्यास्तम् | ह्वल्यास्त |
| ह्वलितास्मि | ह्वलितास्वः | ह्वलितास्मः | ह्वल्यासम् | ह्वल्यास्व | ह्वल्यास्म |

| | | | | | |
|---|---|---|---|---|---|
| जह्वाल | जह्वलतुः | जह्वलुः | अह्वालीत् -द् | अह्वालिष्टाम् | अह्वालिषुः |
| जह्वलिथ | जह्वलथुः | जह्वल | अह्वालीः | अह्वालिष्टम् | अह्वालिष्ट |

| | | | | | |
|---|---|---|---|---|---|
| जह्वाल जह्वल | जह्वलिव | जह्वलिम | अह्वालिषम् | अह्वालिष्व | अह्वालिष्म |

806 **ह्मल चलने । ह्मलँ । ह्मल् । ह्मलति, ह्मलयति-ते / ह्मालयति-ते । प्रह्मलयति-ते ।** P । **सेट् । अ० ।** tremble **णिजन्त** Roots **ह्मलि । ह्मालि । प्रह्मलि ।** Since this root is not present anywhere else in Dhatupatha, we give all Primary forms here. 7.2.2

| | | | | | |
|---|---|---|---|---|---|
| ह्मलति | ह्मलतः | ह्मलन्ति | अह्मलत् -द् | अह्मलताम् | अह्मलन् |
| ह्मलसि | ह्मलथः | ह्मलथ | अह्मलः | अह्मलतम् | अह्मलत |
| ह्मलामि | ह्मलावः | ह्मलामः | अह्मलम् | अह्मलाव | अह्मलाम |
| | | | | | |
| ह्मलतु | ह्मलताम् | ह्मलन्तु | ह्मलेत् -द् | ह्मलेताम् | ह्मलेयुः |
| ह्मल | ह्मलतम् | ह्मलत | ह्मलेः | ह्मलेतम् | ह्मलेत |
| ह्मलानि | ह्मलाव | ह्मलाम | ह्मलेयम् | ह्मलेव | ह्मलेम |
| | | | | | |
| ह्मलिष्यति | ह्मलिष्यतः | ह्मलिष्यन्ति | अह्मलिष्यत् -द् | अह्मलिष्यताम् | अह्मलिष्यन् |
| ह्मलिष्यसि | ह्मलिष्यथः | ह्मलिष्यथ | अह्मलिष्यः | अह्मलिष्यतम् | अह्मलिष्यत |
| ह्मलिष्यामि | ह्मलिष्यावः | ह्मलिष्यामः | अह्मलिष्यम् | अह्मलिष्याव | अह्मलिष्याम |
| | | | | | |
| ह्मलिता | ह्मलितारौ | ह्मलितारः | ह्मल्यात् -द् | ह्मल्यास्ताम् | ह्मल्यासुः |
| ह्मलितासि | ह्मलितास्थः | ह्मलितास्थ | ह्मल्याः | ह्मल्यास्तम् | ह्मल्यास्त |
| ह्मलितास्मि | ह्मलितास्वः | ह्मलितास्मः | ह्मल्यासम् | ह्मल्यास्व | ह्मल्यास्म |
| | | | | | |
| जह्माल | जह्मलतुः | जह्मलुः | अह्मालीत् -द् | अह्मालिष्टाम् | अह्मालिषुः |
| जह्मलिथ | जह्मलथुः | जह्मल | अह्मालीः | अह्मालिष्टम् | अह्मालिष्ट |
| जह्माल जह्मल | जह्मलिव | जह्मलिम | अह्मालिषम् | अह्मालिष्व | अह्मालिष्म |

**वृत्** । End of Optional **मित्** । Root 981 **णम प्रह्वत्वे शब्दे च** is also Optional **मित्** by this ganasutra.

## 807 केचन धातवः अर्थविशेषे मित्-धातवः भवन्ति । यथा स्मृ दॄ नॄ श्रा ज्ञा ग्ला स्ना

These seven Roots become **मित्** when used in particular meaning.

807 **स्मृ आध्याने ।** PROXY ROOT for 933 **स्मृ । स्मृ । णिजन्त** Root **स्मरि । स्मरयति-ते ।** P । **अनिट् । स० ।** remember regretfully, recall with anxiety. **यदा आध्यानार्थे तदा मित् स्मरयति । अन्यत्र स्मारयति ।** See Root 933 **स्मृ चिन्तायाम्** which means "to remember", while 807 **स्मृ आध्याने** means "to remember anxiously". The same Root 933 **स्मृ** is listed here to make it **मित्** in the new meaning. Thus for 807 **स्मृ आध्याने , णिजन्त** Root is **स्मरि ।** While for 933 **स्मृ चिन्तायाम् , णिजन्त** Root is **स्मारि ।** Primary Verb forms are listed for Root 933 **स्मृ चिन्तायाम् ।**

808 **दॄ भये । मित्त्वार्थं पाठः । दॄ । दॄ । दरति , दरयति-ते / दारयति-ते ।** P । **सेट् । अ० ।** break asunder. *Also See* 1493 **दॄ विदारणे । अयं क्र्यादिगणः** 9c **। भय अर्थे दरयति । अन्यत्र यथा विदारणार्थे दारयति ।** Grammarians say that the actual Root is 9c 1493 **दॄ विदारणे ।** The Root 808 **दॄ भये** is

solely given to say that in the meaning "to fear" the Root will take Optional 6.4.92 मितां ह्रस्वः । *So this Root may take only णिजन्त optional मित् forms in the meaning "to fear". Still we have listed primary forms in all tenses as some grammarians consider it a separate Root.*
दॄ + णिच् → 7.2.115 अचो ञ्णिति , इत्यनेन वृद्धिः → दार् + इ → दारि → 6.4.92 मितां ह्रस्वः →
दरि इति णिजन्तधातुः → शप् , guna, ayava → दरयति । 1.1.51 उरण् रपरः । 7.2.38 वृतो वा ।
7.1.100 ॠत इद्धातोः । 7.4.12 शृदॄप्रां ह्रस्वो वा । 8.2.77 हलि च । 7.2.1 सिचि वृद्धिः परस्मैपदेषु ।

| | | | | | |
|---|---|---|---|---|---|
| दरति | दरतः | दरन्ति | अदरत् -द् | अदरताम् | अदरन् |
| दरसि | दरथः | दरथ | अदरः | अदरतम् | अदरत |
| दरामि | दरावः | दरामः | अदरम् | अदराव | अदराम |

| | | | | | |
|---|---|---|---|---|---|
| दरतु | दरताम् | दरन्तु | दरेत् -द् | दरेताम् | दरेयुः |
| दर | दरतम् | दरत | दरेः | दरेतम् | दरेत |
| दराणि | दराव | दराम | दरेयम् | दरेव | दरेम |

| | | | | | |
|---|---|---|---|---|---|
| दरिष्यति | दरिष्यतः | दरिष्यन्ति | अदरिष्यत् -द् | अदरिष्यताम् | अदरिष्यन् |
| दरीष्यति | दरीष्यतः | दरीष्यन्ति | अदरीष्यत् -द् | अदरीष्यताम् | अदरीष्यन् |
| दरिष्यसि | दरिष्यथः | दरिष्यथ | अदरिष्यः | अदरिष्यतम् | अदरिष्यत |
| दरीष्यसि | दरीष्यथः | दरीष्यथ | अदरीष्यः | अदरीष्यतम् | अदरीष्यत |
| दरिष्यामि | दरिष्यावः | दरिष्यामः | अदरिष्यम् | अदरिष्याव | अदरिष्याम |
| दरीष्यामि | दरीष्यावः | दरीष्यामः | अदरीष्यम् | अदरीष्याव | अदरीष्याम |

| | | | | | |
|---|---|---|---|---|---|
| दरिता | दरितारौ | दरितारः | दीर्यात् -द् | दीर्यास्ताम् | दीर्यासुः |
| दरीता | दरीतारौ | दरीतारः | | | |
| दरितासि | दरितास्थः | दरितास्थ | दीर्याः | दीर्यास्तम् | दीर्यास्त |
| दरीतासि | दरीतास्थः | दरीतास्थ | | | |
| दरितास्मि | दरितास्वः | दरितास्मः | दीर्यासम् | दीर्यास्व | दीर्यास्म |
| दरीतास्मि | दरीतास्वः | दरीतास्मः | | | |

| | | | | | |
|---|---|---|---|---|---|
| ददार | ददरतुः दद्रतुः | ददरुः दद्रुः | अदारीत् -द् | अदारिष्टाम् | अदारिषुः |
| ददरिथ | ददरथुः दद्रथुः | ददर दद्र | अदारीः | अदारिष्टम् | अदारिष्ट |
| ददार ददर | ददरिव दद्रिव | ददरिम दद्रिम | अदारिषम् | अदारिष्व | अदारिष्म |

809 नॄ नये । मित्त्वार्थं पाठः । नॄ । नॄ । णिजन्त Root नरि । नरयति-ते । P । सेट् । स० । lead.
*Also See* 1495 नॄ नये । अयं क्र्यादिगणः 9c. णिजन्त Root नारि । नये अर्थे नरयति । अन्यत्र नारयति ।
This Root may take णिजन्त मित् forms नरयति-ते in meaning "to lead". When meaning is different, e.g. "to carry", "to take away", then it will take regular णिजन्त forms नारयति-ते ।
Since we do not have any other identical Root in 1c, Primary Root forms are also listed.

| | | | | | |
|---|---|---|---|---|---|
| नरति | नरतः | नरन्ति | अनरत् -द् | अनरताम् | अनरन् |
| नरसि | नरथः | नरथ | अनरः | अनरतम् | अनरत |
| नरामि | नरावः | नरामः | अनरम् | अनराव | अनराम |

| | | | | | |
|---|---|---|---|---|---|
| नरतु | नरताम् | नरन्तु | नरेत् -द् | नरेताम् | नरेयुः |
| नर | नरतम् | नरत | नरेः | नरेतम् | नरेत |
| नराणि | नराव | नराम | नरेयम् | नरेव | नरेम |

| | | | | | |
|---|---|---|---|---|---|
| नरिष्यति | नरिष्यतः | नरिष्यन्ति | अनरिष्यत् -द् | अनरिष्यताम् | अनरिष्यन् |
| नरीष्यति | नरीष्यतः | नरीष्यन्ति | अनरीष्यत् -द् | अनरीष्यताम् | अनरीष्यन् |
| नरिष्यसि | नरिष्यथः | नरिष्यथ | अनरिष्यः | अनरिष्यतम् | अनरिष्यत |
| नरीष्यसि | नरीष्यथः | नरीष्यथ | अनरीष्यः | अनरीष्यतम् | अनरीष्यत |
| नरिष्यामि | नरिष्यावः | नरिष्यामः | अनरिष्यम् | अनरिष्याव | अनरिष्याम |
| नरीष्यामि | नरीष्यावः | नरीष्यामः | अनरीष्यम् | अनरीष्याव | अनरीष्याम |

| | | | | | |
|---|---|---|---|---|---|
| नरिता | नरितारौ | नरितारः | नीर्यात् -द् | नीर्यास्ताम् | नीर्यासुः |
| नरीता | नरीतारौ | नरीतारः | | | |
| नरितासि | नरितास्थः | नरितास्थ | नीर्याः | नीर्यास्तम् | नीर्यास्त |
| नरीतासि | नरीतास्थः | नरीतास्थ | | | |
| नरितास्मि | नरितास्वः | नरितास्मः | नीर्यासम् | नीर्यास्व | नीर्यास्म |
| नरीतास्मि | नरीतास्वः | नरीतास्मः | | | |

| | | | | | |
|---|---|---|---|---|---|
| ननार | ननरतुः | ननरुः | अनारीत् -द् | अनारिष्टाम् | अनारिषुः |
| ननरिथ | ननरथुः | ननर | अनारीः | अनारिष्टम् | अनारिष्ट |
| ननार ननर | ननरिव | ननरिम | अनारिषम् | अनारिष्व | अनारिष्म |

810 श्रा पाके । PROXY ROOT for 919 श्रा । श्रा । णिजन्त Root श्रपि । श्रपयति-ते । P । अनिट् । स० । cook. *Also See* Roots 919 श्रै पाके । 1053 श्रा पाके । णिजन्त Root श्रापि । श्रापयति-ते । पाकार्थे अपि भवति, स्वेदनार्थे अपि भवति । पाकार्थे मित् स्वेदनार्थे मित् न । अतः श्रपयति इत्युक्ते विक्लेदयति, मृदुं कारयति । श्रापयति इत्युक्ते स्वेदयति, स्वेदनं कारयति । श्रा + णिच् → श्रा + पुक् + इ → श्रापि → मितां ह्रस्वः → श्रपि इति णिजन्तधातुः → श्रपयति । 7.3.36 अर्त्तिह्रीब्लीरीक्नूयीक्ष्माय्यातां पुङ्णौ । अर्ति (ऋ) ह्री ब्ली री क्नूयी क्ष्मायी इत्येतेषाम् अङ्गानाम् आकारान्तानां च पुक् आगमः भवति णौ परतः । 6.4.68 वाऽन्यस्य संयोगादेः ।
This Root may take णिजन्त मित् forms श्रपयति-ते in meaning "to cook", and regular णिजन्त forms श्रापयति-ते when meaning is "to perspire". We list only णिजन्त मित् forms here as the primary forms for this particular Root are listed in Roots 919 श्रै पाके । 1053 श्रा पाके ।

Note: णिजन्त forms will be सेट् and Ubhayepada.

7.4.1 णौ चङ्युपधाया ह्रस्वः । Hence only ह्रस्वः form for लुङ् ।
7.3.36 अर्तिह्रीव्लीरीक्नूयीक्ष्माय्यातां पुङ्णौ । पुक् आगमः ।
**Parasmaipadi Table श्रपि । Secondary Root णिजन्त Forms**

| | | | | | |
|---|---|---|---|---|---|
| श्रपयति | श्रपयतः | श्रपयन्ति | अश्रपयत् -द् | अश्रपयताम् | अश्रपयन् |
| श्रपयसि | श्रपयथः | श्रपयथ | अश्रपयः | अश्रपयतम् | अश्रपयत |
| श्रपयामि | श्रपयावः | श्रपयामः | अश्रपयम् | अश्रपयाव | अश्रपयाम |

| | | | | | |
|---|---|---|---|---|---|
| श्रपयतु | श्रपयताम् | श्रपयन्तु | श्रपयेत् -द् | श्रपयेताम् | श्रपयेयुः |
| श्रपय | श्रपयतम् | श्रपयत | श्रपयेः | श्रपयेतम् | श्रपयेत |
| श्रपयाणि | श्रपयाव | श्रपयाम | श्रपयेयम् | श्रपयेव | श्रपयेम |
| | | | | | |
| श्रपयिष्यति | श्रपयिष्यतः | श्रपयिष्यन्ति | अश्रपयिष्यत् -द् | अश्रपयिष्यताम् | अश्रपयिष्यन् |
| श्रपयिष्यसि | श्रपयिष्यथः | श्रपयिष्यथ | अश्रपयिष्यः | अश्रपयिष्यतम् | अश्रपयिष्यत |
| श्रपयिष्यामि | श्रपयिष्यावः | श्रपयिष्यामः | अश्रपयिष्यम् | अश्रपयिष्याव | अश्रपयिष्याम |
| | | | | | |
| श्रपयिता | श्रपयितारौ | श्रपयितारः | श्रप्यात् -द् | श्रप्यास्ताम् | श्रप्यासुः |
| श्रपयितासि | श्रपयितास्थः | श्रपयितास्थ | श्रप्याः | श्रप्यास्तम् | श्रप्यास्त |
| श्रपयितास्मि | श्रपयितास्वः | श्रपयितास्मः | श्रप्यासम् | श्रप्यास्व | श्रप्यास्म |
| | | | | | |
| श्रपयाञ्चकार | श्रपयाञ्चक्रतुः | श्रपयाञ्चक्रुः | अशिश्रपत् -द् | अशिश्रपताम् | अशिश्रपन् |
| श्रपयाम्बभूव | श्रपयाम्बभूवतुः | श्रपयाम्बभूवुः | | | |
| श्रपयामास | श्रपयामासतुः | श्रपयामासुः | | | |
| श्रपयाञ्चकर्थ | श्रपयाञ्चक्रथुः | श्रपयाञ्चक्र | अशिश्रपः | अशिश्रपतम् | अशिश्रपत |
| श्रपयाम्बभूविथ | श्रपयाम्बभूवथुः | श्रपयाम्बभूव | | | |
| श्रपयामासिथ | श्रपयामासथुः | श्रपयामास | | | |
| श्रपयाञ्चकर -कार | श्रपयाञ्चकृव | श्रपयाञ्चकृम | अशिश्रपम् | अशिश्रपाव | अशिश्रपाम |
| श्रपयाम्बभूव | श्रपयाम्बभूविव | श्रपयाम्बभूविम | | | |
| श्रपयामास | श्रपयामासिव | श्रपयामासिम | | | |

## Atmanepadi Table श्रपि । Secondary Root णिजन्त Forms

| | | | | | |
|---|---|---|---|---|---|
| श्रपयते | श्रपयेते | श्रपयन्ते | अश्रपयत | अश्रपयेताम् | अश्रपयन्त |
| श्रपयसे | श्रपयेथे | श्रपयध्वे | अश्रपयथाः | अश्रपयेथाम् | अश्रपयध्वम् |
| श्रपये | श्रपयावहे | श्रपयामहे | अश्रपये | अश्रपयावहि | अश्रपयामहि |
| | | | | | |
| श्रपयताम् | श्रपयेताम् | श्रपयन्ताम् | श्रपयेत | श्रपयेयाताम् | श्रपयेरन् |
| श्रपयस्व | श्रपयेथाम् | श्रपयध्वम् | श्रपयेथाः | श्रपयेयाथाम् | श्रपयेध्वम् |
| श्रपयै | श्रपयावहै | श्रपयामहै | श्रपयेय | श्रपयेवहि | श्रपयेमहि |
| | | | | | |
| श्रपयिष्यते | श्रपयिष्येते | श्रपयिष्यन्ते | अश्रपयिष्यत | अश्रपयिष्येताम् | अश्रपयिष्यन्त |
| श्रपयिष्यसे | श्रपयिष्येथे | श्रपयिष्यध्वे | अश्रपयिष्यथाः | अश्रपयिष्येथाम् | अश्रपयिष्यध्वम् |
| श्रपयिष्ये | श्रपयिष्यावहे | श्रपयिष्यामहे | अश्रपयिष्ये | अश्रपयिष्यावहि | अश्रपयिष्यामहि |
| | | | | | |
| श्रपयिता | श्रपयितारौ | श्रपयितारः | श्रपयिषीष्ट | श्रपयिषीयास्ताम् | श्रपयिषीरन् |
| श्रपयितासे | श्रपयितासाथे | श्रपयिताध्वे | श्रपयिषीष्ठाः | श्रपयिषीयास्थाम् | श्रपयिषीध्वम् -ढ्वम् |
| श्रपयिताहे | श्रपयितास्वहे | श्रपयितास्महे | श्रपयिषीय | श्रपयिषीवहि | श्रपयिषीमहि |
| | | | | | |
| श्रपयाञ्चक्रे | श्रपयाञ्चक्राते | श्रपयाञ्चक्रिरे | अशिश्रपत | अशिश्रपेताम् | अशिश्रपन्त |

| | | | | | |
|---|---|---|---|---|---|
| श्रपयाम्बभूव | श्रपयाम्बभूवतुः | श्रपयाम्बभूवुः | | | |
| श्रपयामास | श्रपयामासतुः | श्रपयामासुः | | | |
| श्रपयाञ्चकृषे | श्रपयाञ्चक्राथे | श्रपयाञ्चकृढ्वे | अशिश्रपथाः | अशिश्रपेथाम् | अशिश्रपध्वम् |
| श्रपयाम्बभूविथ | श्रपयाम्बभूवथुः | श्रपयाम्बभूव | | | |
| श्रपयामासिथ | श्रपयामासथुः | श्रपयामास | | | |
| श्रपयाञ्चक्रे | श्रपयाञ्चकृवहे | श्रपयाञ्चकृमहे | अशिश्रपे | अशिश्रपावहि | अशिश्रपामहि |
| श्रपयाम्बभूव | श्रपयाम्बभूविव | श्रपयाम्बभूविम | | | |
| श्रपयामास | श्रपयामासिव | श्रपयामासिम | | | |

## 811 गणसूत्र = मारणतोषणनिशामनेषु ज्ञा । इति मित्त्व पाठः ।

811 ज्ञा मारणतोषणनिशामनेषु । निशानेष्विति पाठान्तरम् । PROXY ROOT for 1507 ज्ञा । ज्ञा । णिजन्त Root ज्ञपि । ज्ञपयति-ते । P । अनिट् । स० । hit, please, sharpen, observe, visual perception.
*Also see* 1507 ज्ञा अवबोधने । 1732 ज्ञा नियोगे ।
मारणम् इत्यनेन हिंसा, तोषणाम् इत्यनेन सन्तुष्टिः, निशामनम् इत्यनेन चाक्षुषज्ञानम् । एषु अर्थेषु 6.4.92 मितां ह्रस्वः , इत्यनेन ह्रस्वत्वम् अन्यत्र दीर्घत्वम् । दुर्जनं संज्ञपयति इत्यनेन दुर्जनं मारयति । हरिं ज्ञपयति इत्यनेन हरिं संतोषयति । रूपं ज्ञपयति इत्यनेन दर्शयति, बोधयति । किन्तु सूचनां ददाति इति चेत् ज्ञापयति । 7.3.36 7.2.27 वा दान्तशान्तपूर्णदस्तस्पष्टच्छन्नज्ञप्ताः। न्यासः "मारणतोषणनिशामनेषु ज्ञा मिच्च" इति घटादिश्च, ततो णिच्।

This Root may take णिजन्त मित् forms ज्ञपयति-ते in meaning "to hit", "to please", "see by eyes", and regular णिजन्त forms ज्ञापयति-ते when meaning is "to understand", "to discipline". Primary forms for this particular Root are listed in Root 1507 ज्ञा अवबोधने । Supposedly there are no शपि Primary forms.

## 812 गणसूत्र = कम्पने चलिः । इति मित्त्व पाठः ।

812 चलिः कम्पने । PROXY ROOT for 832 चलँ । चल् । णिजन्त Root चलि । चलयति-ते । P । सेट् । अ० । tremble. चलिः इति इक् निर्देशः । "चलिः कम्पने" इति गणसूत्रेण कम्पनार्थे मित्त्व अतिदेशे चलयति । कम्पनभिन्नार्थे मित्त्व अभावात् चालयति ।
Also see 832 चल कम्पने । 1356 चल विलसने । 1608 चल भृतौ । णिजन्त Root चालि । चालयति-ते ।

This Root may take णिजन्त मित् forms चलयति-ते in meaning "to tremble", and regular णिजन्त forms चालयति-ते when meaning is "to move", "to play", "to nurture". Primary forms for this particular Root are listed in 832 चल कम्पने ।

## 813 गणसूत्र = छदिर् ऊर्जने । इति मित्त्व पाठः ।

813 छदिर् ऊर्जने । प्राणनं बलनं वा । छदिँर् । छद् । छदति , छदयति-ते । P । सेट् । अ० । animate, make strong. अयम् इर् इत् । णिजन्त Root छदि । ऊर्जनभिन्नार्थे मित्त्व अभावात् छादयति ।
Also see 1833 छद अपवारणे । णिजन्त Root छादि । छादयति-ते ।

This Root may take णिजन्त मित् forms छदयति-ते in meaning "to animate", "to strengthen" and regular णिजन्त forms छादयति-ते when meaning is "to cover". Primary forms for this Root are also listed due to absence of similar Root in 1c.

6.1.73 छे च । ह्रस्वः स्वरस्य संहितायां छकारे परे तुक् आगमः । 8.4.40 स्तोः० । इति तकारस्य चकारः ।

| | | | | | |
|---|---|---|---|---|---|
| छदति | छदतः | छदन्ति | अच्छदत् -द् | अच्छदताम् | अच्छदन् |
| छदसि | छदथः | छदथ | अच्छदः | अच्छदतम् | अच्छदत |
| छदामि | छदावः | छदामः | अच्छदम् | अच्छदाव | अच्छदाम |
| छदतु | छदताम् | छदन्तु | छदेत् -द् | छदेताम् | छदेयुः |
| छद | छदतम् | छदत | छदेः | छदेतम् | छदेत |
| छदानि | छदाव | छदाम | छदेयम् | छदेव | छदेम |
| छदिष्यति | छदिष्यतः | छदिष्यन्ति | अछदिष्यत् -द् | अछदिष्यताम् | अछदिष्यन् |
| छदिष्यसि | छदिष्यथः | छदिष्यथ | अछदिष्यः | अछदिष्यतम् | अछदिष्यत |
| छदिष्यामि | छदिष्यावः | छदिष्यामः | अछदिष्यम् | अछदिष्याव | अछदिष्याम |
| छदिता | छदितारौ | छदितारः | छद्यात् -द् | छद्यास्ताम् | छद्यासुः |
| छदितासि | छदितास्थः | छदितास्थ | छद्याः | छद्यास्तम् | छद्यास्त |
| छदितास्मि | छदितास्वः | छदितास्मः | छद्यासम् | छद्यास्व | छद्यास्म |
| चच्छाद | चच्छदतुः | चच्छदिः | अच्छदीत् -द् | अच्छदिष्टाम् | अच्छदिषुः |
| | | | अच्छादीत् -द् | अच्छादिष्टाम् | अच्छादिषुः |
| चच्छदिथ | चच्छदथुः | चच्छद | अच्छदीः | अच्छदिष्टम् | अच्छदिष्ट |
| | | | अच्छादीः | अच्छादिष्टम् | अच्छादिष्ट |
| चच्छाद चच्छद | चच्छदिव | चच्छदिम | अच्छदिषम् | अच्छदिष्व | अच्छदिष्म |
| | | | अच्छादिषम् | अच्छादिष्व | अच्छादिष्म |

## 814 गणसूत्र = जिह्वोन्मथने लडिः । इति मित्त्व पाठः ।

814 लडिः जिह्वोन्मथने । PROXY ROOT for 359 लडँ । लड् । णिजन्त Root लडि । लडयति-ते । P । सेट् । अ० । loll the tongue. लडिः इति इक् निर्देशः ।
*Also see* Roots 359 लड विलासे । 1540 लड उपसेवायाम् । णिजन्त Root लाडि । लाडयति-ते ।
लड विलासे इति पठितस्य मित्त्वार्थोऽनुवादः इति लडयति । जिह्वोन्मथनादन्यत्र लाडयति ।

This Root may take णिजन्त मित् forms लडयति-ते in meaning "to loll the tongue" and regular णिजन्त forms लाडयति-ते when meaning is "to play", "to caress". Primary forms for this Root are listed in 359 लड विलासे since it is mentioned here only for णिजन्त मित् form.

## 815 गणसूत्र = मदी हर्षग्लेपनयोः । इति मित्त्व पाठः ।

815 मदी हर्षग्लेपनयोः । PROXY ROOT for 1208 मदीँ । मद् । णिजन्त Root मदि । मदयति-ते । P । सेट् । अ० । rejoice, be in poverty. *Also see* Roots 1208 मदी हर्षे । 1705 मद तृप्तियोगे । णिजन्त Root मादि । मादयति-ते ।

This Root may take णिजन्त मित् forms मदयति-ते in meaning "to rejoice", "to be poor" and regular णिजन्त forms मादयति-ते when meaning is "to be drunk", "to satisfy". Primary forms for this Root are listed in 1208 मदी हर्षे since it is mentioned here only for णिजन्त मित् form.

## 816 गणसूत्र=दलि-वलि-स्खलि-रणि-ध्वनि-त्रपि-क्षपयः च इति भोजः । इति मित्त्व पाठः ।

In the opinion of grammarian King Bhoj, Roots 548 दल , 491 वल , 544 स्खल , 445 रण 795 रण , 816 ध्वन , 374 त्रपूष् , 913 क्षै are मित् । Thus णिजन्त forms दलयति-ते । वलयति-ते । स्खलयति-ते । रणयति-ते । ध्वनयति-ते । त्रपयति-ते । क्षपयति-ते । Since Panini has mentioned another grammarian, so it means this is Optional. Thus 1751 दालयति-ते । Also perhaps वालयति-ते । स्खालयति-ते । राणयति-ते । ध्वानयति-ते । त्रापयति-ते । क्षापयति-ते ।

816 ध्वन शब्दे । PROXY ROOT for 828 ध्वनँ । ध्वन् । णिजन्त Root ध्वनि । ध्वनयति-ते । P । सेट् । अ० । to sound the bell. *Also see* Roots 828 ध्वन शब्दे । णिजन्त Root ध्वनि । ध्वनयति-ते । 1889 ध्वन शब्दे । णिजन्त Root ध्वनि । अग्लोपि । ध्वनयति-ते ।

However णिजन्त forms will be ध्वानयति-ते when meaning is "to sound indistinctly, "to articulate unintelligibly". Primary forms are given in Root 828 ध्वन शब्दे ।

## 817 गणसूत्र = स्वन अवतंसने । इति मित्त्व पाठः ।

817 स्वन अवतंसने । PROXY ROOT for 827 स्वनँ । स्वन् । णिजन्त Root स्वनि । स्वनयति-ते । P । सेट् । अ० । adorn, decorate. *See root* 827 स्वन शब्दे । अवतंसनार्थे स्वनयति । अन्यत्र स्वानयति । णिजन्त forms will be स्वानयति-ते when meaning is "to sound".

## गणसूत्र = घटादयो मितः ।

Roots 763 घट चेष्टायाम् to 817 स्वन अवतंसने ।

## गणसूत्र = जनी-जॄष्-क्नसु-रञ्जोऽमन्ताश्च । मितः इति अनुवर्तते ।

Roots 1249 जनी प्रादुर्भावे , 1130 जॄष् वयोहानौ , 1113 क्नसु ह्वरणदीप्त्योः , 999 रन्ज रागे 1167 रन्ज रागे and all Roots ending in अम् i.e.

442 क्षम् 466 द्रम् 470 छम् 471 जम् 472 झम् 473 क्रम् 826 स्यम् 829 सम् 830 स्तम् 849 वम् 850 भ्रम् 853 रम् 981 नम् 982 गम् 984 यम् 1201 शम् 1202 तम् 1203 दम् 1204 श्रम् 1205 भ्रम् 1206 क्षम् 1207 क्लम् ।

Note: Some अम् अन्ताः Roots are excluded as they have specific ganasutras. E.g. 818 शम् and 984 यम् । Note: 10c Roots are not included here.

## गणसूत्र = ज्वल-ह्वल-ह्मल-नमाम् अनुपसर्गात् वा । एषां मित्त्वं वा ।

Roots 804 ज्वल दीप्तौ , 805 ह्वल चलने , 806 ह्मल चलने , Root 981 णम प्रह्वत्वे शब्दे च ।

## गणसूत्र = ग्ला-स्ना-वनु-वमां च । अनुपसर्गादेषां मित्त्वं वा स्यात् ।

Roots 903 ग्लै हर्षक्षये , 1052 ष्णा शौचे , 803 वनु च नोच्यते (~~1470 वनु याचने~~) , 849 टुवम उद्गिरणे ।

## गणसूत्र = न कमि-अमि-चमाम् । अमन्तत्वात् प्राप्तं मित्त्वमेषां न स्यात् ।

Roots 443 कम् 465 अम् 469 चम् 1274 चम् Exception to ganasutra जनी-जॄष्-क्नसु-रञ्जोऽमन्ताश्च

## 818 गणसूत्र = शमो दर्शने ।

गणसूत्र । "न" अनुवृत्तिः, इति दर्शनार्थे मित् न । Qualified Exception to ganasutra.

Note – The ganasutras highlight statements in the Dhatupatha that
a) do not explicitly list a Root.
b) that tell additional information about a Root.
c) point external reference to Ashtadhyayi or Ganapatha etc.

818 शमो दर्शने । PROXY ROOT for 1201 । शमँ । शम् । शमयति-ते / निशामयति-ते । P । सेट् । स० । be calm, be complete, observe minutely. *Also See* 1201. शमु उपशमे , 1695. शम आलोचने । अदर्शनार्थे शमयति । भिन्नार्थे शामयति । णिचि प्रायेण नि उपसर्गः । The ganasutra has न Anuvritti, hence शमः अदर्शने इति मित् । The णिच् secondary forms. शम् + णिच् → वृद्धिः → शाम् + णिच् → मित्तवम् → शम् + इ → शमि । णिजन्तधातुः । शमि + लट् → शमि + तिप् → शमि + शप् + तिप् → गुणः → शमे + अ + तिप् → अयाव सन्धिः → शमय +तिप् → शमयति । This Root is not मित् when used in meaning "to observe". Thus in meaning "to observe", it's णिजन्त forms will be निशामयति-ते । Also in meaning आलोचने to declare 1695 शम आलोचने it's णिजन्त forms will be शामयते । However in meaning "to be calm", 1201 शमु उपशमे it's णिजन्त forms will be शमयति-ते ।

## 819 गणसूत्र = यमोऽपरिवेषणे ।

गणसूत्र । "न" अनुवृत्तिः , इति अपरिवेषणार्थे मित् न ।

819 यमो ऽपरिवेषणे । PROXY ROOT for 984 यमँ । यम् । यमयति-ते / आयामयति-ते । P । सेट् । स० । परिवेषणे = to serve, to eat. अपरिवेषणे = not used as "to serve, to eat". By Anuvritti न from ganasutra न कमिअमिचमाम् this Root is not मित् when not used as "to serve food, lay the table". Thus it is मित् when used as "to serve food, lay the table". Hence यमयति-ते when meaning is परिवेषणे "to serve food". The Root 1625 यम परिवेषणे will be मित् । यमि । णिजन्तधातुः । However 984 यम उपरमे will not be मित् । अपरिवेषणार्थे यामयति । णिचि प्रायेण आङ् उपसर्गः । When meaning is अपरिवेषणे other than to serve food = i.e. "to elongate द्राघयति, to transact व्यापारयति" then णिजन्त forms will be आयामयति-ते, usually used with particle आङ् । Also note that this Ganasutra यमोऽपरिवेषणे is an exception to Ganasutra जनीजॄष्क्नसुरञ्जोऽमन्ताश्च ।

The actual primary forms will be according to Root 984 यम उपरमे । Also Note that 984 यम उपरमे is अनिट् but 819 यमो ऽपरिवेषणे is सेट् । The णिजन्त forms for 984 यम उपरमे will be (आ)यामयति-ते । The णिजन्त forms for 1625 यम परिवेषणे will be यमयति-ते ।

## 820 गणसूत्र = स्खदिरवपरिभ्यां च ।

गणसूत्र । "न" अनुवृत्तिः, इति अव परि च उपसर्गयोः मित् न । The Root is स्खदिर् विद्रावणे विदारणे च । By this ganasutra, it will not be मित् when it has Upasarga अव /परि ।

820 स्खदिः विद्रावणे विदारणे च । PROXY ROOT for 768 । स्खदँ । स्खद् । णिजन्त Root स्खदि । This Root is मित् without Upasarga स्खदयति-ते / Not मित् with Upasarga अवस्खादयति / ते । परिस्खादयति / ते । A । सेट् । स० । agitate, split. स्खदिः इति इक् निर्देशः । अव परि च उपसर्गयोः मित् न । इति अवस्खादयति परिस्खादयति । अन्यत्र स्खदयति । णिच् Root स्खदि ।

Note: This Ganasutra is स्खदिः अवपरिभ्यां च । By Sandhi 8.2.66 ससजुषो रुः it becomes स्खदिरवपरिभ्यां च ।

Note: By its placement in the Dhatupatha, this Root should have been Parasmaipada, however it is a Proxy for 768 स्खद स्खदने hence Atmanepada.

# End of PROXY Roots in Dhatupatha

फण गतौ । गणसूत्र । इति मित् (गतौ अर्थे) ।

## 821 अथ फणादि अन्तर्गणः ।

6.4.125 फणां च सप्तानाम् । Applicable to लिट् ।

821 फण गतौ । फणँ । फण् । फणति, फणयति-ते । P । सेट् । स० । move, move about, reduce heat by water । घटादयो मितः। 6.4.92 मितां ह्रस्वः। 6.4.125

7.2.18 क्षुब्धस्वान्तध्वान्तलग्नम्लिष्टविरिब्ध-फाण्ट-बाढानि मन्थमनस्तमःसक्ताविस्पष्टस्वरानायासभृशेषु । क्षुब्ध स्वान्त ध्वान्त लगन् म्लिष्ट विरिब्ध फाण्ट बाढ इत्येते निपात्यन्ते यथासङ्ख्यं मन्थ मनः तमः सक्त अविस्पष्ट स्वरः अनायास भृश इत्येतेष्वर्थेषु । इति अनायास अर्थे फाण्ट , निष्ठा अनिट् । 6.4.15 अनुनासिकस्य क्विझलोः क्ङिति । अनुनासिकान्तस्य अङ्गस्य उपधावर्णस्य क्विप् तथा झलादि-क्ङित् प्रत्यये परे दीर्घादेशः ।

| | | | | | |
|---|---|---|---|---|---|
| फणति | फणतः | फणन्ति | अफणत् -द् | अफणताम् | अफणन् |
| फणसि | फणथः | फणथ | अफणः | अफणतम् | अफणत |
| फणामि | फणावः | फणामः | अफणम् | अफणाव | अफणाम |

| | | | | | |
|---|---|---|---|---|---|
| फणतु -तात् -द् | फणताम् | फणन्तु | फणेत् -द् | फणेताम् | फणेयुः |
| फण -तात् -द् | फणतम् | फणत | फणेः | फणेतम् | फणेत |
| फणानि | फणाव | फणाम | फणेयम् | फणेव | फणेम |

| | | | | | |
|---|---|---|---|---|---|
| फणिष्यति | फणिष्यतः | फणिष्यन्ति | अफणिष्यत् -द् | अफणिष्यताम् | अफणिष्यन् |
| फणिष्यसि | फणिष्यथः | फणिष्यथ | अफणिष्यः | अफणिष्यतम् | अफणिष्यत |
| फणिष्यामि | फणिष्यावः | फणिष्यामः | अफणिष्यम् | अफणिष्याव | अफणिष्याम |

| | | | | | |
|---|---|---|---|---|---|
| फणिता | फणितारौ | फणितारः | फण्यात् -द् | फण्यास्ताम् | फण्यासुः |
| फणितासि | फणितास्थः | फणितास्थ | फण्याः | फण्यास्तम् | फण्यास्त |
| फणितास्मि | फणितास्वः | फणितास्मः | फण्यासम् | फण्यास्व | फण्यास्म |

| | | | | | |
|---|---|---|---|---|---|
| पफाण | पफणतुः | पफणुः | अफणीत् -द् | अफणिष्टाम् | अफणिषुः |
| | फेणतुः | फेणुः | अफाणीत् -द् | अफाणिष्टाम् | अफाणिषुः |
| पफणिथ | पफणथुः | पफण | अफणीः | अफणिष्टम् | अफणिष्ट |
| फेणिथ | फेणथुः | फेण | अफाणीः | अफाणिष्टम् | अफाणिष्ट |
| पफाण पफण | पफणिव | पफणिम | अफणिषम् | अफणिष्व | अफणिष्म |
| | फेणिव | फेणिम | अफाणिषम् | अफाणिष्व | अफाणिष्म |

घटादयः फणान्ता मितः । वृत् । घटादिः गतः । घटादिः मितः गतः । घटादिः internal group ends.
ज्वरादयः उदात्ताः उदात्तेतः परस्मैभाषाः ।

822 राजृ दीप्तौ । उदात्तः स्वरितेत् उभयतोभाषः । राजृँ । राज् । राजति / ते । U । सेट् । अ० ।
sparkle, shine, govern । 8.3.59 । 6.1.97 अतो गुणे । 6.4.125

**Parasmaipadi / Atmanepadi Table**

| लट् 1 Present Tense 6.1.97 | | | लङ् 2 Imperfect Past Tense 6.1.97 | | |
|---|---|---|---|---|---|
| राजति / | राजतः / | राजन्ति / | अराजत् -द् / | अराजताम् / | अराजन् / |
| राजते | राजेते | राजन्ते | अराजत | अराजेताम् | अराजन्त |
| राजसि / | राजथः / | राजथ / | अराजः / | अराजतम् / | अराजत / |
| राजसे | राजेथे | राजध्वे | अराजथाः | अराजेथाम् | अराजध्वम् |
| राजामि / | राजावः / | राजामः / | अराजम् / | अराजाव / | अराजाम / |
| राजे | राजावहे | राजामहे | अराजे | अराजावहि | अराजामहि |

लोट् 3 Imperative Mood 6.1.97

| | | |
|---|---|---|
| राजतु / | राजताम् / | राजन्तु / |
| राजताम् | राजेताम् | राजन्ताम् |
| राज / | राजतम् / | राजत / |
| राजस्व | राजेथाम् | राजध्वम् |
| राजानि / | राजाव / | राजाम / |
| राजै | राजावहै | राजामहै |

विधिलिङ् 4 Potential Mood

| | | |
|---|---|---|
| राजेत् -द् / | राजेताम् / | राजेयुः / |
| राजेत | राजेयाताम् | राजेरन् |
| राजेः / | राजेतम् / | राजेत / |
| राजेथाः | राजेयाथाम् | राजेध्वम् |
| राजेयम् / | राजेव / | राजेम / |
| राजेय | राजेवहि | राजेमहि |

लृट् 5 Simple Future Tense 8.3.59 6.1.97

| | | |
|---|---|---|
| राजिष्यति / | राजिष्यतः / | राजिष्यन्ति / |
| राजिष्यते | राजिष्येते | राजिष्यन्ते |
| राजिष्यसि / | राजिष्यथः / | राजिष्यथ / |
| राजिष्यसे | राजिष्येथे | राजिष्यध्वे |
| राजिष्यामि / | राजिष्यावः / | राजिष्यामः / |
| राजिष्ये | राजिष्यावहे | राजिष्यामहे |

लृङ् 6 Conditional Mood

| | | |
|---|---|---|
| **अराजिष्यत् -द्** / | अराजिष्यताम् / | अराजिष्यन् / |
| **अराजिष्यत** | अराजिष्येताम् | अराजिष्यन्त |
| अराजिष्यः / | अराजिष्यतम् / | अराजिष्यत / |
| अराजिष्यथाः | अराजिष्येथाम् | अराजिष्यध्वम् |
| अराजिष्यम् / | अराजिष्याव / | अराजिष्याम / |
| अराजिष्ये | अराजिष्यावहि | अराजिष्यामहि |

लुट् 7 Periphrastic Future Tense

| | | |
|---|---|---|
| राजिता / | राजितारौ / | राजितारः / |
| राजिता | राजितारौ | राजितारः |
| राजितासि / | राजितास्थः / | राजितास्थ / |
| राजितासे | राजितासाथे | राजिताध्वे |
| राजितास्मि / | राजितास्वः / | राजितास्मः / |
| राजिताहे | राजितास्वहे | राजितास्महे |

आशीर्लिङ् 8 Benedictive Mood

| | | |
|---|---|---|
| राज्यात् -द् / | राज्यास्ताम् / | राज्यासुः / |
| राजिषीष्ट | राजिषीयास्ताम् | राजिषीरन् |
| राज्याः / | राज्यास्तम् / | राज्यास्त / |
| राजिषीष्ठाः | राजिषीयास्थाम् | राजिषीध्वम् |
| राज्यासम् / | राज्यास्व / | राज्यास्म / |
| राजिषीय | राजिषीवहि | राजिषीमहि |

लिट् 9 Perfect Past Tense

| | | |
|---|---|---|
| **रराज** / | **रराजतुः रेजतुः** / | **रराजुः रेजुः** / |
| **रराजे रेजे** | **रराजाते रेजाते** | **रराजिरे रेजिरे** |
| **रराज रेजिथ** / | **रराजथुः रेजथुः** / | **रराज रेज** / |
| **रराजिषे रेजिषे** | **रराजाथे रेजाथे** | **रराजिध्वे रेजिध्वे** |
| **रराज** / | **रराजिव रेजिव** / | **रराजिम रेजिम** / |
| **रराजे रेजे** | **रराजिवहे रेजिवहे** | **रराजिमहे रेजिमहे** |

लुङ् 10 Aorist Past Tense

| | | |
|---|---|---|
| **अराजीत् -द्** / | **अराजिष्टाम्** / | **अराजिषुः** / |
| **अराजिष्ट** | **अराजिषाताम्** | **अराजिषत** |
| **अराजीः** / | **अराजिष्टम्** / | **अराजिष्ट** / |
| **अराजिष्ठाः** | **अराजिषाथाम्** | **अराजिध्वम्** |
| **अराजिषम्** / | **अराजिष्व** / | **अराजिष्म** / |
| **अराजिषि** | **अराजिष्वहि** | **अराजिष्महि** |

823 **टुभ्राजृ दीप्तौ** । **टुभ्राजृँ** । **भ्राज्** । **भ्राजते** । A । **सेट्** । अ० । shine

**अयं द्वित् ऋदित्** । 3.3.89 **द्वितोऽथुच्** । **टु इत् यस्य, तस्मात् द्वितो धातोः अथुच् प्रत्ययः** । 6.4.125

| | | |
|---|---|---|
| भ्राजते | भ्राजेते | भ्राजन्ते |
| भ्राजसे | भ्राजेथे | भ्राजध्वे |
| भ्राजे | भ्राजावहे | भ्राजामहे |

| | | |
|---|---|---|
| अभ्राजत | अभ्राजेताम् | अभ्राजन्त |
| अभ्राजथाः | अभ्राजेथाम् | अभ्राजध्वम् |
| अभ्राजे | अभ्राजावहि | अभ्राजामहि |

| | | | | | |
|---|---|---|---|---|---|
| भ्राजताम् | भ्राजेताम् | भ्राजन्ताम् | भ्राजेत | भ्राजेयाताम् | भ्राजेरन् |
| भ्राजस्व | भ्राजेथाम् | भ्राजध्वम् | भ्राजेथाः | भ्राजेयाथाम् | भ्राजेध्वम् |
| भ्राजै | भ्राजावहै | भ्राजामहै | भ्राजेय | भ्राजेवहि | भ्राजेमहि |

| | | | | | |
|---|---|---|---|---|---|
| भ्राजिष्यते | भ्राजिष्येते | भ्राजिष्यन्ते | अभ्राजिष्यत | अभ्राजिष्येताम् | अभ्राजिष्यन्त |
| भ्राजिष्यसे | भ्राजिष्येथे | भ्राजिष्यध्वे | अभ्राजिष्यथाः | अभ्राजिष्येथाम् | अभ्राजिष्यध्वम् |
| भ्राजिष्ये | भ्राजिष्यावहे | भ्राजिष्यामहे | अभ्राजिष्ये | अभ्राजिष्यावहि | अभ्राजिष्यामहि |

| | | | | | |
|---|---|---|---|---|---|
| भ्राजिता | भ्राजितारौ | भ्राजितारः | भ्राजिषीष्ट | **भ्राजिषीयास्ताम्** | भ्राजिषीरन् |
| भ्राजितासे | भ्राजितासाथे | भ्राजिताध्वे | भ्राजिषीष्ठाः | **भ्राजिषीयास्थाम्** | भ्राजिषीध्वम् |
| भ्राजिताहे | भ्राजितास्वहे | भ्राजितास्महे | भ्राजिषीय | भ्राजिषीवहि | भ्राजिषीमहि |

| | | | | | |
|---|---|---|---|---|---|
| बभ्राजे | बभ्राजाते | बभ्राजिरे | अभ्राजिष्ट | अभ्राजिषाताम् | अभ्राजिषत |
| भ्रेजे | भ्रेजाते | भ्रेजिरे | | | |
| बभ्राजिषे | बभ्राजाथे | बभ्राजिध्वे | अभ्राजिष्ठाः | अभ्राजिषाथाम् | अभ्राजिध्वम् |
| भ्रेजिषे | भ्रेजाथे | भ्रेजिध्वे | | | |
| बभ्राजे | बभ्राजिवहे | बभ्राजिमहे | अभ्राजिषि | अभ्राजिष्वहि | अभ्राजिष्महि |
| भ्रेजे | भ्रेजिवहे | भ्रेजिमहे | | | |

824 **टुभ्राशृ दीप्तौ** । **टुभ्राशृँ** । **भ्राश्** । **भ्राशते , भ्राश्यते** । A । **सेट्** । अ० । shine
3.1.70 **वा भ्राश०** । **इति शिति वा श्यन् , पक्षे शप्** । 6.4.125

| | | | | | |
|---|---|---|---|---|---|
| भ्राशते , | भ्राशेते , | भ्राशन्ते , | अभ्राशत , | अभ्राशेताम् , | अभ्राशन्त , |
| भ्राश्यते | भ्राश्येते | भ्राश्यन्ते | अभ्राश्यत | अभ्राश्येताम् | अभ्राश्यन्त |
| भ्राशसे , | भ्राशेथे , | भ्राशध्वे , | अभ्राशथाः , | अभ्राशेथाम् , | अभ्राशध्वम् , |
| भ्राश्यसे | भ्राश्येथे | भ्राश्यध्वे | अभ्राश्यथाः | अभ्राश्येथाम् | अभ्राश्यध्वम् |
| भ्राशे , | भ्राशावहे , | भ्राशामहे , | अभ्राशे , | अभ्राशावहि , | अभ्राशामहि , |
| भ्राश्ये | भ्राश्यावहे | भ्राश्यामहे | अभ्राश्ये | अभ्राश्यावहि | अभ्राश्यामहि |

| | | | | | |
|---|---|---|---|---|---|
| भ्राशताम् | भ्राशेताम् , | भ्राशन्ताम् , | भ्राशेत , | भ्राशेयाताम् , | भ्राशेरन् , |
| भ्राश्यताम् | भ्राश्येताम् | भ्राश्यन्ताम् | भ्राश्येत | भ्राश्येयाताम् | भ्राश्येरन् |
| भ्राशस्व , | भ्राशेथाम् , | भ्राशध्वम् , | भ्राशेथाः , | भ्राशेयाथाम् , | भ्राशेध्वम् , |
| भ्राश्यस्व | भ्राश्येथाम् | भ्राश्यध्वम् | भ्राश्येथाः | भ्राश्येयाथाम् | भ्राश्येध्वम् |
| भ्राशै , | भ्राशावहै , | भ्राशामहै , | भ्राशेय , | भ्राशेवहि , | भ्राशेमहि , |
| भ्राश्यै | भ्राश्यावहै | भ्राश्यामहै | भ्राश्येय | भ्राश्येवहि | भ्राश्येमहि |

| | | | | | |
|---|---|---|---|---|---|
| भ्राशिष्यते | भ्राशिष्येते | भ्राशिष्यन्ते | अभ्राशिष्यत | अभ्राशिष्येताम् | अभ्राशिष्यन्त |
| भ्राशिष्यसे | भ्राशिष्येथे | भ्राशिष्यध्वे | अभ्राशिष्यथाः | अभ्राशिष्येथाम् | अभ्राशिष्यध्वम् |
| भ्राशिष्ये | भ्राशिष्यावहे | भ्राशिष्यामहे | अभ्राशिष्ये | अभ्राशिष्यावहि | अभ्राशिष्यामहि |

| | | | | | |
|---|---|---|---|---|---|
| भ्राशिता | भ्राशितारौ | भ्राशितारः | भ्राशिषीष्ट | **भ्राशिषीयास्ताम्** | भ्राशिषीरन् |
| भ्राशितासे | भ्राशितासाथे | भ्राशिताध्वे | भ्राशिषीष्ठाः | **भ्राशिषीयास्थाम्** | भ्राशिषीध्वम् |

| | | | | | |
|---|---|---|---|---|---|
| भ्राशिताहे | भ्राशितास्वहे | भ्राशितास्महे | भ्राशिषीय | भ्राशिषीवहि | भ्राशिषीमहि |

| | | | | | |
|---|---|---|---|---|---|
| बभ्राशे | बभ्राशाते | बभ्राशिरे | अभ्राशिष्ट | अभ्राशिषाताम् | अभ्राशिषत |
| भ्रेशे | भ्रेशाते | भ्रेशिरे | | | |
| बभ्राशिषे | बभ्राशाथे | बभ्राशिध्वे | अभ्राशिष्ठाः | अभ्राशिषाथाम् | अभ्राशिध्वम् |
| भ्रेशिषे | भ्रेशाथे | भ्रेशिध्वे | | | |
| बभ्राशे | बभ्राशिवहे | बभ्राशिमहे | अभ्राशिषि | अभ्राशिष्वहि | अभ्राशिष्महि |
| भ्रेशे | भ्रेशिवहे | भ्रेशिमहे | | | |

825 **टुभ्लाशृ दीप्तौ । टुभ्लाशृँ । भ्लाश् । भ्लाशते , भ्लाश्यते** । A । **सेट्** । अ० । shine

3.1.70 **वा भ्राश० । इति शिति वा श्यन् , पक्षे शप् ।** 6.4.125

| | | | | | |
|---|---|---|---|---|---|
| भ्लाशते , | भ्लाशेते , | भ्लाशन्ते , | अभ्लाशत , | अभ्लाशेताम् , | अभ्लाशन्त , |
| भ्लाश्यते | भ्लाश्येते | भ्लाश्यन्ते | अभ्लाश्यत | अभ्लाश्येताम् | अभ्लाश्यन्त |
| भ्लाशसे , | भ्लाशेथे , | भ्लाशध्वे , | अभ्लाशथाः , | अभ्लाशेथाम् , | अभ्लाशध्वम् , |
| भ्लाश्यसे | भ्लाश्येथे | भ्लाश्यध्वे | अभ्लाश्यथाः | अभ्लाश्येथाम् | अभ्लाश्यध्वम् |
| भ्लाशे , | भ्लाशावहे , | भ्लाशामहे , | अभ्लाशे , | अभ्लाशावहि , | अभ्लाशामहि , |
| भ्लाश्ये | भ्लाश्यावहे | भ्लाश्यामहे | अभ्लाश्ये | अभ्लाश्यावहि | अभ्लाश्यामहि |

| | | | | | |
|---|---|---|---|---|---|
| भ्लाशताम् , | भ्लाशेताम् , | भ्लाशन्ताम् , | भ्लाशेत , | भ्लाशेयाताम् , | भ्लाशेरन् , |
| भ्लाश्यताम् | भ्लाश्येताम् | भ्लाश्यन्ताम् | भ्लाश्येत | भ्लाश्येयाताम् | भ्लाश्येरन् |
| भ्लाशस्व , | भ्लाशेथाम् , | भ्लाशध्वम् , | भ्लाशेथाः , | भ्लाशेयाथाम् , | भ्लाशेध्वम् , |
| भ्लाश्यस्व | भ्लाश्येथाम् | भ्लाश्यध्वम् | भ्लाश्येथाः | भ्लाश्येयाथाम् | भ्लाश्येध्वम् |
| भ्लाशै , | भ्लाशावहै , | भ्लाशामहै , | भ्लाशेय , | भ्लाशेवहि , | भ्लाशेमहि , |
| भ्लाश्यै | भ्लाश्यावहै | भ्लाश्यामहै | भ्लाश्येय | भ्लाश्येवहि | भ्लाश्येमहि |

| | | | | | |
|---|---|---|---|---|---|
| भ्लाशिष्यते | भ्लाशिष्येते | भ्लाशिष्यन्ते | अभ्लाशिष्यत | **अभ्लाशिष्येताम्** | अभ्लाशिष्यन्त |
| भ्लाशिष्यसे | भ्लाशिष्येथे | भ्लाशिष्यध्वे | अभ्लाशिष्यथाः | **अभ्लाशिष्येथाम्** | अभ्लाशिष्यध्वम् |
| भ्लाशिष्ये | भ्लाशिष्यावहे | भ्लाशिष्यामहे | अभ्लाशिष्ये | **अभ्लाशिष्यावहि** | **अभ्लाशिष्यामहि** |

| | | | | | |
|---|---|---|---|---|---|
| भ्लाशिता | भ्लाशितारौ | भ्लाशितारः | भ्लाशिषीष्ट | **भ्लाशिषीयास्ताम्** | भ्लाशिषीरन् |
| भ्लाशितासे | भ्लाशितासाथे | भ्लाशिताध्वे | भ्लाशिषीष्ठाः | **भ्लाशिषीयास्थाम्** | भ्लाशिषीध्वम् |
| भ्लाशिताहे | भ्लाशितास्वहे | भ्लाशितास्महे | भ्लाशिषीय | भ्लाशिषीवहि | भ्लाशिषीमहि |

| | | | | | |
|---|---|---|---|---|---|
| बभ्लाशे | बभ्लाशाते | बभ्लाशिरे | अभ्लाशिष्ट | अभ्लाशिषाताम् | अभ्लाशिषत |
| भ्लेशे | भ्लेशाते | भ्लेशिरे | | | |
| बभ्लाशिषे | बभ्लाशाथे | बभ्लाशिध्वे | अभ्लाशिष्ठाः | अभ्लाशिषाथाम् | अभ्लाशिध्वम् |
| भ्लेशिषे | भ्लेशाथे | भ्लेशिध्वे | | | |
| बभ्लाशे | बभ्लाशिवहे | बभ्लाशिमहे | अभ्लाशिषि | अभ्लाशिष्वहि | अभ्लाशिष्महि |
| भ्लेशे | भ्लेशिवहे | भ्लेशिमहे | | | |

**टुभ्राज्रादयः उदात्ताः अनुदात्तेतः आत्मनेभाषाः ।**

## 826 अथ क्षरत्यन्ताः परस्मैपदिनः ।

**826 स्यमु शब्दे । स्यमुँ । स्यम् । स्यमति । P । सेट् । अ० । sound, roar, yell 6.4.125**

| | | | | | |
|---|---|---|---|---|---|
| स्यमति | स्यमतः | स्यमन्ति | अस्यमत् -द् | अस्यमताम् | अस्यमन् |
| स्यमसि | स्यमथः | स्यमथ | अस्यमः | अस्यमतम् | अस्यमत |
| स्यमामि | स्यमावः | स्यमामः | अस्यमम् | अस्यमाव | अस्यमाम |

| | | | | | |
|---|---|---|---|---|---|
| स्यमतु -तात् -द् | स्यमताम् | स्यमन्तु | स्यमेत् -द् | स्यमेताम् | स्यमेयुः |
| स्यम -तात् -द् | स्यमतम् | स्यमत | स्यमेः | स्यमेतम् | स्यमेत |
| स्यमानि | स्यमाव | स्यमाम | स्यमेयम् | स्यमेव | स्यमेम |

| | | | | | |
|---|---|---|---|---|---|
| स्यमिष्यति | स्यमिष्यतः | स्यमिष्यन्ति | अस्यमिष्यत् -द् | अस्यमिष्यताम् | अस्यमिष्यन् |
| स्यमिष्यसि | स्यमिष्यथः | स्यमिष्यथ | अस्यमिष्यः | अस्यमिष्यतम् | अस्यमिष्यत |
| स्यमिष्यामि | स्यमिष्यावः | स्यमिष्यामः | अस्यमिष्यम् | अस्यमिष्याव | अस्यमिष्याम |

| | | | | | |
|---|---|---|---|---|---|
| स्यमिता | स्यमितारौ | स्यमितारः | स्यम्यात् -द् | स्यम्यास्ताम् | स्यम्यासुः |
| स्यमितासि | स्यमितास्थः | स्यमितास्थ | स्यम्याः | स्यम्यास्तम् | स्यम्यास्त |
| स्यमितास्मि | स्यमितास्वः | स्यमितास्मः | स्यम्यासम् | स्यम्यास्व | स्यम्यास्म |

| | | | | | |
|---|---|---|---|---|---|
| सस्याम | सस्यमतुः | सस्यमुः | अस्यमीत् -द् | अस्यमिष्टाम् | अस्यमिषुः |
| | स्येमतुः | स्येमुः | | | |
| सस्यमिथ | सस्यमथुः | सस्यम | अस्यमीः | अस्यमिष्टम् | अस्यमिष्ट |
| स्येमिथ | स्येमथुः | स्येम | | | |
| सस्याम सस्यम | सस्यमिव | सस्यमिम | अस्यमिषम् | अस्यमिष्व | अस्यमिष्म |
| | स्येमिव | स्येमिम | | | |

**827 स्वन शब्दे । स्वनँ । स्वन् । स्वनति । P । सेट् । अ० । sound, be noisy 6.4.125**

| | | | | | |
|---|---|---|---|---|---|
| स्वनति | स्वनतः | स्वनन्ति | अस्वनत् -द् | अस्वनताम् | अस्वनन् |
| स्वनसि | स्वनथः | स्वनथ | अस्वनः | अस्वनतम् | अस्वनत |
| स्वनामि | स्वनावः | स्वनामः | अस्वनम् | अस्वनाव | अस्वनाम |

| | | | | | |
|---|---|---|---|---|---|
| स्वनतु | स्वनताम् | स्वनन्तु | स्वनेत् -द् | स्वनेताम् | स्वनेयुः |
| स्वन | स्वनतम् | स्वनत | स्वनेः | स्वनेतम् | स्वनेत |
| स्वनानि | स्वनाव | स्वनाम | स्वनेयम् | स्वनेव | स्वनेम |

| | | | | | |
|---|---|---|---|---|---|
| स्वनिष्यति | स्वनिष्यतः | स्वनिष्यन्ति | अस्वनिष्यत् -द् | अस्वनिष्यताम् | अस्वनिष्यन् |
| स्वनिष्यसि | स्वनिष्यथः | स्वनिष्यथ | अस्वनिष्यः | अस्वनिष्यतम् | अस्वनिष्यत |
| स्वनिष्यामि | स्वनिष्यावः | स्वनिष्यामः | अस्वनिष्यम् | अस्वनिष्याव | अस्वनिष्याम |

| | | | | | |
|---|---|---|---|---|---|
| स्वनिता | स्वनितारौ | स्वनितारः | स्वन्यात् -द् | स्वन्यास्ताम् | स्वन्यासुः |
| स्वनितासि | स्वनितास्थः | स्वनितास्थ | स्वन्याः | स्वन्यास्तम् | स्वन्यास्त |
| स्वनितास्मि | स्वनितास्वः | स्वनितास्मः | स्वन्यासम् | स्वन्यास्व | स्वन्यास्म |

| | | | | | |
|---|---|---|---|---|---|
| सस्वान | सस्वनतुः | सस्वनुः | अस्वनीत् -द् | अस्वनिष्टाम् | अस्वनिषुः |
| | स्वेनतुः | स्वेनुः | अस्वानीत् -द् | अस्वानिष्टाम् | अस्वानिषुः |
| सस्वनिथ | सस्वनथुः | सस्वन | अस्वनीः | अस्वनिष्टम् | अस्वनिष्ट |
| स्वेनिथ | स्वेनथुः | स्वेन | अस्वानीः | अस्वानिष्टम् | अस्वानिष्ट |
| सस्वान सस्वन | सस्वनिव | सस्वनिम | अस्वनिषम् | अस्वनिष्व | अस्वनिष्म |
| | स्वेनिव | स्वेनिम | अस्वानिषम् | अस्वानिष्व | अस्वानिष्म |

वृत् । फणादयो गताः ।

Note: End of the seven Roots on which Sutra 6.4.125 applies.

828 ध्वन शब्दे । ध्वनँ । ध्वन् । ध्वनति । P । सेट् । अ० । sound, music, melody

| | | | | | |
|---|---|---|---|---|---|
| ध्वनति | ध्वनतः | ध्वनन्ति | अध्वनत् -द् | अध्वनताम् | अध्वनन् |
| ध्वनसि | ध्वनथः | ध्वनथ | अध्वनः | अध्वनतम् | अध्वनत |
| ध्वनामि | ध्वनावः | ध्वनामः | अध्वनम् | अध्वनाव | अध्वनाम |
| ध्वनतु | ध्वनताम् | ध्वनन्तु | ध्वनेत् -द् | ध्वनेताम् | ध्वनेयुः |
| ध्वन | ध्वनतम् | ध्वनत | ध्वनेः | ध्वनेतम् | ध्वनेत |
| ध्वनानि | ध्वनाव | ध्वनाम | ध्वनेयम् | ध्वनेव | ध्वनेम |
| ध्वनिष्यति | ध्वनिष्यतः | ध्वनिष्यन्ति | अध्वनिष्यत् -द् | अध्वनिष्यताम् | अध्वनिष्यन् |
| ध्वनिष्यसि | ध्वनिष्यथः | ध्वनिष्यथ | अध्वनिष्यः | अध्वनिष्यतम् | अध्वनिष्यत |
| ध्वनिष्यामि | ध्वनिष्यावः | ध्वनिष्यामः | अध्वनिष्यम् | अध्वनिष्याव | अध्वनिष्याम |
| ध्वनिता | ध्वनितारौ | ध्वनितारः | ध्वन्यात् -द् | ध्वन्यास्ताम् | ध्वन्यासुः |
| ध्वनितासि | ध्वनितास्थः | ध्वनितास्थ | ध्वन्याः | ध्वन्यास्तम् | ध्वन्यास्त |
| ध्वनितास्मि | ध्वनितास्वः | ध्वनितास्मः | ध्वन्यासम् | ध्वन्यास्व | ध्वन्यास्म |
| दध्वान | दध्वनतुः | दध्वनुः | अध्वनीत् -द् | अध्वनिष्टाम् | अध्वनिषुः |
| | | | अध्वानीत् -द् | अध्वानिष्टाम् | अध्वानिषुः |
| दध्वनिथ | दध्वनथुः | दध्वन | अध्वनीः | अध्वनिष्टम् | अध्वनिष्ट |
| | | | अध्वानीः | अध्वानिष्टम् | अध्वानिष्ट |
| दध्वान दध्वन | दध्वनिव | दध्वनिम | अध्वनिषम् | अध्वनिष्व | अध्वनिष्म |
| | | | अध्वानिषम् | अध्वानिष्व | अध्वानिष्म |

829 षमँ अवैकल्ये । षमँ । सम् । समति । P । सेट् । अ० । be patient, console

| | | | | | |
|---|---|---|---|---|---|
| समति | समतः | समन्ति | असमत् -द् | असमताम् | असमन् |
| समसि | समथः | समथ | असमः | असमतम् | असमत |
| समामि | समावः | समामः | असमम् | असमाव | असमाम |
| समतु | समताम् | समन्तु | समेत् -द् | समेताम् | समेयुः |
| सम | समतम् | समत | समेः | समेतम् | समेत |

| समानि | समाव | समाम | समेयम् | समेव | समेम |

| समिष्यति | समिष्यतः | समिष्यन्ति | असमिष्यत् -द् | असमिष्यताम् | असमिष्यन् |
| समिष्यसि | समिष्यथः | समिष्यथ | असमिष्यः | असमिष्यतम् | असमिष्यत |
| समिष्यामि | समिष्यावः | समिष्यामः | असमिष्यम् | असमिष्याव | असमिष्याम |

| समिता | समितारौ | समितारः | सम्यात् -द् | सम्यास्ताम् | सम्यासुः |
| समितासि | समितास्थः | समितास्थ | सम्याः | सम्यास्तम् | सम्यास्त |
| समितास्मि | समितास्वः | समितास्मः | सम्यासम् | सम्यास्व | सम्यास्म |

| ससाम | सेमतुः | सेमुः | असमीत् -द् | असमिष्टाम् | असमिषुः |
| सेमिथ | सेमथुः | सेम | असमीः | असमिष्टम् | असमिष्ट |
| ससाम ससम | सेमिव | सेमिम | असमिषम् | असमिष्व | असमिष्म |

830 ष्टम अवैकल्ये । वैक्लव्ये इत्येके । ष्टमँ । स्तम् । स्तमति । P । सेट् । अ० । be confused, be agitated, not to be disturbed

| स्तमति | स्तमतः | स्तमन्ति | अस्तमत् -द् | अस्तमताम् | अस्तमन् |
| स्तमसि | स्तमथः | स्तमथ | अस्तमः | अस्तमतम् | अस्तमत |
| स्तमामि | स्तमावः | स्तमामः | अस्तमम् | अस्तमाव | अस्तमाम |

| स्तमतु | स्तमताम् | स्तमन्तु | स्तमेत् -द् | स्तमेताम् | स्तमेयुः |
| स्तम | स्तमतम् | स्तमत | स्तमेः | स्तमेतम् | स्तमेत |
| स्तमानि | स्तमाव | स्तमाम | स्तमेयम् | स्तमेव | स्तमेम |

| स्तमिष्यति | स्तमिष्यतः | स्तमिष्यन्ति | अस्तमिष्यत् -द् | अस्तमिष्यताम् | अस्तमिष्यन् |
| स्तमिष्यसि | स्तमिष्यथः | स्तमिष्यथ | अस्तमिष्यः | अस्तमिष्यतम् | अस्तमिष्यत |
| स्तमिष्यामि | स्तमिष्यावः | स्तमिष्यामः | अस्तमिष्यम् | अस्तमिष्याव | अस्तमिष्याम |

| स्तमिता | स्तमितारौ | स्तमितारः | स्तम्यात् -द् | स्तम्यास्ताम् | स्तम्यासुः |
| स्तमितासि | स्तमितास्थः | स्तमितास्थ | स्तम्याः | स्तम्यास्तम् | स्तम्यास्त |
| स्तमितास्मि | स्तमितास्वः | स्तमितास्मः | स्तम्यासम् | स्तम्यास्व | स्तम्यास्म |

| तस्ताम | तस्तमतुः | तस्तमुः | अस्तमीत् -द् | अस्तमिष्टाम् | अस्तमिषुः |
| तस्तमिथ | तस्तमथुः | तस्तम | अस्तमीः | अस्तमिष्टम् | अस्तमिष्ट |
| तस्ताम तस्तम | तस्तमिव | तस्तमिम | अस्तमिषम् | अस्तमिष्व | अस्तमिष्म |

वृत् ।

ध्वन्यन्ताः ष्टम्यन्ता घटादय इति मतद्वयम् ।

831 अथ ज्वलादिः अन्तर्गणः । 3.1.140 ज्वलितिकसन्तेभ्यो णः ।

ज्वल दीप्तौ इत्येवम् आदिभ्यो धातुभ्यः कस गतौ इत्येवम् अन्तेभ्यः विभाषा णः प्रत्ययः भवति । पक्षे अच् ।

493

**831 ज्वल दीप्तौ । ज्वलँ । ज्वल् । ज्वलति । P । सेट् । अ० ।** glow, light up

7.2.2 **अतो ल्रान्तस्य** । Famous words **प्रज्वलयन् प्रज्वलन्ती** ।

| | | | | | |
|---|---|---|---|---|---|
| ज्वलति | ज्वलतः | ज्वलन्ति | अज्वलत् -द् | अज्वलताम् | अज्वलन् |
| ज्वलसि | ज्वलथः | ज्वलथ | अज्वलः | अज्वलतम् | अज्वलत |
| ज्वलामि | ज्वलावः | ज्वलामः | अज्वलम् | अज्वलाव | अज्वलाम |

| | | | | | |
|---|---|---|---|---|---|
| ज्वलतु -तात् -द् | ज्वलताम् | ज्वलन्तु | ज्वलेत् -द् | ज्वलेताम् | ज्वलेयुः |
| ज्वल -तात् -द् | ज्वलतम् | ज्वलत | ज्वलेः | ज्वलेतम् | ज्वलेत |
| ज्वलानि | ज्वलाव | ज्वलाम | ज्वलेयम् | ज्वलेव | ज्वलेम |

| | | | | | |
|---|---|---|---|---|---|
| ज्वलिष्यति | ज्वलिष्यतः | ज्वलिष्यन्ति | अज्वलिष्यत् -द् | अज्वलिष्यताम् | अज्वलिष्यन् |
| ज्वलिष्यसि | ज्वलिष्यथः | ज्वलिष्यथ | अज्वलिष्यः | अज्वलिष्यतम् | अज्वलिष्यत |
| ज्वलिष्यामि | ज्वलिष्यावः | ज्वलिष्यामः | अज्वलिष्यम् | अज्वलिष्याव | अज्वलिष्याम |

| | | | | | |
|---|---|---|---|---|---|
| ज्वलिता | ज्वलितारौ | ज्वलितारः | ज्वल्यात् -द् | ज्वल्यास्ताम् | ज्वल्यासुः |
| ज्वलितासि | ज्वलितास्थः | ज्वलितास्थ | ज्वल्याः | ज्वल्यास्तम् | ज्वल्यास्त |
| ज्वलितास्मि | ज्वलितास्वः | ज्वलितास्मः | ज्वल्यासम् | ज्वल्यास्व | ज्वल्यास्म |

| | | | | | |
|---|---|---|---|---|---|
| जज्वाल | जज्वलतुः | जज्वलुः | अज्वालीत् -द् | अज्वालिष्टाम् | अज्वालिषुः |
| जज्वलिथ | जज्वलथुः | जज्वल | अज्वालीः | अज्वालिष्टम् | अज्वालिष्ट |
| जज्वाल जज्वल | जज्वलिव | जज्वलिम | अज्वालिषम् | अज्वालिष्व | अज्वालिष्म |

**832 चल कम्पने । चलँ । चल् । चलति । P । सेट् । अ० ।** move, palpitate, throb, shake, stir

| | | | | | |
|---|---|---|---|---|---|
| चलति | चलतः | चलन्ति | अचलत् -द् | अचलताम् | अचलन् |
| चलसि | चलथः | चलथ | अचलः | अचलतम् | अचलत |
| चलामि | चलावः | चलामः | अचलम् | अचलाव | अचलाम |

| | | | | | |
|---|---|---|---|---|---|
| चलतु | चलताम् | चलन्तु | चलेत् -द् | चलेताम् | चलेयुः |
| चल | चलतम् | चलत | चलेः | चलेतम् | चलेत |
| चलानि | चलाव | चलाम | चलेयम् | चलेव | चलेम |

| | | | | | |
|---|---|---|---|---|---|
| चलिष्यति | चलिष्यतः | चलिष्यन्ति | अचलिष्यत् -द् | अचलिष्यताम् | अचलिष्यन् |
| चलिष्यसि | चलिष्यथः | चलिष्यथ | अचलिष्यः | अचलिष्यतम् | अचलिष्यत |
| चलिष्यामि | चलिष्यावः | चलिष्यामः | अचलिष्यम् | अचलिष्याव | अचलिष्याम |

| | | | | | |
|---|---|---|---|---|---|
| चलिता | चलितारौ | चलितारः | चल्यात् -द् | चल्यास्ताम् | चल्यासुः |
| चलितासि | चलितास्थः | चलितास्थ | चल्याः | चल्यास्तम् | चल्यास्त |
| चलितास्मि | चलितास्वः | चलितास्मः | चल्यासम् | चल्यास्व | चल्यास्म |

| | | | | | |
|---|---|---|---|---|---|
| चचाल | चेलतुः | चेलुः | अचालीत् -द् | अचालिष्टाम् | अचालिषुः |
| चेलिथ | चेलथुः | चेल | अचालीः | अचालिष्टम् | अचालिष्ट |
| चचाल चचल | चेलिव | चेलिम | अचालिषम् | अचालिष्व | अचालिष्म |

## 833 जल घातने । जलँ । जल् । जलति । P । सेट् । स० । be sharp, make sharp, be wealthy

| | | | | | |
|---|---|---|---|---|---|
| जलति | जलतः | जलन्ति | अजलत् -द् | अजलताम् | अजलन् |
| जलसि | जलथः | जलथ | अजलः | अजलतम् | अजलत |
| जलामि | जलावः | जलामः | अजलम् | अजलाव | अजलाम |
| | | | | | |
| जलतु | जलताम् | जलन्तु | जलेत् -द् | जलेताम् | जलेयुः |
| जल | जलतम् | जलत | जलेः | जलेतम् | जलेत |
| जलानि | जलाव | जलाम | जलेयम् | जलेव | जलेम |
| | | | | | |
| जलिष्यति | जलिष्यतः | जलिष्यन्ति | अजलिष्यत् -द् | अजलिष्यताम् | अजलिष्यन् |
| जलिष्यसि | जलिष्यथः | जलिष्यथ | अजलिष्यः | अजलिष्यतम् | अजलिष्यत |
| जलिष्यामि | जलिष्यावः | जलिष्यामः | अजलिष्यम् | अजलिष्याव | अजलिष्याम |
| | | | | | |
| जलिता | जलितारौ | जलितारः | जल्यात् -द् | जल्यास्ताम् | जल्यासुः |
| जलितासि | जलितास्थः | जलितास्थ | जल्याः | जल्यास्तम् | जल्यास्त |
| जलितास्मि | जलितास्वः | जलितास्मः | जल्यासम् | जल्यास्व | जल्यास्म |
| | | | | | |
| जजाल | जेलतुः | जेलुः | अजालीत् -द् | अजालिष्टाम् | अजालिषुः |
| जेलिथ | जेलथुः | जेल | अजालीः | अजालिष्टम् | अजालिष्ट |
| जजाल जजल | जेलिव | जेलिम | अजालिषम् | अजालिष्व | अजालिष्म |

## 834 टल वैक्लव्ये । टलँ । टल् । टलति । P । सेट् । अ० । be perturbed, aggrieved, heart burn

| | | | | | |
|---|---|---|---|---|---|
| टलति | टलतः | टलन्ति | अटलत् -द् | अटलताम् | अटलन् |
| टलसि | टलथः | टलथ | अटलः | अटलतम् | अटलत |
| टलामि | टलावः | टलामः | अटलम् | अटलाव | अटलाम |
| | | | | | |
| टलतु | टलताम् | टलन्तु | टलेत् -द् | टलेताम् | टलेयुः |
| टल | टलतम् | टलत | टलेः | टलेतम् | टलेत |
| टलानि | टलाव | टलाम | टलेयम् | टलेव | टलेम |
| | | | | | |
| टलिष्यति | टलिष्यतः | टलिष्यन्ति | अटलिष्यत् -द् | अटलिष्यताम् | अटलिष्यन् |
| टलिष्यसि | टलिष्यथः | टलिष्यथ | अटलिष्यः | अटलिष्यतम् | अटलिष्यत |
| टलिष्यामि | टलिष्यावः | टलिष्यामः | अटलिष्यम् | अटलिष्याव | अटलिष्याम |
| | | | | | |
| टलिता | टलितारौ | टलितारः | टल्यात् -द् | टल्यास्ताम् | टल्यासुः |
| टलितासि | टलितास्थः | टलितास्थ | टल्याः | टल्यास्तम् | टल्यास्त |
| टलितास्मि | टलितास्वः | टलितास्मः | टल्यासम् | टल्यास्व | टल्यास्म |
| | | | | | |
| टटाल | टेलतुः | टेलुः | अटालीत् -द् | अटालिष्टाम् | अटालिषुः |
| टेलिथ | टेलथुः | टेल | अटालीः | अटालिष्टम् | अटालिष्ट |
| टटाल टटल | टेलिव | टेलिम | अटालिषम् | अटालिष्व | अटालिष्म |

835 ह्वल वैक्लव्ये । ह्वलँ । ह्वल् । ह्वलति । P । सेट् । अ० । be perturbed, be aggrieved 7.2.2

| | | | | | |
|---|---|---|---|---|---|
| ह्वलति | ह्वलतः | ह्वलन्ति | अह्वलत् -द् | अह्वलताम् | अह्वलन् |
| ह्वलसि | ह्वलथः | ह्वलथ | अह्वलः | अह्वलतम् | अह्वलत |
| ह्वलामि | ह्वलावः | ह्वलामः | अह्वलम् | अह्वलाव | अह्वलाम |

| | | | | | |
|---|---|---|---|---|---|
| ह्वलतु | ह्वलताम् | ह्वलन्तु | ह्वलेत् -द् | ह्वलेताम् | ह्वलेयुः |
| ह्वल | ह्वलतम् | ह्वलत | ह्वलेः | ह्वलेतम् | ह्वलेत |
| ह्वलानि | ह्वलाव | ह्वलाम | ह्वलेयम् | ह्वलेव | ह्वलेम |

| | | | | | |
|---|---|---|---|---|---|
| ह्वलिष्यति | ह्वलिष्यतः | ह्वलिष्यन्ति | अह्वलिष्यत् -द् | अह्वलिष्यताम् | अह्वलिष्यन् |
| ह्वलिष्यसि | ह्वलिष्यथः | ह्वलिष्यथ | अह्वलिष्यः | अह्वलिष्यतम् | अह्वलिष्यत |
| ह्वलिष्यामि | ह्वलिष्यावः | ह्वलिष्यामः | अह्वलिष्यम् | अह्वलिष्याव | अह्वलिष्याम |

| | | | | | |
|---|---|---|---|---|---|
| ट्वलिता | ट्वलितारौ | ट्वलितारः | ट्वल्यात् -द् | ट्वल्यास्ताम् | ट्वल्यासुः |
| ट्वलितासि | ट्वलितास्थः | ट्वलितास्थ | ट्वल्याः | ट्वल्यास्तम् | ट्वल्यास्त |
| ट्वलितास्मि | ट्वलितास्वः | ट्वलितास्मः | ट्वल्यासम् | ट्वल्यास्व | ट्वल्यास्म |

| | | | | | |
|---|---|---|---|---|---|
| टह्वाल | टह्वलतुः | टह्वलुः | अह्वालीत् -द् | अह्वालिष्टाम् | अह्वालिषुः |
| टह्वलिथ | टह्वलथुः | टह्वल | अह्वालीः | अह्वालिष्टम् | अह्वालिष्ट |
| टह्वाल टह्वल | टह्वलिव | टह्वलिम | अह्वालिषम् | अह्वालिष्व | अह्वालिष्म |

836 ष्ठल स्थाने । ष्ठलँ । स्थल् । स्थलति । P । सेट् । अ० । stand firm, be firm
6.1.64 धात्वादेः षः सः । "निमित्ताऽपाये नैमित्तिकस्याप्यपायः" इति न्यायेन ठ् थ् ।

| | | | | | |
|---|---|---|---|---|---|
| स्थलति | स्थलतः | स्थलन्ति | अस्थलत् -द् | अस्थलताम् | अस्थलन् |
| स्थलसि | स्थलथः | स्थलथ | अस्थलः | अस्थलतम् | अस्थलत |
| स्थलामि | स्थलावः | स्थलामः | अस्थलम् | अस्थलाव | अस्थलाम |

| | | | | | |
|---|---|---|---|---|---|
| स्थलतु | स्थलताम् | स्थलन्तु | स्थलेत् -द् | स्थलेताम् | स्थलेयुः |
| स्थल | स्थलतम् | स्थलत | स्थलेः | स्थलेतम् | स्थलेत |
| स्थलानि | स्थलाव | स्थलाम | स्थलेयम् | स्थलेव | स्थलेम |

| | | | | | |
|---|---|---|---|---|---|
| स्थलिष्यति | स्थलिष्यतः | स्थलिष्यन्ति | अस्थलिष्यत् -द् | अस्थलिष्यताम् | अस्थलिष्यन् |
| स्थलिष्यसि | स्थलिष्यथः | स्थलिष्यथ | अस्थलिष्यः | अस्थलिष्यतम् | अस्थलिष्यत |
| स्थलिष्यामि | स्थलिष्यावः | स्थलिष्यामः | अस्थलिष्यम् | अस्थलिष्याव | अस्थलिष्याम |

| | | | | | |
|---|---|---|---|---|---|
| स्थलिता | स्थलितारौ | स्थलितारः | स्थल्यात् -द् | स्थल्यास्ताम् | स्थल्यासुः |
| स्थलितासि | स्थलितास्थः | स्थलितास्थ | स्थल्याः | स्थल्यास्तम् | स्थल्यास्त |
| स्थलितास्मि | स्थलितास्वः | स्थलितास्मः | स्थल्यासम् | स्थल्यास्व | स्थल्यास्म |

| | | | | | |
|---|---|---|---|---|---|
| तस्थाल | तस्थलतुः | तस्थलुः | अस्थालीत् -द् | अस्थालिष्टाम् | अस्थालिषुः |
| तस्थलिथ | तस्थलथुः | तस्थल | अस्थालीः | अस्थालिष्टम् | अस्थालिष्ट |
| तस्थाल तस्थल | तस्थलिव | तस्थलिम | अस्थालिषम् | अस्थालिष्व | अस्थालिष्म |

## 837 हल विलेखने । आकर्षणे । हलँ । हल् । हलति । P । सेट् । स० । plough, do farming

| | | | | | |
|---|---|---|---|---|---|
| हलति | हलतः | हलन्ति | अहलत् -द् | अहलताम् | अहलन् |
| हलसि | हलथः | हलथ | अहलः | अहलतम् | अहलत |
| हलामि | हलावः | हलामः | अहलम् | अहलाव | अहलाम |
| | | | | | |
| हलतु | हलताम् | हलन्तु | हलेत् -द् | हलेताम् | हलेयुः |
| हल | हलतम् | हलत | हलेः | हलेतम् | हलेत |
| हलानि | हलाव | हलाम | हलेयम् | हलेव | हलेम |
| | | | | | |
| हलिष्यति | हलिष्यतः | हलिष्यन्ति | अहलिष्यत् -द् | अहलिष्यताम् | अहलिष्यन् |
| हलिष्यसि | हलिष्यथः | हलिष्यथ | अहलिष्यः | अहलिष्यतम् | अहलिष्यत |
| हलिष्यामि | हलिष्यावः | हलिष्यामः | अहलिष्यम् | अहलिष्याव | अहलिष्याम |
| | | | | | |
| हलिता | हलितारौ | हलितारः | हल्यात् -द् | हल्यास्ताम् | हल्यासुः |
| हलितासि | हलितास्थः | हलितास्थ | हल्याः | हल्यास्तम् | हल्यास्त |
| हलितास्मि | हलितास्वः | हलितास्मः | हल्यासम् | हल्यास्व | हल्यास्म |
| | | | | | |
| जहाल | जहलतुः | जहलुः | अहालीत् -द् | अहालिष्टाम् | अहालिषुः |
| जहलिथ | जहलथुः | जहल | अहालीः | अहालिष्टम् | अहालिष्ट |
| जहाल जहल | जहलिव | जहलिम | अहालिषम् | अहालिष्व | अहालिष्म |

## 838 णल गन्धे । बन्धने इत्येके । णलँ । नल् । नलति । P । सेट् । स० । smell, sense odour, bind

| | | | | | |
|---|---|---|---|---|---|
| नलति | नलतः | नलन्ति | अनलत् -द् | अनलताम् | अनलन् |
| नलसि | नलथः | नलथ | अनलः | अनलतम् | अनलत |
| नलामि | नलावः | नलामः | अनलम् | अनलाव | अनलाम |
| | | | | | |
| नलतु | नलताम् | नलन्तु | नलेत् -द् | नलेताम् | नलेयुः |
| नल | नलतम् | नलत | नलेः | नलेतम् | नलेत |
| नलानि | नलाव | नलाम | नलेयम् | नलेव | नलेम |
| | | | | | |
| नलिष्यति | नलिष्यतः | नलिष्यन्ति | अनलिष्यत् -द् | अनलिष्यताम् | अनलिष्यन् |
| नलिष्यसि | नलिष्यथः | नलिष्यथ | अनलिष्यः | अनलिष्यतम् | अनलिष्यत |
| नलिष्यामि | नलिष्यावः | नलिष्यामः | अनलिष्यम् | अनलिष्याव | अनलिष्याम |
| | | | | | |
| नलिता | नलितारौ | नलितारः | नल्यात् -द् | नल्यास्ताम् | नल्यासुः |
| नलितासि | नलितास्थः | नलितास्थ | नल्याः | नल्यास्तम् | नल्यास्त |
| नलितास्मि | नलितास्वः | नलितास्मः | नल्यासम् | नल्यास्व | नल्यास्म |

| | | | | | |
|---|---|---|---|---|---|
| ननाल | नेलतुः | नेलुः | अनालीत् -द् | अनालिष्टाम् | अनालिषुः |
| नेलिथ | नेलथुः | नेल | अनालीः | अनालिष्टम् | अनालिष्ट |
| ननाल ननल | नेलिव | नेलिम | अनालिषम् | अनालिष्व | अनालिष्म |

839 **पल गतौ** । **पलँ** । **पल्** । **पलति** । P । **सेट्** । **स०** । go away

| | | | | | |
|---|---|---|---|---|---|
| पलति | पलतः | पलन्ति | अपलत् -द् | अपलताम् | अपलन् |
| पलसि | पलथः | पलथ | अपलः | अपलतम् | अपलत |
| पलामि | पलावः | पलामः | अपलम् | अपलाव | अपलाम |
| | | | | | |
| पलतु | पलताम् | पलन्तु | पलेत् -द् | पलेताम् | पलेयुः |
| पल | पलतम् | पलत | पलेः | पलेतम् | पलेत |
| पलानि | पलाव | पलाम | पलेयम् | पलेव | पलेम |
| | | | | | |
| पलिष्यति | पलिष्यतः | पलिष्यन्ति | अपलिष्यत् -द् | अपलिष्यताम् | अपलिष्यन् |
| पलिष्यसि | पलिष्यथः | पलिष्यथ | अपलिष्यः | अपलिष्यतम् | अपलिष्यत |
| पलिष्यामि | पलिष्यावः | पलिष्यामः | अपलिष्यम् | अपलिष्याव | अपलिष्याम |
| | | | | | |
| पलिता | पलितारौ | पलितारः | पल्यात् -द् | पल्यास्ताम् | पल्यासुः |
| पलितासि | पलितास्थः | पलितास्थ | पल्याः | पल्यास्तम् | पल्यास्त |
| पलितास्मि | पलितास्वः | पलितास्मः | पल्यासम् | पल्यास्व | पल्यास्म |
| | | | | | |
| पपाल | पेलतुः | पेलुः | अपालीत् -द् | अपालिष्टाम् | अपालिषुः |
| पेलिथ | पेलथुः | पेल | अपालीः | अपालिष्टम् | अपालिष्ट |
| पपाल पपल | पेलिव | पेलिम | अपालिषम् | अपालिष्व | अपालिष्म |

840 **बल प्राणने धान्यावरोधने च** । **बलँ** । **बल्** । **बलति** । P । **सेट्** । **अ०*** । breathe, live, hoard grain

| | | | | | |
|---|---|---|---|---|---|
| बलति | बलतः | बलन्ति | अबलत् -द् | अबलताम् | अबलन् |
| बलसि | बलथः | बलथ | अबलः | अबलतम् | अबलत |
| बलामि | बलावः | बलामः | अबलम् | अबलाव | अबलाम |
| | | | | | |
| बलतु | बलताम् | बलन्तु | बलेत् -द् | बलेताम् | बलेयुः |
| बल | बलतम् | बलत | बलेः | बलेतम् | बलेत |
| बलानि | बलाव | बलाम | बलेयम् | बलेव | बलेम |
| | | | | | |
| बलिष्यति | बलिष्यतः | बलिष्यन्ति | अबलिष्यत् -द् | अबलिष्यताम् | अबलिष्यन् |
| बलिष्यसि | बलिष्यथः | बलिष्यथ | अबलिष्यः | अबलिष्यतम् | अबलिष्यत |
| बलिष्यामि | बलिष्यावः | बलिष्यामः | अबलिष्यम् | अबलिष्याव | अबलिष्याम |
| | | | | | |
| बलिता | बलितारौ | बलितारः | बल्यात् -द् | बल्यास्ताम् | बल्यासुः |
| बलितासि | बलितास्थः | बलितास्थ | बल्याः | बल्यास्तम् | बल्यास्त |
| बलितास्मि | बलितास्वः | बलितास्मः | बल्यासम् | बल्यास्व | बल्यास्म |

| | | | | | |
|---|---|---|---|---|---|
| बबाल | बेलतुः | बेलुः | अबालीत् -द् | अबालिष्टाम् | अबालिषुः |
| बेलिथ | बेलथुः | बेल | अबालीः | अबालिष्टम् | अबालिष्ट |
| बबाल बबल | बेलिव | बेलिम | अबालिषम् | अबालिष्व | अबालिष्म |

**841 पुल महत्त्वे । पुलँ । पुल् । पोलति । P । सेट् । अ० । be great, be large, be high**

| | | | | | |
|---|---|---|---|---|---|
| पोलति | पोलतः | पोलन्ति | अपोलत् -द् | अपोलताम् | अपोलन् |
| पोलसि | पोलथः | पोलथ | अपोलः | अपोलतम् | अपोलत |
| पोलामि | पोलावः | पोलामः | अपोलम् | अपोलाव | अपोलाम |
| पोलतु | पोलताम् | पोलन्तु | पोलेत् -द् | पोलेताम् | पोलेयुः |
| पोल | पोलतम् | पोलत | पोलेः | पोलेतम् | पोलेत |
| पोलानि | पोलाव | पोलाम | पोलेयम् | पोलेव | पोलेम |
| पोलिष्यति | पोलिष्यतः | पोलिष्यन्ति | अपोलिष्यत् -द् | अपोलिष्यताम् | अपोलिष्यन् |
| पोलिष्यसि | पोलिष्यथः | पोलिष्यथ | अपोलिष्यः | अपोलिष्यतम् | अपोलिष्यत |
| पोलिष्यामि | पोलिष्यावः | पोलिष्यामः | अपोलिष्यम् | अपोलिष्याव | अपोलिष्याम |
| पोलिता | पोलितारौ | पोलितारः | पुल्यात् -द् | पुल्यास्ताम् | पुल्यासुः |
| पोलितासि | पोलितास्थः | पोलितास्थ | पुल्याः | पुल्यास्तम् | पुल्यास्त |
| पोलितास्मि | पोलितास्वः | पोलितास्मः | पुल्यासम् | पुल्यास्व | पुल्यास्म |
| पुपोल | पुपुलतुः | पुपुलुः | अपोलीत् -द् | अपोलिष्टाम् | अपोलिषुः |
| पुपोलिथ | पुपुलथुः | पुपुल | अपोलीः | अपोलिष्टम् | अपोलिष्ट |
| पुपोल | पुपुलिव | पुपुलिम | अपोलिषम् | अपोलिष्व | अपोलिष्म |

**842 कुल संस्त्याने बन्धुषु च । कुलँ । कुल् । कोलति । P । सेट् । अ० । accumulate, be related, count**

| | | | | | |
|---|---|---|---|---|---|
| कोलति | कोलतः | कोलन्ति | अकोलत् -द् | अकोलताम् | अकोलन् |
| कोलसि | कोलथः | कोलथ | अकोलः | अकोलतम् | अकोलत |
| कोलामि | कोलावः | कोलामः | अकोलम् | अकोलाव | अकोलाम |
| कोलतु | कोलताम् | कोलन्तु | कोलेत् -द् | कोलेताम् | कोलेयुः |
| कोल | कोलतम् | कोलत | कोलेः | कोलेतम् | कोलेत |
| कोलानि | कोलाव | कोलाम | कोलेयम् | कोलेव | कोलेम |
| कोलिष्यति | कोलिष्यतः | कोलिष्यन्ति | अकोलिष्यत् -द् | अकोलिष्यताम् | अकोलिष्यन् |
| कोलिष्यसि | कोलिष्यथः | कोलिष्यथ | अकोलिष्यः | अकोलिष्यतम् | अकोलिष्यत |
| कोलिष्यामि | कोलिष्यावः | कोलिष्यामः | अकोलिष्यम् | अकोलिष्याव | अकोलिष्याम |
| कोलिता | कोलितारौ | कोलितारः | कुल्यात् -द् | कुल्यास्ताम् | कुल्यासुः |
| कोलितासि | कोलितास्थः | कोलितास्थ | कुल्याः | कुल्यास्तम् | कुल्यास्त |
| कोलितास्मि | कोलितास्वः | कोलितास्मः | कुल्यासम् | कुल्यास्व | कुल्यास्म |

| चुकोल | चुकुलतुः | चुकुलुः | अकोलीत् -द् | अकोलिष्टाम् | अकोलिषुः |
| चुकोलिथ | चुकुलथुः | चुकुल | अकोलीः | अकोलिष्टम् | अकोलिष्ट |
| चुकोल | चुकुलिव | चुकुलिम | अकोलिषम् | अकोलिष्व | अकोलिष्म |

**843 शल गतौ । शलँ । शल् । शलति । P । सेट् । स० । move, run, go fast**

| शलति | शलतः | शलन्ति | अशलत् -द् | अशलताम् | अशलन् |
| शलसि | शलथः | शलथ | अशलः | अशलतम् | अशलत |
| शलामि | शलावः | शलामः | अशलम् | अशलाव | अशलाम |

| शलतु | शलताम् | शलन्तु | शलेत् -द् | शलेताम् | शलेयुः |
| शल | शलतम् | शलत | शलेः | शलेतम् | शलेत |
| शलानि | शलाव | शलाम | शलेयम् | शलेव | शलेम |

| शलिष्यति | शलिष्यतः | शलिष्यन्ति | अशलिष्यत् -द् | अशलिष्यताम् | अशलिष्यन् |
| शलिष्यसि | शलिष्यथः | शलिष्यथ | अशलिष्यः | अशलिष्यतम् | अशलिष्यत |
| शलिष्यामि | शलिष्यावः | शलिष्यामः | अशलिष्यम् | अशलिष्याव | अशलिष्याम |

| शलिता | शलितारौ | शलितारः | शल्यात् -द् | शल्यास्ताम् | शल्यासुः |
| शलितासि | शलितास्थः | शलितास्थ | शल्याः | शल्यास्तम् | शल्यास्त |
| शलितास्मि | शलितास्वः | शलितास्मः | शल्यासम् | शल्यास्व | शल्यास्म |

| शशाल | शेलतुः | शेलुः | अशालीत् -द् | अशालिष्टाम् | अशालिषुः |
| शेलिथ | शेलथुः | शेल | अशालीः | अशालिष्टम् | अशालिष्ट |
| शशाल शशल | शेलिव | शेलिम | अशालिषम् | अशालिष्व | अशालिष्म |

**844 हुल गतौ । हिंसासंवरणयोश्च । हुलँ । हुल् । होलति । P । सेट् । स० । go, cover, hide**

| होलति | होलतः | होलन्ति | अहोलत् -द् | अहोलताम् | अहोलन् |
| होलसि | होलथः | होलथ | अहोलः | अहोलतम् | अहोलत |
| होलामि | होलावः | होलामः | अहोलम् | अहोलाव | अहोलाम |

| होलतु | होलताम् | होलन्तु | होलेत् -द् | होलेताम् | होलेयुः |
| होल | होलतम् | होलत | होलेः | होलेतम् | होलेत |
| होलानि | होलाव | होलाम | होलेयम् | होलेव | होलेम |

| होलिष्यति | होलिष्यतः | होलिष्यन्ति | अहोलिष्यत् -द् | अहोलिष्यताम् | अहोलिष्यन् |
| होलिष्यसि | होलिष्यथः | होलिष्यथ | अहोलिष्यः | अहोलिष्यतम् | अहोलिष्यत |
| होलिष्यामि | होलिष्यावः | होलिष्यामः | अहोलिष्यम् | अहोलिष्याव | अहोलिष्याम |

| होलिता | होलितारौ | होलितारः | हुल्यात् -द् | हुल्यास्ताम् | हुल्यासुः |
| होलितासि | होलितास्थः | होलितास्थ | हुल्याः | हुल्यास्तम् | हुल्यास्त |
| होलितास्मि | होलितास्वः | होलितास्मः | हुल्यासम् | हुल्यास्व | हुल्यास्म |

| | | | | | |
|---|---|---|---|---|---|
| जुहोल | जुहुलतुः | जुहुलुः | अहोलीत् -द् | अहोलिष्टाम् | अहोलिषुः |
| जुहोलिथ | जुहुलथुः | जुहुल | अहोलीः | अहोलिष्टम् | अहोलिष्ट |
| जुहोल | जुहुलिव | जुहुलिम | अहोलिषम् | अहोलिष्व | अहोलिष्म |

845 **पतॢ गतौ । हुल हिंसासायां संवरणे च । पतॢँ । पत् । पतति** । P । **सेट्** । **अ०** । fall, climb, do superlative effort. *Famous words* **पतितः** , **पतन्** । 2.1.24 **द्वितीया श्रितातीतपतितगतात्यस्तप्राप्तापन्नैः** । 3.1.55 **पुषादिद्युताद्यॢदितः परस्मैपदेषु** । 7.4.19 **पतः पुम्** ।

| | | | | | |
|---|---|---|---|---|---|
| पतति | पततः | पतन्ति | अपतत् -द् | अपतताम् | अपतन् |
| पतसि | पतथः | पतथ | अपतः | अपततम् | अपतत |
| पतामि | पतावः | पतामः | अपतम् | अपताव | अपताम |
| पततु | पतताम् | पतन्तु | पतेत् -द् | पतेताम् | पतेयुः |
| पत | पततम् | पतत | पतेः | पतेतम् | पतेत |
| पतानि | पताव | पताम | पतेयम् | पतेव | पतेम |
| पतिष्यति | पतिष्यतः | पतिष्यन्ति | अपतिष्यत् -द् | अपतिष्यताम् | अपतिष्यन् |
| पतिष्यसि | पतिष्यथः | पतिष्यथ | अपतिष्यः | अपतिष्यतम् | अपतिष्यत |
| पतिष्यामि | पतिष्यावः | पतिष्यामः | अपतिष्यम् | अपतिष्याव | अपतिष्याम |
| पतिता | पतितारौ | पतितारः | पत्यात् -द् | पत्यास्ताम् | पत्यासुः |
| पतितासि | पतितास्थः | पतितास्थ | पत्याः | पत्यास्तम् | पत्यास्त |
| पतितास्मि | पतितास्वः | पतितास्मः | पत्यासम् | पत्यास्व | पत्यास्म |
| पपात | पेततुः | पेतुः | अपप्तत् -द् | अपप्तताम् | अपप्तन् |
| पेतिथ | पेतथुः | पेत | अपप्तः | अपप्ततम् | अपप्तत |
| पपात पपत | पेतिव | पेतिम | अपप्तम् | अपप्ताव | अपप्ताम |

846 **क्नथे निष्पाके । क्नथैँ । क्नथ् । क्नथति** । P । **सेट्** । **अ०*** । boil, digest, cook, decoct medicinally

| | | | | | |
|---|---|---|---|---|---|
| क्नथति | क्नथतः | क्नथन्ति | अक्नथत् -द् | अक्नथताम् | अक्नथन् |
| क्नथसि | क्नथथः | क्नथथ | अक्नथः | अक्नथतम् | अक्नथत |
| क्नथामि | क्नथावः | क्नथामः | अक्नथम् | अक्नथाव | अक्नथाम |
| क्नथतु | क्नथताम् | क्नथन्तु | क्नथेत् -द् | क्नथेताम् | क्नथेयुः |
| क्नथ | क्नथतम् | क्नथत | क्नथेः | क्नथेतम् | क्नथेत |
| क्नथानि | क्नथाव | क्नथाम | क्नथेयम् | क्नथेव | क्नथेम |
| क्नथिष्यति | क्नथिष्यतः | क्नथिष्यन्ति | अक्नथिष्यत् -द् | अक्नथिष्यताम् | अक्नथिष्यन् |
| क्नथिष्यसि | क्नथिष्यथः | क्नथिष्यथ | अक्नथिष्यः | अक्नथिष्यतम् | अक्नथिष्यत |
| क्नथिष्यामि | क्नथिष्यावः | क्नथिष्यामः | अक्नथिष्यम् | अक्नथिष्याव | अक्नथिष्याम |
| क्नथिता | क्नथितारौ | क्नथितारः | क्नथ्यात् -द् | क्नथ्यास्ताम् | क्नथ्यासुः |

| | | | | | |
|---|---|---|---|---|---|
| क्वथितासि | क्वथितास्थः | क्वथितास्थ | क्वथ्याः | क्वथ्यास्तम् | क्वथ्यास्त |
| क्वथितास्मि | क्वथितास्वः | क्वथितास्मः | क्वथ्यासम् | क्वथ्यास्व | क्वथ्यास्म |

| | | | | | |
|---|---|---|---|---|---|
| चक्वाथ | चक्वथतुः | चक्वथुः | अक्वथीत् -द् | अक्वथिष्टाम् | अक्वथिषुः |
| चक्वथिथ | चक्वथथुः | चक्वथ | अक्वथीः | अक्वथिष्टम् | अक्वथिष्ट |
| चक्वाथ चक्वथ | चक्वथिव | चक्वथिम | अक्वथिषम् | अक्वथिष्व | अक्वथिष्म |

847 **पथे गतौ । पथैँ । पथ् । पथति** । P । **सेट्** । **स०** । go, throw, leave 8.3.59 6.1.97

| | | | | | |
|---|---|---|---|---|---|
| पथति | पथतः | पथन्ति | अपथत् -द् | अपथताम् | अपथन् |
| पथसि | पथथः | पथथ | अपथः | अपथतम् | अपथत |
| पथामि | पथावः | पथामः | अपथम् | अपथाव | अपथाम |

| | | | | | |
|---|---|---|---|---|---|
| पथतु | पथताम् | पथन्तु | पथेत् -द् | पथेताम् | पथेयुः |
| पथ | पथतम् | पथत | पथेः | पथेतम् | पथेत |
| पथानि | पथाव | पथाम | पथेयम् | पथेव | पथेम |

| | | | | | |
|---|---|---|---|---|---|
| पथिष्यति | पथिष्यतः | पथिष्यन्ति | अपथिष्यत् -द् | अपथिष्यताम् | अपथिष्यन् |
| पथिष्यसि | पथिष्यथः | पथिष्यथ | अपथिष्यः | अपथिष्यतम् | अपथिष्यत |
| पथिष्यामि | पथिष्यावः | पथिष्यामः | अपथिष्यम् | अपथिष्याव | अपथिष्याम |

| | | | | | |
|---|---|---|---|---|---|
| पथिता | पथितारौ | पथितारः | पथ्यात् -द् | पथ्यास्ताम् | पथ्यासुः |
| पथितासि | पथितास्थः | पथितास्थ | पथ्याः | पथ्यास्तम् | पथ्यास्त |
| पथितास्मि | पथितास्वः | पथितास्मः | पथ्यासम् | पथ्यास्व | पथ्यास्म |

| | | | | | |
|---|---|---|---|---|---|
| पपाथ | पेथतुः | पेथुः | अपथीत् -द् | अपथिष्टाम् | अपथिषुः |
| पेथिथ | पेथथुः | पेथ | अपथीः | अपथिष्टम् | अपथिष्ट |
| पपाथ पपथ | पेथिव | पेथिम | अपथिषम् | अपथिष्व | अपथिष्म |

848 **मथे विलोडने । मथैँ । मथ् । मथति** । P । **सेट्** । **स०** । stir, churn, discuss

| | | | | | |
|---|---|---|---|---|---|
| मथति | मथतः | मथन्ति | अमथत् -द् | अमथताम् | अमथन् |
| मथसि | मथथः | मथथ | अमथः | अमथतम् | अमथत |
| मथामि | मथावः | मथामः | अमथम् | अमथाव | अमथाम |

| | | | | | |
|---|---|---|---|---|---|
| मथतु | मथताम् | मथन्तु | मथेत् -द् | मथेताम् | मथेयुः |
| मथ | मथतम् | मथत | मथेः | मथेतम् | मथेत |
| मथानि | मथाव | मथाम | मथेयम् | मथेव | मथेम |

| | | | | | |
|---|---|---|---|---|---|
| मथिष्यति | मथिष्यतः | मथिष्यन्ति | अमथिष्यत् -द् | अमथिष्यताम् | अमथिष्यन् |
| मथिष्यसि | मथिष्यथः | मथिष्यथ | अमथिष्यः | अमथिष्यतम् | अमथिष्यत |
| मथिष्यामि | मथिष्यावः | मथिष्यामः | अमथिष्यम् | अमथिष्याव | अमथिष्याम |

| | | | | | |
|---|---|---|---|---|---|
| मथिता | मथितारौ | मथितारः | मथ्यात् -द् | मथ्यास्ताम् | मथ्यासुः |
| मथितासि | मथितास्थः | मथितास्थ | मथ्याः | मथ्यास्तम् | मथ्यास्त |

| | | | | | |
|---|---|---|---|---|---|
| मथितास्मि | मथितास्वः | मथितास्मः | मथ्यासम् | मथ्यास्व | मथ्यास्म |

| | | | | | |
|---|---|---|---|---|---|
| ममाथ | मेथतुः | मेथुः | अमथीत् -द् | अमथिष्टाम् | अमथिषुः |
| मेथिथ | मेथथुः | मेथ | अमथीः | अमथिष्टम् | अमथिष्ट |
| ममाथ ममथ | मेथिव | मेथिम | अमथिषम् | अमथिष्व | अमथिष्म |

## 849 Application of गणसूत्र = जनी-जॄष्-क्नसु-रञ्जोऽमन्ताश्च ।

अम् अन्ता मितः इति अनुवर्तते ।

849 टुवम उद्गिरणे । टुवमु केचित् । टुवमँ । वम् । वमति । P । सेट् । स० । vomit

*Famous word* वमन् । शब्दकल्पद्रुमः = वमित्वा वान्त्वा । गणसूत्र = जनी-जॄष्-क्नसु-रञ्जोऽमन्ताश्च ।

| | | | | | |
|---|---|---|---|---|---|
| वमति | वमतः | वमन्ति | अवमत् -द् | अवमताम् | अवमन् |
| वमसि | वमथः | वमथ | अवमः | अवमतम् | अवमत |
| वमामि | वमावः | वमामः | अवमम् | अवमाव | अवमाम |

| | | | | | |
|---|---|---|---|---|---|
| वमतु -तात् -द् | वमताम् | वमन्तु | वमेत् -द् | वमेताम् | वमेयुः |
| वम -तात् -द् | वमतम् | वमत | वमेः | वमेतम् | वमेत |
| वमानि | वमाव | वमाम | वमेयम् | वमेव | वमेम |

| | | | | | |
|---|---|---|---|---|---|
| वमिष्यति | वमिष्यतः | वमिष्यन्ति | अवमिष्यत् -द् | अवमिष्यताम् | अवमिष्यन् |
| वमिष्यसि | वमिष्यथः | वमिष्यथ | अवमिष्यः | अवमिष्यतम् | अवमिष्यत |
| वमिष्यामि | वमिष्यावः | वमिष्यामः | अवमिष्यम् | अवमिष्याव | अवमिष्याम |

| | | | | | |
|---|---|---|---|---|---|
| वमिता | वमितारौ | वमितारः | वम्यात् -द् | वम्यास्ताम् | वम्यासुः |
| वमितासि | वमितास्थः | वमितास्थ | वम्याः | वम्यास्तम् | वम्यास्त |
| वमितास्मि | वमितास्वः | वमितास्मः | वम्यासम् | वम्यास्व | वम्यास्म |

| | | | | | |
|---|---|---|---|---|---|
| ववाम | ववमतुः | ववमुः | अवमीत् -द् | अवमिष्टाम् | अवमिषुः |
| ववमिथ | ववमथुः | ववम | अवमीः | अवमिष्टम् | अवमिष्ट |
| ववाम ववम | ववमिव | ववमिम | अवमिषम् | अवमिष्व | अवमिष्म |

850 भ्रमु चलने । मित्त्वात् ह्रस्वः । भ्रमुँ । भ्रम् । भ्रमति , भ्रम्यति । P । सेट् । अ० । roam

3.1.70 वाभ्राश० इति वा श्यनि। पक्षे शप् । *Famous word* भ्रमन् । गणसूत्र = जनी-जॄष्-क्नसु-रञ्जोऽमन्ताश्च ।

6.4.124 वा जॄभ्रमुत्रसाम् ।

| | | | | | |
|---|---|---|---|---|---|
| भ्रमति , | भ्रमतः , | भ्रमन्ति , | अभ्रमत् -द् , | अभ्रमताम् , | अभ्रमन् , |
| भ्रम्यति | भ्रम्यतः | भ्रम्यन्ति | अभ्रम्यत् -द् | अभ्रम्यताम् | अभ्रम्यन् |
| भ्रमसि , | भ्रमथः , | भ्रमथ , | अभ्रमः , | अभ्रमतम् , | अभ्रमत , |
| भ्रम्यसि | भ्रम्यथः | भ्रम्यथ | अभ्रम्यः | अभ्रम्यतम् | अभ्रम्यत |
| भ्रमामि , | भ्रमावः , | भ्रमामः , | अभ्रमम्, | अभ्रमाव , | अभ्रमाम , |
| भ्रम्यामि | भ्रम्यावः | भ्रम्यामः | अभ्रम्यम् | अभ्रम्याव | अभ्रम्याम |

| | | | | | |
|---|---|---|---|---|---|
| भ्रमतु , | भ्रमताम् , | भ्रमन्तु, | भ्रमेत् -द् , | भ्रमेताम् , | भ्रमेयुः , |
| भ्रम्यतु | भ्रम्यताम् | भ्रम्यन्तु | भ्रम्येत् -द् | भ्रम्येताम् | भ्रम्येयुः |
| भ्रम , | भ्रमतम् , | भ्रमत , | भ्रमेः , | भ्रमेतम् , | भ्रमेत , |
| भ्रम्य | भ्रम्यतम् | भ्रम्यत | भ्रम्येः | भ्रम्येतम् | भ्रम्येत |
| भ्रमाणि , | भ्रमाव , | भ्रमाम , | भ्रमेयम् , | भ्रमेव , | भ्रमेम , |
| भ्रम्याणि | भ्रम्याव | भ्रम्याम | भ्रम्येयम् | भ्रम्येव | भ्रम्येम |

| | | | | | |
|---|---|---|---|---|---|
| भ्रमिष्यति | भ्रमिष्यतः | भ्रमिष्यन्ति | अभ्रमिष्यत् -द् | अभ्रमिष्यताम् | अभ्रमिष्यन् |
| भ्रमिष्यसि | भ्रमिष्यथः | भ्रमिष्यथ | अभ्रमिष्यः | अभ्रमिष्यतम् | अभ्रमिष्यत |
| भ्रमिष्यामि | भ्रमिष्यावः | भ्रमिष्यामः | अभ्रमिष्यम् | अभ्रमिष्याव | अभ्रमिष्याम |

| | | | | | |
|---|---|---|---|---|---|
| भ्रमिता | भ्रमितारौ | भ्रमितारः | भ्रम्यात् -द् | भ्रम्यास्ताम् | भ्रम्यासुः |
| भ्रमितासि | भ्रमितास्थः | भ्रमितास्थ | भ्रम्याः | भ्रम्यास्तम् | भ्रम्यास्त |
| भ्रमितास्मि | भ्रमितास्वः | भ्रमितास्मः | भ्रम्यासम् | भ्रम्यास्व | भ्रम्यास्म |

| | | | | | |
|---|---|---|---|---|---|
| बभ्राम | बभ्रमतुः | बभ्रमुः | अभ्रमीत् -द् | अभ्रमिष्टाम् | अभ्रमिषुः |
| | भ्रेमतुः | भ्रेमुः | | | |
| बभ्रमिथ | बभ्रमथुः | बभ्रम | अभ्रमीः | अभ्रमिष्टम् | अभ्रमिष्ट |
| भ्रेमिथ | भ्रेमथुः | भ्रेम | | | |
| बभ्राम बभ्रम | बभ्रमिव | बभ्रमिम | अभ्रमिषम् | अभ्रमिष्व | अभ्रमिष्म |
| | भ्रेमिव | भ्रेमिम | | | |

851 **क्षर सञ्चलने** । क्षरँ । क्षर् । क्षरति । P । सेट् । अ० । flow, distill, blame, backbite, trickle, perish 7.2.2

| | | | | | |
|---|---|---|---|---|---|
| क्षरति | क्षरतः | क्षरन्ति | अक्षरत् -द् | अक्षरताम् | अक्षरन् |
| क्षरसि | क्षरथः | क्षरथ | अक्षरः | अक्षरतम् | अक्षरत |
| क्षरामि | क्षरावः | क्षरामः | अक्षरम् | अक्षराव | अक्षराम |

| | | | | | |
|---|---|---|---|---|---|
| क्षरतु | क्षरताम् | क्षरन्तु | क्षरेत् -द् | क्षरेताम् | क्षरेयुः |
| क्षर | क्षरतम् | क्षरत | क्षरेः | क्षरेतम् | क्षरेत |
| क्षराणि | क्षराव | क्षराम | क्षरेयम् | क्षरेव | क्षरेम |

| | | | | | |
|---|---|---|---|---|---|
| क्षरिष्यति | क्षरिष्यतः | क्षरिष्यन्ति | अक्षरिष्यत् -द् | अक्षरिष्यताम् | अक्षरिष्यन् |
| क्षरिष्यसि | क्षरिष्यथः | क्षरिष्यथ | अक्षरिष्यः | अक्षरिष्यतम् | अक्षरिष्यत |
| क्षरिष्यामि | क्षरिष्यावः | क्षरिष्यामः | अक्षरिष्यम् | अक्षरिष्याव | अक्षरिष्याम |

| | | | | | |
|---|---|---|---|---|---|
| क्षरिता | क्षरितारौ | क्षरितारः | क्षर्यात् -द् | क्षर्यास्ताम् | क्षर्यासुः |
| क्षरितासि | क्षरितास्थः | क्षरितास्थ | क्षर्याः | क्षर्यास्तम् | क्षर्यास्त |
| क्षरितास्मि | क्षरितास्वः | क्षरितास्मः | क्षर्यासम् | क्षर्यास्व | क्षर्यास्म |

| | | | | | |
|---|---|---|---|---|---|
| चक्षार | चक्षरतुः | चक्षरुः | अक्षारीत् -द् | अक्षारिष्टाम् | अक्षारिषुः |
| चक्षरिथ | चक्षरथुः | चक्षर | अक्षारीः | अक्षारिष्टम् | अक्षारिष्ट |
| चक्षार चक्षर | चक्षरिव | चक्षरिम | अक्षारिषम् | अक्षारिष्व | अक्षारिष्म |

826 स्यामादयः उदात्ताः उदात्तेतः परस्मैभाषाः ।

**852 षह मर्षणे ।** उदात्तोऽनुदात्तेदात्मनेभाषः । षहँ । सह् । सहते । A । सेट् । स० । tolerate, conquer
7.2.48 तीषसहलुभरुषरिषः । इति वा इडागमः लुटि । 8.2.31 8.2.40 8.4.41 8.3.13 6.3.112

| सहते | सहेते | सहन्ते | असहत | असहेताम् | असहन्त |
| सहसे | सहेथे | सहध्वे | असहथाः | असहेथाम् | असहध्वम् |
| सहे | सहावहे | सहामहे | असहे | असहावहि | असहामहि |

| सहताम् | सहेताम् | सहन्ताम् | सहेत | सहेयाताम् | सहेरन् |
| सहस्व | सहेथाम् | सहध्वम् | सहेथाः | सहेयाथाम् | सहेध्वम् |
| सहै | सहावहै | सहामहै | सहेय | सहेवहि | सहेमहि |

| सहिष्यते | सहिष्येते | सहिष्यन्ते | असहिष्यत | असहिष्येताम् | असहिष्यन्त |
| सहिष्यसे | सहिष्येथे | सहिष्यध्वे | असहिष्यथाः | असहिष्येथाम् | असहिष्यध्वम् |
| सहिष्ये | सहिष्यावहे | सहिष्यामहे | असहिष्ये | असहिष्यावहि | असहिष्यामहि |

| सहिता | सहितारौ | सहितारः | सहिषीष्ट | **सहिषीयास्ताम्** | सहिषीरन् |
| सोढा | सोढारौ | सोढारः | | | |
| सहितासे | सहितासाथे | सहिताध्वे | सहिषीष्ठाः | **सहिषीयास्थाम्** | **सहिषीध्वम्** -ढ्वम् |
| सोढासे | सोढासाथे | सोढाध्वे | | | |
| सहिताहे | सहितास्वहे | सहितास्महे | सहिषीय | सहिषीवहि | सहिषीमहि |
| सोढाहे | सोढास्वहे | सोढास्महे | | | |

| सेहे | सेहाते | सेहिरे | असहिष्ट | असहिषाताम् | असहिषत |
| सेहिषे | सेहाथे | सेहिध्वे -ढ्वे | असहिष्ठाः | असहिषाथाम् | **असहिध्वम्** -ढ्वम् |
| सेहे | सेहिवहे | सेहिमहे | असहिषि | असहिष्वहि | असहिष्महि |

**853 रमु क्रीडायाम् ।** रम इति माधवः । अनुदात्तोऽनुदात्तेदात्मनेभाषः । रमुँ । रम् । रमते । A । अनिट् ।
अ० । sport, delight, be playful.   8.3.24 8.4.58

## Lord Ram रामः । Goddess Lakshmi = Ramaa रमा ।

| रमते | रमेते | रमन्ते | अरमत | अरमेताम् | अरमन्त |
| रमसे | रमेथे | रमध्वे | अरमथाः | अरमेथाम् | अरमध्वम् |
| रमे | रमावहे | रमामहे | अरमे | अरमावहि | अरमामहि |

| रमताम् | रमेताम् | रमन्ताम् | रमेत | रमेयाताम् | रमेरन् |
| रमस्व | रमेथाम् | रमध्वम् | रमेथाः | रमेयाथाम् | रमेध्वम् |
| रमै | रमावहै | रमामहै | रमेय | रमेवहि | रमेमहि |

| रंस्यते | रंस्येते | रंस्यन्ते | अरंस्यत | अरंस्येताम् | अरंस्यन्त |

| | | | | | |
|---|---|---|---|---|---|
| रंस्यसे | रंस्येथे | रंस्यध्वे | अरंस्यथाः | अरंस्येथाम् | अरंस्यध्वम् |
| रंस्ये | रंस्यावहे | रंस्यामहे | अरंस्ये | अरंस्यावहि | अरंस्यामहि |

| | | | | | |
|---|---|---|---|---|---|
| रन्ता | रन्तारौ | रन्तारः | रंसीष्ट | रंसीयास्ताम् | रंसीरन् |
| रन्तासे | रन्तासाथे | रन्ताध्वे | रंसीष्ठाः | रंसीयास्थाम् | रंसीध्वम् |
| रन्ताहे | रन्तास्वहे | रन्तास्महे | रंसीय | रंसीवहि | रंसीमहि |

| | | | | | |
|---|---|---|---|---|---|
| रेमे | रेमाते | रेमिरे | अरंस्त | अरंसाताम् | अरंसत |
| रेमिषे | रेमाथे | रेमिध्वे | अरंस्थाः | अरंसाथाम् | अरन्ध्वम् |
| रेमे | रेमिवहे | रेमिमहे | अरंसि | अरंस्वहि | अरंस्महि |

## 854 अथ कसन्ताः परस्मैपदिनः ।

854 **षद्ऌ विशरणगत्यवसादनेषु । षदॢँ । सद् । सीदति** । P । **अनिट्** । **स०** । sit, sink, be weary, dry up, wither, plunge 7.3.78 **पाघ्रा०** । **इति सीद शिति** । 7.2.62 7.2.63 8.4.55

| | | | | | |
|---|---|---|---|---|---|
| सीदति | सीदतः | सीदन्ति | असीदत् -द् | असीदताम् | असीदन् |
| सीदसि | सीदथः | सीदथ | असीदः | असीदतम् | असीदत |
| सीदामि | सीदावः | सीदामः | असीदम् | असीदाव | असीदाम |

| | | | | | |
|---|---|---|---|---|---|
| सीदतु -तात् -द् | सीदताम् | सीदन्तु | सीदेत् -द् | सीदेताम् | सीदेयुः |
| सीद -तात् -द् | सीदतम् | सीदत | सीदेः | सीदेतम् | सीदेत |
| सीदानि | सीदाव | सीदाम | सीदेयम् | सीदेव | सीदेम |

| | | | | | |
|---|---|---|---|---|---|
| सत्स्यति | सत्स्यतः | सत्स्यन्ति | असत्स्यत् -द् | असत्स्यताम् | असत्स्यन् |
| सत्स्यसि | सत्स्यथः | सत्स्यथ | असत्स्यः | असत्स्यतम् | असत्स्यत |
| सत्स्यामि | सत्स्यावः | सत्स्यामः | असत्स्यम् | असत्स्याव | असत्स्याम |

| | | | | | |
|---|---|---|---|---|---|
| सत्ता | सत्तारौ | सत्तारः | सद्यात् -द् | सद्यास्ताम् | सद्यासुः |
| सत्तासि | सत्तास्थः | सत्तास्थ | सद्याः | सद्यास्तम् | सद्यास्त |
| सत्तास्मि | सत्तास्वः | सत्तास्मः | सद्यासम् | सद्यास्व | सद्यास्म |

| | | | | | |
|---|---|---|---|---|---|
| ससाद | सेदतुः | सेदुः | असदत् -द् | असदताम् | असदन् |
| सेदिथ ससत्थ | सेदथुः | सेद | असदः | असदतम् | असदत |
| ससाद ससद | सेदिव | सेदिम | असदम् | असदाव | असदाम |

855 **शद्ऌ शातने । शदॢँ । शद् । शीयते , (शत्स्यति)** । P* । **अनिट्** । **अ०** । decay, fall, wither 7.3.78 **पाघ्रा०** । 1.3.60 **शदेः शितः इति आत्मनेपदी** only for Regular Conjugations.

**Atmanepadi for Sarvadhatuka Affixes**

| | | | | | |
|---|---|---|---|---|---|
| शीयते | शीयेते | शीयन्ते | अशीयत | अशीयेताम् | अशीयन्त |
| शीयसे | शीयेथे | शीयध्वे | अशीयथाः | अशीयेथाम् | अशीयध्वम् |
| शीये | शीयावहे | शीयामहे | अशीये | अशीयावहि | अशीयामहि |

| | | | | | |
|---|---|---|---|---|---|
| शीयताम् | शीयेताम् | शीयन्ताम् | शीयेत | शीयेयाताम् | शीयेरन् |
| शीयस्व | शीयेथाम् | शीयध्वम् | शीयेथाः | शीयेयाथाम् | शीयेध्वम् |
| शीयै | शीयावहै | शीयामहै | शीयेय | शीयेवहि | शीयेमहि |

**Parasmaipadi for Ardhadhatuka Affixes**

| | | | | | |
|---|---|---|---|---|---|
| शत्स्यति | शत्स्यतः | शत्स्यन्ति | अशत्स्यत् -द् | अशत्स्यताम् | अशत्स्यन् |
| शत्स्यसि | शत्स्यथः | शत्स्यथ | अशत्स्यः | अशत्स्यतम् | अशत्स्यत |
| शत्स्यामि | शत्स्यावः | शत्स्यामः | अशत्स्यम् | अशत्स्याव | अशत्स्याम |

| | | | | | |
|---|---|---|---|---|---|
| शत्ता | शत्तारौ | शत्तारः | शद्यात् -द् | शद्यास्ताम् | शद्यासुः |
| शत्तासि | शत्तास्थः | शत्तास्थ | शद्याः | शद्यास्तम् | शद्यास्त |
| शत्तास्मि | शत्तास्वः | शत्तास्मः | शद्यासम् | शद्यास्व | शद्यास्म |

| | | | | | |
|---|---|---|---|---|---|
| शशाद | शेदतुः | शेदुः | अशदत् -द् | अशदताम् | अशदन् |
| शेदिथ शशत्थ | शेदथुः | शेद | अशदः | अशदतम् | अशदत |
| शशाद शशद | शेदिव | शेदिम | अशदम् | अशदाव | अशदाम |

856 **क्रुश आह्वाने रोदने च** । **क्रुशँ** । **क्रुश्** । **क्रोशति** । P । **अनिट्** । **स०** । wail, shout, call

3.1.45 **शल इगुपधादनिटः क्सः** । 8.2.36 **व्रश्चभ्रस्जसृजमृजयजराजभ्राजच्छशां षः** । 8.2.39 8.2.41

| | | | | | |
|---|---|---|---|---|---|
| क्रोशति | क्रोशतः | क्रोशन्ति | अक्रोशत् -द् | अक्रोशताम् | अक्रोशन् |
| क्रोशसि | क्रोशथः | क्रोशथ | अक्रोशः | अक्रोशतम् | अक्रोशत |
| क्रोशामि | क्रोशावः | क्रोशामः | अक्रोशम् | अक्रोशाव | अक्रोशाम |

| | | | | | |
|---|---|---|---|---|---|
| क्रोशतु | क्रोशताम् | क्रोशन्तु | क्रोशेत् -द् | क्रोशेताम् | क्रोशेयुः |
| क्रोश | क्रोशतम् | क्रोशत | क्रोशेः | क्रोशेतम् | क्रोशेत |
| क्रोशानि | क्रोशाव | क्रोशाम | क्रोशेयम् | क्रोशेव | क्रोशेम |

| | | | | | |
|---|---|---|---|---|---|
| क्रोक्ष्यति | क्रोक्ष्यतः | क्रोक्ष्यन्ति | अक्रोक्ष्यत् -द् | अक्रोक्ष्यताम् | अक्रोक्ष्यन् |
| क्रोक्ष्यसि | क्रोक्ष्यथः | क्रोक्ष्यथ | अक्रोक्ष्यः | अक्रोक्ष्यतम् | अक्रोक्ष्यत |
| क्रोक्ष्यामि | क्रोक्ष्यावः | क्रोक्ष्यामः | अक्रोक्ष्यम् | अक्रोक्ष्याव | अक्रोक्ष्याम |

| | | | | | |
|---|---|---|---|---|---|
| क्रोष्टा | क्रोष्टारौ | क्रोष्टारः | क्रुश्यात् -द् | क्रुश्यास्ताम् | क्रुश्यासुः |
| क्रोष्टासि | क्रोष्टास्थः | क्रोष्टास्थ | क्रुश्याः | क्रुश्यास्तम् | क्रुश्यास्त |
| क्रोष्टास्मि | क्रोष्टास्वः | क्रोष्टास्मः | क्रुश्यासम् | क्रुश्यास्व | क्रुश्यास्म |

| | | | | | |
|---|---|---|---|---|---|
| चुक्रोश | चुक्रुशतुः | चुक्रुशुः | अक्रुक्षत् -द् | अक्रुक्षताम् | अक्रुक्षन् |
| चुक्रोशिथ | चुक्रुशथुः | चुक्रुश | अक्रुक्षः | अक्रुक्षतम् | अक्रुक्षत |
| चुक्रोश | चुक्रुशिव | चुक्रुशिम | अक्रुक्षम् | अक्रुक्षाव | अक्रुक्षाम |

षदादयः त्रयः अनुदात्ताः उदात्तेतः परस्मैभाषाः ।

**857 कुच** सम्पर्चनकौटिल्यप्रतिष्टम्भविलेखनेषु । कुचँ । कुच् । कोचति । P । सेट् । स० । come in contact, crooked, oppose, impede

| कोचति | कोचतः | कोचन्ति | अकोचत् -द् | अकोचताम् | अकोचन् |
| कोचसि | कोचथः | कोचथ | अकोचः | अकोचतम् | अकोचत |
| कोचामि | कोचावः | कोचामः | अकोचम् | अकोचाव | अकोचाम |

| कोचतु | कोचताम् | कोचन्तु | कोचेत् -द् | कोचेताम् | कोचेयुः |
| कोच | कोचतम् | कोचत | कोचेः | कोचेतम् | कोचेत |
| कोचानि | कोचाव | कोचाम | कोचेयम् | कोचेव | कोचेम |

| कोचिष्यति | कोचिष्यतः | कोचिष्यन्ति | अकोचिष्यत् -द् | अकोचिष्यताम् | अकोचिष्यन् |
| कोचिष्यसि | कोचिष्यथः | कोचिष्यथ | अकोचिष्यः | अकोचिष्यतम् | अकोचिष्यत |
| कोचिष्यामि | कोचिष्यावः | कोचिष्यामः | अकोचिष्यम् | अकोचिष्याव | अकोचिष्याम |

| कोचिता | कोचितारौ | कोचितारः | कुच्यात् -द् | कुच्यास्ताम् | कुच्यासुः |
| कोचितासि | कोचितास्थः | कोचितास्थ | कुच्याः | कुच्यास्तम् | कुच्यास्त |
| कोचितास्मि | कोचितास्वः | कोचितास्मः | कुच्यासम् | कुच्यास्व | कुच्यास्म |

| चुकोच | चुकुचतुः | चुकुचुः | अकोचीत् -द् | अकोचिष्टाम् | अकोचिषुः |
| चुकोचिथ | चुकुचथुः | चुकुच | अकोचीः | अकोचिष्टम् | अकोचिष्ट |
| चुकोच | चुकुचिव | चुकुचिम | अकोचिषम् | अकोचिष्व | अकोचिष्म |

**858 बुध** अवगमने । बुधँ । बुध् । बोधति । P । सेट् । स०* । know, wake up

| बोधति | बोधतः | बोधन्ति | अबोधत् -द् | अबोधताम् | अबोधन् |
| बोधसि | बोधथः | बोधथ | अबोधः | अबोधतम् | अबोधत |
| बोधामि | बोधावः | बोधामः | अबोधम् | अबोधाव | अबोधाम |

| बोधतु | बोधताम् | बोधन्तु | बोधेत् -द् | बोधेताम् | बोधेयुः |
| बोध | बोधतम् | बोधत | बोधेः | बोधेतम् | बोधेत |
| बोधानि | बोधाव | बोधाम | बोधेयम् | बोधेव | बोधेम |

| बोधिष्यति | बोधिष्यतः | बोधिष्यन्ति | अबोधिष्यत् -द् | अबोधिष्यताम् | अबोधिष्यन् |
| बोधिष्यसि | बोधिष्यथः | बोधिष्यथ | अबोधिष्यः | अबोधिष्यतम् | अबोधिष्यत |
| बोधिष्यामि | बोधिष्यावः | बोधिष्यामः | अबोधिष्यम् | अबोधिष्याव | अबोधिष्याम |

| बोधिता | बोधितारौ | बोधितारः | बुध्यात् -द् | बुध्यास्ताम् | बुध्यासुः |
| बोधितासि | बोधितास्थः | बोधितास्थ | बुध्याः | बुध्यास्तम् | बुध्यास्त |
| बोधितास्मि | बोधितास्वः | बोधितास्मः | बुध्यासम् | बुध्यास्व | बुध्यास्म |

| बुबोध | बुबुधतुः | बुबुधुः | अबोधीत् -द् | अबोधिष्टाम् | अबोधिषुः |
| बुबोधिथ | बुबुधथुः | बुबुध | अबोधीः | अबोधिष्टम् | अबोधिष्ट |
| बुबोध | बुबुधिव | बुबुधिम | अबोधिषम् | अबोधिष्व | अबोधिष्म |

**859 रुह** बीजजन्मनि प्रादुर्भावे च । रु_हँ । रुह् । रोहति । P । अनिट् । अ० । grow, spring, germinate
8.2.31 हो ढः । 8.2.40 झषस्तथोर्धोऽधः । 8.2.41 षढोः कः सि । 8.4.41 ष्टुना ष्टुः । 8.3.13 ढो ढे लोपः ।

| | | | | | |
|---|---|---|---|---|---|
| रोहति | रोहतः | रोहन्ति | अरोहत् -द् | अरोहताम् | अरोहन् |
| रोहसि | रोहथः | रोहथ | अरोहः | अरोहतम् | अरोहत |
| रोहामि | रोहावः | रोहामः | अरोहम् | अरोहाव | अरोहाम |
| | | | | | |
| रोहतु | रोहताम् | रोहन्तु | रोहेत् -द् | रोहेताम् | रोहेयुः |
| रोह | रोहतम् | रोहत | रोहेः | रोहेतम् | रोहेत |
| रोहाणि | रोहाव | रोहाम | रोहेयम् | रोहेव | रोहेम |
| | | | | | |
| रोक्ष्यति | रोक्ष्यतः | रोक्ष्यन्ति | अरोक्ष्यत् -द् | अरोक्ष्यताम् | अरोक्ष्यन् |
| रोक्ष्यसि | रोक्ष्यथः | रोक्ष्यथ | अरोक्ष्यः | अरोक्ष्यतम् | अरोक्ष्यत |
| रोक्ष्यामि | रोक्ष्यावः | रोक्ष्यामः | अरोक्ष्यम् | अरोक्ष्याव | अरोक्ष्याम |
| | | | | | |
| रोढा | रोढारौ | रोढारः | रुह्यात् -द् | रुह्यास्ताम् | रुह्यासुः |
| रोढासि | रोढास्थः | रोढास्थ | रुह्याः | रुह्यास्तम् | रुह्यास्त |
| रोढास्मि | रोढास्वः | रोढास्मः | रुह्यासम् | रुह्यास्व | रुह्यास्म |
| | | | | | |
| रुरोह | रुरुहतुः | रुरुहुः | अरुक्षत् -द् | अरुक्षताम् | अरुक्षन् |
| रुरोहिथ | रुरुहथुः | रुरुह | अरुक्षः | अरुक्षतम् | अरुक्षत |
| रुरोह | रुरुहिव | रुरुहिम | अरुक्षम् | अरुक्षाव | अरुक्षाम |

**860 कस** गतौ । वृत् । कसँ । कस् । कसति । P । सेट् । स० । go, approach
7.2.34 ग्रसितस्कभितस्तभितोत्तभितचत्तविकस्ता० ।

| | | | | | |
|---|---|---|---|---|---|
| कसति | कसतः | कसन्ति | अकसत् -द् | अकसताम् | अकसन् |
| कससि | कसथः | कसथ | अकसः | अकसतम् | अकसत |
| कसामि | कसावः | कसामः | अकसम् | अकसाव | अकसाम |
| | | | | | |
| कसतु | कसताम् | कसन्तु | कसेत् -द् | कसेताम् | कसेयुः |
| कस | कसतम् | कसत | कसेः | कसेतम् | कसेत |
| कसानि | कसाव | कसाम | कसेयम् | कसेव | कसेम |
| | | | | | |
| कसिष्यति | कसिष्यतः | कसिष्यन्ति | अकसिष्यत् -द् | अकसिष्यताम् | अकसिष्यन् |
| कसिष्यसि | कसिष्यथः | कसिष्यथ | अकसिष्यः | अकसिष्यतम् | अकसिष्यत |
| कसिष्यामि | कसिष्यावः | कसिष्यामः | अकसिष्यम् | अकसिष्याव | अकसिष्याम |
| | | | | | |
| कसिता | कसितारौ | कसितारः | कस्यात् -द् | कस्यास्ताम् | कस्यासुः |
| कसितासि | कसितास्थः | कसितास्थ | कस्याः | कस्यास्तम् | कस्यास्त |
| कसितास्मि | कसितास्वः | कसितास्मः | कस्यासम् | कस्यास्व | कस्यास्म |
| | | | | | |
| चकास | चकसतुः | चकसुः | अकसीत् -द् | अकसिष्टाम् | अकसिषुः |

| | | | | | |
|---|---|---|---|---|---|
| | | | अकासीत् -द् | अकासिष्टाम् | अकासिषुः |
| चकसिथ | चकसथुः | चकस | अकसीः | अकसिष्टम् | अकसिष्ट |
| | | | अकासीः | अकासिष्टम् | अकासिष्ट |
| चकास चकस | चकसिव | चकसिम | अकसिषम् | अकसिष्व | अकसिष्म |
| | | | अकासिषम् | अकासिष्व | अकासिष्म |

**कुचादयः उदात्ताः उदात्तेतः परस्मैभाषाः । रुहिः तु अनुदात्तः। वृत् । ज्वलादिः गतः ।**

## 861 अथ गूहत्यन्ताः स्वरितेतः ।

861 **हिक्क अव्यक्ते शब्दे । हिक्कँ । हिक्क् । हिक्कति / हिक्कते । U । सेट् । अ० ।** hiccup

**Parasmaipadi / Atmanepadi Table**

| | | | | | |
|---|---|---|---|---|---|
| हिक्कति / | हिक्कतः / | हिक्कन्ति / | अहिक्कत् -द् / | अहिक्कताम् / | अहिक्कन् / |
| हिक्कते | हिक्केते | हिक्कन्ते | अहिक्कत | अहिक्केताम् | अहिक्कन्त |
| हिक्कसि / | हिक्कथः / | हिक्कथ / | अहिक्कः / | अहिक्कतम् / | अहिक्कत / |
| हिक्कसे | हिक्केथे | हिक्कध्वे | अहिक्कथाः | अहिक्केथाम् | अहिक्कध्वम् |
| हिक्कामि / | हिक्कावः / | हिक्कामः / | अहिक्कम् / | अहिक्काव / | अहिक्काम / |
| हिक्के | हिक्कावहे | हिक्कामहे | अहिक्के | अहिक्कावहि | अहिक्कामहि |

| | | | | | |
|---|---|---|---|---|---|
| हिक्कतु -तात् -द् / | हिक्कताम् / | हिक्कन्तु / | हिक्केत् -द् / | हिक्केताम् / | हिक्केयुः / |
| हिक्कताम् | हिक्केताम् | हिक्कन्ताम् | हिक्केत | हिक्केयाताम् | हिक्केरन् |
| हिक्क -तात् -द् / | हिक्कतम् / | हिक्कत / | हिक्केः / | हिक्केतम् / | हिक्केत / |
| हिक्कस्व | हिक्केथाम् | हिक्कध्वम् | हिक्केथाः | हिक्केयाथाम् | हिक्केध्वम् |
| हिक्कानि / | हिक्काव / | हिक्काम / | हिक्केयम् / | हिक्केव / | हिक्केम / |
| हिक्कै | हिक्कावहै | हिक्कामहै | हिक्केय | हिक्केवहि | हिक्केमहि |

| | | | | | |
|---|---|---|---|---|---|
| हिक्किष्यति / | हिक्किष्यतः / | हिक्किष्यन्ति / | **अहिक्किष्यत् -द् /** | अहिक्किष्यताम् / | अहिक्किष्यन् / |
| हिक्किष्यते | हिक्किष्येते | हिक्किष्यन्ते | **अहिक्किष्यत** | अहिक्किष्येताम् | अहिक्किष्यन्त |
| हिक्किष्यसि / | हिक्किष्यथः / | हिक्किष्यथ / | अहिक्किष्यः / | अहिक्किष्यतम् / | अहिक्किष्यत / |
| हिक्किष्यसे | हिक्किष्येथे | हिक्किष्यध्वे | अहिक्किष्यथाः | अहिक्किष्येथाम् | अहिक्किष्यध्वम् |
| हिक्किष्यामि / | हिक्किष्यावः / | हिक्किष्यामः / | अहिक्किष्यम् / | अहिक्किष्याव / | अहिक्किष्याम / |
| हिक्किष्ये | हिक्किष्यावहे | हिक्किष्यामहे | अहिक्किष्ये | अहिक्किष्यावहि | अहिक्किष्यामहि |

| | | | | | |
|---|---|---|---|---|---|
| हिक्किता / | हिक्कितारौ / | हिक्कितारः / | हिक्क्यात् -द् / | हिक्क्यास्ताम् / | हिक्क्यासुः / |
| हिक्किता | हिक्कितारौ | हिक्कितारः | हिक्किषीष्ट | हिक्किषीयास्ताम् | हिक्किषीरन् |
| हिक्कितासि / | हिक्कितास्थः / | हिक्कितास्थ / | हिक्क्याः / | हिक्क्यास्तम् / | हिक्क्यास्त / |
| हिक्कितासे | हिक्कितासाथे | हिक्किताध्वे | हिक्किषीष्ठाः | हिक्किषीयास्थाम् | हिक्किषीध्वम् |
| हिक्कितास्मि / | हिक्कितास्वः / | हिक्कितास्मः / | हिक्क्यासम् / | हिक्क्यास्व / | हिक्क्यास्म / |
| हिक्किताहे | हिक्कितास्वहे | हिक्कितास्महे | हिक्किषीय | हिक्किषीवहि | हिक्किषीमहि |

| | | | | | |
|---|---|---|---|---|---|
| **जिहिक्क /** | **जिहिक्कतुः /** | **जिहिक्कुः /** | **अहिक्कीत् -द् /** | **अहिक्किष्टाम् /** | **अहिक्किषुः /** |
| **जिहिक्के** | **जिहिक्काते** | **जिहिक्किरे** | **अहिक्किष्ट** | **अहिक्किषाताम्** | **अहिक्किषत** |
| **जिहिक्किथ /** | **जिहिक्कथुः /** | **जिहिक्क /** | **अहिक्कीः /** | **अहिक्किष्टम् /** | **अहिक्किष्ट /** |
| **जिहिक्किषे** | **जिहिक्काथे** | **जिहिक्किध्वे** | **अहिक्किष्ठाः** | **अहिक्किषाथाम्** | **अहिक्किध्वम्** |
| **जिहिक्क /** | **जिहिक्किव /** | **जिहिक्किम /** | **अहिक्किषम् /** | **अहिक्किष्व /** | **अहिक्किष्म /** |
| **जिहिक्के** | **जिहिक्किवहे** | **जिहिक्किमहे** | **अहिक्किषि** | **अहिक्किष्वहि** | **अहिक्किष्महि** |

862 अञ्चु गतौ याचने च । अचु इत्येके । अचि इत्यपरे । अञ्चुँ । अञ्च् । अञ्चति / ते । U । सेट् । स० ।
move, unfold 6.4.24

**Parasmaipadi / Atmanepadi Table**

| | | | | | |
|---|---|---|---|---|---|
| अञ्चति / | अञ्चतः / | अञ्चन्ति / | आञ्चत् -द् / | आञ्चताम् / | आञ्चन् / |
| अञ्चते | अञ्चेते | अञ्चन्ते | आञ्चत | आञ्चेताम् | आञ्चन्त |
| अञ्चसि / | अञ्चथः / | अञ्चथ / | आञ्चः / | आञ्चतम् / | आञ्चत / |
| अञ्चसे | अञ्चेथे | अञ्चध्वे | आञ्चथाः | आञ्चेथाम् | आञ्चध्वम् |
| अञ्चामि / | अञ्चावः / | अञ्चामः / | आञ्चम् / | आञ्चाव / | आञ्चाम / |
| अञ्चे | अञ्चावहे | अञ्चामहे | आञ्चे | आञ्चावहि | आञ्चामहि |

| | | | | | |
|---|---|---|---|---|---|
| अञ्चतु / | अञ्चताम् / | अञ्चन्तु / | अञ्चेत् -द् / | अञ्चेताम् / | अञ्चेयुः / |
| अञ्चताम् | अञ्चेताम् | अञ्चन्ताम् | अञ्चेत | अञ्चेयाताम् | अञ्चेरन् |
| अञ्च / | अञ्चतम् / | अञ्चत / | अञ्चेः / | अञ्चेतम् / | अञ्चेत / |
| अञ्चस्व | अञ्चेथाम् | अञ्चध्वम् | अञ्चेथाः | अञ्चेयाथाम् | अञ्चेध्वम् |
| अञ्चानि / | अञ्चाव / | अञ्चाम / | अञ्चेयम् / | अञ्चेव / | अञ्चेम / |
| अञ्चै | अञ्चावहै | अञ्चामहै | अञ्चेय | अञ्चेवहि | अञ्चेमहि |

| | | | | | |
|---|---|---|---|---|---|
| अञ्चिष्यति / | अञ्चिष्यतः / | अञ्चिष्यन्ति / | आञ्चिष्यत् -द् / | आञ्चिष्यताम् / | आञ्चिष्यन् / |
| अञ्चिष्यते | अञ्चिष्येते | अञ्चिष्यन्ते | आञ्चिष्यत | आञ्चिष्येताम् | आञ्चिष्यन्त |
| अञ्चिष्यसि / | अञ्चिष्यथः / | अञ्चिष्यथ / | आञ्चिष्यः / | आञ्चिष्यतम् / | आञ्चिष्यत / |
| अञ्चिष्यसे | अञ्चिष्येथे | अञ्चिष्यध्वे | आञ्चिष्यथाः | आञ्चिष्येथाम् | आञ्चिष्यध्वम् |
| अञ्चिष्यामि / | अञ्चिष्यावः / | अञ्चिष्यामः / | आञ्चिष्यम् / | आञ्चिष्याव / | आञ्चिष्याम / |
| अञ्चिष्ये | अञ्चिष्यावहे | अञ्चिष्यामहे | आञ्चिष्ये | आञ्चिष्यावहि | आञ्चिष्यामहि |

| | | | | | |
|---|---|---|---|---|---|
| अञ्चिता / | अञ्चितारौ / | अञ्चितारः / | अच्यात् -द् / | अच्यास्ताम् / | अच्यासुः / |
| अञ्चिता | अञ्चितारौ | अञ्चितारः | अञ्चिषीष्ट | अञ्चिषीयास्ताम् | अञ्चिषीरन् |
| अञ्चितासि / | अञ्चितास्थः / | अञ्चितास्थ / | अच्याः / | अच्यास्तम् / | अच्यास्त / |
| अञ्चितासे | अञ्चितासाथे | अञ्चिताध्वे | अञ्चिषीष्ठाः | अञ्चिषीयास्थाम् | अञ्चिषीध्वम् |
| अञ्चितास्मि / | अञ्चितास्वः / | अञ्चितास्मः / | अच्यासम् / | अच्यास्व / | अच्यास्म / |
| अञ्चिताहे | अञ्चितास्वहे | अञ्चितास्महे | अञ्चिषीय | अञ्चिषीवहि | अञ्चिषीमहि |

| | | | | | |
|---|---|---|---|---|---|
| आनञ्च / | आनञ्चतुः / | आनञ्चुः / | आञ्चीत् -द् / | आञ्चिष्टाम् / | आञ्चिषुः / |
| आनञ्चे | आनञ्चाते | आनञ्चिरे | आञ्चिष्ट | आञ्चिषाताम् | आञ्चिषत |
| आनञ्चिथ / | आनञ्चथुः / | आनञ्च / | आञ्चीः / | आञ्चिष्टम् / | आञ्चिष्ट / |
| आनञ्चिषे | आनञ्चाथे | आनञ्चिध्वे | आञ्चिष्ठाः | आञ्चिषाथाम् | आञ्चिध्वम् |
| आनञ्च / | आनञ्चिव / | आनञ्चिम / | आञ्चिषम् / | आञ्चिष्व / | आञ्चिष्म / |
| आनञ्चे | आनञ्चिवहे | आनञ्चिमहे | आञ्चिषि | आञ्चिष्वहि | आञ्चिष्महि |

863 टुयाचृ याञ्चायाम् । टुयाचृँ । याच् । याचति / ते । U । सेट् । द्वि० । beg, ask

**Parasmaipadi / Atmanepadi Table**

| | | | | | |
|---|---|---|---|---|---|
| याचति / | याचतः / | याचन्ति / | अयाचत् -द् / | अयाचताम् / | अयाचन् / |
| याचते | याचेते | याचन्ते | अयाचत | अयाचेताम् | अयाचन्त |
| याचसि / | याचथः / | याचथ / | अयाचः / | अयाचतम् / | अयाचत / |
| याचसे | याचेथे | याचध्वे | अयाचथाः | अयाचेथाम् | अयाचध्वम् |
| याचामि / | याचावः / | याचामः / | अयाचम् / | अयाचाव / | अयाचाम / |
| याचे | याचावहे | याचामहे | अयाचे | अयाचावहि | अयाचामहि |

| | | | | | |
|---|---|---|---|---|---|
| याचतु / | याचताम् / | याचन्तु / | याचेत् -द् / | याचेताम् / | याचेयुः / |
| याचताम् | याचेताम् | याचन्ताम् | याचेत | याचेयाताम् | याचेरन् |
| याच / | याचतम् / | याचत / | याचेः / | याचेतम् / | याचेत / |
| याचस्व | याचेथाम् | याचध्वम् | याचेथाः | याचेयाथाम् | याचेध्वम् |
| याचानि / | याचाव / | याचाम / | याचेयम् / | याचेव / | याचेम / |
| याचै | याचावहै | याचामहै | याचेय | याचेवहि | याचेमहि |

| | | | | | |
|---|---|---|---|---|---|
| याचिष्यति / | याचिष्यतः / | याचिष्यन्ति / | अयाचिष्यत् -द् / | अयाचिष्यताम् / | अयाचिष्यन् / |
| याचिष्यते | याचिष्येते | याचिष्यन्ते | अयाचिष्यत | अयाचिष्येताम् | अयाचिष्यन्त |
| याचिष्यसि / | याचिष्यथः / | याचिष्यथ / | अयाचिष्यः / | अयाचिष्यतम् / | अयाचिष्यत / |
| याचिष्यसे | याचिष्येथे | याचिष्यध्वे | अयाचिष्यथाः | अयाचिष्येथाम् | अयाचिष्यध्वम् |
| याचिष्यामि / | याचिष्यावः / | याचिष्यामः / | अयाचिष्यम् / | अयाचिष्याव / | अयाचिष्याम / |
| याचिष्ये | याचिष्यावहे | याचिष्यामहे | अयाचिष्ये | अयाचिष्यावहि | अयाचिष्यामहि |

| | | | | | |
|---|---|---|---|---|---|
| याचिता / | याचितारौ / | याचितारः / | याच्यात् -द् / | याच्यास्ताम् / | याच्यासुः / |
| याचिता | याचितारौ | याचितारः | याचिषीष्ट | याचिषीयास्ताम् | याचिषीरन् |
| याचितासि / | याचितास्थः / | याचितास्थ / | याच्याः / | याच्यास्तम् / | याच्यास्त / |
| याचितासे | याचितासाथे | याचिताध्वे | याचिषीष्ठाः | याचिषीयास्थाम् | याचिषीध्वम् |
| याचितास्मि / | याचितास्वः / | याचितास्मः / | याच्यासम् / | याच्यास्व / | याच्यास्म / |
| याचिताहे | याचितास्वहे | याचितास्महे | याचिषीय | याचिषीवहि | याचिषीमहि |

| | | | | | |
|---|---|---|---|---|---|
| ययाच / | ययाचतुः / | ययाचुः / | अयाचीत् -द्/ | अयाचिष्टाम् | अयाचिषुः / |
| ययाचे | ययाचाते | ययाचिरे | अयाचिष्ट | अयाचिषाताम् | अयाचिषत |
| ययाचिथ / | ययाचथुः / | ययाच / | अयाचीः / | अयाचिष्टम् | अयाचिष्ट |
| ययाचिषे | ययाचाथे | ययाचिध्वे | अयाचिष्ठाः | अयाचिषाथाम् | अयाचिध्वम् |
| ययाच / | ययाचिव / | ययाचिम / | अयाचिषम् / | अयाचिष्व | अयाचिष्म |
| ययाचे | ययाचिवहे | ययाचिमहे | अयाचिषि | अयाचिष्वहि | अयाचिष्महि |

864 रेटृ परिभाषणे । रेटृँ । रेट् । रेटति / ते । U । सेट् । स० । speak, talk, beg, ask

**Parasmaipadi / Atmanepadi Table**

| | | | | | |
|---|---|---|---|---|---|
| रेटति / | रेटतः / | रेटन्ति / | अरेटत् -द्/ | अरेटताम् / | अरेटन् / |
| रेटते | रेटेते | रेटन्ते | अरेटत | अरेटेताम् | अरेटन्त |
| रेटसि / | रेटथः / | रेटथ / | अरेटः / | अरेटतम् | अरेटत |
| रेटसे | रेटेथे | रेटध्वे | अरेटथाः | अरेटेथाम् | अरेटध्वम् |
| रेटामि / | रेटावः / | रेटामः / | अरेटम् / | अरेटाव / | अरेटाम / |
| रेटे | रेटावहे | रेटामहे | अरेटे | अरेटावहि | अरेटामहि |

| | | | | | |
|---|---|---|---|---|---|
| रेटतु / | रेटताम् / | रेटन्तु / | रेटेत् -द्/ | रेटेताम् / | रेटेयुः / |
| रेटताम् | रेटेताम् | रेटन्ताम् | रेटेत | रेटेयाताम् | रेटेरन् |
| रेट / | रेटतम् / | रेटत / | रेटेः / | रेटेतम् / | रेटेत |
| रेटस्व | रेटेथाम् | रेटध्वम् | रेटेथाः | रेटेयाथाम् | रेटेध्वम् |
| रेटानि / | रेटाव / | रेटाम / | रेटेयम् / | रेटेव / | रेटेम / |
| रेटै | रेटावहै | रेटामहै | रेटेय | रेटेवहि | रेटेमहि |

| | | | | | |
|---|---|---|---|---|---|
| रेटिष्यति / | रेटिष्यतः / | रेटिष्यन्ति / | अरेटिष्यत् -द्/ | अरेटिष्यताम् | अरेटिष्यन् / |
| रेटिष्यते | रेटिष्येते | रेटिष्यन्ते | अरेटिष्यत | अरेटिष्येताम् | अरेटिष्यन्त |
| रेटिष्यसि / | रेटिष्यथः / | रेटिष्यथ / | अरेटिष्यः / | अरेटिष्यतम् | अरेटिष्यत |
| रेटिष्यसे | रेटिष्येथे | रेटिष्यध्वे | अरेटिष्यथाः | अरेटिष्येथाम् | अरेटिष्यध्वम् |
| रेटिष्यामि / | रेटिष्यावः / | रेटिष्यामः / | अरेटिष्यम् / | अरेटिष्याव / | अरेटिष्याम / |
| रेटिष्ये | रेटिष्यावहे | रेटिष्यामहे | अरेटिष्ये | अरेटिष्यावहि | अरेटिष्यामहि |

| | | | | | |
|---|---|---|---|---|---|
| रेटिता / | रेटितारौ / | रेटितारः / | रेट्यात् -द्/ | रेट्यास्ताम् | रेट्यासुः / |
| रेटिता | रेटितारौ | रेटितारः | रेटिषीष्ट | **रेटिषीयास्ताम्** | रेटिषीरन् |
| रेटितासि / | रेटितास्थः / | रेटितास्थ / | रेट्याः / | रेट्यास्तम् | रेट्यास्त |
| रेटितासे | रेटितासाथे | रेटिताध्वे | रेटिषीष्ठाः | **रेटिषीयास्थाम्** | रेटिषीध्वम् |
| रेटितास्मि / | रेटितास्वः / | रेटितास्मः / | रेट्यासम् / | रेट्यास्व / | रेट्यास्म / |
| रेटिताहे | रेटितास्वहे | रेटितास्महे | रेटिषीय | रेटिषीवहि | रेटिषीमहि |

| रिरेट / | रिरेटतुः / | ययाचुः / | अरेटीत् -द् / | अरेटिष्टाम् / | अरेटिषुः / |
| रिरेटे | रिरेटाते | रिरेटिरे | अरेटिष्ट | अरेटिषाताम् | अरेटिषत |
| रिरेटिथ / | रिरेटथुः / | रिरेट / | अरेटीः / | अरेटिष्टम् / | अरेटिष्ट / |
| रिरेटिषे | रिरेटाथे | रिरेटिध्वे | अरेटिष्ठाः | अरेटिषाथाम् | अरेटिध्वम् |
| रिरेट / | रिरेटिव / | रिरेटिम / | अरेटिषम् / | अरेटिष्व / | अरेटिष्म / |
| रिरेटे | रिरेटिवहे | रिरेटिमहे | अरेटिषि | अरेटिष्वहि | अरेटिष्महि |

865 चते याचने । चतेँ । चत् । चतति / ते । U । सेट् । स० । ask, beg, go

**Parasmaipadi / Atmanepadi Table**

| चतति / | चततः / | चतन्ति / | अचतत् -द् / | अचतताम् / | अचतन् / |
| चतते | चतेते | चतन्ते | अचतत | अचतेताम् | अचतन्त |
| चतसि / | चतथः / | चतथ / | अचतः / | अचततम् / | अचतत / |
| चतसे | चतेथे | चतध्वे | अचतथाः | अचतेथाम् | अचतध्वम् |
| चतामि / | चतावः / | चतामः / | अचतम् / | अचताव / | अचताम / |
| चते | चतावहे | चतामहे | अचते | अचतावहि | अचतामहि |

| चततु / | चतताम् / | चतन्तु / | चतेत् -द् / | चतेताम् / | चतेयुः / |
| चतताम् | चतेताम् | चतन्ताम् | चतेत | चतेयाताम् | चतेरन् |
| चत / | चततम् / | चतत / | चतेः / | चतेतम् / | चतेत / |
| चतस्व | चतेथाम् | चतध्वम् | चतेथाः | चतेयाथाम् | चतेध्वम् |
| चतानि / | चताव / | चताम / | चतेयम् / | चतेव / | चतेम / |
| चतै | चतावहै | चतामहै | चतेय | चतेवहि | चतेमहि |

| चतिष्यति / | चतिष्यतः / | चतिष्यन्ति / | अचतिष्यत् -द् / | अचतिष्यताम् / | अचतिष्यन् / |
| चतिष्यते | चतिष्येते | चतिष्यन्ते | अचतिष्यत | अचतिष्येताम् | अचतिष्यन्त |
| चतिष्यसि / | चतिष्यथः / | चतिष्यथ / | अचतिष्यः / | अचतिष्यतम् / | अचतिष्यत / |
| चतिष्यसे | चतिष्येथे | चतिष्यध्वे | अचतिष्यथाः | अचतिष्येथाम् | अचतिष्यध्वम् |
| चतिष्यामि / | चतिष्यावः / | चतिष्यामः / | अचतिष्यम् / | अचतिष्याव / | अचतिष्याम / |
| चतिष्ये | चतिष्यावहे | चतिष्यामहे | अचतिष्ये | अचतिष्यावहि | अचतिष्यामहि |

| चतिता / | चतितारौ / | चतितारः / | चत्यात् -द् / | चत्यास्ताम् / | चत्यासुः / |
| चतिता | चतितारौ | चतितारः | चतिषीष्ट | **चतिषीयास्ताम्** | चतिषीरन् |
| चतितासि / | चतितास्थः / | चतितास्थ / | चत्याः / | चत्यास्तम् / | चत्यास्त / |
| चतितासे | चतितासाथे | चतिताध्वे | चतिषीष्ठाः | **चतिषीयास्थाम्** | चतिषीध्वम् |
| चतितास्मि / | चतितास्वः / | चतितास्मः / | चत्यासम् / | चत्यास्व / | चत्यास्म / |
| चतिताहे | चतितास्वहे | चतितास्महे | चतिषीय | चतिषीवहि | चतिषीमहि |

| चचात / | चेततुः / | चेतुः / | अचतीत् -द् / | अचतिष्टाम् / | अचतिषुः / |

| | | | | | |
|---|---|---|---|---|---|
| चेते | चेताते | चेतिरे | अचतिष्ट | अचतिषाताम् | अचतिषत |
| चेतिथ / | चेतथुः / | चेत / | अचतीः / | अचतिष्टम् / | अचतिष्ट / |
| चेतिषे | चेताथे | चेतिध्वे | अचतिष्ठाः | अचतिषाथाम् | अचतिध्वम् |
| चचात चचत / | चेतिव / | चेतिम / | अचतिषम् / | अचतिष्व / | अचतिष्म / |
| चेते | चेतिवहे | चेतिमहे | अचतिषि | अचतिष्वहि | अचतिष्महि |

866 चदे याचने । चदेँ । चद् । चदति / ते । U । सेट् । स० । ask, beg

**Parasmaipadi / Atmanepadi Table**

| | | | | | |
|---|---|---|---|---|---|
| चदति / | चदतः / | चदन्ति / | अचदत् -द् / | अचदताम् / | अचदन् / |
| चदते | चदेते | चदन्ते | अचदत | अचदेताम् | अचदन्त |
| चदसि / | चदथः / | चदथ / | अचदः / | अचदतम् / | अचदत / |
| चदसे | चदेथे | चदध्वे | अचदथाः | अचदेथाम् | अचदध्वम् |
| चदामि / | चदावः / | चदामः / | अचदम् / | अचदाव / | अचदाम / |
| चदे | चदावहे | चदामहे | अचदे | अचदावहि | अचदामहि |

| | | | | | |
|---|---|---|---|---|---|
| चदतु / | चदताम् / | चदन्तु / | चदेत् -द् / | चदेताम् / | चदेयुः / |
| चदताम् | चदेताम् | चदन्ताम् | चदेत | चदेयाताम् | चदेरन् |
| चद / | चदतम् / | चदत / | चदेः / | चदेतम् / | चदेत / |
| चदस्व | चदेथाम् | चदध्वम् | चदेथाः | चदेयाथाम् | चदेध्वम् |
| चदानि / | चदाव / | चदाम / | चदेयम् / | चदेव / | चदेम / |
| चदै | चदावहै | चदामहै | चदेय | चदेवहि | चदेमहि |

| | | | | | |
|---|---|---|---|---|---|
| चदिष्यति / | चदिष्यतः / | चदिष्यन्ति / | अचदिष्यत् -द् / | अचदिष्यताम् / | अचदिष्यन् / |
| चदिष्यते | चदिष्येते | चदिष्यन्ते | अचदिष्यत | अचदिष्येताम् | अचदिष्यन्त |
| चदिष्यसि / | चदिष्यथः / | चदिष्यथ / | अचदिष्यः / | अचदिष्यतम् / | अचदिष्यत / |
| चदिष्यसे | चदिष्येथे | चदिष्यध्वे | अचदिष्यथाः | अचदिष्येथाम् | अचदिष्यध्वम् |
| चदिष्यामि / | चदिष्यावः / | चदिष्यामः / | अचदिष्यम् / | अचदिष्याव / | अचदिष्याम / |
| चदिष्ये | चदिष्यावहे | चदिष्यामहे | अचदिष्ये | अचदिष्यावहि | अचदिष्यामहि |

| | | | | | |
|---|---|---|---|---|---|
| चदिता / | चदितारौ / | चदितारः / | चद्यात् -द् / | चद्यास्ताम् / | चद्यासुः / |
| चदिता | चदितारौ | चदितारः | चदिषीष्ट | **चदिषीयास्ताम्** | चदिषीरन् |
| चदितासि / | चदितास्थः / | चदितास्थ / | चद्याः / | चद्यास्तम् / | चद्यास्त / |
| चदितासे | चदितासाथे | चदिताध्वे | चदिषीष्ठाः | **चदिषीयास्थाम्** | चदिषीध्वम् |
| चदितास्मि / | चदितास्वः / | चदितास्मः / | चद्यासम् / | चद्यास्व / | चद्यास्म / |
| चदिताहे | चदितास्वहे | चदितास्महे | चदिषीय | चदिषीवहि | चदिषीमहि |

| | | | | | |
|---|---|---|---|---|---|
| चचाद / | चेदतुः / | चेदुः / | अचदीत् -द् / | अचदिष्टाम् / | अचदिषुः / |
| चेदे | चेदाते | चेदिरे | अचदिष्ट | अचदिषाताम् | अचदिषत |

| | | | | | |
|---|---|---|---|---|---|
| चेदिथ / | चेदथुः / | चेद / | अचदीः / | अचदिष्टम् / | अचदिष्ट / |
| चेदिषे | चेदाथे | चेदिध्वे | अचदिष्ठाः | अचदिषाथाम् | अचदिध्वम् |
| चचाद चचद / | चेदिव / | चेदिम / | अचदिषम् / | अचदिष्व / | अचदिष्म / |
| चेदे | चेदिवहे | चेदिमहे | अचदिषि | अचदिष्वहि | अचदिष्महि |

867 **प्रोथृ पर्याप्तौ । पर्याप्तिगतौ । प्रोथृँ । प्रोथ् । प्रोथति / ते** । U । **सेट्** । **अ०** । be strong, fill

**Parasmaipadi / Atmanepadi Table**

| | | | | | |
|---|---|---|---|---|---|
| प्रोथति / | प्रोथतः / | प्रोथन्ति / | अप्रोथत् -द् / | अप्रोथताम् / | अप्रोथन् / |
| प्रोथते | प्रोथेते | प्रोथन्ते | अप्रोथत | अप्रोथेताम् | अप्रोथन्त |
| प्रोथसि / | प्रोथथः / | प्रोथथ / | अप्रोथः / | अप्रोथतम् / | अप्रोथत / |
| प्रोथसे | प्रोथेथे | प्रोथध्वे | अप्रोथथाः | अप्रोथेथाम् | अप्रोथध्वम् |
| प्रोथामि / | प्रोथावः / | प्रोथामः / | अप्रोथम् / | अप्रोथाव / | अप्रोथाम / |
| प्रोथे | प्रोथावहे | प्रोथामहे | अप्रोथे | अप्रोथावहि | अप्रोथामहि |

| | | | | | |
|---|---|---|---|---|---|
| प्रोथतु / | प्रोथताम् / | प्रोथन्तु / | प्रोथेत् -द् / | प्रोथेताम् / | प्रोथेयुः / |
| प्रोथताम् | प्रोथेताम् | प्रोथन्ताम् | प्रोथेत | प्रोथेयाताम् | प्रोथेरन् |
| प्रोथ / | प्रोथतम् / | प्रोथत / | प्रोथेः / | प्रोथेतम् / | प्रोथेत / |
| प्रोथस्व | प्रोथेथाम् | प्रोथध्वम् | प्रोथेथाः | प्रोथेयाथाम् | प्रोथेध्वम् |
| प्रोथानि / | प्रोथाव / | प्रोथाम / | प्रोथेयम् / | प्रोथेव / | प्रोथेम / |
| प्रोथै | प्रोथावहै | प्रोथामहै | प्रोथेय | प्रोथेवहि | प्रोथेमहि |

| | | | | | |
|---|---|---|---|---|---|
| प्रोथिष्यति / | प्रोथिष्यतः / | प्रोथिष्यन्ति / | **अप्रोथिष्यत् -द्** / | अप्रोथिष्यताम् / | अप्रोथिष्यन् / |
| प्रोथिष्यते | प्रोथिष्येते | प्रोथिष्यन्ते | **अप्रोथिष्यत** | अप्रोथिष्येताम् | अप्रोथिष्यन्त |
| प्रोथिष्यसि / | प्रोथिष्यथः / | प्रोथिष्यथ / | अप्रोथिष्यः / | अप्रोथिष्यतम् / | अप्रोथिष्यत / |
| प्रोथिष्यसे | प्रोथिष्येथे | प्रोथिष्यध्वे | अप्रोथिष्यथाः | अप्रोथिष्येथाम् | अप्रोथिष्यध्वम् |
| प्रोथिष्यामि / | प्रोथिष्यावः / | प्रोथिष्यामः / | अप्रोथिष्यम् / | अप्रोथिष्याव / | अप्रोथिष्याम / |
| प्रोथिष्ये | प्रोथिष्यावहे | प्रोथिष्यामहे | अप्रोथिष्ये | अप्रोथिष्यावहि | अप्रोथिष्यामहि |

| | | | | | |
|---|---|---|---|---|---|
| प्रोथिता / | प्रोथितारौ / | प्रोथितारः / | प्रोथ्यात् -द् / | प्रोथ्यास्ताम् / | प्रोथ्यासुः / |
| प्रोथिता | प्रोथितारौ | प्रोथितारः | प्रोथिषीष्ट | **प्रोथिषीयास्ताम्** | प्रोथिषीरन् |
| प्रोथितासि / | प्रोथितास्थः / | प्रोथितास्थ / | प्रोथ्याः / | प्रोथ्यास्तम् / | प्रोथ्यास्त / |
| प्रोथितासे | प्रोथितासाथे | प्रोथिताध्वे | प्रोथिषीष्ठाः | **प्रोथिषीयास्थाम्** | प्रोथिषीध्वम् |
| प्रोथितास्मि / | प्रोथितास्वः / | प्रोथितास्मः / | प्रोथ्यासम् / | प्रोथ्यास्व / | प्रोथ्यास्म / |
| प्रोथिताहे | प्रोथितास्वहे | प्रोथितास्महे | प्रोथिषीय | प्रोथिषीवहि | प्रोथिषीमहि |

| | | | | | |
|---|---|---|---|---|---|
| पुप्रोथ / | पुप्रोथतुः / | पुप्रोथुः / | अप्रोथीत् -द् / | अप्रोथिष्टाम् / | अप्रोथिषुः / |
| पुप्रोथे | पुप्रोथाते | पुप्रोथिरे | अप्रोथिष्ट | अप्रोथिषाताम् | अप्रोथिषत |

| | | | | | |
|---|---|---|---|---|---|
| पुप्रोथिथ / | पुप्रोथथुः / | पुप्रोथ / | अप्रोथीः / | अप्रोथिष्टम् / | अप्रोथिष्ट / |
| पुप्रोथिषे | पुप्रोथाथे | पुप्रोथिध्वे | अप्रोथिष्ठाः | अप्रोथिषाथाम् | अप्रोथिध्वम् |
| पुप्रोथ / | पुप्रोथिव / | पुप्रोथिम / | अप्रोथिषम् / | अप्रोथिष्व / | अप्रोथिष्म / |
| पुप्रोथे | पुप्रोथिवहे | पुप्रोथिमहे | अप्रोथिषि | अप्रोथिष्वहि | अप्रोथिष्महि |

868 **मिदृ मेधाहिंसनयोः । मिदृँ । मिद् ।** मेदति / ते । U । **सेट्। स०।** understand, gather, oppress

**Parasmaipadi / Atmanepadi Table**

| | | | | | |
|---|---|---|---|---|---|
| मेदति / | मेदतः / | मेदन्ति / | अमेदत् -द् / | अमेदताम् / | अमेदन् / |
| मेदते | मेदेते | मेदन्ते | अमेदत | अमेदेताम् | अमेदन्त |
| मेदसि / | मेदथः / | मेदथ / | अमेदः / | अमेदतम् / | अमेदत / |
| मेदसे | मेदेथे | मेदध्वे | अमेदथाः | अमेदेथाम् | अमेदध्वम् |
| मेदामि / | मेदावः / | मेदामः / | अमेदम् / | अमेदाव / | अमेदाम / |
| मेदे | मेदावहे | मेदामहे | अमेदे | अमेदावहि | अमेदामहि |

| | | | | | |
|---|---|---|---|---|---|
| मेदतु / | मेदताम् / | मेदन्तु / | मेदेत् -द् / | मेदेताम् / | मेदेयुः / |
| मेदताम् | मेदेताम् | मेदन्ताम् | मेदेत | मेदेयाताम् | मेदेरन् |
| मेद / | मेदतम् / | मेदत / | मेदेः / | मेदेतम् / | मेदेत / |
| मेदस्व | मेदेथाम् | मेदध्वम् | मेदेथाः | मेदेयाथाम् | मेदेध्वम् |
| मेदानि / | मेदाव / | मेदाम / | मेदेयम् / | मेदेव / | मेदेम / |
| मेदै | मेदावहै | मेदामहै | मेदेय | मेदेवहि | मेदेमहि |

| | | | | | |
|---|---|---|---|---|---|
| मेदिष्यति / | मेदिष्यतः / | मेदिष्यन्ति / | अमेदिष्यत् -द् / | अमेदिष्यताम् / | अमेदिष्यन् / |
| मेदिष्यते | मेदिष्येते | मेदिष्यन्ते | अमेदिष्यत | अमेदिष्येताम् | अमेदिष्यन्त |
| मेदिष्यसि / | मेदिष्यथः / | मेदिष्यथ / | अमेदिष्यः / | अमेदिष्यतम् / | अमेदिष्यत / |
| मेदिष्यसे | मेदिष्येथे | मेदिष्यध्वे | अमेदिष्यथाः | अमेदिष्येथाम् | अमेदिष्यध्वम् |
| मेदिष्यामि / | मेदिष्यावः / | मेदिष्यामः / | अमेदिष्यम् / | अमेदिष्याव / | अमेदिष्याम / |
| मेदिष्ये | मेदिष्यावहे | मेदिष्यामहे | अमेदिष्ये | अमेदिष्यावहि | अमेदिष्यामहि |

| | | | | | |
|---|---|---|---|---|---|
| मेदिता / | मेदितारौ / | मेदितारः / | मिद्यात् -द् / | मिद्यास्ताम् / | मिद्यासुः / |
| मेदिता | मेदितारौ | मेदितारः | मेदिषीष्ट | **मेदिषीयास्ताम्** | मेदिषीरन् |
| मेदितासि / | मेदितास्थः / | मेदितास्थ / | मिद्याः / | मिद्यास्तम् / | मिद्यास्त / |
| मेदितासे | मेदितासाथे | मेदिताध्वे | मेदिषीष्ठाः | **मेदिषीयास्थाम्** | मेदिषीध्वम् |
| मेदितास्मि / | मेदितास्वः / | मेदितास्मः / | मिद्यासम् / | मिद्यास्व / | मिद्यास्म / |
| मेदिताहे | मेदितास्वहे | मेदितास्महे | मेदिषीय | मेदिषीवहि | मेदिषीमहि |

| | | | | | |
|---|---|---|---|---|---|
| मिमेद / | मिमिदतुः / | मिमिदुः / | अमेदीत् -द् / | अमेदिष्टाम् / | अमेदिषुः / |
| मिमिदे | मिमिदाते | मिमिदिरे | अमेदिष्ट | अमेदिषाताम् | अमेदिषत |
| मिमेदिथ / | मिमिदथुः / | मिमिद / | अमेदीः / | अमेदिष्टम् / | अमेदिष्ट / |

| | | | | | |
|---|---|---|---|---|---|
| मिमिदिषे | मिमिदाथे | मिमिदिध्वे | अमेदिष्ठाः | अमेदिषाथाम् | अमेदिध्वम् |
| मिमेद / | मिमिदिव / | मिमिदिम / | अमेदिषम् / | अमेदिष्व / | अमेदिष्म / |
| मिमिदे | मिमिदिवहे | मिमिदिमहे | अमेदिषि | अमेदिष्वहि | अमेदिष्महि |

869 **मेदृ मेधाहिंसनयोः । थान्ताविमाविति स्वामी।धान्ताविति न्यासः। मेदृँ । मेद् । मेदति / ते । U । सेट् । स० ।** understand, hurt **Parasmaipadi / Atmanepadi Table**

| | | | | | |
|---|---|---|---|---|---|
| मेदति / | मेदतः / | मेदन्ति / | अमेदत् -द् / | अमेदताम् / | अमेदन् / |
| मेदते | मेदेते | मेदन्ते | अमेदत | अमेदेताम् | अमेदन्त |
| मेदसि / | मेदथः / | मेदथ / | अमेदः / | अमेदतम् / | अमेदत / |
| मेदसे | मेदेथे | मेदध्वे | अमेदथाः | अमेदेथाम् | अमेदध्वम् |
| मेदामि / | मेदावः / | मेदामः / | अमेदम् / | अमेदाव / | अमेदाम / |
| मेदे | मेदावहे | मेदामहे | अमेदे | अमेदावहि | अमेदामहि |

| | | | | | |
|---|---|---|---|---|---|
| मेदतु / | मेदताम् / | मेदन्तु / | मेदेत् -द् / | मेदेताम् / | मेदेयुः / |
| मेदताम् | मेदेताम् | मेदन्ताम् | मेदेत | मेदेयाताम् | मेदेरन् |
| मेद / | मेदतम् / | मेदत / | मेदेः / | मेदेतम् / | मेदेत / |
| मेदस्व | मेदेथाम् | मेदध्वम् | मेदेथाः | मेदेयाथाम् | मेदेध्वम् |
| मेदानि / | मेदाव / | मेदाम / | मेदेयम् / | मेदेव / | मेदेम / |
| मेदै | मेदावहै | मेदामहै | मेदेय | मेदेवहि | मेदेमहि |

| | | | | | |
|---|---|---|---|---|---|
| मेदिष्यति / | मेदिष्यतः / | मेदिष्यन्ति / | अमेदिष्यत् -द् / | अमेदिष्यताम् / | अमेदिष्यन् / |
| मेदिष्यते | मेदिष्येते | मेदिष्यन्ते | अमेदिष्यत | अमेदिष्येताम् | अमेदिष्यन्त |
| मेदिष्यसि / | मेदिष्यथः / | मेदिष्यथ / | अमेदिष्यः / | अमेदिष्यतम् / | अमेदिष्यत / |
| मेदिष्यसे | मेदिष्येथे | मेदिष्यध्वे | अमेदिष्यथाः | अमेदिष्येथाम् | अमेदिष्यध्वम् |
| मेदिष्यामि / | मेदिष्यावः / | मेदिष्यामः / | अमेदिष्यम् / | अमेदिष्याव / | अमेदिष्याम / |
| मेदिष्ये | मेदिष्यावहे | मेदिष्यामहे | अमेदिष्ये | अमेदिष्यावहि | अमेदिष्यामहि |

| | | | | | |
|---|---|---|---|---|---|
| मेदिता / | मेदितारौ / | मेदितारः / | मेद्यात् -द् / | मेद्यास्ताम् / | मेद्यासुः / |
| मेदिता | मेदितारौ | मेदितारः | मेदिषीष्ट | **मेदिषीयास्ताम्** | मेदिषीरन् |
| मेदितासि / | मेदितास्थः / | मेदितास्थ / | मेद्याः / | मेद्यास्तम् / | मेद्यास्त / |
| मेदितासे | मेदितासाथे | मेदिताध्वे | मेदिषीष्ठाः | **मेदिषीयास्थाम्** | मेदिषीध्वम् |
| मेदितास्मि / | मेदितास्वः / | मेदितास्मः / | मेद्यासम् / | मेद्यास्व / | मेद्यास्म / |
| मेदिताहे | मेदितास्वहे | मेदितास्महे | मेदिषीय | मेदिषीवहि | मेदिषीमहि |

| | | | | | |
|---|---|---|---|---|---|
| मिमेद / | मिमेदतुः / | मिमेदुः / | अमेदीत् -द् / | अमेदिष्टाम् / | अमेदिषुः / |
| मिमेदे | मिमेदाते | मिमेदिरे | अमेदिष्ट | अमेदिषाताम् | अमेदिषत |
| मिमेदिथ / | मिमेदथुः / | मिमेद / | अमेदीः / | अमेदिष्टम् / | अमेदिष्ट / |

| | | | | | |
|---|---|---|---|---|---|
| मिमेदिषे | मिमेदाथे | मिमेदिध्वे | अमेदिष्ठाः | अमेदिषाथाम् | अमेदिध्वम् |
| मिमेद / | मिमेदिव / | मिमेदिम / | अमेदिषम् / | अमेदिष्व / | अमेदिष्म / |
| मिमेदे | मिमेदिवहे | मिमेदिमहे | अमेदिषि | अमेदिष्वहि | अमेदिष्महि |

870 मेधृ सङ्गमे च । मेधृँ । मेध् । मेधति / ते । U । सेट् । स० । understand, hurt, meet

**Parasmaipadi / Atmanepadi Table**

| | | | | | |
|---|---|---|---|---|---|
| मेधति / | मेधतः / | मेधन्ति / | अमेधत् -द् / | अमेधताम् / | अमेधन् / |
| मेधते | मेधेते | मेधन्ते | अमेधत | अमेधेताम् | अमेधन्त |
| मेधसि / | मेधथः / | मेधथ / | अमेधः / | अमेधतम् / | अमेधत / |
| मेधसे | मेधेथे | मेधध्वे | अमेधथाः | अमेधेथाम् | अमेधध्वम् |
| मेधामि / | मेधावः / | मेधामः / | अमेधम् / | अमेधाव / | अमेधाम / |
| मेधे | मेधावहे | मेधामहे | अमेधे | अमेधावहि | अमेधामहि |

| | | | | | |
|---|---|---|---|---|---|
| मेधतु / | मेधताम् / | मेधन्तु / | मेधेत् -द् / | मेधेताम् / | मेधेयुः / |
| मेधताम् | मेधेताम् | मेधन्ताम् | मेधेत | मेधेयाताम् | मेधेरन् |
| मेध / | मेधतम् / | मेधत / | मेधेः / | मेधेतम् / | मेधेत / |
| मेधस्व | मेधेथाम् | मेधध्वम् | मेधेथाः | मेधेयाथाम् | मेधेध्वम् |
| मेधानि / | मेधाव / | मेधाम / | मेधेयम् / | मेधेव / | मेधेम / |
| मेधै | मेधावहै | मेधामहै | मेधेय | मेधेवहि | मेधेमहि |

| | | | | | |
|---|---|---|---|---|---|
| मेधिष्यति / | मेधिष्यतः / | मेधिष्यन्ति / | अमेधिष्यत् -द् / | अमेधिष्यताम् / | अमेधिष्यन् / |
| मेधिष्यते | मेधिष्येते | मेधिष्यन्ते | अमेधिष्यत | अमेधिष्येताम् | अमेधिष्यन्त |
| मेधिष्यसि / | मेधिष्यथः / | मेधिष्यथ / | अमेधिष्यः / | अमेधिष्यतम् / | अमेधिष्यत / |
| मेधिष्यसे | मेधिष्येथे | मेधिष्यध्वे | अमेधिष्यथाः | अमेधिष्येथाम् | अमेधिष्यध्वम् |
| मेधिष्यामि / | मेधिष्यावः / | मेधिष्यामः / | अमेधिष्यम् / | अमेधिष्याव / | अमेधिष्याम / |
| मेधिष्ये | मेधिष्यावहे | मेधिष्यामहे | अमेधिष्ये | अमेधिष्यावहि | अमेधिष्यामहि |

| | | | | | |
|---|---|---|---|---|---|
| मेधिता / | मेधितारौ / | मेधितारः / | मेध्यात् -द् / | मेध्यास्ताम् / | मेध्यासुः / |
| मेधिता | मेधितारौ | मेधितारः | मेधिषीष्ट | **मेधिषीयास्ताम्** | मेधिषीरन् |
| मेधितासि / | मेधितास्थः / | मेधितास्थ / | मेध्याः / | मेध्यास्तम् / | मेध्यास्त / |
| मेधितासे | मेधितासाथे | मेधिताध्वे | मेधिषीष्ठाः | **मेधिषीयास्थाम्** | मेधिषीध्वम् |
| मेधितास्मि / | मेधितास्वः / | मेधितास्मः / | मेध्यासम् / | मेध्यास्व / | मेध्यास्म / |
| मेधिताहे | मेधितास्वहे | मेधितास्महे | मेधिषीय | मेधिषीवहि | मेधिषीमहि |

| | | | | | |
|---|---|---|---|---|---|
| मिमेध / | मिमेधतुः / | मिमेधुः / | अमेधीत् -द् / | अमेधिष्टाम् / | अमेधिषुः / |
| मिमेधे | मिमेधाते | मिमेधिरे | अमेधिष्ट | अमेधिषाताम् | अमेधिषत |
| मिमेधिथ / | मिमेधथुः / | मिमेध / | अमेधीः / | अमेधिष्टम् / | अमेधिष्ट / |
| मिमेधिषे | मिमेधाथे | मिमेधिध्वे | अमेधिष्ठाः | अमेधिषाथाम् | अमेधिध्वम् |

| | | | | | |
|---|---|---|---|---|---|
| मिमेध / | मिमेधिव / | मिमेधिम / | अमेधिषम् / | अमेधिष्व / | अमेधिष्म / |
| मिमेधे | मिमेधिवहे | मिमेधिमहे | अमेधिषि | अमेधिष्वहि | अमेधिष्महि |

871 णिदृ कुत्सासन्निकर्षयोः । णिदृँ॑ । निद् । नेदति / ते । U । सेट् । स० । blame, approach

**Parasmaipadi / Atmanepadi Table**

| | | | | | |
|---|---|---|---|---|---|
| नेदति / | नेदतः / | नेदन्ति / | अनेदत् -द् / | अनेदताम् / | अनेदन् / |
| नेदते | नेदेते | नेदन्ते | अनेदत | अनेदेताम् | अनेदन्त |
| नेदसि / | नेदथः / | नेदथ / | अनेदः / | अनेदतम् / | अनेदत / |
| नेदसे | नेदेथे | नेदध्वे | अनेदथाः | अनेदेथाम् | अनेदध्वम् |
| नेदामि / | नेदावः / | नेदामः / | अनेदम् / | अनेदाव / | अनेदाम / |
| नेदे | नेदावहे | नेदामहे | अनेदे | अनेदावहि | अनेदामहि |

| | | | | | |
|---|---|---|---|---|---|
| नेदतु / | नेदताम् / | नेदन्तु / | नेदेत् -द् / | नेदेताम् / | नेदेयुः / |
| नेदताम् | नेदेताम् | नेदन्ताम् | नेदेत | नेदेयाताम् | नेदेरन् |
| नेद / | नेदतम् / | नेदत / | नेदेः / | नेदेतम् / | नेदेत / |
| नेदस्व | नेदेथाम् | नेदध्वम् | नेदेथाः | नेदेयाथाम् | नेदेध्वम् |
| नेदानि / | नेदाव / | नेदाम / | नेदेयम् / | नेदेव / | नेदेम / |
| नेदै | नेदावहै | नेदामहै | नेदेय | नेदेवहि | नेदेमहि |

| | | | | | |
|---|---|---|---|---|---|
| नेदिष्यति / | नेदिष्यतः / | नेदिष्यन्ति / | अनेदिष्यत् -द् / | अनेदिष्यताम् / | अनेदिष्यन् / |
| नेदिष्यते | नेदिष्येते | नेदिष्यन्ते | अनेदिष्यत | अनेदिष्येताम् | अनेदिष्यन्त |
| नेदिष्यसि / | नेदिष्यथः / | नेदिष्यथ / | अनेदिष्यः / | अनेदिष्यतम् / | अनेदिष्यत / |
| नेदिष्यसे | नेदिष्येथे | नेदिष्यध्वे | अनेदिष्यथाः | अनेदिष्येथाम् | अनेदिष्यध्वम् |
| नेदिष्यामि / | नेदिष्यावः / | नेदिष्यामः / | अनेदिष्यम् / | अनेदिष्याव / | अनेदिष्याम / |
| नेदिष्ये | नेदिष्यावहे | नेदिष्यामहे | अनेदिष्ये | अनेदिष्यावहि | अनेदिष्यामहि |

| | | | | | |
|---|---|---|---|---|---|
| नेदिता / | नेदितारौ / | नेदितारः / | निद्यात् -द् / | निद्यास्ताम् / | निद्यासुः / |
| नेदिता | नेदितारौ | नेदितारः | नेदिषीष्ट | नेदिषीयास्ताम् | नेदिषीरन् |
| नेदितासि / | नेदितास्थः / | नेदितास्थ / | निद्याः / | निद्यास्तम् / | निद्यास्त / |
| नेदितासे | नेदितासाथे | नेदिताध्वे | नेदिषीष्ठाः | नेदिषीयास्थाम् | नेदिषीध्वम् |
| नेदितास्मि / | नेदितास्वः / | नेदितास्मः / | निद्यासम् / | निद्यास्व / | निद्यास्म / |
| नेदिताहे | नेदितास्वहे | नेदितास्महे | नेदिषीय | नेदिषीवहि | नेदिषीमहि |

| | | | | | |
|---|---|---|---|---|---|
| निनेद / | निनिदतुः / | निनिदुः / | अनेदीत् -द् / | अनेदिष्टाम् / | अनेदिषुः / |
| निनिदे | निनिदाते | निनिदिरे | अनेदिष्ट | अनेदिषाताम् | अनेदिषत |
| निनेदिथ / | निनिदथुः / | निनिद / | अनेदीः / | अनेदिष्टम् / | अनेदिष्ट / |
| निनिदिषे | निनिदाथे | निनिदिध्वे | अनेदिष्ठाः | अनेदिषाथाम् | अनेदिध्वम् |

| | | | | | |
|---|---|---|---|---|---|
| निनेद / | निनिदिव / | निनिदिम / | अनेदिषम् / | अनेदिष्व / | अनेदिष्म / |
| निनिदे | निनिदिवहे | निनिदिमहे | अनेदिषि | अनेदिष्वहि | अनेदिष्महि |

872 **णेदृ कुत्सासन्निकर्षयोः । णेदृँ** । **नेद्** । **नेदति** / ते । U । **सेट्** । **स०** । blame, reach, come close

**Parasmaipadi / Atmanepadi Table**

| | | | | | |
|---|---|---|---|---|---|
| नेदति / | नेदतः / | नेदन्ति / | अनेदत् -द् / | अनेदताम् / | अनेदन् / |
| नेदते | नेदेते | नेदन्ते | अनेदत | अनेदेताम् | अनेदन्त |
| नेदसि / | नेदथः / | नेदथ / | अनेदः / | अनेदतम् / | अनेदत / |
| नेदसे | नेदेथे | नेदध्वे | अनेदथाः | अनेदेथाम् | अनेदध्वम् |
| नेदामि / | नेदावः / | नेदामः / | अनेदम् / | अनेदाव / | अनेदाम / |
| नेदे | नेदावहे | नेदामहे | अनेदे | अनेदावहि | अनेदामहि |

| | | | | | |
|---|---|---|---|---|---|
| नेदतु / | नेदताम् / | नेदन्तु / | नेदेत् -द् / | नेदेताम् / | नेदेयुः / |
| नेदताम् | नेदेताम् | नेदन्ताम् | नेदेत | नेदेयाताम् | नेदेरन् |
| नेद / | नेदतम् / | नेदत / | नेदेः / | नेदेतम् / | नेदेत / |
| नेदस्व | नेदेथाम् | नेदध्वम् | नेदेथाः | नेदेयाथाम् | नेदेध्वम् |
| नेदानि / | नेदाव / | नेदाम / | नेदेयम् / | नेदेव / | नेदेम / |
| नेदै | नेदावहै | नेदामहै | नेदेय | नेदेवहि | नेदेमहि |

| | | | | | |
|---|---|---|---|---|---|
| नेदिष्यति / | नेदिष्यतः / | नेदिष्यन्ति / | अनेदिष्यत् -द् / | अनेदिष्यताम् / | अनेदिष्यन् / |
| नेदिष्यते | नेदिष्येते | नेदिष्यन्ते | अनेदिष्यत | अनेदिष्येताम् | अनेदिष्यन्त |
| नेदिष्यसि / | नेदिष्यथः / | नेदिष्यथ / | अनेदिष्यः / | अनेदिष्यतम् / | अनेदिष्यत / |
| नेदिष्यसे | नेदिष्येथे | नेदिष्यध्वे | अनेदिष्यथाः | अनेदिष्येथाम् | अनेदिष्यध्वम् |
| नेदिष्यामि / | नेदिष्यावः / | नेदिष्यामः / | अनेदिष्यम् / | अनेदिष्याव / | अनेदिष्याम / |
| नेदिष्ये | नेदिष्यावहे | नेदिष्यामहे | अनेदिष्ये | अनेदिष्यावहि | अनेदिष्यामहि |

| | | | | | |
|---|---|---|---|---|---|
| नेदिता / | नेदितारौ / | नेदितारः / | नेद्यात् -द् / | नेद्यास्ताम् / | नेद्यासुः / |
| नेदिता | नेदितारौ | नेदितारः | नेदिषीष्ट | **नेदिषीयास्ताम्** | नेदिषीरन् |
| नेदितासि / | नेदितास्थः / | नेदितास्थ / | नेद्याः / | नेद्यास्तम् / | नेद्यास्त / |
| नेदितासे | नेदितासाथे | नेदिताध्वे | नेदिषीष्ठाः | **नेदिषीयास्थाम्** | नेदिषीध्वम् |
| नेदितास्मि / | नेदितास्वः / | नेदितास्मः / | नेद्यासम् / | नेद्यास्व / | नेद्यास्म / |
| नेदिताहे | नेदितास्वहे | नेदितास्महे | नेदिषीय | नेदिषीवहि | नेदिषीमहि |

| | | | | | |
|---|---|---|---|---|---|
| निनेद / | निनेदतुः / | निनेदुः / | अनेदीत् -द् / | अनेदिष्टाम् / | अनेदिषुः / |
| निनेदे | निनेदाते | निनेदिरे | अनेदिष्ट | अनेदिषाताम् | अनेदिषत |
| निनेदिथ / | निनेदथुः / | निनेद / | अनेदीः / | अनेदिष्टम् / | अनेदिष्ट / |
| निनेदिषे | निनेदाथे | निनेदिध्वे | अनेदिष्ठाः | अनेदिषाथाम् | अनेदिध्वम् |

| | | | | | |
|---|---|---|---|---|---|
| निनेद / | निनेदिव / | निनेदिम / | अनेदिषम् / | अनेदिष्व / | अनेदिष्म / |
| निनेदे | निनेदिवहे | निनेदिमहे | अनेदिषि | अनेदिष्वहि | अनेदिष्महि |

873 श्रृधु उन्दने । श्रृधुँ । श्रृध् । शर्धति / ते । U । सेट् । अ० । moisten, wet

Note: 1.3.92 **वृद्भ्यः स्यसनोः** । **लृट् लृङ् लुङ्** । 7.2.59 **न वृद्भ्यश्चतुर्भ्यः**। **इति इडभावः** । These Sutras apply to Root 760 श्रृधु **शब्दकुत्सायाम्** । **वृतादि अन्तर्गणः** । Not here.

**Parasmaipadi / Atmanepadi Table**

| | | | | | |
|---|---|---|---|---|---|
| शर्धति / | शर्धतः / | शर्धन्ति / | अशर्धत् -द् / | अशर्धताम् / | अशर्धन् / |
| शर्धते | शर्धेते | शर्धन्ते | अशर्धत | अशर्धेताम् | अशर्धन्त |
| शर्धसि / | शर्धथः / | शर्धथ / | अशर्धः / | अशर्धतम् / | अशर्धत / |
| शर्धसे | शर्धेथे | शर्धध्वे | अशर्धथाः | अशर्धेथाम् | अशर्धध्वम् |
| शर्धामि / | शर्धावः / | शर्धामः / | अशर्धम् / | अशर्धाव / | अशर्धाम / |
| शर्धे | शर्धावहे | शर्धामहे | अशर्धे | अशर्धावहि | अशर्धामहि |

| | | | | | |
|---|---|---|---|---|---|
| शर्धतु / | शर्धताम् / | शर्धन्तु / | शर्धेत् -द् / | शर्धेताम् / | शर्धेयुः / |
| शर्धताम् | शर्धेताम् | शर्धन्ताम् | शर्धेत | शर्धेयाताम् | शर्धेरन् |
| शर्ध / | शर्धतम् / | शर्धत / | शर्धेः / | शर्धेतम् / | शर्धेत / |
| शर्धस्व | शर्धेथाम् | शर्धध्वम् | शर्धेथाः | शर्धेयाथाम् | शर्धेध्वम् |
| शर्धानि / | शर्धाव / | शर्धाम / | शर्धेयम् / | शर्धेव / | शर्धेम / |
| शर्धै | शर्धावहै | शर्धामहै | शर्धेय | शर्धेवहि | शर्धेमहि |

| | | | | | |
|---|---|---|---|---|---|
| शर्धिष्यति / | शर्धिष्यतः / | शर्धिष्यन्ति / | अशर्धिष्यत् -द् / | अशर्धिष्यताम् / | अशर्धिष्यन् / |
| शर्धिष्यते | शर्धिष्येते | शर्धिष्यन्ते | अशर्धिष्यत | अशर्धिष्येताम् | अशर्धिष्यन्त |
| शर्धिष्यसि / | शर्धिष्यथः / | शर्धिष्यथ / | अशर्धिष्यः / | अशर्धिष्यतम् / | अशर्धिष्यत / |
| शर्धिष्यसे | शर्धिष्येथे | शर्धिष्यध्वे | अशर्धिष्यथाः | अशर्धिष्येथाम् | अशर्धिष्यध्वम् |
| शर्धिष्यामि / | शर्धिष्यावः / | शर्धिष्यामः / | अशर्धिष्यम् / | अशर्धिष्याव / | अशर्धिष्याम / |
| शर्धिष्ये | शर्धिष्यावहे | शर्धिष्यामहे | अशर्धिष्ये | अशर्धिष्यावहि | अशर्धिष्यामहि |

| | | | | | |
|---|---|---|---|---|---|
| शर्धिता / | शर्धितारौ / | शर्धितारः / | शृध्यात् -द् / | शृध्यास्ताम् / | शृध्यासुः / |
| शर्धिता | शर्धितारौ | शर्धितारः | शर्धिषीष्ट | **शर्धिषीयास्ताम्** | शर्धिषीरन् |
| शर्धितासि / | शर्धितास्थः / | शर्धितास्थ / | शृध्याः / | शृध्यास्तम् / | शृध्यास्त / |
| शर्धितासे | शर्धितासाथे | शर्धिताध्वे | शर्धिषीष्ठाः | **शर्धिषीयास्थाम्** | शर्धिषीध्वम् |
| शर्धितास्मि / | शर्धितास्वः / | शर्धितास्मः / | शृध्यासम् / | शृध्यास्व / | शृध्यास्म / |
| शर्धिताहे | शर्धितास्वहे | शर्धितास्महे | शर्धिषीय | शर्धिषीवहि | शर्धिषीमहि |

| | | | | | |
|---|---|---|---|---|---|
| शशर्ध / | शशृधतुः / | शशृधुः / | अशर्धीत् -द् / | अशर्धिष्टाम् / | अशर्धिषुः / |
| शशृधे | शशृधाते | शशृधिरे | अशर्धिष्ट | अशर्धिषाताम् | अशर्धिषत |

| | | | | | |
|---|---|---|---|---|---|
| शशर्धिथ / | शशृधथुः / | शशृध / | अशर्धीः / | अशर्धिष्टम् / | अशर्धिष्ट / |
| शशृधिषे | शशृधाथे | शशृधिढ्वे | अशर्धिष्ठाः | अशर्धिषाथाम् | अशर्धिढ्वम् |
| शशर्ध / | शशृधिव / | शशृधिम / | अशर्धिषम् / | अशर्धिष्व / | अशर्धिष्म / |
| शशृधे | शशृधिवहे | शशृधिमहे | अशर्धिषि | अशर्धिष्वहि | अशर्धिष्महि |

874 मृधु उन्दने । मृधुँ । मृध् । मर्धति / ते । U । सेट् । अ० । hurt, moisten, be wet

**Parasmaipadi / Atmanepadi Table**

| | | | | | |
|---|---|---|---|---|---|
| मर्धति / | मर्धतः / | मर्धन्ति / | अमर्धत् -द् / | अमर्धताम् / | अमर्धन् / |
| मर्धते | मर्धेते | मर्धन्ते | अमर्धत | अमर्धेताम् | अमर्धन्त |
| मर्धसि / | मर्धथः / | मर्धथ / | अमर्धः / | अमर्धतम् / | अमर्धत / |
| मर्धसे | मर्धेथे | मर्धध्वे | अमर्धथाः | अमर्धेथाम् | अमर्धध्वम् |
| मर्धामि / | मर्धावः / | मर्धामः / | अमर्धम् / | अमर्धाव / | अमर्धाम / |
| मर्धे | मर्धावहे | मर्धामहे | अमर्धे | अमर्धावहि | अमर्धामहि |

| | | | | | |
|---|---|---|---|---|---|
| मर्धतु / | मर्धताम् / | मर्धन्तु / | मर्धेत् -द् / | मर्धेताम् / | मर्धेयुः / |
| मर्धताम् | मर्धेताम् | मर्धन्ताम् | मर्धेत | मर्धेयाताम् | मर्धेरन् |
| मर्ध / | मर्धतम् / | मर्धत / | मर्धेः / | मर्धेतम् / | मर्धेत / |
| मर्धस्व | मर्धेथाम् | मर्धध्वम् | मर्धेथाः | मर्धेयाथाम् | मर्धेध्वम् |
| मर्धानि / | मर्धाव / | मर्धाम / | मर्धेयम् / | मर्धेव / | मर्धेम / |
| मर्धै | मर्धावहै | मर्धामहै | मर्धेय | मर्धेवहि | मर्धेमहि |

| | | | | | |
|---|---|---|---|---|---|
| मर्धिष्यति / | मर्धिष्यतः / | मर्धिष्यन्ति / | अमर्धिष्यत् -द् / | अमर्धिष्यताम् / | अमर्धिष्यन् / |
| मर्धिष्यते | मर्धिष्येते | मर्धिष्यन्ते | अमर्धिष्यत | अमर्धिष्येताम् | अमर्धिष्यन्त |
| मर्धिष्यसि / | मर्धिष्यथः / | मर्धिष्यथ / | अमर्धिष्यः / | अमर्धिष्यतम् / | अमर्धिष्यत / |
| मर्धिष्यसे | मर्धिष्येथे | मर्धिष्यध्वे | अमर्धिष्यथाः | अमर्धिष्येथाम् | अमर्धिष्यध्वम् |
| मर्धिष्यामि / | मर्धिष्यावः / | मर्धिष्यामः / | अमर्धिष्यम् / | अमर्धिष्याव / | अमर्धिष्याम / |
| मर्धिष्ये | मर्धिष्यावहे | मर्धिष्यामहे | अमर्धिष्ये | अमर्धिष्यावहि | अमर्धिष्यामहि |

| | | | | | |
|---|---|---|---|---|---|
| मर्धिता / | मर्धितारौ / | मर्धितारः / | मृध्यात् -द् / | मृध्यास्ताम् / | मृध्यासुः / |
| मर्धिता | मर्धितारौ | मर्धितारः | मर्धिषीष्ट | **मर्धिषीयास्ताम्** | मर्धिषीरन् |
| मर्धितासि / | मर्धितास्थः / | मर्धितास्थ / | मृध्याः / | मृध्यास्तम् / | मृध्यास्त / |
| मर्धितासे | मर्धितासाथे | मर्धिताध्वे | मर्धिषीष्ठाः | **मर्धिषीयास्थाम्** | मर्धिषीध्वम् |
| मर्धितास्मि / | मर्धितास्वः / | मर्धितास्मः / | मृध्यासम् / | मृध्यास्व / | मृध्यास्म / |
| मर्धिताहे | मर्धितास्वहे | मर्धितास्महे | मर्धिषीय | मर्धिषीवहि | मर्धिषीमहि |

| | | | | | |
|---|---|---|---|---|---|
| ममर्ध / | ममृधतुः / | ममृधुः / | अमर्धीत् -द् / | अमर्धिष्टाम् / | अमर्धिषुः / |
| ममृधे | ममृधाते | ममृधिरे | अमर्धिष्ट | अमर्धिषाताम् | अमर्धिषत |

| | | | | | |
|---|---|---|---|---|---|
| ममर्धिथ / | ममृधथुः / | ममृध / | अमर्धीः / | अमर्धिष्टम् / | अमर्धिष्ट / |
| ममृधिषे | ममृधाथे | ममृधिध्वे | अमर्धिष्ठाः | अमर्धिषाथाम् | अमर्धिध्वम् |
| ममर्ध / | ममृधिव / | ममृधिम / | अमर्धिषम् / | अमर्धिष्व / | अमर्धिष्म / |
| ममृधे | ममृधिवहे | ममृधिमहे | अमर्धिषि | अमर्धिष्वहि | अमर्धिष्महि |

875 **बुधिर् बोधने** । **बुधिँर्** । **बुध्** । **बोधति** / **ते** । U । **सेट्** । **स०** । know, wake up 3.1.57

**Parasmaipadi / Atmanepadi Table**

| | | | | | |
|---|---|---|---|---|---|
| बोधति / | बोधतः / | बोधन्ति / | अबोधत् -द् / | अबोधताम् / | अबोधन् / |
| बोधते | बोधेते | बोधन्ते | अबोधत | अबोधेताम् | अबोधन्त |
| बोधसि / | बोधथः / | बोधथ / | अबोधः / | अबोधतम् / | अबोधत / |
| बोधसे | बोधेथे | बोधध्वे | अबोधथाः | अबोधेथाम् | अबोधध्वम् |
| बोधामि / | बोधावः / | बोधामः / | अबोधम् / | अबोधाव / | अबोधाम / |
| बोधे | बोधावहे | बोधामहे | अबोधे | अबोधावहि | अबोधामहि |

| | | | | | |
|---|---|---|---|---|---|
| बोधतु / | बोधताम् / | बोधन्तु / | बोधेत् -द् / | बोधेताम् / | बोधेयुः / |
| बोधताम् | बोधेताम् | बोधन्ताम् | बोधेत | बोधेयाताम् | बोधेरन् |
| बोध / | बोधतम् / | बोधत / | बोधेः / | बोधेतम् / | बोधेत / |
| बोधस्व | बोधेथाम् | बोधध्वम् | बोधेथाः | बोधेयाथाम् | बोधेध्वम् |
| बोधानि / | बोधाव / | बोधाम / | बोधेयम् / | बोधेव / | बोधेम / |
| बोधै | बोधावहै | बोधामहै | बोधेय | बोधेवहि | बोधेमहि |

| | | | | | |
|---|---|---|---|---|---|
| बोधिष्यति / | बोधिष्यतः / | बोधिष्यन्ति / | **अबोधिष्यत् -द्** / | अबोधिष्यताम् / | अबोधिष्यन् / |
| बोधिष्यते | बोधिष्येते | बोधिष्यन्ते | **अबोधिष्यत** | अबोधिष्येताम् | अबोधिष्यन्त |
| बोधिष्यसि / | बोधिष्यथः / | बोधिष्यथ / | अबोधिष्यः / | अबोधिष्यतम् / | अबोधिष्यत / |
| बोधिष्यसे | बोधिष्येथे | बोधिष्यध्वे | अबोधिष्यथाः | अबोधिष्येथाम् | अबोधिष्यध्वम् |
| बोधिष्यामि / | बोधिष्यावः / | बोधिष्यामः / | अबोधिष्यम् / | अबोधिष्याव / | अबोधिष्याम / |
| बोधिष्ये | बोधिष्यावहे | बोधिष्यामहे | अबोधिष्ये | अबोधिष्यावहि | अबोधिष्यामहि |

| | | | | | |
|---|---|---|---|---|---|
| बोधिता / | बोधितारौ / | बोधितारः / | बुध्यात् -द् / | बुध्यास्ताम् / | बुध्यासुः / |
| बोधिता | बोधितारौ | बोधितारः | बोधिषीष्ट | **बोधिषीयास्ताम्** | बोधिषीरन् |
| बोधितासि / | बोधितास्थः / | बोधितास्थ / | बुध्याः / | बुध्यास्तम् / | बुध्यास्त / |
| बोधितासे | बोधितासाथे | बोधिताध्वे | बोधिषीष्ठाः | **बोधिषीयास्थाम्** | बोधिषीध्वम् |
| बोधितास्मि / | बोधितास्वः / | बोधितास्मः / | बुध्यासम् / | बुध्यास्व / | बुध्यास्म / |
| बोधिताहे | बोधितास्वहे | बोधितास्महे | बोधिषीय | बोधिषीवहि | बोधिषीमहि |

| | | | | | |
|---|---|---|---|---|---|
| बुबोध / | बुबुधतुः / | बुबुधुः / | अबोधीत् -द् | अबोधिष्टाम् | अबोधिषुः |
| बुबुधे | बुबुधाते | बुबुधिरे | अबुधत् -द् / | अबुधताम् / | अबुधन् / |
| | | | अबोधिष्ट | अबोधिषाताम् | अबोधिषत |

| | | | | | |
|---|---|---|---|---|---|
| बुबोधिथ / | बुबुधथुः / | बुबुध / | अबोधीः | अबोधिष्टम् | अबोधिष्ट |
| बुबुधिषे | बुबुधाथे | बुबुधिध्वे | अबुधः / | अबुधतम् / | अबुधत / |
| | | | अबोधिष्ठाः | अबोधिषाथाम् | अबोधिढ्वम् |
| बुबोध / | बुबुधिव / | बुबुधिम / | अबोधिषम् | अबोधिष्व | अबोधिष्म |
| बुबुधे | बुबुधिवहे | बुबुधिमहे | अबुधम् / | अबुधाव / | अबुधाम / |
| | | | अबोधिषि | अबोधिष्वहि | अबोधिष्महि |

876 उबुन्दिर् निशामने । उँबुन्दिँर् । बुन्द् । बुन्दति / ते । U । सेट् । स० । know, perceive, learn
3.1.57 इरितो वा । 6.4.24 अनिदितां हल उपधायाः क्ङिति ।

**Parasmaipadi / Atmanepadi Table**

| | | | | | |
|---|---|---|---|---|---|
| बुन्दति / | बुन्दतः / | बुन्दन्ति / | अबुन्दत् -द् / | अबुन्दताम् / | अबुन्दन् / |
| बुन्दते | बुन्देते | बुन्दन्ते | अबुन्दत | अबुन्देताम् | अबुन्दन्त |
| बुन्दसि / | बुन्दथः / | बुन्दथ / | अबुन्दः / | अबुन्दतम् / | अबुन्दत / |
| बुन्दसे | बुन्देथे | बुन्दध्वे | अबुन्दथाः | अबुन्देथाम् | अबुन्दध्वम् |
| बुन्दामि / | बुन्दावः / | बुन्दामः / | अबुन्दम् / | अबुन्दाव / | अबुन्दाम / |
| बुन्दे | बुन्दावहे | बुन्दामहे | अबुन्दे | अबुन्दावहि | अबुन्दामहि |

| | | | | | |
|---|---|---|---|---|---|
| बुन्दतु / | बुन्दताम् / | बुन्दन्तु / | बुन्देत् -द् / | बुन्देताम् / | बुन्देयुः / |
| बुन्दताम् | बुन्देताम् | बुन्दन्ताम् | बुन्देत | बुन्देयाताम् | बुन्देरन् |
| बुन्द / | बुन्दतम् / | बुन्दत / | बुन्देः / | बुन्देतम् / | बुन्देत / |
| बुन्दस्व | बुन्देथाम् | बुन्दध्वम् | बुन्देथाः | बुन्देयाथाम् | बुन्देध्वम् |
| बुन्दानि / | बुन्दाव / | बुन्दाम / | बुन्देयम् / | बुन्देव / | बुन्देम / |
| बुन्दै | बुन्दावहै | बुन्दामहै | बुन्देय | बुन्देवहि | बुन्देमहि |

| | | | | | |
|---|---|---|---|---|---|
| बुन्दिष्यति / | बुन्दिष्यतः / | बुन्दिष्यन्ति / | अबुन्दिष्यत् -द् / | अबुन्दिष्यताम् / | अबुन्दिष्यन् / |
| बुन्दिष्यते | बुन्दिष्येते | बुन्दिष्यन्ते | अबुन्दिष्यत | अबुन्दिष्येताम् | अबुन्दिष्यन्त |
| बुन्दिष्यसि / | बुन्दिष्यथः / | बुन्दिष्यथ / | अबुन्दिष्यः / | अबुन्दिष्यतम् / | अबुन्दिष्यत / |
| बुन्दिष्यसे | बुन्दिष्येथे | बुन्दिष्यध्वे | अबुन्दिष्यथाः | अबुन्दिष्येथाम् | अबुन्दिष्यध्वम् |
| बुन्दिष्यामि / | बुन्दिष्यावः / | बुन्दिष्यामः / | अबुन्दिष्यम् / | अबुन्दिष्याव / | अबुन्दिष्याम / |
| बुन्दिष्ये | बुन्दिष्यावहे | बुन्दिष्यामहे | अबुन्दिष्ये | अबुन्दिष्यावहि | अबुन्दिष्यामहि |

| | | | | | |
|---|---|---|---|---|---|
| बुन्दिता / | बुन्दितारौ / | बुन्दितारः / | बुद्यात् -द् / | बुद्यास्ताम् / | बुद्यासुः / |
| बुन्दिता | बुन्दितारौ | बुन्दितारः | बुन्दिषीष्ट | बुन्दिषीयास्ताम् | बुन्दिषीरन् |
| बुन्दितासि / | बुन्दितास्थः / | बुन्दितास्थ / | बुद्याः / | बुद्यास्तम् / | बुद्यास्त / |
| बुन्दितासे | बुन्दितासाथे | बुन्दिताध्वे | बुन्दिषीष्ठाः | बुन्दिषीयास्थाम् | बुन्दिषीध्वम् |
| बुन्दितास्मि / | बुन्दितास्वः / | बुन्दितास्मः / | बुद्यासम् / | बुद्यास्व / | बुद्यास्म / |
| बुन्दिताहे | बुन्दितास्वहे | बुन्दितास्महे | बुन्दिषीय | बुन्दिषीवहि | बुन्दिषीमहि |

| बुबुन्द / | बुबुन्दतुः / | बुबुन्दुः / | अबुन्दीत् -द् / | अबुन्दिष्टाम् | अबुन्दिषुः |
| बुबुन्दे | बुबुन्दाते | बुबुन्दिरे | अबुदत् -द् / | अबुदताम् | अबुदन् |
| | | | अबुन्दिष्ट | अबुन्दिषाताम् | अबुन्दिषत |
| बुबुन्दिथ / | बुबुन्दथुः / | बुबुन्द / | अबुन्दीः / | अबुन्दिष्टम् | अबुन्दिष्ट |
| बुबुन्दिषे | बुबुन्दाथे | बुबुन्दिध्वे | अबुदः / | अबुदतम् / | अबुदत / |
| | | | अबुन्दिष्ठाः | अबुन्दिषाथाम् | अबुन्दिध्वम् |
| बुबुन्द / | बुबुन्दिव / | बुबुन्दिम / | अबुन्दिषम् | अबुन्दिष्व | अबुन्दिष्म |
| बुबुन्दे | बुबुन्दिवहे | बुबुन्दिमहे | अबुदम् / | अबुदाव / | अबुदाम / |
| | | | अबुन्दिषि | अबुन्दिष्वहि | अबुन्दिष्महि |

**877** वेणृ गतिज्ञानचिन्तानिशामनवादित्रग्रहणेषु । नान्तोऽप्ययम् । वेणृँ । वेण् । वेणति / ते । U । सेट् । स० । go, know, recognize, see, consider, play music **Parasmaipadi / Atmanepadi Table**

| वेणति / | वेणतः / | वेणन्ति / | अवेणत् -द् / | अवेणताम् / | अवेणन् / |
| वेणते | वेणेते | वेणन्ते | अवेणत | अवेणेताम् | अवेणन्त |
| वेणसि / | वेणथः / | वेणथ / | अवेणः / | अवेणतम् / | अवेणत |
| वेणसे | वेणेथे | वेणध्वे | अवेणथाः | अवेणेथाम् | अवेणध्वम् |
| वेणामि / | वेणावः / | वेणामः / | अवेणम् / | अवेणाव | अवेणाम / |
| वेणे | वेणावहे | वेणामहे | अवेणे | अवेणावहि | अवेणामहि |

| वेणतु / | वेणताम् / | वेणन्तु / | वेणेत् -द् / | वेणेताम् / | वेणेयुः / |
| वेणताम् | वेणेताम् | वेणन्ताम् | वेणेत | वेणेयाताम् | वेणेरन् |
| वेण / | वेणतम् / | वेणत / | वेणेः / | वेणेतम् / | वेणेत / |
| वेणस्व | वेणेथाम् | वेणध्वम् | वेणेथाः | वेणेयाथाम् | वेणेध्वम् |
| वेणानि / | वेणाव / | वेणाम / | वेणेयम् / | वेणेव | वेणेम |
| वेणै | वेणावहै | वेणामहै | वेणेय | वेणेवहि | वेणेमहि |

| वेणिष्यति / | वेणिष्यतः / | वेणिष्यन्ति / | अवेणिष्यत् -द् / | अवेणिष्यताम् / | अवेणिष्यन् / |
| वेणिष्यते | वेणिष्येते | वेणिष्यन्ते | अवेणिष्यत | अवेणिष्येताम् | अवेणिष्यन्त |
| वेणिष्यसि / | वेणिष्यथः / | वेणिष्यथ / | अवेणिष्यः / | अवेणिष्यतम् / | अवेणिष्यत |
| वेणिष्यसे | वेणिष्येथे | वेणिष्यध्वे | अवेणिष्यथाः | अवेणिष्येथाम् | अवेणिष्यध्वम् |
| वेणिष्यामि / | वेणिष्यावः / | वेणिष्यामः / | अवेणिष्यम् / | अवेणिष्याव | अवेणिष्याम / |
| वेणिष्ये | वेणिष्यावहे | वेणिष्यामहे | अवेणिष्ये | अवेणिष्यावहि | अवेणिष्यामहि |

| वेणिता / | वेणितारौ / | वेणितारः / | वेण्यात् -द् / | वेण्यास्ताम् / | वेण्यासुः / |
| वेणिता | वेणितारौ | वेणितारः | वेणिषीष्ट | वेणिषीयास्ताम् | वेणिषीरन् |
| वेणितासि / | वेणितास्थः / | वेणितास्थ / | वेण्याः / | वेण्यास्तम् / | वेण्यास्त / |

| वेणितासे | वेणितासाथे | वेणिताध्वे | वेणिषीष्ठाः | वेणिषीयास्थाम् | वेणिषीध्वम् |
| वेणितास्मि / | वेणितास्वः / | वेणितास्मः / | वेण्यासम् / | वेण्यास्व / | वेण्यास्म / |
| वेणिताहे | वेणितास्वहे | वेणितास्महे | वेणिषीय | वेणिषीवहि | वेणिषीमहि |
| | | | | | |
| विवेण / | विवेणतुः / | विवेणुः / | अवेणीत् -द् / | अवेणिष्टाम् | अवेणिषुः / |
| विवेणे | विवेणाते | विवेणिरे | अवेणिष्ट | अवेणिषाताम् | अवेणिषत |
| विवेणिथ / | विवेणथुः / | विवेण / | अवेणीः / | अवेणिष्टम् / | अवेणिष्ट / |
| विवेणिषे | विवेणाथे | विवेणिध्वे | अवेणिष्ठाः | अवेणिषाथाम् | अवेणिध्वम् |
| विवेण / | विवेणिव / | विवेणिम / | अवेणिषम् / | अवेणिष्व / | अवेणिष्म / |
| विवेणे | विवेणिवहे | विवेणिमहे | अवेणिषि | अवेणिष्वहि | अवेणिष्महि |

**878 खनु अवदारणे । खनुँ । खन् । खनति / ते । U । सेट् । स० । dig, excavate, trouble  
6.4.43 ये विभाषा । 7.2.7 अतो हलादेर्लघोः । Parasmaipadi / Atmanepadi Table**

| खनति / | खनतः / | खनन्ति / | अखनत् -द् / | अखनताम् / | अखनन् / |
| खनते | खनेते | खनन्ते | अखनत | अखनेताम् | अखनन्त |
| खनसि / | खनथः / | खनथ / | अखनः / | अखनतम् / | अखनत / |
| खनसे | खनेथे | खनध्वे | अखनथाः | अखनेथाम् | अखनध्वम् |
| खनामि / | खनावः / | खनामः / | अखनम् / | अखनाव / | अखनाम / |
| खने | खनावहे | खनामहे | अखने | अखनावहि | अखनामहि |
| | | | | | |
| खनतु / | खनताम् / | खनन्तु / | खनेत् -द् / | खनेताम् / | खनेयुः / |
| खनताम् | खनेताम् | खनन्ताम् | खनेत | खनेयाताम् | खनेरन् |
| खन / | खनतम् / | खनत / | खनेः / | खनेतम् / | खनेत / |
| खनस्व | खनेथाम् | खनध्वम् | खनेथाः | खनेयाथाम् | खनेध्वम् |
| खनानि / | खनाव / | खनाम / | खनेयम् / | खनेव / | खनेम / |
| खनै | खनावहै | खनामहै | खनेय | खनेवहि | खनेमहि |
| | | | | | |
| खनिष्यति / | खनिष्यतः / | खनिष्यन्ति / | अखनिष्यत् -द् / | अखनिष्यताम् / | अखनिष्यन् / |
| खनिष्यते | खनिष्येते | खनिष्यन्ते | अखनिष्यत | अखनिष्येताम् | अखनिष्यन्त |
| खनिष्यसि / | खनिष्यथः / | खनिष्यथ / | अखनिष्यः / | अखनिष्यतम् / | अखनिष्यत / |
| खनिष्यसे | खनिष्येथे | खनिष्यध्वे | अखनिष्यथाः | अखनिष्येथाम् | अखनिष्यध्वम् |
| खनिष्यामि / | खनिष्यावः / | खनिष्यामः / | अखनिष्यम् / | अखनिष्याव / | अखनिष्याम / |
| खनिष्ये | खनिष्यावहे | खनिष्यामहे | अखनिष्ये | अखनिष्यावहि | अखनिष्यामहि |
| | | | | | |
| खनिता / | खनितारौ / | खनितारः / | खन्यात् -द् / | खन्यास्ताम् | खन्यासुः / |
| खनिता | खनितारौ | खनितारः | खायात् -द् / | खायास्ताम् | खायासुः / |
| | | | खनिषीष्ट | खनिषीयास्ताम् | खनिषीरन् |

| | | | | | |
|---|---|---|---|---|---|
| खनितासि / | खनितास्थः / | खनितास्थ / | खन्याः | खन्यास्तम् | खन्यास्त |
| खनितासे | खनितासाथे | खनिताध्वे | खायाः / | खायास्तम् / | खायास्त / |
| | | | खनिषीष्ठाः | खनिषीयास्थाम् | खनिषीध्वम् |
| खनितास्मि / | खनितास्वः / | खनितास्मः / | खन्यासम् | खन्यास्व | खन्यास्म |
| खनिताहे | खनितास्वहे | खनितास्महे | खायासम् / | खायास्व / | खायास्म / |
| | | | खनिषीय | खनिषीवहि | खनिषीमहि |

| | | | | | |
|---|---|---|---|---|---|
| चखान / | चख्नतुः / | चख्नुः / | अखनीत् -द् | अखनिष्टाम् | अखनिषुः |
| चख्ने | चख्नाते | चख्निरे | अखानीत् -द् / | अखानिष्टाम् / | अखानिषुः / |
| | | | अखनिष्ट | अखनिषाताम् | अखनिषत |
| चखनिथ / | चख्नथुः / | चख्न / | अखनीः | अखनिष्टम् | अखनिष्ट |
| चख्निषे | चख्नाथे | चख्निध्वे | अखानीः / | अखानिष्टम् / | अखानिष्ट / |
| | | | अखनिष्ठाः | अखनिषाथाम् | अखनिध्वम् |
| चखान चखन / | चख्निव / | चख्निम / | अखनिषम् | अखनिष्व | अखनिष्म |
| चख्ने | चख्निवहे | चख्निमहे | अखानिषम् / | अखानिष्व / | अखानिष्म / |
| | | | अखनिषि | अखनिष्वहि | अखनिष्महि |

879 चीवृ आदानसंवरणयोः । चीवृँ । चीव् । चीवति / ते । U । सेट् । स० । take, accept, wear, cover, seize 8.3.79 विभाषेटः । **Parasmaipadi / Atmanepadi Table**

| | | | | | |
|---|---|---|---|---|---|
| चीवति / | चीवतः / | चीवन्ति / | अचीवत् -द् / | अचीवताम् / | अचीवन् / |
| चीवते | चीवेते | चीवन्ते | अचीवत | अचीवेताम् | अचीवन्त |
| चीवसि / | चीवथः / | चीवथ / | अचीवः / | अचीवतम् / | अचीवत / |
| चीवसे | चीवेथे | चीवध्वे | अचीवथाः | अचीवेथाम् | अचीवध्वम् |
| चीवामि / | चीवावः / | चीवामः / | अचीवम् / | अचीवाव / | अचीवाम / |
| चीवे | चीवावहे | चीवामहे | अचीवे | अचीवावहि | अचीवामहि |

| | | | | | |
|---|---|---|---|---|---|
| चीवतु / | चीवताम् / | चीवन्तु / | चीवेत् -द् / | चीवेताम् / | चीवेयुः / |
| चीवताम् | चीवेताम् | चीवन्ताम् | चीवेत | चीवेयाताम् | चीवेरन् |
| चीव / | चीवतम् / | चीवत / | चीवेः / | चीवेतम् / | चीवेत / |
| चीवस्व | चीवेथाम् | चीवध्वम् | चीवेथाः | चीवेयाथाम् | चीवेध्वम् |
| चीवानि / | चीवाव / | चीवाम / | चीवेयम् / | चीवेव / | चीवेम / |
| चीवै | चीवावहै | चीवामहै | चीवेय | चीवेवहि | चीवेमहि |

| | | | | | |
|---|---|---|---|---|---|
| चीविष्यति / | चीविष्यतः / | चीविष्यन्ति / | अचीविष्यत् -द् / | अचीविष्यताम् / | अचीविष्यन् / |
| चीविष्यते | चीविष्येते | चीविष्यन्ते | अचीविष्यत | अचीविष्येताम् | अचीविष्यन्त |
| चीविष्यसि / | चीविष्यथः / | चीविष्यथ / | अचीविष्यः / | अचीविष्यतम् / | अचीविष्यत / |
| चीविष्यसे | चीविष्येथे | चीविष्यध्वे | अचीविष्यथाः | अचीविष्येथाम् | अचीविष्यध्वम् |

| | | | | | |
|---|---|---|---|---|---|
| चीविष्यामि / | चीविष्यावः / | चीविष्यामः / | अचीविष्यम् / | अचीविष्याव / | अचीविष्याम / |
| चीविष्ये | चीविष्यावहे | चीविष्यामहे | अचीविष्ये | अचीविष्यावहि | अचीविष्यामहि |

| | | | | | |
|---|---|---|---|---|---|
| चीविता / | चीवितारौ / | चीवितारः / | चीव्यात् -द् / | चीव्यास्ताम् / | चीव्यासुः / |
| चीविता | चीवितारौ | चीवितारः | चीविषीष्ट | चीविषीयास्ताम् | चीविषीरन् |
| चीवितासि / | चीवितास्थः / | चीवितास्थ / | चीव्याः / | चीव्यास्तम् / | चीव्यास्त / |
| चीवितासे | चीवितासाथे | चीविताध्वे | चीविषीष्ठाः | चीविषीयास्थाम् | चीविषीध्वम् ढ्वम् |
| चीवितास्मि / | चीवितास्वः / | चीवितास्मः / | चीव्यासम् / | चीव्यास्व / | चीव्यास्म / |
| चीविताहे | चीवितास्वहे | चीवितास्महे | चीविषीय | चीविषीवहि | चीविषीमहि |

| | | | | | |
|---|---|---|---|---|---|
| चिचीव / | चिचीवतुः / | चिचीवुः / | अचीवीत् -द् / | अचीविष्टाम् / | अचीविषुः / |
| चिचीवे | चिचीवाते | चिचीविरे | अचीविष्ट | अचीविषाताम् | अचीविषत |
| चिचीविथ / | चिचीवथुः / | चिचीव / | अचीवीः / | अचीविष्टम् / | अचीविष्ट / |
| चिचीविषे | चिचीवाथे | चिचीविध्वे -ढ्वे | अचीविष्ठाः | अचीविषाथाम् | अचीविध्वम् -ढ्वम् |
| चिचीव / | चिचीविव / | चिचीविम / | अचीविषम् / | अचीविष्व / | अचीविष्म / |
| चिचीवे | चिचीविवहे | चिचीविमहे | अचीविषि | अचीविष्वहि | अचीविष्महि |

880 चायृ पूजानिशामनयोः । चायृँ । चाय् । चायति / ते । U । सेट् । स० । observe, discern, worship

**Parasmaipadi / Atmanepadi Table**

| | | | | | |
|---|---|---|---|---|---|
| चायति / | चायतः / | चायन्ति / | अचायत् -द् / | अचायताम् / | अचायन् / |
| चायते | चायेते | चायन्ते | अचायत | अचायेताम् | अचायन्त |
| चायसि / | चायथः / | चायथ / | अचायः / | अचायतम् / | अचायत / |
| चायसे | चायेथे | चायध्वे | अचायथाः | अचायेथाम् | अचायध्वम् |
| चायामि / | चायावः / | चायामः / | अचायम् / | अचायाव / | अचायाम / |
| चाये | चायावहे | चायामहे | अचाये | अचायावहि | अचायामहि |

| | | | | | |
|---|---|---|---|---|---|
| चायतु / | चायताम् / | चायन्तु / | चायेत् -द् / | चायेताम् / | चायेयुः / |
| चायताम् | चायेताम् | चायन्ताम् | चायेत | चायेयाताम् | चायेरन् |
| चाय / | चायतम् / | चायत / | चायेः / | चायेतम् / | चायेत / |
| चायस्व | चायेथाम् | चायध्वम् | चायेथाः | चायेयाथाम् | चायेध्वम् |
| चायानि / | चायाव / | चायाम / | चायेयम् / | चायेव / | चायेम / |
| चायै | चायावहै | चायामहै | चायेय | चायेवहि | चायेमहि |

| | | | | | |
|---|---|---|---|---|---|
| चायिष्यति / | चायिष्यतः / | चायिष्यन्ति / | अचायिष्यत् -द् / | अचायिष्यताम् / | अचायिष्यन् / |
| चायिष्यते | चायिष्येते | चायिष्यन्ते | अचायिष्यत | अचायिष्येताम् | अचायिष्यन्त |
| चायिष्यसि / | चायिष्यथः / | चायिष्यथ / | अचायिष्यः / | अचायिष्यतम् / | अचायिष्यत / |
| चायिष्यसे | चायिष्येथे | चायिष्यध्वे | अचायिष्यथाः | अचायिष्येथाम् | अचायिष्यध्वम् |

| | | | | | |
|---|---|---|---|---|---|
| चायिष्यामि / | चायिष्यावः / | चायिष्यामः / | अचायिष्यम् / | अचायिष्याव / | अचायिष्याम / |
| चायिष्ये | चायिष्यावहे | चायिष्यामहे | अचायिष्ये | अचायिष्यावहि | अचायिष्यामहि |

| | | | | | |
|---|---|---|---|---|---|
| चायिता / | चायितारौ / | चायितारः / | चाय्यात् -द् / | चाय्यास्ताम् / | चाय्यासुः / |
| चायिता | चायितारौ | चायितारः | चायिषीष्ट | चायिषीयास्ताम् | चायिषीरन् |
| चायितासि / | चायितास्थः / | चायितास्थ / | चाय्याः / | चाय्यास्तम् / | चाय्यास्त / |
| चायितासे | चायितासाथे | चायिताध्वे | चायिषीष्ठाः | चायिषीयास्थाम् | चायिषीध्वम् -ढ्वम् |
| चायितास्मि / | चायितास्वः / | चायितास्मः / | चाय्यासम् / | चाय्यास्व / | चाय्यास्म / |
| चायिताहे | चायितास्वहे | चायितास्महे | चायिषीय | चायिषीवहि | चायिषीमहि |

| | | | | | |
|---|---|---|---|---|---|
| चचाय / | चचायतुः / | चचायुः / | अचायीत् -द् / | अचायिष्टाम् / | अचायिषुः / |
| चचाये | चचायाते | चचायिरे | अचायिष्ट | अचायिषाताम् | अचायिषत |
| चचायिथ / | चचायथुः / | चचाय / | अचायीः / | अचायिष्टम् / | अचायिष्ट / |
| चचायिषे | चचायाथे | चचायिध्वे -ढ्वे | अचायिष्ठाः | अचायिषाथाम् | अचायिध्वम् -ढ्वम् |
| चचाय / | चचायिव / | चचायिम / | अचायिषम् / | अचायिष्व / | अचायिष्म / |
| चचाये | चचायिवहे | चचायिमहे | अचायिषि | अचायिष्वहि | अचायिष्महि |

881 व्यय गतौ । व्ययँ॑ । व्यय् । व्ययति / ते । U* । सेट् । स० । go, move

**Parasmaipadi / Atmanepadi Table**

| | | | | | |
|---|---|---|---|---|---|
| व्ययति / | व्ययतः / | व्ययन्ति / | अव्ययत् -द् / | अव्ययताम् / | अव्ययन् / |
| व्ययते | व्ययेते | व्ययन्ते | अव्ययत | अव्ययेताम् | अव्ययन्त |
| व्ययसि / | व्ययथः / | व्ययथ / | अव्ययः / | अव्ययतम् / | अव्ययत / |
| व्ययसे | व्ययेथे | व्ययध्वे | अव्ययथाः | अव्ययेथाम् | अव्ययध्वम् |
| व्ययामि / | व्ययावः / | व्ययामः / | अव्ययम् / | अव्ययाव / | अव्ययाम / |
| व्यये | व्ययावहे | व्ययामहे | अव्यये | अव्ययावहि | अव्ययामहि |

| | | | | | |
|---|---|---|---|---|---|
| व्ययतु / | व्ययताम् / | व्ययन्तु / | व्ययेत् -द् / | व्ययेताम् / | व्ययेयुः / |
| व्ययताम् | व्ययेताम् | व्ययन्ताम् | व्ययेत | व्ययेयाताम् | व्ययेरन् |
| व्यय / | व्ययतम् / | व्ययत / | व्ययेः / | व्ययेतम् / | व्ययेत / |
| व्ययस्व | व्ययेथाम् | व्ययध्वम् | व्ययेथाः | व्ययेयाथाम् | व्ययेध्वम् |
| व्ययानि / | व्ययाव / | व्ययाम / | व्ययेयम् / | व्ययेव / | व्ययेम / |
| व्ययै | व्ययावहै | व्ययामहै | व्ययेय | व्ययेवहि | व्ययेमहि |

| | | | | | |
|---|---|---|---|---|---|
| व्ययिष्यति / | व्ययिष्यतः / | व्ययिष्यन्ति / | अव्ययिष्यत् -द् / | अव्ययिष्यताम् / | अव्ययिष्यन् / |
| व्ययिष्यते | व्ययिष्येते | व्ययिष्यन्ते | अव्ययिष्यत | अव्ययिष्येताम् | अव्ययिष्यन्त |
| व्ययिष्यसि / | व्ययिष्यथः / | व्ययिष्यथ / | अव्ययिष्यः / | अव्ययिष्यतम् / | अव्ययिष्यत / |
| व्ययिष्यसे | व्ययिष्येथे | व्ययिष्यध्वे | अव्ययिष्यथाः | अव्ययिष्येथाम् | अव्ययिष्यध्वम् |

| | | | | | |
|---|---|---|---|---|---|
| व्ययिष्यामि / | व्ययिष्यावः / | व्ययिष्यामः / | अव्ययिष्यम् / | अव्ययिष्याव / | अव्ययिष्याम / |
| व्ययिष्ये | व्ययिष्यावहे | व्ययिष्यामहे | अव्ययिष्ये | अव्ययिष्यावहि | अव्ययिष्यामहि |

| | | | | | |
|---|---|---|---|---|---|
| व्ययिता / | व्ययितारौ / | व्ययितारः / | व्यय्यात् -द् / | व्यय्यास्ताम् / | व्यय्यासुः / |
| व्ययिता | व्ययितारौ | व्ययितारः | व्ययिषीष्ट | व्ययिषीयास्ताम् | व्ययिषीरन् |
| व्ययितासि / | व्ययितास्थः / | व्ययितास्थ / | व्यय्याः / | व्यय्यास्तम् / | व्यय्यास्त / |
| व्ययितासे | व्ययितासाथे | व्ययिताध्वे | व्ययिषीष्ठाः | व्ययिषीयास्थाम् | व्ययिषीध्वम् -ढ्वम् |
| व्ययितास्मि / | व्ययितास्वः / | व्ययितास्मः / | व्यय्यासम् / | व्यय्यास्व / | व्यय्यास्म / |
| व्ययिताहे | व्ययितास्वहे | व्ययितास्महे | व्ययिषीय | व्ययिषीवहि | व्ययिषीमहि |

| | | | | | |
|---|---|---|---|---|---|
| वव्याय / | वव्यायतुः / | वव्यायुः / | अव्ययीत् -द् / | अव्ययिष्टाम् / | अव्ययिषुः / |
| वव्याये | वव्यायाते | वव्यायिरे | अव्ययिष्ट | अव्ययिषाताम् | अव्ययिषत |
| वव्यायिथ / | वव्यायथुः / | वव्याय / | अव्ययीः / | अव्ययिष्टम् / | अव्ययिष्ट / |
| वव्यायिषे | वव्यायाथे | वव्यायिध्वे -ढ्वे | अव्ययिष्ठाः | अव्ययिषाथाम् | अव्ययिध्वम् -ढ्वम् |
| वव्याय वव्यय / | वव्यायिव / | वव्यायिम / | अव्ययिषम् / | अव्ययिष्व / | अव्ययिष्म / |
| वव्याये | वव्यायिवहे | वव्यायिमहे | अव्ययिषि | अव्ययिष्वहि | अव्ययिष्महि |

882 दाशृ दाने । दाशृँ । दाश् । दाशति / ते । U । सेट् । स० । give, offer oblations

**Parasmaipadi / Atmanepadi Table**

| | | | | | |
|---|---|---|---|---|---|
| दाशति / | दाशतः / | दाशन्ति / | अदाशत् -द् / | अदाशताम् / | अदाशन् / |
| दाशते | दाशेते | दाशन्ते | अदाशत | अदाशेताम् | अदाशन्त |
| दाशसि / | दाशथः / | दाशथ / | अदाशः / | अदाशतम् / | अदाशत / |
| दाशसे | दाशेथे | दाशध्वे | अदाशथाः | अदाशेथाम् | अदाशध्वम् |
| दाशामि / | दाशावः / | दाशामः / | अदाशम् / | अदाशाव / | अदाशाम / |
| दाशे | दाशावहे | दाशामहे | अदाशे | अदाशावहि | अदाशामहि |

| | | | | | |
|---|---|---|---|---|---|
| दाशतु / | दाशताम् / | दाशन्तु / | दाशेत् -द् / | दाशेताम् / | दाशेयुः / |
| दाशताम् | दाशेताम् | दाशन्ताम् | दाशेत | दाशेयाताम् | दाशेरन् |
| दाश / | दाशतम् / | दाशत / | दाशेः / | दाशेतम् / | दाशेत / |
| दाशस्व | दाशेथाम् | दाशध्वम् | दाशेथाः | दाशेयाथाम् | दाशेध्वम् |
| दाशानि / | दाशाव / | दाशाम / | दाशेयम् / | दाशेव / | दाशेम / |
| दाशै | दाशावहै | दाशामहै | दाशेय | दाशेवहि | दाशेमहि |

| | | | | | |
|---|---|---|---|---|---|
| दाशिष्यति / | दाशिष्यतः / | दाशिष्यन्ति / | अदाशिष्यत् -द् / | अदाशिष्यताम् / | अदाशिष्यन् / |
| दाशिष्यते | दाशिष्येते | दाशिष्यन्ते | अदाशिष्यत | अदाशिष्येताम् | अदाशिष्यन्त |
| दाशिष्यसि / | दाशिष्यथः / | दाशिष्यथ / | अदाशिष्यः / | अदाशिष्यतम् / | अदाशिष्यत / |
| दाशिष्यसे | दाशिष्येथे | दाशिष्यध्वे | अदाशिष्यथाः | अदाशिष्येथाम् | अदाशिष्यध्वम् |

| | | | | | |
|---|---|---|---|---|---|
| दाशिष्यामि / | दाशिष्यावः / | दाशिष्यामः / | अदाशिष्यम् / | अदाशिष्याव / | अदाशिष्याम / |
| दाशिष्ये | दाशिष्यावहे | दाशिष्यामहे | अदाशिष्ये | अदाशिष्यावहि | अदाशिष्यामहि |

| | | | | | |
|---|---|---|---|---|---|
| दाशिता / | दाशितारौ / | दाशितारः / | दाश्यात् -द् / | दाश्यास्ताम् / | दाश्यासुः / |
| दाशिता | दाशितारौ | दाशितारः | दाशिषीष्ट | दाशिषीयास्ताम् | दाशिषीरन् |
| दाशितासि / | दाशितास्थः / | दाशितास्थ / | दाश्याः / | दाश्यास्तम् / | दाश्यास्त / |
| दाशितासे | दाशितासाथे | दाशिताध्वे | दाशिषीष्ठाः | दाशिषीयास्थाम् | दाशिषीध्वम् |
| दाशितास्मि / | दाशितास्वः / | दाशितास्मः / | दाश्यासम् / | दाश्यास्व / | दाश्यास्म / |
| दाशिताहे | दाशितास्वहे | दाशितास्महे | दाशिषीय | दाशिषीवहि | दाशिषीमहि |

| | | | | | |
|---|---|---|---|---|---|
| ददाश / | ददाशतुः / | ददाशुः / | अदाशीत् -द् / | अदाशिष्टाम् / | अदाशिषुः / |
| ददाशे | ददाशाते | ददाशिरे | अदाशिष्ट | अदाशिषाताम् | अदाशिषत |
| ददाशिथ / | ददाशथुः / | ददाश / | अदाशीः / | अदाशिष्टम् / | अदाशिष्ट / |
| ददाशिषे | ददाशाथे | ददाशिध्वे | अदाशिष्ठाः | अदाशिषाथाम् | अदाशिध्वम् |
| ददाश / | ददाशिव / | ददाशिम / | अदाशिषम् / | अदाशिष्व / | अदाशिष्म / |
| ददाशे | ददाशिवहे | ददाशिमहे | अदाशिषि | अदाशिष्वहि | अदाशिष्महि |

883 भेषृ भये । गतावित्येके । भेषृँ॑ । भेष् । भेषति / ते । U । सेट् । अ० । fear, move

**Parasmaipadi / Atmanepadi Table**

| | | | | | |
|---|---|---|---|---|---|
| भेषति / | भेषतः / | भेषन्ति / | अभेषत् -द् / | अभेषताम् / | अभेषन् / |
| भेषते | भेषेते | भेषन्ते | अभेषत | अभेषेताम् | अभेषन्त |
| भेषसि / | भेषथः / | भेषथ / | अभेषः / | अभेषतम् / | अभेषत / |
| भेषसे | भेषेथे | भेषध्वे | अभेषथाः | अभेषेथाम् | अभेषध्वम् |
| भेषामि / | भेषावः / | भेषामः / | अभेषम् / | अभेषाव / | अभेषाम / |
| भेषे | भेषावहे | भेषामहे | अभेषे | अभेषावहि | अभेषामहि |

| | | | | | |
|---|---|---|---|---|---|
| भेषतु / | भेषताम् / | भेषन्तु / | भेषेत् -द् / | भेषेताम् / | भेषेयुः / |
| भेषताम् | भेषेताम् | भेषन्ताम् | भेषेत | भेषेयाताम् | भेषेरन् |
| भेष / | भेषतम् / | भेषत / | भेषेः / | भेषेतम् / | भेषेत / |
| भेषस्व | भेषेथाम् | भेषध्वम् | भेषेथाः | भेषेयाथाम् | भेषेध्वम् |
| भेषाणि / | भेषाव / | भेषाम / | भेषेयम् / | भेषेव / | भेषेम / |
| भेषै | भेषावहै | भेषामहै | भेषेय | भेषेवहि | भेषेमहि |

| | | | | | |
|---|---|---|---|---|---|
| भेषिष्यति / | भेषिष्यतः / | भेषिष्यन्ति / | अभेषिष्यत् -द् / | अभेषिष्यताम् / | अभेषिष्यन् / |
| भेषिष्यते | भेषिष्येते | भेषिष्यन्ते | अभेषिष्यत | अभेषिष्येताम् | अभेषिष्यन्त |
| भेषिष्यसि / | भेषिष्यथः / | भेषिष्यथ / | अभेषिष्यः / | अभेषिष्यतम् / | अभेषिष्यत / |
| भेषिष्यसे | भेषिष्येथे | भेषिष्यध्वे | अभेषिष्यथाः | अभेषिष्येथाम् | अभेषिष्यध्वम् |

| | | | | | |
|---|---|---|---|---|---|
| भेषिष्यामि / | भेषिष्यावः / | भेषिष्यामः / | अभेषिष्यम् / | अभेषिष्याव / | अभेषिष्याम / |
| भेषिष्ये | भेषिष्यावहे | भेषिष्यामहे | अभेषिष्ये | अभेषिष्यावहि | अभेषिष्यामहि |

| | | | | | |
|---|---|---|---|---|---|
| भेषिता / | भेषितारौ / | भेषितारः / | भेष्यात् -द् / | भेष्यास्ताम् / | भेष्यासुः / |
| भेषिता | भेषितारौ | भेषितारः | भेषिषीष्ट | भेषिषीयास्ताम् | भेषिषीरन् |
| भेषितासि / | भेषितास्थः / | भेषितास्थ / | भेष्याः / | भेष्यास्तम् / | भेष्यास्त / |
| भेषितासे | भेषितासाथे | भेषिताध्वे | भेषिषीष्ठाः | भेषिषीयास्थाम् | भेषिषीध्वम् |
| भेषितास्मि / | भेषितास्वः / | भेषितास्मः / | भेष्यासम् / | भेष्यास्व / | भेष्यास्म / |
| भेषिताहे | भेषितास्वहे | भेषितास्महे | भेषिषीय | भेषिषीवहि | भेषिषीमहि |

| | | | | | |
|---|---|---|---|---|---|
| बिभेष / | बिभेषतुः / | बिभेषुः / | अभेषीत् -द् / | अभेषिष्टाम् / | अभेषिषुः / |
| बिभेषे | बिभेषाते | बिभेषिरे | अभेषिष्ट | अभेषिषाताम् | अभेषिषत |
| बिभेषिथ / | बिभेषथुः / | बिभेष / | अभेषीः / | अभेषिष्टम् / | अभेषिष्ट / |
| बिभेषिषे | बिभेषाथे | बिभेषिध्वे | अभेषिष्ठाः | अभेषिषाथाम् | अभेषिध्वम् |
| बिभेष / | बिभेषिव / | बिभेषिम / | अभेषिषम् / | अभेषिष्व / | अभेषिष्म / |
| बिभेषे | बिभेषिवहे | बिभेषिमहे | अभेषिषि | अभेषिष्वहि | अभेषिष्महि |

884 भ्रेषृ गतौ । भ्रेषृँ॑ । भ्रेष् । भ्रेषति / ते । U । सेट् । स० । go, fear

**Parasmaipadi / Atmanepadi Table**

| | | | | | |
|---|---|---|---|---|---|
| भ्रेषति / | भ्रेषतः / | भ्रेषन्ति / | अभ्रेषत् -द् / | अभ्रेषताम् / | अभ्रेषन् / |
| भ्रेषते | भ्रेषेते | भ्रेषन्ते | अभ्रेषत | अभ्रेषेताम् | अभ्रेषन्त |
| भ्रेषसि / | भ्रेषथः / | भ्रेषथ / | अभ्रेषः / | अभ्रेषतम् / | अभ्रेषत / |
| भ्रेषसे | भ्रेषेथे | भ्रेषध्वे | अभ्रेषथाः | अभ्रेषेथाम् | अभ्रेषध्वम् |
| भ्रेषामि / | भ्रेषावः / | भ्रेषामः / | अभ्रेषम् / | अभ्रेषाव / | अभ्रेषाम / |
| भ्रेषे | भ्रेषावहे | भ्रेषामहे | अभ्रेषे | अभ्रेषावहि | अभ्रेषामहि |

| | | | | | |
|---|---|---|---|---|---|
| भ्रेषतु / | भ्रेषताम् / | भ्रेषन्तु / | भ्रेषेत् -द् / | भ्रेषेताम् / | भ्रेषेयुः / |
| भ्रेषताम् | भ्रेषेताम् | भ्रेषन्ताम् | भ्रेषेत | भ्रेषेयाताम् | भ्रेषेरन् |
| भ्रेष / | भ्रेषतम् / | भ्रेषत / | भ्रेषेः / | भ्रेषेतम् / | भ्रेषेत / |
| भ्रेषस्व | भ्रेषेथाम् | भ्रेषध्वम् | भ्रेषेथाः | भ्रेषेयाथाम् | भ्रेषेध्वम् |
| भ्रेषाणि / | भ्रेषाव / | भ्रेषाम / | भ्रेषेयम् / | भ्रेषेव / | भ्रेषेम / |
| भ्रेषै | भ्रेषावहै | भ्रेषामहै | भ्रेषेय | भ्रेषेवहि | भ्रेषेमहि |

| | | | | | |
|---|---|---|---|---|---|
| भ्रेषिष्यति / | भ्रेषिष्यतः / | भ्रेषिष्यन्ति / | अभ्रेषिष्यत् -द् / | अभ्रेषिष्यताम् / | अभ्रेषिष्यन् / |
| भ्रेषिष्यते | भ्रेषिष्येते | भ्रेषिष्यन्ते | अभ्रेषिष्यत | अभ्रेषिष्येताम् | अभ्रेषिष्यन्त |
| भ्रेषिष्यसि / | भ्रेषिष्यथः / | भ्रेषिष्यथ / | अभ्रेषिष्यः / | अभ्रेषिष्यतम् / | अभ्रेषिष्यत / |
| भ्रेषिष्यसे | भ्रेषिष्येथे | भ्रेषिष्यध्वे | अभ्रेषिष्यथाः | अभ्रेषिष्येथाम् | अभ्रेषिष्यध्वम् |

| | | | | | |
|---|---|---|---|---|---|
| भ्रेषिष्यामि / | भ्रेषिष्यावः / | भ्रेषिष्यामः / | अभ्रेषिष्यम् / | अभ्रेषिष्याव / | अभ्रेषिष्याम / |
| भ्रेषिष्ये | भ्रेषिष्यावहे | भ्रेषिष्यामहे | अभ्रेषिष्ये | अभ्रेषिष्यावहि | अभ्रेषिष्यामहि |

| | | | | | |
|---|---|---|---|---|---|
| भ्रेषिता / | भ्रेषितारौ / | भ्रेषितारः / | भ्रेष्यात् -द् / | भ्रेष्यास्ताम् / | भ्रेष्यासुः / |
| भ्रेषिता | भ्रेषितारौ | भ्रेषितारः | भ्रेषिषीष्ट | भ्रेषिषीयास्ताम् | भ्रेषिषीरन् |
| भ्रेषितासि / | भ्रेषितास्थः / | भ्रेषितास्थ / | भ्रेष्याः / | भ्रेष्यास्तम् / | भ्रेष्यास्त / |
| भ्रेषितासे | भ्रेषितासाथे | भ्रेषिताध्वे | भ्रेषिषीष्ठाः | भ्रेषिषीयास्थाम् | भ्रेषिषीध्वम् |
| भ्रेषितास्मि / | भ्रेषितास्वः / | भ्रेषितास्मः / | भ्रेष्यासम् / | भ्रेष्यास्व / | भ्रेष्यास्म / |
| भ्रेषिताहे | भ्रेषितास्वहे | भ्रेषितास्महे | भ्रेषिषीय | भ्रेषिषीवहि | भ्रेषिषीमहि |

| | | | | | |
|---|---|---|---|---|---|
| बिभ्रेष / | बिभ्रेषतुः / | बिभ्रेषुः / | अभ्रेषीत् -द् / | अभ्रेषिष्टाम् / | अभ्रेषिषुः / |
| बिभ्रेषे | बिभ्रेषाते | बिभ्रेषिरे | अभ्रेषिष्ट | अभ्रेषिषाताम् | अभ्रेषिषत |
| बिभ्रेषिथ / | बिभ्रेषथुः / | बिभ्रेष / | अभ्रेषीः / | अभ्रेषिष्टम् / | अभ्रेषिष्ट / |
| बिभ्रेषिषे | बिभ्रेषाथे | बिभ्रेषिध्वे | अभ्रेषिष्ठाः | अभ्रेषिषाथाम् | अभ्रेषिध्वम् |
| बिभ्रेष / | बिभ्रेषिव / | बिभ्रेषिम / | अभ्रेषिषम् / | अभ्रेषिष्व / | अभ्रेषिष्म / |
| बिभ्रेषे | बिभ्रेषिवहे | बिभ्रेषिमहे | अभ्रेषिषि | अभ्रेषिष्वहि | अभ्रेषिष्महि |

885 भ्लेषृ गतौ । भ्लेषृँ । भ्लेष् । भ्लेषति / ते । U । सेट् । अ० । go, fear

**Parasmaipadi / Atmanepadi Table**

| | | | | | |
|---|---|---|---|---|---|
| भ्लेषति / | भ्लेषतः / | भ्लेषन्ति / | अभ्लेषत् -द् / | अभ्लेषताम् / | अभ्लेषन् / |
| भ्लेषते | भ्लेषेते | भ्लेषन्ते | अभ्लेषत | अभ्लेषेताम् | अभ्लेषन्त |
| भ्लेषसि / | भ्लेषथः / | भ्लेषथ / | अभ्लेषः / | अभ्लेषतम् / | अभ्लेषत / |
| भ्लेषसे | भ्लेषेथे | भ्लेषध्वे | अभ्लेषथाः | अभ्लेषेथाम् | अभ्लेषध्वम् |
| भ्लेषामि / | भ्लेषावः / | भ्लेषामः / | अभ्लेषम् / | अभ्लेषाव / | अभ्लेषाम / |
| भ्लेषे | भ्लेषावहे | भ्लेषामहे | अभ्लेषे | अभ्लेषावहि | अभ्लेषामहि |

| | | | | | |
|---|---|---|---|---|---|
| भ्लेषतु / | भ्लेषताम् / | भ्लेषन्तु / | भ्लेषेत् -द् / | भ्लेषेताम् / | भ्लेषेयुः / |
| भ्लेषताम् | भ्लेषेताम् | भ्लेषन्ताम् | भ्लेषेत | भ्लेषेयाताम् | भ्लेषेरन् |
| भ्लेष / | भ्लेषतम् / | भ्लेषत / | भ्लेषेः / | भ्लेषेतम् / | भ्लेषेत / |
| भ्लेषस्व | भ्लेषेथाम् | भ्लेषध्वम् | भ्लेषेथाः | भ्लेषेयाथाम् | भ्लेषेध्वम् |
| भ्लेषाणि / | भ्लेषाव / | भ्लेषाम / | भ्लेषेयम् / | भ्लेषेव / | भ्लेषेम / |
| भ्लेषै | भ्लेषावहै | भ्लेषामहै | भ्लेषेय | भ्लेषेवहि | भ्लेषेमहि |

| | | | | | |
|---|---|---|---|---|---|
| भ्लेषिष्यति / | भ्लेषिष्यतः / | भ्लेषिष्यन्ति / | अभ्लेषिष्यत् -द् / | अभ्लेषिष्यताम् / | अभ्लेषिष्यन् / |
| भ्लेषिष्यते | भ्लेषिष्येते | भ्लेषिष्यन्ते | अभ्लेषिष्यत | अभ्लेषिष्येताम् | अभ्लेषिष्यन्त |
| भ्लेषिष्यसि / | भ्लेषिष्यथः / | भ्लेषिष्यथ / | अभ्लेषिष्यः / | अभ्लेषिष्यतम् / | अभ्लेषिष्यत / |
| भ्लेषिष्यसे | भ्लेषिष्येथे | भ्लेषिष्यध्वे | अभ्लेषिष्यथाः | अभ्लेषिष्येथाम् | अभ्लेषिष्यध्वम् |

| | | | | | |
|---|---|---|---|---|---|
| भ्लेषिष्यामि / | भ्लेषिष्यावः / | भ्लेषिष्यामः / | अभ्लेषिष्यम् / | अभ्लेषिष्याव / | अभ्लेषिष्याम / |
| भ्लेषिष्ये | भ्लेषिष्यावहे | भ्लेषिष्यामहे | अभ्लेषिष्ये | अभ्लेषिष्यावहि | अभ्लेषिष्यामहि |

| | | | | | |
|---|---|---|---|---|---|
| भ्लेषिता / | भ्लेषितारौ / | भ्लेषितारः / | भ्लेष्यात् -द् / | भ्लेष्यास्ताम् / | भ्लेष्यासुः / |
| भ्लेषिता | भ्लेषितारौ | भ्लेषितारः | भ्लेषिषीष्ट | भ्लेषिषीयास्ताम् | भ्लेषिषीरन् |
| भ्लेषितासि / | भ्लेषितास्थः / | भ्लेषितास्थ / | भ्लेष्याः / | भ्लेष्यास्तम् / | भ्लेष्यास्त / |
| भ्लेषितासे | भ्लेषितासाथे | भ्लेषिताध्वे | भ्लेषिषीष्ठाः | भ्लेषिषीयास्थाम् | भ्लेषिषीध्वम् |
| भ्लेषितास्मि / | भ्लेषितास्वः / | भ्लेषितास्मः / | भ्लेष्यासम् / | भ्लेष्यास्व / | भ्लेष्यास्म / |
| भ्लेषिताहे | भ्लेषितास्वहे | भ्लेषितास्महे | भ्लेषिषीय | भ्लेषिषीवहि | भ्लेषिषीमहि |

| | | | | | |
|---|---|---|---|---|---|
| बिभ्लेष / | बिभ्लेषतुः / | बिभ्लेषुः / | अभ्लेषीत् -द् / | अभ्लेषिष्टाम् / | अभ्लेषिषुः / |
| बिभ्लेषे | बिभ्लेषाते | बिभ्लेषिरे | अभ्लेषिष्ट | अभ्लेषिषाताम् | अभ्लेषिषत |
| बिभ्लेषिथ / | बिभ्लेषथुः / | बिभ्लेष / | अभ्लेषीः / | अभ्लेषिष्टम् / | अभ्लेषिष्ट / |
| बिभ्लेषिषे | बिभ्लेषाथे | बिभ्लेषिध्वे | अभ्लेषिष्ठाः | अभ्लेषिषाथाम् | अभ्लेषिध्वम् |
| बिभ्लेष / | बिभ्लेषिव / | बिभ्लेषिम / | अभ्लेषिषम् / | अभ्लेषिष्व / | अभ्लेषिष्म / |
| बिभ्लेषे | बिभ्लेषिवहे | बिभ्लेषिमहे | अभ्लेषिषि | अभ्लेषिष्वहि | अभ्लेषिष्महि |

886 अस गतिदीप्त्यादानेषु । अष इत्येके । असँ[1] । अस् । असति / ते । U । सेट् । स० । move, shine, receive

**Parasmaipadi / Atmanepadi Table**

| | | | | | |
|---|---|---|---|---|---|
| असति / | असतः / | असन्ति / | आसत् -द् / | आसताम् / | आसन् / |
| असते | असेते | असन्ते | आसत | आसेताम् | आसन्त |
| अससि / | असथः / | असथ / | आसः / | आसतम् / | आसत / |
| अससे | असेथे | असध्वे | आसथाः | आसेथाम् | आसध्वम् |
| असामि / | असावः / | असामः / | आसम् / | आसाव / | आसाम / |
| असे | असावहे | असामहे | आसे | आसावहि | आसामहि |

| | | | | | |
|---|---|---|---|---|---|
| असतु / | असताम् / | असन्तु / | असेत् -द् / | असेताम् / | असेयुः / |
| असताम् | असेताम् | असन्ताम् | असेत | असेयाताम् | असेरन् |
| अस / | असतम् / | असत / | असेः / | असेतम् / | असेत / |
| असस्व | असेथाम् | असध्वम् | असेथाः | असेयाथाम् | असेध्वम् |
| असानि / | असाव / | असाम / | असेयम् / | असेव / | असेम / |
| असै | असावहै | असामहै | असेय | असेवहि | असेमहि |

| | | | | | |
|---|---|---|---|---|---|
| असिष्यति / | असिष्यतः / | असिष्यन्ति / | आसिष्यत् -द् / | आसिष्यताम् / | आसिष्यन् / |
| असिष्यते | असिष्येते | असिष्यन्ते | आसिष्यत | आसिष्येताम् | आसिष्यन्त |
| असिष्यसि / | असिष्यथः / | असिष्यथ / | आसिष्यः / | आसिष्यतम् / | आसिष्यत / |
| असिष्यसे | असिष्येथे | असिष्यध्वे | आसिष्यथाः | आसिष्येथाम् | आसिष्यध्वम् |

| असिष्यामि / | असिष्यावः / | असिष्यामः / | आसिष्यम् / | आसिष्याव | आसिष्याम |
| असिष्ये | असिष्यावहे | असिष्यामहे | आसिष्ये | आसिष्यावहि | आसिष्यामहि |

| असिता / | असितारौ / | असितारः / | अस्यात् -द् / | अस्यास्ताम् / | अस्यासुः / |
| असिता | असितारौ | असितारः | असिषीष्ट | असिषीयास्ताम् | असिषीरन् |
| असितासि / | असितास्थः / | असितास्थ / | अस्याः / | अस्यास्तम् / | अस्यास्त / |
| असितासे | असितासाथे | असिताध्वे | असिषीष्ठाः | असिषीयास्थाम् | असिषीध्वम् |
| असितास्मि / | असितास्वः / | असितास्मः / | अस्यासम् / | अस्यास्व / | अस्यास्म / |
| असिताहे | असितास्वहे | असितास्महे | असिषीय | असिषीवहि | असिषीमहि |

| आस / | आसतुः / | आसुः / | आसीत् -द् / | आसिष्टाम् / | आसिषुः / |
| आसे | आसाते | आसिरे | आसिष्ट | आसिषाताम् | आसिषत |
| आसिथ / | आसथुः / | आस / | आसीः / | आसिष्टम् / | आसिष्ट / |
| आसिषे | आसाथे | आसिध्वे | आसिष्ठाः | आसिषाथाम् | आसिध्वम् |
| आस / | आसिव / | आसिम / | आसिषम् / | आसिष्व / | आसिष्म / |
| आसे | आसिवहे | आसिमहे | आसिषि | आसिष्वहि | आसिष्महि |

887 स्पश बाधनस्पर्शनयोः । स्पशँ । स्पश् । स्पशति / ते । U । सेट् । स० । obstruct, undertake, touch

## 7.2.7 Parasmaipadi / Atmanepadi Table

| स्पशति / | स्पशतः / | स्पशन्ति / | अस्पशत् -द् / | अस्पशताम् / | अस्पशन् / |
| स्पशते | स्पशेते | स्पशन्ते | अस्पशत | अस्पशेताम् | अस्पशन्त |
| स्पशसि / | स्पशथः / | स्पशथ / | अस्पशः / | अस्पशतम् / | अस्पशत / |
| स्पशसे | स्पशेथे | स्पशध्वे | अस्पशथाः | अस्पशेथाम् | अस्पशध्वम् |
| स्पशामि / | स्पशावः / | स्पशामः / | अस्पशम् / | अस्पशाव / | अस्पशाम / |
| स्पशे | स्पशावहे | स्पशामहे | अस्पशे | अस्पशावहि | अस्पशामहि |

| स्पशतु / | स्पशताम् / | स्पशन्तु / | स्पशेत् -द् / | स्पशेताम् / | स्पशेयुः / |
| स्पशताम् | स्पशेताम् | स्पशन्ताम् | स्पशेत | स्पशेयाताम् | स्पशेरन् |
| स्पश / | स्पशतम् / | स्पशत / | स्पशेः / | स्पशेतम् / | स्पशेत / |
| स्पशस्व | स्पशेथाम् | स्पशध्वम् | स्पशेथाः | स्पशेयाथाम् | स्पशेध्वम् |
| स्पशानि / | स्पशाव / | स्पशाम / | स्पशेयम् / | स्पशेव / | स्पशेम / |
| स्पशै | स्पशावहै | स्पशामहै | स्पशेय | स्पशेवहि | स्पशेमहि |

| स्पशिष्यति / | स्पशिष्यतः / | स्पशिष्यन्ति / | अस्पशिष्यत् -द् / | अस्पशिष्यताम् / | अस्पशिष्यन् / |
| स्पशिष्यते | स्पशिष्येते | स्पशिष्यन्ते | अस्पशिष्यत | अस्पशिष्येताम् | अस्पशिष्यन्त |
| स्पशिष्यसि / | स्पशिष्यथः / | स्पशिष्यथ / | अस्पशिष्यः / | अस्पशिष्यतम् / | अस्पशिष्यत / |
| स्पशिष्यसे | स्पशिष्येथे | स्पशिष्यध्वे | अस्पशिष्यथाः | अस्पशिष्येथाम् | अस्पशिष्यध्वम् |

| | | | | | |
|---|---|---|---|---|---|
| स्पशिष्यामि / | स्पशिष्यावः / | स्पशिष्यामः / | अस्पशिष्यम् / | अस्पशिष्याव / | अस्पशिष्याम / |
| स्पशिष्ये | स्पशिष्यावहे | स्पशिष्यामहे | अस्पशिष्ये | अस्पशिष्यावहि | अस्पशिष्यामहि |

| | | | | | |
|---|---|---|---|---|---|
| स्पशिता / | स्पशितारौ / | स्पशितारः / | स्पश्यात् -द् / | स्पश्यास्ताम् / | स्पश्यासुः / |
| स्पशिता | स्पशितारौ | स्पशितारः | स्पशिषीष्ट | स्पशिषीयास्ताम् | स्पशिषीरन् |
| स्पशितासि / | स्पशितास्थः / | स्पशितास्थ / | स्पश्याः / | स्पश्यास्तम् / | स्पश्यास्त / |
| स्पशितासे | स्पशितासाथे | स्पशिताध्वे | स्पशिषीष्ठाः | स्पशिषीयास्थाम् | स्पशिषीध्वम् |
| स्पशितास्मि / | स्पशितास्वः / | स्पशितास्मः / | स्पश्यासम् / | स्पश्यास्व / | स्पश्यास्म / |
| स्पशिताहे | स्पशितास्वहे | स्पशितास्महे | स्पशिषीय | स्पशिषीवहि | स्पशिषीमहि |

| | | | | | |
|---|---|---|---|---|---|
| पस्पश / | पस्पशतुः / | पस्पशुः / | अस्पशीत् -द् | अस्पशिष्टाम् | अस्पशिषुः |
| पस्पशे | पस्पशाते | पस्पशिरे | अस्पाशीत् -द् / | अस्पाशिष्टाम् / | अस्पाशिषुः / |
| | | | अस्पशिष्ट | अस्पशिषाताम् | अस्पशिषत |
| पस्पशिथ / | पस्पशथुः / | पस्पश / | अस्पशीः | अस्पशिष्टम् | अस्पशिष्ट |
| पस्पशिषे | पस्पशाथे | पस्पशिध्वे | अस्पाशीः / | अस्पाशिष्टम् / | अस्पाशिष्ट / |
| | | | अस्पशिष्ठाः | अस्पशिषाथाम् | अस्पशिध्वम् |
| पस्पाश पस्पश / | पस्पशिव / | पस्पशिम / | अस्पशिषम् | अस्पशिष्व | अस्पशिष्म |
| पस्पशे | पस्पशिवहे | पस्पशिमहे | अस्पाशिषम् / | अस्पाशिष्व / | अस्पाशिष्म / |
| | | | अस्पशिषि | अस्पशिष्वहि | अस्पशिष्महि |

888 लष कान्तौ । लषँ । लष् । लषति / ते । U । सेट् । स० । wish, long for, desire eagerly
3.1.70 वा भ्राशभ्लाशभ्रमुक्रमुक्लमुत्रसित्रुटिलषः । पक्षे श्यन् । 7.2.7 अतो हलादेर्लघोः । 7.1.91 णलुत्तमो वा ।

**Parasmaipadi / Atmanepadi Table**

| | | | | | |
|---|---|---|---|---|---|
| लषति / | लषतः / | लषन्ति / | अलषत् -द् / | अलषताम् / | अलषन् / |
| लषते | लषेते | लषन्ते | अलषत | अलषेताम् | अलषन्त |
| लषसि / | लषथः / | लषथ / | अलषः / | अलषतम् / | अलषत / |
| लषसे | लषेथे | लषध्वे | अलषथाः | अलषेथाम् | अलषध्वम् |
| लषामि / | लषावः / | लषामः / | अलषम् / | अलषाव / | अलषाम / |
| लषे | लषावहे | लषामहे | अलषे | अलषावहि | अलषामहि |

| | | | | | |
|---|---|---|---|---|---|
| लषतु / | लषताम् / | लषन्तु / | लषेत् -द् / | लषेताम् / | लषेयुः / |
| लषताम् | लषेताम् | लषन्ताम् | लषेत | लषेयाताम् | लषेरन् |
| लष / | लषतम् / | लषत / | लषेः / | लषेतम् / | लषेत / |
| लषस्व | लषेथाम् | लषध्वम् | लषेथाः | लषेयाथाम् | लषेध्वम् |
| लषाणि / | लषाव / | लषाम / | लषेयम् / | लषेव / | लषेम / |
| लषै | लषावहै | लषामहै | लषेय | लषेवहि | लषेमहि |

| | | | | | |
|---|---|---|---|---|---|
| लषिष्यति / | लषिष्यतः / | लषिष्यन्ति / | अलषिष्यत् -द् / | अलषिष्यताम् / | अलषिष्यन् / |
| लषिष्यते | लषिष्येते | लषिष्यन्ते | अलषिष्यत | अलषिष्येताम् | अलषिष्यन्त |
| लषिष्यसि / | लषिष्यथः / | लषिष्यथ / | अलषिष्यः / | अलषिष्यतम् / | अलषिष्यत / |
| लषिष्यसे | लषिष्येथे | लषिष्यध्वे | अलषिष्यथाः | अलषिष्येथाम् | अलषिष्यध्वम् |
| लषिष्यामि / | लषिष्यावः / | लषिष्यामः / | अलषिष्यम् / | अलषिष्याव / | अलषिष्याम / |
| लषिष्ये | लषिष्यावहे | लषिष्यामहे | अलषिष्ये | अलषिष्यावहि | अलषिष्यामहि |

| | | | | | |
|---|---|---|---|---|---|
| लषिता / | लषितारौ / | लषितारः / | लष्यात् -द् / | लष्यास्ताम् / | लष्यासुः / |
| लषिता | लषितारौ | लषितारः | लषिषीष्ट | लषिषीयास्ताम् | लषिषीरन् |
| लषितासि / | लषितास्थः / | लषितास्थ / | लष्याः / | लष्यास्तम् / | लष्यास्त / |
| लषितासे | लषितासाथे | लषिताध्वे | लषिषीष्ठाः | लषिषीयास्थाम् | लषिषीध्वम् |
| लषितास्मि / | लषितास्वः / | लषितास्मः / | लष्यासम् / | लष्यास्व / | लष्यास्म / |
| लषिताहे | लषितास्वहे | लषितास्महे | लषिषीय | लषिषीवहि | लषिषीमहि |

| | | | | | |
|---|---|---|---|---|---|
| ललाष / | लेषतुः / | लेषुः / | अलषीत् -द् | अलषिष्टाम् | अलषिषुः |
| लेषे | लेषाते | लेषिरे | अलाषीत् -द् / | अलाषिष्टाम् / | अलाषिषुः / |
| | | | अलषिष्ट | अलषिषाताम् | अलषिषत |
| लेषिथ / | लेषथुः / | लेष / | अलषीः | अलषिष्टम् | अलषिष्ट |
| लेषिषे | लेषाथे | लेषिध्वे | अलाषीः / | अलाषिष्टम् / | अलाषिष्ट / |
| | | | अलषिष्ठाः | अलषिषाथाम् | अलषिध्वम् |
| ललाष ललष / | लेषिव / | लेषिम / | अलषिषम् | अलषिष्व | अलषिष्म |
| लेषे | लेषिवहे | लेषिमहे | अलाषिषम् / | अलाषिष्व / | अलाषिष्म / |
| | | | अलषिषि | अलषिष्वहि | अलषिष्महि |

3.1.70 वा भ्राशभ्लाशभ्रमुक्रमुक्लमुत्रसित्रुटिलषः । पक्षे श्यन् । **Sarvadhatuka Affixes**

| | | | | | |
|---|---|---|---|---|---|
| लष्यति / | लष्यतः / | लष्यन्ति / | अलष्यत् -द् / | अलष्यताम् / | अलष्यन् / |
| लष्यते | लष्येते | लष्यन्ते | अलष्यत | अलष्येताम् | अलष्यन्त |
| लष्यसि / | लष्यथः / | लष्यथ / | अलष्यः / | अलष्यतम् / | अलष्यत / |
| लष्यसे | लष्येथे | लष्यध्वे | अलष्यथाः | अलष्येथाम् | अलष्यध्वम् |
| लष्यामि / | लष्यावः / | लष्यामः/ | अलष्यम् / | अलष्याव / | अलष्याम / |
| लष्ये | लष्यावहे | लष्यामहे | अलष्ये | अलष्यावहि | अलष्यामहि |

| | | | | | |
|---|---|---|---|---|---|
| लष्यतु / | लष्यताम् / | लष्यन्तु / | लष्येत् -द् / | लष्येताम् / | लष्येयुः / |
| लष्यताम् | लष्येताम् | लष्यन्ताम् | लष्येत | लष्येयाताम् | लष्येरन् |
| लष्य / | लष्यतम् / | लष्यत / | लष्येः / | लष्येतम् / | लष्येत / |
| लष्यस्व | लष्येथाम् | लष्यध्वम् | लष्येथाः | लष्येयाथाम् | लष्येध्वम् |

| | | | | | |
|---|---|---|---|---|---|
| लष्याणि / | लष्याव / | लष्याम / | लष्येयम् / | लष्येव / | लष्येम / |
| लष्यै | लष्यावहै | लष्यामहै | लष्येय | लष्येवहि | लष्येमहि |

889 चष भक्षणे । चषँ॑ । चष् । चषति / ते । U । सेट् । स० । eat, savour, kill, injure 7.2.7

**Parasmaipadi / Atmanepadi Table**

| | | | | | |
|---|---|---|---|---|---|
| चषति / | चषतः / | चषन्ति / | अचषत् -द् / | अचषताम् / | अचषन् / |
| चषते | चषेते | चषन्ते | अचषत | अचषेताम् | अचषन्त |
| चषसि / | चषथः / | चषथ / | अचषः / | अचषतम् / | अचषत / |
| चषसे | चषेथे | चषध्वे | अचषथाः | अचषेथाम् | अचषध्वम् |
| चषामि / | चषावः / | चषामः / | अचषम् / | अचषाव / | अचषाम / |
| चषे | चषावहे | चषामहे | अचषे | अचषावहि | अचषामहि |

| | | | | | |
|---|---|---|---|---|---|
| चषतु / | चषताम् / | चषन्तु / | चषेत् -द् / | चषेताम् / | चषेयुः / |
| चषताम् | चषेताम् | चषन्ताम् | चषेत | चषेयाताम् | चषेरन् |
| चष / | चषतम् / | चषत / | चषेः / | चषेतम् / | चषेत / |
| चषस्व | चषेथाम् | चषध्वम् | चषेथाः | चषेयाथाम् | चषेध्वम् |
| चषाणि / | चषाव / | चषाम / | चषेयम् / | चषेव / | चषेम / |
| चषै | चषावहै | चषामहै | चषेय | चषेवहि | चषेमहि |

| | | | | | |
|---|---|---|---|---|---|
| चषिष्यति / | चषिष्यतः / | चषिष्यन्ति / | अचषिष्यत् -द् / | अचषिष्यताम् / | अचषिष्यन् / |
| चषिष्यते | चषिष्येते | चषिष्यन्ते | अचषिष्यत | अचषिष्येताम् | अचषिष्यन्त |
| चषिष्यसि / | चषिष्यथः / | चषिष्यथ / | अचषिष्यः / | अचषिष्यतम् / | अचषिष्यत / |
| चषिष्यसे | चषिष्येथे | चषिष्यध्वे | अचषिष्यथाः | अचषिष्येथाम् | अचषिष्यध्वम् |
| चषिष्यामि / | चषिष्यावः / | चषिष्यामः / | अचषिष्यम् / | अचषिष्याव / | अचषिष्याम / |
| चषिष्ये | चषिष्यावहे | चषिष्यामहे | अचषिष्ये | अचषिष्यावहि | अचषिष्यामहि |

| | | | | | |
|---|---|---|---|---|---|
| चषिता / | चषितारौ / | चषितारः / | चष्यात् -द् / | चष्यास्ताम् / | चष्यासुः / |
| चषिता | चषितारौ | चषितारः | चषिषीष्ट | चषिषीयास्ताम् | चषिषीरन् |
| चषितासि / | चषितास्थः / | चषितास्थ / | चष्याः / | चष्यास्तम् / | चष्यास्त / |
| चषितासे | चषितासाथे | चषिताध्वे | चषिषीष्ठाः | चषिषीयास्थाम् | चषिषीध्वम् |
| चषितास्मि / | चषितास्वः / | चषितास्मः / | चष्यासम् / | चष्यास्व / | चष्यास्म / |
| चषिताहे | चषितास्वहे | चषितास्महे | चषिषीय | चषिषीवहि | चषिषीमहि |

| | | | | | |
|---|---|---|---|---|---|
| चचाष / | चेषतुः / | चेषुः / | अचषीत् -द् | अचषिष्टाम् | अचषिषुः |
| चेषे | चेषाते | चेषिरे | अचाषीत् -द् / | अचाषिष्टाम् / | अचाषिषुः / |
| | | | अचषिष्ट | अचषिषाताम् | अचषिषत |
| चेषिथ / | चेषथुः / | चेष / | अचषीः | अचषिष्टम् | अचषिष्ट |

| | | | | | |
|---|---|---|---|---|---|
| चेषिषे | चेषाथे | चेषिध्वे | अचाषीः / | अचाषिष्टम् / | अचाषिष्ट / |
| | | | अचषिष्ठाः | अचषिषाथाम् | अचषिध्वम् |
| चचाष चचष / | चेषिव / | चेषिम / | अचषिषम् | अचषिष्व | अचषिष्म |
| चेषे | चेषिवहे | चेषिमहे | अचाषिषम् / | अचाषिष्व / | अचाषिष्म / |
| | | | अचषिषि | अचषिष्वहि | अचषिष्महि |

890 छष हिंसायाम् । छषँ । छष् । छषति / ते । U । सेट् । स० । strike, kill 7.2.7 7.1.91 6.1.73

**Parasmaipadi / Atmanepadi Table**

| | | | | | |
|---|---|---|---|---|---|
| छषति / | छषतः / | छषन्ति / | अच्छषत् -द् / | अच्छषताम् / | अच्छषन् / |
| छषते | छषेते | छषन्ते | अच्छषत | अच्छषेताम् | अच्छषन्त |
| छषसि / | छषथः / | छषथ / | अच्छषः / | अच्छषतम् / | अच्छषत / |
| छषसे | छषेथे | छषध्वे | अच्छषथाः | अच्छषेथाम् | अच्छषध्वम् |
| छषामि / | छषावः / | छषामः / | अच्छषम् / | अच्छषाव / | अच्छषाम / |
| छषे | छषावहे | छषामहे | अच्छषे | अच्छषावहि | अच्छषामहि |

| | | | | | |
|---|---|---|---|---|---|
| छषतु / | छषताम् / | छषन्तु / | छषेत् -द् / | छषेताम् / | छषेयुः / |
| छषताम् | छषेताम् | छषन्ताम् | छषेत | छषेयाताम् | छषेरन् |
| छष / | छषतम् / | छषत / | छषेः / | छषेतम् / | छषेत / |
| छषस्व | छषेथाम् | छषध्वम् | छषेथाः | छषेयाथाम् | छषेध्वम् |
| छषाणि / | छषाव / | छषाम / | छषेयम् / | छषेव / | छषेम / |
| छषै | छषावहै | छषामहै | छषेय | छषेवहि | छषेमहि |

| | | | | | |
|---|---|---|---|---|---|
| छषिष्यति / | छषिष्यतः / | छषिष्यन्ति / | अच्छषिष्यत् -द् / | अच्छषिष्यताम् / | अच्छषिष्यन् / |
| छषिष्यते | छषिष्येते | छषिष्यन्ते | अच्छषिष्यत | अच्छषिष्येताम् | अच्छषिष्यन्त |
| छषिष्यसि / | छषिष्यथः / | छषिष्यथ / | अच्छषिष्यः / | अच्छषिष्यतम् / | अच्छषिष्यत / |
| छषिष्यसे | छषिष्येथे | छषिष्यध्वे | अच्छषिष्यथाः | अच्छषिष्येथाम् | अच्छषिष्यध्वम् |
| छषिष्यामि / | छषिष्यावः / | छषिष्यामः / | अच्छषिष्यम् / | अच्छषिष्याव / | अच्छषिष्याम / |
| छषिष्ये | छषिष्यावहे | छषिष्यामहे | अच्छषिष्ये | अच्छषिष्यावहि | अच्छषिष्यामहि |

| | | | | | |
|---|---|---|---|---|---|
| छषिता / | छषितारौ / | छषितारः / | छष्यात् -द् / | छष्यास्ताम् / | छष्यासुः / |
| छषिता | छषितारौ | छषितारः | छषिषीष्ट | छषिषीयास्ताम् | छषिषीरन् |
| छषितासि / | छषितास्थः / | छषितास्थ / | छष्याः / | छष्यास्तम् / | छष्यास्त / |
| छषितासे | छषितासाथे | छषिताध्वे | छषिषीष्ठाः | छषिषीयास्थाम् | छषिषीध्वम् |
| छषितास्मि / | छषितास्वः / | छषितास्मः / | छष्यासम् / | छष्यास्व / | छष्यास्म / |
| छषिताहे | छषितास्वहे | छषितास्महे | छषिषीय | छषिषीवहि | छषिषीमहि |

| | | | | | |
|---|---|---|---|---|---|
| चच्छाष / | चच्छषतुः / | चच्छषुः / | अच्छषीत् -द् | अच्छषिष्टाम् | अच्छषिषुः |

| | | | | | |
|---|---|---|---|---|---|
| चच्छषे | चच्छषाते | चच्छषिरे | अच्छाषीत् -द् / | अच्छाषिष्टाम् / | अच्छाषिषुः / |
| | | | अच्छषिष्ट | अच्छषिषाताम् | अच्छषिषत |
| चच्छषिथ / | चच्छषथुः / | चच्छष / | अच्छषीः | अच्छषिष्टम् | अच्छषिष्ट |
| चच्छषिषे | चच्छषाथे | चच्छषिध्वे | अच्छाषीः / | अच्छाषिष्टम् / | अच्छाषिष्ट / |
| | | | अच्छषिष्ठाः | अच्छषिषाथाम् | अच्छषिध्वम् |
| चच्छाष चच्छष / | चच्छषिव / | चच्छषिम / | अच्छषिषम् | अच्छषिष्व | अच्छषिष्म |
| चच्छषे | चच्छषिवहे | चच्छषिमहे | अच्छाषिषम् / | अच्छाषिष्व / | अच्छाषिष्म / |
| | | | अच्छषिषि | अच्छषिष्वहि | अच्छषिष्महि |

891 झष आदानसंवरणयोः । झषँ । झष् । झषति / ते । U । सेट् । स० । take, accept, wear clothes

**Parasmaipadi / Atmanepadi Table**

| | | | | | |
|---|---|---|---|---|---|
| झषति / | झषतः / | झषन्ति / | अझषत् -द् / | अझषताम् / | अझषन् / |
| झषते | झषेते | झषन्ते | अझषत | अझषेताम् | अझषन्त |
| झषसि / | झषथः / | झषथ / | अझषः / | अझषतम् / | अझषत / |
| झषसे | झषेथे | झषध्वे | अझषथाः | अझषेथाम् | अझषध्वम् |
| झषामि / | झषावः / | झषामः / | अझषम् / | अझषाव / | अझषाम / |
| झषे | झषावहे | झषामहे | अझषे | अझषावहि | अझषामहि |

| | | | | | |
|---|---|---|---|---|---|
| झषतु / | झषताम् / | झषन्तु / | झषेत् -द् / | झषेताम् / | झषेयुः / |
| झषताम् | झषेताम् | झषन्ताम् | झषेत | झषेयाताम् | झषेरन् |
| झष / | झषतम् / | झषत / | झषेः / | झषेतम् / | झषेत / |
| झषस्व | झषेथाम् | झषध्वम् | झषेथाः | झषेयाथाम् | झषेध्वम् |
| झषाणि / | झषाव / | झषाम / | झषेयम् / | झषेव / | झषेम / |
| झषै | झषावहै | झषामहै | झषेय | झषेवहि | झषेमहि |

| | | | | | |
|---|---|---|---|---|---|
| झषिष्यति / | झषिष्यतः / | झषिष्यन्ति / | अझषिष्यत् -द् / | अझषिष्यताम् / | अझषिष्यन् / |
| झषिष्यते | झषिष्येते | झषिष्यन्ते | अझषिष्यत | अझषिष्येताम् | अझषिष्यन्त |
| झषिष्यसि / | झषिष्यथः / | झषिष्यथ / | अझषिष्यः / | अझषिष्यतम् / | अझषिष्यत / |
| झषिष्यसे | झषिष्येथे | झषिष्यध्वे | अझषिष्यथाः | अझषिष्येथाम् | अझषिष्यध्वम् |
| झषिष्यामि / | झषिष्यावः / | झषिष्यामः / | अझषिष्यम् / | अझषिष्याव / | अझषिष्याम / |
| झषिष्ये | झषिष्यावहे | झषिष्यामहे | अझषिष्ये | अझषिष्यावहि | अझषिष्यामहि |

| | | | | | |
|---|---|---|---|---|---|
| झषिता / | झषितारौ / | झषितारः / | झष्यात् -द् / | झष्यास्ताम् / | झष्यासुः / |
| झषिता | झषितारौ | झषितारः | झषिषीष्ट | झषिषीयास्ताम् | झषिषीरन् |
| झषितासि / | झषितास्थः / | झषितास्थ / | झष्याः / | झष्यास्तम् / | झष्यास्त / |
| झषितासे | झषितासाथे | झषिताध्वे | झषिषीष्ठाः | झषिषीयास्थाम् | झषिषीध्वम् |
| झषितास्मि / | झषितास्वः / | झषितास्मः / | झष्यासम् / | झष्यास्व / | झष्यास्म / |

| | | | | | |
|---|---|---|---|---|---|
| झषिताहे | झषितास्वहे | झषितास्महे | झषिषीय | झषिषीवहि | झषिषीमहि |

| | | | | | |
|---|---|---|---|---|---|
| जझाष / | जझषतुः / | जझषुः / | अझषीत् -द् | अझषिष्टाम् | अझषिषुः |
| जझषे | जझषाते | जझषिरे | अझाषीत् -द् / | अझाषिष्टाम् / | अझाषिषुः / |
| | | | अझषिष्ट | अझषिषाताम् | अझषिषत |
| जझषिथ / | जझषथुः / | जझष / | अझषीः | अझषिष्टम् | अझषिष्ट |
| जझषिषे | जझषाथे | जझषिध्वे | अझाषीः / | अझाषिष्टम् / | अझाषिष्ट / |
| | | | अझषिष्ठाः | अझषिषाथाम् | अझषिध्वम् |
| जझाष जझष / | जझषिव / | जझषिम / | अझषिषम् | अझषिष्व | अझषिष्म |
| जझषे | जझषिवहे | जझषिमहे | अझाषिषम् / | अझाषिष्व / | अझाषिष्म / |
| | | | अझषिषि | अझषिष्वहि | अझषिष्महि |

892 भ्रक्ष अदने । भ्रक्षँ । भ्रक्ष् । भ्रक्षति / ते । U । सेट् । स० । eat

**Parasmaipadi / Atmanepadi Table**

| | | | | | |
|---|---|---|---|---|---|
| भ्रक्षति / | भ्रक्षतः / | भ्रक्षन्ति / | अभ्रक्षत् -द् / | अभ्रक्षताम् / | अभ्रक्षन् / |
| भ्रक्षते | भ्रक्षेते | भ्रक्षन्ते | अभ्रक्षत | अभ्रक्षेताम् | अभ्रक्षन्त |
| भ्रक्षसि / | भ्रक्षथः / | भ्रक्षथ / | अभ्रक्षः / | अभ्रक्षतम् / | अभ्रक्षत / |
| भ्रक्षसे | भ्रक्षेथे | भ्रक्षध्वे | अभ्रक्षथाः | अभ्रक्षेथाम् | अभ्रक्षध्वम् |
| भ्रक्षमि / | भ्रक्षावः / | भ्रक्षामः / | अभ्रक्षम् / | अभ्रक्षाव / | अभ्रक्षाम / |
| भ्रक्षे | भ्रक्षावहे | भ्रक्षामहे | अभ्रक्षे | अभ्रक्षावहि | अभ्रक्षामहि |

| | | | | | |
|---|---|---|---|---|---|
| भ्रक्षतु / | भ्रक्षताम् / | भ्रक्षन्तु / | भ्रक्षेत् -द् / | भ्रक्षेताम् / | भ्रक्षेयुः / |
| भ्रक्षताम् | भ्रक्षेताम् | भ्रक्षन्ताम् | भ्रक्षेत | भ्रक्षेयाताम् | भ्रक्षेरन् |
| भ्रक्ष / | भ्रक्षतम् / | भ्रक्षत / | भ्रक्षेः / | भ्रक्षेतम् / | भ्रक्षेत / |
| भ्रक्षस्व | भ्रक्षेथाम् | भ्रक्षध्वम् | भ्रक्षेथाः | भ्रक्षेयाथाम् | भ्रक्षेध्वम् |
| भ्रक्षाणि / | भ्रक्षाव / | भ्रक्षाम / | भ्रक्षेयम् / | भ्रक्षेव / | भ्रक्षेम / |
| भ्रक्षै | भ्रक्षावहै | भ्रक्षामहै | भ्रक्षेय | भ्रक्षेवहि | भ्रक्षेमहि |

| | | | | | |
|---|---|---|---|---|---|
| भ्रक्षिष्यति / | भ्रक्षिष्यतः / | भ्रक्षिष्यन्ति / | अभ्रक्षिष्यत् -द् / | अभ्रक्षिष्यताम् / | अभ्रक्षिष्यन् / |
| भ्रक्षिष्यते | भ्रक्षिष्येते | भ्रक्षिष्यन्ते | अभ्रक्षिष्यत | अभ्रक्षिष्येताम् | अभ्रक्षिष्यन्त |
| भ्रक्षिष्यसि / | भ्रक्षिष्यथः / | भ्रक्षिष्यथ / | अभ्रक्षिष्यः / | अभ्रक्षिष्यतम् / | अभ्रक्षिष्यत / |
| भ्रक्षिष्यसे | भ्रक्षिष्येथे | भ्रक्षिष्यध्वे | अभ्रक्षिष्यथाः | अभ्रक्षिष्येथाम् | अभ्रक्षिष्यध्वम् |
| भ्रक्षिष्यामि / | भ्रक्षिष्यावः / | भ्रक्षिष्यामः / | अभ्रक्षिष्यम् / | अभ्रक्षिष्याव / | अभ्रक्षिष्याम / |
| भ्रक्षिष्ये | भ्रक्षिष्यावहे | भ्रक्षिष्यामहे | अभ्रक्षिष्ये | अभ्रक्षिष्यावहि | अभ्रक्षिष्यामहि |

| | | | | | |
|---|---|---|---|---|---|
| भ्रक्षिता / | भ्रक्षितारौ / | भ्रक्षितारः / | भ्रक्ष्यात् -द् / | भ्रक्ष्यास्ताम् / | भ्रक्ष्यासुः / |
| भ्रक्षिता | भ्रक्षितारौ | भ्रक्षितारः | भ्रक्षिषीष्ट | भ्रक्षिषीयास्ताम् | भ्रक्षिषीरन् |

| | | | | | |
|---|---|---|---|---|---|
| भ्रक्षितासि / | भ्रक्षितास्थः / | भ्रक्षितास्थ / | भ्रक्ष्याः / | भ्रक्ष्यास्तम् / | भ्रक्ष्यास्त / |
| भ्रक्षितासे | भ्रक्षितासाथे | भ्रक्षिताध्वे | भ्रक्षिषीष्ठाः | भ्रक्षिषीयास्थाम् | भ्रक्षिषीध्वम् |
| भ्रक्षितास्मि / | भ्रक्षितास्वः / | भ्रक्षितास्मः / | भ्रक्ष्यासम् / | भ्रक्ष्यास्व / | भ्रक्ष्यास्म / |
| भ्रक्षिताहे | भ्रक्षितास्वहे | भ्रक्षितास्महे | भ्रक्षिषीय | भ्रक्षिषीवहि | भ्रक्षिषीमहि |

| | | | | | |
|---|---|---|---|---|---|
| बभ्रक्ष / | बभ्रक्षतुः / | बभ्रक्षुः / | अभ्रक्षीत् -द् / | अभ्रक्षिष्टाम् / | अभ्रक्षिषुः / |
| बभ्रक्षे | बभ्रक्षाते | बभ्रक्षिरे | अभ्रक्षिष्ट | अभ्रक्षिषाताम् | अभ्रक्षिषत |
| बभ्रक्षिथ / | बभ्रक्षथुः / | बभ्रक्ष / | अभ्रक्षीः / | अभ्रक्षिष्टम् / | अभ्रक्षिष्ट / |
| बभ्रक्षिषे | बभ्रक्षाथे | बभ्रक्षिध्वे | अभ्रक्षिष्ठाः | अभ्रक्षिषाथाम् | अभ्रक्षिध्वम् |
| बभ्रक्ष / | बभ्रक्षिव / | बभ्रक्षिम / | अभ्रक्षिषम् / | अभ्रक्षिष्व / | अभ्रक्षिष्म / |
| बभ्रक्षे | बभ्रक्षिवहे | बभ्रक्षिमहे | अभ्रक्षिषि | अभ्रक्षिष्वहि | अभ्रक्षिष्महि |

893 भ्लक्ष अदने । भक्ष इति मैत्रेयः । भ्लक्षँ । भ्लक्ष् । भ्लक्षति / ते । U । सेट् । स० । eat

**Parasmaipadi / Atmanepadi Table**

| | | | | | |
|---|---|---|---|---|---|
| भ्लक्षति / | भ्लक्षतः / | भ्लक्षन्ति / | अभ्लक्षत् -द् / | अभ्लक्षताम् / | अभ्लक्षन् / |
| भ्लक्षते | भ्लक्षेते | भ्लक्षन्ते | अभ्लक्षत | अभ्लक्षेताम् | अभ्लक्षन्त |
| भ्लक्षसि / | भ्लक्षथः / | भ्लक्षथ / | अभ्लक्षः / | अभ्लक्षतम् / | अभ्लक्षत / |
| भ्लक्षसे | भ्लक्षेथे | भ्लक्षध्वे | अभ्लक्षथाः | अभ्लक्षेथाम् | अभ्लक्षध्वम् |
| भ्लक्षमि / | भ्लक्षावः / | भ्लक्षामः / | अभ्लक्षम् / | अभ्लक्षाव / | अभ्लक्षाम / |
| भ्लक्षे | भ्लक्षावहे | भ्लक्षामहे | अभ्लक्षे | अभ्लक्षावहि | अभ्लक्षामहि |

| | | | | | |
|---|---|---|---|---|---|
| भ्लक्षतु / | भ्लक्षताम् / | भ्लक्षन्तु / | भ्लक्षेत् -द् / | भ्लक्षेताम् / | भ्लक्षेयुः / |
| भ्लक्षताम् | भ्लक्षेताम् | भ्लक्षन्ताम् | भ्लक्षेत | भ्लक्षेयाताम् | भ्लक्षेरन् |
| भ्लक्ष / | भ्लक्षतम् / | भ्लक्षत / | भ्लक्षेः / | भ्लक्षेतम् / | भ्लक्षेत / |
| भ्लक्षस्व | भ्लक्षेथाम् | भ्लक्षध्वम् | भ्लक्षेथाः | भ्लक्षेयाथाम् | भ्लक्षेध्वम् |
| भ्लक्षाणि / | भ्लक्षाव / | भ्लक्षाम / | भ्लक्षेयम् / | भ्लक्षेव / | भ्लक्षेम / |
| भ्लक्षै | भ्लक्षावहै | भ्लक्षामहै | भ्लक्षेय | भ्लक्षेवहि | भ्लक्षेमहि |

| | | | | | |
|---|---|---|---|---|---|
| भ्लक्षिष्यति / | भ्लक्षिष्यतः / | भ्लक्षिष्यन्ति / | अभ्लक्षिष्यत् -द् / | अभ्लक्षिष्यताम् / | अभ्लक्षिष्यन् / |
| भ्लक्षिष्यते | भ्लक्षिष्येते | भ्लक्षिष्यन्ते | अभ्लक्षिष्यत | अभ्लक्षिष्येताम् | अभ्लक्षिष्यन्त |
| भ्लक्षिष्यसि / | भ्लक्षिष्यथः / | भ्लक्षिष्यथ / | अभ्लक्षिष्यः / | अभ्लक्षिष्यतम् / | अभ्लक्षिष्यत / |
| भ्लक्षिष्यसे | भ्लक्षिष्येथे | भ्लक्षिष्यध्वे | अभ्लक्षिष्यथाः | अभ्लक्षिष्येथाम् | अभ्लक्षिष्यध्वम् |
| भ्लक्षिष्यामि / | भ्लक्षिष्यावः / | भ्लक्षिष्यामः / | अभ्लक्षिष्यम् / | अभ्लक्षिष्याव / | अभ्लक्षिष्याम / |
| भ्लक्षिष्ये | भ्लक्षिष्यावहे | भ्लक्षिष्यामहे | अभ्लक्षिष्ये | अभ्लक्षिष्यावहि | अभ्लक्षिष्यामहि |

| | | | | | |
|---|---|---|---|---|---|
| भ्लक्षिता / | भ्लक्षितारौ / | भ्लक्षितारः / | भ्लक्ष्यात् -द् / | भ्लक्ष्यास्ताम् / | भ्लक्ष्यासुः / |
| भ्लक्षिता | भ्लक्षितारौ | भ्लक्षितारः | भ्लक्षिषीष्ट | भ्लक्षिषीयास्ताम् | भ्लक्षिषीरन् |

| | | | | | |
|---|---|---|---|---|---|
| भ्लक्षितासि / | भ्लक्षितास्थः / | भ्लक्षितास्थ / | भ्लक्ष्याः / | भ्लक्ष्यास्तम् / | भ्लक्ष्यास्त / |
| भ्लक्षितासे | भ्लक्षितासाथे | भ्लक्षिताध्वे | भ्लक्षिषीष्ठाः | भ्लक्षिषीयास्थाम् | भ्लक्षिषीध्वम् |
| भ्लक्षितास्मि / | भ्लक्षितास्वः / | भ्लक्षितास्मः / | भ्लक्ष्यासम् / | भ्लक्ष्यास्व / | भ्लक्ष्यास्म / |
| भ्लक्षिताहे | भ्लक्षितास्वहे | भ्लक्षितास्महे | भ्लक्षिषीय | भ्लक्षिषीवहि | भ्लक्षिषीमहि |

| | | | | | |
|---|---|---|---|---|---|
| बभ्लक्ष / | बभ्लक्षतुः / | बभ्लक्षुः / | अभ्लक्षीत् -द् / | अभ्लक्षिष्टाम् / | अभ्लक्षिषुः / |
| बभ्लक्षे | बभ्लक्षाते | बभ्लक्षिरे | अभ्लक्षिष्ट | अभ्लक्षिषाताम् | अभ्लक्षिषत |
| बभ्लक्षिथ / | बभ्लक्षथुः / | बभ्लक्ष / | अभ्लक्षीः / | अभ्लक्षिष्टम् / | अभ्लक्षिष्ट / |
| बभ्लक्षिषे | बभ्लक्षाथे | बभ्लक्षिध्वे | अभ्लक्षिष्ठाः | अभ्लक्षिषाथाम् | अभ्लक्षिध्वम् |
| बभ्लक्ष / | बभ्लक्षिव / | बभ्लक्षिम / | अभ्लक्षिषम् / | अभ्लक्षिष्व / | अभ्लक्षिष्म / |
| बभ्लक्षे | बभ्लक्षिवहे | बभ्लक्षिमहे | अभ्लक्षिषि | अभ्लक्षिष्वहि | अभ्लक्षिष्महि |

894 दासृ दाने । दासृँ॑ । दास् । दासति / ते । U । सेट् । स० । give, submit

**Parasmaipadi / Atmanepadi Table**

| | | | | | |
|---|---|---|---|---|---|
| दासति / | दासतः / | दासन्ति / | अदासत् -द् / | अदासताम् / | अदासन् / |
| दासते | दासेते | दासन्ते | अदासत | अदासेताम् | अदासन्त |
| दाससि / | दासथः / | दासथ / | अदासः / | अदासतम् / | अदासत / |
| दाससे | दासेथे | दासध्वे | अदासथाः | अदासेथाम् | अदासध्वम् |
| दासामि / | दासावः / | दासामः / | अदासम् / | अदासाव / | अदासाम / |
| दासे | दासावहे | दासामहे | अदासे | अदासावहि | अदासामहि |

| | | | | | |
|---|---|---|---|---|---|
| दासतु / | दासताम् / | दासन्तु / | दासेत् -द् / | दासेताम् / | दासेयुः / |
| दासताम् | दासेताम् | दासन्ताम् | दासेत | दासेयाताम् | दासेरन् |
| दास / | दासतम् / | दासत / | दासेः / | दासेतम् / | दासेत / |
| दासस्व | दासेथाम् | दासध्वम् | दासेथाः | दासेयाथाम् | दासेध्वम् |
| दासानि / | दासाव / | दासाम / | दासेयम् / | दासेव / | दासेम / |
| दासै | दासावहै | दासामहै | दासेय | दासेवहि | दासेमहि |

| | | | | | |
|---|---|---|---|---|---|
| दासिष्यति / | दासिष्यतः / | दासिष्यन्ति / | अदासिष्यत् -द् / | अदासिष्यताम् / | अदासिष्यन् / |
| दासिष्यते | दासिष्येते | दासिष्यन्ते | अदासिष्यत | अदासिष्येताम् | अदासिष्यन्त |
| दासिष्यसि / | दासिष्यथः / | दासिष्यथ / | अदासिष्यः / | अदासिष्यतम् / | अदासिष्यत / |
| दासिष्यसे | दासिष्येथे | दासिष्यध्वे | अदासिष्यथाः | अदासिष्येथाम् | अदासिष्यध्वम् |
| दासिष्यामि / | दासिष्यावः / | दासिष्यामः / | अदासिष्यम् / | अदासिष्याव / | अदासिष्याम / |
| दासिष्ये | दासिष्यावहे | दासिष्यामहे | अदासिष्ये | अदासिष्यावहि | अदासिष्यामहि |

| | | | | | |
|---|---|---|---|---|---|
| दासिता / | दासितारौ / | दासितारः / | दास्यात् -द् / | दास्यास्ताम् / | दास्यासुः / |
| दासिता | दासितारौ | दासितारः | दासिषीष्ट | दासिषीयास्ताम् | दासिषीरन् |

| | | | | | |
|---|---|---|---|---|---|
| दासितासि / | दासितास्थः / | दासितास्थ / | दास्याः / | दास्यास्तम् / | दास्यास्त / |
| दासितासे | दासितासाथे | दासिताध्वे | दासिषीष्ठाः | दासिषीयास्थाम् | दासिषीध्वम् |
| दासितास्मि / | दासितास्वः / | दासितास्मः / | दास्यासम् / | दास्यास्व / | दास्यास्म / |
| दासिताहे | दासितास्वहे | दासितास्महे | दासिषीय | दासिषीवहि | दासिषीमहि |

| | | | | | |
|---|---|---|---|---|---|
| ददास / | ददासतुः / | ददासुः / | अदासीत् -द् / | अदासिष्टाम् / | अदासिषुः / |
| ददासे | ददासाते | ददासिरे | अदासिष्ट | अदासिषाताम् | अदासिषत |
| ददासिथ / | ददासथुः / | ददास / | अदासीः / | अदासिष्टम् / | अदासिष्ट / |
| ददासिषे | ददासाथे | ददासिध्वे | अदासिष्ठाः | अदासिषाथाम् | अदासिध्वम् |
| ददास / | ददासिव / | ददासिम / | अदासिषम् / | अदासिष्व / | अदासिष्म / |
| ददासे | ददासिवहे | ददासिमहे | अदासिषि | अदासिष्वहि | अदासिष्महि |

895 माहृ माने । माहृँ । माह् । माहति / ते । U । सेट् । स० । measure, count, weigh

**Parasmaipadi / Atmanepadi Table**

| | | | | | |
|---|---|---|---|---|---|
| माहति / | माहतः / | माहन्ति / | अमाहत् -द् / | अमाहताम् / | अमाहन् / |
| माहते | माहेते | माहन्ते | अमाहत | अमाहेताम् | अमाहन्त |
| माहसि / | माहथः / | माहथ / | अमाहः / | अमाहतम् / | अमाहत / |
| माहसे | माहेथे | माहध्वे | अमाहथाः | अमाहेथाम् | अमाहध्वम् |
| माहामि / | माहावः / | माहामः / | अमाहम् / | अमाहाव / | अमाहाम / |
| माहे | माहावहे | माहामहे | अमाहे | अमाहावहि | अमाहामहि |

| | | | | | |
|---|---|---|---|---|---|
| माहतु / | माहताम् / | माहन्तु / | माहेत् -द् / | माहेताम् / | माहेयुः / |
| माहताम् | माहेताम् | माहन्ताम् | माहेत | माहेयाताम् | माहेरन् |
| माह / | माहतम् / | माहत / | माहेः / | माहेतम् / | माहेत / |
| माहस्व | माहेथाम् | माहध्वम् | माहेथाः | माहेयाथाम् | माहेध्वम् |
| माहानि / | माहाव / | माहाम / | माहेयम् / | माहेव / | माहेम / |
| माहै | माहावहै | माहामहै | माहेय | माहेवहि | माहेमहि |

| | | | | | |
|---|---|---|---|---|---|
| माहिष्यति / | माहिष्यतः / | माहिष्यन्ति / | अमाहिष्यत् -द् / | अमाहिष्यताम् / | अमाहिष्यन् / |
| माहिष्यते | माहिष्येते | माहिष्यन्ते | अमाहिष्यत | अमाहिष्येताम् | अमाहिष्यन्त |
| माहिष्यसि / | माहिष्यथः / | माहिष्यथ / | अमाहिष्यः / | अमाहिष्यतम् / | अमाहिष्यत / |
| माहिष्यसे | माहिष्येथे | माहिष्यध्वे | अमाहिष्यथाः | अमाहिष्येथाम् | अमाहिष्यध्वम् |
| माहिष्यामि / | माहिष्यावः / | माहिष्यामः / | अमाहिष्यम् / | अमाहिष्याव / | अमाहिष्याम / |
| माहिष्ये | माहिष्यावहे | माहिष्यामहे | अमाहिष्ये | अमाहिष्यावहि | अमाहिष्यामहि |

| | | | | | |
|---|---|---|---|---|---|
| माहिता / | माहितारौ / | माहितारः / | माह्यात् -द् / | माह्यास्ताम् / | माह्यासुः / |
| माहिता | माहितारौ | माहितारः | माहिषीष्ट | माहिषीयास्ताम् | माहिषीरन् |

| | | | | | |
|---|---|---|---|---|---|
| माहितासि / | माहितास्थः / | माहितास्थ / | माह्याः / | माह्यास्तम् / | माह्यास्त / |
| माहितासे | माहितासाथे | माहिताध्वे | माहिषीष्ठाः | माहिषीयास्थाम् | माहिषीध्वम् -ढ्वम् |
| माहितास्मि / | माहितास्वः / | माहितास्मः / | माह्यासम् / | माह्यास्व / | माह्यास्म / |
| माहिताहे | माहितास्वहे | माहितास्महे | माहिषीय | माहिषीवहि | माहिषीमहि |

| | | | | | |
|---|---|---|---|---|---|
| ममाह / | ममाहतुः / | ममाहुः / | अमाहीत् -द् / | अमाहिष्टाम् / | अमाहिषुः / |
| ममाहे | ममाहाते | ममाहिरे | अमाहिष्ट | अमाहिषाताम् | अमाहिषत |
| ममाहिथ / | ममाहथुः / | ममाह / | अमाहीः / | अमाहिष्टम् / | अमाहिष्ट / |
| ममाहिषे | ममाहाथे | ममाहिध्वे -ढ्वे | अमाहिष्ठाः | अमाहिषाथाम् | अमाहिध्वम् -ढ्वम् |
| ममाह / | ममाहिव / | ममाहिम / | अमाहिषम् / | अमाहिष्व / | अमाहिष्म / |
| ममाहे | ममाहिवहे | ममाहिमहे | अमाहिषि | अमाहिष्वहि | अमाहिष्महि |

896 गुहू संवरणे । गुहूँ । गुह् । गूहति / ते । U । वेट् । स० । hide, cover with cloth
6.4.89 ऊदुपधाया गोहः । 8.2.31 हो ढः । 8.2.37 एकाचो बशो० । 8.2.41 षढोः कः सि । 7.2.44 7.2.15
8.2.40 झषस्तथोर्धोऽधः । 8.4.41 ष्टुना ष्टुः । 8.3.13 ढो ढे लोपः । 6.3.111 ढ्रलोपे पूर्वस्य दीर्घोऽणः ।
This Root has many Optional forms. Tables listed separately for clarity.

**Parasmaipadi Table** for Sarvadhatuka Affixes

| लट् 1 Present Tense | | | लङ् 2 Imperfect Past Tense | | |
|---|---|---|---|---|---|
| गूहति | गूहतः | गूहन्ति | अगूहत् -द् | अगूहताम् | अगूहन् |
| गूहसि | गूहथः | गूहथ | अगूहः | अगूहतम् | अगूहत |
| गूहामि | गूहावः | गूहामः | अगूहम् | अगूहाव | अगूहाम |

| लोट् 3 Imperative Mood | | | विधिलिङ् 4 Potential Mood | | |
|---|---|---|---|---|---|
| गूहतु | गूहताम् | गूहन्तु | गूहेत् -द् | गूहेताम् | गूहेयुः |
| गूह | गूहतम् | गूहत | गूहेः | गूहेतम् | गूहेत |
| गूहानि | गूहाव | गूहाम | गूहेयम् | गूहेव | गूहेम |

**Atmanepadi Table** for Sarvadhatuka Affixes

| लट् 1 Present Tense | | | लङ् 2 Imperfect Past Tense | | |
|---|---|---|---|---|---|
| गूहते | गूहेते | गूहन्ते | अगूहत | अगूहेताम् | अगूहन्त |
| गूहसे | गूहेथे | गूहध्वे | अगूहथाः | अगूहेथाम् | अगूहध्वम् |
| गूहे | गूहावहे | गूहामहे | अगूहे | अगूहावहि | अगूहामहि |

| लोट् 3 Imperative Mood | | | विधिलिङ् 4 Potential Mood | | |
|---|---|---|---|---|---|
| गूहताम् | गूहेताम् | गूहन्ताम् | गूहेत | गूहेयाताम् | गूहेरन् |
| गूहस्व | गूहेथाम् | गूहध्वम् | गूहेथाः | गूहेयाथाम् | गूहेध्वम् |

| | | | | | |
|---|---|---|---|---|---|
| गूहै | गूहावहै | गूहामहै | गूहेय | गूहेवहि | गूहेमहि |

**Parasmaipadi Table** for सेट् Ardhadhatuka Affixes

| लृट् 5 Simple Future Tense | | | लृङ् 6 Conditional Mood | | |
|---|---|---|---|---|---|
| गूहिष्यति | गूहिष्यतः | गूहिष्यन्ति | अगूहिष्यत् -द् | अगूहिष्यताम् | अगूहिष्यन् |
| गूहिष्यसि | गूहिष्यथः | गूहिष्यथ | अगूहिष्यः | अगूहिष्यतम् | अगूहिष्यत |
| गूहिष्यामि | गूहिष्यावः | गूहिष्यामः | अगूहिष्यम् | अगूहिष्याव | अगूहिष्याम |

| लुट् 7 Periphrastic Future Tense | | | आशीर्लिङ् 8 Benedictive Mood | | |
|---|---|---|---|---|---|
| गूहिता | गूहितारौ | गूहितारः | गुह्यात् -द् | गुह्यास्ताम् | गुह्यासुः |
| गूहितासि | गूहितास्थः | गूहितास्थ | गुह्याः | गुह्यास्तम् | गुह्यास्त |
| गूहितास्मि | गूहितास्वः | गूहितास्मः | गुह्यासम् | गुह्यास्व | गुह्यास्म |

| लिट् 9 Perfect Past Tense | | | लुङ् 10 Aorist Past Tense | | |
|---|---|---|---|---|---|
| जुगूह | जुगूहतुः | जुगूहुः | अगूहीत् -द् | अगूहिष्टाम् | अगूहिषुः |
| जुगूहिथ | जुगूहथुः | जुगूह | अगूहीः | अगूहिष्टम् | अगूहिष्ट |
| जुगूह | जुगूहिव | जुगूहिम | अगूहिषम् | अगूहिष्व | अगूहिष्म |

**Atmanepadi Table** for सेट् Ardhadhatuka Affixes

| लृट् 5 Simple Future Tense | | | लृङ् 6 Conditional Mood | | |
|---|---|---|---|---|---|
| गूहिष्यते | गूहिष्येते | गूहिष्यन्ते | अगूहिष्यत | अगूहिष्येताम् | अगूहिष्यन्त |
| गूहिष्यसे | गूहिष्येथे | गूहिष्यध्वे | अगूहिष्यथाः | अगूहिष्येथाम् | अगूहिष्यध्वम् |
| गूहिष्ये | गूहिष्यावहे | गूहिष्यामहे | अगूहिष्ये | अगूहिष्यावहि | अगूहिष्यामहि |

| लुट् 7 Periphrastic Future Tense | | | आशीर्लिङ् 8 Benedictive Mood | | |
|---|---|---|---|---|---|
| गूहिता | गूहितारौ | गूहितारः | गूहिषीष्ट | गूहिषीयास्ताम् | गूहिषीरन् |
| गूहितासे | गूहितासाथे | गूहिताध्वे | गूहिषीष्ठाः | गूहिषीयास्थाम् | गूहिषीध्वम् -ढ्वम् |
| गूहिताहे | गूहितास्वहे | गूहितास्महे | गूहिषीय | गूहिषीवहि | गूहिषीमहि |

| लिट् 9 Perfect Past Tense | | | लुङ् 10 Aorist Past Tense | | |
|---|---|---|---|---|---|
| जुगूहे | जुगूहाते | जुगूहिरे | अगूहिष्ट | अगूहिषाताम् | अगूहिषत |
| जुगूहिषे | जुगूहाथे | जुगूहिध्वे -ढ्वे | अगूहिष्ठाः | अगूहिषाथाम् | अगूहिध्वम् -ढ्वम् |
| जुगूहे | जुगूहिवहे | जुगूहिमहे | अगूहिषि | अगूहिष्वहि | अगूहिष्महि |

**Parasmaipadi Table** for अनिट् Ardhadhatuka Affixes

By 7.2.44 स्वरतिसूतिसूयतिधूञूदितो वा we get Optional अनिट् forms. 3.1.45 शल इगुपधादनिटः क्सः ।

| लृट् 5 Simple Future Tense | | | लृङ् 6 Conditional Mood | | |
|---|---|---|---|---|---|
| घोक्ष्यति | घोक्ष्यतः | घोक्ष्यन्ति | अघोक्ष्यत् -द् | अघोक्ष्यताम् | अघोक्ष्यन् |

| | | | | | |
|---|---|---|---|---|---|
| घोक्ष्यसि | घोक्ष्यथः | घोक्ष्यथ | अघोक्ष्यः | अघोक्ष्यतम् | अघोक्ष्यत |
| घोक्ष्यामि | घोक्ष्यावः | घोक्ष्यामः | अघोक्ष्यम् | अघोक्ष्याव | अघोक्ष्याम |

| लुट् 7 Periphrastic Future Tense | | | आशीर्लिङ् 8 Benedictive Mood. Parasmaipada does not have सेट् अनिट् classification | | |
|---|---|---|---|---|---|
| गोढा | गोढारौ | गोढारः | - | - | - |
| गोढासि | गोढास्थः | गोढास्थ | - | - | - |
| गोढास्मि | गोढास्वः | गोढास्मः | - | - | - |

| लिट् 9 Perfect Past Tense. Here only some Affixes are सेट् । Their अनिट् forms are given. | | | लुङ् 10 Aorist Past Tense | | |
|---|---|---|---|---|---|
| - | - | - | अघुक्षत् -द् | अघुक्षताम् | अघुक्षन् |
| जुगोढ | - | - | अघुक्षः | अघुक्षतम् | अघुक्षत |
| - | जुगुह्व | जुगुह्म | अघुक्षम् | अघुक्षाव | अघुक्षाम |

**Atmanepadi Table** for अनिट् Ardhadhatuka Affixes

By 7.2.44 स्वरतिसूतिसूयतिधूञूदितो वा we get Optional अनिट् forms.

3.1.45 शल इगुपधादनिटः क्सः । 7.3.73 लुग्वा दुहदिहलिहगुहामात्मनेपदे दन्त्ये । इति लुङि वा ।

| लृट् 5 Simple Future Tense | | | लृङ् 6 Conditional Mood | | |
|---|---|---|---|---|---|
| घोक्ष्यते | घोक्ष्येते | घोक्ष्यन्ते | अघोक्ष्यत | अघोक्ष्येताम् | अघोक्ष्यन्त |
| घोक्ष्यसे | घोक्ष्येथे | घोक्ष्यध्वे | अघोक्ष्यथाः | अघोक्ष्येथाम् | अघोक्ष्यध्वम् |
| घोक्ष्ये | घोक्ष्यावहे | घोक्ष्यामहे | अघोक्ष्ये | अघोक्ष्यावहि | अघोक्ष्यामहि |

| लुट् 7 Periphrastic Future Tense | | | आशीर्लिङ् 8 Benedictive Mood | | |
|---|---|---|---|---|---|
| गोढा | गोढारौ | गोढारः | घुक्षीष्ट | घुक्षीयास्ताम् | घुक्षीरन् |
| गोढासे | गोढासाथे | गोढाध्वे | घुक्षीष्ठाः | घुक्षीयास्थाम् | घुक्षीध्वम् |
| गोढाहे | गोढास्वहे | गोढास्महे | घुक्षीय | घुक्षीवहि | घुक्षीमहि |

| लिट् 9 Perfect Past. Here only some Affixes are सेट् । Their अनिट् forms are given. जुघूढ्वे by 8.2.37 and 6.3.111 | | | लुङ् 10 Aorist Past Tense. By 7.3.73 more Optional forms for Atmanepada. अघूढ्वम् by 8.2.37 and 6.3.111 ढ्रलोपे पूर्वस्य दीर्घोऽणः | | |
|---|---|---|---|---|---|
| - | - | - | अघुक्षत , अगूढ | अघुक्षाताम् | अघुक्षन्त |
| जुघुक्षे | - | जुघूढ्वे | अघुक्षथाः , अगूढाः | अघुक्षाथाम् | अघुक्षध्वम् , अघूढ्वम् |
| - | जुगुह्वहे | जुगुह्महे | अघुक्षि | अघुक्षावहि , अगुह्वहि | अघुक्षामहि |

हिक्कादयः उदात्ताः स्वरितेतः उभयतोभाषाः ।

# 897 अथ अजन्ताः उभयपदिनः । अच् = Vowel ending Roots

897 श्रिञ् सेवायाम् । उदात्तः उभयतोभाषः । श्रिञ् । श्रि । श्रयति / ते । U । सेट् । स० । reach, get support, rest upon, resort to   3.1.48 णिश्रिद्रुस्रुभ्यः कर्तरि चङ् । 6.1.11 चङि । 6.4.77 अचि श्नुधातुभ्रुवां य्वोरियङुवङौ । **Parasmaipadi / Atmanepadi Table**

| | | | | | |
|---|---|---|---|---|---|
| श्रयति / | श्रयतः / | श्रयन्ति / | अश्रयत् -द् / | अश्रयताम् / | अश्रयन् / |
| श्रयते | श्रयेते | श्रयन्ते | अश्रयत | अश्रयेताम् | अश्रयन्त |
| श्रयसि / | श्रयथः / | श्रयथ / | अश्रयः / | अश्रयतम् / | अश्रयत / |
| श्रयसे | श्रयेथे | श्रयध्वे | अश्रयथाः | अश्रयेथाम् | अश्रयध्वम् |
| श्रयामि / | श्रयावः / | श्रयामः / | अश्रयम् / | अश्रयाव / | अश्रयाम / |
| श्रये | श्रयावहे | श्रयामहे | अश्रये | अश्रयावहि | अश्रयामहि |
| | | | | | |
| श्रयतु -तात्-द् / | श्रयताम् / | श्रयन्तु / | श्रयेत् -द् / | श्रयेताम् / | श्रयेयुः / |
| श्रयताम् | श्रयेताम् | श्रयन्ताम् | श्रयेत | श्रयेयाताम् | श्रयेरन् |
| श्रय -तात्-द् / | श्रयतम् / | श्रयत / | श्रयेः / | श्रयेतम् / | श्रयेत / |
| श्रयस्व | श्रयेथाम् | श्रयध्वम् | श्रयेथाः | श्रयेयाथाम् | श्रयेध्वम् |
| श्रयाणि / | श्रयाव / | श्रयाम / | श्रयेयम् / | श्रयेव / | श्रयेम / |
| श्रयै | श्रयावहै | श्रयामहै | श्रयेय | श्रयेवहि | श्रयेमहि |
| | | | | | |
| श्रयिष्यति / | श्रयिष्यतः / | श्रयिष्यन्ति / | अश्रयिष्यत् -द् / | अश्रयिष्यताम् / | अश्रयिष्यन् / |
| श्रयिष्यते | श्रयिष्येते | श्रयिष्यन्ते | अश्रयिष्यत | अश्रयिष्येताम् | अश्रयिष्यन्त |
| श्रयिष्यसि / | श्रयिष्यथः / | श्रयिष्यथ / | अश्रयिष्यः / | अश्रयिष्यतम् / | अश्रयिष्यत / |
| श्रयिष्यसे | श्रयिष्येथे | श्रयिष्यध्वे | अश्रयिष्यथाः | अश्रयिष्येथाम् | अश्रयिष्यध्वम् |
| श्रयिष्यामि / | श्रयिष्यावः / | श्रयिष्यामः / | अश्रयिष्यम् / | अश्रयिष्याव / | अश्रयिष्याम / |
| श्रयिष्ये | श्रयिष्यावहे | श्रयिष्यामहे | अश्रयिष्ये | अश्रयिष्यावहि | अश्रयिष्यामहि |

| लुट् 7 Periphrastic Future Tense | | | आशीर्लिङ् 8 Benedictive Mood  8.3.79 विभाषेटः | | |
|---|---|---|---|---|---|
| श्रयिता / | श्रयितारौ / | श्रयितारः / | श्रीयात् -द् / | श्रीयास्ताम् | श्रीयासुः |
| श्रयिता | श्रयितारौ | श्रयितारः | श्रयिषीष्ट | श्रयिषीयास्ताम् | श्रयिषीरन् |
| श्रयितासि / | श्रयितास्थः / | श्रयितास्थ / | श्रीयाः / | श्रीयास्तम् | श्रीयास्त |
| श्रयितासे | श्रयितासाथे | श्रयिताध्वे | श्रयिषीष्ठाः | श्रयिषीयास्थाम् | श्रयिषीध्वम् -ढ्वम् |
| श्रयितास्मि / | श्रयितास्वः / | श्रयितास्मः / | श्रीयासम् | श्रीयास्व | श्रीयास्म |
| श्रयिताहे | श्रयितास्वहे | श्रयितास्महे | श्रयिषीय | श्रयिषीवहि | श्रयिषीमहि |

| लिट् 9 Perfect Past Tense  8.3.79 विभाषेटः | | | लुङ् 10 Aorist Past Tense. 6.4.77 applies and 8.3.79 cannot apply here. | | |
|---|---|---|---|---|---|
| शिश्राय / | शिश्रियतुः / | शिश्रियुः / | अशिश्रियत् -द् | अशिश्रियताम् | अशिश्रियन् |

549

| | | | | | |
|---|---|---|---|---|---|
| शिश्रिये | शिश्रियाते | शिश्रियिरे | अशिश्रियत | अशिश्रियेताम् | अशिश्रियन्त |
| शिश्रयिथ / | शिश्रियथुः / | शिश्रिय / | अशिश्रियः | अशिश्रियतम् | अशिश्रियत |
| शिश्रियिषे | शिश्रियाथे | शिश्रियिध्वे -ढ्वे | अशिश्रियथाः | अशिश्रियेथाम् | अशिश्रियध्वम् |
| शिश्राय शिश्रय / | शिश्रियिव / | शिश्रियिम / | अशिश्रियम् | अशिश्रियाव | अशिश्रियाम |
| शिश्रिये | शिश्रियिवहे | शिश्रियिमहे | अशिश्रिये | अशिश्रियावहि | अशिश्रियामहि |

898 भृञ् भरणे । भृ॒ञ् । भृ । भरति / ते । U । अनिट् । स० । fill 7.2.10 एकाच उपदेशेऽनुदात्तात् । 7.4.28 रिङ् शयग्लिङ्क्षु । 8.3.78 इणः षीध्वंलुङ्लिटां धोऽङ्गात् । 7.2.13 कृसृभृवृस्तुद्रुस्रुश्रुवो लिटि । 7.2.1 सिचि वृद्धिः परस्मैपदेषु । 8.2.27 ह्रस्वादङ्गात् । **Parasmaipadi / Atmanepadi Table**

| | | | | | |
|---|---|---|---|---|---|
| भरति / | भरतः / | भरन्ति / | अभरत् -द् / | अभरताम् / | अभरन् / |
| भरते | भरेते | भरन्ते | अभरत | अभरेताम् | अभरन्त |
| भरसि / | भरथः / | भरथ / | अभरः / | अभरतम् / | अभरत / |
| भरसे | भरेथे | भरध्वे | अभरथाः | अभरेथाम् | अभरध्वम् |
| भरामि / | भरावः / | भरामः / | अभरम् / | अभराव / | अभराम / |
| भरे | भरावहे | भरामहे | अभरे | अभरावहि | अभरामहि |

| | | | | | |
|---|---|---|---|---|---|
| भरतु / | भरताम् / | भरन्तु / | भरेत् -द् / | भरेताम् / | भरेयुः / |
| भरताम् | भरेताम् | भरन्ताम् | भरेत | भरेयाताम् | भरेरन् |
| भर / | भरतम् / | भरत / | भरेः / | भरेतम् / | भरेत / |
| भरस्व | भरेथाम् | भरध्वम् | भरेथाः | भरेयाथाम् | भरेध्वम् |
| भराणि / | भराव / | भराम / | भरेयम् / | भरेव / | भरेम / |
| भरै | भरावहै | भरामहै | भरेय | भरेवहि | भरेमहि |

| | | | | | |
|---|---|---|---|---|---|
| भरिष्यति / | भरिष्यतः / | भरिष्यन्ति / | अभरिष्यत् -द् / | अभरिष्यताम् / | अभरिष्यन् / |
| भरिष्यते | भरिष्येते | भरिष्यन्ते | अभरिष्यत | अभरिष्येताम् | अभरिष्यन्त |
| भरिष्यसि / | भरिष्यथः / | भरिष्यथ / | अभरिष्यः / | अभरिष्यतम् / | अभरिष्यत / |
| भरिष्यसे | भरिष्येथे | भरिष्यध्वे | अभरिष्यथाः | अभरिष्येथाम् | अभरिष्यध्वम् |
| भरिष्यामि / | भरिष्यावः / | भरिष्यामः / | अभरिष्यम् / | अभरिष्याव / | अभरिष्याम / |
| भरिष्ये | भरिष्यावहे | भरिष्यामहे | अभरिष्ये | अभरिष्यावहि | अभरिष्यामहि |

| | | | | | |
|---|---|---|---|---|---|
| भर्ता / | भर्तारौ / | भर्तारः / | भ्रियात् -द् / | भ्रियास्ताम् / | भ्रियासुः / |
| भर्ता | भर्तारौ | भर्तारः | भृषीष्ट | भृषीयास्ताम् | भृषीरन् |
| भर्तासि / | भर्तास्थः / | भर्तास्थ / | भ्रियाः / | भ्रियास्तम् / | भ्रियास्त / |
| भर्तासे | भर्तासाथे | भर्ताध्वे | भृषीष्ठाः | भृषीयास्थाम् | भृषीढ्वम् |
| भर्तास्मि / | भर्तास्वः / | भर्तास्मः / | भ्रियासम् / | भ्रियास्व / | भ्रियास्म / |
| भर्ताहे | भर्तास्वहे | भर्तास्महे | भृषीय | भृषीवहि | भृषीमहि |

| | | | | | |
|---|---|---|---|---|---|
| बभार / | बभ्रतुः / | बभ्रुः / | अभार्षीत् -द् / | अभार्ष्टाम् / | अभार्षुः / |
| बभ्रे | बभ्राते | बभ्रिरे | अभृत | अभृषाताम् | अभृषत |
| बभर्थ / | बभ्रथुः / | बभ्र / | अभार्षीः / | अभार्ष्टम् / | अभार्ष्ट / |
| बभृषे | बभ्राथे | बभृढ्वे | अभृथाः | अभृषाथाम् | अभृढ्वम् |
| बभार बभर / | बभृव / | बभृम / | अभार्षम् / | अभार्ष्व / | अभार्ष्म / |
| बभ्रे | बभृवहे | बभृमहे | अभृषि | अभृष्वहि | अभृष्महि |

899 हृञ् हरणे । हृ॒ञ् । हृ । हरति / ते । U । अनिट् । द्वि० । take away, attract, steal.
*Famous expletive* हरामि । Note: 7.2.13 कृ-सृ-भृ-वृ-स्तु-द्रु-स्रु-श्रु-वो लिटि does not apply here.
7.2.61 अचस्तास्वत् थल्यनिटो नित्यम् । जहर्थ । **Parasmaipadi / Atmanepadi Table**

| | | | | | |
|---|---|---|---|---|---|
| हरति / | हरतः / | हरन्ति / | अहरत् -द् / | अहरताम् / | अहरन् / |
| हरते | हरेते | हरन्ते | अहरत | अहरेताम् | अहरन्त |
| हरसि / | हरथः / | हरथ / | अहरः / | अहरतम् / | अहरत / |
| हरसे | हरेथे | हरध्वे | अहरथाः | अहरेथाम् | अहरध्वम् |
| हरामि / | हरावः / | हरामः / | अहरम् / | अहराव / | अहराम / |
| हरे | हरावहे | हरामहे | अहरे | अहरावहि | अहरामहि |

| | | | | | |
|---|---|---|---|---|---|
| हरतु / | हरताम् / | हरन्तु / | हरेत् -द् / | हरेताम् / | हरेयुः / |
| हरताम् | हरेताम् | हरन्ताम् | हरेत | हरेयाताम् | हरेरन् |
| हर / | हरतम् / | हरत / | हरेः / | हरेतम् / | हरेत / |
| हरस्व | हरेथाम् | हरध्वम् | हरेथाः | हरेयाथाम् | हरेध्वम् |
| हराणि / | हराव / | हराम / | हरेयम् / | हरेव / | हरेम / |
| हरै | हरावहै | हरामहै | हरेय | हरेवहि | हरेमहि |

| | | | | | |
|---|---|---|---|---|---|
| हरिष्यति / | हरिष्यतः / | हरिष्यन्ति / | अहरिष्यत् -द् / | अहरिष्यताम् / | अहरिष्यन् / |
| हरिष्यते | हरिष्येते | हरिष्यन्ते | अहरिष्यत | अहरिष्येताम् | अहरिष्यन्त |
| हरिष्यसि / | हरिष्यथः / | हरिष्यथ / | अहरिष्यः / | अहरिष्यतम् / | अहरिष्यत / |
| हरिष्यसे | हरिष्येथे | हरिष्यध्वे | अहरिष्यथाः | अहरिष्येथाम् | अहरिष्यध्वम् |
| हरिष्यामि / | हरिष्यावः / | हरिष्यामः / | अहरिष्यम् / | अहरिष्याव / | अहरिष्याम / |
| हरिष्ये | हरिष्यावहे | हरिष्यामहे | अहरिष्ये | अहरिष्यावहि | अहरिष्यामहि |

| | | | | | |
|---|---|---|---|---|---|
| हर्ता / | हर्तारौ / | हर्तारः / | ह्रियात् -द् / | ह्रियास्ताम् / | ह्रियासुः / |
| हर्ता | हर्तारौ | हर्तारः | हृषीष्ट | हृषीयास्ताम् | हृषीरन् |
| हर्तासि / | हर्तास्थः / | हर्तास्थ / | ह्रियाः / | ह्रियास्तम् / | ह्रियास्त / |
| हर्तासे | हर्तासाथे | हर्ताध्वे | हृषीष्ठाः | हृषीयास्थाम् | हृषीढ्वम् |
| हर्तास्मि / | हर्तास्वः / | हर्तास्मः / | ह्रियासम् / | ह्रियास्व / | ह्रियास्म / |

| | | | | | |
|---|---|---|---|---|---|
| हर्ताहे | हर्तास्वहे | हर्तास्महे | हृषीय | हृषीवहि | हृषीमहि |

| | | | | | |
|---|---|---|---|---|---|
| जहार / | जह्रतुः / | जह्रुः / | अहार्षीत् -द् / | अहार्ष्टाम् / | अहार्षुः / |
| जह्रे | जह्राते | जह्रिरे | अहृत | अहृषाताम् | अहृषत |
| जहर्थ / | जह्रथुः / | जह्र / | अहार्षीः / | अहार्ष्टम् / | अहार्ष्ट / |
| जह्रिषे | जह्राथे | जह्रिध्वे -ढ्वे | अहृथाः | अहृषाथाम् | अहृढ्वम् |
| जहार जहर / | जह्रिव / | जह्रिम / | अहार्षम् / | अहार्ष्व / | अहार्ष्म / |
| जह्रे | जह्रिवहे | जह्रिमहे | अहृषि | अहृष्वहि | अहृष्महि |

900 धृञ् धारणे । धृञ् । धृ । धरति / ते । U । अनिट् । स० । put on, preserve

**Parasmaipadi / Atmanepadi Table**

| | | | | | |
|---|---|---|---|---|---|
| धरति / | धरतः / | धरन्ति / | अधरत् -द् / | अधरताम् / | अधरन् / |
| धरते | धरेते | धरन्ते | अधरत | अधरेताम् | अधरन्त |
| धरसि / | धरथः / | धरथ / | अधरः / | अधरतम् / | अधरत / |
| धरसे | धरेथे | धरध्वे | अधरथाः | अधरेथाम् | अधरध्वम् |
| धरामि / | धरावः / | धरामः / | अधरम् / | अधराव / | अधराम / |
| धरे | धरावहे | धरामहे | अधरे | अधरावहि | अधरामहि |

| | | | | | |
|---|---|---|---|---|---|
| धरतु / | धरताम् / | धरन्तु / | धरेत् -द् / | धरेताम् / | धरेयुः / |
| धरताम् | धरेताम् | धरन्ताम् | धरेत | धरेयाताम् | धरेरन् |
| धर / | धरतम् / | धरत / | धरेः / | धरेतम् / | धरेत / |
| धरस्व | धरेथाम् | धरध्वम् | धरेथाः | धरेयाथाम् | धरेध्वम् |
| धराणि / | धराव / | धराम / | धरेयम् / | धरेव / | धरेम / |
| धरै | धरावहै | धरामहै | धरेय | धरेवहि | धरेमहि |

| | | | | | |
|---|---|---|---|---|---|
| धरिष्यति / | धरिष्यतः / | धरिष्यन्ति / | अधरिष्यत् -द् / | अधरिष्यताम् / | अधरिष्यन् / |
| धरिष्यते | धरिष्येते | धरिष्यन्ते | अधरिष्यत | अधरिष्येताम् | अधरिष्यन्त |
| धरिष्यसि / | धरिष्यथः / | धरिष्यथ / | अधरिष्यः / | अधरिष्यतम् / | अधरिष्यत / |
| धरिष्यसे | धरिष्येथे | धरिष्यध्वे | अधरिष्यथाः | अधरिष्येथाम् | अधरिष्यध्वम् |
| धरिष्यामि / | धरिष्यावः / | धरिष्यामः / | अधरिष्यम् / | अधरिष्याव / | अधरिष्याम / |
| धरिष्ये | धरिष्यावहे | धरिष्यामहे | अधरिष्ये | अधरिष्यावहि | अधरिष्यामहि |

| | | | | | |
|---|---|---|---|---|---|
| धर्ता / | धर्तारौ / | धर्तारः / | ध्रियात् -द् / | ध्रियास्ताम् / | ध्रियासुः / |
| धर्ता | धर्तारौ | धर्तारः | धृषीष्ट | धृषीयास्ताम् | धृषीरन् |
| धर्तासि / | धर्तास्थः / | धर्तास्थ / | ध्रियाः / | ध्रियास्तम् / | ध्रियास्त / |
| धर्तासे | धर्तासाथे | धर्ताध्वे | धृषीष्ठाः | धृषीयास्थाम् | धृषीढ्वम् |
| धर्तास्मि / | धर्तास्वः / | धर्तास्मः / | ध्रियासम् / | ध्रियास्व / | ध्रियास्म / |

| | | | | | |
|---|---|---|---|---|---|
| धर्तांहे | धर्तास्वहे | धर्तास्महे | धृषीय | धृषीवहि | धृषीमहि |

| | | | | | |
|---|---|---|---|---|---|
| दधार / | दध्रतुः / | दध्रुः / | अधार्षीत् -द् / | अधार्ष्टाम् / | अधार्षुः / |
| दध्रे | दध्राते | दध्रिरे | अधृत | अधृषाताम् | अधृषत |
| दधर्थ / | दध्रथुः / | दध्र / | अधार्षीः / | अधार्ष्टम् / | अधार्ष्ट / |
| दध्रिषे | दध्राथे | दध्रिध्वे -ढ्वे | अधृथाः | अधृषाथाम् | अधृढ्वम् |
| दधार दधर / | दध्रिव / | दध्रिम / | अधार्षम् / | अधार्ष्व / | अधार्ष्म / |
| दध्रे | दध्रिवहे | दध्रिमहे | अधृषि | अधृष्वहि | अधृष्महि |

901 णीञ् प्रापणे । णीञ् । नी । नयति / ते । U । अनिट् । द्वि० । lead, carry 3.1.44 च्लेः सिच् । 6.4.82 एरनेकाचोऽसंयोगपूर्वस्य । 7.1.91 णलुत्तमो वा । निनाय निनय । लिट् i/1 Optional forms. लिट् ii/1 Optional forms because of the sutras 7.2.63 ऋतो भारद्वाजस्य । निनयिथ । 7.2.61 अचस्तास्वत् थल्यनिटो नित्यम् । निनेथ । **Parasmaipadi / Atmanepadi Table**

| | | | | | |
|---|---|---|---|---|---|
| नयति / | नयतः / | नयन्ति / | अनयत् -द् / | अनयताम् / | अनयन् / |
| नयते | नयेते | नयन्ते | अनयत | अनयेताम् | अनयन्त |
| नयसि / | नयथः / | नयथ / | अनयः / | अनयतम् / | अनयत / |
| नयसे | नयेथे | नयध्वे | अनयथाः | अनयेथाम् | अनयध्वम् |
| नयामि / | नयावः / | नयामः / | अनयम् / | अनयाव / | अनयाम / |
| नये | नयावहे | नयामहे | अनये | अनयावहि | अनयामहि |

| | | | | | |
|---|---|---|---|---|---|
| नयतु / | नयताम् / | नयन्तु / | नयेत् -द् / | नयेताम् / | नयेयुः / |
| नयताम् | नयेताम् | नयन्ताम् | नयेत | नयेयाताम् | नयेरन् |
| नय / | नयतम् / | नयत / | नयेः / | नयेतम् / | नयेत / |
| नयस्व | नयेथाम् | नयध्वम् | नयेथाः | नयेयाथाम् | नयेध्वम् |
| नयानि / | नयाव / | नयाम / | नयेयम् / | नयेव / | नयेम / |
| नयै | नयावहै | नयामहै | नयेय | नयेवहि | नयेमहि |

| | | | | | |
|---|---|---|---|---|---|
| नेष्यति / | नेष्यतः / | नेष्यन्ति / | अनेष्यत् -द् / | अनेष्यताम् / | अनेष्यन् / |
| नेष्यते | नेष्येते | नेष्यन्ते | अनेष्यत | अनेष्येताम् | अनेष्यन्त |
| नेष्यसि / | नेष्यथः / | नेष्यथ / | अनेष्यः / | अनेष्यतम् / | अनेष्यत / |
| नेष्यसे | नेष्येथे | नेष्यध्वे | अनेष्यथाः | अनेष्येथाम् | अनेष्यध्वम् |
| नेष्यामि / | नेष्यावः / | नेष्यामः / | अनेष्यम् / | अनेष्याव / | अनेष्याम / |
| नेष्ये | नेष्यावहे | नेष्यामहे | अनेष्ये | अनेष्यावहि | अनेष्यामहि |

| | | | | | |
|---|---|---|---|---|---|
| नेता / | नेतारौ / | नेतारः / | नीयात् -द् / | नीयास्ताम् / | नीयासुः / |
| नेता | नेतारौ | नेतारः | नेषीष्ट | नेषीयास्ताम् | नेषीरन् |
| नेतासि / | नेतास्थः / | नेतास्थ / | नीयाः / | नीयास्तम् / | नीयास्त / |

| | | | | | |
|---|---|---|---|---|---|
| नेतासे | नेतासाथे | नेताध्वे | नेषीष्ठाः | नेषीयास्थाम् | नेषीढ्वम् |
| नेतास्मि / | नेतास्वः / | नेतास्मः / | नीयासम् / | नीयास्व / | नीयास्म / |
| नेताहे | नेतास्वहे | नेतास्महे | नेषीय | नेषीवहि | नेषीमहि |

| | | | | | |
|---|---|---|---|---|---|
| निनाय / | निन्यतुः / | निन्युः / | अनैषीत् -द् / | अनैष्टाम् / | अनैषुः / |
| निन्ये | निन्याते | निन्यिरे | अनेष्ट | अनेषाताम् | अनेषत |
| निनयिथ निनेथ / | निन्यथुः / | निन्य / | अनैषीः / | अनैष्टम् / | अनैष्ट / |
| निन्यिषे | निन्याथे | निन्यिध्वे -ढ्वे | अनेष्ठाः | अनेषाथाम् | अनेढ्वम् |
| निनाय निनय / | निन्यिव / | निन्यिम / | अनैषम् / | अनैष्व / | अनैष्म / |
| निन्ये | निन्यिवहे | निन्यिमहे | अनेषि | अनेष्वहि | अनेष्महि |

**भृञादयः चत्वारः अनुदात्ताः उभयतोभाषाः।**

## 902 अथ अजन्ताः परस्मैपदिनः।

902 **धेट् पाने** । धेट् । धे । **धयति** । P । **अनिट्** । **स०** । suck, suckle, drink

6.1.45 **आदेच उपदेशेऽशिति** । For Roots ending in diphthong, the diphthong vowel is replaced with **आ** when non-**शित्** affix follows, i.e. Ardhadhatuka Affixes. **लृट्** धास्यति ।

6.4.67 **एर्लिङि** । Vowel ए replaces आ for Benedictive Mood for few Roots. धेयात् ।

7.2.61 **अचस्तास्वत् थल्यनिटो नित्यम्** । The **लिट्** ii/1 affix **तास्** is **अनिट्** for vowel ending Roots.

7.2.63 **ऋतो भारद्वाजस्य** । In the opinion of Grammarian Bharadvaj it is only for Roots ending in **ऋ** vowel. This Sutra makes 7.2.61 Optional, thus two **लिट्** ii/1 forms दधिथ । दधाथ ।

3.1.49 **विभाषा धेट्श्व्योः** । Optional **चङ्** for Aorist. **पक्षे सिच्** । अधासीत् । अदधत् ।

2.4.78 **विभाषा घ्राधेट्शाच्छासः** । Optional elision of **सिच्** । अधासीत् । अधात् ।

| | | | | | |
|---|---|---|---|---|---|
| धयति | धयतः | धयन्ति | अधयत् -द् | अधयताम् | अधयन् |
| धयसि | धयथः | धयथ | अधयः | अधयतम् | अधयत |
| धयामि | धयावः | धयामः | अधयम् | अधयाव | अधयाम |

| | | | | | |
|---|---|---|---|---|---|
| धयतु धयतात् -द् | धयताम् | धयन्तु | धयेत् -द् | धयेताम् | धयेयुः |
| धय धयतात् -द् | धयतम् | धयत | धयेः | धयेतम् | धयेत |
| धयानि | धयाव | धयाम | धयेयम् | धयेव | धयेम |

| | | | | | |
|---|---|---|---|---|---|
| धास्यति | धास्यतः | धास्यन्ति | अधास्यत् -द् | अधास्यताम् | अधास्यन् |
| धास्यसि | धास्यथः | धास्यथ | अधास्यः | अधास्यतम् | अधास्यत |
| धास्यामि | धास्यावः | धास्यामः | अधास्यम् | अधास्याव | अधास्याम |

| | | | | | |
|---|---|---|---|---|---|
| धाता | धातारौ | धातारः | धेयात् -द् | धेयास्ताम् | धेयासुः |
| धातासि | धातास्थः | धातास्थ | धेयाः | धेयास्तम् | धेयास्त |
| धातास्मि | धातास्वः | धातास्मः | धेयासम् | धेयास्व | धेयास्म |

| | | | | | |
|---|---|---|---|---|---|
| दधौ | दधतुः | दधुः | अधासीत् -द् | अधासिष्टाम् | अधासिषुः |
| | | | अधात् -द् | अधाताम् | अधुः |
| | | | अदधत् -द् | अदधताम् | अदधन् |
| दधिथ दधाथ | दधथुः | दध | अधासीः | अधासिष्टम् | अधासिष्ट |
| | | | अधाः | अधातम् | अधात |
| | | | अदधः | अदधतम् | अदधत |
| दधौ | दधिव | दधिम | अधासिषम् | अधासिष्व | अधासिष्म |
| | | | अधाम् | अधाव | अधाम |
| | | | अदधम् | अदधाव | अदधाम |

## 903 Parasmaipada Roots ending in ऐ । 6.1.78 एचोऽयवायावः ।

903 **ग्लै हर्षक्षये । ग्लै॒ । ग्लै । ग्लायति** । P । **अनिट्** । **अ०** । fade, droop, feel aversion, be dirty, tired. Ayava Sandhi 6.1.78 **एचोऽयवायावः** । **ग्लै+शप्** + ति → ग्लै + अ + ति → 6.1.78 → ग्ल् आय् अ ति । 6.1.45 **आदेच उपदेशेऽशिति** । **इति** 1.1.52 **अलोऽन्त्यस्य आकारादेशः अशिति परे** । 8.2.43 **संयोगादेरातो धातोर्यण्वतः** । **इति संयोगादेः एवं यण्वान् धातोः निष्ठा तकारस्य नकारः आदेशः** । Roots beginning with a Conjunct And containing a **यण्** letter य् व् र् ल् । 6.4.68 **वाऽन्यस्य संयोगादेः** । 7.2.61 **अचस्तास्वत् थल्यनिटो नित्यम्** । 7.2.63 **ऋतो भारद्वाजस्य** । Hence Optional **लिट्** ii/2 forms.

| | | | | | |
|---|---|---|---|---|---|
| ग्लायति | ग्लायतः | ग्लायन्ति | अग्लायत् -द् | अग्लायताम् | अग्लायन् |
| ग्लायसि | ग्लायथः | ग्लायथ | अग्लायः | अग्लायतम् | अग्लायत |
| ग्लायामि | ग्लायावः | ग्लायामः | अग्लायम् | अग्लायाव | अग्लायाम |

| | | | | | |
|---|---|---|---|---|---|
| ग्लायतु -तात् -द् | ग्लायताम् | ग्लायन्तु | ग्लायेत् -द् | ग्लायेताम् | ग्लायेयुः |
| ग्लाय -तात् -द् | ग्लायतम् | ग्लायत | ग्लायेः | ग्लायेतम् | ग्लायेत |
| ग्लायानि | ग्लायाव | ग्लायाम | ग्लायेयम् | ग्लायेव | ग्लायेम |

| | | | | | |
|---|---|---|---|---|---|
| ग्लास्यति | ग्लास्यतः | ग्लास्यन्ति | अग्लास्यत् -द् | अग्लास्यताम् | अग्लास्यन् |
| ग्लास्यसि | ग्लास्यथः | ग्लास्यथ | अग्लास्यः | अग्लास्यतम् | अग्लास्यत |
| ग्लास्यामि | ग्लास्यावः | ग्लास्यामः | अग्लास्यम् | अग्लास्याव | अग्लास्याम |

| | | | | | |
|---|---|---|---|---|---|
| ग्लाता | ग्लातारौ | ग्लातारः | ग्लायात् -द् | ग्लायास्ताम् | ग्लायासुः |
| | | | ग्लेयात् -द् | ग्लेयास्ताम् | ग्लेयासुः |
| ग्लातासि | ग्लातास्थः | ग्लातास्थ | ग्लायाः | ग्लायास्तम् | ग्लायास्त |
| | | | ग्लेयाः | ग्लेयास्तम् | ग्लेयास्त |
| ग्लातास्मि | ग्लातास्वः | ग्लातास्मः | ग्लायासम् | ग्लायास्व | ग्लायास्म |
| | | | ग्लेयासम् | ग्लेयास्व | ग्लेयास्म |

| | | | | | |
|---|---|---|---|---|---|
| जग्लौ | जग्लतुः | जग्लुः | अग्लासीत् -द् | अग्लासिष्टाम् | अग्लासिषुः |
| जग्लिथ जग्लाथ | जग्लथुः | जग्ल | अग्लासीः | अग्लासिष्टम् | अग्लासिष्ट |
| जग्लौ | जग्लिव | जग्लिम | अग्लासिषम् | अग्लासिष्व | अग्लासिष्म |

904 **म्लै हर्षक्षये** । म्लै । म्लै । म्लायति । P । अनिट् । अ० । fade, droop, become dirty

| | | | | | |
|---|---|---|---|---|---|
| म्लायति | म्लायतः | म्लायन्ति | अम्लायत् -द् | अम्लायताम् | अम्लायन् |
| म्लायसि | म्लायथः | म्लायथ | अम्लायः | अम्लायतम् | अम्लायत |
| म्लायामि | म्लायावः | म्लायामः | अम्लायम् | अम्लायाव | अम्लायाम |

| | | | | | |
|---|---|---|---|---|---|
| म्लायतु | म्लायताम् | म्लायन्तु | म्लायेत् -द् | म्लायेताम् | म्लायेयुः |
| म्लाय | म्लायतम् | म्लायत | म्लायेः | म्लायेतम् | म्लायेत |
| म्लायानि | म्लायाव | म्लायाम | म्लायेयम् | म्लायेव | म्लायेम |

| | | | | | |
|---|---|---|---|---|---|
| म्लास्यति | म्लास्यतः | म्लास्यन्ति | अम्लास्यत् -द् | अम्लास्यताम् | अम्लास्यन् |
| म्लास्यसि | म्लास्यथः | म्लास्यथ | अम्लास्यः | अम्लास्यतम् | अम्लास्यत |
| म्लास्यामि | म्लास्यावः | म्लास्यामः | अम्लास्यम् | अम्लास्याव | अम्लास्याम |

| | | | | | |
|---|---|---|---|---|---|
| म्लाता | म्लातारौ | म्लातारः | म्लायात् -द् | म्लायास्ताम् | म्लायासुः |
| | | | म्लेयात् -द् | म्लेयास्ताम् | म्लेयासुः |
| म्लातासि | म्लातास्थः | म्लातास्थ | म्लायाः | म्लायास्तम् | म्लायास्त |
| | | | म्लेयाः | म्लेयास्तम् | म्लेयास्त |
| म्लातास्मि | म्लातास्वः | म्लातास्मः | म्लायासम् | म्लायास्व | म्लायास्म |
| | | | म्लेयासम् | म्लेयास्व | म्लेयास्म |

| | | | | | |
|---|---|---|---|---|---|
| मम्लौ | मम्लतुः | मम्लुः | अम्लासीत् -द् | अम्लासिष्टाम् | अम्लासिषुः |
| मम्लिथ मम्लाथ | मम्लथुः | मम्ल | अम्लासीः | अम्लासिष्टम् | अम्लासिष्ट |
| मम्लौ | मम्लिव | मम्लिम | अम्लासिषम् | अम्लासिष्व | अम्लासिष्म |

905 **द्यै न्यक्करणे** । द्यै । द्यै । द्यायति । P । अनिट् । स० । insult, treat contemptuously

| | | | | | |
|---|---|---|---|---|---|
| द्यायति | द्यायतः | द्यायन्ति | अद्यायत् -द् | अद्यायताम् | अद्यायन् |
| द्यायसि | द्यायथः | द्यायथ | अद्यायः | अद्यायतम् | अद्यायत |
| द्यायामि | द्यायावः | द्यायामः | अद्यायम् | अद्यायाव | अद्यायाम |

| | | | | | |
|---|---|---|---|---|---|
| द्यायतु | द्यायताम् | द्यायन्तु | द्यायेत् -द् | द्यायेताम् | द्यायेयुः |
| द्याय | द्यायतम् | द्यायत | द्यायेः | द्यायेतम् | द्यायेत |
| द्यायानि | द्यायाव | द्यायाम | द्यायेयम् | द्यायेव | द्यायेम |

| | | | | | |
|---|---|---|---|---|---|
| द्यास्यति | द्यास्यतः | द्यास्यन्ति | अद्यास्यत् -द् | अद्यास्यताम् | अद्यास्यन् |
| द्यास्यसि | द्यास्यथः | द्यास्यथ | अद्यास्यः | अद्यास्यतम् | अद्यास्यत |
| द्यास्यामि | द्यास्यावः | द्यास्यामः | अद्यास्यम् | अद्यास्याव | अद्यास्याम |

| | | | | | |
|---|---|---|---|---|---|
| द्याता | द्यातारौ | द्यातारः | द्यायात् -द् | द्यायास्ताम् | द्यायासुः |
| | | | द्येयात् -द् | द्येयास्ताम् | द्येयासुः |
| द्यातासि | द्यातास्थः | द्यातास्थ | द्यायाः | द्यायास्तम् | द्यायास्त |
| | | | द्येयाः | द्येयास्तम् | द्येयास्त |
| द्यातास्मि | द्यातास्वः | द्यातास्मः | द्यायासम् | द्यायास्व | द्यायास्म |
| | | | द्येयासम् | द्येयास्व | द्येयास्म |

| | | | | | |
|---|---|---|---|---|---|
| दध्यौ | दध्यतुः | दध्युः | अध्यासीत् -द् | अध्यासिष्टाम् | अध्यासिषुः |
| दध्यिथ दध्याथ | दध्यथुः | दध्य | अध्यासीः | अध्यासिष्टम् | अध्यासिष्ट |
| दध्यौ | दध्यिव | दध्यिम | अध्यासिषम् | अध्यासिष्व | अध्यासिष्म |

906 द्रै स्वप्ने । द्रै । द्रै । द्रायति । P । अनिट् । अ० । sleep 6.1.78 एचोऽयवायावः ।

| | | | | | |
|---|---|---|---|---|---|
| द्रायति | द्रायतः | द्रायन्ति | अद्रायत् -द् | अद्रायताम् | अद्रायन् |
| द्रायसि | द्रायथः | द्रायथ | अद्रायः | अद्रायतम् | अद्रायत |
| द्रायामि | द्रायावः | द्रायामः | अद्रायम् | अद्रायाव | अद्रायाम |
| द्रायतु | द्रायताम् | द्रायन्तु | द्रायेत् -द् | द्रायेताम् | द्रायेयुः |
| द्राय | द्रायतम् | द्रायत | द्रायेः | द्रायेतम् | द्रायेत |
| द्रायाणि | द्रायाव | द्रायाम | द्रायेयम् | द्रायेव | द्रायेम |
| द्रास्यति | द्रास्यतः | द्रास्यन्ति | अद्रास्यत् -द् | अद्रास्यताम् | अद्रास्यन् |
| द्रास्यसि | द्रास्यथः | द्रास्यथ | अद्रास्यः | अद्रास्यतम् | अद्रास्यत |
| द्रास्यामि | द्रास्यावः | द्रास्यामः | अद्रास्यम् | अद्रास्याव | अद्रास्याम |
| द्राता | द्रातारौ | द्रातारः | द्रायात् -द् | द्रायास्ताम् | द्रायासुः |
| | | | द्रेयात् -द् | द्रेयास्ताम् | द्रेयासुः |
| द्रातासि | द्रातास्थः | द्रातास्थ | द्रायाः | द्रायास्तम् | द्रायास्त |
| | | | द्रेयाः | द्रेयास्तम् | द्रेयास्त |
| द्रातास्मि | द्रातास्वः | द्रातास्मः | द्रायासम् | द्रायास्व | द्रायास्म |
| | | | द्रेयासम् | द्रेयास्व | द्रेयास्म |
| दद्रौ | दद्रतुः | दद्रुः | अद्रासीत् -द् | अद्रासिष्टाम् | अद्रासिषुः |
| दद्रिथ दद्राथ | दद्रथुः | दद्र | अद्रासीः | अद्रासिष्टम् | अद्रासिष्ट |
| दद्रौ | दद्रिव | दद्रिम | अद्रासिषम् | अद्रासिष्व | अद्रासिष्म |

907 ध्रै तृप्तौ । ध्रै । ध्रै । ध्रायति । P । अनिट् । स० । be satisfied 6.1.78 एचोऽयवायावः ।

| | | | | | |
|---|---|---|---|---|---|
| ध्रायति | ध्रायतः | ध्रायन्ति | अध्रायत् -द् | अध्रायताम् | अध्रायन् |
| ध्रायसि | ध्रायथः | ध्रायथ | अध्रायः | अध्रायतम् | अध्रायत |
| ध्रायामि | ध्रायावः | ध्रायामः | अध्रायम् | अध्रायाव | अध्रायाम |
| ध्रायतु | ध्रायताम् | ध्रायन्तु | ध्रायेत् -द् | ध्रायेताम् | ध्रायेयुः |
| ध्राय | ध्रायतम् | ध्रायत | ध्रायेः | ध्रायेतम् | ध्रायेत |
| ध्रायाणि | ध्रायाव | ध्रायाम | ध्रायेयम् | ध्रायेव | ध्रायेम |
| ध्रास्यति | ध्रास्यतः | ध्रास्यन्ति | अध्रास्यत् -द् | अध्रास्यताम् | अध्रास्यन् |
| ध्रास्यसि | ध्रास्यथः | ध्रास्यथ | अध्रास्यः | अध्रास्यतम् | अध्रास्यत |
| ध्रास्यामि | ध्रास्यावः | ध्रास्यामः | अध्रास्यम् | अध्रास्याव | अध्रास्याम |
| ध्राता | ध्रातारौ | ध्रातारः | ध्रायात् -द् | ध्रायास्ताम् | ध्रायासुः |

| | | | | | |
|---|---|---|---|---|---|
| | | | ध्रेयात् -द् | ध्रेयास्ताम् | ध्रेयासुः |
| ध्रातासि | ध्रातास्थः | ध्रातास्थ | ध्रायाः | ध्रायास्तम् | ध्रायास्त |
| | | | ध्रेयाः | ध्रेयास्तम् | ध्रेयास्त |
| ध्रातास्मि | ध्रातास्वः | ध्रातास्मः | ध्रायासम् | ध्रायास्व | ध्रायास्म |
| | | | ध्रेयासम् | ध्रेयास्व | ध्रेयास्म |

| | | | | | |
|---|---|---|---|---|---|
| दध्रौ | दध्रतुः | दध्रुः | अध्रासीत् -द् | अध्रासिष्टाम् | अध्रासिषुः |
| दध्रिथ दध्राथ | दध्रथुः | दध्र | अध्रासीः | अध्रासिष्टम् | अध्रासिष्ट |
| दध्रौ | दध्रिव | दध्रिम | अध्रासिषम् | अध्रासिष्व | अध्रासिष्म |

908 **ध्यै चिन्तायाम्** । ध्यै॒ । ध्यै । **ध्यायति** । P । **अनिट्** । **स०** । meditate
8.2.43 **संयोगादेरातो धातोर्यण्वतः । इति निष्ठा तकारस्य नकारः आदेशः** । 6.1.78 **एचोऽयवायावः** ।

| | | | | | |
|---|---|---|---|---|---|
| ध्यायति | ध्यायतः | ध्यायन्ति | अध्यायत् -द् | अध्यायताम् | अध्यायन् |
| ध्यायसि | ध्यायथः | ध्यायथ | अध्यायः | अध्यायतम् | अध्यायत |
| ध्यायामि | ध्यायावः | ध्यायामः | अध्यायम् | अध्यायाव | अध्यायाम |

| | | | | | |
|---|---|---|---|---|---|
| ध्यायतु | ध्यायताम् | ध्यायन्तु | ध्यायेत् -द् | ध्यायेताम् | ध्यायेयुः |
| ध्याय | ध्यायतम् | ध्यायत | ध्यायेः | ध्यायेतम् | ध्यायेत |
| ध्यायानि | ध्यायाव | ध्यायाम | ध्यायेयम् | ध्यायेव | ध्यायेम |

| | | | | | |
|---|---|---|---|---|---|
| ध्यास्यति | ध्यास्यतः | ध्यास्यन्ति | अध्यास्यत् -द् | अध्यास्यताम् | अध्यास्यन् |
| ध्यास्यसि | ध्यास्यथः | ध्यास्यथ | अध्यास्यः | अध्यास्यतम् | अध्यास्यत |
| ध्यास्यामि | ध्यास्यावः | ध्यास्यामः | अध्यास्यम् | अध्यास्याव | अध्यास्याम |

| | | | | | |
|---|---|---|---|---|---|
| ध्याता | ध्यातारौ | ध्यातारः | ध्यायात् -द् | ध्यायास्ताम् | ध्यायासुः |
| | | | ध्येयात् -द् | ध्येयास्ताम् | ध्येयासुः |
| ध्यातासि | ध्यातास्थः | ध्यातास्थ | ध्यायाः | ध्यायास्तम् | ध्यायास्त |
| | | | ध्येयाः | ध्येयास्तम् | ध्येयास्त |
| ध्यातास्मि | ध्यातास्वः | ध्यातास्मः | ध्यायासम् | ध्यायास्व | ध्यायास्म |
| | | | ध्येयासम् | ध्येयास्व | ध्येयास्म |

| | | | | | |
|---|---|---|---|---|---|
| दध्यौ | दध्यतुः | दध्युः | अध्यासीत् -द् | अध्यासिष्टाम् | अध्यासिषुः |
| दध्यिथ दध्याथ | दध्यथुः | दध्य | अध्यासीः | अध्यासिष्टम् | अध्यासिष्ट |
| दध्यौ | दध्यिव | दध्यिम | अध्यासिषम् | अध्यासिष्व | अध्यासिष्म |

909 **रै शब्दे** । रै॒ । रै । **रायति** । P । **अनिट्** । **अ०** । sound 6.1.78 **एचोऽयवायावः** ।

| | | | | | |
|---|---|---|---|---|---|
| रायति | रायतः | रायन्ति | अरायत् -द् | अरायताम् | अरायन् |
| रायसि | रायथः | रायथ | अरायः | अरायतम् | अरायत |
| रायामि | रायावः | रायामः | अरायम् | अरायाव | अरायाम |

| | | | | | |
|---|---|---|---|---|---|
| रायतु | रायताम् | रायन्तु | रायेत् -द् | रायेताम् | रायेयुः |
| राय | रायतम् | रायत | रायेः | रायेतम् | रायेत |

| | | | | | |
|---|---|---|---|---|---|
| रायाणि | रायाव | रायाम | रायेयम् | रायेव | रायेम |

| | | | | | |
|---|---|---|---|---|---|
| रास्यति | रास्यतः | रास्यन्ति | अरास्यत् -द् | अरास्यताम् | अरास्यन् |
| रास्यसि | रास्यथः | रास्यथ | अरास्यः | अरास्यतम् | अरास्यत |
| रास्यामि | रास्यावः | रास्यामः | अरास्यम् | अरास्याव | अरास्याम |

| | | | | | |
|---|---|---|---|---|---|
| राता | रातारौ | रातारः | रायात् -द् | रायास्ताम् | रायासुः |
| रातासि | रातास्थः | रातास्थ | रायाः | रायास्तम् | रायास्त |
| रातास्मि | रातास्वः | रातास्मः | रायासम् | रायास्व | रायास्म |

| | | | | | |
|---|---|---|---|---|---|
| ररौ | ररतुः | ररुः | अरासीत् -द् | अरासिष्टाम् | अरासिषुः |
| ररिथ रराथ | ररथुः | रर | अरासीः | अरासिष्टम् | अरासिष्ट |
| ररौ | ररिव | ररिम | अरासिषम् | अरासिष्व | अरासिष्म |

910 **स्त्यै शब्दसङ्घातयोः । स्त्यै॒ । स्त्यै । स्त्यायति** । P । **अनिट्** । **अ०** । be crowded, crowd, speak in unison 6.1.78 **एचोऽयवायावः** ।

| | | | | | |
|---|---|---|---|---|---|
| स्त्यायति | स्त्यायतः | स्त्यायन्ति | अस्त्यायत् -द् | अस्त्यायताम् | अस्त्यायन् |
| स्त्यायसि | स्त्यायथः | स्त्यायथ | अस्त्यायः | अस्त्यायतम् | अस्त्यायत |
| स्त्यायामि | स्त्यायावः | स्त्यायामः | अस्त्यायम् | अस्त्यायाव | अस्त्यायाम |

| | | | | | |
|---|---|---|---|---|---|
| स्त्यायतु | स्त्यायताम् | स्त्यायन्तु | स्त्यायेत् -द् | स्त्यायेताम् | स्त्यायेयुः |
| स्त्याय | स्त्यायतम् | स्त्यायत | स्त्यायेः | स्त्यायेतम् | स्त्यायेत |
| स्त्यायानि | स्त्यायाव | स्त्यायाम | स्त्यायेयम् | स्त्यायेव | स्त्यायेम |

| | | | | | |
|---|---|---|---|---|---|
| स्त्यास्यति | स्त्यास्यतः | स्त्यास्यन्ति | अस्त्यास्यत् -द् | अस्त्यास्यताम् | अस्त्यास्यन् |
| स्त्यास्यसि | स्त्यास्यथः | स्त्यास्यथ | अस्त्यास्यः | अस्त्यास्यतम् | अस्त्यास्यत |
| स्त्यास्यामि | स्त्यास्यावः | स्त्यास्यामः | अस्त्यास्यम् | अस्त्यास्याव | अस्त्यास्याम |

| | | | | | |
|---|---|---|---|---|---|
| स्त्याता | स्त्यातारौ | स्त्यातारः | स्त्यायात् -द् | स्त्यायास्ताम् | स्त्यायासुः |
| | | | स्त्येयात् -द् | स्त्येयास्ताम् | स्त्येयासुः |
| स्त्यातासि | स्त्यातास्थः | स्त्यातास्थ | स्त्यायाः | स्त्यायास्तम् | स्त्यायास्त |
| | | | स्त्येयाः | स्त्येयास्तम् | स्त्येयास्त |
| स्त्यातास्मि | स्त्यातास्वः | स्त्यातास्मः | स्त्यायासम् | स्त्यायास्व | स्त्यायास्म |
| | | | स्त्येयासम् | स्त्येयास्व | स्त्येयास्म |

| | | | | | |
|---|---|---|---|---|---|
| तस्त्यौ | तस्त्यतुः | तस्त्युः | अस्त्यासीत् -द् | अस्त्यासिष्टाम् | अस्त्यासिषुः |
| तस्त्यिथ तस्त्याथ | तस्त्यथुः | तस्त्य | अस्त्यासीः | अस्त्यासिष्टम् | अस्त्यासिष्ट |
| तस्त्यौ | तस्त्यिव | तस्त्यिम | अस्त्यासिषम् | अस्त्यासिष्व | अस्त्यासिष्म |

911 **ष्ट्यै शब्दसङ्घातयोः । षोपदेशः अयं धातुः । ष्ट्यै॒ । स्त्यै । स्त्यायति** । P । **अनिट्** । **अ०** । sound, be crowded 6.1.78 **एचोऽयवायावः** । 6.1.23 **स्त्यः प्रपूर्वस्य** । 6.4.2 **हलः** । 8.2.54 **प्रस्त्योऽन्यतरस्याम्** ।

6.1.64 धात्वादेः षः सः । इति षकारस्य स् । निमित्तापाये नैमित्तिकस्याप्यपायः इति परिभाषाम् टकारस्य त् ।
Becomes identical to Root 910 स्त्यै ।

| | | | | | |
|---|---|---|---|---|---|
| स्त्यायति | स्त्यायतः | स्त्यायन्ति | अस्त्यायत् -द् | अस्त्यायताम् | अस्त्यायन् |
| स्त्यायसि | स्त्यायथः | स्त्यायथ | अस्त्यायः | अस्त्यायतम् | अस्त्यायत |
| स्त्यायामि | स्त्यायावः | स्त्यायामः | अस्त्यायम् | अस्त्यायाव | अस्त्यायाम |

| | | | | | |
|---|---|---|---|---|---|
| स्त्यायतु | स्त्यायताम् | स्त्यायन्तु | स्त्यायेत् -द् | स्त्यायेताम् | स्त्यायेयुः |
| स्त्याय | स्त्यायतम् | स्त्यायत | स्त्यायेः | स्त्यायेतम् | स्त्यायेत |
| स्त्यायानि | स्त्यायाव | स्त्यायाम | स्त्यायेयम् | स्त्यायेव | स्त्यायेम |

| | | | | | |
|---|---|---|---|---|---|
| स्त्यास्यति | स्त्यास्यतः | स्त्यास्यन्ति | अस्त्यास्यत् -द् | अस्त्यास्यताम् | अस्त्यास्यन् |
| स्त्यास्यसि | स्त्यास्यथः | स्त्यास्यथ | अस्त्यास्यः | अस्त्यास्यतम् | अस्त्यास्यत |
| स्त्यास्यामि | स्त्यास्यावः | स्त्यास्यामः | अस्त्यास्यम् | अस्त्यास्याव | अस्त्यास्याम |

| | | | | | |
|---|---|---|---|---|---|
| स्त्याता | स्त्यातारौ | स्त्यातारः | स्त्यायात् -द् | स्त्यायास्ताम् | स्त्यायासुः |
| | | | स्त्येयात् -द् | स्त्येयास्ताम् | स्त्येयासुः |
| स्त्यातासि | स्त्यातास्थः | स्त्यातास्थ | स्त्यायाः | स्त्यायास्तम् | स्त्यायास्त |
| | | | स्त्येयाः | स्त्येयास्तम् | स्त्येयास्त |
| स्त्यातास्मि | स्त्यातास्वः | स्त्यातास्मः | स्त्यायासम् | स्त्यायास्व | स्त्यायास्म |
| | | | स्त्येयासम् | स्त्येयास्व | स्त्येयास्म |

| | | | | | |
|---|---|---|---|---|---|
| तस्त्यौ | तस्त्यतुः | तस्त्युः | अस्त्यासीत् -द् | अस्त्यासिष्टाम् | अस्त्यासिषुः |
| तस्त्यिथ तस्त्याथ | तस्त्यथुः | तस्त्य | अस्त्यासीः | अस्त्यासिष्टम् | अस्त्यासिष्ट |
| तस्त्यौ | तस्त्यिव | तस्त्यिम | अस्त्यासिषम् | अस्त्यासिष्व | अस्त्यासिष्म |

912 खै खदने । खदनं स्थैर्यं हिंसा च । खै॒ । खै । खायति । P । अनिट् । स० । strike, be stable, trouble, be aggrieved, dig 6.1.78 एचोऽयवायावः ।

| | | | | | |
|---|---|---|---|---|---|
| खायति | खायतः | खायन्ति | अखायत् -द् | अखायताम् | अखायन् |
| खायसि | खायथः | खायथ | अखायः | अखायतम् | अखायत |
| खायामि | खायावः | खायामः | अखायम् | अखायाव | अखायाम |

| | | | | | |
|---|---|---|---|---|---|
| खायतु | खायताम् | खायन्तु | खायेत् -द् | खायेताम् | खायेयुः |
| खाय | खायतम् | खायत | खायेः | खायेतम् | खायेत |
| खायानि | खायाव | खायाम | खायेयम् | खायेव | खायेम |

| | | | | | |
|---|---|---|---|---|---|
| खास्यति | खास्यतः | खास्यन्ति | अखास्यत् -द् | अखास्यताम् | अखास्यन् |
| खास्यसि | खास्यथः | खास्यथ | अखास्यः | अखास्यतम् | अखास्यत |
| खास्यामि | खास्यावः | खास्यामः | अखास्यम् | अखास्याव | अखास्याम |

| | | | | | |
|---|---|---|---|---|---|
| खाता | खातारौ | खातारः | खायात् -द् | खायास्ताम् | खायासुः |
| खातासि | खातास्थः | खातास्थ | खायाः | खायास्तम् | खायास्त |
| खातास्मि | खातास्वः | खातास्मः | खायासम् | खायास्व | खायास्म |

| | | | | | |
|---|---|---|---|---|---|
| चखौ | चखतुः | चखुः | अखासीत् -द् | अखासिष्टाम् | अखासिषुः |
| चखिथ चखाथ | चखथुः | चख | अखासीः | अखासिष्टम् | अखासिष्ट |
| चखौ | चखिव | चखिम | अखासिषम् | अखासिष्व | अखासिष्म |

913 क्षै क्षये । क्षै॒ । क्षै । **क्षायति** । P । **अनिट्** । अ० । waste, wane, decay, be emacipated. Also see 816 **गणसूत्र = दलि-वलि-स्खलि-रणि-ध्वनि-त्रपि-क्षपयः च इति भोजः । इति मित्त्व पाठः** । 7.3.36 **अर्तिह्रीव्लीरीक्नूयीक्ष्माय्यातां पुङ्णौ** । Thus **णिजन्त** Root is **क्षापि** । 6.4.92 **मितां ह्रस्वः** । **णिजन्त** Secondary forms **क्षपयति-ते** ।

| | | | | | |
|---|---|---|---|---|---|
| क्षायति | क्षायतः | क्षायन्ति | अक्षायत् -द् | अक्षायताम् | अक्षायन् |
| क्षायसि | क्षायथः | क्षायथ | अक्षायः | अक्षायतम् | अक्षायत |
| क्षायामि | क्षायावः | क्षायामः | अक्षायम् | अक्षायाव | अक्षायाम |

| | | | | | |
|---|---|---|---|---|---|
| क्षायतु | क्षायताम् | क्षायन्तु | क्षायेत् -द् | क्षायेताम् | क्षायेयुः |
| क्षाय | क्षायतम् | क्षायत | क्षायेः | क्षायेतम् | क्षायेत |
| क्षायाणि | क्षायाव | क्षायाम | क्षायेयम् | क्षायेव | क्षायेम |

| | | | | | |
|---|---|---|---|---|---|
| क्षास्यति | क्षास्यतः | क्षास्यन्ति | अक्षास्यत् -द् | अक्षास्यताम् | अक्षास्यन् |
| क्षास्यसि | क्षास्यथः | क्षास्यथ | अक्षास्यः | अक्षास्यतम् | अक्षास्यत |
| क्षास्यामि | क्षास्यावः | क्षास्यामः | अक्षास्यम् | अक्षास्याव | अक्षास्याम |

| | | | | | |
|---|---|---|---|---|---|
| क्षाता | क्षातारौ | क्षातारः | क्षायात् -द् | क्षायास्ताम् | क्षायासुः |
| | | | क्षेयात् -द् | क्षेयास्ताम् | क्षेयासुः |
| क्षातासि | क्षातास्थः | क्षातास्थ | क्षायाः | क्षायास्तम् | क्षायास्त |
| | | | क्षेयाः | क्षेयास्तम् | क्षेयास्त |
| क्षातास्मि | क्षातास्वः | क्षातास्मः | क्षायासम् | क्षायास्व | क्षायास्म |
| | | | क्षेयासम् | क्षेयास्व | क्षेयास्म |

| | | | | | |
|---|---|---|---|---|---|
| चक्षौ | चक्षतुः | चक्षुः | अक्षासीत् -द् | अक्षासिष्टाम् | अक्षासिषुः |
| चक्षिथ चखाथ | चक्षथुः | चक्ष | अक्षासीः | अक्षासिष्टम् | अक्षासिष्ट |
| चक्षौ | चक्षिव | चक्षिम | अक्षासिषम् | अक्षासिष्व | अक्षासिष्म |

914 जै क्षये । जै॒ । जै । **जायति** । P । **अनिट्** । अ० । reduce, lessen

| | | | | | |
|---|---|---|---|---|---|
| जायति | जायतः | जायन्ति | अजायत् -द् | अजायताम् | अजायन् |
| जायसि | जायथः | जायथ | अजायः | अजायतम् | अजायत |
| जायामि | जायावः | जायामः | अजायम् | अजायाव | अजायाम |

| | | | | | |
|---|---|---|---|---|---|
| जायतु | जायताम् | जायन्तु | जायेत् -द् | जायेताम् | जायेयुः |
| जाय | जायतम् | जायत | जायेः | जायेतम् | जायेत |
| जायानि | जायाव | जायाम | जायेयम् | जायेव | जायेम |

| | | | | | |
|---|---|---|---|---|---|
| जास्यति | जास्यतः | जास्यन्ति | अजास्यत् -द् | अजास्यताम् | अजास्यन् |

| जास्यसि | जास्यथः | जास्यथ | अजास्यः | अजास्यतम् | अजास्यत |
| जास्यामि | जास्यावः | जास्यामः | अजास्यम् | अजास्याव | अजास्याम |

| जाता | जातारौ | जातारः | जायात् -द् | जायास्ताम् | जायासुः |
| जातासि | जातास्थः | जातास्थ | जायाः | जायास्तम् | जायास्त |
| जातास्मि | जातास्वः | जातास्मः | जायासम् | जायास्व | जायास्म |

| जजौ | जजतुः | जजुः | अजासीत् -द् | अजासिष्टाम् | अजासिषुः |
| जजिथ जजाथ | जजथुः | जज | अजासीः | अजासिष्टम् | अजासिष्ट |
| जजौ | जजिव | जजिम | अजासिषम् | अजासिष्व | अजासिष्म |

## 915 षै क्षये । षै । सै । सायति । P । अनिट् । अ० । decline, reduce

| सायति | सायतः | सायन्ति | असायत् -द् | असायताम् | असायन् |
| सायसि | सायथः | सायथ | असायः | असायतम् | असायत |
| सायामि | सायावः | सायामः | असायम् | असायाव | असायाम |

| सायतु | सायताम् | सायन्तु | सायेत् -द् | सायेताम् | सायेयुः |
| साय | सायतम् | सायत | सायेः | सायेतम् | सायेत |
| सायानि | सायाव | सायाम | सायेयम् | सायेव | सायेम |

| सास्यति | सास्यतः | सास्यन्ति | असास्यत् -द् | असास्यताम् | असास्यन् |
| सास्यसि | सास्यथः | सास्यथ | असास्यः | असास्यतम् | असास्यत |
| सास्यामि | सास्यावः | सास्यामः | असास्यम् | असास्याव | असास्याम |

| साता | सातारौ | सातारः | सायात् -द् | सायास्ताम् | सायासुः |
| सातासि | सातास्थः | सातास्थ | सायाः | सायास्तम् | सायास्त |
| सातास्मि | सातास्वः | सातास्मः | सायासम् | सायास्व | सायास्म |

| ससौ | ससतुः | ससुः | असासीत् -द् | असासिष्टाम् | असासिषुः |
| ससिथ ससाथ | ससथुः | सस | असासीः | असासिष्टम् | असासिष्ट |
| ससौ | ससिव | ससिम | असासिषम् | असासिष्व | असासिष्म |

## 916 कै शब्दे । कै । कै । कायति । P । अनिट् । अ० । sound, utter

| कायति | कायतः | कायन्ति | अकायत् -द् | अकायताम् | अकायन् |
| कायसि | कायथः | कायथ | अकायः | अकायतम् | अकायत |
| कायामि | कायावः | कायामः | अकायम् | अकायाव | अकायाम |

| कायतु | कायताम् | कायन्तु | कायेत् -द् | कायेताम् | कायेयुः |
| काय | कायतम् | कायत | कायेः | कायेतम् | कायेत |
| कायानि | कायाव | कायाम | कायेयम् | कायेव | कायेम |

| कास्यति | कास्यतः | कास्यन्ति | अकास्यत् -द् | अकास्यताम् | अकास्यन् |

| कास्यसि | कास्यथः | कास्यथ | अकास्यः | अकास्यतम् | अकास्यत |
| कास्यामि | कास्यावः | कास्यामः | अकास्यम् | अकास्याव | अकास्याम |

| काता | कातारौ | कातारः | कायात् -द् | कायास्ताम् | कायासुः |
| कातासि | कातास्थः | कातास्थ | कायाः | कायास्तम् | कायास्त |
| कातास्मि | कातास्वः | कातास्मः | कायासम् | कायास्व | कायास्म |

| चखौ | चकतुः | चकुः | अकासीत् -द् | अकासिष्टाम् | अकासिषुः |
| चकिथ चकाथ | चकथुः | चक | अकासीः | अकासिष्टम् | अकासिष्ट |
| चखौ | चकिव | चकिम | अकासिषम् | अकासिष्व | अकासिष्म |

917 गै शब्दे । गै । गै । गायति । P । अनिट् । अ० । sing, praise 6.4.67 एर्लिङि ।

| गायति | गायतः | गायन्ति | अगायत् -द् | अगायताम् | अगायन् |
| गायसि | गायथः | गायथ | अगायः | अगायतम् | अगायत |
| गायामि | गायावः | गायामः | अगायम् | अगायाव | अगायाम |

| गायतु | गायताम् | गायन्तु | गायेत् -द् | गायेताम् | गायेयुः |
| गाय | गायतम् | गायत | गायेः | गायेतम् | गायेत |
| गायानि | गायाव | गायाम | गायेयम् | गायेव | गायेम |

| गास्यति | गास्यतः | गास्यन्ति | अगास्यत् -द् | अगास्यताम् | अगास्यन् |
| गास्यसि | गास्यथः | गास्यथ | अगास्यः | अगास्यतम् | अगास्यत |
| गास्यामि | गास्यावः | गास्यामः | अगास्यम् | अगास्याव | अगास्याम |

| गाता | गातारौ | गातारः | गेयात् -द् | गेयास्ताम् | गेयासुः |
| गातासि | गातास्थः | गातास्थ | गेयाः | गेयास्तम् | गेयास्त |
| गातास्मि | गातास्वः | गातास्मः | गेयासम् | गेयास्व | गेयास्म |

| जगौ | जगतुः | जगुः | अगासीत् -द् | अगासिष्टाम् | अगासिषुः |
| जगिथ जगाथ | जगथुः | जग | अगासीः | अगासिष्टम् | अगासिष्ट |
| जगौ | जगिव | जगिम | अगासिषम् | अगासिष्व | अगासिष्म |

918 शै पाके । शै । शै । शायति । P । अनिट् । स० । cook, be cooked

| शायति | शायतः | शायन्ति | अशायत् -द् | अशायताम् | अशायन् |
| शायसि | शायथः | शायथ | अशायः | अशायतम् | अशायत |
| शायामि | शायावः | शायामः | अशायम् | अशायाव | अशायाम |

| शायतु | शायताम् | शायन्तु | शायेत् -द् | शायेताम् | शायेयुः |
| शाय | शायतम् | शायत | शायेः | शायेतम् | शायेत |
| शायानि | शायाव | शायाम | शायेयम् | शायेव | शायेम |

| शास्यति | शास्यतः | शास्यन्ति | अशास्यत् -द् | अशास्यताम् | अशास्यन् |

| | | | | | |
|---|---|---|---|---|---|
| शास्यसि | शास्यथः | शास्यथ | अशास्यः | अशास्यतम् | अशास्यत |
| शास्यामि | शास्यावः | शास्यामः | अशास्यम् | अशास्याव | अशास्याम |

| | | | | | |
|---|---|---|---|---|---|
| शाता | शातारौ | शातारः | शायात् -द् | शायास्ताम् | शायासुः |
| शातासि | शातास्थः | शातास्थ | शायाः | शायास्तम् | शायास्त |
| शातास्मि | शातास्वः | शातास्मः | शायासम् | शायास्व | शायास्म |

| | | | | | |
|---|---|---|---|---|---|
| शशौ | शशतुः | शशुः | अशासीत् -द् | अशासिष्टाम् | अशासिषुः |
| शशिथ शशाथ | शशथुः | शश | अशासीः | अशासिष्टम् | अशासिष्ट |
| शशौ | शशिव | शशिम | अशासिषम् | अशासिष्व | अशासिष्म |

919 **श्रै पाके । स्रै इति केषुचित् पाठः । श्रै । श्रै । श्रायति** । P । **अनिट्** । **स०** । cook, boil, liquefy, perspire 6.4.68 **वाऽन्यस्य संयोगादेः** ।

| | | | | | |
|---|---|---|---|---|---|
| श्रायति | श्रायतः | श्रायन्ति | अश्रायत् -द् | अश्रायताम् | अश्रायन् |
| श्रायसि | श्रायथः | श्रायथ | अश्रायः | अश्रायतम् | अश्रायत |
| श्रायामि | श्रायावः | श्रायामः | अश्रायम् | अश्रायाव | अश्रायाम |

| | | | | | |
|---|---|---|---|---|---|
| श्रायतु | श्रायताम् | श्रायन्तु | श्रायेत् -द् | श्रायेताम् | श्रायेयुः |
| श्राय | श्रायतम् | श्रायत | श्रायेः | श्रायेतम् | श्रायेत |
| श्रायाणि | श्रायाव | श्रायाम | श्रायेयम् | श्रायेव | श्रायेम |

| | | | | | |
|---|---|---|---|---|---|
| श्रास्यति | श्रास्यतः | श्रास्यन्ति | अश्रास्यत् -द् | अश्रास्यताम् | अश्रास्यन् |
| श्रास्यसि | श्रास्यथः | श्रास्यथ | अश्रास्यः | अश्रास्यतम् | अश्रास्यत |
| श्रास्यामि | श्रास्यावः | श्रास्यामः | अश्रास्यम् | अश्रास्याव | अश्रास्याम |

| | | | | | |
|---|---|---|---|---|---|
| श्राता | श्रातारौ | श्रातारः | श्रायात् -द् | श्रायास्ताम् | श्रायासुः |
| | | | श्रेयात् -द् | श्रेयास्ताम् | श्रेयासुः |
| श्रातासि | श्रातास्थः | श्रातास्थ | श्रायाः | श्रायास्तम् | श्रायास्त |
| | | | श्रेयाः | श्रेयास्तम् | श्रेयास्त |
| श्रातास्मि | श्रातास्वः | श्रातास्मः | श्रायासम् | श्रायास्व | श्रायास्म |
| | | | श्रेयासम् | श्रेयास्व | श्रेयास्म |

| | | | | | |
|---|---|---|---|---|---|
| शश्रौ | शश्रतुः | शश्रुः | अश्रासीत् -द् | अश्रासिष्टाम् | अश्रासिषुः |
| शश्रिथ शश्राथ | शश्रथुः | शश्र | अश्रासीः | अश्रासिष्टम् | अश्रासिष्ट |
| शश्रौ | शश्रिव | शश्रिम | अश्रासिषम् | अश्रासिष्व | अश्रासिष्म |

We give here Secondary **णिजन्त** Root **श्रापि** forms to distinguish it from Secondary **णिजन्त मित्** Root **श्रपि** made by 810 **श्रा पाके** । This also helps our understanding of **णिजन्त** as well as **मित्** ।

Note: **णिजन्त** forms will be **सेट्** and Ubhayepada.

7.4.1 **णौ चङ्युपधाया ह्रस्वः** । Hence only **ह्रस्वः** form for **लुङ्** ।

7.3.36 **अर्तिह्रीव्लीरीक्नूयीक्ष्माय्यातां पुङ्णौ । पुक् आगमः** ।

## Parasmaipadi Table णिजन्त Root श्रापि ।

| | | | | | |
|---|---|---|---|---|---|
| श्रापयति | श्रापयतः | श्रापयन्ति | अश्रापयत् -द् | अश्रापयताम् | अश्रापयन् |
| श्रापयसि | श्रापयथः | श्रापयथ | अश्रापयः | अश्रापयतम् | अश्रापयत |
| श्रापयामि | श्रापयावः | श्रापयामः | अश्रापयम् | अश्रापयाव | अश्रापयाम |
| | | | | | |
| श्रापयतु | श्रापयताम् | श्रापयन्तु | श्रापयेत् -द् | श्रापयेताम् | श्रापयेयुः |
| श्रापय | श्रापयतम् | श्रापयत | श्रापयेः | श्रापयेतम् | श्रापयेत |
| श्रापयाणि | श्रापयाव | श्रापयाम | श्रापयेयम् | श्रापयेव | श्रापयेम |
| | | | | | |
| श्रापयिष्यति | श्रापयिष्यतः | श्रापयिष्यन्ति | अश्रापयिष्यत् -द् | अश्रापयिष्यताम् | अश्रापयिष्यन् |
| श्रापयिष्यसि | श्रापयिष्यथः | श्रापयिष्यथ | अश्रापयिष्यः | अश्रापयिष्यतम् | अश्रापयिष्यत |
| श्रापयिष्यामि | श्रापयिष्यावः | श्रापयिष्यामः | अश्रापयिष्यम् | अश्रापयिष्याव | अश्रापयिष्याम |
| | | | | | |
| श्रापयिता | श्रापयितारौ | श्रापयितारः | श्राप्यात् -द् | श्राप्यास्ताम् | श्राप्यासुः |
| श्रापयितासि | श्रापयितास्थः | श्रापयितास्थ | श्राप्याः | श्राप्यास्तम् | श्राप्यास्त |
| श्रापयितास्मि | श्रापयितास्वः | श्रापयितास्मः | श्राप्यासम् | श्राप्यास्व | श्राप्यास्म |
| | | | | | |
| श्रापयाञ्चकार | श्रापयाञ्चक्रतुः | श्रापयाञ्चक्रुः | अशिश्रपत् -द् | अशिश्रपताम् | अशिश्रपन् |
| श्रापयाम्बभूव | श्रापयाम्बभूवतुः | श्रापयाम्बभूवुः | | | |
| श्रापयामास | श्रापयामासतुः | श्रापयामासुः | | | |
| श्रापयाञ्चकर्थ | श्रापयाञ्चक्रथुः | श्रापयाञ्चक्र | अशिश्रपः | अशिश्रपतम् | अशिश्रपत |
| श्रापयाम्बभूविथ | श्रापयाम्बभूवथुः | श्रापयाम्बभूव | | | |
| श्रापयामासिथ | श्रापयामासथुः | श्रापयामास | | | |
| श्रापयाञ्चकर -कार | श्रापयाञ्चकृव | श्रापयाञ्चकृम | अशिश्रपम् | अशिश्रपाव | अशिश्रपाम |
| श्रापयाम्बभूव | श्रापयाम्बभूविव | श्रापयाम्बभूविम | | | |
| श्रापयामास | श्रापयामासिव | श्रापयामासिम | | | |

## Atmanepadi Table णिजन्त Root श्रापि

| | | | | | |
|---|---|---|---|---|---|
| श्रापयते | श्रापयेते | श्रापयन्ते | अश्रापयत | अश्रापयेताम् | अश्रापयन्त |
| श्रापयसे | श्रापयेथे | श्रापयध्वे | अश्रापयथाः | अश्रापयेथाम् | अश्रापयध्वम् |
| श्रापये | श्रापयावहे | श्रापयामहे | अश्रापये | अश्रापयावहि | अश्रापयामहि |
| | | | | | |
| श्रापयताम् | श्रापयेताम् | श्रापयन्ताम् | श्रापयेत | श्रापयेयाताम् | श्रापयेरन् |
| श्रापयस्व | श्रापयेथाम् | श्रापयध्वम् | श्रापयेथाः | श्रापयेयाथाम् | श्रापयेध्वम् |
| श्रापयाणि | श्रापयावहै | श्रापयामहै | श्रापयेय | श्रापयेवहि | श्रापयेमहि |
| | | | | | |
| श्रापयिष्यते | श्रापयिष्येते | श्रापयिष्यन्ते | अश्रापयिष्यत | अश्रापयिष्येताम् | अश्रापयिष्यन्त |
| श्रापयिष्यसे | श्रापयिष्येथे | श्रापयिष्यध्वे | अश्रापयिष्यथाः | अश्रापयिष्येथाम् | अश्रापयिष्यध्वम् |
| श्रापयिष्ये | श्रापयिष्यावहे | श्रापयिष्यामहे | अश्रापयिष्ये | अश्रापयिष्यावहि | अश्रापयिष्यामहि |

| | | | | | |
|---|---|---|---|---|---|
| श्रापयिता | श्रापयितारौ | श्रापयितारः | श्रापयिषीष्ट | श्रापयिषीयास्ताम् | श्रापयिषीरन् |
| श्रापयितासे | श्रापयितासाथे | श्रापयिताध्वे | श्रापयिषीष्ठाः | श्रापयिषीयास्थाम् | श्रापयिषीध्वम् -ढ्वम् |
| श्रापयिताहे | श्रापयितास्वहे | श्रापयितास्महे | श्रापयिषीय | श्रापयिषीवहि | श्रापयिषीमहि |

| | | | | | |
|---|---|---|---|---|---|
| श्रापयाञ्चक्रे | श्रापयाञ्चक्राते | श्रापयाञ्चक्रुः | अशिश्रपत | अशिश्रपेताम् | अशिश्रपन्त |
| श्रापयाम्बभूव | श्रापयाम्बभूवतुः | श्रापयाम्बभूवुः | | | |
| श्रापयामास | श्रापयामासतुः | श्रापयामासुः | | | |
| श्रापयाञ्चकृषे | श्रापयाञ्चक्राथे | श्रापयाञ्चकृढ्वे | अशिश्रपथाः | अशिश्रपेथाम् | अशिश्रपध्वम् |
| श्रापयाम्बभूविथ | श्रापयाम्बभूवथुः | श्रापयाम्बभूव | | | |
| श्रापयामासिथ | श्रापयामासथुः | श्रापयामास | | | |
| श्रापयाञ्चक्रे | श्रापयाञ्चकृवहे | श्रापयाञ्चकृमहे | अशिश्रपे | अशिश्रपावहि | अशिश्रपामहि |
| श्रापयाम्बभूव | श्रापयाम्बभूविव | श्रापयाम्बभूविम | | | |
| श्रापयामास | श्रापयामासिव | श्रापयामासिम | | | |

920 पै शोषणे । पै । पै । पायति । P । अनिट् । अ० । dry, wither

| | | | | | |
|---|---|---|---|---|---|
| पायति | पायतः | पायन्ति | अपायत् -द् | अपायताम् | अपायन् |
| पायसि | पायथः | पायथ | अपायः | अपायतम् | अपायत |
| पायामि | पायावः | पायामः | अपायम् | अपायाव | अपायाम |

| | | | | | |
|---|---|---|---|---|---|
| पायतु | पायताम् | पायन्तु | पायेत् -द् | पायेताम् | पायेयुः |
| पाय | पायतम् | पायत | पायेः | पायेतम् | पायेत |
| पायानि | पायाव | पायाम | पायेयम् | पायेव | पायेम |

| | | | | | |
|---|---|---|---|---|---|
| पास्यति | पास्यतः | पास्यन्ति | अपास्यत् -द् | अपास्यताम् | अपास्यन् |
| पास्यसि | पास्यथः | पास्यथ | अपास्यः | अपास्यतम् | अपास्यत |
| पास्यामि | पास्यावः | पास्यामः | अपास्यम् | अपास्याव | अपास्याम |

| | | | | | |
|---|---|---|---|---|---|
| पाता | पातारौ | पातारः | पायात् -द् | पायास्ताम् | पायासुः |
| पातासि | पातास्थः | पातास्थ | पायाः | पायास्तम् | पायास्त |
| पातास्मि | पातास्वः | पातास्मः | पायासम् | पायास्व | पायास्म |

| | | | | | |
|---|---|---|---|---|---|
| पपौ | पपतुः | पपुः | अपासीत् -द् | अपासिष्टाम् | अपासिषुः |
| पपिथ पपाथ | पपथुः | पप | अपासीः | अपासिष्टम् | अपासिष्ट |
| पपौ | पपिव | पपिम | अपासिषम् | अपासिष्व | अपासिष्म |

921 ओवै शोषणे । ओँवै । वै । वायति । P । अनिट् । अ० । dry, be dried, be weary

| | | | | | |
|---|---|---|---|---|---|
| वायति | वायतः | वायन्ति | अवायत् -द् | अवायताम् | अवायन् |
| वायसि | वायथः | वायथ | अवायः | अवायतम् | अवायत |
| वायामि | वायावः | वायामः | अवायम् | अवायाव | अवायाम |

| | | | | | |
|---|---|---|---|---|---|
| वायतु | वायताम् | वायन्तु | वायेत् -द् | वायेताम् | वायेयुः |
| वाय | वायतम् | वायत | वायेः | वायेतम् | वायेत |
| वायानि | वायाव | वायाम | वायेयम् | वायेव | वायेम |

| | | | | | |
|---|---|---|---|---|---|
| वास्यति | वास्यतः | वास्यन्ति | अवास्यत् -द् | अवास्यताम् | अवास्यन् |
| वास्यसि | वास्यथः | वास्यथ | अवास्यः | अवास्यतम् | अवास्यत |
| वास्यामि | वास्यावः | वास्यामः | अवास्यम् | अवास्याव | अवास्याम |

| | | | | | |
|---|---|---|---|---|---|
| वाता | वातारौ | वातारः | वायात् -द् | वायास्ताम् | वायासुः |
| वातासि | वातास्थः | वातास्थ | वायाः | वायास्तम् | वायास्त |
| वातास्मि | वातास्वः | वातास्मः | वायासम् | वायास्व | वायास्म |

| | | | | | |
|---|---|---|---|---|---|
| ववौ | ववतुः | ववुः | अवासीत् -द् | अवासिष्टाम् | अवासिषुः |
| वविथ ववाथ | ववथुः | वव | अवासीः | अवासिष्टम् | अवासिष्ट |
| ववौ | वविव | वविम | अवासिषम् | अवासिष्व | अवासिष्म |

922 **ष्टै वेष्टने । ष्टै । स्तै । स्तायति । P । अनिट् । स०** । put on, adorn

| | | | | | |
|---|---|---|---|---|---|
| स्तायति | स्तायतः | स्तायन्ति | अस्तायत् -द् | अस्तायताम् | अस्तायन् |
| स्तायसि | स्तायथः | स्तायथ | अस्तायः | अस्तायतम् | अस्तायत |
| स्तायामि | स्तायावः | स्तायामः | अस्तायम् | अस्तायाव | अस्तायाम |

| | | | | | |
|---|---|---|---|---|---|
| स्तायतु | स्तायताम् | स्तायन्तु | स्तायेत् -द् | स्तायेताम् | स्तायेयुः |
| स्ताय | स्तायतम् | स्तायत | स्तायेः | स्तायेतम् | स्तायेत |
| स्तायानि | स्तायाव | स्तायाम | स्तायेयम् | स्तायेव | स्तायेम |

| | | | | | |
|---|---|---|---|---|---|
| स्तास्यति | स्तास्यतः | स्तास्यन्ति | अस्तास्यत् -द् | अस्तास्यताम् | अस्तास्यन् |
| स्तास्यसि | स्तास्यथः | स्तास्यथ | अस्तास्यः | अस्तास्यतम् | अस्तास्यत |
| स्तास्यामि | स्तास्यावः | स्तास्यामः | अस्तास्यम् | अस्तास्याव | अस्तास्याम |

| | | | | | |
|---|---|---|---|---|---|
| स्ताता | स्तातारौ | स्तातारः | स्तायात् -द् | स्तायास्ताम् | स्तायासुः |
| | | | स्तेयात् -द् | स्तेयास्ताम् | स्तेयासुः |
| स्ातासि | स्तातास्थः | स्तातास्थ | स्तायाः | स्तायास्तम् | स्तायास्त |
| | | | स्तेयाः | स्तेयास्तम् | स्तेयास्त |
| स्तातास्मि | स्तातास्वः | स्तातास्मः | स्तायासम् | स्तायास्व | स्तायास्म |
| | | | स्तेयासम् | स्तेयास्व | स्तेयास्म |

| | | | | | |
|---|---|---|---|---|---|
| तस्तौ | तस्ततुः | तस्तुः | अस्तासीत् -द् | अस्तासिष्टाम् | अस्तासिषुः |
| तस्तिथ तस्ताथ | तस्तथुः | तस्त | अस्तासीः | अस्तासिष्टम् | अस्तासिष्ट |
| तस्तौ | तस्तिव | तस्तिम | अस्तासिषम् | अस्तासिष्व | अस्तासिष्म |

923 **ष्णै वेष्टने । शौभायां चेत्येके । ष्णै । स्नै । स्नायति । P । अनिट् । स०** । wrap, adorn

| | | | | | |
|---|---|---|---|---|---|
| स्नायति | स्नायतः | स्नायन्ति | अस्नायत् -द् | अस्नायताम् | अस्नायन् |

| | | | | | |
|---|---|---|---|---|---|
| स्नायसि | स्नायथः | स्नायथ | अस्नायः | अस्नायतम् | अस्नायत |
| स्नायामि | स्नायावः | स्नायामः | अस्नायम् | अस्नायाव | अस्नायाम |

| | | | | | |
|---|---|---|---|---|---|
| स्नायतु | स्नायताम् | स्नायन्तु | स्नायेत् -द् | स्नायेताम् | स्नायेयुः |
| स्नाय | स्नायतम् | स्नायत | स्नायेः | स्नायेतम् | स्नायेत |
| स्नायानि | स्नायाव | स्नायाम | स्नायेयम् | स्नायेव | स्नायेम |

| | | | | | |
|---|---|---|---|---|---|
| स्नास्यति | स्नास्यतः | स्नास्यन्ति | अस्नास्यत् -द् | अस्नास्यताम् | अस्नास्यन् |
| स्नास्यसि | स्नास्यथः | स्नास्यथ | अस्नास्यः | अस्नास्यतम् | अस्नास्यत |
| स्नास्यामि | स्नास्यावः | स्नास्यामः | अस्नास्यम् | अस्नास्याव | अस्नास्याम |

| | | | | | |
|---|---|---|---|---|---|
| स्नाता | स्नातारौ | स्नातारः | स्नायात् -द् | स्नायास्ताम् | स्नायासुः |
| | | | स्नेयात् -द् | स्नेयास्ताम् | स्नेयासुः |
| स्नातासि | स्नातास्थः | स्नातास्थ | स्नायाः | स्नायास्तम् | स्नायास्त |
| | | | स्नेयाः | स्नेयास्तम् | स्नेयास्त |
| स्नातास्मि | स्नातास्वः | स्नातास्मः | स्नायासम् | स्नायास्व | स्नायास्म |
| | | | स्नेयासम् | स्नेयास्व | स्नेयास्म |

| | | | | | |
|---|---|---|---|---|---|
| सस्नौ | सस्नतुः | सस्नुः | अस्नासीत् -द् | अस्नासिष्टाम् | अस्नासिषुः |
| सस्निथ सस्नाथ | सस्नथुः | सस्न | अस्नासीः | अस्नासिष्टम् | अस्नासिष्ट |
| सस्नौ | सस्निव | सस्निम | अस्नासिषम् | अस्नासिष्व | अस्नासिष्म |

924 दैप् शोधने । दैप् । दै । दायति । P । अनिट् । स० । purify, cleanse, protect

| | | | | | |
|---|---|---|---|---|---|
| दायति | दायतः | दायन्ति | अदायत् -द् | अदायताम् | अदायन् |
| दायसि | दायथः | दायथ | अदायः | अदायतम् | अदायत |
| दायामि | दायावः | दायामः | अदायम् | अदायाव | अदायाम |

| | | | | | |
|---|---|---|---|---|---|
| दायतु | दायताम् | दायन्तु | दायेत् -द् | दायेताम् | दायेयुः |
| दाय | दायतम् | दायत | दायेः | दायेतम् | दायेत |
| दायानि | दायाव | दायाम | दायेयम् | दायेव | दायेम |

| | | | | | |
|---|---|---|---|---|---|
| दास्यति | दास्यतः | दास्यन्ति | अदास्यत् -द् | अदास्यताम् | अदास्यन् |
| दास्यसि | दास्यथः | दास्यथ | अदास्यः | अदास्यतम् | अदास्यत |
| दास्यामि | दास्यावः | दास्यामः | अदास्यम् | अदास्याव | अदास्याम |

| | | | | | |
|---|---|---|---|---|---|
| दाता | दातारौ | दातारः | दायात् -द् | दायास्ताम् | दायासुः |
| दातासि | दातास्थः | दातास्थ | दायाः | दायास्तम् | दायास्त |
| दातास्मि | दातास्वः | दातास्मः | दायासम् | दायास्व | दायास्म |

| | | | | | |
|---|---|---|---|---|---|
| ददौ | ददतुः | ददुः | अदासीत् -द् | अदासिष्टाम् | अदासिषुः |
| ददिथ ददाथ | ददथुः | दद | अदासीः | अदासिष्टम् | अदासिष्ट |
| ददौ | ददिव | ददिम | अदासिषम् | अदासिष्व | अदासिष्म |

## 925 Parasmaipada Roots ending in आ । 7.3.78 पाघ्राध्मा० । शिति परतः ।

925 **पा पाने । पा॒ । पा । पिबति** । P । **अनिट्** । **स०** । drink, suck 7.3.78 6.4.67 2.4.77

| | | | | | |
|---|---|---|---|---|---|
| पिबति | पिबतः | पिबन्ति | अपिबत् -द् | अपिबताम् | अपिबन् |
| पिबसि | पिबथः | पिबथ | अपिबः | अपिबतम् | अपिबत |
| पिबामि | पिबावः | पिबामः | अपिबम् | अपिबाव | अपिबाम |

| | | | | | |
|---|---|---|---|---|---|
| पिबतु -तात् -द् | पिबताम् | पिबन्तु | पिबेत् -द् | पिबेताम् | पिबेयुः |
| पिब -तात् -द् | पिबतम् | पिबत | पिबेः | पिबेतम् | पिबेत |
| पिबानि | पिबाव | पिबाम | पिबेयम् | पिबेव | पिबेम |

| | | | | | |
|---|---|---|---|---|---|
| पास्यति | पास्यतः | पास्यन्ति | अपास्यत् -द् | अपास्यताम् | अपास्यन् |
| पास्यसि | पास्यथः | पास्यथ | अपास्यः | अपास्यतम् | अपास्यत |
| पास्यामि | पास्यावः | पास्यामः | अपास्यम् | अपास्याव | अपास्याम |

| | | | | | |
|---|---|---|---|---|---|
| पाता | पातारौ | पातारः | पेयात् -द् | पेयास्ताम् | पेयासुः |
| पातासि | पातास्थः | पातास्थ | पेयाः | पेयास्तम् | पेयास्त |
| पातास्मि | पातास्वः | पातास्मः | पेयासम् | पेयास्व | पेयास्म |

| | | | | | |
|---|---|---|---|---|---|
| पपौ | पपतुः | पपुः | अपात् -द् | अपाताम् | अपुः |
| पपिथ पपाथ | पपथुः | पप | अपाः | अपातम् | अपात |
| पपौ | पपिव | पपिम | अपाम् | अपाव | अपाम |

926 **घ्रा गन्धोपादाने । घ्रा॒ । घ्रा । जिघ्रति** । P। **अनिट्** । **स०**। smell, kiss 7.3.78 पाघ्रा०। 6.4.68 2.4.78

| | | | | | |
|---|---|---|---|---|---|
| जिघ्रति | जिघ्रतः | जिघ्रन्ति | अजिघ्रत् -द् | अजिघ्रताम् | अजिघ्रन् |
| जिघ्रसि | जिघ्रथः | जिघ्रथ | अजिघ्रः | अजिघ्रतम् | अजिघ्रत |
| जिघ्रामि | जिघ्रावः | जिघ्रामः | अजिघ्रम् | अजिघ्राव | अजिघ्राम |

| | | | | | |
|---|---|---|---|---|---|
| जिघ्रतु | जिघ्रताम् | जिघ्रन्तु | जिघ्रेत् -द् | जिघ्रेताम् | जिघ्रेयुः |
| जिघ्र | जिघ्रतम् | जिघ्रत | जिघ्रेः | जिघ्रेतम् | जिघ्रेत |
| जिघ्राणि | जिघ्राव | जिघ्राम | जिघ्रेयम् | जिघ्रेव | जिघ्रेम |

| | | | | | |
|---|---|---|---|---|---|
| घ्रास्यति | घ्रास्यतः | घ्रास्यन्ति | अघ्रास्यत् -द् | अघ्रास्यताम् | अघ्रास्यन् |
| घ्रास्यसि | घ्रास्यथः | घ्रास्यथ | अघ्रास्यः | अघ्रास्यतम् | अघ्रास्यत |
| घ्रास्यामि | घ्रास्यावः | घ्रास्यामः | अघ्रास्यम् | अघ्रास्याव | अघ्रास्याम |

| | | | | | |
|---|---|---|---|---|---|
| घ्राता | घ्रातारौ | घ्रातारः | घ्रायात् -द् | घ्रायास्ताम् | घ्रायासुः |
| | | | घ्रेयात् -द् | घ्रेयास्ताम् | घ्रेयासुः |
| घ्रातासि | घ्रातास्थः | घ्रातास्थ | घ्रायाः | घ्रायास्तम् | घ्रायास्त |
| | | | घ्रेयाः | घ्रेयास्तम् | घ्रेयास्त |

| | | | | | |
|---|---|---|---|---|---|
| घ्रातास्मि | घ्रातास्वः | घ्रातास्मः | घ्रायासम् | घ्रायास्व | घ्रायास्म |
| | | | घ्रेयासम् | घ्रेयास्व | घ्रेयास्म |

| | | | | | |
|---|---|---|---|---|---|
| जघ्रौ | जघ्रतुः | जघ्रुः | अघ्रासीत् -द् | अघ्रासिष्टाम् | अघ्रासिषुः |
| | | | अघ्रात् -द् | अघ्राताम् | अघ्रुः |
| जघ्रिथ जघ्राथ | जघ्रथुः | जघ्र | अघ्रासीः | अघ्रासिष्टम् | अघ्रासिष्ट |
| | | | अघ्राः | अघ्रातम् | अघ्रात |
| जघ्रौ | जघ्रिव | जघ्रिम | अघ्रासिषम् | अघ्रासिष्व | अघ्रासिष्म |
| | | | अघ्राम् | अघ्राव | अघ्राम |

927 **ध्मा शब्दाग्निसंयोगयोः । ध्मा॒ । ध्मा । धमति** । P । **अनिट्** । **स०** । blow, sound a conch, blow a fire 7.3.78 **पाघ्रा० , इति धम शिति परतः** । 6.4.68 **वाऽन्यस्य संयोगादेः** ।

| | | | | | |
|---|---|---|---|---|---|
| धमति | धमतः | धमन्ति | अधमत् -द् | अधमताम् | अधमन् |
| धमसि | धमथः | धमथ | अधमः | अधमतम् | अधमत |
| धमामि | धमावः | धमामः | अधमम् | अधमाव | अधमाम |

| | | | | | |
|---|---|---|---|---|---|
| धमतु | धमताम् | धमन्तु | धमेत् -द् | धमेताम् | धमेयुः |
| धम | धमतम् | धमत | धमेः | धमेतम् | धमेत |
| धमानि | धमाव | धमाम | धमेयम् | धमेव | धमेम |

| | | | | | |
|---|---|---|---|---|---|
| ध्मास्यति | ध्मास्यतः | ध्मास्यन्ति | अध्मास्यत् -द् | अध्मास्यताम् | अध्मास्यन् |
| ध्मास्यसि | ध्मास्यथः | ध्मास्यथ | अध्मास्यः | अध्मास्यतम् | अध्मास्यत |
| ध्मास्यामि | ध्मास्यावः | ध्मास्यामः | अध्मास्यम् | अध्मास्याव | अध्मास्याम |

| | | | | | |
|---|---|---|---|---|---|
| ध्माता | ध्मातारौ | ध्मातारः | ध्मायात् -द् | ध्मायास्ताम् | ध्मायासुः |
| | | | ध्मेयात् -द् | ध्मेयास्ताम् | ध्मेयासुः |
| ध्मातासि | ध्मातास्थः | ध्मातास्थ | ध्मायाः | ध्मायास्तम् | ध्मायास्त |
| | | | ध्मेयाः | ध्मेयास्तम् | ध्मेयास्त |
| ध्मातास्मि | ध्मातास्वः | ध्मातास्मः | ध्मायासम् | ध्मायास्व | ध्मायास्म |
| | | | ध्मेयासम् | ध्मेयास्व | ध्मेयास्म |

| | | | | | |
|---|---|---|---|---|---|
| दध्मौ | दध्मतुः | दध्मुः | अध्मासीत् -द् | अध्मासिष्टाम् | अध्मासिषुः |
| दध्मिथ दध्माथ | दध्मथुः | दध्म | अध्मासीः | अध्मासिष्टम् | अध्मासिष्ट |
| दध्मौ | दध्मिव | दध्मिम | अध्मासिषम् | अध्मासिष्व | अध्मासिष्म |

928 **ष्ठा गतिनिवृत्तौ । ष्ठा॒ । स्था । तिष्ठति** । P* । **अनिट्** । **अ०** । stand, stop, stay, become still in the mind, achieve tranquility. 7.3.78 **इति तिष्ठ** । 1.3.23 **प्रकाशनस्थेयाख्ययोश्च** । **इति आत्मनेपदि** । 6.4.67 **एर्लिङि** । 8.2.29 **स्कोः संयोगाद्योरन्ते च** । 2.4.77 **गातिस्थाघुपाभूभ्यः सिचः परस्मैपदेषु** ।

**Parasmaipadi Table**

| | | | | | |
|---|---|---|---|---|---|
| तिष्ठति | तिष्ठतः | तिष्ठन्ति | अतिष्ठत् -द् | अतिष्ठताम् | अतिष्ठन् |
| तिष्ठसि | तिष्ठथः | तिष्ठथ | अतिष्ठः | अतिष्ठतम् | अतिष्ठत |
| तिष्ठामि | तिष्ठावः | तिष्ठामः | अतिष्ठम् | अतिष्ठाव | अतिष्ठाम |

| | | | | | |
|---|---|---|---|---|---|
| तिष्ठतु | तिष्ठताम् | तिष्ठन्तु | तिष्ठेत् -द् | तिष्ठेताम् | तिष्ठेयुः |
| तिष्ठ | तिष्ठतम् | तिष्ठत | तिष्ठेः | तिष्ठेतम् | तिष्ठेत |
| तिष्ठानि | तिष्ठाव | तिष्ठाम | तिष्ठेयम् | तिष्ठेव | तिष्ठेम |

| | | | | | |
|---|---|---|---|---|---|
| स्थास्यति | स्थास्यतः | स्थास्यन्ति | अस्थास्यत् -द् | अस्थास्यताम् | अस्थास्यन् |
| स्थास्यसि | स्थास्यथः | स्थास्यथ | अस्थास्यः | अस्थास्यतम् | अस्थास्यत |
| स्थास्यामि | स्थास्यावः | स्थास्यामः | अस्थास्यम् | अस्थास्याव | अस्थास्याम |

| | | | | | |
|---|---|---|---|---|---|
| स्थाता | स्थातारौ | स्थातारः | स्थेयात् -द् | स्थेयास्ताम् | स्थेयासुः |
| स्थातासि | स्थातास्थः | स्थातास्थ | स्थेयाः | स्थेयास्तम् | स्थेयास्त |
| स्थातास्मि | स्थातास्वः | स्थातास्मः | स्थेयासम् | स्थेयास्व | स्थेयास्म |

| | | | | | |
|---|---|---|---|---|---|
| तस्थौ | तस्थतुः | तस्थुः | अस्थात् -द् | अस्थाताम् | अस्थुः |
| तस्थिथ तस्थाथ | तस्थथुः | तस्थ | अस्थाः | अस्थातम् | अस्थात |
| तस्थौ | तस्थिव | तस्थिम | अस्थाम् | अस्थाव | अस्थाम |

**Atmanepadi Table** 1.3.23 प्रकाशनस्थेयाख्ययोश्च । 8.3.78 इणः षीध्वंलुङ्लिटां धोऽङ्गात् ।

| | | | | | |
|---|---|---|---|---|---|
| तिष्ठते | तिष्ठेते | तिष्ठन्ते | अतिष्ठत | अतिष्ठेताम् | अतिष्ठन्त |
| तिष्ठसे | तिष्ठेथे | तिष्ध्वेथ | अतिष्ठथाः | अतिष्ठेथाम् | अतिष्ठध्वम् |
| तिष्ठे | तिष्ठावहे | तिष्ठामहे | अतिष्ठे | अतिष्ठावहि | अतिष्ठामहि |

| | | | | | |
|---|---|---|---|---|---|
| तिष्ठताम् | तिष्ठेताम् | तिष्ठन्ताम् | तिष्ठेत | तिष्ठेयाताम् | तिष्ठेरन् |
| तिष्ठस्व | तिष्ठेथाम् | तिष्ठध्वम् | तिष्ठेथाः | तिष्ठेयाथाम् | तिष्ठेध्वम् |
| तिष्ठै | तिष्ठावहै | तिष्ठामहै | तिष्ठेय | तिष्ठेवहि | तिष्ठेमहि |

| | | | | | |
|---|---|---|---|---|---|
| स्थास्यते | स्थास्येते | स्थास्यन्ते | अस्थास्यत | अस्थास्येताम् | अस्थास्यन्त |
| स्थास्यसे | स्थास्येथे | स्थास्यध्वे | अस्थास्यथाः | अस्थास्येथाम् | अस्थास्यध्वम् |
| स्थास्ये | स्थास्यावहे | स्थास्यामहे | अस्थास्ये | अस्थास्यावहि | अस्थास्यामहि |

| | | | | | |
|---|---|---|---|---|---|
| स्थाता | स्थातारौ | स्थातारः | स्थासीष्ट | स्थासीयास्ताम् | स्थासीरन् |
| स्थातासे | स्थातासाथे | स्थाताध्वे | स्थासीष्ठाः | स्थारीयास्थाग् | स्थासीध्वम् |
| स्थाताहे | स्थातास्वहे | स्थातास्महे | स्थासीय | स्थासीवहि | स्थासीमहि |

| | | | | | |
|---|---|---|---|---|---|
| तस्थे | तस्थाते | तस्थिरे | अस्थित | अस्थिषाताम् | अस्थिषत |
| तस्थिषे | तस्थाथे | तस्थिध्वे | अस्थिथाः | अस्थिषाथाम् | अस्थिढ्वम् |
| तस्थे | तस्थिवहे | तस्थिमहे | अस्थिषि | अस्थिष्वहि | अस्थिष्महि |

929 **म्ना अभ्यासे** । **म्ना** । **म्ना** । **मनति** । P । **अनिट्** । **स०** । repeat, think, imagine 7.3.78 **पाघ्राध्मास्थाम्नादाण्दृश्यर्त्तिसर्त्तिशदसदां पिबजिघ्रधमतिष्ठमनयच्छपश्यर्च्छधौशीयसीदाः । इति मन शिति परतः ।**

| | | | | | |
|---|---|---|---|---|---|
| मनति | मनतः | मनन्ति | अमनत् -द् | अमनताम् | अमनन् |
| मनसि | मनथः | मनथ | अमनः | अमनतम् | अमनत |

| | | | | | |
|---|---|---|---|---|---|
| मनामि | मनावः | मनामः | अमनम् | अमनाव | अमनाम |

| | | | | | |
|---|---|---|---|---|---|
| मनतु | मनताम् | मनन्तु | मनेत् -द् | मनेताम् | मनेयुः |
| मन | मनतम् | मनत | मनेः | मनेतम् | मनेत |
| मनानि | मनाव | मनाम | मनेयम् | मनेव | मनेम |

| | | | | | |
|---|---|---|---|---|---|
| म्नास्यति | म्नास्यतः | म्नास्यन्ति | अम्नास्यत् -द् | अम्नास्यताम् | अम्नास्यन् |
| म्नास्यसि | म्नास्यथः | म्नास्यथ | अम्नास्यः | अम्नास्यतम् | अम्नास्यत |
| म्नास्यामि | म्नास्यावः | म्नास्यामः | अम्नास्यम् | अम्नास्याव | अम्नास्याम |

| | | | | | |
|---|---|---|---|---|---|
| म्नाता | म्नातारौ | म्नातारः | म्नायात् -द् | म्नायास्ताम् | म्नायासुः |
| | | | म्नेयात् -द् | म्नेयास्ताम् | म्नेयासुः |
| म्नातासि | म्नातास्थः | म्नातास्थ | म्नायाः | म्नायास्तम् | म्नायास्त |
| | | | म्नेयाः | म्नेयास्तम् | म्नेयास्त |
| म्नातास्मि | म्नातास्वः | म्नातास्मः | म्नायासम् | म्नायास्व | म्नायास्म |
| | | | म्नेयासम् | म्नेयास्व | म्नेयास्म |

| | | | | | |
|---|---|---|---|---|---|
| मम्नौ | मम्नतुः | मम्नुः | अम्नासीत् -द् | अम्नासिष्टाम् | अम्नासिषुः |
| मम्निथ मम्नाथ | मम्नथुः | मम्न | अम्नासीः | अम्नासिष्टम् | अम्नासिष्ट |
| मम्नौ | मम्निव | मम्निम | अम्नासिषम् | अम्नासिष्व | अम्नासिष्म |

930 दाण् दाने । दा॒ण् । दा । यच्छति । P । अनिट् । स० । give 7.3.78 **पाघ्रा०। इति यच्छ शिति परतः।**
6.4.67 8.2.29 2.4.77 **गातिस्थाघुपाभूभ्यः सिचः परस्मैपदेषु ।**

| | | | | | |
|---|---|---|---|---|---|
| यच्छति | यच्छतः | यच्छन्ति | अयच्छत् -द् | अयच्छताम् | अयच्छन् |
| यच्छसि | यच्छथः | यच्छथ | अयच्छः | अयच्छतम् | अयच्छत |
| यच्छामि | यच्छावः | यच्छामः | अयच्छम् | अयच्छाव | अयच्छाम |

| | | | | | |
|---|---|---|---|---|---|
| यच्छतु | यच्छताम् | यच्छन्तु | यच्छेत् -द् | यच्छेताम् | यच्छेयुः |
| यच्छ | यच्छतम् | यच्छत | यच्छेः | यच्छेतम् | यच्छेत |
| यच्छानि | यच्छाव | यच्छाम | यच्छेयम् | यच्छेव | यच्छेम |

| | | | | | |
|---|---|---|---|---|---|
| दास्यति | दास्यतः | दास्यन्ति | अदास्यत् -द् | अदास्यताम् | अदास्यन् |
| दास्यसि | दास्यथः | दास्यथ | अदास्यः | अदास्यतम् | अदास्यत |
| दास्यामि | दास्यावः | दास्यामः | अदास्यम् | अदास्याव | अदास्याम |

| | | | | | |
|---|---|---|---|---|---|
| दाता | दातारौ | दातारः | देयात् -द् | देयास्ताम् | देयासुः |
| दातासि | दातास्थः | दातास्थ | देयाः | देयास्तम् | देयास्त |
| दातास्मि | दातास्वः | दातास्मः | देयासम् | देयास्व | देयास्म |

| | | | | | |
|---|---|---|---|---|---|
| ददौ | ददतुः | ददुः | अदात् -द् | अदाताम् | अदुः |
| ददिथ ददाथ | ददथुः | दद | अदाः | अदातम् | अदात |

| | | | | | |
|---|---|---|---|---|---|
| ददौ | ददिव | ददिम | अदाम् | अदाव | अदाम |

## 931 Parasmaipada Roots ending in ॠ । 7.2.70 ऋद्धनोः स्ये । लृटि इट् ।

931 ह्वृ कौटिल्ये । ह्वॄ । ह्वृ । ह्वरति । P । अनिट् । अ० । be crooked, move falsely
7.2.31 ह्रु ह्वरेश्छन्दसि । 7.2.32 अपरिह्वृताश्च । 7.2.33 सोमे ह्वरितः । Vedic usages
7.2.70 ऋद्धनोः स्ये । लृट् लृङ् इट् । गुणोऽर्तिसंयोगाद्योः । इति आशीर्लिङ् गुणः । 7.2.1 सिचि वृद्धिः परस्मैपदेषु

| | | | | | |
|---|---|---|---|---|---|
| ह्वरति | ह्वरतः | ह्वरन्ति | अह्वरत् -द् | अह्वरताम् | अह्वरन् |
| ह्वरसि | ह्वरथः | ह्वरथ | अह्वरः | अह्वरतम् | अह्वरत |
| ह्वरामि | ह्वरावः | ह्वरामः | अह्वरम् | अह्वराव | अह्वराम |
| | | | | | |
| ह्वरतु -तात् -द् | ह्वरताम् | ह्वरन्तु | ह्वरेत् -द् | ह्वरेताम् | ह्वरेयुः |
| ह्वर -तात् -द् | ह्वरतम् | ह्वरत | ह्वरेः | ह्वरेतम् | ह्वरेत |
| ह्वराणि | ह्वराव | ह्वराम | ह्वरेयम् | ह्वरेव | ह्वरेम |
| | | | | | |
| ह्वरिष्यति | ह्वरिष्यतः | ह्वरिष्यन्ति | अह्वरिष्यत् -द् | अह्वरिष्यताम् | अह्वरिष्यन् |
| ह्वरिष्यसि | ह्वरिष्यथः | ह्वरिष्यथ | अह्वरिष्यः | अह्वरिष्यतम् | अह्वरिष्यत |
| ह्वरिष्यामि | ह्वरिष्यावः | ह्वरिष्यामः | अह्वरिष्यम् | अह्वरिष्याव | अह्वरिष्याम |
| | | | | | |
| ह्वर्ता | ह्वर्तारौ | ह्वर्तारः | ह्वर्यात् -द् | ह्वर्यास्ताम् | ह्वर्यासुः |
| ह्वर्तासि | ह्वर्तास्थः | ह्वर्तास्थ | ह्वर्याः | ह्वर्यास्तम् | ह्वर्यास्त |
| ह्वर्तास्मि | ह्वर्तास्वः | ह्वर्तास्मः | ह्वर्यासम् | ह्वर्यास्व | ह्वर्यास्म |
| | | | | | |
| जह्वार | जह्वरतुः | जह्वरुः | अह्वार्षीत् -द् | अह्वार्ष्टाम् | अह्वार्षुः |
| जह्वर्थ | जह्वरथुः | जह्वर | अह्वार्षीः | अह्वार्ष्टम् | अह्वार्ष्ट |
| जह्वार जह्वर | जह्वरिव | जह्वरिम | अह्वार्षम् | अह्वार्ष्व | अह्वार्ष्म |

932 स्वृ शब्दोपतापयोः । स्वॄ । स्वृ । स्वरति । P । वेट् । अ० । sound, be sick, trouble
7.2.44 स्वरतिसूतिसूयतिधूञूदितो वा । इति वेट् । 7.2.70 ऋद्धनोः स्ये ।

| | | | | | |
|---|---|---|---|---|---|
| स्वरति | स्वरतः | स्वरन्ति | अस्वरत् -द् | अस्वरताम् | अस्वरन् |
| स्वरसि | स्वरथः | स्वरथ | अस्वरः | अस्वरतम् | अस्वरत |
| स्वरामि | स्वरावः | स्वरामः | अस्वरम् | अस्वराव | अस्वराम |
| | | | | | |
| स्वरतु | स्वरताम् | स्वरन्तु | स्वरेत् -द् | स्वरेताम् | स्वरेयुः |
| स्वर | स्वरतम् | स्वरत | स्वरेः | स्वरेतम् | स्वरेत |
| स्वराणि | स्वराव | स्वराम | स्वरेयम् | स्वरेव | स्वरेम |
| | | | | | |
| स्वरिष्यति | स्वरिष्यतः | स्वरिष्यन्ति | अस्वरिष्यत् -द् | अस्वरिष्यताम् | अस्वरिष्यन् |

| | | | | | |
|---|---|---|---|---|---|
| स्वरिष्यसि | स्वरिष्यथः | स्वरिष्यथ | अस्वरिष्यः | अस्वरिष्यतम् | अस्वरिष्यत |
| स्वरिष्यामि | स्वरिष्यावः | स्वरिष्यामः | अस्वरिष्यम् | अस्वरिष्याव | अस्वरिष्याम |

| | | | | | |
|---|---|---|---|---|---|
| स्वरिता | स्वरितारौ | स्वरितारः | स्वर्यात् -द् | स्वर्यास्ताम् | स्वर्यासुः |
| स्वर्ता | स्वर्तारौ | स्वर्तारः | | | |
| स्वरितासि | स्वरितास्थः | स्वरितास्थ | स्वर्याः | स्वर्यास्तम् | स्वर्यास्त |
| स्वर्तासि | स्वर्तास्थः | स्वर्तास्थ | | | |
| स्वरितास्मि | स्वरितास्वः | स्वरितास्मः | स्वर्यासम् | स्वर्यास्व | स्वर्यास्म |
| स्वर्तास्मि | स्वर्तास्वः | स्वर्तास्मः | | | |

| | | | | | |
|---|---|---|---|---|---|
| सस्वार | सस्वरतुः | सस्वरुः | अस्वार्षीत् -द् | अस्वारिष्टाम् | अस्वारिषुः |
| | | | अस्वारीत् -द् | अस्वार्ष्टाम् | अस्वार्षुः |
| सस्वरिथ सस्वर्थ | सस्वरथुः | सस्वर | अस्वार्षीः | अस्वारिष्टम् | अस्वारिष्ट |
| | | | अस्वारीः | अस्वार्ष्टम् | अस्वार्ष्ट |
| सस्वार सस्वर | सस्वरिव | सस्वरिम | अस्वारिषम् | अस्वारिष्व | अस्वारिष्म |
| | | | अस्वार्षम् | अस्वार्ष्व | अस्वार्ष्म |

933 **स्मृ चिन्तायाम् । स्मृ॒ । स्मृ । स्मरति । स्मारयति-ते ।** P । **अनिट् । स० ।** reflect, contemplate, think, remember. See Root 807 **स्मृ आध्याने ।**

7.2.70 **ऋद्धनोः स्ये । ऋकारान्तानां धातूनां हन्तेश्च स्ये इडागमः ।** 7.4.29 **गुणोऽर्तिसंयोगाद्योः । गुणः भवति अर्तेः संयोगादीनाम् ऋकारान्तानां यकि परतः लिङि च यकारादौ असार्वधातुके ।** 7.2.1 **सिचि वृद्धिः परस्मैपदेषु ।**

| | | | | | |
|---|---|---|---|---|---|
| स्मरति | स्मरतः | स्मरन्ति | अस्मरत् -द् | अस्मरताम् | अस्मरन् |
| स्मरसि | स्मरथः | स्मरथ | अस्मरः | अस्मरतम् | अस्मरत |
| स्मरामि | स्मरावः | स्मरामः | अस्मरम् | अस्मराव | अस्मराम |

| | | | | | |
|---|---|---|---|---|---|
| स्मरतु | स्मरताम् | स्मरन्तु | स्मरेत् -द् | स्मरेताम् | स्मरेयुः |
| स्मर | स्मरतम् | स्मरत | स्मरेः | स्मरेतम् | स्मरेत |
| स्मराणि | स्मराव | स्मराम | स्मरेयम् | स्मरेव | स्मरेम |

| | | | | | |
|---|---|---|---|---|---|
| स्मरिष्यति | स्मरिष्यतः | स्मरिष्यन्ति | अस्मरिष्यत् -द् | अस्मरिष्यताम् | अस्मरिष्यन् |
| स्मरिष्यसि | स्मरिष्यथः | स्मरिष्यथ | अस्मरिष्यः | अस्मरिष्यतम् | अस्मरिष्यत |
| स्मरिष्यामि | स्मरिष्यावः | स्मरिष्यामः | अस्मरिष्यम् | अस्मरिष्याव | अस्मरिष्याम |

| | | | | | |
|---|---|---|---|---|---|
| स्मर्ता | स्मर्तारौ | स्मर्तारः | स्मर्यात् -द् | स्मर्यास्ताम् | स्मर्यासुः |
| स्मर्तासि | स्मर्तास्थः | स्मर्तास्थ | स्मर्याः | स्मर्यास्तम् | स्मर्यास्त |
| स्मर्तास्मि | स्मर्तास्वः | स्मर्तास्मः | स्मर्यासम् | स्मर्यास्व | स्मर्यास्म |

| | | | | | |
|---|---|---|---|---|---|
| सस्मार | सस्मरतुः | सस्मरुः | अस्मार्षीत् -द् | अस्मार्ष्टाम् | अस्मार्षुः |
| सस्मरिथ | सस्मरथुः | सस्मर | अस्मार्षीः | अस्मार्ष्टम् | अस्मार्ष्ट |
| सस्मार सस्मर | सस्मरिव | सस्मरिम | अस्मार्षम् | अस्मार्ष्व | अस्मार्ष्म |

934 **ह्वृ संवरणे । क्वचित् तु वृ इति पाठः । ह्वृ॒ । ह्वृ । ह्वरति ।** P । **अनिट् । स० ।** cover, wrap, put lid

Sutras 7.2.31, 7.2.32, 7.2.33 Vedic apply for Root 931 ह्वृ **कौटिल्ये** , not in this meaning. However its forms are identical in the 10 Lakaras to 931 ह्वृ ।

| | | | | | |
|---|---|---|---|---|---|
| ह्वरति | ह्वरतः | ह्वरन्ति | अह्वरत् -द् | अह्वरताम् | अह्वरन् |
| ह्वरसि | ह्वरथः | ह्वरथ | अह्वरः | अह्वरतम् | अह्वरत |
| ह्वरामि | ह्वरावः | ह्वरामः | अह्वरम् | अह्वराव | अह्वराम |

| | | | | | |
|---|---|---|---|---|---|
| ह्वरतु | ह्वरताम् | ह्वरन्तु | ह्वरेत् -द् | ह्वरेताम् | ह्वरेयुः |
| ह्वर | ह्वरतम् | ह्वरत | ह्वरेः | ह्वरेतम् | ह्वरेत |
| ह्वराणि | ह्वराव | ह्वराम | ह्वरेयम् | ह्वरेव | ह्वरेम |

| | | | | | |
|---|---|---|---|---|---|
| ह्वरिष्यति | ह्वरिष्यतः | ह्वरिष्यन्ति | अह्वरिष्यत् -द् | अह्वरिष्यताम् | अह्वरिष्यन् |
| ह्वरिष्यसि | ह्वरिष्यथः | ह्वरिष्यथ | अह्वरिष्यः | अह्वरिष्यतम् | अह्वरिष्यत |
| ह्वरिष्यामि | ह्वरिष्यावः | ह्वरिष्यामः | अह्वरिष्यम् | अह्वरिष्याव | अह्वरिष्याम |

| | | | | | |
|---|---|---|---|---|---|
| ह्वर्ता | ह्वर्तारौ | ह्वर्तारः | ह्वर्यात् -द् | ह्वर्यास्ताम् | ह्वर्यासुः |
| ह्वर्तासि | ह्वर्तास्थः | ह्वर्तास्थ | ह्वर्याः | ह्वर्यास्तम् | ह्वर्यास्त |
| ह्वर्तास्मि | ह्वर्तास्वः | ह्वर्तास्मः | ह्वर्यासम् | ह्वर्यास्व | ह्वर्यास्म |

| | | | | | |
|---|---|---|---|---|---|
| जह्वार | जह्वरतुः | जह्वरुः | अह्वार्षीत् -द् | अह्वार्ष्टाम् | अह्वार्षुः |
| जह्वर्थ | जह्वरथुः | जह्वर | अह्वार्षीः | अह्वार्ष्टम् | अह्वार्ष्ट |
| जह्वार जह्वर | जह्वरिव | जह्वरिम | अह्वार्षम् | अह्वार्ष्व | अह्वार्ष्म |

935 सृ **गतौ** । सृ । सृ । सरति / धावति । P । अनिट् । स०* । go, move, slither, flow, run away

| | | | | | |
|---|---|---|---|---|---|
| सरति | सरतः | सरन्ति | असरत् -द् | असरताम् | असरन् |
| सरसि | सरथः | सरथ | असरः | असरतम् | असरत |
| सरामि | सरावः | सरामः | असरम् | असराव | असराम |

| | | | | | |
|---|---|---|---|---|---|
| सरतु | सरताम् | सरन्तु | सरेत् -द् | सरेताम् | सरेयुः |
| सर | सरतम् | सरत | सरेः | रारेतग् | सरेत |
| सराणि | सराव | सराम | सरेयम् | सरेव | सरेम |

| | | | | | |
|---|---|---|---|---|---|
| सरिष्यति | सरिष्यतः | सरिष्यन्ति | असरिष्यत् -द् | असरिष्यताम् | असरिष्यन् |
| सरिष्यसि | सरिष्यथः | सरिष्यथ | असरिष्यः | असरिष्यतम् | असरिष्यत |
| सरिष्यामि | सरिष्यावः | सरिष्यामः | असरिष्यम् | असरिष्याव | असरिष्याम |

| | | | | | |
|---|---|---|---|---|---|
| सर्ता | सर्तारौ | सर्तारः | स्रियात् -द् | स्रियास्ताम् | स्रियासुः |
| सर्तासि | सर्तास्थः | सर्तास्थ | स्रियाः | स्रियास्तम् | स्रियास्त |
| सर्तास्मि | सर्तास्वः | सर्तास्मः | स्रियासम् | स्रियास्व | स्रियास्म |

| | | | | | |
|---|---|---|---|---|---|
| ससार | सस्रतुः | सस्रुः | असार्षीत् -द् | असार्ष्टाम् | असार्षुः |

| | | | | | |
|---|---|---|---|---|---|
| ससर्थ | सस्रथुः | सस्र | असार्षीः | असार्ष्टम् | असार्ष्ट |
| ससार ससर | ससृव | ससृम | असार्षम् | असार्ष्व | असार्ष्म |

सृ गतौ । वा० शीघ्रगत्यर्थे तु 7.3.78 पा–घ्रा–ध्मा–स्था–म्ना–दाण्–दृशि–अर्ति–सर्ति–शद–सदां पिब–जिघ्र–धम–तिष्ठ–मन–यच्छ–पश्य–ऋच्छ–धौ–शीय–सीदाः , इति धौ शिति परतः ।

| | | | | | |
|---|---|---|---|---|---|
| धावति | धावतः | धावन्ति | अधावत् -द् | अधावताम् | अधावन् |
| धावसि | धावथः | धावथ | अधावः | अधावतम् | अधावत |
| धावामि | धावावः | धावामः | अधावम् | अधावाव | अधावाम |

| | | | | | |
|---|---|---|---|---|---|
| धावतु | धावताम् | धावन्तु | धावेत् -द् | धावेताम् | धावेयुः |
| धाव | धावतम् | धावत | धावेः | धावेतम् | धावेत |
| धावानि | धावाव | धावाम | धावेयम् | धावेव | धावेम |

936 ऋ गतिप्रापणयोः । ऋ॒ । ऋ । ऋच्छति । P । अनिट् । स० । go, get 7.3.78 इति ऋच्छ शिति । 8.4.65 झरो झरि सवर्णे । इति चकारस्य लोपः वा । र् च् छ् ।

| | | | | | |
|---|---|---|---|---|---|
| ऋच्छति | ऋच्छतः | ऋच्छन्ति | आर्च्छत् -द् | आर्च्छताम् | आर्च्छन् |
| | | | आर्छत् -द् | आर्छताम् | आर्छन् |
| ऋच्छसि | ऋच्छथः | ऋच्छथ | आर्च्छः | आर्च्छतम् | आर्च्छत |
| | | | आर्छः | आर्छतम | आर्छत |
| ऋच्छामि | ऋच्छावः | ऋच्छामः | आर्च्छम् | आर्च्छाव | आर्च्छाम |
| | | | आर्छम् | आर्छाव | आर्छाम |

| | | | | | |
|---|---|---|---|---|---|
| ऋच्छतु | ऋच्छताम् | ऋच्छन्तु | ऋच्छेत् -द् | ऋच्छेताम् | ऋच्छेयुः |
| ऋच्छ | ऋच्छतम् | ऋच्छत | ऋच्छेः | ऋच्छेतम् | ऋच्छेत |
| ऋच्छानि | ऋच्छाव | ऋच्छाम | ऋच्छेयम् | ऋच्छेव | ऋच्छेम |

| | | | | | |
|---|---|---|---|---|---|
| अरिष्यति | अरिष्यतः | अरिष्यन्ति | आरिष्यत् -द् | आरिष्यताम् | आरिष्यन् |
| अरिष्यसि | अरिष्यथः | अरिष्यथ | आरिष्यः | आरिष्यतम् | आरिष्यत |
| अरिष्यामि | अरिष्यावः | अरिष्यामः | आरिष्यम् | आरिष्याव | आरिष्याम |

| | | | | | |
|---|---|---|---|---|---|
| अर्ता | अर्तारौ | अर्तारः | अर्यात् -द् | अर्यास्ताम् | अर्यासुः |
| अर्तासि | अर्तास्थः | अर्तास्थ | अर्याः | अर्यास्तम् | अर्यास्त |
| अर्तास्मि | अर्तास्वः | अर्तास्मः | अर्यासम् | अर्यास्व | अर्यास्म |

| | | | | | |
|---|---|---|---|---|---|
| आर | आरतुः | आरुः | आर्षीत् -द् | आर्ष्टाम् | आर्षुः |
| आरिथ | आरथुः | आर | आर्षीः | आर्ष्टम् | आर्ष्ट |
| आर | आरिव | आरिम | आर्षम् | आर्ष्व | आर्ष्म |

937 गृ सेचने । गृ॒ । गृ । गरति । P । अनिट् । स० । sprinkle, moisten, make wet 7.4.28 रिङ् शयग्लिङ्क्षु ।

| | | | | | |
|---|---|---|---|---|---|
| गरति | गरतः | गरन्ति | अगरत् -द् | अगरताम् | अगरन् |
| गरसि | गरथः | गरथ | अगरः | अगरतम् | अगरत |
| गरामि | गरावः | गरामः | अगरम् | अगराव | अगराम |

| | | | | | |
|---|---|---|---|---|---|
| गरतु | गरताम् | गरन्तु | गरेत् -द् | गरेताम् | गरेयुः |
| गर | गरतम् | गरत | गरेः | गरेतम् | गरेत |
| गराणि | गराव | गराम | गरेयम् | गरेव | गरेम |

| | | | | | |
|---|---|---|---|---|---|
| गरिष्यति | गरिष्यतः | गरिष्यन्ति | अगरिष्यत् -द् | अगरिष्यताम् | अगरिष्यन् |
| गरिष्यसि | गरिष्यथः | गरिष्यथ | अगरिष्यः | अगरिष्यतम् | अगरिष्यत |
| गरिष्यामि | गरिष्यावः | गरिष्यामः | अगरिष्यम् | अगरिष्याव | अगरिष्याम |

| | | | | | |
|---|---|---|---|---|---|
| गर्ता | गर्तारौ | गर्तारः | ग्रियात् -द् | ग्रियास्ताम् | ग्रियासुः |
| गर्तासि | गर्तास्थः | गर्तास्थ | ग्रियाः | ग्रियास्तम् | ग्रियास्त |
| गर्तास्मि | गर्तास्वः | गर्तास्मः | ग्रियासम् | ग्रियास्व | ग्रियास्म |

| | | | | | |
|---|---|---|---|---|---|
| जगार | जग्रतुः | जग्रुः | अगार्षीत् -द् | अगार्ष्टाम् | अगार्षुः |
| जगर्थ | जग्रथुः | जग्र | अगार्षीः | अगार्ष्टम् | अगार्ष्ट |
| जगार जगर | जग्रिव | जग्रिम | अगार्षम् | अगार्ष्व | अगार्ष्म |

938 **घृ सेचने** । **घृ॒** । **घृ** । **घरति** । P । **अनिट्** । **स०** । sprinkle, irrigate, make wet

| | | | | | |
|---|---|---|---|---|---|
| धरति | धरतः | धरन्ति | अधरत् -द् | अधरताम् | अधरन् |
| धरसि | धरथः | धरथ | अधरः | अधरतम् | अधरत |
| धरामि | धरावः | धरामः | अधरम् | अधराव | अधराम |

| | | | | | |
|---|---|---|---|---|---|
| धरतु | धरताम् | धरन्तु | धरेत् -द् | धरेताम् | धरेयुः |
| धर | धरतम् | धरत | धरेः | धरेतम् | धरेत |
| धराणि | धराव | धराम | धरेयम् | धरेव | धरेम |

| | | | | | |
|---|---|---|---|---|---|
| धरिष्यति | धरिष्यतः | धरिष्यन्ति | अघरिष्यत् -द् | अघरिष्यताम् | अघरिष्यन् |
| धरिष्यसि | धरिष्यथः | धरिष्यथ | अघरिष्यः | अघरिष्यतम् | अघरिष्यत |
| धरिष्यामि | धरिष्यावः | धरिष्यामः | अघरिष्यम् | अघरिष्याव | अघरिष्याम |

| | | | | | |
|---|---|---|---|---|---|
| घर्ता | घर्तारौ | घर्तारः | घ्रियात् -द् | घ्रियास्ताम् | घ्रियासुः |
| घर्तासि | घर्तास्थः | घर्तास्थ | घ्रियाः | घ्रियास्तम् | घ्रियास्त |
| घर्तास्मि | घर्तास्वः | घर्तास्मः | घ्रियासम् | घ्रियास्व | घ्रियास्म |

| | | | | | |
|---|---|---|---|---|---|
| जघार | जघ्रतुः | जघ्रुः | अघार्षीत् -द् | अघार्ष्टाम् | अघार्षुः |
| जघर्थ | जघ्रथुः | जघ्र | अघार्षीः | अघार्ष्टम् | अघार्ष्ट |
| जघार जघर | जघ्रिव | जघ्रिम | अघार्षम् | अघार्ष्व | अघार्ष्म |

939 **ध्वृ हूर्च्छने** । **ध्वृ॒** । **ध्वृ** । **ध्वरति** । P । **अनिट्** । **अ०** । bend, hurt, describe

| | | | | | |
|---|---|---|---|---|---|
| ध्वरति | ध्वरतः | ध्वरन्ति | अध्वरत् -द् | अध्वरताम् | अध्वरन् |
| ध्वरसि | ध्वरथः | ध्वरथ | अध्वरः | अध्वरतम् | अध्वरत |
| ध्वरामि | ध्वरावः | ध्वरामः | अध्वरम् | अध्वराव | अध्वराम |

| | | | | | |
|---|---|---|---|---|---|
| ध्वरतु | ध्वरताम् | ध्वरन्तु | ध्वरेत् -द् | ध्वरेताम् | ध्वरेयुः |
| ध्वर | ध्वरतम् | ध्वरत | ध्वरेः | ध्वरेतम् | ध्वरेत |
| ध्वराणि | ध्वराव | ध्वराम | ध्वरेयम् | ध्वरेव | ध्वरेम |

| | | | | | |
|---|---|---|---|---|---|
| ध्वरिष्यति | ध्वरिष्यतः | ध्वरिष्यन्ति | अध्वरिष्यत् -द् | अध्वरिष्यताम् | अध्वरिष्यन् |
| ध्वरिष्यसि | ध्वरिष्यथः | ध्वरिष्यथ | अध्वरिष्यः | अध्वरिष्यतम् | अध्वरिष्यत |
| ध्वरिष्यामि | ध्वरिष्यावः | ध्वरिष्यामः | अध्वरिष्यम् | अध्वरिष्याव | अध्वरिष्याम |

| | | | | | |
|---|---|---|---|---|---|
| ध्वर्ता | ध्वर्तारौ | ध्वर्तारः | ध्वर्यात् -द् | ध्वर्यास्ताम् | ध्वर्यासुः |
| ध्वर्तासि | ध्वर्तास्थः | ध्वर्तास्थ | ध्वर्याः | ध्वर्यास्तम् | ध्वर्यास्त |
| ध्वर्तास्मि | ध्वर्तास्वः | ध्वर्तास्मः | ध्वर्यासम् | ध्वर्यास्व | ध्वर्यास्म |

| | | | | | |
|---|---|---|---|---|---|
| दध्वार | दध्वरतुः | दध्वरुः | अध्वार्षीत् -द् | अध्वार्ष्टाम् | अध्वार्षुः |
| दध्वर्थ | दध्वरथुः | दध्वर | अध्वार्षीः | अध्वार्ष्टम् | अध्वार्ष्ट |
| दध्वार दध्वर | दध्वरिव | दध्वरिम | अध्वार्षम् | अध्वार्ष्व | अध्वार्ष्म |

## 940 Parasmaipada Roots ending in उ । 3.1.33 स्यतासी लृलुटोः ।

940 **स्रु गतौ** । स्रु॒ । **स्रु** । **स्रवति** । P । **अनिट्** । **स०** । flow, trickle, move

7.2.3 **कृसृभृवृस्तुद्रुस्रुश्रुवो लिटि** । 7.4.25 **अकृत्सार्वधातुकयोर्दीर्घः** । 3.1.48 **णिश्रिद्रुस्रुभ्यः कर्तरि चङ्** । 6.1.11 **चङि** । 6.4.77 **अचि श्नुधातुभ्रुवां य्वोरियङुवङौ** ।

| | | | | | |
|---|---|---|---|---|---|
| स्रवति | स्रवतः | स्रवन्ति | अस्रवत् -द् | अस्रवताम् | अस्रवन् |
| स्रवसि | स्रवथः | स्रवथ | अस्रवः | अस्रवतम् | अस्रवत |
| स्रवामि | स्रवावः | स्रवामः | अस्रवम् | अस्रवाव | अस्रवाम |

| | | | | | |
|---|---|---|---|---|---|
| स्रवतु -तात् -द् | स्रवताम् | स्रवन्तु | स्रवेत् -द् | स्रवेताम् | स्रवेयुः |
| स्रव -तात् -द् | स्रवतम् | स्रवत | स्रवेः | स्रवेतम् | स्रवेत |
| स्रवाणि | स्रवाव | स्रवाम | स्रवेयम् | स्रवेव | स्रवेम |

| | | | | | |
|---|---|---|---|---|---|
| स्रोष्यति | स्रोष्यतः | स्रोष्यन्ति | अस्रोष्यत् -द् | अस्रोष्यताम् | अस्रोष्यन् |
| स्रोष्यसि | स्रोष्यथः | स्रोष्यथ | अस्रोष्यः | अस्रोष्यतम् | अस्रोष्यत |
| स्रोष्यामि | स्रोष्यावः | स्रोष्यामः | अस्रोष्यम् | अस्रोष्याव | अस्रोष्याम |

| | | | | | |
|---|---|---|---|---|---|
| स्रोता | स्रोतारौ | स्रोतारः | स्रूयात् -द् | स्रूयास्ताम् | स्रूयासुः |
| स्रोतासि | स्रोतास्थः | स्रोतास्थ | स्रूयाः | स्रूयास्तम् | स्रूयास्त |
| स्रोतास्मि | स्रोतास्वः | स्रोतास्मः | स्रूयासम् | स्रूयास्व | स्रूयास्म |

| | | | | | |
|---|---|---|---|---|---|
| सुस्राव | सुस्रुवतुः | सुस्रुवुः | असुस्रुवत् -द् | असुस्रुवताम् | असुस्रुवन् |
| सुस्रोथ | सुस्रुवथुः | सुस्रुव | असुस्रुवः | असुस्रुवतम् | असुस्रुवत |
| सुस्राव सुस्रव | सुस्रुव | सुस्रुम | असुस्रुवम् | असुस्रुवाव | असुस्रुवाम |

941 **षु प्रसवैश्वर्ययोः** । **षु** । **सु** । **सवति** । P । **अनिट्** । **स०*** । produce, conceive 7.2.1

| | | | | | |
|---|---|---|---|---|---|
| सवति | सवतः | सवन्ति | असवत् -द् | असवताम् | असवन् |
| सवसि | सवथः | सवथ | असवः | असवतम् | असवत |
| सवामि | सवावः | सवामः | असवम् | असवाव | असवाम |

| | | | | | |
|---|---|---|---|---|---|
| सवतु | सवताम् | सवन्तु | सवेत् -द् | सवेताम् | सवेयुः |
| सव | सवतम् | सवत | सवेः | सवेतम् | सवेत |
| सवानि | सवाव | सवाम | सवेयम् | सवेव | सवेम |

| | | | | | |
|---|---|---|---|---|---|
| सोष्यति | सोष्यतः | सोष्यन्ति | असोष्यत् -द् | असोष्यताम् | असोष्यन् |
| सोष्यसि | सोष्यथः | सोष्यथ | असोष्यः | असोष्यतम् | असोष्यत |
| सोष्यामि | सोष्यावः | सोष्यामः | असोष्यम् | असोष्याव | असोष्याम |

| | | | | | |
|---|---|---|---|---|---|
| सोता | सोतारौ | सोतारः | सूयात् -द् | सूयास्ताम् | सूयासुः |
| सोतासि | सोतास्थः | सोतास्थ | सूयाः | सूयास्तम् | सूयास्त |
| सोतास्मि | सोतास्वः | सोतास्मः | सूयासम् | सूयास्व | सूयास्म |

| | | | | | |
|---|---|---|---|---|---|
| सुषाव | सुषुवतुः | सुषुवुः | असौषीत् -द् | असौष्टाम् | असौषुः |
| सुषविथ सुषोथ | सुषुवथुः | सुषुव | असौषीः | असौष्टम् | असौष्ट |
| सुषाव सुषव | सुषुविव | सुषुविम | असौषम् | असौष्व | असौष्म |

942 **श्रु श्रवणे** । **श्रु** । **श्रु** । **शृणोति** । P । **अनिट्** । **स०** । listen, hear, be attentive.
3.1.74 **श्रुवः शृ च** । **इति शप् परतः** । 3.1.73 **स्वादिभ्यः श्नुः , इति श्नु विकरणः** । Conjugates as a 5c Root.
7.2.3 **कृसृभृवृस्तुद्रुस्रुश्रुवो लिटि** ।

| | | | | | |
|---|---|---|---|---|---|
| शृणोति | शृणुतः | शृण्वन्ति | अशृणोत् -द् | अशृणुताम् | अशृण्वन् |
| शृणोषि | शृणुथः | शृणुथ | अशृणोः | अशृणुतम् | अशृणुत |
| शृणोमि | शृणुवः , शृण्वः | शृणुमः , शृण्मः | अशृणवम् | अशृणुव अशृण्व | अशृणुम अशृण्म |

| | | | | | |
|---|---|---|---|---|---|
| शृणोतु | शृणुताम् | शृण्वन्तु | शृणुयात् -द् | शृणुयाताम् | शृणुयुः |
| शृणु | शृणुतम् | शृणुत | शृणुयाः | शृणुयातम् | शृणुयात |
| शृणवानि | शृणवाव | शृणवाम | शृणुयाम् | शृणुयाव | शृणुयाम |

| | | | | | |
|---|---|---|---|---|---|
| श्रोष्यति | श्रोष्यतः | श्रोष्यन्ति | अश्रोष्यत् -द् | अश्रोष्यताम् | अश्रोष्यन् |
| श्रोष्यसि | श्रोष्यथः | श्रोष्यथ | अश्रोष्यः | अश्रोष्यतम् | अश्रोष्यत |
| श्रोष्यामि | श्रोष्यावः | श्रोष्यामः | अश्रोष्यम् | अश्रोष्याव | अश्रोष्याम |

| | | | | | |
|---|---|---|---|---|---|
| श्रोता | श्रोतारौ | श्रोतारः | श्रूयात् -द् | श्रूयास्ताम् | श्रूयासुः |
| श्रोतासि | श्रोतास्थः | श्रोतास्थ | श्रूयाः | श्रूयास्तम् | श्रूयास्त |

| | | | | | |
|---|---|---|---|---|---|
| श्रोतास्मि | श्रोतास्वः | श्रोतास्मः | श्रूयासम् | श्रूयास्व | श्रूयास्म |

| | | | | | |
|---|---|---|---|---|---|
| शुश्राव | शुश्रुवतुः | शुश्रुवुः | अश्रौषीत् -द् | अश्रौष्टाम् | अश्रौषुः |
| शुश्रोथ | शुश्रुवथुः | शुश्रुव | अश्रौषीः | अश्रौष्टम् | अश्रौष्ट |
| शुश्राव शुश्रव | शुश्रुव | शुश्रुम | अश्रौषम् | अश्रौष्व | अश्रौष्म |

**943 ध्रु स्थैर्ये । ध्रु । ध्रु । ध्रवति । P । अनिट् । अ० । be firm**

| | | | | | |
|---|---|---|---|---|---|
| ध्रवति | ध्रवतः | ध्रवन्ति | अध्रवत् -द् | अध्रवताम् | अध्रवन् |
| ध्रवसि | ध्रवथः | ध्रवथ | अध्रवः | अध्रवतम् | अध्रवत |
| ध्रवामि | ध्रवावः | ध्रवामः | अध्रवम् | अध्रवाव | अध्रवाम |

| | | | | | |
|---|---|---|---|---|---|
| ध्रवतु | ध्रवताम् | ध्रवन्तु | ध्रवेत् -द् | ध्रवेताम् | ध्रवेयुः |
| ध्रव | ध्रवतम् | ध्रवत | ध्रवेः | ध्रवेतम् | ध्रवेत |
| ध्रवाणि | ध्रवाव | ध्रवाम | ध्रवेयम् | ध्रवेव | ध्रवेम |

| | | | | | |
|---|---|---|---|---|---|
| ध्रोष्यति | ध्रोष्यतः | ध्रोष्यन्ति | अध्रोष्यत् -द् | अध्रोष्यताम् | अध्रोष्यन् |
| ध्रोष्यसि | ध्रोष्यथः | ध्रोष्यथ | अध्रोष्यः | अध्रोष्यतम् | अध्रोष्यत |
| ध्रोष्यामि | ध्रोष्यावः | ध्रोष्यामः | अध्रोष्यम् | अध्रोष्याव | अध्रोष्याम |

| | | | | | |
|---|---|---|---|---|---|
| ध्रोता | ध्रोतारौ | ध्रोतारः | ध्रूयात् -द् | ध्रूयास्ताम् | ध्रूयासुः |
| ध्रोतासि | ध्रोतास्थः | ध्रोतास्थ | ध्रूयाः | ध्रूयास्तम् | ध्रूयास्त |
| ध्रोतास्मि | ध्रोतास्वः | ध्रोतास्मः | ध्रूयासम् | ध्रूयास्व | ध्रूयास्म |

| | | | | | |
|---|---|---|---|---|---|
| दुध्राव | दुध्रुवतुः | दुध्रुवुः | अध्रौषीत् -द् | अध्रौष्टाम् | अध्रौषुः |
| दुध्रविथ दुध्रोथ | दुध्रुवथुः | दुध्रुव | अध्रौषीः | अध्रौष्टम् | अध्रौष्ट |
| दुध्राव दुध्रव | दुध्रुविव | दुध्रुविम | अध्रौषम् | अध्रौष्व | अध्रौष्म |

**944 दु गतौ । दु । दु । दवति । P । अनिट् । स० । go**

| | | | | | |
|---|---|---|---|---|---|
| दवति | दवतः | दवन्ति | अदवत् -द् | अदवताम् | अदवन् |
| दवसि | दवथः | दवथ | अदवः | अदवतम् | अदवत |
| दवामि | दवावः | दवामः | अदवम् | अदवाव | अदवाम |

| | | | | | |
|---|---|---|---|---|---|
| दवतु | दवताम् | दवन्तु | दवेत् -द् | दवेताम् | दवेयुः |
| दव | दवतम् | दवत | दवेः | दवेतम् | दवेत |
| दवानि | दवाव | दवाम | दवेयम् | दवेव | दवेम |

| | | | | | |
|---|---|---|---|---|---|
| दोष्यति | दोष्यतः | दोष्यन्ति | अदोष्यत् -द् | अदोष्यताम् | अदोष्यन् |
| दोष्यसि | दोष्यथः | दोष्यथ | अदोष्यः | अदोष्यतम् | अदोष्यत |
| दोष्यामि | दोष्यावः | दोष्यामः | अदोष्यम् | अदोष्याव | अदोष्याम |

| | | | | | |
|---|---|---|---|---|---|
| दोता | दोतारौ | दोतारः | दूयात् -द् | दूयास्ताम् | दूयासुः |
| दोतासि | दोतास्थः | दोतास्थ | दूयाः | दूयास्तम् | दूयास्त |

| | | | | | |
|---|---|---|---|---|---|
| दोतास्मि | दोतास्वः | दोतास्मः | दूयासम् | दूयास्व | दूयास्म |

| | | | | | |
|---|---|---|---|---|---|
| दुदाव | दुदुवतुः | दुदुवुः | अदौषीत् -द् | अदौष्टाम् | अदौषुः |
| दुदविथ दुदोथ | दुदुवथुः | दुदुव | अदौषीः | अदौष्टम् | अदौष्ट |
| दुदाव दुदव | दुदुविव | दुदुविम | अदौषम् | अदौष्व | अदौष्म |

945 **द्रु गतौ । द्रु । द्रु । द्रवति** । P । **अनिट्** । **स०** । run, melt, go 3.1.48 6.1.11 6.4.77

| | | | | | |
|---|---|---|---|---|---|
| द्रवति | द्रवतः | द्रवन्ति | अद्रवत् -द् | अद्रवताम् | अद्रवन् |
| द्रवसि | द्रवथः | द्रवथ | अद्रवः | अद्रवतम् | अद्रवत |
| द्रवामि | द्रवावः | द्रवामः | अद्रवम् | अद्रवाव | अद्रवाम |

| | | | | | |
|---|---|---|---|---|---|
| द्रवतु | द्रवताम् | द्रवन्तु | द्रवेत् -द् | द्रवेताम् | द्रवेयुः |
| द्रव | द्रवतम् | द्रवत | द्रवेः | द्रवेतम् | द्रवेत |
| द्रवाणि | द्रवाव | द्रवाम | द्रवेयम् | द्रवेव | द्रवेम |

| | | | | | |
|---|---|---|---|---|---|
| द्रोष्यति | द्रोष्यतः | द्रोष्यन्ति | अद्रोष्यत् -द् | अद्रोष्यताम् | अद्रोष्यन् |
| द्रोष्यसि | द्रोष्यथः | द्रोष्यथ | अद्रोष्यः | अद्रोष्यतम् | अद्रोष्यत |
| द्रोष्यामि | द्रोष्यावः | द्रोष्यामः | अद्रोष्यम् | अद्रोष्याव | अद्रोष्याम |

| | | | | | |
|---|---|---|---|---|---|
| द्रोता | द्रोतारौ | द्रोतारः | द्रूयात् -द् | द्रूयास्ताम् | द्रूयासुः |
| द्रोतासि | द्रोतास्थः | द्रोतास्थ | द्रूयाः | द्रूयास्तम् | द्रूयास्त |
| द्रोतास्मि | द्रोतास्वः | द्रोतास्मः | द्रूयासम् | द्रूयास्व | द्रूयास्म |

| | | | | | |
|---|---|---|---|---|---|
| दुद्राव | दुद्रुवतुः | दुद्रुवुः | अदुद्रुवत् -द् | अदुद्रुवताम् | अदुद्रुवन् |
| दुद्रोथ | दुद्रुवथुः | दुद्रुव | अदुद्रुवः | अदुद्रुवतम् | अदुद्रुवत |
| दुद्राव दुद्रव | दुद्रुव | दुद्रुम | अदुद्रुवम् | अदुद्रुवाव | अदुद्रुवाम |

## 946 Parasmaipada Roots ending in इ ।

946 **जि अभिभवे । ज़ि । जि । जयति** । P । **अनिट्** । **द्वि०** । conquer, defeat, subjugate

| | | | | | |
|---|---|---|---|---|---|
| जयति | जयतः | जयन्ति | अजयत् -द् | अजयताम् | अजयन् |
| जयसि | जयथः | जयथ | अजयः | अजयतम् | अजयत |
| जयामि | जयावः | जयामः | अजयम् | अजयाव | अजयाम |

| | | | | | |
|---|---|---|---|---|---|
| जयतु जयतात् -द् | जयताम् | जयन्तु | जयेत् -द् | जयेताम् | जयेयुः |
| जय जयतात् -द् | जयतम् | जयत | जयेः | जयेतम् | जयेत |
| जयानि | जयाव | जयाम | जयेयम् | जयेव | जयेम |

| | | | | | |
|---|---|---|---|---|---|
| जेष्यति | जेष्यतः | जेष्यन्ति | अजेष्यत् -द् | अजेष्यताम् | अजेष्यन् |
| जेष्यसि | जेष्यथः | जेष्यथ | अजेष्यः | अजेष्यतम् | अजेष्यत |
| जेष्यामि | जेष्यावः | जेष्यामः | अजेष्यम् | अजेष्याव | अजेष्याम |

| | | | | | |
|---|---|---|---|---|---|
| जेता | जेतारौ | जेतारः | जीयात् -द् | जीयास्ताम् | जीयासुः |
| जेतासि | जेतास्थः | जेतास्थ | जीयाः | जीयास्तम् | जीयास्त |
| जेतास्मि | जेतास्वः | जेतास्मः | जीयासम् | जीयास्व | जीयास्म |

| | | | | | |
|---|---|---|---|---|---|
| जिगाय | जिग्यतुः | जिग्युः | अजैषीत् -द् | अजैष्टाम् | अजैषुः |
| जिगयिथ जिगेथ | जिग्यथुः | जिग्य | अजैषीः | अजैष्टम् | अजैष्ट |
| जिगाय जिगय | जिग्यिव | जिग्यिम | अजैषम् | अजैष्व | अजैष्म |

947 **ज्रि अभिभवे** । **ज्रि॒** । **ज्रि** । **ज्रयति** । P । **अनिट्** । **स०*** । win, attain victory, be short of

| | | | | | |
|---|---|---|---|---|---|
| ज्रयति | ज्रयतः | ज्रयन्ति | अज्रयत् -द् | अज्रयताम् | अज्रयन् |
| ज्रयसि | ज्रयथः | ज्रयथ | अज्रयः | अज्रयतम् | अज्रयत |
| ज्रयामि | ज्रयावः | ज्रयामः | अज्रयम् | अज्रयाव | अज्रयाम |

| | | | | | |
|---|---|---|---|---|---|
| ज्रयतु | ज्रयताम् | ज्रयन्तु | ज्रयेत् -द् | ज्रयेताम् | ज्रयेयुः |
| ज्रय | ज्रयतम् | ज्रयत | ज्रयेः | ज्रयेतम् | ज्रयेत |
| ज्रयाणि | ज्रयाव | ज्रयाम | ज्रयेयम् | ज्रयेव | ज्रयेम |

| | | | | | |
|---|---|---|---|---|---|
| ज्रेष्यति | ज्रेष्यतः | ज्रेष्यन्ति | अज्रेष्यत् -द् | अज्रेष्यताम् | अज्रेष्यन् |
| ज्रेष्यसि | ज्रेष्यथः | ज्रेष्यथ | अज्रेष्यः | अज्रेष्यतम् | अज्रेष्यत |
| ज्रेष्यामि | ज्रेष्यावः | ज्रेष्यामः | अज्रेष्यम् | अज्रेष्याव | अज्रेष्याम |

| | | | | | |
|---|---|---|---|---|---|
| ज्रेता | ज्रेतारौ | ज्रेतारः | ज्रीयात् -द् | ज्रीयास्ताम् | ज्रीयासुः |
| ज्रेतासि | ज्रेतास्थः | ज्रेतास्थ | ज्रीयाः | ज्रीयास्तम् | ज्रीयास्त |
| ज्रेतास्मि | ज्रेतास्वः | ज्रेतास्मः | ज्रीयासम् | ज्रीयास्व | ज्रीयास्म |

| | | | | | |
|---|---|---|---|---|---|
| जिज्राय | जिज्रियतुः | जिज्रियुः | अज्रैषीत् -द् | अज्रैष्टाम् | अज्रैषुः |
| **जिज्रयिथ जिज्रेथ** | जिज्रियथुः | जिज्रिय | अज्रैषीः | अज्रैष्टम् | अज्रैष्ट |
| जिज्राय जिज्रय | जिज्रियिव | जिज्रियिम | अज्रैषम् | अज्रैष्व | अज्रैष्म |

**धयत्यादयः अनुदात्ताः परस्मैभाषाः ।**

## 948 अथ डीङन्ता ङितः । आत्मनेपदिनः ।

948 **ष्मिङ् ईषद्धसने** । **ष्मिङ्॒** । **स्मि** । **स्मयते** । A । **अनिट्** । **अ०** । smile, blossom, redden, blush

| लट् 1 Present Tense 7.3.84 Guna 6.1.78 Ayava | | | लङ् 2 Imperfect PastTense. Guna + Ayava | | |
|---|---|---|---|---|---|
| स्मयते | स्मयेते | स्मयन्ते | अस्मयत | अस्मयेताम् | अस्मयन्त |
| स्मयसे | स्मयेथे | स्मयध्वे | अस्मयथाः | अस्मयेथाम् | अस्मयध्वम् |
| स्मये | स्मयावहे | स्मयामहे | अस्मये | अस्मयावहि | अस्मयामहि |

| लोट् 3 Imperative Mood. Guna + Ayava | | | विधिलिङ् 4 Potential Mood. Guna + Ayava | | |
|---|---|---|---|---|---|
| स्मयताम् | स्मयेताम् | स्मयन्ताम् | स्मयेत | स्मयेयाताम् | स्मयेरन् |

| | | | | | |
|---|---|---|---|---|---|
| स्मयस्व | स्मयेथाम् | स्मयध्वम् | स्मयेथाः | स्मयेयाथाम् | स्मयेध्वम् |
| स्मयै | स्मयावहै | स्मयामहै | स्मयेय | स्मयेवहि | स्मयेमहि |

| लृट् 5 Simple Future Tense. Guna | | | लृङ् 6 Conditional Mood. Guna | | |
|---|---|---|---|---|---|
| स्मेष्यते | स्मेष्येते | स्मेष्यन्ते | अस्मेष्यत | अस्मेष्येताम् | अस्मेष्यन्त |
| स्मेष्यसे | स्मेष्येथे | स्मेष्यध्वे | अस्मेष्यथाः | अस्मेष्येथाम् | अस्मेष्यध्वम् |
| स्मेष्ये | स्मेष्यावहे | स्मेष्यामहे | अस्मेष्ये | अस्मेष्यावहि | अस्मेष्यामहि |

| लुट् 7 Periphrastic Future Tense. Guna | | | आशीर्लिङ् 8 Benedictive Mood. Guna 8.3.78 | | |
|---|---|---|---|---|---|
| स्मेता | स्मेतारौ | स्मेतारः | स्मेषीष्ट | स्मेषीयास्ताम् | स्मेषीरन् |
| स्मेतासे | स्मेतासाथे | स्मेताध्वे | स्मेषीष्ठाः | स्मेषीयास्थाम् | स्मेषीढ्वम् |
| स्मेताहे | स्मेतास्वहे | स्मेतास्महे | स्मेषीय | स्मेषीवहि | स्मेषीमहि |

| लिट् 9 Perfect Past Tense. 1.2.5 6.4.77 8.3.79 | | | लुङ् 10 Aorist Past Tense. Guna 8.3.78 | | |
|---|---|---|---|---|---|
| सिष्मिये | सिष्मियाते | सिष्मियिरे | अस्मेष्ट | अस्मेषाताम् | अस्मेषत |
| सिष्मियिषे | सिष्मियाथे | **सिष्मियिध्वे -ढ्वे** | अस्मेष्ठाः | अस्मेषाथाम् | अस्मेढ्वम् |
| सिष्मिये | सिष्मियिवहे | सिष्मियिमहे | अस्मेषि | अस्मेष्वहि | अस्मेष्महि |

949 **गुङ् अव्यक्ते शब्दे । गुङ् । गु । गवते** । A । **अनिट्** । **अ०** । sound indistinctly

| | | | | | |
|---|---|---|---|---|---|
| गवते | गवेते | गवन्ते | अगवत | अगवेताम् | अगवन्त |
| गवसे | गवेथे | गवध्वे | अगवथाः | अगवेथाम् | अगवध्वम् |
| गवे | गवावहे | गवामहे | अगवे | अगवावहि | अगवामहि |

| | | | | | |
|---|---|---|---|---|---|
| गवताम् | गवेताम् | गवन्ताम् | गवेत | गवेयाताम् | गवेरन् |
| गवस्व | गवेथाम् | गवध्वम् | गवेथाः | गवेयाथाम् | गवेध्वम् |
| गवै | गवावहै | गवामहै | गवेय | गवेवहि | गवेमहि |

| | | | | | |
|---|---|---|---|---|---|
| गोष्यते | गोष्येते | गोष्यन्ते | अगोष्यत | अगोष्येताम् | अगोष्यन्त |
| गोष्यसे | गोष्येथे | गोष्यध्वे | अगोष्यथाः | अगोष्येथाम् | अगोष्यध्वम् |
| गोष्ये | गोष्यावहे | गोष्यामहे | अगोष्ये | अगोष्यावहि | अगोष्यामहि |

| | | | | | |
|---|---|---|---|---|---|
| गोता | गोतारौ | गोतारः | गोषीष्ट | गोषीयास्ताम् | गोषीरन् |
| गोतासे | गोतासाथे | गोताध्वे | गोषीष्ठाः | गोषीयास्थाम् | गोषीढ्वम् |
| गोताहे | गोतास्वहे | गोतास्महे | गोषीय | गोषीवहि | गोषीमहि |

| | | | | | |
|---|---|---|---|---|---|
| जुगुवे | जुगुवाते | जुगुविरे | अगोष्ट | अगोषाताम् | अगोषत |
| जुगुविषे | जुगुवाथे | जुगुविध्वे -ढ्वे | अगोष्ठाः | अगोषाथाम् | अगोढ्वम् |
| जुगुवे | जुगुविवहे | जुगुविमहे | अगोषि | अगोष्वहि | अगोष्महि |

950 **गाङ् गतौ । गाङ् । गा । गाते** । A । **अनिट्** । **स०** । go, move **अयं तु अदादिगणः** 2c **धातुः** ।
7.2.81 **आतो ङितः** । 7.1.5 **आत्मनेपदेष्वनतः** । **इति शपि परतः** । 6.1.88 **वृद्धिरेचि** ।
Note: Spellings in लट् iii/1 iii/2 iii/3 are Identical. गाते ।

Note: Spellings in **लोट्** iii/1 iii/2 iii/3 are Identical. गाताम् ।

| | | | | | |
|---|---|---|---|---|---|
| गाते | गाते | गाते | अगात | अगाताम् | अगात |
| गासे | गाथे | गाध्वे | अगाथाः | अगाथाम् | अगाध्वम् |
| गै | गावहे | गामहे | अगे | अगावहि | अगामहि |

| | | | | | |
|---|---|---|---|---|---|
| गाताम् | गाताम् | गान्ताम् | गेत | गेयाताम् | गेरन् |
| गास्व | गाथाम् | गाध्वम् | गेथाः | गेयाथाम् | गेध्वम् |
| गै | गावहै | गामहै | गेय | गेवहि | गेमहि |

| | | | | | |
|---|---|---|---|---|---|
| गास्यते | गास्येते | गास्यन्ते | अगास्यत | अगास्येताम् | अगास्यन्त |
| गास्यसे | गास्येथे | गास्यध्वे | अगास्यथाः | अगास्येथाम् | अगास्यध्वम् |
| गास्ये | गास्यावहे | गास्यामहे | अगास्ये | अगास्यावहि | अगास्यामहि |

| | | | | | |
|---|---|---|---|---|---|
| गाता | गातारौ | गातारः | गासीष्ट | गासीयास्ताम् | गासीरन् |
| गातासे | गातासाथे | गाताध्वे | गासीष्ठाः | गासीयास्थाम् | गासीध्वम् |
| गाताहे | गातास्वहे | गातास्महे | गासीय | गासीवहि | गासीमहि |

| | | | | | |
|---|---|---|---|---|---|
| जगे | जगाते | जगिरे | अगास्त | अगासाताम् | अगासत |
| जगिषे | जगाथे | जगिध्वे | अगास्थाः | अगासाथाम् | अगाध्वम् |
| जगे | जगिवहे | जगिमहे | अगासि | अगास्वहि | अगास्महि |

## 951 Atmanepada Roots ending in उ ।

951 **कुङ् शब्दे** । **कुङ्** । **कु** । **कवते** । A । **अनिट्** । **अ०** । sound, buzz, speak indistinctly

| | | | | | |
|---|---|---|---|---|---|
| कवते | कवेते | कवन्ते | अकवत | अकवेताम् | अकवन्त |
| कवसे | कवेथे | कवध्वे | अकवथाः | अकवेथाम् | अकवध्वम् |
| कवे | कवावहे | कवामहे | अकवे | अकवावहि | अकवामहि |

| | | | | | |
|---|---|---|---|---|---|
| कवताम् | कवेताम् | कवन्ताम् | कवेत | कवेयाताम् | कवेरन् |
| कवस्व | कवेथाम् | कवध्वम् | कवेथाः | कवेयाथाम् | कवेध्वम् |
| कवै | कवावहै | कवामहै | कवेय | कवेवहि | कवेमहि |

| | | | | | |
|---|---|---|---|---|---|
| कोष्यते | कोष्येते | कोष्यन्ते | अकोष्यत | अकोष्येताम् | अकोष्यन्त |
| कोष्यसे | कोष्येथे | कोष्यध्वे | अकोष्यथाः | अकोष्येथाम् | अकोष्यध्वम् |
| कोष्ये | कोष्यावहे | कोष्यामहे | अकोष्ये | अकोष्यावहि | अकोष्यामहि |

| | | | | | |
|---|---|---|---|---|---|
| कोता | कोतारौ | कोतारः | कोषीष्ट | कोषीयास्ताम् | कोषीरन् |
| कोतासे | कोतासाथे | कोताध्वे | कोषीष्ठाः | कोषीयास्थाम् | कोषीढ्वम् |
| कोताहे | कोतास्वहे | कोतास्महे | कोषीय | कोषीवहि | कोषीमहि |

| | | | | | |
|---|---|---|---|---|---|
| चुकुवे | चुकुवाते | चुकुविरे | अकोष्ट | अकोषाताम् | अकोषत |
| चुकुविषे | चुकुवाथे | चुकुविध्वे -ढ्वे | अकोष्ठाः | अकोषाथाम् | अकोढ्वम् |

| चुकुवे | चुकुविवहे | चुकुविमहे | अकोषि | अकोष्वहि | अकोष्महि |

**952 घुङ् शब्दे । घुङ् । घु । घवते । A । अनिट् । अ० । make noise, be indistinct**

| घवते | घवेते | घवन्ते | अघवत | अघवेताम् | अघवन्त |
| घवसे | घवेथे | घवध्वे | अघवथाः | अघवेथाम् | अघवध्वम् |
| घवे | घवावहे | घवामहे | अघवे | अघवावहि | अघवामहि |

| घवताम् | घवेताम् | घवन्ताम् | घवेत | घवेयाताम् | घवेरन् |
| घवस्व | घवेथाम् | घवध्वम् | घवेथाः | घवेयाथाम् | घवेध्वम् |
| घवै | घवावहै | घवामहै | घवेय | घवेवहि | घवेमहि |

| घोष्यते | घोष्येते | घोष्यन्ते | अघोष्यत | अघोष्येताम् | अघोष्यन्त |
| घोष्यसे | घोष्येथे | घोष्यध्वे | अघोष्यथाः | अघोष्येथाम् | अघोष्यध्वम् |
| घोष्ये | घोष्यावहे | घोष्यामहे | अघोष्ये | अघोष्यावहि | अघोष्यामहि |

| घोता | घोतारौ | घोतारः | घोषीष्ट | घोषीयास्ताम् | घोषीरन् |
| घोतासे | घोतासाथे | घोताध्वे | घोषीष्ठाः | घोषीयास्थाम् | घोषीढ्वम् |
| घोताहे | घोतास्वहे | घोतास्महे | घोषीय | घोषीवहि | घोषीमहि |

| जुघुवे | जुघुवाते | जुघुविरे | अघोष्ट | अघोषाताम् | अघोषत |
| जुघुविषे | जुघुवाथे | जुघुविध्वे -ढ्वे | अघोष्ठाः | अघोषाथाम् | अघोढ्वम् |
| जुघुवे | जुघुविवहे | जुघुविमहे | अघोषि | अघोष्वहि | अघोष्महि |

**953 उङ् शब्दे । उङ् । उ । अवते । A । अनिट् । अ० । sound, make noise**

| अवते | अवेते | अवन्ते | आवत | आवेताम् | आवन्त |
| अवसे | अवेथे | अवध्वे | आवथाः | आवेथाम् | आवध्वम् |
| अवे | अवावहे | अवामहे | आवे | आवावहि | आवामहि |

| अवताम् | अवेताम् | अवन्ताम् | अवेत | अवेयाताम् | अवेरन् |
| अवस्व | अवेथाम् | अवध्वम् | अवेथाः | अवेयाथाम् | अवेध्वम् |
| अवै | अवावहै | अवामहै | अवेय | अवेवहि | अवेमहि |

| ओष्यते | ओष्येते | ओष्यन्ते | औष्यत | औष्येताम् | औष्यन्त |
| ओष्यसे | ओष्येथे | ओष्यध्वे | औष्यथाः | औष्येथाम् | औष्यध्वम् |
| ओष्ये | ओष्यावहे | ओष्यामहे | औष्ये | औष्यावहि | औष्यामहि |

| ओता | ओतारौ | ओतारः | ओषीष्ट | ओषीयास्ताम् | ओषीरन् |
| ओतासे | ओतासाथे | ओताध्वे | ओषीष्ठाः | ओषीयास्थाम् | ओषीढ्वम् |
| ओताहे | ओतास्वहे | ओतास्महे | ओषीय | ओषीवहि | ओषीमहि |

| ऊवे | ऊवाते | ऊविरे | औष्ट | औषाताम् | औषत |
| ऊविषे | ऊवाथे | ऊविध्वे -ढ्वे | औष्ठाः | औषाथाम् | औढ्वम् |
| ऊवे | ऊविवहे | ऊविमहे | औषि | औष्वहि | औष्महि |

954 **ङुङ् शब्दे । उङ् कुङ् खुङ् गुङ् घुङ् ङुङ् इत्यन्ये। ङुङ् । ङु । ङवते ।**A**। अनिट्। स०।** make a sound

| | | | | | |
|---|---|---|---|---|---|
| ङवते | ङवेते | ङवन्ते | अङवत | अङवेताम् | अङवन्त |
| ङवसे | ङवेथे | ङवध्वे | अङवथाः | अङवेथाम् | अङवध्वम् |
| ङवे | ङवावहे | ङवामहे | अङवे | अङवावहि | अङवामहि |

| | | | | | |
|---|---|---|---|---|---|
| ङवताम् | ङवेताम् | ङवन्ताम् | ङवेत | ङवेयाताम् | ङवेरन् |
| ङवस्व | ङवेथाम् | ङवध्वम् | ङवेथाः | ङवेयाथाम् | ङवेध्वम् |
| ङवै | ङवावहै | ङवामहै | ङवेय | ङवेवहि | ङवेमहि |

| | | | | | |
|---|---|---|---|---|---|
| ङोष्यते | ङोष्येते | ङोष्यन्ते | अङोष्यत | अङोष्येताम् | अङोष्यन्त |
| ङोष्यसे | ङोष्येथे | ङोष्यध्वे | अङोष्यथाः | अङोष्येथाम् | अङोष्यध्वम् |
| ङोष्ये | ङोष्यावहे | ङोष्यामहे | अङोष्ये | अङोष्यावहि | अङोष्यामहि |

| | | | | | |
|---|---|---|---|---|---|
| ङोता | ङोतारौ | ङोतारः | ङोषीष्ट | ङोषीयास्ताम् | ङोषीरन् |
| ङोतासे | ङोतासाथे | ङोताध्वे | ङोषीष्ठाः | ङोषीयास्थाम् | ङोषीढ्वम् |
| ङोताहे | ङोतास्वहे | ङोतास्महे | ङोषीय | ङोषीवहि | ङोषीमहि |

| | | | | | |
|---|---|---|---|---|---|
| ञुङुवे | ञुङुवाते | ञुङुविरे | अङोष्ट | अङोषाताम् | अङोषत |
| ञुङुविषे | ञुङुवाथे | ञुङुविध्वे -ढ्वे | अङोष्ठाः | अङोषाथाम् | अङोढ्वम् |
| ञुङुवे | ञुङुविवहे | ञुङुविमहे | अङोषि | अङोष्वहि | अङोष्महि |

955 **च्युङ् गतौ । च्युङ् । च्यु । च्यवते ।**A**। अनिट् । स०।** fall down, slip, sink, deviate, swerve

| | | | | | |
|---|---|---|---|---|---|
| च्यवते | च्यवेते | च्यवन्ते | अच्यवत | अच्यवेताम् | अच्यवन्त |
| च्यवसे | च्यवेथे | च्यवध्वे | अच्यवथाः | अच्यवेथाम् | अच्यवध्वम् |
| च्यवे | च्यवावहे | च्यवामहे | अच्यवे | अच्यवावहि | अच्यवामहि |

| | | | | | |
|---|---|---|---|---|---|
| च्यवताम् | च्यवेताम् | च्यवन्ताम् | च्यवेत | च्यवेयाताम् | च्यवेरन् |
| च्यवस्व | च्यवेथाम् | च्यवध्वम् | च्यवेथाः | च्यवेयाथाम् | च्यवेध्वम् |
| च्यवै | च्यवावहै | च्यवामहै | च्यवेय | च्यवेवहि | च्यवेमहि |

| | | | | | |
|---|---|---|---|---|---|
| च्योष्यते | च्योष्येते | च्योष्यन्ते | अच्योष्यत | अच्योष्येताम् | अच्योष्यन्त |
| च्योष्यसे | च्योष्येथे | च्योष्यध्वे | अच्योष्यथाः | अच्योष्येथाम् | अच्योष्यध्वम् |
| च्योष्ये | च्योष्यावहे | च्योष्यामहे | अच्योष्ये | अच्योष्यावहि | अच्योष्यामहि |

| | | | | | |
|---|---|---|---|---|---|
| च्योता | च्योतारौ | च्योतारः | च्योषीष्ट | च्योषीयास्ताम् | च्योषीरन् |
| च्योतासे | च्योतासाथे | च्योताध्वे | च्योषीष्ठाः | च्योषीयास्थाम् | च्योषीढ्वम् |
| च्योताहे | च्योतास्वहे | च्योतास्महे | च्योषीय | च्योषीवहि | च्योषीमहि |

| | | | | | |
|---|---|---|---|---|---|
| चुच्युवे | चुच्युवाते | चुच्युविरे | अच्योष्ट | अच्योषाताम् | अच्योषत |
| चुच्युविषे | चुच्युवाथे | चुच्युविध्वे -ढ्वे | अच्योष्ठाः | अच्योषाथाम् | अच्योढ्वम् |
| चुच्युवे | चुच्युविवहे | चुच्युविमहे | अच्योषि | अच्योष्वहि | अच्योष्महि |

956 **ज्युङ् गतौ** । **ज्युङ्** । **ज्यु** । **ज्यवते** । A । **अनिट्** । **स०** । come close, be in touch

| | | | | | |
|---|---|---|---|---|---|
| ज्यवते | ज्यवेते | ज्यवन्ते | अज्यवत | अज्यवेताम् | अज्यवन्त |
| ज्यवसे | ज्यवेथे | ज्यवध्वे | अज्यवथाः | अज्यवेथाम् | अज्यवध्वम् |
| ज्यवे | ज्यवावहे | ज्यवामहे | अज्यवे | अज्यवावहि | अज्यवामहि |

| | | | | | |
|---|---|---|---|---|---|
| ज्यवताम् | ज्यवेताम् | ज्यवन्ताम् | ज्यवेत | ज्यवेयाताम् | ज्यवेरन् |
| ज्यवस्व | ज्यवेथाम् | ज्यवध्वम् | ज्यवेथाः | ज्यवेयाथाम् | ज्यवेध्वम् |
| ज्यवै | ज्यवावहै | ज्यवामहै | ज्यवेय | ज्यवेवहि | ज्यवेमहि |

| | | | | | |
|---|---|---|---|---|---|
| ज्योष्यते | ज्योष्येते | ज्योष्यन्ते | अज्योष्यत | अज्योष्येताम् | अज्योष्यन्त |
| ज्योष्यसे | ज्योष्येथे | ज्योष्यध्वे | अज्योष्यथाः | अज्योष्येथाम् | अज्योष्यध्वम् |
| ज्योष्ये | ज्योष्यावहे | ज्योष्यामहे | अज्योष्ये | अज्योष्यावहि | अज्योष्यामहि |

| | | | | | |
|---|---|---|---|---|---|
| ज्योता | ज्योतारौ | ज्योतारः | ज्योषीष्ट | ज्योषीयास्ताम् | ज्योषीरन् |
| ज्योतासे | ज्योतासाथे | ज्योताध्वे | ज्योषीष्ठाः | ज्योषीयास्थाम् | ज्योषीढ्वम् |
| ज्योताहे | ज्योतास्वहे | ज्योतास्महे | ज्योषीय | ज्योषीवहि | ज्योषीमहि |

| | | | | | |
|---|---|---|---|---|---|
| जुज्युवे | जुज्युवाते | जुज्युविरे | अज्योष्ट | अज्योषाताम् | अज्योषत |
| जुज्युविषे | जुज्युवाथे | जुज्युविध्वे -ढ्वे | अज्योष्ठाः | अज्योषाथाम् | अज्योढ्वम् |
| जुज्युवे | जुज्युविवहे | जुज्युविमहे | अज्योषि | अज्योष्वहि | अज्योष्महि |

957 **प्रुङ् गतौ** । **प्रुङ्** । **प्रु** । **प्रवते** । A । **अनिट्** । **स०** । go, spring forth

| | | | | | |
|---|---|---|---|---|---|
| प्रवते | प्रवेते | प्रवन्ते | अप्रवत | अप्रवेताम् | अप्रवन्त |
| प्रवसे | प्रवेथे | प्रवध्वे | अप्रवथाः | अप्रवेथाम् | अप्रवध्वम् |
| प्रवे | प्रवावहे | प्रवामहे | अप्रवे | अप्रवावहि | अप्रवामहि |

| | | | | | |
|---|---|---|---|---|---|
| प्रवताम् | प्रवेताम् | प्रवन्ताम् | प्रवेत | प्रवेयाताम् | प्रवेरन् |
| प्रवस्व | प्रवेथाम् | प्रवध्वम् | प्रवेथाः | प्रवेयाथाम् | प्रवेध्वम् |
| प्रवै | प्रवावहै | प्रवामहै | प्रवेय | प्रवेवहि | प्रवेमहि |

| | | | | | |
|---|---|---|---|---|---|
| प्रोष्यते | प्रोष्येते | प्रोष्यन्ते | अप्रोष्यत | अप्रोष्येताम् | अप्रोष्यन्त |
| प्रोष्यसे | प्रोष्येथे | प्रोष्यध्वे | अप्रोष्यथाः | अप्रोष्येथाम् | अप्रोष्यध्वम् |
| प्रोष्ये | प्रोष्यावहे | प्रोष्यामहे | अप्रोष्ये | अप्रोष्यावहि | अप्रोष्यामहि |

| | | | | | |
|---|---|---|---|---|---|
| प्रोता | प्रोतारौ | प्रोतारः | प्रोषीष्ट | प्रोषीयास्ताम् | प्रोषीरन् |
| प्रोतासे | प्रोतासाथे | प्रोताध्वे | प्रोषीष्ठाः | प्रोषीयास्थाम् | प्रोषीढ्वम् |
| प्रोताहे | प्रोतास्वहे | प्रोतास्महे | प्रोषीय | प्रोषीवहि | प्रोषीमहि |

| | | | | | |
|---|---|---|---|---|---|
| पुप्रुवे | पुप्रुवाते | पुप्रुविरे | अप्रोष्ट | अप्रोषाताम् | अप्रोषत |
| पुप्रुविषे | पुप्रुवाथे | पुप्रुविध्वे -ढ्वे | अप्रोष्ठाः | अप्रोषाथाम् | अप्रोढ्वम् |
| पुप्रुवे | पुप्रुविवहे | पुप्रुविमहे | अप्रोषि | अप्रोष्वहि | अप्रोष्महि |

958 **प्लुङ् गतौ** । **क्लुङ् इत्येके** । **प्लुङ्** । **प्लु** । **प्लवते** । A । **अनिट्** । **स०** । float, bathe, swim, jump

| प्लवते | प्लवेते | प्लवन्ते | अप्लवत | अप्लवेताम् | अप्लवन्त |
| प्लवसे | प्लवेथे | प्लवध्वे | अप्लवथाः | अप्लवेथाम् | अप्लवध्वम् |
| प्लवे | प्लवावहे | प्लवामहे | अप्लवे | अप्लवावहि | अप्लवामहि |
| | | | | | |
| प्लवताम् | प्लवेताम् | प्लवन्ताम् | प्लवेत | प्लवेयाताम् | प्लवेरन् |
| प्लवस्व | प्लवेथाम् | प्लवध्वम् | प्लवेथाः | प्लवेयाथाम् | प्लवेध्वम् |
| प्लवै | प्लवावहै | प्लवामहै | प्लवेय | प्लवेवहि | प्लवेमहि |
| | | | | | |
| प्लोष्यते | प्लोष्येते | प्लोष्यन्ते | अप्लोष्यत | अप्लोष्येताम् | अप्लोष्यन्त |
| प्लोष्यसे | प्लोष्येथे | प्लोष्यध्वे | अप्लोष्यथाः | अप्लोष्येथाम् | अप्लोष्यध्वम् |
| प्लोष्ये | प्लोष्यावहे | प्लोष्यामहे | अप्लोष्ये | अप्लोष्यावहि | अप्लोष्यामहि |
| | | | | | |
| प्लोता | प्लोतारौ | प्लोतारः | प्लोषीष्ट | प्लोषीयास्ताम् | प्लोषीरन् |
| प्लोतासे | प्लोतासाथे | प्लोताध्वे | प्लोषीष्ठाः | प्लोषीयास्थाम् | प्लोषीढ्वम् |
| प्लोताहे | प्लोतास्वहे | प्लोतास्महे | प्लोषीय | प्लोषीवहि | प्लोषीमहि |
| | | | | | |
| पुप्लुवे | पुप्लुवाते | पुप्लुविरे | अप्लोष्ट | अप्लोषाताम् | अप्लोषत |
| पुप्लुविषे | पुप्लुवाथे | पुप्लुविध्वे -ढ्वे | अप्लोष्ठाः | अप्लोषाथाम् | अप्लोढ्वम् |
| पुप्लुवे | पुप्लुविवहे | पुप्लुविमहे | अप्लोषि | अप्लोष्वहि | अप्लोष्महि |

959 रुङ् गतिरेषणयोः । रुङ् । रु । रवते । A । अनिट् । स० । go, speak, hurt, be angry

| रवते | रवेते | रवन्ते | अरवत | अरवेताम् | अरवन्त |
| रवसे | रवेथे | रवध्वे | अरवथाः | अरवेथाम् | अरवध्वम् |
| रवे | रवावहे | रवामहे | अरवे | अरवावहि | अरवामहि |
| | | | | | |
| रवताम् | रवेताम् | रवन्ताम् | रवेत | रवेयाताम् | रवेरन् |
| रवस्व | रवेथाम् | रवध्वम् | रवेथाः | रवेयाथाम् | रवेध्वम् |
| रवै | रवावहै | रवामहै | रवेय | रवेवहि | रवेमहि |
| | | | | | |
| रोष्यते | रोष्येते | रोष्यन्ते | अरोष्यत | अरोष्येताम् | अरोष्यन्त |
| रोष्यसे | रोष्येथे | रोष्यध्वे | अरोष्यथाः | अरोष्येथाम् | अरोष्यध्वम् |
| रोष्ये | रोष्यावहे | रोष्यामहे | अरोष्ये | अरोष्यावहि | अरोष्यामहि |
| | | | | | |
| रोता | रोतारौ | रोतारः | रोषीष्ट | रोषीयास्ताम् | रोषीरन् |
| रोतासे | रोतासाथे | रोताध्वे | रोषीष्ठाः | रोषीयास्थाम् | रोषीढ्वम् |
| रोताहे | रोतास्वहे | रोतास्महे | रोषीय | रोषीवहि | रोषीमहि |
| | | | | | |
| रुरुवे | रुरुवाते | रुरुविरे | अरोष्ट | अरोषाताम् | अरोषत |
| रुरुविषे | रुरुवाथे | रुरुविध्वे -ढ्वे | अरोष्ठाः | अरोषाथाम् | अरोढ्वम् |
| रुरुवे | रुरुविवहे | रुरुविमहे | अरोषि | अरोष्वहि | अरोष्महि |

## 960 Atmanepada Roots ending in ऋ । 7.2.70 ऋद्धनोः स्ये । लृट् लृङ् लिट् इट् ।

960 **धृङ् अवध्वंसने** । **धृङ्** । **धृ** । **धरते** । A । **अनिट्** । **अ०** । fall, decay 7.2.70
1.2.12 **उश्च** । **इति आशीर्लिङ् लुङ् कित्** ।

| | | | | | |
|---|---|---|---|---|---|
| धरते | धरेते | धरन्ते | अधरत | अधरेताम् | अधरन्त |
| धरसे | धरेथे | धरध्वे | अधरथाः | अधरेथाम् | अधरध्वम् |
| धरे | धरावहे | धरामहे | अधरे | अधरावहि | अधरामहि |

| | | | | | |
|---|---|---|---|---|---|
| धरताम् | धरेताम् | धरन्ताम् | धरेत | धरेयाताम् | धरेरन् |
| धरस्व | धरेथाम् | धरध्वम् | धरेथाः | धरेयाथाम् | धरेध्वम् |
| धरै | धरावहै | धरामहै | धरेय | धरेवहि | धरेमहि |

| | | | | | |
|---|---|---|---|---|---|
| धरिष्यते | धरिष्येते | धरिष्यन्ते | अधरिष्यत | अधरिष्येताम् | अधरिष्यन्त |
| धरिष्यसे | धरिष्येथे | धरिष्यध्वे | अधरिष्यथाः | अधरिष्येथाम् | अधरिष्यध्वम् |
| धरिष्ये | धरिष्यावहे | धरिष्यामहे | अधरिष्ये | अधरिष्यावहि | अधरिष्यामहि |

| | | | | | |
|---|---|---|---|---|---|
| धर्ता | धर्तारौ | धर्तारः | धृषीष्ट | धृषीयास्ताम् | धृषीरन् |
| धर्तासे | धर्तासाथे | धर्ताध्वे | धृषीष्ठाः | धृषीयास्थाम् | धृषीढ्वम् |
| धर्ताहे | धर्तास्वहे | धर्तास्महे | धृषीय | धृषीवहि | धृषीमहि |

| | | | | | |
|---|---|---|---|---|---|
| दध्रे | दध्राते | दध्रिरे | अधृत | अधृषाताम् | अधृषत |
| दध्रिषे | दध्राथे | दध्रिध्वे -ढ्वे | अधृथाः | अधृषाथाम् | अधृढ्वम् |
| दध्रे | दध्रिवहे | दध्रिमहे | अधृषि | अधृष्वहि | अधृष्महि |

## 961 Atmanepada Roots ending in ए । 6.1.78 एचोऽयवायावः ।
6.1.45 **आदेच उपदेशेऽशिति** ।

961 **मेङ् प्रणिदाने** । **मेङ्** । **मे** । **मयते** । A । **अनिट्** । **स०** । exchange, replace

| | | | | | |
|---|---|---|---|---|---|
| मयते | मयेते | मयन्ते | अमयत | अमयेताम् | अमयन्त |
| मयसे | मयेथे | मयध्वे | अमयथाः | अमयेथाम् | अमयध्वम् |
| मये | मयावहे | मयामहे | अमये | अमयावहि | अमयामहि |

| | | | | | |
|---|---|---|---|---|---|
| मयताम् | मयेताम् | मयन्ताम् | मयेत | मयेयाताम् | मयेरन् |
| मयस्व | मयेथाम् | मयध्वम् | मयेथाः | मयेयाथाम् | मयेध्वम् |
| मयै | मयावहै | मयामहै | मयेय | मयेवहि | मयेमहि |

| | | | | | |
|---|---|---|---|---|---|
| मास्यते | मास्येते | मास्यन्ते | अमास्यत | अमास्येताम् | अमास्यन्त |
| मास्यसे | मास्येथे | मास्यध्वे | अमास्यथाः | अमास्येथाम् | अमास्यध्वम् |
| मास्ये | मास्यावहे | मास्यामहे | अमास्ये | अमास्यावहि | अमास्यामहि |

| | | | | | |
|---|---|---|---|---|---|
| माता | मातारौ | मातारः | मासीष्ट | मासीयास्ताम् | मासीरन् |

| | | | | | |
|---|---|---|---|---|---|
| मातासे | मातासाथे | माताध्वे | मासीष्ठाः | मासीयास्थाम् | मासीध्वम् |
| माताहे | मातास्वहे | मातास्महे | मासीय | मासीवहि | मासीमहि |

| | | | | | |
|---|---|---|---|---|---|
| ममे | ममाते | ममिरे | अमास्त | अमासाताम् | अमासत |
| ममिषे | ममाथे | ममिध्वे | अमास्थाः | अमासाथाम् | अमाध्वम् |
| ममे | ममिवहे | ममिमहे | अमासि | अमास्वहि | अमास्महि |

962 **देङ् रक्षणे** । **दे॒ङ्** । **दे** । **दयते** । A । **अनिट्** । **स०** । protect, cherish

7.4.9 **दयतेर्दिगि लिटि** । 1.2.17 **स्था घ्वोरिच्च** । 8.3.78 **इणः षीध्वंलुङ्लिटां धोऽङ्गात्** ।

| | | | | | |
|---|---|---|---|---|---|
| दयते | दयेते | दयन्ते | अदयत | अदयेताम् | अदयन्त |
| दयसे | दयेथे | दयध्वे | अदयथाः | अदयेथाम् | अदयध्वम् |
| दये | दयावहे | दयामहे | अदये | अदयावहि | अदयामहि |

| | | | | | |
|---|---|---|---|---|---|
| दयताम् | दयेताम् | दयन्ताम् | दयेत | दयेयाताम् | दयेरन् |
| दयस्व | दयेथाम् | दयध्वम् | दयेथाः | दयेयाथाम् | दयेध्वम् |
| दयै | दयावहै | दयामहै | दयेय | दयेवहि | दयेमहि |

| | | | | | |
|---|---|---|---|---|---|
| दास्यते | दास्येते | दास्यन्ते | अदास्यत | अदास्येताम् | अदास्यन्त |
| दास्यसे | दास्येथे | दास्यध्वे | अदास्यथाः | अदास्येथाम् | अदास्यध्वम् |
| दास्ये | दास्यावहे | दास्यामहे | अदास्ये | अदास्यावहि | अदास्यामहि |

| | | | | | |
|---|---|---|---|---|---|
| दाता | दातारौ | दातारः | दासीष्ट | दासीयास्ताम् | दासीरन् |
| दातासे | दातासाथे | दाताध्वे | दासीष्ठाः | दासीयास्थाम् | दासीध्वम् |
| दाताहे | दातास्वहे | दातास्महे | दासीय | दासीवहि | दासीमहि |

| | | | | | |
|---|---|---|---|---|---|
| दिग्ये | दिग्याते | दिग्यिरे | अदित | अदिषाताम् | अदिषत |
| दिग्यिषे | दिग्याथे | दिग्यिध्वे -ढ्वे | अदिथाः | अदिषाथाम् | अदिढ्वम् |
| दिग्ये | दिग्यिवहे | दिग्यिमहे | अदिषि | अदष्वहित | अदिष्महि |

## 963 Atmanepada Roots ending in ऐ । 6.1.78 एचोऽयवायावः ।

963 **श्यैङ् गतौ** । **श्यै॒ङ्** । **श्यै** । **श्यायते** । A । **अनिट्** । **स०** । go, coagulate, thicken, be dried

| | | | | | |
|---|---|---|---|---|---|
| श्यायते | श्यायेते | श्यायन्ते | अश्यायत | अश्यायेताम् | अश्यायन्त |
| श्यायसे | श्यायेथे | श्यायध्वे | अश्यायथाः | अश्यायेथाम् | अश्यायध्वम् |
| श्याये | श्यायावहे | श्यायामहे | अश्याये | अश्यायावहि | अश्यायामहि |

| | | | | | |
|---|---|---|---|---|---|
| श्यायताम् | श्यायेताम् | श्यायन्ताम् | श्यायेत | श्यायेयाताम् | श्यायेरन् |
| श्यायस्व | श्यायेथाम् | श्यायध्वम् | श्यायेथाः | श्यायेयाथाम् | श्यायेध्वम् |
| श्यायै | श्यायावहै | श्यायामहै | श्यायेय | श्यायेवहि | श्यायेमहि |

| | | | | | |
|---|---|---|---|---|---|
| श्यास्यते | श्यास्येते | श्यास्यन्ते | अश्यास्यत | अश्यास्येताम् | अश्यास्यन्त |
| श्यास्यसे | श्यास्येथे | श्यास्यध्वे | अश्यास्यथाः | अश्यास्येथाम् | अश्यास्यध्वम् |

| श्यास्ये | श्यास्यावहे | श्यास्यामहे | अश्यास्ये | अश्यास्यावहि | अश्यास्यामहि |
| श्याता | श्यातारौ | श्यातारः | श्यासीष्ट | श्यासीयास्ताम् | श्यासीरन् |
| श्यातासे | श्यातासाथे | श्याताध्वे | श्यासीष्ठाः | श्यासीयास्थाम् | श्यासीध्वम् |
| श्याताहे | श्यातास्वहे | श्यातास्महे | श्यासीय | श्यासीवहि | श्यासीमहि |
| शश्ये | शश्याते | शश्यिरे | अश्यास्त | अश्यासाताम् | अश्यासत |
| शश्यिषे | शश्याथे | शश्यिध्वे -ढ्वे | अश्यास्थाः | अश्यासाथाम् | अश्याध्वम् |
| शश्ये | शश्यिवहे | शश्यिमहे | अश्यासि | अश्यास्वहि | अश्यास्महि |

**964 प्यैङ् वृद्धौ । प्यैङ् । प्यै । प्यायते । A । अनिट् । अ० । be exuberant, swell**

| प्यायते | प्यायेते | प्यायन्ते | अप्यायत | अप्यायेताम् | अप्यायन्त |
| प्यायसे | प्यायेथे | प्यायध्वे | अप्यायथाः | अप्यायेथाम् | अप्यायध्वम् |
| प्याये | प्यायावहे | प्यायामहे | अप्याये | अप्यायावहि | अप्यायामहि |
| प्यायताम् | प्यायेताम् | प्यायन्ताम् | प्यायेत | प्यायेयाताम् | प्यायेरन् |
| प्यायस्व | प्यायेथाम् | प्यायध्वम् | प्यायेथाः | प्यायेयाथाम् | प्यायेध्वम् |
| प्यायै | प्यायावहै | प्यायामहै | प्यायेय | प्यायेवहि | प्यायेमहि |
| प्यास्यते | प्यास्येते | प्यास्यन्ते | अप्यास्यत | अप्यास्येताम् | अप्यास्यन्त |
| प्यास्यसे | प्यास्येथे | प्यास्यध्वे | अप्यास्यथाः | अप्यास्येथाम् | अप्यास्यध्वम् |
| प्यास्ये | प्यास्यावहे | प्यास्यामहे | अप्यास्ये | अप्यास्यावहि | अप्यास्यामहि |
| प्याता | प्यातारौ | प्यातारः | प्यासीष्ट | प्यासीयास्ताम् | प्यासीरन् |
| प्यातासे | प्यातासाथे | प्याताध्वे | प्यासीष्ठाः | प्यासीयास्थाम् | प्यासीध्वम् |
| प्याताहे | प्यातास्वहे | प्यातास्महे | प्यासीय | प्यासीवहि | प्यासीमहि |
| पप्ये | पप्याते | पप्यिरे | अप्यास्त | अप्यासाताम् | अप्यासत |
| पप्यिषे | पप्याथे | पप्यिध्वे -ढ्वे | अप्यास्थाः | अप्यासाथाम् | अप्याध्वम् |
| पप्ये | पप्यिवहे | पप्यिमहे | अप्यासि | अप्यास्वहि | अप्यास्महि |

**965 त्रैङ् पालने । त्रैङ् । त्रै । त्रायते । A । अनिट् । स० । defend from, rescue**

| लट् 1 Present Tense 7.3.101 6.1.97 6.1.78 | | | लङ् 2 Imperfect 6.4.71 6.1.97 6.1.78 6.1.87 | | |
| त्रायते | त्रायेते | त्रायन्ते | अत्रायत | अत्रायेताम् | अत्रायन्त |
| त्रायसे | त्रायेथे | त्रायध्वे | अत्रायथाः | अत्रायेथाम् | अत्रायध्वम् |
| त्राये | त्रायावहे | त्रायामहे | अत्राये | अत्रायावहि | अत्रायामहि |
| लोट् 3 Imperative 6.1.97 6.1.78 6.1.88 6.1.101 | | | विधिलिङ् 4 Potential Mood 6.1.78 6.1.87 | | |
| त्रायताम् | त्रायेताम् | त्रायन्ताम् | त्रायेत | त्रायेयाताम् | त्रायेरन् |
| त्रायस्व | त्रायेथाम् | त्रायध्वम् | त्रायेथाः | त्रायेयाथाम् | त्रायेध्वम् |
| त्रायै | त्रायावहै | त्रायामहै | त्रायेय | त्रायेवहि | त्रायेमहि |

| लृट् 5 Simple Future Tense 6.1.45 | | | लृङ् 6 Conditional 6.4.71 6.1.45 6.1.87 6.1.97 | | |
|---|---|---|---|---|---|
| त्रास्यते | त्रास्येते | त्रास्यन्ते | अत्रास्यत | अत्रास्येताम् | अत्रास्यन्त |
| त्रास्यसे | त्रास्येथे | त्रास्यध्वे | अत्रास्यथाः | अत्रास्येथाम् | अत्रास्यध्वम् |
| त्रास्ये | त्रास्यावहे | त्रास्यामहे | अत्रास्ये | अत्रास्यावहि | अत्रास्यामहि |

| लुट् 7 Periphrastic Future Tense 6.1.45 | | | आशीर्लिङ् 8 Benedictive 6.1.45 8.3.59 8.4.41 | | |
|---|---|---|---|---|---|
| त्राता | त्रातारौ | त्रातारः | त्रासीष्ट | त्रासीयास्ताम् | त्रासीरन् |
| त्रातासे | त्रातासाथे | त्राताध्वे | त्रासीष्ठाः | त्रासीयास्थाम् | त्रासीध्वम् |
| त्राताहे | त्रातास्वहे | त्रातास्महे | त्रासीय | त्रासीवहि | त्रासीमहि |

| लिट् 9 Perfect Past 3.4.81 **लिटस्तझयोरेशिरेच्** । 6.4.64 **आतो लोप इटि च** । 8.3.79 **विभाषेटः** । | | | लुङ् 10 Aorist Past Tense 3.1.44 **च्लेः सिच्** 6.4.71 6.1.45 | | |
|---|---|---|---|---|---|
| तत्रे | तत्राते | तत्रिरे | अत्रास्त | अत्रासाताम् | अत्रासत |
| तत्रिषे | तत्राथे | तत्रिध्वे -ढ्वे | अत्रास्थाः | अत्रासाथाम् | अत्राध्वम् |
| तत्रे | तत्रिवहे | तत्रिमहे | अत्रासि | अत्रास्वहि | अत्रास्महि |

**ष्मिङादयः अनुदात्ताः आत्मनेभाषाः ।**

966 **पूङ् पवने** । **पूङ्** । **पू** । **पवते** । A । **सेट्** । **स०** । purify, clean, understand

| | | | | | |
|---|---|---|---|---|---|
| पवते | पवेते | पवन्ते | अपवत | अपवेताम् | अपवन्त |
| पवसे | पवेथे | पवध्वे | अपवथाः | अपवेथाम् | अपवध्वम् |
| पवे | पवावहे | पवामहे | अपवे | अपवावहि | अपवामहि |
| पवताम् | पवेताम् | पवन्ताम् | पवेत | पवेयाताम् | पवेरन् |
| पवस्व | पवेथाम् | पवध्वम् | पवेथाः | पवेयाथाम् | पवेध्वम् |
| पवै | पवावहै | पवामहै | पवेय | पवेवहि | पवेमहि |
| पविष्यते | पविष्येते | पविष्यन्ते | अपविष्यत | अपविष्येताम् | अपविष्यन्त |
| पविष्यसे | पविष्येथे | पविष्यध्वे | अपविष्यथाः | अपविष्येथाम् | अपविष्यध्वम् |
| पविष्ये | पविष्यावहे | पविष्यामहे | अपविष्ये | अपविष्यावहि | अपविष्यामहि |
| पविता | पवितारौ | पवितारः | पविषीष्ट | पविषीयास्ताम् | पविषीरन् |
| पवितासे | पवितासाथे | पविताध्वे | पविषीष्ठाः | पविषीयास्थाम् | **पविषीध्वम् -ढ्वम्** |
| पविताहे | पवितास्वहे | पवितास्महे | पविषीय | पविषीवहि | पविषीमहि |
| पुपुवे | पुपुवाते | पुपुविरे | अपविष्ट | अपविषाताम् | अपविषत |
| पुपुविषे | पुपुवाथे | पुपुविध्वे -ढ्वे | अपविष्ठाः | अपविषाथाम् | **अपविध्वम् -ढ्वम्** |
| पुपुवे | पुपुविवहे | पुपुविमहे | अपविषि | अपविष्वहि | अपविष्महि |

967 **मूङ् बन्धने** । **मूङ्** । **मू** । **मवते** । A । **सेट्** । **स०** । bind, tie, fasten

| | | | | | |
|---|---|---|---|---|---|
| मवते | मवेते | मवन्ते | अमवत | अमवेताम् | अमवन्त |

| | | | | | |
|---|---|---|---|---|---|
| मवसे | मवेथे | मवध्वे | अमवथाः | अमवेथाम् | अमवध्वम् |
| मवे | मवावहे | मवामहे | अमवे | अमवावहि | अमवामहि |

| | | | | | |
|---|---|---|---|---|---|
| मवताम् | मवेताम् | मवन्ताम् | मवेत | मवेयाताम् | मवेरन् |
| मवस्व | मवेथाम् | मवध्वम् | मवेथाः | मवेयाथाम् | मवेध्वम् |
| मवै | मवावहै | मवामहै | मवेय | मवेवहि | मवेमहि |

| | | | | | |
|---|---|---|---|---|---|
| मविष्यते | मविष्येते | मविष्यन्ते | अमविष्यत | अमविष्येताम् | अमविष्यन्त |
| मविष्यसे | मविष्येथे | मविष्यध्वे | अमविष्यथाः | अमविष्येथाम् | अमविष्यध्वम् |
| मविष्ये | मविष्यावहे | मविष्यामहे | अमविष्ये | अमविष्यावहि | अमविष्यामहि |

| | | | | | |
|---|---|---|---|---|---|
| मविता | मवितारौ | मवितारः | मविषीष्ट | मविषीयास्ताम् | मविषीरन् |
| मवितासे | मवितासाथे | मविताध्वे | मविषीष्ठाः | मविषीयास्थाम् | **मविषीध्वम् -ढ्वम्** |
| मविताहे | मवितास्वहे | मवितास्महे | मविषीय | मविषीवहि | मविषीमहि |

| | | | | | |
|---|---|---|---|---|---|
| मुमुवे | मुमुवाते | मुमुविरे | अमविष्ट | अमविषाताम् | अमविषत |
| मुमुविषे | मुमुवाथे | मुमुविध्वे -ढ्वे | अमविष्ठाः | अमविषाथाम् | **अमविध्वम् -ढ्वम्** |
| मुमुवे | मुमुविवहे | मुमुविमहे | अमविषि | अमविष्वहि | अमविष्महि |

968 **डीङ् विहायसा गतौ ।** डीङ् । डी । डयते । A । सेट् । अ० । fly

| | | | | | |
|---|---|---|---|---|---|
| डयते | डयेते | डयन्ते | अडयत | अडयेताम् | अडयन्त |
| डयसे | डयेथे | डयध्वे | अडयथाः | अडयेथाम् | अडयध्वम् |
| डये | डयावहे | डयामहे | अडये | अडयावहि | अडयामहि |

| | | | | | |
|---|---|---|---|---|---|
| डयताम् | डयेताम् | डयन्ताम् | डयेत | डयेयाताम् | डयेरन् |
| डयस्व | डयेथाम् | डयध्वम् | डयेथाः | डयेयाथाम् | डयेध्वम् |
| डयै | डयावहै | डयामहै | डयेय | डयेवहि | डयेमहि |

| | | | | | |
|---|---|---|---|---|---|
| डयिष्यते | डयिष्येते | डयिष्यन्ते | अडयिष्यत | अडयिष्येताम् | अडयिष्यन्त |
| डयिष्यसे | डयिष्येथे | डयिष्यध्वे | अडयिष्यथाः | अडयिष्येथाम् | अडयिष्यध्वम् |
| डयिष्ये | डयिष्यावहे | डयिष्यामहे | अडयिष्ये | अडयिष्यावहि | अडयिष्यामहि |

| | | | | | |
|---|---|---|---|---|---|
| डयिता | डयितारौ | डयितारः | डयिषीष्ट | डयिषीयास्ताम् | डयिषीरन् |
| डयितासे | डयितासाथे | डयिताध्वे | डयिषीष्ठाः | डयिषीयास्थाम् | **डयिषीध्वम् -ढ्वम्** |
| डयिताहे | डयितास्वहे | डयितास्महे | डयिषीय | डयिषीवहि | डयिषीमहि |

| | | | | | |
|---|---|---|---|---|---|
| डिड्ये | डिड्याते | डिड्यिरे | अडयिष्ट | अडयिषाताम् | अडयिषत |
| डिड्यिषे | डिड्याथे | डिड्यिध्वे -ढ्वे | अडयिष्ठाः | अडयिषाथाम् | **अडयिध्वम् -ढ्वम्** |
| डिड्ये | डिड्यिवहे | डिड्यिमहे | अडयिषि | अडयिष्वहि | अडयिष्महि |

**पूङादयः त्रयः उदात्ताः आत्मनेभाषाः ।**

969 तॄ प्लवनतरणयोः ।उदात्तः परस्मैभाषः। तॄ । तॄ । तरति । P । सेट् । स० । swim, float, cross over
7.1.100 ॠत इद्धातोः । वा० इत्त्वोत्त्वाभ्यां गुणवृद्धी विप्रतिषेधेन । 1.1.51 उरण् रपरः । 7.2.38 वृतो वा ।
7.2.1 सिचि वृद्धिः परस्मैपदेषु । 8.2.29 स्कोः संयोगाद्योरन्ते च ।

| | | | | | |
|---|---|---|---|---|---|
| तरति | तरतः | तरन्ति | अतरत् -द् | अतरताम् | अतरन् |
| तरसि | तरथः | तरथ | अतरः | अतरतम् | अतरत |
| तरामि | तरावः | तरामः | अतरम् | अतराव | अतराम |

| | | | | | |
|---|---|---|---|---|---|
| तरतु | तरताम् | तरन्तु | तरेत् -द् | तरेताम् | तरेयुः |
| तर | तरतम् | तरत | तरेः | तरेतम् | तरेत |
| तराणि | तराव | तराम | तरेयम् | तरेव | तरेम |

| | | | | | |
|---|---|---|---|---|---|
| तरिष्यति , | तरिष्यतः , | तरिष्यन्ति , | अतरिष्यत् -द् | अतरिष्यताम् | अतरिष्यन् |
| तरीष्यति | तरीष्यतः | तरीष्यन्ति | अतरीष्यत् -द् | अतरीष्यताम् | अतरीष्यन् |
| तरिष्यसि , | तरिष्यथः , | तरिष्यथ , | अतरिष्यः | अतरिष्यतम् | अतरिष्यत |
| तरीष्यसि | तरीष्यथः | तरीष्यथ | अतरीष्यः | अतरीष्यतम् | अतरीष्यत |
| तरिष्यामि , | तरिष्यावः , | तरिष्यामः , | अतरिष्यम् | अतरिष्याव | अतरिष्याम |
| तरीष्यामि | तरीष्यावः | तरीष्यामः | अतरीष्यम् | अतरीष्याव | अतरीष्याम |

| | | | | | |
|---|---|---|---|---|---|
| तरिता | तरितारौ | तरितारः | तीर्यात् -द् | तीर्यास्ताम् | तीर्यासुः |
| तरीता | तरीतारौ | तरीतारः | | | |
| तरितासि | तरितास्थः | तरितास्थ | तीर्याः | तीर्यास्तम् | तीर्यास्त |
| तरीतासि | तरीतास्थः | तरीतास्थ | | | |
| तरितास्मि | तरितास्वः | तरितास्मः | तीर्यासम् | तीर्यास्व | तीर्यास्म |
| तरीतास्मि | तरीतास्वः | तरीतास्मः | | | |

| | | | | | |
|---|---|---|---|---|---|
| ततार | तेरतुः | तेरुः | अतारीत् -द् | अतारिष्टाम् | अतारिषुः |
| तेरिथ | तेरथुः | तेर | अतारीः | अतारिष्टम् | अतारिष्ट |
| ततार ततर | तेरिव | तेरिम | अतारिषम् | अतारिष्व | अतारिष्म |

## 970 अथ अष्टावात्मनेपदिनः ।

970 गुप गोपने । गुपँ । गुप् । नित्य सनन्त जुगुप्स । जुगुप्सते । A । सेट् । स० । despise, blame.
3.1.5 गुप्तिज्किद्भ्यः सन् । वा० निन्दाक्षमाव्याधिप्रतीकारेषु सन्निष्यतेऽन्यत्र यथाप्राप्तं प्रत्ययाः भवन्ति ।
Maha Bhashya नैतेभ्यः प्राक् सन आत्मनेपदम् नापि परस्मैपदं पश्यामः ।
Here the affix सन् will not take Guna as it has not been mentioned as Ardhadhatuka.
Secondly, in the sense other than निन्दा, the Root गुप् will belong to the 10c group as 1771 गुप भाषायाम् and hence take णिच् + शप् New Root गोपि । Thus गोपयति ।
3.1.6 मान्बधदान्शान्भ्यो दीर्घश्चाभ्यासस्य । वा० गुपोर्निन्दायाम् । वा० तिजेः क्षमायाम् । वा० कितेर्व्याधिप्रतीकारे निग्रहे अपनयने नाशने संशये च । वा० मानेर्जिज्ञासायाम् । वा० बधेश्चित्तविकारे । वा० दानेरार्जवे । वा० शानेर्निशाने ।
Vartika says this Root takes default सन् affix in the specific meaning “to blame”.

This Root becomes a secondary Root जुगुप्स with default सन् affix. This सन् affix is **not** a Desiderative affix as there is no “to desire” involved. सन् does not do Guna and there is no इट् augment by सन् । However सन् + Vikarana affix of Ardhadhatuka Tenses and Moods can take इट् augment for सेट् Roots.
*Also see* 395 गुपू रक्षणे ।
There are no Primary forms.

6.1.9 सन्यङोः , इति द्वित्वम् । 7.4.62 कुहोश्चुः । 6.1.97 अतो गुणे ।
**Atmanepadi Table** सनन्त Secondary Root जुगुप्स

| | | | | | |
|---|---|---|---|---|---|
| जुगुप्सते | जुगुप्सेते | जुगुप्सन्ते | अजुगुप्सत | अजुगुप्सेताम् | अजुगुप्सन्त |
| जुगुप्ससे | जुगुप्सेथे | जुगुप्सध्वे | अजुगुप्सथाः | अजुगुप्सेथाम् | अजुगुप्सध्वम् |
| जुगुप्से | जुगुप्सावहे | जुगुप्सामहे | अजुगुप्से | अजुगुप्सावहि | अजुगुप्सामहि |

| | | | | | |
|---|---|---|---|---|---|
| जुगुप्सताम् | जुगुप्सेताम् | जुगुप्सन्ताम् | जुगुप्सेत | जुगुप्सेयाताम् | जुगुप्सेरन् |
| जुगुप्सस्व | जुगुप्सेथाम् | जुगुप्सध्वम् | जुगुप्सेथाः | जुगुप्सेयाथाम् | जुगुप्सेध्वम् |
| जुगुप्सै | जुगुप्सावहै | जुगुप्सामहै | जुगुप्सेय | जुगुप्सेवहि | जुगुप्सेमहि |

| | | | | | |
|---|---|---|---|---|---|
| जुगुप्सिष्यते | जुगुप्सिष्येते | जुगुप्सिष्यन्ते | अजुगुप्सिष्यत | अजुगुप्सिष्येताम् | अजुगुप्सिष्यन्त |
| जुगुप्सिष्यसे | जुगुप्सिष्येथे | जुगुप्सिष्यध्वे | अजुगुप्सिष्यथाः | अजुगुप्सिष्येथाम् | अजुगुप्सिष्यध्वम् |
| जुगुप्सिष्ये | जुगुप्सिष्यावहे | जुगुप्सिष्यामहे | अजुगुप्सिष्ये | अजुगुप्सिष्यावहि | अजुगुप्सिष्यामहि |

| | | | | | |
|---|---|---|---|---|---|
| जुगुप्सिता | जुगुप्सितारौ | जुगुप्सितारः | जुगुप्सिषीष्ट | जुगुप्सिषीयास्ताम् | जुगुप्सिषीरन् |
| जुगुप्सितासे | जुगुप्सितासाथे | जुगुप्सिताध्वे | जुगुप्सिषीष्ठाः | जुगुप्सिषीयास्थाम् | जुगुप्सिषीध्वम् |
| जुगुप्सिताहे | जुगुप्सितास्वहे | जुगुप्सितास्महे | जुगुप्सिषीय | जुगुप्सिषीवहि | जुगुप्सिषीमहि |

| | | | | | |
|---|---|---|---|---|---|
| जुगुप्साञ्चक्रे | जुगुप्साञ्चक्राते | जुगुप्साञ्चक्रिरे | अजुगुप्सिष्ट | अजुगुप्सिषाताम् | अजुगुप्सिषत |
| जुगुप्साम्बभूव | जुगुप्साम्बभूवतुः | जुगुप्साम्बभूवुः | | | |
| जुगुप्सामास | जुगुप्सामासतुः | जुगुप्सामासुः | | | |
| जुगुप्साञ्चकृषे | जुगुप्साञ्चक्राथे | जुगुप्साञ्चकृढ्वे | अजुगुप्सिष्ठाः | अजुगुप्सिषाथाम् | अजुगुप्सिध्वम् |
| जुगुप्साम्बभूविथ | जुगुप्साम्बभूवथुः | जुगुप्साम्बभूव | | | |
| जुगुप्सामासिथ | जुगुप्सामासथुः | जुगुप्सामास | | | |
| जुगुप्साञ्चक्रे | जुगुप्साञ्चकृवहे | जुगुप्साञ्चकृमहे | अजुगुप्सिषि | अजुगुप्सिष्वहि | अजुगुप्सिष्महि |
| जुगुप्साम्बभूव | जुगुप्साम्बभूविव | जुगुप्साम्बभूविम | | | |
| जुगुप्सामास | जुगुप्सामासिव | जुगुप्सामासिम | | | |

971 तिज निशाने । तिजँ । तिज् । नित्य सनन्त तितिक्ष । तितिक्षते । A । सेट् । स० । forgive, forbear
3.1.5 गुप्तिज्किद्भ्यः सन् । 3.1.6 वा० तिजेः क्षमायाम् । इति क्षमायां नित्यं सन् । In the sense other than

क्षमा, the Root तिज् will belong to the 10c group as 1652 तिज निशाने and hence take णिच् + शप् । Thus तेजयति-ते । There are no Primary forms.

**Atmanepadi Table** सनन्त Secondary Root तितिक्ष

| | | | | | |
|---|---|---|---|---|---|
| तितिक्षते | तितिक्षेते | तितिक्षन्ते | अतितिक्षत | अतितिक्षेताम् | अतितिक्षन्त |
| तितिक्षसे | तितिक्षेथे | तितिक्षध्वे | अतितिक्षथाः | अतितिक्षेथाम् | अतितिक्षध्वम् |
| तितिक्षे | तितिक्षावहे | तितिक्षामहे | अतितिक्षे | अतितिक्षावहि | अतितिक्षामहि |
| | | | | | |
| तितिक्षताम् | तितिक्षेताम् | तितिक्षन्ताम् | तितिक्षेत | तितिक्षेयाताम् | तितिक्षेरन् |
| तितिक्षस्व | तितिक्षेथाम् | तितिक्षध्वम् | तितिक्षेथाः | तितिक्षेयाथाम् | तितिक्षेध्वम् |
| तितिक्षै | तितिक्षावहै | तितिक्षामहै | तितिक्षेय | तितिक्षेवहि | तितिक्षेमहि |
| | | | | | |
| तितिक्षिष्यते | तितिक्षिष्येते | तितिक्षिष्यन्ते | अतितिक्षिष्यत | अतितिक्षिष्येताम् | अतितिक्षिष्यन्त |
| तितिक्षिष्यसे | तितिक्षिष्येथे | तितिक्षिष्यध्वे | अतितिक्षिष्यथाः | अतितिक्षिष्येथाम् | अतितिक्षिष्यध्वम् |
| तितिक्षिष्ये | तितिक्षिष्यावहे | तितिक्षिष्यामहे | अतितिक्षिष्ये | अतितिक्षिष्यावहि | अतितिक्षिष्यामहि |
| | | | | | |
| तितिक्षिता | तितिक्षितारौ | तितिक्षितारः | तितिक्षिषीष्ट | तितिक्षिषीयास्ताम् | तितिक्षिषीरन् |
| तितिक्षितासे | तितिक्षितासाथे | तितिक्षिताध्वे | तितिक्षिषीष्ठाः | तितिक्षिषीयास्थाम् | तितिक्षिषीध्वम् |
| तितिक्षिताहे | तितिक्षितास्वहे | तितिक्षितास्महे | तितिक्षिषीय | तितिक्षिषीवहि | तितिक्षिषीमहि |
| | | | | | |
| तितिक्षाञ्चक्रे | तितिक्षाञ्चक्राते | तितिक्षाञ्चक्रिरे | अतितिक्षिष्ट | अतितिक्षिषाताम् | अतितिक्षिषत |
| तितिक्षाम्बभूव | तितिक्षाम्बभूवतुः | तितिक्षाम्बभूवुः | | | |
| तितिक्षामास | तितिक्षामासतुः | तितिक्षामासुः | | | |
| तितिक्षाञ्चकृषे | तितिक्षाञ्चक्राथे | तितिक्षाञ्चकृढ्वे | अतितिक्षिष्ठाः | अतितिक्षिषाथाम् | अतितिक्षिध्वम् |
| तितिक्षाम्बभूविथ | तितिक्षाम्बभूवथुः | तितिक्षाम्बभूव | | | |
| तितिक्षामासिथ | तितिक्षामासथुः | तितिक्षामास | | | |
| तितिक्षाञ्चक्रे | तितिक्षाञ्चकृवहे | तितिक्षाञ्चकृमहे | अतितिक्षिषि | अतितिक्षिष्वहि | अतितिक्षिष्महि |
| तितिक्षाम्बभूव | तितिक्षाम्बभूविव | तितिक्षाम्बभूविम | | | |
| तितिक्षामास | तितिक्षामासिव | तितिक्षामासिम | | | |

972 मान पूजायाम् । मान्ँ । मान् । नित्यं सन् । सनन्त मीमांस । मीमांसते । A । सेट् । स० । ask, enquire. 3.1.6 मान्बधदान्शान्भ्यो दीर्घश्चाभ्यासस्य । वा० मानेर्जिज्ञासायाम् । इति जिज्ञासायां नित्यं सन्, अभ्यासेकारस्य दीर्घः च । In the sense other than जिज्ञासा, the Root मान् will belong to the 10c group as 1843 मान पूजायाम् and hence take णिच् + शप् । Thus मानयति-ते । There are no Primary forms.

**Atmanepadi Table** सनन्त Secondary Root मीमांस

| | | | | | |
|---|---|---|---|---|---|
| मीमांसते | मीमांसेते | मीमांसन्ते | अमीमांसत | अमीमांसेताम् | अमीमांसन्त |
| मीमांससे | मीमांसेथे | मीमांसध्वे | अमीमांसथाः | अमीमांसेथाम् | अमीमांसध्वम् |
| मीमांसे | मीमांसावहे | मीमांसामहे | अमीमांसे | अमीमांसावहि | अमीमांसामहि |

| | | | | | |
|---|---|---|---|---|---|
| मीमांसताम् | मीमांसेताम् | मीमांसन्ताम् | मीमांसेत | मीमांसेयाताम् | मीमांसेरन् |
| मीमांसस्व | मीमांसेथाम् | मीमांसध्वम् | मीमांसेथाः | मीमांसेयाथाम् | मीमांसेध्वम् |
| मीमांसै | मीमांसावहै | मीमांसामहै | मीमांसेय | मीमांसेवहि | मीमांसेमहि |

| | | | | | |
|---|---|---|---|---|---|
| मीमांसिष्यते | मीमांसिष्येते | मीमांसिष्यन्ते | अमीमांसिष्यत | अमीमांसिष्येताम् | अमीमांसिष्यन्त |
| मीमांसिष्यसे | मीमांसिष्येथे | मीमांसिष्यध्वे | अमीमांसिष्यथाः | अमीमांसिष्येथाम् | अमीमांसिष्यध्वम् |
| मीमांसिष्ये | मीमांसिष्यावहे | मीमांसिष्यामहे | अमीमांसिष्ये | अमीमांसिष्यावहि | अमीमांसिष्यामहि |

| | | | | | |
|---|---|---|---|---|---|
| मीमांसिता | मीमांसितारौ | मीमांसितारः | मीमांसिषीष्ट | मीमांसिषीयास्ताम् | मीमांसिषीरन् |
| मीमांसितासे | मीमांसितासाथे | मीमांसिताध्वे | मीमांसिषीष्ठाः | मीमांसिषीयास्थाम् | मीमांसिषीध्वम् |
| मीमांसिताहे | मीमांसितास्वहे | मीमांसितास्महे | मीमांसिषीय | मीमांसिषीवहि | मीमांसिषीमहि |

| | | | | | |
|---|---|---|---|---|---|
| मीमांसाञ्चक्रे | मीमांसाञ्चक्राते | मीमांसाञ्चक्रिरे | अमीमांसिष्ट | अमीमांसिषाताम् | अमीमांसिषत |
| मीमांसाम्बभूव | मीमांसाम्बभूवतुः | मीमांसाम्बभूवुः | | | |
| मीमांसामास | मीमांसामासतुः | मीमांसामासुः | | | |
| मीमांसाञ्चकृषे | मीमांसाञ्चक्राथे | मीमांसाञ्चकृढ्वे | अमीमांसिष्ठाः | अमीमांसिषाथाम् | अमीमांसिध्वम् |
| मीमांसाम्बभूविथ | मीमांसाम्बभूवथुः | मीमांसाम्बभूव | | | |
| मीमांसामासिथ | मीमांसामासथुः | मीमांसामास | | | |
| मीमांसाञ्चक्रे | मीमांसाञ्चकृवहे | मीमांसाञ्चकृमहे | अमीमांसिषि | अमीमांसिष्वहि | अमीमांसिष्महि |
| मीमांसाम्बभूव | मीमांसाम्बभूविव | मीमांसाम्बभूविम | | | |
| मीमांसामास | मीमांसामासिव | मीमांसामासिम | | | |

973 बध बन्धने । बधँ । बध् । नित्यं सन् । सनन्त बीभत्स । बीभत्सते । A । सेट् । स० । cause mental torture, perturb.

3.1.6 मान्बधदान्शान्भ्यो दीर्घश्चाभ्यासस्य । वा० अत्रापि सन्नर्थं विशेष इष्यते । बधेश्चित्तविकारे , नित्यं सन् , अभ्यासेकारस्य इकारः दीर्घः च । वा० बधेश्चित्तविकारे । इति चित्तविकारे नित्यं सन् । In the sense other than चित्तविकारे , the Root बध् will belong to the 10c group as 1547 बध संयमने and hence take णिच् + शप् । Thus बाधयति-ते । There are no Primary forms.

**Atmanepadi Table** सनन्त Secondary Root बीभत्स

| | | | | | |
|---|---|---|---|---|---|
| बीभत्सते | बीभत्सेते | बीभत्सन्ते | अबीभत्सत | अबीभत्सेताम् | अबीभत्सन्त |
| बीभत्ससे | बीभत्सेथे | बीभत्सध्वे | अबीभत्सथाः | अबीभत्सेथाम् | अबीभत्सध्वम् |
| बीभत्से | बीभत्सावहे | बीभत्सामहे | अबीभत्से | अबीभत्सावहि | अबीभत्सामहि |

| | | | | | |
|---|---|---|---|---|---|
| बीभत्सताम् | बीभत्सेताम् | बीभत्सन्ताम् | बीभत्सेत | बीभत्सेयाताम् | बीभत्सेरन् |
| बीभत्सस्व | बीभत्सेथाम् | बीभत्सध्वम् | बीभत्सेथाः | बीभत्सेयाथाम् | बीभत्सेध्वम् |
| बीभत्सै | बीभत्सावहै | बीभत्सामहै | बीभत्सेय | बीभत्सेवहि | बीभत्सेमहि |
| | | | | | |
| बीभत्सिष्यते | बीभत्सिष्येते | बीभत्सिष्यन्ते | अबीभत्सिष्यत | अबीभत्सिष्येताम् | अबीभत्सिष्यन्त |
| बीभत्सिष्यसे | बीभत्सिष्येथे | बीभत्सिष्यध्वे | अबीभत्सिष्यथाः | अबीभत्सिष्येथाम् | अबीभत्सिष्यध्वम् |
| बीभत्सिष्ये | बीभत्सिष्यावहे | बीभत्सिष्यामहे | अबीभत्सिष्ये | अबीभत्सिष्यावहि | अबीभत्सिष्यामहि |
| | | | | | |
| बीभत्सिता | बीभत्सितारौ | बीभत्सितारः | बीभत्सिषीष्ट | बीभत्सिषीयास्ताम् | बीभत्सिषीरन् |
| बीभत्सितासे | बीभत्सितासाथे | बीभत्सिताध्वे | बीभत्सिषीष्ठाः | बीभत्सिषीयास्थाम् | बीभत्सिषीध्वम् |
| बीभत्सिताहे | बीभत्सितास्वहे | बीभत्सितास्महे | बीभत्सिषीय | बीभत्सिषीवहि | बीभत्सिषीमहि |
| | | | | | |
| बीभत्साञ्चक्रे | बीभत्साञ्चक्राते | बीभत्साञ्चक्रिरे | अबीभत्सिष्ट | अबीभत्सिषाताम् | अबीभत्सिषत |
| बीभत्साम्बभूव | बीभत्साम्बभूवतुः | बीभत्साम्बभूवुः | | | |
| बीभत्सामास | बीभत्सामासतुः | बीभत्सामासुः | | | |
| बीभत्साञ्चकृषे | बीभत्साञ्चक्राथे | बीभत्साञ्चकृढ्वे | अबीभत्सिष्ठाः | अबीभत्सिषाथाम् | अबीभत्सिध्वम् |
| बीभत्साम्बभूविथ | बीभत्साम्बभूवथुः | बीभत्साम्बभूव | | | |
| बीभत्सामासिथ | बीभत्सामासथुः | बीभत्सामास | | | |
| बीभत्साञ्चक्रे | बीभत्साञ्चकृवहे | बीभत्साञ्चकृमहे | अबीभत्सिषि | अबीभत्सिष्वहि | अबीभत्सिष्महि |
| बीभत्साम्बभूव | बीभत्साम्बभूविव | बीभत्साम्बभूविम | | | |
| बीभत्सामास | बीभत्सामासिव | बीभत्सामासिम | | | |

970 गुपादयः चत्वारः उदात्ताः अनुदात्तेतः आत्मनेभाषाः ।

974 रभ राभस्ये । आङ् पूर्वकः । रभँ । रभ् । आरभते । A । अनिट् । स० । begin, be happy, be glad
8.2.40 झषस्तथोर्धोऽधः । 8.4.53 झलां जश् झशि ।

| | | | | | |
|---|---|---|---|---|---|
| आरभते | आरभेते | आरभन्ते | आरभत | आरभेताम् | आरभन्त |
| आरभसे | आरभेथे | आरभध्वे | आरभथाः | आरभेथाम् | आरभध्वम् |
| आरभे | आरभावहे | आरभामहे | आरभे | आरभावहि | आरभामहि |
| | | | | | |
| आरभताम् | आरभेताम् | आरभन्ताम् | आरभेत | आरभेयाताम् | आरभेरन् |
| आरभस्व | आरभेथाम् | आरभध्वम् | आरभेथाः | आरभेयाथाम् | आरभेध्वम् |
| आरभै | आरभावहै | आरभामहै | आरभेय | आरभेवहि | आरभेमहि |
| | | | | | |
| आरप्स्यते | आरप्स्येते | आरप्स्यन्ते | आरप्स्यत | आरप्स्येताम् | आरप्स्यन्त |
| आरप्स्यसे | आरप्स्येथे | आरप्स्यध्वे | आरप्स्यथाः | आरप्स्येथाम् | आरप्स्यध्वम् |
| आरप्स्ये | आरप्स्यावहे | आरप्स्यामहे | आरप्स्ये | आरप्स्यावहि | आरप्स्यामहि |

| | | | | | |
|---|---|---|---|---|---|
| आरब्धा | आरब्धारौ | आरब्धारः | आरप्सीष्ट | आरप्सीयास्ताम् | आरप्सीरन् |
| आरब्धासे | आरब्धासाथे | आरब्धाध्वे | आरप्सीष्ठाः | आरप्सीयास्थाम् | आरप्सीध्वम् |
| आरब्धाहे | आरब्धास्वहे | आरब्धास्महे | आरप्सीय | आरप्सीवहि | आरप्सीमहि |

| | | | | | |
|---|---|---|---|---|---|
| आरेभे | आरेभाते | आरेभिरे | आरब्ध | आरप्साताम् | आरप्सत |
| आरेभिषे | आरेभाथे | आरेभिध्वे | आरब्धाः | आरप्साथाम् | आरब्ध्वम् |
| आरेभे | आरेभिवहे | आरेभिमहे | आरप्सि | आरप्स्महि | आरप्स्महि |

975 डुलभष् प्राप्तौ । डु॒ल॒भँ॒ष् । लभ् । लभते । A । अनिट् । स० । get, receive

| | | | | | |
|---|---|---|---|---|---|
| लभते | लभेते | लभन्ते | अलभत | अलभेताम् | अलभन्त |
| लभसे | लभेथे | लभध्वे | अलभथाः | अलभेथाम् | अलभध्वम् |
| लभे | लभावहे | लभामहे | अलभे | अलभावहि | अलभामहि |

| | | | | | |
|---|---|---|---|---|---|
| लभताम् | लभेताम् | लभन्ताम् | लभेत | लभेयाताम् | लभेरन् |
| लभस्व | लभेथाम् | लभध्वम् | लभेथाः | लभेयाथाम् | लभेध्वम् |
| लभै | लभावहै | लभामहै | लभेय | लभेवहि | लभेमहि |

| | | | | | |
|---|---|---|---|---|---|
| लप्स्यते | लप्स्येते | लप्स्यन्ते | अलप्स्यत | अलप्स्येताम् | अलप्स्यन्त |
| लप्स्यसे | लप्स्येथे | लप्स्यध्वे | अलप्स्यथाः | अलप्स्येथाम् | अलप्स्यध्वम् |
| लप्स्ये | लप्स्यावहे | लप्स्यामहे | अलप्स्ये | अलप्स्यावहि | अलप्स्यामहि |

| | | | | | |
|---|---|---|---|---|---|
| लब्धा | लब्धारौ | लब्धारः | लप्सीष्ट | लप्सीयास्ताम् | लप्सीरन् |
| लब्धासे | लब्धासाथे | लब्धाध्वे | लप्सीष्ठाः | लप्सीयास्थाम् | लप्सीध्वम् |
| लब्धाहे | लब्धास्वहे | लब्धास्महे | लप्सीय | लप्सीवहि | लप्सीमहि |

| | | | | | |
|---|---|---|---|---|---|
| लेभे | लेभाते | लेभिरे | अलब्ध | अलप्साताम् | अलप्सत |
| लेभिषे | लेभाथे | लेभिध्वे | अलब्धाः | अलप्साथाम् | अलब्ध्वम् |
| लेभे | लेभिवहे | लेभिमहे | अलप्सि | अलप्स्महि | अलप्स्महि |

976 ष्वञ्ज परिष्वङ्गे । ष्व॒ञ्जँ॒ । स्वञ्ज् । स्वजते । A । अनिट् । स० । hug

6.4.25 दंशसञ्जस्वञ्जां शपि , इति नलोपः । 8.3.24 नश्चापदान्तस्य झलि । 8.4.58 अनुस्वारस्य ययि परसवर्णः ।

6.4.24 अनिदितां हल उपधायाः क्ङिति , इति नलोपः । 8.2.30 चोः कुः , कुत्व । 8.4.55 खरि च , चर्त्व ।

1.2.6 इन्धिभवतिभ्यां च । वा० श्रन्थिग्रन्थिदम्भिस्वञ्जीनामिति वक्तव्यम् ।

| | | | | | |
|---|---|---|---|---|---|
| स्वजते | स्वजेते | स्वजन्ते | अस्वजत | अस्वजेताम् | अस्वजन्त |
| स्वजसे | स्वजेथे | स्वजध्वे | अस्वजथाः | अस्वजेथाम् | अस्वजध्वम् |
| स्वजे | स्वजावहे | स्वजामहे | अस्वजे | अस्वजावहि | अस्वजामहि |

| | | | | | |
|---|---|---|---|---|---|
| स्वजताम् | स्वजेताम् | स्वजन्ताम् | स्वजेत | स्वजेयाताम् | स्वजेरन् |
| स्वजस्व | स्वजेथाम् | स्वजध्वम् | स्वजेथाः | स्वजेयाथाम् | स्वजेध्वम् |
| स्वजै | स्वजावहै | स्वजामहै | स्वजेय | स्वजेवहि | स्वजेमहि |

| | | | | | |
|---|---|---|---|---|---|
| स्वङ्क्ष्यते | स्वङ्क्ष्येते | स्वङ्क्ष्यन्ते | अस्वङ्क्ष्यत | अस्वङ्क्ष्येताम् | अस्वङ्क्ष्यन्त |

| | | | | | |
|---|---|---|---|---|---|
| स्वङ्क्ष्यसे | स्वङ्क्ष्येथे | स्वङ्क्ष्यध्वे | अस्वङ्क्ष्यथाः | अस्वङ्क्ष्येथाम् | अस्वङ्क्ष्यध्वम् |
| स्वङ्क्ष्ये | स्वङ्क्ष्यावहे | स्वङ्क्ष्यामहे | अस्वङ्क्ष्ये | अस्वङ्क्ष्यावहि | अस्वङ्क्ष्यामहि |

| | | | | | |
|---|---|---|---|---|---|
| स्वङ्क्ता | स्वङ्क्तारौ | स्वङ्क्तारः | स्वङ्क्षीष्ट | स्वङ्क्षीयास्ताम् | स्वङ्क्षीरन् |
| स्वङ्क्तासे | स्वङ्क्तासाथे | स्वङ्क्ताध्वे | स्वङ्क्षीष्ठाः | स्वङ्क्षीयास्थाम् | स्वङ्क्षीध्वम् |
| स्वङ्क्ताहे | स्वङ्क्तास्वहे | स्वङ्क्तास्महे | स्वङ्क्षीय | स्वङ्क्षीवहि | स्वङ्क्षीमहि |

| | | | | | |
|---|---|---|---|---|---|
| सस्वञ्जे | सस्वञ्जाते | सस्वञ्जिरे | अस्वङ्क्त | अस्वङ्क्षाताम् | अस्वङ्क्षत |
| सस्वजे | सस्वजाते | सस्वजिरे | | | |
| सस्वञ्जिषे | सस्वञ्जाथे | सस्वञ्जिध्वे | अस्वङ्क्थाः | अस्वङ्क्षाथाम् | अस्वङ्ग्ध्वम् |
| सस्वजिषे | सस्वजाथे | सस्वजिध्वे | | | |
| सस्वञ्जे | सस्वञ्जिवहे | सस्वञ्जिमहे | अस्वङ्क्षि | अस्वङ्क्ष्वहि | अस्वङ्क्ष्महि |
| सस्वजे | सस्वजिवहे | सस्वजिमहे | | | |

977 हद पुरीषोत्सर्गे । हदँ । हद् । हदते । A । अनिट् । अ० । empty bowels 8.4.55 8.2.26

| | | | | | |
|---|---|---|---|---|---|
| हदते | हदेते | हदन्ते | अहदत | अहदेताम् | अहदन्त |
| हदसे | हदेथे | हदध्वे | अहदथाः | अहदेथाम् | अहदध्वम् |
| हदे | हदावहे | हदामहे | अहदे | अहदावहि | अहदामहि |

| | | | | | |
|---|---|---|---|---|---|
| हदताम् | हदेताम् | हदन्ताम् | हदेत | हदेयाताम् | हदेरन् |
| हदस्व | हदेथाम् | हदध्वम् | हदेथाः | हदेयाथाम् | हदेध्वम् |
| हदै | हदावहै | हदामहै | हदेय | हदेवहि | हदेमहि |

| | | | | | |
|---|---|---|---|---|---|
| हत्स्यते | हत्स्येते | हत्स्यन्ते | अहत्स्यत | अहत्स्येताम् | अहत्स्यन्त |
| हत्स्यसे | हत्स्येथे | हत्स्यध्वे | अहत्स्यथाः | अहत्स्येथाम् | अहत्स्यध्वम् |
| हत्स्ये | हत्स्यावहे | हत्स्यामहे | अहत्स्ये | अहत्स्यावहि | अहत्स्यामहि |

| | | | | | |
|---|---|---|---|---|---|
| हत्ता | हत्तारौ | हत्तारः | हत्सीष्ट | हत्सीयास्ताम् | हत्सीरन् |
| हत्तासे | हत्तासाथे | हत्ताध्वे | हत्सीष्ठाः | हत्सीयास्थाम् | हत्सीध्वम् |
| हत्ताहे | हत्तास्वहे | हत्तास्महे | हत्सीय | हत्सीवहि | हत्सीमहि |

| | | | | | |
|---|---|---|---|---|---|
| जहदे | जहदाते | जहदिरे | अहत्त | अहत्साताम् | अहत्सत |
| जहदिषे | जहदाथे | जहदिध्वे | अहत्थाः | अहत्साथाम् | अहद्ध्वम् |
| जहदे | जहदिवहे | जहदिमहे | अहत्सि | अहत्स्वहि | अहत्स्महि |

974 रभादयः चत्वारः अनुदात्ताः अनुदात्तेतः आत्मनेभाषाः ।

978 ञिष्विदा अव्यक्ते शब्दे । ञिक्ष्विदा केचित् । उदात्तः उदात्तेत् परस्मैभाषः । ञिष्विदाँ । स्विद् । स्वेदति । P । सेट् । अ० । hum, make inarticulate sound 7.2.16 आदितश्च । 8.2.42 रदा० ।

| | | | | | |
|---|---|---|---|---|---|
| स्वेदति | स्वेदतः | स्वेदन्ति | अस्वेदत् -द् | अस्वेदताम् | अस्वेदन् |
| स्वेदसि | स्वेदथः | स्वेदथ | अस्वेदः | अस्वेदतम् | अस्वेदत |

| | | | | | |
|---|---|---|---|---|---|
| स्वेदामि | स्वेदावः | स्वेदामः | अस्वेदम् | अस्वेदाव | अस्वेदाम |

| | | | | | |
|---|---|---|---|---|---|
| स्वेदतु | स्वेदताम् | स्वेदन्तु | स्वेदेत् -द् | स्वेदेताम् | स्वेदेयुः |
| स्वेद | स्वेदतम् | स्वेदत | स्वेदेः | स्वेदेतम् | स्वेदेत |
| स्वेदानि | स्वेदाव | स्वेदाम | स्वेदेयम् | स्वेदेव | स्वेदेम |

| | | | | | |
|---|---|---|---|---|---|
| स्वेदिष्यति | स्वेदिष्यतः | स्वेदिष्यन्ति | अस्वेदिष्यत् -द् | अस्वेदिष्यताम् | अस्वेदिष्यन् |
| स्वेदिष्यसि | स्वेदिष्यथः | स्वेदिष्यथ | अस्वेदिष्यः | अस्वेदिष्यतम् | अस्वेदिष्यत |
| स्वेदिष्यामि | स्वेदिष्यावः | स्वेदिष्यामः | अस्वेदिष्यम् | अस्वेदिष्याव | अस्वेदिष्याम |

| | | | | | |
|---|---|---|---|---|---|
| स्वेदिता | स्वेदितारौ | स्वेदितारः | स्विद्यात् -द् | स्विद्यास्ताम् | स्विद्यासुः |
| स्वेदितासि | स्वेदितास्थः | स्वेदितास्थ | स्विद्याः | स्विद्यास्तम् | स्विद्यास्त |
| स्वेदितास्मि | स्वेदितास्वः | स्वेदितास्मः | स्विद्यासम् | स्विद्यास्व | स्विद्यास्म |

| | | | | | |
|---|---|---|---|---|---|
| सिष्वेद | सिष्विदतुः | सिष्विदुः | अस्वेदीत् -द् | अस्वेदिष्टाम् | अस्वेदिषुः |
| सिष्वेदिथ | सिष्विदथुः | सिष्विद | अस्वेदीः | अस्वेदिष्टम् | अस्वेदिष्ट |
| सिष्वेद | सिष्विदिव | सिष्विदिम | अस्वेदिषम् | अस्वेदिष्व | अस्वेदिष्म |

979 **स्कन्दिर् गतिशोषणयोः** । **स्क॒न्ँदिर्** । **स्कन्द्** । **स्कन्दति** । P । **अनिट्** । **स०** । go, dry up 8.4.55
7.4.61 **शर्पूर्वाः खयः** । 7.4.62 **कुहोश्चुः** । 8.4.65 **झरो झरि सवर्णे** । 7.2.3 3.1.57 6.4.24

| | | | | | |
|---|---|---|---|---|---|
| स्कन्दति | स्कन्दतः | स्कन्दन्ति | अस्कन्दत् -द् | अस्कन्दताम् | अस्कन्दन् |
| स्कन्दसि | स्कन्दथः | स्कन्दथ | अस्कन्दः | अस्कन्दतम् | अस्कन्दत |
| स्कन्दामि | स्कन्दावः | स्कन्दामः | अस्कन्दम् | अस्कन्दाव | अस्कन्दाम |

| | | | | | |
|---|---|---|---|---|---|
| स्कन्दतु | स्कन्दताम् | स्कन्दन्तु | स्कन्देत् -द् | स्कन्देताम् | स्कन्देयुः |
| स्कन्द | स्कन्दतम् | स्कन्दत | स्कन्देः | स्कन्देतम् | स्कन्देत |
| स्कन्दानि | स्कन्दाव | स्कन्दाम | स्कन्देयम् | स्कन्देव | स्कन्देम |

| | | | | | |
|---|---|---|---|---|---|
| स्कन्त्स्यति | स्कन्त्स्यतः | स्कन्त्स्यन्ति | अस्कन्त्स्यत् -द् | अस्कन्त्स्यताम् | अस्कन्त्स्यन् |
| स्कन्त्स्यसि | स्कन्त्स्यथः | स्कन्त्स्यथ | अस्कन्त्स्यः | अस्कन्त्स्यतम् | अस्कन्त्स्यत |
| स्कन्त्स्यामि | स्कन्त्स्यावः | स्कन्त्स्यामः | अस्कन्त्स्यम् | अस्कन्त्स्याव | अस्कन्त्स्याम |

| | | | | | |
|---|---|---|---|---|---|
| स्कन्ता | स्कन्तारौ | स्कन्तारः | स्कद्यात् -द् | स्कद्यास्ताम् | स्कद्यासुः |
| स्कन्त्ता | स्कन्त्तारौ | स्कन्त्तारः | | | |
| स्कन्तासि | स्कन्तास्थः | स्कन्तास्थ | स्कद्याः | स्कद्यास्तम् | स्कद्यास्त |
| स्कन्त्तासि | स्कन्त्तास्थः | स्कन्त्तास्थ | | | |
| स्कन्तास्मि | स्कन्तास्वः | स्कन्तास्मः | स्कद्यासम् | स्कद्यास्व | स्कद्यास्म |
| स्कन्त्तास्मि | स्कन्त्तास्वः | स्कन्त्तास्मः | | | |

| | | | | | |
|---|---|---|---|---|---|
| चस्कन्द | चस्कन्दतुः | चस्कन्दुः | अस्कान्त्सीत् -द् / अस्कदत् -द् | अस्कान्ताम् अस्कान्ताम् / | अस्कन्त्सुः / अस्कदन् |

| | | | | | |
|---|---|---|---|---|---|
| | | | | अस्कदताम् | |
| चस्कन्दिथ<br>चस्कन्त्थ<br>चस्कन्थ | चस्कन्दथुः | चस्कन्द | अस्कान्त्सीः /<br>अस्कदः | अस्कान्तम्<br>अस्कान्तम् /<br>अस्कदतम् | अस्कान्त<br>अस्कान्त /<br>अस्कदत |
| चस्कन्द | चस्कन्दिव | चस्कन्दिम | अस्कान्त्सम् /<br>अस्कदम् | अस्कान्त्स्व /<br>अस्कदाव | अस्कान्त्स्म /<br>अस्कदाम |

980 **यभ मैथुने** । **यभँ** । **यभ्** । **यभति** । P । **अनिट्** । अ० । have intercourse, make love

8.2.39 8.4.55 8.2.40 8.4.53 8.2.26 7.2.62 7.2.63 7.2.3

| | | | | | |
|---|---|---|---|---|---|
| यभति | यभतः | यभन्ति | अयभत् -द् | अयभताम् | अयभन् |
| यभसि | यभथः | यभथ | अयभः | अयभतम् | अयभत |
| यभामि | यभावः | यभामः | अयभम् | अयभाव | अयभाम |

| | | | | | |
|---|---|---|---|---|---|
| यभतु | यभताम् | यभन्तु | यभेत् -द् | यभेताम् | यभेयुः |
| यभ | यभतम् | यभत | यभेः | यभेतम् | यभेत |
| यभानि | यभाव | यभाम | यभेयम् | यभेव | यभेम |

| | | | | | |
|---|---|---|---|---|---|
| यप्स्यति | यप्स्यतः | यप्स्यन्ति | अयप्स्यत् -द् | अयप्स्यताम् | अयप्स्यन् |
| यप्स्यसि | यप्स्यथः | यप्स्यथ | अयप्स्यः | अयप्स्यतम् | अयप्स्यत |
| यप्स्यामि | यप्स्यावः | यप्स्यामः | अयप्स्यम् | अयप्स्याव | अयप्स्याम |

| | | | | | |
|---|---|---|---|---|---|
| यब्धा | यब्धारौ | यब्धारः | यभ्यात् -द् | यभ्यास्ताम् | यभ्यासुः |
| यब्धासि | यब्धास्थः | यब्धास्थ | यभ्याः | यभ्यास्तम् | यभ्यास्त |
| यब्धास्मि | यब्धास्वः | यब्धास्मः | यभ्यासम् | यभ्यास्व | यभ्यास्म |

| | | | | | |
|---|---|---|---|---|---|
| ययाभ | येभतुः | येभुः | अयाप्सीत् -द् | अयाब्धाम् | अयाप्सुः |
| येभिथ ययब्ध | येभथुः | येभ | अयाप्सीः | अयाब्धम् | अयाब्ध |
| ययाभ | येभिव | येभिम | अयाप्सम् | अयाप्स्व | अयाप्स्म |

## 981 Application of गणसूत्र = ज्वल-ह्वल-ह्मल-नमामनुपसर्गाद्वा । एषां मित्त्वं वा ।

981 **णम प्रह्वत्वे शब्दे च** । **णमँ** । **नम्** । **नमति, नमयति-ते, नामयति-ते , प्रणमयति-ते** । P । **अनिट्** । **स०** । salute, bow, offer gratefulness, hello. *Famous words* **नमस्ते** । **प्रणामः** ।

गणसूत्र० = ज्वल-ह्वल-ह्मल-नमामनुपसर्गाद्वा । एषां मित्त्वं वा । The secondary **णिजन्त** Root may be **नमि** or **नामि** without upasarga and only **प्रणमि** with upasarga.

| **लट्** 1 Present Tense | | | **लङ्** 2 Imperfect Past 6.4.71 **लुङ्लङ्लृङ्क्ष्वडुदात्तः** | | |
|---|---|---|---|---|---|
| नमति | नमतः | नमन्ति | अनमत् -द् | अनमताम् | अनमन् |

| | | | | | |
|---|---|---|---|---|---|
| नमसि | नमथः | नमथ | अनमः | अनमतम् | अनमत |
| नमामि | नमावः | नमामः | अनमम् | अनमाव | अनमाम |

| लोट् 3 Imperative Mood | | | विधिलिङ् 4 Potential Mood | | |
|---|---|---|---|---|---|
| नमतु -तात् -द् | नमताम् | नमन्तु | नमेत् -द् | नमेताम् | नमेयुः |
| नम -तात् -द् | नमतम् | नमत | नमेः | नमेतम् | नमेत |
| नमानि | नमाव | नमाम | नमेयम् | नमेव | नमेम |

| लृट् 5 Simple Future 8.3.24 नश्चापदान्तस्य झलि | | | लृङ् 6 Conditional Mood 6.4.71 8.3.24 | | |
|---|---|---|---|---|---|
| **नंस्यति** | **नंस्यतः** | **नंस्यन्ति** | **अनंस्यत् -द्** | **अनंस्यताम्** | **अनंस्यन्** |
| **नंस्यसि** | **नंस्यथः** | **नंस्यथ** | **अनंस्यः** | **अनंस्यतम्** | **अनंस्यत** |
| **नंस्यामि** | **नंस्यावः** | **नंस्यामः** | **अनंस्यम्** | **अनंस्याव** | **अनंस्याम** |

| लुट् 7 Periphrastic Future 8.3.24 8.4.58 | | | आशीर्लिङ् 8 Benedictive 3.4.104 8.2.29 | | |
|---|---|---|---|---|---|
| नन्ता | नन्तारौ | नन्तारः | नम्यात् -द् | नम्यास्ताम् | नम्यासुः |
| नन्तासि | नन्तास्थः | नन्तास्थ | नम्याः | नम्यास्तम् | नम्यास्त |
| नन्तास्मि | नन्तास्वः | नन्तास्मः | नम्यासम् | नम्यास्व | नम्यास्म |

| लिट् 9 Perfect 7.2.62 7.2.63 7.1.91 6.4.120 | | | लुङ् 10 Aorist 6.4.71 3.1.44 7.2.73 8.3.24 | | |
|---|---|---|---|---|---|
| ननाम | नेमतुः | नेमुः | अनंसीत् -द् | अनंसिष्टाम् | अनंसिषुः |
| नेमिथ ननन्थ | नेमथुः | नेम | अनंसीः | अनंसिष्टम् | अनंसिष्ट |
| ननाम ननम | नेमिव | नेमिम | अनंसिषम् | अनंसिष्व | अनंसिष्म |

Since this Root is not present anywhere else in Dhatupatha, we give its **णिजन्त** forms also for clarity. Note: **णिजन्त** forms will be **सेट्** and Ubhayepada.
3.1.48 **णिश्रिद्रुस्रुभ्यः कर्तरि चङ्** । 7.4.1 **णौ चङ्युपधाया ह्रस्वः** । Hence only **ह्रस्वः** form for **लुङ्** ।
7.3.36 **अर्तिह्रीव्लीरीक्नूयीक्ष्माय्यातां पुङ्णौ** । **पुक् आगमः** ।

## Parasmaipadi Table नमि or नामि । Secondary Root णिजन्त Forms

| | | | | | |
|---|---|---|---|---|---|
| नमयति | नमयतः | नमयन्ति | अनमयत् -द् | अनमयताम् | अनमयन् |
| नामयति | नामयतः | नामयन्ति | अनामयत् -द् | अनामयताम् | अनामयन् |
| नमयसि | नमयथः | नमयथ | अनमयः | अनमयतम् | अनमयत |
| नामयसि | नामयथः | नामयथ | अनामयः | अनामयतम् | अनामयत् |
| नमयामि | नमयावः | नमयामः | अनमयम् | अनमयाव | अनमयाम |
| नामयामि | नामयावः | नामयामः | अनामयम् | अनामयाव | अनामयाम |

| | | | | | |
|---|---|---|---|---|---|
| नमयतु | नमयताम् | नमयन्तु | नमयेत् -द् | नमयेताम् | नमयेयुः |
| नामयतु | नामयताम् | नामयन्तु | नामयेत् -द् | नामयेताम् | नामयेयुः |
| नमय | नमयतम् | नमयत | नमयेः | नमयेतम् | नमयेत |
| नामय | नामयतम् | नामयत | नामयेः | नामयेतम् | नामयेत |
| नमयानि | नमयाव | नमयाम | नमयेयम् | नमयेव | नमयेम |

| | | | | | |
|---|---|---|---|---|---|
| नामयानि | नामयाव | नामयाम | नामयेयम् | नामयेव | नामयेम |
| नमयिष्यति | नमयिष्यतः | नमयिष्यन्ति | अनमयिष्यत् -द् | अनमयिष्यताम् | अनमयिष्यन् |
| नामयिष्यति | नामयिष्यतः | नामयिष्यन्ति | अनामयिष्यत् -द् | अनामयिष्यताम् | अनामयिष्यन् |
| नमयिष्यसि | नमयिष्यथः | नमयिष्यथ | अनमयिष्यः | अनमयिष्यतम् | अनमयिष्यत |
| नामयिष्यसि | नामयिष्यथः | नामयिष्यथ | अनामयिष्यः | अनामयिष्यतम् | अनामयिष्यत |
| नमयिष्यामि | नमयिष्यावः | नमयिष्यामः | अनमयिष्यम् | अनमयिष्याव | अनमयिष्याम |
| नामयिष्यामि | नामयिष्यावः | नामयिष्यामः | अनामयिष्यम् | अनामयिष्याव | अनामयिष्याम |
| | | | | | |
| नमयिता | नमयितारौ | नमयितारः | नम्यात् -द् | नम्यास्ताम् | नम्यासुः |
| नामयिता | नामयितारौ | नामयितारः | नाम्यात् -द् | नाम्यास्ताम् | नाम्यासुः |
| नमयितासि | नमयितास्थः | नमयितास्थ | नम्याः | नम्यास्तम् | नम्यास्त |
| नामयितासि | नामयितास्थः | नामयितास्थ | नाम्याः | नाम्यास्तम् | नाम्यास्त |
| नमयितास्मि | नमयितास्वः | नमयितास्मः | नम्यासम् | नम्यास्व | नम्यास्म |
| नामयितास्मि | नामयितास्वः | नामयितास्मः | नाम्यासम् | नाम्यास्व | नाम्यास्म |
| | | | | | |
| नमयाञ्चकार | नमयाञ्चक्रतुः | नमयाञ्चक्रुः | अनीनमत् -द् | अनीनमताम् | अनीनमन् |
| नमयाम्बभूव | नमयाम्बभूवतुः | नमयाम्बभूवुः | | | |
| नमयामास । | नमयामासतुः । | नमयामासुः । | | | |
| नामयाञ्चकार | नामयाञ्चक्रतुः | नामयाञ्चक्रुः | | | |
| नामयाम्बभूव | नामयाम्बभूवतुः | नामयाम्बभूवुः | | | |
| नामयामास | नामयामासतुः | नामयामासुः | | | |
| नमयाञ्चकर्थ | नमयाञ्चक्रथुः | नमयाञ्चक्र | अनीनमः | अनीनमतम् | अनीनमत |
| नमयाम्बभूविथ | नमयाम्बभूवथुः | नमयाम्बभूव | | | |
| नमयामासिथ । | नमयामासथुः । | नमयामास । | | | |
| नामयाञ्चकर्थ | नामयाञ्चक्रथुः | नामयाञ्चक्र | | | |
| नामयाम्बभूविथ | नामयाम्बभूवथुः | नामयाम्बभूव | | | |
| नामयामासिथ | नामयामासथुः | नामयामास | | | |
| नमयाञ्चकर -कार | नमयाञ्चकृव | नमयाञ्चकृम | अनीनमम् | अनीनमाव | अनीनमाम |
| नमयाम्बभूव | नमयाम्बभूविव | नमयाम्बभूविम | | | |
| नमयामास । | नमयामासिव । | नमयामासिम । | | | |
| नामयाञ्चकर -कार | नामयाञ्चकृव | नामयाञ्चकृम | | | |
| नामयाम्बभूव | नामयाम्बभूविव | नामयाम्बभूविम | | | |
| नामयामास | नामयामासिव | नामयामासिम | | | |

**Atmanepadi Table** नमि or नामि । **Secondary Root** णिजन्त **Forms**

| | | | | | |
|---|---|---|---|---|---|
| नमयते | नमयेते | नमयन्ते | अनमयत | अनमयेताम् | अनमयन्त |
| नामयते | नामयेते | नामयन्ते | अनामयत | अनामयेताम् | अनामयन्त |

| | | | | | |
|---|---|---|---|---|---|
| नमयसे | नमयेथे | नमयध्वे | अनमयथाः | अनमयेथाम् | अनमयध्वम् |
| नामयसे | नामयेथे | नामयध्वे | अनामयथाः | अनामयेथाम् | अनामयध्वम् |
| नमये | नमयावहे | नमयामहे | अनमये | अनमयावहि | अनमयामहि |
| नामये | नामयावहे | नामयामहे | अनामये | अनामयावहि | अनामयामहि |

| | | | | | |
|---|---|---|---|---|---|
| नमयताम् | नमयेताम् | नमयन्ताम् | नमयेत | नमयेयाताम् | नमयेरन् |
| नामयताम् | नामयेताम | नामयन्ताम् | नामयेत | नामयेयाताम् | नामयेरन् |
| नमयस्व | नमयेथाम् | नमयध्वम् | नमयेथाः | नमयेयाथाम् | नमयेध्वम् |
| नामयस्व | नामयेथाम् | नामयध्वम् | नामयेथाः | नामयेयाथाम् | नामयेध्वम् |
| नमयै | नमयावहै | नमयामहै | नमयेय | नमयेवहि | नमयेमहि |
| नामयै | नामयावहै | नामयामहै | नामयेय | नामयेवहि | नामयेमहि |

| | | | | | |
|---|---|---|---|---|---|
| नमयिष्यते | नमयिष्येते | नमयिष्यन्ते | अनमयिष्यत | अनमयिष्येताम् | अनमयिष्यन्त |
| नामयिष्यते | नामयिष्येते | नामयिष्यन्ते | अनामयिष्यत | अनामयिष्येताम् | अनामयिष्यन्त |
| नमयिष्यसे | नमयिष्येथे | नमयिष्यध्वे | अनमयिष्यथाः | अनमयिष्येथाम् | अनमयिष्यध्वम् |
| नामयिष्यसे | नामयिष्येथे | नामयिष्यध्वे | अनामयिष्यथाः | अनामयिष्येथाम् | अनामयिष्यध्वम् |
| नमयिष्ये | नमयिष्यावहे | नमयिष्यामहे | अनमयिष्ये | अनमयिष्यावहि | अनमयिष्यामहि |
| नामयिष्ये | नामयिष्यावहे | नामयिष्यामहे | अनामयिष्ये | अनामयिष्यावहि | अनामयिष्यामहि |

| | | | | | |
|---|---|---|---|---|---|
| नमयिता | नमयितारौ | नमयितारः | नमयिषीष्ट | नमयिषीयास्ताम् | नमयिषीरन् |
| नामयिता | नामयितारौ | नामयितारः | नामयिषीष्ट | नामयिषीयास्ताम् | नामयिषीरन् |
| नमयितासे | नमयितासाथे | नमयिताध्वे | नमयिषीष्ठाः | नमयिषीयास्थाम् | नमयिषीध्वम् -ढ्वम् |
| नामयितासे | नामयितासाथे | नामयिताध्वे | नामयिषीष्ठाः | नामयिषीयास्ताम् | नामयिषीध्वम् -ढ्वम् |
| नमयिताहे | नमयितास्वहे | नमयितास्महे | नमयिषीय | नमयिषीवहि | नमयिषीमहि |
| नामयिताहे | नामयितास्वहे | नामयितास्महे | नामयिषीय | नामयिषीवहि | नामयिषीमहि |

| | | | | | |
|---|---|---|---|---|---|
| नमयाञ्चक्रे | नमयाञ्चक्राते | नमयाञ्चक्रिरे | अनीनमत | अनीनमेताम् | अनीनमन्त |
| नमयाम्बभूव | नमयाम्बभूवतुः | नमयाम्बभूवुः | | | |
| नमयामास । | नमयामासतुः । | नमयामासुः । | | | |
| नामयाञ्चक्रे | नामयाञ्चक्राते | नामयाञ्चक्रिरे | | | |
| नामयाम्बभूव | नामयाम्बभूवतुः | नामयाम्बभूवुः | | | |
| नामयामास | नामयामासतुः | नामयामासुः | | | |
| नमयाञ्चकृषे | नमयाञ्चक्राथे | नमयाञ्चकृढ्वे | अनीनमथाः | अनीनमेथाम् | अनीनमध्वम् |
| नमयाम्बभूविथ | नमयाम्बभूवथुः | नमयाम्बभूव | | | |
| नमयामासिथ । | नमयामासथुः । | नमयामास । | | | |
| नामयाञ्चकृषे | नामयाञ्चक्राथे | नामयाञ्चकृढ्वे | | | |
| नामयाम्बभूविथ | नामयाम्बभूवथुः | नामयाम्बभूव | | | |
| नामयामासिथ | नामयामासथुः | नामयामास | | | |

| | | | | | |
|---|---|---|---|---|---|
| नमयाञ्चक्रे | नमयाञ्चकृवहे | नमयाञ्चकृमहे | अनीनमे | अनीनमावहि | अनीनमामहि |
| नमयाम्बभूव | नमयाम्बभूविव | नमयाम्बभूविम | | | |
| नमयामास । | नमयामासिव । | नमयामासिम । | | | |
| नामयाञ्चक्रे | नामयाञ्चकृवहे | नामयाञ्चकृमहे | | | |
| नामयाम्बभूव | नामयाम्बभूविव | नामयाम्बभूविम | | | |
| नामयामास | नामयामासिव | नामयामासिम | | | |

## णिजन्त मित् Forms with प्र Upasarga for Root 981 नम् ।

Note: Upasarga is added in the end, so it is added after अट् augment. E.g.

लङ् i/1 प्र + [ अट् + [ नमि + शप् + त् ] ] → guna by शप् → प्र + [ अट् + [ नमे + अ + त् ] ] →

ayava sandhi → प्र + [ अट् + [ नम् अय् + अ + त् ] ] → प्र + [ अट् + [ नमयत् ] ] → प्र + [ अनमयत् ]

→ savarna dirgha sandhi → प्रानमयत् → 8.4.2 नस्य ण् → प्राणमयत् ।

Similarly लृङ् i/1 प्र + [ अट् + [ नमि + इट् + ष्य + त् ] ] → प्राणमयिष्यत् ।

Similarly लुङ् i/1 प्र + [ अट् + [ नमि + चङ् + त् ] ] → प्राणीनमत् ।

**Parasmaipadi Table प्रणमि । Secondary Root णिजन्त मित् Forms with प्र Upasarga**

| | | | | | |
|---|---|---|---|---|---|
| प्रणमयति | प्रणमयतः | प्रणमयन्ति | प्राणमयत् -द् | प्राणमयताम् | प्राणमयन् |
| प्रणमयसि | प्रणमयथः | प्रणमयथ | प्राणमयः | प्राणमयतम् | प्राणमयत |
| प्रणमयामि | प्रणमयावः | प्रणमयामः | प्राणमयम् | प्राणमयाव | प्राणमयाम |
| प्रणमयतु | प्रणमयताम् | प्रणमयन्तु | प्रणमयेत् -द् | प्रणमयेताम् | प्रणमयेयुः |
| प्रणमय | प्रणमयतम् | प्रणमयत | प्रणमयेः | प्रणमयेतम् | प्रणमयेत |
| प्रणमयानि | प्रणमयाव | प्रणमयाम | प्रणमयेयम् | प्रणमयेव | प्रणमयेम |
| प्रणमयिष्यति | प्रणमयिष्यतः | प्रणमयिष्यन्ति | प्राणमयिष्यत् -द् | प्राणमयिष्यताम् | प्राणमयिष्यन् |
| प्रणमयिष्यसि | प्रणमयिष्यथः | प्रणमयिष्यथ | प्राणमयिष्यः | प्राणमयिष्यतम् | प्राणमयिष्यत |
| प्रणमयिष्यामि | प्रणमयिष्यावः | प्रणमयिष्यामः | प्राणमयिष्यम् | प्राणमयिष्याव | प्राणमयिष्याम |
| प्रणमयिता | प्रणमयितारौ | प्रणमयितारः | प्रणम्यात् -द् | प्रणम्यास्ताम् | प्रणम्यासुः |
| प्रणमयितासि | प्रणमयितास्थः | प्रणमयितास्थ | प्रणम्याः | प्रणम्यास्तम् | प्रणम्यास्त |
| प्रणमयितास्मि | प्रणमयितास्वः | प्रणमयितास्मः | प्रणम्यासम् | प्रणम्यास्व | प्रणम्यास्म |
| प्रणमयाञ्चकार | प्रणमयाञ्चक्रतुः | प्रणमयाञ्चक्रुः | प्राणीनमत् -द् | प्राणीनमताम् | प्राणीनमन् |
| प्रणमयाम्बभूव | प्रणमयाम्बभूवतुः | प्रणमयाम्बभूवुः | | | |
| प्रणमयामास | प्रणमयामासतुः | प्रणमयामासुः | | | |
| प्रणमयाञ्चकर्थ | प्रणमयाञ्चक्रथुः | प्रणमयाञ्चक्र | प्राणीनमः | प्राणीनमतम् | प्राणीनमत |
| प्रणमयाम्बभूविथ | प्रणमयाम्बभूवथुः | प्रणमयाम्बभूव | | | |
| प्रणमयामासिथ | प्रणमयामासथुः | प्रणमयामास | | | |

| | | | | | |
|---|---|---|---|---|---|
| प्रणमयाञ्चकर -कारप्रणमयाञ्चकृव | | प्रणमयाञ्चकृम | प्राणीनमम् | प्राणीनमाव | प्राणीनमाम |
| प्रणमयाम्बभूव | प्रणमयाम्बभूविव | प्रणमयाम्बभूविम | | | |
| प्रणमयामास | प्रणमयामासिव | प्रणमयामासिम | | | |

**Atmanepadi Table** प्रणमि । **Secondary Root** णिजन्त मित् **Forms with** प्र **Upasarga**

| | | | | | |
|---|---|---|---|---|---|
| प्रणमयते | प्रणमयेते | प्रणमयन्ते | प्राणमयत | प्राणमयेताम् | प्राणमयन्त |
| प्रणमयसे | प्रणमयेथे | प्रणमयध्वे | प्राणमयथाः | प्राणमयेथाम् | प्राणमयध्वम् |
| प्रणमये | प्रणमयावहे | प्रणमयामहे | प्राणमये | प्राणमयावहि | प्राणमयामहि |
| प्रणमयताम् | प्रणमयेताम् | प्रणमयन्ताम् | प्रणमयेत | प्रणमयेयाताम् | प्रणमयेरन् |
| प्रणमयस्व | प्रणमयेथाम् | प्रणमयध्वम् | प्रणमयेथाः | प्रणमयेयाथाम् | प्रणमयेध्वम् |
| प्रणमयै | प्रणमयावहै | प्रणमयामहै | प्रणमयेय | प्रणमयेवहि | प्रणमयेमहि |
| प्रणमयिष्यते | प्रणमयिष्येते | प्रणमयिष्यन्ते | प्राणमयिष्यत | प्राणमयिष्येताम् | प्राणमयिष्यन्त |
| प्रणमयिष्यसे | प्रणमयिष्येथे | प्रणमयिष्यध्वे | प्राणमयिष्यथाः | प्राणमयिष्येथाम् | प्राणमयिष्यध्वम् |
| प्रणमयिष्ये | प्रणमयिष्यावहे | प्रणमयिष्यामहे | प्राणमयिष्ये | प्राणमयिष्यावहि | प्राणमयिष्यामहि |
| प्रणमयिता | प्रणमयितारौ | प्रणमयितारः | प्रणमयिषीष्ट | प्रणमयिषीयास्ताम् | प्रणमयिषीरन् |
| प्रणमयितासे | प्रणमयितासाथे | प्रणमयिताध्वे | प्रणमयिषीष्ठाः | प्रणमयिषीयास्थाम् | प्रणमयिषीध्वम् -ढ्वम् |
| प्रणमयिताहे | प्रणमयितास्वहे | प्रणमयितास्महे | प्रणमयिषीय | प्रणमयिषीवहि | प्रणमयिषीमहि |
| प्रणमयाञ्चक्रे | प्रणमयाञ्चक्राते | प्रणमयाञ्चक्रिरे | प्राणीनमत | प्राणीनमेताम् | प्राणीनमन्त |
| प्रणमयाम्बभूव | प्रणमयाम्बभूवतुः | प्रणमयाम्बभूवुः | | | |
| प्रणमयामास | प्रणमयामासतुः | प्रणमयामासुः | | | |
| प्रणमयाञ्चकृषे | प्रणमयाञ्चक्राथे | प्रणमयाञ्चकृढ्वे | प्राणीनमथाः | प्राणीनमेथाम् | प्राणीनमध्वम् |
| प्रणमयाम्बभूविथ | प्रणमयाम्बभूवथुः | प्रणमयाम्बभूव | | | |
| प्रणमयामासिथ | प्रणमयामासथुः | प्रणमयामास | | | |
| प्रणमयाञ्चक्रे | प्रणमयाञ्चकृवहे | प्रणमयाञ्चकृमहे | प्राणीनमे | प्राणीनमावहि | प्राणीनमामहि |
| प्रणमयाम्बभूव | प्रणमयाम्बभूविव | प्रणमयाम्बभूविम | | | |
| प्रणमयामास | प्रणमयामासिव | प्रणमयामासिम | | | |

982 गमॢ गतौ । ग॒मॢँ । गम् । गच्छति । P । अनिट् । स० । go, move, attain enlightenment, nirvana *Famous word* गतः ।

7.3.77 इषुगमियमां छः । इति छकारः अन्तादेशः , शिति परतः । 6.1.73 छे च , इति तुक् आगमः ।
8.2.39 झलां जशोऽन्ते , इति जश्त्वम् । 8.4.40 स्तोः श्चुना श्चुः , इति श्चुत्वम् । 8.4.55 खरि च , इति चर्त्वम् ।
8.2.65 म्वोश्च । 2.4.73 बहुलं छन्दसि । छन्दसि विषये शपः लुक् । इति छन्दसि लङ् i/2 अगन्व , i/3 अगन्म ।
6.4.98 गमहनजनखनघसां लोपः क्ङित्यनङि । 7.4.62 कुहोश्चुः ।

| | | | | | |
|---|---|---|---|---|---|
| गच्छति | गच्छतः | गच्छन्ति | अगच्छत् -द् | अगच्छताम् | अगच्छन् |

| | | | | | |
|---|---|---|---|---|---|
| गच्छसि | गच्छथः | गच्छथ | अगच्छः | अगच्छतम् | अगच्छत |
| गच्छामि | गच्छावः | गच्छामः | अगच्छम् | अगच्छाव | अगच्छाम |
| | | | | | |
| गच्छतु | गच्छताम् | गच्छन्तु | गच्छेत् -द् | गच्छेताम् | गच्छेयुः |
| गच्छ | गच्छतम् | गच्छत | गच्छेः | गच्छेतम् | गच्छेत |
| गच्छानि | गच्छाव | गच्छाम | गच्छेयम् | गच्छेव | गच्छेम |

लृट् 5 Simple Future 7.2.58 **गमेरिट् परस्मैपदेषु** | लृङ् 6 Conditional Mood 7.2.58

| | | | | | |
|---|---|---|---|---|---|
| गमिष्यति | गमिष्यतः | गमिष्यन्ति | अगमिष्यत् -द् | अगमिष्यताम् | अगमिष्यन् |
| गमिष्यसि | गमिष्यथः | गमिष्यथ | अगमिष्यः | अगमिष्यतम् | अगमिष्यत |
| गमिष्यामि | गमिष्यावः | गमिष्यामः | अगमिष्यम् | अगमिष्याव | अगमिष्याम |
| | | | | | |
| गन्ता | गन्तारौ | गन्तारः | गम्यात् -द् | गम्यास्ताम् | गम्यासुः |
| गन्तासि | गन्तास्थः | गन्तास्थ | गम्याः | गम्यास्तम् | गम्यास्त |
| गन्तास्मि | गन्तास्वः | गन्तास्मः | गम्यासम् | गम्यास्व | गम्यास्म |
| | | | | | |
| जगाम | जग्मतुः | जग्मुः | अगमत् -द् | अगमताम् | अगमन् |
| जगमिथ जगन्थ | जग्मथुः | जग्म | अगमः | अगमतम् | अगमत |
| जगाम जगम | जग्मिव | जग्मिम | अगमम् | अगमाव | अगमाम |

983 **सृपॢ गतौ** । **सृपॢँ** । **सृप्** । **सर्पति** । P । **अनिट्** । **स०** । move, slither, creep, climb
6.1.59 **अनुदात्तस्य चर्दुपधस्यान्यतरस्याम्** । 3.1.55 **पुषादिद्युताद्यॢदितः परस्मैपदेषु** । 1.1.5 **क्ङिति च** ।

| | | | | | |
|---|---|---|---|---|---|
| सर्पति | सर्पतः | सर्पन्ति | असर्पत् -द् | असर्पताम् | असर्पन् |
| सर्पसि | सर्पथः | सर्पथ | असर्पः | असर्पतम् | असर्पत |
| सर्पामि | सर्पावः | सर्पामः | असर्पम् | असर्पाव | असर्पाम |
| | | | | | |
| सर्पतु | सर्पताम् | सर्पन्तु | सर्पेत् -द् | सर्पेताम् | सर्पेयुः |
| सर्प | सर्पतम् | सर्पत | सर्पेः | सर्पेतम् | सर्पेत |
| सर्पाणि | सर्पाव | सर्पाम | सर्पेयम् | सर्पेव | सर्पेम |
| | | | | | |
| सर्प्स्यति , | सर्प्स्यतः , | सर्प्स्यन्ति , | असर्प्स्यत् -द् | असर्प्स्यताम् | असर्प्स्यन् |
| स्रप्स्यति | स्रप्स्यतः | स्रप्स्यन्ति | अस्रप्स्यत् -द् | अस्रप्स्यताम् | अस्रप्स्यन् |
| सर्प्स्यसि , | सर्प्स्यथः , | सर्प्स्यथ , | असर्प्स्यः | असर्प्स्यतम् | असर्प्स्यत |
| स्रप्स्यसि | स्रप्स्यथः | स्रप्स्यथ | अस्रप्स्यः | अस्रप्स्यतम् | अस्रप्स्यत |
| सर्प्स्यामि , | सर्प्स्यावः , | सर्प्स्यामः , | असर्प्स्यम् | असर्प्स्याव | असर्प्स्याम |
| स्रप्स्यामि | स्रप्स्यावः | स्रप्स्यामः | अस्रप्स्यम् | अस्रप्स्याव | अस्रप्स्याम |
| | | | | | |
| सर्प्ता | सर्प्तारौ | सर्प्तारः | सृप्यात् -द् | सृप्यास्ताम् | सृप्यासुः |
| स्रप्ता | स्रप्तारौ | स्रप्तारः | | | |
| सर्प्तासि | सर्प्तास्थः | सर्प्तास्थ | सृप्याः | सृप्यास्तम् | सृप्यास्त |
| स्रप्तासि | स्रप्तास्थः | स्रप्तास्थ | | | |

| | | | | | |
|---|---|---|---|---|---|
| सर्प्तास्मि | सर्प्तास्वः | सर्प्तास्मः | सृप्यासम् | सृप्यास्व | सृप्यास्म |
| स्रप्तास्मि | स्रप्तास्वः | स्रप्तास्मः | | | |

| | | | | | |
|---|---|---|---|---|---|
| ससर्प | ससृपतुः | ससृपुः | असृपत् -द् | असृपताम् | असृपन् |
| ससर्पिथ | ससृपथुः | ससृप | असृपः | असृपतम् | असृपत |
| ससर्प | ससृपिव | ससृपिम | असृपम् | असृपाव | असृपाम |

984 **यम उपरमे** । **यमँ** । **यम्** । **यच्छति** । P । **अनिट्** । **अ०** । restrain, check, control, stop 7.3.77 **इषुगमियमां छः** । **शिति परतः** । 6.1.73 **छे च** , **इति तुक् आगमः** । 7.2.73 **यमरमनमातां सक् च** । 7.2.5 **ह्म्यन्तक्षणश्वसजागृणिश्व्येदिताम्** । Also see 819 **यमो ऽपरिवेषणे** ।

| | | | | | |
|---|---|---|---|---|---|
| यच्छति | यच्छतः | यच्छन्ति | अयच्छत् -द् | अयच्छताम् | अयच्छन् |
| यच्छसि | यच्छथः | यच्छथ | अयच्छः | अयच्छतम् | अयच्छत |
| यच्छामि | यच्छावः | यच्छामः | अयच्छम् | अयच्छाव | अयच्छाम |

| | | | | | |
|---|---|---|---|---|---|
| यच्छतु | यच्छताम् | यच्छन्तु | यच्छेत् -द् | यच्छेताम् | यच्छेयुः |
| यच्छ | यच्छतम् | यच्छत | यच्छेः | यच्छेतम् | यच्छेत |
| यच्छानि | यच्छाव | यच्छाम | यच्छेयम् | यच्छेव | यच्छेम |

| | | | | | |
|---|---|---|---|---|---|
| यंस्यति | यंस्यतः | यंस्यन्ति | अयंस्यत् -द् | अयंस्यताम् | अयंस्यन् |
| यंस्यसि | यंस्यथः | यंस्यथ | अयंस्यः | अयंस्यतम् | अयंस्यत |
| यंस्यामि | यंस्यावः | यंस्यामः | अयंस्यम् | अयंस्याव | अयंस्याम |

| | | | | | |
|---|---|---|---|---|---|
| यन्ता | यन्तारौ | यन्तारः | यम्यात् -द् | यम्यास्ताम् | यम्यासुः |
| यन्तासि | यन्तास्थः | यन्तास्थ | यम्याः | यम्यास्तम् | यम्यास्त |
| यन्तास्मि | यन्तास्वः | यन्तास्मः | यम्यासम् | यम्यास्व | यम्यास्म |

| | | | | | |
|---|---|---|---|---|---|
| ययाम | येमतुः | येमुः | अयंसीत् -द् | अयंसिष्टाम् | अयंसिषुः |
| येमिथ ययन्थ | येमथुः | येम | अयंसीः | अयंसिष्टम् | अयंसिष्ट |
| ययाम ययम | येमिव | येमिम | अयंसिषम् | अयंसिष्व | अयंसिष्म |

985 **तप सन्तापे** । **तपँ** । **तप्** । **तपति** । P । **अनिट्** । **स०** । make hot, heat 7.2.3 **वदव्रजहलन्तस्याचः** ।

| | | | | | |
|---|---|---|---|---|---|
| तपति | तपतः | तपन्ति | अतपत् -द् | अतपताम् | अतपन् |
| तपसि | तपथः | तपथ | अतपः | अतपतम् | अतपत |
| तपामि | तपावः | तपामः | अतपम् | अतपाव | अतपाम |

| | | | | | |
|---|---|---|---|---|---|
| तपतु | तपताम् | तपन्तु | तपेत् -द् | तपेताम् | तपेयुः |
| तप | तपतम् | तपत | तपेः | तपेतम् | तपेत |
| तपानि | तपाव | तपाम | तपेयम् | तपेव | तपेम |

| | | | | | |
|---|---|---|---|---|---|
| तप्स्यति | तप्स्यतः | तप्स्यन्ति | अतप्स्यत् -द् | अतप्स्यताम् | अतप्स्यन् |
| तप्स्यसि | तप्स्यथः | तप्स्यथ | अतप्स्यः | अतप्स्यतम् | अतप्स्यत |
| तप्स्यामि | तप्स्यावः | तप्स्यामः | अतप्स्यम् | अतप्स्याव | अतप्स्याम |

| | | | | | |
|---|---|---|---|---|---|
| तप्ता | तप्तारौ | तप्तारः | तप्यात् -द् | तप्यास्ताम् | तप्यासुः |
| तप्तासि | तप्तास्थः | तप्तास्थ | तप्याः | तप्यास्तम् | तप्यास्त |
| तप्तास्मि | तप्तास्वः | तप्तास्मः | तप्यासम् | तप्यास्व | तप्यास्म |

| | | | | | |
|---|---|---|---|---|---|
| तताप | तेपतुः | तेपुः | अताप्सीत् -द् | अताप्ताम् | अतापसुः |
| तेपिथ ततप्थ | तेपथुः | तेप | अताप्सीः | अताप्तम् | अताप्त |
| तताप ततप | तेपिव | तेपिम | अताप्सम् | अताप्स्व | अताप्स्म |

986 **त्यज हानौ । त्य॒जँ । त्यज् । त्यजति ।** P **। अनिट् । स० ।** abandon, give away 8.2.30 8.4.55 7.2.3

| | | | | | |
|---|---|---|---|---|---|
| त्यजति | त्यजतः | त्यजन्ति | अत्यजत् -द् | अत्यजताम् | अत्यजन् |
| त्यजसि | त्यजथः | त्यजथ | अत्यजः | अत्यजतम् | अत्यजत |
| त्यजामि | त्यजावः | त्यजामः | अत्यजम् | अत्यजाव | अत्यजाम |

| | | | | | |
|---|---|---|---|---|---|
| त्यजतु | त्यजताम् | त्यजन्तु | त्यजेत् -द् | त्यजेताम् | त्यजेयुः |
| त्यज | त्यजतम् | त्यजत | त्यजेः | त्यजेतम् | त्यजेत |
| त्यजानि | त्यजाव | त्यजाम | त्यजेयम् | त्यजेव | त्यजेम |

| | | | | | |
|---|---|---|---|---|---|
| त्यक्ष्यति | त्यक्ष्यतः | त्यक्ष्यन्ति | अत्यक्ष्यत् -द् | अत्यक्ष्यताम् | अत्यक्ष्यन् |
| त्यक्ष्यसि | त्यक्ष्यथः | त्यक्ष्यथ | अत्यक्ष्यः | अत्यक्ष्यतम् | अत्यक्ष्यत |
| त्यक्ष्यामि | त्यक्ष्यावः | त्यक्ष्यामः | अत्यक्ष्यम् | अत्यक्ष्याव | अत्यक्ष्याम |

| | | | | | |
|---|---|---|---|---|---|
| त्यक्ता | त्यक्तारौ | त्यक्तारः | त्यज्यात् -द् | त्यज्यास्ताम् | त्यज्यासुः |
| त्यक्तासि | त्यक्तास्थः | त्यक्तास्थ | त्यज्याः | त्यज्यास्तम् | त्यज्यास्त |
| त्यक्तास्मि | त्यक्तास्वः | त्यक्तास्मः | त्यज्यासम् | त्यज्यास्व | त्यज्यास्म |

| | | | | | |
|---|---|---|---|---|---|
| तत्याज | तत्यजतुः | तत्यजुः | अत्याक्षीत् -द् | अत्याक्ताम् | अत्याक्षुः |
| **तत्यजिथ तत्यक्थ** | तत्यजथुः | तत्यज | अत्याक्षीः | अत्याक्तम् | अत्याक्त |
| तत्याज | तत्यजिव | तत्यजिम | अत्याक्षम् | अत्याक्ष्व | अत्याक्ष्म |

987 **षञ्ज सङ्गे । ष॒ञ्जँ । सञ्ज् । सजति ।** P **। अनिट् । स० ।** embrace, cling, stick
6.4.25 **दंशसञ्जस्वञ्जां शपि । इति शपि नलोपः ।** 6.4.24 **अनिदितां हल उपधायाः क्ङिति , इति नलोपः ।**
8.2.30 **चोः कुः , कुत्व ।** 8.3.24 8.3.59 । 8.4.55 **खरि च ।** 8.4.58 **अनुस्वारस्य ययि परसवर्णः ।**

| | | | | | |
|---|---|---|---|---|---|
| सजति | सजतः | सजन्ति | असजत् -द् | असजताम् | असजन् |
| सजसि | सजथः | सजथ | असजः | असजतम् | असजत |
| सजामि | सजावः | सजामः | असजम् | असजाव | असजाम |

| | | | | | |
|---|---|---|---|---|---|
| सजतु | सजताम् | सजन्तु | सजेत् -द् | सजेताम् | सजेयुः |
| सज | सजतम् | सजत | सजेः | सजेतम् | सजेत |
| सजानि | सजाव | सजाम | सजेयम् | सजेव | सजेम |

| | | | | | |
|---|---|---|---|---|---|
| **सङ्क्ष्यति** | **सङ्क्ष्यतः** | **सङ्क्ष्यन्ति** | **असङ्क्ष्यत् -द्** | **असङ्क्ष्यताम्** | **असङ्क्ष्यन्** |

| | | | | | |
|---|---|---|---|---|---|
| सङ्क्ष्यसि | सङ्क्ष्यथः | सङ्क्ष्यथ | असङ्क्ष्यः | असङ्क्ष्यतम् | असङ्क्ष्यत |
| सङ्क्ष्यामि | सङ्क्ष्यावः | सङ्क्ष्यामः | असङ्क्ष्यम् | असङ्क्ष्याव | असङ्क्ष्याम |

| | | | | | |
|---|---|---|---|---|---|
| सङ्क्ता | सङ्क्तारौ | सङ्क्तारः | सज्यात् -द् | सज्यास्ताम् | सज्यासुः |
| सङ्क्तासि | सङ्क्तास्थः | सङ्क्तास्थ | सज्याः | सज्यास्तम् | सज्यास्त |
| सङ्क्तास्मि | सङ्क्तास्वः | सङ्क्तास्मः | सज्यासम् | सज्यास्व | सज्यास्म |

| | | | | | |
|---|---|---|---|---|---|
| ससञ्ज | ससञ्जतुः | ससञ्जुः | असाङ्क्षीत् -द् | असाङ्क्ताम् | असाङ्क्षुः |
| ससञ्जिथ ससङ्क्थ | ससञ्जथुः | ससञ्ज | असाङ्क्षीः | असाङ्क्तम् | असाङ्क्त |
| ससञ्ज | ससञ्जिव | ससञ्जिम | असाङ्क्षम् | असाङ्क्ष्व | असाङ्क्ष्म |

988 दृशिर् प्रेक्षणे । दृशिँर् । दृश् । पश्यति । P । अनिट् । स० । see, look, become aware
7.3.78 पाघ्रा० । इति पश्य शप् परतः । पश्य अकारान्त अङ्गः । 6.1.58 सृजिदृशोर्झल्यमकिति । 3.1.47 न दृशः ।
3.1.57 इरितो वा । 7.4.16 ऋदृशोऽङि गुणः । 7.2.3 वदव्रजहलन्तस्याचः । 8.2.36 6.1.8

| | | | | | |
|---|---|---|---|---|---|
| पश्यति | पश्यतः | पश्यन्ति | अपश्यत् -द् | अपश्यताम् | अपश्यन् |
| पश्यसि | पश्यथः | पश्यथ | अपश्यः | अपश्यतम् | अपश्यत |
| पश्यामि | पश्यावः | पश्यामः | अपश्यम् | अपश्याव | अपश्याम |

| | | | | | |
|---|---|---|---|---|---|
| पश्यतु | पश्यताम् | पश्यन्तु | पश्येत् -द् | पश्येताम् | पश्येयुः |
| पश्य | पश्यतम् | पश्यत | पश्येः | पश्येतम् | पश्येत |
| पश्यानि | पश्याव | पश्याम | पश्येयम् | पश्येव | पश्येम |

| | | | | | |
|---|---|---|---|---|---|
| द्रक्ष्यति | द्रक्ष्यतः | द्रक्ष्यन्ति | अद्रक्ष्यत् -द् | अद्रक्ष्यताम् | अद्रक्ष्यन् |
| द्रक्ष्यसि | द्रक्ष्यथः | द्रक्ष्यथ | अद्रक्ष्यः | अद्रक्ष्यतम् | अद्रक्ष्यत |
| द्रक्ष्यामि | द्रक्ष्यावः | द्रक्ष्यामः | अद्रक्ष्यम् | अद्रक्ष्याव | अद्रक्ष्याम |

| | | | | | |
|---|---|---|---|---|---|
| द्रष्टा | द्रष्टारौ | द्रष्टारः | दृश्यात् -द् | दृश्यास्ताम् | दृश्यासुः |
| द्रष्टासि | द्रष्टास्थः | द्रष्टास्थ | दृश्याः | दृश्यास्तम् | दृश्यास्त |
| द्रष्टास्मि | द्रष्टास्वः | द्रष्टास्मः | दृश्यासम् | दृश्यास्व | दृश्यास्म |

| | | | | | |
|---|---|---|---|---|---|
| ददर्श | ददृशतुः | ददृशुः | अद्राक्षीत् -द् | अद्राष्टाम् | अद्राक्षुः |
| | | | अदर्शत् -द् | अदर्शताम् | अदर्शन् |
| ददर्शिथ दद्रष्ठ | ददृशथुः | ददृश | अद्राक्षीः | अद्राष्टम् | अद्राष्ट |
| | | | अदर्शः | अदर्शतम् | अदर्शत |
| ददर्श | ददृशिव | ददृशिम | अद्राक्षम् | अद्राक्ष्व | अद्राक्ष्म |
| | | | अदर्शम् | अदर्शाव | अदर्शाम |

989 दंश दशने । दंशँ । दंश् । दशति । P । अनिट् । स० । bite

6.4.25 दंशसञ्जस्वञ्जां शपि। इति शपि नलोपः। 8.2.36 , इति शस्य षत्वम् । 8.2.41 षढोः कः सि । 8.3.24

| | | | | | |
|---|---|---|---|---|---|
| दशति | दशतः | दशन्ति | अदशत् -द् | अदशताम् | अदशन् |
| दशसि | दशथः | दशथ | अदशः | अदशतम् | अदशत |
| दशामि | दशावः | दशामः | अदशम् | अदशाव | अदशाम |

| | | | | | |
|---|---|---|---|---|---|
| दशतु | दशताम् | दशन्तु | दशेत् -द् | दशेताम् | दशेयुः |
| दश | दशतम् | दशत | दशेः | दशेतम् | दशेत |
| दशानि | दशाव | दशाम | दशेयम् | दशेव | दशेम |

| | | | | | |
|---|---|---|---|---|---|
| दङ्क्ष्यति | दङ्क्ष्यतः | दङ्क्ष्यन्ति | अदङ्क्ष्यत् -द् | अदङ्क्ष्यताम् | अदङ्क्ष्यन् |
| दङ्क्ष्यसि | दङ्क्ष्यथः | दङ्क्ष्यथ | अदङ्क्ष्यः | अदङ्क्ष्यतम् | अदङ्क्ष्यत |
| दङ्क्ष्यामि | दङ्क्ष्यावः | दङ्क्ष्यामः | अदङ्क्ष्यम् | अदङ्क्ष्याव | अदङ्क्ष्याम |

| | | | | | |
|---|---|---|---|---|---|
| दंष्टा | दंष्टारौ | दंष्टारः | दश्यात् -द् | दश्यास्ताम् | दश्यासुः |
| दंष्टासि | दंष्टास्थः | दंष्टास्थ | दश्याः | दश्यास्तम् | दश्यास्त |
| दंष्टास्मि | दंष्टास्वः | दंष्टास्मः | दश्यासम् | दश्यास्व | दश्यास्म |

| | | | | | |
|---|---|---|---|---|---|
| ददंश | ददंशतुः | ददंशुः | अदाङ्क्षीत् -द् | अदांष्टाम् | अदाङ्क्षुः |
| ददंशिथ ददंष्ठ | ददंशथुः | ददंश | अदाङ्क्षीः | अदांष्टम् | अदांष्ट |
| ददंश | ददंशिव | ददंशिम | अदाङ्क्षम् | अदाङ्क्ष्व | अदाङ्क्ष्म |

990 कृष विलेखने । आकर्षणे । कृष्णः । कृषँ । कृष् । कर्षति । P । अनिट् । द्वि० । pull, till, make furrows, attract, be irresistible.

Lord Krishna कृष्णः । Radha = Krishnaa कृष्णा ।

3.1.44 च्लेः सिच् । वा० स्पृशमृशकृषतृपदृपां सिज् वा वक्तव्यः । 3.1.45 शल इगुपधादनिटः क्सः । 6.1.59 अनुदात्तस्य चर्दुपधस्यान्यतरस्याम् । 8.2.41

| | | | | | |
|---|---|---|---|---|---|
| कर्षति | कर्षतः | कर्षन्ति | अकर्षत् -द् | अकर्षताम् | अकर्षन् |
| कर्षसि | कर्षथः | कर्षथ | अकर्षः | अकर्षतम् | अकर्षत |
| कर्षामि | कर्षावः | कर्षामः | अकर्षम् | अकर्षाव | अकर्षाम |

| | | | | | |
|---|---|---|---|---|---|
| कर्षतु कर्षतात् -द् | कर्षताम् | कर्षन्तु | कर्षेत् -द् | कर्षेताम् | कर्षेयुः |
| कर्ष कर्षतात् -द् | कर्षतम् | कर्षत | कर्षेः | कर्षेतम् | कर्षेत |
| कर्षाणि | कर्षाव | कर्षाम | कर्षेयम् | कर्षेव | कर्षेम |

| | | | | | |
|---|---|---|---|---|---|
| कर्क्ष्यति | कर्क्ष्यतः | कर्क्ष्यन्ति | अकर्क्ष्यत् -द् | अकर्क्ष्यताम् | अकर्क्ष्यन् |
| क्रक्ष्यति | क्रक्ष्यतः | क्रक्ष्यन्ति | अक्रक्ष्यत् -द् | अक्रक्ष्यताम् | अक्रक्ष्यन् |

| | | | | | |
|---|---|---|---|---|---|
| कर्क्ष्यसि | कर्क्ष्यथः | कर्क्ष्यथ | अकर्क्ष्यः | अकर्क्ष्यतम् | अकर्क्ष्यत |
| क्रक्ष्यसि | क्रक्ष्यथः | क्रक्ष्यथ | अक्रक्ष्यः | अक्रक्ष्यतम् | अक्रक्ष्यत |
| कर्क्ष्यामि | कर्क्ष्यावः | कर्क्ष्यामः | अकर्क्ष्यम् | अकर्क्ष्याव | अकर्क्ष्याम |
| क्रक्ष्यामि | क्रक्ष्यावः | क्रक्ष्यामः | अक्रक्ष्यम् | अक्रक्ष्याव | अक्रक्ष्याम |

| | | | | | |
|---|---|---|---|---|---|
| कर्ष्टा | कर्ष्टारौ | कर्ष्टारः | कृष्यात् -द् | कृष्यास्ताम् | कृष्यासुः |
| क्रष्टा | क्रष्टारौ | क्रष्टारः | | | |
| कर्ष्टासि | कर्ष्टास्थः | कर्ष्टास्थ | कृष्याः | कृष्यास्तम् | कृष्यास्त |
| क्रष्टासि | क्रष्टास्थः | क्रष्टास्थ | | | |
| कर्ष्टास्मि | कर्ष्टास्वः | कर्ष्टास्मः | कृष्यासम् | कृष्यास्व | कृष्यास्म |
| क्रष्टास्मि | क्रष्टास्वः | क्रष्टास्मः | | | |

| | | | | | |
|---|---|---|---|---|---|
| चकर्ष | चकृषतुः | चकृषुः | अकार्क्षीत् -द् | अकार्ष्टाम् | अकार्क्षुः |
| | | | अक्राक्षीत् -द् | अक्राष्टाम् | अक्राक्षुः |
| | | | अकृक्षत् -द् | अकृक्षताम् | अकृक्षन् |
| चकर्षिथ | चकृषथुः | चकृष | अकार्क्षीः | अकार्ष्टम् | अकार्ष्ट |
| | | | अक्राक्षीः | अक्राष्टम् | अक्राष्ट |
| | | | अकृक्षः | अकृक्षतम् | अकृक्षत |
| चकर्ष | चकृषिव | चकृषिम | अकार्क्षम् | अकार्क्ष्व | अकार्क्ष्म |
| | | | अक्राक्षम् | अक्राक्ष्व | अक्राक्ष्म |
| | | | अकृक्षम् | अकृक्षाव | अकृक्षाम |

991 दह भस्मीकरणे । दहँ । दह् । दहति । P । अनिट् । स० । burn
8.2.32 दादेर्धातोर्घः । 8.2.40 झषस्तथोर्धोऽधः । 8.4.53 झलां जश् झशि । 8.4.55 खरि च । 8.3.59
8.2.37 एकाचो बशो भष् झषन्तस्य स्ध्वोः । । 3.1.44 च्लेः सिच् । 7.2.3 वदव्रजहलन्तस्याचः ।

| | | | | | |
|---|---|---|---|---|---|
| दहति | दहतः | दहन्ति | अदहत् -द् | अदहताम् | अदहन् |
| दहसि | दहथः | दहथ | अदहः | अदहतम् | अदहत |
| दहामि | दहावः | दहामः | अदहम् | अदहाव | अदहाम |

| | | | | | |
|---|---|---|---|---|---|
| दहतु | दहताम् | दहन्तु | दहेत् -द् | दहेताम् | दहेयुः |
| दह | दहतम् | दहत | दहेः | दहेतम् | दहेत |
| दहानि | दहाव | दहाम | दहेयम् | दहेव | दहेम |

| | | | | | |
|---|---|---|---|---|---|
| धक्ष्यति | धक्ष्यतः | धक्ष्यन्ति | अधक्ष्यत् -द् | अधक्ष्यताम् | अधक्ष्यन् |
| धक्ष्यसि | धक्ष्यथः | धक्ष्यथ | अधक्ष्यः | अधक्ष्यतम् | अधक्ष्यत |
| धक्ष्यामि | धक्ष्यावः | धक्ष्यामः | अधक्ष्यम् | अधक्ष्याव | अधक्ष्याम |

| | | | | | |
|---|---|---|---|---|---|
| दग्धा | दग्धारौ | दग्धारः | दह्यात् -द् | दह्यास्ताम् | दह्यासुः |

| | | | | | |
|---|---|---|---|---|---|
| दग्धासि | दग्धास्थः | दग्धास्थ | दह्याः | दह्यास्तम् | दह्यास्त |
| दग्धास्मि | दग्धास्वः | दग्धास्मः | दह्यासम् | दह्यास्व | दह्यास्म |

| | | | | | |
|---|---|---|---|---|---|
| ददाह | देहतुः | देहुः | अधाक्षीत् -द् | अदाग्धाम् | अधाक्षुः |
| देहिथ ददग्ध | देहथुः | देह | अधाक्षीः | अदाग्धम् | अदाग्ध |
| ददाह ददह | देहिव | देहिम | अधाक्षम् | अधाक्ष्व | अधाक्ष्म |

992 मिह सेचने । मिहँ । मिह् । मेहति । P । अनिट् । स० । wet, pass urine, have nightfall
8.2.31 हो ढः । 8.2.41 षढोः कः सि । 8.2.40 झषस्तथोर्धोऽधः । 8.4.41 ष्टुना ष्टुः । 8.3.13 ढो ढे लोपः ।
3.1.45 शल इगुपधादनिटः क्सः ।

| | | | | | |
|---|---|---|---|---|---|
| मेहति | मेहतः | मेहन्ति | अमेहत् -द् | अमेहताम् | अमेहन् |
| मेहसि | मेहथः | मेहथ | अमेहः | अमेहतम् | अमेहत |
| मेहामि | मेहावः | मेहामः | अमेहम् | अमेहाव | अमेहाम |

| | | | | | |
|---|---|---|---|---|---|
| मेहतु | मेहताम् | मेहन्तु | मेहेत् -द् | मेहेताम् | मेहेयुः |
| मेह | मेहतम् | मेहत | मेहेः | मेहेतम् | मेहेत |
| मेहानि | मेहाव | मेहाम | मेहेयम् | मेहेव | मेहेम |

| | | | | | |
|---|---|---|---|---|---|
| मेक्ष्यति | मेक्ष्यतः | मेक्ष्यन्ति | अमेक्ष्यत् -द् | अमेक्ष्यताम् | अमेक्ष्यन् |
| मेक्ष्यसि | मेक्ष्यथः | मेक्ष्यथ | अमेक्ष्यः | अमेक्ष्यतम् | अमेक्ष्यत |
| मेक्ष्यामि | मेक्ष्यावः | मेक्ष्यामः | अमेक्ष्यम् | अमेक्ष्याव | अमेक्ष्याम |

| | | | | | |
|---|---|---|---|---|---|
| मेढा | मेढारौ | मेढारः | मिह्यात् -द् | मिह्यास्ताम् | मिह्यासुः |
| मेढासि | मेढास्थः | मेढास्थ | मिह्याः | मिह्यास्तम् | मिह्यास्त |
| मेढास्मि | मेढास्वः | मेढास्मः | मिह्यासम् | मिह्यास्व | मिह्यास्म |

| | | | | | |
|---|---|---|---|---|---|
| मिमेह | मिमिहतुः | मिमिहुः | अमिक्षत् -द् | अमिक्षताम् | अमिक्षन् |
| मिमेहिथ | मिमिहथुः | मिमिह | अमिक्षः | अमिक्षतम् | अमिक्षत |
| मिमेह | मिमिहिव | मिमिहिम | अमिक्षम् | अमिक्षाव | अमिक्षाम |

979 स्कन्दादयोऽनुदात्ता उदात्तेतः परस्मैभाषाः ।

993 कित निवासे रोगापनयने च । उदात्तेत् परस्मैभाषः । णिचि तु । कितँ । कित् । नित्य सनन्त चिकित्स ।
चिकित्सति । P । सेट् । स० । dwell, cure. *Famous word* चिकित्सा ।
3.1.5 गुप्तिज्किद्भ्यः सन् । वा० निन्दाक्षमाव्याधिप्रतीकारेषु सन्निष्यतेऽन्यत्र यथाप्राप्तं प्रत्ययाः भवन्ति ।
3.1.6 मान्बधदान्शान्भ्यो दीर्घश्चाभ्यासस्य । वा० कितेर्व्याधिप्रतीकारे निग्रहे अपनयने नाशने संशये च । This Root becomes a secondary default सनन्त Root चिकित्स with सन् affix. Maha Bhashya नैतेभ्यः प्राक् सन आत्मनेपदम् नापि परस्मैपदं पश्यामः । Here the affix सन् will not take Guna as it has not been mentioned as Ardhadhatuka. Vartika says Vartika says this Root takes default सन् affix in the specific meaning "to cure", "to restrain", "to remove", "to destroy", "to doubt".

In the sense "to dwell" other than व्याधिप्रतीकारः preventing illness, the Root कित् will conjugate like 10c gana and take णिच् + शप् । Thus केतयति-ते ।
There are no Primary forms.
6.1.9 सन्यङोः । 7.4.60 हलादिः शेषः । 7.4.62 कुहोश्चुः ।

## Parasmaipadi Table सनन्त Secondary Root चिकित्स

| | | | | | |
|---|---|---|---|---|---|
| चिकित्सति | चिकित्सतः | चिकित्सन्ति | अचिकित्सत् -द् | अचिकित्सताम् | अचिकित्सन् |
| चिकित्ससि | चिकित्सथः | चिकित्सथ | अचिकित्सः | अचिकित्सतम् | अचिकित्सत |
| चिकित्सामि | चिकित्सावः | चिकित्सामः | अचिकित्सम् | अचिकित्साव | अचिकित्साम |

| | | | | | |
|---|---|---|---|---|---|
| चिकित्सतु -तात् -द् | चिकित्सताम् | चिकित्सन्तु | चिकित्सेत् -द् | चिकित्सेताम् | चिकित्सेयुः |
| चिकित्स -तात् -द् | चिकित्सतम् | चिकित्सत | चिकित्सेः | चिकित्सेतम् | चिकित्सेत |
| चिकित्सानि | चिकित्साव | चिकित्साम | चिकित्सेयम् | चिकित्सेव | चिकित्सेम |

| | | | | | |
|---|---|---|---|---|---|
| चिकित्सिष्यति | चिकित्सिष्यतः | चिकित्सिष्यन्ति | अचिकित्सिष्यत् -द् | अचिकित्सिष्यताम् | अचिकित्सिष्यन् |
| चिकित्सिष्यसि | चिकित्सिष्यथः | चिकित्सिष्यथ | अचिकित्सिष्यः | अचिकित्सिष्यतम् | अचिकित्सिष्यत |
| चिकित्सिष्यामि | चिकित्सिष्यावः | चिकित्सिष्यामः | अचिकित्सिष्यम् | अचिकित्सिष्याव | अचिकित्सिष्याम |

| | | | | | |
|---|---|---|---|---|---|
| चिकित्सिता | चिकित्सितारौ | चिकित्सितारः | चिकित्स्यात् -द् | चिकित्स्यास्ताम् | चिकित्स्यासुः |
| चिकित्सितासि | चिकित्सितास्थः | चिकित्सितास्थ | चिकित्स्याः | चिकित्स्यास्तम् | चिकित्स्यास्त |
| चिकित्सितास्मि | चिकित्सितास्वः | चिकित्सितास्मः | चिकित्स्यासम् | चिकित्स्यास्व | चिकित्स्यास्म |

| | | | | | |
|---|---|---|---|---|---|
| चिकित्साञ्चकार | चिकित्साञ्चक्रतुः | चिकित्साञ्चक्रुः | अचिकित्सीत् -द् | अचिकित्सिष्टाम् | अचिकित्सिषुः |
| चिकित्साम्बभूव | चिकित्साम्बभूवतुः | चिकित्साम्बभूवुः | | | |
| चिकित्सामास | चिकित्सामासतुः | चिकित्सामासुः | | | |
| चिकित्साञ्चकर्थ | चिकित्साञ्चक्रथुः | चिकित्साञ्चक्र | अचिकित्सीः | अचिकित्सिष्टम् | अचिकित्सिष्ट |
| चिकित्साम्बभूविथ | चिकित्साम्बभूवथुः | चिकित्साम्बभूव | | | |
| चिकित्सामासिथ | चिकित्सामासथुः | चिकित्सामास | | | |
| चिकित्साञ्चकर -कार | चिकित्साञ्चकृव | चिकित्साञ्चकृम | अचिकित्सिषम् | अचिकित्सिष्व | अचिकित्सिष्म |
| चिकित्साम्बभूव | चिकित्साम्बभूविव | चिकित्साम्बभूविम | | | |
| चिकित्सामास | चिकित्सामासिव | चिकित्सामासिम | | | |

## 994 अथ वहत्यन्ताः स्वरितेतः ।

994 दान खण्डने । दानँ । दान् । नित्य सनन्त दीदांस । दीदांसति / ते , दानयति / ते । U । सेट् । स० । cut, divide 3.1.6 मान्बधदान्शान्भ्यो दीर्घश्चाभ्यासस्य । वा० दानेरार्जवे । वा० अत्रापि सन्नर्थं विशेष इष्यते । वा

सन्नन्तः । Vartika says this Root takes default सन् affix in the specific meaning "to be sincere". This Root becomes a secondary Root दीदांस with default सन् affix. This सन् affix is **not** a Desiderative affix as there is no "to desire" involved. सन् does not do Guna and there is no इट् augment by सन् । However सन् + Vikarana affix of Ardhadhatuka Tenses and Moods can take इट् augment for सेट् Roots.
3.1.7 धातोः कर्मणः समानकर्तृकादिच्छायां वा । This वा makes it Optional to use सन् । पक्षे णिच् ।
Optional णिजन्त forms will be दानयति / ते ।

There are no Primary forms.

**Parasmaipadi Table** सनन्त Secondary Root दीदांस

| | | | | | |
|---|---|---|---|---|---|
| दीदांसति | दीदांसतः | दीदांसन्ति | अदीदांसत् -द् | अदीदांसताम् | अदीदांसन् |
| दीदांससि | दीदांसथः | दीदांसथ | अदीदांसः | अदीदांसतम् | अदीदांसत |
| दीदांसामि | दीदांसावः | दीदांसामः | अदीदांसम् | अदीदांसाव | अदीदांसाम |
| | | | | | |
| दीदांसतु | दीदांसताम् | दीदांसन्तु | दीदांसेत् -द् | दीदांसेताम् | दीदांसेयुः |
| दीदांस | दीदांसतम् | दीदांसत | दीदांसेः | दीदांसेतम् | दीदांसेत |
| दीदांसानि | दीदांसाव | दीदांसाम | दीदांसेयम् | दीदांसेव | दीदांसेम |
| | | | | | |
| दीदांसिष्यति | दीदांसिष्यतः | दीदांसिष्यन्ति | अदीदांसिष्यत् -द् | अदीदांसिष्यताम् | अदीदांसिष्यन् |
| दीदांसिष्यसि | दीदांसिष्यथः | दीदांसिष्यथ | अदीदांसिष्यः | अदीदांसिष्यतम् | अदीदांसिष्यत |
| दीदांसिष्यामि | दीदांसिष्यावः | दीदांसिष्यामः | अदीदांसिष्यम् | अदीदांसिष्याव | अदीदांसिष्याम |
| | | | | | |
| दीदांसिता | दीदांसितारौ | दीदांसितारः | दीदांस्यात् -द् | दीदांस्यास्ताम् | दीदांस्यासुः |
| दीदांसितासि | दीदांसितास्थः | दीदांसितास्थ | दीदांस्याः | दीदांस्यास्तम् | दीदांस्यास्त |
| दीदांसितास्मि | दीदांसितास्वः | दीदांसितास्मः | दीदांस्यासम् | दीदांस्यास्व | दीदांस्यास्म |
| | | | | | |
| दीदांसाञ्चकार | दीदांसाञ्चक्रतुः | दीदांसाञ्चक्रुः | अदीदांसीत् -द् | अदीदांसिष्टाम् | अदीदांसिषुः |
| दीदांसाम्बभूव | दीदांसाम्बभूवतुः | दीदांसाम्बभूवुः | | | |
| दीदांसामास | दीदांसामासतुः | दीदांसामासुः | | | |
| दीदांसाञ्चकर्थ | दीदांसाञ्चक्रथुः | दीदांसाञ्चक्र | अदीदांसीः | अदीदांसिष्टम् | अदीदांसिष्ट |
| दीदांसाम्बभूविथ | दीदांसाम्बभूवथुः | दीदांसाम्बभूव | | | |
| दीदांसामासिथ | दीदांसामासथुः | दीदांसामास | | | |
| दीदांसाञ्चकर -कार | दीदांसाञ्चकृव | दीदांसाञ्चकृम | अदीदांसिषम् | अदीदांसिष्व | अदीदांसिष्म |
| दीदांसाम्बभूव | दीदांसाम्बभूविव | दीदांसाम्बभूविम | | | |
| दीदांसामास | दीदांसामासिव | दीदांसामासिम | | | |

**Atmanepadi Table** सनन्त Secondary Root दीदांस

| | | | | | |
|---|---|---|---|---|---|
| दीदांसते | दीदांसेते | दीदांसन्ते | अदीदांसत | अदीदांसेताम् | अदीदांसन्त |
| दीदांससे | दीदांसेथे | दीदांसध्वे | अदीदांसथाः | अदीदांसेथाम् | अदीदांसध्वम् |

| | | | | | |
|---|---|---|---|---|---|
| दीदांसे | दीदांसावहे | दीदांसामहे | अदीदांसे | अदीदांसावहि | अदीदांसामहि |

| | | | | | |
|---|---|---|---|---|---|
| दीदांसताम् | दीदांसेताम् | दीदांसन्ताम् | दीदांसेत | दीदांसेयाताम् | दीदांसेरन् |
| दीदांसस्व | दीदांसेथाम् | दीदांसध्वम् | दीदांसेथाः | दीदांसेयाथाम् | दीदांसेध्वम् |
| दीदांसै | दीदांसावहै | दीदांसामहै | दीदांसेय | दीदांसेवहि | दीदांसेमहि |

| | | | | | |
|---|---|---|---|---|---|
| दीदांसिष्यते | दीदांसिष्येते | दीदांसिष्यन्ते | अदीदांसिष्यत | अदीदांसिष्येताम् | अदीदांसिष्यन्त |
| दीदांसिष्यसे | दीदांसिष्येते | दीदांसिष्यध्वे | अदीदांसिष्यथाः | अदीदांसिष्येथाम् | अदीदांसिष्यध्वम् |
| दीदांसिष्ये | दीदांसिष्यावहे | दीदांसिष्यामहे | अदीदांसिष्ये | अदीदांसिष्यावहि | अदीदांसिष्यामहि |

| | | | | | |
|---|---|---|---|---|---|
| दीदांसिता | दीदांसितारौ | दीदांसितारः | दीदांसिषीष्ट | दीदांसिषीयास्ताम् | दीदांसिषीरन् |
| दीदांसितासे | दीदांसितासाथे | दीदांसिताध्वे | दीदांसिषीष्ठाः | दीदांसिषीयास्थाम् | दीदांसिषीध्वम् |
| दीदांसिताहे | दीदांसितास्वहे | दीदांसितास्महे | दीदांसिषीय | दीदांसिषीवहि | दीदांसिषीमहि |

| | | | | | |
|---|---|---|---|---|---|
| दीदांसाञ्चक्रे | दीदांसाञ्चक्राते | दीदांसाञ्चक्रिरे | अदीदांसिष्ट | अदीदांसिषाताम् | अदीदांसिषत |
| दीदांसाम्बभूव | दीदांसाम्बभूवतुः | दीदांसाम्बभूवुः | | | |
| दीदांसामास | दीदांसामासतुः | दीदांसामासुः | | | |
| दीदांसाञ्चकृषे | दीदांसाञ्चक्राथे | दीदांसाञ्चकृढ्वे | अदीदांसिष्ठाः | अदीदांसिषाथाम् | अदीदांसिध्वम् |
| दीदांसाम्बभूविथ | दीदांसाम्बभूवथुः | दीदांसाम्बभूव | | | |
| दीदांसामासिथ | दीदांसामासथुः | दीदांसामास | | | |
| दीदांसाञ्चक्रे | दीदांसाञ्चकृवहे | दीदांसाञ्चकृमहे | अदीदांसिषि | अदीदांसिष्वहि | अदीदांसिष्महि |
| दीदांसाम्बभूव | दीदांसाम्बभूविव | दीदांसाम्बभूविम | | | |
| दीदांसामास | दीदांसामासिव | दीदांसामासिम | | | |

Optional णिच् Forms due to 3.1.6 Vartika.

**Parasmaipadi Table** Secondary णिजन्त Root दानि ।

| | | | | | |
|---|---|---|---|---|---|
| दानयति | दानयतः | दानयन्ति | अदानयत् -द् | अदानयताम् | अदानयन् |
| दानयसि | दानयथः | दानयथ | अदानयः | अदानयतम् | अदानयत |
| दानयामि | दानयावः | दानयामः | अदानयम् | अदानयाव | अदानयाम |

| | | | | | |
|---|---|---|---|---|---|
| दानयतु | दानयताम् | दानयन्तु | दानयेत् -द् | दानयेताम् | दानयेयुः |
| दानय | दानयतम् | दानयत | दानयेः | दानयेतम् | दानयेत |
| दानयानि | दानयाव | दानयाम | दानयेयम् | दानयेव | दानयेम |

| | | | | | |
|---|---|---|---|---|---|
| दानयिष्यति | दानयिष्यतः | दानयिष्यन्ति | अदानयिष्यत् -द् | अदानयिष्यताम् | अदानयिष्यन् |
| दानयिष्यसि | दानयिष्यथः | दानयिष्यथ | अदानयिष्यः | अदानयिष्यतम् | अदानयिष्यत |
| दानयिष्यामि | दानयिष्यावः | दानयिष्यामः | अदानयिष्यम् | अदानयिष्याव | अदानयिष्याम |

| | | | | | |
|---|---|---|---|---|---|
| दानयिता | दानयितारौ | दानयितारः | दान्यात् -द् | दान्यास्ताम् | दान्यासुः |

| | | | | | |
|---|---|---|---|---|---|
| दानयितासि | दानयितास्थः | दानयितास्थ | दान्याः | दान्यास्तम् | दान्यास्त |
| दानयितास्मि | दानयितास्वः | दानयितास्मः | दान्यासम् | दान्यास्व | दान्यास्म |

| | | | | | |
|---|---|---|---|---|---|
| दानयाञ्चकार | दानयाञ्चक्रतुः | दानयाञ्चक्रुः | अददानत् -द् | अददानताम् | अददानरन् |
| दानयाम्बभूव | दानयाम्बभूवतुः | दानयाम्बभूवुः | | | |
| दानयामास | दानयामासतुः | दानयामासुः | | | |
| दानयाञ्चकर्थ | दानयाञ्चक्रथुः | दानयाञ्चक्र | अददानः | अददानतम् | अददानत |
| दानयाम्बभूविथ | दानयाम्बभूवथुः | दानयाम्बभूव | | | |
| दानयामासिथ | दानयामासथुः | दानयामास | | | |
| दानयाञ्चकर -कार | दानयाञ्चकृव | दानयाञ्चकृम | अददानम् | अददानाव | अददानाम |
| दानयाम्बभूव | दानयाम्बभूविव | दानयाम्बभूविम | | | |
| दानयामास | दानयामासिव | दानयामासिम | | | |

**Atmanepadi Table** Secondary णिजन्त Root दानि ।

| | | | | | |
|---|---|---|---|---|---|
| दानयते | दानयेते | दानयन्ते | अदानयत | अदानयेताम् | अदानयन्त |
| दानयसे | दानयेथे | दानयध्वे | अदानयथाः | अदानयेथाम् | अदानयध्वम् |
| दानये | दानयावहे | दानयामहे | अदानये | अदानयावहि | अदानयामहि |

| | | | | | |
|---|---|---|---|---|---|
| दानयताम् | दानयेताम् | दानयन्ताम् | दानयेत | दानयेयाताम् | दानयेरन् |
| दानयस्व | दानयेथाम् | दानयध्वम् | दानयेथाः | दानयेयाथाम् | दानयेध्वम् |
| दानयै | दानयावहै | दानयामहै | दानयेय | दानयेवहि | दानयेमहि |

| | | | | | |
|---|---|---|---|---|---|
| दानयिष्यते | दानयिष्येते | दानयिष्यन्ते | अदानयिष्यत | अदानयिष्येताम् | अदानयिष्यन्त |
| दानयिष्यसे | दानयिष्येते | दानयिष्यध्वे | अदानयिष्यथाः | अदानयिष्येथाम् | अदानयिष्यध्वम् |
| दानयिष्ये | दानयिष्यावहे | दानयिष्यामहे | अदानयिष्ये | अदानयिष्यावहि | अदानयिष्यामहि |

| | | | | | |
|---|---|---|---|---|---|
| दानयिता | दानयितारौ | दानयितारः | दानयिषीष्ट | दानयिषीयास्ताम् | दानयिषीरन् |
| दानयितासे | दानयितासाथे | दानयिताध्वे | दानयिषीष्ठाः | दानयिषीयास्थाम् | दानयिषीध्वम् -ढ्वम् |
| दानयिताहे | दानयितास्वहे | दानयितास्महे | दानयिषीय | दानयिषीवहि | दानयिषीमहि |

| | | | | | |
|---|---|---|---|---|---|
| दानयाञ्चक्रे | दानयाञ्चक्राते | दानयाञ्चक्रिरे | अददानत | अददानेताम् | अददानन्त |
| दानयाम्बभूव | दानयाम्बभूवतुः | दानयाम्बभूवुः | | | |
| दानयामास | दानयामासतुः | दानयामासुः | | | |
| दानयाञ्चकृषे | दानयाञ्चक्राथे | दानयाञ्चकृढ्वे | अददानथाः | अददानेथाम् | अददानध्वम् |
| दानयाम्बभूविथ | दानयाम्बभूवथुः | दानयाम्बभूव | | | |
| दानयामासिथ | दानयामासथुः | दानयामास | | | |
| दानयाञ्चक्रे | दानयाञ्चकृवहे | दानयाञ्चकृमहे | अददाने | अददानावहि | अददानामहि |

| | | |
|---|---|---|
| दानयाम्बभूव | दानयाम्बभूविव | दानयाम्बभूविम |
| दानयामास | दानयामासिव | दानयामासिम |

995 शान तेजने । शानँ । शान् । नित्य सनन्त शीशांस । शीशांसति /ते , शानयति /ते । U । सेट् । स० । sharpen, whet

3.1.6 मान्बधदान्शान्भ्यो दीर्घश्चाभ्यासस्य । वा० शानेर्निशाने । वा० अत्रापि सन्नर्थं विशेष इष्यते । वा सन्नन्तः । Vartika says this Root takes default सन् affix in the specific meaning "to sharpen". This Root becomes a secondary Root शीशांस with default सन् affix. This सन् affix is **not** a Desiderative affix as there is no "to desire" involved. सन् does not do Guna and there is no इट् augment by सन् । However सन् + Vikarana affix of Ardhadhatuka Tenses and Moods can take इट् augment for सेट् Roots.

3.1.7 धातोः कर्मणः समानकर्तृकादिच्छायां वा । This वा makes it Optional to use सन् । पक्षे णिच् । Optional णिजन्त forms will be शानयति / ते ।

There are no Primary forms.

**Parasmaipadi Table** सनन्त Secondary Root शीशांस

| | | | | | |
|---|---|---|---|---|---|
| शीशांसति | शीशांसतः | शीशांसन्ति | अशीशांसत् -द् | अशीशांसताम् | अशीशांसन् |
| शीशांससि | शीशांसथः | शीशांसथ | अशीशांसः | अशीशांसतम् | अशीशांसत |
| शीशांसामि | शीशांसावः | शीशांसामः | अशीशांसम् | अशीशांसाव | अशीशांसाम |

| | | | | | |
|---|---|---|---|---|---|
| शीशांसतु | शीशांसताम् | शीशांसन्तु | शीशांसेत् -द् | शीशांसेताम् | शीशांसेयुः |
| शीशांस | शीशांसतम् | शीशांसत | शीशांसेः | शीशांसेतम् | शीशांसेत |
| शीशांसानि | शीशांसाव | शीशांसाम | शीशांसेयम् | शीशांसेव | शीशांसेम |

| | | | | | |
|---|---|---|---|---|---|
| शीशांसिष्यति | शीशांसिष्यतः | शीशांसिष्यन्ति | अशीशांसिष्यत् -द् | अशीशांसिष्यताम् | अशीशांसिष्यन् |
| शीशांसिष्यसि | शीशांसिष्यथः | शीशांसिष्यथ | अशीशांसिष्यः | अशीशांसिष्यतम् | अशीशांसिष्यत |
| शीशांसिष्यामि | शीशांसिष्यावः | शीशांसिष्यामः | अशीशांसिष्यम् | अशीशांसिष्याव | अशीशांसिष्याम |

| | | | | | |
|---|---|---|---|---|---|
| शीशांसिता | शीशांसितारौ | शीशांसितारः | शीशांस्यात् -द् | शीशांस्यास्ताम् | शीशांस्यासुः |
| शीशांसितासि | शीशांसितास्थः | शीशांसितास्थ | शीशांस्याः | शीशांस्यास्तम् | शीशांस्यास्त |
| शीशांसितास्मि | शीशांसितास्वः | शीशांसितास्मः | शीशांस्यासम् | शीशांस्यास्व | शीशांस्यास्म |

| | | | | | |
|---|---|---|---|---|---|
| शीशांसाञ्चकार | शीशांसाञ्चक्रतुः | शीशांसाञ्चक्रुः | अशीशांसीत् -द् | अशीशांसिष्टाम् | अशीशांसिषुः |
| शीशांसाम्बभूव | शीशांसाम्बभूवतुः | शीशांसाम्बभूवुः | | | |
| शीशांसामास | शीशांसामासतुः | शीशांसामासुः | | | |
| शीशांसाञ्चकर्थ | शीशांसाञ्चक्रथुः | शीशांसाञ्चक्र | अशीशांसीः | अशीशांसिष्टम् | अशीशांसिष्ट |

| | | | | | |
|---|---|---|---|---|---|
| शीशांसाम्बभूविथ | शीशांसाम्बभूवथुः | शीशांसाम्बभूव | | | |
| शीशांसामासिथ | शीशांसामासथुः | शीशांसामास | | | |
| शीशांसाञ्चकर -कार | शीशांसाञ्चकृव | शीशांसाञ्चकृम | अशीशांसिषम् | अशीशांसिष्व | अशीशांसिष्म |
| शीशांसाम्बभूव | शीशांसाम्बभूविव | शीशांसाम्बभूविम | | | |
| शीशांसामास | शीशांसामासिव | शीशांसामासिम | | | |

**Atmanepadi Table** सनन्त Secondary Root दीदांस

| | | | | | |
|---|---|---|---|---|---|
| शीशांसते | शीशांसेते | शीशांसन्ते | अशीशांसत | अशीशांसेताम् | अशीशांसन्त |
| शीशांससे | शीशांसेथे | शीशांसध्वे | अशीशांसथाः | अशीशांसेथाम् | अशीशांसध्वम् |
| शीशांसे | शीशांसावहे | शीशांसामहे | अशीशांसे | अशीशांसावहि | अशीशांसामहि |
| | | | | | |
| शीशांसताम् | शीशांसेताम् | शीशांसन्ताम् | शीशांसेत | शीशांसेयाताम् | शीशांसेरन् |
| शीशांसस्व | शीशांसेथाम् | शीशांसध्वम् | शीशांसेथाः | शीशांसेयाथाम् | शीशांसेध्वम् |
| शीशांसै | शीशांसावहै | शीशांसामहै | शीशांसेय | शीशांसेवहि | शीशांसेमहि |
| | | | | | |
| शीशांसिष्यते | शीशांसिष्येते | शीशांसिष्यन्ते | अशीशांसिष्यत | अशीशांसिष्येताम् | अशीशांसिष्यन्त |
| शीशांसिष्यसे | शीशांसिष्येते | शीशांसिष्यध्वे | अशीशांसिष्यथाः | अशीशांसिष्येथाम् | अशीशांसिष्यध्वम् |
| शीशांसिष्ये | शीशांसिष्यावहे | शीशांसिष्यामहे | अशीशांसिष्ये | अशीशांसिष्यावहि | अशीशांसिष्यामहि |
| | | | | | |
| शीशांसिता | शीशांसितारौ | शीशांसितारः | शीशांसिषीष्ट | शीशांसिषीयास्ताम् | शीशांसिषीरन् |
| शीशांसितासे | शीशांसितासाथे | शीशांसिताध्वे | शीशांसिषीष्ठाः | शीशांसिषीयास्थाम् | शीशांसिषीध्वम् |
| शीशांसिताहे | शीशांसितास्वहे | शीशांसितास्महे | शीशांसिषीय | शीशांसिषीवहि | शीशांसिषीमहि |
| | | | | | |
| शीशांसाञ्चक्रे | शीशांसाञ्चक्राते | शीशांसाञ्चक्रिरे | अशीशांसिष्ट | अशीशांसिषाताम् | अशीशांसिषत |
| शीशांसाम्बभूव | शीशांसाम्बभूवतुः | शीशांसाम्बभूवुः | | | |
| शीशांसामास | शीशांसामासतुः | शीशांसामासुः | | | |
| शीशांसाञ्चकृषे | शीशांसाञ्चक्राथे | शीशांसाञ्चकृढ्वे | अशीशांसिष्ठाः | अशीशांसिषाथाम् | अशीशांसिध्वम् |
| शीशांसाम्बभूविथ | शीशांसाम्बभूवथुः | शीशांसाम्बभूव | | | |
| शीशांसामासिथ | शीशांसामासथुः | शीशांसामास | | | |
| शीशांसाञ्चक्रे | शीशांसाञ्चकृवहे | शीशांसाञ्चकृमहे | अशीशांसिषि | अशीशांसिष्वहि | अशीशांसिष्महि |
| शीशांसाम्बभूव | शीशांसाम्बभूविव | शीशांसाम्बभूविम | | | |
| शीशांसामास | शीशांसामासिव | शीशांसामासिम | | | |

Optional णिच् Forms due to 3.1.6 Vartika.

**Parasmaipadi Table** Secondary णिजन्त Root शानि ।

| | | | | | |
|---|---|---|---|---|---|
| शानयति | शानयतः | शानयन्ति | अशानयत् -द् | अशानयताम् | अशानयन् |
| शानयसि | शानयथः | शानयथ | अशानयः | अशानयतम् | अशानयत |

| शानयामि | शानयावः | शानयामः | अशानयम् | अशानयाव | अशानयाम |

| शानयतु | शानयताम् | शानयन्तु | शानयेत् -द् | शानयेताम् | शानयेयुः |
| शानय | शानयतम् | शानयत | शानयेः | शानयेतम् | शानयेत |
| शानयानि | शानयाव | शानयाम | शानयेयम् | शानयेव | शानयेम |

| शानयिष्यति | शानयिष्यतः | शानयिष्यन्ति | अशानयिष्यत् -द् | अशानयिष्यताम् | अशानयिष्यन् |
| शानयिष्यसि | शानयिष्यथः | शानयिष्यथ | अशानयिष्यः | अशानयिष्यतम् | अशानयिष्यत |
| शानयिष्यामि | शानयिष्यावः | शानयिष्यामः | अशानयिष्यम् | अशानयिष्याव | अशानयिष्याम |

| शानयिता | शानयितारौ | शानयितारः | शान्यात् -द् | शान्यास्ताम् | शान्यासुः |
| शानयितासि | शानयितास्थः | शानयितास्थ | शान्याः | शान्यास्तम् | शान्यास्त |
| शानयितास्मि | शानयितास्वः | शानयितास्मः | शान्यासम् | शान्यास्व | शान्यास्म |

| शानयाञ्चकार | शानयाञ्चक्रतुः | शानयाञ्चक्रुः | अशशानत् -द् | अशशानताम् | अशशानरन् |
| शानयाम्बभूव | शानयाम्बभूवतुः | शानयाम्बभूवुः | | | |
| शानयामास | शानयामासतुः | शानयामासुः | | | |
| शानयाञ्चकर्थ | शानयाञ्चक्रथुः | शानयाञ्चक्र | अशशानः | अशशानतम् | अशशानत |
| शानयाम्बभूविथ | शानयाम्बभूवथुः | शानयाम्बभूव | | | |
| शानयामासिथ | शानयामासथुः | शानयामास | | | |
| शानयाञ्चकर -कार | शानयाञ्चकृव | शानयाञ्चकृम | अशशानम् | अशशानाव | अशशानाम |
| शानयाम्बभूव | शानयाम्बभूविव | शानयाम्बभूविम | | | |
| शानयामास | शानयामासिव | शानयामासिम | | | |

**Atmanepadi Table** Secondary णिजन्त Root शानि ।

| शानयते | शानयेते | शानयन्ते | अशानयत | अशानयेताम् | अशानयन्त |
| शानयसे | शानयेथे | शानयध्वे | अशानयथाः | अशानयेथाम् | अशानयध्वम् |
| शानये | शानयावहे | शानयामहे | अशानये | अशानयावहि | अशानयामहि |

| शानयताम् | शानयेताम् | शानयन्ताम् | शानयेत | शानयेयाताम् | शानयेरन् |
| शानयस्व | शानयेथाम् | शानयध्वम् | शानयेथाः | शानयेयाथाम् | शानयेध्वम् |
| शानयै | शानयावहै | शानयामहै | शानयेय | शानयेवहि | शानयेमहि |

| शानयिष्यते | शानयिष्येते | शानयिष्यन्ते | अशानयिष्यत | अशानयिष्येताम् | अशानयिष्यन्त |
| शानयिष्यसे | शानयिष्येते | शानयिष्यध्वे | अशानयिष्यथाः | अशानयिष्येथाम् | अशानयिष्यध्वम् |
| शानयिष्ये | शानयिष्यावहे | शानयिष्यामहे | अशानयिष्ये | अशानयिष्यावहि | अशानयिष्यामहि |

| शानयिता | शानयितारौ | शानयितारः | शानयिषीष्ट | शानयिषीयास्ताम् | शानयिषीरन् |

| | | | | | |
|---|---|---|---|---|---|
| शानयितासे | शानयितासाथे | शानयिताध्वे | शानयिषीष्ठाः | शानयिषीयास्थाम् | शानयिषीध्वम् -ढ्वम् |
| शानयिताहे | शानयितास्वहे | शानयितास्महे | शानयिषीय | शानयिषीवहि | शानयिषीमहि |

| | | | | | |
|---|---|---|---|---|---|
| शानयाञ्चक्रे | शानयाञ्चक्राते | शानयाञ्चक्रिरे | अशशानत | अशशानेताम् | अशशानन्त |
| शानयाम्बभूव | शानयाम्बभूवतुः | शानयाम्बभूवुः | | | |
| शानयामास | शानयामासतुः | शानयामासुः | | | |
| शानयाञ्चकृषे | शानयाञ्चक्राथे | शानयाञ्चकृढ्वे | अशशानथाः | अशशानेथाम् | अशशानध्वम् |
| शानयाम्बभूविथ | शानयाम्बभूवथुः | शानयाम्बभूव | | | |
| शानयामासिथ | शानयामासथुः | शानयामास | | | |
| शानयाञ्चक्रे | शानयाञ्चकृवहे | शानयाञ्चकृमहे | अशशाने | अशशानावहि | अशशानामहि |
| शानयाम्बभूव | शानयाम्बभूविव | शानयाम्बभूविम | | | |
| शानयामास | शानयामासिव | शानयामासिम | | | |

## 996 उदात्तौ स्वरितेतावुभयतोभाषौ ।

996 डुपचष् पाके । डुपचँष् । पच् । पचति / ते । U । अनिट् । द्वि० । cook 8.2.30 7.2.3

**Parasmaipadi Table**

| | | | | | |
|---|---|---|---|---|---|
| पचति | पचतः | पचन्ति | अपचत् -द् | अपचताम् | अपचन् |
| पचसि | पचथः | पचथ | अपचः | अपचतम् | अपचत |
| पचामि | पचावः | पचामः | अपचम् | अपचाव | अपचाम |

| | | | | | |
|---|---|---|---|---|---|
| पचतु | पचताम् | पचन्तु | पचेत् -द् | पचेताम् | पचेयुः |
| पच | पचतम् | पचत | पचेः | पचेतम् | पचेत |
| पचानि | पचाव | पचाम | पचेयम् | पचेव | पचेम |

| | | | | | |
|---|---|---|---|---|---|
| पक्ष्यति | पक्ष्यतः | पक्ष्यन्ति | अपक्ष्यत् -द् | अपक्ष्यताम् | अपक्ष्यन् |
| पक्ष्यसि | पक्ष्यथः | पक्ष्यथ | अपक्ष्यः | अपक्ष्यतम् | अपक्ष्यत |
| पक्ष्यामि | पक्ष्यावः | पक्ष्यामः | अपक्ष्यम् | अपक्ष्याव | अपक्ष्याम |

| | | | | | |
|---|---|---|---|---|---|
| पक्ता | पक्तारौ | पक्तारः | पच्यात् -द् | पच्यास्ताम् | पच्यासुः |
| पक्तासि | पक्तास्थः | पक्तास्थ | पच्याः | पच्यास्तम् | पच्यास्त |
| पक्तास्मि | पक्तास्वः | पक्तास्मः | पच्यासम् | पच्यास्व | पच्यास्म |

| | | | | | |
|---|---|---|---|---|---|
| पपाच | पेचतुः | पेचुः | अपाक्षीत् -द् | अपाक्ताम् | अपाक्षुः |
| पेचिथ पपक्थ | पेचथुः | पेच | अपाक्षीः | अपाक्तम् | अपाक्त |
| पपाच पपच | पेचिव | पेचिम | अपाक्षम् | अपाक्ष्व | अपाक्ष्म |

**Atmanepadi Table**

| | | | | | |
|---|---|---|---|---|---|
| पचते | पचेते | पचन्ते | अपचत | अपचेताम् | अपचन्त |
| पचसे | पचेथे | पचध्वे | अपचथाः | अपचेथाम् | अपचध्वम् |

| | | | | | |
|---|---|---|---|---|---|
| पचे | पचावहे | पचामहे | अपचे | अपचावहि | अपचामहि |

| | | | | | |
|---|---|---|---|---|---|
| पचताम् | पचेताम् | पचन्ताम् | पचेत | पचेयाताम् | पचेरन् |
| पचस्व | पचेथाम् | पचध्वम् | पचेथाः | पचेयाथाम् | पचेध्वम् |
| पचै | पचावहै | पचामहै | पचेय | पचेवहि | पचेमहि |

| | | | | | |
|---|---|---|---|---|---|
| पक्ष्यते | पक्ष्येते | पक्ष्यन्ते | अपक्ष्यत | अपक्ष्येताम् | अपक्ष्यन्त |
| पक्ष्यसे | पक्ष्येते | पक्ष्यध्वे | अपक्ष्यथाः | अपक्ष्येथाम् | अपक्ष्यध्वम् |
| पक्ष्ये | पक्ष्यावहे | पक्ष्यामहे | अपक्ष्ये | अपक्ष्यावहि | अपक्ष्यामहि |

| | | | | | |
|---|---|---|---|---|---|
| पक्ता | पक्तारौ | पक्तारः | पक्षीष्ट | पक्षीयास्ताम् | पक्षीरन् |
| पक्तासे | पक्तासाथे | पक्ताध्वे | पक्षीष्ठाः | पक्षीयास्थाम् | पक्षीध्वम् |
| पक्ताहे | पक्तास्वहे | पक्तास्महे | पक्षीय | पक्षीवहि | पक्षीमहि |

| | | | | | |
|---|---|---|---|---|---|
| पेचे | पेचाते | पेचिरे | अपक्त | अपक्षाताम् | अपक्षत |
| पेचिषे | पेचाथे | पेचिध्वे | अपक्थाः | अपक्षाथाम् | अपग्ध्वम् |
| पेचे | पेचिवहे | पेचिमहे | अपक्षि | अपक्ष्वहि | अपक्ष्महि |

997 षच समवाये । षचँ॑ । सच् । सचति / ते । U । सेट् । स० । be familiar with, be associated, know well. Also see Root 163 षच सेचने सेवने च । 7.2.7 अतो हलादेर्लघोः ।

Q. Why sutra 7.2.62 उपदेशेऽत्वतः applies for Root 996 डुपचष् पाके but not here?

A. It applies for अनिट् Roots, and this Root is सेट् ।

**Parasmaipadi Table**

| | | | | | |
|---|---|---|---|---|---|
| सचति | सचतः | सचन्ति | असचत् -द् | असचताम् | असचन् |
| सचसि | सचथः | सचथ | असचः | असचतम् | असचत |
| सचामि | सचावः | सचामः | असचम् | असचाव | असचाम |

| | | | | | |
|---|---|---|---|---|---|
| सचतु | सचताम् | सचन्तु | सचेत् -द् | सचेताम् | सचेयुः |
| सच | सचतम् | सचत | सचेः | सचेतम् | सचेत |
| सचानि | सचाव | सचाम | सचेयम् | सचेव | सचेम |

| | | | | | |
|---|---|---|---|---|---|
| सचिष्यति | सचिष्यतः | सचिष्यन्ति | असचिष्यत् -द् | असचिष्यताम् | असचिष्यन् |
| सचिष्यसि | सचिष्यथः | सचिष्यथ | असचिष्यः | असचिष्यतम् | असचिष्यत |
| सचिष्यामि | सचिष्यावः | सचिष्यामः | असचिष्यम् | असचिष्याव | असचिष्याम |

| | | | | | |
|---|---|---|---|---|---|
| सचिता | सचितारौ | सचितारः | सच्यात् -द् | सच्यास्ताम् | सच्यासुः |
| सचितासि | सचितास्थः | सचितास्थ | सच्याः | सच्यास्तम् | सच्यास्त |
| सचितास्मि | सचितास्वः | सचितास्मः | सच्यासम् | सच्यास्व | सच्यास्म |

| | | | | | |
|---|---|---|---|---|---|
| ससाच | सेचतुः | सेचुः | असचीत् -द् | असचिष्टाम् | असचिषुः |
| | | | असाचीत् -द् | असाचिष्टाम् | असाचिषुः |
| सेचिथ | सेचथुः | सेच | असचीः | असचिष्टम् | असचिष्ट |

|  |  |  |  | असाचीः | असाचिष्टम् | असाचिष्ट |
|---|---|---|---|---|---|---|
| ससाच | ससच | सेचिव | सेचिम | असचिषम् | असचिष्व | असचिष्म |
|  |  |  |  | असाचिषम् | असाचिष्व | असाचिष्म |

**Atmanepadi Table**

| सचते | सचेते | सचन्ते | असचत | असचेताम् | असचन्त |
|---|---|---|---|---|---|
| सचसे | सचेथे | सचध्वे | असचथाः | असचेथाम् | असचध्वम् |
| सचे | सचावहे | सचामहे | असचे | असचावहि | असचामहि |

| सचताम् | सचेताम् | सचन्ताम् | सचेत | सचेयाताम् | सचेरन् |
|---|---|---|---|---|---|
| सचस्व | सचेथाम् | सचध्वम् | सचेथाः | सचेयाथाम् | सचेध्वम् |
| सचै | सचावहै | सचामहै | सचेय | सचेवहि | सचेमहि |

| सचिष्यते | सचिष्येते | सचिष्यन्ते | असचिष्यत | असचिष्येताम् | असचिष्यन्त |
|---|---|---|---|---|---|
| सचिष्यसे | सचिष्येथे | सचिष्यध्वे | असचिष्यथाः | असचिष्येथाम् | असचिष्यध्वम् |
| सचिष्ये | सचिष्यावहे | सचिष्यामहे | असचिष्ये | असचिष्यावहि | असचिष्यामहि |

| सचिता | सचितारौ | सचितारः | सचिषीष्ट | सचिषीयास्ताम् | सचिषीरन् |
|---|---|---|---|---|---|
| सचितासे | सचितासाथे | सचिताध्वे | सचिषीष्ठाः | सचिषीयास्थाम् | सचिषीध्वम् |
| सचिताहे | सचितास्वहे | सचितास्महे | सचिषीय | सचिषीवहि | सचिषीमहि |

| सेचे | सेचाते | सेचिरे | असचिष्ट | असचिषाताम् | असचिषत |
|---|---|---|---|---|---|
| सेचिषे | सेचाथे | सेचिध्वे | असचिष्ठाः | असचिषाथाम् | असचिध्वम् |
| सेचे | सेचिवहे | सेचिमहे | असचिषि | असचिष्वहि | असचिष्महि |

998 भज सेवायाम् । भजँ । भज् । भजति / ते । U । अनिट् । स० । serve, divide, share, enjoy, distribute. *Famous word* भजनः । 7.2.3 8.2.26 8.2.30 8.4.55

**Parasmaipadi Table**

| भजति | भजतः | भजन्ति | अभजत् -द् | अभजताम् | अभजन् |
|---|---|---|---|---|---|
| भजसि | भजथः | भजथ | अभजः | अभजतम् | अभजत |
| भजामि | भजावः | भजामः | अभजम् | अभजाव | अभजाम |

| भजतु | भजताम् | भजन्तु | भजेत् -द् | भजेताम् | भजेयुः |
|---|---|---|---|---|---|
| भज | भजतम् | भजत | भजेः | भजेतम् | भजेत |
| भजानि | भजाव | भजाम | भजेयम् | भजेव | भजेम |

| भक्ष्यति | भक्ष्यतः | भक्ष्यन्ति | अभक्ष्यत् -द् | अभक्ष्यताम् | अभक्ष्यन् |
|---|---|---|---|---|---|
| भक्ष्यसि | भक्ष्यथः | भक्ष्यथ | अभक्ष्यः | अभक्ष्यतम् | अभक्ष्यत |
| भक्ष्यामि | भक्ष्यावः | भक्ष्यामः | अभक्ष्यम् | अभक्ष्याव | अभक्ष्याम |

| भक्ता | भक्तारौ | भक्तारः | भज्यात् -द् | भज्यास्ताम् | भज्यासुः |
|---|---|---|---|---|---|
| भक्तासि | भक्तास्थः | भक्तास्थ | भज्याः | भज्यास्तम् | भज्यास्त |
| भक्तास्मि | भक्तास्वः | भक्तास्मः | भज्यासम् | भज्यास्व | भज्यास्म |

| | | | | | |
|---|---|---|---|---|---|
| बभाज | भेजतुः | भेजुः | अभाक्षीत् -द् | अभाक्ताम् | अभाक्षुः |
| भेजिथ बभक्थ | भेजथुः | भेज | अभाक्षीः | अभाक्तम् | अभाक्त |
| बभाज बभज | भेजिव | भेजिम | अभाक्षम् | अभाक्ष्व | अभाक्ष्म |

**Atmanepadi Table**

| | | | | | |
|---|---|---|---|---|---|
| भजते | भजेते | भजन्ते | अभजत | अभजेताम् | अभजन्त |
| भजसे | भजेथे | भजध्वे | अभजथाः | अभजेथाम् | अभजध्वम् |
| भजे | भजावहे | भजामहे | अभजे | अभजावहि | अभजामहि |
| | | | | | |
| भजताम् | भजेताम् | भजन्ताम् | भजेत | भजेयाताम् | भजेरन् |
| भजस्व | भजेथाम् | भजध्वम् | भजेथाः | भजेयाथाम् | भजेध्वम् |
| भजै | भजावहै | भजामहै | भजेय | भजेवहि | भजेमहि |
| | | | | | |
| भक्ष्यते | भक्ष्येते | भक्ष्यन्ते | अभक्ष्यत | अभक्ष्येताम् | अभक्ष्यन्त |
| भक्ष्यसे | भक्ष्येते | भक्ष्यध्वे | अभक्ष्यथाः | अभक्ष्येथाम् | अभक्ष्यध्वम् |
| भक्ष्ये | भक्ष्यावहे | भक्ष्यामहे | अभक्ष्ये | अभक्ष्यावहि | अभक्ष्यामहि |
| | | | | | |
| भक्ता | भक्तारौ | भक्तारः | भक्षीष्ट | भक्षीयास्ताम् | भक्षीरन् |
| भक्तासे | भक्तासाथे | भक्ताध्वे | भक्षीष्ठाः | भक्षीयास्थाम् | भक्षीध्वम् |
| भक्ताहे | भक्तास्वहे | भक्तास्महे | भक्षीय | भक्षीवहि | भक्षीमहि |
| | | | | | |
| भेजे | भेजाते | भेजिरे | अभक्त | अभक्षाताम् | अभक्षत |
| भेजिषे | भेजाथे | भेजिध्वे | अभक्थाः | अभक्षाथाम् | अभग्ध्वम् |
| भेजे | भेजिवहे | भेजिमहे | अभक्षि | अभक्ष्वहि | अभक्ष्महि |

999 रञ्ज रागे । र॒ञ्जँ॑ । रञ्ज् । रजति / ते । U । अनिट् । अ० । dye, be attracted, be infatuated

See Root 1167 रञ्ज रागे ।

6.4.26 रञ्जेश्च , इति शपि नलोपः । 6.4.24 अनिदितां हल उपधायाः क्ङिति । 8.3.24 नश्चापदान्तस्य झलि । 8.4.58 अनुस्वार० । 8.2.30 चोः कुः । 8.4.55 खरि च । 8.3.59 3.1.44 7.2.3

**Parasmaipadi Table**

| | | | | | |
|---|---|---|---|---|---|
| रजति | रजतः | रजन्ति | अरजत् -द् | अरजताम् | अरजन् |
| रजसि | रजथः | रजथ | अरजः | अरजतम् | अरजत |
| रजामि | रजावः | रजामः | अरजम् | अरजाव | अरजाम |
| | | | | | |
| रजतु | रजताम् | रजन्तु | रजेत् -द् | रजेताम् | रजेयुः |
| रज | रजतम् | रजत | रजेः | रजेतम् | रजेत |
| रजानि | रजाव | रजाम | रजेयम् | रजेव | रजेम |
| | | | | | |
| रङ्क्ष्यति | रङ्क्ष्यतः | रङ्क्ष्यन्ति | अरङ्क्ष्यत् -द् | अरङ्क्ष्यताम् | अरङ्क्ष्यन् |
| रङ्क्ष्यसि | रङ्क्ष्यथः | रङ्क्ष्यथ | अरङ्क्ष्यः | अरङ्क्ष्यतम् | अरङ्क्ष्यत |
| रङ्क्ष्यामि | रङ्क्ष्यावः | रङ्क्ष्यामः | अरङ्क्ष्यम् | अरङ्क्ष्याव | अरङ्क्ष्याम |

| | | | | | |
|---|---|---|---|---|---|
| रङ्क्ता | रङ्क्तारौ | रङ्क्तारः | रज्यात् -द् | रज्यास्ताम् | रज्यासुः |
| रङ्क्तासि | रङ्क्तास्थः | रङ्क्तास्थ | रज्याः | रज्यास्तम् | रज्यास्त |
| रङ्क्तास्मि | रङ्क्तास्वः | रङ्क्तास्मः | रज्यासम् | रज्यास्व | रज्यास्म |

| | | | | | |
|---|---|---|---|---|---|
| ररञ्ज | ररञ्जतुः | ररञ्जुः | अराङ्क्षीत् -द् | अराङ्क्ताम् | अराङ्क्षुः |
| ररञ्जिथ ररङ्क्थ | ररञ्जथुः | ररञ्ज | अराङ्क्षीः | अराङ्क्तम् | अराङ्क्त |
| ररञ्ज | ररञ्जिव | ररञ्जिम | अराङ्क्षम् | अराङ्क्ष्व | अराङ्क्ष्म |

**Atmanepadi Table**

| | | | | | |
|---|---|---|---|---|---|
| रजते | रजेते | रजन्ते | अरजत | अरजेताम् | अरजन्त |
| रजसे | रजेथे | रजध्वे | अरजथाः | अरजेथाम् | अरजध्वम् |
| रजे | रजावहे | रजामहे | अरजे | अरजावहि | अरजामहि |

| | | | | | |
|---|---|---|---|---|---|
| रजताम् | रजेताम् | रजन्ताम् | रजेत | रजेयाताम् | रजेरन् |
| रजस्व | रजेथाम् | रजध्वम् | रजेथाः | रजेयाथाम् | रजेध्वम् |
| रजै | रजावहै | रजामहै | रजेय | रजेवहि | रजेमहि |

| | | | | | |
|---|---|---|---|---|---|
| रङ्क्ष्यते | रङ्क्ष्येते | रङ्क्ष्यन्ते | अरङ्क्ष्यत | अरङ्क्ष्येताम् | अरङ्क्ष्यन्त |
| रङ्क्ष्यसे | रङ्क्ष्येते | रङ्क्ष्यध्वे | अरङ्क्ष्यथाः | अरङ्क्ष्येथाम् | अरङ्क्ष्यध्वम् |
| रङ्क्ष्ये | रङ्क्ष्यावहे | रङ्क्ष्यामहे | अरङ्क्ष्ये | अरङ्क्ष्यावहि | अरङ्क्ष्यामहि |

| | | | | | |
|---|---|---|---|---|---|
| रङ्क्ता | रङ्क्तारौ | रङ्क्तारः | रङ्क्षीष्ट | रङ्क्षीयास्ताम् | रङ्क्षीरन् |
| रङ्क्तासे | रङ्क्तासाथे | रङ्क्ताध्वे | रङ्क्षीष्ठाः | रङ्क्षीयास्थाम् | रङ्क्षीध्वम् |
| रङ्क्ताहे | रङ्क्तास्वहे | रङ्क्तास्महे | रङ्क्षीय | रङ्क्षीवहि | रङ्क्षीमहि |

| | | | | | |
|---|---|---|---|---|---|
| ररञ्जे | ररञ्जाते | ररञ्जिरे | अरङ्क्त | अरङ्क्षाताम् | अरङ्क्षत |
| ररञ्जिषे | ररञ्जाथे | ररञ्जिध्वे | अरङ्क्थाः | अरङ्क्षाथाम् | अरङ्ग्ध्वम् |
| ररञ्जे | ररञ्जिवहे | ररञ्जिमहे | अरङ्क्षि | अरङ्क्ष्वहि | अरङ्क्ष्महि |

1000 शप आक्रोशे । शपँ । शप् । शपति / ते । U । अनिट् । स० । curse, swear, use foul language, take a vow 3.1.44 7.2.3 **Parasmaipadi Table**

| | | | | | |
|---|---|---|---|---|---|
| शपति | शपतः | शपन्ति | अशपत् -द् | अशपताम् | अशपन् |
| शपसि | शपथः | शपथ | अशपः | अशपतम् | अशपत |
| शपामि | शपावः | शपामः | अशपम् | अशपाव | अशपाम |

| | | | | | |
|---|---|---|---|---|---|
| शपतु | शपताम् | शपन्तु | शपेत् -द् | शपेताम् | शपेयुः |
| शप | शपतम् | शपत | शपेः | शपेतम् | शपेत |
| शपानि | शपाव | शपाम | शपेयम् | शपेव | शपेम |

| | | | | | |
|---|---|---|---|---|---|
| शप्स्यति | शप्स्यतः | शप्स्यन्ति | अशप्स्यत् -द् | अशप्स्यताम् | अशप्स्यन् |
| शप्स्यसि | शप्स्यथः | शप्स्यथ | अशप्स्यः | अशप्स्यतम् | अशप्स्यत |
| शप्स्यामि | शप्स्यावः | शप्स्यामः | अशप्स्यम् | अशप्स्याव | अशप्स्याम |
| | | | | | |
| शप्ता | शप्तारौ | शप्तारः | शप्यात् -द् | शप्यास्ताम् | शप्यासुः |
| शप्तासि | शप्तास्थः | शप्तास्थ | शप्याः | शप्यास्तम् | शप्यास्त |
| शप्तास्मि | शप्तास्वः | शप्तास्मः | शप्यासम् | शप्यास्व | शप्यास्म |
| | | | | | |
| शशाप | शेपतुः | शेपुः | अशाप्सीत् -द् | अशाप्ताम् | अशाप्सुः |
| शेपिथ शशप्थ | शेपथुः | शेप | अशाप्सीः | अशाप्तम् | अशाप्त |
| शशाप शशप | शेपिव | शेपिम | अशाप्सम् | अशाप्स्व | अशाप्स्म |

**Atmanepadi Table**

| | | | | | |
|---|---|---|---|---|---|
| शपते | शपेते | शपन्ते | अशपत | अशपेताम् | अशपन्त |
| शपसे | शपेथे | शपध्वे | अशपथाः | अशपेथाम् | अशपध्वम् |
| शपे | शपावहे | शपामहे | अशपे | अशपावहि | अशपामहि |
| | | | | | |
| शपताम् | शपेताम् | शपन्ताम् | शपेत | शपेयाताम् | शपेरन् |
| शपस्व | शपेथाम् | शपध्वम् | शपेथाः | शपेयाथाम् | शपेध्वम् |
| शपै | शपावहै | शपामहै | शपेय | शपेवहि | शपेमहि |
| | | | | | |
| शप्स्यते | शप्स्येते | शप्स्यन्ते | अशप्स्यत | अशप्स्येताम् | अशप्स्यन्त |
| शप्स्यसे | शप्स्येते | शप्स्यध्वे | अशप्स्यथाः | अशप्स्येथाम् | अशप्स्यध्वम् |
| शप्स्ये | शप्स्यावहे | शप्स्यामहे | अशप्स्ये | अशप्स्यावहि | अशप्स्यामहि |
| | | | | | |
| शप्ता | शप्तारौ | शप्तारः | शप्सीष्ट | शप्सीयास्ताम् | शप्सीरन् |
| शप्तासे | शप्तासाथे | शप्ताध्वे | शप्सीष्ठाः | शप्सीयास्थाम् | शप्सीध्वम् |
| शप्ताहे | शप्तास्वहे | शप्तास्महे | शप्सीय | शप्सीवहि | शप्सीमहि |
| | | | | | |
| शेपे | शेपाते | शेपिरे | अशप्त | अशप्साताम् | अशप्सत |
| शेपिषे | शेपाथे | शेपिध्वे | अशप्थाः | अशप्साथाम् | अशब्ध्वम् |
| शेपे | शेपिवहे | शेपिमहे | अशप्सि | अशप्स्वहि | अशप्स्महि |

1001 त्विष दीप्तौ । त्विषँ । त्विष् । त्वेषति / ते । U । अनिट् । अ० । shine, sparkle, blaze
3.1.45 8.2.41 8.4.41 **Parasmaipadi Table**

| | | | | | |
|---|---|---|---|---|---|
| त्वेषति | त्वेषतः | त्वेषन्ति | अत्वेषत् -द् | अत्वेषताम् | अत्वेषन् |
| त्वेषसि | त्वेषथः | त्वेषथ | अत्वेषः | अत्वेषतम् | अत्वेषत |
| त्वेषामि | त्वेषावः | त्वेषामः | अत्वेषम् | अत्वेषाव | अत्वेषाम |
| | | | | | |
| त्वेषतु | त्वेषताम् | त्वेषन्तु | त्वेषेत् -द् | त्वेषेताम् | त्वेषेयुः |
| त्वेष | त्वेषतम् | त्वेषत | त्वेषेः | त्वेषेतम् | त्वेषेत |
| त्वेषाणि | त्वेषाव | त्वेषाम | त्वेषेयम् | त्वेषेव | त्वेषेम |

| | | | | | |
|---|---|---|---|---|---|
| त्वेक्ष्यति | त्वेक्ष्यतः | त्वेक्ष्यन्ति | अत्वेक्ष्यत् -द् | अत्वेक्ष्यताम् | अत्वेक्ष्यन् |
| त्वेक्ष्यसि | त्वेक्ष्यथः | त्वेक्ष्यथ | अत्वेक्ष्यः | अत्वेक्ष्यतम् | अत्वेक्ष्यत |
| त्वेक्ष्यामि | त्वेक्ष्यावः | त्वेक्ष्यामः | अत्वेक्ष्यम् | अत्वेक्ष्याव | अत्वेक्ष्याम |
| त्वेष्टा | त्वेष्टारौ | त्वेष्टारः | त्विष्यात् -द् | त्विष्यास्ताम् | त्विष्यासुः |
| त्वेष्टासि | त्वेष्टास्थः | त्वेष्टास्थ | त्विष्याः | त्विष्यास्तम् | त्विष्यास्त |
| त्वेष्टास्मि | त्वेष्टास्वः | त्वेष्टास्मः | त्विष्यासम् | त्विष्यास्व | त्विष्यास्म |
| तित्वेष | तित्विषतुः | तित्विषुः | अत्विक्षत् -द् | अत्विक्षताम् | अत्विक्षन् |
| तित्वेषिथ | तित्विषथुः | तित्विष | अत्विक्षः | अत्विक्षतम् | अत्विक्षत |
| तित्वेष | तित्विषिव | तित्विषिम | अत्विक्षम् | अत्विक्षाव | अत्विक्षाम |

**Atmanepadi Table**

| | | | | | |
|---|---|---|---|---|---|
| त्वेषते | त्वेषेते | त्वेषन्ते | अत्वेषत | अत्वेषेताम् | अत्वेषन्त |
| त्वेषसे | त्वेषेथे | त्वेषध्वे | अत्वेषथाः | अत्वेषेथाम् | अत्वेषध्वम् |
| त्वेषे | त्वेषावहे | त्वेषामहे | अत्वेषे | अत्वेषावहि | अत्वेषामहि |
| त्वेषताम् | त्वेषेताम् | त्वेषन्ताम् | त्वेषेत | त्वेषेयाताम् | त्वेषेरन् |
| त्वेषस्व | त्वेषेथाम् | त्वेषध्वम् | त्वेषेथाः | त्वेषेयाथाम् | त्वेषेध्वम् |
| त्वेषै | त्वेषावहै | त्वेषामहै | त्वेषेय | त्वेषेवहि | त्वेषेमहि |
| त्वेक्ष्यते | त्वेक्ष्येते | त्वेक्ष्यन्ते | अत्वेक्ष्यत | अत्वेक्ष्येताम् | अत्वेक्ष्यन्त |
| त्वेक्ष्यसे | त्वेक्ष्येते | त्वेक्ष्यध्वे | अत्वेक्ष्यथाः | अत्वेक्ष्येथाम् | अत्वेक्ष्यध्वम् |
| त्वेक्ष्ये | त्वेक्ष्यावहे | त्वेक्ष्यामहे | अत्वेक्ष्ये | अत्वेक्ष्यावहि | अत्वेक्ष्यामहि |
| त्वेष्टा | त्वेष्टारौ | त्वेष्टारः | त्विक्षीष्ट | त्विक्षीयास्ताम् | त्विक्षीरन् |
| त्वेष्टासे | त्वेष्टासाथे | त्वेष्टाध्वे | त्विक्षीष्ठाः | त्विक्षीयास्थाम् | त्विक्षीध्वम् |
| त्वेष्टाहे | त्वेष्टास्वहे | त्वेष्टास्महे | त्विक्षीय | त्विक्षीवहि | त्विक्षीमहि |
| तित्विषे | तित्विषाते | तित्विषिरे | अत्विक्षत | अत्विक्षाताम् | अत्विक्षन्त |
| तित्विषिषे | तित्विषाथे | तित्विषिध्वे | अत्विक्षथाः | अत्विक्षाथाम् | अत्विक्षध्वम् |
| तित्विषे | तित्विषिवहे | तित्विषिमहे | अत्विक्षि | अत्विक्षावहि | अत्विक्षामहि |

## 1002 अथ यजादि अन्तर्गणः । 6.1.15 वचिस्वपियजादीनां किति । सम्प्रसारणम् ।

1002 यज देवपूजासङ्गतिकरणदानेषु । यजँ । यज् । यजति / ते । U । अनिट् । स० । sacrifice, honour, purify, donate, worship. *Famous word* यज्ञः । 6.1.15 वचिस्वपियजादीनां किति । सम्प्रसारणम् ।

लिट् Sutras 6.1.8 6.1.17 7.2.116 7.4.60 7.2.62 7.2.63 8.2.36 8.4.41 7.1.91

आशीर्लिङ् Sutras 3.4.104 6.1.15 6.1.108 8.2.29 8.2.39 8.4.56

लुङ् Sutras 3.1.44 7.2.3 8.2.36 8.2.39 8.2.41 8.3.59 8.4.56 8.2.25

**Parasmaipadi Table**

| | | | | | |
|---|---|---|---|---|---|
| यजति | यजतः | यजन्ति | अयजत् -द् | अयजताम् | अयजन् |

| | | | | | |
|---|---|---|---|---|---|
| यजसि | यजथः | यजथ | अयजः | अयजतम् | अयजत |
| यजामि | यजावः | यजामः | अयजम् | अयजाव | अयजाम |
| | | | | | |
| यजतु यजतात् -द् | यजताम् | यजन्तु | यजेत् -द् | यजेताम् | यजेयुः |
| यज यजतात् -द् | यजतम् | यजत | यजेः | यजेतम् | यजेत |
| यजानि | यजाव | यजाम | यजेयम् | यजेव | यजेम |
| | | | | | |
| यक्ष्यति | यक्ष्यतः | यक्ष्यन्ति | अयक्ष्यत् -द् | अयक्ष्यताम् | अयक्ष्यन् |
| यक्ष्यसि | यक्ष्यथः | यक्ष्यथ | अयक्ष्यः | अयक्ष्यतम् | अयक्ष्यत |
| यक्ष्यामि | यक्ष्यावः | यक्ष्यामः | अयक्ष्यम् | अयक्ष्याव | अयक्ष्याम |
| | | | | | |
| यष्टा | यष्टारौ | यष्टारः | इज्यात् -द् | इज्यास्ताम् | इज्यासुः |
| यष्टासि | यष्टास्थः | यष्टास्थ | इज्याः | इज्यास्तम् | इज्यास्त |
| यष्टास्मि | यष्टास्वः | यष्टास्मः | इज्यासम् | इज्यास्व | इज्यास्म |
| | | | | | |
| इयाज | ईजतुः | ईजुः | अयाक्षीत् -द् | अयाष्टाम् | अयाक्षुः |
| इयजिथ इयष्ठ | ईजथुः | ईज | अयाक्षीः | अयाष्टम् | अयाष्ट |
| इयाज इयज | ईजिव | ईजिम | अयाक्षम् | अयाक्ष्व | अयाक्ष्म |

**Atmanepadi Table**

| | | | | | |
|---|---|---|---|---|---|
| यजते | यजेते | यजन्ते | अयजत | अयजेताम् | अयजन्त |
| यजसे | यजेथे | यजध्वे | अयजथाः | अयजेथाम् | अयजध्वम् |
| यजे | यजावहे | यजामहे | अयजे | अयजावहि | अयजामहि |
| | | | | | |
| यजताम् | यजेताम् | यजन्ताम् | यजेत | यजेयाताम् | यजेरन् |
| यजस्व | यजेथाम् | यजध्वम् | यजेथाः | यजेयाथाम् | यजेध्वम् |
| यजै | यजावहै | यजामहै | यजेय | यजेवहि | यजेमहि |
| | | | | | |
| यक्ष्यते | यक्ष्येते | यक्ष्यन्ते | अयक्ष्यत | अयक्ष्येताम् | अयक्ष्यन्त |
| यक्ष्यसे | यक्ष्येथे | यक्ष्यध्वे | अयक्ष्यथाः | अयक्ष्येथाम् | अयक्ष्यध्वम् |
| यक्ष्ये | यक्ष्यावहे | यक्ष्यामहे | अयक्ष्ये | अयक्ष्यावहि | अयक्ष्यामहि |
| | | | | | |
| यष्टा | यष्टारौ | यष्टारः | यक्षीष्ट | यक्षीयास्ताम् | यक्षीरन् |
| यष्टासे | यष्टासाथे | यष्टाध्वे | यक्षीष्ठाः | यक्षीयास्थाम् | यक्षीध्वम् |
| यष्टाहे | यष्टास्वहे | यष्टास्महे | यक्षीय | यक्षीवहि | यक्षीमहि |
| | | | | | |
| ईजे | ईजाते | ईजिरे | अयष्ट | अयक्षाताम् | अयक्षत |
| ईजिषे | ईजाथे | ईजिध्वे | अयष्ठाः | अयक्षाथाम् | अयड्ढ्वम् |
| ईजे | ईजिवहे | ईजिमहे | अयक्षि | अयक्ष्वहि | अयक्ष्महि |

1003 डुवप बीजसन्ताने । बीजसन्तानः क्षेत्रे बीजविकिरणम् । गर्भाधानेऽपि । छेदनेऽपि । डुवपँ । वप् । वपति / ते । U । अनिट् । स० । sow, impregnate, cut.

Many Dhatupathas list it as डुवप् with halanta. However since Svarita accent is explicitly mentioned पँ॑ we have listed it as डुवप । Further, पकारः is not a Tag here.

Q. Why Sutra 8.3.79 विभाषेटः applies for Root 1004 वह प्रापणे but not here?

A. The Stem does not end in इण् letter = इ ई उ ऊ ऋ ॠ ऌ ए ऐ ओ औ य् र् ल् व् ह् ।

**Parasmaipadi Table**

| | | | | | |
|---|---|---|---|---|---|
| वपति | वपतः | वपन्ति | अवपत् -द् | अवपताम् | अवपन् |
| वपसि | वपथः | वपथ | अवपः | अवपतम् | अवपत |
| वपामि | वपावः | वपामः | अवपम् | अवपाव | अवपाम |
| वपतु | वपताम् | वपन्तु | वपेत् -द् | वपेताम् | वपेयुः |
| वप | वपतम् | वपत | वपेः | वपेतम् | वपेत |
| वपानि | वपाव | वपाम | वपेयम् | वपेव | वपेम |
| वप्स्यति | वप्स्यतः | वप्स्यन्ति | अवप्स्यत् -द् | अवप्स्यताम् | अवप्स्यन् |
| वप्स्यसि | वप्स्यथः | वप्स्यथ | अवप्स्यः | अवप्स्यतम् | अवप्स्यत |
| वप्स्यामि | वप्स्यावः | वप्स्यामः | अवप्स्यम् | अवप्स्याव | अवप्स्याम |
| वप्ता | वप्तारौ | वप्तारः | उप्यात् -द् | उप्यास्ताम् | उप्यासुः |
| वप्तासि | वप्तास्थः | वप्तास्थ | उप्याः | उप्यास्तम् | उप्यास्त |
| वप्तास्मि | वप्तास्वः | वप्तास्मः | उप्यासम् | उप्यास्व | उप्यास्म |
| उवाप | ऊपतुः | ऊपुः | अवाप्सीत् -द् | अवाप्ताम् | अवाप्सुः |
| उवपिथ उवप्थ | ऊपथुः | ऊप | अवाप्सीः | अवाप्तम् | अवाप्त |
| उवाप उवप | ऊपिव | ऊपिम | अवाप्सम् | अवाप्स्व | अवाप्स्म |

**Atmanepadi Table**

| | | | | | |
|---|---|---|---|---|---|
| वपते | वपेते | वपन्ते | अवपत | अवपेताम् | अवपन्त |
| वपसे | वपेथे | वपध्वे | अवपथाः | अवपेथाम् | अवपध्वम् |
| वपे | वपावहे | वपामहे | अवपे | अवपावहि | अवपामहि |
| वपताम् | वपेताम् | वपन्ताम् | वपेत | वपेयाताम् | वपेरन् |
| वपस्व | वपेथाम् | वपध्वम् | वपेथाः | वपेयाथाम् | वपेध्वम् |
| वपै | वपावहै | वपामहै | वपेय | वपेवहि | वपेमहि |
| वप्स्यते | वप्स्येते | वप्स्यन्ते | अवप्स्यत | अवप्स्येताम् | अवप्स्यन्त |
| वप्स्यसे | वप्स्येते | वप्स्यध्वे | अवप्स्यथाः | अवप्स्येथाम् | अवप्स्यध्वम् |
| वप्स्ये | वप्स्यावहे | वप्स्यामहे | अवप्स्ये | अवप्स्यावहि | अवप्स्यामहि |
| वप्ता | वप्तारौ | वप्तारः | वप्सीष्ट | वप्सीयास्ताम् | वप्सीरन् |
| वप्तासे | वप्तासाथे | वप्ताध्वे | वप्सीष्ठाः | वप्सीयास्थाम् | वप्सीध्वम् |
| वप्ताहे | वप्तास्वहे | वप्तास्महे | वप्सीय | वप्सीवहि | वप्सीमहि |

| | | | | | |
|---|---|---|---|---|---|
| ऊपे | ऊपाते | ऊपिरे | अवप्त | अवप्साताम् | अवप्सत |
| ऊपिषे | ऊपाथे | ऊपिध्वे | अवप्थाः | अवप्साथाम् | अवब्ध्वम् |
| ऊपे | ऊपिवहे | ऊपिमहे | अवप्सि | अवप्स्वहि | अवप्स्महि |

1004 **वह प्रापणे** । **व॒हँ॑** । **वह्** । **वहति / ते** । U । **अनिट्** । **द्वि०** । flow, carry, lead

8.2.31 8.2.40 8.4.41 8.3.13 6.3.112 8.3.79 **विभाषेटः** ।

**Parasmaipadi Table**

| | | | | | |
|---|---|---|---|---|---|
| वहति | वहतः | वहन्ति | अवहत् -द् | अवहताम् | अवहन् |
| वहसि | वहथः | वहथ | अवहः | अवहतम् | अवहत |
| वहामि | वहावः | वहामः | अवहम् | अवहाव | अवहाम |

| | | | | | |
|---|---|---|---|---|---|
| वहतु | वहताम् | वहन्तु | वहेत् -द् | वहेताम् | वहेयुः |
| वह | वहतम् | वहत | वहेः | वहेतम् | वहेत |
| वहानि | वहाव | वहाम | वहेयम् | वहेव | वहेम |

| | | | | | |
|---|---|---|---|---|---|
| वक्ष्यति | वक्ष्यतः | वक्ष्यन्ति | अवक्ष्यत् -द् | अवक्ष्यताम् | अवक्ष्यन् |
| वक्ष्यसि | वक्ष्यथः | वक्ष्यथ | अवक्ष्यः | अवक्ष्यतम् | अवक्ष्यत |
| वक्ष्यामि | वक्ष्यावः | वक्ष्यामः | अवक्ष्यम् | अवक्ष्याव | अवक्ष्याम |

| | | | | | |
|---|---|---|---|---|---|
| वोढा | वोढारौ | वोढारः | उह्यात् -द् | उह्यास्ताम् | उह्यासुः |
| वोढासि | वोढास्थः | वोढास्थ | उह्याः | उह्यास्तम् | उह्यास्त |
| वोढास्मि | वोढास्वः | वोढास्मः | उह्यासम् | उह्यास्व | उह्यास्म |

| | | | | | |
|---|---|---|---|---|---|
| उवाह | ऊहतुः | ऊहुः | अवाक्षीत् -द् | अवोढाम् | अवाक्षुः |
| उवहिथ उवोढ | ऊहथुः | ऊह | अवाक्षीः | अवोढम् | अवोढ |
| उवाह उवह | ऊहिव | ऊहिम | अवाक्षम् | अवाक्ष्व | अवाक्ष्म |

**Atmanepadi Table**

| | | | | | |
|---|---|---|---|---|---|
| वहते | वहेते | वहन्ते | अवहत | अवहेताम् | अवहन्त |
| वहसे | वहेथे | वहध्वे | अवहथाः | अवहेथाम् | अवहध्वम् |
| वहे | वहावहे | वहामहे | अवहे | अवहावहि | अवहामहि |

| | | | | | |
|---|---|---|---|---|---|
| वहताम् | वहेताम् | वहन्ताम् | वहेत | वहेयाताम् | वहेरन् |
| वहस्व | वहेथाम् | वहध्वम् | वहेथाः | हेयाथाम् | वहेध्वम् |
| वहै | वहावहै | वहामहै | वहेय | वहेवहि | वहेमहि |

| | | | | | |
|---|---|---|---|---|---|
| वक्ष्यते | वक्ष्येते | वक्ष्यन्ते | अवक्ष्यत | अवक्ष्येताम् | अवक्ष्यन्त |
| वक्ष्यसे | वक्ष्येते | वक्ष्यध्वे | अवक्ष्यथाः | अवक्ष्येथाम् | अवक्ष्यध्वम् |
| वक्ष्ये | वक्ष्यावहे | वक्ष्यामहे | अवक्ष्ये | अवक्ष्यावहि | अवक्ष्यामहि |

| | | | | | |
|---|---|---|---|---|---|
| वोढा | वोढारौ | वोढारः | वक्षीष्ट | वक्षीयास्ताम् | वक्षीरन् |

| | | | | | |
|---|---|---|---|---|---|
| वोढासे | वोढासाथे | वोढाध्वे | वक्षीष्ठाः | वक्षीयास्थाम् | वक्षीध्वम् |
| वोढाहे | वोढास्वहे | वोढास्महे | वक्षीय | वक्षीवहि | वक्षीमहि |

| | | | | | |
|---|---|---|---|---|---|
| ऊहे | ऊहाते | ऊहिरे | अवोढ | अवक्षाताम् | अवक्षत |
| ऊहिषे | ऊहाथे | ऊहिध्वे -ढ्वे | अवोढाः | अवक्षाथाम् | अवोढ्वम् |
| ऊहे | ऊहिवहे | ऊहिमहे | अवक्षि | अवक्ष्वहि | अवक्ष्महि |

996 पचादयोऽनुदात्ताः स्वरितेत उभयतोभाषाः । 997 षचिस्तूदात्तः ।

1005 वस निवासे । अनुदात्त उदात्तेत् परस्मैभाषः । वसँ । वस् । वसति । P । अनिट् । अ० । dwell, inhabit, live, stay, abide, reside 7.4.49 सः स्यार्द्धधातुके ।

| | | | | | |
|---|---|---|---|---|---|
| वसति | वसतः | वसन्ति | अवसत् -द् | अवसताम् | अवसन् |
| वससि | वसथः | वसथ | अवसः | अवसतम् | अवसत |
| वसामि | वसावः | वसामः | अवसम् | अवसाव | अवसाम |

| | | | | | |
|---|---|---|---|---|---|
| वसतु | वसताम् | वसन्तु | वसेत् -द् | वसेताम् | वसेयुः |
| वस | वसतम् | वसत | वसेः | वसेतम् | वसेत |
| वसानि | वसाव | वसाम | वसेयम् | वसेव | वसेम |

| | | | | | |
|---|---|---|---|---|---|
| वत्स्यति | वत्स्यतः | वत्स्यन्ति | अवत्स्यत् -द् | अवत्स्यताम् | अवत्स्यन् |
| वत्स्यसि | वत्स्यथः | वत्स्यथ | अवत्स्यः | अवत्स्यतम् | अवत्स्यत |
| वत्स्यामि | वत्स्यावः | वत्स्यामः | अवत्स्यम् | अवत्स्याव | अवत्स्याम |

| | | | | | |
|---|---|---|---|---|---|
| वस्ता | वस्तारौ | वस्तारः | उष्यात् -द् | उष्यास्ताम् | उष्यासुः |
| वस्तासि | वस्तास्थः | वस्तास्थ | उष्याः | उष्यास्तम् | उष्यास्त |
| वस्तास्मि | वस्तास्वः | वस्तास्मः | उष्यासम् | उष्यास्व | उष्यास्म |

| | | | | | |
|---|---|---|---|---|---|
| उवास | ऊषतुः | ऊषुः | अवात्सीत् -द् | अवात्ताम् | अवात्सुः |
| उवसिथ उवस्थ | ऊषथुः | ऊष | अवात्सीः | अवात्तम् | अवात्त |
| उवास उवस | ऊषिव | ऊषिम | अवात्सम् | अवात्स्व | अवात्स्म |

1006 वेञ् तन्तुसन्ताने । वेञ् । वे । वयति / ते । U । अनिट् । स० । knit, weave, sew 6.1.16 ग्रहिज्यावयिव्यधिवष्टिविचतिवृश्चतिपृच्छतिभृज्जतीनां ङिति च । 6.1.78 एचो० । 6.1.45 आदेच उपदेशेऽशिति । 7.4.25 अकृत्सार्वधातुकयोः दीर्घः । 2.4.41 वेञो वयिः । 6.1.39 वश्चास्यान्यतरस्याम् किति ।

**Parasmaipadi Table**

| | | | | | |
|---|---|---|---|---|---|
| वयति | वयतः | वयन्ति | अवयत् -द् | अवयताम् | अवयन् |
| वयसि | वयथः | वयथ | अवयः | अवयतम् | अवयत |
| वयामि | वयावः | वयामः | अवयम् | अवयाव | अवयाम |

| | | | | | |
|---|---|---|---|---|---|
| वयतु | वयताम् | वयन्तु | वयेत् -द् | वयेताम् | वयेयुः |
| वय | वयतम् | वयत | वयेः | वयेतम् | वयेत |
| वयानि | वयाव | वयाम | वयेयम् | वयेव | वयेम |

| | | | | | |
|---|---|---|---|---|---|
| वास्यति | वास्यतः | वास्यन्ति | अवास्यत् -द् | अवास्यताम् | अवास्यन् |
| वास्यसि | वास्यथः | वास्यथ | अवास्यः | अवास्यतम् | अवास्यत |
| वास्यामि | वास्यावः | वास्यामः | अवास्यम् | अवास्याव | अवास्याम |

| | | | | | |
|---|---|---|---|---|---|
| वाता | वातारौ | वातारः | ऊयात् -द् | ऊयास्ताम् | ऊयासुः |
| वातासि | वातास्थः | वातास्थ | ऊयाः | ऊयास्तम् | ऊयास्त |
| वातास्मि | वातास्वः | वातास्मः | ऊयासम् | ऊयास्व | ऊयास्म |

| | | | | | |
|---|---|---|---|---|---|
| ववौ | ववतुः | ववुः | अवासीत् -द् | अवासिष्टाम् | अवासिषुः |
| उवाय | ऊवतुः ऊयतुः | ऊवुः ऊयुः | | | |
| वविथ ववाथ | ववथुः | वव | अवासीः | अवासिष्टम् | अवासिष्ट |
| उवयिथ | ऊवथुः ऊयथुः | ऊव ऊय | | | |
| ववौ | वविव | वविम | अवासिषम् | अवासिष्व | अवासिष्म |
| उवाय उवय | ऊविव ऊयिव | ऊविम ऊयिम | | | |

**Atmanepadi Table**

| | | | | | |
|---|---|---|---|---|---|
| वयते | वयेते | वयन्ते | अवयत | अवयेताम् | अवयन्त |
| वयसे | वयेथे | वयध्वे | अवयथाः | अवयेथाम् | अवयध्वम् |
| वये | वयावहे | वयामहे | अवये | अवयावहि | अवयामहि |

| | | | | | |
|---|---|---|---|---|---|
| वयताम् | वयेताम् | वयन्ताम् | वयेत | वयेयाताम् | वयेरन् |
| वयस्व | वयेथाम् | वयध्वम् | वयेथाः | वयेयाथाम् | वयेध्वम् |
| वयै | वयावहै | वयामहै | वयेय | वयेवहि | वयेमहि |

| | | | | | |
|---|---|---|---|---|---|
| वास्यते | वास्येते | वास्यन्ते | अवास्यत | अवास्येताम् | अवास्यन्त |
| वास्यसे | वास्येते | वास्यध्वे | अवास्यथाः | अवास्येथाम् | अवास्यध्वम् |
| वास्ये | वास्यावहे | वास्यामहे | अवास्ये | अवास्यावहि | अवास्यामहि |

| | | | | | |
|---|---|---|---|---|---|
| वाता | वातारौ | वातारः | वासीष्ट | वासीयास्ताम् | वासीरन् |
| वातासे | वातासाथे | वाताध्वे | वासीष्ठाः | वासीयास्थाम् | वासीध्वम् |
| वाताहे | वातास्वहे | वातास्महे | वासीय | वासीवहि | वासीमहि |

| | | | | | |
|---|---|---|---|---|---|
| ववे | ववाते | वविरे | अवास्त | अवासाताम् | अवासत |
| ऊवे ऊये | ऊवाते ऊयाते | ऊविरे ऊयिरे | | | |
| वविषे | ववाथे | वविध्वे -ढ्वे | अवास्थाः | अवासाथाम् | अवाध्वम् |
| ऊविषे ऊयिषे | ऊवाथे ऊयाथे | ऊविध्वे -ढ्वे | | | |
| | | ऊयिध्वे -ढ्वे | | | |
| ववे | वविवहे | वविमहे | अवासि | अवास्वहि | अवास्महि |
| ऊये ऊवे | ऊविवहे ऊयिवहे | ऊविमहे ऊयिमहे | | | |

1007 व्येञ् संवरणे । व्ये॒ञ् । व्ये । व्ययति / ते । U । अनिट् । स० । cover, hide, sew

6.1.45 6.1.15 6.1.108

**Parasmaipadi Table**

| | | | | | |
|---|---|---|---|---|---|
| व्ययति | व्ययतः | व्ययन्ति | अव्ययत् -द् | अव्ययताम् | अव्ययन् |
| व्ययसि | व्ययथः | व्ययथ | अव्ययः | अव्ययतम् | अव्यय |
| व्ययामि | व्ययावः | व्ययामः | अव्ययम् | अव्ययाव | अव्ययाम |

| | | | | | |
|---|---|---|---|---|---|
| व्ययतु | व्ययताम् | व्ययन्तु | व्ययेत् -द् | व्ययेताम् | व्ययेयुः |
| व्यय | व्ययतम् | व्ययत | व्ययेः | व्ययेतम् | व्ययेत |
| व्ययानि | व्ययाव | व्ययाम | व्ययेयम् | व्ययेव | व्ययेम |

| | | | | | |
|---|---|---|---|---|---|
| व्यास्यति | व्यास्यतः | व्यास्यन्ति | अव्यास्यत् -द् | अव्यास्यताम् | अव्यास्यन् |
| व्यास्यसि | व्यास्यथः | व्यास्यथ | अव्यास्यः | अव्यास्यतम् | अव्यास्यत |
| व्यास्यामि | व्यास्यावः | व्यास्यामः | अव्यास्यम् | अव्यास्याव | अव्यास्याम |

| | | | | | |
|---|---|---|---|---|---|
| व्याता | व्यातारौ | व्यातारः | वीयात् -द् | वीयास्ताम् | वीयासुः |
| व्यातासि | व्यातास्थः | व्यातास्थ | वीयाः | वीयास्तम् | वीयास्त |
| व्यातास्मि | व्यातास्वः | व्यातास्मः | वीयासम् | वीयास्व | वीयास्म |

| | | | | | |
|---|---|---|---|---|---|
| विव्याय | विव्यतुः | विव्युः | अव्यासीत् -द् | अव्यासिष्टाम् | अव्यासिषुः |
| विव्ययिथ | विव्यथुः | विव्य | अव्यासीः | अव्यासिष्टम् | अव्यासिष्ट |
| विव्याय विव्यय | विव्यिव | विव्यिम | अव्यासिषम् | अव्यासिष्व | अव्यासिष्म |

**Atmanepadi Table**

| | | | | | |
|---|---|---|---|---|---|
| व्ययते | व्ययेते | व्ययन्ते | अव्ययत | अव्ययेताम् | अव्ययन्त |
| व्ययसे | व्ययेथे | व्ययध्वे | अव्ययथाः | अव्ययेथाम् | अव्ययध्वम् |
| व्यये | व्ययावहे | व्ययामहे | अव्यये | अव्ययावहि | अव्ययामहि |

| | | | | | |
|---|---|---|---|---|---|
| व्ययताम् | व्ययेताम् | व्ययन्ताम् | व्ययेत | व्ययेयाताम् | व्ययेरन् |
| व्ययस्व | व्ययेथाम् | व्ययध्वम् | व्ययेथाः | व्ययेयाथाम् | व्ययेध्वम् |
| व्ययै | व्ययावहै | व्ययामहै | व्ययेय | व्ययेवहि | व्ययेमहि |

| | | | | | |
|---|---|---|---|---|---|
| व्यास्यते | व्यास्येते | व्यास्यन्ते | अव्यास्यत | अव्यास्येताम् | अव्यास्यन्त |
| व्यास्यसे | व्यास्येते | व्यास्यध्वे | अव्यास्यथाः | अव्यास्येथाम् | अव्यास्यध्वम् |
| व्यास्ये | व्यास्यावहे | व्यास्यामहे | अव्यास्ये | अव्यास्यावहि | अव्यास्यामहि |

| | | | | | |
|---|---|---|---|---|---|
| व्याता | व्यातारौ | व्यातारः | व्यासीष्ट | व्यासीयास्ताम् | व्यासीरन् |
| व्यातासे | व्यातासाथे | व्याताध्वे | व्यासीष्ठाः | व्यासीयास्थाम् | व्यासीध्वम् |
| व्याताहे | व्यातास्वहे | व्यातास्महे | व्यासीय | व्यासीवहि | व्यासीमहि |

| | | | | | |
|---|---|---|---|---|---|
| विव्ये | विव्याते | विव्यिरे | अव्यास्त | अव्यासाताम् | अव्यासत |
| विव्यिषे | विव्याथे | विव्यिध्वे -ढ्वे | अव्यास्थाः | अव्यासाथाम् | अव्याध्वम् |

| | | | | | |
|---|---|---|---|---|---|
| विव्ये | विव्यिवहे | विव्यिमहे | अव्यासि | अव्यास्वहि | अव्यास्महि |

1008 ह्वेञ् स्पर्धायां शब्दे च । ह्वेञ् । ह्वे । ह्वयति / ते । U । अनिट् । स०। call, take name, hail, challenge for a fight. अस्य आह्वयति, आह्वयतु, आह्वानम् इति आङ्-उपसर्गपूर्वकः तिङन्तप्रयोगाः प्रसिद्धाः । 6.1.45 6.1.66 6.1.15 6.1.108 6.4.64 3.1.53 लिपिसिचिह्वश्च । 3.1.54 आत्मनेपदेष्वन्यतरस्याम् । 3.1.44 7.3.101

**Parasmaipadi Table**

| | | | | | |
|---|---|---|---|---|---|
| ह्वयति | ह्वयतः | ह्वयन्ति | अह्वयत् -द् | अह्वयताम् | अह्वयन् |
| ह्वयसि | ह्वयथः | ह्वयथ | अह्वयः | अह्वयतम् | अह्वयत |
| ह्वयामि | ह्वयावः | ह्वयामः | अह्वयम् | अह्वयाव | अह्वयाम |

| | | | | | |
|---|---|---|---|---|---|
| ह्वयतु | ह्वयताम् | ह्वयन्तु | ह्वयेत् -द् | ह्वयेताम् | ह्वयेयुः |
| ह्वय | ह्वयतम् | ह्वयत | ह्वयेः | ह्वयेतम् | ह्वयेत |
| ह्वयानि | ह्वयाव | ह्वयाम | ह्वयेयम् | ह्वयेव | ह्वयेम |

| | | | | | |
|---|---|---|---|---|---|
| ह्वास्यति | ह्वास्यतः | ह्वास्यन्ति | अह्वास्यत् -द् | अह्वास्यताम् | अह्वास्यन् |
| ह्वास्यसि | ह्वास्यथः | ह्वास्यथ | अह्वास्यः | अह्वास्यतम् | अह्वास्यत |
| ह्वास्यामि | ह्वास्यावः | ह्वास्यामः | अह्वास्यम् | अह्वास्याव | अह्वास्याम |

| | | | | | |
|---|---|---|---|---|---|
| ह्वाता | ह्वातारौ | ह्वातारः | हूयात् -द् | हूयास्ताम् | हूयासुः |
| ह्वातासि | ह्वातास्थः | ह्वातास्थ | हूयाः | हूयास्तम् | हूयास्त |
| ह्वातास्मि | ह्वातास्वः | ह्वातास्मः | हूयासम् | हूयास्व | हूयास्म |

| | | | | | |
|---|---|---|---|---|---|
| जुहाव | जुहुवतुह | जुहुवुः | अह्वत् -द् | अह्वताम् | अह्वन् |
| जुहविथ जुहोथ | जुहुवथुः | जुहुव | अह्वः | अह्वतम् | अह्वत |
| जुहाव जुहव | जुहुविव | जुहुविम | अह्वम् | अह्वाव | अह्वाम |

**Atmanepadi Table**

| | | | | | |
|---|---|---|---|---|---|
| ह्वयते | ह्वयेते | ह्वयन्ते | अह्वयत | अह्वयेताम् | अह्वयन्त |
| ह्वयसे | ह्वयेथे | ह्वयध्वे | अह्वयथाः | अह्वयेथाम् | अह्वयध्वम् |
| ह्वये | ह्वयावहे | ह्वयामहे | अह्वये | अह्वयावहि | अह्वयामहि |

| | | | | | |
|---|---|---|---|---|---|
| ह्वयताम् | ह्वयेताम् | ह्वयन्ताम् | ह्वयेत | ह्वयेयाताम् | ह्वयेरन् |
| ह्वयस्व | ह्वयेथाम् | ह्वयध्वम् | ह्वयेथाः | ह्वयेयाथाम् | ह्वयेध्वम् |
| ह्वयै | ह्वयावहै | ह्वयामहै | ह्वयेय | ह्वयेवहि | ह्वयेमहि |

| | | | | | |
|---|---|---|---|---|---|
| ह्वास्यते | ह्वास्येते | ह्वास्यन्ते | अह्वास्यत | अह्वास्येताम् | अह्वास्यन्त |
| ह्वास्यसे | ह्वास्येते | ह्वास्यध्वे | अह्वास्यथाः | अह्वास्येथाम् | अह्वास्यध्वम् |

| | | | | | |
|---|---|---|---|---|---|
| ह्वास्ये | ह्वास्यावहे | ह्वास्यामहे | अह्वास्ये | अह्वास्यावहि | अह्वास्यामहि |

| | | | | | |
|---|---|---|---|---|---|
| ह्वाता | ह्वातारौ | ह्वातारः | ह्वासीष्ट | ह्वासीयास्ताम् | ह्वासीरन् |
| ह्वातासे | ह्वातासाथे | ह्वाताध्वे | ह्वासीष्ठाः | ह्वासीयास्थाम् | ह्वासीध्वम् |
| ह्वाताहे | ह्वातास्वहे | ह्वातास्महे | ह्वासीय | ह्वासीवहि | ह्वासीमहि |

| | | | | | |
|---|---|---|---|---|---|
| जुहुवे | जुहुवाते | जुहुविरे | अह्वत | अह्वेताम् | अह्वन्त |
| | | | अह्वास्त | अह्वासाताम् | अह्वासत |
| जुहुविषे | जुहुवाथे | जुहुविध्वे -ढ्वे | अह्वथाः | अह्वेथाम् | अह्वध्वम् |
| | | | अह्वास्थाः | अह्वासाथाम् | अह्वाध्वम् |
| जुहुवे | जुहुविवहे | जुहुविमहे | अह्वे | अह्वावहि | अह्वामहि |
| | | | अह्वासि | अह्वास्वहि | अह्वास्महि |

1006 वेञादयस्त्रयोऽनुदात्ता उभयतोभाषाः ।

## 1009 अथ परस्मैपदिनौ ।

1009 वद व्यक्तायां वाचि । वदँ । वद् । वदति । P* । सेट् । स० । speak, say

1.3.47 भासनोपसम्भाषाज्ञानयत्नविमत्युपमन्त्रणेषु वदः । Atmanepada is used when used to mean "to be brilliant", "to be proficient in pacifying", "to display extraordinary knowledge", "to perform stupendous effort", "to have difference of opinion", "to be extremely flattering".

| | | | | | |
|---|---|---|---|---|---|
| वदति | वदतः | वदन्ति | अवदत् -द् | अवदताम् | अवदन् |
| वदसि | वदथः | वदथ | अवदः | अवदतम् | अवदत |
| वदामि | वदावः | वदामः | अवदम् | अवदाव | अवदाम |

| | | | | | |
|---|---|---|---|---|---|
| वदतु वदतात् -द् | वदताम् | वदन्तु | वदेत् -द् | वदेताम् | वदेयुः |
| वद वदतात् -द् | वदतम् | वदत | वदेः | वदेतम् | वदेत |
| वदानि | वदाव | वदाम | वदेयम् | वदेव | वदेम |

| | | | | | |
|---|---|---|---|---|---|
| वदिष्यति | वदिष्यतः | वदिष्यन्ति | अवदिष्यत् -द् | अवदिष्यताम् | अवदिष्यन् |
| वदिष्यसि | वदिष्यथः | वदिष्यथ | अवदिष्यः | अवदिष्यतम् | अवदिष्यत |
| वदिष्यामि | वदिष्यावः | वदिष्यामः | अवदिष्यम् | अवदिष्याव | अवदिष्याम |

| | | | | | |
|---|---|---|---|---|---|
| वदिता | वदितारौ | वदितारः | उद्यात् -द् | उद्यास्ताम् | उद्यासुः |
| वदितासि | वदितास्थः | वदितास्थ | उद्याः | उद्यास्तम् | उद्यास्त |
| वदितास्मि | वदितास्वः | वदितास्मः | उद्यासम् | उद्यास्व | उद्यास्म |

| | | | | | |
|---|---|---|---|---|---|
| उवाद | ऊदतुः | ऊदुः | अवादीत् -द् | अवादिष्टाम् | अवादिषुः |
| उवदिथ | ऊदथुः | ऊद | अवादीः | अवादिष्टम् | अवादिष्ट |
| उवाद उवद | ऊदिव | ऊदिम | अवादिषम् | अवादिष्व | अवादिष्म |

1.3.47 भासनोपसम्भाषाज्ञानयत्नविमत्युपमन्त्रणेषु वदः । In these meanings वद् takes Atmanepada.

| | | | | | |
|---|---|---|---|---|---|
| वदते | वदेते | वदन्ते | अवदत | अवदेताम् | अवदन्त |
| वदसे | वदेथे | वदध्वे | अवदथाः | अवदेथाम् | अवदध्वम् |
| वदे | वदावहे | वदामहे | अवदे | अवदावहि | अवदामहि |

| | | | | | |
|---|---|---|---|---|---|
| वदताम् | वदेताम् | वदन्ताम् | वदेत | वदेयाताम् | वदेरन् |
| वदस्व | वदेथाम् | वदध्वम् | वदेथाः | वदेयाथाम् | वदेध्वम् |
| वदै | वदावहै | वदामहै | वदेय | वदेवहि | वदेमहि |

| | | | | | |
|---|---|---|---|---|---|
| वदिष्यते | वदिष्येते | वदिष्यन्ते | अवदिष्यत | अवदिष्येताम् | अवदिष्यन्त |
| वदिष्यसे | वदिष्येथे | वदिष्यध्वे | अवदिष्यथाः | अवदिष्येथाम् | अवदिष्यध्वम् |
| वदिष्ये | वदिष्यावहे | वदिष्यामहे | अवदिष्ये | अवदिष्यावहि | अवदिष्यामहि |

| | | | | | |
|---|---|---|---|---|---|
| वदिता | वदितारौ | वदितारः | वदिषीष्ट | वदिषीयास्ताम् | वदिषीरन् |
| वदितासे | वदितासाथे | वदिताध्वे | वदिषीष्ठाः | वदिषीयास्थाम् | वदिषीध्वम् |
| वदिताहे | वदितास्वहे | वदितास्महे | वदिषीय | वदिषीवहि | वदिषीमहि |

| | | | | | |
|---|---|---|---|---|---|
| ऊदे | ऊदाते | ऊदिरे | अवदिष्ट | अवदिषाताम् | अवदिषत |
| ऊदिषे | ऊदाथे | ऊदिध्वे | अवदिष्ठाः | अवदिषाथाम् | अवदिध्वम् |
| ऊदे | ऊदिवहे | ऊदिमहे | अवदिषि | अवदिष्वहि | अवदिष्महि |

1010 टुओश्वि गतिवृद्ध्योः । अयं वदति च उदात्तौ परस्मैभाषौ । टुओँश्वि । श्वि । श्वयति । P । सेट् । अ० । balloon, grow 6.1.30 विभाषा श्वेः । 6.1.8 लिटि धातोरनभ्यासस्य । 3.1.44 च्लेः सिच् । 3.1.49 विभाषा धेट्श्व्योः । 6.4.77 अचि श्नुधातुभ्रुवां य्वोरियङुवङौ । 3.1.58 जॄस्तम्भुम्रुचुम्लुचुग्रुचुग्लुचुग्लुञ्चुश्विभ्यश्च । 6.1.15

| | | | | | |
|---|---|---|---|---|---|
| श्वयति | श्वयतः | श्वयन्ति | अश्वयत् अश्वयद् | अश्वयताम् | अश्वयन् |
| श्वयसि | श्वयथः | श्वयथ | अश्वयः | अश्वयतम् | अश्वयत |
| श्वयामि | श्वयावः | श्वयामः | अश्वयम् | अश्वयाव | अश्वयाम |

| | | | | | |
|---|---|---|---|---|---|
| श्वयतु श्वयतात् श्वयताद् | श्वयताम् | श्वयन्तु | श्वयेत् श्वयेद् | श्वयेताम् | श्वयेयुः |
| श्वय | श्वयतम् | श्वयत | श्वयेः | श्वयेतम् | श्वयेत |
| श्वयानि | श्वयाव | श्वयाम | श्वयेयम् | श्वयेव | श्वयेम |

| | | | | | |
|---|---|---|---|---|---|
| श्वयिष्यति | श्वयिष्यतः | श्वयिष्यन्ति | अश्वयिष्यत् अश्वयिष्यद् | अश्वयिष्यताम् | अश्वयिष्यन् |
| श्वयिष्यसि | श्वयिष्यथः | श्वयिष्यथ | अश्वयिष्यः | अश्वयिष्यतम् | अश्वयिष्यत |
| श्वयिष्यामि | श्वयिष्यावः | श्वयिष्यामः | अश्वयिष्यम् | अश्वयिष्याव | अश्वयिष्याम |

| | | | | | |
|---|---|---|---|---|---|
| श्वयिता | श्वयितारौ | श्वयितारः | शूयात् शूयाद् | शूयास्ताम् | शूयासुः |
| श्वयितासि | श्वयितास्थः | श्वयितास्थ | शूयाः | शूयास्तम् | शूयास्त |

| | | | | | |
|---|---|---|---|---|---|
| श्वयितास्मि | श्वयितास्वः | श्वयितास्मः | शूयासम् | शूयास्व | शूयास्म |
| शिश्वाय | शिश्वियतुः | शिश्वियुः | अश्वयीत् -द् | अश्वयिष्टाम् | अश्वयिषुः |
| शुशाव | शुशुवतुः | शुशुवुः | अशिश्वियत् -द् | अशिश्वियताम् | अशिश्वियन् |
| | | | अश्वत् -द् | अश्वताम् | अश्वन् |
| शिश्वयिथ | शिश्वियथुः | शिश्विय | अश्वयीः | अश्वयिष्टम् | अश्वयिष्ट |
| शुशविथ | शुशुवथुः | शुशुव | अशिश्वियः | अशिश्वियतम् | अशिश्वियत |
| | | | अश्वः | अश्वतम् | अश्वत |
| शिश्वाय शिश्वय | शिश्वियिव | शिश्वियिम | अश्वयिषम् | अश्वयिष्व | अश्वयिष्म |
| शुशाव शुशव | शुशुविव | शुशुविम | अशिश्वियम् | अशिश्वियाव | अशिश्वियाम |
| | | | अश्वम् | अश्वाव | अश्वाम |

## 1010 टुओश्वि गतिवृद्ध्योः । 1c Last Root

वृत् । यजादिः समाप्तः ।

चुलुम्पत्यादिश्च भ्वादौ द्रष्टव्याः । तस्य आकृतिगणत्वात् ।

The 1c group is आकृतिगणः i.e. includes unclassified Roots as well, so Roots चुलुम्प etc. may be read here to make Verbs चुलुम्पति etc.

ऋतिः सौत्रः च सजुगुप्साकृपयोः । 3.1.29 ऋतेरीयङ् । This Ashtadhyayi Sutra indicates that ऋत् is a Root. Since this is not listed in the Dhatupatha, we call it a सौत्रः धातुः , i.e. from Sutra.

॥ इति शब्विकरणा भ्वादयः ॥

THE END of 1st Conjugation Roots.

# Ting Affixes Sarvadhatuka/Ardhadhatuka and Idagam

The Affixes are of two types, Sarvadhatuka and Ardhadhatuka. The Sarvadhatuka Ting affixes use Gana Vikarna affix also, while Ardhadhatuka do not.

| | | |
|---|---|---|
| 3.4.113 तिङ्-शित्-सार्वधातुकम् । Sarvadhatuka Ting Affixes are those that are general तिङ् or that begin with श् letter. | | |
| 1 | लट् | Present Tense. 3.2.123 वर्तमाने लट् । |
| 2 | लङ् | Imperfect Past Tense – *before from yesterday onwards*. 3.2.111 अनद्यतने लङ् । |
| 3 | लोट् | Imperative Mood – *request*. 3.3.162 लोट् च । |
| 4 | विधि–लिङ् | Potential Mood – *order* विधिलिङ् (also known as Optative Mood). 3.3.161 विधिनिमन्त्रणामन्त्रणाधीष्टसंप्रश्नप्रार्थनेषु लिङ् । |
| 11a | लेट् | Vedic usage Potential – *order*. 3.4.7 लिङर्थे लेट् । |
| 3.4.114 आर्धधातुकं शेषः । Ardhadhatuka Ting Affixes are those that are except for 3.4.113. The following तिङ् affixes get modified by insertion of additional affix. | | |
| 5 | लृट् | Simple Future Tense – *now onwards*. 3.3.13 लृट् शेषे च । |
| 6 | लृङ् | Conditional Mood – *if/then in past or future*. 3.3.139 लिङ्निमित्ते लृङ् क्रियातिपत्तौ । |
| 7 | लुट् | Periphrastic Future Tense – *tomorrow onwards*. 3.3.15 अनद्यतने लुट् |
| 8 | आशीर्–लिङ् | Benedictive Mood – *blessing* आशीर्लिङ् (also used in the sense of a curse). 3.3.173 आशिषि लिङ्लोटौ । |
| 9 | लिट् | Perfect Past Tense – *distant unseen past* 3.4.114 लिट् च |
| 10 | लुङ् | Aorist Past Tense, *before from now onwards*. 3.2.110 लुङ् । |
| 11b | लेट् | Vedic usage Potential – *order*. 3.4.7 लिङर्थे लेट् । |

**General** Ting affixes are Sarvadhatuka. These will insert **gana** vikarana afffix during conjugation process of Verb. <u>Sarvadhatuka Ting Lakara Affixes:</u>
- लट् Present tense LAt
- लङ् Imperfect Past Tense LAng
- लोट् Imperative Mood LOt
- विधिलिङ् Potential Mood VidhiLing
- सार्वधातुक लेट् Direct Order Vedic usage LEt

For applying these Sarvadhatuka Ting Lakara affixes, the Gana Vikarana of each Dhatu shall be introduced. e.g.

भू <sup>Dhatu</sup> + ति <sup>Ting</sup> → भू <sup>Dhatu</sup> + शप् <sup>Gana Vikarana</sup> + ति <sup>Ting</sup> → भवति । **He/She/It is**. लट् iii/1 Third person singular Present tense.

**Prefixed** Ting affixes are Ardhadhatuka. These do NOT get the gana vikarana afffix during conjugation process of Verb. However these insert some vikarana affix.
<u>Ardhadhatuka Ting Lakara Affixes:</u>
- आर्धधातुक लेट् Direct Order Vedic. All Affixes are prefixed with सिप्
- लृट् Simple Future Tense. All Affixes are prefixed with स्य
- लृङ् Conditional Mood. All Affixes are prefixed with स्य
- लुट् Periphrastic Future Tense. All Affixes are prefixed with तास्
- आशीर्लिङ् Benedictive Mood. Prefixed with यासुट् or सीयुट्
- लिट् Perfect Past Tense. Prefixed with णल् or थल्
- लुङ् Aorist Past Tense. Variously modified with सिच अङ् चङ्

E.g.
भू <sup>Dhatu</sup> + यात् <sup>Ting</sup> → भूयात् । **He/She/It may be blessed**.
आशीर्लिङ् iii/1 Third person singular Benedictive Mood.

However for the Ardhadhatuka affixes, the **Idagam** (सेट् अनिट् वेट्) Dhatu criteria shall apply. It means that first we need to identify if a Root is सेट् or अनिट् , then accordingly apply Ardhadhatuka Ting Lakara affixes. Also, for most Ting affixes, an additional vikarana affix (independent of Dhatu gana) gets inserted. For the सेट् Roots, the **इ** augment shall be prefixed to the Vikarana Affix. E.g.
भू <sup>Dhatu</sup> + ति <sup>Ting</sup> → भू <sup>Dhatu</sup> + स्य <sup>Vikarana</sup> + ति <sup>Ting</sup> →
भू <sup>Dhatu</sup> + इ <sup>Augment</sup> + स्य <sup>Vikarana</sup> + ति <sup>Ting</sup> → भविष्यति । **He/She/It shall do**.
लृट् iii/1 Third person singular Simple Future Tense.

<u>Idagam Roots Identification and इट् augment</u>
For the Ardhadhatuka आर्धधातुक conjugational tenses and moods, we need to identify if a Root is सेट् or अनिट् । 7.2.10 एकाच उपदेशेऽनुदात्तात् ।

Single syllable Roots with Anudata Accent in Dhatupatha are अनिट् Anit Roots. Such Roots do not get the इट् augment. 7.2.35 आर्धधातुकस्येड् वलादेः । An Ardhadhatuka affix that begins with a वल् letter gets an इट् augment. For सेट् Roots only.

वल् pratyahara includes all consonants except य् । It excludes Vowels. Hence Ardhadhatuka Ting affixes that have initial य् or a vowel do NOT get इट् augment. इट् here discard the Tag letter by 1.3.3 हलन्त्यम् we get इ ।

# Ten Conjugational Groups and Gana Vikarana

The Dhatupatha contains ten principal conjugational groups. These are made since an entity known as the **gana** vikarana गण विकरण is common for each specific group, for the **Sarvadhatuka** सार्वधातुक conjugational tenses and moods.

| SN | Dhatu | Meaning | Gana Vikarana | Without Tag | Conjugation Group name & No | |
|---|---|---|---|---|---|---|
| 1 | भू | सत्तायाम् | शप् | अ | भवादि-गण | 1c |
| 1011 | अद | भक्षणे | शप् – लुक् | - | अदादि-गण | 2c |
| 1083 | हु | दान-अदानयोः | शप् – श्लु | - | जुहोत्यादि-गण | 3c |
| 1107 | दिवु | क्रीडा० | श्यन् | य | दिवादि-गण | 4c |
| 1247 | षुञ् | अभिषवे | श्नु | नु | स्वादि-गण | 5c |
| 1281 | तुद | व्यथने | श | अ | तुदादि-गण | 6c |
| 1438 | रुधिर् | आवरणे | श्नम् | न | रुधादि-गण | 7c |
| 1463 | तनु | विस्तारे | उ | उ | तनादि-गण | 8c |
| 1473 | डुक्रीञ् | द्रव्य-विनिमये | श्ना | ना | क्र्यादि-गण | 9c |
| 1534 | चुर | स्तेये | णिच् + शप् | अय | चुरादि-गण | 10c |
| 1943 | तुत्थ | आवरणे | णिच् + शप् | अय | चुरादि-गण | 10c |

1c) 3.1.68 कर्तरि शप् । सार्वधातुके । Guna by शप् for applicable Roots.
2c) 2.4.72 अदिप्रभृतिभ्यः शपः । लुक् । No Guna by gana vikarana as it has dropped.
3c) 2.4.75 जुहोत्यादिभ्यः श्लुः । No Guna by gana vikarana as it has dropped.
4c) 3.1.69 दिवादिभ्यः श्यन् । No Guna by श्यन् as it is अपित् ।
5c) 3.1.73 स्वादिभ्यः श्नुः । No Guna by श्नुः as it is अपित् ।
6c) 3.1.77 तुदादिभ्यः शः । No Guna by शः as it is अपित् ।
7c) 3.1.78 रुधादिभ्यः श्नम् । No Guna by श्नम् as it is अपित् ।
8c) 3.1.79 तनादिकृञ्भ्य उः । Guna by उ for applicable Roots.
9c) 3.1.81 क्र्यादिभ्यः श्ना । No Guna by श्ना as it is अपित् ।
10c) 3.1.25 सत्यापपाशरूपवीणातूलश्लोकसेनालोमत्वचवर्मवर्णचूर्ण-चुरादिभ्यो णिच् । Guna.

# Guna as applicable by Gana Vikarana / Ting Affixes

Let us take suitable examples to understand the Guna of Roots (Stems) due to
- Gana Vikarana शप् of 1c
- Gana Vikarana उ of 8c
- Vikarana Ardhadhatuka affixes
- पित् Ting Sarvadhatuka affixes
- Ting Ardhadhatuka affixes

## 1c Root 1 भू सत्तायाम् । भू । P सेट् अ० ।

लट् iii/1 । भू + शप् + तिप् । भवति ।
The Stem becomes भव since 1c Gana Vikarana शप् is पित् and causes Guna. The लट् iii/1 affix is तिप् and can also cause Guna. However here the Guna has already happened by शप् gana vikarana. The stem now being भव there is no इक् vowel.

लट् iii/2 । भू + शप् + तस् । भवतः ।
The Stem becomes भव since 1c Gana Vikarana शप् is पित् and causes Guna. The लट् iii/2 affix is तस् and cannot cause Guna due to 1.2.4 सार्वधातुकमपित् and 1.1.5 क्ङिति च ।

लोट् iii/1 । भू + शप् + तुप् । भवतु ।
The Stem becomes भव since 1c Gana Vikarana शप् is पित् and causes Guna. The लोट् iii/1 affix is तुप् and can also cause Guna. However here the Guna has already happened by शप् gana vikarana.

लोट् iii/1 । भू + शप् + तातङ् । Optional affix. भवतात् ।
The Stem becomes भव since 1c Gana Vikarana शप् is पित् and causes Guna. The लोट् iii/1 affix is तातङ् and cannot cause Guna. However here the Guna has already happened by शप् gana vikarana.

लुट् iii/1 । भू + तास् + तिप् → भव् + इता । भविता ।
Vikarana Ardhadhatuka Affix तास् causes Guna by 7.3.84 सार्वधातुकार्धधातुकयोः and 7.3.86 पुगन्तलघूपधस्य च । No further Guna available for Ting Ardhadhatuka Affix.

आशीर्लिङ् iii/1 । भू + यात् । भूयात् ।
Ting Ardhadhatuka Affix can cause Guna, but prevented by 3.4.104 किदाशिषि ।

## 1c Root 16 मुद हर्षे । मुद् । A सेट् अ० ।

लट् iii/1 । मुद् + शप् + ते । मोदते ।
The Stem becomes मोद since 1c Gana Vikarana शप् is पित् and causes Guna. No further Guna possible. Also Ting Affix ते is अपित् and cannot cause Guna.

लट् iii/2 । मुद् + शप् + इते । मोदेते ।
The Stem becomes मोद since 1c Gana Vikarana शप् is पित् and causes Guna. No further Guna possible. Also Ting Sarvadhatuka Affix इते is अपित् and cannot cause Guna. Due to Sandhi अ + इ = ए we get मोदेते ।

लोट् iii/1 । मुद् + शप् + ताम् । मोदताम् ।
The Stem becomes मोद since 1c Gana Vikarana शप् is पित् and causes Guna. No further Guna possible.

लुट् iii/1 । मुद् + तास् + तिप् → मुद् + इता । मोदिता ।
Vikarana Ardhadhatuka Affix तास् causes Guna by 7.3.84 सार्वधातुकार्धधातुकयोः and 7.3.86 पुगन्तलघूपधस्य च to give Stem मोद् । No further Guna.

आशीर्लिङ् iii/1 । मुद् + इषीष्ट । मोदिषीष्ट ।
Ting Ardhadhatuka Affix causes Guna.

---

## 1c Root 39 चिती संज्ञाने । चित् । P सेट् अ० ।

लट् iii/1 । चित् + शप् + तिप् । चेतति ।
The Stem becomes चेत since 1c Gana Vikarana शप् is पित् and causes Guna.

लट् iii/2 । चित् + शप् + तस् । चेततः ।
The Stem becomes चेत since 1c Gana Vikarana शप् is पित् and causes Guna.

लोट् iii/1 । चित् + शप् + तुप् । चेततु ।
The Stem becomes चेत since 1c Gana Vikarana शप् is पित् and causes Guna.

लोट् iii/1 । चित् + शप् + तातङ् । Optional affix. चेततात् ।
The Stem becomes चेत since 1c Gana Vikarana शप् is पित् and causes Guna.

लुट् iii/1 । चित् + तास् + तिप् → चेत् + इता । चेतिता ।
Vikarana Ardhadhatuka Affix तास् causes Guna by 7.3.84 सार्वधातुकार्धधातुकयोः and 7.3.86 पुगन्तलघूपधस्य च ।

आशीर्लिङ् iii/1। चित् + यात्। चित्यात्।
Ting Ardhadhatuka Affix can cause Guna, but prevented by 3.4.104 किदाशिषि।

---

## 2c Root 1033 यु मिश्रणेऽमिश्रणे च। 2c 23 यु। P सेट् स॰।

लट् iii/1। यु + शप् लुक् + तिप्। यौति।
The Gana vikarana has dropped and cannot cause Guna. However लट् iii/1 affix is तिप् and can cause Guna, and here Vriddhi has happened and Stem becomes यौ।

लट् iii/2। भू + शप् लुक् + तस्। युतः।
The Gana vikarana has dropped and cannot cause Guna. The लट् iii/2 affix is तस् and cannot cause Guna. Stem remains यु।

लोट् iii/1। यु + शप् लुक् + तुप्। यौतु।
The Gana vikarana has dropped and cannot cause Guna. The लोट् iii/1 affix is तुप् and can cause Guna and here Vriddhi has happened and Stem becomes यौ।

लोट् iii/1। यु + शप् लुक् + तातङ्। Optional affix. युतात्।
The Gana vikarana has dropped and cannot cause Guna. The लोट् iii/1 affix is तातङ् and cannot cause Guna.

लुट् iii/1। यु + तास् + तिप् → यव् + इता। यविता।
Vikarana Ardhadhatuka Affix तास् causes Guna by 7.3.84 सार्वधातुकार्धधातुकयोः and 7.3.86 पुगन्तलघूपधस्य च। No further Guna available for Ting Ardhadhatuka Affix.

आशीर्लिङ् iii/1। यु + यात्। यूयात्।
Ting Ardhadhatuka Affix can cause Guna, but prevented by 3.4.104 किदाशिषि। Here dirgha of Root vowel is by 7.4.25 अकृत्सार्वधातुकयोर्दीर्घः।

---

## 6c Root 1305 लुभ विमोहने। 6c 25 लुभ्। P सेट् स॰।

लट् iii/1। लुभ् + श + तिप्। लुभति।
The Gana vikarana श is अपित् and cannot cause Guna. The लट् iii/1 affix is तिप् and can cause Guna, however after applying श the stem has become लुभ् अ = लुभ। There is no final इक् vowel, nor is there penultimate short इक् vowel as now penultimate letter is ल् उ भ् अ = भ्।

लट् iii/2। लुभ् + श + तस्। लुभतः। No possibility of Guna.

लोट् iii/1 । लुभ् + श + तुप् । लुभतु । ल उ भ् अ तु । No possibility of Guna.

लोट् iii/1 । लुभ् + श + तातङ् । Optional affix. लुभतात् । No possibility of Guna.

लुट् iii/1 । लुभ् + तास् + तिप् → लुभ् + इता । लोभिता ।
Vikarana Ardhadhatuka Affix causes Guna by 7.3.84 सार्वधातुकार्धधातुकयोः and 7.3.86 पुगन्तलघूपधस्य च ।

आशीर्लिङ् iii/1 । लुभ् + यात् । लुभ्यात् ।
Ting Ardhadhatuka Affix can cause Guna, but prevented by 3.4.104 किदाशिषि ।

---

## 8c Root 1463 तनु विस्तारे । 8c 1 तन् । U सेट् स॰ ।

लट् iii/1 । तन् + उ + तिप् । तनोति ।
The Gana vikarana उ is Ardhadhatuka and can cause Guna. However there is no इक् vowel for उ । The लट् iii/1 affix is तिप् and can also cause Guna. Here for तिप् the Stem becomes तनु + तिप् । Guna happens by तिप् ।

लट् iii/2 । तन् + उ + तस् । तनुतः ।
No possibility of Guna by उ , and by तस् it is prevented by 1.2.4 सार्वधातुकमपित् and 1.1.5 क्ङिति च ।

लोट् iii/1 । तन् + उ + तुप् । तनोतु ।
The Gana vikarana उ is Ardhadhatuka and can cause Guna. However there is no इक् vowel for उ । The लट् iii/1 affix is तुप् and can also cause Guna. Here for तुप् the Stem becomes तनु + तुप् । Guna happens by तुप् ।

लोट् iii/1 । तन् + उ + तातङ् । Optional affix. तनुतात् ।
No possibility of Guna by उ and no Guna by तातङ् ।

लुट् iii/1 । तन् + तास् + तिप् → तन् + इता । तनिता । No possibility of Guna.

आशीर्लिङ् iii/1 । तन् + यात् । तन्यात् । No possibility of Guna.

---

## 8c Root 1466 क्षिणु च । 8c 4 क्षिण् । U सेट् स॰ ।

लट् iii/1 । क्षिण् + उ + तिप् । क्षेणोति ।

The Gana vikarana उ is Ardhadhatuka and causes Guna. क्षिण् + उ Stem becomes क्षेणु । The लट् iii/1 affix is तिप् and can also cause Guna. Here for तिप् the Stem becomes क्षेणु + तिप् । Guna happens by तिप् to give क्षेणोति ।

लट् iii/2 । क्षिण् + उ + तस् । क्षेणुतः ।
Guna by उ to give Stem क्षेणु । By तस् Guna is prevented by 1.2.4 सार्वधातुकमपित् and 1.1.5 क्ङिति च ।

लोट् iii/1 । क्षिण् + उ + तुप् । क्षेणोतु ।
Guna by Gana vikarana उ gives Stem क्षेणु । The लट् iii/1 affix is तुप् and also causes Guna to give क्षेणोतु ।

लोट् iii/1 । क्षिण् + उ + तातङ् । Optional affix. क्षेणुतात् ।
Guna by Gana vikarana उ gives Stem क्षेणु and no Guna by तातङ् ।

लुट् iii/1 । क्षिण् + तास् + तिप् → क्षिण् + इता । क्षेणिता ।
Vikarana Ardhadhatuka Affix तास् causes Guna. No further possibility.

आशीर्लिङ् iii/1 । क्षिण् + यात् । क्षिण्यात् । Guna prevented by 3.4.104 किदाशिषि ।

# Dhatu भू पठ् लभ् गम् कृ Sample अङ्ग Stems

1 भू सत्तायाम् । भू । P । Stem for सेट् Parasmaipadi Root vowel-ending

| | |
|---|---|
| लट् 1 Present Tense भव + ति | लङ् 2 Imperfect Past Tense अभव + त् (अट्) |
| लोट् 3 Imperative Mood भव + तु , तात् , ताद् | विधिलिङ् 4 Potential Mood भवे + त् |
| लृट् 5 Simple Future Tense भव् इष्य + ति | लृङ् 6 Conditional Mood अभव् इष्य + त् (अट्) |
| लुट् 7 Periphrastic Future भव् इ + ता | आशीर्लिङ् 8 Benedictive Mood भूया + त् |
| लिट् 9 Perfect Past बभूव् + अ reduplication | लुङ् 10 Aorist Past Tense अभू + त् (अट्) |

330 पठ व्यक्तायां वाचि । पठ् । P । Stem for सेट् Parasmaipadi Root consonant-ending

| | |
|---|---|
| लट् 1 Present Tense पठ + ति | लङ् 2 Imperfect Past Tense अपठ + त् |
| लोट् 3 Imperative Mood पठ + तु , तात् , ताद् | विधिलिङ् 4 Potential Mood पठे + त् |
| लृट् 5 Simple Future पठ् इष्य = पठिष्य + ति | लृङ् 6 Conditional अपठ् इष्य = अपठिष्य + त् |
| लुट् 7 Periphrastic Future पठ् इ = पठि + ता | आशीर्लिङ् 8 Benedictive Mood पठ्या + त् |
| लिट् 9 Perfect Past पपाठ् + अ reduplication | लुङ् 10 Aorist Past अपठ् ईई = अपठी + त् |

975 डुलभष् प्राप्तौ । लभ् । A । Stem for अनिट् Atmanepadi Root consonant-ending

| | |
|---|---|
| लट् 1 Present Tense लभ + ते | लङ् 2 Imperfect Past Tense अलभ + त |
| लोट् 3 Imperative Mood लभ + ताम् | विधिलिङ् 4 Potential Mood लभे + त |
| लृट् 5 Simple Future Tense लप्स्य + ते | लृङ् 6 Conditional Mood अलप्स्य + त |
| लुट् 7 Periphrastic Future लभ् + ता (लब्धा) | आशीर्लिङ् 8 Benedictive Mood लप्सी + ष्ट |
| लिट् 9 Perfect Past लेभ् + ए reduplication | लुङ् 10 Aorist Past Tense अलभ् + त (अलब्ध) |

982 गमॢ गतौ । गम् । P । Stem for अनिट् Parasmaipadi Root consonant-ending

| | |
|---|---|
| लट् 1 Present Tense गच्छ + ति | लङ् 2 Imperfect Past Tense अगच्छ + त् |
| लोट् 3 Imperative Mood गच्छ + तु , तात् , ताद् | विधिलिङ् 4 Potential Mood गच्छे + त् |
| लृट् 5 Simple Future गमिष्य + ति (specific इट्) | लृङ् 6 Conditional अगमिष्य + त् (specific इट्) |
| लुट् 7 Periphrastic Future गन् + ता | आशीर्लिङ् 8 Benedictive Mood गम्या + त् |
| लिट् 9 Perfect Past जगाम् + अ reduplication | लुङ् 10 Aorist Past Tense अगम + त् |

600 अव रक्षणगतिकान्ति० । अव् । P । सेट् । Stem for सेट् Parasmaipadi Root vowel-beginning

| | |
|---|---|
| लट् 1 Present Tense अव + ति | लङ् 2 Imperfect Past आव + त् (आट्) |
| लोट् 3 Imperative Mood अव + तु , तात् , ताद् | विधिलिङ् 4 Potential Mood अवे + त् |
| लृट् 5 Simple Future Tense अविष्य + ति | लृङ् 6 Conditional Mood आविष्य + त् (आट्) |
| लुट् 7 Periphrastic Future अवि + ता | आशीर्लिङ् 8 Benedictive Mood अव्या + त् |
| लिट् 9 Perfect Past Tense आवि reduplication | लुङ् 10 Aorist Past Tense आवि ई + त् (आट्) |

3 स्पर्ध सङ्घर्षे । स्पर्ध् । A । सेट् । Stem for सेट् Atmanepadi Root consonant-ending

| | |
|---|---|
| लट् 1 Present Tense स्पर्ध + ते | लङ् 2 Imperfect Past Tense अस्पर्ध + त |
| लोट् 3 Imperative Mood स्पर्ध + ताम् | विधिलिङ् 4 Potential Mood स्पर्धे + त |
| लृट् 5 Simple Future Tense स्पर्धिष्य + ते | लृङ् 6 Conditional Mood अस्पर्धिष्य + त |
| लुट् 7 Periphrastic Future स्पर्धि + ता | आशीर्लिङ् 8 Benedictive Mood स्पर्धिषी + ष्ट |
| लिट् 9 Perfect पस्पर्ध् + ए reduplication | लुङ् 10 Aorist Past Tense अस्पर्धि + ष्ट |

1472 डुकृञ् करणे । कृ । U । Stem for अनिट् Parasmaipadi Root vowel-ending

| | |
|---|---|
| लट् 1 Present Tense कुरु | लङ् 2 Imperfect Past Tense अकुरु |
| लोट् 3 Imperative Mood कुरु | विधिलिङ् 4 Potential Mood कुर्या |
| लृट् 5 Simple Future Tense करिष्य | लृङ् 6 Conditional Mood अकरिष्य |
| लुट् 7 Periphrastic Future कर् | आशीर्लिङ् 8 Benedictive Mood क्रियास् |
| लिट् 9 Perfect Past Tense चकृ reduplication | लुङ् 10 Aorist Past Tense अकार्ष् |

1472 डुकृञ् करणे । कृ । U । Stem for अनिट् Atmanepadi Root vowel-ending

| | |
|---|---|
| लट् 1 Present Tense कुरु | लङ् 2 Imperfect Past Tense अकुरु |
| लोट् 3 Imperative Mood कुरु | विधिलिङ् 4 Potential Mood कुर्वी |
| लृट् 5 Simple Future Tense करिष्य | लृङ् 6 Conditional Mood अकरिष्य |
| लुट् 7 Periphrastic Future कर् | आशीर्लिङ् 8 Benedictive Mood कृषी |
| लिट् 9 Perfect Past Tense चकृ reduplication | लुङ् 10 Aorist Past Tense अकृष् |

236 क्षि क्षये । क्षि । P । अनिट् । Stem for अनिट् Parasmaipadi Root vowel-ending

| | |
|---|---|
| लट् 1 Present Tense क्षय | लङ् 2 Imperfect Past Tense अक्षय |
| लोट् 3 Imperative Mood क्षय | विधिलिङ् 4 Potential Mood क्षये |
| लृट् 5 Simple Future Tense क्षेष्य | लृङ् 6 Conditional Mood अक्षेष्य |
| लुट् 7 Periphrastic Future क्षे | आशीर्लिङ् 8 Benedictive Mood क्षीयास् |
| लिट् 9 Perfect Past चिक्षिय reduplication | लुङ् 10 Aorist Past Tense अक्षैष् |

900 धृञ् धारणे । धृ । U । अनिट् । Stem for अनिट् Parasmaipadi Root vowel-ending

| | |
|---|---|
| लट् 1 Present Tense धर | लङ् 2 Imperfect Past Tense अधर |
| लोट् 3 Imperative Mood धर | विधिलिङ् 4 Potential Mood धरे |
| लृट् 5 Simple Future Tense धरिष्य | लृङ् 6 Conditional Mood अधरिष्य |
| लुट् 7 Periphrastic Future धर् | आशीर्लिङ् 8 Benedictive Mood ध्रियास् |
| लिट् 9 Perfect Past Tense दध्र reduplication | लुङ् 10 Aorist Past Tense अधार्ष् |

900 धृञ् धारणे । धृ । U । अनिट् । Stem for अनिट्  Atmanepadi Root vowel-ending

| | |
|---|---|
| लट् 1 Present Tense धर | लङ् 2 Imperfect Past Tense अधर |
| लोट् 3 Imperative Mood धर | विधिलिङ् 4 Potential Mood धरे |
| लृट् 5 Simple Future Tense धरिष्य | लृङ् 6 Conditional Mood अधरिष्य |
| लुट् 7 Periphrastic Future धर् | आशीर्लिङ् 8 Benedictive Mood धृषी |
| लिट् 9 Perfect Past Tense दध्र reduplication | लुङ् 10 Aorist Past Tense अधृष् |

1254 वृञ् वरणे । वृ । U । सेट् । Stem for सेट्  Atmanepadi Root vowel-ending

| | |
|---|---|
| लट् 1 Present Tense वृणु | लङ् 2 Imperfect Past Tense अवृणु |
| लोट् 3 Imperative Mood वृणु | विधिलिङ् 4 Potential Mood वृणु |
| लृट् 5 Simple Future Tense वरिष्य | लृङ् 6 Conditional Mood अवरिष्य |
| लुट् 7 Periphrastic Future वरि | आशीर्लिङ् 8 Benedictive Mood वरिषी |
| लिट् 9 Perfect PastTense ववृ reduplication | लुङ् 10 Aorist Past Tense अवरिष् |

1045 इण् गतौ । इ । P । अनिट् । Stem for अनिट्  Parasmaipadi Root vowel-beginning

| | |
|---|---|
| लट् 1 Present Tense ए | लङ् 2 Imperfect Past Tense ऐ |
| लोट् 3 Imperative Mood इ | विधिलिङ् 4 Potential Mood इया |
| लृट् 5 Simple Future Tense एष्य | लृङ् 6 Conditional Mood ऐष्य |
| लुट् 7 Periphrastic Future ए | आशीर्लिङ् 8 Benedictive Mood ईयास् |
| लिट् 9 Perfect Past Tense ईय reduplication | लुङ् 10 Aorist Past Tense अगा |

1020 ईश् ऐश्वर्ये । ईश् । A । सेट् । Stem for सेट्  Atmanepadi Root vowel-beginning

| | |
|---|---|
| लट् 1 Present Tense ईश् | लङ् 2 Imperfect Past Tense ऐश् |
| लोट् 3 Imperative Mood ईश् | विधिलिङ् 4 Potential Mood ईशी |
| लृट् 5 Simple Future Tense ईशिष्य | लृङ् 6 Conditional Mood ऐशिष्य |
| लुट् 7 Periphrastic Future ईशि | आशीर्लिङ् 8 Benedictive Mood ईशिषी |
| लिट् 9 Perfect Past Tense ईशा | लुङ् 10 Aorist Past Tense ऐशिष् |

1143 ईङ् गतौ । ई । A । अनिट् । Stem for अनिट्  Atmanepadi Root vowel-beginning

| | |
|---|---|
| लट् 1 Present Tense ई | लङ् 2 Imperfect Past Tense ऐ |
| लोट् 3 Imperative Mood ई | विधिलिङ् 4 Potential Mood ई |
| लृट् 5 Simple Future Tense एष्य | लृङ् 6 Conditional Mood ऐष्य |
| लुट् 7 Periphrastic Future ए | आशीर्लिङ् 8 Benedictive Mood एषी |
| लिट् 9 Perfect PastTense अया | लुङ् 10 Aorist Past Tense ऐष् |

To quickly recognize and make accurate Verb forms, sample stems are useful.

# Root Attributes

Attributes that apply to all Roots
- Dhatu Serial Number
- **Dhatu** = the actual element = Root = basic sound
- Dhatu Meaning
- Dhatu Gana for Sarvadhatuka Lakaras 1c, 2c, 3c, 4c, 5c, 6c, 7c, 8c, 9c, 10c
- Dhatu Tag Letter
- Dhatu is Parasmaipada / Atmanepada / Ubhayepada
- Dhatu is सेट् / अनिट् / वेट्
- Dhatu is सकर्मकः / अकर्मकः / द्विकर्मकः

- Dhatu Initial Letter is Vowel or Consonant or Conjunct
- Dhatu Final Letter
- Dhatu Penultimate Letter
- Dhatu monosyllabic or polysyllable
- Dhatu उदात्तोपदेशः । अनुदात्तोपदेशः

Attributes that apply to Specific Roots
- Dhatu is षोपदेशः । णोपदेशः
- Dhatu Internal Group as per specific Ashtadhyayi Sutra
- Dhatu that can take a specific Affix आय । णिजन्त मित् । सन् ।

Dhatus from
- Standard Dhatupatha / Siddhanta Kaumudi
- Alternate editions and commentaries
- Ashtadhyayi Sutra – सौत्र धातुः
- Ganapatha or Unadi Sutra

Having a sound understanding of these is needed for excelling in the grammar.

## Discussions for a Serious Student

Just Aside

242 जज युद्धे । जज् । to fight, attack

A unique word लिट् i/1 जजज three same letters in continuity!

726 शश प्लुतगतौ । शशँ । शश् । शशति । P । सेट् । अ० । leap, hop, skip

लिट् i/1 शशश । Incredible word spelling of three identical letters!

873 शृधु उन्दने । शृध् । to moisten, wet

Note: 1.3.92 वृद्भ्यः स्यसनोः । लृट् लृङ् लुङ् । 7.2.59 न वृद्भ्यश्चतुर्भ्यः। इति इडभावः । These Sutras apply to Root 760 शृधु शब्दकुत्सायाम् । वृतादि अन्तर्गणः । Not here.

934 हृ संवरणे । हृ । ह्वरति । to cover, wrap, put lid

Sutras 7.2.31, 7.2.32, 7.2.33 Vedic apply for Root 931 हृ कौटिल्ये , not in this meaning. However its forms are identical in the 10 Lakaras to 931 हृ ।

950 गाङ् गतौ । गा । to go, move

Note: Spellings in लट् iii/1 iii/2 iii/3 are Identical. गाते । गाते । गाते ।

Note: Spellings in लोट् iii/1 iii/2 iii/3 are Identical. गाताम् । गाताम् । गाताम् ।

Roots that take specific Affixes

395 गुपू रक्षणे । गुप् । गोपायति । to protect, hide.

3.1.28 गुपूधूपविच्छिपणिपनिभ्य आयः । 3.1.31 आयादय० ।

715 घसॢ अदने । घस् । to eat, devour

Not a Root that takes all Affixes, since it is a replacement for Root 1011 अद भक्षणे by 2.4.37 लुङ्सनोर्घसॢ and 2.4.40 लिट्यन्यतरस्याम् । This Root is not used in Benedictive Mood.

919 श्रै पाके । श्रै । श्रायति । to cook, boil, liquefy, perspire.

We give here Secondary णिजन्त Root श्रापि forms to distinguish it from Secondary णिजन्त मित् Root श्रपि made by 810 श्रा पाके । This also helps our understanding of णिजन्त as well as मित् ।

Note: णिजन्त forms will be सेट् and Ubhayepada.

7.4.1 णौ चङ्युपधाया ह्रस्वः । Hence only ह्रस्वः form for लुङ् ।

7.3.36 अर्तिह्रीव्लीरीक्नूयीक्ष्माय्यातां पुङ्णौ । पुक् आगमः ।

970 गुप गोपने । गुप् । नित्य सनन्त जुगुप्स । to despise, blame.

There are no Primary Verb forms.

3.1.5 गुप्तिज्किद्भ्यः सन् । Here the affix सन् will not take Guna as it has not been mentioned as Ardhadhatuka.

Secondly, in the sense other than निन्दा, the Root गुप् will belong to the 10c group as 1771 गुप भाषायाम् and hence take णिच् + शप् New Root गोपि । Thus गोपयति । 3.1.6 मान्बधदान्शान्भ्यो दीर्घश्चाभ्यासस्य । वा० गुपोर्निन्दायाम् । Vartika says this Root takes default सन् affix in the specific meaning "to blame". This Root becomes a secondary Root जुगुप्स with default सन् affix. This सन् affix is **not** a Desiderative affix as there is no "to desire" involved. सन् does not do Guna and there is no इट् augment by सन् । However सन् + Vikarana affix of Ardhadhatuka Tenses and Moods can take इट् augment for सेट् Roots. *Also see* 395 गुपू रक्षणे ।

Roots that take specific Internal Group vs Specific Affix

804 ज्वल दीप्तौ । ज्वल् । णिजन्त Roots ज्वलि । ज्वालि । प्रज्वलि । to burn brightly, glow.

This Root is simply listed to give मित् classification for the secondary Root. Thus secondary णिजन्त Root may be ज्वलि or ज्वालि without upasarga and only प्रज्वलि with upasarga. We do not have primary forms here.

831 ज्वल दीप्तौ । ज्वल् । Primary Verb forms are listed here.

- Root ज्वल् is part of ganasutra that specifies optional मित् । Here Sutra 6.4.92 मितां ह्रस्वः applies.
- Also, Root ज्वल् is part of internal group ज्वलादिः । Here Sutra 3.1.140 ज्वलितिकसन्तेभ्यो णः applies.

821 फण गतौ । फण् । to move, move about, reduce heat.

- Here also we have मित् classification for Sutra 6.4.92 मितां ह्रस्वः
- Internal group फणादिः for Sutra 6.4.125 फणां च सप्तानाम् ।

Understanding specific Sutras

50 खद स्थैर्ये हिंसायां च । खद् । to be steady, kill, eat.

7.1.91 णलुत्तमो वा । i/1 लिट् affix is Optionally णित् , hence optional वृद्धिः ।
Q. Does 7.1.91 apply to all Roots? A. 7.1.91 applies only to such Roots where वृद्धिः is possible. By 7.2.116 अत उपधायाः Vriddhi applies to Root Stems where penultimate अकार precedes the ञित् / णित् affix. Thus only Roots with penultimate अकार take 7.1.91 sutra.

209 आछि आयामे । आञ्छ् । to lengthen.

Q. Where is Option Sutra for two forms in लिट् ?

A. Madhaviya Dhatuvritti says लिट् has Optional forms, with 7.4.71 7.4.71 तस्मान्नुड् द्विहलः । इति नुट् and दीर्घाभावात् नुट् अभावे 6.1.101 सवर्णदीर्घः ।

211 हुर्छा कौटिल्ये । हुर्छ् । to move crookedly, hide, escape.

The three roots 211 हुर्छा 212 मुर्छा 213 स्फुर्छा do not get चकार by तुक् आगमः । Instead by 8.4.46 अचो रहाभ्यां द्वे and 8.4.55 खरि च । इति द्वित्वं छकारस्य चकारः ।

294 कटे वर्षावरणयोः । कट् । to rain, cover.

लुङ् iii/1 → कट् + सिच् + त् → 7.2.35 → कट् + इट् + स् + त् → 7.3.96 → कट् + इट् + स् + ईट् + त् → 8.2.28 स् drops → कट् + इट् + ईट् + त् → 6.1.101 sandhi → कट् + ई + त् । 7.2.7 अतो हलादेर्लघोः cannot apply due to 7.2.5 ह्म्यन्तक्षणश्वसजागृणिश्व्येदिताम् that prevents Vriddhi for एदित् Roots.

295 अट गतौ । अट् । to roam, wander.

7.2.7 अतो हलादेर्लघोः cannot apply since Root is not having initial consonant

296 पट गतौ । पट् । to move, go.

7.2.7 अतो हलादेर्लघोः । Optional Vriddhi in Parasmaipada लुङ् when all conditions met simultaneously

a) सेट् Root

b) consonant beginning

c) having penultimate vowel अकार

d) ending in simple consonant

654 अक्षू व्याप्तौ । अक्ष् । P । वेट् । स० । to reach, accumulate, pervade.

Aorist Past Tense लुङ् । Points to note for 7.3.96 अस्तिसिचोऽपृक्ते । ईट् augment applies (for Root अस् , and) for Stem facing लुङ् Affixes that are:

a) हलि = consonant beginning Sarvadhatuka Affix and

b) अपृक्त = single consonant affix.

This will hence apply only to लुङ् affixes iii/1 and ii/1.

Q. Are not all affixes of लुङ् Ardhadhatuka? What about लुङ् affixes iii/1 and ii/1?

A. All Vikarana affixes of लुङ् are Ardhadhatuka. Hence 7.2.35 आर्धधातुकस्येड् वलादेः applies for इट् augment. However all the primary Ting Affixes are Sarvadhatuka. Thus iii/1 तिप् and ii/1 सिप् are Sarvadhatuka. Hence 7.3.96 अस्तिसिचोऽपृक्ते applies.

E.g. Consider the derivation iii/1.

Here the लुङ् vikarana affix सिच् is Ardhadhatuka. Whereas the Ting iii/1 affix त् is Sarvadhatuka.

अक्ष् + तिप् → 3.1.43 3.1.44 vikarana affix → अक्ष् + सिच् + तिप् → 3.4.100 → अक्ष् + सिच् + त् → Root is वेट् 7.2.44 Optional 7.2.35 → अक्ष् + इट् सिच् + त् OR अक्ष् + सिच् + त् ।

<u>इट् Option by 7.2.35 since सिच् is Ardhadhatuka Affix</u>

अक्ष् + इट् सिच् + त् → 7.2.4 no vriddhi → अक्ष् + इट् सिच् + त् → 7.3.96 ईट augment for Sarvadhatuka Ting affix → अक्ष् + इट् सिच् + ईट् त् → dropping tags → अक्ष् + इ स् + ई त् → 8.2.28 स् drops → अक्ष् + इ + ई त् → 6.1.101 sandhi → अक्ष् + ई त् → 6.4.72 → आट् अक्ष् + ई त् → dropping tags → आ अक्ष् + ई त् → 6.1.101 sandhi → आक्ष् + ई त् = आक्षीत् ।

<u>अनिट् Option</u>

अक्ष् + सिच् + त् → 7.2.3 → आक्ष् + सिच् + त् → 7.3.96 → आक्ष् + सिच् + ईट् त् → dropping tags → आक्ष् + स् + ई त् → 8.3.59 → आक्ष् + ष् + ई त् → 8.2.29 → आष् + ष् + ई त् → 8.2.41 → आक् + ष् + ई त् → 6.4.72 → आट् आक् + ष् + ई त्→

dropping tags → आ आक् + ष् + ई त् → 6.1.101 sandhi → आक् + ष् + ई त् = आक्षीत् ।

By coincidence, both इट् and अनिट् forms are identical.

655 तक्षू तनूकरणे । तक्ष् । P । वेट् । to chop, slice, split.

7.2.3 वदव्रजहलन्तस्याचः ।

Q1. Why 7.2.3 applies for लुङ् iii/1 , ii/1 **here** but not in Root 665 तक्षँ त्वचने ?

Q2. What about Root 654 अक्षू व्याप्तौ ?

A1. For 655 तक्षू तनूकरणे it is a वेट् Root and thus for अनिट् Option 7.2.3 applies. Whereas 665 तक्षँ त्वचने is a सेट् Root and so Sutra 7.2.4 नेटि applies.

A2. For 654 अक्षू व्याप्तौ Sutra 7.2.3 applies in अनिट् Option and Sutra 7.2.4 applies in सेट् Option. By coincidence both forms are identical due to आट् augment.

For Sutra 7.2.3 to apply the conditions are:
a) लुङ्
b) परस्मैपद
c) Stem is Consonant / Conjunct ending.
d) Stem has a vowel that can take Vriddhi.

Sutra 7.2.4 नेटि is Apavada for Sutra 7.2.3, thus 7.2.3 applies for अनिट् Roots. i.e. Vriddhi happens for अनिट् Roots.

Sutra 7.2.5 ह्म्यन्तक्षणश्वसजागृणिश्व्येदिताम् is also Apavada for Sutra 7.2.3, thus

- Vriddhi does not happen for सेट् Roots where Stem ends in ह् म् य्
- Vriddhi does not happen for सेट् Roots 1465 क्षणु हिंसायाम् , 1069 श्वस प्राणने , 1072 जागृ निद्राक्षये
- Vriddhi does not happen for णिजन्त Secondary Roots (10c Roots)
- Vriddhi does not happen for सेट् Root 1010 टुओँश्वि गतिवृद्ध्योः
- Vriddhi does not happen for सेट् Roots having ए Tag

Sutra 7.2.6 ऊर्णोतेर्विभाषा is Apavada for Sutra 7.2.4, thus Vriddhi is Optional for सेट् Root 1039 ऊर्णुञ् ।

Sutra 7.2.7 अतो हलादेर्लघोः is Apavada for Sutra 7.2.4, thus Vriddhi is Optional for Consonant beginning सेट् Roots where penultimate vowel is अकारः and final consonant is simple (not conjunct).

Q. Why Sutra 7.2.7 applies in 50 खद स्थैर्ये and 320 कटी गतौ but not in Root 294 कटे वर्षावरणयोः ? A. It is prevented by Sutra 7.2.5 since ए Tag letter.

902 धेट् पाने । धे । to suck, suckle, drink.

6.1.45 आदेच उपदेशेऽशिति । For Roots ending in diphthong, it is replaced with आ when non-शित् affix follows, i.e. Ardhadhatuka Affixes. लृट् धास्यति ।
6.4.67 एर्लिङि । Vowel ए replaces आ for Benedictive Mood for few Roots. धेयात् ।
7.2.61 अचस्तास्वत् थल्यनिटो नित्यम् । The लिट् ii/1 affix तास् is अनिट् for vowel ending Roots.
7.2.63 ऋतो भारद्वाजस्य । In the opinion of Grammarian Bharadvaj it is only for Roots ending in ऋ vowel. This Sutra makes 7.2.61 Optional, thus two लिट् ii/1 forms दधिथ । दधाथ ।
3.1.49 विभाषा धेट्श्व्योः । Optional चङ् for Aorist. पक्षे सिच् । अधासीत् । अदधत् ।
2.4.78 विभाषा घ्राधेट्शाच्छासः । Optional elision of सिच् । अधासीत् । अधात् ।

1003 डुवप बीजसन्ताने । वप् । वपति / ते । U । अनिट् । स० । to sow, impregnate, cut.

Q. Sutra 8.3.79 विभाषेटः applies for 1004 वह प्रापणे , 475 वय गतौ but not here?
A. By 7.2.13 कृसृभृवृस्तुद्रुस्रुश्रुवो लिटि Atmanepada लिट् ii/3 becomes सेट् for all Roots, except the Roots कृ सृ भृ वृ स्तु द्रु स्रु श्रु ।
A. The conditions are: Optionally ढ् replaces ध् of ध्वम् of आशीर्लिङ् लिट् लुङ् ।
Root 1003 वप् is अनिट् the Stem ends in प् so इण् letter is missing here.
Root 1004 वह् is अनिट् the Stem ends in ह् so इण् letter is present.
Root 475 वय् is सेट् and the Stem ends in य् so इण् letter is present.
a) आशीर्लिङ् ii/3 इण्+इट्+षीध्वम् । लिट् ii/3 इण्+इट्+ध्वे । लुङ् ii/3 इण् + इट् + ध्वम् ।
b) After the इट् augment.
c) Stem should end in इण् = इ ई उ ऊ ऋ ॠ ऌ ए ऐ ओ औ य् र् ल् व् ह् ।

# Famous Words from Roots

765 प्रथ प्रख्याने । प्रथ् । to be famous, extend, spread.
Planet Earth = Prithvi पृथिवी

786 लगे सङ्गे । लग् । to unite, meet, touch, contact.
Marriage = Lagna लग्नः

853 रमु क्रीडायाम् । रम् । to sport, delight, be playful.
**Lord Ram** रामः । Goddess Lakshmi = Ramaa रमा

981 णम प्रह्वत्वे शब्दे च । नम् । to greet, salute, bow, offer gratefulness, Hello.
Namaste नमस्ते । Pranaams प्रणामः

982 गमॢ गतौ । गम् । to go, move, attain enlightenment.
Nirvana = Gatah गतः

990 कृष विलेखने । आकर्षणे । कृष् । to pull, attract, be irresistible.
**Lord Krishna** कृष्णः । Radha = Krishnaa कृष्णा

993 कित निवासे रोगापनयने च । कित् । चिकित्स । to dwell, cure.
Chikitsa चिकित्सा

998 भज सेवायाम् । भज् । to serve, divide, share, enjoy, distribute.
Bhajan भजनः

1002 यज देवपूजासङ्गतिकरणदानेषु । यज् । to sacrifice, honour, purify, donate, worship.
Yajna Yagya यज्ञः

## Alphabetical Index of Dhatus

Indexed on original Dhatu as in Dhatupatha.
Contains 1943 Dhatus along with Tag letters.
Shows Dhatu Number which is unique and easily referenced in standard Dhatupathas.

Easily locate dhatus that begin with a tag letter e.g.
उबुन्दिर् 876 , ञिइन्धी 1448 , टुओश्वि 1010 , etc.

Dhatus with णो नः नत्वम् are under ण , e.g. णक्ष 662 , णख 134

Dhatus with षः सः सत्वम् are under ष , e.g. षगे 789 , षघ 1268

इदित् Dhatus e.g. अकि 87 , अजि 1785 , अठि 261

Dhatus that have a penultimate नकार are listed with the नकार changed to the corresponding row class nasal, e.g.
अञ्चु 188 , तुम्प 1311

Out of 1943 Roots, there are some 662 Dhatus that are commonly found in literature. These have been highlighted to aid one's study. Two Dhatus did not make it to the index, being alternate listed in the dhatu sutra. These are ध्राघृ 114 and धूञ् 1255. However ञिष्विदा is present as ष्विदा 1188.

| | | | | | |
|---|---|---|---|---|---|
| अंश अंस 1918 | अम 465 | आपू 1839 | उख 128 | ऋच्छ 1296 | कच 168 |
| अक् 792 | अम 1720 | आस 1021 | उखि 129 | ऋज 176 | कचि 169 |
| अकि 87 | अय 474 | इक् 1047 | उङ् 953 | ऋजि 177 | कटी 320 |
| अक्षू 654 | अर्क 1643 | इख 140 | उच 1223 | ऋणु 1467 | कटे 294 |
| अग 793 | अर्च 204 | इखि 141 | उछि 215 | ऋधु 1245 | कठ 333 |
| अगि 146 | अर्च 1808 | इगि 153 | उछि 1294 | ऋधु 1271 | कठि 264 |
| अघि 109 | अर्ज 224 | इङ् 1046 | उछी 216 | ऋफ 1315 | कठि 1847 |
| अङ्क 1927 | अर्ज 1725 | इट 318 | उछी 1295 | ऋम्फ 1316 | कड 360 |
| अङ्ग 1928 | अर्थ 1905 | इण् 1045 | उच्छृदिर् 1445 | ऋषी 1287 | कड 1380 |
| अज 230 | अर्द 55 | इंदि 63 | उज्झ 1304 | ऋ 1497 | कडि 282 |
| अजि 1785 | अर्द 1828 | इल 1357 | उठ 338 | एजृ 179 | कडि 1582 |
| अञ्चु 188 | अर्ब 415 | इल 1660 | उतृदिर् 1446 | एजृ 234 | कड्ड 349 |
| अञ्चु 862 | अर्व 584 | इवि 587 | उध्रस 1524 | एठ 267 | कण 449 |
| अञ्चु 1738 | अर्ह 740 | इष 1127 | उध्रस 1742 | एघ 2 | कण 794 |
| अञ्जू 1458 | अर्ह 1731 | इष 1351 | उन्दी 1457 | एषृ 618 | कण 1715 |
| अट 295 | अर्ह 1830 | इष 1525 | उबुन्दिर् 876 | ओखृ 121 | कत्थ 37 |
| अट्ट 254 | अल 515 | ईक्ष 610 | उज 1303 | ओण् 454 | कत्र 1915 |
| अट्ट 1561 | अव 600 | ईखि 142 | उभ 1319 | ओप्यायी 488 | कथ 1851 |
| अठि 261 | अश 1523 | ईड् 1143 | उम्भ 1320 | ओलजी 1290 | कदि 70 |
| अड 358 | अशू 1264 | ईज 182 | उर्द 20 | ओलडि 1542 | कदि 772 |
| अड्ड 348 | अस 886 | ईड 1019 | उर्वी 569 | ओलस्जी 1291 | कनी 460 |
| अण 444 | अस 1065 | ईड 1667 | उष 696 | ओविजी 1289 | कपि 375 |
| अण 1175 | असु 1209 | ईर 1018 | उहिर् 739 | ओविजी 1460 | कबृ 380 |
| अत 38 | अह 1272 | ईर 1810 | ऊन 1888 | ओवै 921 | कमु 443 |
| अति 61 | अहि 635 | ईर्ष्य 510 | ऊयी 483 | ओव्रश्चू 1292 | कर्ज 228 |
| अद 1011 | अहि 1797 | ईर्ष्य 511 | ऊर्ज 1549 | ओहाक् 1090 | कर्द 59 |
| अदि 62 | आङःशसि 629 | ईश 1020 | ऊर्णुञ् 1039 | ओहाड् 1089 | कर्ब 420 |
| अन 1070 | आङःशासु 1022 | ईशुचिर् 1165 | ऊष 683 | कक 90 | कर्व 581 |
| अनोरुध 1174 | आङःक्रन्द 1727 | ईष 611 | ऊह 648 | ककि 94 | कल 497 |
| अन्य 1925 | आङःषद 1831 | ईष 684 | ऋ 936 | कख 120 | कल 1604 |
| अबि 378 | आछि 209 | ईह 632 | ऋ 1098 | कखे 784 | कल 1865 |
| अभ्र 556 | आपू 1260 | उक्ष 657 | ऋच 1302 | कगे 791 | कल्ल 498 |

659

| | | | | | |
|---|---|---|---|---|---|
| कष 685 | कृण 1335 | कृप 1748 | क्षमु 1207 | क्षुभ 1519 | खुर 1342 |
| कस 860 | कृण 1893 | कृपू 762 | क्षिदि 15 | क्षुर 1344 | खुर्द 22 |
| कसि 1024 | कुत्स 1697 | कृवि 598 | क्षिदि 73 | क्षेबु 568 | खेट 1874 |
| काक्षि 667 | कुथ 1118 | कृश 1227 | क्षिदू 1242 | क्षै 913 | खेलृ 538 |
| कांचि 170 | कुथि 43 | कृष 990 | क्षिश 1161 | क्षोट 1875 | खै 912 |
| काश्र 647 | कुद्रि 1539 | कृष 1286 | क्षिशू 1522 | क्ष्णु 1037 | खोर्त्रं 552 |
| काश्र 1162 | कुन्थ 1514 | कृ 1409 | क्षीबृ 381 | क्ष्मायी 486 | खोलृ 551 |
| कासृ 623 | कुप 1233 | कृ 1496 | क्लेश 607 | क्ष्मील 520 | ख्या 1060 |
| कि 1101 | कुप 1779 | कृञ् 1485 | कण 450 | क्ष्वेलृ 539 | गज 246 |
| किट 301 | कुबि 426 | कृत 1653 | कथे 846 | खच 1531 | गज 1647 |
| किट 319 | कुबि 1655 | केत 1895 | क्षजि 769 | खज 232 | गजि 247 |
| कित 993 | कुमार 1877 | केपृ 368 | क्षणु 1465 | खजि 233 | गड 777 |
| किल 1353 | कुर 1341 | केलृ 537 | क्षपि 1620 | खट 309 | गडि 65 |
| कीट 1640 | कुर्द 21 | कै 916 | क्षमू 1206 | खट्ट 1632 | गडि 361 |
| कील 524 | कुल 842 | क्नथ 800 | क्षमूष् 442 | खड 1580 | गण 1853 |
| कु 1042 | कुशि 1765 | क्नसु 1113 | क्षर 851 | खडि 283 | गद 52 |
| कुक 91 | कुष 1518 | क्नूञ् 1480 | क्षल 1597 | खडि 1581 | गदी 1860 |
| कुङ् 951 | कुस 1218 | क्नूयी 485 | क्षि 236 | खद 50 | गन्थ 1684 |
| कुङ् 1401 | कुसि 1763 | क्मर 555 | क्षि 1276 | खनु 878 | गमृ 982 |
| कुच 184 | कुस्म 1711 | क्रथ 801 | क्षि 1407 | खर्ज 229 | गर्ज 226 |
| कुच 857 | कुह 1901 | क्रदि 71 | क्षिणु 1466 | खर्द 60 | गर्द 57 |
| कुच 1368 | कूज 223 | क्रदि 773 | क्षिप 1121 | खर्ब 421 | गर्ब 422 |
| कुजु 199 | कूट 1701 | क्रप 771 | क्षिप 1285 | खर्व 582 | गर्व 583 |
| कुञ्च 185 | कूट 1890 | क्रमु 473 | क्षिप 1941 | खल 545 | गर्व 1907 |
| कुट 1366 | कूट 1896 | क्रीड़ 350 | क्षीज 237 | खष 686 | गर्ह 636 |
| कुट्ट 1558 | कूण 1688 | कुञ्च 186 | क्षीबृ 382 | खाद् 49 | गर्ह 1845 |
| कुट्ट 1702 | कूल 525 | कुड 1394 | क्षीबु 567 | खिट 302 | गल 546 |
| कुठि 342 | कृञ् 1253 | कुध 1189 | क्षीष् 1506 | खिद 1170 | गल 1699 |
| कुड 1383 | कृड 1382 | कुश 856 | क्षुदिर् 1443 | खिद 1436 | गल्भ 392 |
| कुडि 270 | कृती 1435 | कथ 802 | क्षुध 1190 | खिद 1449 | गल्ह 637 |
| कुडि 322 | कृती 1447 | क्षदि 72 | क्षुभ 751 | खुजु 200 | गवेष 1883 |
| कुडि 1583 | कृप 1869 | क्षदि 774 | क्षुभ 1239 | खुडि 1585 | गा 1106 |

| | | | | | |
|---|---|---|---|---|---|
| गाङ् 950 | गृह् 650 | घट्ट 1630 | चण 796 | चिती 39 | च्युङ् 955 |
| गाधृ 4 | गृ 1410 | घसृ 715 | चते 865 | चित्र 1917 | च्युतिर् 40 |
| गाहू 649 | गृ 1498 | घिणि 434 | चदि 68 | चिरि 1277 | छजि 1621 |
| गु 1399 | गेपृ 369 | घुङ् 952 | चदे 866 | चिल 1355 | छद 1833 |
| गुङ् 949 | गेवृ 502 | घुट 746 | चप 399 | चिल्ल 533 | छद 1935 |
| गुज 1369 | गेष् 614 | घुट 1385 | चपि 1619 | चीक 1827 | छदि 1577 |
| गुजि 203 | गै 917 | घुण 437 | चमु 469 | चीभृ 384 | छदिर् 813 |
| गुड 1370 | गोम 1876 | घुण 1338 | चमु 1274 | चीव 1774 | छमु 470 |
| गुडि 1584 | गोष्ट 257 | घुणि 435 | चय 478 | चीवृ 879 | छर्द 1589 |
| गुण 1894 | ग्रथि 36 | घुर 1345 | चर 559 | चुक्क 1596 | छष 890 |
| गुद 24 | ग्रन्थ 1513 | घुषि 652 | चर 1745 | चुट 1377 | छिदिर् 1440 |
| गुध 1120 | ग्रन्थ 1825 | घुषिर् 653 | चर्करीतं 1081 | चुट 1613 | छिद्र 1924 |
| गुध 1517 | ग्रन्थ 1838 | घुषिर् 1726 | चर्च 717 | चुटि 1659 | छुट 1378 |
| गुप 970 | ग्रस 1749 | घूरी 1155 | चर्च 1299 | चुट्ट 1560 | छुप 1418 |
| गुप 1234 | ग्रसु 630 | घूर्ण 438 | चर्च 1712 | चुड 1392 | छुर 1372 |
| गुप 1771 | ग्रह 1533 | घूर्ण 1339 | चर्ब 425 | चुडि 325 | छृदी 1820 |
| गुपू 395 | ग्राम 1892 | घृ 938 | चर्व 579 | चुड्ड 347 | छेद 1934 |
| गुफ 1317 | ग्रुचु 197 | घृ 1096 | चल 832 | चुद 1592 | छो 1146 |
| गुम्फ 1318 | ग्लसु 631 | घृ 1650 | चल 1356 | चुप 403 | जक्ष 1071 |
| गुरी 1396 | ग्लह 651 | घृणि 436 | चल 1608 | चुबि 429 | जज 242 |
| गुर्द 23 | ग्लुचु 198 | घृणु 1469 | चलिः 812 | चुबि 1635 | जजि 243 |
| गुर्दे 1665 | ग्लुञ्चु 201 | घृषु 708 | चष 889 | चुर 1534 | जट 305 |
| गुर्वी 574 | ग्लेपृ 366 | घ्रा 926 | चह 1626 | चुल 1602 | जन 1105 |
| गुहू 896 | ग्लेपृ 370 | ङुङ् 954 | चह 729 | चुल्ल 531 | जनी 1149 |
| गूर 1694 | ग्लेवृ 503 | चक 93 | चह 1866 | चूरी 1158 | जप 397 |
| गूरी 1154 | ग्लै 903 | चक 783 | चायृ 880 | चूर्ण 1552 | जभि 1716 |
| गृ 937 | घघ 159 | चकासृ 1074 | चि 1794 | चूर्ण 1641 | जभी 388 |
| गृ 1707 | घट 763 | चक्क 1595 | चिञ् 1251 | चूष 673 | जमु 471 |
| गृज 248 | घट 1723 | चक्षिङ् 1017 | चिञ् 1629 | चृती 1324 | जर्जं 716 |
| गृजि 249 | घट 1766 | चञ्चु 190 | चिट 315 | चेल 536 | जर्ज 1298 |
| गृधु 1246 | घटि 1767 | चट 1721 | चित 1673 | चेष्ट 256 | जल 833 |
| गृह 1899 | घट्ट 259 | चडि 278 | चिति 1535 | च्यु 1746 | जल 1543 |

661

| | | | | | |
|---|---|---|---|---|---|
| जल्प 398 | झा 1507 | टीकृ 104 | णख 134 | णेट् 872 | तिज 971 |
| जष 688 | झा 1732 | टुओश्धि 1010 | णखि 135 | णेषृ 617 | तिज 1652 |
| जसि 1666 | ज्या 1499 | टुओस्फूर्जा 235 | णट 310 | तक 117 | तिपृ 362 |
| जसु 1211 | ज्युड़् 956 | टुक्षु 1036 | णट 781 | तकि 118 | तिम 1123 |
| जसु 1668 | ज्रि 947 | टुदु 1256 | णद 54 | तक्ष 665 | तिल 534 |
| जसु 1718 | ज्रि 1815 | टुनदि 67 | णद 1778 | तक्षू 655 | तिल 1354 |
| जागृ 1072 | ज्वर 776 | टुभ्राजृ 823 | णभ 752 | तगि 149 | तिल 1607 |
| जि 561 | ज्वल 804 | टुभ्राश् 824 | णभ 1240 | तब्बु 191 | तीकृ 106 |
| जि 946 | ज्वल 831 | टुम्भाश् 825 | णभ 1520 | तब्बू 1459 | तीर 1912 |
| जि 1793 | झट 306 | टुमस्जो 1415 | णम 981 | तट 308 | तीव 565 |
| जिरि 1278 | झमु 472 | टुयाचृ 863 | णय 480 | तड 1579 | तुज 244 |
| जिवि 594 | झर्झ 718 | टुवम 849 | णल 838 | तड 1801 | तुजि 245 |
| जिषु 697 | झर्झ 1300 | टुवेपृ 367 | णश 1194 | तडि 280 | तुजि 1566 |
| जीव 562 | झष 689 | ड्वल 835 | णस 627 | तत्रि 1678 | तुजि 1755 |
| जुगि 157 | झष 891 | डप 1676 | णह 1166 | तनु 1463 | तुट 1376 |
| जुड 1326 | झृष् 1131 | डिप 1232 | णासृ 625 | तनु 1840 | तुड 1386 |
| जुड 1379 | ञिइन्ध्री 1448 | डिप 1371 | णिक्ष 659 | तप 985 | तुडि 276 |
| जुड 1646 | ञिक्षिविदा 1244 | डिप 1671 | णिजि 1026 | तप 1159 | तुड़ 351 |
| जुतृ 32 | ञितृषा 1228 | डिप 1677 | णिजिरु 1093 | तप 1818 | तुण 1332 |
| जुष 1834 | ञित्वरा 775 | डीड़ 968 | णिदि 66 | तमु 1202 | तुत्थ 1943 |
| जुषी 1288 | ञिधृषा 1269 | डीड़ 1135 | णिट्ट 871 | तय 479 | तुद 1281 |
| जूरी 1156 | ञिफला 516 | डुकृञ् 1472 | णिल 1360 | तर्क 1780 | तुप 404 |
| जूष 681 | ञिभी 1084 | डुक्रीञ् 1473 | णिवि 590 | तर्ज 227 | तुप 1309 |
| जृभि 389 | ञिमिदा 743 | डुदाञ् 1091 | णिश 722 | तर्ज 1681 | तुफ 408 |
| जृ 1494 | ञिमिदा 1243 | डुधाञ् 1092 | णिसि 1025 | तर्द 58 | तुफ 1311 |
| जृ 1814 | ञिष्वप 1068 | डुपचष् 996 | णीञ् 901 | तल 1598 | तुबि 428 |
| जृष 1130 | ञिष्विदा 744 | डुभृञ् 1087 | णील 522 | तसि 1729 | तुबि 1657 |
| जेषृ 616 | ञिष्विदा 978 | डुमिञ् 1250 | णीव 566 | तसु 1212 | तुभ 753 |
| जेहृ 644 | ञिष्विदा 1188 | डुलभष् 975 | णु 1035 | तायृ 489 | तुभ 1241 |
| जै 914 | टकि 1638 | डुवप् 1003 | णुद 1282 | तिक 1266 | तुभ 1521 |
| झप 1624 | टल 834 | ढौकृ 98 | णुद 1426 | तिकृ 105 | तुम्म 405 |
| झा 811 | टिकृ 103 | णक्ष 662 | णू 1397 | तिग 1267 | तुम्म 1310 |

662

| | | | | | | |
|---|---|---|---|---|---|---|
| तुम्फ 409 | त्रुट 1375 | दसि 1786 | दभी 1323 | धावु 601 | ध्राडु 288 |
| तुम्फ 1312 | त्रुट 1698 | दसु 1213 | दभी 1821 | धि 1406 | ध्रु 943 |
| तुर 1102 | त्रुप 406 | दह 991 | दम्फ 1314 | धिक्ष 603 | ध्रु 1400 |
| तुर्वी 570 | त्रुफ 410 | दाण् 930 | दशिर् 988 | धिवि 593 | ध्रेकृ 79 |
| तुल 1599 | त्रुम्म 407 | दान 994 | दह 733 | धिष 1103 | ध्रै 907 |
| तुष 1184 | त्रुम्फ 411 | दाप् 1059 | दहि 734 | धीङ् 1136 | ध्वंसु 755 |
| तुस 710 | त्रैङ् 965 | दाश 1279 | दृ 808 | धुक्ष 602 | ध्वज 221 |
| तुहिर् 737 | त्रौकृ 99 | दाश्व 882 | दृ 1493 | धुर्वी 573 | ध्वजि 222 |
| तूण 1689 | त्वक्षू 656 | दासृ 894 | देङ् 962 | धू 1398 | ध्वण 453 |
| तूरी 1152 | त्वगि 150 | दिवि 592 | देवृ 500 | धूञ् 1255 | ध्वन 816 |
| तूल 527 | त्वच 1301 | दिवु 1107 | दैप् 924 | धूञ् 1487 | ध्वन 828 |
| तूष 674 | त्वञ्जु 192 | दिवु 1706 | दो 1148 | धूञ् 1835 | ध्वन 1889 |
| तूंहृ 1350 | त्विष 1001 | दिवु 1724 | द्यु 1040 | धूप 396 | ध्वाक्षि 672 |
| तृणु 1468 | त्सर 554 | दिश 1283 | द्युत 741 | धूप 1772 | ध्वृ 939 |
| तृप 1195 | थुड 1387 | दिह 1015 | द्यै 905 | धूरी 1153 | नक्क 1593 |
| तृप 1307 | थुर्वी 571 | दीक्ष 609 | द्रम 466 | धूस 1639 | नट 1545 |
| तृप 1819 | दंश 989 | दीङ् 1134 | द्रा 1054 | धृङ् 960 | नट 1791 |
| तृम्फ 1308 | दक्ष 608 | दीधीङ् 1076 | द्राक्षि 670 | धृङ् 1412 | नर्द 56 |
| तृह 1455 | दक्ष 770 | दीपी 1150 | द्राखृ 124 | धृज 219 | नल 1802 |
| तृंहृ 1348 | दघ 1273 | दु 944 | द्राघृ 114 | धृजि 220 | नाथृ 6 |
| तॄ 969 | दण्ड 1926 | दुःख 1930 | द्राडृ 287 | धृञ् 900 | नाधृ 7 |
| तेज 231 | दद 17 | दुर्वी 572 | द्राह 646 | धृष 1850 | निवास 1885 |
| तेपृ 363 | दध 8 | दुल 1600 | द्रु 945 | धेक 1914 | निष्क 1686 |
| तेवृ 499 | दमु 1203 | दुष 1185 | द्रुण 1337 | धेट् 902 | नृती 1116 |
| त्यज 986 | दम्भु 1270 | दुह 1014 | द्रुह 1197 | धोर्द्ध 553 | नृ 809 |
| त्रकि 97 | दय 481 | दुहिर् 738 | द्रूञ् 1481 | ध्मा 927 | नृ 1495 |
| त्रक्ष 660 | दरिद्रा 1073 | दूङ् 1133 | द्रेकृ 78 | ध्यै 908 | पक्ष 1550 |
| त्रदि 69 | दल 548 | दृ 1280 | द्रै 906 | ध्रज 217 | पचि 174 |
| त्रपूष् 374 | दल 1751 | दृङ् 1411 | द्विष 1013 | ध्रजि 218 | पचि 1651 |
| त्रस 1741 | दशि 1674 | दृप 1196 | ध्रक 1594 | ध्रण 459 | पट 296 |
| त्रसि 1761 | दशि 1764 | दृप 1313 | धन 1104 | ध्राक्षि 671 | पट 1752 |
| त्रसी 1117 | दसि 1675 | दृभ 1822 | धवि 597 | ध्राखृ 125 | पट 1856 |

| | | | | | |
|---|---|---|---|---|---|
| पठ 330 | पिठ 339 | पुष्प 1122 | प्रथ 1553 | बर्ह 1769 | भञ्जो 1453 |
| पडि 281 | पिडि 274 | पुस्त 1590 | प्रस 766 | बल 840 | भट 307 |
| पडि 1615 | पिडि 1669 | पूङ् 966 | प्रा 1061 | बल 1628 | भट 780 |
| पण 439 | पिवि 588 | पूज 1642 | प्रीङ् 1144 | बल्ह 639 | भडि 273 |
| पत 1861 | पिश 1437 | पूञ् 1482 | प्रीञ् 1474 | बल्ह 1770 | भडि 1588 |
| पतृ 845 | पिषृ 1452 | पूयी 484 | प्रीञ् 1836 | बष्क 1916 | भण 447 |
| पथि 1575 | पिस 1568 | पूरी 1151 | प्रुङ् 957 | बस्त 1683 | भदि 12 |
| पथे 847 | पिसि 1762 | पूरी 1803 | प्रुड 324 | बहि 633 | भर्त्स 1682 |
| पद 1169 | पिसृ 719 | पूल 528 | प्रुष 1527 | बाड़ 286 | भर्व 580 |
| पद 1898 | पीड़ 1141 | पूल 1636 | प्रुषु 703 | बाधृ 5 | भल 495 |
| पन 440 | पीड 1544 | पूष 675 | प्रेषृ 619 | बिट 317 | भल 1700 |
| पय 476 | पील 521 | पृ 1258 | प्रोथृ 867 | बिदि 64 | भल्ल 496 |
| पर्ण 1939 | पीव 563 | पृङ् 1402 | ह्लिह 642 | बिल 1359 | भष 695 |
| पर्द 29 | पुंस 1637 | पृच 1807 | ह्री 1503 | बिल 1606 | भस 1100 |
| पर्प 412 | पुट 1367 | पृची 1030 | ह्लुङ् 958 | बिस 1217 | भा 1051 |
| पर्ब 416 | पुट 1753 | पृची 1462 | क्षुष 1115 | बुक्क 119 | भाज 1886 |
| पर्व 577 | पुट 1913 | पृड 1328 | क्षुष 1216 | बुक्क 1713 | भाम 441 |
| पल 839 | पुटि 1792 | पृण 1329 | क्षुष 1528 | बुगि 158 | भाम 1872 |
| पल्पूल 1881 | पुट्ट 1559 | पृथ 1554 | क्षुषु 704 | बुध 858 | भाष 612 |
| पश 1719 | पुड 1384 | पृषु 705 | प्सा 1055 | बुध 1172 | भासृ 624 |
| पष 1862 | पुण 1333 | पृ 1086 | फक्क 116 | बुधिर् 875 | भिक्ष 606 |
| पसि 1616 | पुथ 1119 | पृ 1489 | फण 821 | बुस 1219 | भिदिर् 1439 |
| पा 925 | पुथ 1775 | पृ 1548 | फल 530 | बुस्त 1591 | भुज 1454 |
| पा 1056 | पुथि 44 | पेलृ 541 | फुल्ल 532 | बृह 735 | भुजो 1417 |
| पार 1911 | पुर 1346 | पेवृ 504 | फेल 542 | बृहि 736 | भू 1747 |
| पाल 1609 | पुर्व 576 | पेषृ 615 | बद 51 | बृहि 1768 | भू 1 |
| पि 1405 | पुल 841 | पेसृ 720 | बध 973 | ब्रूञ् 1044 | भू 1844 |
| पिच्छ 1576 | पुल 1601 | पै 920 | बध 1547 | ब्रूस 1663 | भूष 682 |
| पिजि 1028 | पुष 700 | पैणृ 458 | बन्ध 1508 | भक्ष 1557 | भूष 1730 |
| पिजि 1567 | पुष 1182 | प्यैङ् 964 | बर्ब 418 | भज 998 | भृजी 178 |
| पिजि 1757 | पुष 1529 | प्रच्छ 1413 | बर्ह 638 | भज 1733 | भृञ् 898 |
| पिट 311 | पुष 1750 | प्रथ 765 | बर्ह 1664 | भजि 1759 | भृड 1395 |

| | | | | | |
|---|---|---|---|---|---|
| भृशि 1787 | मण 448 | माङ् 1142 | मुठि 265 | मृषु 707 | यु 1710 |
| भृशु 1224 | मत्रि 1679 | मान 972 | मुड 323 | मृ 1492 | युगि 156 |
| भृ 1491 | मथि 46 | मान 1709 | मुडि 275 | मेड् 961 | युच्छ 214 |
| भेषृ 883 | मथे 848 | मान 1843 | मुडि 326 | मेध् 869 | युज 1177 |
| भ्यस 628 | मद 1705 | मार्ग 1846 | मुण 1334 | मेध् 870 | युज 1806 |
| भ्रंशु 1225 | मदि 13 | मार्ज 1648 | मुद 16 | मेपृ 371 | युजिर् 1444 |
| भ्रंसु 756 | मदी 815 | माह् 895 | मुद 1740 | मेवृ 505 | युञ् 1479 |
| भ्रक्ष 892 | मदी 1208 | मिच्छ 1297 | मुर 1343 | म्ना 929 | युत 31 |
| भ्रण 452 | मन 1176 | मिजि 1756 | मुर्छा 212 | म्रक्ष 1661 | युध 1173 |
| भ्रमु 850 | मनु 1471 | मिदि 1541 | मुर्वी 575 | म्रद 767 | युप 1235 |
| भ्रमु 1205 | मन्थ 42 | मिट्ट 868 | मुष 1530 | म्रुचु 195 | यूष 680 |
| भ्रस्ज 1284 | मन्थ 1511 | मिल 1364 | मुस 1220 | म्रुछु 193 | यौटृ 291 |
| भ्राजृ 181 | मभ्र 558 | मिल 1429 | मुस्त 1631 | म्रेड् 293 | रक 1736 |
| भ्री 1505 | मय 477 | मिवि 589 | मुह 1198 | म्रुचु 196 | रक्ष 658 |
| भ्रूण 1690 | मर्च 1649 | मिश 723 | मूङ् 967 | म्रुछु 194 | रख 136 |
| भ्रेजृ 180 | मर्ब 419 | मिश्र 1921 | मूत्र 1909 | म्लेच्छ 205 | रखि 137 |
| भ्रेषृ 884 | मर्व 578 | मिष 1352 | मूल 529 | म्लेच्छ 1662 | रगि 144 |
| भ्लक्ष 893 | मल 493 | मिषु 699 | मूल 1603 | म्लेट् 292 | रगे 785 |
| भ्लेषृ 885 | मल्ल 494 | मिह 992 | मूष 676 | म्लेवृ 506 | रघि 107 |
| मकि 89 | मव 599 | मी 1824 | मृक्ष 664 | म्लै 904 | रघि 1795 |
| मख 132 | मव्य 508 | मीङ् 1137 | मृग 1900 | यक्ष 1692 | रच 1864 |
| मखि 133 | मश 724 | मीञ् 1476 | मृङ् 1403 | यज 1002 | रञ्ज 999 |
| मगि 148 | मष 692 | मीमृ 468 | मृजू 1066 | यत 1735 | रञ्ज 1167 |
| मघि 111 | मसी 1221 | मील 517 | मृजू 1848 | यती 30 | रट 297 |
| मघ्क 160 | मस्क 102 | मीव 564 | मृड 1327 | यत्रि 1536 | रट 334 |
| मच 171 | मह 730 | मुच 1743 | मृड 1516 | यभ 980 | रण 445 |
| मचि 173 | मह 1867 | मुचि 172 | मृण 1331 | यम 984 | रण 795 |
| मठ 332 | महि 634 | मुचू 1430 | मृद 1515 | यम 1625 | रद 53 |
| मठि 263 | महि 1799 | मुज 250 | मृधु 874 | यमो 819 | रघ 1193 |
| मडि 272 | मा 1062 | मुजि 251 | मृश 1425 | यसु 1210 | रप 401 |
| मडि 321 | माक्षि 669 | मुट 1374 | मृष 1164 | या 1049 | रफ 413 |
| मडि 1587 | माङ् 1088 | मुट 1614 | मृष 1849 | यु 1033 | रफि 414 |

| | | | | | |
|---|---|---|---|---|---|
| रबि 376 | रुङ्ग 959 | लक्ष 1696 | लाजि 241 | लूञ् 1483 | वद 1841 |
| रभ 974 | रुच 745 | लख 138 | लाभ 1936 | लूष 677 | वदि 11 |
| रमु 853 | रुज 1804 | लखि 139 | लिख 1365 | लूष 1610 | वन 462 |
| रय 482 | रुजो 1416 | लग 1737 | लिगि 155 | लेपृ 373 | वन 463 |
| रवि 596 | रुट 747 | लगि 145 | लिगि 1739 | लोकृ 76 | वन 803 |
| रस 713 | रुट 1783 | लगे 786 | लिप 1433 | लोकृ 1776 | वनु 1470 |
| रस 1931 | रुटि 327 | लघि 108 | लिश 1179 | लोचृ 164 | वभ्र 557 |
| रह 731 | रुठ 336 | लघि 1760 | लिश 1421 | लोचृ 1777 | वय 475 |
| रह 1627 | रुठि 345 | लघि 1796 | लिह 1016 | लोडृ 357 | वर 1852 |
| रह 1858 | रुदिर् 1067 | लछ 206 | ली 1501 | लोष्ट 258 | वर्च 162 |
| रहि 732 | रुधिर् 1438 | लज 238 | ली 1811 | वकि 88 | वर्ण 1551 |
| रहि 1798 | रुप 1236 | लज 1920 | लीड् 1139 | वकि 95 | वर्ण 1938 |
| रा 1057 | रुश 1419 | लजि 239 | लुजि 1758 | वक्ष 663 | वर्ध 1654 |
| राखृ 122 | रुशि 1788 | लजि 1784 | लुञ्च 187 | वख 130 | वर्ष 613 |
| राघृ 112 | रुष 693 | लट 298 | लुट 314 | वखि 131 | वह 640 |
| राजृ 822 | रुष 1230 | लड 359 | लुट 748 | वगि 147 | वल 491 |
| राध 1180 | रुष 1670 | लड 1540 | लुट 1222 | वघि 110 | वल्क 1571 |
| राध 1262 | रुसि 1790 | लडि 1800 | लुट 1381 | वच 1063 | वल्ग 143 |
| रासृ 626 | रुह 859 | लडिः 814 | लुट 1754 | वच 1842 | वल्भ 391 |
| रि 1275 | रूक्ष 1910 | लप 402 | लुटि 328 | वज 252 | वल्ल 492 |
| रि 1404 | रूप 1933 | लबि 377 | लुठ 337 | वञ्चु 189 | वल्ह 641 |
| रिगि 154 | रूष 678 | लबि 379 | लुठ 749 | वञ्चु 1703 | वश 1080 |
| रिच 1816 | रेकृ 80 | लर्ब 417 | लुठि 343 | वट 300 | वष 691 |
| रिचिर् 1441 | रेटृ 864 | लल 1687 | लुठि 346 | वट 779 | वस 1005 |
| रिफ 1306 | रेपृ 372 | लष 888 | लुण्ठ 1563 | वट 1857 | वस 1023 |
| रिवि 595 | रेभृ 385 | लस 714 | लुथि 45 | वट 1919 | वस 1744 |
| रिश 1420 | रेवृ 507 | लस 1728 | लुप 1237 | वटि 1586 | वस 1942 |
| रिष 694 | रेष्ट 620 | ला 1058 | लुपृ 1431 | वठ 331 | वसु 1214 |
| रिष 1231 | रै 909 | लाखृ 123 | लुबि 427 | वठि 262 | वस्क 101 |
| री 1500 | रोङृ 356 | लाघृ 113 | लुबि 1656 | वडि 271 | वह 1004 |
| रीड़ 1138 | रौड़ 355 | लाछि 207 | लुभ 1238 | वण 446 | वा 1050 |
| रु 1034 | लक्ष 1538 | लाज 240 | लुभ 1305 | वद 1009 | वाक्षि 668 |

666

| | | | | | | |
|---|---|---|---|---|---|---|
| वाछि 208 | वृञ् 1813 | व्री 1504 | शासु 727 | शुम्भ 433 | श्रमु 1204 | |
| वात 1882 | वृण 1330 | व्रीड् 1140 | शाखृ 126 | शुम्भ 1322 | श्रम्भु 393 | |
| वाश्र 1163 | वृतु 758 | व्रीड 1126 | शाडृ 289 | शुल्क 1618 | श्रा 810 | |
| वास 1884 | वृतु 1160 | ब्रुड 1393 | शान 995 | शुल्ब 1611 | श्रा 1053 | |
| वाह् बाह् 645 | वृतु 1781 | व्री 1502 | शासु 1075 | शुष 1183 | श्रिञ् 897 | |
| विचिर् 1442 | वृधु 759 | शंसु 728 | शिक्ष 605 | शूर 1902 | श्रिषु 701 | |
| विच्छ 1423 | वृधु 1782 | शक 1187 | शिधि 161 | शूरी 1157 | श्रीञ् 1475 | |
| विच्छ 1773 | वृश 1226 | शकि 86 | शिजि 1027 | शूर्प 1612 | श्रु 942 | |
| विजिर् 1094 | वृष 1704 | शक्क 1261 | शिञ् 1249 | शूल 526 | श्रै 919 | |
| विट 316 | वृषु 706 | शच 165 | शिट 303 | शूष 679 | श्रोणृ 456 | |
| विथृ 33 | वृह 1347 | शट 299 | शिल 1362 | श्र्घु 760 | श्लकि 85 | |
| विद 1064 | वृ 1490 | शठ 340 | शिष 687 | श्र्घु 873 | श्लगि 152 | |
| विद 1171 | वृञ् 1486 | शठ 1564 | शिष 1817 | श्र्घु 1734 | श्लाखृ 127 | |
| विद 1450 | वेञ् 1006 | शठ 1691 | शिषू 1451 | शृ 1488 | श्लाघृ 115 | |
| विद 1708 | वेणृ 877 | शठ 1854 | शीक 1789 | शेल 543 | श्लिष 1186 | |
| विदू 1432 | वेथृ 34 | शडि 279 | शीक 1826 | शौ 918 | श्लिष 1574 | |
| विध 1325 | वेल 1880 | शण 797 | शीकृ 75 | शो 1145 | श्लिषु 702 | |
| विल 1358 | वेलृ 535 | शदू 855 | शीड्ड 1032 | शोणृ 455 | श्लोकृ 77 | |
| विल 1605 | वेल्ल 540 | शदू 1428 | शीभृ 383 | शौटृ 290 | श्लोणृ 457 | |
| विश 1424 | वेवीड् 1077 | शप 1000 | शील 523 | श्च्युतिर् 41 | श्वकि 96 | |
| विष 1526 | वेष्ट 255 | शप 1168 | शील 1878 | श्मील 518 | श्वच 166 | |
| विषु 698 | वेह् 643 | शब्द 1714 | शुच 183 | श्येङ् 963 | श्वचि 167 | |
| विषू 1095 | व्यच 1293 | शम 1695 | शुच्य 513 | श्रकि 84 | श्वठ 1565 | |
| विष्क 1685 | व्यथ 764 | शमु 1201 | शुठ 341 | श्रगि 151 | श्वठ 1855 | |
| विष्कि 1940 | व्यध 1181 | शमो 818 | शुठ 1644 | श्रण 798 | श्वभ्र 1623 | |
| वी 1048 | व्यय 881 | शम्ब 1556 | शुठि 344 | श्रण 1578 | श्वर्त 1622 | |
| वीर 1903 | व्यय 1932 | शर्ब 423 | शुठि 1645 | श्रथ 799 | श्वल 549 | |
| वृक 92 | व्युष 1114 | शर्व 585 | शुध 1191 | श्रथ 1546 | श्वल्क 1570 | |
| वृक्ष 604 | व्युष 1215 | शल 490 | शुन 1336 | श्रथ 1823 | श्वल्ल 550 | |
| वृङ् 1509 | व्येञ् 1007 | शल 843 | शुन्ध 74 | श्रथ 1870 | श्वस 1069 | |
| वृजी 1029 | व्रज 253 | शल्भ 390 | शुन्ध 1832 | श्रथि 35 | ष्विता 742 | |
| वृजी 1461 | व्रज 1617 | शव 725 | शुभ 432 | श्रन्थ 1510 | ष्विदि 10 | |
| वृजी 1812 | व्रण 451 | शश 726 | शुभ 750 | श्रन्थ 1512 | षगे 789 | |
| वृञ् 1254 | व्रण 1937 | शष 690 | शुभ 1321 | श्रन्थ 1837 | षघ 1268 | |

| | | | | | | |
|---|---|---|---|---|---|---|
| षच 163 | षुञ् 1247 | ष्विवु 1110 | स्कुञ् 1478 | स्मृ 933 | हुडि 269 | |
| षच 997 | षुट्ट 1562 | ष्यासु 1112 | स्कुदि 9 | स्मृ 1259 | हुडि 277 | |
| षञ्ज 987 | षुर 1340 | ष्या 1052 | स्खद 768 | स्यन्दू 761 | हुड्ट 352 | |
| षट 313 | षुह 1129 | ष्घिह 1200 | स्खदिः 820 | स्यम 1693 | हुर्छा 211 | |
| षट्ट 1633 | षू 1408 | ष्घिह 1572 | स्खल 544 | स्यमु 826 | हुल 844 | |
| षण 464 | षूड् 1031 | ष्गु 1038 | स्तन 1859 | स्रंसु 754 | हूड्ट 353 | |
| षणु 1464 | षूड् 1132 | ष्गुसु 1111 | स्तुञ् 1252 | स्रकि 83 | ह 1097 | |
| षदू 854 | षूद 25 | ष्गुह 1199 | स्तृह 1349 | स्रम्भु 757 | हञ 899 | |
| षदू 1427 | षूद 1717 | ष्यौ 923 | स्तृञ् 1484 | स्रिवु 1109 | हष 1229 | |
| षप 400 | षृभु 430 | ष्मिड् 948 | स्तेन 1897 | सु 940 | हषु 709 | |
| षम 829 | षृम्मु 431 | ष्वञ्ज 976 | स्तोम 1923 | स्रेकृ 82 | हेठ 266 | |
| षम्ब 1555 | षेवृ 501 | ष्वद 18 | स्त्यै 910 | स्वन 817 | हेठ 1532 | |
| षर्ज 225 | षै 915 | ष्वद 1805 | स्थुड 1388 | स्वन 827 | हेड 778 | |
| षर्व 424 | षो 1147 | ष्वष्क 100 | स्थूल 1904 | स्वर 1863 | हेडृ 284 | |
| षर्व 586 | ष्ङ्केत 782 | सङ्केत 1891 | स्पदि 14 | स्वर्द 19 | हेषृ 621 | |
| षल 547 | ष्ग्गे 790 | सङ्ग्राम 1922 | स्पर्ध 3 | स्वाद 28 | होड्ट 285 | |
| षस 1078 | ष्घन 461 | सत्र 1906 | स्पश 887 | स्वृ 932 | होड्ट 354 | |
| षस्ज 202 | ष्भि 386 | सभाज 1887 | स्पश 1680 | हट 312 | ह्रुड्ट 1082 | |
| षस्ति 1079 | ष्म 830 | साध 1263 | स्पृश 1422 | हठ 335 | ह्रल 806 | |
| षह 852 | ष्रिघ 1265 | साम 1879 | स्पृह 1871 | हद 977 | ह्रगे 787 | |
| षह 1128 | ष्रिपृ 364 | सार 1868 | स्फायी 487 | हन 1012 | ह्रस 711 | |
| षह 1809 | ष्रिम 1124 | सुख 1929 | स्फिट्ट 1634 | हम्म 467 | ह्राद 26 | |
| षान्त्व 1569 | ष्रिम 1125 | सूच 1873 | स्फुट 260 | हय 512 | ह्री 1085 | |
| षिच 1434 | ष्रुच 175 | सूत्र 1908 | स्फुट 1373 | हर्य 514 | ह्रीछ 210 | |
| षिञ्ज 1248 | ष्रुञ् 1043 | सूर्क्ष 666 | स्फुट 1722 | हल 837 | हेषृ 622 | |
| षिञ्ज् 1477 | ष्रुप 1672 | सूर्च्य 509 | स्फुटिर् 329 | हसे 721 | ह्रगे 788 | |
| षिट 304 | ष्रुभु 394 | सृ 935 | स्फुड 1391 | हि 1257 | ह्रप 1658 | |
| षिघ 47 | ष्रेपु 365 | सृ 1099 | स्फुडि 1537 | हिक्क 861 | ह्रस 712 | |
| षिघु 1192 | ष्रै 922 | सृज 1178 | स्फुर 1389 | हिडि 268 | ह्रादी 27 | |
| षिघू 48 | ष्रै 911 | सृज 1414 | स्फुर्छी 213 | हिल 1361 | ह्रल 805 | |
| षिल 1363 | ष्रूक्ष 661 | सृपृ 983 | स्फुल 1390 | हिवि 591 | हृ 931 | |
| षिवु 1108 | ष्ल 836 | सेकृ 81 | स्मिट 1573 | हिसि 1456 | हृ 934 | |
| षु 941 | ष्रा 928 | स्कन्दिरू 979 | स्मील 519 | हिसि 1829 | ह्रेञ् 1008 | |
| षु 1041 | ष्रिवु 560 | स्कभि 387 | स्मृ 807 | हु 1083 | | |

# Standard Alphabetical Index

Indexed on Dhatu ready for Conjugation.

Contains 1943-1=1942 Dhatus without Tag letters (ग॰ सू॰1081.चर्करीतं)
Shows Dhatu Number which is unique and easily referenced in standard Dhatupathas.

Easily locate dhatus without tag e.g. बुन्द् 876 , इन्ध् 1448 , श्वि 1010

Dhatus with णो नः नत्वम् are under न e.g. नक्ष 662 , नख 134

Dhatus with षः सः सत्वम् are under स e.g. सगे 789 , सघ 1268

इदित् Dhatus are listed with the नुम् augment e.g.
अङ्क 87 , अञ्ज 1785 , अण्ठ 261

Dhatus that have a penultimate नकार are listed with the नकार changed to the corresponding row class nasal, e.g. अञ्च् 188 , तुम्प् 1311

Out of 1943 Roots, there are some 662 Dhatus that are commonly found in literature. Two of these did not make it to the index, being alternate listed in the dhatu sutra. These are ध्राघ् 114 and धू 1255. However स्विद् 1188 is present.

| | | | | | | |
|---|---|---|---|---|---|---|
| अ | अज् 230 | अण् 1175 | अय् 474 | अर्ह् 1731 | आञ्छ् 209 | इङ्ख् 141 |
| अंश् अंस् 1918 | अञ्च् 188 | अण्ठ् 261 | अर्क 1643 | अर्ह् 1830 | आप् 1260 | इङ्ग् 153 |
| अंह् 635 | अञ्च् 862 | अत् 38 | अर्च् 204 | अल् 515 | आप् 1839 | इट् 318 |
| अंह् 1797 | अञ्च् 1738 | अद् 1011 | अर्च् 1808 | अव् 600 | आशंस् 629 | इन्द् 63 |
| अक् 792 | अञ्ज् 1458 | अन् 1070 | अर्ज् 224 | अश् 1264 | आशास् 1022 | इन्ध् 1448 |
| अक्ष् 654 | अञ्ज् 1785 | अन्त् 61 | अर्ज् 1725 | अश् 1523 | आसद् 1831 | इन्व् 587 |
| अग् 793 | अट् 295 | अन्द् 62 | अर्थ् 1905 | अस् 886 | आस् 1021 | इल् 1357 |
| अङ्क् 87 | अट्ट् 254 | अन्ध् 1925 | अर्द् 55 | अस् 1065 | इ | इल् 1660 |
| अङ्क् 1927 | अट्ट् 1561 | अभ्र् 556 | अर्द् 1828 | अस् 1209 | इ 1045 | इष् 1127 |
| अङ्ग् 146 | अड् 358 | अम् 465 | अर्ब् 415 | अह् 1272 | इ 1046 | इष् 1351 |
| अङ्ग् 1928 | अड्ड् 348 | अम् 1720 | अर्व् 584 | आ | इ 1047 | इष् 1525 |
| अङ्घ् 109 | अण् 444 | अम्ब् 378 | अर्ह् 740 | आक्रन्द् 1727 | इख् 140 | ई |

| | | | | | | |
|---|---|---|---|---|---|---|
| ई 1143 | उह् 739 | ओलण्ड् 1542 | कर्द् 59 | कुट्ट् 1702 | कृत् 1435 | क्रन्द् 72 |
| ईक्ष् 610 | ऊ | औ none | कर्ब् 420 | कुड् 1383 | कृत् 1447 | क्रन्द् 774 |
| ईड्ड् 142 | ऊन् 1888 | क | कर्ब् 581 | कुण् 1335 | कृन्त् 598 | क्रम् 1207 |
| ईज् 182 | ऊय् 483 | कंस् 1024 | कल् 497 | कुण् 1893 | कृप् 762 | क्रिद् 1242 |
| ईड् 1019 | ऊर्ज् 1549 | कक् 90 | कल् 1604 | कुण्ठ् 342 | कृप् 1748 | क्रिन्द् 15 |
| ईड् 1667 | ऊर्णु 1039 | कख् 120 | कल् 1865 | कुण्ड् 270 | कृप् 1869 | क्रिन्द् 73 |
| ईर् 1018 | ऊष् 683 | कख् 784 | कल्ल् 498 | कुण्ड् 322 | कृश् 1227 | क्रिश् 1161 |
| ईर् 1810 | ऊह् 648 | कग् 791 | कष् 685 | कुण्ड् 1583 | कृष् 990 | क्रिश् 1522 |
| ईर्ष्य् 510 | ऋ | कङ्क् 94 | कस् 860 | कुत्स् 1697 | कृष् 1286 | क्रीब् 381 |
| ईर्ष्य् 511 | ऋ 936 | कच् 168 | काङ्क् 667 | कुथ् 1118 | कृ 1409 | क्रेश् 607 |
| ईश् 1020 | ऋ 1098 | कच्छ् 169 | काङ्क्ष् 170 | कुन्थ् 43 | कृ 1485 | क्लण् 450 |
| ईष् 611 | ऋच् 1302 | कट् 294 | काश् 647 | कुन्थ् 1514 | कृ 1496 | क्लथ् 846 |
| ईष् 684 | ऋच्छ् 1296 | कट् 320 | काश् 1162 | कुन्द् 1539 | कृत् 1653 | क्षज्ञ् 769 |
| ईह् 632 | ऋज् 176 | कठ् 333 | कास् 623 | कुप् 1233 | केत् 1895 | क्षण् 1465 |
| उ | ऋज्ञ् 177 | कड् 360 | कि 1101 | कुप् 1779 | केप् 368 | क्षम् 442 |
| उ 953 | ऋण् 1467 | कड् 1380 | किट् 301 | कुमार् 1877 | केल् 537 | क्षम् 1206 |
| उक्ष् 657 | ऋध् 1245 | कड् 349 | किट् 319 | कुम्ब् 426 | कै 916 | क्षम्प् 1620 |
| उख् 128 | ऋघ् 1271 | कण् 449 | कित् 993 | कुम्ब् 1655 | क्नथ् 800 | क्षर् 851 |
| उब्ज् 129 | ऋफ् 1315 | कण् 794 | किल् 1353 | कुर् 1341 | क्नस् 1113 | क्षल् 1597 |
| उच् 1223 | ऋम्फ् 1316 | कण् 1715 | कीट् 1640 | कुर्द् 21 | क्नू 1480 | क्षि 236 |
| उच्छ् 216 | ऋष् 1287 | कण्ठ् 264 | कील् 524 | कुल् 842 | क्नूय् 485 | क्षि 1276 |
| उच्छ् 1295 | ॠ | कण्ठ् 1847 | कु 951 | कुष् 1518 | क्मर् 555 | क्षि 1407 |
| उज्झ् 1304 | ॠ 1497 | कण्ड् 282 | कु 1042 | कुस् 1218 | क्रथ् 801 | क्षिण् 1466 |
| उज्छ् 215 | ऌ ॡ none | कण्ड् 1582 | कु 1401 | कुस्म् 1711 | क्रन्द् 71 | क्षिप् 1121 |
| उज्छ् 1294 | ए | कत्थ् 37 | कुंश् 1765 | कुह् 1901 | क्रन्द् 773 | क्षिप् 1285 |
| उठ् 338 | एज् 179 | कत्र् 1915 | कुंस् 1763 | कूज् 223 | क्रप् 771 | क्षिप् 1941 |
| उग्रस् 1742 | एज् 234 | कथ् 1851 | कुक् 91 | कूट् 1701 | क्रम् 473 | क्षी 1506 |
| उन्द् 1457 | एठ् 267 | कन् 460 | कुच् 184 | कूट् 1890 | क्री 1473 | क्षीज् 237 |
| उज्द् 1303 | एध् 2 | कन्द् 70 | कुच् 857 | कूट् 1896 | क्रीड् 350 | क्षीब् 382 |
| उभ् 1319 | एष् 618 | कन्द् 772 | कुच् 1368 | कूण् 1688 | कुश्च् 186 | क्षीव् 567 |
| उम्भ् 1320 | ऐ none | कब् 380 | कुज् 199 | कूल् 525 | कुड् 1394 | क्षु 1036 |
| उर्द् 20 | ओ | कम् 443 | कुञ्च् 185 | कृ 1253 | कुध् 1189 | क्षुध् 1190 |
| उर्व् 569 | ओख् 121 | कम्प् 375 | कुट् 1366 | कृ 1472 | कुश् 856 | क्षुन्द् 1443 |
| उष् 696 | ओण् 454 | कर्ज् 228 | कुट्ट् 1558 | कृड् 1382 | कुथ् 802 | क्षुभ् 751 |

| क्षुभ् 1239 | खुण्ड् 1585 | गा 1106 | गृ 1498 | घु 952 | चन्द् 68 | चीभ् 384 |
| क्षुभ् 1519 | खुर् 1342 | गाध् 4 | गेप् 369 | घुंष् 652 | चप् 399 | चीव् 879 |
| क्षुर् 1344 | खुर्द् 22 | गाह् 649 | गेव् 502 | घुट् 746 | चम् 469 | चीव् 1774 |
| क्षेव् 568 | खेट् 1874 | गु 949 | गेष् 614 | घुट् 1385 | चम् 1274 | चुक्क् 1596 |
| क्षै 913 | खेल् 538 | गु 1399 | गै 917 | घुण् 437 | चम्म् 1619 | चुट् 1377 |
| क्षोट् 1875 | खै 912 | गुज् 1369 | गोम् 1876 | घुण् 1338 | चय् 478 | चुट् 1613 |
| क्ष्ण् 1037 | खोर् 552 | गुञ्ज् 203 | गोष्ट् 257 | घुण्ण् 435 | चर् 559 | चुड् 1560 |
| क्ष्माय् 486 | खोल् 551 | गुड् 1370 | ग्रन्थ् 36 | घुर् 1345 | चर् 1745 | चुड् 1392 |
| क्ष्मील् 520 | ख्या 1060 | गुण् 1894 | ग्रन्थ् 1513 | घुष् 653 | चर्च् 717 | चुड् 347 |
| क्ष्विद् 1244 | ग | गुण्ड् 1584 | ग्रन्थ् 1825 | घुष् 1726 | चर्च् 1299 | चुण्ट् 1659 |
| क्ष्वेल् 539 | गज् 246 | गुद् 24 | ग्रन्थ् 1838 | घूर् 1155 | चर्च् 1712 | चुण्ड् 325 |
| ख | गज् 1647 | गुध् 1120 | ग्रस् 630 | घूर्ण् 438 | चर्ब् 425 | चुद् 1592 |
| खच् 1531 | गञ्ज् 247 | गुध् 1517 | ग्रस् 1749 | घूर्ण् 1339 | चर्व् 579 | चुप् 403 |
| खज् 232 | गड् 777 | गुप् 395 | ग्रह् 1533 | घृ 938 | चल् 812 | चुम्ब् 429 |
| खज्ज् 233 | गण् 1853 | गुप् 970 | ग्राम् 1892 | घृ 1096 | चल् 832 | चुम्ब् 1635 |
| खट् 309 | गण्ड् 65 | गुप् 1234 | ग्रुच् 197 | घृ 1650 | चल् 1356 | चुर् 1534 |
| खट्ट् 1632 | गण्ड् 361 | गुप् 1771 | ग्लस् 631 | घृण् 1469 | चल् 1608 | चुल् 1602 |
| खड् 1580 | गद् 52 | गुफ् 1317 | ग्लह् 651 | घृण् 436 | चष् 889 | चुल्ल् 531 |
| खण्ड् 283 | गद् 1860 | गुम्फ् 1318 | ग्लुच् 198 | घृष् 708 | चह् 729 | चूर् 1158 |
| खण्ड् 1581 | गन्ध् 1684 | गुर् 1396 | ग्लुञ्च् 201 | घ्रा 926 | चह् 1626 | चूर्ण् 1552 |
| खद् 50 | गम् 982 | गुर्द् 23 | ग्लेप् 366 | ङ | चह् 1866 | चूर्ण् 1641 |
| खन् 878 | गर्ज् 226 | गुर्द् 1665 | ग्लेप् 370 | ङु 954 | चाय् 880 | चूष् 673 |
| खर्ज् 229 | गर्द् 57 | गुर्व् 574 | ग्लेव् 503 | च | चि 1251 | चृत् 1324 |
| खर्द् 60 | गर्ब् 422 | गुह् 896 | ग्लै 903 | चकास् 1074 | चि 1629 | चेल् 536 |
| खर्ब् 421 | गर्व् 583 | गूर् 1154 | घ | चक् 93 | चि 1794 | चेष्ट् 256 |
| खर्व् 582 | गर्व् 1907 | गूर् 1694 | घघ् 159 | चक् 783 | चिट् 315 | च्यु 955 |
| खल् 545 | गर्ह् 636 | गृ 937 | घट् 763 | चक्क् 1595 | चित् 39 | च्यु 1746 |
| खष् 686 | गर्ह् 1845 | गृ 1707 | घट् 1723 | चक्ष् 1017 | चित् 1673 | च्युत् 40 |
| खाद् 49 | गल् 546 | गृज् 248 | घट् 1766 | चञ्च् 190 | चित्र् 1917 | छ |
| खिट् 302 | गल् 1699 | गृञ्ज् 249 | घट् 259 | चट् 1721 | चिन्त् 1535 | छज्ज् 1621 |
| खिद् 1170 | गल्भ् 392 | गृध् 1246 | घट्ट् 1630 | चण् 796 | चिरि 1277 | छद् 813 |
| खिद् 1436 | गल्ह् 637 | गृह् 650 | घण्ट् 1767 | चण्ड् 278 | चिल् 1355 | छद् 1833 |
| खिद् 1449 | गवेष् 1883 | गृह् 1899 | घस् 715 | चत् 865 | चिल्ल् 533 | छद् 1935 |
| खुज् 200 | गा 950 | गृ 1410 | घिण्ण् 434 | चद् 866 | चीक् 1827 | छन्द् 1577 |

671

| | | | | | | | |
|---|---|---|---|---|---|---|---|
| छम् 470 | जि 561 | झ | तञ्च् 191 | तुज् 244 | तृंह् 1350 | त्वर् 775 | |
| छर्द् 1589 | जि 946 | झट् 306 | तञ्च् 1459 | तुज् 245 | तृण् 1468 | त्विष् 1001 | |
| छष् 890 | जि 1793 | झम् 472 | तट् 308 | तुञ्ज् 1566 | तृद् 1446 | त्सर् 554 | |
| छिद् 1440 | जिन्व् 594 | झर्झ् 718 | तड् 1579 | तुञ्ज् 1755 | तृप् 1195 | थ | |
| छिद्र् 1924 | जिरि 1278 | झर्झ् 1300 | तड् 1801 | तुट् 1376 | तृप् 1307 | थुड् 1387 | |
| छुट् 1378 | जिष् 697 | झष् 689 | तण्ड् 280 | तुड् 351 | तृप् 1819 | थुर्व् 571 | |
| छुप् 1418 | जीव् 562 | झष् 891 | तन् 1463 | तुड् 1386 | तृम्फ् 1308 | द | |
| छुर् 1372 | जुङ् 157 | झॄ 1131 | तन् 1840 | तुण् 1332 | तृष् 1228 | दंश् 989 | |
| छृद् 1445 | जुड् 1326 | ञ none | तन्त्र् 1678 | तुण्ड् 276 | तृह् 1348 | दंश् 1674 | |
| छृद् 1820 | जुड् 1379 | ट | तप् 985 | तुत्थ् 1943 | तृह् 1455 | दंश् 1764 | |
| छेद् 1934 | जुड् 1646 | टङ्क् 1638 | तप् 1159 | तुद् 1281 | तॄ 969 | दंस् 1675 | |
| छो 1146 | जुत् 32 | टल् 834 | तप् 1818 | तुप् 404 | तेज् 231 | दंस् 1786 | |
| ज | जुष् 1288 | टिक् 103 | तम् 1202 | तुप् 1309 | तेप् 363 | दक्ष् 608 | |
| जंस् 1666 | जुष् 1834 | टीक् 104 | तय् 479 | तुफ् 408 | तेव् 499 | दक्ष् 770 | |
| जक्ष् 1071 | जूर् 1156 | ड्ल 835 | तर्क् 1780 | तुफ् 1311 | त्यज् 986 | दघ् 1273 | |
| जज् 242 | जूष् 681 | ठ none | तर्ज् 227 | तुभ् 753 | त्रंस् 1761 | दण्ड् 1926 | |
| जञ्ज् 243 | जृम्भ् 389 | ड | तर्ज् 1681 | तुभ् 1241 | त्रक्ष् 660 | दद् 17 | |
| जट् 305 | जृ 1130 | डप् 1676 | तर्द् 58 | तुभ् 1521 | त्रङ्क् 97 | दघ् 8 | |
| जन् 1105 | जृ 1494 | डिप् 1232 | तल् 1598 | तुम्म् 405 | त्रन्द् 69 | दम् 1203 | |
| जन् 1149 | जृ 1814 | डिप् 1371 | तस् 1212 | तुम्म् 1310 | त्रप् 374 | दम्भ् 1270 | |
| जप् 397 | जेष् 616 | डिप् 1671 | ताय् 489 | तुम्फ् 409 | त्रस् 1117 | दय् 481 | |
| जम् 471 | जेह् 644 | डिप् 1677 | तिक् 105 | तुम्फ् 1312 | त्रस् 1741 | दरिद्रा 1073 | |
| जम्भ् 388 | जै 914 | डी 968 | तिक् 1266 | तुम्ब् 428 | त्रुट् 1375 | दल् 548 | |
| जम्भ् 1716 | झप् 1624 | डी 1135 | तिग् 1267 | तुम्ब् 1657 | त्रुट् 1698 | दल् 1751 | |
| जर्ज् 716 | झा 811 | ढ | तिज् 971 | तुर् 1102 | त्रुप् 406 | दस् 1213 | |
| जर्ज् 1298 | झा 1507 | ढौक् 98 | तिज् 1652 | तुर्व् 570 | त्रुफ् 410 | दह् 991 | |
| जल् 833 | झा 1732 | ण see न | तिप् 362 | तुल् 1599 | त्रुम्प् 407 | दा 930 | |
| जल् 1543 | ज्या 1499 | त | तिम् 1123 | तुष् 1184 | त्रुम्फ् 411 | दा 1059 | |
| जल्प् 398 | ज्रु 956 | तंस् 1729 | तिल् 534 | तुस् 710 | त्रै 965 | दा 1091 | |
| जष् 688 | ज्रि 947 | तक् 117 | तिल् 1354 | तुह् 737 | त्रौक् 99 | दान् 994 | |
| जस् 1211 | ज्रि 1815 | तक्ष् 655 | तिल् 1607 | तूण् 1689 | त्वक्ष् 656 | दाश् 882 | |
| जस् 1668 | ज्वर् 776 | तक्ष् 665 | तीक् 106 | तूर् 1152 | त्वञ्ज् 150 | दाश् 1279 | |
| जस् 1718 | ज्वल् 804 | तङ्क् 118 | तीर् 1912 | तूल् 527 | त्वच् 1301 | दास् 894 | |
| जागृ 1072 | ज्वल् 831 | तञ्ज् 149 | तीव् 565 | तृष् 674 | त्वञ्च् 192 | दिन्व् 592 | |

| | | | | | | | |
|---|---|---|---|---|---|---|---|
| दिव् 1107 | दो 1148 | धू 1835 | ध्वन् 1889 | निन्द् 66 | पद् 1169 | पीड् 1544 |
| दिव् 1706 | द्यु 1040 | धूप् 396 | ध्वाङ्क्ष् 672 | निन्व् 590 | पद् 1898 | पील् 521 |
| दिव् 1724 | द्युत् 741 | धूप् 1772 | ध्वृ 939 | निल् 1360 | पन् 440 | पीव् 563 |
| दिश् 1283 | द्यै 905 | धूर् 1153 | न | निवास् 1885 | पन्थ् 1575 | पुंस् 1637 |
| दिह् 1015 | द्रम् 466 | धूस् 1639 | नक्ष् 1593 | निश् 722 | पय् 476 | पुट् 1367 |
| दी 1134 | द्रा 1054 | धृ 900 | नक्ष् 662 | निष्क् 1686 | पर्ण् 1939 | पुट् 1753 |
| दीक्ष् 609 | द्राख् 124 | धृ 960 | नख् 134 | नी 901 | पर्द् 29 | पुट् 1913 |
| दीर्घी 1076 | द्राघ् 114 | धृ 1412 | नह्न् 135 | नील् 522 | पर्प् 412 | पुट्ट् 1559 |
| दीप् 1150 | द्राङ्क्ष् 670 | धृज् 219 | नट् 310 | नीव् 566 | पर्ब् 416 | पुड् 1384 |
| दु 944 | द्राड् 287 | धृञ्ज् 220 | नट् 781 | नु 1035 | पर्व् 577 | पुण् 1333 |
| दु 1256 | द्राह् 646 | धृष् 1269 | नट् 1545 | नुद् 1282 | पल् 839 | पुण्ट् 1792 |
| दुःख 1930 | द्रु 945 | धृष् 1850 | नट् 1791 | नुद् 1426 | पल्पूल् 1881 | पुथ् 1119 |
| दुर्व 572 | द्रुण् 1337 | धे 902 | नद् 54 | नू 1397 | पश् 1719 | पुथ् 1775 |
| दुल् 1600 | द्रुह् 1197 | धेक् 1914 | नद् 1778 | नृत् 1116 | पष् 1862 | पुन्थ् 44 |
| दुष् 1185 | द्रू 1481 | धोर् 553 | नन्द् 67 | नृ 809 | पा 925 | पुर् 1346 |
| दुह् 738 | द्रेक् 78 | ध्मा 927 | नभ् 752 | नृ 1495 | पा 1056 | पुर्व् 576 |
| दुह् 1014 | द्रै 906 | ध्यै 908 | नभ् 1240 | नेद् 872 | पार् 1911 | पुल् 841 |
| दू 1133 | द्विष् 1013 | ध्रज् 217 | नभ् 1520 | नेष् 617 | पाल् 1609 | पुल् 1601 |
| दृ 1280 | ध | ध्रञ्ज् 218 | नम् 981 | प | पि 1405 | पुष् 700 |
| दृ 1411 | धक्क् 1594 | ध्रण् 459 | नय् 480 | पंस् 1616 | पिंस् 1762 | पुष् 1182 |
| दंह् 734 | धन् 1104 | ध्रस् 1524 | नर्द् 56 | पक्ष् 1550 | पिच्छ् 1576 | पुष् 1529 |
| दप् 1196 | धन्व् 597 | ध्राख् 125 | नल् 838 | पच् 996 | पिञ्ज् 1028 | पुष् 1750 |
| दप् 1313 | धा 1092 | ध्राङ्क्ष् 671 | नल् 1802 | पञ्च् 174 | पिञ्ज् 1567 | पुष्प् 1122 |
| दभ् 1323 | धाव् 601 | ध्राड् 288 | नश् 1194 | पञ्च् 1651 | पिञ्ज् 1757 | पुस्त् 1590 |
| दभ् 1821 | धि 1406 | ध्रु 943 | नस् 627 | पट् 296 | पिट् 311 | पू 966 |
| दभ् 1822 | धिक्ष् 603 | ध्रु 1400 | नह् 1166 | पट् 1752 | पिठ् 339 | पू 1482 |
| दम्फ् 1314 | धिन्व् 593 | ध्रेक् 79 | नाथ् 6 | पट् 1856 | पिण्ड् 274 | पूज् 1642 |
| दश् 988 | धिष् 1103 | ध्रै 907 | नाध् 7 | पठ् 330 | पिण्ड् 1669 | पूय् 484 |
| दह् 733 | धी 1136 | ध्वंस् 755 | नास् 625 | पण् 439 | पिन्व् 588 | पूर् 1151 |
| दृ 808 | धुक्ष् 602 | ध्वज् 221 | निंस् 1025 | पण्ड् 281 | पिश् 1437 | पूर् 1803 |
| दृ 1493 | धुर्व् 573 | ध्वञ्ज् 222 | निक्ष् 659 | पण्ड् 1615 | पिष् 1452 | पूल् 528 |
| दे 962 | धू 1255 | ध्वण् 453 | निज् 1093 | पत् 845 | पिस् 719 | पूल् 1636 |
| देव् 500 | धू 1398 | ध्वन् 816 | निञ्ज् 1026 | पत् 1861 | पिस् 1568 | पूष् 675 |
| दै 924 | धू 1487 | ध्वन् 828 | निद् 871 | पथ् 847 | पी 1141 | पृ 1258 |

| | | | | | | |
|---|---|---|---|---|---|---|
| पृ 1402 | ध्री 1503 | बिल् 1359 | भष् 695 | भ्राज् 181 | मन्थ् 42 | मिद् 868 |
| पृच् 1030 | ध्रु 958 | बिल् 1606 | भस् 1100 | भ्राज् 823 | मन्थ् 46 | मिद् 1243 |
| पृच् 1462 | ध्रुष् 704 | बिस् 1217 | भा 1051 | भ्राश् 824 | मन्थ् 1511 | मिन्द् 1541 |
| पृच् 1807 | ध्रुष् 1115 | बुक्क् 119 | भाज् 1886 | श्री 1505 | मन्द् 13 | मिन्व् 589 |
| पृड् 1328 | ध्रुष् 1216 | बुक्क् 1713 | भाम् 441 | भ्रूण 1690 | मभ्र् 558 | मिल् 1364 |
| पृण 1329 | ध्रुष् 1528 | बुञ्ज् 158 | भाम् 1872 | भ्रेज् 180 | मय् 477 | मिल् 1429 |
| पृथ् 1554 | प्सा 1055 | बुध् 858 | भाष् 612 | भ्रेष् 884 | मर्च् 1649 | मिश् 723 |
| पृष् 705 | फ | बुध् 875 | भास् 624 | भ्लक्ष् 893 | मर्ब् 419 | मिश्र् 1921 |
| पृ 1086 | फक्क् 116 | बुध् 1172 | भिक्ष् 606 | भ्लाश् 825 | मर्व् 578 | मिष् 699 |
| पृ 1489 | फण् 821 | बुन्द् 876 | भिद् 1439 | भ्लेष् 885 | मल् 493 | मिष् 1352 |
| पृ 1548 | फल् 516 | बुस् 1219 | भी 1084 | म | मल्ल् 494 | मिह् 992 |
| पेल् 541 | फल् 530 | बुस्त् 1591 | भुज् 1417 | मंह् 634 | मव् 599 | मी 1137 |
| पेव् 504 | फुल्ल् 532 | बृंह् 736 | भुज् 1454 | मंह् 1799 | मव्य् 508 | मी 1476 |
| पेष् 615 | फेल् 542 | बृंह् 1768 | भू 1 | मख् 132 | मश् 724 | मी 1824 |
| पेस् 720 | ब | बृह् 735 | भू 1747 | मङ्क् 89 | मष् 692 | मीम् 468 |
| पै 920 | बंह् 633 | ब्रू 1044 | भू 1844 | मङ्क् 133 | मस् 1221 | मील् 517 |
| पैण् 458 | बद् 51 | ब्रूस् 1663 | भूष् 682 | मङ्ग् 148 | मस्क् 102 | मीव् 564 |
| प्याय् 488 | बध् 973 | भ | भूष् 1730 | मङ्घ् 111 | मस्ज् 1415 | मुच् 1430 |
| प्यै 964 | बध् 1547 | भक्ष् 1557 | भृ 898 | मघ् 160 | मह् 730 | मुच् 1743 |
| प्रच्छ् 1413 | बन्ध् 1508 | भज् 998 | भृ 1087 | मच् 171 | मह् 1867 | मुज् 250 |
| प्रथ् 765 | बर्ब् 418 | भज् 1733 | भृंश् 1787 | मज्ज् 173 | मा 1062 | मुच्छ् 172 |
| प्रथ् 1553 | बर्ह् 638 | भज्ज् 1453 | भृज् 178 | मठ् 332 | मा 1088 | मुज्ज् 251 |
| प्रस् 766 | बर्ह् 1664 | भज्ज् 1759 | भृड् 1395 | मण् 448 | मा 1142 | मुट् 1374 |
| प्रा 1061 | बर्ह् 1769 | भट् 307 | भृश् 1224 | मण्ठ् 263 | माङ्क् 669 | मुट् 1614 |
| प्री 1144 | बल् 840 | भट् 780 | भृ 1491 | मण्ड् 272 | मान् 972 | मुड् 323 |
| प्री 1474 | बल् 1628 | भण् 447 | भेष् 883 | मण्ड् 321 | मान् 1709 | मुण् 1334 |
| प्री 1836 | बल्ह् 639 | भण्ड् 273 | भ्यस् 628 | मण्ड् 1587 | मान् 1843 | मुण्ठ् 265 |
| प्रु 957 | बल्ह् 1770 | भण्ड् 1588 | भ्रंश् 1225 | मथ् 848 | मार्ग् 1846 | मुण्ड् 275 |
| प्रुड् 324 | बष्क् 1916 | भन्द् 12 | भ्रंस् 756 | मद् 815 | मार्ज् 1648 | मुण्ड् 326 |
| प्रुष् 703 | बस्त् 1683 | भर्त्स् 1682 | भ्रक्ष् 892 | मद् 1208 | माह् 895 | मुद् 16 |
| प्रुष् 1527 | बाड् 286 | भर्व् 580 | भ्रण् 452 | मद् 1705 | मि 1250 | मुद् 1740 |
| प्रेष् 619 | बाध् 5 | भल् 495 | भ्रम् 850 | मन् 1176 | मिच्छ् 1297 | मुर् 1343 |
| प्रोथ् 867 | बिट् 317 | भल् 1700 | भ्रम् 1205 | मन् 1471 | मिज्ज् 1756 | मुर्छ् 212 |
| प्लिह् 642 | बिन्द् 64 | भल्ल् 496 | भ्रस्ज् 1284 | मन्त्र् 1679 | मिद् 743 | मुर्व् 575 |

| | | | | | | | |
|---|---|---|---|---|---|---|---|
| मुष् 1530 | म्रेड् 293 | र | राख् 122 | रुश् 1419 | लड् 359 | लुट् 314 |
| मुस् 1220 | म्रुच् 196 | रंह् 732 | राघ् 112 | रुष् 693 | लड् 814 | लुट् 748 |
| मुस्त 1631 | म्रुञ्च् 194 | रंह् 1798 | राज् 822 | रुष् 1230 | लड् 1540 | लुट् 1222 |
| मुह् 1198 | म्लेच्छ् 205 | रक् 1736 | राध् 1180 | रुष् 1670 | लण्ड् 1800 | लुट् 1381 |
| मू 967 | म्लेच्छ् 1662 | रक्ष् 658 | राध् 1262 | रुह् 859 | लन्घ् 108 | लुठ् 1754 |
| मूत्र् 1909 | म्लेट् 292 | रख् 136 | रास् 626 | रूक्ष् 1910 | लप् 402 | लुठ् 337 |
| मूल् 529 | म्लेव् 506 | रग् 785 | रि 1275 | रूप् 1933 | लभ् 975 | लुठ् 749 |
| मूल् 1603 | म्लै 904 | रङ्ह् 137 | रि 1404 | रूष् 678 | लम्ब् 377 | लुण्ट् 328 |
| मूष् 676 | य | रञ्ज् 144 | रिञ्ज् 154 | रेक् 80 | लम्ब् 379 | लुण्ठ् 343 |
| मृ 1403 | यक्ष् 1692 | रञ्ज् 107 | रिच् 1441 | रेट् 864 | लर्ब् 417 | लुण्ठ् 346 |
| मृक्ष् 664 | यज् 1002 | रञ्ज् 1795 | रिच् 1816 | रेप् 372 | लल् 1687 | लुण्ठ् 1563 |
| मृग् 1900 | यत् 30 | रञ्च् 1864 | रिन्व् 595 | रेभ् 385 | लष् 888 | लुन्थ् 45 |
| मृज् 1066 | यत् 1735 | रञ्ज् 999 | रिफ् 1306 | रेव् 507 | लस् 714 | लुप् 1237 |
| मृज् 1848 | यन्त्र् 1536 | रञ्ज् 1167 | रिश् 1420 | रेष् 620 | लस् 1728 | लुप् 1431 |
| मृभ् 1327 | यभ् 980 | रट् 297 | रिष् 694 | रै 909 | लस्ज् 1291 | लुभ् 1238 |
| मृड् 1516 | यम् 819 | रट् 334 | रिष् 1231 | रोड् 356 | ला 1058 | लुभ् 1305 |
| मृण् 1331 | यम् 984 | रण् 445 | री 1138 | रौड् 355 | लाख् 123 | लुम्ब् 427 |
| मृद् 1515 | यम् 1625 | रण् 795 | री 1500 | ल | लाघ् 113 | लुम्ब् 1656 |
| मृध् 874 | यस् 1210 | रद् 53 | रु 959 | लक्ष् 1538 | लाज् 240 | लू 1483 |
| मृश् 1425 | या 1049 | रध् 1193 | रु 1034 | लक्ष् 1696 | लाञ्छ् 207 | लूष् 677 |
| मृष् 707 | याच् 863 | रन्व् 596 | रुंश् 1788 | लख् 138 | लाज् 241 | लूष् 1610 |
| मृष् 1164 | यु 1033 | रप् 401 | रुंस् 1790 | लग् 786 | लाभ् 1936 | लेप् 373 |
| मृष् 1849 | यु 1479 | रफ् 413 | रुच् 745 | लग् 1737 | लिख् 1365 | लोक् 76 |
| मृ 1492 | यु 1710 | रभ् 974 | रुज् 1416 | लघ् 139 | लिङ्ग् 155 | लोक् 1776 |
| मे 961 | युञ्ज् 156 | रम् 853 | रुज् 1804 | लङ्ज् 145 | लिङ्ग् 1739 | लोच् 164 |
| मेद् 869 | युच्छ् 214 | रम्फ् 414 | रुट् 747 | लङ्घ् 1760 | लिप् 1433 | लोच् 1777 |
| मेघ् 870 | युज् 1177 | रम्ब् 376 | रुट् 1783 | लङ्घ् 1796 | लिश् 1179 | लोड् 357 |
| मेप् 371 | युज् 1444 | रय् 482 | रुठ् 336 | लच्छ् 206 | लिश् 1421 | लोष्ट् 258 |
| मेव् 505 | युज् 1806 | रस् 713 | रुण्ट् 327 | लज् 238 | लिह् 1016 | व |
| म्ना 929 | युत् 31 | रस् 1931 | रुण्ठ् 345 | लज् 1290 | ली 1139 | वक्ष् 663 |
| म्रक्ष् 1661 | युध् 1173 | रह् 731 | रुद् 1067 | लज् 1920 | ली 1501 | वख् 130 |
| म्रद् 767 | युप् 1235 | रह् 1627 | रुध् 1174 | लज्ज् 239 | ली 1811 | वङ्क् 88 |
| म्रुच् 195 | यूष् 680 | रह् 1858 | रुध् 1438 | लज्ज् 1784 | लुञ्च् 187 | वङ्क् 95 |
| म्रुञ्च् 193 | यौट् 291 | रा 1057 | रुप् 1236 | लट् 298 | लुञ्च् 1758 | वङ्घ् 131 |

| | | | | | | | |
|---|---|---|---|---|---|---|---|
| वज्ञ् 147 | वल् 491 | विद् 1708 | वेथ् 34 | शठ् 340 | शिष् 687 | श्रघ् 760 |
| वञ्च् 110 | वल्क् 1571 | विध् 1325 | वेप् 367 | शठ् 1564 | शिष् 1451 | श्रघ् 873 |
| वच् 1063 | वल्ग् 143 | विल् 1358 | वेल् 535 | शठ् 1691 | शिष् 1817 | श्रघ् 1734 |
| वच् 1842 | वल्भ् 391 | विल् 1605 | वेल् 1880 | शठ् 1854 | शी 1032 | श्रृ 1488 |
| वज् 252 | वल्ह् 492 | विश् 1424 | वेह्ल् 540 | शण् 797 | शीक् 75 | शेल् 543 |
| वञ्च् 189 | वल्ह् 641 | विष् 698 | वेवी 1077 | शण्ड् 279 | शीक् 1789 | शै 918 |
| वञ्च् 1703 | वश् 1080 | विष् 1095 | वेष्ट् 255 | शद् 855 | शीक् 1826 | शो 1145 |
| वट् 300 | वष् 691 | विष् 1526 | वेह् 643 | शद् 1428 | शीभ् 383 | शोण् 455 |
| वट् 779 | वस् 1005 | विष्क् 1685 | वै 921 | शप् 1000 | शील् 523 | शौट् 290 |
| वट् 1857 | वस् 1023 | विष्क् 1940 | व्यच् 1293 | शप् 1168 | शील् 1878 | श्च्युत् 41 |
| वट् 1919 | वस् 1214 | वी 1048 | व्यथ् 764 | शब्द् 1714 | शुच् 183 | श्मील् 518 |
| वठ् 331 | वस् 1744 | वीर् 1903 | व्यध् 1181 | शम् 818 | शुच् 1165 | श्चै 963 |
| वण् 446 | वस् 1942 | वृ 1254 | व्यय् 881 | शम् 1201 | शुच्य् 513 | श्रङ्क् 84 |
| वण्ट् 1586 | वस्क् 101 | वृ 1509 | व्यय् 1932 | शम् 1695 | शुठ् 341 | श्रङ्ग् 151 |
| वण्ठ् 262 | वह् 1004 | वृ 1813 | व्युष् 1114 | शम्ब् 1556 | शुठ् 1644 | श्रण् 798 |
| वण्ड् 271 | वा 1050 | वृक् 92 | व्युष् 1215 | शर्ब् 423 | शुण्ठ् 344 | श्रण् 1578 |
| वद् 1009 | वाङ्ङ् 668 | वृक्ष् 604 | व्ये 1007 | शर्व् 585 | शुण्ठ् 1645 | श्रथ् 799 |
| वद् 1841 | वाञ्छ् 208 | वृज् 1029 | व्रज् 253 | शल् 490 | शुध् 1191 | श्रथ् 1546 |
| वन् 462 | वात् 1882 | वृज् 1461 | व्रज् 1617 | शल् 843 | शुन् 1336 | श्रथ् 1823 |
| वन् 463 | वाश् 1163 | वृज् 1812 | व्रण् 451 | शल्भ् 390 | शुन्ध् 74 | श्रथ् 1870 |
| वन् 803 | वास् 1884 | वृण् 1330 | व्रण् 1937 | शव् 725 | शुन्ध् 1832 | श्रन्थ् 35 |
| वन् 1470 | वाहृ बाहृ 645 | वृत् 758 | व्रश्च् 1292 | शश् 726 | शुभ् 432 | श्रन्थ् 1510 |
| वन्द् 11 | विच् 1442 | वृत् 1160 | व्री 1140 | शष् 690 | शुभ् 750 | श्रन्थ् 1512 |
| वप् 1003 | विच्छ् 1423 | वृत् 1781 | व्री 1504 | शस् 727 | शुभ् 1321 | श्रन्थ् 1837 |
| वभ्र् 557 | विच्छ् 1773 | वृघ् 759 | व्रीड् 1126 | शाख् 126 | शुम्भ् 433 | श्रम् 1204 |
| वम् 849 | विज् 1094 | वृघ् 1782 | व्रुड् 1393 | शाड् 289 | शुम्भ् 1322 | श्रम्भ् 393 |
| वय् 475 | विज् 1289 | वृश् 1226 | व्री 1502 | शान् 995 | शुल्क् 1618 | श्रा 810 |
| वर् 1852 | विज् 1460 | वृष् 706 | श | शास् 1075 | शुल्ब् 1611 | श्रा 1053 |
| वर्च् 162 | विट् 316 | वृष् 1704 | शंस् 728 | शि 1249 | शुष् 1183 | श्रि 897 |
| वर्ण् 1551 | विथ् 33 | वृह् 1347 | शक् 1187 | शिक्ष् 605 | शूर् 1157 | श्रिष् 701 |
| वर्ण् 1938 | विद् 1064 | वृ 1486 | शक् 1261 | शिङ्ग् 161 | शूर् 1902 | श्री 1475 |
| वर्ध् 1654 | विद् 1171 | वृ 1490 | शङ्ख् 86 | शिञ्ज् 1027 | शूर्प् 1612 | श्रु 942 |
| वर्ष् 613 | विद् 1432 | वे 1006 | शच् 165 | शिट् 303 | शूल् 526 | श्रै 919 |
| वह् 640 | विद् 1450 | वेण् 877 | शट् 299 | शिल् 1362 | शूष् 679 | श्रोण् 456 |

| | | | | | | |
|---|---|---|---|---|---|---|
| श्लङ्क् 85 | सज्ज् 987 | सु 941 | स्तक् 782 | स्तुह् 1199 | स्नेक् 82 | हु 1083 |
| श्लञ्ज् 152 | सट् 313 | सु 1041 | स्तग् 790 | स्नै 923 | स्वज्ज् 976 | हुड् 352 |
| श्लाख् 127 | सट्ट् 1633 | सु 1247 | स्तन् 461 | स्पन्द् 14 | स्वद् 18 | हुण्ड् 269 |
| श्लाघ् 115 | सण् 464 | सुख् 1929 | स्तन् 1859 | स्पर्ध् 3 | स्वद् 1805 | हुण्ड् 277 |
| श्लिष् 702 | सत्त्र् 1906 | सुट्ट् 1562 | स्तम् 830 | स्पश् 887 | स्वन् 817 | हुर्छ् 211 |
| श्लिष् 1186 | सद् 854 | सुर् 1340 | स्तम्भ् 386 | स्पश् 1680 | स्वन् 827 | हुल् 844 |
| श्लिष् 1574 | सद् 1427 | सुह् 1129 | स्तिघ् 1265 | स्पृश् 1422 | स्वप् 1068 | हूड् 353 |
| श्लोक् 77 | सन् 1464 | सू 1031 | स्तिप् 364 | स्पृह् 1871 | स्वर् 1863 | ह्र 899 |
| श्रोण् 457 | सप् 400 | सू 1132 | स्तिम् 1124 | स्फाय् 487 | स्वर्द् 19 | ह्र 1097 |
| श्वङ्क् 96 | सभाज् 1887 | सू 1408 | स्तीम् 1125 | स्फिट्ट् 1634 | स्वाद् 28 | हृष् 709 |
| श्वच् 166 | सम् 829 | सूच् 1873 | स्तु 1043 | स्फुट् 260 | स्विद् 744 | हृष् 1229 |
| श्वञ्ज् 167 | सम्ब् 1555 | सूत्र् 1908 | स्तुच् 175 | स्फुट् 329 | स्विद् 978 | हेठ् 266 |
| श्वठ् 1565 | सर्ज् 225 | सूद् 25 | स्तुप् 1672 | स्फुट् 1373 | स्विद् 1188 | हेठ् 1532 |
| श्वठ् 1855 | सर्ब् 424 | सूद् 1717 | स्तुभ् 394 | स्फुट् 1722 | स्विद् | हेड् 284 |
| श्वभ्र् 1623 | सर्व् 586 | सूर्क्ष् 666 | स्तृ 1252 | स्फुड् 1391 | स्वृ 932 | हेड् 778 |
| श्वर्त् 1622 | सल् 547 | सूर्क्ष्य् 509 | स्तृह् 1349 | स्फुण्ड् 1537 | ह | हेष् 621 |
| श्वल् 549 | सस् 1078 | सृ 935 | स्तॄ 1484 | स्फुर् 1389 | हट् 312 | होड् 285 |
| श्वल्क् 1570 | सस्ज् 202 | सृ 1099 | स्तेन् 1897 | स्फुर्छ् 213 | हठ् 335 | होड् 354 |
| श्वल्ल् 550 | सह् 852 | सृज् 1178 | स्तेप् 365 | स्फुल् 1390 | हद् 977 | ह्नु 1082 |
| श्वस् 1069 | सह् 1128 | सृज् 1414 | स्तै 922 | स्फूर्ज् 235 | हन् 1012 | ह्मल् 806 |
| श्वि 1010 | सह् 1809 | सृप् 983 | स्तोम् 1923 | स्मि 948 | हम्म् 467 | ह्रग् 787 |
| श्वित् 742 | साध् 1263 | सृभ् 430 | स्त्यै 910 | स्मिट् 1573 | हय् 512 | ह्रस् 711 |
| श्विन्द् 10 | सान्त्व् 1569 | सृम्भ् 431 | स्त्यै 911 | स्मील् 519 | हर्य् 514 | ह्राद् 26 |
| ष स | साम् 1879 | सेक् 81 | स्त्रक्ष् 661 | स्मृ 807 | हल् 837 | ह्री 1085 |
| ष्विव् 560 | सार् 1868 | सेव् 501 | स्थल् 836 | स्मृ 933 | हस् 721 | ह्रीछ् 210 |
| ष्विव् 1110 | सि 1248 | सै 915 | स्था 928 | स्मृ 1259 | हा 1089 | ह्रेष् 622 |
| ष्वष्क् 100 | सि 1477 | सो 1147 | स्थुड् 1388 | स्यन्द् 761 | हा 1090 | ह्रग् 788 |
| संस्त् 1079 | सिच् 1434 | स्कन्द् 979 | स्थूल् 1904 | स्यम् 826 | हि 1257 | ह्रप् 1658 |
| सग् 789 | सिट् 304 | स्कम्भ् 387 | स्नस् 1112 | स्यम् 1693 | हिंस् 1456 | ह्रस् 712 |
| सघ् 1268 | सिध् 47 | स्कु 1478 | स्ना 1052 | स्रंस् 754 | हिंस् 1829 | ह्राद् 27 |
| सङ्केत् 1891 | सिध् 48 | स्कुन्द् 9 | स्निह् 1200 | स्रङ्क् 83 | हिक्क् 861 | ह्वल् 805 |
| सङ्ग्राम् 1922 | सिध् 1192 | स्खद् 768 | स्निह् 1572 | स्रम्भ् 757 | हिण्ड् 268 | ह्रू 931 |
| सच् 163 | सिल् 1363 | स्खद् 820 | स्रु 1038 | स्निव् 1109 | हिन्व् 591 | ह्रू 934 |
| सच् 997 | सिव् 1108 | स्खल् 544 | स्रुस् 1111 | स्रु 940 | हिल् 1361 | ह्रे 1008 |

677

# References


| Author | Title | Year | Ed | Publisher |
|---|---|---|---|---|
| Sankar Ram Sastri | अष्टाध्यायीसूत्रपाठः with Dhatupatha etc. | 1937 | 2nd | Sri Balamanorama, Madras |
| Dwarikadas Shastri | माधवीया धातुवृत्तिः | 1964 | 1st | Prachya Bharati Prakashan, Varanasi |
| P. V. Naganatha Sastry | Vaiyakarana Siddhanta Kaumudi Vol 2 | 1983 | 1st | Motilal Banarsidass, Delhi |
| Bhimsen Shastri | लघु-सिद्धान्त-कौमुदी भैमीव्याख्या Vol 2 | 1992 | 2nd | Bhaimi Prakashan, Delhi |
| T R Krishnacharya | बृहद्-धातु-रूपावलिः | 2005 | 1st | Shringeri Math, Karnataka |
| Yudhisthir Mimansak | क्षीर-तरङ्गिणी क्षीरस्वामि-विरचिता | 2006 | 3rd | Ram Lal Kapoor Trust, Sonipat |
| Vijaypal Vidyavaridhi | माधवीया धातुवृत्तिः | 2009 | 2nd | Ram Lal Kapoor Trust, Sonipat |
| Pushpa Dikshit | अष्टाध्यायी सहजबोध Vol 1 and 2 | 2011 | 3rd | Pratibha Prakashan, Delhi |
| Janardana Hegde | धातु-रूप-नन्दिनी | 2013 | 1st | Samskrita Bharati, New Delhi |
| Ishwar Chandra & Som Lekha | वैयाकरणसिद्धान्तकौमुदी "पुष्पाञ्जलिसमाख्य" Vol 3 | 2015 | 1st | Chaukhamba Sanskrit Pratishthan, Delhi |
| Govind Acharya | वैयाकरणसिद्धान्तकौमुदी "श्रीधरमुखोल्लासिनी" Vol 4 | 2016 | 1st | Chaukhamba Surbharati Prakashan, Varanasi |
| S C. Vasu | The Siddhanta Kaumudi Vol 2 6th Reprint | 2017 | 2nd | Motilal Banarsidass, Delhi |
| S C. Vasu | The Ashtadhyayi of Panini (Revised by Vinod Kumar) | 2017 | 1st | Parimal Publications, Delhi |
| Ashwini Kumar Aggarwal | Dhatupatha of Panini: Accented Roots with English Meanings and Verbs iii/1 forms in Present Tense | 2017 | 2nd | Devotees of Sri Sri Ravi Shankar Ashram, Punjab |
| | Dhatupatha Verbs in 5 Lakaras Vol 1, 2, 3 | 2017 | 1st | |
| | Ashtadhyayi Foundation Chapters 1 & 2 | 2021 | 1st | |
| | Sanskrit Verb Conjugation using Ashtadhyayi Sutras | 2022 | 1st | |

Online Links

https://ashtadhyayi.com/ https://avg-sanskrit.org/ https://sanskrit.uohyd.ac.in/scl/#

# Maheshwar Sutras and Pratyaharas

माहेश्वराणि सूत्राणि are sounds that are a rearrangement of the Devanagari Alphabet for grammatical use. Listed at the start of the Ashtadhyayi Sutrapatha.

Consonants have been written with अकार solely for enunciation. But the लँण् = ल् अँ ण् contains लकार, anunasika Tag अँ, and consonant Tag ण् ।

| SN | Maheshwar Sutra | | Pratyahara | Count |
|---|---|---|---|---|
| 1 | अइउण् | All vowels = अच् | अण् | 1 |
| 2 | ऋऌक् | Simple vowels = अक् | अक् इक् उक् | 3 |
| 3 | एओङ् | Diphthongs = एच् | एङ् | 1 |
| 4 | ऐऔच् | Semivowels = यण् | अच् इच् एच् ऐच् | 4 |
| 5 | हयवरट् | All consonants = हल् | अट् | 1 |
| 6 | लँण् | ल्+अँ, No nasal for र् | अण् इण् यण् (रँ) | 3 |
| 7 | ञमङणनम् | 5th of row = Nasals = ञम् | अम् यम् ङम् (ञम्) | 3 |
| 8 | झभञ् | 4th of row = झष् | यञ् | 1 |
| 9 | घढधष् | are all soft consonants | झष् भष् | 2 |
| 10 | जबगडदश् | 3rd of row = जश् (soft) | अश् हश् वश् झश् जश् बश् | 6 |
| 11 | खफछठथचटतव् | 1st and 2nd of row = खय् are all hard consonants | छव् (खँ) | 1 |
| 12 | कपय् | | यय् मय् झय् खय् [चय् ञय्] | 4 |
| 13 | शषसर् | Sibilants (hard) = शर् | यर् झर् खर् चर् शर् | 5 |
| 14 | हल् | Aspirate is soft | अल् हल् वल् रल् झल् शल् | 6 |
| | | | Basic Count of Pratyaharas = | 41 |
| | | | Extended Count 41 + 3 = 44 + 2 with later grammarians = | 46 |

# Epilogue

The Dhatupatha is Panini's library of Sounds that serves as input to the Ashtadhyayi program. Its intelligent, concise and exemplary coding is regarded in awe by foremost programmers of today and has stood its ground over 2500 years.

सर्वे भवन्तु सुखिनः । सर्वे सन्तु निरामयाः । सर्वे भद्राणि पश्यन्तु । मा कश्चिद् दुःख भाग्भवेत् ॥
ॐ शान्तिः शान्तिः शान्तिः ॥

When faith has blossomed in life, Every step is led by the Divine.
Sri Sri Ravi Shankar

**Om Namah Shivaya**
जय गुरुदेव

www.ingramcontent.com/pod-product-compliance
Lightning Source LLC
LaVergne TN
LVHW060134080526
838202LV00050B/4113